가장 창조적인 재산관리도구

제 3 판

현명한 자산승계와 가업승계를 위한

가족신탁 이론과 실무

변호사 오영표 저

FAMILY TRUST

조세통람

현명한
자산승계와 가업승계를 위한

가족신탁 이론과 실무

PREFACE

| 개정3판 서문 |

가족신탁의 **전성기**를 기대하며

신탁업계가 가족신탁 비즈니스에 적극적으로 진출하고, 변호사, 회계사, 법무사, 세무사 등 전문가 영역에서 상사신탁과 민사신탁 실무에 대한 관심이 높아지고 있다. 이러한 가운데 정부 역시 고령사회에 발생하는 사회적 이슈를 해결하기 위해 가족신탁 정책을 추진하고 있다. 이러한 배경 아래 가족신탁 관련한 주요한 실무 내용과 쟁점을 심도 있게 다루고자 하였다.

01 우선 새롭게 등장한 신탁상품을 소개했다.

첫째, 2024년 11월 12일 개정 자본시장법 시행령에 따라 생명보험금청구권을 신탁재산으로 하는 '생명보험금청구권신탁'이 제도적으로 도입되었다. 보험금청구권신탁의 법적 구조와 실무상 쟁점에 대해 논의하였다.

둘째, 미국의 Charitable Remainder Trust와 유사한 '기부조건부 금전신탁'도 출시되었다. 기부조건부 금전신탁은 신탁 설정 시점에 기부처에 기부된 것으로 보아 위탁자가 기부금 세액공제 혜택을 받을 수 있다. 동시에 실제 위탁자가 정한 기부 시기 또는 위탁자가 사망하기 전까지 기간 동안 운용수익은 위탁자가 사적으로 활용할 수 있는 신탁이다.

02 의미 있는 가족신탁과 관련한 판례가 다수 등장하여, 이에 대한 판례해설을 추가하였다.

첫째, 민사신탁형 유언대용신탁과 관련하여, 유언대용신탁은 생전자익신탁 부분과 사후타익신탁 부분이 합쳐진 계약인데, 사후타익 부분이 무효라 하더라도 생전자익신탁 부분은 유효하다는 일부무효의 법리를 적용한 대법원 판례가 있었다. 이 판례는 민사신탁형 유언대용신탁의 적법 유효성을 인정한 최초의 대법원 판례라는 점에서 의미가 있다. 나아가 유언대용신탁을 생전자익신탁과 사후타익신탁이 결합된 신탁이라는 저자의 견해를 뒷받침한다는 점에서 개인적으로도 큰 의미를 지닌다.

둘째, 상사신탁형 유언대용신탁과 관련하여, 수탁자를 상대로 하는 유류분반환청구를 기각하는 판결이 있었다. 이는 당연한 결론이지만, 가족신탁을 비즈니스로 활용하려는 신탁업자에게는 불확실성이 해소되었다는 점에서 의미가 크다.

셋째, 위탁자 사망 시 신탁재산인 부동산을 매도하고 그 매도대금을 배분하는 내용의 사후수익권을 설계한 사례에서, 사후수익자는 해당 부동산을 취득하지 않았으므로 사후수익자에게 취득세를 부과한 처분청의 처분을 부인한 대법원 판결이 있었다. 이는 신탁수익권 설계의 법률적 의미를 중시한 판결로서, 향후 지방세법 해석 및 적용에 중요한 기준이 될 것으로 판단된다.

넷째, 투자신탁형 펀드의 신탁재산인 상가건물에 화재가 발생한 경우 해당 상가건물 임차인이 수탁자에게 청구한 공작물하자책임을 인정한 대법원 판례가 나왔다. 이 판례는 수탁자가 건축물을 포함한 공작물을 수탁할 때 유의해야 할 점을 시사한다. 이에 수탁자가 공작물을 수탁할 때 발생할 수 있는 수탁자의 위험을 예방할 방법으로 활용할 수 있는 유한책임신탁 실무를 정리하여 제시하였다.

다섯째, 부동산등기법상 신탁원부의 효력과 관련하여 새로운 대법원 판결이 나와 이를 소개하였다. 이 판결은 신탁원부 기재의 효력과 관련하여 기존 대법원의 견해와 다른 내용을 담고 있으며, 가족신탁 관련 신탁원부의 효력에 대한 해석을 달리할 수 있다는 의미가 있어 신규 판례로 소개하였다.

여섯째, 가족신탁과 직접적인 관련성은 없으나, 관리형 토지신탁에서 수탁자와 수분양자 간에 체결한 분양계약서상의 '책임한정특약'이 유효성을 인정한 대법원 판결이 있었다. 이 판결은 2012년 개정 신탁법 시행 이후 설정된 신탁에 있어서 책임한정특약의 유효성을 인정한 최초의 판례라는 점에서 의미가 있다.

03 민사신탁에 대한 관심이 증대되어 민사신탁형 가족신탁의 내용을 보강하였다. 민사신탁형 가족신탁을 PART 10으로 재배치하여 민사신탁형 상속신탁과 민사신탁형 증여신탁으로 확장하였고, 자기신탁형 유언대용신탁도 추가하였다.

첫째, 민사신탁형 신탁계좌에 대한 실무 가이드라인을 제시하였다. 민사신탁 활성화를 위해, 금전을 민사신탁으로 수탁할 때 발생할 수 있는 법률리스크를 최소화할 수 있는 방안을 제시하였다.

둘째, 부동산과 비상장주식에 대한 민사신탁형 증여안심신탁 계약서 예시안을 추가하였다.

셋째, 미국식 모델과 유사한 '자기신탁형 유언대용신탁'이 설정되는 사례가 증가함에 따라 자기신탁형 유언대용신탁에 대해서도 좀 더 상세히 다루었다.

04 유류분 제도에 대한 위헌 및 헌법불합치결정이 있었고, 이에 따라 민법도 일부 개정되었다. 또한 유언대용신탁과 유류분 관련 판례도 몇 건 추가되었기에 이러한 내용을 모두

반영하였다.

05 국민연금관리공단은 정책적인 입장에서 공공신탁의 영역을 확대하였는바, 공공신탁 영역도 넓은 의미의 가족신탁 유형으로 포섭할 수 있고, 공공신탁, 민사신탁 및 상사신탁이라는 폭넓은 가족신탁의 스펙트럼이 전체적으로 골고루 발전하길 바라는 마음으로 추가하였다.

첫째, 국민연금관리공단은 발달장애인을 대상으로 발달장애인의 평온한 삶을 위한 물질적 기초로 재산을 안전하게 보관하고 사용할 수 있도록 하는 '2년간 발달장애인 재산관리서비스' 시범사업을 마치고 본 사업으로 발전되었다.

둘째, 국민연금관리공단은 소위 '인지증머니' 예방을 위해 '고령자 재산관리서비스' 시범사업을 추가로 진행할 예정인데, 이 또한 공공신탁의 발전에 기여할 것으로 판단된다. 고령자 재산관리서비스에 대한 방법론으로 임의후견신탁이 적합한데, 이와 관련하여서는 부록에 칼럼과 논문을 추가하였다.

2025년 11월

여의도에서 오영표 씀

현명한 자산승계와
가업승계를 위한

가족신탁
이론과 실무

Contents

Contents

PART 05

후견제도 보완을 위한 후견신탁

PART 06

가업승계와 신탁의 활용

Contents

PART 08

신탁과 세금

PART 09

모델사례의 가족신탁계약서(안)

PART 10

민사신탁형 가족신탁

Contents

Part 01

서 론

CHAPTER 01 현명한 상속증여

저자는 지난 11년간 수천여 명의 고객을 상대로 상속증여계획, 즉 자산승계계획 수립을 컨설팅하였다. 현명하게 상속증여하는 방법은 무엇인가? 고객 스스로 풀기 어려운 숙제다. 저자 역시 쉽게 풀어드릴 수 없는 숙제이기도 하다. 상속증여를 고민하는 정도면 자산도 많이 모았고, 사회적 지위도 어느 정도 되는 현명한 분들인데, 왜 상속증여에 대해서는 명확한 답을 찾지 못하고 있는 것인가? 사람마다 이유는 다르지만, 공통적인 이유로 세 가지를 들면 다음과 같다.

첫째, 가족이라는 공동체에서 상속증여는 일종의 '제로섬게임(zero-sum game)'이라는 속성을 가지고 있다. 100%라는 재산을 배우자와 두 명의 자녀에게 어떻게 나누어 주는 것이 좋은가? 자산승계는 누구에게 더 주면 누구는 덜 주게 되는 '제로섬게임'이다. 자산승계계획 수립의 필요성을 실감하지만, 선뜻 실천하지 못하는 가장 큰 이유이다. 특히, 제로섬게임에서 자산승계 비율을 정하는 본인 자체가 가족이라는 공동체의 구성원이기 때문에 자산승계 계획 수립은 더욱 어려운 일이고, 혼자서는 해결하기 어려운 과제이다.

둘째, 돈의 힘이다. Money Talks! 돈의 힘은 실로 막강하다. 돈을 쓰기는 쉽지만 벌기는 무척 어렵다. 돈의 가장 큰 힘은 사람의 마음을 움직이는 것이다. 그것도 긍정적인 방향보다는 부정적인 방향으로 말이다. 차라리 상속증여할 재산이 없었으면 하고 하소연하는 고객도 있다. 자녀에게 주느니 전부 기부해버리겠다고 하는 분들도 있다. 그러나 실상은 돈의 힘 때문에 자녀에게 어떻게 나누어 줄지를 선뜻 정하지 못한다. 돈을 미리 주는 것도 문제다. 자녀들이 그 돈을 잘 관리하고 부모를 공경하면 좋겠지만, 미리 증여한 돈 때문에 자녀가 사회구성원으로 올바르게 성장하지 못하는 사례도 많이 보인다. 돈 때문에 부모 생전 자녀 사이에 분쟁이 생기는 사례도 마찬가지이다. 장례식장에서부터 상속재산분할 때문에 서로 얼굴 붉히는 사례도 종종 등장한다.

셋째, 상속증여계획을 수립하는 방법을 모른다.

PB(Private Banker), 변호사, 법무사, 세무사, 회계사 등 상속증여 영역의 전문가는 많다. 그러나 변호사나 법무사는 법률 전문가로서 상속증여를 법률적인 측면에서만 검토하고 의견을 내놓는다. 세무사나 회계사 역시 절세 전략 수립은 어느 정도 해주지만, 상속증여와 관련한 다양한 걱정거리에 대한 해결책을 제시해 주기는 어렵다. 이들은 각자 전문 영역에서만 고민하므로 총괄적인 자산승계계획을 수립할 수 없다.

예를 들어 보자. "상속세를 줄이기 위해서는 10년 단위로 최대한 분산해서 증여하면 된다"라는 답을 주는 전문가는 많다. 하지만 자산가는 상속증여와 관련하여 다양한 걱정거리를 안고 있다. 증여하자니 자녀들이 제대로 일을 안 하지 않을까 걱정하고, 증여한 재산을 자녀들이 잘 관리할지 걱정한다. 또한, 재산을 증여받은 후 자신을 부양하지 않으면 어쩌나 걱정하기도 한다.

저자는 자산승계전략 컨설팅을 전문으로 하는 헤리티지솔루션본부장을 맡고 있다. 선진국가의 선진 자산승계 전략을 배우기 위해 미국, 일본, 싱가포르의 신탁회사, 증권회사, 그리고 가문자산관리회사(Family Office)를 직접 방문하여 자산승계 전략 수립과 신탁 활용 방안을 폭넓게 익혔다. 경험이 부족했기에, 이 분야의 베테랑 전문가들을 직접 찾아가 노하우를 전수받은 것이다.

결론적으로, 자산승계 베테랑들이 주는 공통적인 조언은 '가족이라는 공동체 안에서 발생하는 제로섬 게임과 돈의 힘으로 인한 갈등'을 가족신탁을 통해 해결해야 한다는 것이다. 자산승계를 전문으로 하는 신탁회사의 전문가 그룹(변호사, 세무사, 운용역, 보험설계사, 자산승계 전략가, 신탁전문가)과 자산가가 함께 가족신탁을 활용해 승계 계획을 수립한다면, 위에서 언급한 세 가지 문제를 효과적으로 해소할 수 있다.

시니어의 세 가지 인생과제

시니어들이 해야 할 세 가지 공통적인 '인생과제'는 버킷리스트 실천하기, 사전연명의료의향서 작성하기, 자산승계계획 수립하기이다. 첫째, 삶에서 가장 중요한 것은 하고 싶은 일을 하는 것이다. 살면서 해보고 싶었지만, 그동안 가족을 위해 헌신해왔기 때문에 못해 본 버킷리스트를 만들고 실천하는 것이다. 둘째, 신체와 관련해서 사전연명의료의향서를 작성하는 것이다. 2018년 2월 4일부터 시행된 연명의료결정법에 따라 치료효과 없이 임종과정의 기간만을 연장하는 심폐소생술, 혈액 투석, 항암제 투여, 인공호흡기 착용 및 그 밖의 의학적 시술인 '연명의료' 중단에 대한 의사표시를 문서로 작성한 것을 '사전연명의료의향서'라 한다. 사전연명의료의향서는 인간의 존엄과 가치를 보호하고 신체에 대한 자기결정권을 존중하기 위해 도입된 것이다.[1] 마지막으로 재산에 대한 자산승계계획을 수립하는 것이다. 자신의 삶과 사후 가족들의 행복한 삶을 담보할 수 있는 장치를 만드는 일이다. 이 세 가지 숙제는 필수라고 본다.

이 세 가지 중 버킷리스트 실천하기와 사전연명의료의향서는 혼자만 고민하고 결정할 수 있기 때문에 비교적 쉽다. 그렇지만 자산승계계획의 수립과 실천은 나와 가족을 함께 고려해야 하고, 잘못된 자산승계계획으로 가족 간 분쟁이나 가족의 해체까지 초래할 수 있기에 정말 어려운 과제이다.

1) 2025년 8월 7일 기준 사전연명의료의향서를 작성한 건수가 300만명이 넘었다고 한다.

CHAPTER 02

책의 구성

자산승계전략 수립과 가족위험 관리를 위해 '가족신탁'을 활용하는 국가는 많다. 우리나라는 2011년 신탁법을 전면 개정하면서 가족신탁에 필요한 신탁유형(유언대용신탁, 수익자연속신탁, 유언신탁, 자기신탁)은 도입하였지만, 아직 널리 알려지지도 활용되지도 못하고 있는 실정이다. 우리나라는 이미 저출산·고령사회로 진입했으나, 저출산·고령사회로 인해 발생할 수 있는 다양한 사회적 문제를 효과적으로 해결할 수 있는 정책에 대한 실무의 연구는 아직 부족하다.[2)]

저출산·고령사회의 문제를 정부 재정을 투입하지 않고 국민이 활용할 수 있도록 제도 개선을 통해 해결하는 정책을 '자립형 복지정책'이라 한다. 특히 신탁 제도의 활성화를 통해 국민에게 생길 수 있는 다양한 위험을 예방함으로써 국민의 복지를 증진시킬 수 있는 신탁을 '복지신탁'이라 부른다.[3)] 광의의 복지신탁 중 가족위험관리나 자산승계전략 수립을 위해 활용되는 신탁이 바로 '가족신탁'이다.

가족신탁(Family Trust)은 가족 간에 재산을 둘러싼 다양한 문제－노후자금 마련, 자산승계, 상속분쟁예방, 증여재산보존, 가치상속실현, 가업승계－를 해결하는 목적으로 설정되는 신탁을 말한다. 주로 부모의 자산승계계획의 수립과 실천을 목적으로 하기 때문에 '자산승계신탁'이라고 부르기도 한다. 가족신탁은 자산승계신탁보다는 좀 더 넓은 개념이다. 자산승계 목적이 개입되지 않고 오로지 본인의 행복하고 충만한 노후를 위해 설정하는 가족신탁도 있기 때문이다. 수탁자 역할을 신탁업 인가를 받지 않은 개인이 수행하는 신탁을 주로 가족이 수탁한다는 의미에서 '민사신탁'이라고 부르기도 하는데, 가족신탁과 민사신탁은 엄격하

2) 고령사회 문제를 해결하기 위한 도구로 신탁을 활용하는 방법에 대해서는 「고령사회 대응을 위한 신탁제도 발전방안 용역보고서」(저출산고령사회위원회 발주, 연구책임자 이계정, 공동연구원 오영표 · 강혜아 · 윤호열, 2021년 12월) 참조.

3) 자립형 복지신탁에 관한 연구로는 오영표, "복지신탁 활성화를 위한 법적 과제", 『금융투자』 통권 168호(금융투자협회, 2015.8.)를 참조하면 되는데, 이 책 부록에 수록하였다.

게 구분해야 하는 용어이다. 신탁회사가 상속형 신탁, 증여형 신탁, 후견형 신탁의 수탁자 역할을 많이 하고 있기 때문에 가족신탁을 수탁자가 '신탁회사가 아닌 신탁'을 의미하는 '민사신탁'과 같은 의미로 사용하는 것은 혼란을 일으킬 수 있다. 이 책에서는 가족신탁과 민사신탁을 엄격하게 구분하여 사용하였다.

▌가족신탁의 개념, 유형, 그리고 민사신탁과의 관계▐

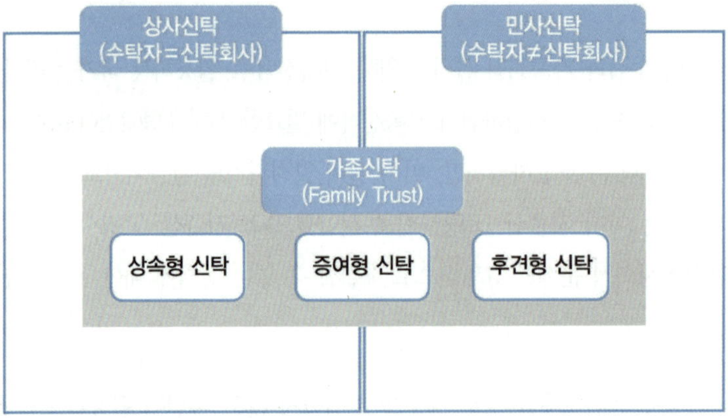

가족위험관리 측면은 물론 자산승계 측면에서도 신탁을 활용하면, 가족 간 분쟁이나 제3자에 의한 재산 편취 행위를 막고, 행복한 노후까지 설계할 수 있다. 민간 영역에서 가족신탁이 많이 활용되도록 제도를 개선하고, 가족신탁을 널리 홍보하고 이용한다면, 저출산 고령화로 인한 많은 문제를 해결함으로써, 궁극적으로는 사회적 비용(social cost)을 줄일 수 있을 것이다.

이 책은 금융기관 PB나 자산관리사, 변호사, 법무사, 회계사, 세무사, 보험설계사 등 자산승계와 관련한 업무를 수행하는 전문가들은 물론 신탁을 실제로 이용하는 자산가가 가족신탁을 쉽게 이해하고 활용할 수 있도록 쓴 책이다.

이 책의 본문은 10개 PART로 구성하였다.

PART 02에서는 신탁의 기초와 활용을 다루었다. 다루었다. 신탁의 기본 개념과 구조, 그리고 신탁의 본질과 실무상 기능을 먼저 살펴본다. 자산승계계획 수립 방법론으로서 가족신탁과 가족위험관리 수단으로서 가족신탁의 작동원리를 설명한다. 신탁의 이론적인 부분은 가족신탁을 이해하는 데 필요한 기본적인 내용만 담았다.[4)]

PART 03에서는 상속신탁의 개념, 법적구조, 계약구조, 신탁수익권 설계방법론, 상속신탁계약서, 신탁등기 기재례 및 유형별 신탁원부도 실제 사례를 익명화하여 실었다. 그리고 유언대용신탁과 유언의 관계, 유언대용신탁과 유류분 제도라는 중요한 쟁점을 다루면서 입법 개선사항도 도출하였다. 2024년 11월부터 이용 가능해진 '보험금청구권신탁'의 거래구조, 계약 실무와 제도 개선 사항을 추가했다.

PART 04에서는 주로 절세 목적으로 체결되는 증여신탁의 개념, 법적구조, 신탁등기 기재례를 가급적이면 충실하게 다루려 했다. 효도계약서를 간단하게 소개하고, 효도계약서의 문제를 해결할 수 있는 증여와 결합한 증여신탁계약서를 설명하였다. 그리고 장애인을 위한 특별부양신탁도 증여신탁의 한 유형이라 소개하면서 제도개선사항을 정리하였다. 장애인 특별부양신탁은 타익신탁 구조로도 가능하다.

PART 05에서는 후견신탁을 다루었으며, 법정후견신탁과 임의후견신탁의 법적 구조, 체결 절차, 후견신탁계약서를 상세히 설명했다. 현행 후견제도의 다양한 문제점은 신탁과 결합하여 효과적으로 해결할 수 있다. 또한, 치매 등으로 인해 가업을 둘러싼 분쟁이 발생하고 가업승계의 안정성이 훼손되는 것을 방지하기 위한 임의후견신탁의 적용 방안에 대해서도 논의했다.

PART 06에서는 안정적인 가업승계를 위한 가업승계신탁 방법론을 모색하였다. 상속신탁 관련 제도개선으로 일본의 가업승계지원신탁과 유사한 우리나라 가업승계지원신탁 구조를 살펴보면서 제도 개선 사항을 다루었다. 아직 실무에서 정착되지 않아, 가업승계에 활용할 수 있는 신탁구조를 검토하였다. 가업승계신탁은 실무가 축적되는 대로 별책으로 다룰 예정이다.

PART 07에서는 자선지원서비스(Philanthropy Service) 방법을 간략하게 소개한다. 현재 자산가가 공익실천을 하기 위한 3가지 방법인 유언, 생명보험 및 유산기부신탁 중 유산기부신탁을 중심으로 기술하였다. 그리고, 공익법인보다 간략한 방법으로 공익을 실천할 수 있

4) 신탁의 이론은 법무부, 『신탁법 해설』(도서출판 동강, 2012), 新井誠 저/안성포 역, 『신탁법』 제3판(전남대학교출판부, 2011), 이계정, 『신탁의 기본법리에 관한 연구』(경인문화사, 2017), 道垣内弘人 저/장명 역, 「신탁법」(정독, 2024), 『상속신탁연구』 I(바른상속신탁연구회, 2014)과 II(2016), 『신탁법의 쟁점』 제1권(소화, 2015) 및 제2권(소화, 2015), 임채웅, 『신탁법 연구』 1권(박영사, 2009) 및 2권(박영사, 2011), 정순섭, 『신탁법』(지원출판사, 2021), 오영걸, 『신탁법』 2판(홍문사, 2023), 최수정, 『신탁법』(박영사, 2019), 이중기 · 이영경, 『신탁법』(삼우사, 2021), 무궁화신탁법연구회 · 광장신탁법연구회, 『주석 신탁법 제3판』(박영사, 2021), Graham Virgo, The Principles of Equity & Trusts 4th Edition(Oxford University Press, 2020), NCCUSL, Uniform Trust Code(Last Revised or Amended in 2010) 등을 참조하기 바란다.

는 공익신탁도 다루었다. 한국형 Charitable Remainder Trust인 '기부조건부 금전신탁' 관련 실무도 추가했다.

PART 08에서는 가족신탁과 관련한 세금을 다루었다. 가족신탁의 설정, 운용, 해지, 상속 신탁집행 과정에서 세제가 어떻게 되는지 이해를 돕기 위해 개략적으로 살펴보았다. 가족신탁의 기본적 구조를 이해하고 설계할 수 있을 정도로 간략하게 압축하였다.

PART 09에서는 실무에서 자주 접하는 모델사례의 자산가를 상대로 설계한 자산승계전략의 내용에 따라 증여안심신탁, 상속신탁 및 후견신탁의 계약서를 특약 중심으로 작성해보았다. 신탁은 위탁자와 수탁자가 함께 설계하는 맞춤형 계약이므로, 실제로 모델사례의 자산가와 수탁자가 체결하는 계약서의 뼈대가 되는 계약서 조문을 읽어 보면 가족신탁을 좀 더 구체적으로 이해할 수 있을 것이다.

PART 10은 민사신탁형 가족신탁을 별도로 다룬 PART이다. 민사신탁형 상속신탁에 더하여 민사신탁형 증여신탁과 관련한 계약서 예시안을 제시하였다. 자기신탁형 유언대용신탁도 민사신탁형 가족신탁의 한 유형으로 실무상 활용되기 시작해서 자기신탁형 유언대용신탁의 구조, 실무 그리고 신탁선언문 등을 추가하였다.

이 책은 독자들이 실무를 이해할 수 있도록 실제 사용되는 신탁계약서를 가급적 그대로 수록하고자 했다. 신탁의 정의에서 알 수 있듯이, 신탁은 위탁자와 수탁자가 수익자를 위해 신탁 목적에 맞춰 다양한 구조로 설계 가능하다. 그러나 다른 법규와 달리 신탁법만으로는 신탁을 구체적으로 어떻게 활용하고, 어떠한 내용으로 설정, 관리, 운용, 처분, 상속이 이루어지는지 파악하기 어렵다. 따라서 상속신탁, 증여신탁, 후견신탁의 실제 계약 내용을 파악할 수 있도록 계약서를 싣고, 필요한 부분에 해설을 덧붙였다. 신탁법의 목적은 신탁이라는 '재산관리 도구'를 만드는 데 있으며, 이 도구를 어떻게 잘 활용할지는 전적으로 이용자의 창의적 의지에 달려있다.

또한, 각 PART 뒤에는 상속신탁, 증여신탁, 후견신탁에 대한 Q&A를 추가했다. 이 책은 전문가의 가족신탁 실무 적용을 위해 집필되었기에 친절한 설명이 부족할 수 있어, 이를 보완하는 의미로 Q&A를 수록했다. '어떤 사람이 신탁을 활용하면 좋은지', '신탁의 설정, 재산 관리 및 종료는 어떤 절차와 내용으로 이루어지는지' 등 핵심 질문에 쉽게 답하고자 노력했다.

CHAPTER 03

자산승계계획 수립 모델사례

가상의 모델사례를 가지고 '자산승계계획 수립하기'와 '가족신탁계약서 작성하기(상속신탁계약서, 증여신탁계약서 및 후견계약서)'를 설명함으로써, 가족신탁의 이해와 실무 적용을 돕고자 하였다. 자산승계계획 수립에 정답이야 있을 수 없지만, 이 책을 통해서 김부자의 상황과 니즈에 가장 적합한 답을 찾을 수는 있을 것이다. 모델사례에 대한 최적의 자산승계계획 수립은 PART 02를 참조하고, 그에 따른 신탁계약은 PART 09를 참조하기 바란다.

모델사례

75세 자산가 김부자는 배우자 박아내(70세), 딸 김하나(32세), 아들 김두리(29세)를 두고 있다. 김부자는 100억 원의 자산(상가건물 50억 원, 금융자산 40억 원, 아파트 10억 원)을 보유하고 있다. 딸 김하나는 S전자 이철수 과장과 결혼을 했고, 외손자 이똘똘을 낳아 잘 키우고 있다. 아들 김두리는 아직 미혼인데, 재산관리능력이 부족하고 아직 변변한 직장이 없어 걱정이다. 얼마 전 세무사와 상담을 했는데, 상속세가 30억 원 이상 나올 거라는 말을 듣고 새로운 걱정거리가 생겼다. 상가건물은 아버지로부터 물려받은 토지 위에 김부자가 신축한 상가인데, 임대료 수입으로 배우자와 김하나와 김두리에게 일정 금액을 꾸준히 지급되도록 하고 싶다. 그리고 상가건물의 대지가 아버지로부터 물려받은 거라, 김부자 본인이나 배우자 박아내 사후에도 자녀 김하나와 김두리가 오랜 기간 소유했으면 한다.

김부자는 세무사와 변호사를 만나 가족구성원 중 김두리에 대한 걱정을 해결할 수 있는 방법, 상속세를 줄일 수 있는 방법, 사후 김하나와 김두리가 아버님으로부터 물려받은 대지 위에 건물을 20년간 유지할 수 있도록 하는 방법을 상담했으나, 김부자가 변호사나 세무사로부터 원하는 명확한 답을 듣지 못했다.

김부자를 위한 현명한 상속증여계획, 즉 자산승계계획 수립은 어떻게 하면 될까?

Part 02

신탁의 개념, 설정방법과 활용

CHAPTER 01

신탁의 개념

1 신탁의 개념

가. 신탁의 정의

신탁은 '타인을 위한 가장 완전한 재산관리도구'이다.[1] 신탁은 재산의 소유권을 신뢰할 수 있는 수탁자에게 맡겨두고 원하는 대로 재산을 관리하는 도구이다. 신탁은 영국이 만들어 낸 가장 '빛나는 업적'이라고도 한다. 신탁이 대체 무엇이기에 이렇게 다양한 사람들로부터 칭송받은 것일까?

신탁 명언

"Of all the exploits of equity, the largest and most important is the invention and development of the trust. It is an institute of great elasticity and generality. As elastic, as general as contract. This is perhaps the most distinctive achievement of English lawyers.[2]"

Frederic William Maitland

"형평법의 업적에 있어 가장 위대하고 중요한 것은 신탁의 발명과 개발이다. 신탁은 고무처럼 매우 탄력적이지만 계약만큼 보편적 성격을 가진 제도이다. 이것은 아마 영국 변호사들이 만든 가장 위대한 업적이라 할 수 있다."

1) 新井誠 저/안성포 역, 『신탁법』 제3판(전남대학교출판부, 2011), 123면. 新井誠 교수는 "'신탁은 가장 완성된 타인을 위한 재산관리제도'라고 말할 수 있을 것이다. 왜냐하면 신탁에서는 관리의뢰자인 위탁자가 관리대상인 신탁재산에 대한 일체의 권한을 명의까지 포함하여 완전히 수탁자에게 맡기고 스스로는 그 신탁이라는 무대에서 떠나는 형태를 취하기 때문이다."라고 하였다.

2) Frederic William Maitland, Equity, Also the Forms of Action at Common Law(1909).

신탁은 위탁자와 수탁자 사이의 신임관계에 근거하여 위탁자가 신탁재산에 대한 관리·처분 권한을 수탁자에게 부여하고 수탁자는 수익자를 위하여 신탁계약에서 정한 바에 따라 신탁재산에 대한 관리·처분 권한을 행사하는 법률관계를 형성한다.

신탁법

제2조【신탁의 정의】 이 법에서 "신탁"이란 신탁을 설정하는 자(이하 "위탁자"라 한다)와 신탁을 인수하는 자(이하 "수탁자"라 한다) 간의 신임관계에 기하여 위탁자가 수탁자에게 특정의 재산(영업이나 저작재산권의 일부를 포함한다)을 이전하거나 담보권의 설정 또는 그 밖의 처분을 하고 수탁자로 하여금 일정한 자(이하 "수익자"라 한다)의 이익 또는 특정의 목적을 위하여 그 재산의 관리, 처분, 운용, 개발, 그 밖에 신탁 목적의 달성을 위하여 필요한 행위를 하게 하는 법률관계를 말한다.

제31조【수탁자의 권한】 수탁자는 신탁재산에 대한 권리와 의무의 귀속주체로서 신탁재산의 관리, 처분 등을 하고 신탁 목적의 달성을 위하여 필요한 모든 행위를 할 권한이 있다. 다만, 신탁행위로 이를 제한할 수 있다.

Part 02

❙ 신탁의 기본 구조 ❙

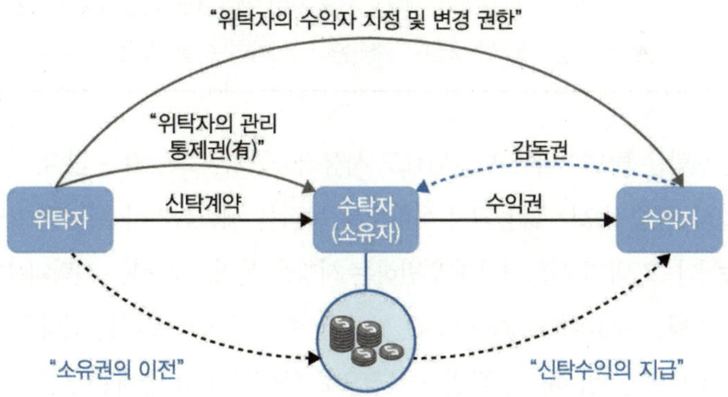

신탁법 제2조가 규정하고 있는 신탁의 정의에서 수탁자는 "수익자의 이익을 위하여"와 "신탁 목적의 달성을 위하여 필요한 행위"를 할 수 있다는 점에 주목하면 신탁의 의미는 다음과 같다. 수탁자는 "수익자의 이익을 위하여", "모든 행위"를 할 수 있다는 말이다. 위탁자가 신탁을 맡기는 "신탁 목적"도 원칙적으로 제한이 없고, 수탁자가 할 수 있는 "행위"도

원칙적으로 제한이 없다. 위탁자와 수탁자가 합의하면, 수탁자는 "위탁자가 원하는 모든 목적 달성을 위해 모든 행위"를 할 수 있다. 즉, 신탁법 제2조가 규정하는 "신탁의 정의"는 신탁의 무한한 활용 가능성을 보여준다. 이를 두고 신탁은 '가장 완전한 재산관리도구' 또는 '가장 창조적인 재산관리도구'라 하는 것이다. 신탁법 제2조가 규정하는 "신탁의 정의"에서 도출한 신탁의 무한한 가능성이다.

신탁 명언

"The trust … is a device for making dispositions of property. And no other system of law has for this purpose so flexible a tool. It is this that makes the trust unique … The purposes for which trusts can be created are as unlimited as the imagination of lawyers. … The evolution of the trust has been a great adventure in the field of jurisprudence. It has not ended. As long as the owner of property can dispose of it in accordance with his legitimate wishes, the great adventure will go on. The law of trusts is living law."

Austin. W. Scott

신탁은 재산을 관리처분하는 도구이다. 법체계에서 재산관리처분도구로 신탁만큼 유연한 도구는 없다. 유연성은 신탁의 독특함을 잘 표현한다. 신탁 설정 목적은 법률가의 상상력에 달려있다. 신탁의 발전은 법학 영역에서 위대한 도전이다. 이러한 도전은 끝이 없다. 재산의 소유자가 그의 바람에 따라 신탁재산을 관리처분하는 한 이러한 도전은 계속된다. 신탁법은 살아있는 법(living law)이다.

그렇다면 신탁은 탈법이나 불법행위로도 사용가능한가? 그렇지는 않다. 우리 신탁법은 신탁이 불법적·탈법적으로 활용되지 못하도록 목적을 제한하거나 행위를 제한하고 있다. 선량한 풍속이나 그 밖의 사회질서에 위반하는 사항을 목적으로 하는 신탁과 목적이 위법하거나 불능인 신탁은 무효이다(신탁법 제5조). 소송을 주된 목적으로 하는 신탁은 변호사법과의 관계에서 무효이다(신탁법 제6조). 탈법을 목적으로 하는 신탁도 금지된다(신탁법 제7조). 채무자가 채권자를 해함을 알면서 신탁을 설정한 경우 채권자는 수탁자나 수익자에게 신탁행위의 취소 및 원상회복을 청구할 수 있다(신탁법 제8조). 신탁법 제5조 내지 제8조의 목적 및 행위 제한 이외에는 모두 가능하다고 보면 된다.

신탁법

제5조【목적의 제한】 ① 선량한 풍속이나 그 밖의 사회질서에 위반하는 사항을 목적으로 하는 신탁은 무효로 한다.

② 목적이 위법하거나 불능인 신탁은 무효로 한다.

③ 신탁 목적의 일부가 제1항 또는 제2항에 해당하는 경우 그 신탁은 제1항 또는 제2항에 해당하지 아니한 나머지 목적을 위하여 유효하게 성립한다. 다만, 제1항 또는 제2항에 해당하는 목적과 그렇지 아니한 목적을 분리하는 것이 불가능하거나 분리할 수 있더라도 제1항 또는 제2항에 해당하지 아니한 나머지 목적만을 위하여 신탁을 유지하는 것이 위탁자의 의사에 명백히 반하는 경우에는 그 전부를 무효로 한다.

제6조【소송을 목적으로 하는 신탁의 금지】 수탁자로 하여금 소송행위를 하게 하는 것을 주된 목적으로 하는 신탁은 무효로 한다.

제7조【탈법을 목적으로 하는 신탁의 금지】 법령에 따라 일정한 재산권을 향유할 수 없는 자는 수익자로서 그 권리를 가지는 것과 동일한 이익을 누릴 수 없다.

제8조【사해신탁】 ① 채무자가 채권자를 해함을 알면서 신탁을 설정한 경우 채권자는 수탁자가 선의일지라도 수탁자나 수익자에게 「민법」 제406조제1항의 취소 및 원상회복을 청구할 수 있다. 다만, 수익자가 수익권을 취득할 당시 채권자를 해함을 알지 못한 경우에는 그러하지 아니하다.

② 제1항 단서의 경우에 여러 명의 수익자 중 일부가 수익권을 취득할 당시 채권자를 해함을 알지 못한 경우에는 악의의 수익자만을 상대로 제1항 본문의 취소 및 원상회복을 청구할 수 있다.

③ 제1항 본문의 경우에 채권자는 선의의 수탁자에게 현존하는 신탁재산의 범위 내에서 원상회복을 청구할 수 있다.

④ 신탁이 취소되어 신탁재산이 원상회복된 경우 위탁자는 취소된 신탁과 관련하여 그 신탁의 수탁자와 거래한 선의의 제3자에 대하여 원상회복된 신탁재산의 한도 내에서 책임을 진다.

⑤ 채권자는 악의의 수익자에게 그가 취득한 수익권을 위탁자에게 양도할 것을 청구할 수 있다. 이때 「민법」 제406조제2항을 준용한다.

⑥ 제1항의 경우 위탁자와 사해신탁(詐害信託)의 설정을 공모하거나 위탁자에게 사해신탁의 설정을 교사·방조한 수익자 또는 수탁자는 위탁자와 연대하여 이로 인하여 채권자가 받은 손해를 배상할 책임을 진다.

신탁에 있어서 수탁자 앞으로 소유권이전등기를 마치게 되면 대내외적으로 소유권이 수탁자에게 완전히 이전되고, 수탁자는 대내외적으로 신탁재산에 대한 관리권을 갖는 것이고, 다만, 수탁자는 신탁의 목적 범위 내에서 신탁계약에 정하여진 바에 따라 신탁재산을 관리하여야 하는 제한을 부담함에 불과하다(대법원 2002.4.12. 선고 2000다70460 판결).

신탁 판례

대법원 2002.4.12. 선고 2000다70460 판결

[1] 주택임대차보호법 제3조 제2항은 "임차주택의 양수인(기타 임대할 권리를 승계한 자를 포함한다)은 임대인의 지위를 승계한 것으로 본다."라고 규정하는바, 위 규정에 의하여 임대인의 지위를 승계한 것으로 보게 되는 임차주택의 양수인이 되려면 주택을 임대할 권리나 이를 수반하는 권리를 종국적·확정적으로 이전받게 되는 경우라야 한다.

[2] 신탁법상의 신탁은 위탁자가 수탁자에게 특정의 재산권을 이전하거나 기타의 처분을 하여 수탁자로 하여금 신탁 목적을 위하여 그 재산권을 관리·처분하게 하는 것이므로(신탁법 제1조 제2항), 부동산의 신탁에 있어서 수탁자 앞으로 소유권이전등기를 마치게 되면 대내외적으로 소유권이 수탁자에게 완전히 이전되고, 위탁자와의 내부관계에 있어서 소유권이 위탁자에게 유보되어 있는 것은 아니라 할 것이며, 이와 같이 신탁의 효력으로서 신탁재산의 소유권이 수탁자에게 이전되는 결과 수탁자는 대내외적으로 신탁재산에 대한 관리권을 갖는 것이고, 다만, 수탁자는 신탁의 목적 범위 내에서 신탁계약에 정하여진 바에 따라 신탁재산을 관리하여야 하는 제한을 부담함에 불과하다.

[3] 임대차의 목적이 된 주택을 담보목적으로 신탁법에 따라 신탁한 경우에도 수탁자는 주택임대차보호법 제3조 제2항에 의하여 임대인의 지위를 승계한다고 한 사례.

위탁자는 재산의 소유권을 수탁자에게 이전하면서 재산의 보관, 관리, 운용, 처분, 배분에 대해 위탁자가 원하는 내용을 신탁계약으로 정해놓고, 수탁자는 이 신탁계약의 내용대로 수익자를 위하여 신탁재산의 보관, 관리, 운용, 처분, 배분하는 권리와 의무를 가진다. 위탁자는 소유권을 수탁자에게 이전하여 놓지만, 여전히 수탁자를 통해 간접적으로 신탁재산에 대한 보관, 관리, 운용, 처분, 배분할 수 있는 '실질적인 통제권(control)'을 행사할 수 있다는 점이 특징이다. 그리고 위탁자는 원칙적으로 언제든지 신탁계약을 해지해서 신탁재산의 소유권을 본인 앞으로 이전할 수도 있다. 이 점은 "Own Nothing. But Control Everything(아무것도 소유하고 있지 않지만, 모든 것을 통제한다)."이라는 John. D. Rockefeller의 명언이 잘 설명해준다.

신탁은 재산에 대한 사용권, 수익권 및 처분권이 모두 하나의 인격에 귀속되는 '소유권'의 개념[3]에서 벗어나 인위적으로 소유권을 질적으로 인수분해(因數分解)하여 소유권의 개념에서 수익권과 관리처분권을 분리한 제도이다.[4] 신탁은 '목적재산의 소유권의 완전한 이전',

3) 민법 제211조는 "소유자는 법률의 범위 내에서 그 소유물을 사용, 수익, 처분할 권리가 있다."라고 규정하는데, 소유권은 물건을 전면적으로 지배할 수 있는 권리, 즉 물건의 사용가치와 교환가치의 전부에 대하여 전면적으로 작용하는 권리(全面性 또는 包括性)이다[지원림, 『민법강의』(홍문사, 2023), 394면].

4) 수탁자는 법률적으로 소유권을 취득하지만 그 소유권의 내용 중 사용가치 또는 교환가치는 수익자에게 귀속되는 것이라는 의미에서 소유권이 인수분해되어 다른 법률주체에 귀속된다고 볼 수 있다.

'관리처분주체와 수익주체의 분리' 및 '관리처분권의 목적구속성'이라는 특징을 가진다.[5] 이러한 신탁의 특징, 즉 '소유권의 분리 현상' 때문에 민법상 소유권제도와 신탁법상 신탁제도는 이질적인 존재인 바, 민법과 신탁법의 이질성을 해석론을 통하여 중화하고 체계적 정합성을 추구하는 것이 신탁법 해석학의 역사에 적지 않은 비중을 차지하였다.[6] 이 책에서 다루는 가족신탁은 '신탁계약'으로 설정되기 때문에 우리나라 민법상 계약 법리를 신탁계약에 적용하면 가족신탁을 활용하는 데 체계적 정합성이 문제되지 않을 것으로 판단된다.

나. 신탁의 권리변동 과정

신탁관계의 성립과정을 '권리의 변동과정'이라는 관점에서 이론적으로 살펴보면, (i) 위탁자로부터 수탁자에게로 신탁재산에 대한 물권(관리권·처분권·수익권)이 이전되는 단계, (ii) 신탁재산이 수탁자의 고유재산으로부터 분리·독립되는 단계, (iii) 수탁자가 신탁재산에 대한 물권(관리권·처분권·수익권) 중 수익권을 분리하여 수익자에게 부여하는 단계, (iv) 수익자의 수익권에 대응하여 수탁자에게 수익자에 대한 신인의무(fiduciary duty)가 발생하는 단계로 구분할 수 있다.[7]

❙ 신탁의 권리변동 과정 ❙

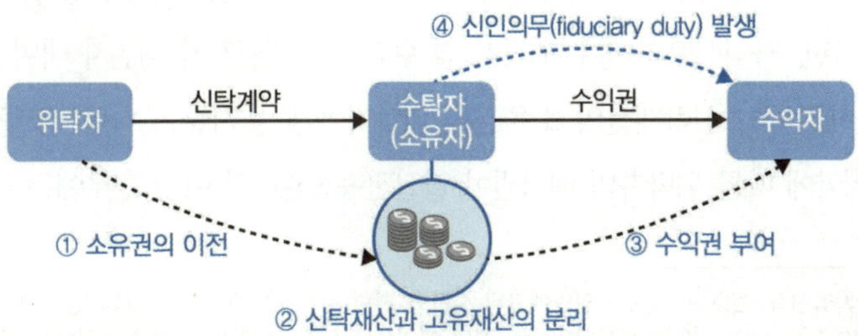

1 위탁자로부터 수탁자에게 신탁재산의 소유권이 이전되는 단계(asset transfer)

2 신탁재산이 수탁자의 고유재산으로부터 분리 · 독립되는 단계(asset partitioning)

3 수탁자가 신탁재산의 관리권 · 처분권 · 수익권 중 수익권을 분리하여 수익자에게 부여하는 단계(beneficiary)

4 수익자의 수익권에 대응하여 수탁자에게 수익자에 대한 신인의무가 발생하는 단계(fiduciary duty)

---

5) 新井誠 저/안성포 역, 『신탁법』 제3판(전남대학교출판부, 2011), 3면.

6) 위의 책, 44면. 신탁의 기본구조에 대하여 ① 채권설, ② 상대적 권리이전설, ③ 실질적 법주체성설 등 다양한 견해가 일본에서 주장되었다.

7) 함대용, "신탁형 자산유동화에서의 진정양도 판단", 『BFL』 제44호(서울대학교 금융법센터, 2010.11.), 69면.

다. 신탁재산의 독립성

신탁재산은 형식상 수탁자가 그 명의인으로서 완전한 권리를 보유한 것으로 되지만, 타인인 수익자를 위한 관리제도라는 신탁의 본질상 실체적으로는 수탁자의 고유재산과 신탁재산은 분별되어 관리하여야 할 의무가 부과되고 신탁재산에 대한 법률효과도 수탁자의 고유재산뿐만 아니라 위탁자의 고유재산과도 완전히 분리되어야 하는데, 이를 '신탁재산의 독립성'이라 한다.[8] 신탁법은 신탁재산의 독립성을 보장하기 위하여 신탁재산에 대한 강제집행금지, 수탁자의 파산으로부터 도산격리, 신탁재산에 대한 상계금지, 신탁재산에 대한 혼동의 특칙, 신탁재산의 범위, 신탁재산의 첨부 등을 규정하고 있다(신탁법 제22조 내지 제28조).[9] 신탁재산의 독립성은 신탁을 타인을 위한 재산관리도구로 활용하는 데 있어서 가장 근본적이고도 중요한 특징이라 할 수 있다. 한편, 신탁재산의 수익자로부터 독립성도 당연히 인정된다. 수익자의 채권자는 원칙적으로 신탁재산에 대해 강제집행할 수 없다. 다만, 수익권은 수익자의 양도가능한 재산이고 일신전속적권리가 아니므로 수익자의 채권자가 수익권에 대해 강제집행할 수 있음은 당연하다.[10] 그리고, 위탁자가 해지권을 유보한 철회가능신탁이라도 수탁자에게 신탁재산의 소유권이 완전히 이전되었고, 집행권원상의 채무자와 강제집행의 대상이 되는 물건의 소유자가 동일인이어야 한다는 집행법상 원리에 비추어 보면, 우리 법상 철회가능신탁의 경우에도 위탁자의 채권자가 신탁재산을 강제집행하는 것을 허용할 수 없다.[11] 한편, 자익신탁의 경우 위탁자 겸 수익자의 채권자가 채권자 대위권을 행사하여 신탁계약을 해지하여 신탁재산의 소유권을 위탁자에게 돌려놓은 다음 강제집행할 수 있다.[12] 신탁계약에 따른 위탁자의 해지권이 일신전속적권리가 아닐 경우에는 위탁자의 채권

---

8) 오영준, "유한책임신탁-2009.10.27. 입법예고된 신탁법 전면개정안을 중심으로", 『BFL』 제39호(서울대학교 금융법센터, 2010.1.), 22면. 위탁자로부터의 독립성의 예외로 논의할 수 있는 것이 사해신탁과 철회가능신탁에 있어서 채권자의 권리행사이다.

9) 아울러 신탁법 제12조는 수탁자가 사망한 경우, 한정후견의 심판 또는 성년후견의 심판을 받은 경우, 수탁자가 파산선고를 받은 경우 및 법인인 수탁자가 합병 외의 사유로 해산한 경우에도 신탁의 종료사유가 아니라 단순한 '수탁자의 임무종료사유'로 규정하고 있다. 신탁법 제12조는 수탁자가 부재하거나 수탁능력이 없는 경우에도 신탁이 존속할 수 있다는 것을 규정한 것이므로, 신탁법 제12조도 신탁재산의 독립성을 부여한 조항으로 볼 수 있다. 신탁관계는 수탁자가 부재하거나 또는 수탁능력이 없는 경우에도 존속함을 규정한 신탁법 제12조도 간접적으로 신탁재산의 독립성을 부여한 것으로 볼 수 있다.

10) 신탁설정에 있어서 위탁자의 의도는 수익자가 신탁으로 인한 수익을 누리는 데 있는 것이지 수익자의 채권자가 수익을 누리는 데 있는 것이 아니므로, 위탁자로서 그 의도를 관철하기 위한 수단이 필요한바, 수익자가 수익권을 양도하는 것을 금지하고 수익자의 채권자가 수익권을 압류하는 것을 제한하는 내용이 포함된 '낭비자보호신탁(spendthrift trust)이 대표적인 예이다(이계정, 앞의 책, 217~218면). 부모 사후 미성년자녀의 재산보호나 장애인의 생존기간 동안 재산보호를 위해 제한된 범위에서 낭비자보호신탁을 도입할 필요가 있다(민사집행법 제246조가 규정하는 압류금지채권의 대상으로 포함하면 된다).

11) 이계정, 앞의 책, 300면.

자가 대위행사할 수 있으나, 유언대용신탁계약과 같이 '유언'을 대체하는 목적으로 체결된 신탁계약의 해지권은 일신전속적권리이기 때문에 위탁자의 채권자가 대위행사할 수 없다고 보는 것이 타당하다.

라. 위탁자와 수익자의 관계 : 자익신탁과 타익신탁

| 자익신탁과 타익신탁의 구분 |

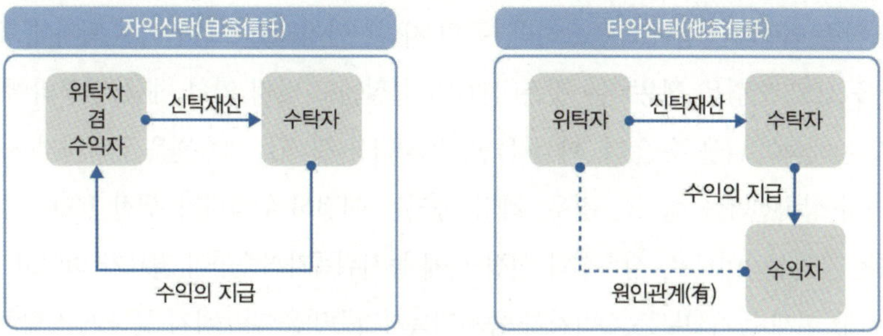

위탁자가 왜 스스로를 수익자로 하는 신탁계약을 체결하는가? 위탁자와 수익자가 동일인이면, 위탁자는 자기를 위해 신탁(자익신탁)을 설정하는 것이다. 예를 들면, 금전을 신탁하면서 신탁회사의 금전운용의 전문성을 활용하는 것이다. 자익신탁의 경우 위탁자와 수익자가 동일하므로, 위탁자의 신탁계약 변경과 해지는 언제든지 자유롭다. 자익신탁에서 위탁자는 신탁재산에 대한 강한 지배권이나 통제권을 보유하고 있다.

위탁자가 제3자인 수익자를 위해 신탁계약을 체결하는 이유는 무엇인가? 위탁자와 수익자가 다른 신탁(타익신탁)의 경우 위탁자와 수익자 사이의 일종의 '원인관계'가 존재한다.[13] 위탁자가 제3자인 수익자를 지정하는 행위를 무상으로 하면 '무상거래'가 있는 것이고, 유상으로 하면 '유상거래'가 있는 것이다. 타익신탁의 경우 위탁자가 수익자와 다르므로 위탁자가 수익자의 동의 없이 임의로 신탁계약을 해지하거나 변경하지 못하는 것이 원칙이다.

수탁자는 수익자를 위해 신탁재산을 보관, 관리, 처분, 운용, 배분을 하는 것인데, 자익신탁은 위탁자와 수익자가 동일하므로 통상 수탁자는 위탁자 중심으로 신탁재산을 관리하는 반면,

---

12) 이계정, 앞의 책, 300면.

13) 위탁자와 수익자 사이의 원인관계는 신탁계약에 명시되어 있을 수도 있고, 그렇지 않을 경우도 있다. 타익신탁을 설정하고 활용함에 있어서 원인관계에 대한 세부적인 분석이 필요하다.

타익신탁은 위탁자와 수익자가 다르므로, 수탁자는 수익자 중심으로 신탁재산을 관리한다.

그리고 일반적으로 자익신탁은 재산관리도구로 활용하는 것이고, 타익신탁은 독립된 수탁자가 수익자를 위해 신탁재산을 관리하는 것을 목적으로 한다. 물론 자익신탁과 타익신탁이 결합[14]된 신탁구조도 가능하다.[15]

한편, 자익신탁과 타익신탁의 구분은 조세를 부과할 때도 중요한 역할을 한다. 특히 수익권 설계가 조건부나 기한부로 되어 있는 경우, 자익신탁에서 타익신탁으로 변경되는 시점 전후로 세금 부담 주체가 달라질 수 있다. 그리고 자익신탁과 타익신탁의 구분은 신탁을 둘러싼 각종 법령의 적용에도 중요하다. 특히 자익신탁이라도 소유권이 수탁자에 이전되는 현상만을 보고 법령을 적용하는 것은 신탁의 실질에도 맞지 않고 해당 법령의 취지에도 맞지 않는 해석이 나올 수 있다. 예를 들면, 농지법상 전, 답, 과수원을 위탁자가 자경(自耕)을 하면서 상속신탁을 설정한 경우, 해당 농지는 여전히 위탁자가 생전 100% 수익권을 보유하는 자익신탁이므로, 상속신탁 설정 시에 농지취득자격증명이 필요가 없다고 보는 것이 맞는데, 현재 등기실무는 수탁자가 농지취득자격증명을 취득하지 못하면 신탁설정등기가 불가능하다.[16] 다른 예를 들면, 산업단지 내 공장에 대해 공장을 직접 운영하면서 상속신탁을 설정하는 경우, 신탁에 따라 공장이 신탁회사로 이전되는 것을 '공장 처분행위'로 보고 소유권을 이전받는 신탁회사가 산업단지관리주체와 입주계약을 체결해야 하는지 명확한 유권해석이 없는 것도 문제다.[17] 이 두 가지는 자익신탁과 타익신탁을 명확히 구분하여 법령을 적용해야 하는 대표적인 사례라 볼 수 있다.

---

14) 상속신탁의 경우 생전에는 자익신탁이고, 사후에는 타익신탁이어서 두 구조가 결합된 신탁이다. 물론 위탁자 사망시점을 기준으로 그 전에는 자익신탁, 그 이후에는 타익신탁이므로, 논리적으로 자익과 타익이 같은 시기에 존재하지 않아, 정형적인 자익신탁과 타익신탁의 결합 구조와는 다르다. 유언대용신탁의 경우 생전에는 '자익신탁' 구조가 대부분이므로, 위탁자가 신탁재산에 대한 실질적인 통제권을 보유하고 있다.

15) 자익신탁과 타익신탁 사이에 다양한 스펙트럼이 존재하므로, 일의적으로 법률관계를 파악하는 것은 무리이나, 신탁구조의 이해를 돕기 위한 설명이다.

16) 농지에 대하여 신탁을 원인으로 하여 소유권이전등기를 신청하는 경우에는 관리신탁, 처분신탁, 담보신탁 등 신탁의 목적에 관계없이 농지취득자격증명을 첨부하여야 한다(등기선례 제7-465호).

17) 현재까지 산업단지 입주업체가 자금조달을 위해 담보신탁하는 경우에는 신탁회사가 입주계약을 체결할 필요가 없다는 해석만 존재한다[법제처 17-0536, 2017.11.22., 산업통상자원부]. 자익신탁구조로 설정되는 상속신탁이나 증여신탁의 경우에도 이러한 유권해석이 필요하다.

2 신탁의 구성요소와 신탁의 성립[18)]

신탁의 구성요소는 위탁자, 수탁자 및 수익자라는 인적요소와 신탁재산이라는 물적요소로 나누어 볼 수 있다. 신탁의 인적요소와 물적요소는 신탁행위에 근거하여 물적요소인 신탁재산에 대한 인적요소인 위탁자, 수탁자 및 수익자의 권리의무를 발생시키므로 위탁자, 수탁자 및 수익자의 권리의무는 신탁의 물적요소인 신탁재산을 전제로 하여 발생한다.[19)] 한편, 신탁행위도 법률행위이므로, 위탁자, 수탁자 및 수익자는 권리의무의 귀속주체가 될 수 있는 권리능력이 있어야 하고, 아울러 위탁자의 신탁행위는 일종의 신탁재산에 대한 처분행위이므로, 신탁재산에 대한 처분권능을 가지고 있어야 신탁행위가 적법·유효하게 성립한다.

신탁법은 신탁행위로 위탁자와 수탁자 간의 계약, 위탁자의 유언 및 위탁자의 신탁선언이라는 3가지 신탁행위의 방법을 명시하고 있다(신탁법 제3조). 신탁행위의 요건은 인적요소인 위탁자, 수탁자 및 수익자가 확정될 것과 위탁자, 수탁자 및 수익자의 권리의무의 전제인 신탁재산이 특정될 것이다. 한편, 신탁법은 신탁행위의 인적요소 중 수익자와 물적요소인 신탁재산을 사후적으로 확정할 수 있는 신탁행위를 허용하고 있다. 즉, 신탁법 제3조 제4항은 "위탁자는 신탁행위로 수탁자나 수익자에게 신탁재산을 지정할 수 있는 권한을 부여하는 방법으로 신탁재산을 특정할 수 있다."라고 규정함으로써 '신탁재산지정형 재량신탁'이 가능함을, 신탁법 제58조는 "신탁행위로 수익자를 지정하거나 변경할 수 있는 권한을 갖는 자를 정할 수 있다."라고 규정함으로써 '수익자지정형 재량신탁'이 가능함을 명시적으로 규정하고 있다.[20)] 재량신탁은 가족신탁에서 중요한 의미를 가진다. 가족신탁은 2세대에서 4세대까지 장기간 계약관계를 구성할 수 있는데, 위탁자가 신탁계약 시 장기간 가족구성원의 상황을 예측하기 어렵기 때문이다. 가족신탁의 사후수익자를 2세대 이상으로 설정할 경우 재량신탁을 활용하면 위탁자가 신탁설정 시점에 예상하지 못한 가족의 신체적, 정신적, 경제적 상황에 대비할 수 있을 것이다.

---

18) 이 부분은 저자의 박사학위 논문(신탁을 활용한 자금조달에 관한 법적연구)을 가감수정한 것임을 밝혀둔다.

19) 확정된 신탁재산이 없으면 신탁재산에 관한 수탁자의 의무가 발생하지 않으므로 신탁재산은 신탁의 성립요건은 아니지만 수탁자에 대한 의무를 부과하기 위한 실질적 전제가 되고, 신탁재산이 없으면 수익을 창출할 수도 없다는 점에서 신탁의 필수요건이다[이중기, 『신탁법』(삼우사, 2007), 94면].

20) 신탁재산지정형 재량신탁의 도입 취지는 신탁제도의 유연성을 고려하여 신탁재산지정권을 부여하는 유형의 신탁도 신탁계약에 의하여 가능하도록 함으로써 가족신탁 등이 활성화될 경우 전문가인 수탁자나 수익자가 신탁재산을 조사·결정할 수 있는 형태의 신탁이 이용될 가능성이 높으므로 신탁재산지정권 부여가 인정되도록 명문상 근거를 마련하였다[법무부, 『신탁법 해설』(2012), 36면].

신탁행위가 성립한 후 신탁재산이라는 물적요소가 인적요소와의 결합, 즉 신탁재산이 수탁자로 이전되는 시점에 신탁의 법률관계가 완성된다. 즉, 신탁행위가 성립한 후 신탁재산이 이전되기 전까지는 수탁자의 신탁재산에 대한 관리·처분 권한과 수익자의 신탁재산에 대한 수익권이 발생하지 아니한다. 신탁행위를 함으로써 채권적 효력이 발생하고, 그에 따라 물권행위가 이루어지고 재산권이 이전됨에 따라 비로소 신탁이 형성되어 신탁관계의 형성이 완성되는 것이다.[21)22)]

한편, 신탁법 제27조는 신탁재산의 범위와 관련하여 "신탁재산의 관리, 처분, 운용, 개발, 멸실, 훼손, 그 밖의 사유로 수탁자가 얻은 재산은 신탁재산에 속한다."라고 규정함으로써, 위탁자가 신탁행위의 성립의 결과 신탁재산으로 이전한 신탁재산뿐만 아니라 수탁자가 신탁의 법률관계에 따라 신탁재산을 관리처분하는 과정에서 취득한 재산도 당연히 신탁재산의 범위에 속함을 명시하고 있다.[23)] 수탁자가 신탁재산을 관리하는 과정에서 발생한 과실, 신탁재산의 처분의 대가로 수취한 대금, 신탁재산으로 개발된 부동산 등이 신탁재산으로 되는 것은 물론 "멸실, 훼손, 그 밖의 사유"로 수탁자가 신탁재산과 관련하여 취득한 재산도 신탁재산이 됨을 신탁법은 명시하고 있다.[24) 25)] 결국 신탁재산은 수탁자의 관리처분권의 행사

---

21) 임채웅, "신탁행위의 연구", 『저스티스』 통권 제99호(한국법학원, 2007.8.), 114면. 영국신탁법은 신탁의 성립(creation of trusts)과 발효(constitution of trusts)를 구분 짓는데, 생전신탁으로서 상대방인 수탁자가 있을 경우에는 신탁설정에 관한 위탁자의 단독적 의사표시에 의하여 신탁은 성립(creation of trust)되며 해당 재산권이 수탁자에게 귀속되었을 때 신탁은 효력(constitution of trust)을 발생한다[오영걸, 신탁의 변용적 계수 및 그 법리적 과제들, 서울대학교 법학 제60권 제4호(2019), 106면].

22) 신탁법상 신탁계약이 이루어져 수탁자 앞으로 부동산의 소유권이전등기가 마쳐지면 대내외적으로 소유권이 수탁자에게 완전히 이전되어 수탁자는 신탁의 목적에 따라 신탁재산인 부동산을 관리 · 처분할 수 있는 권능을 갖게 되고 수탁자는 신탁의 목적 범위 내에서 신탁재산을 관리 · 처분하여야 하는 신탁계약상의 의무만을 부담하며 위탁자와의 내부관계에 있어서 부동산의 소유권이 위탁자에게 유보되어 있는 것이 아니므로, 신탁법에 따른 신탁등기가 마쳐지지 아니한 경우 신탁재산인 부동산에 관한 사실상의 소유자는 수탁자로 보아야 한다(대법원 2014. 11. 27. 선고 2012두26852 판결). 한편, 신탁법에 따른 신탁은 위탁자가 수탁자에게 특정의 재산을 이전하거나 그 밖의 처분을 하여 수탁자로 하여금 신탁 목적을 위하여 그 재산을 관리 · 처분하게 하는 것이므로(신탁법 제2조), 부동산의 신탁에서 수탁자 앞으로 소유권이전등기를 마치기 전에는 해당 부동산 자체가 수탁자의 신탁재산으로 편입되지 않는다(대법원 2019. 10. 31. 선고 2016두50846 판결).

23) 이 규정은 신탁재산의 물상대위성을 인정한 규정인바, 민법상 물상대위에 의한 대위물의 범위는 대상재산의 변형물에 한정되나 신탁의 경우에는 대위물뿐만 아니라 신탁의 관리처분으로 얻는 재산(적극재산인지 소극재산인지 불문)이 적용대상이 되므로 신탁재산으로부터 발생하는 천연과실 · 법정과실도 포함되고, 아울러 수탁자에 대한 원상회복청구권 또는 손해배상청구권, 신탁재산의 멸실 · 훼손으로 인한 손해배상채권 · 보험청구권, 신탁재산의 개발을 위하여 차용한 금전채무를 포함한다(법무부, 앞의 책, 228-229면).

24) 그렇다면 "그 밖의 사유로 수탁자가 신탁재산과 관련하여 취득한 재산"의 범위를 어느 범위까지 확장할 수 있느냐가 문제되는바, 신탁재산과 관련하여 발생한 기회를 이용하여 취득한 이익도 신탁재산이라고 한다. 예를 들면, 신탁재산인 주식과 관련하여 신탁재산인 주식이 지배지분이어서 수탁자가 그 기업의 이사로 선임된 경우에는 수탁자가 회사로부터 받는 보수도 신탁재산에 속한다고 한다(Robert Pearce, John Stevens & Warren Barr, *The Law of Trusts and Equitable Obligations*, Oxford University Press, 2010, pp. 72-73).

25) 신탁재산으로 편입하는 별도의 절차는 필요 없으나 제3자에 대하여 신탁재산임을 주장하기 위해서는 공시방법을 갖추어야 한다.

또는 물상대위의 특징에 의하여 질적·양적으로 증감·변동하는 속성을 가지고 있다.[26] 영미법계의 신탁에서는 신탁재산의 증감·변동하는 속성을 반영하여 신탁재산을 '신탁펀드(trust fund)'라고 부르기도 한다.[27] 신탁재산의 증감·변동성과 신탁재산의 독립성이라는 두 가지 특수성은 신탁이 투자신탁과 사업신탁의 법적기구로 활용되는 이유이기도 하다.

3 신탁의 공시와 대항력

신탁의 설정은 신탁계약 이후 신탁재산의 소유권을 수탁자가 위탁자로부터 이전받음으로써 완료되지만, 신탁재산이 수탁자의 고유재산이 아니라 신탁재산임을 공시하여야 '그 재산이 신탁재산에 속함을 제3자에게 대항'할 수 있다(신탁법 제4조). 신탁법 제4조는 수탁자와 거래하는 제3자가 해당 거래 대상이 수탁자의 고유재산인지 신탁재산인지 알 수 있도록 하여 제3자가 불측의 손해를 입지 않도록 신탁의 공시제도를 마련한 것이다. 이러한 신탁공시는 신탁의 성립요건이 아니라 대항요건이다.[28]

한편, 신탁 설정을 위한 소유권 이전 방법과 신탁공시 방법은 신탁재산의 유형에 따라 다르다. 부동산등기법 제82조 제1항은 "신탁등기의 신청은 해당 부동산에 관한 권리의 설정등기, 보존등기, 이전등기 또는 변경등기의 신청과 동시에 하여야 한다"고 규정함으로써 '소유권이전등기'와 '신탁등기'로 명확히 구분하도록 하고 있다. 그러나 기타 다른 등기·등록할 수 있는 재산, 즉, 선박이나 지식재산권의 신탁등기나 자동차, 항공기, 건설산업기계의 신탁등록 방법은 명확한 실무가 확립되어 있지 않으나, 부동산에 준하는 실무 절차가 마련되어야 한다. 그리고 등기·등록하지 않는 재산에 대한 신탁공시 방법은 우리 신탁법이 명시하고 있지 않기 때문에, 신탁실무에서 주의를 요한다.[29] 신탁법 제4조 제4항 및 동법 시행령 제2조가 규정하는 수익자명부, 토지대장, 임야대장, 건축물대장, 환지대장, 부동산종합공부

26) Robert Pearce, John Stevens & Warren Barr, *op. cit.*, pp. 72-73.

27) *Id.*, pp. 72-73.

28) 신탁공시의 대항력은 '해당 재산이 신탁재산에 속한다는 사실'에 한정된다. 이와 관련하여 부동산 신탁 설정 당시 만들어진 신탁원부의 일부인 신탁계약의 내용이 제3자에게 대항할 수 있는지 여부에 대해 판례가 나뉘었는데(대법원 2012.5.9. 2012다13590판결과 2018.9.28. 선고 2017다273894판결), PART 03에서 살펴보는 바와 같이 현행 신탁법 하에서 나온 대법원 판례(대법원 2025. 2. 13. 선고 2022다233164 판결)가 신탁원부의 대항력은 신탁재산의 구성 이외에는 인정하지 않는 것으로 정리되었다.

29) 현재 실무가 명확하게 정립되지 않는 유형의 신탁재산에 대해서는 실무를 하나하나 만들어 가야 하는 상황이다.

는 신탁재산임을 표시하는 방법으로 할 수 있다. 주권이 발행된 주식은 수탁자 명의로 명의개서를 하면서 주주명부상 주주란에 ['수탁자명(신탁, 위탁자 : 위탁자명)']을 기재한다. 주권이 발행되지 않은 주식은 우선 지명채권의 양도방법인 '위탁자의 신탁사실 통지' 또는 '발행회사의 신탁사실 승인'을 하면서 수탁자 명의의 명의개서를 요청하고 명의개서['수탁자명(신탁, 위탁자 : 위탁자명)']된 주주명부 사본을 수탁자가 보관한다. 한국예탁결제원에 예탁된 주식은 자본시장법 제311조 제3항[30]에 따라 예탁자계좌부 또는 투자자계좌부에 신탁재산인 뜻을 기재함으로써 제삼자에게 대항할 수 있다. 전자등록된 전자주식은 전자증권법 제35조 제4항[31]에 따라 해당 전자등록된 전자등록기관 또는 계좌관리기관에 신탁재산이라는 사실을 표시함으로써 제3자에게 대항할 수 있다. 다른 금융투자상품은 한국예탁결제원에 예탁되어 있으면 자본시장법 제311조 제3항에 따라 예탁자계좌부 또는 투자자계좌부에 신탁재산인 뜻을 기재함으로써, 전자증권으로 등록된 경우에는 전자증권법 제35조 제4항에 따라 전자등록기관 또는 계좌관리기관에 신탁재산이라는 사실을 표시함으로써 제3자에게 대항할 수 있다. 은행 예금은 계좌명을 수탁자 명의의 계좌에 '(신탁, 위탁자 : 위탁자명)'을 부기함으로써 제3자에 대항할 수 있다.

예탁된 주식, 전자주식, 기타 금융투자상품은 신탁회사 명의로 이전되어 있어야 신탁설정을 할 수 있으므로, 신탁회사로 이체 또는 대체가 선행된 후, 신탁회사가 수탁자로서 신탁사실을 계좌부 기재 또는 등록을 할 수 있는 방법과 타증권회사에 신탁회사 명의의 신탁계좌를 개설한 후 해당 신탁계좌에 금융투자상품을 이체하는 방법 중 선택이 가능하다. 다만, 우리나라의 경우 금융기관 사이에 협조가 잘 이루어지지 않기 때문에, 위탁자가 스스로 신탁회사 계좌로 이체 또는 대체하는 방법이 선호된다.

---

30) 자본시장법 제311조(계좌부 기재의 효력) ③ 예탁증권등의 신탁은 예탁자계좌부 또는 투자자계좌부에 신탁재산인 뜻을 기재함으로써 제삼자에게 대항할 수 있다.

31) 전자증권법 제35조(전자등록의 효력) ④ 전자등록주식등의 신탁은 제32조에 따라 해당 전자등록주식등이 신탁재산이라는 사실을 전자등록함으로써 제3자에게 대항할 수 있다.

구분	신탁재산	신탁설정 (소유권 이전)	대항력 구비 방법
등기	부동산, 선박, 지식재산권	등기(소유권이전)	등기(신탁등기)
등록	자동차, 항공기, 건설산업기계	등록	등록
장부	수익자명부, 토지대장, 임야대장, 건축물대장, 환지대장	장부기재	장부기재
주식	비상장주식(주권발행)	주권의 교부	명의개서
	비상장주식(주권미발행)	지명채권 양도방식	명의개서
	예탁주식	계좌부 기재	계좌부 기재
	전자증권(주식)	전자등록계좌부 등록	계좌부 등록
금융투자상품 (주식 外)	채권, 펀드 등 예탁증권	계좌부 기재	계좌부 기재
	전자증권	전자등록부 등록	계좌부 등록
예금	예금(보통, 정기), 적금	계좌주 변경	계좌명 부기

4 수탁자의 권한과 의무

수탁자는 신탁재산의 소유권을 보유하면서 신탁재산에 대한 권리와 의무의 귀속주체로서 신탁재산의 관리, 처분 등을 하고 신탁 목적의 달성을 위하여 필요한 모든 행위를 할 권한이 있다. 현대 사회에서 신탁의 활용에 대한 사회적 요구는 다양하고 폭넓어지고 있으므로 수탁자의 권한은 신탁의 취지와 목적 달성에 필요한 범위 내에서 폭넓게 인정하되, 수탁자가 그 권한을 행사함에 있어 신탁의 목적과 취지에 적합하게 행사하는 것을 담보할 수 있는 법적 장치가 필요하다. 이에 신탁법은 수탁자가 수탁자의 권한을 행사함에 있어 선관의무, 충실의무, 이익상반행위금지의무, 공평의무, 이익향수금지의무, 분별관리의무 등 다양하고 폭넓은 의무를 수탁자에게 부담시키는데 이를 통칭하여 '신인의무(fiduciary duty)'라 한다. 우리 신탁법은 수탁자에게 신인의무를 부담시키되, 위탁자가 신탁행위로 신인의무를 경감하거나 신인의무에 대한 예외를 둘 수 있도록 하였다(신인의무의 임의법규화).

수탁자가 선량한 관리자의 주의(注意)로 신탁사무를 처리하여야 하는 선관의무(duty of

care)와 수탁자가 수익자의 이익을 위해 신탁사무를 처리하여야 하는 충실의무(duty of loyalty)가 대표적인 수탁자의 의무이다.[32] 그리고 수탁자는 수익자의 이익에 반하는 행위를 할 수 없도록 하는 충실의무의 구체적 의무조항인 이익상반금지의무(no conflict rule)를 부담한다. 수익자가 여럿인 경우 수탁자는 각 수익자를 위하여 공평하게 신탁사무를 처리하여야 공평의무(duty of impartiality)를 부담한다. 수탁자는 누구의 명의로도 신탁의 이익을 누리지 못하는 이익향수금지의무(no profit rule)를 부담한다. 수탁자는 신탁재산을 수탁자의 고유재산과 분별하여 관리하고 신탁재산임을 표시하여야 하고, 여러 개의 신탁을 인수한 수탁자는 각 신탁재산을 분별하여 관리하고 서로 다른 신탁재산임을 표시하여야 하는 분별관리의무를 부담한다. 신탁은 위탁자와 수탁자 사이의 신인관계에 근거하여 신탁재산의 보관, 관리, 처분, 운용 기타 일체의 행위를 수탁자에게 맡기는 것이므로, 원칙적으로 수탁자가 신탁사무를 직접 처리하여야 하는 자기집행의무를 부담한다. 다만, 우리 신탁법은 수탁자는 정당한 사유가 있으면 수익자의 동의를 받아 타인으로 하여금 자기를 갈음하여 신탁사무를 처리하게 할 수 있도록 하여 자기집행의무의 예외를 인정한다.

한편, 수탁자가 위무를 위반하여 신탁재산에 손해가 생긴 경우 위탁자 또는 수익자는 신탁재산의 원상회복을 청구할 수 있고, 원상회복이 불가능하거나 현저하게 곤란한 경우, 원상회복에 과다한 비용이 드는 경우, 그 밖에 원상회복이 적절하지 아니한 특별한 사정이 있는 경우에는 손해배상을 청구할 수 있다(신탁법 제43조 제1항). 수탁자가 충실의무, 이익상반행위금지의무, 공평의무, 이익향수금지의무, 분별관리의무를 위반한 경우에는 신탁재산에 손해가 생기지 아니하였더라도 수탁자는 그로 인하여 수탁자나 제3자가 얻은 이득 전부를 신탁재산에 반환하여야 하는데(신탁법 제43조 제3항), 이는 영미법상 이득토출책임(disgorgement)을 도입한 것이다.

---

32) 영미법상 신인의무는 주의의무(duty of care)와 충실의무(duty of loyalty)로 구성되는데, 주의의무는 전문성에 관한 객관적 기준을, 충실의무는 이익상반방지를 핵심으로 한다(정순섭, 앞의 책, 364면). 우리나라는 신탁법이 명시적으로 선관의무와 충실의무를 도입하였고, 신탁업을 규율하는 자본시장법도 문언은 조금 다르지만 선관의무와 충실의무를 도입하였다. 우리나라에서 선관의무와 충실의무의 관계에 대해 동질설과 이질설이 대립하고 있고, 법원의 명확한 입장을 찾아보기도 어려운 상황이다.

신탁법

제31조【수탁자의 권한】 수탁자는 신탁재산에 대한 권리와 의무의 귀속주체로서 신탁재산의 관리, 처분 등을 하고 신탁 목적의 달성을 위하여 필요한 모든 행위를 할 권한이 있다. 다만, 신탁행위로 이를 제한할 수 있다.

제32조【수탁자의 선관의무】 수탁자는 선량한 관리자의 주의(注意)로 신탁사무를 처리하여야 한다. 다만, 신탁행위로 달리 정한 경우에는 그에 따른다.

제33조【충실의무】 수탁자는 수익자의 이익을 위하여 신탁사무를 처리하여야 한다.

제34조【이익에 반하는 행위의 금지】 ① 수탁자는 누구의 명의(名義)로도 다음 각 호의 행위를 하지 못한다.

1. 신탁재산을 고유재산으로 하거나 신탁재산에 관한 권리를 고유재산에 귀속시키는 행위
2. 고유재산을 신탁재산으로 하거나 고유재산에 관한 권리를 신탁재산에 귀속시키는 행위
3. 여러 개의 신탁을 인수한 경우 하나의 신탁재산 또는 그에 관한 권리를 다른 신탁의 신탁재산에 귀속시키는 행위
4. 제3자의 신탁재산에 대한 행위에서 제3자를 대리하는 행위
5. 그 밖에 수익자의 이익에 반하는 행위

② 제1항에도 불구하고 수탁자는 다음 각 호의 어느 하나에 해당하는 경우 제1항 각 호의 행위를 할 수 있다. 다만, 제3호의 경우 수탁자는 법원에 허가를 신청함과 동시에 수익자에게 그 사실을 통지하여야 한다.

1. 신탁행위로 허용한 경우
2. 수익자에게 그 행위에 관련된 사실을 고지하고 수익자의 승인을 받은 경우
3. 법원의 허가를 받은 경우

③ 제1항에도 불구하고 수탁자는 상속 등 수탁자의 의사에 기하지 아니한 경우에는 신탁재산에 관한 권리를 포괄적으로 승계할 수 있다. 이 경우 해당 재산의 혼동에 관하여는 제26조를 준용한다.

제35조【공평의무】 수익자가 여럿인 경우 수탁자는 각 수익자를 위하여 공평하게 신탁사무를 처리하여야 한다. 다만, 신탁행위로 달리 정한 경우에는 그에 따른다.

제36조【수탁자의 이익향수금지】 수탁자는 누구의 명의로도 신탁의 이익을 누리지 못한다. 다만, 수탁자가 공동수익자의 1인인 경우에는 그러하지 아니하다.

제37조【수탁자의 분별관리의무】 ① 수탁자는 신탁재산을 수탁자의 고유재산과 분별하여 관리하고 신탁재산임을 표시하여야 한다.

② 여러 개의 신탁을 인수한 수탁자는 각 신탁재산을 분별하여 관리하고 서로 다른 신탁재산임을 표시하여야 한다.

③ 제1항 및 제2항의 신탁재산이 금전이나 그 밖의 대체물인 경우에는 그 계산을 명확히 하는 방법으로 분별하여 관리할 수 있다.

제38조【유한책임】 수탁자는 신탁행위로 인하여 수익자에게 부담하는 채무에 대하여는 신탁재산만으로 책임을 진다.

제39조【장부 등 서류의 작성 · 보존 및 비치 의무】 ① 수탁자는 신탁사무와 관련된 장부 및 그 밖의 서류를 갖추어 두고 각 신탁에 관하여 그 사무의 처리와 계산을 명백히 하여야 한다.

② 수탁자는 신탁을 인수한 때와 매년 1회 일정한 시기에 각 신탁의 재산목록을 작성하여야 한다. 다만, 재산목록의 작성 시기에 관하여 신탁행위로 달리 정한 경우에는 그에 따른다.

③ 수탁자는 제1항 및 제2항의 장부, 재산목록 및 그 밖의 서류를 대통령령으로 정하는 기간 동안 보존하여야 한다.

④ 제3항에 따라 장부, 재산목록 및 그 밖의 서류를 보존하는 경우 그 보존방법과 그 밖에 필요한 사항은 대통령령으로 정한다.

제40조【서류의 열람 등】 ① 위탁자나 수익자는 수탁자나 신탁재산관리인에게 신탁사무의 처리와 계산에 관한 장부 및 그 밖의 서류의 열람 또는 복사를 청구하거나 신탁사무의 처리와 계산에 관하여 설명을 요구할 수 있다.

② 위탁자와 수익자를 제외한 이해관계인은 수탁자나 신탁재산관리인에게 신탁의 재산목록 등 신탁사무의 계산에 관한 장부 및 그 밖의 서류의 열람 또는 복사를 청구할 수 있다.

제41조【금전의 관리방법】 신탁재산에 속하는 금전의 관리는 신탁행위로 달리 정한 바가 없으면 다음 각 호의 방법으로 하여야 한다.

1. 국채, 지방채 및 특별법에 따라 설립된 법인의 사채의 응모 · 인수 또는 매입
2. 국채나 그 밖에 제1호의 유가증권을 담보로 하는 대부
3. 은행예금 또는 우체국예금

제42조【신탁사무의 위임】 ① 수탁자는 정당한 사유가 있으면 수익자의 동의를 받아 타인으로 하여금 자기를 갈음하여 신탁사무를 처리하게 할 수 있다. 다만, 신탁행위로 달리 정한 경우에는 그에 따른다.

② 제1항 본문의 경우 수탁자는 그 선임 · 감독에 관하여만 책임을 진다. 신탁행위로 타인으로 하여금 신탁사무를 처리하게 한 경우에도 또한 같다.

③ 수탁자를 갈음하여 신탁사무를 처리하는 자는 수탁자와 동일한 책임을 진다.

제43조【수탁자의 원상회복의무 등】 ① 수탁자가 그 의무를 위반하여 신탁재산에 손해가 생긴 경우 위탁자, 수익자 또는 수탁자가 여럿인 경우의 다른 수탁자는 그 수탁자에게 신탁재산의 원상회복을 청구할 수 있다. 다만, 원상회복이 불가능하거나 현저하게 곤란한 경우, 원상회복에 과다한 비용이 드는 경우, 그 밖에 원상회복이 적절하지 아니한 특별한 사정이 있는 경우에는 손해배상을 청구할 수 있다.

② 수탁자가 그 의무를 위반하여 신탁재산이 변경된 경우에도 제1항과 같다.

③ 수탁자가 제33조부터 제37조까지의 규정에서 정한 의무를 위반한 경우에는 신탁재산에 손해가 생기지 아니하였더라도 수탁자는 그로 인하여 수탁자나 제3자가 얻은 이득 전부를 신탁재산에 반환하여야 한다.

제44조【분별관리의무 위반에 관한 특례】 수탁자가 제37조에 따른 분별관리의무를 위반하여 신탁재산에 손실이 생긴 경우 수탁자는 분별하여 관리하였더라도 손실이 생겼으리라는 것을 증명하지 아니하면 그 책임을 면하지 못한다.

5 신탁재산, 신탁목적 및 신탁의 유형

가. 신탁재산과 신탁목적에 따른 신탁 유형

❙ 신탁재산과 신탁목적 ❙

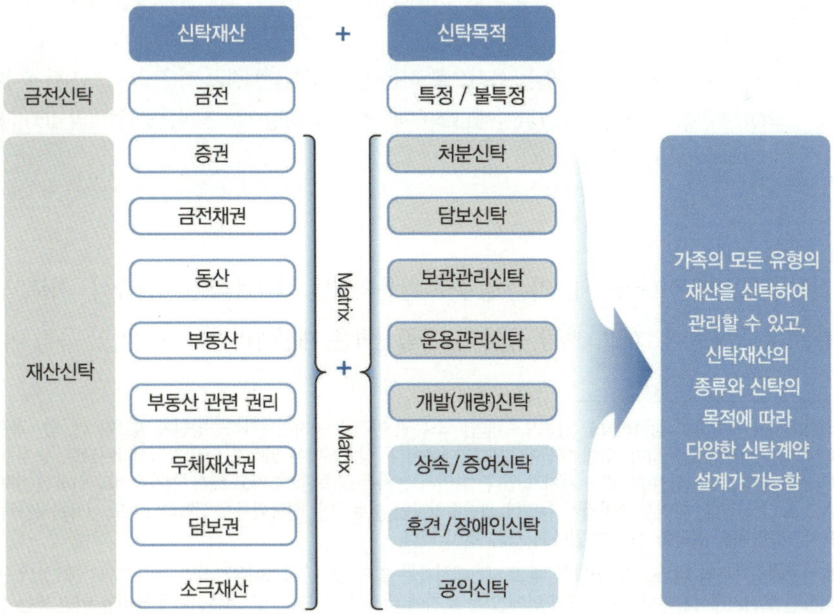

신탁은 '재산관리도구'이다. 신탁이 어떠한 재산을 수탁하느냐가 첫 번째이다. 신탁재산은 금전, 증권, 금전채권, 동산, 부동산, 부동산 관련 권리, 무체재산권, 담보권, 소극재산을 모두 포함할 수 있다.[33) 34)] 신탁법상 신탁재산의 범위와는 달리, 자본시장법은 신탁회사가 수탁할 수 있는 신탁재산을 열거하고 있는데, 개정이 필요한 부분이다.

자본시장과 금융투자업에 관한 법률(약칭 : 자본시장법)

제103조【신탁재산의 제한 등】 ① 신탁업자는 다음 각 호의 재산 외의 재산을 수탁할 수 없다.

1. 금전
2. 증권
3. 금전채권
4. 동산
5. 부동산
6. 지상권, 전세권, 부동산임차권, 부동산소유권이전등기청구권, 그 밖의 부동산 관련 권리
7. 무체재산권(지식재산권을 포함한다)

② 신탁업자는 하나의 신탁계약에 의하여 위탁자로부터 제1항 각 호의 재산 중 둘 이상의 재산을 종합하여 수탁할 수 있다.

③ 제1항 각 호의 재산의 신탁 및 제2항의 종합재산신탁의 수탁과 관련한 신탁의 종류, 손실의 보전 또는 이익의 보장, 그 밖의 신탁거래조건 등에 관하여 필요한 사항은 대통령령으로 정한다.

④ 신탁업자는 부동산개발사업을 목적으로 하는 신탁계약을 체결한 경우에는 그 신탁계약에 의한 부동산개발사업별로 제1항제1호의 재산을 대통령령으로 정하는 사업비의 100분의 15 이내에서 수탁할 수 있다.

신탁목적은 매우 다양하다. 기존에 주로 활용되었던 신탁목적은 재산증식, 처분, 담보, 보관관리, 운용관리, 개발, 개량 등이다. 가족신탁은 재산관리라는 직접적인 목적 이외에

---

33) 신탁회사가 수탁자인 상사신탁을 기준으로 보면, 소유권 이전에 농지취득자격증명원이 필요한 전, 답, 과수원은 신탁회사가 수탁할 수 없다. 입법 개선이 필요한 내용이다. 상속신탁은 위탁자 생전 자익신탁이므로, 농지를 보유한 위탁자가 100% 생전수익권을 가지고 있다. 따라서 농지를 상속신탁했다고 해서 '경자유전의 원칙'을 위반하였다고 보기 어렵다. 따라서 위탁자가 유일한 생전수익자인 경우라면, 신탁회사에 신탁하더라도 신탁회사가 농지취득자격증명원을 취득할 필요가 없다고 보는 것이 맞다.

34) 토지거래허가구역 내 토지를 신탁할 때 토지거래허가는 필요 없다. 국토이용관리법 제21조의3 제1항의 규정에 의하면 토지거래허가대상을 허가구역 안에 있는 토지에 대하여 대가를 받고 소유권등의 권리를 이전 또는 설정하는 경우로 정하고 있는바, 신탁법에 의한 신탁계약은 대가가 수반되는 계약이라고 볼 수 없으므로 토지거래허가구역 내 토지에 대하여 신탁을 원인으로 하여 소유권이전등기신청을 하는 경우 토지거래허가증을 첨부할 필요는 없다(등기선례 제4-609호). 다만, 신탁종료로 인하여 위탁자 이외의 신탁재산의 귀속권리자 명의로 소유권이전등기신청을 하는 경우 토지거래계약허가증은 첨부하여야 한다(등기선례 9-89호).

상속, 증여, 후견, 장애인부양, 재산보호, 분쟁예방 등 가족 내 발생하는 다양한 문제를 예방하는 신탁이다.

신탁의 유형은 신탁재산과 신탁목적을 조합하여 셀 수 없을 정도로 많으며, 지금 이 시각에도 사회적 필요에 의해 새로운 유형의 신탁이 고안되고 있을 것이다.

나. 영미법상 신탁의 유형과 우리나라 실무

신탁은 신탁의 목적, 신탁의 구조, 근거 법령, 세제 혜택 등 매우 다양한 기준으로 분류할 수 있다. 이하에서는 영미에서 논의되고 있는 신탁유형 중 가족신탁을 이해함에 있어서 필요한 기본적인 신탁유형을 설명하면서, 우리나라 신탁실무에서 어떻게 활용되고 있는지를 간략하게 설명한다.

첫째, 위탁자의 의도에 따라 성립되는지 여부를 기준으로, 위탁자의 의도(계약, 유언, 신탁선언)에 따라 성립되는 '임의신탁(trust by act of a party)'과 위탁자의 의도가 아니라 법률에 따라 성립되는 '법정신탁(trust by act of law)'으로 구분된다.[35] 법정신탁으로는 의제신탁(Constructive Trust)과 복귀신탁(Resulting Trust)이 거론된다. 의제신탁은 당사자의 의사와 관계없이 특정 재산의 권리자를 법률상 수탁자로 의제하는 신탁관계를 말하는데, 재산보유자의 신탁위반이나 충실의무위반에 의한 부당이득 방지를 위한 형평법상 구제수단이다.[36] 복귀신탁은 신탁을 설정하려는 의사로 재산을 양도했지만, 신탁으로서 효력이 발생하지 않는 경우 양수인을 수탁자로, 양도인이나 그 상속인을 수익자로 인정하는 신탁이다.[37] 우리나라에서 법정신탁을 인정할 수 있는 것은 신탁법 제101조(신탁종료 후 신탁재산의 귀속) 제4항과 제132조(유한책임신탁의 청산) 제2항에 따른 존속하는 것으로 간주되는 신탁인데, 두 법정신탁 모두 신탁종료 후 잔존신탁재산의 귀속 또는 청산 절차가 완료될 때까지 신탁이 존속하는 것으로 간주함으로써 수익자 또는 귀속권리자를 좀 더 두텁게 보호하고자 한 규정이다. 의제신탁이나 복귀신탁은 형평법의 원리가 적용되는 국가에서 발전된 제도로 형평법의 원리

35) 정순섭, 신탁법(지원출판사, 2021년), 56~57면.

36) 정순섭, 앞의 책, 57면.

37) 정순섭, 앞의 책, 57면. (i) 명시신탁을 설정하려고 수탁자에게 신탁재산을 이전하였으나 신탁이 전체적으로 또는 부분적으로 무효가 되어 수탁자가 해당 신탁재산을 위탁자에게 반환할 의무가 있는 경우, (ii) 명시신탁에 따라 위탁자가 수탁자에게 신탁재산을 이전하고 수탁자는 신탁에 기한 의무를 전부 이행하였으나 잔존 신탁재산이 남아 수탁자가 잔존 신탁재산을 위탁자에 반환할 의무가 있는 경우, (iii) 매수인이 매매계약을 체결하고 매매대금을 전부 지급한 상황에서 명의를 자신 앞으로 하지 않고 제3자(grantee) 앞으로 이전하여 제3자가 매수인에게 해당 재산을 반환할 의무가 있는 경우가 복귀신탁이 성립하는 3가지 예이다(이계정, 앞의 책, 49~50면).

가 적용되지 않는 우리 법체계와는 맞지 않기 때문에 그 적용을 제한적으로 해석할 필요가 있다.

둘째, 신탁설정의사 표현 여부를 기준으로, 신탁설정의사를 명시적으로 표현한 '명시신탁(Express Trust)'과 신탁설정의사를 명시적으로 표현하지 않은 '묵시신탁(Implied Trust)'으로 나누어 볼 수 있다. 우리나라에서는 명시신탁이 거의 전부라 해도 과언이 아니다. 우리 신탁법은 계약, 유언, 신탁선언 3가지 신탁 설정 방법을 규정하고 있는데, 신탁설정의사를 명시적으로 표현하지 않은 묵시신탁을 인정할 수 있는지 의문이 들긴 하나, 이론상 불가능하지는 않아 보인다.

셋째, 수익자 유무에 따라, 수익자의 이익을 위한 '수익자신탁'과 수익자가 없는 특정의 목적을 위한 '목적신탁(Purpose Trust)'으로 구분된다. 목적신탁은 공익 목적 여부에 따라 공익목적신탁[38]과 비공익목적신탁[39]으로 나누어진다. 공익목적신탁을 자선신탁(Charitable Trust)이라고도 한다. 우리나라는 신탁법이 목적신탁을 도입하였고(신탁법 제2조 및 제3조), 이와 별도로 공익신탁법이 공익신탁이라는 이름으로 공익목적신탁을 도입하였다. 비공익목적신탁의 사례로 언급되는 것은 '반려동물을 위한 신탁[40]', '분묘의 설치 및 관리를 위한 신탁', '종중재산의 관리 및 운용을 위한 신탁', '집합건물의 관리비 관리 및 운용을 위한 신탁'이다.[41]

---

38) 아웃도어 브랜드인 '파타고니아' 오너 Yvon Chouinard와 그의 가족은 회사의 의결권 있는 주식의 100%(전체의 2%)를 파타고니아의 가치를 보호하기 위해 설립한 목적신탁(Patagonia Purpose Trust)으로 이전하였고, 의결권이 없는 주식의 100%(전체의 98%)는 환경 위기에 맞서고 자연을 보호하는 데 전념하는 비영리 단체인 Holdfast Collective에 기부하였다. "공개기업(going public)"을 택하는 대신 "목적기업(going purpose)"이 되어, 자연에서 얻은 자원을 투자자를 위하여 부로 바꾸는 대신, 파타고니아를 통해 만드는 재정적 부를 모든 자원의 원천인 지구환경을 보호하는 데 사용했다. 목적신탁과 Holdfast Collective가 보유하는 파타고니아 주식에서 얻는 배당금으로 조성되어, 매년 파타고니아의 비즈니스를 위해 재투자하는 비용 이외의 모든 이익은 환경위기를 해결하기 위해 배분된다.

39) UTC 409 Non-charitable Trust without Ascertainable Beneficiary

40) 우리나라에서 판매되기 시작한 펫신탁(Pet Trust)은 목적신탁이라기보다는, 반려동물이 권리의무의 귀속주체가 될 수 없기 때문에, 수익자를 펫 관리인으로 지정하되, 수익자의 수익권의 용도를 펫 관리 목적으로 제한한 신탁이다.

41) 목적신탁 사례에 대한 상세한 설명은 오영걸, 「신탁법(제2판)」(홍문사, 2023), 72~74면 참조.

신탁 명언

"Earth is now our only shareholder.

If we have any hope of a thriving planet — much less a business — it is going to take all of us doing what we can with the resources we have.

This is what we can do."

"이제 우리의 유일한 주주는 지구입니다. 지구를 살릴 수 있는 기대가 있다면 - 사업은 말할 것도 없고 - 우리가 가진 자원으로 우리가 할 수 있는 모든 것을 해야 합니다. 이것이 우리가 할 수 있는 일입니다."

Yvon Chouinard(아웃도어 브랜드 Patagonia 설립자)

넷째, 신탁 설정 당시 수익자 및 수익권 확정여부에 따라 수익자 및 수익권이 확정된 '확정신탁(Fixed Trust)'과 수익자 또는 수익권이 확정되지 아니한 '재량신탁(Discretionary Trust)'으로 구분된다. 재량신탁은 수탁자가 수익자를 지정하거나 변경할 수 있는 '수익자지정변경재량신탁', 수탁자가 위탁자가 정해놓은 수익자별로 수익권의 내용을 지정하거나 변경할 수 있는 '수익권지정변경재량신탁', 수익자와 수익권 모두를 지정하거나 변경할 수 있는 '포괄재량신탁'을 상정해볼 수 있다. 실무에서는 제한된 범위 내에서 수익권의 내용을 일부 변경할 수 있는 수익권지정변경재량신탁이 조금씩 활용되고 있는데, 향후 재량신탁의 활용은 확대될 것으로 판단된다.

다섯째, 신탁을 설정하는 위탁자의 신탁 철회권 유무에 따라 위탁자가 설정한 신탁을 철회할 수 있는 '철회가능신탁(Revocable Trust)'과 위탁자가 설정한 신탁을 철회할 수 없는 '철회불능신탁(Irrevocable Trust)'으로 나누어진다. 이는 미국의 신탁 개념인데, 미국은 위탁자의 단독행위로 신탁을 성립하되 수탁자가 신탁을 인수하게 되면 신탁이 발효되는 구조이기 때문에 '철회'라는 표현을 쓰고 있다. 우리나라는 주로 위탁자와 수탁자 사이의 계약에 의해 신탁이 설정된다는 점에서 '해지권' 유보 여부에 따라 '해지가능신탁'과 '해지불가능신탁'이라는 용어를 사용하는 것이 타당하다. 우리나라 가족신탁은 주로 위탁자가 생전수익자로서 신탁계약의 해지권을 보유하는 해지가능신탁이다.

여섯째, 신탁 설정 시기에 따라 위탁자 생전에 신탁이 설정되는 '생전신탁(Inter Vivos Trust, Living Trust)'과 위탁자 사후에 신탁이 설정되는 '사후신탁(Testamentary Trust)'으로 구분된다.

6 신탁의 생애(life cycle)

| 신탁의 생애(life cycle) |

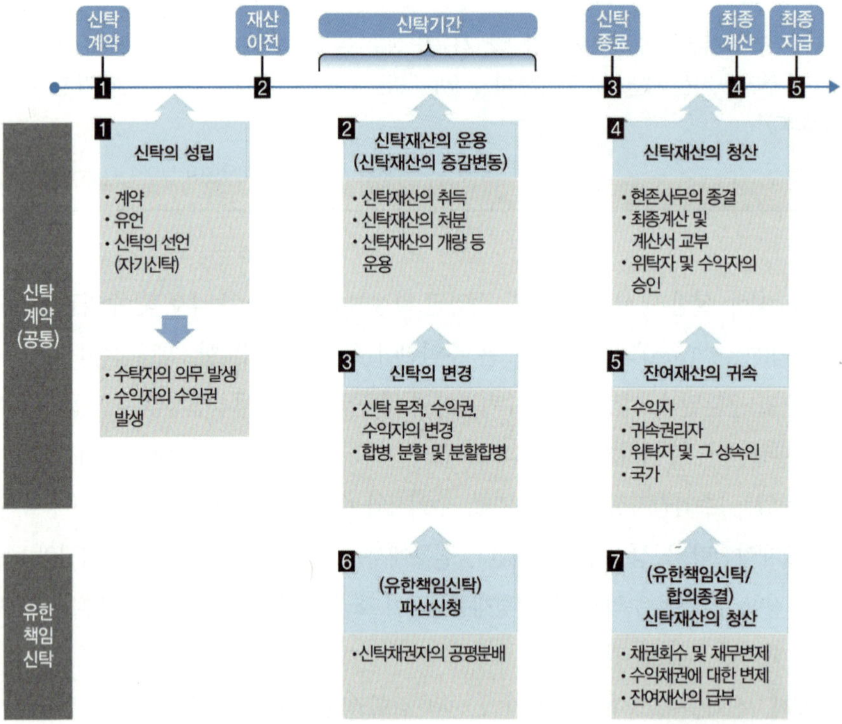

신탁의 생애는 신탁설정에서 시작해서, 신탁기간 동안 신탁운용을 거쳐, 신탁종료, 최종계산 및 최종지급으로 마무리를 하게 된다. 신탁의 성립은 계약, 유언, 신탁의 선언 3가지 방법으로 가능하나, 우리나라의 가족신탁은 주로 계약으로 이루어지고 있다. '신탁재산의 운용'은 신탁재산의 보관, 관리, 취득, 처분, 개량을 포함한 넓은 의미를 가지고 있다(신탁법 제2조). 신탁기간 중에는 신탁 목적, 수익권 및 수익자의 변경이 가능하고, 신탁의 합병, 분할 및 분할합병도 가능하다(신탁법 제88조 내지 제97조). 신탁종료사유가 발생하면 신탁재산은 현존사무를 종결하고 최종계산서를 작성·교부하고 수익자의 승인을 얻는다(신탁법 제103조). 신탁이 종료되면 신탁재산으로 남아 있는 잔여재산은 수익자, 귀속권리자, 위탁자 및 그 상속인, 국가 중 신탁계약과 법의 내용에 따라 귀속된다(신탁법 제101조 내지 104조).

신탁법

제3조【신탁의 설정】 ① 신탁은 다음 각 호의 어느 하나에 해당하는 방법으로 설정할 수 있다. 다만, 수익자가 없는 특정의 목적을 위한 신탁(이하 "목적신탁"이라 한다)은 「공익신탁법」에 따른 공익신탁을 제외하고는 제3호의 방법으로 설정할 수 없다.

1. 위탁자와 수탁자 간의 계약
2. 위탁자의 유언
3. 신탁의 목적, 신탁재산, 수익자(「공익신탁법」에 따른 공익신탁의 경우에는 제67조제1항의 신탁관리인을 말한다) 등을 특정하고 자신을 수탁자로 정한 위탁자의 선언

② 제1항제3호에 따른 신탁의 설정은 「공익신탁법」에 따른 공익신탁을 제외하고는 공정증서(公正證書)를 작성하는 방법으로 하여야 하며, 신탁을 해지할 수 있는 권한을 유보(留保)할 수 없다.

③ 위탁자가 집행의 면탈이나 그 밖의 부정한 목적으로 제1항제3호에 따라 신탁을 설정한 경우 이해관계인은 법원에 신탁의 종료를 청구할 수 있다.

④ 위탁자는 신탁행위로 수탁자나 수익자에게 신탁재산을 지정할 수 있는 권한을 부여하는 방법으로 신탁재산을 특정할 수 있다.

⑤ 수탁자는 신탁행위로 달리 정한 바가 없으면 신탁 목적의 달성을 위하여 필요한 경우에는 수익자의 동의를 받아 타인에게 신탁재산에 대하여 신탁을 설정할 수 있다.

제101조【신탁종료 후의 신탁재산의 귀속】 ① 제98조제1호, 제4호부터 제6호까지, 제99조 또는 제100조에 따라 신탁이 종료된 경우 신탁재산은 수익자(잔여재산수익자를 정한 경우에는 그 잔여재산수익자를 말한다)에게 귀속한다. 다만, 신탁행위로 신탁재산의 잔여재산이 귀속될 자(이하 "귀속권리자"라 한다)를 정한 경우에는 그 귀속권리자에게 귀속한다.

② 수익자와 귀속권리자로 지정된 자가 신탁의 잔여재산에 대한 권리를 포기한 경우 잔여재산은 위탁자와 그 상속인에게 귀속한다.

③ 제3조제3항에 따라 신탁이 종료된 경우 신탁재산은 위탁자에게 귀속한다.

④ 신탁이 종료된 경우 신탁재산이 제1항부터 제3항까지의 규정에 따라 귀속될 자에게 이전될 때까지 그 신탁은 존속하는 것으로 본다. 이 경우 신탁재산이 귀속될 자를 수익자로 본다.

⑤ 제1항 및 제2항에 따라 잔여재산의 귀속이 정하여지지 아니하는 경우 잔여재산은 국가에 귀속된다.

수탁자가 신탁재산에 속하는 채무에 대하여 신탁재산만으로 책임지는 신탁인 유한책임신탁을 설정할 경우, 채권의 공평한 변제를 위해 파산신청이 가능하고, 신탁종료 시 신탁을 청산함에 있어서 채권회수, 채무변제, 잔여재산의 급부 등 다양한 청산업무를 수탁자가 이행해야 한다. 사업을 영위하는 법적 도구로 회사를 대신해서 신탁을 활용할 수 있도록 도입한

것이 유한책임신탁인바, 회사 제도에서나 볼 수 있었던 채권채무의 공평한 분담을 실현하는 파산제도와 청산제도를 활용하도록 한 것이다.[42)]

우리가 신탁의 생애를 보는 이유는 상속신탁, 증여신탁 및 후견신탁 모두 신탁계약에서부터 최종지급까지 전체를 염두에 두고 설계할 필요가 있기 때문이다. 그리고 신탁은 이른바 '생물(生物)'이다. 상속신탁 후 경제사정의 변화, 위탁자의 생각의 변화, 사후수익자의 경제적 사정변화, 신탁재산의 가격 및 시장 변화에 따라 위탁자의 의지를 능동적으로 흡수해서 계약 변경을 할 수 있다. 자산승계계획을 신탁으로 수립하는 이유도 여기에 있다.

7 사회제도 보완수단으로서 신탁의 역할

신탁은 기존 사회제도로 해결하기 어려운 사회적 요구(social needs)를 해결하기 위해 고안된 것이다. 여성의 상속권이 인정되지 않았던 오랜 과거 영국에서 남편이 아내를 위해 재산을 친구에게 이전시켜 놓고 본인 사후 친구가 아내를 위해 재산을 관리해 줌으로써 실질적으로 여성을 위한 상속이라는 사회적 요구를 해결한 데서 출발한 것이다. 십자군 전쟁으로 차출되어 가는 장군이 영국에 남아 있던 가족을 위해 믿을 만한 친구에게 재산의 소유권을 이전하되, 살아서 돌아올 때까지 재산을 가족을 위해 관리하고, 살아서 돌아오면 재산의 소유권을 다시 장군에게 이전해달라는 간절한 사회적 필요를 해결하기 위해 활용된 것이 바로 신탁이다. '부재 시 남아 있는 가족을 위한 재산관리'와 '무사귀환 시 재산의 반환'이라는 십자군 참전 장군의 2가지 과제는 신탁 이외 다른 어떤 도구로도 불가능했을 것이다. 신탁은 이렇듯 사회제도의 부족한 부분을 해결하기 위해 고안된 '사회제도 보완 수단'이다. 신탁의 사회제도 보완기능을 활용하여 '가족위험관리수단'으로 발전한 것이 바로 '가족신탁'이다. 가족신탁의 활성화는 가족위험관리를 통해 가족분쟁으로부터 발생하는 '사회적 비용(social cost)'을 많이 감소시킬 것이다.

42) 유한책임신탁을 활용한 '사업신탁'에 대해서는 오영표, 『신탁을 활용한 자금조달 방법』(부크크, 2020) 참조.

CHAPTER 02 신탁의 본질과 실무상 기능

ㅣ신탁의 본질과 실무상 기능ㅣ

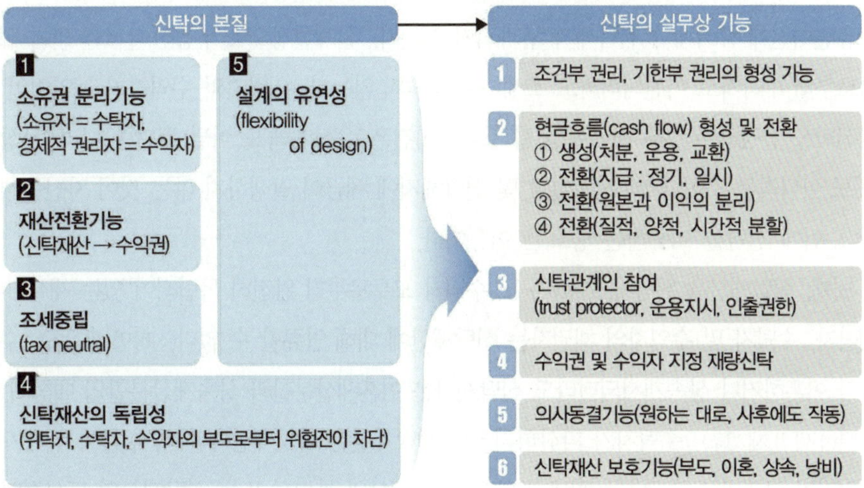

1 신탁의 본질

신탁의 본질에 대한 다양한 견해가 있지만, 가족신탁이라는 점을 중심으로 살펴보면 앞의 그림과 같다.

첫째, 신탁은 소유권과 경제적 권리를 분리하여 귀속시킨다. 신탁설정으로 재산의 소유권은 수탁자에게 완전히 이전되지만, 신탁재산으로부터 발생하는 경제적 권리인 신탁수익은 수익자에게 귀속된다.[43] 수익자는 위탁자와 같은 사람일 수도 있고, 위탁자와 다른 사람일 수 있다. 전자를 '자익신탁(自益信託)'이라 하고 후자를 '타익신탁(他益信託)'이라 한다.

43) 영미법에서는 법률적 소유권(legal ownership)과 경제적 권리(beneficial ownership)의 분리라고 설명한다.

둘째, 신탁은 재산을 전환한다. 신탁재산을 수익권으로 전환한다. 재산을 양적으로 전환하기도 하고, 질적으로 전환하기도 한다. 상가건물을 신탁하고 70%는 배우자에게, 30%는 아들에게 수익을 지급하는 것이 '양적 전환'의 예이다. 상가건물을 신탁하고 상가건물 수익은 전부 '배우자'에게, 상가건물 원본은 전부 '아들'에게 귀속시키는 것은 '질적 전환'의 예이다. 상가건물을 담보목적으로 신탁하고 우선수익권을 은행에게, 수익권을 위탁자 본인에게 귀속하는 것도 '질적 전환'의 예이다. 주식을 신탁하고 이익수익권인 '배당청구권'만 자녀에게 귀속시키고, 신탁재산 원본수익권은 부모가 보유하는 것도 가능하다.[44]

셋째, 신탁의 설정과 해지는 조세중립(tax neutral)이다. 신탁설정이나 신탁해지로 인한 소유권이전에 증여세나 취득세가 부과되지 않는다. 신탁설정으로 부동산의 소유권이 위탁자로부터 수탁자로 이전되더라도 조세가 부과되지 않는다. 위탁자와 수익자가 동일인인 자익신탁을 설정하는 경우 신탁설정 시 소유권이전은 '유상거래'도 아닐 뿐만 아니라 '무상거래'도 아니라는 것이다.[45] 신탁설정 및 신탁해지에 세금이 발생하지 않는 것이 자산승계계획 수립에 신탁을 이용하는 중요한 이유이다.

넷째, 신탁재산은 위탁자, 수탁자 및 수익자 모두로부터 완전히 독립되어 있는 재산이다. 위탁자, 수탁자 및 수익자의 채권자는 신탁재산에 대해 압류할 수 없다(신탁법 제22조). 수탁자가 이혼하거나 상속개시되더라도 신탁재산은 이혼재산분할과 상속재산분할의 대상이 아니다(신탁법 제23조). 수탁자가 파산하더라도 신탁재산은 파산재단에 속하지 않아 위탁자나 수익자가 보호받을 수 있다(신탁법 제24조). 신탁재산의 독립성 또는 신탁재산의 도산절연성(bankruptcy remoteness, 파산절연)이라고 하는데, 신탁을 타인을 위한 재산관리도구로 활용하는 가장 중요한 이유이기도 하다. 신탁을 설정했는데 수탁자나 위탁자의 도산위험이 그대로 남아 있다면, 신탁은 타인을 위한 재산관리도구로 활용될 수 없을 것이다.

다섯째, 신탁은 설계의 유연성(flexibility of design)이 있다. 특히 계약으로 설정되는 신탁은 수탁자가 신탁재산을 어떻게 관리처분하고 수익을 언제 어떻게 지급할지를 위탁자와 수탁자가 합의하여 신탁계약으로 반영하면 그대로 작동된다. 신탁설계의 유연성 덕분에 신탁은 재산증식, 재산보존, 후견지원, 재산승계, 법인대용, 투자기구, 공익실현 등 다양한 목적으로 활용된다.

---

44) '이익'만을 증여한다는 의미에서 '이익증여신탁'이라 한다. 주로 주식, 파생결합증권, 회사형 펀드에서 배당청구권이나 상환금을 자녀 기타 제3자에게 분리해서 귀속시킴으로써 소득세를 절세할 수 있는 상품이다.

45) 물론 타익신탁에서 신탁설정행위로 수익자에게 신탁재산에서 발생하는 수익이 궁극적으로 귀속될 때에는 조세 측면에서 '유상거래'나 '무상거래'가 되어 세금이 발생할 수는 있다.

신탁법

제22조 【강제집행 등의 금지】 ① 신탁재산에 대하여는 강제집행, 담보권 실행 등을 위한 경매, 보전처분(이하 "강제집행등"이라 한다) 또는 국세 등 체납처분을 할 수 없다. 다만, 신탁 전의 원인으로 발생한 권리 또는 신탁사무의 처리상 발생한 권리에 기한 경우에는 그러하지 아니하다.

② 위탁자, 수익자나 수탁자는 제1항을 위반한 강제집행등에 대하여 이의를 제기할 수 있다. 이 경우 「민사집행법」 제48조를 준용한다.

③ 위탁자, 수익자나 수탁자는 제1항을 위반한 국세 등 체납처분에 대하여 이의를 제기할 수 있다. 이 경우 국세 등 체납처분에 대한 불복절차를 준용한다.

제23조 【수탁자의 사망 등과 신탁재산】 신탁재산은 수탁자의 상속재산에 속하지 아니하며, 수탁자의 이혼에 따른 재산분할의 대상이 되지 아니한다.

제24조 【수탁자의 파산 등과 신탁재산】 신탁재산은 수탁자의 파산재단, 회생절차의 관리인이 관리 및 처분 권한을 갖고 있는 채무자의 재산이나 개인회생재단을 구성하지 아니한다.

2 신탁의 실무상 기능

이러한 신탁의 본질에서 다양한 신탁의 실무상 기능이 도출된다.

첫째, 신탁은 '조건부 권리'나 '기한부 권리'를 포함하는 수익권을 생성할 수 있다. 가령 '자녀가 결혼하면 아파트 매수대금 4억 원을 지급한다'라는 조건으로 '조건부 수익권'을 설계할 수 있다. '손자녀 45세까지 매월 200만 원씩 지급한다'라는 조건으로 '기한부 수익권'을 설계할 수도 있다. 조건부 수익권이나 기한부 수익권은 가족의 신체적·정신적 건강상태나 재산관리능력에 따른 맞춤형 설계가 가능하도록 한다.

둘째, 신탁재산을 '현금흐름(cash flow)'으로 변환한다. 상가건물을 운용하면서 임대수익을 정기적으로 지급하는 방법이다. 상가건물을 처분하여 금전으로 변환한 다음 정기적으로 또는 특정 조건 성취시에 수익으로 지급할 수 있다. 일정 기간 동안은 상가건물의 임대수익을 배우자에게, 상가건물 원본을 아들에게 분리해서 귀속시킬 수도 있다.

셋째, 신탁은 다양한 '신탁관계인'을 개입시킬 수 있다. 현재 신탁법도 신탁관리인이나 신탁재산관리인을 명시적으로 두고 있지만, 그 이외에도 신탁계약에서 다양한 권한과 의무를 가진 제3자를 둘 수 있다. 영미 신탁에서는 위탁자, 수탁자, 수익자 아닌 제3자인 '지급청구대리인', '신탁재산보호자(trust protector)'나 '신탁재산운용지시권자(trust director)'를 신탁계약으로 편입시켜 보다 더 다양한 맞춤형 신탁 구조를 활용하고 있다. 미국통일법위원회(Uniform Law Commission)이 2017년 제정한 '미국통일지시형신탁법'이 예시적으로 열거한 신탁지시권자의 권한은 다음과 같다.

Uniform Directed Trust Act[46](2017년 7월 20일 제정, 발췌)

제6조 신탁운용지시권자의 권한(power of trust director)

- 투자자산의 취득, 처분, 교환 또는 보유하는 권한;
- 대출 및 금전차입 권한;
- 신탁재산으로 보유한 증권의 의결권 대리행사 권한;
- 신탁재산의 특정 가치 평가를 채택하거나 평가 빈도 또는 방법론의 결정 권한;
- 원금과 소득 간의 조정 또는 유니트러스트(unitrust)로 전환 권한;
- 신탁재산에 속한 사업 영위 권한;
- 신탁재산의 보관인(custodian) 선임권한;
- 신탁의 수정, 변경, 종료 또는 해지 권한;
- 수탁자 또는 다른 신탁지시권자의 권한 위임 지시 권한;
- 신탁의 주된 소재지, 관할 또는 준거법 변경 권한;
- 신탁 관리에 영향을 미치는 사건의 발생을 확인 평가 권한;
- 신탁의 수탁자, 설정자, 이사 또는 수익자의 권한 · 지위(capacity) 결정 권한;
- 수탁자 또는 신탁지시권자에게 지급할 보상금 결정 권한;
- 신탁과 관련된 소송, 청구 또는 사법 절차의 기소, 방어 또는 참여 권한;
- 수탁자 또는 다른 신탁지시권자의 권한 행사에 대한 사전 승인 권한 또는
- 수탁자 또는 다른 신탁지시권자가 제안했거나 이전에 취한 조치로 인한 책임으로부터 수탁자 또는 다른 신탁지시권자 면책 권한.

46) 미국통일지시형신탁법은 신탁지시권자의 권한을 열거하지 않고 신탁조건으로 자유롭게 정할 수 있도록 규정하고 있는데, 이에 대한 주석은 신탁지시권자의 권한을 예시하고 있다. 주석에서 예시한 신탁지시권자의 권한을 참조하여 우리나라 신탁실무에 활용하면 다양한 구조의 신탁을 설계할 수 있다.

넷째, '재량신탁(discretionary trust[47]))'이 가능하다. 수탁자에게 수익자 지정권한과 수익권 지정권한을 부여하는 것이 재량신탁이다. 수탁자가 아닌 제3자에게 신탁재산이나 수익자를 지정할 수 있는 권한을 부여하는 '광의의 재량신탁'은 이미 우리 신탁법에 도입되어 있다. 신탁법 제3조 제4항은 "위탁자는 신탁행위로 수탁자나 수익자에게 신탁재산을 지정할 수 있는 권한을 부여하는 방법으로 신탁재산을 특정할 수 있다."라고 규정함으로써 '신탁재산지정형 재량신탁'이 가능함을, 신탁법 제58조는 "신탁행위로 수익자를 지정하거나 변경할 수 있는 권한을 갖는 자를 정할 수 있다."라고 규정함으로써 '수익자지정형 재량신탁'이 가능함을 명시적으로 규정하고 있다.[48] 재량신탁은 신탁설계의 유연성을 한층 더 확보하면서 위탁자나 수익자의 신체적, 정신적, 경제적 변화에 대처하거나 장래 경제사정 변화에도 위탁자가 설계한 신탁의 취지에 맞게 신탁재산의 관리, 처분, 배분이 가능하도록 한다.

다섯째, 위탁자의 '가족과 재산에 대한 의지'을 위탁자 생전은 물론 사후 장기간에 걸쳐 실현할 수 있다. 사후에도 죽은 위탁자의 의지가 신탁재산의 관리, 운용, 배분에 미칠 수 있는데, 이를 '죽은 자에 의한 지배(control of dead hand)' 또는 '의사동결기능[49]'이라 한다. 위탁자 사후 재산관리도구인 신탁을 활용할 수 있다는 점도 전 세계가 신탁을 자산승계계획으로 활용하는 이유이기도 하다.

여섯째, 신탁은 '재산보호기능(asset protection)'을 가지고 있다. 위탁자가 치매에 걸린 상태에서 재산을 제3자나 가족에게 빼앗기는 것을 수탁자가 방지할 수 있다. 증여재산이나 상속재산을 수증자나 상속인이 낭비하는 것을 수탁자가 예방할 수도 있다. 자녀의 이혼이나 조기사망으로 인해 가족이나 가문의 재산이 감소되는 것도 신탁이 예방할 수 있다. 재산보호기능을 수행하는 수탁자를 '재산관리후견인(financial guardian)'이라 부르기도 한다.

---

47) 신탁재산으로부터의 이익을 분배할 것인지 말 것인지, 분배한다면 어떻게 분배할 것인지에 관하여 수탁자가 재량을 가지고 있는 신탁을 '재량신탁'이라 한다. 재량신탁의 수탁자가 분배에 관한 재량권을 행사하기 전에는 수익자가 아직 분배되지 않은 신탁원본이나 신탁수입에 대하여 재산권을 가지지 못하므로, 수익자의 채권자는 아직 분배되지 않은 신탁원본이나 신탁이익을 집행할 수 없다[김상훈, 『미국상속법』(세창출판사, 2012), 246-247면].

48) 신탁재산지정형 재량신탁의 도입 취지는 신탁제도의 유연성을 고려하여 신탁재산지정권을 부여하는 유형의 신탁도 신탁계약에 의하여 가능하도록 함으로써 가족신탁 등이 활성화될 경우 전문가인 수탁자나 수익자가 신탁재산을 조사·결정할 수 있는 형태의 신탁이 이용될 가능성이 높으므로 신탁재산지정권 부여가 인정되도록 명문상 근거를 마련하였다는 것이다[법무부, 『신탁법 해설』(2012), 36면].

49) 의사동결기능은 신탁설정 당시 위탁자의 의사를 위탁자의 능력상실이나 사망이라는 주관적 사정의 변화에 맞서 장기간에 걸쳐 유지하는 기능이다. 신탁은 위탁자가 사망하거나 의사능력을 상실하여도 종료하는 것이 아니라 신탁개시 당시 위탁자에 의하여 설정된 목적에 따라 지속적인 재산관리를 실현할 수 있다. 이러한 의사동결기능을 뒷받침하는 신탁의 특질 즉 안전성, 확실성, 지속성은 신탁이 고령사회에 있어서 재산관리제도로서 대단히 유용한 것이라는 사실을 말해주고 있다[新井誠 저/안성포 역, 『신탁법』 제3판(전남대학교출판부, 2011), 94-95면].

3 가장 창조적인 재산관리도구인 신탁의 활용

신탁은 가장 창조적인 재산관리도구이다. 신탁목적과 수탁자에게 맡길 수 있는 행위는 탈법이나 불법 목적 이외에는 모두 가능하다. 지금까지 전 세계적으로 신탁처럼 새로운 재산관리도구로 널리 활용된 제도는 없었을 것이다. 자산승계수단인 '상속신탁', 재산증식도구인 '투자신탁', 독과점도구로 활용한 '독과점신탁', 재산보호목적인 '재산보호신탁', 부동산 개발 목적의 '개발신탁', 법인대용화 수단인 '사업신탁', 공익법인 대체 수단인 '공익신탁', 지식재산권 실행을 위한 '지식재산권신탁', 담보 대체 수단인 '담보신탁', 독립된 재산관리 및 집행이 가능한 '에스크로신탁(Escrow Trust)' 등 다양하고 창조적인 재산관리도구로 신탁은 오래전부터 자리매김하였다. 이 책에서는 '자산승계계획 수립'과 '가족위험관리'라는 두 가지 용도를 중심으로 신탁의 창조성을 살펴보고자 한다.

신탁 명언

"From settlement of the greatest of wars down to the simplest inheritance on death, from the most audacious Wall Street scheme down to the protection of grand-children, the trust can see marching before it the motley procession of the whole of human endeavour : dreams of peace, commercial imperialism, attempts to strangle competition or to reach paradise, hatred or philanthropy, love of one's family or the desire to strip it of everything after one's death, all those in the procession being dressed either in robes or in rags, and either crowned with a halo or walking with a grin. The trust is the guardian angel of the Anglo-Saxon, accompanying him everywhere, impassively, from the cradle to the grave."

"거대한 전쟁조약에서 간단한 상속에 이르기까지, 또는 월 스트리트의 대담한 음모로부터 어린이의 보호에 이르기까지, 평화의 꿈, 상업적 제국주의, 경쟁에서의 승리, 천국을 향하려는 노력, 증오, 박애, 가족에 대한 사랑 또는 가족 사후 재산을 빼앗으려는 욕망 등 일련의 온갖 잡다한, 부자이건 가난한 자이건, 고귀한 사람이건, 비루한 사람이건 간에 인간의 열망 앞에 신탁이 지켜보고 있다. 신탁은 요람에서 무덤까지 모든 곳에서 앵글로색슨족의 수호천사이다."

Pierre Lepaulle (피에르 르폴, 프랑스 변호사), 『A Theoretical and Practical Study of the Trust in Economic and International Law』(1932)

CHAPTER 03 신탁의 설정 방법

1 신탁의 설정 방법 개요

신탁법 제3조는 신탁설정 방법으로 위탁자와 수탁자 간의 계약, 위탁자의 유언, 위탁자의 신탁선언 3가지를 규정한다.[50] 신탁법 제3조가 규정하는 3가지 신탁설정방법은 신탁을 성립하려는 법률행위로 신탁법 여러 곳에서 규정된 '신탁행위'라고 볼 수 있다.[51] 현재 우리나라의 신탁은 대부분 계약에 의해 설정되므로, 이 책은 계약으로 설정되는 가족신탁을 중심으로 다루기로 하고, 유언에 의한 신탁 설정과 신탁선언에 의한 신탁 설정은 간략하게 기술하기로 한다.

신탁법

제3조【신탁의 설정】 ① 신탁은 다음 각 호의 어느 하나에 해당하는 방법으로 설정할 수 있다. 다만, 수익자가 없는 특정의 목적을 위한 신탁(이하 "목적신탁"이라 한다)은 「공익신탁법」에 따른 공익신탁을 제외하고는 제3호의 방법으로 설정할 수 없다.

---

50) 미국의 통일신탁법상 신탁설정 방법은 다음과 같다.
UTC SECTION 401. METHODS OF CREATING TRUST.
A trust may be created by:
(1) transfer of property to another person as trustee during the settlor's lifetime or by will or other disposition taking effect upon the settlor's death;
(2) declaration by the owner of property that the owner holds identifiable property as trustee; or
(3) exercise of a power of appointment in favor of a trustee.

제401조. 신탁의 설정방법.
신탁은 다음을 통하여 작성할 수 있다.
(1) 위탁자의 생전 또는 위탁자의 사망에 따라 효력이 발생하는 유언 또는 그 밖의 처분에 의하여 수탁자인 타인에게 재산을 이전하는 행위
(2) 신탁재산을 특정하고 수탁자로 보유하고 있다는 신탁재산 소유자의 선언 또는
(3) 수탁자에 대한 임명권 행사

51) 최수정, 신탁법(박영사, 2019년, 173면) 그리고, 신탁행위로 설정되는 신탁, 즉 위탁자의 신탁설정 의도에 따라 설정되는 '임의신탁'이라 하고, 위탁자의 의도가 아니라 법률에 따라 성립하는 신탁을 '법정신탁'이라 한다. 신탁법 제3조는 임의신탁을 설정하는 방법을 정의한 것이다.

1. 위탁자와 수탁자 간의 계약
2. 위탁자의 유언
3. 신탁의 목적, 신탁재산, 수익자(「공익신탁법」에 따른 공익신탁의 경우에는 제67조제1항의 신탁관리인을 말한다) 등을 특정하고 자신을 수탁자로 정한 위탁자의 선언

② 제1항제3호에 따른 신탁의 설정은 「공익신탁법」에 따른 공익신탁을 제외하고는 공정증서(公正證書)를 작성하는 방법으로 하여야 하며, 신탁을 해지할 수 있는 권한을 유보(留保)할 수 없다.

③ 위탁자가 집행의 면탈이나 그 밖의 부정한 목적으로 제1항제3호에 따라 신탁을 설정한 경우 이해관계인은 법원에 신탁의 종료를 청구할 수 있다.

④ 위탁자는 신탁행위로 수탁자나 수익자에게 신탁재산을 지정할 수 있는 권한을 부여하는 방법으로 신탁재산을 특정할 수 있다.

⑤ 수탁자는 신탁행위로 달리 정한 바가 없으면 신탁 목적의 달성을 위하여 필요한 경우에는 수익자의 동의를 받아 타인에게 신탁재산에 대하여 신탁을 설정할 수 있다.

2 신탁계약

위탁자와 수탁자 간에 신탁 조건을 협의한 후 위탁자와 수탁자가 계약 당사자로 신탁계약을 체결한다. 신탁계약은 신탁법, 신탁법리 및 민법상의 강행규정에 저촉되지 않는 한 계약자유의 원칙에 따라 위탁자와 수탁자가 자유롭게 설계할 수 있다.

3 유언신탁

가. 유언신탁의 개념

신탁의 법률관계를 위탁자의 유언으로 만드는 신탁을 실무상 '유언신탁'이라 한다. 유언신탁은 유언의 효력발생 시점, 즉 위탁자 겸 유언자의 사망 시점에 신탁이 설정[52]되어 발효된

다는 점에서 위탁자와 수탁자가 생전에 설정하는 유언대용신탁과 다르다.

나. 유언신탁의 설정

유언신탁은 유언이라는 위탁자의 단독행위로 설정되지만, 신탁을 설계한 위탁자 사망 이후 신탁의 법률관계가 효력을 발생하므로, 위탁자 겸 유언자의 단독행위인 유언만으로는 실제 설정됨을 담보할 수 없다. 위탁자 겸 유언자는 유언신탁을 설정할 때 유언신탁의 수탁자가 될 자와 충분히 협의하여야 한다. 특히 위탁자가 될 유언자는 수탁자가 해당 유언신탁의 수탁자로서의 역할을 수행할 의사를 미리 확인하고 계약관계를 구성해야만 유언신탁이 위탁자 사망시점에 제대로 작동될 수 있다. 일본에서는 유언신탁을 설정하려는 위탁자와 수탁자 사이에 '유언신탁예낙계약서'를 미리 작성하는 것이 실무이다.

유언신탁에서 위탁자의 유언 방법에는 제한이 없으므로, 우리 민법상 유언의 방법 모두를 활용할 수 있다. 다만, 통상 실무에서는 자필유언과 유언공증 2가지가 많이 활용될 것인데, 유언신탁 설정의 확실성을 높이기 위해서는 유언검인절차가 필요 없는 유언공증의 방법이 가장 확실할 것이다.

유언신탁을 설정할 때 위탁자, 수탁자와 공증인이 유언신탁의 법률관계를 명확히 협의하여 '유언공증'과 '유언신탁예낙계약서'를 만든다. 유언신탁의 수탁자가 사람일 경우 수탁자가 위탁자 사망 시 유언신탁의 수탁자로서 역할을 수행할 수 있는 사무처리능력이 없거나 부족할 경우를 대비하여 복수의 수탁자를 지정하거나 예비적 수탁자를 지정할 필요가 있다. 안정적인 유언신탁의 설정을 위해서 신탁회사를 공동수탁자나 예비적 수탁자로 지정하는 것도 좋은 방법이 된다.

한편, 유언신탁은 위탁자인 유언자 생전에 신탁재산의 소유권이 수탁자에게 이전되지 않기 때문에 만약 유언자의 사망 직후 법정상속이나 상속재산분할협의에 근거해서 신탁재산이 되어야 상속재산이 상속인에게 이전되어버린 경우[53] 수탁자는 어떻게 할 것인가? 유언의 법리상 유언신탁이 법정상속이나 상속재산분할협의에 우선하는 효력이 있기 때문에, 유언신탁의 수탁자는 법정상속이나 상속재산분할협의에 근거해서 잠정 신탁재산의 소유권을 이

52) 엄밀한 의미에서는 유언신탁은 원칙적으로 유언자가 유언할 때 성립되고 그가 사망할 때 효력이 발생한다(오영걸, 앞의 책, 103면).

53) 따라서 위탁자의 사망통지인 지정이 유언신탁에서는 더 중요하다. 수탁자가 위탁자의 사망사실을 인지하지 못한 경우 통상적인 상속절차인 법정상속이나 상속재산분할협의에 의해 상속재산이 상속인에게 바로 이전되어 버릴 가능성이 더욱 높아진다. 결국 유언신탁이 실효성 있게 작동되려면, 유언자 사망 직후 법정상속이나 상속재산분할협의가 이루어지기 이전에 수탁자 명의로 신탁재산(상속재산)의 소유권이 이전되어야 한다.

전받은 상속인을 상대로 해당 상속재산의 소유권에 대한 소유권이전청구나 소송을 진행하여 신탁재산의 소유권을 이전받고 대항력을 갖추어야 한다.

다. 유언신탁의 효력발생

유언자 겸 위탁자의 사망에 의해 유언의 효력이 생기는 시점에 유언신탁을 설정하려는 유언의 효력은 발생한다. 유언자 겸 위탁자 사망 시 수탁자는 유언집행자의 지위에서 유언집행자의 승낙, 유언서의 개봉, 유언자 겸 위탁자의 상속 재산조사를 먼저 진행한다. 그 후 수탁자는 유언신탁의 대상이 되는 유언신탁재산의 소유권을 수탁자로 이전함으로써 유언신탁설정 절차를 마무리한다. 수탁자는 향후 유언신탁의 내용에 따라 유언신탁의 수익자(사후수익자)를 위해 신탁재산을 보관, 관리, 처분, 인출 등 일체의 신탁사무를 처리한다.

유언신탁 설정 시 인수하기로 한 수탁자가 유언자 겸 위탁자 사망 후 신탁을 인수하지 아니하거나 인수할 수 없는 경우 수익자는 단독으로 신수탁자를 선임하거나 법원에 신수탁자의 선임을 청구할 수 있다(신탁법 제21조 제3항).

4 위탁자의 신탁선언(자기신탁)

가. 개념

신탁의 목적, 신탁재산, 수익자를 특정하고 자신을 수탁자로 정한 위탁자의 선언에 의해 설정되는 신탁을 실무상 '신탁선언(declaration of trust)' 또는 '자기신탁(self declaration trust)'이라 한다.[54] 자기신탁은 위탁자 스스로가 수탁자가 되어 설정되는 신탁, 즉 위탁자와 수탁자가 동일인인 신탁이다. 위탁자가 자신의 재산에 대해 자신을 수탁자로 선언함으로써 자기신탁이 설정되고, 수익자에 대한 수탁자의 통지의무는 있으나 신탁법은 신탁행위로 정한 바에 따라 수익자로 지정된 자가 당연히 수익권을 취득하므로(신탁법 제56조[55]), 위탁자의

54) 이 책에서는 신탁설정 방식 측면에서 '신탁선언'이라는 용어를, 신탁선언의 결과로 설정된 신탁 유형으로 '자기신탁'이라는 용어를 대체적으로 사용하고자 한다. 그리고, 일본에서는 위탁자와 수탁자가 다른 신탁을 '타인신탁' 또는 '타자신탁'이라 하는데, 이 책에서는 '타인신탁'이라 한다.

55) 신탁법 제56조(수익권의 취득) ① 신탁행위로 정한 바에 따라 수익자로 지정된 자(제58조제1항 및 제2항에 따라

신탁선언의 법적 성질은 '상대방이 없는 단독행위'라 볼 수 있다. 2012년 개정 신탁법이 자기신탁을 제도로 도입하기 전에도 우리나라에서는 자산유동화 발행 방법 및 주택저당증권 발행방법으로 자기신탁을 활용하고 있었다(자산유동화법 제16조 제2항 및 주택금융공사법 제32조 제1항). 위탁자와 수탁자가 다른 일반적인 신탁구조와 비교해보면, 위탁자와 수탁자 사이의 신탁설정에 대한 협의가 없다는 특징이 있으므로, 신탁의사의 명확성이나 신탁구조의 완전성을 확보하기 위한 장치가 필요하다.

나. 자기신탁 설정 및 그 제한

자기신탁의 오남용 우려에 대응하기 위해 우리 신탁법은 방법의 제한과 내용의 제한을 규정하고 있다. 우선, 신탁선언은 위탁자가 강제집행을 피하기 위해 설정할 수 있는 우려가 있다는 점에서 공정증서를 작성[56]하는 방법으로 하여야 한다(신탁법 제3조 제2항). 이는 공정증서 작성을 통하여 위탁자의 진정한 신탁설정의사를 확인하고, 신탁선언의 설정 일자, 사실과 내용을 객관적으로 확정할 수 있도록 하기 위한 제한이다. 최초 자기신탁의 신탁선언은 공정증서에 의한 방법으로 반드시 해야 하지만, 위탁자 겸 수탁자가 자기신탁의 내용을 변경할 경우까지 일일이 공정증서를 작성해야 하는지가 문제되나, 신탁재산이 추가되지 않은 이상 공정증서까지 작성할 필요는 없는 것으로 판단된다. 그리고 신탁선언은 신탁을 해지할 수 있는 권한을 유보할 수 없다(신탁법 제3조 제2항). 여기서 '해지'란 계약법에서의 계속적 계약의 해소를 의미하는 '해지'가 아니라 운영 중이던 '자기신탁을 중단'하고 신탁재산을 위탁자에게 복귀시키는 것을 의미한다.[57] 해지권 유보 금지는 위탁자가 강제집행을 피할 목적으로 신탁선언을 하였다가 그 우려가 없어진 후 신탁을 해지하여 위탁자 명의로 원상회복할 수 있는 것을 차단하기 위한 제한이다. 나아가 위탁자가 집행의 면탈이나 그 밖의 부정한 목적으로 자기신탁을 설정한 경우 이해관계인은 법원에 신탁의 종료를 청구할 수 있다(신탁법 제3조 제3항). 신탁선언의 효력 발생 시기는 신탁법상 규정은 없으나, '공정증서를 작성한 때'로 보는 것이 타당하다.[58]

수익자로 지정된 자를 포함한다)는 당연히 수익권을 취득한다. 다만, 신탁행위로 달리 정한 경우에는 그에 따른다. ② 수탁자는 지체 없이 제1항에 따라 수익자로 지정된 자에게 그 사실을 통지하여야 한다. 다만, 수익권에 부담이 있는 경우를 제외하고는 신탁행위로 통지시기를 달리 정할 수 있다.

56) 「공익신탁법」에 따른 공익신탁을 제외한다.

57) 법무부, 앞의 책, 34면. 자기신탁선언문에 신탁기간을 정해놓고 대항력을 갖춘 경우, 신탁기간 만료로 신탁이 종료되어 신탁재산에 위탁자에게 반환되는 것을 금지하는 것은 아니다.

58) 일본 신탁법은 공정증서에 의한 신탁선언은 그 공정증서를 작성한 때 신탁의 효력이 발생한다고 규정하고 있다.

자기신탁은 기업이 수익증권의 발행 및 판매를 통해 자금을 조달할 수 있는 자산유동화 도구로 활용되기도 하나, 자기신탁은 복잡한 상속 절차와 법리에 의하지 않고 상속을 설계하고 집행할 수 있기 때문에 가족신탁의 한 유형으로도 활용가능하다.[59] 특히, 미국의 경우 신탁선언(declaration of trust) 방식의 철회가능생전신탁이 유언검인절차를 회피하면서 상속을 설계하고 집행할 수 있다는 점에서 많이 활용되고 있다. 자기신탁에서 위탁자 겸 수탁자가 사망하면 신탁재산에 대한 상속신탁집행이라는 신탁사무처리할 주체가 없다는 점과 위탁자가 자기신탁을 설정하면서 신탁계약을 해지할 수 있는 권한을 보유할 수 없도록 규정한 점 때문에, 자기신탁은 자유로운 해지권 유보를 전제로 하는 통상의 유언대용신탁 구조에는 활용될 수 없을 것으로 판단되나, 자기신탁을 위한 신탁선언문에 승계수탁자를 지정하여 신탁사무를 처리할 주체를 미리 확정하고, 위탁자의 자유로운 해지권을 유보하지 않으면서 유사한 법률효과를 도출할 수 있는 내용으로 자기신탁형 유언대용신탁을 구성할 수 있다. 자기신탁형 유언대용신탁의 구조, 신탁선언문 예시안, 부동산 등기기재례, 신탁원부 기재례는 PART 10 CHAPTER 04 자기신탁형 유언대용신탁 부분을 참조하면 된다.

59) 자녀 및 후손을 위한 가족신탁을 신탁선언에 의하여 설정하는 경우, 위탁자 스스로 수익자인 자녀 및 가족을 위하여 가장 적합한 방법으로 재산관리를 하면서도 장래 발생할 수 있는 위탁자의 파산 등 경제적인 불확실성으로부터 수익자를 보호할 수 있다(법무부, 앞의 책, 32면).

CHAPTER 04

자산승계계획 수립과 신탁의 활용

1 민법상 자산승계계획 수립 방법과 한계

우리 민법은 자산승계 방법으로 '증여'와 '상속'을 규정하고, 사무처리능력이 부족한 사람을 위한 후견제도로 재산관리기능을 보완하고 있다. 우리 민법도 증여나 상속 후 수증자나 수유자의 행위를 통제하기 위한 장치를 일부 마련하고 있기는 하지만, 자산승계계획을 실행하는 단계에서 부족한 점이 많으므로, 보다 확실한 자산승계도구인 신탁을 활용할 필요가 있다.

가. 민법의 상속제도

우리 민법은 공동상속제도인 법정상속제도를 취하고 있다. 상속인으로 직계비속(자녀, 손자녀, 증손자녀), 직계존속(부모, 조부모, 증조부모), 형제자매, 4촌 이내 방계혈족을 규정하고(민법 제1000조 제1항), 배우자는 직계비속과 공동상속인이 되거나 직계존속과 공동상속인이 된다(민법 제1003조). 동순위 상속인이 수인인 때에는 최근친을 선순위로 하고 동친의 상속인이 수인인 때에는 공동상속인이 된다(민법 제1000조 제2항). 동순위 상속인이 여러 명인 때에는 그 상속분은 균분으로 하고, 배우자의 상속분은 직계비속 또는 직계존속과 공동상속할 때 50%를 가산한다(민법 제1009조).

우리 민법은 유언의 자유를 인정하는데, 그 예외로 법정최저상속분을 보장해주는 '유류분 제도'를 두고 있다. 상속인의 유류분은 직계비속과 배우자는 법정상속분의 1/2, 직계존속은 법정상속분의 1/3이다(민법 제1112조). 유류분은 피상속인의 '상속개시 시 현존재산'과 '증여재산'을 합산하는데, 가산되는 증여는 제3자의 경우 당사자 쌍방이 유류분 권리자에게 손해를 끼칠 것을 알고 증여를 한 것이 아닌 이상 상속개시 1년 이내에 한 것만을 합산하나 상속인에게 증여한 경우 기간 제한 없이 전부 합산한다(민법 제1114조).[60)]

| 상속인, 상속분, 유류분 |

순위	상속인	상속분	유류분	
1순위	피상속인의 **직계비속** + (배우자)	직계비속(균등) : 배우자(50% 가산) = 1 : 1.5	① 직계비속 ② 배우자	법정상속분 X $\frac{1}{2}$
없을 경우				
2순위	피상속인의 **직계존속** + (배우자)	직계존속(균등) : 배우자(50% 가산) = 1 : 1.5		
없을 경우				
3순위	피상속인의 **형제자매**	형제자매(균등) = 1 : 1	③ 직계존속	법정상속분 X $\frac{1}{3}$
없을 경우				
4순위	피상속인의 **4촌** 이내 **방계혈족**	방계혈족(균등) = 1 : 1		

나. 민법상 상속으로 설계하는 자산승계계획

상속재산분할은 우선 유언이 있으면 '유언에 의한 지정분할'을, 유언이 없으면 '법정분할'을 하게 된다. 법정분할은 유언이 없을 때 법정상속분에 기초해서 상속재산을 분할하는 것을 말한다. 법정분할은 상속인 간 상속재산 분할합의가 이루어지는 '합의분할'과 법원의 절차를 통해 분할하는 '재판분할'이 있다. 균등배분을 하도록 규정하고 있는 민법 때문에 많은 사람들은 특별히 자산승계계획을 수립하지 않고 있다가 사망한다. 그러나 기존에 증여받은 '특별수익'과 부모 부양 및 재산형성에 기여한 '기여분'에 대한 인식의 차이로 인해, '균등상속제도'가 상속분쟁을 막지는 못한다. 유언이 없어 균등상속으로 재산분할이 이루어져야 하지만, 통상 상속재산을 더 많이 분할받기 위해 실제 재판분할로 진행되는 사례가 많다. 우리 민법이 규정하는 법정상속제도로 인해 상속인은 상속개시 전에 이미 '상속에 대한 기대권'을 가지고 있기 때문에 상속재산분할소송이 치열한 싸움이 되면서 가족의 해체로 이어지는 것은 안타까운 현실이다.

60) 공동상속인에 대한 증여의 경우 상속개시 전의 1년간 이루어진 것인지, 당사자 쌍방이 유류분 권리자에게 손해를 끼칠 것을 알고 증여를 하였는지에 관계없이 그 증여재산 전부가 유류분 산정을 위한 기초재산에 포함된다(대법원 1996.2.9. 선고 95다17885 판결).

언론 속의 자산승계 이슈

"잔존 배우자 단독상속 · 비과세… '배우자 상속권' 강화해야"

1. 기사 내용

부부 중 한 명이 사망했을 때 남은 배우자가 재산을 단독 상속하게 하고 상속세를 부과하지 않는 방향으로 민법과 세법을 개정해 '배우자의 상속권'을 강화해야 한다는 주장이 나왔다. '부부 경제공동체' 이념을 보장하는 쪽으로 현 제도를 개선해야 한다는 것이다.

착한법 만드는 사람들(상임대표 김현)은 28일 서울 서초구 서초동 변호사회관에서 '상속법 어떻게 개선할까'를 주제로 세미나를 열었다.

이종엽 대한변호사협회장은 축사를 통해 "현행 상속제도는 공동상속인의 수에 따라 배우자 상속분이 변동되도록 정하고 있어, 이혼 시 재산분할제도와 불균형 문제를 발생시키므로 개정이 필요하다는 비판이 지속적으로 제기돼왔다"면서 "부부 경제공동체 구현을 위한 상속법 개선 방안을 검토하는 이번 세미나는 매우 시의적절하다"고 밝혔다.

오영표 신영증권 패밀리헤리티지본부장은 '상속법, 어떻게 개선할까?—부부 경제공동체 구현을 위하여'를 주제로 한 발표에서 현행 민법과 세법이 부부 경제공동체의 이념을 제대로 구현하지 못하고 있다고 꼬집었다.

그는 "현행 민법상 배우자의 법정상속분은 자녀 수에 연동돼 있어, 자녀를 많이 낳을수록 배우자 상속분이 줄어들게 돼 매우 비합리적"이라며 "부부가 함께 형성한 재산은 부부 중 일방이 사망한 경우 잔존 배우자가 100% 상속하고, 그마저 사망하면 자녀에게 상속되도록 하는 방식이 합리적"이라고 강조했다. 또 "부부 중 일방이 사망한 경우 자녀의 유류분을 인정하지 않고, 잔존 배우자가 사망했을 때 비로소 자녀의 유류분을 인정하는 것이 합리적인 방법"이라고 설명했다.

그러면서 "현행 세법은 부부 중 일방이 사망하면 잔존 배우자의 상속분에도 상속세를 과세하도록 하고 있다"며 "부부간 상속은 원래 본인의 몫을 회수하는 것이므로 이혼 시 재산분할과 마찬가지로 비과세 방식을 적용해야 한다"고 주장했다.

오 본부장은 민법 등 관련 법률이 개정되기 전까지는 보완책으로서 신탁제도를 활용할 수 있다고 제안했다. 그는 "배우자의 상속권을 강화하기 위해서는 상속을 계획하는 문화를 만들어야 한다"며 "가족신탁 및 유언공증을 적극적으로 활용해 본인과 배우자를 위한 상속계획을 수립해야 한다"고 말했다.

이어 윤진수 서울대 로스쿨 명예교수와 송평인 동아일보 논설위원, 이현곤 새울 법률사무소 변호사가 토론했다.

윤 교수는 "피상속인의 배우자와 자녀 사이에 상속재산을 둘러싸고 분쟁이 생기는 경우가 많아, 배우자가 재산을 모두 상속하도록 하자는 주장을 채택하기는 어렵다"며 "배우자의 상속분을 상속재산의 2분의 1 또는 3분의 2로 고정시키는 방법이 현실적으로 가장 문제가 적을 것으로 보인다"고 말했다.

송 위원은 "상속은 본래 의미에서 부부간 상속이 아니라 세대간 상속이다. 가족보다 개인이 우선되고 효도 관념의 강제가 약해지며 부부간 상속이 추가됐을 뿐"이라며 "세대간 상속이라는 상속의 본래 의미를 넘어, 부부간 상속을 세대간 상속보다 우선시하려면 더 타당한 근거가 제시돼야 한다"고 했다.

이 변호사는 "배우자의 상속분을 확대할 필요는 있으나, 배우자 권리의 지나친 강화는 오히려 사별 등으로 홀로 지내는 사람들로 하여금 재혼을 망설이게 되는 큰 장벽으로 작용할 수 있다"며 "배우자의 상속분으로 인해 자신의 기여도보다 못한 몫을 받게 되는 불합리가 생길 경우에는 기여분 제도를 통해 보완하는 것이 바람직하다. 현재의 대법원 판례는 이와 반대로 가는 경향인데, 바람직하지 않다"고 말했다.

2. 시사점

현행 법정상속제도의 문제점 중 가장 개선이 시급한 것이 배우자 상속권 강화이다. 배우자와 자녀가 같은 순위의 상속인이라는 문제로 인해 부모와 자식 간 상속분쟁이 많이 발생하고 있다. 배우자의 상속권을 자녀의 상속권보다 우선하는 민법 개정이 필요하다. 민법 개정 전에는 배우자를 1차 사후수익자로 하고, 자녀를 2차 사후수익자로 지정하는 수익자연속신탁을 활용할 필요가 있다.

출처 : 법률신문 2021년 9월 29일

민법

제1000조【상속의 순위】 ① 상속에 있어서는 다음 순위로 상속인이 된다.

1. 피상속인의 직계비속
2. 피상속인의 직계존속
3. 피상속인의 형제자매
4. 피상속인의 4촌 이내의 방계혈족

② 전항의 경우에 동순위의 상속인이 수인인 때에는 최근친을 선순위로 하고 동친등의 상속인이 수인인 때에는 공동상속인이 된다.

③ 태아는 상속순위에 관하여는 이미 출생한 것으로 본다.

제1001조【대습상속】 전조제1항제1호와 제3호의 규정에 의하여 상속인이 될 직계비속 또는 형제자매가 상속개시 전에 사망하거나 결격자가 된 경우에 그 직계비속이 있는 때에는 그 직계비속이 사망하거나 결격된 자의 순위에 갈음하여 상속인이 된다.

제1002조 삭 제 〈1990.1.13.〉

제1003조【배우자의 상속순위】 ① 피상속인의 배우자는 제1000조제1항제1호와 제2호의 규정에 의한 상속인이 있는 경우에는 그 상속인과 동순위로 공동상속인이 되고 그 상속인이 없는 때에는 단독상속인이 된다.

② 제1001조의 경우에 상속개시 전에 사망 또는 결격된 자의 배우자는 동조의 규정에 의한 상속인과 동순위로 공동상속인이 되고 그 상속인이 없는 때에는 단독상속인이 된다.

제1004조의2【상속권 상실 선고】 ① 피상속인은 상속인이 될 사람이 피상속인의 직계존속으로서 다음 각 호의 어느 하나에 해당하는 경우에는 제1068조에 따른 공정증서에 의한 유언으로 상속권 상실의 의사를 표시할 수 있다. 이 경우 유언집행자는 가정법원에 그 사람의 상속권 상실을 청구하여야 한다.

1. 피상속인에 대한 부양의무(미성년자에 대한 부양의무로 한정한다)를 중대하게 위반한 경우
2. 피상속인 또는 그 배우자나 피상속인의 직계비속에게 중대한 범죄행위(제1004조의 경우는 제외한다)를 하거나 그 밖에 심히 부당한 대우를 한 경우

② 제1항의 유언에 따라 상속권 상실의 대상이 될 사람은 유언집행자가 되지 못한다.

③ 제1항에 따른 유언이 없었던 경우 공동상속인은 피상속인의 직계존속으로서 다음 각 호의 사유가 있는 사람이 상속인이 되었음을 안 날부터 6개월 이내에 가정법원에 그 사람의 상속권 상실을 청구할 수 있다.

1. 피상속인에 대한 부양의무(미성년자에 대한 부양의무로 한정한다)를 중대하게 위반한 경우
2. 피상속인에게 중대한 범죄행위(제1004조의 경우는 제외한다)를 하거나 그 밖에 심히 부당한 대우를 한 경우

④ 제3항의 청구를 할 수 있는 공동상속인이 없거나 모든 공동상속인에게 제3항 각 호의 사유가 있는 경우에는 상속권 상실 선고의 확정에 의하여 상속인이 될 사람이 이를 청구할 수 있다.

⑤ 가정법원은 상속권 상실을 청구하는 원인이 된 사유의 경위와 정도, 상속인과 피상속인의 관계, 상속재산의 규모와 형성 과정 및 그 밖의 사정을 종합적으로 고려하여 제1항, 제3항 또는 제4항에 따른 청구를 인용하거나 기각할 수 있다.

⑥ 상속개시 후에 상속권 상실의 선고가 확정된 경우 그 선고를 받은 사람은 상속이 개시된 때에 소급하여 상속권을 상실한다. 다만, 이로써 해당 선고가 확정되기 전에 취득한 제3자의 권리를 해치지 못한다.

⑦ 가정법원은 제1항, 제3항 또는 제4항에 따른 상속권 상실의 청구를 받은 경우 이해관계인 또는 검사의 청구에 따라 상속재산관리인을 선임하거나 그 밖에 상속재산의 보존 및 관리에 필요한 처분을 명할 수 있다.

⑧ 가정법원이 제7항에 따라 상속재산관리인을 선임한 경우 상속재산관리인의 직무, 권한, 담보제공 및 보수 등에 관하여는 제24조부터 제26조까지를 준용한다.

[본조신설 2024. 9. 20.] [시행일: 2026. 1. 1.] 제1004조의2

제1009조 【법정상속분】 ① 동순위의 상속인이 수인인 때에는 그 상속분은 균분으로 한다.

② 피상속인의 배우자의 상속분은 직계비속과 공동으로 상속하는 때에는 직계비속의 상속분의 5할을 가산하고, 직계존속과 공동으로 상속하는 때에는 직계존속의 상속분의 5할을 가산한다.

③ 삭 제 〈1990.1.13.〉

제1010조 【대습상속분】 ① 제1001조의 규정에 의하여 사망 또는 결격된 자에 갈음하여 상속인이 된 자의 상속분은 사망 또는 결격된 자의 상속분에 의한다.

② 전항의 경우에 사망 또는 결격된 자의 직계비속이 수인인 때에는 그 상속분은 사망 또는 결격된 자의 상속분의 한도에서 제1009조의 규정에 의하여 이를 정한다. 제1003조제2항의 경우에도 또한 같다.

제1112조 【유류분의 권리자와 유류분】 상속인의 유류분은 다음 각 호에 의한다.

1. 피상속인의 직계비속은 그 법정상속분의 2분의 1
2. 피상속인의 배우자는 그 법정상속분의 2분의 1
3. 피상속인의 직계존속은 그 법정상속분의 3분의 1
4. 삭 제 〈2024. 9. 20.〉

제1113조 【유류분의 산정】 ① 유류분은 피상속인의 상속개시 시에 있어서 가진 재산의 가액에 증여재산의 가액을 가산하고 채무의 전액을 공제하여 이를 산정한다.

② 조건부의 권리 또는 존속기간이 불확정한 권리는 가정법원이 선임한 감정인의 평가에 의하여 그 가격을 정한다.

제1114조 【산입될 증여】 증여는 상속개시 전의 1년간에 행한 것에 한하여 제1113조의 규정에 의하여 그 가액을 산정한다. 당사자 쌍방이 유류분권리자에 손해를 가할 것을 알고 증여를 한 때에는 1년 전에 한 것도 같다.

제1115조 【유류분의 보전】 ① 유류분권리자가 피상속인의 제1114조에 규정된 증여 및 유증으로 인하여 그 유류분에 부족이 생긴 때에는 부족한 한도에서 그 재산의 반환을 청구할 수 있다.

② 제1항의 경우에 증여 및 유증을 받은 자가 수인인 때에는 각자가 얻은 유증가액의 비례로 반환하여야 한다.

> **제1116조【반환의 순서】** 증여에 대하여는 유증을 반환받은 후가 아니면 이것을 청구할 수 없다.
>
> **제1117조【소멸시효】** 반환의 청구권은 유류분권리자가 상속의 개시와 반환하여야 할 증여 또는 유증을 한 사실을 안 때로부터 1년 내에 하지 아니하면 시효에 의하여 소멸한다. 상속이 개시한 때로부터 10년을 경과한 때도 같다.

❙ 현행 민법상 상속재산분할 방법 ❙

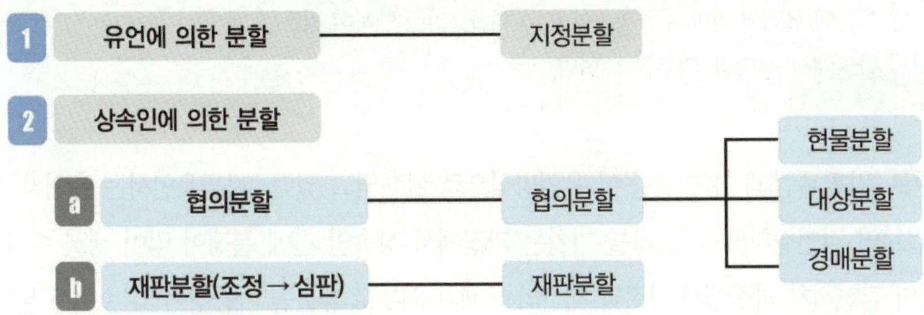

한편, 우리 민법 상속편에도 자산승계의 관점에서 보면, 피상속인의 통제권을 보유할 수 있는 장치가 있긴 하지만, 완전하지 않다. 유언으로 상속재산의 분할방법을 정할 수 있고, 상속개시일로부터 5년간 상속재산분할을 금지할 수 있다(민법 제1012조). 상가건물을 여러 명에게 유증하면서 유증받은 수유자가 5년간 재산분할을 못하도록 유언을 남길 수 있다. 유언에 정지조건을 붙일 수도 있다(민법 제1073조). 유언으로 유증받는 자에게 '부담'을 부가할 수도 있다(민법 제1088조). 상속인이 상속개시 후 상속 관련 일체의 소송을 제기하지 않겠다는 부제소 합의를 조건으로 유증의 효력이 발생하도록 하는 것도 하나의 방법이 될 수 있다.

그러나 유언집행자를 제3자로 지정하지 않는 이상, 제대로 이행될 가능성은 낮아 보인다. 그리고 유증받는 자(수유자)에게 잔존 배우자의 부양의무 이행을 부담으로 붙일 수도 있지만, 피상속인 사후 수유자의 부양의무 이행을 담보할 수 있는 장치가 없다는 문제가 있다.

민법

제1012조【유언에 의한 분할방법의 지정, 분할금지】 피상속인은 유언으로 상속재산의 분할방법을 정하거나 이를 정할 것을 제삼자에게 위탁할 수 있고 상속개시의 날로부터 5년을 초과하지 아니하는 기간 내의 그 분할을 금지할 수 있다.

제1073조【유언의 효력발생시기】 ① 유언은 유언자가 사망한 때로부터 그 효력이 생긴다.
② 유언에 정지조건이 있는 경우에 그 조건이 유언자의 사망 후에 성취한 때에는 그 조건성취한 때로부터 유언의 효력이 생긴다.

제1088조【부담있는 유증과 수증자의 책임】 ① 부담있는 유증을 받은 자는 유증의 목적의 가액을 초과하지 아니한 한도에서 부담한 의무를 이행할 책임이 있다.
② 유증의 목적의 가액이 한정승인 또는 재산분리로 인하여 감소된 때에는 수증자는 그 감소된 한도에서 부담할 의무를 면한다.

주로 '자필유언'과 '유언공증'이 유언방식으로 활용되고 있다. 자필유언서는 유언자 사망 후 법원의 검인절차(probation)를 거치는 과정에서 상속인 간에 분쟁이 많이 생길 수 있다. 법원의 검인절차 과정에서 가족과 재산의 문제가 외부로 유출될 가능성이 있는 것도 문제다. 그래서 유언 검인절차가 필요 없는 유언공증이 많이 활용되고 있다.

문제는 유언공증이 제대로 집행되느냐이다. 법리상 유언공증에 따라 유언집행자가 유언집행을 하면 된다. 그렇지만, 실무상 유언집행은 여러 난관에 봉착한다.

첫째, 예금이나 금융투자자산에 대한 집행이 제대로 안 된다. 유언의 법리상 나중의 유언이 이전의 유언보다 우선한다. 유언공증도 같은 법리가 적용된다. 예를 들면, 유언공증 후 그와 다른 내용의 자필유언서가 있게 되면, 유언공증은 철회된 것으로 본다. 그리고 유언공증에서 유언자의 사무처리능력이 문제되어 유언무효 소송이 제기되는 경우를 종종 목격한다. 이러한 현상을 유언집행에 응하는 금융기관 입장에서 보면, 유언공증의 내용에 따라 수유자에게 예금이나 금융투자자산을 인출해주는 것은 이중변제의 위험에 노출되는 것이다. 즉, 각기 다른 내용의 유언공증이 하루의 시차를 두고 집행된다고 가정하면, 금융기관에서 집행하는 유언공증이 가장 최근에 한 것이고, 그 이후에는 자필유언을 포함한 아무런 유언이 없다는 것을 확인해야 한다. 그렇지 않으면, 먼저 집행한 유언공증이 철회되어 효과가 없거나 무효가 되어 적법한 나중의 유언공증이나 자필유언에 따라 다시 집행에 응해야 하는 문제가 있다. 이러한 문제점을 입법적으로 해결하지 않고 금융기관이 유언공증에 따라 유언집행에 응해주지 못하고, 유언공증에도 불구하고 상속인 전원의 동의를 요구하는 관행을 문제삼을 수 없다.[61]

민법

제1108조【유언의 철회】 ① 유언자는 언제든지 유언 또는 생전행위로써 유언의 전부나 일부를 철회할 수 있다.
② 유언자는 그 유언을 철회할 권리를 포기하지 못한다.

제1109조【유언의 저촉】 전후의 유언이 저촉되거나 유언 후의 생전행위가 유언과 저촉되는 경우에는 그 저촉된 부분의 전 유언은 이를 철회한 것으로 본다.

제1110조【파훼로 인한 유언의 철회】 유언자가 고의로 유언증서 또는 유증의 목적물을 파훼한 때에는 그 파훼한 부분에 관한 유언은 이를 철회한 것으로 본다.

둘째, 유언공증서를 최초로 발견한 자가 파훼하면 쉽게 찾을 수 없다. 주로 유언공증에 따라 유증받는 비율이 법정상속분보다 적거나 아예 유증받지 못하는 상속인이 먼저 발견하면, 그 상속인이 자진해서 유언공증을 다른 상속인에게 알리지 않을 유인이 많기 때문이다. 유언공증서 원본이 공증사무소에 있다 하더라도 검색기능이 없다. 유언공증서의 존재를 추정하는 상속인은 유언자의 집이나 직장 근처 공증사무소를 하나씩 찾아가서 확인하는 수밖에 없다. 이 부분은 제도개선이 필요하다. 유언공증만이라도 전산정보를 집중해서 공공기관에서 조회가 가능하도록 해야 한다.[62)]

셋째, 실무상 유언자의 의사능력 유무와 관련하여 유언무효소송이 많이 제기되고 있다. 통상 유언무효소송 전후로 상속재산에 대해 처분금지가처분이 함께 이루어진다. 이렇게 되면 수유자는 상속재산을 처분할 수 없어 상속세 미납으로 인한 가산세를 부담하고, 상속개시 전에 상속재산을 담보로 대출이 이루어진 경우 수유자가 해당 대출 연장을 할 수 없게 되는 곤란한 상황에 처하게 된다.[63)]

61) 현재 일부 금융기관에서 상속인들의 동의서(인감증명서 첨부) 제출을 요구하는 경우가 있는데, 이는 시정되어야 한다고 본다. 유언집행자가 상속인들의 동의서를 일일이 받으러 다녀야 한다는 것은 유언자의 뜻이나 공증을 한 취지에 맞지 않는다고 할 것이라는 주장이 있는데[박중옥, 『유언공증에 관한 고찰』(공증과 신뢰, 2017), 163면], 법리적인 측면에서는 옳은 말이지만, 실무적인 측면에서 금융기관으로 하여금 이중변제의 위험을 차단할 수 있는 제도 개선이 전제가 되어야 한다.

62) 같은 견해로 박중옥, 앞의 논문, 166면.

63) 갑이 자녀들인 을과 병 등에게 갑 소유 부동산을 유증하기로 하는 공정증서를 작성한 후, 갑이 공정증서의 내용을 수정하려면 을과 병 등 모두의 동의를 거쳐야 하고, 갑이 임의로 공정증서의 내용을 수정하는 경우 갑과 을은 공정증서에 따라 협의하는 것으로 하며, 갑의 소유 재산을 을과 병 등에게 증여하는 경우에는 공정증서에 따른 분배로 보아 처리하기로 하는 등 갑 소유 재산의 관리와 처분 및 공정증서 등에 관한 약정을 체결한 사안에서, 갑의 유언철회의 자유를 제한하고 사실상 유언철회를 무력화하는 셈이 되며, 유언의 효력이 발생하기도 전에 유언에 따라 취득한 권리의 처리에 관한 사항을 미리 정하고 있는 것이므로, 약정이 무효라고 한 사례(대법원 2015.8.19. 선고 2012다94940 판결)가 있다. 이 판결의 사건처럼 유언공증 후 사무처리능력이 없어져서 본래의 유언을 변경하려면 상속인 전원동의 조항을 넣고 있지만, 이 판결에 따라 무효가 된다.

한편, 상속신탁은 유언공증에 비해서 상속재산 분배의 확실성과 신속성을 담보할 수 있어 상속분쟁을 예방할 수 있다는 점, 수익자연속신탁이 가능한 점, 생전 및 사후 재산보호기능이 가능하다는 점 등 유언공증보다 장점이 많다. 다만, 상속신탁의 유일한 단점은 신탁보수가 유언공증에 비하여 비용이 많이 든다는 점이다.

구 분	상속신탁	유언공증
상속재산 분배의 확실성	높음 (위탁자의 의사만으로 철회·변경 불가하고, 신탁계약에서 정한 방법으로 철회·변경 가능)	낮음 (유언자의 의사만으로 철회·변경 가능, 자필유언만으로도 유언공증의 철회·변경 가능)
상속재산 분배의 신속성	높음 (수탁자에게 소유권이 이전되어 있어, 수탁자가 신속하게 배분 → 금융자산의 경우 : 사망일+1일 이후, 부동산의 경우 : 사망일 +21일 이후 가능)	낮음 (유언집행자 취임 후 신탁재산조사 및 상속집행 → 전문성 부족한 가족이 유언집행자가 될 경우 많은 시간 소유)
상속분쟁 예방기능	높음 (신속하고 확실한 유산배분, 계약방식이므로 무효 사유 적음)	낮음 (엄격한 요식성으로 인해 유언무효 이슈 상존)
2차 상속	가능 (연속수익자 활용)	불가 (상속인의 상속은 해당 상속인의 일신전속적권리)
상속설계의 유연성	높음 (신탁법상 강행규정을 제외하면 원하는 대로 신탁계약 설계 가능)	낮음 (법정 유언사항만 유언 가능)
생전 및 사후의 재산보호 및 관리	가능 (수탁자가 위탁자의 의사대로 신탁재산을 보호하고 관리함 → 신탁 본질적 기능)	없음 (유언공증 후 신탁재산은 유언자가 직접 관리)
신탁재산의 이전시기	유연 (위탁자의 사망 또는 위탁자의 '특정 기한 경과' 또는 '특정 조건 성취' 시 신탁재산 이전 가능)	경직 (위탁자의 사망 시 재산이전)
요식성	낮음 (계약방식으로 요식성 낮음)	높음 (엄격한 법정요건 준수 필요)

결국, 현행 민법의 상속제도를 활용하여 자산승계계획을 수립하는 것도 방법이기는 하나, 상속신탁을 활용하여 믿을 수 있는 독립적인 신탁회사에게 상속재산의 관리, 처분, 배분 및 상속 이후 재산관리를 맡기는 것이 가족 간 상속분쟁을 예방하고 재산보존의 효율성을

높이는 방법이다. 상속신탁을 상속방법으로 넣어보면, 우리 민법과 신탁법상 상속방법은 다음과 같다.[64]

▎우리 민법 및 신탁법에 따른 상속방법▕

구분	상속	방법	상속 유형
1	법정상속	협의분할	상속인에 의한 상속
		재판분할	법원에 의한 상속
2	유언상속	자필증서, 녹음, 비밀증서, 구수증서	검인 상속
		유언공증	비검인 상속
3	신탁상속	유언공증방식의 유언신탁	비검인 상속
		유언대용신탁(계약형)	비검인 상속
		유언대용신탁(자기신탁형)	비검인 상속

Part 02

다. 민법상 증여로 설계하는 자산승계계획

증여는 단순 증여, 부담부증여, 조건부증여, 정기증여로 나누어 볼 수 있다. 우리 민법은 증여계약 후 수증자의 범죄행위나 부양의무불이행이 있으면 증여계약을 해제할 수 있는 장치를 마련하고 있다(민법 제556조). 증여자는 증여계약 후 증여자의 재산상태가 악화될 경우 증여계약을 해제할 수 있다(민법 제557조). 다만, 수증자의 범죄행위나 부양의무불이행[65], 증여자의 재산상태악화 시 증여자의 해제권은 증여계약에 따라 증여자가 계약을 이행해버리면 행사할 수 없는 한계가 있다(민법 제558조).

증여자는 증여계약에 '특정 조건'이나 '특정 부담'을 붙일 수 있다. 조건부증여는 특정 조건(정지조건)이 성취되면 증여계약을 이행하거나 특정 조건(해제조건)이 성취되면 증여계약의 효력이 없어지는 증여계약이다. 부담부증여는 수증자에게 일정 의무를 부담시키고 수증자가 부담을 이행하지 아니할 경우 증여계약을 해제할 수 있는데[66], 이 경우에는 민법 제

64) 저자가 항상 강조하는 바이지만, 법학전문대학원이나 법학과 상속법 과목에 상속신탁을 넣어야 한다. 기존 분쟁해결을 위한 법률실무강의와 함께 분쟁을 예방할 수 있는 예방법학을 가르쳐야 할 때이다.

65) 민법 제556조 제1항 제2호에 규정되어 있는 '부양의무'라 함은 민법 제974조에 규정되어 있는 직계혈족 및 그 배우자 또는 생계를 같이 하는 친족간의 부양의무를 가리키는 것으로서, 친족간이 아닌 당사자 사이의 약정에 의한 부양의무는 이에 해당하지 아니하여 민법 제556조 제2항이나 민법 제558조가 적용되지 않는다(대법원 1996. 1. 26. 선고 95다43358 판결).

66) 상대부담 있는 증여에 대하여는 민법 제561조에 의하여 쌍무계약에 관한 규정이 준용되어 부담의무 있는 상대방이 자신의 의무를 이행하지 아니할 때에는 비록 증여계약이 이미 이행되어 있다 하더라도 증여자는 계약을 해제할 수 있고, 그 경우 민법 제555조(서면에 의하지 아니한 증여와 해제)와 제558조(해제와 이행완료부분)는 적용

558조의 적용을 받지 않기 때문에 증여계약을 이행했더라도 증여계약을 해제할 수 있다.

민법

제554조【증여의 의의】 증여는 당사자 일방이 무상으로 재산을 상대방에 수여하는 의사를 표시하고 상대방이 이를 승낙함으로써 그 효력이 생긴다.

제555조【서면에 의하지 아니한 증여와 해제】 증여의 의사가 서면으로 표시되지 아니한 경우에는 각 당사자는 이를 해제할 수 있다.

제556조【수증자의 행위와 증여의 해제】 ① 수증자가 증여자에 대하여 다음 각 호의 사유가 있는 때에는 증여자는 그 증여를 해제할 수 있다.

1. 증여자 또는 그 배우자나 직계혈족에 대한 범죄행위가 있는 때
2. 증여자에 대하여 부양의무있는 경우에 이를 이행하지 아니하는 때

② 전항의 해제권은 해제원인있음을 안 날로부터 6월을 경과하거나 증여자가 수증자에 대하여 용서의 의사를 표시한 때에는 소멸한다.

제557조【증여자의 재산상태변경과 증여의 해제】 증여계약 후에 증여자의 재산상태가 현저히 변경되고 그 이행으로 인하여 생계에 중대한 영향을 미칠 경우에는 증여자는 증여를 해제할 수 있다.

제558조【해제와 이행완료부분】 전3조의 규정에 의한 계약의 해제는 이미 이행한 부분에 대하여는 영향을 미치지 아니한다.

제559조【증여자의 담보책임】 ① 증여자는 증여의 목적인 물건 또는 권리의 하자나 흠결에 대하여 책임을 지지 아니한다. 그러나 증여자가 그 하자나 흠결을 알고 수증자에게 고지하지 아니한 때에는 그러하지 아니하다.

② 상대부담있는 증여에 대하여는 증여자는 그 부담의 한도에서 매도인과 같은 담보의 책임이 있다.

제560조【정기증여와 사망으로 인한 실효】 정기의 급여를 목적으로 한 증여는 증여자 또는 수증자의 사망으로 인하여 그 효력을 잃는다.

제561조【부담부증여】 상대부담있는 증여에 대하여는 본절의 규정 외에 쌍무계약에 관한 규정을 적용한다.

제562조【사인증여】 증여자의 사망으로 인하여 효력이 생길 증여에는 유증에 관한 규정을 준용한다.

자산승계의 관점에서 보면 증여계약 해제권, 조건부증여, 부담부증여, 정기증여도 증여

되지 아니한다(대법원 1997. 7. 8. 선고 97다2177 판결).

자의 입장에서 일정한 통제권을 보유할 수 있는 장치이다. 실무에서는 조건부증여나 부담부 증여를 체결하면서 효도의무 불이행 시 증여계약 해제권을 행사할 수 있는 '효도계약서'를 활용하기도 한다. 효도계약서는 조건부증여나 부담부증여의 한 유형으로 증여자의 의지를 명확하게 표현하고 수증자의 행동을 일정 부분 통제할 수 있다. 그렇지만, 수증자가 부담을 이행하지 않아 증여계약을 증여자가 해제하더라도 수증자가 스스로 증여재산을 돌려주지 않으면, 증여자가 수증자를 상대로 소송을 해서 반환받아야 하는 문제가 있다.

현행 민법상 증여제도로 자산승계계획을 수립할 수 있기는 하나[67], 증여신탁을 체결하여 수탁자에게 증여재산의 관리, 처분, 배분권한을 맡기면서 증여재산에 대한 통제권을 행사하는 것이 가장 합리적이고 안정적인 방법인데, 이에 대해서는 PART 04 증여신탁 부분에서 상세히 설명한다.

Part 02

라. 우리 민법에 따른 위임계약으로 자산승계계획 수립

제3자에게 사무처리를 위탁하는 법률관계를 '위임'이라 하는데 자산승계계획을 수립하여 제3자에게 위임하는 것은 가능하나, 위임계약은 위임인의 사망으로 종료되기 때문에, 상속으로 재산을 승계할 때에는 활용이 불가능하다(민법 제680조, 제690조)[68]. 그리고 위임의 경우 사실행위나 법률행위를 위해서 위임계약의 존재를 상대방에게 일일이 설명해야 하는 불편함이 있다. 그리고 위임계약은 수임인의 의무불이행이나 부정행위를 통제할 수 있는 확실한 장치[69]가 없다. 따라서 위임계약으로 자산승계계획 수립에는 한계가 있다.

민법

제680조【위임의 의의】 위임은 당사자 일방이 상대방에 대하여 사무의 처리를 위탁하고 상대방이 이를 승낙함으로써 그 효력이 생긴다.

제690조【사망·파산 등과 위임의 종료】 위임은 당사자 한쪽의 사망이나 파산으로 종료된다. 수임인이 성년후견개시의 심판을 받은 경우에도 이와 같다.

---

67) 실무에서 부담부 증여를 활용한 자산승계가 판결에서도 목격된다(조카에게 부양의무를 부담시킨 부담부 증여에 대한 판결로는 대법원 1996. 1. 26. 선고 95다43358 판결이 있고, 자녀에게 충실한 부양의무를 부담시킨 부담부 증여에 대한 판결로는 서울고등법원 2015나2014073판결이 있다).

68) 일본에서는 '사후위임계약'에 대해 긍정설과 부정설의 대립이 있긴한데, 국내에서는 아직 논의가 되지 않고 있다.

69) 수임인의 의무불이행이나 부정행위를 통제하는 장치로 소송이 있기는 하나 너무 번잡한 일이다. 신탁의 경우 신탁회사가 자본력이 있을 뿐만 아니라 신탁계약의 이행 여부가 문제될 경우 감독당국의 조사나 검사로도 해결가능하다.

마. 후견제도

2013년 도입한 후견제도인 법정후견과 임의후견 모두 사무처리능력 상실 시에 효력이 발생하여 후견인이 사무처리능력이 부족한 피후견인을 위해 신상관리와 재산관리 업무를 처리하긴 하지만, 피후견인 사망으로 법정후견과 임의후견은 모두 종료된다. 후견인의 업무에 상속절차나 상속집행 업무는 배제되어 있다. 실무상 불가피한 경우 후견인이 장례를 주재하기는 해도 상속처리 또는 유산정리 업무는 후견인의 권한 밖의 일이다. 유언을 남기지 않은 후견의 경우 피후견인 사망 후 법정상속으로 처리되고, 사무처리능력이 있을 때 유언을 남긴 경우 유언으로 지정된 유언집행자가 상속업무를 진행한다. 후견제도를 보완한 자산승계전략 수립은 PART 05 후견신탁에서 상세히 설명한다.

바. 소결론

기존 민법이나 상법상 재산관리 및 재산승계 방법은 건강시기에서 사망 후 상속 완료까지 일정 기간 동안에만 부분적으로 작동한다. 위임, 부담부증여, 법정후견, 임의후견, 생명보험은 사망 시 종료된다. 유언과 사인증여는 사망 시에 발효되지만 유언에 따른 유언집행과 사인증여계약의 이행으로 계약이 종료된다. 그렇지만 신탁을 활용하면, 건강시기, 능력상실 시기, 사망, 상속완료 및 그 이후에도 상속인들을 위한 재산관리가 가능하다. 신탁은 소유권을 수탁자에게 이전시켜 놓고 재산관리를 하는 도구이다. 따라서 신탁을 활용하면, 위탁자의 건강상태나 사무처리능력 유무, 상속인의 건강상태나 사무처리능력 유무를 불문하고, 수탁자가 신탁재산의 관리, 운용, 처분, 배분 업무를 독립적으로 수행할 수 있으므로, 자산승계계획 수립과 이행에 있어 단절되는 구간이 없다는 장점이 있다.

생애주기별 민법상 재산관리제도와 한계

재산관리제도		건강시기	능력상실	사 망	상속완료	그 이후
1	위 임	계약 ⇒ ⇒	⇒ ⇒ ⇒	종료		
2	부담부증여	계약 ⇒ ⇒	⇒ ⇒ ⇒	종료		
3	유언·사인증여	작성 ……	…………	발효 ⇒ ⇒	종료	
4	법정후견		발동 ⇒ ⇒	종료		
5	임의후견	계약 ……	발동 ⇒ ⇒	종료		
6	생명보험	계약 ⇒ ⇒	⇒ ⇒ ⇒	종료		
7	가족신탁	계약 ⇒ ⇒	⇒ ⇒ ⇒	⇒ ⇒ ⇒	⇒ ⇒ ⇒	⇒ ⇒ ⇒

언론 속의 자산승계 이슈

"사인증여도 특별한 사정 없으면 언제든 철회할 수 있다"

1. 사실관계

사인증여에도 유증의 철회에 관한 민법 제1108조 제1항이 준용되기 때문에 특별한 사정이 없다면 언제든 전부나 일부를 철회할 수 있다는 첫 대법원 판결이 나왔다. 대법원 민사3부(주심 안철상 대법관)는 A가 B를 상대로 낸 근저당권 말소 소송(2017다245330)에서 원고승소 판결한 원심을 지난달 28일 확정했다.

A와 내연관계에 있던 B는 A와의 사이에서 아들 C를 출산했다. A는 자신이 사망할 경우 동산과 부동산 등 자신의 자산 가운데 40%를 B와 C에게 넘기는 내용의 각서를 2012년 1월 작성했다. A는 2013년 4월 두 번째 각서를 작성했는데, 현재 소유한 토지의 일부분 중 20억 원 정도 금액을 근저당 설정을 통해 C에게 상속한다는 내용이었다. 이후 A는 같은 해 5월 B에게 채권최고액 15억 원의 근저당권설정등기를 해줬다.

| 1차 각서 |

"A가 이 글을 남기는 이유는 A가 불의의 사고로 세상을 타계하거나, 의식이 없을 경우 A의 자산(동산, 부동산) 소유 중 40%를 B에게 모두 넘기기 위한 목적이다.
A가 B에게 넘긴다는 것은 A와 B의 자식인 소외인에게 모두 넘기는 것과 같은 뜻이다.
A에게 불의의 사고가 발생한 경우 가족, 친지와의 유산 등 법적분쟁 발생 없이 모든 권한은 자식 소외인의 엄마인 B에게 넘기며, A의 재산(동산, 부동산 포함) 40%를 B에게 넘긴다.
A의 자식인 소외인 또한 A 즉, 나의 소중한 자식이며, 핏줄이기 때문에 A의 재산 중 40%는 아들인 소외인에게 넘길 것이다. 즉, A의 아들인 소외인의 엄마인 B가 관리 · 위탁하여 관리하며 생활해 나가고, 아들인 소외인이 30세의 성인이 되면 그때 아들인 소외인이 직접 관리할 수 있도록 한다. 그 상황은 그때 가서 B와 협의하여도 된다."

| 2차 각서 |

"현재 토지 일부분에서 20억 원 정도의 금액은 C(주민등록번호와 주소)에게 상속한다(근저당 설정).
C는 B의 아들이자 A의 아들이다.
C 나이 35세 이전에는 엄마인 B가 관리한다.
위 내용은 사실이며, 어느 누구도(우리 A와 B도) 관여할 수 없다
그래서 위 토지에 근저당 설정할 것이다."

그러다 A는 이를 철회하기 위한 소송을 냈다. A는 "두 번째 각서의 내용은 사후 재산을 C에게 무상으로 주겠다는 유언으로, 상대방 없는 단독행위인 유증에 해당하고, 유증은 효력 발생 전에 유증의사를 철회할 수 있어 2016년 4월 4일자 준비서면 송달로써 C에 대한 유증을 철회한다"고 주장했다. A는 또 "유증이 아니라 사인증여로 볼 여지가 있다고 하더라도 사인증여계약이 성립되지 않았고, 사인증여에 해당하더라도 수증자는 C이므로 B가 (자신에 대한) 채권을 갖는 것이 아니라서 이 사건 근저당권은 피담보채권이 존재하지 않는다"고 예비적으로 주장했다.

2. 법원의 판단(대법원 2022.7.28. 선고 2017다245330 판결)

민법 제562조는 사인증여에는 유증에 관한 규정을 준용한다고 정하고 있고, 민법 제1108조 제1항은 유증자는 유증의 효력이 발생하기 전에 언제든지 유언 또는 생전행위로써 유증 전부나 일부를 철회할 수 있다고 정하고 있다. 사인증여는 증여자의 사망으로 인하여 효력이 발생하는 무상행위로 실제적 기능이 유증과 다르지 않으므로, 증여자의 사망 후 재산 처분에 관하여 유증과 같이 증여자의 최종적인 의사를 존중할 필요가 있다. 또한 증여자가 사망하지 않아 사인증여의 효력이 발생하기 전임에도 사인증여가 계약이라는 이유만으로 법적 성질상 철회가 인정되지 않는다고 볼 것은 아니다. 이러한 사정을 고려하면 특별한 사정이 없는 한 유증의 철회에 관한 민법 제1108조 제1항은 사인증여에 준용된다고 해석함이 타당하다. 법원은 이 사건에서 사인증여 철회로 해지되었다고 판단하여 사인증여로 설정된 근저당권설정등기의 말소청구를 인용하였다.

3. 시사점

이 사건에서 A와 B는 혼외자 C를 위한 자산승계 도구로 '유증'과 '근저당권설정'을 활용하였다. 법원은 유증이 유언의 요건을 갖추지 못해 유증으로서의 효력은 부인하였고, A와 B의 의사해석상 이 건 근저당권설정을 사인증여로 해석하였지만, A의 사인증여 철회로 이 건 근저당권설정인 사인증여가 철회된 것이므로, 이 건 근저당권설정등기는 말소되어야 한다고 판시하였다.

자산승계의 관점에서 보면 A와 B가 C에게 유증이나 사인증여를 목적으로 B명의의 근저당권설정 방식으로 자산승계를 계획하였다는 점이 문제가 될 수 있다. A와 B의 내연관계가 파탄나지 않았다고 하더라도, (i) B 명의의 근저당권설정등기와 사인증여의 의사표시가 기재된 각서로 A사망 이후 C에게 상속배분되는 것이 충분히 담보되지 않을 수 있는 문제와 (ii) A 사망 후 C가 30세로 성장하기 전에 B가 의사능력이 결여되거나 혹시 B가 C를 위해 부동산을 위탁관리하지 않고 임의로 유용해버리는 등 사정변경이 있게 되면 A가 의도한 자산승계계획이 제대로 실행되지 않는 문제가 있을 수 있다.

이러한 문제를 예방하기 위해 A는 신탁회사와 유언대용신탁계약을 체결하면서 사후수익자를 C로 지정하되 C가 30세 될 때까지 신탁계약이 존속하고, 만약 A가 그 전에 사망하면 B가 신탁재산의 관리방법을 지정할 수 있도록 B를 신탁재산운용지시권자로 지정한다. 그리고 만약 A와 B의 관계가 파탄에 이르게 된 경우 A는 이 유언대용신탁계약을 해지할 수 있도록 특약을 구성하면 보다 안전하면서 상황변화에 대처할 수 있다.

출처 : 법률신문 2022년 8월 17일

2 자산승계계획의 개념과 수립절차

가. 자산승계계획의 개념과 수립절차

자산승계계획(Succession Planning)이란 본인을 위해 자산을 어떻게 사용하고 가족들에게 어떻게 승계하는지를 미리 계획하는 것을 말한다.[70] 자산승계계획을 상속계획으로 표현하기도 하지만, 자산승계계획에 '본인을 위한 계획'이 포함되어야 하므로, 상속계획보다는 넓은 의미라고 보면 된다. 자산승계계획을 미리 수립하는 이유는 세금을 줄일 수 있는 절세전략을 찾을 수 있고, 가족의 재산, 건강상태를 고려해서 효율적인 상속계획을 수립하는 데 있다. 그리고 상속재산분할 과정에서 생길 수 있는 분쟁 예방도 자산승계계획을 수립하는 이유이다. 아울러 가족 관계에서 생길 수 있는 다양한 위험을 미리 관리하는 것도 자산승계계획 수립의 목표이기도 하다.

자산승계계획 수립을 단계적으로 나누어보면, 다음과 같이 6단계로 나눌 수 있다.

70) 자산승계계획을 상속설계(Estate Planning)라 부르기도 한다. 상속설계(Estate Planning)란 피상속인이 사망할 경우 피상속인의 의사대로 상속인에게 피상속인의 재산을 상속할 때 가장 비용이 적게 들고 효율적으로 상속하면서 세금을 가장 적게 내는 방법을 강구하여 상속인에게 더 많은 재산이 상속될 수 있도록 방법을 설계하고 실천하며 이를 문서화하는 것을 의미한다[바른상속신탁연구회, 『상속신탁연구』(2014.5.), 90면].

| 자산승계계획 수립 절차 및 주요 검토 사항 |

단계	구분	번호	절차	주요 검토 사항
1	가족구성 파악	1	연령, 건강, 재산관리능력 파악	구성원들의 특수성 파악 및 Life Plan 분석
2	자산현황 분석	1	자산부채분석	자산과 부채 현황 파악
		2	현금흐름 분석	자산과 부채의 현금흐름 분석
3	노후자금 분석	1	연령에 따른 노후자금 분석	고객 수준과 기대여명에 따른 노후자금 분석(Life Plan)
4	고객 니즈 파악	1	자산증식 니즈	포트폴리오 진단 및 변경 제안
		2	자산승계 니즈	증여 · 보험 · 상속 니즈 파악
		3	재산보호 니즈	재산 손실위험 진단 및 임의후견 니즈 분석
5	세금계획 (Tax Planning)	1	납세가능성 분석	현금화 가능자산 파악
		2	포트폴리오 리밸런싱 분석	납세능력 부족 시 포트폴리오 변경
		3	가족 내 자산의 분산 대책 분석	증여 · 연금보험을 활용한 절세 전략 도출
		4	부동산 유효활용 가부 분석	상속증여가액 평가 시 유효한 부동산 활용
6	신탁솔루션 (Trust Solutions)	1	신탁니즈 확인(Trust Needs)	재산보호 · 유산분쟁예방 · 차등상속 · 사후관리
		2	신탁솔루션 확정	증여신탁 · 상속신탁 · 후견신탁
		3	자산승계신탁계약 확정	고객 니즈에 따른 맞춤형 계약 구성

1단계는 '가족구성 파악'이다. 가족의 나이, 신체적·정신적 건강상태는 물론 가족의 재산관리능력, 가족의 재산관리능력에 대한 인식에 대한 분석도 필요하다. 가족 구성원 중 재산관리능력이 확인되지 않거나 부족하다면, 안전장치를 마련하고 자산을 승계해야 한다.

2단계는 '자산현황 분석'이다. 자산과 부채 파악은 자산승계계획 수립의 기본이면서 매우 중요한 단계이다. 본인 명의로 된 자산 전부에 대해 재산가액(시가평가금액과 기준시가), 현금화 가능성, 향후 재산가액 변동성 등을 분석한다. 어떻게 운용하고, 어떻게 처분하며 어떻게 개발할지를 정하는 것이다. 그리고 본인 명의가 아닌 타인 명의의 재산과 부채 파악도 중요하다. 이유를 묻지 않고 타인 명의로 재산을 보유하는 것은 법적으로 매우 위험한 상태이므로, 본인 명의로 회복 방법을 찾거나 최소한 타인 명의의 재산임을 입증할 수 있는 장치를 마련해야 한다. 특히, 명의자에게 상속이 개시되는 경우 명의자의 상속인이 자진해서 돌려주면 문제되지 않겠지만, 그렇지 않은 경우가 대부분이다.

3단계는 '노후자금'에 대한 분석이다. 행복한 노후의 기본은 충분한 노후자금의 확보와 유지이다. 현재 생활 수준을 고려해서 매월 생활비를 기대여명까지 충분히 확보하여야 하고, 나아가 건강상태 악화 등 예상하지 못한 상황에 대비해서 여유자금까지 충분하게 확보하여야 한다. 마지막으로 행복한 노후가 되기 위해 문화생활을 비롯한 버킷리스트 실천을 위한 자금도 확보하여야 한다. 노후자금 확보 후 그래도 남은 재산이 많다면, 그 초과금액에 대한 증여계획과 상속계획을 수립할 수 있다.

4단계는 '고객 니즈 파악'이다. 배우자, 자녀 및 손자녀에게 재산을 어느 정도 어떻게 증여할지를 고민하고 계획하는 단계이다. 절세를 위해 단계적으로 증여하는 계획이 기본적이다. 재산관리능력이 부족한 배우자, 자녀 및 손자녀가 있다면 증여계획 수립이 쉽지 않고, 이러한 경우에는 안전장치가 필요하다.

5단계는 '세금계획(Tax Planning)'이다. 세금계획은 현재 보유 재산에 대한 상속세 계산부터 시작한다. 배우자와 자녀에게 상속세 납부 현금이 충분히 확보되었는지를 확인한다. 부동산이나 가업 주식이 주요 재산인 자산가에게는 현금화나 현금을 확보할 수 있는 방법 제공도 필수이다. 자산매각이 쉽지 않으면 생명보험도 활용할 수 있다. 절세전략 탐색도 중요하다. 배우자 공제를 최대한 활용하는 방법, 10년 단위로 쪼개서 증여하는 방법, 향후 가격 상승이 예상되는 재산을 미리 증여하는 방법 등 다양한 절세전략을 확인하고, 본인과 가족에게 가장 적합한 세금계획을 수립해야 한다.

6단계인 신탁솔루션은 자산승계계획 수립을 최종적으로 확정하면서, 증여신탁, 상속신탁, 후견신탁 등 가족위험관리와 절세전략을 최대한으로 확보할 수 있는 '자산승계신탁'을 설계하는 단계이다. 가족구성, 자산규모, 자산유형을 기초자료로 가족에 대한 자산가의 의지에 따라 수립한 자산승계계획이 제대로 실현될 수 있도록 '안전장치'를 마련하는 것이 바로 '가족신탁' 또는 '자산승계신탁'이다.

나. 자산승계계획 수립의 핵심 요소

자산승계계획 수립의 핵심 5요소는 다음과 같다.

첫째, '절세전략(Tax Planning)'이다. 상속세와 증여세의 세율이 높다. 과표기준으로 30억 원 이상이면 50%의 상속세나 증여세를 납부하여야 한다. 극단적으로 단순화시켜 예를 들면, 100억 원의 자산을 자녀에게 상속하면 상속세 납부 후 순상속재산은 50억 원이고, 자녀가 다시 손자녀에게 상속하면 상속세 납부 후 손자녀의 순상속액은 25억 원이 된다. 한 세대에서 자신들이 납부한 상속세만큼 재산을 증대시켜야 부모로부터 물려받은 재산을 유지할 수 있다는 얘기인데, 쉽지 않을 것이다. 이렇기 때문에 자산승계계획 수립의 가장 중요한 요소가 바로 절세전략이다. 자산가의 연령과 재산규모, 자녀의 나이나 재산관리능력 등을 고려해 장기간 절세전략(Tax Planning)을 수립해야 한다.

둘째, '재산보존(Asset Protection)'이다. 우리나라 85세 기준 치매유병률이 45%에 달한다. 10명 중 4명이 치매를 앓다 사망한다. 재산이 많아도 중증치매가 되면 스스로 재산관리가 불가능한데, 이 시기에 제3자, 가족, 친족에게 재산을 빼앗기는 사례를 자주 본다. 그리고 자녀 중 누가 후견인이 되느냐를 두고 분쟁이 일어나는 것도 흔한 일이다. 힘들게 모은 재산을 두고 가족 간에 생길 수 있는 다양한 문제를 예방하는 것도 자산승계계획의 핵심 요소라 할 수 있다.

셋째, '분쟁예방(Conflict Prevention)'이다. 상속재산분할소송이나 유류분반환청구소송이 해가 갈수록 증가하고 있다. 앞으로는 더 늘어날 것이다. 상속인 간 균등상속이라는 법정상속제도가 있지만, 아무런 장치를 만들어 놓지 않으면, 가족 간에 분쟁이 많이 생긴다. 살아생전에 증여한 자산, 알게 모르게 지원했던 지원금, 재산형성에 대한 가족 구성원의 기여도, 부양에 대한 가족 구성원의 기여도 등 상속재산분할을 둘러싼 분쟁의 요소가 많다. 자산승계계획을 수립할 때 가장 중점적으로 진단하고 대책을 마련해야 할 부분이 바로 분쟁예방이다.

넷째, '의지실현'이다. 내가 모은 재산을 내가 좋아하는 가족에게 더 많이 주고, 내가 싫어하는 가족에게 적게 주고 싶은 것은 인지상정이다. 물론 잘사는 자녀에게 적게 주고 못사는 자녀에게 많이 주고 싶어 하시는 분도 자주 본다. 자산승계계획 수립을 통해 자녀에 대한 호불호(好不好)를 명확히 표현할 수 있다.

다섯째, '가치상속'이다. 많은 재산을 그냥 물려주는 것만 정답인가? 그렇지 않다. 재산만큼이나 중요하는 것이 가치상속이다. 물려주는 재산을 어떻게 모았고, 이렇게 모은 재산을 자녀들이 어떻게 보존하고 관리하며, 손자녀에게 어떻게 물려주라는 메시지를 남기시는 분들이 많다. 부모가 원하는 대로 자녀가 살아주면 가장 행복한 일일 것이다. 해외 사례를 보더라도 자산승계에서 제일 중요한 요소로 취급되는 것이 바로 가치상속이다. 가치상속의 실현 방법으로 고안해낸 것이 바로 '성과보상신탁(Incentive Trust)'이다. 부모가 원하는 행위나 목표를 달성했을 때 약속한 성과를 지급하고, 부모가 원하지 않는 행위를 했을 때 수익권을 감액하거나 없애는 방식이다. 예컨대, 대학입학, 결혼, 출산하면 축하금을 지급한다거나, 도박이나 마약을 하면 수익권을 없앤다거나, 10년 동안 회사원으로 근무하면서 모은 돈의 10배를 성과로 지급[71]한다는 내용으로 사후수익권을 설계하면, 부모가 원하는 대로 자녀의 삶을 유도할 수 있을 것이다.

신탁 명언

"The parent who leaves his child enormous wealth generally deadens the talents and energies of the child, and tempts them to lead a less useful and less worthy life than they otherwise would.[72]"

"많은 재산을 상속해 주는 부모는 아이들의 재능과 열정을 떨어뜨릴 뿐만 아니라 그렇지 않은 경우에 비해서 아이들을 덜 유용하고 가치 없도록 할 가능성이 있다."

자산승계의 핵심 5요소는 자산승계계획을 수립하는 사람마다 가중치가 각기 다르므로, 경험치를 기초로 이해를 돕기 위해 유형화하면 다음과 같다.[73]

첫째, '절세전략형'이다. 물론 재산보존, 분쟁예방, 의지실현 및 가치상속도 고려요소이긴 하지만, 절세전략에 주안점을 두는 유형으로 HNWI(High Net Worth Individual, 거액자산가)가 주로 짜는 전략이다.

둘째, '절세전략과 가치상속 결합형'이다. U-HNWI(Ultra-High Net Worth Individual, 초거액자산가)가 짜는 전략으로, 절세전략을 기본으로 하되 자녀의 올바른 삶을 유도하고, 가업의 후계자를 육성할 때 사용하는 전략이다.

셋째, '분쟁예방형'이다. 주로 Mass-Affluent(부유한 일반 대중)가 짜는 전략으로 재산보존과 분쟁예방을 중점적으로 설계한다.

71) 요즘 미국에서 유행하는 '수입연동형 사후수익권(income matching)' 설계 방식이다.

72) Andrew Carnegie, The Advantages of Poverty, in The Gospel of Wealth and Other Timely Essays 50 (Edward C. Kirkland ed., Harvard Univ. Press 1962), p.56.

73) 물론 단순화한 모델이므로, 재산규모와 관계없이 가중치를 달리 정하는 사례도 많이 보인다.

| 자산승계전략의 유형 |

절세전략형	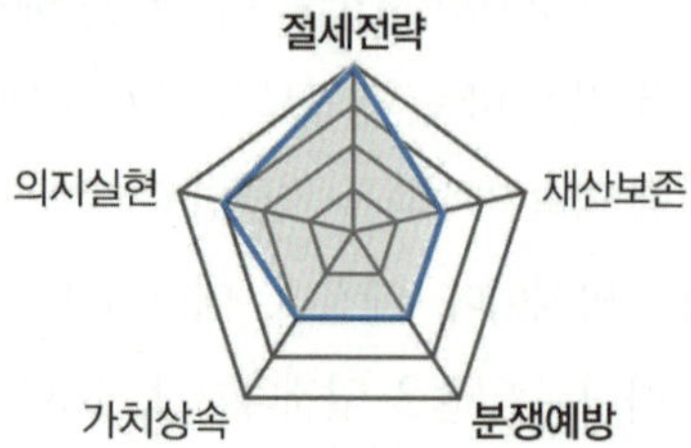
절세전략 · 가치상속 결합형	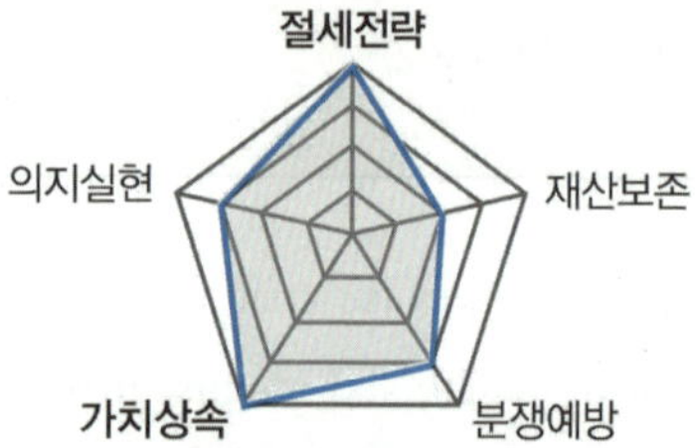
분쟁예방형	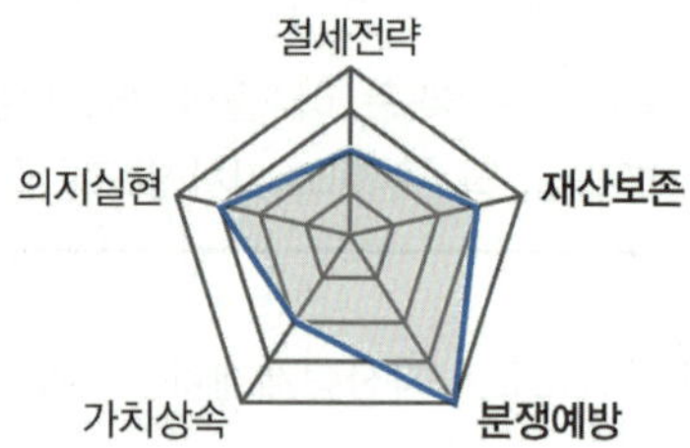

3 자산승계계획 수립 시 신탁의 활용

영국, 미국, 싱가포르, 홍콩, 일본 등 다양한 국가에서 자산승계계획을 수립할 때 신탁을 활용하고 있는데, 왜 자산승계계획 수립에 신탁을 활용할 필요가 있는가? 현행 민법이 규정하는 자산승계방법은 기능적 측면과 효율성 측면에서 많이 부족하다. 민법이 규정하는 자산승계방법은 증여, 법정상속, 유언인데, 증여, 유언, 법정상속은 자산승계계획 수립 측면에서나 이행 측면에서 충분하지 않다.

증여한 이후 자녀의 변심으로 고통받는 경우나 자녀가 재산을 낭비해버리는 경우도 자주 본다. 유언을 남겨도 유언대로 유언집행이 제대로 될 가능성은 높지 않다. 금융자산에 대한 유언공증이 제대로 이행되지 않는다. 현행 유언공증 제도를 개선하지 않는 이상, 금융기관이 유언공증대로 수유자에게 금융자산을 인출해주기 어렵다. 금융기관은 해당 유언공증이 적법하게 된 것인지 확인할 수 없다. 해당 유언공증 시 유언자가 사무처리능력이 없는 등 유언공증 무효사유가 없는지를 확인할 수도 없다. 그리고 해당 유언공증 후 다른 내용의 유언이 있었는지를 확인할 수도 없다. 해당 유언공증의 수유자에게 인출해준 후 유언공증의 효력이 부인되면 금융기관이 이중변제위험에 노출되어 있다는 것이다.

법정상속으로 내버려두는 것은 어떠한가? 상속재산분할 과정에서 발생하는 가족 간 분쟁이 해가 갈수록 증가하고 있다. 우리 민법이 공동상속제도를 취하고 있어 배우자나 자녀가 상속에 대한 기대권을 가질 수밖에 없다. 본인이 가족을 이루면서 장기간 배우자나 자녀에게 증여한 재산이 있고, 가족들이 본인과 가족을 위한 기여도가 있어서, 이론과 달리 상속시점에 사망한 피상속인 명의 재산에 대한 균등상속에 만족할 가족이 많지 않다. 법원 통계를 인용하지 않더라도 상속분쟁이 해가 갈수록 증가하고 있는 것은 어쩌면 자산승계계획을 미리 수립하지 않는 우리나라 관행에서 비롯된 것일지 모른다.

그렇다면, 신탁을 활용해서 자산승계계획을 수립하는 보다 구체적인 이유를 알아보면 다음과 같다. 본인이 자산승계계획을 수립할 수는 있어도 자산승계계획의 이행은 할 수 없는 것이므로, 자산승계계획 수립 시에 자산승계계획을 이행해 줄 독립적인 제3의 전문가가 필요하다. 가족 이외 변호사, 세무사, 법무사, 회계사 등 다양한 전문가에게 자산승계계획을 맡길 수 있지만, 자산승계계획의 안전과 확실한 이행을 확보하기 위해서는 '신탁회사'를 활용하는 것이 가장 좋다. 신탁회사는 금융기관으로 국가의 감독을 받고 있을 뿐만 아니라 신탁법에 따라 신탁회사의 부도위험으로부터 신탁재산이 보호받을 수 있기 때문이다. '가족신탁'은 가족을 수탁자로 선정하는 '민사신탁'에서 출발하였지만, 요즘은 신탁회사와 자산승계계획을 수립하면서 '가족신탁'을 체결하는 사례가 많다. 신탁회사의 자산관리 및 자산승계 전문성을 활용하여 자산승계계획 수립부터 자산승계계획 이행까지 전체에 걸쳐 효율성과 안정성을 확보하는 것이 가장 현명하다.

4 모델사례의 자산승계계획 수립(안)

모델사례

❶ 사례

75세 자산가 김부자는 배우자 박아내(70세), 딸 김하나(32세), 아들 김두리(29세)를 두고 있다. 김부자는 100억 원의 자산(상가건물 50억 원, 금융자산 40억 원, 아파트 10억 원)을 보유하고 있다. 딸 김하나는 S전자 이철수 과장과 결혼을 했고, 외손자 이똘똘을 낳아 잘 키우고 있다. 아들 김두리는 아직 미혼인데, 재산관리능력이 부족하고 아직 변변한 직장이 없어 걱정이다. 얼마 전 세무사와 상담을 했는데, 상속세가 30억 원 이상 나올 거라는 말을 듣고 새로운 걱정거리가 생겼다. 상가건물은 아버지로부터 물려받은 토지 위에 김부자가 신축한 상가인데, 임대료 수입으로 배우자, 김하나, 김두리에게 일정 금액이 꾸준히 지급되도록 하고 싶다. 그리고 상가건물의 대지가 아버지로부터 물려받은 거라, 김부자 본인이나 배우자 박아내 사후에도 자녀 김하나와 김두리가 오랜 기간 소유했으면 한다.

김부자를 위한 현명한 상속증여계획, 즉 자산승계계획 수립은 어떤 것인가?

❷ 자산승계계획 수립 및 신탁의 활용(답안 예시)

(1) 우선 김부자는 상속세 부담을 줄이기 위해서는 박아내, 김하나, 김두리에게 사전증여를 실행하는 것이 좋다. 증여계획을 통한 상속세 절세 전략을 수립하는 것이다. 그리고 남은 재산 중 금융재산을 박아내에게 많이 상속해서 배우자 상속공제를 최대한 활용하고, 이를 김하나와 김두리의 상속세 납부재원으로 활용하면, 김부자 사망 시 상속세는 많이 줄일 수 있고, 김하나와 김두리에게 상속재산을 가장 많이 물려줄 수 있다.

(2) 그리고 재산관리능력이 부족한 김두리에게 증여되는 재산은 장기간 신탁으로 유지해야 하므로, 증여안심신탁을 체결하면 된다. 그런데 김하나에게는 단순 증여를 하고 김두리에게는 증여재산에 대한 통제권을 행사하는 증여신탁을 체결하자니 김두리가 불만일 것 같다. 그래서 상가건물 25%씩 김하나와 김두리에게 증여하면서 김하나와 김두리 모두 증여안심신탁을 체결하도록 한다. 증여안심신탁의 신탁재산보호자(Trust Protector)를 김부자, 박아내, 김하나 순서로 정해서 상가건물의 임대관리나 시설관리에 대한 의사결정을 하도록 한다.

(3) 나머지 상가건물의 50%는 김부자가 보유하면서 노후 생활비로 사용하고, 본인 사후 1차 사후수익자를 배우자인 박아내로, 2차 사후수익자를 김하나와 김두리로 정한다. 신탁계약으로 김두리의 사후수익권이 압류될 경우를 대비해서, 김두리의 상가빌딩의 25% 상당 수익권이 압류될 경우 김두리의 수익권을 소멸시키고, 당시 김두리가 결혼을 해서 손자녀가 있을 경우 3차 사후수익자인 며느리와 손자녀의 수익권이 생기도록 구성할 수도 있다.[74)]

---

74) 영국식 낭비자보호신탁을 활용해서 우리나라 법을 적용한 조항을 만든 것이다.

(4) 김두리가 회사에 취업해서 10년간 회사 생활을 유지한다면, 김부자 사후에는 박아내가, 김부자와 박아내 모두 사망한 경우 김하나의 의사결정으로 증여안심신탁과 상속신탁을 해제할 수 있도록 장치를 만들어 놓음으로써 김두리의 바람직한 인생을 살도록 유도하는 인센티브 장치도 만든다.

이렇게 자산승계계획을 수립해 놓으면, 자산가의 절세전략, 재산보존, 분쟁예방, 가치상속, 의지실현을 모두 할 수 있다.

❙ 모델사례의 자산승계계획 ❙

재산	평가금액	상속/증여	수익자	2차 수익자	신탁유형	사후 재산관리
금융	40억	상속	박아내	–	상속신탁	상속개시 후 신탁종료
아파트	10억	증여	박아내	–	증여신탁	
상가건물	50억	1/4 지분 증여	김하나	–	증여신탁	배우자 상속개시 후 20년간 신탁계약 유지 + 김하나의 처분 결정
		1/4 지분 증여	김두리	–		
		1/2 지분 상속	박아내	김하나, 김두리	상속신탁	

Part 02

CHAPTER 05 가족위험관리와 신탁의 활용

1 가족위험관리

회사에 발생할 수 있는 다양한 위험을 진단하고 예방하는 '위험관리(Risk Management)'는 많이 들어본 단어이지만, '가족위험관리(Family Risk Management)'는 생소한 용어일 것이다. 가족위험은 가족이라는 공동체에서 발생할 수 있는 모든 삶의 부정적 이벤트라 볼 수 있다. 본인이 치매에 걸리거나 이혼하거나 사별하는 것이 대표적인 가족위험이다. 자녀의 이혼, 건강악화, 조기사망도 있다. 자녀의 사업실패, 낭비, 도박, 재산관리능력 부족도 가족위험이다. 사별하거나 이혼 이후 재혼하는 것도 본인은 물론 자녀에게 가족위험이 될 수도 있다.

왜 가족위험을 관리해야 하는가? 회사의 위험은 재산손실로 귀결되지만, 가족위험은 재산손실을 넘어 가족 분쟁이나 가족 해체로 이어질 수 있다. 가장 행복한 관계에서 불행한 관계로 결말나는 사례를 주변에서 많이 본다. 가족위험관리는 가장으로서 해야 하는 가장 중요한 일이다.

가족위험관리를 위해서 기본적으로 해야 할 세 가지 중요한 일이 있다.

첫째, 자녀나 손자녀에게 '가족교육(Family Education)'을 체계적으로 시켜야 한다. 자녀나 손자녀가 물려받은 재산을 잘 유지하고 보존하기 위해 필요한 재무적 지식교육, 가족 분쟁을 일으키지 않고 화목하고 바람직하게 살도록 유도하는 가치상속, 가족의 중요한 사항 의사결정 절차와 방법을 교육해야 한다.

둘째, 가족후계자를 지정해야 한다. 가족의 다양한 사안에 대한 의사결정 과정에서 누구를 중심으로 의사결정해야 하는지를 미리 정해 놓아야 한다. 합리적인 의사결정을 할 수 있는 자녀를 미리 후계자로 정하고, 후계자를 중심으로 주요 가족 의사결정 경험을 미리 쌓아 놓아야 사후 후계자가 제대로 역할을 감당할 수 있을 것이다.

셋째, 자산승계계획을 자녀 세대와 손자녀 세대까지 수립해 놓을 필요가 있다. 자녀와 손자녀의 경제적 관념 또는 재산관리능력을 미리 검토하고 부족한 자녀나 손자녀를 위해 자산승계계획과 함께 자산승계신탁을 만들어 놓는 것이 좋다.

| 인생의 마지막 숙제 |

자산가분은 가족의 안내자(Guide)이면서 심판(Referee)입니다.
그동안 부의 축적에 헌신을 다했지만, 지금부터는 가족의 안내자이자 심판으로서 어떤 숙제를 마무리 해야 할까요?

1 자녀분들에게 가족교육(Family Education)을 시켜야 합니다.
(자녀들이 유산분쟁을 일으키거나, 재산낭비를 하거나, 사업실패를 하지 않도록 충분한 교육이 필요합니다)

2 본인을 대신할 가족의 후계자를 미리 선정해야 합니다.
(가족의 중요한 의사결정-가족재산의 투자, 처분 등의 Opinion Leader를 선정해야 합니다)

3 자산승계계획(Estate Planning)을 준비해 놓으셔야 합니다.
(자연의 법칙상 언젠가는 있을 사후에 대비하여 배우자, 자녀, 손자녀에게 어떻게 배분할지 미리 정하세요)

2 영미의 자산승계계획 수립과 가족신탁의 활용

가. 자산승계계획 수립 방법

영국이나 미국의 경우 국가별로 약간의 차이가 있으나, 자산승계방법은 크게 '검인승계(Probate Asset Transfer)'와 '비검인승계(Non-Probate Asset Transfer, Will Substitutes)'로 나누어 볼 수 있다.[75] 검인승계는 법원의 절차를 거쳐 승계하는 방법으로 유언(Will)과 유언신탁(Testamentary Trust)이 있다. 검인절차에 소요되는 비용과 검인으로 인해 가족 내 재산관계가 외부로 노출되는 위험을 피하기 위해 고안된 것이 비검인승계이다. 비검인승계로 생전신탁(Living Trust), 생명보험(Life Insurance), 연금(Pension), 상속예금(POD, Pay-on-Death Bank Account)과 상속증권계좌(TOD, Transfer-on-Death Securities Account)가 있다.[76] 생명보험,

75) 미국의 자산승계는 '김상훈, 『미국상속법』(2012, 세창출판사)'을 참조하면 된다.

76) Sitkoff/Dukeminier, "Wills, Trust and Estates", 10th ed p.439 이하를 참조하면 된다. 이외에도 Joint Tenancy를 비검인대상재산이라고 소개하기도 한다. 조인트테넌시는 분할되지 않는 재산권을 두 사람 이상 동등

연금, 상속예금은 금전에 대해서만, 상속증권계좌는 유가증권과 금전에 대해서만 상속계획 수립이 가능하다. 부동산을 포함한 모든 유형의 재산에 대한 승계계획은 유언, 유언신탁과 생전신탁으로 가능하다.

| 미국의 자산승계계획 수립 방법 개요 |

구분	[미국]	[대상 재산]	[한국]	[근거법령]
검인승계 (Probate Asset Transfer)	Will	모든 재산	유언 (유언공증)	민법
	Testamentary Trust	모든 재산	유언신탁	신탁법
비검인승계 (Non-Probate Asset Transfer)	Living Trust	모든 재산	유언대용신탁	신탁법
	Life Insurance	금전	생명보험	상법/보험업법
	Pension	금전	연금	연금법
	Pay-on-Death Bank Account	금전	없음	없음
	Transfer-on-Death Securities Account	금전/증권	없음	없음

우리나라는 상속예금과 상속증권계좌가 없다. 보험이나 연금으로 부분적인 자산승계계획을 수립하기도 한다. 유언공증에 의한 상속설계는 어느 정도 활용되고 있다. 2011년 신탁법 개정으로 '유언대용신탁', '수익자연속신탁' 및 '유언신탁'을 도입함으로써, 보다 확실하고 안정적인 자산승계계획 수립을 위한 법적 도구를 마련된 것이다.

하게 소유하는 것으로서, 조인트테넌시의 가장 독특하고 중요한 특징은 바로 생존권(right of survivorship)인데, 부부가 어떤 재산을 조인트테넌시로 소유하고 있었는데, 남편이 먼저 사망한 경우 그 재산에 대한 피상속인 남편의 이익은 그의 사망과 함께 소멸하고 생존자인 아내가 모든 재산을 취득하게 된다[김상훈, 『미국상속법』(2012, 세창출판사, 11면). 조인트테넌시는 우리나라의 합유와 일정 부분 유사성이 있지만 동일하지는 않다. 한편, 우리나라도 상속계획을 합유로 하는 사례가 종종 보인다. 아버지와 아들이 부동산에 합유등기를 해놓고 아버지가 사망하면 합유재산은 아들 단독소유가 되는 측면을 고려하면 상속계획의 수단으로 볼 수 있지만, 상속재산 분할 과정에서는 아버지의 합유지분의 재산가액에 대한 정산의무가 있게 되므로, 완전한 형태의 상속계획으로 보기는 어렵다].

영미에서 활용되는 가족신탁 유형 중 우리나라 가족신탁을 구성할 때 참조할 만한 몇 가지 가족신탁을 소개한다.

나. 미국의 가족신탁

미국의 '생전신탁(Living Trust)', '혈통신탁(Bloodline Trust)' 및 '방탄신탁(Bullet-proof Trust)'을 소개하면 다음과 같다.

(1) 미국의 대표적인 가족신탁은 생전신탁(Living Trust, Inter vivos Trust, Revocable Trust[77])이다. 자산승계계획 수립을 위해 설정되는 생전신탁은 생전신탁계약 시점에 신탁이 설정되고, 생전수익권은 전부 위탁자 본인에게 귀속하며, 위탁자가 사망하면 사후수익자가 수익권을 취득한다.

생전신탁의 모체는 미국의 '철회가능생전신탁(Revocable living Trust)'이다. 하버드대학 James Kosner 교수가 1953년 철회가능생전신탁 스킴을 고안하였다. 절차와 비용이 많이 들고 프라이버시를 지킬 수 없는 '유언검인(probation)'절차를 회피하기 위하여 검인문제와 정면으로 대결하지 않고 차선의 방책으로 철회가능신탁이라는 스킴을 활용한 것이다.[78]

철회가능생전신탁은 신탁을 설정하는 위탁자가 신탁계약을 철회할 수 있는 신탁을 말하는데, 신탁재산의 운용에도 위탁자가 직접적으로 관여할 수 있다. 철회가능생전신탁을 유언의 대체수단으로 활용하는 데 중요하게 기여한 인물은 Norman F. Dacey이다. Norman F. Dacey는 상속설계전문가로 'How to Avoid Probate(어떻게 검인을 회피할 것인가)'라는 책을 출간하여 미국의 일반대중에게 철회가능생전신탁의 존재를 알렸다.[79] 처음 법조계의 반응은 냉소적이었지만, 차츰 미국의 대중에게 수용되었고, 지금은 유언대체수단으로 가장 많이 활용하고 있는 것이 바로 철회가능생전신탁이다. 2000년 제정된 통일신탁법(Uniform Trust Code)은 당시 유언대체수단으로 널리 활용되고 있는 철회가능생전신탁을 기존 신탁제정법의 태도와 달리 기본적

---

77) 미국 Living Trust는 주로 취소가능신탁(Revocable Trust)으로 체결된다. 유언의 법리와 마찬가지로 상속계획을 신탁으로 설정하더라도, 생전 수익권은 위탁자 본인에게 있으며, 자녀의 상황에 따라 언제든지 신탁계약을 해지, 취소, 변경할 수 있는 것이다. 미국의 취소가능신탁을 일본이 '유언대용신탁'이라는 이름으로 도입한 것을 우리나라도 벤치마킹해서 도입한 것이다.

78) 안성포, 앞의 책, 89면.

79) 철회가능생전신탁으로 유언검인절차를 거치지 않고 유산배분하는 법리는 '신탁설정시권리이전이론(present transfer theory)'이라 한다. 신탁을 설정하면 신탁재산의 소유권이 수탁자에게 완전히 이전한다는 이론이다.

인 신탁구조로 규정(default rule)하였다는 점이 특징이다.[80)]

일본은 미국의 철회가능생전신탁을 2006년 '유언대용신탁'과 '수익자연속신탁'이라는 용어로 도입하였고, 우리나라도 2011년 신탁법 개정으로 '유언대용신탁'과 '수익자연속신탁'이라는 용어로 도입하였다.

마이클 잭슨의 Family Trust가 대표적인 Living Trust 사례다. 마이클 잭슨은 노모와 미성년 자녀를 위해 1995년에 가족신탁을 체결했다. 마이클 잭슨 사후에 언론에 공개된 신탁구조는 다음과 같다.

원수탁자는 마이클 잭슨 본인이, 본인 사후에는 변호사, 회계사 및 음악감독이 공동수탁자로, 공동수탁자가 수탁자를 하지 아니할 경우 신탁회사인 Bank of America가 순차적으로 수탁자 역할을 수행할 수 있도록 하였다. 사후수익권은 (i) 우선 20%를 어린이 자선단체에 기부하고, 어머니와 공동수탁자가 기부금 운용위원회에 참여할 수 있도록 하였다. (ii) 기부 후 잔존 재산의 50%를 어머니를 위한 신탁(Katherine Jackson Trust)으로 설정하고 나머지 잔존 재산의 50%를 자녀를 위한 신탁(Michael Jackson Trust)으로 설정한다. (iii) 어머니를 위한 가족신탁에서 어머니 사후에는 잔존 재산을 3명의 자녀에게 균등배분한다. (iv) 자녀를 위한 가족신탁은 자녀들이 미성년인 관계로, ① 20세까지는 공동수탁자가 수익지급 결정을 하고, ② 21세 이후에는 수익금 전부를 지급하며, ③ 30세 생일에 각 자녀 배분비율의 1/3의 신탁원본을, ④ 35세 생일에 각 자녀 나머지 1/2의 신탁원본을, ⑤ 40세 생일에 각 자녀 잔존 신탁원본 전액을 지급하도록 설계하였다. 마이클 잭슨은 미성년 자녀의 재산관리능력을 나이로 추정해서 '마일스톤방식(milestone)'으로 지급하도록 생전신탁을 설정한 것이다. 마일스톤방식으로 자녀에게 재산을 상속하는 것은 미국에서 일반적으로 활용되고 있다. 미국에서는 재산관리능력이 없는 상태에서 한꺼번에 많은 재산이 상속되면 상속재산의 보존이 어렵다는 점 때문에 마일스톤방식을 많이 활용한다.

---

80) UTC SECTION 602. REVOCATION OR AMENDMENT OF REVOCABLE TRUST.
(a) Unless the terms of a trust expressly provide that the trust is irrevocable, the settlor may revoke or amend the trust. This subsection does not apply to a trust created under an instrument executed before the effective date of this Code.

| 마이클 잭슨의 가족신탁(Jackson Family Trust) 개요 |

마이클 잭슨	2009.6.25. 사망, 어린 자녀 3명, 모 Katherine Jackson → '95 계약, '02 변경
Family Trust (Living Trust) 유언대용신탁	**수탁자** : 생전(자기, 사후 : → 변호사, 회계사 및 음악감독 → Bank of America)
	• **생전** : 수익 전부 본인 귀속 • 사후 ① 우선 20% → 어린이 자선단체 기부 : 운용위원회(어머니와 공동수탁자) 잔존 ② 잔존 50% → Katherine Jackson Trust : 수익자(모, 모 사망 시 자녀 3명에게 1/3 분배) ③ 잔존 50% → Michael Jackson Trust : 자녀 3명에게 1/3 균등 분배 • Michael Jackson Trust의 수익금 분배조건 : 자녀에 대한 신탁 수익 및 원본 ① 20세까지 : 공동수탁자의 결정으로 수익 지급 ② 21세 이후 수익금 전부. 단, 공동수탁자의 결정이 있는 경우 원금인출 가능 ③ 30세 생일에 각 배분비율의 1/3, 35세 생일에 나머지의 1/2, 40세 생일에 잔존 신탁원본 전액 지급

(2) 혈통신탁(Bloodline Trust)은 자녀의 이혼이나 조기사망으로 인해 생기는 여러 문제를 해결하기 위한 신탁이다. 예를 들어, 셰리와 마크 부부의 재산이 딸 신디에게 상속되었다가 신디가 조와 이혼을 하게 되면, 상속재산의 상당 부분이 재산분할로 조의 소유가 된다. 그리고 조가 오드리와 재혼해서 조지를 낳은 경우 셰리와 마크가 상속한 재산이 전혀 알지 못하는 오드리와 조지에게 넘어 간다. 얼마나 안타까운 일인가? 이러한 문제점을 해결하기 위해 미국 변호사들이 고안한 신탁이 바로 '혈통신탁'이다. 상속한 재산을 혈통에게 넘어가도록 하고, 사위나 며느리는 혼인 중에는 사용·수익으로 사용해도 좋으나, 이혼하게 되면 상속재산에 대해 권리를 주장하지 못하게 하는 신탁이다. 혈통신탁은 며느리와 사위가 건강하고 아름다운 결혼생활을 유지하도록 유도할 수 있다는 점에서 이혼을 미연에 방지하고 혹시 이혼하더라도 재산을 보존할 수 있는 도구로 활용될 수 있다.

| 미국의 혈통신탁 개념도 |

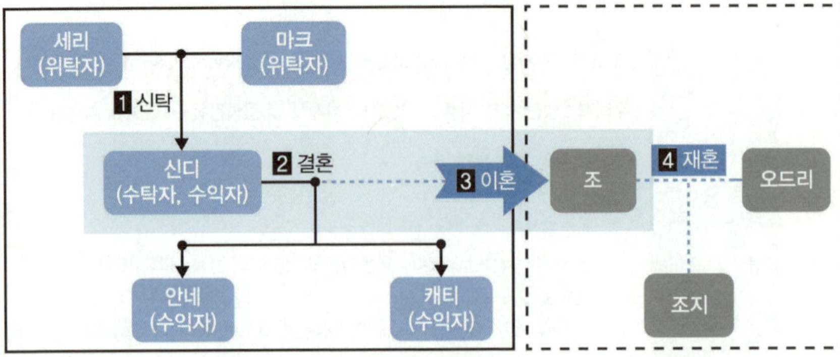

(3) 소위 철없는 '신탁금수저(trust fund baby[81])'를 막을 수 있는 방법으로 미국에서 유행하는 신탁이 바로 '방탄신탁(Bulletproof Trust)'이다.[82] 미국법상 가능한 9가지 재산보호장치를 모두 결합하여 자녀나 손자녀에게 상속하는 신탁이다.

미국법과 우리나라법은 많은 차이가 있어서 9가지 재산보호장치 전부를 적용할 수는 없겠지만, 그래도 9가지 중 7가지는 우리나라 법으로도 어느 정도 재산보호장치로 활용될 수 있다. 부부별산제를 취하고 있고 이혼 시에는 공동형성한 재산만을 분할할 수 있는 우리 민법 법리상 상속증여한 재산을 신탁으로 보존한다면, 금전이 혼장되어 나중에 공동형성재산과 섞이게 되는 문제를 예방할 수 있어서 '부부재산혼장위험 방지 조항(Joint Tenancy Protection)'과 '이혼 시 재산보존조항(Divorce Protection)'도 완전하지 않지만 어느 정도 활용가능한 장치로 판단된다. '혈통재산 보존장치(bloodline protection)'도 자녀가 먼저 사망하는 대습상속의 경우를 제외하면 가능한 수단이다. 자녀나 손자녀의 나쁜 행동이나 습관이 있을 경우 수익권 비율을 감액하는 방식으로 '나쁜 행동 방지조항(Bad Habit Protection)'도 활용될 수 있다. 그리고 '손자 이후 세대 보존조항(Protection For Grandchildren and Beyond)'도 유류분 제도를 제외하면 일정 부분 작동 가능한 장치이다.

---

81) The use of trusts as a means to inherit substantial wealth may be associated with some negative connotations; some beneficiaries who are able to live comfortably from trust proceeds without having to work a job may be jokingly referred to as "trust fund babies"(regardless of age) or "trustafarians"(Martinez, Michael J. 2007). Vault Career Guide to Private Wealth Management. New–York, New York : Vault, Inc. p.18.

82) The Descendants' Bulletproof trust TM(The Hughes Law Firm) 참조.
(https://www.thehugheslawfirm.net/wp-content/uploads/sites/1400073/2020/03/The-Bulletproof-Trust-Summary.pdf).

| 미국 방탄신탁의 재산보호장치 개요 |

	미국의 재산보호신탁의 주요 기능	한국법상 적용 가부	실무 활용 여부
1	Joint Tenancy Protection (부부 공유 재산으로 혼장될 위험 예방)	가능(●)	활용(부모, 재혼)
2	Divorce Protection (이혼 시 재산분할로 인한 재산감소 위험 예방)	가능(●)	제안 중
3	Bloodline Protection (유산을 혈통만 활용 – 자녀, 사위 · 며느리 제외)	가능(●)	활용
4	Bad Habit Protection (자녀, 손자녀의 나쁜 행동, 습관 예방)	가능(●)	활용
5	Lawsuit Protection (제3자의 자녀 상대 소송 제기 시 유산 압류위험 예방)	가능(◐)	활용
6	Debt Protection (자녀의 채권자의 채권행사위험으로부터 예방)	가능(◐)	활용
7	Protection for Grandchildren and Beyond (손자녀나 그 이후의 혈통을 보호)	가능(●)	활용
8	Death Tax Protection (상속세 발생으로부터 예방)	불가능	불가능
9	Medical Expense Protection (의료비 지출 방지)	불가능	불가능

• 가능(◐) : 한국법상 일정 기능은 작동할 수 있으나, 100% 완벽하게 미국처럼 보호되지는 않음(수익권 압류 이슈)

다. 영국의 가족보호신탁

영국의 '가족보호신탁(Family Protection Trust)'을 소개하면 다음과 같다.

부모가 아들에게 40억 원을 상속한 뒤 아들이 이혼하게 되면, 40억 원의 상속재산이 재산분할 대상이 되어, 절반가량이 이혼한 며느리에게 넘어가 버리는 것을 예방하고자 고안해낸 것이 바로 영국의 '가족보호신탁'이다. 가족보호신탁으로 재산을 신탁한 다음 아들 결혼 시에 신탁이 아들 부부에게 집과 금전을 대여한다. 만약 아들이 이혼하게 되면 가족보호신탁에서 집과 대여금을 회수하게 되므로, 아들에게 대여한 집과 금전은 재산분할대상이 아니라서, 아들 이혼 시에도 상속재산이 안전하게 보존될 수 있다.

우리나라에서는 이러한 아이디어를 차용해서 신탁의 수탁자가 집과 금전을 대여하는 방식을 활용하는 것도 검토해볼 만하다. 만약 그것이 법적으로 불가능하다면, 상속신탁계약을 하면서 혼인을 유지할 것을 조건으로 집과 금전의 원본 및 이익수익권을 설계하면 유사한 효과를 볼 수 있다.

| 영국의 가족보호신탁 개념도 |

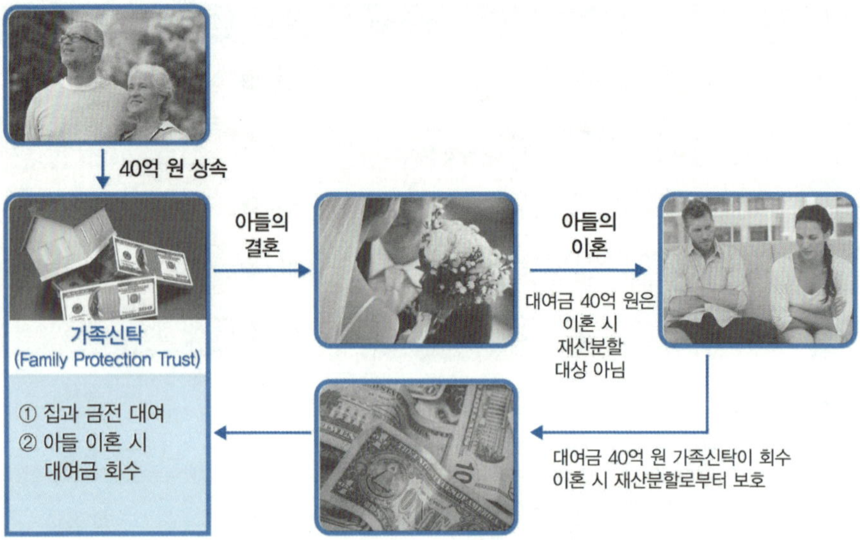

3 고령화시대 가족신탁의 활용

가. 가족신탁의 개념

가족신탁(Family Trust)이라는 개념은 우리 사회에서 익숙하지 않은 용어이고, 우리 신탁법에도 없는 개념이다. 가족신탁은 결혼한 부부가 재산을 신탁하고 생전 재산관리와 사후 상속재산 배분을 위하여 설정하는 신탁이라 할 수 있다. 가족 간 자산관리와 자산승계계획을 수립한다는 점에서 자산승계신탁과 유사하지만, 자산승계 이외의 목적으로도 활용할 수 있다는 점에서 보면, 가족신탁은 자산승계신탁보다 넓은 개념으로 볼 수 있다.

재산을 둘러싸고 가족 내에서 생기는 복잡한 문제점을 예방하는 신탁을 '가족신탁'으로 보고, 가족신탁 중 증여, 상속, 유언, 후견 등 자산승계만을 구현하는 신탁을 '자산승계신탁'으로 이해하면 보다 정확할 것이나, 실무상 가족신탁과 자산승계신탁은 다소 혼재되어 사용되고 있고, 이 책에서도 혼용해서 사용하기로 한다.

나. 2011년 신탁법 개정

1961년 신탁법이 제정된 이래 50년간 우리나라는 경제적으로나 사회적으로 괄목할 만한 발전을 이루었지만, 그동안 신탁법은 부분적인 개정만 있었을 뿐 우리나라의 경제·사회적 발전에 비하여 완전히 뒤처져 있었다. 이러한 상황하에서 법무부는 우리나라의 사회·경제 상황에 맞추고 나아가 국제적 기준에도 맞는 신탁법을 만들고자 2011년 신탁법을 전면 개정하였다. 특히 가족위험관리 수단으로 '유언신탁', '유언대용신탁'과 '수익자연속신탁'이라는 새로운 신탁 유형을 도입하였다. 일본 신탁법 개정을 벤치마킹하여 고령화 사회로 진입한 우리나라에 필요한 신탁을 도입한 것이다.

2011년 신탁법 개정 전까지는 신탁법에 가족신탁이라는 개념 또는 이를 구현할 수 있는 신탁을 명시하지 않았기 때문에, 가족신탁이나 자산승계신탁은 거의 활용되지 못했다. 특히 가족신탁과 민법의 증여, 상속, 유언 법리와의 관계가 불명확하다는 점 때문에 활용되기 어려웠다. 2011년 개정 신탁법은 유언신탁(신탁법 제3조 제1항 제2호), 유언대용신탁(신탁법 제59조)과 수익자연속신탁(신탁법 제60조)을 명시적으로 도입하였다. 유언신탁, 유언대용신탁 및 수익자연속신탁은 가족신탁의 뼈대가 되는 가족신탁 유형이다.

유언신탁은 '유언'으로 신탁을 설정하는 것을 말한다. 유언신탁은 위탁자 생전에 신탁이 설정되는 것이 아니라 유언의 효력이 발생하는 시점, 즉 위탁자 사후에 신탁이 설정된다. 유언신탁은 주로 계속적인 보호가 필요한 가족을 위해 체결된다. 생전 재산보호기능과 재산관리기능이 없다는 단점이 있어서 특별한 경우가 아니면 활용되지 않는다.

유언대용신탁은 생전에 재산관리를 하고, 사후 상속재산 배분 및 관리를 주요 목적으로 한다. 우리 민법이 규정하는 상속법리와 달리, 신탁법상 신탁계약에 따른 상속집행이라는 측면에서 유언대용신탁의 도입 전에 불분명했던 상속신탁을 명시적으로 도입한 것이다.

우리 민법은 2단계 이상의 유증, 즉 '후계연속형 유증'을 허용하지 않았는데, 신탁방식으로 사후수익자를 연속적으로 규정하기 위해 신탁법이 명시적으로 도입한 것이 바로 '수익자연속신탁'이다. 위탁자 사후 자녀를 1차 사후수익자로, 자녀 사후 2차 사후수익자를 손자녀로 지정할 수 있다.

결국 2011년 신탁법 개정으로 가족신탁을 위한 3가지 유형의 신탁이 명시적으로 규정됨으로써, 우리나라에서도 민법상 상속제도와 더불어 자산승계계획 수립을 통해 가족신탁의 법적 기초가 만들어진 것이다.

다. 가족신탁의 유형

가족신탁은 다양한 유형으로 분류할 수 있다. 우리 민법의 개념을 기준으로 증여형 신탁, 상속형 신탁, 후견형 신탁으로 구분해 보는 것이 가장 이해가 쉬울 것이다.

신탁법 제3조 제1항 제2호의 유언신탁, 신탁법 제59조의 유언대용신탁과 신탁법 제60조의 수익자연속신탁이 상속형 신탁을 규정한 것이다. 상속형 신탁은 상속계획 수립 및 이행을 수탁자에게 맡기는 신탁이다. 상속형 신탁은 설계 구조에 따라 다양한 목적으로 활용되기도 한다. 위탁자 사후 반려동물의 돌봄에 필요한 금전을 신탁재산으로 반려동물을 돌볼 사람을 수익자로 하면 이른바 '펫 신탁(Pet Trust)'으로 활용할 수 있다. 유언대용신탁 가입 후 유산기부목적으로 사후수익자를 공익단체에 기부하면 '공익목적 상속형신탁'이 되는 것이다.

증여형 신탁은 법적 근거는 없지만, 민법의 부담부증여와 신탁계약을 결합한 구조의 신탁이다. 주로 증여자가 증여 후 증여재산에 대한 통제권을 행사하는 신탁을 말한다. 물론 이익수익과 원본수익을 분리해서 귀속시킴으로써 '이익수익'을 증여하는 '이익증여신탁'과 '원본수익'을 증여하는 '원본증여신탁'도 활용할 수 있다.

후견형 신탁은 민법상 후견제도의 부족한 점을 보완하기 위해 후견제도와 신탁을 결합한 신탁으로, 법정후견신탁과 임의후견신탁이 있다.

신탁 명언

"인간의 사후에 있어서 안심입명(安心立命)은 영계(靈界)에서는 종교에서 구하고, 물질계에서는 신탁에서 구해야 한다. 종교와 신탁은 영속 양계에 있어서 안심입명의 2대 지주다. 게다가 인간의 사후에 있어 자손들의 물질적 안정을 확실히 하지 않으면 영계의 안심입명 역시 평탄하지 않기 때문에 신탁이라고 하는 것은 비단 물질세계에 있어서 안심입명의 기초일 뿐만 아니라, 영계에서 안심입명의 도움을 주는 공적이 있다고 해도 과언이 아니다." … "자신의 재산을 모두 유족을 위하여 남기는 것은 대부분 예외 없는 현상이다. 그런데 배우자나 자녀를 위하여 남긴 재산이 과연 안전하게 배우자나 자녀를 위하여 도움이 되고 있는 것일까? 자녀가 어리석다면 더욱 그러하겠지만, 상당히 현명한 자녀라도 어리거나 또는 세상물정에 익숙하지 않은 까닭에 그 재산을 유지하고 관리하는 일이 곤란한 경우가 대단히 많다. 민법은 친권자나 후견인을 정하고 있지만, 종래 가사나 일반 사교만 하여 왔던 미망인이 남편 사후에 스스로의 힘으로 상당히 많은 재산을 유지하는 일은 쉽지 않다." … "어떻게 하면 좋을까? 바로 신탁이다. 생전 그 재산의 전부나 대부분을 자신이 가장 신뢰하는 사람의 명의로 이전하여 재산을 보관하거나 사후 자식의 교육비나 유족의 생계비를 그 재산의 수익에서 지급하고 자식이 훌륭한 성인이 되면 다시 그 재산의 명의로 돌려주면 된다는 것이다." … "신탁을 맡는 신탁회사가 생기고 신탁업법의 감독 아래 영업을 하는 항구적인 수탁기관이 정비되었으니 물질계에 있어서 사후의 안심입명을 바라는 사람들은 신용이 있는 신탁회사에 그 재산을 신탁해두면 후사를 번민하는 일은 없을 것이다." … "요컨대, 신탁의 활용은 광대무변(廣大無邊)하고 그것을 선용하면 인사(人事)의 불행의 적지 않은 부분을 피할 수가 있다. 신탁이란 정말 어떠한 의미에 있어서는 구세주라 하여도 될 것이다. 신탁을 이용한다면 인정(人情)의 추악(醜悪)에 따른 분쟁을 사전에 방지하여 세상의 공기를 맑게 하는 효과가 분명히 있다."

– 아오키 테츠지, 일본 법학박사, 『신탁이야기(信託の話, 1925)』 발췌

이 책에서는 증여형 신탁을 '증여신탁', 상속형 신탁을 '상속신탁', 후견형 신탁을 '후견신탁'으로 부르기로 한다.

이 책에서는 상술하지는 않을 예정인데, 가족위험관리수단으로 신탁을 활용할 수 있는 사례는 많다. 신탁은 당사자가 아닌 제3의 독립된 기관이 재산을 보관, 관리, 배분한다는 점에서 일종의 '에스크로기관(escrow agent)' 역할을 수행하는 것이다. 이혼 시 재산분할, 양육비청구, 유류분반환청구 소송 과정에서 즉시 현금화하기 어렵거나 장기간 정기적 지급이 필요한 경우에는 가족신탁을 활용하면 좋은 방안을 마련할 수 있다. 소송 진행 과정에서 조정으로 신탁을 활용하는 사례가 생기기 시작했다. 이혼 시 양육권자가 아닌 부나 모가 이혼 전에 미리 미성년 자녀에게 증여한 재산이 혹시 양육권자에 의해 유용되는 것을 걱정하는 상황에서, 자녀의 재산을 신탁한 뒤 자녀가 성년이 될 때까지 신탁에서 관리하고 부와 모 모두 동의하는 경우 이외에는 인출이 불가능하도록 한 사례가 대표적이다.

가족위험관리도구로서 신탁의 활용 사례

1	이혼 시 재산분할 소송 중재안	이혼 시 재산분할 대상이 부동산인데, 바로 매각하기 어려운 경우	적정 가격을 매각 가능할 때까지 신탁회사가 관리하면서 처분계획 수립
2	유류분반환 청구 소송 중재안	유류분반환청구의 대상이 부동산인데, 바로 매각하기 어려운 경우	적정 가격을 매각 가능할 때까지 신탁회사가 관리하면서 처분계획 수립
3	양육비 청구 소송	양육비를 정기적으로 지급해야 하나, 전 배우자에게로는 주기 싫은 경우	신탁회사를 통하여 정기적으로 양육비 지급 가능하도록 관리
4	이혼 후 재산증여	재산을 증여하고 싶으나, 전 배우자인 친권자가 관리하는 것을 싫어하는 경우	자녀 명의 신탁계좌에 넣고, 자녀가 성년이나 특정 연령까지 친권자가 임의인출을 하지 못하도록 관리

라. 가족신탁 현황과 미래

2011년 개정 신탁법이 2012년 시행된 이후 많은 신탁회사가 가족신탁 중 유언대용신탁이나 증여신탁 서비스를 제공하고 있으나, 아직은 활성화되지 못하고 있다. 가족신탁 서비스가 활성화되지 못한 이유는 세 가지 정도로 요약해 볼 수 있다.

첫째, 가족신탁 자체가 알려져 있지 않았다. 국민 대부분이 자산승계계획을 수립하기 위해 신탁이라는 좋은 도구를 활용할 수 있다는 점을 모른다. 대국민 홍보가 필요하다.

둘째, 가족신탁이라는 새로운 유형의 신탁에 대한 세제가 도입된 지 10년이 지난 2020년 12월에나 마련되었다. 유언대용신탁과 수익자연속신탁이 상속세 및 증여세법(이하 "상증법")에 정의되고, 상속세 납부대상이 되도록 한 것은 상당히 의미가 있다. 다만, 보다 다양한 신탁구조가 가능하도록 하기 위해서는 현재 실무상 요구를 반영하여 추가적으로 개선해야 한다. 대표적으로 원본수익권과 이익수익권의 분리귀속과 수익자연속신탁에 있어서 각 세대별 상속세 부과 기준이 불명확한 부분에 대한 유권해석이나 법령 개정이 필요하다.

셋째, 가족신탁 전문인력이 매우 부족하다. 가족신탁 전문인력으로 변호사, 회계사, 법무사, 세무사를 상정할 수 있는데, 아직 가족신탁실무에 정통한 전문가가 거의 없으며, 가족신탁 전문인력을 보유하고 있는 신탁회사도 드물다.

우리나라 국가 성장에 맞춰 부를 축적한 베이비부머 세대의 은퇴가 본격적으로 시작되면서, 자산승계시장은 이제 폭발적으로 성장하기 시작했다. 인구 고령화나 경제성장성 둔화 측면에서 보면, 이제는 재산증식보다는 재산을 안전하게 가족 내에서 지키면서 건강하고 아름답게 승계하는 사회적 요구가 증대될 것으로 보인다. 그렇게 되면 가족신탁시장은 매우 빠른 속도로 성장할 것으로 예상된다.

Part 03

상속설계를 위한 상속신탁

CHAPTER 01

개 념

1 법적 근거

위탁자가 상속계획과 상속집행을 목적으로 수탁자와 신탁계약을 체결하고, 신탁재산을 수탁자에게 이전시켜 보관, 관리, 처분, 운용, 배분하다가 위탁자가 사망하면 수탁자가 신탁재산을 사후수익자[1]에게 귀속시키는 신탁을 '유언대용신탁'이라 한다. 2011년 신탁법 개정 전에는 민법상 상속법리와 신탁법상 신탁법리의 관계가 명확하지 않아 상속신탁이 가능한 신탁인지에 대해 견해 대립이 있었고, 일부 신탁회사가 명확한 법적 근거 없이도 신탁법리에 따라 상속신탁이 가능하다고 시도한 적은 있으나, 여전히 법적 불명확성 때문에 상속신탁이 제대로 이용되지 못하였다.

2011년 신탁법 개정 당시 고령사회의 문제를 해결하고 상속분쟁을 예방하기 위한 수단으로 상속신탁을 전면 도입하였다. 2011년 개정 신탁법은 일본 신탁법을 참조하여 '유언신탁', '유언대용신탁'과 '수익자연속신탁'이라는 3개의 조문을 둠으로써 그동안 학계에서 견해 대립이 있었던 상속신탁의 법적 근거를 명확히 마련하였다.

신탁법

제3조【신탁의 설정】 ① 신탁은 다음 각 호의 어느 하나에 해당하는 방법으로 설정할 수 있다. 다만, 수익자가 없는 특정의 목적을 위한 신탁(이하 "목적신탁"이라 한다)은 「공익신탁법」에 따른 공익신탁을 제외하고는 제3호의 방법으로 설정할 수 없다.

1. 위탁자와 수탁자 간의 계약
2. 위탁자의 유언

1) 사후수익자를 '연속수익자'로 규정하기도 하는데, 같은 의미로 이해하면 된다.

3. 신탁의 목적, 신탁재산, 수익자(「공익신탁법」에 따른 공익신탁의 경우에는 제67조제1항의 신탁관리인을 말한다) 등을 특정하고 자신을 수탁자로 정한 위탁자의 선언

제59조【유언대용신탁】 ① 다음 각 호의 어느 하나에 해당하는 신탁의 경우에는 위탁자가 수익자를 변경할 권리를 갖는다. 다만, 신탁행위로 달리 정한 경우에는 그에 따른다.

1. 수익자가 될 자로 지정된 자가 위탁자의 사망 시에 수익권을 취득하는 신탁
2. 수익자가 위탁자의 사망 이후에 신탁재산에 기한 급부를 받는 신탁

② 제1항제2호의 수익자는 위탁자가 사망할 때까지 수익자로서의 권리를 행사하지 못한다. 다만, 신탁행위로 달리 정한 경우에는 그에 따른다.

제60조【수익자연속신탁】 신탁행위로 수익자가 사망한 경우 그 수익자가 갖는 수익권이 소멸하고 타인이 새로 수익권을 취득하도록 하는 뜻을 정할 수 있다. 이 경우 수익자의 사망에 의하여 차례로 타인이 수익권을 취득하는 경우를 포함한다.

'광의의 상속신탁'은 '상속신탁'과 '유언신탁'으로 나뉘고, '상속신탁'은 '유언대용신탁'과 '수익자연속신탁'으로 나누어 볼 수 있다. 유언대용신탁을 수익자연속신탁 구조로 설정할 수 있는바, 수익자연속신탁도 유언대용신탁의 한 유형으로 보아도 무방할 것이다. 이 책에서는 '상속신탁'이라는 용어는 '유언대용신탁'과 '수익자연속신탁'을 모두 포함하는 개념으로 사용한다. 특별히 구별이 필요한 경우를 제외하고는, '상속신탁'과 '유언대용신탁'을 같은 의미로 사용하기로 한다.

| 상속신탁 개념 정리 |

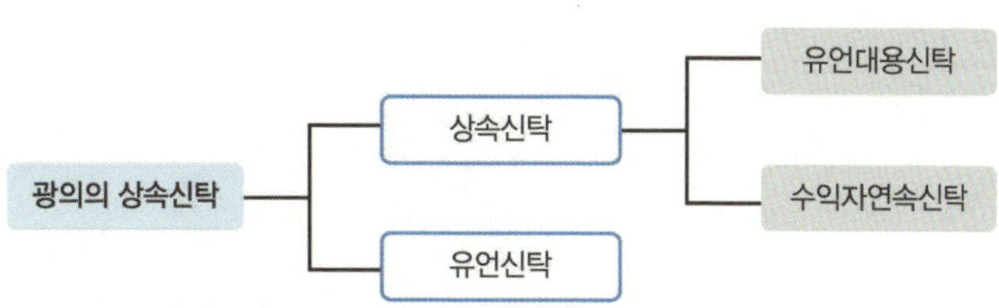

유언대용신탁은 위탁자 생전에 신탁계약이 체결되고 수탁자에게 신탁재산이 이전되어 수탁자가 신탁재산을 관리하는 생전신탁(Living Trust)이라는 점에서, 신탁법 제3조 제1항 제2호에 따라 위탁자 사망 시 유언의 효력발생으로 신탁이 설정되는 '유언신탁(Testamentary Trust)'과는 완전히 다른 구조이다. 유언신탁은 유언대용신탁의 기능 중 상속신탁집행과 그 이후 계속관리를 목적으로 한다는 점에서 유언대용신탁의 부분이라고 볼 수 있다. 현재 우리나라에서 유언신탁을 활용하는 사례는 찾아보기 어렵다.

2 상속신탁의 유형

가. 유언대용신탁[2)]

우리 민법은 상속편을 두어 상속법리를 규율하고 있다. 민법은 '유언에 의한 상속'과 '유언에 의하지 않은 상속'으로 구분하여, 유언이 있을 경우 유언에 의한 상속이 우선 적용되고, 유언이 없으면 법정상속분에 따른 공동상속을 적용한다. 유언은 유언집행자에 의해 상속재산을 배분한다. 현행 법정상속제도는 같은 순위의 상속인에게 균등상속을 원칙으로 하면서 배우자에게 50%를 가산하는 방식을 취하고 있다. 유언 없이 상속이 개시되면 상속재산은 법정상속분에 따라 균등배분되는 것이 원칙이지만, 상속인이 합의로 차등배분을 실현할 수도 있다.

유언대용신탁은 '유언에 의한 상속'도 아니고 '유언에 의하지 않은 상속'에도 해당하지 않는다. 굳이 비교하자면, 유언대용신탁은 법정상속에 따른 상속이 아니라 피상속인이 상속분을 결정한다는 점에서 '유언에 의한 상속'과 유사한 면이 있다. 그렇지만 유언집행자가 민법상 유언의 법리와 절차에 따라 상속재산을 배분해주는 '유언에 의한 상속'과 달리, 유언대용신탁은 수탁자가 신탁계약에 지정된 '사후수익자'에게 '사후수익권'의 내용에 따라 신탁재산을 귀속시킨다. 즉, 수탁자의 신탁계약상의 의무 이행(신탁계약의 이행)으로 신탁재산을 배분하므로, 유언대용신탁에 따른 상속집행은 민법상 유언의 법리나 상속의 법리가 적용되지 않는다.[3)]

---

2) 신탁법상 용어인 '유언대용신탁'에 대한 의미는 부정적인 인식이 있을 뿐만 아니라 마치 유언을 대신하는 기능만 있다고 오해할 소지가 있어 주로 '상속신탁'이라는 용어를 사용하기로 하는데, 계약서와 관련하여 설명할 때에는 상속신탁과 함께 유언대용신탁이라는 용어를 병행해서 사용한다.

3) 상속신탁계약을 체결하고 신탁재산의 소유권을 수탁자에게 이전한 후 위탁자가 사망한 경우, (i) 신탁재산의 대내외적 소유권은 수탁자에게 이전되어 있어 사망 당시 피상속인인 위탁자 명의의 재산이 아니므로 상속재산이 아니고, (ii) 상속신탁은 유언을 대신하는 기능을 가졌을 뿐 유언이 아니며, (iii) 신탁법 제59조와 제60조 및 상속신탁계약의 내용에 따라 위탁자인 생전수익자의 수익권이 소멸하고 사후수익자가 사후수익권을 취득하므로, 위탁자 사망 후 수탁자에 의한 상속신탁집행에는 민법상 상속법리가 적용되지 않는다. 그렇다면, 상속신탁집행은 어떠한 의미를 가지는가? 상속신탁계약의 내용에 따라 수탁자가 신탁계약의 내용에 따라 사후수익자에게 사후수익권을 취득하게 하는 계약의 이행이다.

신탁법

제59조 【유언대용신탁】 ① 다음 각 호의 어느 하나에 해당하는 신탁의 경우에는 위탁자가 수익자를 변경할 권리를 갖는다. 다만, 신탁행위로 달리 정한 경우에는 그에 따른다.

1. 수익자가 될 자로 지정된 자가 위탁자의 사망 시에 수익권을 취득하는 신탁
2. 수익자가 위탁자의 사망 이후에 신탁재산에 기한 급부를 받는 신탁

② 제1항제2호의 수익자는 위탁자가 사망할 때까지 수익자로서의 권리를 행사하지 못한다. 다만, 신탁행위로 달리 정한 경우에는 그에 따른다.

| 유언대용신탁의 개념도 |

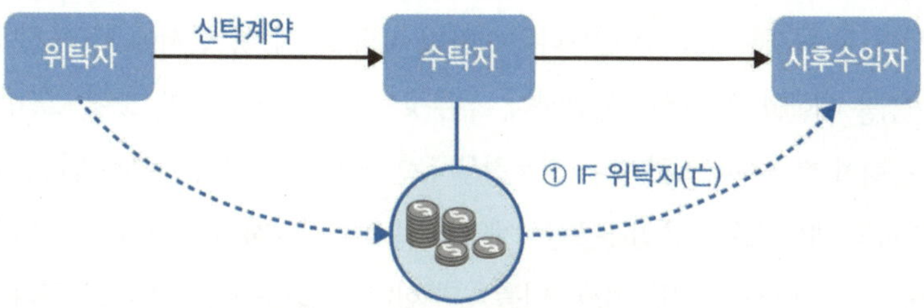

우리 신탁법 제59조는 수익자로 지정될 자(사후수익자)가 위탁자 사망 시에 수익권을 취득하는 신탁(사후수익권취득형 유언대용신탁)과 사후수익자가 위탁자의 사망 이후에 신탁재산에 기한 급부를 받는 신탁(생전수익권취득형 유언대용신탁) 두 가지를 규정하고 있다. 사후수익권취득형 유언대용신탁과 생전수익권취득형 유언대용신탁은 사후수익자가 되는 시점이 위탁자 생전이냐 사후이냐의 차이가 있지만, 신탁법 제59조 제2항에 따라 생전수익권취득형 유언대용신탁도 위탁자가 사망할 때까지 수익자로서 권리를 행사하지 못하기 때문에, 강학상으로는 몰라도 실무적으로는 큰 차이가 없다.

사후수익권취득형 유언대용신탁은 생전수익자가 위탁자 본인이므로 '생전 자익신탁–사후 타익신탁'으로 볼 수 있다.[4] 즉, 위탁자 생전에는 위탁자가 수익자이고 위탁자 사망 시 위탁자의 생전수익권은 소멸하고 그 대신 사후수익자의 사후수익권이 생성된다. 반면 생전수익권취득형 유언대용신탁은 위탁자 생전에 사후수익자의 사후수익권을 취득한다는 점에

4) 우리 대법원도 같은 견해를 취하면서, 생전자익신탁 부분과 사후타익 부분은 분리하여 존재할 이유가 있어, 사후타익신탁 부분이 무효라 하더라도 생전자익신탁 부분은 유효하다는 일부 무효의 법리를 적용하였다(대법원 2024. 4. 12. 선고 2022다307294판결, 이 판결에 대한 상세한 내용은 PART 10 참조).

서 '생전 자익신탁 및 조건부 타익신탁–사후 조건부 타익신탁'으로 볼 수 있다. 생전수익권 취득형 유언대용신탁의 사후수익자의 '조건부 사후수익권'에서 '조건'은 '위탁자 사망'이라는 정지조건이라 볼 수 있다.

유언대용신탁은 신탁법 제59조 제1항 본문에 따라 위탁자가 수익자를 자유롭게 변경할 수 있다는 점에서 유언을 자유롭게 변경할 수 있는 것과 유사하다. 즉, 위탁자가 유언대용신탁을 설정한 후 수익자, 특히 사후수익자를 수익자와 합의하지 않고 마음대로 변경할 수 있다. 사후수익자는 유언대용신탁에 의해 장래의 수익자로 지정된 일종의 기대권을 보유하고 있을 뿐이므로, 위탁자는 유언대용신탁계약에 명시되었는지를 불문하고, 사후수익자를 자유롭게 변경할 수 있다.[5] 이 점은 위탁자, 수익자, 수탁자가 합의하여 신탁계약을 변경할 수 있는 일반 신탁과 다른 유언대용신탁의 특징이다. 한편, 신탁계약으로 위탁자가 수익자를 변경하지 못하도록 정할 수 있느냐? 신탁법 제59조 제1항 단서에 따라 신탁계약으로 수익자 변경을 제한할 수 있음은 명백하다. 실무상으로 위탁자가 질병, 노령, 그 밖의 사유로 사무처리능력이 현저히 부족하거나 없는 경우 유언대용신탁계약을 함부로 변경, 해지, 인출하면 위탁자의 재산보호나 유언대용신탁계약의 목적을 달성하지 못할 위험이 있으므로, 이 경우 신탁계약의 변경, 해지, 해제, 인출을 제한하는 옵션을 선택하기도 한다.

나. 수익자연속신탁

위탁자가 신탁행위로 '1차 사후수익자' 사망 시 '2차 사후수익자'를, '2차 사후수익자 사망' 시 '3차 사후수익자'를 순차적으로 정하는 신탁을 '수익자연속신탁'이라 한다. 수익자연속신탁은 신탁재산을 '수익권으로 전환'시키면서 '시간적으로 분할'하여 신탁수익권을 2세대 이상 귀속시킬 수 있는 신탁이다. 우리나라는 영미신탁과 달리 '영구불확정금지의 원칙(Rule Against Perpetuities)'을 도입하지 않았기 때문에 영속적인 '가문자산관리' 도구로 활용할 수 있다.[6]

5) 유언대용신탁의 경우 신탁행위로 별도로 정함이 없이도 위탁자는 당연히 수익자변경권을 갖게 되고, 오히려 이러한 위탁자의 수익자변경권을 배제하려면 신탁행위로 특별히 정해야 한다[법무부, 『신탁법 해설』(동강, 2012), 488면].

6) 법무부, 『신탁법 해설』(동강, 2012), 493면.

신탁법

제60조 【수익자연속신탁】 신탁행위로 수익자가 사망한 경우 그 수익자가 갖는 수익권이 소멸하고 타인이 새로 수익권을 취득하도록 하는 뜻을 정할 수 있다. 이 경우 수익자의 사망에 의하여 차례로 타인이 수익권을 취득하는 경우를 포함한다.

| 수익자연속신탁의 개념도 |

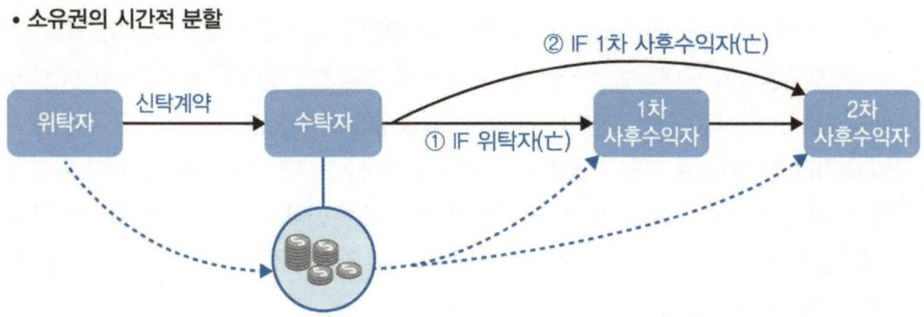

신탁법 제60조에서 "신탁행위로 수익자가 사망한 경우"에 유언대용신탁의 '생전수익자'인 위탁자가 사망한 경우도 포함되는지 견해 대립이 있을 수 있지만, 유언대용신탁 구조 자체가 위탁자인 생전수익자의 사망으로 수익권이 소멸되고 사후수익권이 발생하거나 사후수익권의 급부청구권 행사가 가능하다는 것이므로, 유언대용신탁의 위탁자 사망은 여기에 포함시키지 않는 것이 타당한 것으로 판단된다.

한편, 우리 민법상 유언으로 상속재산을 1차 수유자인 아들에게 귀속시켰다가, 아들 사후 손자에게 귀속시키는 이른바 '후계형 유증'이 가능한가? 유증으로 소유권이 아들에게 완전히 귀속되었고 아들이 이 재산을 모두 써 버리면 손자에게 귀속시킬 재산이 없다는 점에서 법리는 둘째로 하고 실무상으로 후계형 유증이 불가하다. 수익자연속신탁은 신탁재산을 수탁자에게 이전시켜 놓고, 신탁계약을 통해 단계별로 사후수익자의 수익권을 양적·질적으로 제한할 수 있으므로, 위탁자가 작성한 신탁계약의 내용대로 수탁자가 연속수익권을 단계별 사후수익자에게 지급할 수 있다.

수익자연속신탁의 존속기간 제한을 둘 것인지 여부가 입법과정에서 검토되었는데, 장기간 연속될 경우 법률관계의 혼란가능성, 사회 전체 경제적 효용 저하의 문제점이 발생하므로 존속기간을 제한할 필요가 있다는 견해도 있었으나, 신탁이 회사 제도와 유사한 기능을 갖는 점과 우리 민법에 소유권의 기간을 제한하는 규정이나 법리가 없어서 일반 사법의 법리와 충돌할 가능성이 있다는 점에서 수익자연속신탁의 기간 제한을 두지 아니하였다.[7)]

언론 속의 자산승계 이슈

"배우자와 사별해도 받을 수 있는 '신탁방식 주택연금' 출시"

1. 기사 내용

배우자와 사별 후 자녀들의 동의 없이도 주택연금을 원래대로 계속 받을 길이 열린다. 또 주택 일부를 전세 · 월세로 놓은 사람도 임대차보증금을 맡기면 주택연금에 가입할 수 있다. 한국주택금융공사는 내일(9일)부터 이런 '신탁방식 주택연금' 상품을 출시한다고 밝혔다. 주택연금은 만 55세 이상인 사람이 지금 사는 집을 담보로 맡기면 그 집에 살면서 평생 또는 일정 기간 연금(대출)을 받을 수 있도록 국가가 보증해주는 제도이다. 원래 공사가 담보 주택에 1순위 근저당권을 설정하는 방식이었는데, 앞으로는 신탁(소유권 이전) 방식을 선택할 수도 있다. 공사가 주택 명의를 이전받고, 가입자는 연금수급권과 해당 주택을 거주 · 사용 · 수익할 권리를 갖는 구조이다.

기존 저당권 설정 방식은 가입자가 사망하면 주택 소유권이 배우자와 자녀들에게 공동 상속되는 탓에 자녀들이 모두 소유권 이전에 동의한 경우에만 배우자가 계속해서 주택연금을 받을 수 있는 문제가 있었다. 신탁 방식 주택연금을 선택하면 배우자가 사후수익자로 지정되고, 가입자 사망 시 주택 거주 · 사용 · 수익 권리가 배우자에게 자동 승계된다. 가입자와 배우자가 모두 사망하면 공사와 금융기관이 담보주택을 처분해 주택연금 수령액(대출 잔액)을 회수하고, 남는 재산을 자녀 등 귀속권리자에게 지급한다. 만약 귀속 권리자가 해당 주택의 소유권 이전을 원하면, 공사와 협의해 주택연금 대출 잔액을 금융기관에 상환하면 된다. 가입자가 살아있는 동안에도 원하는 경우 그동안 받은 주택연금(대출 잔액)을 갚고 소유권을 다시 이전받을 수 있다. 또한, 신탁 방식을 이용하면 주택 일부를 전 · 월세로 놓고 있는 다가구주택 소유주도 주택연금에 가입할 수 있다. 기존에는 보증금이 있는 임대차 계약 중이면 가입이 어려웠다. 집주인이 주택연금에 가입하면서 임대차보증금을 공사에 맡기면 공사는 계약 만료 시 정기예금 금리 수준의 이자를 주인에게 한 번에 지급한다. 집주인으로선 주택연금과 월세, 이자를 모두 받을 수 있는 셈이다.

---

7) 법무부, 『신탁법 해설』(동강, 2012), 494면.

2. 신탁방식 주택연금의 신탁구조

2021년 6월 9일부터 적용된 신탁방식 주택연금은 유언대용신탁을 활용한 주택연금상품으로, 한국주택금융공사법에 근거하여 한국주택금융공사가 수탁자로서 신탁을 설정하고 상속신탁집행 업무를 수행하게 된다. 신탁방식 주택연금은 주택소유자(위탁자)가 주택연금을 지급받기 위해 보유한 주택을 한국주택금융공사(수탁자)에 신탁하는 방식으로 담보를 제공[8) 하고 배우자(사후수익자)가 안정적으로 주택연금을 승계할 수 있도록 유언대용신탁으로 계약하는 제도다. 주택소유자 생전에는 소유자 본인이, 소유자 사후에는 소유자의 배우자가 수익자로서 주택에 거주할 권리 등 수익권을 가지고, 소유자와 그 배우자 사후에는 수탁자인 한국주택금융공사가 주택을 처분하여 소유자가 생전에 지정한 귀속권리자에게 잔여재산을 지급한다. 신탁방식 주택연금은 배우자만 사후수익자이고, 자녀는 귀속권리자인 점에서 배우자를 1차 사후수익자로, 자녀를 2차 사후수익자로 하는 수익자연속신탁과는 다르다. 신탁방식 주택연금은 주택연금방식으로 주택에 근저당권을 설정하는 담보대출방식에 비하여 자녀 동의 없이도 배우자를 사후수익자로 설계함으로써 배우자의 주거와 생활비를 안정적으로 보장한다는 장점이 있다.

출처 : KBS뉴스 2021년 6월 8일

8) 주택소유자와 한국주택금융공사가 공동수익자이나, 한국주택금융공사가 우선수익권을 보유함으로써 신탁이 담보 역할을 한다.

CHAPTER 02 상속신탁의 법적 구조

유언대용신탁은 '계약' 방식으로도 가능하고, '위탁자의 선언' 방식, 즉 '자기신탁'으로도 가능하지만, 자기신탁이 익숙하지 않은 우리 실무에서는 절대 다수의 유언대용신탁이 신탁계약 방식으로 설정된다는 점을 고려해서, 상속신탁의 법적 구조는 '신탁계약으로 설정되는 유언대용신탁'을 전제로 설명한다(자기신탁형 유언대용신탁은 민사신탁의 일종이므로, 이에 대한 상세한 설명은 PART 10 CHAPTER 04에서 자세히 다룬다).

1 생전 및 사후 재산관리

유언대용신탁은 위탁자가 살아있을 때 설정되는 생전신탁(Living Trust)이다. 생전에는 위탁자 본인이 수익자인 '생전(生前) 자익신탁'이다. 유언대용신탁은 위탁자 생전에 위탁자를 위해 존재한다. 위탁자가 원칙적으로 유언대용신탁계약의 신탁재산을 자유롭게 인출하거나, 신탁계약을 변경(생전수익권과 사후수익권의 변경 포함) 또는 해지할 수 있다. 위탁자는 유언대용신탁 체결 후 신탁재산의 보관, 운용, 처분, 인출 방법에 대하여 수탁자에게 지시할 수 있다. 실무상 위탁자는 자신의 명의로 재산을 관리하는 경우와 마찬가지로 신탁재산에 대한 실질적 사용, 수익, 처분권을 행사한다고 보면 된다.

한편, 위탁자가 질병, 장애, 노령 그 밖의 사유로 사무처리능력이 부족하거나 없는 경우를 대비하여, 만약 위탁자가 사무처리능력이 부족하거나 없는 때부터는 위탁자의 신탁재산에 대한 운용지시권한을 축소하거나 없애고 제3자(신탁재산운용지시권자)에게 운용지시권한을 부여할 수 있다. 위탁자가 신탁재산운용지시권자와 후견계약을 체결해 두면 가장 완전한 형태의 유언대용신탁이라 할 수 있다('임의후견' 기능을 신탁과 결합시키는 것은 후술한다).

위탁자 사망 후 유언대용신탁은 사후수익자가 사후수익권을 취득하거나 사후수익권에 따른 급부청구권을 행사할 수 있어, 강학상 '사후(死後) 타익신탁'이라 볼 수 있다. 이 경우 유언대용신탁은 사후수익자를 위해 존재한다. 위탁자가 신탁계약에서 지정한 내용에 따라 수탁자는 사후수익자를 위해 재산관리 업무를 수행한다.

2 상속집행수단으로 상속신탁계약의 이행

가. 상속신탁집행의 법적 의미

유언대용신탁이 설정되어 위탁자로부터 소유권이 수탁자로 이전되면, 대내외적으로 소유권이 수탁자에게 완전히 이전되는 이상, 위탁자가 신탁 설정 이후에 사망하여 상속이 개시되더라도 그 신탁재산은 민법상 상속재산에 해당되는 것은 아니다(대법원 2025. 9. 25.선고 2025두33790판결). 한편, 위탁자가 사망하면, 사후수익자가 상속신탁계약에 따라 사후수익권을 취득하게 되는데, 수탁자가 사후수익자를 위해 신탁계약에 따라 사후수익권을 취득하게 하는 절차를 이행하는 것을 '상속신탁집행'이라 한다. 상속신탁집행으로 수탁자는 사후수익자를 위해 사후수익권의 내용에 따라 신탁재산을 관리, 처분, 배분한다.

상속신탁집행과 관련하여 사후수익권은 실무상 '즉시배분형 사후수익권'과 '계속관리형 사후수익권'으로 나뉜다.

즉시배분형 사후수익권은 상속신탁의 목적이 상속집행이다. 즉시배분형 사후수익권에서 위탁자의 사망이 수탁자에게 통지되면, 수탁자는 통지시점 기준으로 보관하고 있는 신탁재산을 신탁계약에서 정한 사후수익권의 내용에 따라 사후수익자에게 귀속시킨다. 수탁자가 직접 사후수익자를 만나 신탁계약에 따라 금전 및 유가증권의 이체, 신탁부동산의 등기이전, 채권양도 및 통지 등 수탁자 명의에서 사후수익자 명의로의 소유권이전에 필요한 모든 절차를 이행한다.

계속관리형 사후수익권은 위탁자 사망 이후 '일정 시점'이나 '특정 조건 성취'까지 사후수익권이 계속 존재하는 사후수익권을 말하는데, 낭비벽이 있거나 재산관리능력이 부족한 사후수익자가 있는 경우 상속신탁집행 후 재산관리를 위해 선택하는 유형이라고 보면 된다.

수익자연속신탁도 최종 순위 사후수익자 바로 선순위 사후수익권도 상속신탁집행의 관점에서 최종 사후수익자까지 신탁계약에 계속해서 존재하는 계속관리형 사후수익권의 일종으로 볼 수 있다. 계속관리형 사후수익권의 상속신탁집행은 주로 사후수익자에게 신탁계약 내용, 특히 사후수익권의 내용을 설명하는 절차로 이루어진다. 이 경우에는 신탁재산의 소유권이 수탁자에게 여전히 남아 있고 사후수익자에게 신탁재산의 소유권이 이전되지 않는다. 임대사업을 영위하는 부동산에 대해 계속관리형 유언대용신탁계약을 체결할 경우 상속신탁집행 시 '사업자등록'을 위탁자 명의에서 '사후수익자 명의'로 변경하는 절차와 상속세 납부 및 사후수익자 명의의 취득세 납부가 이루어지지만, 신탁부동산 소유권은 여전히 수탁자 명의로 남아 있다.

물론 즉시배분형 사후수익권과 계속관리형 사후수익권을 결합시키는 것도 가능하다. 자녀 중 한 명은 재산관리능력이 충분하고 다른 한 명은 재산관리능력이 부족한 경우, 재산관리능력이 충분한 사후수익자에게는 해당 신탁재산을 즉시 배분해주고, 재산관리능력이 부족한 사후수익자를 위한 신탁재산은 사후수익자 사망 시까지 신탁계약이 유지되면서 매월 생활비를 지급하는 구조로 설계할 수 있다.

이 책에서는 즉시배분형 사후수익권만을 설계한 상속신탁을 '즉시배분형 상속신탁'으로, 계속관리형 사후수익권만으로 설계한 상속신탁을 '계속관리형 상속신탁'으로 부르고, 하나의 상속신탁에 즉시배분형 사후수익권과 계속관리형 사후수익권을 모두 포함하고 있는 상속신탁을 '결합형 상속신탁'이라 부른다.

나. 상속신탁집행의 실무상 의미

앞에서 살펴본 바와 같이, 상속신탁집행은 민법의 상속법리와 무관한 '수탁자에 의한 신탁계약의 이행'이다. 즉시배분형 사후수익권의 경우, 상속인이 아닌 전문적·객관적 제3자인 수탁자가 신속하고 정확하게 이행한다는 점이 가장 큰 장점이다. 전문가에 의한 신속하고 정확한 상속집행으로 상속분할 과정에서 혼란을 최소화하고, 자칫 있을 수 있는 상속분쟁을 예방할 수 있다.

그리고 계속관리형 사후수익권의 경우, 위탁자 사후 '일정 시점' 또는 '특정 조건 성취' 시까지 유산을 보존하면서 사후수익자에게 정기적으로 수익을 지급할 수 있다는 것이 가장 큰 장점이다. 우리 민법상 사후 재산관리도구가 없기 때문에 상속재산의 사후관리가 필요한 경우라면 계속관리형 사후수익권으로 설계된 유언대용신탁을 활용하는 것이 현명하다.

다. 상속신탁집행의 세법적 의미

유언대용신탁에 따라 상속신탁집행될 경우 세금은 어떻게 되는가? 2020년 개정 상증법은 유언대용신탁의 위탁자 사망으로 사후수익자가 수익권을 취득하는 경우와 수익자연속신탁의 선순위 사후수익자 사망 시 차순위 사후수익자가 수익권을 취득하는 경우는 모두 상속세의 과세대상임을 분명히 하였다(상증법 제2조 제1호 라목 및 마목, 제5호 다목, 제6호, 제9조. 자세한 설명은 PART 08 신탁과 세금 참조).

상속세 및 증여세법(약칭 : 상증법)

제9조【상속재산으로 보는 신탁재산】 ① 피상속인이 신탁한 재산은 상속재산으로 본다. 다만, 제33조제1항에 따라 수익자의 증여재산가액으로 하는 해당 신탁의 이익을 받을 권리의 가액(價額)은 상속재산으로 보지 아니한다.

② 피상속인이 신탁으로 인하여 타인으로부터 신탁의 이익을 받을 권리를 소유하고 있는 경우에는 그 이익에 상당하는 가액을 상속재산에 포함한다.

③ 수익자연속신탁의 수익자가 사망함으로써 타인이 새로 신탁의 수익권을 취득하는 경우 그 타인이 취득한 신탁의 이익을 받을 권리의 가액은 사망한 수익자의 상속재산에 포함한다.

④ 신탁의 이익을 받을 권리를 소유하고 있는 경우의 판정 등 그 밖에 필요한 사항은 대통령령으로 정한다.

그러면 유언대용신탁계약을 체결할 때에는 세금이 부과되지 않는가? 유언대용신탁계약을 체결하면서 소유권을 수탁자에게 이전하고 사후수익자를 지정하지만, 위탁자 생전에는 위탁자가 유일한 수익자인 '생전 자익신탁'이고, 사후수익자의 수익권은 위탁자가 설계해 놓은 계획에 따른 '장래의 권리'일 뿐이므로, 유언대용신탁 설정행위로 인한 수탁자 앞으로의 '소유권이전'은 '유상거래'나 '무상거래'가 아니다. 따라서 유언대용신탁 설정행위에 대해 증여세나 상속세가 부과되지 않을 뿐만 아니라 취득세도 부과되지 않는다. 상속계획을 수립하는 시점인 유언대용신탁계약 체결 시 아무런 세금을 내지 않는다는 점은 유언대용신탁으로 상속계획을 수립하고 실행하는 중요한 이유가 된다.

3 상속신탁 수익권 설계

가. 위탁자 생전 재산관리

상속신탁에서 위탁자는 생전수익자로서 신탁재산에 대한 완전한 통제권을 행사할 수 있기 때문에, 생전수익권의 설계는 굳이 필요 없는바, 실무상 위탁자 생전에는 '재산관리'를 어떻게 하느냐를 중심으로 재산관리 및 인출방법을 규정하는 것으로 갈음한다. 보통은 사무처리능력이 없어지기 전의 '건강시기'와 사무처리능력이 부족하거나 없어진 '사무처리능력 부족시기'로 나누어 수탁자의 재산관리 및 인출방법을 규정한다.

건강시기에는 위탁자의 신탁재산의 관리, 처분, 운용, 인출, 신탁계약 해지·해제가 자유롭다. 수탁자 명의로 소유권은 이전해 놓았으나 실질적인 통제권을 위탁자가 여전히 보유하고 있는 것이다.

사무처리능력 부족시기에는 두 가지 선택지가 있다. 첫째, 건강시기와 마찬가지로 특별히 재산관리방법을 지정하지 않는 것도 하나의 방법이다. 둘째, 사무처리능력 부족시기에 제3자나 친족의 사기나 강요에 의한 신탁계약의 해지·해제·변경은 막아야 한다. 일반적으로 위탁자가 사무처리능력 부족시기를 대비하여 신탁재산보호자를 지정하고 신탁재산보호자의 동의가 있을 경우에만 신탁계약의 해지·해제·변경이 가능하도록 안전장치를 만드는 방법이다. 그리고 위탁자는 사무처리능력 부족시기에 신탁재산의 보관, 관리, 운용, 처분, 인출 등에 대해 미리 정해놓아야 한다. 만약 신탁재산보호자를 지정하고 신탁재산의 보관, 관리, 운용, 처분, 인출 방법을 정해 놓지 않는 상태에서 신탁재산보호자가 아닌 후견인을 선임하는 법정후견이 개시될 경우, 신탁재산보호자와 후견인간의 견해 대립이 있을 수 있다. 이러한 상황을 예방하기 위해 위탁자는 사무처리능력 부족시기를 대비해 신탁재산보호자를 미리 지정하고, 신탁재산보호자를 후견인으로 선임하는 후견계약을 체결하는 것을 권고한다. 임의후견이 적법 유효한 경우 법정후견이 개시되지 않기 때문에, 신탁재산보호자 겸 임의후견인이 위탁자가 설계한 내용에 따라 신탁재산의 운용관리 업무를 수행할 수 있다.

나. 상속신탁 사후수익권 설계의 기초

▎상속신탁 수익권 설계 개념도(예시)▎

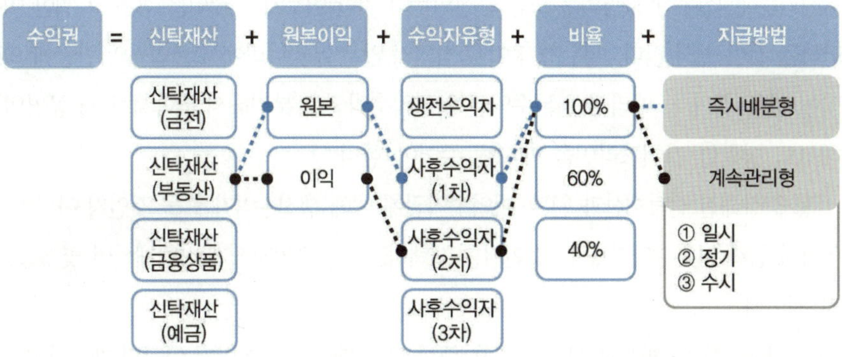

상속신탁의 수익권 설계는 신탁계약과정에서 가장 중요한 부분이다. 신탁재산, 수익권유형(원본수익권과 이익수익권), 수익자유형(생전수익자와 사후수익자), 수익비율, 그리고 지급방법(즉시배분형과 계속관리형)이라는 5가지 요소를 매트릭스 방식으로 조합하면 된다.[9)]

우선 신탁재산을 특정하고, 신탁재산에 대한 수익권이 원본수익권(principal)인지 아니면 이익수익권(income)인지를 정한다.[10)] 현행 신탁법에는 이익수익에 대한 명문화된 규정이 없다. 부동산의 임대수익, 주식의 배당소득, 채권의 이자소득은 명확하게 이익수익으로 볼 수 있다. 주식매매 시 발생하는 양도소득, 주식유상감자에 응하여 받은 금전, 회사가 청산하면서 받는 잔여재산분배금은 원본수익권에 속한다. 한편, 주식배당, 합병에 따른 현금분배금은 원본수익으로 보는 것이 타당해 보인다. 이렇듯 원본수익권과 이익수익권을 분리해서 귀속시킬 때, 원본수익권에 해당하는지 이익수익권에 해당하는지 불명확한 부분이 있게 되니, 이익수익권을 분리해서 설계할 때는 신탁계약서에서 이를 명시하는 것이 타당하다. 그리고 이익수익권을 많이 발생시키기 위해 수탁자로 하여금 신탁재산을 고위험 자산에 투자

9) 영미 신탁 유형인 명시신탁(Express Trust) 중 확정신탁(Fixed Trust)을 전제로 신탁 수익권 설계 요소를 구성해 본 것이다. 재량신탁(Discretionary Trust)의 경우 수익권 내용을 수탁자가 재량으로 정할 수 있고, 수익자 및 수익권 지정변경권자 지정신탁의 경우 지정변경권자가 수익자 및 수익권의 내용을 정할 수 있다. 재량신탁에서 수탁자, 수익자 및 수익권 지정변경권자가 수익자 또는 수익권을 확정할 때 이 요소를 활용할 수 있다.

10) 원본과 수입의 할당을 규정하는 통일법으로 「통일원본수입법(Uniform Principal and Income Act, UPIA)」이 있다. 임대료, 이자, 현금배당, 사업이윤 또는 경작이윤은 수입으로, 신탁재산의 매매대금, 신탁재산에 대한 보험금, 분할주식, 주식배당금, 인수 또는 합병 분배금, 채권원금은 원본으로 할당했다[김상훈, 『미국상속법』(세창출판사, 2012), 308면].

하는 'high risk-high return 전략'으로 운용하다가 자칫 신탁재산 원본에 손실이 발생할 수 있다. 수탁자는 수익자가 여럿인 경우 각 수익자를 위하여 공평하게 신탁사무를 처리해야 하는 '공평의무'의 대상이 된다. 미국의 경우 수탁자에게 공정의무(duty of impartiality)를 부담시키는데, 실무상 공평의무 또는 공정의무의 위반 여부가 문제되는 경우 그 위반 여부를 판단하는 것이 쉽지 않다. 실무가 많이 축적되지 않은 우리나라에서는 법원의 판단에 의존할 수밖에 없을 것이다. 따라서 원본수익권과 이익수익권을 분리해서 귀속시킬 때 공평의무에 대해서도 명확한 가이드라인을 제시해 주어야 한다.

이렇게 정해진 신탁재산과 원본·이익수익권에 대해 생전수익자를 둘 것인지 아니면 생전수익자와 함께 사후수익자를 둘 것인지를 선택하고, 각 수익자에게 신탁재산별 몇 %를 배분할지 정한다.

그런 다음, 지급방법으로 상속개시 후 즉시 모든 재산을 배분할지 아니면 계속관리하면서 일시지급, 정기지급 및 수시지급 방식으로 지급할지를 선택한다. 그리고 신탁재산의 소유권을 사후수익자에게 이전하는 '이전형 사후수익권'과 신탁재산을 매각하여 현금으로 배분하는 '정산형 사후수익권' 중 하나를 선택하면 큰 틀에서 수익권의 설계가 마무리된다.

다. 수익자연속신탁 설계

수익자연속신탁은 위탁자 사망 시 1차 사후수익자, 1차 사후수익자 사망 시 2차 사후수익자, 2차 사후수익자 사망 시 3차 사후수익자가 사후수익권을 취득한다. 수익자연속신탁의 경우 선순위 사후수익자의 수익권 배분이 후순위 사후수익자의 수익권에 영향을 미치게 되므로, 각 사후수익자의 수익권 설계를 명확하게 구성해야 선·후순위 사후수익자 간 이해상충을 방지할 수 있다.

예를 들면, 신축 상가건물을 신탁재산으로 1차 사후수익자를 배우자(상가건물의 순임대수익 100%), 2차 사후수익자를 아들(상가건물의 순임대수익 100%), 3차 사후수익자를 손자(상가건물의 원본수익과 이익수익의 100%)로 하여 수익자연속신탁을 설정한 경우, 1차 사후수익자가 상가건물을 매각해버린다면, 2차 사후수익자의 수익권이 소멸하게 된다. 물론 상가건물 매각대금은 신탁재산이 될 것이지만, 금전운용을 어떻게 하느냐에 따라 이익이 발생할 수도 있고 손실이 발생할 수도 있다. 따라서 상가건물에 대해 수익자연속신탁을 설정할 경우 최종 사후수익자인 손자 이외 1차 사후수익자와 2차 사후수익자는 신탁재산인 상가건물의 매각을 금지해야 한다.

다른 예를 들어 보면, 예금 40억 원과 펀드 60억 원을 신탁재산으로 1차 사후수익자를 아들(이익수익권 100%), 2차 사후수익자를 손자(이익수익권 100%), 3차 사후수익자를 증손자(잔존재산에 대한 원본 및 이익수익 100%)로 하고 각 사후수익자가 예금과 펀드를 운용할 수 있도록 수익자연속신탁을 설정할 경우, 1차 사후수익자인 아들이 이익의 극대화를 위해 예금과 펀드를 매각하고 투자성이 높은 코스닥 주식으로 운용하다가 원본이 50%까지 줄어든다면, 2차 사후수익자와 3차 사후수익자의 수익권이 많이 축소된다. 이러한 현상을 예방하기 위해 각 차수별 사후수익자의 운용권한을 제한할 필요가 있다. 예를 들면, 예금 40억 원은 계속 예금으로 운용하도록 하고, 펀드 60억 원도 10개 이상의 공모펀드에 분산하여 투자하며, 10개 중 7개는 국채, 지방채 등 안전자산으로 운용하는 펀드로만 운용하도록 하여 보다 안정적으로 운용함으로써 선순위 사후수익자와 후순위 사후수익자 간의 이해상충을 방지할 필요가 있다.

라. 장기 신탁계약의 특수성 반영

위탁자는 향후 경제 사정의 변화, 위탁자나 사후수익자의 신체적·정신적 변화도 예상해서 유연한 수익권 설계를 하는 것이 '신탁계약 이후 상속개시 전 단계'와 '상속집행 이후 단계'에서 위탁자나 수익자의 불편함을 없애고 위탁자가 신탁을 설정한 본지를 충실히 이행할 수 있을 것이다. 신탁계약이 20년 이상 되는 경우에는 수익권 설계에 일정 부분 재량을 두는 것도 좋은 방법이다. 위탁자가 선정한 '특정인'에게 그러한 재량을 부여하는 수익자 및 수익권 지정변경권자 신탁[11])을 활용하거나, 수탁자에게 수익권의 내용 및 배분과 관련하여 그 재량을 부여하는 재량신탁[12])을 활용할 수 있다(신탁법 제3조, 제58조). 마지막으로 위탁자가 설계해 놓은 신탁계약이 경제사정이나 사후수익자의 사정변화가 상당하여 위탁자가 설계해 놓은 신탁계약대로 이행되지 못할 경우 사후수익자는 법원의 허가를 받아 신탁계약을 변경할 수 있는 조항도 활용할 필요가 있다(신탁법 제88조 제3항).

11) 위탁자 S는 수탁자 T와 신탁계약을 체결하면서, 생전수익자를 S 본인, 사후수익자를 S의 자녀 A와 B로 정하고자 하는 사례에서, A와 B의 사후수익권을 명시하지 않고, A와 B의 나이 30세 이전까지 수탁자 T가 수익을 지급하고, 30세가 되면 T가 A와 B에게 신탁원본을 배분하되, 그 배분 비율은 지인 X가 정하고 수탁자는 X가 지정한 대로 따라야 한다.

12) 위탁자 S는 수탁자 T와 신탁계약을 체결하면서, 생전수익자를 S본인, 사후수익자를 S의 자녀 A와 B로 정하고자 하는 사례에서, A와 B의 사후수익권을 명시하지 않고, A와 B의 나이 30세 이전까지는 수탁자 T가 수익을 지급하고, 30세가 되면 T가 A와 B에게 신탁재산을 배분하되, 그 배분 비율은 수탁자가 재량으로 정한다.

신탁법

제3조【신탁의 설정】 ④ 위탁자는 신탁행위로 수탁자나 수익자에게 신탁재산을 지정할 수 있는 권한을 부여하는 방법으로 신탁재산을 특정할 수 있다.

제58조【수익자지정권등】 ① 신탁행위로 수익자를 지정하거나 변경할 수 있는 권한(이하 "수익자지정권등"이라 한다)을 갖는 자를 정할 수 있다.

② 수익자지정권등을 갖는 자는 수탁자에 대한 의사표시 또는 유언으로 그 권한을 행사할 수 있다.

③ 수익자지정권등이 유언으로 행사되어 수탁자가 그 사실을 알지 못한 경우 이로 인하여 수익자로 된 자는 그 사실로써 수탁자에게 대항하지 못한다.

④ 수익자를 변경하는 권한이 행사되어 수익자가 그 수익권을 상실한 경우 수탁자는 지체 없이 수익권을 상실한 자에게 그 사실을 통지하여야 한다. 다만, 신탁행위로 달리 정한 경우에는 그에 따른다.

⑤ 수익자지정권등은 신탁행위로 달리 정한 바가 없으면 상속되지 아니한다.

제88조【신탁당사자의 합의 등에 의한 신탁변경】 ① 신탁은 위탁자, 수탁자 및 수익자의 합의로 변경할 수 있다. 다만, 신탁행위로 달리 정한 경우에는 그에 따른다.

② 제1항에 따른 신탁의 변경은 제3자의 정당한 이익을 해치지 못한다.

③ 신탁행위 당시에 예견하지 못한 특별한 사정이 발생한 경우 위탁자, 수익자 또는 수탁자는 신탁의 변경을 법원에 청구할 수 있다.

④ 목적신탁에서 수익자의 이익을 위한 신탁으로, 수익자의 이익을 위한 신탁에서 목적신탁으로 변경할 수 없다.

마. 신탁수익권 설계의 자유와 한계

신탁수익권을 설계함에 있어서 어떠한 한계나 제한이 있을까? 신탁의 목적이 선량한 풍속이나 사회질서에 위반하는 사항을 목적으로 하거나, 위법 또는 불능인 신탁, 소송을 목적으로 하는 신탁, 탈법을 목적으로 하는 신탁, 채권자를 해함을 알면서 설정하는 신탁 등 신탁법 제5조 내지 제8조에 규정하고 있는 금지사항 이외에 신탁수익권 설계의 한계는 없다.

다만, 우리 신탁법은 법률에 규정된 수익자의 권리를 신탁행위로도 제한할 수 없도록 하여 수익자를 보호하고자 하였다(신탁법 제61조).[13] 즉, 수익자의 법원에 대한 신청권, 강제집행이나 체납처분 이의제기권, 신탁재산 장부의 열람복사청구권, 의무위반한 수탁자에 대

13) 신탁법의 규정을 원칙적으로 임의규정화하더라도, 신탁의 기본구조에 반하는 행위나 신탁의 계속성, 건전성과 관련된 권리는 신탁행위로도 제한할 수 없도록 하여 수익자를 보호하고자 한 것이다[법무부, 『신탁법 해설』(동강, 2013), 498면].

한 원상회복청구권이나 손해배상청구권, 수익권의 포기권, 법률행위의 취소권, 수탁자의 위반행위에 대한 유지청구권, 합병반대 수익자의 매수청구권은 신탁행위로도 제한할 수 없다. 신탁법 제61조는 신탁행위로도 제한할 수 없으므로, 신탁수익권 설계 시 반드시 고려해야 하는 사항이다.

신탁법

제61조【수익권의 제한 금지】 다음 각 호에 해당하는 수익자의 권리는 신탁행위로도 제한할 수 없다.

1. 이 법에 따라 법원에 청구할 수 있는 권리
2. 제22조제2항 또는 제3항에 따라 강제집행등 또는 국세 등 체납처분에 대하여 이의를 제기할 수 있는 권리
3. 제40조제1항에 따라 장부 등의 열람 또는 복사를 청구할 수 있는 권리
4. 제43조 및 제45조에 따라 원상회복 또는 손해배상 등을 청구할 수 있는 권리
5. 제57조제1항에 따라 수익권을 포기할 수 있는 권리
6. 제75조제1항에 따라 신탁위반의 법률행위를 취소할 수 있는 권리
7. 제77조에 따라 유지를 청구할 수 있는 권리
8. 제89조, 제91조제3항 및 제95조제3항에 따라 수익권의 매수를 청구할 수 있는 권리
9. 그 밖에 신탁의 본질에 비추어 수익자 보호를 위하여 필요하다고 대통령령으로 정하는 권리

판례 해설

유언대용신탁 설계의 자유와 한계(서울고등법원 2019.2.13. 선고 2015나206523판결)

가. 사실관계

원고는 2014.8.29. 피고 신탁은행 사이에, 원고를 위탁자 및 생전수익자, 원고의 딸 4명을 사후 1차 수익자로 하여 원고 소유의 부동산(이하 '이 사건 아파트'라 한다)과 현금 9억 원을 피고에게 신탁하기로 하는 내용의 신탁계약(이하 '이 사건 신탁계약'이라 한다)을 체결하였다(① 지급청구대리인을 사위와 딸 중 한명으로 지정하여 신탁재산의 인출을 지급대리인만 할 수 있도록 하였고, ② 병원비와 요양비는 증빙자료를 근거로 인출하되, 그 외 생활비와 병원비 명목으로 월 700만 원을 지급대리인의 청구에 의해 신탁은행이 인출해주기로 하는 등 인출명목과 인출한도를 정하였으며, ③ 사후수익자인 딸 4명의 전원동의를 조건으로 신탁계약의 해지 및 변경할 수 있도록 특약사항을 정하였다). 이후 원고[14]는 이 사건 신탁계약의 특약이 무효라고 주장하면서 소송을 제기하였다.

14) 엄밀히 말하면 이 사건 신탁계약의 위탁자인 원고가 아니라 이 신탁계약 체결 과정에 참여하지 않은 딸 중 1명이 소송을 의뢰한 것으로 파악된다.

Part 03

나. 판결요지

(1) 이 사건 특약사항 제2조에 의하면, 지급청구대리인에 의해서만 이 사건 신탁계약에 따른 신탁수익의 지급을 청구할 수 있고, 월 700만 원을 초과하는 생활비 등의 지급을 청구하는 경우 증빙서류를 제출하도록 규정하고 있다.

그러나 지급청구대리인이 지정하는 방법에 따라 신탁재산을 운용하거나 지급청구를 하도록 한 것은 신탁재산의 적정한 운용과 신탁수익의 관리 및 지출 등을 도모하기 위한 것으로 보이고, 원고의 건강 및 정신상태, 이 사건 신탁계약 체결 당시 원고에 대한 성년후견인이나 법정대리인이 선임되지 않았던 사정 등을 고려하면 지급청구대리인의 지정과 이를 통한 지급청구의 필요성 등이 인정된다.

원고의 주장과 같이 지급청구대리인이 적절한 지급청구를 부당하게 거절하거나 신탁수익이 원고 명의의 계좌로 이체된 후 원고에게 적정하게 지급되지 아니하여 원고에게 생활비 등의 부족이 발생하게 되었다고 하더라도 이는 지급청구대리인의 사무 처리와 관련한 의무불이행 등의 사유가 될 수 있음은 별론으로 하고(원고와 그 법정대리인에 의한 해지, 이 사건 특약사항에 정한 변경, 해임 등이 가능하여 부당하다고 볼 수도 없다), 그러한 사유만으로 이 사건 신탁계약 및 특약사항의 효력에 영향을 미친다고 할 수 없다.

또한 이 사건 특약사항 제2조 제1항에서 증빙서류를 제출하여 지급청구를 하도록 한 것은 '병원비'와 '요양비'로 한정하고 있고 그 비용도 직접 해당 기관에 지출하도록 규정한 점, 지급청구를 위하여 제출하는 증빙서류가 실제 비용을 지출하고 받은 영수증 등으로만 한정된다고 해석할 수 없고, 진료비청구서, 요양비내역서 등과 같은 사전 청구서 등을 배제하는 것도 아닌 점, 월 700만 원을 초과하지 않는 한도 내에서 비교적 소액의 병원비 등의 경우 별도의 증빙서류 없이 지급받을 수 있는 점, 이 사건 특약사항 제4조에서 생존 사후수익자들에 의한 직접 지급청구도 가능하도록 규정한 점 등에 비추어 보면, 원고가 주장하는 '지급방법의 모순'은 충분히 해결할 수 있거나 합리적으로 운용할 수 있을 것으로 보인다. 나아가 이 사건 신탁계약의 내용과 목적 등에 비추어 보면 원고로서는 이 사건 특약사항 제2조가 없더라도 이 사건 신탁계약을 체결하였을 것으로 보이므로 원고의 주장과 같은 사유만으로 이 사건 신탁계약이 전부 무효로 된다고 할 수 없다. 따라서 원고가 주장하는 위와 같은 사유만으로 이 사건 신탁계약 및 특약사항이 선량한 풍속 및 기타 사회질서에 반한다고 할 수 없다.

(2) 이 사건 특약사항 제2조에 의하면, 지급청구대리인에 의해서만 이 사건 신탁계약에 따른 신탁수익의 지급을 청구할 수 있고, 월 700만 원을 초과하는 생활비 등의 지급을 청구하는 경우 증빙서류를 제출하도록 규정하고 있다.

그러나 지급청구대리인이 지정하는 방법에 따라 신탁재산을 운용하거나 지급청구를 하도록 한 것은 신탁재산의 적정한 운용과 신탁수익의 관리 및 지출 등을 도모하기 위한 것으로 보이고, 원고의 건강 및 정신상태, 이 사건 신탁계약 체결 당시 원고에 대한 성년후견인이나 법정대리인이 선임되지 않았던 사정 등을 고려하면 지급청구대리인의 지정과 이를 통한 지급청구의 필요성 등이 인정된다.

원고의 주장과 같이 지급청구대리인이 적절한 지급청구를 부당하게 거절하거나 신탁수익이 원고 명의의 계좌로 이체된 후 원고에게 적정하게 지급되지 아니하여 원고에게 생활비 등의 부족이 발생하게 되었다고 하더라도 이는 지급청구대리인의 사무 처리와 관련한 의무불이행 등의 사유가 될 수 있음은 별론으로 하고(원고와 그 법정대리인에 의한 해지, 이 사건 특약사항에 정한 변경, 해임 등이 가능하여 부당하다고 볼 수도 없다), 그러한 사유만으로 이 사건 신탁계약 및 특약사항의 효력에 영향을 미친다고 할 수 없다.

또한 이 사건 특약사항 제2조 제1항에서 증빙서류를 제출하여 지급청구를 하도록 한 것은 '병원비'와 '요양비'로 한정하고 있고 그 비용도 직접 해당 기관에 지출하도록 규정한 점, 지급청구를 위하여 제출하는 증빙서류가 실제 비용을 지출하고 받은 영수증 등으로만 한정된다고 해석할 수 없고, 진료비청구서, 요양비내역서 등과 같은 사전 청구서 등을 배제하는 것도 아닌 점, 월 700만 원을 초과하지 않는 한도 내에서 비교적 소액의 병원비 등의 경우 별도의 증빙서류 없이 지급받을 수 있는 점, 이 사건 특약사항 제4조에서 생존 사후수익자들에 의한 직접 지급청구도 가능하도록 규정한 점 등에 비추어 보면, 원고가 주장하는 '지급방법의 모순'은 충분히 해결할 수 있거나 합리적으로 운용할 수 있을 것으로 보인다. 나아가 이 사건 신탁계약의 내용과 목적 등에 비추어 보면 원고로서는 이 사건 특약사항 제2조가 없더라도 이 사건 신탁계약을 체결하였을 것으로 보이므로 원고의 주장과 같은 사유만으로 이 사건 신탁계약이 전부 무효로 된다고 할 수 없다. 따라서 원고가 주장하는 위와 같은 사유만으로 이 사건 신탁계약 및 특약사항이 선량한 풍속 및 기타 사회질서에 반한다고 할 수 없다.

(3) 이 사건 특약사항 제5조에 의하면, 이 사건 신탁계약을 변경·해지하기 위해서는 생존하는 사후수익자 전원의 동의를 얻도록 규정하여 위탁자인 원고의 신탁의 변경·해지권을 제한하고 있다. 그러나 앞서 든 증거에 의하여 알 수 있는 다음과 같은 사정들에 비추어 보면, 원고가 주장하는 위와 같은 사유만으로 이 사건 신탁계약 및 특약사항이 선량한 풍속 및 기타 사회질서에 반한다고 할 수 없다.

(가) 신탁법 제59조 제1항은 유언대용신탁의 위탁자가 수익자를 변경할 권리를 갖지만, 신탁행위로 달리 정할 수 있도록 규정하고 있고, 같은 법 제99조 제1항, 제4항은 위탁자와 수익자가 합의하여 언제든지 신탁을 종료할 수 있지만, 신탁행위로 달리 정할 수 있도록 규정하고 있다.

이 사건 특약사항 제5조는 위탁자가 수익자를 변경할 권리와 신탁을 종료할 권리 등을 제한하는 것이지만, 신탁행위로써 이와 달리 정한 것이므로 신탁법에 위반된다고 할 수 없고, 앞서 본 바와 같은 이 사건 신탁계약 체결 당시 원고의 건강, 정신상태, 이 사건 신탁계약 체결 경위와 목적, 사후수익자 전원의 동의를 얻는 것이 전혀 불가능한 것이 아닌 점 등에 비추어 보면, 이 사건 신탁계약의 해지, 변경에 생존하는 사후수익자 전원의 동의를 얻도록 한 것이 현저하게 불합리하거나 부당하다고 하기 어렵다.

(나) 이 사건 특약사항 제5조는 위탁자가 수익자를 변경할 권리와 신탁을 종료할 권리를 전면적으로 제한하거나 박탈하는 것이 아니라 생존 사후수익자 전원의 동의를 얻도록 하고 있다. 사후수익자는 원고의 자녀들로서 법정상속인들이므로 신탁재산과 원고와 사회적·경제적으로 가장 큰 이해관계를 가지고 있고, 이 사건 신탁계약의 체결 경위와 목적 등에 비추어 보면, 이 사건

Part 03

신탁계약의 변경, 해지 등에 사후수익자 전원의 동의를 얻도록 약정하였다고 하여 선량한 풍속 및 기타 사회질서에 반한다고 할 수 없다.

(다) 이 사건 특약사항 제5조로 인하여 유언의 철회가 사실상 제한될 수 있으나, 이 사건 신탁계약과 같은 유언대용신탁의 경우 유언이나 유언신탁과 달리 생전에 신탁이 개시되는 것으로서 신탁과 관련된 이해관계가 현실적으로 존재하고, 특히 유언과 같은 일방적인 의사표시가 아니라 계약의 형식에 의한 유언대용신탁의 경우 그 특성상 일방적인 해지나 철회가 제한될 수 있다. 또한 이 사건 신탁계약 체결 당시 원고의 건강, 정신상태와 이 사건 신탁계약에 이르게 된 과정, 이 사건 신탁계약의 목적 등에 비추어 보면, 이 사건 특약사항 제5조는 원고가 치매 등 증상이 악화되어 정상적인 의사결정을 하기 어려운 상황을 대비한 것으로 사후수익자인 원고의 자녀들 전원의 동의를 받도록 할 필요성과 합리성도 있다고 할 것이므로, 유언대용신탁의 본질에 반하거나 유언에 관한 자기결정권 내지 유언 철회의 자유를 본질적으로 침해한다고 할 수도 없고, 원고로서는 이 사건 특약사항 제5조가 없더라도 이 사건 신탁계약을 체결하였을 것으로 보이므로 원고의 주장과 같은 사유만으로 이 사건 신탁계약이 전부 무효로 된다고 할 수 없다.

(라) 이 사건 신탁계약의 사후수익자 중 딸 C가 의사능력의 존재가 의심되는 등으로 적정한 동의권을 행사하기 어려운 사정이 있더라도 성년후견인이나 특별대리인의 선임 등으로 동의권을 행사할 수 있고, 딸 D가 이 사건 신탁계약의 체결에 관여하였다고 하여 원고와 이해관계가 충돌한다거나 D를 포함한 사후수익자 전원의 동의를 얻도록 하는 것이 선량한 풍속 및 기타 사회질서에 반한다고 보기도 어렵다.

다. 판례 해설

이 판례는 유언대용신탁 설계의 자유와 한계를 검토한 의미있는 판례이다. 신탁법 제61조의 반대해석상 수익자의 권리 중 신탁법 제61조에서 정한 9가지 권리 이외에는 신탁행위로 제한이 가능하다. 그리고 신탁의 목적이 선량한 풍속이나 사회질서에 위반하는 사항을 목적으로 하거나, 위법 또는 불능인 신탁, 소송을 목적으로 하는 신탁, 탈법을 목적으로 하는 신탁, 채권자를 해함을 알면서 설정하는 신탁 등 신탁법 제5조 내지 제8조에 규정하고 있는 금지사항 이외에는 자유롭게 위탁자와 수탁자가 유언대용신탁의 내용을 정할 수 있다. 이 판례는 위탁자의 생전 신탁재산의 운용과 수익배분에 대해 자유롭게 의사결정하여 수탁자에게 지시할 수 있는 권한 중 일부를 제한하였는데 – 신탁재산 인출요청을 할 수 있는 지급대리인의 지정, 신탁재산 인출 명목과 한도 지정 및 신탁계약 해지 시 사후수익자 전원 동의 필요요건 – 이러한 특약사항이 원고가 치매 등 증상이 악화되어 정상적인 의사결정을 하기 어려운 상황을 대비한 것으로 사후수익자인 원고의 자녀들 전원의 동의를 받도록 할 필요성과 합리성도 있다고 할 것이므로, 유언대용신탁의 본질에 반하거나 유언에 관한 자기결정권 내지 유언 철회의 자유를 본질적으로 침해한다고 할 수도 없다고 판시하였다. 고령자를 위한 재산보호의 필요성이 사회적으로 대두되고 있는 시점에 이러한 문제 해결을 위해 유언대용신탁이 활용될 수 있도록 반영한 신탁특약의 유효성을 인정한 최초의 판결인 점에 이 판결의 의미를 찾을 수 있다.

4 영미법상의 신탁이론과 상속신탁 수익권 설계

이 장에서는 가족신탁을 이해하고 설계하는 데 도움이 되는 영미법상 신탁이론을 소개한다. 영미법상 신탁이론을 그대로 적용하기보다는 영미법상 신탁이론을 참조하여 가족신탁을 설계하면, 신탁구조를 더욱 풍부하게 할 수 있으면서, 장기간 법률관계를 창설해야 하는 신탁계약을 구성함에 있어 유의사항을 미리 검토하고 반영할 수 있다.

가. Dead Hand Control : 죽은 자에 의한 지배, 의사동결기능

사후수익권을 설계한 신탁의 경우, 위탁자 사후에도 위탁자가 생전에 설계한 신탁계약의 내용에 따라 수탁자가 수탁자로서 권리 · 권한을 행사하고 의무를 이행하게 됨으로써, 사후수익자가 신탁계약을 수정, 변경 또는 종료할 수 없는 원칙을 말한다. 일본에서는 '의사동결기능'이라고도 하는데, 의사동결기능은 신탁설정 당시 위탁자의 의사를 위탁자의 의사능력 상실이나 사망이라는 주관적 사정(개인적 사정)의 변화에 맞서, 위탁자에 의하여 설정된 신탁목적에 따라 장기간에 걸쳐 지속적으로 유지하는 기능이다.[15] 실제로 위탁자 사후 신탁재산을 즉시 배분하지 않고 특정 기간까지 장기간 관리하는 '계속관리형 유언대용신탁'에서 위탁자 사후 사후수익자가 신탁계약을 변경하려는 사례가 종종 보이는데, 계속관리형 유언대용신탁계약은 Dead Hand Control이 지배하는 계약이기 때문에, 신탁법 제88조(신탁당사자의 합의 등에 의한 신탁변경) 제3항이나 제100조(법원의 명령에 의한 신탁의 종료)에 따라 법원의 명령에 의한 경우 이외에는, 사후수익자가 신탁계약을 변경하지 못한다.[16]

나. Rule Against Perpetuities : 영구구속금지의 원칙, 영구불확정금지의 원칙

Dead Hand Control의 원칙을 고수할 경우, 장기간 신탁재산이 사회경제적으로 활용되지 못할 우려가 있기 때문에, 언제까지 Dead Hand Control을 인정할 것인가라는 Dead Hand Control의 시간적 한계(duration of trust)와 관련된 원칙이다. 영미법상 소유권의 개념은 시간적으로 분할하여 귀속할 수 있기 때문에 소유권의 장기적인 고착화를 방지하고자 한 원칙이다. 영국은 오랜 기간에 걸쳐 Rule Against Perpetuities를 사회경제적 관점에서

15) 안성포, 앞의 책, 94~96면. 임의후견계약도 의사능력있을 때 미리 후견계약을 체결하면 의사능력상실시에도 후견계약이 그대로 작동된다는 점에서 의사동결기능을 가지는 법제도라고 설명한다.

16) 물론, 유언대용신탁계약의 내용으로 위탁자 사후 사후수익자가 신탁계약을 변경할 수 있는 권리를 부여한 경우는 계약 내용에 따라 신탁계약의 내용을 변경할 수는 있다.

수정 · 변경해왔다.[17] Rule Against Perpetuities는 절대불변의 원칙이라기보다는 사회경제적 상황에 맞게 수정할 수 있는 원칙인 것으로 판단된다. 미국도 위탁자 사후 장기적으로 유산이 보존되기를 원하는 사회적 요구와 신탁회사 관할 유치권 경쟁의 산물로 Rule Against Perpetuities을 폐지하거나 수정하는 주가 많아졌다.[18] 우리 신탁법은 Rule Against Perpetuities를 도입하지 않았다. 우리 민법은 소유권을 영속적인 것으로 규정하면서, 영미법과 같이 시간적으로 분할하여 귀속시키지 않기 때문에 Rule Against Perpetuities를 도입하지 않았다고 한다.

다. Claflin Doctrine : 클래플린원칙

자녀 3명 중 1명의 자녀의 사후수익권은 위탁자 사망 시 즉시 배분하지 않고 20세, 25세 때 각 1만 달러씩 지급하고, 30세 때 잔존수익권 전부를 지급하는 내용의 신탁계약을 체결하고 위탁자가 사망하였는데, 그 자녀가 수탁자를 상대로 신탁의 종료를 청구한 사례[19]에서 유래한 원칙이다. 위탁자 사후 신탁수익자 전원동의가 있더라도, 신탁의 존속이 신탁의 목적을 달성하는 데 반드시 필요하다면, 신탁계약을 조기종료(early termination)시킬 수 없다는 원칙[20]을 말한다. 위탁자 사후에는 모든 수익자의 동의가 있고, 신탁의 중요한 목적(material purpose)을 침해하지 않는 경우에만 신탁을 변경하거나 종료할 수 있다는 원칙[21]이라고도 한다. 우리 신탁법은 클래플린원칙을 허용하지 않는 것으로 보인다. 우리 신탁법은 위탁자, 수탁자 및 수익자 합의에 의한 신탁의 종료(신탁법 제99조 제1항), 자익신탁에서 위탁자의 종료권 행사에 의한 종료(신탁법 제99조 제2항)는 규정하고 있으나, 위탁자 사망 후 신탁의 종료는 규정하고 있지 않다. 위탁자가 신탁행위 당시 예측하지 못한 특별한 사정으로 신탁을 종료하는 것이 수익자의 이익에 적합함이 명백한 경우에만 수탁자나 수익자가 법원에 신탁의 종료를 청구할

---

17) 1964년 이전 설정된 신탁은 마지막 수익자로 특정된 자의 생존기간 및 사후 21년 이내, 1964년부터 2009년 사이에 설정된 신탁은 80년을 상한으로 하는 기간, 2009년 이후 현재까지 설정된 신탁은 신탁설정일로부터 125년 이내 귀속되는 수익권만 유효하다(오영걸, 앞의 논문).

18) Idaho, Wisconsin, and South Dakota, Delaware가 대표적으로 영구구속금지의 원칙을 폐지한 주이다. 델라웨어가 신탁 보유 개인 재산에 대한 영구구속금지의 원칙을 폐지한 것은 자본 형성(capital formation)과 신탁 사업(trust business)을 위한 선도적 관할권(leading jurisdiction)으로서의 역할을 유지하는 델라웨어의 지속적인 경계(vigilance)를 보여준 것이다(H.R. 254, 138th Gen. Assemb. (Del. 1995) (bill synopsis)).

19) Claflin v. Claflin, 20 N.E. 454(Sup. Judicial Court of Mass, 1889)

20) "A trust cannot be terminated prior to the time fixed for termination, even though all of the beneficiaries consent, if termination would be contrary to a material purpose of the settlor"(Claflin 20 N.E 454 at 456).

21) 정순섭, 앞의 책, 552~553면.

수 있지만, 이는 클래플린원칙이 아니라 사정변경의 원칙을 규정화한 것이다(신탁법 제100조).

라. Prudent Investor Rule : 신중한 투자자 원칙

수탁자가 신탁재산의 투자방식에 관하여 재량을 가지고 있는 경우에 투자와 관련한 수탁자의 선관주의의무 위반 여부의 판단기준이다. 투자에 있어서 수탁자의 선관주의의무 위반 여부를 개별 자산이 아닌 포트폴리오 전체의 맥락에서(in the context of the trust portfolio[22]) 판단하여야 한다는 원칙이다.[23] 개개의 투자 중 일부가 고위험의 투자라 하더라도 다른 부분의 투자는 안전한 투자로 인정되는 경우에 포트폴리오 전체적으로 보아 건전한 투자로 인정할 수 있다는 것이다. 현재 우리나라 자산관리(wealth management)는 기본적으로 포트폴리오로 관리되기 때문에 수탁자도 투자 재량권을 행사함에 있어 신중한 투자자 원칙을 따르는 것이 타당해 보인다. 우리나라 가족신탁 실무는 수탁자에게 투자재량을 완전히 부여하는 방식이 아직 많지는 않지만, 향후 수탁자에게 투자 재량을 부여하는 구조가 많아질 것으로 예상되는데, 신중한 투자자 원칙이 수탁자의 투자 관련 선량한 관리자주의의무 위반 여부의 판단기준으로 활용될 수 있을 것이다.

마. Saunders v. Vautier의 법리

Saunders v. Vautier의 법리는 위탁자가 사후수익자 나이 25세까지 신탁수익을 축적하도록 설계한 사례에서 사후수익자가 당시 성년인 21세 되는 시점에 수탁자에게 신탁을 종료하고 신탁재산의 배분을 요구한 사건의 판례에서 만들어진 법리이다. 이는 모든 수익자가 성년이고 사무처리능력이 있는 한 수탁자에게 신탁을 종료하고 신탁재산의 소유권을 이전해 달라고 요구할 수 있다는 법리이다.[24] 모든 성인은 법률적으로 독립된 존재(sui juris)이므로 신탁을 종료하고 신탁재산을 배분받을 수 있다는 것이다. Saunders v. Vautier의 법리는 영국에서는 적용되나, 미국에서는 적용되지 않는다. 미국에서는 위탁자가 사후수익자 나이가 성년 이후 특정 나이까지 신탁이 존재하도록 설계하면 사후수익자가 성년이 되더라도 위탁자의 신탁 설정 의사는 존중되기 때문에 사후수익자가 신탁의 종료를 청구할 수 없다. 우리나라의 경우 Saunders v. Vautier의 법리를 적용할 근거 법령이나 관습이 없으므로,

---

22) 주식투자를 하면서 종목과 종목별 비중을 정해서 묶음으로 투자하는 것을 포트폴리오라 한다.

23) UTC Artlcle 9 Uniform Prudent Investor Act

24) If all of the beneficiaries in the trust are of adult age and under no disability, the beneficiaries may require the trustee to transfer the legal estate to them and thereby terminate the trust.

사후수익자의 나이와 무관하게 신탁 기간을 정할 수 있다.

바. Cy Pres Doctrine : 씨프레스원칙[25)]

Cy Pres Doctrine[26)]이란 위탁자가 공익을 위하여 신탁을 설정한다는 일반적 공익 의사(general charitable intent)를 표시하고 공익신탁을 설정하였는데, 당초 공익신탁 목적이 달성 불가능하거나 그 목적이 위법인 경우에는, 법원은 그 공익신탁을 종료시키기보다는 위탁자의 일반적 공익 의사와 일치하는 다른 유사한 공익목적을 위하여 해당 신탁재산이 사용되도록 하여야 한다는 원칙을 말한다. 미국 통일신탁법은 Cy Pres Doctorine을 도입하였다.[27)] 신탁설정 문서가 문언해석상으로 비법률적이거나 실행불가하거나 불법적인 경우에도 법원인 위탁자의 신탁 목적에 맞게 신탁을 수정 · 변경하여 신탁이 가급적이면 작동될 수 있도록 해야한다는 원칙이다. 우리 공익신탁법 제24조와 제25조는 공익신탁 인가가 취소되거나 종료된 경우 다른 공익신탁이나 국가 또는 지방자치단체를 귀속권리자로 간주하고, 국가 또는 지방자치단체를 귀속권리자로 한 경우에는 해당 국가 또는 지방자치단체가 유사한 목적을 가진 공익신탁에 증여 또는 무상대부하도록 함으로써 '씨프레스원칙'을 수정하여 제도화하였다고 볼 수 있다.[28)] 공익신탁을 설정한 위탁자의 의사와 무관하게 국가 또는 지방자치단체를 귀속권리자로 간주한 점과 법원의 절차를 거치지 않고 귀속여부가 결정된다는 점에서 씨프레스원칙과 차이가 있다.

---

25) 유사목적으로의 처분 원칙. 최근사원칙으로 번역하기도 한다.

26) a rule providing for the interpretation of instruments in equity as nearly as possible in conformity to the intention of the testator when literal construction is illegal, impracticable, or impossible

27) UTC SECTION 413. CY PRES.
(a) Except as otherwise provided in subsection (b), if a particular charitable purpose becomes unlawful, impracticable, impossible to achieve, or wasteful:
(1) the trust does not fail, in whole or in part;
(2) the trust property does not revert to the settlor or the settlor's successors in interest; and
(3) the court may apply cy pres to modify or terminate the trust by directing that the trust property be applied or distributed, in whole or in part, in a manner consistent with the settlor's charitable purposes.
(b) A provision in the terms of a charitable trust that would result in distribution of the trust property to a noncharitable beneficiary prevails over the power of the court under subsection (a) to apply cy pres to modify or terminate the trust only if, when the provision takes effect:
(1) the trust property is to revert to the settlor and the settlor is still living; or
(2) fewer than 21 years have elapsed since the date of the trust's creation.

28) 공익신탁법은 위탁자에게 일반적 공익 의사(general charitable purpose)가 있는지 여부를 묻지 않고 공익신탁 출연 재산을 다른 공익신탁이나 국가 또는 지방자치단체에 귀속되는 것으로 규정하고 있어 위탁자의 의사 존중을 전제로 한 원래의 씨프레스 원칙과는 다소 거리가 있다는 견해도 있다[이계정, "고령사회에서 기부문화 활성화를 위한 법적 제언", 민사법학 제100호(2022. 9). 22면].

CHAPTER 03

상속신탁계약서 및 등기실무

1 상속신탁의 계약구조

상속신탁계약은 기본계약으로 "유언대용신탁계약서"와 "신탁재산별 개별계약"이 있고, 신탁재산별 개별계약은 신탁재산의 종류에 따라 '금전신탁계약', '유가증권신탁계약', '부동산신탁계약', '금전채권신탁계약' 등으로 구성된다. 좀 더 앞서가는 신탁회사는 '종합재산신탁'으로 구성해서, 하나의 종합재산신탁계약으로 금전, 유가증권, 부동산, 금전채권을 수탁받을 수 있다.[29] 종합재산신탁을 활용하면 개별계약서 4개를 하나의 종합재산신탁계약만으로 신탁할 수 있는 장점이 있다. 상속신탁계약에서는 유언대용신탁계약서가 핵심인데, 그 주요 내용은 신탁재산, 신탁재산별 수익자, 사후수익자별 사후수익권, 생전 재산관리방법과 사후 신탁재산배분 및 재산관리방법이다.

29) 자본시장법 제103조【신탁재산의 제한 등】① 신탁업자는 다음 각 호의 재산 외의 재산을 수탁할 수 없다.
1. 금전
2. 증권
3. 금전채권
4. 동산
5. 부동산
6. 지상권, 전세권, 부동산임차권, 부동산소유권이전등기청구권, 그 밖의 부동산 관련 권리
7. 무체재산권(지식재산권을 포함한다)

② 신탁업자는 하나의 신탁계약에 의하여 위탁자로부터 제1항 각 호의 재산 중 둘 이상의 재산을 종합하여 수탁할 수 있다.

2 상속신탁계약서 예시안[30]

가. 유언대용신탁 본문

유언대용신탁은 '본문'과 '특약'으로 구성되는데, '특약'은 위탁자의 요구에 따라 매우 다양하므로, 이 책에서는 유언대용신탁 본문의 중요 내용만 기술하기로 한다.

| 유언대용신탁의 계약 구성 |

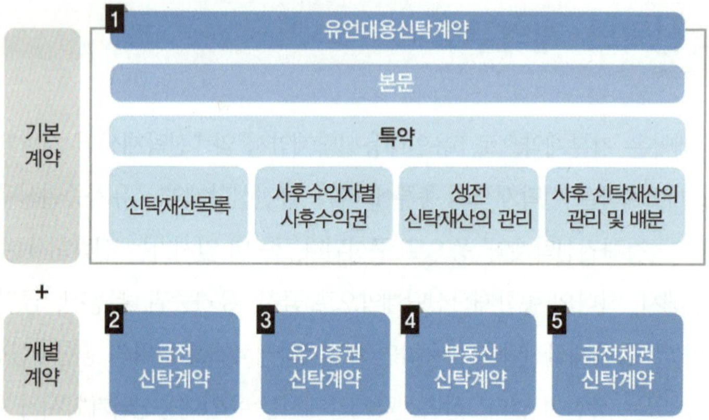

[유언대용신탁 본문]

위탁자 [***]와 수탁자 [***] 주식회사는 다음과 같이 『유언대용신탁계약』(이하 '이 계약'이라 한다)을 체결한다.

제1조 【신탁의 목적】 이 계약은 위탁자의 의사를 보다 적극적으로 반영하여 신탁재산의 관리, 처분, 운용, 개발 등을 통해 신탁재산에 관한 급부를 위탁자가 정한 수익자에게 지급함으로써 안정적으로 재산을 승계하는 것을 목적으로 한다.

제2조 【용어의 정의】 이 계약에서 사용하는 용어의 뜻은 다음과 같다.

1. "위탁자"라 함은 신탁을 설정하는 자를 말한다.

---

30) 이 책에서 설명하는 유언대용신탁계약과 신탁재산별 신탁계약은 금융투자협회 예시안을 참조하여 수정하였고, 중요한 부분은 해설을 하였다. 가족신탁의 이해를 돕기 위해 예시안을 제시한 것이므로, 실제 신탁계약을 체결할 때에는 신탁 전문 변호사와 세무사의 법적·세법적인 자문과 함께 계약서 검토를 받아야 한다. 상속신탁은 복잡한 법률적·세법적 전문지식을 요하는 계약이고, 잘못 작성할 경우 가족분쟁을 야기할 수 있음을 유념해야 한다.

2. “수탁자”라 함은 신탁 목적에 따라 위탁자로부터 신탁을 인수하는 자를 말한다.
3. “수익자”라 함은 신탁의 수익권을 취득하여 행사하는 자를 말한다.
4. “원수익자”라 함은 위탁자가 사망하기 전까지 신탁재산의 수익권을 갖는 수익자를 말한다. 다만, 별도의 약정이 있는 경우를 제외하고는 이 계약에서 위탁자를 원수익자로 본다.
5. “사후수익자”라 함은 수익자의 사망에 의하여 차례로 신탁재산의 수익권을 취득하도록 지정받은 자를 말한다. 다만, 별도의 약정이 있는 경우를 제외하고는 원수익자가 사망할 때까지 이 계약의 수익권을 취득하지 못한다.
6. “유언집행자”라 함은 유언의 내용을 실현하기 위하여 그 유언의 집행업무의 권한을 가지는 자를 말한다.
7. “사망통지인”이라 함은 〈별지2〉의 ‘사망통지인 확약서’를 제출한 자로서 수익자의 사망사실 등을 수탁자에게 통지하는 자를 말한다.
8. “상속신탁집행”이라 함은 위탁자 사망으로 사후수익자가 사후수익권을 취득하는 절차를 수탁자가 이행하는 것을 말한다. 즉시배분형 사후수익권과 계속관리형 사후수익권의 취득 모두를 포함한다. 수익자연속신탁에서 선순위 사후수익자의 사망으로 후순위 사후수익자가 사후수익권을 취득하는 것도 포함한다.
9. “즉시배분형 사후수익권”이라 함은 위탁자 사망으로 사후수익권의 내용에 따라 사후수익자에게 신탁재산의 소유권을 이전시키는 내용의 사후수익권을 말한다.
10. “계속관리형 사후수익권”이라 함은 위탁자 사망 후에도 신탁계약에서 정한 바에 따라 일정 기간 신탁이 유지되도록 하기 위해 설정되는 사후수익권을 말한다.

해설

용어의 정의에서 ‘수익자’는 위탁자 겸 수익자인 ‘원수익자’와 위탁자 사후수익권을 취득하는 ‘사후수익자’를 포함한다. 유언집행자는 유언대용신탁만을 체결할 때는 불필요하고, 전, 답, 과수원으로 농지법상 법인이 취득할 수 없는 경우나 현재는 신탁설정의 대항요건을 갖추기 어려운 경우에 유언서를 병행해서 작성해야 하는 경우에 유언공증을 받은 후 유언서 보관 및 집행서비스를 활용할 때 지정된다. 사후수익자의 정의는 신탁법 제59조 제1항 제1호의 ‘사후수익권 취득형 유언대용신탁’을 전제로 규정한 것인데, 만약 신탁법 제59조 제1항 제2호의 ‘생전수익권취득형 유언대용신탁’으로 하고 싶다면, 5호 단서를 “다만, 별도의 약정이 있는 경우를 제외하고는 원수익자가 사망할 때까지 이 계약의 수익권에 따른 급부청구권을 행사하지 못한다.”라고 규정하면 된다.

제3조 【신탁재산】 ① 위탁자가 신탁할 수 있는 재산의 종류는 다음 각 호에 따르며 신탁가액은 별지 ‘신탁재산목록’에 기재된 금액으로 한다.
1. 금전
2. 증권

3. 금전채권
4. 동산
5. 부동산
6. 지상권, 전세권, 부동산임차권, 부동산소유권이전등기청구권, 그 밖의 부동산 관련 권리
7. 그 밖에 「자본시장과 금융투자업에 관한 법률」에서 정하는 재산

② 위탁자는 제4조에서 정한 신탁계약기간 내에서 수탁자와 합의하여 신탁재산을 추가로 신탁할 수 있다.

③ 제1항 및 제2항의 신탁재산별 운용에 대한 세부적인 사항은 위탁자와 수탁자가 합의하여 정하기로 한다.

해설

신탁재산은 신탁법이 정하는 모든 재산인데, 법률상 또는 실무상 수탁이 불가능한 경우가 있으므로, 미리 신탁회사를 통해서 대상 재산이 신탁 가능한 재산인지를 미리 확인해야 한다. 주로 영리법인인 신탁회사가 농지법상 농지취득자격을 득하지 못해서 수탁하지 못하는 전, 답, 과수원이나 준공 후 보존등기가 되지 않은 집합건물, 소송 계속 중인 부동산 등이다.

제4조 【신탁계약기간】 이 계약의 신탁계약기간은 위탁자와 수탁자가 합의하여 별도로 정한다.

해설

신탁계약기간은 주로 위탁자 100세까지로 정하고, 그 이후에는 연단위로 갱신되도록 정한다. 위탁자가 100세 이전에 사망하거나 신탁재산이 전부 소멸되는 경우에는 그 이전에라도 신탁계약이 종료된다.

제5조 【신탁계약 체결 및 효력의 우선순위 등】 ① 위탁자와 수탁자는 제3조 제1항의 신탁재산별 신탁계약을 체결한다. 이 경우 수탁자는 위탁자에게 신탁재산별 신탁계약서를 교부하고 신탁관계법규에서 정한 내용 및 운용자산의 위험고지 등 중요한 내용을 설명하여야 한다.

② 이 계약과 제1항의 신탁재산별 신탁계약의 내용이 상이한 경우 이 계약의 내용이 우선한다.

해설

유언대용신탁계약과 함께 신탁재산별 신탁계약을 체결한다. 신탁재산이 금전이면 금전신탁계약을, 부동산이면 부동산신탁계약을, 유가증권이면 유가증권신탁계약을, 금전채권이면 금전채권신탁계약을 함께 체결한다. 유언대용신탁계약과 신탁재산별 신탁계약의 내용이 상이한 경우는 유언대용신탁계약이 우선한다.

제6조【신탁관리인 지정】 ① 위탁자는 수익자가 미성년자, 피한정후견인 또는 피성년후견인이거나 그 밖의 사유로 수탁자에 대한 감독을 적절히 할 수 없는 경우 신탁관리인을 선임할 수 있다.

② 위탁자가 신탁관리인을 선임하고자 하는 경우 신탁관리인의 권한과 임무의 범위 및 보수지급에 관한 사항 등은 수탁자와 합의하여 정한다.

제7조【유언서 보관 및 유언집행서비스 등】 위탁자는 이 계약과 별도로 유언서 보관 및 유언집행서비스 제공을 수탁자에게 의뢰할 수 있다.

제8조【사망통지인 지정 및 변경 등】 ① 수익자는 사망통지인을 지정 또는 변경하고자 하는 경우 별지 '사망통지인 확약서' 또는 별지 '사망통지인 (지정·정보) 변경 의뢰서'를 수탁자에게 제출하여야 한다.

② 수익자는 제1항에서 정한 사망통지인이 사망한 경우에는 그 사실을 수탁자에게 지체 없이 통보하여야 한다.

③ 제1항에서 정한 사망통지인 이외에도 제3자가 수익자의 사망사실을 입증할 수 있는 서류를 수탁자에게 제출할 수 있다. 이 경우 수탁자는 사망통지인 또는 수익자의 상속인 중 1인에게 수익자의 사망사실을 확인하여야 한다.

④ 수탁자는 제1항 내지 제3항에 따른 통지의 지연 및 허위·부실 통지로 발생한 재산상 손해에 대하여 수탁자의 귀책사유가 없는 한 책임을 지지 아니한다.

해설

사망통지인은 지정하지 않는 경우가 대부분이다. 신탁계약을 신탁회사와 체결하면 '안심상속 조회 서비스'로 조회가 가능하므로, 상속처리 과정에서 자연스럽게 사망사실을 신탁회사가 알게 된다. 만약, 민사신탁계약을 체결하면서 수탁자가 사후수익자가 아닌 경우에는 사망통지인을 지정하는 것이 바람직하다.

제9조【사후수익자 지정 및 변경 등】 ① 위탁자는 이 계약의 사후수익자를 다음과 같이 정한다. 다만, 동 차에 사후수익자를 복수로 지정하고자 하는 경우 그 다음 차수의 사후수익자는 지정하지 아니한다.

	정보 내용		위탁자와의 관계
[*]차 사후수익자	성명		위탁자의 [*]
	주민등록번호		
	연락처		
[*]차 사후수익자	성명		위탁자의 [*]
	주민등록번호		
	연락처		
[*]차 사후수익자	성명		위탁자의 [*]
	주민등록번호		
	연락처		

② 제1항 단서에 의한 복수의 사후수익자의 경우 신탁원본 및 신탁이익의 지급방법은 다음 각 호와 같다.

1. 별도 약정이 있는 경우를 제외하고는 사후수익자에게 균등하게 지급
2. 사후수익자가 사망한 경우 해당 사후수익자의 법정상속인에게 각자의 법정상속비율에 따라 지급

③ 제1항에서 정한 1차 사후수익자가 원수익자보다 먼저 사망할 경우 2차 사후수익자가 1차 사후수익자의 지위를 갖기로 한다.

④ 제1항에서 정한 2차 사후수익자가 1차 사후수익자보다 먼저 사망할 경우 3차 사후수익자가 2차 사후수익자의 지위를 갖기로 한다. 다음 차수의 사후수익자가 있을 경우 다음 차수에도 동일한 방법으로 적용된다.

⑤ 제1항에서 정한 3차 사후수익자가 1차 사후수익자 또는 2차 사후수익자보다 먼저 사망할 경우 위탁자는 제8항에 따라 새로운 사후수익자를 지정할 수 있으며 별도의 지정이 없으면 3차 사후수익자는 없는 것으로 본다. 다음 차수의 사후수익자가 있을 경우 다음 차수에도 동일한 방법으로 적용된다.

⑥ 수익자, 원수익자 및 사후수익자가 전부 사망하여 신탁계약이 종료된 경우 최종 순위로 지정된 사후수익자의 법정상속인에게 신탁원본 및 신탁이익을 지급하기로 한다.

⑦ 제2항 내지 제6항에도 불구하고 별도의 약정이 있는 경우에는 그에 따른다.

⑧ 위탁자는 제1항의 사후수익자를 새로 지정하거나 변경하고자 하는 경우에는 별지 '사후수익자(지정·정보) 변경 의뢰서'를 수탁자에게 제출하여야 한다. 이 권리는 위탁자에게 전속되어 상속되지 아니하고 위탁자의 법정대리인이나 상속인이 수익자를 새로 지정하거나 변경할 수 없다.

해설

유언대용신탁계약에서 사후수익자의 지정 및 사후수익권 설계는 제일 중요한 부분이다. 사후수익자를 차수별로 지정하면서 향후 상속집행 과정에서 동일인 유무가 문제되지 않도록 사후수익자의 개인정보를 정확하게 기재하여야 한다. 특히, 사후수익자가 외국 국적인데 국내 공공기관에 인적 정보가 없는 경우 상속신탁집행 과정이 곤란해질 수 있다.

동차수 사후수익자가 복수인 경우 균등배분이 원칙이지만, 실제 사례는 대부분 특약으로 차등배분을 하게 된다. 신탁재산별로 배분할 수도 있고, 전체 신탁재산의 일정비율을 배분할 수도 있다. 사후수익자가 사망한 후 후순위 사후수익자 지정이 없으면 해당 사후수익자의 법정상속인이 법정상속비율로 신탁재산을 배분받는다.

수익자연속신탁을 설정할 경우 1차 사후수익자별로 2차 사후수익자를 지정해야 하고, 1차 사후수익자 및 2차 사후수익권을 명확히 설계해야 하는데, 이 부분은 상속신탁수익권 설계 부분을 참조하면 된다. 누구를 어떠한 상황에 사후수익자로 지정할 것인가를 정확하게 시나리오별로 분석해서 설계해야 한다.

각 차수별 수익자의 지위는 상승한다. 원수익자보다 1차 사후수익자가 먼저 사망하는 경우, 2차 사후수익자가 1차 사후수익자보다 먼저 사망하는 경우에는 각각 2차 사후수익자는 1차 사후수익자로, 3차 사후수익자는 2차 사후수익자로 순위가 상승한다.

이 조항의 내용에도 불구하고, 다양한 구조의 사후수익자의 수익권을 설계할 수 있다.

이 신탁계약은 최종 사후수익자가 사망한 경우 해당 사후수익자의 법정상속인에게 신탁의 원본과 이익을 전부 지급하는 내용이다. 만약 최종으로 정한 사후수익자 이후에 공익기부를 하기를 원할 경우에는 최종 사후수익자 사망으로 신탁이 종료하는 경우 신탁법 제101조의 잔존재산의 귀속권리자를 공익기부처로 정해 놓거나, 아니면 최종 사후수익자 사망 후 잔존재산에 대해 공익신탁을 설정하도록 별도의 유언을 남겨야 한다.

사후수익자 및 사후수익권의 지정 및 변경권한은 위탁자에게 전속되어 상속되지 아니하고 위탁자의 법정대리인이나 상속인이 수익자를 새로 지정하거나 변경할 수 없다.

제10조【신탁이익의 계산 및 지급방법】 신탁이익의 계산 및 지급방법은 제5조의 신탁재산별 신탁계약서에서 정한 바에 따른다.

제11조【운용내역통보 등】 ① 수탁자는 제5조의 신탁재산별 개별계약서에서 정한 바에 따라 운용내역을 통보한다.

② 수탁자는 제1항에도 불구하고 수익자가 신탁재산의 운용내역 및 평가가액을 조회하고자 하는 경우 정당한 사유가 없는 한 그 내용을 수익자에게 제공하여야 한다.

해설

이 신탁계약은 신탁재산의 운용방법을 별도로 지정하지 않았다. 따라서 신탁재산별 계약에 운용방법을 어떻게 할지를 정하거나 아니면 유언대용신탁계약 특약에 신탁재산의 운용방법을 지정해야 한다. 보통 금전의 운용은 위탁자 생전에는 위탁자가 지정한 방법에 따라 운용하는 '지정형'이 대부분인데, 위탁자 본인이 사무처리능력이 없어지는 시점부터는 운용방법을 지정할 제3자를 지정하거나 아니면 예금, 국채, 지방채 등 안전자산으로 운용하도록 정할 수 있다. 위탁자 사후 신탁재산의 운용방법도 위탁자가 미리 지정하는 방법이 있고 사후수익자에게 운용지시권을 부여하는 방법도 있다. 사후수익자의 재산관리능력에 따라 선택하면 된다.

제12조【신탁원본과 이익의 보전】 수탁자는 신탁재산의 운용과 관련하여 신탁원본과 신탁이익의 보장 또는 손실의 보전을 하지 아니한다.

제13조【손익의 귀속】 신탁재산 운용으로 발생되는 이익 및 손실은 수익자에게 전부 귀속된다.

제14조【신탁재산의 표시 등】 ① 수탁자는 등기 또는 등록할 수 있는 신탁재산에 관하여 신탁의 등기 또는 등록을 하여야 한다.

② 제1항에도 불구하고 등기 또는 등록할 수 없는 신탁재산의 경우에는 다른 신탁재산과 분별하여 관리하는 등의 방법으로 신탁재산임을 표시하여야 한다.

해설

신탁설정 과정에서 제일 중요한 부분은 신탁재산의 표시이다. 신탁재산의 표시가 불명확하면 제3자에게 신탁재산임을 대항하지 못해 위탁자나 수익자에게 불측의 손해를 입힐 수 있다. 등기 또는 등록할 수 있는 신탁재산은 신탁계약 후 반드시 등기 또는 등록절차를 이행해야 한다. 금전채권의 경우 채권양도의 대항요건(확정일자 있는 신탁사실의 통지 또는 승낙), 주권미발행주식의 경우에도 채권양도의 대항요건 및 주주명부 명의개서를 명확히 진행해야 한다.

제15조【신탁보수】 ① 신탁보수는 제5조의 신탁재산별 신탁계약서에서 정한 바에 따르기로 한다.

② 제1항에도 불구하고 이 계약의 체결에 따른 신탁보수는 위탁자와 수탁자가 합의하여 별도로 정할 수 있다.

③ 신탁보수는 경제사정의 변화 또는 신탁사무 처리의 변동이 있는 경우 수익자와 수탁자가 합의하여 변경할 수 있다.

제16조【조세 및 비용】 수탁자의 귀책사유 없이 발생하는 신탁재산에 대한 조세(근거 법령상 납세의무자인 수탁자라도 신탁재산과 관련한 조세는 전부 포함) 및 공과금과 이 계약과 관련한 신탁사무 처리에 수반 되어 발생하는 비용은 신탁재산에서 차감하거나 위탁자나 수익자에게 따로 청구할 수 있다.

제17조【즉시배분형 사후수익권의 상속신탁집행】 ① 즉시배분형 사후수익권의 상속신탁집행은 수탁자가 사후수익권의 내용에 따라 사후수익자에게 신탁재산의 소유권을 귀속시킨다.

② 즉시배분형 사후수익권의 상속신탁집행으로 신탁재산 전부가 사후수익자에게 귀속한 후 해당 사후수익권은 소멸된다.

③ 즉시배분형 사후수익권 전부에 대해 상속신탁집행이 완료되면 해당 신탁은 종료된다.

제18조【계속관리형 사후수익권의 상속신탁집행】 ① 계속관리형 사후수익권의 상속신탁집행으로 수탁자는 사후수익자에게 사후수익권을 취득시킨다.

② 계속관리형 사후수익권의 상속신탁집행 완료 후 수탁자는 사후수익자를 위해 신탁재산을 별지 특약사항에서 정한 기간이나 특정 조건 성취시(계속관리형 사후수익권의 최종집행사유 발생 시)까지 이 신탁계약의 특약에서 정한 내용에 따라 보관, 관리, 운용, 처분한다.

③ 계속관리형 사후수익권은 별지 특약사항에서 정한 최종집행사유 발생 시 수탁자는 신탁계약의 내용에 따라 최종 사후수익자에게 신탁재산을 귀속시킨다.

④ 계속관리형 사후수익권이 전부 최종집행사유가 발생하여 상속신탁집행이 완료되면 이 신탁계약은 종료된다.

제19조【신탁계약의 중도해지 등】 ① 위탁자는 이 계약 또는 제5조에서 정한 신탁재산별 신탁계약기간 만료 전에 신탁계약의 전부 또는 일부를 해지(이하 '중도해지'라 한다)할 수 있으며 수탁자는 이에 응하여야 한다.

② 제1항의 신탁재산별 신탁계약의 중도해지에 관한 사항은 해당 신탁계약서에서 정한 바에 따른다. 다만, 이 계약의 중도해지수수료 등 중도해지에 관한 사항은 위탁자와 수탁자가 합의하여 별도로 정할 수 있다.

③ 위탁자가 사망한 이후 다음 각 호의 어느 하나에 해당하는 사유가 발생한 경우 이 계약 또는 제5조에서 정한 신탁재산별 신탁계약의 전부 또는 일부가 종료될 수 있다. 이 경우 신탁원본 또는 신탁이익은 수익자 또는 신탁재산의 권리자에게 지급한다.

1. 유류분반환청구에 의해 유류분반환이 확정되어 신탁재산으로 유류분을 지급하는 경우
2. 신탁관계법규에 의하여 신탁재산에 강제집행 등을 하는 경우
3. 그 밖에 위탁자가 별도로 정한 경우

④ 제3항의 경우 수탁자는 해당 수익자 또는 신탁재산의 권리자에게 증빙서류를 서면으로 제출받아야 한다. 다만, 제출한 증빙서류를 판단함에 있어 수탁자의 귀책사유가 없는 한 수탁자는 책임을 부담하지 아니한다.

Part 03

해설

유언대용신탁은 위탁자 생전에는 언제든지 중도에 전부해지 또는 일부 해지할 수 있고, 사후수익자나 사후수익권을 변경할 수도 있다. 생전에는 위탁자 본인 명의로 재산을 보유하는 경우와 큰 차이는 없다. 위탁자가 사무처리능력이 없거나 부족한 상황에서 신탁계약의 전부해지 또는 일부해지는 문제될 수 있기 때문에, 위탁자가 사무처리능력이 없거나 부족한 상황임이 의사 소견으로 확인되면 신탁계약 해지를 불가능하게 하거나 특정 가족의 동의가 있을 경우에만 가능하도록 특약을 구성할 수 있다.

유언대용신탁은 수탁자에게 신탁재산의 관리, 처분 그리고 배분을 맡기는 것이므로, 수탁자는 위탁자 사후 신탁계약에 따라 신탁재산을 배분하거나 계속관리를 하는데, 유류분반환청구소송이 들어오면 신탁재산의 배분이나 수익권 지급을 정지하고, 해당 유류분반환청구소송이 확정되거나 확정판결과 동일한 '합의'가 완료되면 그 내용에 따라 신탁재산을 유류분반환청구권자에게 이전 또는 지급한다. 즉시배분형 상속신탁은 2주 이내에 상속신탁집행이 완료되어 사후수익자에게 신탁재산이 전부 넘어가 있기 때문에 유류분반환청구로 인한 수익지급이 정지되거나 신탁이 종료될 가능성은 거의 없다. 계속관리형 상속신탁은 위탁자 사후 장기간 존속하므로 신탁이 유지된 상태에서 유류분반환청구가 진행될 수 있다. 유류분 관련 확정판결이나 합의의 내용에 따라 신탁재산의 일부를 이전 또는 지급한 이후 잔존 신탁재산에 대한 신탁계약은 그대로 유지된다.

유언대용신탁재산에 대해서는 원칙적으로 신탁법 제22조 본문에 따라 강제집행이나 체납처분이 불가능하나, 신탁법 제22조 단서에 따라 '신탁 전의 원인으로 발생한 권리' 또는 '신탁사무의 처리상 발생한 권리'에 기한 강제집행이나 체납처분은 가능하다. 수탁자는 강제집행이나 체납처분에 신탁법 제22조 단서에 해당되는지를 명확히 확인한 후 이에 해당한다면 강제집행이나 체납처분에 따라야 한다.

제20조 【신탁의 종료 및 최종계산】 ① 이 계약은 다음 각 호의 어느 하나에 해당하는 경우 종료한다.

1. 제4조에서 정한 신탁계약기간이 만료된 경우
2. 이 계약에서 정한 수익자, 원수익자 및 사후수익자가 모두 사망한 경우
3. 이 계약과 관련된 수익권 전부가 소멸한 경우
4. 제2호 및 제3호 이외 신탁의 목적을 달성하였거나 달성할 수 없게 된 경우
5. 그 밖에 신탁관계법규에서 정한 신탁의 종료사유에 해당하는 경우

② 이 계약 또는 제5조의 신탁재산별 신탁계약서에서 정한 바에 따라 신탁이 종료된 경우 수탁자는 최종계산서를 작성하여 수익자의 승인을 받아 신탁재산을 교부한다. 다만, 신탁재산 중 환가 및 회수가 곤란한 부득이한 사정이 발생한 경우 신탁재산을 운용현상 그대로 교부할 수 있다.

③ 최종계산서에 대하여 수익자가 승인을 하지 아니한 경우 수탁자는 수익자에게 최종계산의 승인을 요구하고, 수익자는 계산승인의 요구를 받은 때로부터 1개월 이내에 승인 여부를 수탁자에게 통지하여야 한다.

④ 수탁자는 제3항의 계산승인을 요구하는 경우 "수익자는 최종계산에 대하여 이의가 있는 경우 계산승인을 요구받은 때로부터 1개월 이내에 이의를 제기할 수 있으며, 그 기간 내에 이의를 제기하지 않으면 수익자가 최종계산을 승인한 것으로 본다"라는 취지의 내용을 수익자에게 고지하여야 한다.

⑤ 수익자가 수탁자로부터 제3항의 계산승인을 요구받은 때로부터 1개월 내에 이의를 제기하지 아니하는 경우 제2항의 계산을 승인한 것으로 본다.

해설

유언대용신탁의 경우 위탁자가 사망하면 유언대용신탁계약의 이행으로 신탁재산을 사후수익자에게 교부한다. 그 이외의 사유로 신탁종료사유가 발생하면 수탁자는 신탁법에 따라 최종계산서를 작성하여 승인받고 신탁재산을 교부한다.

제21조 【수익권의 양도 및 질권 설정】 수익자는 수탁자의 승낙 없이 이 계약의 수익권을 양도하거나 담보로 제공할 수 없다.

해설

위탁자나 사후수익자가 상속세 납부나 대출을 위해 담보제공을 요청하는 경우 신탁계약에 달리 정함이 없으면 수탁자는 수익권 담보제공에 협조할 것이다. 이와 달리 상속세 연부연납은 신탁재산 그 자체에 '국(國)'을 근저당권자로 하는 근저당권설정등기를 요구하는 것이 현재의 실무이다.

제22조【사고신고】 위탁자 또는 수익자는 다음 각 호의 어느 하나에 해당하는 경우에는 서면, 전화, 전자우편 및 그 밖의 이와 유사한 전자통신의 방법 등으로 수탁자에게 즉시 신고하여야 하며, 신고의 지연 및 허위·부실 통지로 발생한 손해에 대하여 수탁자는 귀책사유가 없는 한 책임을 지지 아니한다.

1. 증서(또는 통장)·거래인감 등을 분실, 도난, 훼손하였거나 변경하고자 하는 때
2. 위탁자, 수익자, 사망통지인 등 그 밖의 신탁계약 관계자에 대한 성명, 상호, 주소지, 전화번호 등의 변경, 사망, 행위능력에 변동이 있을 때

제23조【인감신고】 ① 위탁자, 수익자, 신탁관리인 등 그 밖의 이 계약의 이해관계자는 거래인감을 미리 신고하여야 한다.

② 이 계약과 관련된 서류에 날인한 인영을 신고한 인감과 육안으로 주의 깊게 비교·대조하여 틀림없다고 여기고 본인확인 절차를 실시하여 신탁재산의 교부 및 기타 신탁사무를 처리한 경우 인감의 위조·변조 또는 도용 등의 사유가 있더라도 이로 인하여 발생한 손해에 대해 수탁자는 귀책사유가 없는 한 책임을 지지 아니한다.

제24조【추가약정 등】 ① 이 계약과 관련하여 다음 각 호의 경우 위탁자와 수탁자는 합의하여 추가약정 또는 특약을 체결할 수 있다. 다만, 추가약정 또는 특약의 내용은 신탁관계법규 등에 위배되지 않아야 한다.

1. 이 계약의 이해관계자 간 권리와 의무를 명확히 하고자 하는 경우
2. 이 계약의 내용을 구체화하거나 다르게 정하고자 하는 경우

② 이 계약의 내용과 추가약정 또는 특약의 내용이 경합하는 경우 추가약정 또는 특약의 내용을 우선 적용한다.

③ 이 계약의 특약사항은 별지 특약사항으로 정할 수 있다.

해설

유언대용신탁계약 본문은 모든 유언대용신탁계약자에게 일반적으로 적용할 수 있는 조항으로만 압축되어 있어서, 실제 유언대용신탁계약의 주요 내용은 특약으로 정한다. 위탁자의 요구사항, 재산현황, 가족상황 등을 충분히 고려하여, 위탁자 생전 재산관리, 위탁자 사후 상속신탁집행 및 사후수익자를 위한 재산관리를 특약사항으로 정하게 되는데, 이 부분은 앞의 상속신탁수익권 설계부분을 참조하면 된다.

제25조【협의】 이 계약에서 정하지 아니한 사항이나 해석상 이의가 있는 사항이 발생하는 경우에는 신탁관계법규 및 민법에서 정한 바에 따르기로 한다.

제26조【선관주의 의무】
수탁자는 신탁재산을 운용함에 있어 선량한 관리자로서의 주의의무를 다하여야 한다.

제27조【관할법원】
이 계약으로 인한 소송의 관할법원은 민사소송법에서 정한 바에 따른다.

제28조【약관의 변경】 ① 수탁자는 이 신탁계약을 변경하고자 하는 경우 수탁자의 영업점과 인터넷 홈페이지, 온라인 거래를 위한 컴퓨터 화면 그 밖에 이와 유사한 전자통신매체에 변경내용을 변경되는 약관의 시행일 전에 비치 또는 게시한다.

② 수탁자는 제1항의 변경 내용이 위탁자에게 불리한 것일 때에는 이를 서면 등 위탁자와 사전에 합의한 방법으로, 변경되는 약관의 시행일 20일 전까지 통지하여야 한다. 다만, 위탁자에게 변경 전 내용이 그대로 적용되는 경우 또는 위탁자가 변경내용에 대한 통지를 받지 아니하겠다는 의사를 명시적으로 표시한 경우에는 그러하지 아니한다.

③ 수탁자는 제2항의 통지를 할 경우 "위탁자가 변경에 동의하지 아니한 경우에는 계약해지를 할 수 있고, 통지를 받은 날로부터 변경되는 약관의 시행일 전의 영업일까지 계약해지의 의사표시를 하지 아니한 경우에는 변경에 동의한 것으로 본다"라는 취지의 내용을 통지하여야 한다.

④ 위탁자가 제3항의 통지를 받은 날로부터 변경되는 약관의 시행일 전의 영업일까지 계약해지의 의사표시를 하지 아니한 경우에는 변경에 동의한 것으로 본다.

⑤ 수탁자는 이 약관을 영업점에 비치 또는 게시하여 위탁자가 요구할 경우 이를 교부하여야 하며, 인터넷 홈페이지, 온라인 거래를 위한 컴퓨터 화면 그 밖에 이와 유사한 전자통신매체에 게시하여 위탁자가 약관을 조회하고 다운로드(화면출력 포함)받을 수 있도록 하여야 한다.

이 계약을 증명하기 위하여 계약서 2부를 작성하여 위탁자와 수탁자 사이에 서명·날인한 후 각각 1부씩 보관한다. 다만, 신탁재산의 공시, 신탁재산의 신탁 등을 위해 유관기관 또는 유관회사에 이 계약서의 원본을 제출해야 하는 경우에는 1부 이상을 추가로 작성할 수 있다.

해설

유언대용신탁계약은 보통 2부를 작성하여 위탁자 1부, 수탁자 1부를 보관하게 되는데, 등기 또는 등록되는 재산의 등기, 등록을 위해 추가로 작성해야 한다(등기나 등록소별로 1부씩 추가).

[****]년 [*]월 [*]일

위탁자 : [***] (인)
주민등록번호 :
주소 :

수탁자 : [**** 주식회사]
법인등록번호 :
주소 :
대표자 : [***] (인)

나. 신탁재산별 신탁계약

유언대용신탁계약 체결과 같이 체결하는 신탁재산별 신탁계약은 금전신탁계약, 부동산관리신탁계약, 유가증권신탁계약, 금전채권신탁계약, 신탁재산별 신탁계약은 해당 신탁재산의 관리, 운용을 목적으로 하는 계약이다. 일반적으로 유언대용신탁계약이 신탁재산의 관리, 처분, 배분에 대한 모든 사항을 상세히 규정하고, 유언대용신탁이 신탁재산별 신탁계약에 우선하므로, 신탁재산별 신탁계약은 신탁재산의 표시와 신탁보수 정도만 기재하고 있다.

❶ 특정금전신탁계약서

위탁자 [***]와 수탁자 [***] 주식회사는 다음과 같이 『특정금전신탁계약』을 체결한다.

제1조 【신탁의 목적】 위탁자는 수익자의 이익을 늘리고 신탁재산을 관리하는 것을 목적으로 금전을 신탁한다.

제2조 【신탁금액】 ① 이 신탁계약의 신탁금액은 금________________원으로 한다.
② 위탁자는 제3조에서 정한 신탁기간 이내에 수탁자의 승낙을 얻어 추가로 금전을 신탁할 수 있다.

제3조 【신탁기간】 ① 신탁기간은 [****]년 [*]월 [*]일부터 [****]년 [*]월 [*]일까지로 한다(신탁기간이 끝나는 경우 신탁재산교부 가능일: [****]년 [*]월 [*]일).
② 위탁자는 수익자와 연달아 서명한 후 수탁자의 승낙을 얻어 신탁기간을 연장할 수 있다.

③ 신탁기간을 연장하고자 하는 경우 수탁자는 위탁자에게 신탁기간이 끝나는 날 최소 [*]일 전까지 신탁기간이 끝나는 날을 통지하여야 하고 통지할 때에는 "위탁자는 통지를 받은 날로부터 [*]일 이내에 신탁기간의 연장 여부에 대한 의사를 표시하여야 하며, 신탁기간의 연장 여부에 대한 의사를 표시하지 아니한 경우에는 같은 기간 및 같은 조건으로 신탁기간이 연장된다"라는 취지의 내용을 통지하여야 한다.

④ 위탁자가 제3항의 통지를 받은 날로부터 [*]일 이내에 신탁기간의 연장 여부에 대한 의사를 표시하지 아니한 경우에는 같은 기간으로 신탁기간이 연장된다.

⑤ 운용방법의 변경 없이 신탁기간이 연장되는 경우 이 신탁계약은 연장된 신탁기간 동안에도 같은 효력이 있다.

제4조【수익자】 ① 이 신탁계약에 있어서의 수익자는 다음과 같이 정한다.

신탁원본의 수익자 성명: [***] 주소 : 연락처 :

신탁이익의 수익자 성명: [***] 주소 : 연락처 :

② 위탁자는 수익자와 연서로써 수탁자의 승낙을 얻어 수익자를 새로 지정하거나 변경할 수 있으며, 이 권리는 위탁자만이 행사할 수 있으며 상속되지 아니한다. 수익자를 별도로 지정하지 아니한 경우에는 위탁자를 수익자로 한다.

제5조【신탁재산의 운용】 ① 위탁자는 [별표1] 신탁재산 운용방법 중에서 신탁재산인 금전의 운용방법을 선택하여 [별표2] 특정금전신탁운용지시서에 적어 운용하도록 지시하며, 수탁자는 이 지시에 따라 신탁재산인 금전을 운용한다. 다만, 위탁자가 지정한 방법대로 운용할 수 없는 신탁재산이 있는 경우에는 수탁자는 금융투자업규정 제4-85조 제3항에 따라 수탁자의 고유계정에 대한 일시적인 자금 대여 또는 자금중개회사의 중개를 거쳐 행하는 단기자금 대여의 방법으로 운용할 수 있다.

② 수탁자는 운용상 발생하는 수익에 대하여도 위탁자의 별도의 지시를 하지 않는 한 제1항과 같이 처리한다.

③ 주식에 운용할 경우 이 주식에 관한 권리행사는 관계법령이 정하는 범위 내에서 수탁자가 직접 행사한다.

④ 수탁자는 이 신탁재산을 다른 신탁재산과 구분하여 관리·운용한다.

⑤ 위탁자는 제1항에서 정한 신탁재산 운용방법의 변경을 요구할 수 있으며, 수탁자는 특별한 사유가 없는 한 위탁자의 요구에 응하여야 한다.

해설

유언대용신탁이라도 기본적으로 위탁자가 금전신탁계약의 신탁재산인 금전을 어떠한 재산으로 운용하라는 지시를 하고 수탁자가 그 지시에 응하여 신탁재산을 운용한다.

제6조【대리인의 지정】 ① 위탁자는 제5조에서 정한 신탁재산 운용방법에 대하여 수탁자에게 대리인 신고서를 제출하고 모든 지시권을 대리인으로 하여금 행사하게 할 수 있다.

② 위탁자는 대리인 변경신청서를 제출하여 제1항의 대리인을 변경할 수 있다.

제7조【운용내역 통보 등】 ① 수탁자는 매분기별 1회 이상 신탁재산의 운용내역을 금융투자업규정 제4-93조 제11호에서 정한 바에 따라 위탁자에게 서면, 전자우편 등 다음에서 정한 방법으로 통보하여야 한다. 다만, 위탁자가 정기적인 통보를 원하지 않을 경우 그 사실을 이 계약서에 적은 후 통보를 생략할 수 있다.

운용 내역 통보 방법	ㅁ자택우편, ㅁ직장우편, ㅁ전자우편(E-mail), ㅁ그 밖의 전자통신(문자메세지, 스마트폰 앱 등) ㅁ통보생략(불원) 위탁자 : ________________________(인)

② 제1항에도 불구하고 위탁자가 신탁재산의 운용내역 및 평가가액을 확인하고자 하는 경우 수탁자는 그 내용을 제공하여야 한다.

③ 위탁자 본인의 재무상태, 투자목적 등에 대하여 수탁자에게 상담을 요청하는 경우 수탁자는 상담요구에 응하여야 한다.

제8조【법적절차】 신탁재산과 관련하여 소송 등 법적 조치가 필요한 경우 수탁자는 위탁자와 협의하여 법적 조치를 취한다.

제9조【원본과 이익의 보전】 이 신탁계약은 원본과 이익을 보전하지 아니하며 경우에 따라서는 원본의 손실이 발생할 수 있다.

제10조【손익의 귀속】 신탁재산 운용으로 발생되는 수익 및 손실은 전부 수익자에게 귀속된다.

제11조【신탁재산의 표시】 신탁재산에 대하여는 신탁의 등기 또는 등록을 하여야 하며, 등기 또는 등록을 할 수 없는 경우에는 신탁재산임을 표시한다.

제12조【신탁기본보수】 ① 신탁기본보수(이하 "기본보수"라 한다)는 다음의 산식에서 정하는 바에 따라 계산한다. 이 경우 신탁원본평균잔액이라 함은 일별 신탁원본을 신탁기간(일수)동안 누적하여 합한 금액을 신탁기간(일수)으로 나눈 금액을 말한다.

기본보수 = 신탁원본평균잔액 × 연(기본보수율)%

② 본조에서 신탁기간(일수) 계산은 신탁계약을 체결한 날 또는 직전 기본보수 차감일부터 제3항에서 정한 기본보수 수령일 또는 요구한 날의 전일까지로 한다.

③ 수탁자는 제1항에 따라 계산된 기본보수를 제14조 제1항에서 정한 신탁이익의 지급일에 신탁재산 중에서 수령하거나 위탁자 또는 수익자에게 따로 요구할 수 있다.

제13조【신탁수익보수】 ① 수탁자는 신탁수익보수(이하 "수익보수"라 함)를 수익보수의 계산일 현재 신탁재산가액이 최초 신탁원본보다 큰 경우에 한하여 신탁재산 중에서 수령하거나 위탁자 또는 수익자에게 따로 요구할 수 있다. 이때 신탁원본은 새로운 계약을 처음 시작한 날로부터 수익보수 계산일 현재까지 일부해지금액이 있는 경우 일부해지금액을 빼고 계산한다.

② 수익보수 계산일은 다음 각 호와 같다.

1. 신탁기간이 끝나는 날부터 [*]영업일 전일

Part 03

2. 위탁자가 신탁계약 해지(일부해지 포함)를 신청한 날 이후 [*]영업일이 지난 날

③ 기준지표는 다음 각 호의 요건을 모두 충족하는 것으로 정함을 원칙으로 하되, 위탁자와 수탁자가 합의하는 경우 달리 정할 수 있다.

1. 증권시장 또는 파생상품시장에서 널리 사용되는 공인된 지수를 사용할 것
2. 신탁재산의 성과를 공정하고 명확하게 보여줄 수 있는 지수를 사용할 것
3. 검증가능하고 조작할 수 없을 것

④ 제6항의 수익보수 산정 시 위탁자와 수탁자가 합의한 기준지표는 다음과 같다.

기준지표 : (예 KOSPI)

⑤ 이하 이 조에서 사용되는 용어의 정의는 다음 각 호와 같다.

1. 신탁수익이란 다음 각 목의 금액을 합산한 가액을 의미한다.
   가. 수익보수 계산일 현재 신탁재산가액에서 신탁원본과 기본보수를 뺀 금액
   나. 신탁계약을 체결한 날 또는 직전 수익보수 계산일 이후 수익보수 계산일 전일까지 수익자에게 지급한 신탁이익
2. 신탁수익률이란 신탁수익을 신탁원본으로 나눈 비율을 의미한다.
3. 기준지표수익률이란 신탁계약을 체결한 날 또는 직전 수익보수 계산일의 장이 종료한 때의 기준지표에 대비하여 수익보수 계산일의 장이 종료한 때의 기준지표 상승(또는 하락) 비율을 의미한다.

⑥ 수익보수 가액은 다음의 각 호에 따라 계산한다.

1. 신탁수익률이 0보다 크고 기준지표수익률보다 큰 경우

수익보수=신탁원본×(신탁수익률−기준지표수익률)×(수익보수율)%

2. 신탁수익률이 0보다 크지 않거나 기준지표수익률보다 크지 않은 경우 수익보수는 0원으로 한다.

⑦ 수탁자는 제6항에 따라 계산된 수익보수를 제14조 제1항 제3호 또는 제4호에서 정한 날에 신탁재산 중에서 받거나 위탁자 또는 수익자에게 따로 요구할 수 있다.

⑧ 제6항에도 불구하고 수탁자는 위탁자 또는 수익자와 합의하여 수익보수의 산정기준을 별도로 정할 수 있다.

제14조【이익의 계산 및 지급】 ① 수탁자는 다음 각 호에서 정한 날에 신탁이익을 계산하여 신탁원본에 더하거나 수익자에게 지급한다.

1. 매분기말(원천징수 대상 소득이 있는 경우에 한함)
2. 신탁계약일로부터 매 [*]월이 경과한 날
3. 신탁계약 해지(일부해지를 포함한다)에 따라 신탁원본을 지급하는 날
4. 신탁기간이 끝나는 등 신탁계약 종료사유 발생으로 인하여 신탁원본을 지급하는 날
5. 그 밖의 날(____________________)

② 신탁이익 계산의 대상 기간은 신탁계약을 체결한 날 또는 직전 이익지급일부터 제1항에서 정한 이익지급일의 전일까지 한다.

제15조【세금 및 비용】 수탁자의 책임 있는 사유 없이 발생하는 신탁재산에 대한 세금 및 공과금과 그 밖의 신탁사무의 처리에 필요한 비용은 신탁재산 중에서 사용하거나 위탁자 또는 수익자에게 따로 요구한다.

제16조【중도해지】 ① 제3조에서 정한 신탁기간이 끝나기 전이라도 위탁자는 수탁자에게 신탁계약의 해지를 신청할 수 있으며, 수탁자는 특별한 사유가 없는 한 이에 응하여야 한다. 다만, 신탁재산을 처분하기 곤란하여 신탁원본 및 신탁이익의 상환이 정상적으로 이루어지지 않거나 신탁재산의 만기가 다 되지 아니한 경우 등 특별한 사유가 있는 때에는 신탁재산을 처분하여 현금화가 가능할 때까지 중도해지가 불가능할 수 있으며, 중도해지가 가능하더라도 가격조건이 불리하게 되어 수익률이 하락할 수 있다.

② 제1항에 따라 신탁기간이 끝나기 전에 신탁계약을 해지하는 경우에는 다음에 정한 중도해지수수료를 받는다.

$$\text{중도해지수수료} = \text{중도해지금액} \times \text{중도해지수수료율} \times \frac{\text{잔존일수}}{365(\text{윤년은 } 366\text{일})}$$

③ 제2항에도 불구하고 수탁자는 다음 각 호의 어느 하나에 해당하는 경우에는 중도해지수수료를 받지 아니한다.

1. 수탁자의 책임 있는 사유에 의하여 위탁자가 해지하는 경우
2. 위탁자와 수탁자가 합의하여 해지하는 경우
3. 위탁자가 수탁자의 신탁계약 변경에 동의하지 아니하여 위탁자가 해지하는 경우
4. 관련법규에서 중도해지수수료를 받지 않는 예외의 사유로 인정한 경우

④ 제3조 제4항에 따라 신탁기간이 연장된 기간 중에 위탁자가 중도해지하는 경우에도 수탁자는 제2항에서 정한 중도해지수수료를 받을 수 있다. 다만, 제3조 제4항에 따라 신탁기간이 연장된 기간 중에 위탁자가 중도해지하는 경우 중도해지수수료에 관하여는 위탁자와 수탁자가 별도로 합의하여 정한다.

⑤ 위탁자가 신탁계약을 중도해지하는 경우 수탁자가 선취 신탁보수를 받은 때에는 중도해지 이후의 기간에 대한 선취 신탁보수를 일할 계산하여 위탁자에게 반환하고, 수탁자가 후취 신탁보수를 받을 때에는 중도해지할 때까지의 기간에 대한 후취 신탁보수를 위탁자로부터 받는다.

제17조【일부해지】 위탁자는 수탁자에게 이 신탁계약의 일부 해지를 신청할 수 있으며, 수탁자는 특별한 사유가 없는 한 이에 응해야 한다. 이 경우 수탁자는 제16조에 따라 중도해지수수료를 받는다.

제18조【신탁계약의 종료사유】 ① 이 신탁계약의 종료사유는 다음 각 호와 같다.

1. 신탁기간이 끝난 경우
2. 신탁의 목적을 달성하였거나 달성할 수 없게 된 경우
3. 신탁계약이 전부 해지되는 경우

② 신탁계약 종료 사유 발생일 이후 위탁자가 신탁재산에 대한 처리방법에 대하여 별도의 지시를 하지 않는 경우 수탁자는 제5조 제1항 단서에서 정하는 방법에 따라 신탁재산을 운용한다. 이 경우 신탁계약 종료 사유 발생일 이후의 기본보수는 제12조에서 정한 기본보수의 일정비율(예 1/3)로 계산한다.

③ 신탁계약이 종료된 경우 수탁자는 최종계산서를 작성하여 수익자의 승인을 얻는다.

④ 최종계산서에 대하여 수익자가 승인을 하지 아니한 경우 수탁자는 수익자에게 최종계산의 승인을 요구하고, 수익자는 계산승인의 요구를 받은 때로부터 1개월 이내에 승인 여부를 수탁자에게 통지하여야 한다.

⑤ 수탁자는 제4항의 계산승인을 요구하는 경우 "수익자는 최종계산에 대하여 이의가 있는 경우 계산승인을 요구받은 때로부터 1개월 이내에 이의를 제기할 수 있으며, 그 기간 내에 이의를 제기하지 않으면 수익자가 최종계산을 승인한 것으로 본다"라는 취지의 내용을 수익자에게 알려야 한다.

⑥ 수익자가 수탁자로부터 제4항의 계산승인을 요구받은 때로부터 1개월 내에 이의를 제기하지 아니하는 경우 제3항의 계산을 승인한 것으로 본다.

⑦ 수탁자는 신탁재산 중 처분하여 현금화하기 곤란하거나, 수익자가 신탁재산을 운용현상대로 교부할 것을 요청한 경우에는 신탁재산을 운용현상대로 교부한다. 다만, 운용현상대로 교부가 곤란한 경우 수탁자는 수익자가 별도의 의사표시를 하지 않는 한 교부가 가능해질 때까지 보관, 관리 및 추심을 한다.

⑧ 신탁계약의 종료 이후에 신탁재산의 만기가 된 경우 신탁계약이 종료할 때 신탁재산을 처분하여 현금화하기가 곤란하여 신탁원본 및 신탁이익의 지급이 정상적으로 이루어지지 않을 수 있으며, 신탁재산을 처분하여 현금화할 수 있더라도 가격조건이 불리하게 되어 수익률이 하락할 수 있다. 또한 신탁계약의 종료 이전에 신탁재산의 만기가 된 경우에는 수익률이 하락할 수 있다.

⑨ 한국예탁결제원에 예탁된 어음의 경우 이자소득의 원천징수시기를 만기일로 정한 때에는 만기일 전 실물인출이 제한될 수 있다.

제19조 【양도 및 담보제공】 이 신탁계약의 수익권을 양도하거나 담보제공하고자 하는 경우 수익자는 사전에 수탁자의 승낙을 받아야 한다.

제20조 【신탁계약의 변경 등】 ① 수탁자는 이 신탁계약을 변경할 수 있으며, 이를 변경하고자 하는 경우 그 변경내용을 변경되는 약관의 시행일 (　　) 전에 위탁자가 확인할 수 있도록 회사의 영업점에 마련해 두거나 인터넷 홈페이지, 온라인 거래를 위한 컴퓨터 화면, 그 밖에 이와 유사한 전자통신매체를 통하여 게시한다. 다만, 자본시장법 등 관계 법령 또는 거래소 업무규정의 제·개정에 따른 제도변경 등으로 약관이 변경되는 경우로서 본문에 따라 안내하기가 어려운 급박하고 부득이한 사정이 있는 경우에는 변경내용을 앞의 문장과 같은 방법으로 개정 약관의 시행일 전에 게시한다.

② 제1항의 변경내용이 위탁자에게 불리한 경우 수탁자는 이를 서면 등 위탁자와 사전에 합의한 방법으로 변경예정일 [*]일 전까지 통지하여야 한다. 다만, 위탁자에게 변경 전 내용이 그대로 적용되는 경우 또는 위탁자가 변경내용에 대한 통지를 받지 아니하겠다는 의사를 명시적으로 표시한 경우에는 통지하지 않을 수 있다.

③ 수탁자는 제2항의 통지를 할 경우 "위탁자는 계약의 변경에 동의하지 아니한 경우 계약을 해지할 수 있으며, 통지를 받은 날로부터 변경예정일 전의 영업일까지 계약해지의 의사표시를 하지 아니한 경우에는 변경에 동의한 것으로 본다"라는 취지의 내용을 통지하여야 한다.

④ 위탁자가 제3항의 통지를 받은 날로부터 변경예정일 전의 영업일까지 계약해지의 의사를 표시하지 아니하는 경우에는 변경에 동의한 것으로 본다.

⑤ 수탁자는 일반적으로 사용하는 특정금전신탁계약서(이하 본항에서는 "계약서"라 함)를 영업점에 갖추어 두거나 또는 게시하여 위탁자가 요구할 경우 이를 교부하여야 하며, 인터넷 홈페이지, 온라인 거래를 위한 컴퓨터 화면 그 밖에 이와 유사한 전자통신매체에 게시하여 위탁자가 계약서를 조회하고 다운로드(화면출력 포함)받을 수 있도록 하여야 한다.

제21조 【사고신고 등】 위탁자는 다음 각 호의 어느 하나에 해당하는 경우에는 지체 없이 필요한 절차를 밟아 수탁자에게 신고하여야 한다. 위탁자의 책임 있는 사유로 인한 신고의 지연으로 발생한 손해에 대하여 수탁자는 수탁자의 책임 있는 사유가 없는 한 책임을 지지 아니한다.

1. 증서·거래인감 등을 분실·도난·훼손하였거나 변경하고자 할 때
2. 위탁자, 수익자, 대리인, 그 밖의 신탁계약 관계자에 관한 성명·상호·주소·전화번호 등의 변경, 사망 또는 행위능력에 변동이 있을 때

제22조 【인감신고】 위탁자와 수익자가 거래인감을 신고한 경우 수탁자가 서류에 찍힌 도장의 모양을 신고한 인감과 육안으로 주의 깊게 비교·대조하여 틀림없다고 여기고 본인확인 절차를 실시하여 신탁재산의 교부 및 그 밖의 처리를 한 후에는 인감의 위조·변조 또는 도용 등의 사유가 있더라도 이로 인하여 발생한 손해에 대하여 수탁자는 수탁자의 책임 있는 사유가 없는 한 그 책임을 지지 아니한다.

제23조 【특약】 위탁자와 수탁자는 「신탁법」 등 신탁업 관계법령에 위반되지 않는 범위 내에서 특약을 체결할 수 있다.

제24조 【관계법규등 준수】 위탁자와 수탁자는 「자본시장과 금융투자업에 관한 법률」, 같은 법 시행령 및 시행규칙, 금융투자업규정 및 같은 규정 시행세칙, 「금융소비자 보호에 관한 법률」 및 같은 법 시행령, 한국금융투자협회 업무규정, 한국거래소 업무규정 등(이하 "관계법규등"이라 한다)을 준수한다.

제25조 【분쟁조정】 위탁자와 수탁자 사이에 분쟁이 발생하는 경우 회사의 민원처리기구에 그 해결을 요구하거나 금융감독원, 한국금융투자협회, 한국거래소 등에 분쟁조정을 신청할 수 있다.

제26조【관할법원】 이 계약에 의한 거래와 관련하여 발생된 분쟁에 대하여 위탁자와 수탁자 사이에 소송의 필요가 생긴 경우에는 그 관할법원은 「민사소송법」이 정한 바에 따른다.

제27조【관계법규등 준용】 ① 이 계약에서 정하지 아니한 사항은 별도의 약정이 없는 한 신탁법 등 관계법규에서 정하는 바에 따르며 관계법규등에도 정함이 없는 경우에는 일반적인 상관례에 따른다.

② 이 계약의 내용 중 전자금융거래와 관련한 부분은 '전자금융거래이용에 관한 기본약관' 등 「전자금융거래관련약관 및 전자금융거래법」 등 전자금융거래관련법령을 우선 적용한다.

본 신탁계약의 내용을 증명하기 위하여 본 신탁계약서를 2부 작성하여 위탁자, 수탁자가 서명 또는 기명날인한 후 위탁자와 수탁자가 각 1부씩 보관한다.

[****]년 [*]월 [*]일

위탁자 : [***] (인)
주민등록번호 :
주소 :

수탁자 : [**** 주식회사]
법인등록번호 :
주소 :
대표자 : [***] (인)

[별표1]

신탁재산 운용방법

다음의 신탁재산 운용방법(1. 내지 25.에서 정한 방법) 중에서 운용방법을 지정하여 [별표2]의 신탁재산 운용지시서에 직접 기재하고 도장을 찍어 주시기 바랍니다.

1. 대출금	10. 외화증권	19. 공사채형 수익증권
2. 콜론	11. 보증어음	20. 주식형 수익증권
3. 환매조건부채권	12. 자유금리기업어음	21. 그 밖의 증권
4. 국채	13. 표지어음	22. 부동산의 매입 및 개발
5. 통화안정증권	14. 중개어음	23. 증권지수의 선물거래
6. 그 밖의 금융채	15. 발행어음	24. 증권의 옵션
7. 지방채	16. 양도성예금증서	25. 그 밖의 신탁법 및 신탁업 관계법령에서 정한 방법
8. 사채	17. 신용카드채권	
9. 주식	18. 개발신탁수익증권	

* 신탁계약의 종료에도 불구하고, 기업어음증권의 경우 부도가 발생한 때 해당 지분만큼 실물로 지급하는 것이 곤란할 수 있으며, 분할 후 실물로 지급을 받는다 하더라도 기업어음증권의 권리자로서 정상적인 권리행사가 어려울 수 있습니다.
* 한국예탁결제원에 예탁된 어음의 경우 이자소득의 원천징수시기를 만기일로 정한 때에는 만기일 전 실물인출이 제한될 수 있습니다.
* 정기예금을 운용방법으로 지정하는 경우 신탁기간 끝나는 날 이전에 만기가 다 된 정기예금을 지정하여야 하며, 신탁계약을 중도해지하는 경우 해당 신탁재산으로 운용 중인 정기예금을 만기 전에 해지할 수 있으나 이로 인한 이자 수익 감소의 불이익은 수익자에게 귀속합니다.

[별표2]

특정금전신탁 운용지시서

주식회사_____________ _______지점 앞

귀사와의 특정금전신탁계약에 의하여 신탁재산의 운용을 다음과 같이 지시합니다.

☐ 신탁 계약일 :
☐ 계 좌 번 호 :
☐ 운용지시 내용 : 신탁재산 운용방법 [별표1] 중에서 세부적으로 운용지시할 때에는 그 내용을 「세부내용」란에 직접 기재하고 도장을 찍어 주시기 바랍니다.

신탁재산 운용방법(별표1)	세부내용	위탁자 확인
		(인)
		(인)

[****]년 [*]월 [*]일

위탁자 : [***] (인)
주민등록번호 :
주소 :

❷ (을종)부동산관리신탁계약서

위탁자는 부동산을 수탁자인 [****] 주식회사에 신탁하고 수탁자는 이를 인수함에 있어서, 위탁자, 수탁자 및 수익자의 권리의무를 정하기 위하여 위탁자와 수탁자는 다음과 같이 『을종부동산관리신탁계약』(이하 "이 신탁계약"이라 한다)을 체결한다.

제1조【신탁목적】 이 신탁계약에 따른 신탁은 위탁자가 신탁부동산의 소유권을 수탁자에게 이전하고, 수탁자가 신탁부동산의 소유권을 관리·보존하는 것을 목적으로 한다.

제2조【용어의 정의】 이 신탁계약에서 사용하는 용어는 아래에서 정의하는 의미를 갖는다.

1. "위탁자"란 신탁부동산을 수탁자에게 위탁하는 자를 말한다.
2. "수탁자"란 이 신탁계약에 따라 신탁부동산을 신탁재산으로 인수하는 자를 말한다.
3. "수익자"란 이 신탁계약에 따라 신탁재산으로부터 금전의 지급을 받거나 그 밖의 신탁계약상의 권리를 갖고 의무를 부담하는 자로서 별지 부동산신탁 세부내역에 적힌 자를 말한다.
4. "수익권"이란 이 신탁계약에 따라 수익자가 신탁재산으로부터 금전을 지급받을 권리 그 밖의 이 신탁계약상 수익자가 갖는 일체의 권리를 말한다.
5. "신탁부동산"이란 이 신탁계약에 따라 위탁자가 수탁자에게 신탁하는 별지 신탁부동산의 표시에 적힌 부동산을 말한다.
6. "신탁재산"이란 이 신탁계약 제4조에 따라 신탁재산에 속하는 재산을 말한다.
7. "신탁기간"은 이 신탁계약 제3조에 정의된 기간을 말한다.
8. "신탁특약"이란 위탁자와 수탁자가 이 신탁계약에서 정하지 아니한 사항 또는 이 신탁계약과 달리 정하고자 하는 사항을 정하기 위하여 이 신탁계약에 첨부한 신탁특약을 말한다.

제3조【신탁기간】 ① 이 신탁계약에 따른 신탁기간은 별지 부동산신탁 세부내역에 기재된 기간으로 한다. 다만, 위 신탁기간이 만료되기 전에 제18조 제1항에 정해진 사유로 이 신탁계약에 따른 신탁이 종료된 경우에는 신탁기간도 이 신탁의 종료시점에 종료된 것으로 본다.

② 신탁기간 만료일이 토요일 또는 공휴일 등 수탁자의 영업일 이외의 날인 경우 다음 영업일에 만료되는 것으로 한다.

제4조【신탁재산의 범위】 신탁부동산과 신탁부동산의 관리, 처분, 운용, 수용, 멸실, 훼손 그 밖의 사유로 수탁자가 얻은 재산(수용보상금, 보험금 등 신탁재산에 관한 물상대위권(신탁부동산이 멸실·훼손 등으로 금전 등 다른 물건이나 권리로 그 형태가 변경되는 경우 그 물건이나 권리로 다른 사람보다 먼저 빌려준 돈을 받을 권리)에 기하여 취득한 금전을 포함하며, 이에 국한되지 않는다)은 신탁재산에 속한다.

해설

신탁법 제27조【신탁재산의 범위】는 "신탁재산의 관리, 처분, 운용, 개발, 멸실, 훼손, 그 밖의 사유로 수탁자가 얻은 재산은 신탁재산에 속한다."라고 명시하고 있는바, 이 조항이 없더라도 '신탁재산의 관리, 처분, 운용, 개발, 멸실, 훼손, 그 밖의 사유로 수탁자가 얻은 재산'은 신탁재산에 속하지만, 신탁계약에도 명시한 것이다. 만약, 수탁자가 이러한 신탁재산의 대용물을 확인하면, 실무상 신탁재산으로 편입하고 공시절차를 이행해야 할 것이다.

제5조【위탁자의 변경】 ① 위탁자는 수탁자 및 수익자 전원의 동의를 받아 위탁자의 지위를 제3자에게 이전할 수 있다. 이로 인한 신탁원부 등에 적힌 내용 변경 및 수익권 증서 발행에 따른 비용은 위탁자가 부담한다.

② 제1항의 경우 위탁자가 여러 명일 때에는 다른 위탁자의 동의도 받아야 한다.

제6조【수익자 지정 및 수익권증서】 ① 수탁자는 위탁자가 이 신탁계약에 따른 위탁자가 아닌 제3자를 수익자로 지정한 경우 그 지정 사실을 지체 없이 해당 수익자에게 통지하여야 한다.

② 위탁자가 제3자를 수익자로 지정한 경우 수익자는 이 신탁계약의 내용을 알고 있으며 이에 동의한다는 취지의 승낙서에 이름을 적고 도장을 찍어 수탁자에게 제출하여야 한다.

③ 수탁자는 수익자의 요청이 있는 경우 이 신탁계약에 따른 수익자의 권리를 증명하기 위한 증서인 수익권증서를 발행하여 해당 수익자에게 교부한다.

해설

수익권증서는 권리를 증명함에 지나지 않는 '증거증권'이다. 수익권증서 자체가 수익권을 표창하지는 않는다. 일반적으로 수익권증서는 발급하지 않는다. 수익자가 수익권을 양도할 경우 수익권 양도인은 수탁자에게 수익권 양도사실을 통지하면서 수익권증서를 반납하고, 수탁자는 수익권 양수인 명의로 새로운 수익권증서를 발급해준다.

제7조【수익권의 양도, 수익자의 추가 지정 또는 변경 등】 ① 수익자는 본조 제2항의 사전 서면동의 없이는 수익자의 지위를 타인에게 양도하거나 그 수익권에 대하여 질권(채무자가 돈을 갚을 때까지 채권자가 담보물을 보유할 수 있고, 채무자가 돈을 갚지 않을 때는 그 담보물을 사용하여 우선적으로 빌려준 돈을 받을 수 있는 권리)을 설정하는 등의 처분행위를 할 수 없다.

② 수익자가 수익권을 양도하거나 질권을 설정하고자 하는 경우 수탁자의 사전 동의를 받아야 하고, 위탁자가 수익자를 변경 또는 추가로 지정하고자 하는 경우에는 수탁자 및 다른 수익자 전원의 사전 동의를 받아야 한다. 다만, 이 경우에도 수익권의 양수인 또는 변경되거나 추가로 지정된 수익자는 이 신탁계약상 수익자의 의무를 부담하는 조건으로만 수익권을 양수하거나 수익자로 변경 또는 추가 지정될 수 있다.

③ 전 2항에 따라 수익권이 양도 또는 질권 설정되거나 수익자가 변경 또는 추가로 지정되는 경우 수익권을 양도하거나 질권을 설정한 수익자 또는 수익자를 변경 또는

추가 지정한 위탁자는 수탁자에게 통지하여야 하며, 수익권을 양도하거나 질권을 설정한 수익자는 이를 확정일자 있는 증서로 수탁자에게 통지하여야 한다. 이로 인한 신탁원부 등에 적힌 내용 변경 및 수익권증서 발행에 따른 비용은 별도의 약정이 없는 한 수익자가 부담하여야 한다.

④ 위탁자가 이 신탁계약에 따라 수익자를 추가로 지정하거나 변경할 수 있는 권리는 상속을 원인으로 제3자에게 승계되지 아니한다.

제8조【신탁부동산의 소유권이전의무 등】 ① 위탁자는 이 신탁계약 체결 후 지체 없이 신탁부동산의 소유권이전등기 등 신탁재산의 공시에 필요한 서류를 수탁자에게 제공하고 수탁자가 신탁계약과 관련하여 합리적으로 요구하는 조치를 취하여야 한다.

② 제1항의 등기에 필요한 비용은 위탁자가 부담한다.

해설

등기되는 부동산을 신탁한 경우 반드시 등기절차를 이행해야 한다. 부동산 중 신탁등기가 안 되는 부동산이 있을 수 있으니, 신탁계약 상담 시 미리 등기 가능 여부를 확인해야 한다.

제9조【신탁부동산의 관리 등】 ① 수탁자는 신탁부동산에 관하여 소유권의 등기명의를 보존하는 업무를 수행하며, 위탁자는 자신의 책임과 부담으로 신탁부동산의 보존, 유지, 관리하여야 한다.

② 위탁자는 수익자 및 수탁자의 사전 동의를 얻어 자신의 책임과 부담으로 신탁부동산에 관한 임대차계약의 체결, 임대차보증금의 수령·운용·관리 및 그에 따른 수익을 취득할 수 있다. 다만, 위탁자가 신탁부동산에 관하여 임대차계약을 체결한 경우 임차인으로부터 임대차보증금반환의무 그 밖의 임대인으로서의 지위 및 의무가 위탁자에게 있음을 확인하는 서면을 제공받아 이를 수탁자에게 제출하여야 한다.

③ 위탁자는 신탁부동산의 멸실, 훼손 등 사고가 발생하였거나 발생할 것으로 예상되는 경우 수탁자에게 지체 없이 이를 통지하여야 한다.

해설

일반적으로 체결되는 (을종)부동산관리신탁의 경우 수탁자는 소유권의 등기명의를 보존, 유지 및 관리하는 업무를 수행하고, 유언대용신탁계약에 따른 신탁부동산의 관리, 처분, 배분업무를 수행한다. (을종)부동산관리신탁은 부동산의 소유권이 수탁자에게로 이전되지만, 위탁자가 여전히 신탁부동산의 보존, 유지, 관리에 대한 권한과 의무를 가지고 있다. 그 내용의 하나로 위탁자는 자신의 책임과 부담으로 신탁부동산에 관한 임대차계약의 체결, 임대차보증금의 수령 운용 관리 및 그에 따른 수익을 취득할 권리가 있다. 소유권이 수탁자에게 이전된 상태라서 임대차계약 체결 시 신탁되었더라도 위탁자에게 여전히 임대차권한이 있음을 신탁회사 법인인감이 날인된 '신탁사실확인서'를 발급받아 임차인에게 확인시켜줘야 한다. 유언대용신탁으로 (을종)부동산관리신탁을 체결하더라도, 부동산임대업의 주체는 여전히 위탁자이므로, 사업자등록을 변경할 필요 없이, 기존 부동산임대업 관련 사업자등록을 그대로 두면 된다.

제10조【보험계약】 ① 위탁자는 수탁자가 시장상황을 고려하여 합리적으로 정한 종류, 기간, 부보금액, 방법을 정하여 신탁부동산에 대한 보험계약을 체결하여야 하며 신탁기간 동안 이를 유지하여야 한다.

② 이 신탁계약이 체결되기 전에 가입된 보험계약이 있고 수탁자가 그 보험계약이 충분하다고 인정하는 경우 위탁자는 새로운 보험계약을 체결하는 것에 갈음하여 그 피보험자에 수탁자를 추가해야 한다. 이때 필요한 비용은 위탁자가 부담한다.

해설

단체보험으로 가입하는 아파트 이외 상가건물이나 오피스빌딩의 경우 위탁자는 화재보험계약을 체결하고, 피보험자를 수탁자로 변경해야 한다. 이미 체결된 보험이 있다면 그대로 유지하고, 신탁사실을 보험사와 협의하여 피보험자를 수탁자로 추가하거나 기타 보험회사가 신탁사실을 인지하고 보험사고 발생 시 신탁회사로 보험금이 지급될 수 있도록 절차를 이행해야 한다.

제11조【선관주의의무 및 하자담보책임】 ① 수탁자는 선량한 관리자의 주의의무로서 신탁부동산의 소유권을 유지하고 그 밖의 신탁사무를 처리한다.

② 수탁자가 신탁사무를 처리하는 과정에서 수탁자의 고의 또는 과실로 인하여 위탁자 또는 수익자에게 손해가 발생하는 경우에는 그 손해를 배상할 책임이 있다.

③ 위탁자는 신탁부동산의 보존·유지·수선 등 관리에 필요한 모든 조치를 다하고 신탁부동산의 하자로 인하여 수탁자 또는 제3자에게 손해가 발생하는 경우 그 손해를 배상하여야 하며, 수탁자는 책임 있는 사유가 없는 한 이와 관련된 책임을 부담하지 아니한다.

제12조【신탁재산에 속하는 금전의 운용방법】 ① 수탁자는 신탁재산에 속하는 금전을 「자본시장과 금융투자업에 관한 법률」 등 관계법령에서 정하는 방법에 따라 운용하기로 한다. 다만, 위탁자가 「자본시장과 금융투자업에 관한 법률」 등 관계법령에서 정하는 범위 내에서 별도의 운용지시를 하는 경우에는 그에 따른다.

② 수탁자는 신탁재산을 다른 신탁재산 및 수탁자의 고유재산과 구분하여 관리하여야 한다.

제13조【비용 등의 부담】 ① 신탁재산에 관한 각종 세금과 공과금, 유지관리비, 지료 등 그 밖의 신탁사무의 처리에 필요한 비용 그리고 신탁사무 처리에 있어서 수탁자의 고의나 과실 그 밖의 책임 없는 사유로 발생한 손실 등은 위탁자가 부담한다.

② 위탁자가 제1항의 비용 등을 지급하지 않는 경우 수탁자는 신탁재산에 속하는 금전으로 이를 지급할 수 있다. 신탁재산에 속한 금전으로 이를 지급하기에 부족한 경우 수탁자는 신탁부동산의 일부 또는 전부를 처분하여 지급에 사용하거나 신탁재산을 담보로 제공하여 지급에 필요한 금원을 빌리거나 수익자에게 그 지급을 청구할 수 있다. 다만, 그 신탁재산의 매각으로 신탁의 목적을 달성할 수 없게 되거나 그 밖의 부득이한 사유가 있는 경우에는 신탁부동산의 전부 또는 일부를 처분할 수 없다.

③ 위탁자 및 수익자가 제1항의 비용 등을 정해진 기일까지 지급하지 않는 경우 수탁자가 이를 대신 납부할 수 있으며, 이 경우에 위탁자 및 수익자는 그 지급일로부터 상환일까지 연 [12]%의 이율로 산정한 지연이자를 원금과 함께 수탁자에게 지급하여야 한다.

④ 수탁자는 제3항에 따른 위탁자 및 수익자의 지급의무에도 불구하고 그 대지급금과 지연손해금을 신탁재산으로부터 우선적으로 지급받을 수 있다.

제14조【신탁의 계산 및 수익의 교부】 ① 신탁재산의 계산기일은 매년 [12]월 말일과 신탁기간이 종료한 날로 한다. 다만, 위탁자와 수탁자가 별도로 정한 경우에는 그에 따르기로 한다.

② 수탁자는 제1항에 따른 당해 계산기간의 수지계산서를 작성하여 수익자에게 통지하여야 한다.

③ 이 신탁계약에 따른 신탁이 종료한 경우, 수탁자는 지체 없이 신탁사무에 관한 최종의 계산을 하고, 수익자와 귀속권리자의 승인을 받아야 한다.

④ 수익자와 귀속권리자가 제3항의 계산을 승인한 경우 수탁자의 수익자 및 귀속권리자에 대한 책임은 면제된 것으로 본다. 다만, 수탁자의 직무수행에 부정행위가 있었던 경우에는 책임이 면제되지 않는다.

⑤ 최종계산서에 대하여 수익자 및 귀속권리자가 승인을 하지 아니한 경우 수탁자는 수익자 및 귀속권리자에게 최종계산의 승인을 요구하고, 수익자 및 귀속권리자는 계산승인의 요구를 받은 때로부터 1개월 이내에 승인 여부를 수탁자에게 통지하여야 한다.

⑥ 수탁자는 제5항의 계산승인을 요구하는 경우 "수익자 및 귀속권리자는 최종계산에 대하여 이의가 있는 경우 계산승인을 요구받은 때로부터 1개월 이내에 이의를 제기할 수 있으며, 그 기간 내에 이의를 제기하지 않으면 수익자 및 귀속권리자가 최종계산을 승인한 것으로 본다"라는 취지의 내용을 수익자 및 귀속권리자에게 알려야 한다.

⑦ 수익자 및 귀속권리자가 수탁자로부터 제3항의 계산승인을 요구받은 때로부터 1개월 내에 이의를 제기하지 아니하는 경우 제1항의 계산을 승인한 것으로 본다.

⑧ 수탁자는 신탁의 계산이 완료된 후 제18조 제2항에 따라 신탁재산을 교부하여야 한다.

제15조【신탁보수】 ① 이 신탁계약에 따른 신탁사무와 관련하여 수탁자가 지급받을 신탁보수는 별지 부동산신탁 세부내역에 적힌 산식에 의해 산출한다.

② 신탁보수는 별지 부동산신탁 세부내역에서 정하는 바에 따라 위탁자가 지급한다.

③ 위탁자가 수탁자에게 신탁보수를 지급하지 않는 경우 수탁자는 신탁재산에 속하는 금전으로 이를 지급받을 수 있다. 신탁재산에 속한 금전으로 이를 지급하기에 부족한 경우 수탁자는 신탁부동산의 일부 또는 전부를 처분하여 지급에 사용하거나 수익자에게 그 지급을 청구할 수 있다. 다만, 그 신탁재산의 매각으로 신탁의 목적을 달성할 수 없게 되거나 그 밖의 부득이한 사유가 있는 경우에는 신탁부동산의 일부 또는 전부를 처분할 수 없다.

제16조【신탁해지 및 책임부담】 ① 위탁자와 수익자는 합의하여 언제든지 신탁을 종료할 수 있다. 다만, 위탁자가 존재하지 아니하는 경우에는 그러하지 아니하다.

② 위탁자가 신탁이익의 전부를 누리는 신탁은 위탁자나 그 상속인이 언제든지 종료할 수 있다.

③ 위탁자, 수익자 또는 위탁자의 상속인이 정당한 이유 없이 수탁자에게 불리한 시기에 신탁을 종료한 경우 위탁자, 수익자 또는 위탁자의 상속인은 그 손해를 배상하여야 한다.

④ 제1항부터 제3항까지의 규정에도 불구하고 신탁특약으로서 달리 정한 경우에는 그 특약에 따른다.

제17조【수탁자의 사임】 ① 수탁자는 위탁자와 수익자의 승낙을 받은 경우에 한하여 사임할 수 있다.

② 제1항에도 불구하고 다음 각 호의 어느 하나에 해당하는 경우 수탁자는 위탁자 및 수익자에게 [10]일 전 사전 서면 통지를 함으로써 사임할 수 있다.

1. 위탁자 또는 수익자가 이 신탁계약에 따라 수탁자에게 지급하여야 하는 신탁보수 및 비용을 그 지급기일로부터 [6개월] 이상 지체하고, 수탁자가 그 지급을 요구하였음에도 [10]영업일 이내에 이를 지급하지 아니한 경우
2. 위탁자 또는 수익자가 이 신탁계약상 의무를 위반하고, 수탁자가 그 시정을 요구하였음에도 [10]영업일 이내에 이를 시정하지 아니한 경우
3. 신탁사무의 처리와 관련하여 수탁자를 상대로 소송이 제기된 경우로서 소송비용의 회수가 어려울 것으로 명백히 예상되는 경우

제18조【신탁의 종료】 ① 이 신탁계약에 따른 신탁은 다음 각 호의 어느 하나에 해당하는 경우에 종료한다.

1. 신탁기간이 만료된 경우
2. 신탁의 목적을 달성하였거나 달성할 수 없는 경우
3. 이 신탁계약에 따라 신탁부동산이 처분되는 경우로서 신탁부동산에 관한 처분대금의 정산이 종료되고 제14조 제3항에 의한 신탁의 계산이 완료된 경우
4. 제16조 제1항 또는 제2항에 의하여 신탁이 해지되는 경우

② 제1항에 따라 이 신탁계약에 따른 신탁이 종료하는 경우 수익자는 이 신탁계약에 따라 발행된 수익권증서를 전부 수탁자에게 반환하여야 하고 수탁자는 수익자(신탁특약으로 신탁재산의 귀속권리자를 별도로 정한 경우에는 그 귀속권리자)에게 신탁재산을 현상대로 인도하여야 한다. 다만, 신탁재산관리인이 선임된 경우에는 신탁재산을 현상대로 신탁재산관리인에게 인도하여야 한다.

③ 제1항에 따라 이 신탁계약에 따른 신탁이 종료되는 시점에 수탁자가 제13조 및 제15조에 따라 지급받아야 할 비용 등과 신탁보수를 일부 또는 전부를 지급받지 못한 경우 수탁자는 제2항에 따라 신탁재산을 인도하기 전에 신탁재산에 속하는 금전으로 이를 지급받을 수 있다. 신탁재산에 속한 금전으로 이를 지급하기에 부족한 경우 수탁자는 신탁부동산의 일부 또는 전부를 처분하여 그 지급에 사용할 수 있다.

제19조【신고사항】 ① 위탁자 또는 그 상속인은 다음 각 호의 어느 하나에 해당하는 사유가 발생한 경우에는 지체 없이 수탁자에게 그 사실을 서면 또는 팩스, 이메일 등에 의하여 신고하여야 한다.

1. 신탁계약서, 수익권증서 및 신고인감의 분실
2. 위탁자 및 그 대리인, 그 밖의 신탁관계인의 사망 또는 주소, 연락처, 성명, 행위능력 등의 변경 및 신고인감의 변경
3. 그 밖의 신탁계약에 관하여 변경을 요하는 사항의 발생

② 수탁자는 이 신탁계약상 적힌 내용 또는 이 신탁계약 체결 후 제1항에 따라 위탁자가 신고한 내용에 따라 이 신탁계약 및 신탁특약에 따른 통지 등 신탁사무를 처리하며, 위탁자의 책임 있는 사유로 인해 제1항의 신고가 지체되어 발생한 결과에 대하여는 수탁자는 수탁자의 책임 있는 사유가 없는 한 그 책임을 지지 아니한다. 수탁자가 이 신탁계약상 적힌 내용 또는 제1항에 따라 이 신탁계약 체결 후 위탁자가 신고한 내용에 따라 2회 이상 내용증명우편에 의한 통지를 보냈음에도 불구하고 그 통지가 계속 반송된 경우에는 수탁자의 책임 있는 사유 없이 위탁자의 책임 있는 사유로 각 당사자의 변경된 주소 등 소재를 알지 못하는 경우에 한하여 최종 내용증명우편을 발송한 시점에 그 통지가 도달한 것으로 본다.

③ 위탁자가 위탁자의 책임 있는 사유로 인해 제1항의 신고를 게을리하여 수탁자에게 손해가 발생한 경우에는 위탁자는 그 손해를 배상한다.

제20조【소송수행】 ① 신탁부동산에 관한 소송이 제기되었거나 제기할 필요가 있는 경우 수탁자는 위탁자와 수익자에게 이를 통지하고 위탁자 및 수익자와 협의하여 응소 또는 제소에 필요한 조치를 취할 수 있다.

② 제1항에 따라 수탁자가 부담하는 소송대리인의 보수 및 소송과 관련된 비용(소송결과에 따른 판결금액 및 이에 대한 지연이자 등 포함)은 제13조에 따라 처리한다.

③ 제1항에 따라 수탁자가 소송 등 업무를 수행한 경우에는 소송대리인 선임 사실 및 판결이 선고되거나 결정이 내려진 사실을 그 선임이 이루어진 날 또는 수탁자가 판결에 관하여 통지받은 날로부터 지체 없이 위탁자 및 수익자에게 등기우편으로 통지하며, 이 경우 소송과 관련된 비용 및 해당 판결에 따라 수탁자가 지급의무를 부담하게 된 금액도 함께 통지하여야 한다.

제21조【관할법원】 이 신탁계약에 관하여 분쟁이 발생하는 경우에 관할법원은 「민사소송법」에서 정하는 바에 따른다.

제22조【관계법규등의 준용】 이 신탁계약에 정하지 아니한 사항은 별도의 약정이 없는 한 관계법규등에 정하는 바에 따르며 관계법규등에도 정함이 없는 경우에는 일반적인 상관례에 따른다.

제23조【신탁계약과 신탁특약의 관계】 위탁자와 수탁자는 관계법령에 위반하지 않는 범위 내에서 특약을 정할 수 있으며, 신탁특약의 내용은 이 신탁계약의 내용에 우선한다.

이 신탁계약을 증명하기 위해 계약서 2부를 위탁자와 수탁자가 기명날인한 후 위탁자와 수탁자는 각각 1부씩 보관한다. 다만, 신탁재산의 공시, 신탁재산의 신탁 등을 위해 유관기관 또는 유관회사에 이 계약서의 원본을 제출해야 하는 경우에는 1부 이상을 추가로 작성할 수 있다.

[****]년 [*]월 [*]일

위탁자 : [***] (인)
주민등록번호 :
주소 :

수탁자 : [**** 주식회사]
법인등록번호 :
주소 :
대표자 : [***] (인)

❸ (갑종)부동산관리신탁계약서

위탁자는 부동산을 수탁자인 [****] 주식회사에 신탁하고 수탁자는 이를 인수함에 있어서, 위탁자, 수탁자 및 수익자의 권리의무를 정하기 위하여 위탁자와 수탁자는 다음과 같이 『갑종부동산관리신탁계약』(이하 "이 신탁계약"이라 한다)을 체결한다.

제1조 【신탁목적】 이 신탁계약에 따른 신탁은 위탁자가 신탁부동산의 소유권을 수탁자에게 이전하고, 수탁자가 신탁부동산의 소유권 보존은 물론, 개량 및 임대 등 신탁부동산을 종합적으로 관리·운용하고, 그 수익을 수익자에게 교부하는 것을 목적으로 한다.

제2조 【용어의 정의】 이 신탁계약에서 사용하는 용어는 아래에서 정의하는 의미를 갖는다.

1. "위탁자"란 신탁부동산을 수탁자에게 위탁하는 자를 말한다.
2. "수탁자"란 이 신탁계약에 따라 신탁부동산을 신탁재산으로 인수하는 자를 말한다.
3. "수익자"란 이 신탁계약에 따라 신탁재산으로부터 금전의 지급을 받거나 그 밖의 신탁계약상의 권리를 갖고 의무를 부담하는 자로서 별지 부동산신탁 세부내역에 적힌 자를 말한다.
4. "수익권"이란 이 신탁계약에 따라 수익자가 신탁재산으로부터 금전을 지급받을 권리 그 밖의 이 신탁계약상 수익자가 갖는 일체의 권리를 말한다.
5. "신탁부동산"이란 이 신탁계약에 따라 위탁자가 수탁자에게 신탁하는 별지 신탁부동산의 표시에 적힌 부동산을 말한다.
6. "신탁재산"이란 이 신탁계약 제4조에 따라 신탁재산에 속하는 재산을 말한다.

7. "신탁기간"은 이 신탁계약 제3조에 정의된 기간을 말한다.
8. "신탁특약"이란 위탁자와 수탁자가 이 신탁계약에서 정하지 아니한 사항 또는 이 신탁계약과 달리 정하고자 하는 사항을 정하기 위하여 이 신탁계약에 첨부한 신탁 특약을 말한다.

제3조【신탁기간】 ① 이 신탁계약에 따른 신탁기간은 별지 부동산신탁 세부내역에 기재된 기간으로 한다. 다만 위 신탁기간이 만료되기 전에 제18조 제1항에 정해진 사유로 이 신탁계약에 따른 신탁이 종료된 경우에는 신탁기간도 이 신탁의 종료 시점에 종료된 것으로 본다.
② 신탁기간 만료일이 토요일 또는 공휴일 등 수탁자의 영업일 이외의 날인 경우 다음 영업일에 만료되는 것으로 한다.

제4조【신탁재산의 범위】 신탁부동산과 신탁부동산의 관리, 처분, 운용, 수용, 멸실, 훼손 그 밖의 사유로 수탁자가 얻은 재산(수용보상금, 보험금 등 신탁재산에 관한 물상대위권(신탁부동산이 멸실·훼손 등으로 금전 등 다른 물건이나 권리로 그 형태가 변경되는 경우 그 물건이나 권리로 다른 사람보다 먼저 빌려준 돈을 받을 권리)에 기하여 취득한 금전을 포함하며, 이에 국한되지 않는다)은 신탁재산에 속한다.

제5조【위탁자의 변경】 ① 위탁자는 수탁자 및 수익자 전원의 동의를 받아 위탁자의 지위를 제3자에게 이전할 수 있다. 이로 인한 신탁원부 등에 적힌 내용 변경 및 수익권 증서 발행에 따른 비용은 위탁자가 부담한다.
② 제1항의 경우 위탁자가 여러 명일 때에는 다른 위탁자의 동의도 받아야 한다.

제6조【수익자 지정 및 수익권증서】 ① 수탁자는 위탁자가 이 신탁계약에 따른 위탁자가 아닌 제3자를 수익자로 지정한 경우 그 지정 사실을 지체 없이 해당 수익자에게 통지하여야 한다.
② 위탁자가 제3자를 수익자로 지정한 경우 수익자는 이 신탁계약의 내용을 알고 있으며 이에 동의한다는 취지의 승낙서에 이름을 적고 도장을 찍어 수탁자에게 제출하여야 한다.
③ 수탁자는 수익자의 요청이 있는 경우 이 신탁계약에 따른 수익자의 권리를 증명하기 위한 증서인 수익권증서를 발행하여 해당 수익자에게 교부한다.

제7조【수익권의 양도, 수익자의 추가 지정 또는 변경 등】 ① 수익자는 본조 제2항의 사전 서면동의 없이는 수익자의 지위를 타인에게 양도하거나 그 수익권에 대하여 질권(채무자가 돈을 갚을 때까지 채권자가 담보물을 보유할 수 있고, 채무자가 돈을 갚지 않을 때는 그 담보물을 사용하여 우선적으로 빌려준 돈을 받을 수 있는 권리)을 설정하는 등의 처분행위를 할 수 없다.
② 수익자가 수익권을 양도하거나 질권을 설정하고자 하는 경우 수탁자의 사전 동의를 받아야 하고, 위탁자가 수익자를 변경 또는 추가로 지정하고자 하는 경우에는 수탁자 및 다른 수익자 전원의 사전 동의를 받아야 한다. 다만, 이 경우에도 수익권의 양수인 또는 변경되거나 추가로 지정된 수익자는 이 신탁계약상 수익자의 의무를 부담하는 조건으로만 수익권을 양수하거나 수익자로 변경 또는 추가 지정될 수 있다.

③ 전 2항에 따라 수익권이 양도 또는 질권 설정되거나 수익자가 변경 또는 추가로 지정되는 경우 수익권을 양도하거나 질권을 설정한 수익자 또는 수익자를 변경 또는 추가 지정한 위탁자는 수탁자에게 통지하여야 하며, 수익권을 양도하거나 질권을 설정한 수익자는 이를 확정일자 있는 증서로 수탁자에게 통지하여야 한다. 이로 인한 신탁원부 등에 적힌 내용 변경 및 수익권증서 발행에 따른 비용은 별도의 약정이 없는 한 수익자가 부담하여야 한다.

④ 위탁자가 이 신탁계약에 따라 수익자를 추가로 지정하거나 변경할 수 있는 권리는 상속을 원인으로 제3자에게 승계되지 아니한다.

제8조【신탁부동산의 소유권이전의무 등】 ① 위탁자는 이 신탁계약 체결 후 지체 없이 신탁부동산의 소유권이전등기 등 신탁재산의 공시에 필요한 서류를 수탁자에게 제공하고 수탁자가 신탁계약과 관련하여 합리적으로 요구하는 조치를 취하여야 한다.

② 제1항의 등기에 필요한 비용은 위탁자가 부담한다.

제9조【신탁부동산의 관리 등】 ① 수탁자의 신탁부동산에 대한 관리범위 및 방법은 별지 신탁부동산에 대한 관리범위 및 방법 등과 같다.

② 수탁자는 관계법령상 허용되는 범위 내에서 방법 및 조건을 정하여 신탁부동산을 관리하고, 관계법령상 허용되는 범위 내에서 제3자에게 신탁부동산의 유지관리업무를 위탁할 수 있다.

③ 수탁자는 제1항에 따른 신탁사무에 필요한 비용 및 신탁사무 처리에 있어서 수탁자의 고의나 과실 그 밖의 책임 없는 사유로 발생한 손실을 신탁재산에 속한 금전으로 지급할 수 있다. 신탁재산으로 속한 금전으로 이를 지급하기에 부족한 경우 위탁자 및 수익자가 이를 부담하되, 지급하지 않는 경우 수탁자는 신탁부동산의 전부 또는 일부를 매각하여 그 매각대금으로 지급할 수 있다. 다만, 그 신탁재산의 매각으로 신탁의 목적을 달성할 수 없게 되거나 그 밖의 상당한 이유가 있는 경우에는 신탁부동산의 전부 또는 일부를 처분할 수 없다.

④ 위탁자는 수탁자의 사전 서면 승낙 없이 신탁부동산을 점유 또는 사용할 수 없으며, 신탁부동산에 대하여 임대차계약의 체결, 저당권 설정, 전세권 설정 등 소유권을 제한하는 일체의 처분행위 또는 신탁부동산의 현상을 변경하거나 그 밖의 방법으로 가치를 훼손하는 행위를 하여서는 아니 된다.

⑤ 위탁자는 신탁부동산의 멸실·훼손 그 밖의 사고가 발생하였음을 알게 되거나 발생이 예상되는 경우에는 지체 없이 이를 수탁자에게 통지하여야 한다.

해설

을종부동산관리신탁과 달리, 갑종부동산관리신탁은 신탁부동산의 임대관리, 시설관리, 기타 필요한 관리 권한과 의무가 수탁자에게 부여된다. 수탁자는 직접 부동산의 임대 및 시설관리를 할 수 있지만, 제3자에게 임대 및 시설관리업무를 위탁할 수 있다. 임대 및 시설관리 업무를 수행함에 있어 비용이 많이 소요되기 때문에 연간 세금, 수선비, 예상공실률을 감안하여 현금흐름을 여유 있게 짜 놓고 일정 유보금을 수탁자가 신탁재산으로 관리하고 있어야 수탁자 고유재산에서 비용 선집행을 하지 않을 수 있다.

제9조의 2【임대차 등】 ① 신탁부동산에 관한 임대차계약은 수탁자 이름으로 체결하며, 임대차보증금 및 차임은 수탁자가 지급받아 이를 신탁재산으로서 관리 및 운용한다.

② 신탁부동산에 관한 임대차계약이 존속하는 상태에서 이 신탁계약에 따른 신탁이 종료하는 경우 수익자(귀속권리자가 별도로 존재하는 경우에는 귀속권리자를 말하며, 이하 본조에서 같다)는 신탁부동산에 관한 수탁자의 임대인으로서의 지위를 승계하고, 이를 위하여 임대차계약을 변경하는 계약을 체결하여야 한다. 다만, 임차인이 임대차계약의 승계를 원하지 아니하는 등의 사유로 임대차계약을 해지하는 경우 수탁자는 임대차보증금 등 임차인에게 지급해야 할 채무를 신탁재산에서 지급할 수 있다. 신탁재산으로 이러한 지급을 하기에 부족한 경우에는 수익자가 이를 지급하도록 한다.

해설

갑종관부동산리신탁에서 임대 권한과 의무는 수탁자에게 있으므로, 임대차계약은 수탁자 이름으로 할 수도 있고, 위탁자 이름으로도 할 수 있으며, 상황에 따라서는 임대차계약에 위탁자와 수탁자가 공동날인할 수도 있다. 임차인이 없는 상태에서 신탁받아 임대차계약을 체결하고 임대차보증금을 신탁재산으로 관리할 수 있는 경우에는 수탁자 이름으로 임대차계약을 체결하더라도 경제적 위험은 없다. 그런데 만일 임대차보증금을 위탁자가 받은 상태에서 신탁받을 때에는 가급적 위탁자 명의의 임대차계약을 체결하고 유지하는 것이 수탁자에게 발생할 수 있는 경제적 위험을 줄이는 것이다.

제10조【보험계약】 ① 위탁자는 수탁자가 시장상황을 고려하여 합리적으로 정한 종류, 기간, 부보금액, 방법을 정하여 신탁부동산에 대한 보험계약을 체결하여야 하며 신탁기간 동안 이를 유지하여야 한다.

② 이 신탁계약이 체결되기 전에 가입된 보험계약이 있고 수탁자가 그 보험계약이 충분하다고 인정하는 경우 위탁자는 새로운 보험계약을 체결하는 것에 갈음하여 그 피보험자를 수탁자로 변경하여야 한다. 이때 필요한 비용은 위탁자가 부담한다.

해설

을종부동산관리신탁과 달리, 갑종부동산관리신탁은 임대 및 시설관리 의무가 수탁자에게 있는 것이므로, 시설관리 중에 화재가 발생하여 건물이 소실될 경우 수탁자의 책임인가 아니면 실제 시설관리를 위탁받아 시설관리업무를 수행하는 업자의 책임인가를 두고 다툼이 생길 수 있다. 따라서 갑종부동산관리신탁을 체결할 경우 화재보험과 손해보험은 반드시 가입해야 한다.

제11조【선관주의의무 및 하자담보책임】 ① 수탁자는 선량한 관리자의 주의의무로서 신탁부동산의 소유권을 보존·관리하고 그 밖의 신탁사무를 처리한다.

② 수탁자가 신탁사무를 처리하는 과정에서 수탁자의 고의 또는 과실로 인하여 위탁자 또는 수익자에게 손해가 발생하는 경우에는 그 손해를 배상할 책임이 있다.

③ 위탁자는 신탁부동산의 인도 이전에 생긴 하자로 인하여 수탁자 또는 제3자에게 손해가 발생하는 경우 그 손해를 배상하여야 한다.

제12조【신탁재산에 속하는 금전의 운용방법】 ① 수탁자는 신탁재산에 속하는 금전을 「자본시장과 금융투자업에 관한 법률」 등 관계법령에서 정하는 방법에 따라 운용하기로 한다. 다만, 위탁자가 「자본시장과 금융투자업에 관한 법률」 등 관계법령에서 정하는 범위 내에서 별도의 운용지시를 하는 경우에는 그에 따른다.

② 수탁자는 신탁재산을 다른 신탁재산 및 수탁자의 고유재산과 구분하여 관리하여야 한다.

제13조【비용 등의 부담】 ① 신탁재산에 관한 각종 세금과 공과금, 유지관리비, 지료 그 밖의 신탁사무의 처리에 필요한 비용 그리고 신탁사무 처리에 있어서 수탁자의 고의나 과실 그 밖의 책임 없는 사유로 발생한 손실 등은 위탁자가 부담한다.

② 위탁자가 제1항의 비용 등을 지급하지 않는 경우 수탁자는 신탁재산에 속하는 금전으로 이를 지급할 수 있다. 신탁재산에 속한 금전으로 이를 지급하기에 부족한 경우 수탁자는 신탁부동산의 일부 또는 전부를 처분하여 지급에 사용하거나 신탁재산을 담보로 제공하여 지급에 필요한 금원을 빌리거나 수익자에게 그 지급을 청구할 수 있다. 다만, 그 신탁재산의 매각으로 신탁의 목적을 달성할 수 없게 되거나 그 밖의 부득이한 사유가 있는 경우에는 신탁부동산의 전부 또는 일부를 처분할 수 없다.

③ 위탁자 및 수익자가 제1항의 비용 등을 정해진 기일까지 지급하지 않는 경우 수탁자가 이를 대신 납부할 수 있으며, 이 경우에 위탁자 및 수익자는 그 지급일로부터 상환일까지 연 [12]%의 이율로 산정한 지연이자를 원금과 함께 수탁자에게 지급하여야 한다.

④ 수탁자는 제3항에 따른 위탁자 및 수익자의 지급의무에도 불구하고 그 대지급금과 지연손해금을 신탁재산으로부터 우선적으로 지급받을 수 있다.

제14조【신탁의 계산 및 수익의 교부】 ① 신탁재산의 계산기일은 매년 [12]월 말일과 신탁기간이 종료한 날로 한다. 다만, 위탁자와 수탁자가 별도로 정한 경우에는 그에 따르기로 한다.

② 수탁자는 제1항에 따른 당해 계산기간의 수지계산서를 작성하여 수익자에게 통지하여야 한다.

③ 이 신탁계약에 따른 신탁이 종료한 경우, 수탁자는 지체 없이 신탁사무에 관한 최종의 계산을 하고, 수익자와 귀속권리자의 승인을 받아야 한다.

④ 수익자와 귀속권리자가 제3항의 계산을 승인한 경우 수탁자의 수익자 및 귀속권리자에 대한 책임은 면제된 것으로 본다. 다만, 수탁자의 직무수행에 부정행위가 있었던 경우에는 책임이 면제되지 않는다.

⑤ 최종계산서에 대하여 수익자 및 귀속권리자가 승인을 하지 아니한 경우 수탁자는 수익자 및 귀속권리자에게 최종계산의 승인을 요구하고, 수익자 및 귀속권리자는 계산승인의 요구를 받은 때로부터 1개월 이내에 승인 여부를 수탁자에게 통지하여야 한다.

⑥ 수탁자는 제5항의 계산승인을 요구하는 경우 "수익자 및 귀속권리자는 최종계산에 대하여 이의가 있는 경우 계산승인을 요구받은 때로부터 1개월 이내에 이의를 제기할 수 있으며, 그 기간 내에 이의를 제기하지 않으면 수익자 및 귀속권리자가 최종계산을 승인한 것으로 본다"라는 취지의 내용을 수익자 및 귀속권리자에게 알려야 한다.

⑦ 수익자 및 귀속권리자가 수탁자로부터 제3항의 계산승인을 요구받은 때로부터 1개월 내에 이의를 제기하지 아니하는 경우 제1항의 계산을 승인한 것으로 본다.

⑧ 수탁자는 신탁의 계산이 완료된 후 제18조 제2항에 따라 신탁재산을 교부하여야 한다.

제15조【신탁보수】 ① 이 신탁계약에 따른 신탁사무와 관련하여 수탁자가 지급받을 신탁보수는 별지 부동산신탁 세부내역에 적힌 산식에 의해 산출한다.

② 신탁보수의 지급시기는 제14조 제1항의 매 계산기일에 수익자가 지급하기로 한다.

③ 위탁자가 수탁자에게 신탁보수를 지급하지 않는 경우 수탁자는 신탁재산에 속하는 금전으로 이를 지급받을 수 있다. 신탁재산에 속한 금전으로 이를 지급하기에 부족한 경우 수탁자는 신탁부동산의 일부 또는 전부를 처분하여 지급에 사용하거나 수익자에게 그 지급을 청구할 수 있다. 다만, 그 신탁재산의 매각으로 신탁의 목적을 달성할 수 없게 되거나 그 밖의 부득이한 사유가 있는 경우에는 신탁부동산의 일부 또는 전부를 처분할 수 없다.

제16조【신탁해지 및 책임부담】 ① 위탁자와 수익자는 합의하여 언제든지 신탁을 종료할 수 있다. 다만, 위탁자가 존재하지 아니하는 경우에는 그러하지 아니하다.

② 위탁자가 신탁이익의 전부를 누리는 신탁은 위탁자나 그 상속인이 언제든지 종료할 수 있다.

③ 위탁자, 수익자 또는 위탁자의 상속인이 정당한 이유 없이 수탁자에게 불리한 시기에 신탁을 종료한 경우 위탁자, 수익자 또는 위탁자의 상속인은 그 손해를 배상하여야 한다.

④ 제1항부터 제3항까지의 규정에도 불구하고 신탁특약으로서 달리 정한 경우에는 그 특약에 따른다.

제17조【수탁자의 사임】 ① 수탁자는 위탁자와 수익자의 승낙을 받은 경우에 한하여 사임할 수 있다.

② 제1항에도 불구하고 다음 각 호의 어느 하나에 해당하는 경우 수탁자는 위탁자 및 수익자에게 [10일] 전 사전 서면 통지를 함으로써 사임할 수 있다.

1. 위탁자 또는 수익자가 이 신탁계약에 따라 수탁자에게 지급하여야 하는 신탁보수 및 비용을 그 지급기일로부터 [6개월] 이상 지체하고, 수탁자가 그 지급을 요구하였음에도 [10]영업일 이내에 이를 지급하지 아니한 경우
2. 위탁자 또는 수익자가 이 신탁계약상 의무를 위반하고, 수탁자가 그 시정을 요구하였음에도 [10]영업일 이내에 이를 시정하지 아니한 경우
3. 신탁사무의 처리와 관련하여 수탁자를 상대로 소송이 제기된 경우로서 소송비용의 회수가 어려울 것으로 명백히 예상되는 경우

제18조 【신탁의 종료】 ① 이 신탁계약에 따른 신탁은 다음 각 호의 어느 하나에 해당하는 경우에 종료한다.

1. 신탁기간이 만료된 경우
2. 신탁의 목적을 달성하였거나 달성할 수 없는 경우
3. 이 신탁계약에 따라 신탁부동산이 처분되는 경우로서 신탁부동산에 관한 처분대금의 정산이 종료되고 제14조 제3항에 의한 신탁의 계산이 완료된 경우
4. 제16조에 의하여 신탁이 해지되는 경우

② 제1항에 따라 이 신탁계약에 따른 신탁이 종료하는 경우 수익자는 이 신탁계약에 따라 발행된 수익권증서를 전부 수탁자에게 반환하여야 하고 수탁자는 수익자(신탁특약으로 신탁재산의 귀속권리자를 별도로 정한 경우에는 그 귀속권리자)에게 신탁재산을 현상대로 인도하여야 한다. 다만, 신탁재산관리인이 선임된 경우에는 신탁재산을 현상대로 신탁재산관리인에게 인도하여야 한다.

③ 제1항에 따라 이 신탁계약에 따른 신탁이 종료되는 시점에 수탁자가 제13조 및 제15조에 따라 지급받아야 할 비용 등과 신탁보수를 일부 또는 전부를 지급받지 못한 경우 수탁자는 제2항에 따라 신탁재산을 인도하기 전에 신탁재산에 속하는 금전으로 이를 지급받을 수 있다. 신탁재산에 속한 금전으로 이를 지급하기에 부족한 경우 수탁자는 신탁부동산의 일부 또는 전부를 처분하여 그 지급에 사용할 수 있다.

제19조 【신고사항】 ① 위탁자 또는 그 상속인은 다음 각 호의 어느 하나에 해당하는 사유가 발생한 경우에는 지체 없이 수탁자에게 그 사실을 서면 또는 팩스, 이메일 등에 의하여 신고하여야 한다.

1. 신탁계약서, 수익권증서 및 신고인감의 분실
2. 위탁자 및 그 대리인, 그 밖의 신탁관계인의 사망 또는 주소, 연락처, 성명, 행위능력 등의 변경 및 신고인감의 변경
3. 그 밖의 신탁계약에 관하여 변경을 요하는 사항의 발생

② 수탁자는 이 신탁계약상 적힌 내용 또는 이 신탁계약 체결 후 제1항에 따라 위탁자가 신고한 내용에 따라 이 신탁계약 및 신탁특약에 따른 통지 등 신탁사무를 처리하며, 위탁자의 책임 있는 사유로 인해 제1항의 신고가 지체되거나 누락되어 발생한 결과에 대하여는 수탁자는 수탁자의 책임 있는 사유가 없는 그 책임을 지지 아니한다. 수탁자가 이 신탁계약상 적힌 내용 또는 제1항에 따라 이 신탁계약 체결 후 위탁자가 신고한 내용에 따라 2회 이상 내용증명우편에 의한 통지를 보냈음에도 불구하고 그 통지가 계속 반송된 경우에는 수탁자의 책임 있는 사유 없이 위탁자의 책임 있는 사유로 각 당사자의 변경된 주소 등 소재를 알지 못하는 경우에 한하여 최종 내용증명우편을 발송한 시점에 그 통지가 도달한 것으로 본다.

③ 위탁자가 위탁자의 책임 있는 사유로 인해 제1항의 신고를 게을리하여 수탁자에게 손해가 발생한 경우에는 위탁자는 수탁자에 대하여 그 손해를 배상하여야 한다.

제20조 【소송수행】 ① 신탁부동산에 관한 소송이 제기되었거나 제기할 필요가 있는 경우 수탁자는 위탁자와 수익자에게 이를 통지하고 위탁자 및 수익자와 협의하여 응소 또는 제소에 필요한 조치를 취할 수 있다.

② 제1항에 따라 수탁자가 부담하는 소송대리인의 보수 및 소송과 관련된 비용(소송결과에 따른 판결금액 및 이에 대한 지연이자 등 포함)은 제13조에 따라 처리한다.

③ 제1항에 따라 수탁자가 소송 등 업무를 수행한 경우에는 소송대리인 선임 사실 및 판결이 선고되거나 결정이 내려진 사실을 그 선임이 이루어진 날 또는 수탁자가 판결에 관하여 통지받은 날로부터 지체 없이 위탁자 및 수익자에게 등기우편으로 통지하며, 이 경우 소송과 관련된 비용 및 해당 판결에 따라 수탁자가 지급의무를 부담하게 된 금액도 함께 통지하여야 한다.

제21조【관할법원】 이 신탁계약에 관하여 분쟁이 발생하는 경우에 관할법원은 「민사소송법」에서 정하는 바에 따른다.

제22조【관계법규등의 준용】 이 신탁계약에 정하지 아니한 사항은 별도의 약정이 없는 한 관계법규등에 정하는 바에 따르며 관계법규등에도 정함이 없는 경우에는 일반적인 상관례에 따른다.

제23조【신탁계약과 신탁특약의 관계】 위탁자와 수탁자는 관계법령에 위반하지 않는 범위 내에서 특약을 정할 수 있으며, 신탁특약의 내용은 이 신탁계약의 내용에 우선한다.

이 신탁계약을 증명하기 위해 계약서 2부를 위탁자와 수탁자하고 기명날인한 후 위탁자와 수탁자가 각각 1부씩 보관한다. 다만, 신탁재산의 공시, 신탁재산의 신탁 등을 위해 유관기관 또는 유관회사에 이 계약서의 원본을 제출해야 하는 경우에는 1부 이상을 추가로 작성할 수 있다.

[****]년 [*]월 [*]일

위탁자 : [***] (인)
주민등록번호 :
주소 :

수탁자 : [**** 주식회사]
법인등록번호 :
주소 :
대표자 : [***] (인)

Part 03

❹ 유가증권신탁계약서

위탁자 [***]와 수탁자 [****] 주식회사는 다음과 같이 『유가증권신탁계약』(이하 "본 신탁계약"이라 한다)을 체결한다.

제1조【신탁의 목적】 본 신탁계약은 위탁자가 별지 신탁유가증권의 표시에 기재된 유가증권을 수탁자에게 신탁하고, 수탁자는 이를 인수하여 관리·운용 및 처분할 목적으로 한다.

제2조【신탁금액】 ① 본 신탁계약의 유가증권의 신탁가액은 별지 유가증권신탁 세부내역의 기재와 같다.

② 제1항의 신탁가액은 수탁시점의 시장가격 또는 회계법인 등이 평가한 가액 등 공정가액으로 한다. 다만, 공정가액이 불분명한 경우에는 액면가액으로 할 수 있다.

해설

비상장주식의 경우 상증법상 평가가액으로 신탁가액을 정하는 것이 일반적인데, 신탁계약 전후로 동일한 주식의 매매사례가 있으면, 그 매매사례를 시장가격으로 보아 가액을 산정하는 경우도 있다.

제3조【신탁업무의 범위】 ① 위탁자는 수탁자가 행하는 신탁업무의 범위를 별지 유가증권신탁 세부내역에서 구체적으로 정하여야 한다.

② 제1항에도 불구하고 위탁자가 신탁업무의 범위를 별도로 정하지 않을 경우에는 수탁자는 수탁한 유가증권을 보관·관리·처분하고, 원금·이자·배당금을 수령하는 등 신탁재산상의 권리의 보전 및 행사를 위한 모든 업무를 수행할 수 있다.

③ 수탁자는 제2항에도 불구하고 유가증권의 처분은 위탁자 및 수익자의 지시에 의하거나 위탁자 및 수익자와 협의하여 처분하기로 한다.

해설

유가증권신탁의 경우 신탁업무의 범위는 (i) 수탁한 유가증권의 보관·관리업무, (ii) 배당 또는 이자 입금 및 유가증권 처분 시 입금되는 금전을 운용하는 업무, (iii) 수탁한 유가증권 처분업무, (iv) 의결권 행사, (v) 합병, 분할, 분할합병 등 회사의 주요 정책결정 사항에 반대주주 매수청구권의 행사 등 다양하다. 보통 유가증권신탁 수탁자의 업무범위는 별지 특약으로 상세히 규정한다.

제4조【신탁계약기간】 ① 본 신탁계약의 기간은 별지 유가증권신탁 세부내역에 기재된 기간으로 한다.

② 제1항에도 불구하고 신탁기간 만료 전에 위탁자 및 수익자로부터 신탁기간 연장의 신청이 있을 때에는 수탁자와 합의에 의하여 연장할 수 있다.

③ 신탁기간 만료일이 토요일 또는 공휴일 등 수탁자의 영업일 이외의 날인 경우 다음 영업일에 만료되는 것으로 한다.

제5조 【수익자】 ① 수익자는 본 신탁계약서에 기재된 자로 한다.

② 위탁자는 수익자와 서명으로써 수탁자의 승낙을 얻어 수익자를 새로 지정하거나 변경할 수 있으며, 이 권리는 위탁자에게 귀속되며 상속되지 아니한다.

③ 수익자를 별도로 지정하지 아니한 경우에는 위탁자를 수익자로 본다.

제6조 【신탁재산에 속하는 금전의 운용】 ① 수탁자는 신탁 유가증권의 처분대금 및 신탁 유가증권에 의하여 수령한 이자, 배당금 등 신탁재산에 속하는 금전을 수익자에게 교부하게 될 때까지 신탁업무 관련법령에서 정한 바에 따라 운용할 수 있다. 다만, 위탁자는 관련법령 범위 내에서 그 금전의 운용방법을 별지 유가증권신탁 세부내역 중 '신탁자금 운용지시 사항'에서 별도로 지정할 수 있다.

② 수탁자는 본 신탁계약의 신탁재산을 다른 신탁재산과 구분하여 관리·운용한다.

해설

유가증권신탁에서 수탁받은 유가증권에서 발생하는 각종 금전은 수익자에게 바로 교부할 수도 있고, 교부하지 않고 신탁재산으로 계속 운용할 수도 있다.

제7조 【의결권의 행사 등】 신탁재산 중에 주식에 대한 의결권의 행사, 유상주식의 청약, 신주인수권 및 전환권의 행사 등은 위탁자 및 수익자와 협의하여 관련법령 등에서 정한 소정의 절차에 따라 수탁자가 직접 행사한다.

해설

신탁은 소유권이전 방식의 재산관리도구이므로, 수탁자가 주주로서 권리행사를 하는 것은 당연하다. 다만, 위탁자 겸 생전수익자의 이해관계와 결합된 업무이므로, 수탁자는 위탁자의 의사를 확인하고 그에 따라 의결권을 충실하게 행사하여야 한다.

제8조 【추가신탁】 ① 위탁자는 수탁자의 승낙을 얻어 본 신탁계약에 대한 소정양식에 의하여 추가신탁을 할 수 있다.

② 제1항에 의한 추가신탁 시점에 위탁자와 수탁자 간 별도의 서면합의가 없는 경우에는 본 신탁계약서에서 정하여진 사항을 적용한다.

해설

유언대용신탁계약 후 유가증권의 추가신탁은 언제든지 가능하다. 유가증권의 추가신탁 편입으로 사후수익자의 수익권의 변경이 필요한 경우가 아니면, 신탁계약 변경 없이 추가설정 가능하다.

만약, 유가증권 추가신탁 설정으로 사후수익자가 추가되거나 사후수익자의 수익권 변경이 필요하다면, 유언대용신탁계약 본문이나 특약을 반드시 수정해야 한다.

제9조 【운용내역 통보】 ① 수탁자는 매분기 말일을 기준으로 별지 유가증권신탁 세부내역에 위탁자가 지정한 방식대로 매분기 말일부터 2개월 이내에 신탁재산의 운용내역을 통보하여야 한다.

② 제1항에도 불구하고 위탁자가 정기적인 통보를 원하지 않을 경우 그 내용을 별지 유가증권신탁 세부내역에 명기한 후 통보를 생략할 수 있다.

③ 제1항에도 불구하고 위탁자가 운용내역 보고기간을 별도로 정한 경우에는 그에 따르기로 하며, 위탁자 또는 수익자가 신탁재산의 운용내역을 확인하고자 할 경우에는 수탁자는 그 내용을 즉시 제공하여야 한다.

제10조【원본 또는 이익의 보전】 본 신탁계약은 신탁원본과 이익의 보전을 하지 아니하며, 경우에 따라서는 원본의 손실이 발생할 수 있다.

제11조【신탁재산의 표시】 수탁자는 신탁재산에 대하여는 신탁의 등기, 등록 또는 신탁의 표시와 기재(이하 "등기 등"이라 한다)를 하며 위탁자는 이에 협조하기로 한다.

해설

상장주식은 신탁계좌로 대체처리함으로써 신탁설정이 마무리되나, 비상장주식을 추가설정하는 경우 추가절차가 필요하다. 주권이 발행된 경우 주권을 교부받아 신탁금고에 보관하고, 주권이 발행되지 않은 경우 발행회사 대표이사 명의의 '주권미발행확인증'을 교부받아 보관한다. 그리고 발행회사에 신탁사실을 통지하고 명의개서절차를 이행하고, 명의개서 완료된 '주주명부'도 발급받아 보관해야 한다.

제12조【수익권증서의 발행 등】 ① 수탁자는 본 신탁계약의 수익권을 증명하기 위하여 수익권증서를 발행하여 수익자에게 교부할 수 있다.

② 제1항에 의한 수익권증서는 기명식으로 발행하며 제23조 추가약정에서 정하고 있는 경우 이외에는 위탁자와 수익자의 서명으로써 수탁자의 동의 없이 수익권증서를 양도 또는 담보로 제공할 수 없다.

③ 제2항에 따라 수익권증서를 양도하는 경우 수익자는 수익권증서를 수탁자에게 제출하여야 하며 수탁자는 양수인을 수익자로 하는 새로운 수익권증서를 즉시 발행하여야 한다.

제13조【신탁재산의 보관 및 예탁】 수탁자는 신탁재산 중 유가증권의 전부 또는 일부를 한국예탁결제원 등에 보관·예탁할 수 있다.

제14조【신탁보수】 ① 본 신탁계약의 신탁보수는 별지 유가증권신탁 세부내역에서 정한 바에 따른다.

② 수탁자는 본 신탁계약에 의한 신탁보수를 별지 유가증권신탁 세부내역에서 정한 바에 따라 신탁재산 중에서 수령하거나, 위탁자 또는 수익자에게 별도로 청구할 수 있다.

③ 제1항에서 정한 신탁보수율은 신탁사무의 처리에 변동이 있을 때에는 수탁자는 위탁자 및 수익자와의 합의에 따라 이를 변경할 수 있다.

제15조【이익계산 및 지급】 ① 신탁의 이익은 별지 유가증권신탁 세부내역에 정한 시기와 방법에 따라 수익자의 신청에 의하여 지급할 수 있다. 단, 해당일이 휴일 또는 공휴일인 경우 그 다음 영업일에 지급하기로 한다.

② 신탁이익의 계산은 신탁계약을 체결한 날 또는 직전 이익지급일부터 제1항에서 정한 이익지급일의 전일까지로 한다.

제16조【조세 및 제비용】 ① 수탁자는 신탁재산에 관한 조세, 각종 수수료, 법적처리절차 비용, 그 밖의 신탁업무 처리에 필요한 비용(이하 "제비용"이라 한다)을 신탁재산 중에서 취득하여 처리한다.

② 제1항의 제비용을 신탁재산에서 지급할 수 없을 경우에는 수탁자는 위탁자 또는 수익자에게 이를 별도로 청구하여 받기로 한다.

제17조【중도해지】 ① 본 신탁은 신탁의 목적이 달성되거나, 위탁자 및 수익자와 수탁자 간 협의하여 본 신탁계약을 중도해지할 수 있다.

② 위탁자와 수익자가 동일한 경우를 제외하고는 위탁자가 사망하였을 경우 수탁자와 수익자가 합의하여 신탁계약을 종료할 수 있다.

③ 신탁계약이 제1항 또는 제2항에 따라 중도해지되는 경우, 수탁자는 제14조에서 정한 신탁보수 중 중도해지 시까지의 신탁보수(이하 "미지급신탁보수"라 한다)와 별지 유가증권신탁 세부내역에 명기한 중도해지수수료를 받는다.

④ 수탁자는 제3항에도 불구하고 다음 각 호의 어느 하나에 해당하는 경우에는 중도해지수수료를 받지 아니한다.

1. 수탁자의 책임사유에 의하여 위탁자가 해지하는 경우
2. 위탁자가 수탁자의 신탁계약 변경에 동의하지 아니하여 위탁자가 해지하는 경우
3. 관련법규에서 중도해지수수료를 받지 않는 예외의 사유로 인정한 경우

제18조【일부해지】 이 신탁의 일부해지가 필요한 때에는 위탁자는 수익자의 동의를 얻어 수탁자에게 해지를 신청할 수 있으며 수탁자는 특별한 사정이 없는 한 이에 응하여야 한다. 이 경우 수탁자는 제17조 제3항에서 정한 중도해지수수료를 받는다. 다만, 제17조 제4항 각 호의 사유에 의한 중도해지 시에는 중도해지수수료를 받지 않는다.

제19조【신탁의 종료 및 신탁재산의 교부】 ① 신탁기간의 만료 또는 그 밖의 사유로 인하여 신탁이 종료한 때에는 수탁자는 최종계산서를 작성하여 수익자의 승인을 얻은 후 원본 및 수익을 수익자에게 운용현상 그대로 교부하기로 하며, 이때 발행된 수익권증서가 있을 경우에는 수익자는 신탁계약서 및 수익권증서를 수탁자에게 제출하여야 한다.

② 제1항에도 불구하고 운용현상대로 교부하는 것이 곤란한 경우 수탁자는 수익자가 별도의 의사표시를 하지 않는 한 교부가 가능해질 때까지 보관, 관리 및 추심한다.

③ 최종계산서에 대하여 수익자가 승인을 하지 아니한 경우 수탁자는 최종계산서를 작성하여 수익자에게 계산승인을 요구하고, 수익자는 계산승인의 요구를 받은 때로부터 1개월 내에 승인 여부를 수탁자에게 통지하여야 한다.

④ 수탁자는 제3항의 계산승인을 요구할 경우 "수익자는 최종계산에 대하여 이의가 있는 경우 계산승인을 요구받은 때로부터 1개월 내에 이의를 제기할 수 있고, 최종계산에 대하여 이의를 제기하지 아니한 경우에는 수익자가 계산을 승인한 것으로 본다"라는 취지의 내용을 통지하여야 한다.

⑤ 수익자가 제3항의 계산승인을 요구받은 때로부터 1개월 내에 이의를 제기하지 아니하면 제3항의 계산을 승인한 것으로 본다.

제20조【신고사항 등】 ① 위탁자, 수익자 또는 이들의 상속인은 다음 각 호의 어느 하나에 해당하는 경우에는 지체 없이 필요한 절차를 통해 수탁자에게 신고하여야 한다. 그 신고 또는 절차의 지연으로 인하여 발생한 손해에 대하여 수탁자는 일체 책임을 지지 아니한다.

1. 신탁계약서, 수익권증서 또는 신고인감을 분실·도난·훼손하였거나 변경하고자 할 때
2. 위탁자, 수익자 및 대리인, 그 밖의 신탁계약 관계자에 관한 성명·상호·주소등의 변경, 사망 또는 행위능력에 변동이 있을 때
3. 제3자로부터 통지받은 사항 중 본 신탁계약에 중대한 영향을 미칠 수 있는 사항
4. 그 밖의 본 신탁계약에 관하여 사전통지가 필요하다고 수탁자로부터 사전에 고지받은 사항

② 위탁자가 위탁자의 책임 있는 사유로 인해 제1항의 신고를 게을리하여 수탁자에게 손해가 발생한 경우에는 위탁자는 그 손해를 배상한다.

제21조【인감신고】 ① 위탁자 및 수익자, 그 밖의 신탁관계자의 거래인감(또는 서명감, 이하 같다)은 미리 수탁자에게 신고하여야 한다.

② 수탁자는 본 신탁계약과 관련된 제반서류 등 날인된 인영을 제1항의 신고인감과 육안에 의하여 상당한 주의로써 대조하여 상위 없다고 인정하고, 신탁재산의 교부 및 지급청구 등 그 밖의 업무처리를 한 경우에는 사용인감과 지급청구서 등의 도용, 위조, 변조나 그 밖의 어떠한 사고로 말미암아 손해가 발생하여도 그 책임을 지지 아니한다. 다만, 수탁자가 위탁자와 수익자, 신탁관계자의 거래인감·서명이 위조·변조 또는 도용된 사실을 알았거나 알 수 있었을 때는 그러하지 아니한다.

제22조【소송수행】 ① 수탁자는 신탁재산과 관련하여 소송사건이 발생한 때에는 그 개요를 위탁자 또는 수익자에게 즉시 통지하여야 한다. 소송이 취하, 화해 또는 완결된 때에는 또한 같다.

② 수탁자는 위탁자 또는 수익자로부터 신청이 있는 경우를 제외하고는 신탁재산에 관한 소송을 수행할 의무를 지지 아니한다. 다만, 신탁사무 처리상 불가피하다고 인정되는 경우에는 위탁자 또는 수익자와 협의하여 소송의 제기 등을 할 수 있다.

③ 수탁자는 제2항에 따라 소송의 제기 등을 하고자 하는 경우 적당하다고 인정되는 변호사를 선임하여 소송수행 일체를 위임할 수 있으며, 변호사 보수 등 소송과 관련된 일체의 비용은 수탁자의 소요예상액 통보내용에 따라 위탁자 또는 수익자가 소송개시 전에 부담하여야 한다.

제23조【추가약정】 위탁자, 수익자, 수탁자는 관계법령에 반하지 않는 범위 내에서 본 신탁계약의 내용을 구체화하거나 당사자들의 권리, 의무를 추가적으로 정하기 위한 약정을 체결할 수 있다.

제24조【준용】 본 신탁계약서에서 정하지 아니한 사항은 관련법령, 추가약정서 및 특약에 따라 처리한다.

제25조【관할법원】 위탁자 또는 수익자, 수탁자가 본 신탁계약에 관하여 소송을 제기하는 경우에는 「민사소송법」에서 정하는 바에 따른다.

제26조 【약관의 변경】 ① 수탁자는 약관을 변경하고자 하는 경우 수탁자의 영업점과 인터넷 홈페이지, 온라인 거래를 위한 컴퓨터 화면, 그 밖에 이와 유사한 전자통신매체에 변경내용을 변경되는 약관의 시행일 20일 전에 비치 또는 게시한다. 다만, 「자본시장과 금융투자업에 관한 법률」 등 관계법령 또는 거래소 업무규정의 제·개정에 따른 제도변경 등으로 약관이 변경되는 경우로서 본문에 따라 안내하기가 어려운 급박하고 부득이한 사정이 있는 경우에는 변경내용을 앞의 문장과 같은 방법으로 개정 약관의 시행일 전에 게시한다.

② 제1항의 변경내용이 위탁자에게 불리한 것일 때에는 이를 서면 등 위탁자와 사전에 합의한 방법으로 변경되는 약관의 시행일 20일 전까지 통지하여야 한다. 다만, 기존 위탁자에게 변경 전 내용이 그대로 적용되는 경우 또는 위탁자가 변경내용에 대한 통지를 받지 아니하겠다는 의사를 명시적으로 표시한 경우에는 그러하지 아니하다.

③ 수탁자는 제2항의 통지를 할 경우 "위탁자는 약관의 변경에 동의하지 아니하는 경우 계약을 해지할 수 있으며, 통지를 받은 날로부터 변경되는 약관의 시행일 전의 영업일까지 계약해지의 의사표시를 하지 아니한 경우에는 변경에 동의한 것으로 본다"라는 취지의 내용을 통지하여야 한다.

④ 위탁자는 제3항의 통지를 받은 날로부터 변경되는 약관의 시행일 전의 영업일까지 계약해지의 의사표시를 하지 아니하는 경우에는 변경에 동의한 것으로 본다.

⑤ 수탁자는 약관을 수탁자의 영업점에 비치 또는 게시하여 갑이 요구할 경우 이를 교부하여야 하며, 인터넷 홈페이지, 온라인 거래를 위한 컴퓨터 화면, 그 밖에 이와 유사한 전자통신매체에 게시하여 위탁자가 약관을 조회하고 다운로드(화면출력 포함) 받을 수 있도록 하여야 한다.

본 신탁계약의 내용을 증명하기 위하여 본 신탁계약서를 2부 작성하여 위탁자, 수탁자가 서명 또는 기명날인한 후 위탁자와 수탁자가 각 1부씩 보관한다.

[****]년 [*]월 [*]일

위탁자 : [***] (인)
주민등록번호 :
주소 :

수탁자 : [**** 주식회사]
법인등록번호 :
주소 :
대표자 : [***] (인)

[별지]

주식 신탁사실 통지서

(확정일자부 양도통지)

수 신 : ㈜ [****]

주소

대표이사 [***]

귀 법인의 무궁한 발전과 일익 번창함을 기원합니다.

위탁자 본인 [***](이하 '위탁자')은, [****]년 [*]월 [*]일 수탁자 [****] 주식회사(이하 '수탁자')와 사이에서 '유가증권신탁계약'을 체결하고, 위탁자가 소유하고 있는 다음 주식을 수탁자에게 신탁하였습니다. 따라서 귀 법인은 주주명부에 위탁자 명의를 수탁자 명의로 변경하여 주시고 신탁사실을 표시한 후 주주명부를 수탁자인 [***] 주식회사로 보내주시기 바랍니다.

회사명	주주명	소유주식수
㈜ [****] 주식(보통주)	[***]	[****] 주

[****]년 [*]월 [*]일

통지인(위탁자)

성 명 : [***] (인)

생년월일 :

주 소 :

❺ 금전채권신탁계약

위탁자 [***]와 수탁자 [****] 주식회사는 다음과 같이 『금전채권신탁계약』(이하 "본 신탁계약"이라 한다)을 체결한다.

제1조 【신탁의 목적】 본 신탁계약은 위탁자가 별지 신탁금전채권의 표시에 기재된 금전채권을 수탁자에게 신탁하고, 수탁자는 이를 인수하여 관리·추심 및 처분함을 목적으로 한다.

제2조 【원본 및 수익】 ① 본 신탁계약은 별지 신탁금전채권의 표시에 기재된 금전채권을 본 신탁계약의 원본으로 하고, 그 이자 채권과 그 밖의 신탁재산으로부터 생기는 이익을 수익으로 한다.

② 제1항의 원본은 수탁시점의 시장가격 또는 회계법인 등이 평가한 가액 등 공정가액으로 한다. 다만, 공정가액이 불분명한 경우에는 액면가액으로 할 수 있다.

제3조 【신탁계약기간】 ① 본 신탁계약의 기간은 별지 금전채권신탁 세부내역에 기재된 기간으로 한다.

② 제1항에도 불구하고 신탁기간 만료 전에 위탁자 및 수익자로부터 신탁기간 연장의 신청이 있을 때에는 수탁자와의 합의에 의하여 연장할 수 있다.

③ 신탁기간 만료일이 토요일 또는 공휴일 등 수탁자의 영업일 이외의 날인 경우 다음 영업일에 만료되는 것으로 한다.

제4조 【수익자】 ① 수익자는 별지 금전채권신탁 세부내역에 기재된 자로 한다.

② 위탁자는 수익자와 서명으로써 수탁자의 승낙을 얻어 수익자를 새로 지정하거나 변경할 수 있으며, 이 권리는 위탁자에게 귀속되며 상속되지 아니한다.

③ 수익자를 별도로 지정하지 아니한 경우에는 위탁자를 수익자로 본다.

제5조 【신탁재산에 속하는 금전의 운용】 ① 수탁자는 신탁재산에 속하는 금전을 수익자에게 교부하게 될 때까지 신탁업무 관련법령에서 정한 바에 따라 운용할 수 있다. 다만, 위탁자는 관련법령 범위 내에서 그 금전의 운용방법을 별지 금전채권신탁 세부내역 중 신탁자금 운용지시 사항에서 별도로 지정할 수 있다.

② 수탁자는 본 신탁계약의 신탁재산을 다른 신탁재산과 구분하여 관리·운용한다.

제6조 【신탁사무의 위임】 ① 수탁자는 다음 각 호의 어느 하나에 해당하는 신탁사무의 일부 또는 전부를 위탁자 또는 제3자에게 위임할 수 있다.

1. 신탁재산인 금전채권의 추심업무 및 관리업무
2. 담보권의 관리업무
3. 관련서류의 보관 및 관리업무
4. 그 밖의 상기업무 등에 부수하는 사무로서 수탁자와 신탁사무 수임인 사이 별도로 체결하는 신탁사무위임계약에서 정하는 사무

② 수탁자는 신탁사무 위임에 따른 수수료를 신탁사무위임계약에서 정하는 바에 따라 신탁사무 수임인에게 신탁재산에서 지급한다.

③ 신탁사무위임계약이 해지되는 경우, 수탁자는 그 신탁사무를 직접 수행하거나 제3자로 하여금 수행하도록 할 수 있다. 수탁자가 직접 신탁사무를 수행하는 경우에 수탁자는 수임인에게 지급하던 수수료와 동일한 조건의 수수료를 제14조에서 정하는 신탁보수의 범위 내에서 신탁재산에서 지급받을 수 있다.

해설

금전채권신탁의 핵심업무가 바로 '금전채권의 추심 및 관리업무'인데, 수탁자인 신탁회사가 그 업무를 직접 수행할 수도 있지만, 전문추심회사에 추심업무를 위임하는 경우가 많다. 이 때문에 신탁사무의 위임을 신탁계약서에 명시한 것이다.

제7조【추가신탁】 ① 위탁자는 수탁자의 승낙을 얻어 본 신탁계약에 대한 소정양식에 의하여 추가신탁을 할 수 있다.

② 제1항에 의한 추가신탁 시점에 위탁자와 수탁자 간 별도의 서면합의가 없는 경우에는 본 신탁계약서에서 정하여진 사항을 적용한다.

제8조【운용내역 통보】 ① 수탁자는 매분기 말일을 기준으로 별지 금전채권신탁 세부내역에 위탁자가 지정한 방식대로 매분기 말일부터 2개월 이내에 신탁재산의 추심현황 및 운용내역을 통보하여야 한다.

② 제1항에도 불구하고 위탁자가 정기적인 통보를 원하지 않을 경우 그 내용을 별지 금전채권신탁 세부내역에 명기한 후 통보를 생략할 수 있다.

③ 제1항에도 불구하고 위탁자가 운용내역 보고기간을 별도로 정한 경우에는 그에 따르기로 하며, 위탁자 또는 수익자가 신탁재산의 운용내역을 확인하고자 할 경우에는 수탁자는 그 내용을 즉시 제공하여야 한다.

제9조【원본 또는 이익의 보전】 본 신탁계약은 신탁원본과 이익의 보전을 하지 아니하며, 경우에 따라서는 원본의 손실이 발생할 수 있다.

제10조【채권의 이전 및 대항요건의 취득】 ① 위탁자는 본 신탁계약의 계약일에 신탁재산인 금전채권과 이에 부수하는 일체의 권리 및 그 채권관계서류를 수탁자에게 이전 및 인계하여야 하며, 향후 신탁재산과 관련하여 채권과 이에 부수하는 일체의 권리에 대한 서류를 취득하는 경우에는 이를 즉시 수탁자에게 이전 및 인계하여야 한다.

② 위탁자 본인의 비용으로 본 신탁계약에 따르는 채권의 이전과 관련하여 수탁자가 「민법」 등 관련법령에 따라 채무자 및 제3자에 대하여 대항요건을 취득할 수 있도록 채무자에 대한 확정일자가 있는 증서에 의한 채권양도 통지를 비롯하여 필요한 대항요건을 관련법령에서 정한 방식으로 수탁자에게 갖추어 주도록 한다.

③ 「자산유동화에 관한 법률」(이하 "자산유동화법"이라 한다)에 따른 자산유동화를 위한 신탁으로서 금융위원회에 자산유동화계획을 등록하는 신탁(이하 "유동화신탁"이라 한다)인 경우에는 제2항에도 불구하고 「자산유동화법」에 따라 대항요건을 갖춘다.

해설

금전채권신탁에서 대항력을 갖추는 것은 매우 중요한 업무이다. 그리고 금전채권의 원인이 되는 계약서, 판결문 기타 서류도 신탁계약 전에 받아 충분히 검토하고 진행한다. 확정일자 있는 채권양도통지나 채권양도승낙을 명확히 해두어야 한다.

제11조 【신탁재산의 표시】 수탁자는 신탁재산에 대하여는 신탁의 등기, 등록 또는 신탁의 표시와 기재(이하 "등기 등"이라 한다)를 하며 위탁자는 이에 협조하기로 한다. 다만, 유동화신탁의 경우 「자산유동화법」의 규정에 따라 이를 생략할 수 있다.

제12조 【수익권증서의 발행 등】 ① 수탁자는 본 신탁계약의 수익권을 증명하기 위하여 수익권증서를 발행하여 수익자에게 교부한다.

② 수익자가 제13조에 의하여 수익권의 전부 또는 일부를 양도하는 경우, 수익자는 수익권증서를 수탁자에게 제출하여야 하며 수탁자는 양수인을 수익자로 하는 새로운 수익권증서를 즉시 발행하여야 한다.

③ 본 신탁계약의 수익권은 분할하여 발행할 수 있다.

제13조 【수익권의 양도 및 담보 제공】 ① 수익자가 본 신탁계약의 수익권을 양도하거나 담보로 제공하거나 할 때에는 위탁자와 수익자의 서명으로써 수탁자의 동의를 받아야 한다.

② 제1항에 따라 수익자가 수익권을 제3자에게 양도하거나 담보로 제공하는 경우, 수익자는 그 양수인이나 담보권자가 본 신탁계약을 준수하도록 하여야 하고, 본 신탁계약에서 정하는 바에 따라 신탁재산을 받을 의사표시와 본 신탁계약서상의 수익자의 의무를 이행할 것을 확약하는 내용이 포함된 별지 금전채권신탁 수익권 양도·양수의뢰서를 사전에 수탁자에게 제출하여야 한다.

제14조 【신탁보수】 ① 본 신탁계약의 신탁보수는 별지 금전채권신탁 세부내역에서 정한 바에 따른다.

② 수탁자는 본 신탁계약에 의한 신탁보수를 별지 금전채권신탁 세부내역에서 정한 바에 따라 신탁재산 중에서 수령하거나, 위탁자 또는 수익자에게 별도로 청구할 수 있다.

③ 제1항에서 정한 신탁보수율은 신탁사무의 처리에 변동이 있을 때에는 수탁자는 위탁자 및 수익자와의 합의에 따라 이를 변경할 수 있다.

제15조 【신탁이익의 계산】 본 신탁계약의 이익계산일은 별지 금전채권신탁 세부내역에 기재된 날을 이익계산일로 한다.

제16조 【신탁기간 중 원본 및 수익의 교부】 ① 수탁자는 본 신탁계약의 수익에서 제14조 및 제17조에 의한 신탁보수 및 제비용을 공제한 잔액을 수익자의 청구에 의하여 매 이익계산일(이익계산일이 휴일 또는 공휴일인 경우 익영업일)에 금전으로 지급한다.

② 신탁재산인 금전채권의 일부에 대하여 수탁자 및 제6조에서 정한 신탁사무의 수임자의 과실 없이 추심불능 등의 사유가 발생하여 실제 추심한 금전이 수익권의 원본에

달하지 못하게 되는 경우에는 추심 완료된 금액 범위 내에서 수익자에게 지급시기에 지급하기로 한다.

제17조【조세 및 제비용】 ① 수탁자는 신탁재산에 관한 조세, 각종 수수료, 법적처리절차 비용, 그 밖의 신탁업무 처리에 필요한 비용(이하 "제비용"이라 한다)을 신탁재산 중에서 취득하여 처리한다.

② 제1항의 제비용을 신탁재산에서 지급할 수 없을 경우에는 수탁자는 위탁자 또는 수익자에게 이를 별도로 청구하여 받기로 한다.

제18조【중도해지】 ① 본 신탁은 신탁의 목적이 달성되거나, 위탁자 및 수익자와 수탁자 간 협의하여 본 신탁계약을 중도해지할 수 있다.

② 위탁자와 수익자가 동일한 경우를 제외하고는 위탁자가 사망하였을 경우 수탁자와 수익자가 합의하여 신탁계약을 종료할 수 있다.

③ 신탁계약이 제1항 또는 제2항에 따라 중도해지되는 경우, 수탁자는 제14조에서 정한 신탁보수 중 중도해지시까지의 신탁보수(이하 "미지급신탁보수"라 한다)와 별지 금전채권신탁 세부내역에 명기한 중도해지수수료를 받는다.

④ 수탁자는 제3항에도 불구하고 다음 각 호의 어느 하나에 해당하는 경우에는 중도해지수수료를 받지 아니한다.

1. 수탁자의 책임사유에 의하여 위탁자가 해지하는 경우
2. 위탁자가 수탁자의 신탁계약 변경에 동의하지 아니하여 위탁자가 해지하는 경우
3. 관련법규에서 중도해지수수료를 받지 않는 예외의 사유로 인정한 경우

제19조【신탁의 종료】 ① 신탁기간의 만료 또는 그 밖의 사유로 인하여 신탁이 종료한 때에는 수탁자는 최종계산서를 작성하여 수익자의 승인을 얻은 후 원본 및 수익을 수익자에게 운용현상 그대로 교부하기로 하며, 이때 발행된 수익권증서가 있을 경우에는 수익자는 신탁계약서 및 수익권증서를 수탁자에게 제출하여야 한다.

② 제1항에도 불구하고 운용현상대로 교부하는 것이 곤란한 경우 수탁자는 수익자가 별도의 의사표시를 하지 않는 한 교부가 가능해질 때까지 보관, 관리 및 추심한다.

③ 최종계산서에 대하여 수익자가 승인을 하지 아니한 경우 수탁자는 최종계산서를 작성하여 수익자에게 계산승인을 요구하고, 수익자는 계산승인의 요구를 받은 때로부터 1개월 내에 승인 여부를 수탁자에게 통지하여야 한다.

④ 수탁자는 제3항의 계산승인을 요구할 경우 "수익자는 최종계산에 대하여 이의가 있는 경우 계산승인을 요구받은 때로부터 1개월 내에 이의를 제기할 수 있고, 최종계산에 대하여 이의를 제기하지 아니한 경우에는 수익자가 계산을 승인한 것으로 본다"라는 취지의 내용을 통지하여야 한다.

⑤ 수익자가 제3항의 계산승인을 요구받은 때로부터 1개월 내에 이의를 제기하지 아니하면 제3항의 계산을 승인한 것으로 본다.

제20조【신탁재산인 금전채권 명세의 열람】 수탁자는 수익자로부터 청구가 있는 경우에는 신탁재산인 금전채권의 채무자에 관한 개인정보를 보호할 필요가 있다고 인정되거

나 그 밖에 관련법령에서 정한 경우를 제외하고는 영업시간 내 언제라도 신탁재산인 금전채권의 명세를 수익자 등 이해당사자가 열람할 수 있도록 한다.

제21조 【신고사항 등】 ① 위탁자, 수익자 또는 이들의 상속인은 다음 각 호의 어느 하나에 해당하는 경우에는 지체 없이 필요한 절차를 통해 수탁자에게 신고하여야 한다. 그 신고 또는 절차의 지연으로 인하여 발생한 손해에 대하여 수탁자는 책임을 지지 아니한다.

1. 신탁계약서, 수익권증서 또는 신고인감을 분실·도난·훼손하였거나 변경하고자 할 때
2. 위탁자, 수익자 및 대리인, 그 밖의 신탁계약 관계자에 관한 성명·상호·주소등의 변경, 사망 또는 행위능력에 변동이 있을 때
3. 제3자로부터 통지받은 사항 중 본 신탁계약에 중대한 영향을 미칠 수 있는 사항
4. 그 밖의 본 신탁계약에 관하여 사전통지가 필요하다고 수탁자로부터 사전에 고지받은 사항

② 위탁자가 위탁자의 책임 있는 사유로 인해 제1항의 신고를 게을리하여 수탁자에게 손해가 발생한 경우에는 위탁자는 그 손해를 배상한다.

제22조 【인감신고】 ① 위탁자 및 수익자, 그 밖의 신탁관계자의 거래인감(또는 서명감, 이하 같다)은 미리 수탁자에게 신고하여야 한다.

② 수탁자는 본 신탁계약과 관련된 제반서류 등 날인된 인영을 제1항의 신고인감과 육안에 의하여 상당한 주의로써 대조하여 상위 없다고 인정하고, 신탁재산의 교부 및 지급청구 등 그 밖의 업무처리를 한 경우에는 사용인감과 지급청구서 등의 도용, 위조, 변조나 그 밖의 어떠한 사고로 말미암아 손해가 발생하여도 그 책임을 지지 아니한다. 다만, 수탁자가 위탁자와 수익자, 신탁관계자의 거래인감·서명이 위조·변조 또는 도용된 사실을 알았거나 알 수 있었을 때는 그러하지 아니한다.

제23조 【추가약정】 위탁자, 수익자, 수탁자는 관계법령에 반하지 않는 범위 내에서 본 신탁계약의 내용을 구체화하거나 당사자들의 권리, 의무를 추가적으로 정하기 위한 약정을 체결할 수 있다.

제24조 【준용】 본 신탁계약서에서 정하지 아니한 사항은 관련법령, 추가약정서 및 특약에 따라 처리한다.

제25조 【관할법원】 위탁자 또는 수익자, 수탁자가 본 신탁계약에 관하여 소송을 제기하는 경우에는 「민사소송법」에서 정하는 바에 따른다.

제26조 【약관의 변경】 ① 수탁자는 약관을 변경하고자 하는 경우 수탁자의 영업점과 인터넷 홈페이지, 온라인 거래를 위한 컴퓨터 화면, 그 밖에 이와 유사한 전자통신매체에 변경내용을 변경되는 약관의 시행일 20일 전에 비치 또는 게시한다. 다만, 「자본시장과 금융투자업에 관한 법률」 등 관계법령 또는 거래소 업무규정의 제·개정에 따른 제도변경 등으로 약관이 변경되는 경우로서 본문에 따라 안내하기가 어려운 급박하고 부득이한 사정이 있는 경우에는 변경내용을 앞의 문장과 같은 방법으로 개정 약관의 시행일 전에 게시한다.

Part 03

② 제1항의 변경내용이 위탁자에게 불리한 것일 때에는 이를 서면 등 위탁자와 사전에 합의한 방법으로 변경되는 약관의 시행일 20일 전까지 통지하여야 한다. 다만, 기존 위탁자에게 변경 전 내용이 그대로 적용되는 경우 또는 위탁자가 변경내용에 대한 통지를 받지 아니하겠다는 의사를 명시적으로 표시한 경우에는 그러하지 아니하다.

③ 수탁자는 제2항의 통지를 할 경우 "위탁자는 약관의 변경에 동의하지 아니하는 경우 계약을 해지할 수 있으며, 통지를 받은 날로부터 변경되는 약관의 시행일 전의 영업일까지 계약해지의 의사표시를 하지 아니한 경우에는 변경에 동의한 것으로 본다"라는 취지의 내용을 통지하여야 한다.

④ 위탁자는 제3항의 통지를 받은 날로부터 변경되는 약관의 시행일 전의 영업일까지 계약해지의 의사표시를 하지 아니하는 경우에는 변경에 동의한 것으로 본다.

⑤ 수탁자는 약관을 수탁자의 영업점에 비치 또는 게시하여 갑이 요구할 경우 이를 교부하여야 하며, 인터넷 홈페이지, 온라인 거래를 위한 컴퓨터 화면, 그 밖에 이와 유사한 전자통신매체에 게시하여 위탁자가 약관을 조회하고 다운로드(화면출력 포함) 받을 수 있도록 하여야 한다.

본 신탁계약의 내용을 증명하기 위하여 본 신탁계약서를 2부 작성하여, 위탁자, 수탁자가 서명 또는 기명날인한 후 위탁자와 수탁자가 각 1부씩 보관한다.

[****]년 [*]월 [*]일

위탁자 : [***] (인)
주민등록번호 :
주소 :

수탁자 : [**** 주식회사]
법인등록번호 :
주소 :
대표자 : [***] (인)

[별지]

금전채권 신탁사실 통지서

(확정일자부 채권양도 통지)

수 신 : ㈜ [****]

주소

대표이사 [***]

귀 법인의 무궁한 발전과 일익 번창함을 기원합니다.

위탁자 본인 [***](이하 '위탁자')은, [****]년 [*]월 [*]일 수탁자 [****] 주식회사(이하 '수탁자')와 사이에서 '금전채권신탁계약'을 체결하고, 위탁자가 귀사에 대하여 가지는 [****]금전채권을 수탁자에게 신탁하였음을 통지합니다.

금전채권가액	금전채권 만기	금전채권 상세내역
[****] 원	[****]년 [*]월[*]일	[****]년 [*]월[*]일 공사대금

따라서 귀사는 [****]채권 만기시에 아래 신탁 추심계좌로 지급해 주시기 바랍니다.

예금주	계좌번호	비고
[****] 주식회사		신탁추심계좌

[****]년 [*]월 [*]일

통지인(위탁자)

성 명: [***] (인)

주 소:

3 부동산 신탁등기와 신탁원부

등기 또는 등록할 수 있는 재산권에 관하여는 신탁의 등기 또는 등록을 함으로써 '그 재산이 신탁재산에 속한 것임을 제3자에게 대항'할 수 있다(신탁법 제4조 제1항).[31] 등기관이 신탁등기를 할 때에는 부동산등기법 제81조 제1항 각 호의 사항을 기록한 신탁원부(信託原簿)를 작성하고, 등기기록에는 제48조에서 규정한 사항 외에 그 신탁원부의 번호를 기록하여야 하고, '신탁원부'는 등기기록의 일부로 본다(부동산등기법 제81조). 등기 또는 등록할 수 있는 재산을 신탁할 때 수탁자는 등기·등록절차를 반드시 이행해야 하고, 특히 신탁원부를 등기기록의 일부로 보는 만큼 신탁원부 작성까지 고려해서 신탁계약서를 작성해야 한다. 그리고 신탁재산을 거래하는 제3자는 신탁등기와 신탁원부를 사전에 검토하고, 수탁자를 통해서 원하는 거래가 적법한지를 사전에 확인하고 해당 거래를 진행해야 한다.

신탁법

제4조【신탁의 공시와 대항】 ① 등기 또는 등록할 수 있는 재산권에 관하여는 신탁의 등기 또는 등록을 함으로써 그 재산이 신탁재산에 속한 것임을 제3자에게 대항할 수 있다.

② 등기 또는 등록할 수 없는 재산권에 관하여는 다른 재산과 분별하여 관리하는 등의 방법으로 신탁재산임을 표시함으로써 그 재산이 신탁재산에 속한 것임을 제3자에게 대항할 수 있다.

③ 제1항의 재산권에 대한 등기부 또는 등록부가 아직 없을 때에는 그 재산권은 등기 또는 등록할 수 없는 재산권으로 본다.

④ 제2항에 따라 신탁재산임을 표시할 때에는 대통령령으로 정하는 장부에 신탁재산임을 표시하는 방법으로도 할 수 있다.

부동산등기법

제81조【신탁등기의 등기사항】 ① 등기관이 신탁등기를 할 때에는 다음 각 호의 사항을 기록한 신탁원부(信託原簿)를 작성하고, 등기기록에는 제48조에서 규정한 사항 외에 그 신탁원부의 번호 및 신탁재산에 속하는 부동산의 거래에 관한 주의사항을 기록하여야 한다.

1. 위탁자(委託者), 수탁자 및 수익자(受益者)의 성명 및 주소(법인인 경우에는 그 명칭 및 사무소 소재지를 말한다)
2. 수익자를 지정하거나 변경할 수 있는 권한을 갖는 자를 정한 경우에는 그 자의 성명 및 주소(법인인 경우에는 그 명칭 및 사무소 소재지를 말한다)
3. 수익자를 지정하거나 변경할 방법을 정한 경우에는 그 방법
4. 수익권의 발생 또는 소멸에 관한 조건이 있는 경우에는 그 조건

31) 수탁자의 고유재산과 신탁재산의 구분관리 측면에서 부동산에 신탁등기가 되어 있다면 수탁자의 채권자가 해당 부동산에 압류할 수 없는 것이 신탁대항력의 대표적인 예이다.

5. 신탁관리인이 선임된 경우에는 신탁관리인의 성명 및 주소(법인인 경우에는 그 명칭 및 사무소 소재지를 말한다)
6. 수익자가 없는 특정의 목적을 위한 신탁인 경우에는 그 뜻
7. 「신탁법」 제3조제5항에 따라 수탁자가 타인에게 신탁을 설정하는 경우에는 그 뜻
8. 「신탁법」 제59조제1항에 따른 유언대용신탁인 경우에는 그 뜻
9. 「신탁법」 제60조에 따른 수익자연속신탁인 경우에는 그 뜻
10. 「신탁법」 제78조에 따른 수익증권발행신탁인 경우에는 그 뜻
11. 「공익신탁법」에 따른 공익신탁인 경우에는 그 뜻
12. 「신탁법」 제114조제1항에 따른 유한책임신탁인 경우에는 그 뜻
13. 신탁의 목적
14. 신탁재산의 관리, 처분, 운용, 개발, 그 밖에 신탁 목적의 달성을 위하여 필요한 방법
15. 신탁종료의 사유
16. 그 밖의 신탁 조항

② 제1항제5호, 제6호, 제10호 및 제11호의 사항에 관하여 등기를 할 때에는 수익자의 성명 및 주소를 기재하지 아니할 수 있다.
③ 제1항의 신탁원부는 등기기록의 일부로 본다.
④ 제1항 각 호 외의 부분에 따른 주의사항의 내용 및 등기방법 등에 관하여 필요한 사항은 대법원규칙으로 정한다.

부동산등기법 제81조 제2항은 신탁관리인이 선임된 경우와 목적신탁, 수익증권발행신탁 및 공익신탁의 경우 '수익자의 성명 및 주소'를 기재하지 아니할 수 있다고 규정하고 있다. 수익자가 지정되지 않거나 수익자가 전전양도될 수 있는 경우 수익자의 성명 및 주소를 기재하는 것이 불가능하거나 지나치게 곤란하기 때문이다. 그런데 수익자를 지정하거나 변경할 수 있는 권한을 갖는 자를 지정한 경우나 수익자를 지정할 방법을 정한 경우에는 신탁 설정 시점에 수익자가 지정되지 아니하므로, 수익자의 성명 및 주소 기재의 예외를 규정하고 있는 부동산등기법 제81조 제2항을 '제1항 제2호, 제3호(수익자 지정 방법을 정한 경우에 한한다), 제10호 및 제11호의 사항에 관하여 등기를 할 때에는 수익자의 성명 및 주소를 기재하지 아니할 수 있다'로 개정하여야 한다.

판례 해설

신탁원부의 대항력과 제3자효(대법원 2025. 2. 13. 선고 2022다233164 판결)

1. 사실관계

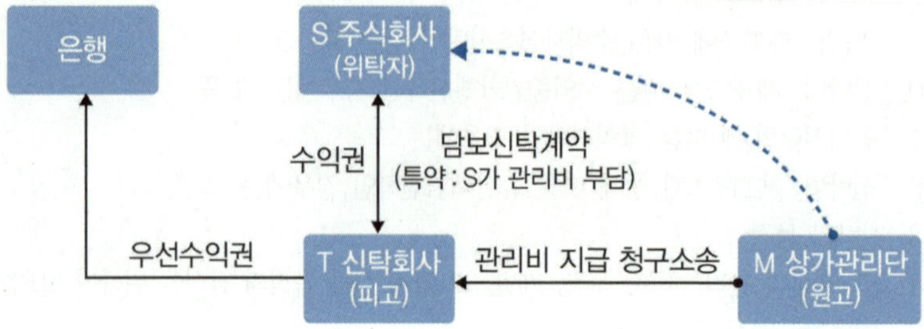

(1) T 신탁회사(이하 "피고")가 S 주식회사(이하 "위탁자")와 체결한 담보신탁계약(우선수익자: 대출금융기관)에 따라 집합건물 중 위탁자 소유의 전유부분인 부동산에 관하여 신탁을 원인으로 소유권이전등기를 마쳤고, 위 부동산에 관한 관리비를 위탁자가 부담한다고 규정한 신탁계약서가 신탁등기 당시 신탁원부에 포함되어 부동산등기부에 편철되었는데, 집합건물 관리단(이하 "원고")이 수탁자인 T 회사를 상대로 체납 관리비의 지급을 구하였다.

(2) 집합건물 관리단인 원고는 수탁자인 피고를 상대로 관리비를 청구하자, 피고는 '위탁자가 관리비 납부의무를 부담한다는 신탁계약 내용이 신탁등기의 일부로 인정되는 신탁원부에 기재되었고 이로써 원고에게 대항할 수 있다'고 주장하면서 지급의무가 없다고 다투었다.

(3) 원심은, 이 사건 신탁계약에서 관리비를 위탁자가 부담한다고 정하였고, 이 사건 신탁계약서가 신탁원부에 포함되어 등기의 일부가 되었으므로, 피고는 관리비 지급책임의 주체가 위탁자라고 원고에게 대항할 수 있다고 보아 이 사건 관리비 청구를 기각하였다.

2. 대법원 판결요지

2011. 7. 25. 법률 제10924호로 전부 개정되어 2012. 7. 26. 시행된 신탁법 제4조 제1항은 "등기 또는 등록할 수 있는 재산권에 관하여는 신탁의 등기 또는 등록을 함으로써 그 재산이 신탁재산에 속한 것임을 제3자에게 대항할 수 있다."고 규정하였다. 이러한 규정의 취지는 어떠한 재산에 신탁의 등기 또는 등록을 하면 그 재산이 수탁자의 다른 재산과 독립하여 신탁재산을 구성한다는 것을 제3자에게 대항할 수 있다는 의미이다. 따라서 신탁법 제4조 제1항이 적용되는 신탁계약에서는 특별한 사정이 없는 한 신탁계약의 내용이 신탁원부에 기재되어 부동산등기법 제81조 제3항에 따라 등기기록의 일부로 보게 되더라도 위와 같은 신탁재산의 구성에 관한 사항 외에는 이로써 제3자에게 대항할 수 없다.

이 사건 신탁계약은 2019. 2. 13.경 체결되어 신탁법 제4조 제1항이 적용되므로 신탁등기로 이 사건 부동산이 수탁자의 고유재산과 분별되는 신탁재산에 속한 것임을 제3자에게 대항할 수 있을 뿐이고, 관리비 납부의무를 위탁자가 부담한다고 정한 신탁계약이 신탁원부에 기재되었더라도 수탁자인 피고는 이로써 제3자인 원고에게 대항할 수 없으며, 원심이 인용한 대법원 2012.

5. 9. 선고 2012다13590 판결은 구 신탁법(2011. 7. 25. 법률 제10924호로 전부 개정되기 전의 것) 제3조 제1항이 적용되는 사안에 관한 것으로서 신탁법 제4조 제1항이 적용되는 이 사건에 원용하기 적절하지 않다고 보아, 이와 달리 판단한 원심을 파기 · 환송하였다.

3. 판례해설

해석의 여지가 있었던 구 신탁법 조문과 달리, 현행 신탁법 제4조 제1항은 "등기 또는 등록할 수 있는 재산권에 관하여는 신탁의 등기 또는 등록을 함으로써 그 재산이 신탁재산에 속한 것임을 제3자에게 대항할 수 있다."고 명확하게 규정하고 있으므로, 신탁법 제4조 제1항이 적용되는 신탁계약에서는 신탁계약의 내용이 신탁재산의 구성에 관한 사항 외에는 이로써 제3자에게 대항할 수 없다는 판례의 입장에 동의한다. 다만, 신탁계약으로 수탁자의 책임을 제한하는 내용을 규정하였다 하더라도, 이러한 수탁자의 책임제한 계약의 내용은 신탁원부의 대항력을 신탁재산의 구성에 관한 사항으로 한정되기 때문에, 수탁자에게 우발적인 채무가 발생할 위험이 있음에 유의해야 한다.

부동산 등기선례

신탁등기신청 시 신탁원부 작성을 위한 정보로서 "수익자의 성명 및 주소"에 관한 사항을 제공하지 아니할 수 있는 경우 제정 2019.6.25.[부동산등기선례 제201906-9호, 시행]

신탁등기를 신청할 때에는 원칙적으로 "수익자의 성명(명칭)과 주소(사무소 소재지)"를 신탁원부 작성을 위한 정보로서 제공하여야 하지만, 「부동산등기법」 제81조 제2항에 따른 경우에는 이를 제공할 필요가 없는바, 이 외에도 신탁을 설정할 때에 수익자를 지정할 권한을 갖는 자를 정한 경우나 수익자를 지정할 방법을 정한 경우로서 아직 수익자가 특정되어 있지 않은 경우라면 "수익자의 성명과 주소"를 신탁원부 작성을 위한 정보로서 제공하지 아니하고 신탁등기를 신청할 수 있다(2019.6.25. 부동산등기과-1539 질의회답).

4 상속신탁등기 기재례와 신탁원부

가. 상속신탁설정등기

위탁자인 김부자가 [****] 주식회사와 사후수익자를 김두리로 하는 유언대용신탁계약을 체결한 후 유언대용신탁등기를 신청한 것을 가정하여 등기부 기재례[32]를 살펴본다.

상속신탁설정등기의 '등기목적'은 '소유권이전', '등기원인'은 '신탁', '권리자 및 기타사항'

은 '수탁자인 [****] 주식회사'가 기재된다.[33] 등기목적이 '소유권이전'이긴 하나, 등기원인이 '신탁'으로 기재되어 있고, 권리자를 소유자가 아닌 '수탁자'로 표기하므로, 등기부를 보면 부동산 관리목적으로 신탁이 설정되었을 것임을 짐작할 수 있다. 그리고 신탁재산인 부동산의 소유권이전등기가 수탁자 앞으로 되어 있다 하더라도, 위탁자는 신탁부동산에 대한 '생전수익권'을 100% 보유하고 있는 것이다.

상속신탁설정등기(상사신탁)

【 갑 구 】				(소유권에 관한 사항)
순위번호	등기목적	접 수	등기원인	권리자 및 기타사항
2	소유권 이전	2012년 1월9일 제670호	2012년 1월8일 매매	소유자 김부자 600104-0000000 서울특별시 서초구 반포대로 00(반포동) 거래가액 금200,000,000원
3	소유권 이전	2019년 3월5일 제3005호	2019년 3월4일 신탁	수탁자 [****] 주식회사 112601-000000 서울특별시 영등포구 00(여의도동)
	신탁			신탁원부 제2019-25호

32) 이 책에서는 '신탁재산에 속하는 부동산의 거래에 관한 주의사항'의 등기 및 말소등기는 기재하지는 않았다.

33) 등기부상으로는 유언대용신탁임을 알 수 없고, 관할 등기소에서 신탁원부를 열람하면 신탁의 유형과 사후수익자를 확인할 수 있다.

❶ 유언대용신탁의 신탁원부[34)]

<table>
<tr><th colspan="3">신탁원부</th></tr>
<tr><td colspan="3">신 탁 원 부　　제　　　　호
위　탁　자　　김부자
수　탁　자　　[****] 주식회사(취급점 : [**] 지점)
신 청 대 리 인　　법무사 [***]
　　　　　　　주소</td></tr>
<tr><td colspan="2" rowspan="2">신청서 접수</td><td>2020년 [*]월 [*]일</td></tr>
<tr><td>제 [*****] 호</td></tr>
<tr><td>1</td><td>위탁자의 성명과 주소</td><td>김부자 [****** – *******]
주소</td></tr>
<tr><td>2</td><td>수탁자의 성명과 주소</td><td>[****] 주식회사(법인등록번호 : ****** – ******)
주소 (취급지점 : [****] 지점)</td></tr>
<tr><td>3</td><td>수익자의 성명과 주소</td><td>1) 신탁원본 및 이익의 생전수익자
　김부자 [****** – *******]
2) 위탁자 사망 시 신탁원본 및 이익의 사후수익자
　김두리 [****** – *******]</td></tr>
<tr><td>4</td><td>신탁관리인의 성명과 주소</td><td>없음</td></tr>
<tr><td>5</td><td>신탁조항</td><td>별첨 유언대용신탁계약 및 부동산관리신탁계약과 같음</td></tr>
<tr><td>6</td><td>부동산의 표시</td><td>별첨 부동산 기재와 같음</td></tr>
</table>

34) 신탁등기를 신청할 때는 신탁등기사항을 적은 서면을 신청서에 첨부하여야 하는데, 이 서면이 접수되면 신탁원부로서 등기부의 일부가 되고, 신탁원부의 기재는 등기부로 본다(부동산등기법 제24조).

❷ 수익자연속신탁의 신탁원부

위 사례에서 김두리를 1차 사후수익자로, 김손자를 2차 사후수익자로 정하면 신탁원부는 다음과 같이 작성된다. 이 경우 2차 사후수익자만 신탁원부에 추가된 것이므로 등기기재는 앞의 유언대용신탁 사례와 같다.

<table>
<tr><th colspan="4">신탁원부</th></tr>
<tr><td colspan="4">신 탁 원 부 제 호
위 탁 자 김부자
수 탁 자 [****] 주식회사(취급점: [**] 지점)
신 청 대 리 인 법무사 [***]
주소</td></tr>
<tr><td colspan="2" rowspan="2">신청서 접수</td><td>[****]년 [*]월 [*]일</td><td rowspan="2"></td></tr>
<tr><td>제 [*****] 호</td></tr>
<tr><td>1</td><td>위탁자의 성명과 주소</td><td colspan="2">김부자 [****** – *******]
주소</td></tr>
<tr><td>2</td><td>수탁자의 성명과 주소</td><td colspan="2">[****] 주식회사(법인등록번호 : ****** – ******)
주소 (취급지점 : [****] 지점)</td></tr>
<tr><td>3</td><td>수익자의 성명과 주소</td><td colspan="2">1) 신탁원본 및 이익의 생전수익자
김부자 [****** – *******]
2) 위탁자 사망 시 신탁원본 및 이익의 1차 사후수익자
김두리 [****** – *******]
3) 1차 사후수익자 사망 시 신탁원본 및 이익의 2차 사후수익자
김손자 [****** – *******]</td></tr>
<tr><td>4</td><td>신탁관리인의 성명과 주소</td><td colspan="2">없음</td></tr>
<tr><td>5</td><td>신탁조항</td><td colspan="2">별첨 유언대용신탁계약 및 부동산관리신탁계약과 같음</td></tr>
<tr><td>6</td><td>부동산의 표시</td><td colspan="2">별첨 부동산 기재와 같음</td></tr>
</table>

나. 상속신탁집행등기

위탁자인 김부자가 사망한 후 사후수익자인 김두리에게 상속신탁집행하게 되면 등기는 다음과 같이 변경된다.

수탁자는 사후수익자 김두리 명의로 상속신탁집행등기를 신청하게 되는데, '등기목적'은 '소유권이전', '등기원인'은 '신탁재산의 귀속', '권리자 및 기타사항'에 '소유자 김두리'를 기재하면서, 순위번호 3번의 신탁등기를 '신탁재산의 귀속'을 원인으로 말소한다. 물론 계속관리형 유언대용신탁의 경우 위탁자 사망 이후 '일정 기간' 또는 '특정조건' 성취시까지 등기부의 변경은 없이 수탁자가 소유자로서 신탁재산을 계속 관리하게 된다. 이 경우 신탁원부의 변경이 필요할지 여부가 문제될 수 있는데, 신탁원부상 이미 '위탁자 사망 시 사후수익자'가 기재되어 있고, 사후수익권과 계속관리에 대한 자세한 규정이 들어가 있는 유언대용신탁계약서도 신탁원부에 첨부되어 있으므로, 신탁원부의 변경은 필요 없다.

▌상속신탁집행등기(상사신탁)▐

【 갑 구 】				(소유권에 관한 사항)
순위번호	등기목적	접 수	등기원인	권리자 및 기타사항
2	소유권 이전	2012년 1월9일 제670호	2012년 1월8일 매매	소유자 김부자 600104-0000000 서울특별시 서초구 반포대로 00(반포동) 거래가액 금200,000,000원
3	소유권 이전	2019년 3월5일 제3005호	2019년 3월4일 신탁	수탁자 00신탁 112601-000000 서울특별시 영등포구 국제금융로 00(여의도동)
	~~신탁~~			~~신탁원부 제2019-25호~~
4	소유권 이전	2019년 9월5일 제4005호	2019년 8월20일 신탁재산의 귀속	소유자 김두리 900110-0000000 서울특별시 서초구 반포대로 00(반포동)
	3번 신탁등기 말소		신탁재산의 귀속	

CHAPTER 04

상속신탁계약의 체결, 신탁재산운용 및 상속신탁집행

1 상속신탁계약의 체결

상속신탁계약 체결을 위해 위탁자와 수탁자는 사전에 미리 자산승계계획 수립, 사후수익자 및 사후수익권의 내용 확정, 신탁계약 후 등기·등록 절차의 이행, 신탁 후 재산관리방법에 대해 충분히 협의하고 신탁 전문 변호사의 도움을 받아 신탁계약서를 작성해야 한다. 그리고 위탁자와 수탁자는 신탁계약 후 최대한 빠른 시간 내에 신탁의 공시와 대항요건(등기, 등록 또는 신탁재산에 속한 것임을 표시)을 갖추어야 한다.

신탁법 제56조 제1항에 따라 생전수익권취득형 유언대용신탁의 경우 신탁계약으로 사후수익자로 지정된 자는 당연히 사후수익권을 취득한다. 상속신탁계약 체결 여부를 사후수익자에게 알려야 하는지에 대해서는 두 가지 선택지가 있다. 신탁계약 체결 시에 사후수익자에게 통지하는 방법과 상속개시 후 사후수익자에게 통지하는 방법 중 위탁자가 선택할 수 있는데(신탁법 제56조), 일반적으로는 상속개시 후 사후수익자에게 신탁사실이 통지되기를 원한다. 사후수익자가 미리 상속신탁 내용을 알게 될 경우, 사후수익자의 근로의욕이 상실되거나 사후수익자 간 차등상속계획이 서로의 관계를 악화시킬 위험성도 있기 때문이다.

신탁법

제56조 【수익권의 취득】 ① 신탁행위로 정한 바에 따라 수익자로 지정된 자(제58조제1항 및 제2항에 따라 수익자로 지정된 자를 포함한다)는 당연히 수익권을 취득한다. 다만, 신탁행위로 달리 정한 경우에는 그에 따른다.

② 수탁자는 지체 없이 제1항에 따라 수익자로 지정된 자에게 그 사실을 통지하여야 한다. 다만, 수익권에 부담이 있는 경우를 제외하고는 신탁행위로 통지시기를 달리 정할 수 있다.

2 신탁재산운용

상속신탁은 위탁자 사후는 물론 생전에도 위탁자의 신탁재산에 대한 완전한 통제권을 행사하는 것을 보장해주는 신탁계약이다. 일반적인 경우 상속신탁하였더라도 신탁재산의 운용, 즉 보관, 관리, 취득, 처분은 전적으로 위탁자의 지시에 따라 수탁자가 이행한다. 물론 위탁자가 해외 장기 체류 중이거나 사무처리능력이 부족한 상황에 전적으로 또는 일정 제한하에 수탁자에게 신탁재산의 보관, 관리, 취득, 처분에 대한 재량권을 부여할 수도 있다. 그리고 신탁재산보호자나 신탁재산운용지시권자를 개입시켜 위탁자가 사무처리능력이 없을 때 신탁재산의 관리에 대한 지시권을 행사하도록 할 수도 있다.

가. 신탁재산이 금전인 경우

금전에 대해 신탁설정하면, 신탁재산인 금전을 주식, 채권, 펀드, 파생결합증권, 부동산, 동산, 항공기, 선박 등 다양한 재산으로 운용할 수 있다. 안전자산을 선호하는 위탁자라면 주로 예금, 채권 및 채권형 펀드로 운용한다. 재산증식 목적인 위탁자는 주식, 주식형 펀드, 파생결합증권에 투자할 수 있다. 수익형 부동산으로 노후자금을 확보하려는 위탁자는 신탁재산인 금전으로 수익형 부동산을 매수하고, 수익형 부동산으로부터 발생하는 정기적인 이익을 노후자금으로 활용할 수도 있다.

부동산 등기예규

금전신탁계약에서 부동산을 취득할 때 등기예규

(5) 「신탁법」 제27조에 따라 신탁재산에 속하게 되는 경우

(가) 「신탁법」 제27조에 따라 신탁재산에 속하게 되는 경우, 예컨대 신탁재산(금전 등)의 처분에 의하여 제3자로부터 부동산에 관한 소유권을 취득하는 경우에는 신탁등기의 신청은 해당 부동산에 관한 소유권이전등기의 신청과 함께 1건의 신청정보로 일괄하여 하여야 한다. 등기의 목적은 "소유권이전 및 신탁재산처분에 의한 신탁"으로, 등기권리자란은 "등기권리자 및 수탁자"로 표시하여 신청정보의 내용으로 제공한다.

(나) 다만, 위 제3자와 공동으로 소유권이전등기만을 먼저 신청하여 수탁자 앞으로 소유권이전등기가 이미 마쳐진 경우에는 수탁자는 그 후 단독으로 신탁등기만을 신청할 수 있고, 수익자나 위탁자도 수탁자를 대위하여 단독으로 신탁등기만을 신청할 수 있다. 이 경우 등기의 목적은 "신탁재산처분에 의한 신탁"으로 하여 신청정보의 내용으로 제공한다.

신탁등기사무처리에 관한 예규 개정 2019.5.27. [등기예규 제1673호, 시행 2019.5.27.]

나. 신탁재산이 부동산인 경우

상속신탁으로 부동산을 신탁한 경우 소유권 관리만을 목적으로 하는 '(을종)부동산관리신탁'을 원하는 위탁자도 있고, 임대 및 시설관리까지 신탁회사에 맡기는 '(갑종)부동산관리신탁'을 원하는 위탁자도 있다. 신탁회사가 일정 기간 부동산관리신탁을 하다가 위탁자가 부동산의 처분을 원하면 신탁회사는 처분신탁 특약으로 부동산을 매각하고 매매대금을 신탁재산으로 편입시켜 운용하기도 한다. 나대지나 노후건물을 신탁하면서 '부동산개발신탁'을 맡기는 위탁자도 있다. 신탁회사가 부동산의 상태, 자금여력, 위탁자의 희망사항, 자녀의 경제적 수준 등을 고려해서 최선의 부동산관리, 처분 및 개발 전략을 수행한다.

수익형 부동산을 (을종)부동산관리신탁한 경우 위탁자가 부동산임대사업자를 유지하고, 임대 및 시설관리도 위탁자가 직접 수행한다. 여기서 상속신탁설정으로 부동산의 소유권이 수탁자에게로 넘어와 있기 때문에 임대차계약 체결 시 임차인의 불안을 해소할 장치가 필요하다. 그것이 바로 신탁회사 대표이사 명의의 '신탁사실확인서'이다. 신탁사실확인서는 신탁회사마다 다르겠지만, 대략적인 내용은 다음과 같다.

[신탁사실확인서]

위탁자 [***]와 수탁자 [****] 주식회사는 [****]년 [*]월 [*]일 별지 기재 부동산에 대하여 부동산관리신탁계약을 체결하였는바, [****] 주식회사로의 신탁등기에도 불구하고 부동산관리신탁계약서 제9조에 따라 위탁자는 위탁자의 책임과 부담으로 신탁부동산에 관한 임대차계약의 체결, 임대차보증금의 수령, 운용, 관리 및 그에 따른 수익을 취득할 권리를 여전히 보유하고 있음을 확인합니다.

을종부동산관리신탁계약서 제9조【신탁부동산의 관리 등】 ① 수탁자는 신탁부동산에 관하여 소유권의 등기명의를 보존하는 업무를 수행하며, 위탁자는 자신의 책임과 부담으로 신탁부동산의 보존, 유지, 관리하여야 한다.

② 위탁자는 수익자 및 수탁자의 사전 동의를 얻어 자신의 책임과 부담으로 신탁부동산에 관한 임대차계약의 체결, 임대차보증금의 수령·운용·관리 및 그에 따른 수익을 취득할 수 있다. 다만, 위탁자가 신탁부동산에 관하여 임대차계약을 체결한 경우 임차인으로부터 임대차보증금반환의무 그 밖의 임대인으로서의 지위 및 의무가 위탁자에게 있음을 확인하는 서면을 제공받아 이를 수탁자에게 제출하여야 한다.

③ 위탁자는 신탁부동산의 멸실·훼손 등 사고가 발생하였거나 발생할 것으로 예상되는 경우 수탁자에게 지체 없이 이를 통지하여야 한다.

[****]년 [*]월 [*]일

[****] 주식회사
서울시 영등포구
대표이사 [***] (인) * 별첨 : 법인인감증명서

수익형 부동산을 (갑종)부동산관리신탁하는 경우, 임대 및 시설관리를 수탁자가 수행할 수도 있고, 임대 및 시설관리를 수탁자의 조력을 받아 위탁자가 수행할 수도 있다. 2020년 개정 부가가치세법은 부가가치세 납세의무자를 원칙적으로 수탁자로 하되, 위탁자 명의로 재화와 용역을 공급하는 경우 부가가치세 납세의무를 위탁자로 선택할 수 있도록 예외를 규정하였다(부가가치세법 제3조 제2항 및 제3항). 수탁자가 임대 및 시설관리를 직접하는 경우 수탁자는 신탁재산별로 수탁자 명의의 사업자등록을 내어야 한다. 만약 (갑종)부동산관리신탁을 설정하였지만, 위탁자 명의로 임대 및 시설관리하는 경우 위탁자 명의의 사업자등록을 그대로 유지할 수 있다.[35)]

Part 03

판례 해설

부동산관리신탁 수탁자의 공작물 책임의 법리(대법원 2024.2.15. 선고 2019다208724판결)

I. 사실개요

피고 A 자산운용 주식회사는 2013. 4. 30. 사모부동산투자신탁22호(이하 '이 사건 펀드')를 설정하고 신탁업자인 피고 B 은행과 신탁계약을 체결하였다. 피고 B 은행은 2013. 7. 4. 피고 A 자산운용의 운용지시에 따라 이 사건 펀드의 투자신탁재산으로 성남시 분당구(주소 생략)에 있는 ○○빌딩(이하 '이 사건 건물'이라고 한다)에 관한 소유권을 취득하고, 2013. 8. 22. 원고 C 엔지니어링에게 이 사건 건물 중 6층 내지 12층 부분(이하 '이 사건 임차 부분'이라고 한다)을 임대차기간 2014. 2. 1.부터 2017. 1. 31.까지로 정하여 임대하였다. 피고 A 자산운용은 이 사건 펀드를 설정, 운용하는 집합투자업자로서 함께 이 사건 임대차계약을 체결하였다. 피고 A 자산운용은 2015. 3. 10. 피고 D와 사이에 이 사건 건물의 운영 및 유지 관리 등을 포함하는 자산관리 업무에 관한 위탁계약(이하 '이 사건 자산관리 위탁계약')을 체결하였다. 피고 D는 2015. 5. 29. 피고 D의 보조참가인 E 산업과 사이에 이 사건 건물의 시설관리 등 업무에 관한 용역계약(이하 '이 사건 시설관리 용역계약')을 체결하였다. 2015. 12. 11. 20:18경 이 사건 건물 1층 주차장(이하 '이 사건 주차장'이라고 한다) 천장

35) 이 경우 위탁자가 임대차계약을 체결할 때 위 (을종)부동산관리신탁의 신탁사실확인서를 활용하면 된다.

에서 화재가 발생하였고, 화염이 이 사건 임차 부분까지 확대되었다. 이로 인하여 원고 C 엔지니어링이 영위하는 사업에 차질이 생겼고, 원고 C 엔지니어링과 그 직원인 원고 F(선정당사자) 및 선정자들이 이 사건 임차 부분에 두었던 각종 전산장비, 집기부품 등이 훼손되었다[이하 원고 C 엔지니어링과 원고 F(선정당사자) 및 선정자들을 통칭하여 '원고들'이라고 한다].

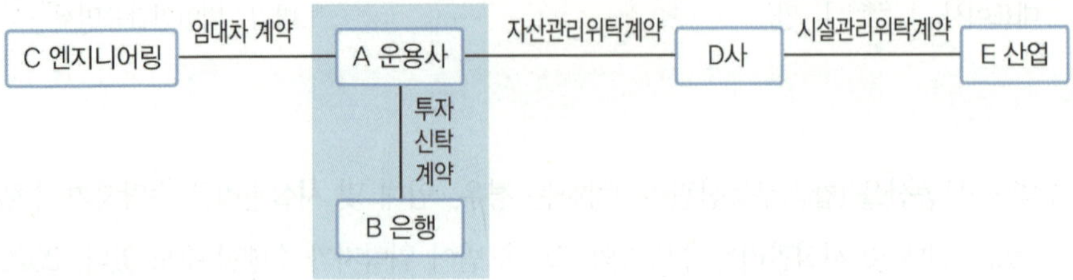

Ⅱ. 판결요지

1. 건물 화재와 관련하여 공작물 점유자의 책임을 부담하는 자에 관한 판단

물건에 대한 점유란 사회관념상 어떤 사람의 사실적 지배에 있다고 보이는 객관적 관계를 말하는 것으로서, 사실상의 지배가 있다고 하기 위하여는 반드시 물건을 물리적, 현실적으로 지배하여야만 하는 것이 아니고, 물건과 사람 사이의 시간적, 공간적 관계와 본권관계, 타인지배의 배제 가능성 등을 고려하여 사회통념에 따라 합목적적으로 판단하여야 한다(대법원 2001. 1. 16. 선고 98다20110 판결 등 참조). 민법 제758조 제1항 소정의 공작물 점유자란 공작물을 사실상 지배하면서 그 설치 또는 보존상의 하자로 인하여 발생할 수 있는 각종 사고를 방지하기 위하여 공작물을 보수·관리할 권한 및 책임이 있는 자를 말한다(대법원 2000. 4. 21. 선고 2000다386 판결 등 참조).

① 이 사건 자산관리 위탁계약에 따라 이 사건 건물에 관한 자산관리 업무를 수행한 피고 D사는 이 사건 건물에 투자한 이 사건 펀드의 집합투자업자로서 그 건물의 관리를 위탁한 피고 A 자산운용의 점유를 돕기 위하여 이 사건 건물을 사실상 지배한 것이어서 민법 제195조에 따른 점유보조자의 지위에 있을 뿐이므로 민법 제758조 제1항에 의한 공작물 점유자로서의 책임을 부담하지 않는다. ② 반면에 피고 A 자산운용은 피고 D사에게 이 사건 건물에 관한 관리 등의 업무를 지시하고 피고 D사로부터 업무보고를 받으며 자신이 정한 예산 범위 내에서 건물의 유지·관리 등에 필요한 비용을 지출하게 하는 등으로 피고 D사를 점유보조자로 하여 이 사건 건물의 일부로서 이 사건 화재가 발생한 공작물인 이 사건 주차장 천장 부분에 관하여 직접 점유를 한 자이고, 피고 B 은행은 이 사건 펀드의 투자신탁재산인 이 사건 건물의 소유자로서 그 건물의 일부인 이 사건 주차장 천장 부분에 관하여 피고 A 자산운용과 함께 직접 점유자의 지위에 있다고 볼 수 있다는 등의 이유로, 피고 A 자산운용과 피고 B 은행이 공동으로 이 사건 주차장 천장을 사실상 지배하면서 그 설치 또는 보존상의 하자로 인하여 발생할 수 있는 각종 사고를 방지하기 위하여 그 공작물을 보수·관리할 권한 및 책임을 가지는 자에 해당하여 이 사건 화재와 관련하여 민법 제758조 제1항에 의한 공작물 점유자의 책임을 부담한다.

민법 제758조 【공작물등의 점유자, 소유자의 책임】 ① 공작물의 설치 또는 보존의 하자로 인하여 타인에게 손해를 가한 때에는 공작물점유자가 손해를 배상할 책임이 있다. 그러나 점유자가 손해의 방지에 필요한 주의를 해태하지 아니한 때에는 그 소유자가 손해를 배상할 책임이 있다.

② 전항의 규정은 수목의 재식 또는 보존에 하자있는 경우에 준용한다.

③ 전2항의 경우 점유자 또는 소유자는 그 손해의 원인에 대한 책임있는 자에 대하여 구상권을 행사할 수 있다.

2. 건물 화재로 인한 손해배상책임이 투자신탁재산을 한도로 하는 것인지에 관한 판단

구 「자본시장과 금융투자업에 관한 법률」(2018. 3. 27. 법률 제15549호로 개정되기 전의 것, 이하 '구 자본시장법'이라고 한다) 제80조 제2항에 의하면, 투자신탁의 집합투자업자가 투자신탁재산의 효율적 운용을 위하여 불가피하게 자신의 명의로 직접 투자대상자산의 취득 · 처분 등을 하거나 신탁업자가 집합투자업자의 운용지시에 따라 투자대상자산의 취득 · 처분 등을 한 경우에 집합투자업자와 신탁업자는 투자신탁재산을 한도로 하여 그 이행 책임을 부담하고, 다만 그 집합투자업자 또는 신탁업자가 구 자본시장법 제64조 제1항에 따라 법령 등을 위반하는 행위를 하거나 업무를 소홀히 하여 투자자에게 손해를 발생시켜서 손해배상책임을 지는 경우에는 고유재산으로도 책임을 부담한다. 한편 신탁법 제114조 제1항에 의하면, 신탁행위로 수탁자가 신탁재산에 속하는 채무에 대하여 신탁재산만으로 책임을 부담하는 유한책임신탁을 설정할 수 있는데, 이 경우 유한책임신탁의 등기를 하여야 그 효력이 발생한다.

집합투자업자와 신탁업자가 민법 제758조 제1항에 따라 투자신탁재산인 공작물의 점유자로서 공작물의 설치 또는 보존의 하자로 피해를 입은 제3자에게 손해배상책임을 부담하는 경우에는 그 책임이 투자신탁재산의 취득 · 처분 등과 관련한 이행 책임이 아니므로, 투자신탁재산을 한도로만 책임을 부담하는 것이 아니라 고유재산으로도 그 책임을 부담하는 것으로 보아야 한다. 또한 유한책임신탁의 등기가 없는 이상 신탁법 제114조 제1항에 따른 유한책임신탁으로서의 효력도 없다.

자본시장법 제80조 【자산운용의 지시 및 실행】 ① 투자신탁의 집합투자업자는 투자신탁재산을 운용함에 있어서 그 투자신탁재산을 보관 · 관리하는 신탁업자에 대하여 대통령령으로 정하는 방법에 따라 투자신탁재산별로 투자대상자산의 취득 · 처분 등에 관하여 필요한 지시를 하여야 하며, 그 신탁업자는 집합투자업자의 지시에 따라 투자대상자산의 취득 · 처분 등을 하여야 한다. 다만, 집합투자업자는 투자신탁재산의 효율적 운용을 위하여 불가피한 경우로서 대통령령으로 정하는 경우에는 자신의 명의로 직접 투자대상자산의 취득 · 처분 등을 할 수 있다.

② 투자신탁의 집합투자업자(그 투자신탁재산을 보관 · 관리하는 신탁업자를 포함한다. 이하 이 항에서 같다)는 제1항에 따라 투자대상자산의 취득 · 처분 등을 한 경우 그 투자신탁재산을 한도로 하여 그 이행 책임을 부담한다. 다만, 그 집합투자업자가 제64조 제1항에 따라 손해배상책임을 지는 경우에는 그러하지 아니하다.

③ 집합투자업자는 제1항 단서에 따라 투자대상자산의 취득 · 처분 등의 업무를 수행하는 경우에는 투자신탁재산별로 미리 정하여진 자산배분명세에 따라 취득 · 처분 등의 결과를 공정하게 배분하여야 한다. 이 경우 집합투자업자는 자산배분명세, 취득 · 처분 등의 결과, 배분결과 등에 관한 장부 및 서류를 총리령으로 정하는 방법에 따라 작성하고 이를 유지 · 관리하여야 한다.

④ 제3항의 자산배분명세 등에 관하여 필요한 사항은 총리령으로 정한다.

⑤ 투자신탁을 제외한 집합투자기구의 집합투자업자는 그 집합투자재산을 운용함에 있어서 집합투자기구의 명의(투자익명조합의 경우에는 그 집합투자업자의 명의를 말한다)로 대통령령으로 정하는 방법에 따라 집합투자재산(투자신탁재산은 제외한다)별로 투자대상자산의 취득 · 처분 등을 하고, 그 집합투자기구의 신탁업자에게 취득 · 처분 등을 한 자산의 보관 · 관리에 필요한 지시를 하여야 하며, 그 신탁업자는 집합투자업자의 지시에 따라야 한다. 이 경우 집합투자업자가 투자대상자산의 취득 · 처분 등을 함에 있어서는 집합투자업자가 그 집합투자기구를 대표한다는 사실을 표시하여야 한다.

3. 이 사건 투자신탁이 유한책임신탁이고 수탁자에게 귀책사유가 없으므로, 신탁재산의 한도로 손해배상책임이 제한되어야 한다는 주장에 대한 판단

원심은 ① 이 사건 화재는 자본시장법 제80조 제1항에 따른 투자대상자산의 취득 · 처분 행위나 투자대상자산의 취득 · 처분 등과 관련하여 발생한 것으로 보기는 어렵다는 점, ② 유한책임신탁의 효력이 발생하기 위해서는 유한책임신탁의 등기가 이루어져야 하나(신탁법 제114조), 이에 대한 피고들의 주장이나 증명이 없다는 점 등을 이유로 피고들의 책임한도는 이 사건 건물에 관한 재산으로만 제한되지는 않는다고 봄이 타당하다고 설시하였다.

대법원 역시 "집합투자업자와 신탁업자가 민법 제758조 제1항에 따라 투자신탁재산인 공작물의 점유자로서 공작물의 설치 또는 보존의 하자로 피해를 입은 제3자에게 손해배상책임을 부담하는 경우에는 그 책임이 투자신탁재산의 취득 · 처분 등과 관련한 이행 책임이 아니므로, 투자신탁재산을 한도로만 책임을 부담하는 것이 아니라 고유재산으로도 그 책임을 부담하는 것으로 보아야 하며, 유한책임신탁의 등기가 없는 이상 신탁법 제114조 제1항에 따른 유한책임신탁으로서의 효력도 없다"고 판시하였다.

III. 판례해설

이 사건은 투자신탁재산인 건물의 화재로 인해 발생한 손해에 대해 투자신탁의 수탁자의 책임 여부가 쟁점이 된 사안이지만, 가족신탁의 수탁자가 부동산을 수탁한 경우에도 이와 같은 공작물 책임이 문제될 수 있다. 특히, 부동산을 수탁하여 부동산의 시설관리와 임대관리를 하는 갑종부동산관리신탁의 경우, 수탁자의 책임론은 더 큰 문제가 될 소지가 있다. 투자신탁재산이 건물인 경우 실질적으로 건물에 대한 취득, 처분 및 운용에 대한 의사결정주체인 자산운용사를 공작물의 점유자로 보는 것은 합리성이 있으나, 투자신탁 수익자를 위해 자산운용사의 지시에 따라 건물의 소유권을 보존하는 수탁은행을 공작물 점유자로 보는 것은 매우 저렴한 신탁보수를 받고 실질적으로 건물 관리에 의사결정권한이 없다는 경제적 측면에서 억울한 면은 있으나, 법률적으로 건물의 대내외적 소유권을 보유하고 있다는 점에서 공작물 점유자의 책임은 물론 공작물의 소유자로서의 책임도 부담할 수밖에 없는 것 같다.

자본시장법 제80조 제2항은 신탁업자가 집합투자업자의 운용지시에 따라 투자대상자산의 취득 · 처분 등을 한 경우에 집합투자업자와 신탁업자는 투자신탁재산을 한도로 하여 그 이행 책임을 부담하나, 공작물의 설치, 보존의 하자로 인하여 발생하는 손해배상책임의 경우 투자대상자산의 취득, 처분 등이 아니므로, 자본시장법 제80조 제2항을 적용할 수도 없다.

결국, 공작물을 수탁하는 신탁업자가 공작물의 설치 및 보존의 하자로 인해 발생하는 책임을 신탁재산 한도로 책임을 지기 위해서는, 신탁법 제114조에 따라 유한책임신탁을 설정하고, 그 신탁이 유한책임신탁임을 등기하여야 한다.

IV. 유한책임신탁 개괄

1. 유한책임신탁의 도입 취지

신탁은 별도의 법인격이 인정되지 않기 때문에, 기본적으로 수탁자의 법인격을 차용하는 법률관계이다. 신탁과 거래한 제3자의 신뢰를 보호하기 위해 신탁의 수탁자에게 무한책임의 원칙이 적용된다. 즉, 수탁자가 신탁사무 처리를 위하여 행하는 거래에서 제3자에게 채무를 부담하는 경우, 수탁자는 해당 제3자에게 신탁재산으로 변제할 책임을 부담할 뿐만 아니라 고유재산으로도 변제할 책임을 부담한다.[36] 그런데 현대에 들어와서 수탁자의 신용보다는 신탁재산의 가치가 더 중요한 경우가 많아졌고, 수탁자가 거액의 대외적 책임을 부담하여 신탁의 인수를 꺼리게 되는 요인이 되었다. 특히 사업을 영위하기 위해 도입한 사업신탁(business trust)이 활성화되기 위해서는 수탁자의 고유재산이 신탁재산과 함께 책임재산이 되는 구조보다는 책임재산의 범위를 신탁재산만으로 제한하는 유한책임신탁의 형태를 도입할 필요성이 있다.[37]

2. 유한책임신탁의 도입 방향

미국 표준신탁법전의 경우와 같이 수탁자 지위를 현명함으로써 계약에 대하여 수탁자가 고유재산으로 부담하는 책임을 벗어나게 되는 것으로 입법하는 '현명주의'보다는 거래안전 및 거래상대방 보호를 위하여 유한책임신탁임을 등기함으로써 외부에 드러날 수 있도록 하는 '등기주의'가 합리적이라는 판단하에 유한책임신탁등기를 유한책임신탁의 성립요건으로 하고, 유한책임신탁에 대하여 법인세를 과세하는 '법인세과세신탁'으로 입법화하였다.[38]

3. 유한책임신탁의 요건

유한책임신탁을 설정하려는 경우, 유한책임신탁의 목적, 명칭, 위탁자 및 수탁자의 성명 또는 명칭 및 주소, 신탁사무처리지, 신탁재산의 관리 또는 처분 등의 방법을 신탁행위로 정하고, 이를 등기하여야 한다(신탁법 제114조). 유한책임신탁의 수탁자는 거래상대방에게 유한책임신탁이라는 뜻을 명시하고 그 내용을 서면으로 교부하여야 하고, 수탁자가 이를 위반한 경우 거래상대방은 그 법률행위를 한 날부터 3개월 내에 이를 취소할 수 있다(신탁법 제116조). 수탁자는 회계장부를 의무적으로 작성하여야 하고, 수익증권을 발행한 유한책임신탁 중 자산총액이 100억 원 이상인 경우나 부채총액이 70억 원 이상이고 자산총액이 70억 원 이상인 경우에는 외부감사를 의무적으로 받아야 한다(신탁법 제117조 및 동법 시행령 제14조).

4. 유한책임신탁의 수탁자의 제3자에 대한 책임

유한책임신탁의 경우 수탁자가 자신의 고유재산으로 신탁채권자에게 책임을 지지 않기 때문에 상법 제401조[39]와 같이 이사의 제3자에 대한 책임과 유사한 책임을 부과할 필요가 있다는 정책적 판단하에 신탁법은 '유산책임신탁에 있어서 수탁자의 제3자에 대한 책임규정'을 규정하였다.[40] 즉, 수탁자가 (i) 고의 또는 중대한 과실로 그 임무를 게을리한 경우(제3자에 대한 법정책임), (ii) 고의 또는 과실로 위법행위를 한 경우(제3자에 대한 불법행위책임), (iii) 대차대조표 등 회계서류에 기재 또는 기록하여야 할 중요한 사항에 관한 사실과 다른 기재 또는 기록을 한 경우, (iv) 사실과 다른 등기 또는 공고를 한 경우에는 유한책임신탁임에도 불구하고 제3자에게 그로 인하여 입은 손해를 배상할 책임이 있다(신탁법 제118조). 제3자에 대한 불법행위책임은 수탁자가 신탁사무 처리 과정에서 제3자에게 불법행위를 한 경우 발생하는 책임(소위 '거래적 불법행위')으로, 이 경우 수탁자는 수탁자의 고유 또는 과실을 주관적 요건으로 요구하였다. 반면, 토양오염책임이나 공작물 소유자책임 등 수탁자의 고의 또는 과실이 개입되지 아니하는 이른바 무과실 법정책임(소위 '사실행위적 불법행위')의 경우는 달리 수탁자의 고의 또는 과실이 없는 한 수탁자의 고유재산으로 책임을 부담하지 않고, 신탁재산만으로 책임을 지므로 이 조항은 적용되지 아니한다.[41]

신탁법 제114조【유한책임신탁의 설정】 ① 신탁행위로 수탁자가 신탁재산에 속하는 채무에 대하여 신탁재산만으로 책임지는 신탁(이하 "유한책임신탁"이라 한다)을 설정할 수 있다. 이 경우 제126조에 따라 유한책임신탁의 등기를 하여야 그 효력이 발생한다.
② 유한책임신탁을 설정하려는 경우에는 신탁행위로 다음 각 호의 사항을 정하여야 한다.
1. 유한책임신탁의 목적
2. 유한책임신탁의 명칭
3. 위탁자 및 수탁자의 성명 또는 명칭 및 주소
4. 유한책임신탁의 신탁사무를 처리하는 주된 사무소(이하 "신탁사무처리지"라 한다)
5. 신탁재산의 관리 또는 처분 등의 방법
6. 그 밖에 필요한 사항으로서 대통령령으로 정하는 사항

---

36) 법무부, 앞의 책, 823면.

37) 법무부, 앞의 책, 825면.

38) 법무부, 앞의 책, 827면.

39) 상법 제401조(제3자에 대한 책임) ① 이사가 고의 또는 중대한 과실로 그 임무를 게을리한 때에는 그 이사는 제3자에 대하여 연대하여 손해를 배상할 책임이 있다.

40) 법무부, 앞의 책, 846면.

41) 법무부, 앞의 책, 848면.

제115조【유한책임신탁의 명칭】 ① 유한책임신탁의 명칭에는 "유한책임신탁"이라는 문자를 사용하여야 한다.

② 유한책임신탁이 아닌 신탁은 명칭에 유한책임신탁 및 그 밖에 이와 유사한 문자를 사용하지 못한다.

③ 누구든지 부정한 목적으로 다른 유한책임신탁으로 오인(誤認)할 수 있는 명칭을 사용하지 못한다.

④ 제3항을 위반하여 명칭을 사용하는 자가 있는 경우 그로 인하여 이익이 침해되거나 침해될 우려가 있는 유한책임신탁의 수탁자는 그 명칭 사용의 정지 또는 예방을 청구할 수 있다.

제116조【명시 · 교부 의무】 ① 수탁자는 거래상대방에게 유한책임신탁이라는 뜻을 명시하고 그 내용을 서면으로 교부하여야 한다.

② 수탁자가 제1항을 위반한 경우 거래상대방은 그 법률행위를 한 날부터 3개월 내에 이를 취소할 수 있다.

제117조【회계서류 작성의무】 ① 유한책임신탁의 경우 수탁자는 다음 각 호의 서류를 작성하여야 한다.

1. 대차대조표
2. 손익계산서
3. 이익잉여금처분계산서나 결손금처리계산서
4. 그 밖에 대통령령으로 정하는 회계서류

② 다음 각 호의 요건을 모두 갖춘 유한책임신탁은 「주식회사 등의 외부감사에 관한 법률」의 예에 따라 감사를 받아야 한다. 〈개정 2017. 10. 31.〉

1. 수익증권발행신탁일 것
2. 직전 사업연도 말의 신탁재산의 자산총액 또는 부채규모가 대통령령으로 정하는 기준 이상일 것

제118조【수탁자의 제3자에 대한 책임】 ① 유한책임신탁의 수탁자가 다음 각 호의 어느 하나에 해당하는 행위를 한 경우 그 수탁자는 유한책임신탁임에도 불구하고 제3자에게 그로 인하여 입은 손해를 배상할 책임이 있다. 다만, 제3호 및 제4호의 경우 수탁자가 주의를 게을리하지 아니하였음을 증명하였을 때에는 그러하지 아니하다.

1. 고의 또는 중대한 과실로 그 임무를 게을리한 경우
2. 고의 또는 과실로 위법행위를 한 경우
3. 대차대조표 등 회계서류에 기재 또는 기록하여야 할 중요한 사항에 관한 사실과 다른 기재 또는 기록을 한 경우
4. 사실과 다른 등기 또는 공고를 한 경우

② 제1항에 따라 제3자에게 손해를 배상할 책임이 있는 수탁자가 여럿인 경우 연대하여 그 책임을 진다.

Part 03

제119조【고유재산에 대한 강제집행 등의 금지】 ① 유한책임신탁의 경우 신탁채권에 기하여 수탁자의 고유재산에 대하여 강제집행등이나 국세 등 체납처분을 할 수 없다. 다만, 제118조에 따른 수탁자의 손해배상채무에 대하여는 그러하지 아니하다.

② 수탁자는 제1항을 위반한 강제집행등에 대하여 이의를 제기할 수 있다. 이 경우 「민사집행법」 제48조를 준용한다.

③ 수탁자는 제1항을 위반한 국세 등 체납처분에 대하여 이의를 제기할 수 있다. 이 경우 국세 등 체납처분에 대한 불복절차를 준용한다.

법인세법 제5조【신탁소득】 ① 신탁재산에 귀속되는 소득에 대해서는 그 신탁의 이익을 받을 수익자가 그 신탁재산을 가진 것으로 보고 이 법을 적용한다. 〈개정 2020. 12. 22.〉

② 제1항에도 불구하고 다음 각 호의 어느 하나에 해당하는 신탁으로서 대통령령으로 정하는 요건을 충족하는 신탁(「자본시장과 금융투자업에 관한 법률」 제9조 제18항 제1호에 따른 투자신탁 및 「소득세법」 제17조 제1항 제5호의 3에 따른 수익증권이 발행된 신탁은 제외한다)의 경우에는 신탁재산에 귀속되는 소득에 대하여 그 신탁의 수탁자[내국법인 또는 「소득세법」에 따른 거주자(이하 "거주자"라 한다)인 경우에 한정한다]가 법인세를 납부할 의무가 있다. 이 경우 신탁재산별로 각각을 하나의 내국법인으로 본다. 〈신설 2020. 12. 22., 2023. 12. 31., 2024. 12. 31.〉

1. 「신탁법」 제3조제1항 각 호 외의 부분 단서에 따른 목적신탁
2. 「신탁법」 제78조 제2항에 따른 수익증권발행신탁
3. 「신탁법」 제114조 제1항에 따른 유한책임신탁
4. 그 밖에 제1호부터 제3호까지의 규정에 따른 신탁과 유사한 신탁으로서 대통령령으로 정하는 신탁

③ 제1항 및 제2항에도 불구하고 위탁자가 신탁재산을 실질적으로 통제하는 등 대통령령으로 정하는 요건을 충족하는 신탁의 경우에는 신탁재산에 귀속되는 소득에 대하여 그 신탁의 위탁자가 법인세를 납부할 의무가 있다.

④ 「자본시장과 금융투자업에 관한 법률」의 적용을 받는 법인의 신탁재산(같은 법 제251조 제1항에 따른 보험회사의 특별계정은 제외한다. 이하 같다)에 귀속되는 수입과 지출은 그 법인에 귀속되는 수입과 지출로 보지 아니한다.

판례 해설

책임한정특약의 유효성(대법원 2025. 7. 3. 선고 2024다204986 판결 및 2023다299635 판결)

I. 사실관계

피고 신탁회사(이하 "피고"라 함)가 시행사인 위탁자와 이 사건 건물을 신축하여 분양하는 사업을 위해 관리형 토지신탁계약을 체결하면서 이 사건 신탁계약을 원인으로 이 사건 토지에 관한

소유권이전등기를 마쳤고, 이후 신축된 이 사건 건물에 관하여 피고 신탁회사 명의의 소유권보존등기를 마쳤다. 원고들은 피고와 이 사건 분양계약을 체결하였는데, 이 사건 분양계약은 "피고가 원고들에게 부담하는 분양대금 반환의무는 신탁재산(금전) 범위 내에서만 피고가 부담하고 이를 초과하는 분양대금환불금은 시행사인 위탁자가 부담한다."라고 규정하고, "피고가 원고들에게 공급계약상의 책임을 부담하는 경우에도 신탁재산 및 신탁계약의 업무범위 내에서만 책임을 부담한다."라고 규정하였다. 이후 원고들은 이 사건 분양계약서상 약정해제권(2024다204986 판결의 경우 형사 처벌, 2023다299635 판결의 경우 입주 지연)을 행사하여 적법하게 이 사건 분양계약을 해제하면서, 피고를 상대로 계약금 반환 및 위약금 지급을 구하는 소송을 제기하였다.

Ⅱ. 대법원 판결요지

신탁사무의 처리상 발생한 채권을 가지고 있는 채권자는 수탁자의 일반채권자와 달리 신탁재산에 대하여도 강제집행을 할 수 있다(신탁법 제22조 제1항). 한편 수탁자의 이행책임이 신탁재산의 한도 내로 제한되는 것은 신탁행위로 인하여 수익자에 대하여 부담하는 채무에 한정되는 것이므로(신탁법 제38조), 수익자 이외의 제3자 중 신탁재산에 대하여 강제집행을 할 수 있는 채권자(신탁법 제22조 제1항)에 대하여 부담하는 채무에 관한 이행책임은 신탁재산의 한도 내로 제한되는 것이 아니라 수탁자의 고유재산에 대하여도 미치는 것이 원칙이다(대법원 2004. 10. 15. 선고 2004다31883, 31890 판결 등 참조). 다만 관리형 토지신탁의 수탁자가 수분양자와 분양계약을 체결하면서 신탁재산의 범위 내에서만 계약상 책임을 부담한다는 이른바 '책임한정특약'을 한 경우 특별한 사정이 없는 한 계약자유의 원칙에 비추어 이러한 약정도 유효하고, 2011. 7. 25. 법률 제10924호로 전부 개정되어 2012. 7. 26. 시행된 구 신탁법 제114조 이하에서 유한책임신탁을 도입하였다는 사정만으로는 이러한 약정의 효력이 부정된다고 볼 수 없다.

Ⅲ. 판례해설

이 판결은 2012년 개정 신탁법이 유한책임신탁을 도입한 이후 설정된 신탁에 '책임한정특약'을 인정했다는 의미와 책임한정특약을 활용하여, 수탁자와 거래한 제3자에 대한 책임을 신탁재산으로 제한함으로써 수탁자의 고유재산에 의한 책임을 부담하지 않을 수 있음을 밝힌 의미가 있다. 향후 수탁자의 고유재산에 의한 책임을 방지할 방법으로 책임한정특약과 유학책임신탁 모두를 활용할 수 있지만, 유한책임신탁은 책임한정특약보다 더 엄격한 요건과 절차가 필요하다는 점에서, 간단하게 할 수 있는 책임한정특약이 많이 활용될 것으로 판단된다.

다. 신탁재산이 비상장주식인 경우

위탁자가 비상장주식을 보유하는 목적은 주로 '투자 목적'과 '경영권 참여 목적'으로 나눌 수 있는데, 신탁하더라도 신탁 전 보유목적을 그대로 유지한다. 투자목적인 비상장주식에 대해 상속신탁을 체결하면, 신탁회사는 위탁자의 지시에 따라 의결권을 행사하고, 배당금을 수령하며, 수령한 배당금을 위탁자의 지시에 따라 운용하는 업무를 주로 한다. 비상장주식이 상장될 경우 신탁회사는 비상장주식을 발행회사에 반환하고 상장주식을 교부받는데, 상장주식도 당연히 신탁재산으로 편입된다. 경영권 참여목적인 비상장주식의 경우 신탁회사가 위탁자가 원하는 경영권 참여목적이 제대로 실현될 수 있도록 위탁자의 지시에 따라 의결권을 행사하는 것이 가장 중요하다. 신탁회사가 위탁자의 지시에 따라 회계장부의 열람, 합병, 분할, 분할합병 등 회사 구조 변경에 반대를 하거나 반대매수청구권을 행사하기도 한다.

3 상속신탁집행

상속신탁 체결 후 위탁자가 사망하면, 수탁자는 사망사실을 확인한 후 사후수익자에게 신탁계약 내용을 설명하고, 상속신탁의 내용에 따라 상속신탁을 집행한다. 신탁회사마다 조금은 다를 수 있지만, 사후수익자 전원으로부터 '사후수익권 취득 확인서', '신탁재산귀속신청서'를 교부받는다. 즉시배분형 사후수익권의 경우 수탁자는 신탁재산별 신탁계약에 따라 신탁재산을 배분한다. 금전신탁계약의 신탁재산이나 유가증권신탁계약의 신탁재산은 계좌이체 방식으로 사후수익자계좌로 이체하고, 부동산신탁계약의 신탁재산은 신탁회사가 등기의무자로서 사후수익자 명의로 소유권이전등기를 신청한다. 부동산을 매각해서 현금으로 지급하라고 설계하는 경우도 있다.[42] 한편, 계속관리형 상속신탁을 설정한 경우는 '특정 기한'이나 '특정 조건' 성취시까지 상속신탁계약을 그대로 유지한 후 '특정 기한'이나 '특정 조건'이 성취될 때 신탁회사가 신탁재산을 배분하고 신탁은 종료된다.

42) 위탁자 사망 후 수탁자인 신탁회사가 신탁부동산을 매각하여 현금으로 사후수익자에게 배분하더라도, 사후수익자는 상속으로 인한 취득세는 부담해야 한다[조심 2021지2796(2023년 3월 10일)은 "신탁재산이 취득세 과세대상 물건에 해당하는지 여부는 상속으로 인한 취득시기를 규정한 「지방세법 시행령」 제20조 제1항에 따라 상속개시일을 기준으로 판단하여야 할 것이고 쟁점신탁재산은 상속개시일 당시 부동산으로 존재하고 있었던 점 등에 비추어 이 건 위탁자의 상속개시일에 청구인 가족들에게 쟁점신탁재산에 대한 취득세 납세의무가 성립하였다"고 보았다].

[신탁재산 귀속증서]

이 증서 별지 "신탁 부동산"에 기재된 부동산에 대하여, 위탁자 [***] (이하 "위탁자"라 함)와 수탁자 [****] 주식회사 사이에 [****]년 [*]월 [*]일 체결된 유언대용신탁계약은 위탁자의 사망으로 유언대용신탁계약의 특약 제4조 및 특약 별지2 "사후수익자의 사후수익권 및 신탁계약의 유지·관리"에 의하여 상속신탁집행 사유가 발생되었으므로, 수탁자와 위탁자 사이에 체결한 부동산신탁계약서 별지2 "신탁의 수익자", 별지3 "신탁특약" 및 유언대용신탁계약의 특약 별지2 "사후수익자의 사후수익권 및 신탁계약의 유지·관리"에 의거하여, 이 증서 별지 "신탁 부동산목록 및 사후수익자"에서 정한 바에 따라 신탁재산을 사후수익자 [***]에게 인계하기 위하여 이 증서 3부를 작성하여 각 1부씩 보관하고 1부는 등기소 제출용으로 사용합니다.

[****]년 [*]월 [*]일

수탁자 [****] 주식회사
서울시 영등포구
대표이사 (인)

사후수익자 [***] (인)
주민등록번호
주소

Part 03

CHAPTER 05

생명보험금청구권신탁

1 생명보험금청구권신탁의 개요

생명보험금청구권신탁이란 생명보험금청구권을 신탁재산으로 하는 신탁을 말한다. 생명보험금청구권신탁은 생명보험의 위험인수 및 상속기능과 신탁의 사후재산관리기능이 결합된 신탁 유형이다. 생명보험금청구권신탁은 보험계약의 피보험자 사망 후 유족 중 미성년자, 고령자 등 재산관리능력이 부족한 유족에게 지급되는 보험금을 안정적으로 관리하고 분배할 수 있도록 하는 신탁이다. 생명보험금청구권신탁은 다양한 유형을 상정할 수 있는데, 생명보험금청구권을 양도하는 방식("금전채권형 생명보험금청구권신탁"이라 한다)과 위탁자가 금전신탁계약을 체결하고 수탁자가 보험계약자가 되어 보험계약을 체결하는 방식(이하 "금전신탁형 생명보험금청구권신탁"이라 한다)으로 나누어 볼 수 있다.[43] 생명보험금청구권이 장래에 발생할 금전채권[44]이기 때문에 자본시장법 제103조 제1항 제3호에 따라 특별한 법령 개정 없이 허용된다는 주장이 실무에서 제기되곤 했으나, 법정 안정성을 위해 법령 개정이 필요한 상황에서, 정부는 자본시장법 시행령을 개정하는 방법으로 '한국형 생명보험금청구권신탁'을 도입하였다.[45] 생명보험금청구권신탁은 2011년 신탁법 전면 개정시부터 도입될 것으로 예정되었으나, 법무부가 2차례 불가하다는 유권해석을 내림으로써 바로 도입되지 못하고 오랜 시간이 흘러 2024년 11월 12일 도입되었다. 한국형 생명보험금청구권신탁은 생명보험계약

43) 금전신탁형 생명보험금청구권신탁은 미국에서 주로 활용하는 구조이고, 금전채권형 생명보험금청구권신탁은 일본에서 활용되고 있는 구조이다.

44) 보험금청구권은 보험자의 면책사유 없는 보험사고에 의하여 피보험자에게 손해가 발생한 경우에 비로소 권리로서 구체화되는 정지조건부권리이고, 그 조건부권리도 보험사고가 면책사유에 해당하는 경우에는 그에 의하여 조건불성취로 확정되어 소멸하는 것이다(대법원 2002. 3. 29. 선고 2000다13887 판결).

45) 한국형 생명보험금청구권신탁이라고 부르는 이유는 제도 도입 초기 보험계약의 종류, 보험금 한도, 신탁수익자 제한 등 매우 제한된 범위에서 도입한 것이기 때문이다.

에 근거한 '생명보험금청구권'을 신탁재산으로 하고, 당초 생명보험계약의 보험수익자를 신탁의 수익자로 하면서 생명보험계약의 수익자를 신탁계약의 수탁자로 변경하는 방식의 생명보험청구권신탁을 말하는데, 우선 제한된 범위에서 시행하고 향후 확대할 것으로 파악된다.[46)]

자본시장법 시행령은 보험계약의 요건과 신탁계약의 요건을 정하고, 이를 갖추지 못한 보험계약을 수탁하거나 신탁계약을 체결하는 행위를 신탁업자의 불건전 영업행위로 규정하고 있다. 보험계약의 요건은 (i) 피보험자의 사망을 보험사고로 하는 보험계약으로서 피보험자의 사망으로 인한 보험금이 금융위원회가 정하여 고시하는 금액 – 3천만 원 – 이상일 것[47)], (ii) 보험계약자, 피보험자 및 위탁자가 동일인일 것, (iv) 신탁계약 체결 당시 보험수익자로 지정된 자는 보험계약자 본인이거나 보험계약자의 배우자, 직계비속 또는 직계존속일 것, (v) 보험약관에 따른 대출("보험계약대출")이 없을 것, (vi) 그 밖에 수익자 보호 및 건전한 거래질서 유지를 위하여 필요한 사항으로서 금융위원회가 정하여 고시하는 요건을 갖출 것이다. 신탁계약의 요건은 (i) 피보험자의 사망을 보험사고로 하는 보험계약에 다른 종류의 보험사고로 인한 보험금에 관한 사항이 부가된 경우 수탁재산은 피보험자의 사망으로 인한 보험금청구권으로 한정할 것[48)], (ii) 신탁계약의 수익자로 지정된 자는 보험계약자의 배우자, 직계비속 또는 직계존속 중 어느 하나에 해당하는 자일 것, (iii) 「상법」 제733조에 따른 보험수익자의 지정 또는 변경의 권리를 제한하지 않을 것[49)], (iv) 보험계약대출을 하는 경우 신탁계약이 무효가 됨을 계약내용에 명시할 것, (v) 그 밖에 수익자 보호 및 건전한 거래질서 유지를 위하여 필요한 사항으로서 금융위원회가 정하여 고시하는 요건을 갖출 것이다.

46) 보험사 입장에서 보면, 보험수익자 변경방식이다. 보험수익자의 지정 · 변경은 보험금청구권 양도라기 보다는 '재산의 이전 또는 그밖의 처분'으로 봐야 한다. 따라서 보험계약체결 후 신탁계약을 체결하였다 하더라도, 보험금청구권의 양도가 아니기 때문에, 보험금청구권신탁에서 소유권 이전이라는 신탁의 대항요건인 채무자의 통지나 채권자의 승낙은 불필요하다.

47) 신탁계약 이후 최저요건인 3천만 원을 유지하지 못했다는 이유로 불건전영업행위가 되지는 않는다.

48) 일반사망보험만으로 한정한 것인데, 일반사망 보장으로 한정한 취지는 입원 · 수술 · 진단 · 재해사망 등 발생여부가 불확실한 보험을 제외하기 위함이다. 특약이 아예 없는 보험계약만 신탁할 수 있는 것이 아니라, 특약의 보험수익자는 그대로 두고 일반사망 주계약만 수익자를 신탁회사로 변경 가능하다 즉, 주계약에 사망보험금이 있더라도 암보험, 연금보험, 저축보험, 양로보험 등은 불가하다. 그리고 주계약이 사망보험이고 특약이 암특약, 입원특약, 수술특약, 질병특약이 있는 경우, 주계약의 보험수익자를 신탁회사로 할 수 있지만, 특약의 수익자는 신탁회사로 할 수 없다.

49) 신탁계약 내용으로 보험수익자 지정·변경권 보장을 명시하라는 취지에는 "신탁계약 후 위탁자가 상법 제733조에 따라 보험수익자를 변경하는 경우 신탁의 목적 달성 불능으로 당연 종료사유에 해당"도 포함되어 있어 신탁계약에 이러한 내용을 반영할 필요가 있다.

2 생명보험금청구권신탁의 거래구조

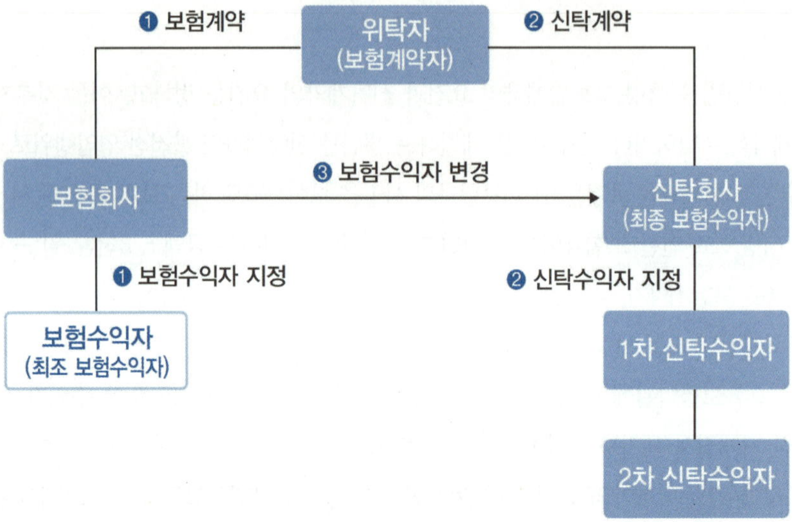

생명보험금청구권신탁계약을 체결하고자 하는 위탁자는, (i) 우선 보험회사와 자신을 피보험자로 하고 본인, 배우자, 자녀를 보험수익자로 하는 보험계약을 체결한 뒤, (ii) 위탁자가 신탁회사와 신탁계약을 체결하면서 보험수익자를 신탁수익자로 변경 지정하고 각 신탁수익자별로 신탁재산(보험금)의 배분계획을 수립한다. 마지막으로 (iii) 위탁자가 보험회사에 보험수익자를 신탁회사로 변경하는 통지를 함으로써 신탁의 설정이 완료된다.

생명보험금청구권신탁은 생명보험계약이 유지되는 위탁자 사망 전 단계(이하 "보험계약단계"라 함)와 위탁자 겸 피보험자 사망이라는 보험사고 발생 후 보험금이 보험수익자인 신탁회사에 이전되어 운용되는 단계(이하 "신탁운용단계"라 함)로 구분된다. 신탁구조에서 보면 보험단계의 신탁재산은 생명보험금청구권이라는 금전채권이고, 신탁운용단계의 신탁재산은 금전이다. 위탁자 겸 피보험자 사망으로 인해 신탁회사에 지급되는 보험금은 금전채권의 추심금의 일종이다.

3 생명보험금청구권신탁 계약 실무

가. 보험계약단계

생명보험금청구권신탁계약을 체결하였더라도 위탁자 겸 피보험자 사망 전까지는 보험계약단계로 신탁회사는 향후 위탁자 사망 시 확정될 장래 발생 생명보험금청구권을 수탁받은 것에 불과하다. 보험계약단계에서는 보험계약자와 보험수익자가 다른 생명보험계약으로, 보험계약자의 채권자가 보험계약자가 보유하는 해지시 환급금채권을 압류할 수 있지만, 보험계약자가 보험계약을 실효하지 않는 이상 보험계약자의 채권자의 압류가 생명보험청구권 신탁의 실행을 방해하는 요인은 아닌 것으로 판단된다. 생명보험금청구권신탁계약을 체결하지 않는 일반 생명보험계약에서 보험수익자의 채권자가 생명보험청구권을 압류[50)]한 경우, 보험사고가 발생해서 확정된 생명보험금청구권이 되면, 보험회사가 보험수익자에게 보험금을 지급하는 데 해당 압류가 영향을 미치게 된다. 생명보험금청구권신탁을 체결한 경우 보험수익자가 신탁회사로 변경되므로, 보험수익자인 신탁회사의 채권자가 생명보험금청구권을 압류할 수 있느냐가 문제되나, 해당 생명보험금청구권은 신탁회사의 신탁재산이므로 압류할 수 없다.

나. 위탁자 사망 시 상속신탁집행

신탁계약의 위탁자 겸 보험계약의 피보험자가 사망한 경우, 보험계약에 따라 보험회사는 보험수익자인 신탁회사에 생명보험금을 지급하게 하게 된다. 피보험자의 사망 사실을 보험회사가 먼저 확인할 수도 있지만, 보험수익자인 신탁회사가 먼저 인지하여 보험회사에 보험금을 청구하는 경우도 있을 수 있다. 생명보험금청구권신탁은 위탁자 겸 피보험자 사망 이후 유족을 위한 재산관리가 핵심이라, 위탁자 사망 후 신탁재산을 배분하는 즉시배분형 신탁구조보다는 계속관리형 신탁구조가 많이 이용될 것이다. 보험회사가 지급하는 생명보험금은 상속재산이 아니라 보험수익자의 고유재산인바, 생명보험금청구권신탁계약을 체결한 경우에도 마찬가지로 보아야 한다. 다만, 보험수익자인 신탁회사 입장에서 본래의 신탁재산이다. 따라서 위탁자 사망 시 지급되는 보험금은 위탁자의 상속재산이 아니다.

50) 민사집행법 제246조 제1항 제7호 및 동법 시행령 제6조 제1항 제3호가 압류금지로 한 것은 제외된다.

다. 신탁운용단계

위탁자 겸 피보험자 사망 시 보험회사는 해당 보험금을 보험수익자인 신탁회사에 지급하고, 신탁회사는 해당 보험금을 지급받음과 동시에 신탁회사의 생명보험금청구권은 소멸한다. 신탁회사는 신탁계약의 취지에 따라 신탁재산인 금전을 운용 및 배분할 의무를 부담한다. 위탁자 사후 수익자를 위해 수탁자에게 신탁재산 운용 방법을 지시하고 수탁자로부터 신탁재산 인출을 수익자를 위해 사용할 수 있는 '운용지시권자' 또는 '지급대리인'을 위탁자가 신탁계약 체결할 때 미리 지정해 두면, 신탁구조의 안정성은 더 확보된다.

4 생명보험금청구권신탁 계약 구성

신탁회사마다 계약 체계가 다르다. 하나의 신탁계약에 금전채권과 금전을 동시에 수탁하고 운용할 수 있는 종합재산신탁 체계를 도입한 회사도 있고, 종합재산신탁을 도입하지 않고 재산별 개별 신탁계약 체계만 있는 회사도 있다. 종합재산신탁을 도입한 회사의 경우, 신탁계약 체결 시 생명보험금청구권을 신탁재산으로 하는 금전채권신탁과 향후 지급될 생명보험금을 신탁재산으로 하는 금전신탁을 같이 체결하고, 보험계약단계에서는 금전채권신탁을 설정하고, 보험사고 이후 보험금이 입금되어 운용되는 신탁운용단계에서는 생명보험금에 대한 금전신탁을 설정한다. 종합재산신탁을 도입하지 않은 신탁회사의 경우 보험계약단계에서는 금전채권신탁을 설정하고, 신탁운용단계에서는 추심된 생명보험금인 금전을 운용하면 되는데, 실무상 금전채권신탁에서 금전을 다양한 자산으로 운용하기엔 무리가 있을 수 있다. 대안으로 최초 생명보험청구권신탁계약 시 금전채권신탁계약과 정지조건부 금전신탁계약 모두를 체결하고, 금전신탁계약은 보험금이 입금되는 것을 조건으로 설정하는 방법도 활용할 수 있다.

| 보험금청구권신탁의 법률 구성 |

구분	법률 구성	구성
1	금전채권신탁	금전채권신탁
2	금전채권신탁과 금전신탁 결합	금전채권신탁 + (조건부)금전신탁
3	종합재산신탁	금전채권 부분 / 해제조건부(조건 : 보험금 지급) / 정지조건부 / 금전신탁 부분

5 생명보험금청구권신탁 관련 법적 쟁점

가. 신탁 대상 보험계약의 범위

현행 자본시장법 시행령은 생명보험계약 중 종신보험과 정기보험의 일반사망보험금만 수탁대상으로 매우 제한된 범위로 허용하고 있다. 정부가 생명보험금청구권신탁 허용을 논의하면서, 보험금지급 관련 분쟁이 있을 수 있거나 보험금의 증감이 있을 수 있는 보험은 제외하기로 한 것으로 보인다.

자본시장법 시행령상 신탁계약의 요건 중 "피보험자의 사망을 보험사고로 하는 보험계약에 다른 종류의 보험사고로 인한 보험금에 관한 사항이 부가된 경우 수탁재산은 피보험자의 사망으로 인한 보험금청구권으로 한정할 것"에 대하여 다양한 해석론이 있을 수 있다. 첫째, 주계약과 특약이 있는 보험에서 주계약상의 일반사망보험금청구권만 신탁가능한가라는 해석론과 이것이 불합리하다는 입법론이 있을 수 있다. 둘째, 하나의 보험계약에서 주계약의 수익자와 특약의 수익자를 분리할 수 있는가라는 쟁점도 있을 수 있다. 결론적으로 주계약이든 특약이든 일반사망보험금이 있는 경우 하나의 계약으로 보아 생명보험금청구권신탁의 수탁대상으로 보는 것이 합리적이다.

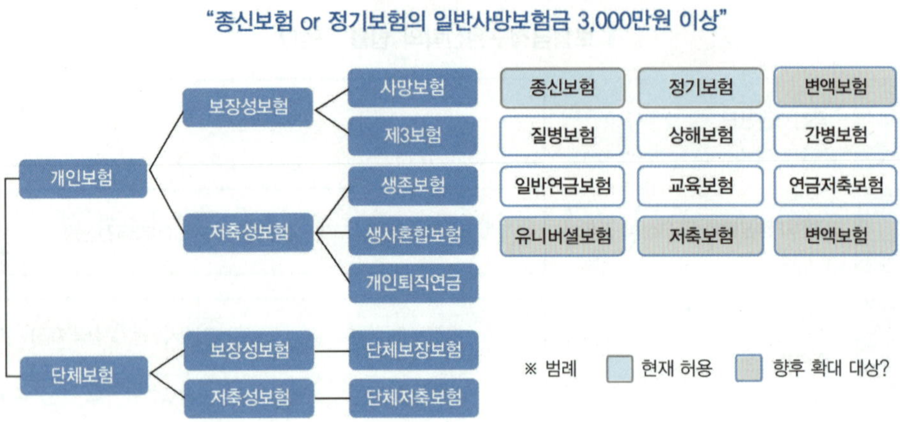

나. 생명보험금청구권신탁과 민법상 상속법리와의 관계

생명보험금청구권신탁을 체결한 위탁자 겸 피보험자 사망 시 보험회사는 보험사고, 즉 피보험자 사망이라는 사건을 계기로 신탁수익자로 지정된 신탁회사에 보험금을 지급하게 되는데, 보험회사의 보험금 지급은 생명보험계약에 따른 것이다. 해당 보험계약에서 보험료를 납입한 보험계약자와 보험금을 받는 신탁수익자가 다른데, 사망한 위탁자 겸 보험계약자가 납입한 보험료 상당액 또는 보험금이 사망이라는 사건 발생으로 신탁수익자에게 무상으로 지급되는 경제적 효과, 즉 증여 또는 유증의 효과가 있다. 상증법상으로는 상속세의 대상이 됨이 명확하다. 그런데 민법상 상속의 법리 적용 여부와 관련하여 두가지 쟁점이 있다. 첫째, 생명보험금청구권신탁의 수익자가 신탁의 원본 및 이익의 수익권을 지급받은 후 피상속인인 위탁자 겸 보험계약자의 상속에 대한 상속포기 또는 한정승인을 하는 것이 가능한가라는 쟁점이 있다. 생명보험금청구권은 상속재산이 아니라 상속인의 고유재산이므로, 생명보험청구권신탁의 수익자가 신탁의 원본 및 이익을 지급받은 후라도 상속포기나 한정승인을 하는 것이 가능하다고 보는 것이 합리적이다. 둘째, 생명보험금청구권신탁의 신탁원본 및 이익을 배분받음으로써 상속인의 유류분권리가 침해될 수 있는가라는 쟁점도 있다. 이는 유언대용신탁재산이 유류분반환의 대상이 되는가와 일맥상통하는 법적 쟁점이다. 대법원은 "피상속인이 자신을 피보험자로 하되 공동상속인이 아닌 제3자를 보험수익자로 지정한 생명보험계약을 체결하거나 중간에 제3자로 보험수익자를 변경하고 보험회사에 보험료를 납입하다 사망하여 그 제3자가 생명보험금을 수령하는 경우, 피상속인은 보험수익자인 제3자에게 유류분 산정의 기초재산에 포함되는 증여를 하였다고 봄이 타당하다. 또한 공동상속인이 아닌 제3자에 대한 증여이므로 민법 제1114조에 따라 보험수익자를 그 제3자로 지정 또는 변경한 것이 상속개시 전 1년간에 이루어졌거나 당사자 쌍방이 그 당시 유류분권리자에 손해를 가할 것을 알고 이루어졌어야 유류분 산정의 기초재산에 포함되는 증여가 있었다고 볼 수 있다. 이때 유류분 산정의 기초재산에 포함되는 증여 가액은 피상속인이 보험수익자 지정 또는 변경과 보험료 납입을 통해 의도한 목적, 제3자가 보험수익자로서 얻은 실질적 이익 등을 고려할 때, 특별한 사정이 없으면 이미 납입된 보험료 총액 중 피상속인이 납입한 보험료가 차지하는 비율을 산정하여 이를 보험금액에 곱하여 산출한 금액으로 할 수 있다." 라고 판시함으로써, 사망보험금은 유류분반환의 대상이고, 특별수익으로 인정하는 금액은 피상속인이 납입한 보험료가 차지하는 비율을 보험금액에 곱하여 산출한 금액으로 인정하였다.[51] 생명보험금청구권에 대한 이 대법원 판례와 같이 볼 경우, 생명보험금청구권신탁에서도 동일하게 볼 가능성이 높다.

다. 생명보험금청구권신탁과 세금

생명보험금청구권신탁을 설정할 시점에는 보험금이 지급된 상태가 아니므로, 증여세나 상속세 부과 대상이 아니다. 위탁자 겸 피보험자 사망 시 보험사가 보험수익자인 신탁회사로 보험금이 지급될 시점에 보험료는 피상속인이 납부한 것이고 보험금은 보험수익자를 통하여 신탁수익자에게 무상으로 이전된다는 점에서 상속세 부과대상이다. 물론 보험계약 측면에서 보험수익자는 신탁회사로 되어 있지만, 실질적으로 해당 보험금은 신탁수익자에게 귀속된다는 점에서 상속세 납세의무자는 신탁수익자로 보는 것이 취지상 합리적이다.

한편, '장애인을 보험금을 수령인으로 하는 보험'은 연간 4천만 원 한도에서 증여세가 비과세되는데(상증법 제46조 및 동법 시행령 제35조 제6항, 장애인 증여세 비과세), 생명보험금청구권신탁을 설정한 생명보험계약의 보험수익자가 수탁자로 변경되는바 신탁회사가 장애인이 아니므로, 법률구조의 형식적 측면을 강조하면 상증법상 비과세 혜택의 대상이 아니라고 해석될 수도 있다. 하지만, 생명보험금청구권신탁계약을 체결했고, 궁극적 수익자가 장애인이므로, 장애인 증여세 비과세 혜택을 유지할 수 있다고 보는 것이 합리적이다.

---

51) 대법원 2022. 8. 11. 선고 2020다247428 판결

CHAPTER 06 상속신탁 관련 쟁점

1 유언과 유언대용신탁의 관계

유언을 먼저 한 후 유언대용신탁을 체결하거나 유언대용신탁을 체결한 후 유언을 별도로 하는 경우, 유언의 내용과 유언대용신탁의 내용이 서로 다르다면, 이 두 가지 법률행위의 우열을 어떻게 볼 것인지가 문제될 수 있다.

유언을 먼저 한 후 이와 다른 내용의 유언대용신탁계약을 체결한 경우 유언대용신탁계약 체결을 유언과 상충하는 생전행위로 볼 수 있으므로, 민법 제1109조[52]에 의해 유언은 철회한 것으로 간주되므로 유언대용신탁계약이 우선한다고 보아야 한다.

유언대용신탁계약을 체결한 후 유언대용신탁계약을 해지 또는 해제하지 않고 이와 상충되는 내용의 유언을 한 경우는 어떻게 볼 것인가? 유언대용신탁계약이 체결된 경우에는 대내외를 불문하고 잠정 피상속인인 위탁자의 재산에서 신탁재산은 분리되어 수탁자에게로 소유권이 이전되었는바, 유언 시점에는 유언자의 재산에 속하지 않는 권리의 유언이므로, 민법 제1087조 제1항 본문[53]에 의해 그 유언은 효력이 없다고 보아야 한다.[54] [55] 물론

52) 민법 제1109조【유언의 저촉】전후의 유언이 저촉되거나 유언 후의 생전행위가 유언과 저촉되는 경우에는 그 저촉된 부분의 전 유언은 이를 철회한 것으로 본다.

53) 민법 제1087조【상속재산에 속하지 아니한 권리의 유증】① 유언의 목적이 된 권리가 유언자의 사망 당시에 상속재산에 속하지 아니한 때에는 유언은 그 효력이 없다. 그러나 유언자가 자기의 사망당시에 그 목적물이 상속재산에 속하지 아니한 경우에도 유언의 효력이 있게 할 의사인 때에는 유증의무자는 그 권리를 취득하여 수증자에게 이전할 의무가 있다. ② 전항 단서의 경우에 그 권리를 취득할 수 없거나 그 취득에 과다한 비용을 요할 때에는 그 가액으로 변상할 수 있다.

54) 유증의 내용은 유언의 효력이 발생할 때, 즉 유언자의 사망 당시를 기준으로 하여 그 범위가 확정되는 것을 원칙으로 하는 것이므로, 유언자가 유언 당시에는 사망할 때까지 취득하여 유증하려는 의사를 가지고 타인이 소유하는 부동산을 유증의 목적으로 하였으나 사망할 때까지 그 재산에 대한 소유권을 취득하지 못한 경우에는 유증의 목적물의 인도가 불가능하므로 유언의 효력은 생기지 않는다[김주수·김상용, 『친족·상속법』(법문사, 2015), 755-786면].

55) 특히 유언대용신탁은 위탁자와 수탁자 사이의 계약에 의해서 성립하는 것으로 위탁자의 저촉되는 내용의 유언에 의하여 그 계약의 효력이 좌우될 수 없기 때문에, 수탁자는 신탁계약의 유효를 주장할 수 있다고 할 것이다[이계

민법 제1087조 제1항 본문에 따라 "유언자가 자기의 사망 당시에 그 목적물이 상속재산에 속하지 아니한 경우에도 유언의 효력이 있게 할 의사인 때에는 유증의무자는 그 권리를 취득하여 수증자에게 이전할 의무가 있다."라고 주장할 수도 있으나, 유언대용신탁계약을 해지 또는 해제할 수 있었음에도 이를 하지 않고 유언을 하였으므로, 유언자의 의사가 "사망 당시에 그 목적물이 상속재산에 속하지 아니한 경우에도 유언의 효력이 있게 할 의사"라고 보기는 어려울 것이다.[56)]

2 유언대용신탁과 유류분의 관계

가. 유언대용신탁에 있어서 유류분반환청구권 인정 여부

유류분이란 피상속인의 생전처분 또는 유언에 의한 상속재산 처분의 자유를 제한하여 법정상속인 중 일정한 범위의 근친자에게 법률상 유보된 상속재산의 일정비율을 말한다.[57)] 법정최저상속분인 유류분을 침해당한 상속인은 다른 상속인으로부터 상속재산의 일정 부분을 반환받을 수 있다. 그렇다면, 유언대용신탁의 사후수익자에 대한 신탁재산의 배분 과정에서 유류분을 침해당한 유류분권리자에게 유류분반환청구권을 인정할 것인가가 문제된다.

유언대용신탁계약이 체결된 경우에는 대내외를 불문하고 잠정 피상속인의 재산에서 신탁재산은 분리되어 수탁자에게로 소유권이 대내외적으로 완전히 이전되었는바, 유류분 산정 시 신탁재산인 '피상속인의 상속개시 시에 있어서 가진 재산(민법 제1113조 및 제1114조)' 또는 '증여재산'으로 볼 수 있느냐의 해석론상의 문제와 연결된다. 이와 관련하여 유류분을 침해하는 법률행위를 무엇으로 볼 것인가? '유언대용신탁계약 그 자체'로 볼 것인가? 아니면 유언대용신탁계약에 따른 '수익자 지정'으로 볼 것인가? '신탁재산의 배분'으로 볼 것인가? 등의 문제에 대해서도 추가적인 검토가 필요하다.

정, 고령사회에서의 신탁의 역할, 서울대학교 법학 제61권 제4호(2020년 12월), 112~113면].

56) 한편, 실무상 이러한 분쟁의 가능성을 없애기 위해 유언대용신탁계약 체결 전에 한 유언을 철회하도록 하고, 유언대용신탁계약 체결 후에는 유언을 하지 못하도록 안내를 하며, 유언대용신탁계약의 내용을 유언대용신탁계약 체결 전후를 불문하고 한 유언에 대해 유언대용신탁계약이 우선하도록 특약을 체결하고 있다.

57) 지원림, 앞의 책, 1682면.

민법

제1113조【유류분의 산정】 ① 유류분은 피상속인의 상속개시 시에 있어서 가진 재산의 가액에 증여재산의 가액을 가산하고 채무의 전액을 공제하여 이를 산정한다.

② 조건부의 권리 또는 존속기간이 불확정한 권리는 가정법원이 선임한 감정인의 평가에 의하여 그 가격을 정한다.

제1114조【산입될 증여】 증여는 상속개시 전의 1년간에 행한 것에 한하여 제1113조의 규정에 의하여 그 가액을 산정한다. 당사자 쌍방이 유류분권리자에 손해를 가할 것을 알고 증여를 한 때에는 1년 전에 한 것도 같다.

이에 대해 유류분대상부정설, 유류분대상긍정설 및 수익권증여설이 대립한다. 부정설은 신탁재산은 위탁자로부터 독립되어 수탁자가 완전한 소유권을 보유하고 있으므로, 피상속인이 상속개시 시점에 가지고 있던 재산에 포함되지 않는다고 해석한다.[58] 긍정설은 위탁자가 사망할 때까지는 수익자로서 법적 권리를 보유한다고 할 수 없고 단지 기대권만 가질 뿐이므로, 피상속인이 상속개시 시점에 가지고 있던 재산에 포함된다는 견해[59]와 민법 제1114조에서 정한 증여를 본래적인 의미의 증여계약뿐만 아니라 모든 무상처분을 포함하는 의미로 새겨야 하므로 신탁계약에 의해서 수탁자에게 이전된 신탁재산도 민법 제1114조에 따라 유류분 산정의 기초액에 포함시켜야 한다는 견해[60]로 나뉜다. 수익권증여설은 유언대용신탁의 수익자는 실질적인 의미에서 수익권을 증여받는 것이므로 유류분의 기초재산을 산정할 때 이 수익권의 가치를 평가하여 이를 증여재산으로 가산하여야 한다는 견해[61]이다.

신탁의 법리상 신탁재산은 대내외적으로 수탁자의 소유이므로, 신탁재산 그 자체를 민법상 '피상속인의 상속개시 시에 있어서 가진 재산'으로 보는 것은 타당하지 않다. 유언대용신탁계약의 이행으로 수탁자가 사후수익자에게 사후수익권에 기하여 신탁재산을 배분하는 행위를 두고 유증으로 해석하기도 어렵다. 한편, 위탁자 생존 시에는 위탁자가 해당 신탁에 대한 수익권 전부를 보유하고, 위탁자 사망 후에는 위탁자의 생전수익권은 소멸하고 생전에 위탁자가 지정한 수익자가 사후수익권을 취득하게 된다. 위탁자인 '피상속인의 상속개시 시에 있어서 보유하고 있는 재산'은 '신탁재산'이 아니라 '생전수익권'이고, 이 생전수익권의 수익

58) 김상훈, "유언대용신탁을 활용한 가업승계", 『기업법연구』 제29권 제4호(기업법학회, 2015.12.), 17-18면.

59) 정순섭·노혁준 편저, 『신탁법의 쟁점』 2권(소화, 2015), 147-150면.

60) 최수정, "상속수단으로서의 신탁", 『민사법학』 제34호, 민사법학회, 597-598면.

61) 임채웅, "유언신탁 및 유언대용신탁의 연구", 『인권과 정의』 제397권(대한변호사협회, 2009), 141면.

자인 위탁자 사망 즉시 소멸되고, 대신 사후수익자의 '사후수익권'으로 변경되며, 사후수익권의 내용에 따라 신탁재산은 사후수익자에게 배분된다. 현행 민법을 문리해석해서 생전수익권의 소멸과 사후수익권의 생성을 설명할 수 있는 방법이 없다. 이 부분은 유류분 제도의 축소 논의와 함께 입법론적으로 해결해야 하는 부분이다.

판례 해설

유언대용신탁과 유류분

1. 2020.1.10. 선고. 수원지법 성남지원 2017가합408489[62] (성남지원 판결)

(사실관계)

망인은 2014.4.29. A은행과 사이에 유언대용신탁계약(이하 '이 사건 신탁계약'이라 한다)을 체결하고, 생전수익자를 망인으로 사후 1차 수익자를 피고로 정하였으며, 위 계약에 따라 금전 300,000,000원 및 몇 개의 부동산을 신탁재산(이하 '이 사건 신탁재산'이라 하고, 금전을 제외한 신탁재산을 '이 사건 신탁부동산'이라 한다)으로 하여, 위 신탁계약을 원인으로 2014.4.30. 각 부동산에 관하여 A은행 명의의 소유권이전등기를 마쳐주었다. 피고는 망인의 사망 직후인 2017.11.24. 이 사건 신탁부동산에 관하여 2017.11.23. 신탁재산의 귀속을 원인으로 한 소유권이전등기를 마쳤으며, 2018.4.30. 나머지 신탁재산인 현금 300,000,000원을 신탁계좌에서 출금하였다.

(법원의 판단)

유류분 산정의 기초가 되는 재산의 범위에 관한 민법 제1113조 제1항에서의 '증여재산'이란 상속개시 전에 이미 증여계약이 이행되어 소유권이 수증자에게 이전된 재산을 가리키는 것이고, 아직 증여계약이 이행되지 아니하여 소유권이 피상속인에게 남아 있는 상태로 상속이 개시된 재산은 당연히 '피상속인의 상속 개시 시에 있어서 가진 재산'에 포함되는 것이므로 수증자가 공동상속인이든 제3자이든 가리지 않고 모두 유류분 산정의 기초가 되는 재산을 구성한다(대법원 1996.8.20. 선고 96다13682 판결).

살피건대, 이 사건 신탁재산은 망인의 사후에 비로소 피고의 소유로 귀속된 사실은 앞서 본 바와 같으므로, 망인이 피고에게 이 사건 신탁재산을 생전증여하였다고 보기는 어렵다.

또한, 망인의 사망 당시 이 사건 신탁재산은 수탁자인 A은행에 이전되어 대내외적인 소유권이 수탁자인 A은행에게 있었으므로, 이 사건 신탁재산이 망인의 적극적 상속재산에 포함된다고 보기도 어렵다.

---

62) 이 사건 항소심에서도 피고가 승소하기는 하였으나, 2심 판결은 원고(정확하는 원고의 배우자 겸 아버지)가 피상속인 생전에 증여를 많이 받았기 때문에 이 사건 대상 신탁재산이 유류분반환청구의 대상에 포함시키더라도 원고들의 유류분 침해가 없다는 이유로 원심을 유지하였고, 유언대용신탁재산이 유류분반환청구의 대상인지 여부에 대한 판단은 전혀 하지 않았다. 원고들이 상고를 포기하여 항소심 판결이 확정되었다(수원고등법원 2020.10.15. 선고 2020나11380판결).

그런데, 신탁재산의 수탁자로의 이전은 수탁자가 위탁자에게 신탁재산에 대한 대가를 지급한 바 없다는 점에서 성질상 무상이전에 해당하고, 민법 제1114조, 1113조에 의해 유류분 산정의 기초로 산입되는 증여는 본래적 의미의 증여계약에 한정되는 것이 아니라 무상처분을 포함하는 의미로 폭넓게 해석되므로, 민법 제1114조에 해당하는 경우나 상속인을 수탁자로 하는 경우에는 민법 제1118조, 제1008조에 따라 유류분 산정의 기초가 되는 증여재산에 포함될 수 있다. 이 사건 신탁계약의 수탁자는 상속인이 아니므로, 이 사건 신탁재산이 민법 제1114조에 의하여 증여재산에 산입될 수 있는지 보건대, 이 사건 신탁계약 및 그에 따른 소유권의 이전은 상속이 개시된 2017.00.보다 1년 전에 이루어졌으며, 이 사건 기록에 의할 때 수탁자인 00신탁회사가 이 사건 신탁계약으로 인하여 유류분 부족액이 발생하리라는 점을 알았다고 볼 증거가 없으므로, 이 사건 신탁재산은 민법 제1114조에 따라 산입될 증여에 해당하지 않아 유류분 산정의 기초가 될 수 없다.

2. 창원지방법원 마산지원 2022.5.4. 선고 2020가합100994판결 (마산지원 판결)

(사실관계)

망인과 L증권은 2017.3.17. 망인을 위탁자(원수익자), L증권을 수탁자, 피고 C를 연속수익자로 하여 이 사건 신탁재산에 관한 유언대용 신탁계약(이하 '이 사건 유언대용 신탁계약'이라 한다)을 체결하였는데, 피고 C가 연속수익자로서 신탁재산의 원본과 이익 전부를 가지며, L증권은 망인의 사망 시 신탁재산을 피고 C에게 귀속시킨다고 정하였다. 피고 C는 망인이 사망한 이후인 2018.10.22. 이 사건 신탁재산을 L증권으로부터 취득하였다.

(법원의 판단)

앞에서 인정한 바와 같이 망인의 사망 당시 이 사건 신탁재산은 L증권에 신탁되어 있었고, 망인의 사후에 비로소 피고 C가 위 신탁재산을 취득하였으므로, 이 사건 신탁재산이 유류분 산정의 기초가 되는 재산액 중 적극적 상속재산에는 해당하지 않는다. 그러나 앞에서 든 증거들에 변론 전체의 취지를 더하여 인정할 수 있는 다음과 같은 사실 또는 사정들을 종합하면, 위 신탁재산이 상속재산은 아니라고 할지라도 피고 C의 특별수익에는 해당한다고 보아 유류분 산정의 기초가 되는 재산액에 포함됨이 상당하다. 따라서 이 부분 피고들의 주장은 이유 없다[위 돈은 유류분 반환의 순서와 관련해서는 사인증여에 준하여 취급해야 하는데, 사인증여에는 유증에 관한 규정이 준용되므로(민법 제562조), 결국 반환 순서에 있어서는 유증과 같이 취급되어야 한다].

① 이 사건 유언대용 신탁계약의 결과 수탁자인 L증권은 이 사건 신탁재산의 대내외적 소유권을 취득하고, L증권은 위 신탁재산에 대하여 대가적 의미가 있는 급부를 하지 않기 때문에 위 유언대용신탁을 L증권에 대한 증여로 볼 여지도 있다. 그러나 신탁법 제22조 이하를 살펴보면 신탁재산은 수탁자의 상속재산에 속하지 아니하며, 수탁자의 이혼에 따른 재산분할을 하지 못할 뿐 아니라 강제집행의 대상이 되지 아니하는 등 여러 가지 제약이 따르는바, 신탁재산은 수탁자의 고유재산과는 독립된 재산으로 취급된다.

② 망인은 생전에 L증권과 체결한 이 사건 유언대용신탁을 통해 피고 C에 '연속수익자' 지위를 수여하였고, 피고 C는 망인 또는 L증권에 위 연속수익자 지위 또는 이 사건 신탁재산에 대한

대가를 지급하지 않았다. 한편, 이 사건 유언대용신탁 제2조 제3호, 제4호, 제5호에 따르면 위 유언대용신탁의 수익권은 망인이 사망하기 전까지는 원수익자인 망인이 가지게 되고, 망인이 사망한 이후에 비로소 위 유언대용신탁의 유일한 연속수익자인 피고 C에게 이전되므로 피고 C는 원수익자인 망인이 사망해야 비로소 연속수익자로서의 지위를 이용하여 이 사건 신탁재산의 귀속이라는 수익권을 향유할 수 있다. 위와 같은 법률관계를 실질적으로 살펴보면 민법 제562조가 정한 사인증여와 유사하다.

③ 이 사건 유언대용신탁 [별지] 제4항에 따르면 당초 연속수익자인 피고 C의 수익권은 '이 사건 신탁재산 중 장학금으로 기부할 100,000,000원을 제외한 나머지 원본 및 그 이익을 귀속받는 것'이었는데, 2018.2.20.자 변경계약을 통해 '이 사건 신탁재산의 원본 및 그 이익 전부를 귀속받는 것'으로 변경되었고, 실제 피고 C는 망인의 사망 이후 이 사건 신탁재산에 속한 유가증권 및 그 운용이익 전체를 취득하였는바, 결국 위 수익권으로 인해 피고 C가 취득한 이익은 이 사건 신탁재산에 속한 유가증권 및 그 운용이익 전체라고 보인다.

④ 만일 피고들의 주장처럼 이 사건 신탁재산이 피고 C가 아니라 L증권에게 증여된 것이라고 본다면, 이 사건 유언대용신탁이 망인의 사망 1년 전에 이루어졌으므로 망인과 L증권이 유류분권리자에게 손해를 가할 것을 알고 증여를 하였다는 것이 입증되지 않는 한 유류분 산정의 기초가 되는 재산액에 포함되지 않게 되는 결과가 된다. 그런데 특별수익자가 있는 경우에 공동상속인들 사이의 공평을 기하기 위하여 수증재산을 상속분의 선급으로 다루어 구체적인 유류분 산정의 기초가 되는 재산액을 산정할 때 이를 참작하려는 민법 제1118조, 제1008조의 취지를 고려하면, 위와 같은 결론은 공동상속인들 사이의 공평을 잃을 수 있고 유류분 제도를 잠탈할 우려가 있다.

3. 판례평석

성남지원 판결과 마산지원 판결 모두 유언대용신탁계약의 신탁재산은 사망 당시 수탁자 소유이지 피상속인 소유가 아니므로 적극재산에 포함되지 않는다고 하였고, 이는 우리 민법상 소유권 법리와 신탁법상 신탁의 법리에 부합한다.

유언대용신탁계약에 따라 위탁자 소유의 신탁재산이 수탁자 소유로 이전되는 것을 두고 성남지원 판결은 소유권 이전에 대한 대가를 위탁자가 받지 않았기 때문에 무상처분에 해당한다고 보았지만, 마산지원 판결은 신탁재산은 수탁자의 고유재산이 아닌 독립된 신탁재산이고 신탁재산을 통한 이익을 향유할 권리 및 처분권한이 수탁자가 아닌 위탁자인 망인에게 귀속되어 있었기 때문에 유언대용신탁계약에 따른 소유권 이전을 증여로 볼 수 없다고 판시하였다.

성남지원 판결은 신탁법리상 수익권에 대한 충분한 설명 없이 소유권 이전 현상을 두고 무상처분으로 판시하였다. 마산지원 판결은 위탁자가 생전에 보유하고 있는 신탁재산의 원본 및 이익수익권을 어느 정도 인식하면서 사후수익자가 위탁자 사망 시 연속수익자로서의 지위를 이용하여 이 사건 신탁재산의 귀속이라는 사후수익권을 향유할 수 있다는 점을 근거로 우리 민법상 사인증여와 유사하다고 결론을 내렸다. 마산지원이 설시한 법리가 성남지원이 설시한 법리보다 신탁법리와 유언대용신탁계약의 내용에 더 부합하는 것으로 해석된다.

한편, 유언대용신탁재산이 유류분반환청구의 대상이 된다고 할 경우, 유류분반환청구의 대상과 관련하여 신탁재산설과 수익권설의 대립이 있을 수 있다. 신탁법리상 수탁자 명의로 대내외적인 소유권이 완전히 이전된 상태에서 위탁자 사망으로 위탁자의 생전수익권이 소멸되고 사후수익자가 사후수익권을 취득한다는 점에서 유류분반환대상은 사후수익자가 취득한 사후수익권이라고 보는 것이 타당하다. 특히 즉시배분형 유언대용신탁이 아니라 계속관리형 유언대용신탁의 경우 신탁재산은 사후수익자에게 일정기간 동안 수탁자가 소유하고 있어 신탁재산을 반환할 수 없기 때문에 유류분반환대상은 사후수익자가 취득한 '사후수익권'이라고 보는 것이 타당하고, 이 경우 사후수익자가 보유하고 있는 사후수익권의 일부를 유류분반환청구권자에게 반환하는 것으로 법리구성을 해야 한다.[63]

나. 유류분반환청구소송의 피고적격

만약, 유언대용신탁재산도 유류분반환의 대상이 된다고 하면, 유류분권리자는 누구를 상대로 유류분반환청구소송을 제기하여야 하는지가 문제된다. 이와 관련하여 수탁자포함설과 수탁자불포함설이 대립하고 있다. 수탁자불포함설은 유언대용신탁을 통하여 수익을 얻는 자는 수익자이고, 유류분반환청구에 의하여 기존의 신탁관계에 가급적 영향이 없도록 규율하는 것이 바람직하다는 점을 중시하여 수익자만을 상대로 유류분반환청구소송을 청구할 수 있다는 견해이다. 수탁자포함설은 유류분권리자로서는 신탁설정에 의해 유류분의 부족이 발생한 만큼 수익자는 물론 수탁자를 포함하여 유류분반환청구소송을 제기해야 한다는 견해이다. 물론 수탁자포함설과 수탁자불포함설 모두 위탁자 사망 후 신탁재산의 배분이 종료되어 더 이상 신탁계약관계가 없는 경우에는 유류분을 침해한 수익자만을 소송의 상대방으로 하여야 한다는 데에는 견해가 일치하고 있는 것으로 파악된다.[64]

유언대용신탁에 있어서 수탁자는 신탁보수청구권과 신탁비용청구권을 제외하고는 신탁재산에 대해 실질적인 이해관계가 없음은 신탁의 법리상 당연하다. 이를 바탕으로 보면, 유류분권리자는 유류분을 침해한 상속인인 수익자를 상대로 유류분반환청구소송을 제기하여야 하며, 수탁자를 상대로 유류분반환청구소송을 제기하는 것은 바람직하지 않다고 보는

63) 마산지원 판결은 즉시배분형 유언대용신탁이라 소송 제기 당시에는 신탁재산이 이미 피고에게 이전된 상태였는데, 법원은 유류분반환방법은 원물반환이 원칙이나 원고가 가액배상을 구하였고 피고 역시 가액배상을 원하고 있으므로, 가액배상판결을 하였다.

64) 신탁설정시 신탁재산을 수탁자에게 무상처분한 것으로 주장하면서, 신탁회사를 상대로 제기된 유류분반환청구소송에서 법원은 신탁재산의 독립성을 규정한 신탁법 제22조에서 제24조를 근거로 함과 동시에, 이 사건 신탁계약 체결에도 불구하고 실질적으로 이 사건 각 부동산의 이익을 향유할 권리는 수탁자인 피고 은행이 아니라 위탁자인 망인에게 귀속되어 있었다고 봄이 상당하다(서울중앙지방법원 2024. 7.3. 선고 2021가합547069판결).

것이 타당하다. 다만, 현행 민사소송법 및 민사집행법상 유언대용신탁계약이 위탁자 사망 이후에도 존속하고 있을 경우 유류분을 침해한 수익자만을 상대로 유류분반환청구소송을 제기하여 승소판결이 있다 하더라도 이를 집행하는 것이 곤란하다는 문제는 있으나, 이는 집행법적인 측면의 문제이다. 설령 유류분반환청구소송의 상대방으로 수탁자가 포함되어 있다 하더라도, 수탁자가 신탁재산을 배분하여 수익자에게 신탁재산을 지급한 경우에는 수탁자에 대한 유류분반환청구소송의 소의 이익이 없다고 인정될 가능성이 높다.

판례 해설

수탁자인 은행을 상대로 한 유류분반환청구소송 판결

(서울중앙지방법원 2024.7.3. 선고 2021가합547069판결)

1. 인정사실

가. A의 사망 및 상속관계

A(1932. 4. 23.생, 이하 '망인'이라고 한다)는 2021. 5. 1. 사망하였고, 그 상속인으로 자녀들인 예비적 피고(이하 '피고 갑'이라고 한다)와 원고가 있다.

나. 망인과 주위적 피고의 유언대용신탁계약 체결

망인은 사망 전인 2020. 6. 11. 주위적 피고(이하 '피고 은행'이라고 한다)와 망인 소유의 근린생활시설 및 오피스텔 지하 1층, 지상 13층 건물의 각 호실인 별지1 목록 기재 각 부동산(이하 '제1부동산'이라 한다) 및 토지 및 그 지상 다가구주택인 별지2 목록 기재 각 부동산(이하 '제2부동산'이라 하고, 제1부동산과 통틀어 '이 사건 각 부동산'이라고 한다)과 금전 5억 원(추정액) 등의 신탁재산을 생전수익자를 '망인', 사후1차수익자를 '피고'로 정하여 그에 관한 관리 및 사후 재산분배가 망인의 뜻에 따라 이루어지도록 하는 것을 목적으로 하는 유언대용신탁인 신탁계약을 체결하였고(이하 '이 사건 신탁계약'이라 한다), 같은 날 이 사건 신탁계약 제4조 제1항에 따라 제1부동산 및 제2부동산에 관하여 각 개별 신탁계약(이하 '이 사건 개별신탁계약'이라고 한다)을 체결하였다.

다. 피고 갑의 이 사건 각 부동산 소유권 취득

피고 갑은 망인의 사망 이후 이 사건 신탁계약 특약사항 제7조 제1항에 따라 신탁재산의 이전을 청구하여 2021. 5. 21. 제1부동산에 관하여, 2021. 7. 16. 제2부동산에 관하여 각 신탁재산의 귀속을 원인으로 한 소유권이전등기를 마쳤다.

3. 피고 은행에 대한 청구(주위적 청구)에 관한 판단

가. 원고는, 망인이 사망 전 1년 이내에 이 사건 신탁계약을 체결하여 피고 은행에 이 사건 각 부동산을 증여 또는 무상처분함으로써 망인의 상속인인 원고의 유류분이 침해되었으므로, 피고 은행은 원고에게 유류분반환 의무가 있다고 주장한다.

나. 그러나 위 인정 사실, 앞서 든 증거들에 변론 전체의 취지를 더하여 알 수 있는 다음 사정에 비추어 보면, 제출된 증거들이나 원고가 주장하는 사정만으로는 망인이 이 사건 신탁계약으로 피고 은행에 이 사건 각 부동산을 증여 또는 무상처분하였다고 인정하기 부족하고 달리 이를 인정할 증거가 없다. 따라서 이 사건 신탁계약으로 망인이 피고 은행에 이 사건 각 부동산을 증여 또는 무상처분하였음을 전제로 한 원고의 피고 은행에 대한 청구를 받아들이지 아니한다.

1) 이 사건 신탁계약은 망인이 생전에 위탁자로서 피고 갑을 사후수익자로 지정하여 망인이 사망한 때 피고 갑에게 신탁재산에 대한 수익권을 취득하게 하는 이른 바 '유언대용신탁'이다(신탁법 제59조 제1항 제1호). 이 사건 신탁계약의 결과 수탁자인 피고 은행은 이 사건 부동산의 소유권을 대내외적으로 취득하면서도 이 사건 부동산에 대하여 대가적 의미 있는 급부를 하지 않기는 한다. 그러나 신탁법에 의하면 신탁재산이 수탁자의 상속재산에 속하지 않고 수탁자의 이혼에 따른 재산분할의 대상이 되지 않는다(제23조)고 정하고 있다. 또한 신탁법은 신탁재산에 대하여 강제집행, 국세 등 체납처분 등을 할 수 없고(제22조 제1항), 수탁자의 파산재단과 회생절차의 관리인이 관리 및 처분 권한을 가지는 채무자의 재산이나 개인회생재단을 구성하지 않으며(제24조), 신탁재산에 속하는 채권과 신탁재산에 속하지 않는 채부는 원칙적으로 상계가 금지(신탁법 제2조)되도록 하는 등 신탁재산을 수탁자의 고유재산과 독립된 재산으로 취급하고 있다. 나아가 유언대용신탁의 위탁자는 원칙적으로 자유롭게 수익자를 변경할 수 있고(신탁법 제59조 제1항), 신탁행위로 달리 정하지 않는 한 언제든지 유언대용신탁을 종료시키고 신탁재산을 위탁자 명의로 복귀시킬 수 있으므로 유언대용신탁계약을 체결한 이후로도 여전히 신탁재산을 사실상 지배한다고 보아야 한다.

2) 법인세법과 소득세법에서도 신탁재산에 귀속되는 소득은 수익자에게 귀속되는 것으로 정하고 있고(법인세법 제5조 제1항, 소득세법 제2조의3 제1항), 상속세 및 증여세법에서도 신탁계약에 의하여 위탁자가 타인을 신탁 이익의 전부 또는 일부를 받을 수익자로 지정한 경우 수익자에게 신탁의 이익이 지급되는 날을 증여일로 하여 신탁의 이익을 받을 권리의 가액을 수익자의 증여재산가액으로 한다(제33조 제1항)고 정하여 수탁자를 신탁재산의 종국적인 귀속 주체로 보고 있지 않다.

3) 이 사건 신탁계약 제1조는 "위탁자는 자신이 정한 수익자에게 신탁재산에 관한 급부가 지급되게 할 목적으로 신탁한다. 피고 은행은 이 사건 신탁계약에서 지정된 수익자를 위하여 신탁재산을 관리 및 운용하다가 수익자에게 안정적으로 신탁재산을 교부한다"고 정하여 신탁재산이 궁극적으로 수익자에게 교부되는 것을 목적으로 이 사건 신탁계약을 체결하는 것임을 분명히 하고 있다. 또한 이 사건 신탁계약 제12조에서 "신탁재산의 운용으로 발생하는 이익 및 손실은 모두 수익자에게 귀속된다"고 정하고, 이 사건 개별신탁계약 제4조에서 "피고 은행은 신탁부동산의 등기부상 소유권만을 관리하고 그 이외의 관리사무는 위탁자 등이 담당하며, 위탁자인 망인이 신탁부동산에 대한 소유권 관리 외 일체의 관리책임을 부담한다"고 정하고 있다. 따라서 이 사건 신탁계약 체결에도 불구하고 실질적으로 이 사건 각 부동산의 이익을 향유할 권리는 수탁자인 피고 은행이 아니라 위탁자인 망인에게 귀속되어 있었다고 봄이 타당하다.

4) 유류분 산정의 기초재산에 산입되는 증여에 해당하는지 여부를 판단할 때에는 피상속인의 재산처분행위의 법적 성질을 형식적 · 추상적으로 파악하는 데 그쳐서는 안 되고, 재산처분행위가 실질적인 관점에서 피상속인의 재산을 감소시키는 무상처분에 해당하는지 여부에 따라 판단하여야 한다(대법원 2021. 7. 15. 선고 2016다210498 판결 참조). 그런데 위와 같이 신탁재산인 이 사건 각 부동산은 망인의 사망 전까지 실질적으로 망인의 재산처럼 운용되었고 피고 은행은 이 사건 신탁계약에서 정한 바에 따라 신탁재산을 관리하며 망인(생전수익자) 또는 피고 갑(사후수익자)에게 수익을 지급하고 그에 대한 대가로서 신탁보수를 지급받았을 뿐이어서(이 사건 신탁계약 제9조, 제14조), 이 사건 각 부동산이 이 사건 신탁계약에 따라 피고 은행에 이전되어있다고 하더라도 망인이 이 사건 신탁계약을 통해 실질적으로 피고 은행에 이 사건 각 부동산을 증여하였다거나 무상처분하였다고 보기 어렵다.

5) 나아가 이 사건 신탁계약 제23조는 "피고 은행이 신탁재산을 관리 · 운용함에 있어 선량한 관리자로서의 주의의무를 다하여야 한다"고 정하고 있어서 부동산 소유자가 자신 소유의 부동산에 관해 부담할 수 없는 선관주의의무를 정하고 있고, 같은 취지에서 이 사건 개별신탁계약 제7조 및 별첨5에는 이 사건 각 부동산에 관한 제세공과금, 유지관리비에 소요되는 일체의 비용, 신탁재산 관련 세금은 위탁자의 부담으로 하면서, 수탁자가 이를 대신 납부하는 경우 위탁자가 이를 상환하도록 정하고 있다.

6) 만일 위탁자가 이 사건 신탁계약과 같은 유언대용신탁으로 신탁재산을 사후수익자가 아닌 수탁자에게 증여하였다고 보게 되면, 위탁자가 그 유언대용신탁 후 1년이 지나 사망하면, 유류분권리자는 위탁자와 수탁자 쌍방이 유류분권리자에게 손해를 가할 것을 알고 증여한 사실을 증명하여야 신탁재산을 유류분 산정의 기초가 되는 재산에 포함하여 수탁자를 상대로 유류분반환을 청구할 수 있다(민법 제1114조). 특별수익자가 있는 경우에 공동상속인들 사이의 공평을 기하기 위하여 민법 제1114조의 적용을 배제하고 수증재산을 상속분의 선급으로 다루어 구체적인 유류분 산정의 기초가 되는 재산액을 산정할 때 반영하려는 민법 제1118조, 제1008조의 취지를 고려하면, 위와 같은 결론은 공동상속인들 사이의 공평을 잃어 유류분 제도의 취지에도 반한다.

7) 원고는 피고 은행이 유언대용신탁을 이용할 경우 신탁재산은 유류분반환청구대상에서 제외된다고 홍보하여 이 사건 신탁계약을 체결하게 하였으면서도 이 사건에서 사후수익자인 피고가 유류분반환의무자라고 주장하는 것은 신의칙에 반한다고 주장한다. 그러나 갑 제20호증의 기재를 비롯하여 제출된 증거들만으로는 피고 은행이 망인에게 위와 같이 홍보하여 이 사건 신탁계약이 체결되었다고 보기 어려울 뿐 아니라, 설령 피고 은행이 망인에게 위와 같은 취지로 설명하였다고 하더라도 신탁재산이 유류분반환대상이 되는지는 피고 은행의 의사로 결정할 수 있는 것이 아니므로 이를 피고 은행이 어떠한 신의를 공여한 것이라고 보기 어렵다. 더욱이 그러한 설명이 그 상대방인 망인도 아닌 망인의 상속인들에게 신의 공여라고 볼 수도 없고, 1차 사후수익자인 피고 갑이 유류분반환의사가 있는지는 피고 은행이 설명하여 신의를 공여할 수 있을 만한 내용도 아니며, 이 사건에서 피고 갑은 본인이 유류분반환의무자임을 인정하며 이를 다투고 있지도 않다. 따라서 원고의 위 주장을 받아들일 수 없다.

4. 피고 갑에 대한 예비적 판단

인정사실에서 본 바와 같이 망인의 사망 당시 이 사건 각 부동산은 이 사건 신탁계약에 따라 피고 은행에 신탁되어 있었고 망인의 사후에 비로소 피고가 이 사건 각 부동산은 취득하였으므로, 유류분 산정의 기초가 되는 재산 중 적극적 상속재산에는 해당하지 않는다. 그런데 갑 제3호증, 을가 제1호증에 의하면, 망인이 생전에 피고 은행과 체결한 이 사건 신탁계약을 통해 피고에게 사후수익자의 지위를 수여한 사실을 인정할 수 있고, 피고가 망인 또는 피고 은행에 위 수익자 지위 또는 이 사건 신탁재산에 대한 대가를 지급하였다고 볼 만한 자료는 없다. 이 사건 신탁계약 별첨2의 특약사항 제4조에 의하면, 이 사건 신탁계약의 수익권은 망인이 사망하기 전까지는 생전 수익자인 망인이 가지게 되고, 망인이 사망한 이후에 비로소 이 사건 신탁계약의 유일한 수익자인 피고에게 이전되므로 피고는 망인이 사망해야 비로소 사후수익자로서의 지위를 이용하여 신탁재산인 이 사건 각 부동산의 귀속이라는 수익권을 취득할 수 있다.

이러한 법률관계를 실질적으로 살펴보면 민법 제562조가 정한 사인증여와 유사하므로 이 사건 각 부동산이 상속재산이거나 직접 망인으로부터 증여받은 것은 아니더라도 피고 갑의 특별수익에는 해당한다고 보아 유류분 산정의 기초재산에 포함함이 타당하다(피고도 이 사건 각 부동산이 피고의 특별수익이 되는 사실을 인정하고 있다).

5. 판례 해설

유류분을 침해당한 상속인이 수탁자를 상대로 유류분반환청구소송을 제기한 소송에서, 법원은 이를 기각하였다. 신탁계약에서 수탁자는 수익자가 아닌 이상 신탁의 이익을 누릴 수 없고, 수탁자로서 수익자를 위해 신탁재산을 신탁계약의 내용에 따라 보관, 관리, 처분, 배분 업무를 수행할 권리와 의무를 보유할 뿐, 신탁재산으로부터 발생하는 이익을 누릴 수 없음이 분명하다. 따라서 망인이 생전에 수탁자와 신탁계약을 체결하면서 부동산의 소유권을 수탁자에게 이전하였고 그에 따른 반대급부를 수령하지 않았다고 하여 위탁자가 수탁자에게 무상처분을 한 것이라는 주장은 신탁계약의 내용과 신탁법에 따라 받아들이기 어려운 주장이다. 그리고 유언대용신탁과 같이 위탁자가 신탁설정을 하면서 부동산의 소유권을 수탁자에게 이전하고, 위탁자가 생전 수익권을 취득하였다 하여 달리 해석할 이유는 없다.

이와 별론으로, 유언대용신탁계약을 체결하고 소유 재산을 수탁자에게 이전한 뒤 위탁자가 사망하더라도 일정 조건이 성취될 때까지 신탁계약이 존속하는 계속관리형 유언대용신탁의 경우, 유류분을 침해당한 상속인이 누구를 상대로 소송을 하여야 하는가는 또 다른 쟁점이다. 결론적으로 말하면, 신탁계약은 그대로 존속하고, 유류분반환청구의 대상은 유류분을 침해한 사후수익자의 수익권이라고 보는 것이 합리적이다.

다. 신탁재산에 대해 유류분권을 피보전권리로 하는 보전처분의 가부

유류분권은 '상속이 개시'됨으로써 비로소 고정화·구체화되는 권리일 뿐 상속개시 전에는 유류분권은 일종의 '기대권'이고 유류분권리자의 지위는 '기대적 지위'에 불과하며, 권리로서 적극적으로 주장할 수 있는 성질의 권리가 아니라는 점[65]에서 사전증여에 의해 잠정상속인에게 유류분 침해 가능성이 제기된다고 하더라도, 이를 피보전권리로 보전처분(예를 들면, 수익권에 대한 가압류 또는 수익권배분금지가처분)을 할 수 없을 것이다. 유류분권의 성질에 대한 이와 같은 논의는 유언대용신탁계약의 경우에도 그대로 적용될 수 있을 것이다. 즉, 유언대용신탁계약의 내용에 따라 재산이 배분될 것이 예상된다고 하더라도 상속개시 전에는 유류분권을 피보전권리로 보전처분하는 것은 허용되지 않는다고 보는 것이 타당하다.

라. 유류분권 폐지 또는 축소의 필요성

유류분을 인정하는 현행 민법이 타당한가? 우리 민법이 유류분을 보장하는 이유는 잔존가족의 생활보장 또는 상속인의 상속재산에 관한 공헌에 대한 재산적 상환이다.[66] 과거 대가족 중심의 가족에서 핵가족으로 변경된 우리나라 사회문화의 변화를 감안하여, 유류분제도의 축소가 더 적합한 것으로 보인다. 다행히 2024년 4월 25일 헌법재판소의 유류분제도에 대한 위헌 및 헌법불합치 결정으로 유류분제도의 일부 개선은 있었지만, 추가적으로 개정이 필요한 부분은 다음과 같다.

판례 해설

유류분제도 일부 위헌 및 일부 헌법불합치 결정

헌법재판소는 2024년 4월 25일 재판관의 일치된 의견으로, ① 피상속인의 형제자매의 유류분을 규정한 민법 제1112조 제4호를 단순위헌으로 결정하고, ② 유류분상실사유를 별도로 규정하지 아니한 민법 제1112조 제1호부터 제3호 및 기여분에 관한 민법 제1008조의2를 준용하는 규정을 두지 아니한 민법 제1118조는 모두 헌법에 합치되지 아니하고 2025. 12. 31.을 시한으로 입법자가 개정할 때까지 계속 적용된다는 결정을 선고하였다(2024. 4. 25. 선고 2020헌가4 등 및 2020헌바342 등).

---

65) 피상속인의 생전증여가 유류분을 침해하는 것이 명백한 경우에도 피상속인의 생전에, 즉 상속개시 전에 장래의 유류분반환청구권을 보전하기 위하여 증여부동산에 가등기를 할 수는 없다[김주수·김상용, 『친족·상속법』(법문사, 2015), 813면]. 상속이 개시되면 일정한 범위의 상속인이 피상속인의 재산의 일정비율을 확보할 수 있는 추상적·기본적 지위를 가지는데, 피상속인의 생전증여가 유류분권을 침해하는 것이 명백하더라도 상속개시 "전"에는 유류분권을 주장할 수 없고, 따라서 유류분을 보전할 수도 없다[지원림, 앞의 책, 1683면].

66) 전혜정, "민법상 유언상속에 관한 연구", 『가족법연구』 제20권 제3호(가족법학회, 2006), 170면.

헌법재판소는 "유류분제도는 피상속인의 재산처분행위로부터 유족들의 생존권을 보호하고, 법정상속분의 일정비율에 상당하는 부분을 유류분으로 산정하여 상속재산형성에 대한 기여, 상속재산에 대한 기대를 보장하려는 데에 그 취지가 있고(헌재 2010. 4. 29. 2007헌바144), 가족의 연대가 종국적으로 단절되는 것을 저지하는 기능을 갖는다(헌재 2013. 12. 26. 2012헌바467). 오늘날 사회구조가 산업화·정보화 사회로 변화하고, 가족의 모습과 기능이 핵가족으로 바뀌었으며, 남녀평등이 점차로 실현되고 있지만, 가족의 역할은 오늘날에도 중요한 의미를 가지고, 상속인들은 유류분을 통해 긴밀한 연대를 유지[67]하고 있으며, 유류분이 공동상속인들 사이의 균등상속에 대한 기대를 실현하는 기능을 여전히 수행하고 있다."고 판시하면서 유류분제도의 목적의 정당성과 수단의 적합성을 인정하였다.

개별적으로 "유류분에 관한 다양한 사례에 맞추어서 유류분권리자와 각 유류분을 적정하게 정하는 입법을 하는 것이 현실적으로 매우 어려운 점, 법원이 재판에서 구체적 사정을 고려하여 유류분권리자와 각 유류분을 개별적으로 정할 수 있도록 하는 것은 심리의 지연 및 재판비용의 막대한 증가 등을 초래할 수 있는 점 등을 고려하면, 민법 제1112조가 유류분권리자와 각 유류분을 획일적으로 규정한 것이 매우 불합리하다고 단정하기 어렵고, 다만, 피상속인을 장기간 유기하거나 정신적·신체적으로 학대하는 등의 패륜적인 행위를 일삼은 상속인의 유류분을 인정하는 것은 일반 국민의 법감정과 상식에 반한다고 할 것이므로, 민법 제1112조에서 유류분상실사유를 별도로 규정하지 아니한 것은 불합리하다고 아니할 수 없고, 피상속인의 형제자매는 상속재산형성에 대한 기여나 상속재산에 대한 기대 등이 거의 인정되지 않음에도 불구하고 유류분권을 부여하는 것은 그 타당한 이유를 찾기 어렵다"고 하면서 유류분상실사유를 규정하지 아니한 민법 제1112조 제1호부터 제3호와 제1118조에 대해 헌법불합치결정을 내렸다.

민법 제1112조와 제1118조에서 유류분상실사유를 얼마나 폭넓게 규정할지는 모르겠지만, 유류분제도에 대해 최초의 위헌 및 헌법불합치결정을 하여 유류분제도의 합리적 개정을 촉구하였다는 점에서 상당한 의미를 찾을 수 있다. 다소 유연한 유류분 제도 개선을 통해 가족신탁 영역에서 보다 다양한 신탁 설계가 가능할 것으로 판단된다.

첫째, 배우자 상속분과 유류분의 조정이다. 부부는 경제공동체로 이혼 시에 재산분할제도를 두는 것과 마찬가지로 상속 시 상속재산청산의 개념을 도입해야 한다. 따라서 부부 경제공동체에서 공동형성자산을 확정하고 공동형성에의 기여도를 고려하여 이혼 시 재산분할에 준하는 상속재산 청산제도를 도입해야 한다.

둘째, 직계비속의 유류분은 법정상속분의 1/2이라는 획일적인 기준으로 적용할 것이 아니라, '생활비의 보장'이라는 측면을 고려해 미성년자녀나 경제활동을 하지 못하는 자녀가 있을 경우 일정 기간 생계비 보장 수준으로 축소 적용해야 한다.

67) 유류분제도로 인해 가족 사이에 긴밀한 연대가 유지된다는 내용은 현실적이지 못하다.

셋째, 유류분을 축소한 이후에도 유류분반환 방법을 '원물반환'에서 '금전반환'으로 변경하여야 한다. 원물반환제도는 궁극적으로 유류분 분쟁을 해소하기 어렵다. 예를 들어, 상가건물의 1/4 지분을 반환받을 경우 소송 당사자들이 계속해서 상가건물을 공유하면서 상가의 관리, 처분에 대한 이견으로 소송 이후에도 분쟁이 잠재되어 있기 때문이다.

상속권 상실제도는 상속인이 될 사람이 피상속인에 대하여 중대한 부양의무의 위반, 중대한 범죄행위, 학대 그 밖의 심히 부당한 대우 등을 한 경우 피상속인이나 법정상속인의 청구에 따라 가정법원이 상속권상실 여부를 결정하는 제도인데, 유류분권리자가 상속권 상실사유에 해당하는 행위를 하였을 경우 피상속인이나 법정상속인의 청구에 따라 가정법원이 상속권을 상실시키면 해당 상속인은 유류분권리를 청구할 수 없다.

언론 속의 자산승계 이슈

"〈왜 불효자도 물려줘야 하나〉 현직 판사가 촉발한 '유류분 논쟁'"

1. 사실관계

서울중앙지법원의 한 부장판사는 외국에서 이민 중이던 며느리와 자녀들이 "상속에서 완전히 배제되었다"며 한국 가족을 상대로 낸 유류분반환청구소송 진행 중에 "유류분 제도가 피상속인의 재산 처분의 자유를 심각하게 침해한다"며 "재산형성 과정에 기여가 없고 불효나 불화 등으로 관계가 악화된 자녀들에게 재산이 무조건 귀속되도록 강제한 현행 법률의 합리적 이유를 찾기 어렵다"다며 위헌법률심판 제청결정을 하였다.

담당 판사는 이 유류분 제도의 입법취지가 시대적 소명을 다 했다고 판단한다. 여성 차별이 만연했던 과거와 달리 전근대적 가족 형태가 변화했고 유류분을 통해 자녀 간 양성평등이 보호되는 면도 미미하다고 주장한다. 오히려 직계비속과 존속에 대한 과도한 유류분이 배우자의 상속권리를 침해한다고 지적한다. 유류분 사건을 맡았던 한 현직 판사는 "양성평등 측면에선 유류분이 필요할 수 있지만 고인이 부양 문제를 두고 특정 자녀에게 유산상속을 완강히 거부했던 경우가 있어 고민이 됐었다"라고 말했다.

2. 자산승계 시사점

1977년 유류분 제도에 도입된 유류분은 너무 엄격하게 해석되고 있어서, 실제 사례에서는 불합리한 결과를 많이 유발한다. 유류분 제도의 불합리성을 해소할 수 있도록 큰 폭의 제도개선이 필요하다라고 했고, 이 사건을 포함한 몇 건의 유류분제도 위헌 사건에서 헌법재판소가 위헌 및 헌법불합치 결정을 내렸다.

출처 : 중앙일보 2020년 2월 3일

CHAPTER 07

상속신탁 Q&A

☑ 개 념

Q&A 01

신탁이란 무엇인가?

신탁이란 문자 그대로 믿고 맡긴다는 의미로, 위탁자가 계약에 의하여 자기의 재산을 신탁회사(수탁자)에 맡기고 신탁회사로 하여금 자기가 지정한 자(수익자)의 이익을 위하여 그 재산권을 관리, 운용, 처분, 개발 등을 하게 하는 법률관계를 말한다. 이때 수익자는 위탁자 본인이 될 수도 있고(자익신탁), 위탁자가 지정하는 제3자(타익신탁)가 될 수도 있다.

Q&A 02

유언대용신탁이란 무엇인가?

유언대용신탁이란 위탁자가 생전에 신탁회사에 재산을 신탁하면서 자신을 생전수익자로 지정하고 사후에는 배우자, 자녀, 제3자 등을 사후수익자로 지정하여 본인 사망 이후의 재산배분을 목적으로 하는 생전신탁이다. 유언대용신탁을 통하여 민법에 따른 유언을 남기지 않더라도 위탁자의 의사가 최대한 반영된 상속재산 배분이 가능하게 된다. 아울러 미성년자, 장애인 등 특별한 부양이 필요한 경우 신탁회사가 신탁재산 운용 및 정기교부금 지급을 통하여 제한능력자의 안정된 삶을 보장할 수도 있다.

Q&A 03

유언신탁과 유언대용신탁은 어떻게 다른가?

유언신탁은 유언에 의하여 이루어지는 신탁으로 위탁자 사망 후에 효력이 발생하는 사후신탁(死後信託)인 반면 유언대용신탁은 위탁자 생전에 이미 효력이 발생하는 생전신탁(生前信託)이다. 유언신탁은 적법한 유언장을 작성한 후 신탁계약을 체결하면 신탁회사가 유언장 보관 및 사후집행 등 일체의 유언 관련 업무를 대행해 주는 신탁인 반면, 유언대용신탁은 별도의 유언장 작성 없이도 유언에 따른 상속재산 배분 기능을 수행하면서 신탁회사가 수익자 등을 위해 신탁재산관리까지 수행하는 신탁이라는 차이점이 있다.

Q&A 04

증여, 유증, 사인증여의 개념과 공통점 및 차이점은 무엇인가?

① 증여 : 재산을 무상으로 이전하는 계약(증여자가 수증자에게 재산 무상이전)

② 유증 : 유언에 의한 재산의 무상이전(유언집행자의 유언 집행 절차 필요)

③ 사인증여 : 증여자의 생전에 증여계약을 하지만, 증여자의 사망 시 증여의 효과가 발생하는 계약

Q&A 05

수익자연속신탁이란 무엇인가?

수익자연속신탁이란 신탁계약으로 수인의 수익자를 지정하면서, 최초의 수익자가 사망할 때 차례로 다음 수익자가 수익권을 취득하는 것으로 약정하는 신탁을 말한다. 위탁자 생전에는 자신을 수익자로 하되 자신의 사후에는 부인을 수익자로, 부인의 사후에는 다시 자녀를 연속하여 수익자로 하여 수인의 수익자가 순차적으로 연속되는 형태의 신탁이다.

Q&A 06

유언대용신탁과 다른 유언장이 있을 때 우선순위는 어떻게 되는가?

유언대용신탁계약서상 다른 유언장에 대하여 유언대용신탁이 우선한다는 내용이 명시되어 있는 경우 유언대용신탁이 우선한다. 유언대용신탁계약서에 이러한 약정이 없는 경우에는 다툼이 있을 수 있으므로, 유언대용신탁계약서 체결 시 이러한 특약을 반드시 명기할 필요가 있다. 아울러 유언대용신탁계약과 다른 내용의 위탁자가 유언대용신탁계약을 변경하거나 유언대용신탁계약을 해지하여야 한다.

Q&A 07

민법에서 정하는 유언의 방법에는 어떤 것들이 있는가?

민법 제1065조에 의하면 유언의 방식은 자필증서, 녹음, 공정증서, 비밀증서와 구수증서의 5종으로 한정하고 있는데, 자필증서 유언과 공정증서 유언이 주로 사용되고 있다. 그러나 자필증서 유언은 유언장의 분실, 위조 등의 위험이 높아 분쟁의 소지가 많은 실정이다. 유언대용신탁계약 체결 시에 반드시 유언이 필요한 것은 아니므로, 후견인 지정 또는 혼외자에 대한 인지 등 유언으로 정해야 할 사항이 있으면, 유언대용신탁계약과 별도로 유언장을 작성할 필요가 있다.

Q&A 08

상속신탁하면 좋은 점은 무엇인가?

① 생전에 재산분배내용을 확정함으로써 상속재산의 원만한 배분(상속분쟁 예방 가능)

② 위탁자 사망 후 즉시 신탁계약에 따라 수탁자가 신탁재산을 신속히 배분할 수 있어 상속분쟁 예방 가능

③ 위탁자의 생전 의도(신탁 목적)에 따른 사후 재산 분배 → 예 할아버지가 손자에

게 상속 가능, 위탁자의 생전에는 재산 보관 및 증식 수단으로 활용 가능
④ 미성년자나 장애를 가진 상속인의 상속재산 보존관리 가능
⑤ 파산 등 경제적 어려움에 처할 때에도 신탁재산을 수익자에게 상속 가능(도산절연)
⑥ 유언장 작성 및 공증 등 법률적 비용 절감 및 복잡한 상속절차 생략 가능
⑦ 유언으로는 대신할 수 없는 다양한 서비스가 통합된 상속재산의 분배관리
⑧ 유언 없이 불의의 사고 발생 시 가업승계 설계 미비점 보완
⑨ 상속세 재원으로 활용할 수 있는 금융상품 보유로 신속한 상속세 납부 가능

Q&A 09

주로 어떤 사람에게 상속신탁이 필요한가?

① 자녀들 사이에 상속분쟁이 생길까 걱정인 사람
② 내가 치매에 걸려 재산관리 못할까 걱정인 사람
③ 내 사후 자녀가 아내(또는 남편)를 잘 돌보지 않을까 걱정인 사람
④ 나한테 잘해주는 자녀에게 더 주고 싶은 사람
⑤ 특정 자녀에게는 상속해 주기 싫은 사람
⑥ 내가 치매에 걸려 후견인 다툼이 있을까 걱정인 사람
⑦ 끝까지 나를 돌봐주는 자녀에게 모두 주고 싶은 사람
⑧ 상속개시 후 사업하는 자녀의 채권자가 상속재산을 압류할까 걱정인 사람

Q&A 10

유언대용신탁의 수익자는 한번 정해지면 변경할 수 없는가?

아니다. 수익자 변경 시 수익자와의 합의가 필요한 다른 유형의 신탁과 달리, 유언대용신탁은 수익자와의 합의 없이도, 수익자를 변경할 권리를 갖는다(신탁법 제59조). 따라서 위탁자는 생전에 언제든지 사후수익자 및 수익권의 내용을 자유로이 변경할 수 있다. 오히려 위탁자의 수익자변경권을 배제하려면 신탁행위로 특별히 정해야 한다.

Q&A 11

위탁자가 신탁재산 원본 및 이익 지급방법을 자유롭게 선택할 수 있는가?

그렇다. 위탁자는 신탁 원본과 이익의 지급 방법을 자유롭게 정할 수 있다. 예를 들어, 위탁자 사망 이후 수익자가 19세 이후 특정 시점이 될 때(예 미성년자인 수익자가 30세가 될 때)까지는 신탁이익만 지급하고, 그 이후에는 신탁원본을 수익자에게 지급하거나 위탁자 사후에 금전으로 신탁된 재산을 모두 지급하고 19세 이후 특정 시점에 금전 이외의 모든 재산을 지급할 수도 있다. 이처럼 위탁자가 신탁회사와 계약 체결 시 위탁자의 필요에 따라 신탁재산의 다양한 지급 방법을 미리 정할 수 있는 장점이 있다. 유언공증으로는 유언자 사후 상속재산을 관리할 수 없다.

Q&A 12

유언대용신탁에서 사후수익자는 상속인 중에서만 선택해야 하는가?

반드시 상속인만 가능한 것은 아니다. 위탁자가 공익목적으로 전 재산을 사회에 환원할 수도 있고, 재산의 일부만을 사후수익자로 지정된 자를 위해 신탁을 설정할 수도 있다. 위탁자가 공익목적으로 재산의 일부를 기부할 경우 신탁회사와 공익신탁을 설정할 수 있다.

Q&A 13

유언대용신탁의 중도해지는 가능한가?

그렇다. 위탁자는 생전에는 위탁자에 한해 유언대용신탁의 중도해지와 계약변경(수익자 변경, 수익권 변경, 수익금 지급조건 등)이 가능하다. 신탁계약에 특별한 정함이 없는 경우에는 사후수익자가 신탁계약을 중도해지하거나 신탁계약의 내용을 변경할 수 없다.

Q&A 14

상속개시 시 신탁재산 외 상속세 납부재원이 없을 때 어떻게 하는가?

① 신탁재산 내 금전이 있는 경우 : 수익자와 협의하여 상속세 납부

② 신탁재산 내 금전 이외의 재산만 있는 경우 : 수익자와 협의하여 신탁재산을 매각하거나 신탁재산을 담보로 대출받아 납부(필요시 연부연납제도 활용)

Q&A 15

민법의 '유류분 제도'란 무엇인가?

유류분 제도는 법정상속인(유류분권리자)의 최저상속분(직계비속과 배우자는 법정상속분의 1/2, 직계존속은 법정상속분의 1/3)인 유류분에 미치지 못하는 부분에 대하여 그 반환을 청구할 수 있는 제도이다. 유류분 청구는 상속개시 이후 가능하며 청구기한은 상속개시일로부터 10년(상속개시와 유류분 침해 사실을 안 날로부터 1년)이다. 한편, 유류분을 침해하는 방법으로 유언대용신탁계약 체결은 가능하나, 향후 유류분을 침해당한 상속인으로부터 유류분반환소송이 제기될 위험은 있다. 그리고 유류분은 상속개시 전에 미리 포기할 수 없다.

Q&A 16

유언대용신탁과 유류분 제도와의 관계는 어떻게 되는가?

위탁자가 유언대용신탁을 설정함으로써 위탁자의 재산 일부나 전부가 신탁재산으로 수탁자에게 이전되고 해당 신탁재산으로부터 발생하는 수익권이 수익자에게 귀속되는 과정에서 유류분의 침해와 그 반환이 문제될 수 있다. 다만, 유언대용신탁계약 체결 시 상속인의 유류분을 침해하지 않는 범위 내에서 신탁재산의 원본과 이익을 배분할 경우 유류분반환소송이 제기될 가능성은 없다. 유언대용신탁계약을 체결하지 않고 유언으로 상속재산을 배분할 경우에도 유류분반환소송에 제기

될 위험이 있기 때문에 유언대용신탁계약 체결로 더 불리해지지는 않는다. 한편, 유류분 반환청구 소송이 제기되었을 경우에 대비하여 신탁계약 체결 시 계약서에 유류분 관련 내용을 명기할 필요가 있다.

다만, 최근 한 지방법원은 상속신탁재산은 유류분반환의 대상이 아니라고 판결하였는데, 항소심에서는 상속신탁재산이 유류분반환대상에 포함하더라도 유류분 침해를 주장하는 원고가 피상속인 생전에 이미 증여를 많이 받아 유류분 침해상태가 아니므로 상속신탁재산이 유류분 반환청구의 대상인지 여부 자체를 판단하지 않았다. 그리고 그 이후 상속신탁재산이 유류분대상이라는 하급심 판례들이 더러 있다. 이 문제에 대해서는 대법원의 판단을 기다릴 필요가 있다.

☑ 상속신탁 실무

Q&A 17 **금전에 대해서도 상속신탁이 가능한가?**

가능하다. 금전을 맡기고 예금, 주식, 채권, 펀드, 파생결합증권, 부동산을 비롯한 다양한 자산으로 운용할 수 있다.

Q&A 18 **상속신탁하면 소유권이 신탁회사로 넘어가는데, 그러면 나의 재산에서 완전히 빠지는 것인가?**

상속신탁하게 되면, 신탁회사로 소유권이 넘어간다. 그렇지만, 맡긴 위탁자가 생전에는 100% 생전수익권을 가지게 되므로, 신탁재산에 대한 통제권을 여전히 보유하고 있다. 위탁자는 언제든지 신탁계약을 전부 또는 일부 해지해 자신의 명의로 돌려놓을 수 있다. 실제로 위탁자가 직접 보유하는 것과 다를 바는 없다.

Q&A 19 **상속신탁하면 신탁재산인 금전은 누가, 어떻게 운용하는가?**

상속신탁하더라도 위탁자의 운용지시에 의해 수탁자가 운용한다. 수탁자는 위탁자의 운용지시에 따라 예금, RP, 주식, 채권, 펀드, 파생결합증권, 부동산 등 운용 가능한 모든 재산으로 운용한다.

Q&A 20 **부동산을 신탁회사 명의로 이전 등기 시 등기비용은 누가 부담하는가?**

등기비용은 위탁자가 부담한다. 위탁자 명의에서 수탁자 명의로 이전하는 '신탁등기'에 대해서는 취등록세는 면세되나, 등기신청 시 법무사 등기 위임 비용이 발생한다.

Q&A 21 위탁자의 재산 전부에 대해 한꺼번에 신탁계약을 체결해야 하는가?

아니다. 위탁자 재산의 일부에 대해 유언대용신탁계약을 체결하고, 그 신탁재산에 대해서만 수익자를 설정할 수 있다. 이 경우 다른 재산은 법정상속분에 따라 상속된다. 신탁계약체결 시점에 일부 재산에 대해 신탁을 설정한 후, 위탁자는 언제든지 나머지 재산에 대해 추가로 신탁을 설정할 수 있다. 다만, 신탁되지 않는 재산이 있는 상태에서 위탁자가 사망하면 그 재산은 수탁자가 상속집행할 수 없어, 법정상속분할의 대상이 된다.

Q&A 22 유언대용신탁의 신탁보수는 얼마 정도인가?

신탁보수는 신탁재산의 종류, 금액 및 운용대상에 따라 달라진다. 금전신탁의 경우 특정금전신탁 약관에 따라 신탁보수를 정하며, 부동산신탁의 경우 부동산의 종류 및 재산평가액에 따라 신탁보수가 달라진다.

Q&A 23 부동산을 상속신탁하면 임대차관리는 누가 하는가?

상속신탁을 하더라도 생전 수익권을 위탁자가 보유하고 있으므로, 위탁자가 임대차계약의 주체이다. 사실상 임대관리와 시설관리는 부동산관리신탁(갑종)의 경우는 수탁자가 하고, 부동산관리신탁(을종)의 경우는 위탁자가 한다. 부동산관리신탁(갑종)은 임대 및 시설관리의 대가로 신탁보수를 추가로 받게 된다.

Q&A 24 부동산을 상속신탁한 뒤 대출이 필요하면 근저당권 설정이 가능한가?

부동산을 상속신탁등기한 이후에도 대출이 필요할 경우 신탁계약에서 달리 정하지 않으면, 위탁자나 기타 권한 있는 자에 의한 근저당권 설정 요청이 있으면 수탁자가 근저당권 설정 절차를 이행한다. 다만, 대출 금융기관의 입장에서 상속신탁에 대한 이해 부족으로 신탁부동산을 담보로 하는 대출 실행이 가능한지에 대해 사전 조율이 필요하다. 그리고, 주택을 담보로 대출하는 경우에도 주택 정책에 따라 대출이 불가능할 수도 있으니, 반드시 해당 신탁 예정 주택의 지번으로 담보대출이 가능한지 미리 확인하여야 한다.

☑ 상속신탁 세무

Q&A 25 상속신탁계약하면 세금은 언제 내는가?

상속신탁계약 체결 시에는 아무런 세금이 없다. 상속개시되면 그때 상속인들이 상속세를 납부하면서, 사후수익자도 상속비율에 따라 세금을 납부한다.

Q&A 26 **상속신탁하면 재산세나 종합부동산세는 누가 내는가?**

위탁자가 재산세와 종합부동산세를 납부한다. 수탁자는 위탁자가 납부하지 아니할 경우 예외적으로 신탁재산인 부동산을 한도로 물적 납세의무를 부담한다.

Q&A 27 **상속신탁하고 부모님 사후 상속세를 한꺼번에 내는 것이 부담스러운데, 좋은 방법이 없는가?**

상속세는 연부연납이 가능하다. 상속세는 최장 10년(가업상속공제를 받은 경우에는 최장 20년)간 연부연납할 수 있다. 이 경우 국가는 연부연납 이행을 담보하기 위해 재산에 근저당권설정등기를 요청한다.

☑ 상속집행 기타

Q&A 28 **상속신탁을 했더라도 상속신탁집행 시점에 일반적인 상속재산분할처럼 다른 상속인들의 동의서가 필요한가?**

상속신탁은 상속법리가 아니라 신탁법상 수탁자의 상속신탁계약의 이행으로 사후수익자에게 재산을 배분하는 것이다. 따라서 다른 공동상속인의 동의가 전혀 필요하지 않다.

Q&A 29 **위탁자가 사망하여 상속신탁집행이 완료된 후 사후수익자가 상속신탁계약을 변경하거나 해제할 수 있는가?**

상속신탁은 기본적으로 위탁자가 설계해 놓은 대로 작동되며, 위탁자 사후에도 위탁자의 의사가 그대로 수탁자의 신탁재산관리 권한과 의무로 관철된다. 이를 '의사동결기능'이라고 하는데, 사후수익자에게 원칙적으로 신탁계약을 변경하거나 해제 또는 해지할 수 있는 권한이 없다. 다만, 위탁자가 상속신탁집행 후 사후수익자 전원이 동의할 경우 신탁을 종료시킬 수 있도록 상속신탁계약서에 명시적으로 규정하였다면, 그러한 신탁계약의 내용에 따라 신탁이 종료될 수는 있을 것이다. 주로 경제사정의 급격한 변화나 사후수익자의 재산 및 건강 상태 변화에 대응할 수 있도록 하기 위한 위탁자가 선택할 수 있는 옵션이다.

Q&A 30 **재혼하려는데, 혼인신고를 하면 배우자 상속권이 생겨서 자식들이 싫어한다. 방법이 없는가?**

재혼하게 되면 재혼 배우자의 법정상속분이 생겨서 자녀들이 싫어한다. 재혼하기 전에 상속신탁으로 자녀에게 배분될 몫을 미리 정해놓으면 자녀들과 불필요한 마찰을 없앨 수 있다.

Part 04

절세전략 수립을 위한 증여신탁

CHAPTER 01

절세전략 수립을 위한 증여계획

❙ 상속세율과 증여세율 ❙

과세표준	세 율
1억 원 이하	과세표준의 10%
1억 원 초과 5억 원 이하	1천만 원+1억 원 초과 금액의 20%
5억 원 초과 10억 원 이하	9천만 원+5억 원 초과금액의 30%
10억 원 초과 30억 원 이하	2억 4천만 원+10억 원 초과금액의 40%
30억 원 초과	10억 4천만 원+30억 원 초과금액의 50%

상속세와 증여세율은 같다. 과세표준이 10억 원만 넘어도 40%의 상속세 또는 증여세를 납부하게 되고, 30억 원을 넘으면 50%의 상속세 또는 증여세를 납부하게 된다. 상속세는 사망한 피상속인의 모든 상속재산을 기준으로 세율이 적용되는 유산세인 반면, 증여세는 수증자별 증여재산을 기준으로 세율이 적용되는 유산취득세이다.[1] 절세전략의 기본은 여기서 출발한다. 10년 단위로 최대한 잘게 쪼개서 여러 명에게 분산증여하면 총부담세금을 많이 줄일 수 있다.

예를 들어 보자. 50억 원 상당의 자산을 보유하고 있는 자산가에게 가족으로 아들과 딸이 있다고 가정하자. 증여행위 없이 사망하면 대략 19억 원 정도의 상속세가 계산될 것이다. 인적공제 5억 원을 공제한 45억 원 중 30억 원 초과금액인 15억 원에 대해서는 50%인 7.5억 원이 상속세로 계산된다. 만약 아들과 딸에게 각 5억 원씩 증여한다면, 자녀들의

1) 유산세는 상속재산 전체를 과세단위로 하므로 상속인의 수와 관계없이 상속재산 전체에 대하여 세액을 계산한 후 각 상속인의 상속지분에 따라 세액을 안분하는 방식을 말하고, 유산취득세는 피상속인의 상속재산을 각 상속인별로 분할한 후 각 상속인이 취득한 상속재산에 세율을 적용하여 상속세를 계산하는 방식을 말한다. 현재 정부는 상속세를 유산세 방식에서 유산취득세 방식으로 변경하는 것을 검토하고 있다.

증여세의 최고 세율구간이 20%이다. 따라서 단순화하여 설명하면, 5억 원씩 자녀 둘에게 증여하면 세율구간 차이, 즉 50%와 20%의 차이인 30%(=50%-20%)만큼의 상속세를 절세할 수 있는 것이다. 따라서 부모 재산 중 40%나 50% 세율 구간에 있는 자산을 쪼개어 자녀의 10%에서 30% 구간으로 사전증여하면 자산승계의 관점에서 총 부담세금은 많이 줄일 수 있다. 부모 재산이 예금, 주식, 펀드 등 금융상품이든 아니면 부동산이든 잘게 쪼개어 최대한 많이 자녀나 손자녀에게 증여하는 것이 바로 절세플랜의 기초인 '증여플랜'이다.

증여를 통한 절세전략 개념도

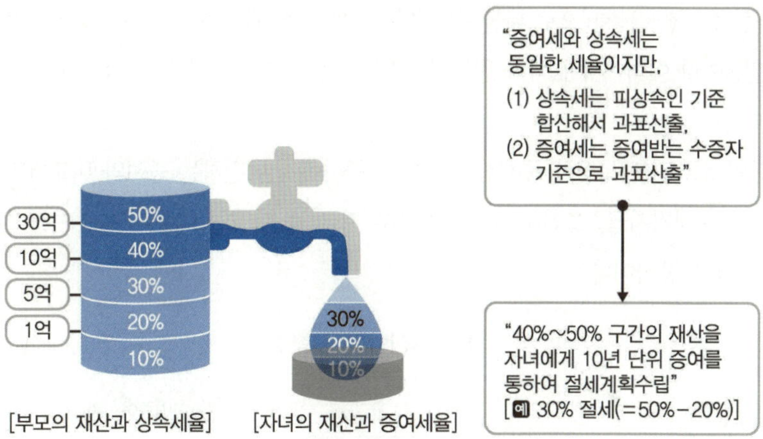

CHAPTER 02

증여신탁의 유형

증여신탁은 '수익권'을 증여하는 '수익권 증여신탁'과 증여계약과 신탁계약을 결합한 '증여 후 신탁(증여안심신탁)'으로 나눌 수 있다. 우선, 수익권 증여신탁은 이론상으로 증여 대상이 원본이냐 이익이냐에 따라 원본이익증여신탁, 원본증여신탁, 이익증여신탁으로 나눌 수 있다.

재산의 소유권을 특별한 통제장치 없이 수증자에게 이전하는 증여와 비교하면, 수익권 증여신탁은 정기지급, 조건부 지급, 기한부 지급 등 다양한 내용으로 증여를 설계할 수 있다는 점이 장점이다.

| 증여신탁의 유형 |

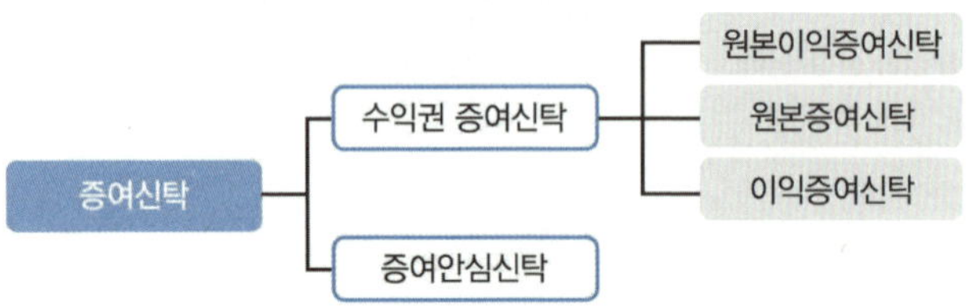

'원본이익증여신탁'은 신탁재산의 원본수익권과 이익수익권을 모두 제3자로 정하는 신탁을 말한다. 물론 원본수익권과 이익수익권을 분리하여 다른 사람에게 귀속시킬 수도 있다.

'원본증여신탁'은 재산의 원본을 증여하기 위해 제3자를 원본수익자로 지정하고 이익수익자는 위탁자 본인이 되는 신탁을 말한다. 위탁자가 수익형 부동산에 대해 신탁설정하면서 이익수익권(순임대료수익, 이익수익권은 위탁자 본인 사후에 소멸한다)은 위탁자 본인이 갖고, 수익형 부동산의 원본수익권은 아들에게 주는 방식이다. 수익형 부동산의 증여를 통해 상속세를 줄이면서, 임대료 수입으로 노후자금을 마련할 수 있다.

'이익증여신탁'은 신탁재산의 원본수익권은 위탁자 본인이 갖고, 이익수익권만 제3자에게 부여하는 증여신탁이다. 수익형 부동산의 원본은 위탁자 본인이 가지면서 아들의 생활비로 이익수익을 지급하는 방식이다.

한편, '증여 후 신탁'을 주로 '증여안심신탁'이라고 부르는데, '증여안심신탁'은 증여행위와 신탁설정을 결합시킨 신탁이다. 주로 상속세 절세목적으로 증여는 하고 싶은데, 수증자가 증여재산을 제대로 관리할지 의문이므로 증여자가 증여한 신탁재산에 대해 통제권을 일정 부분 보유하는 신탁이다. '장애인부양신탁'도 '증여계약'과 '신탁계약'을 결합한 신탁이라는 점에서 일종의 '증여안심신탁'이라 볼 수 있다.

수익권 증여신탁은 제3자에게 원본이나 이익이 실제 지급되는 때를 기준으로 증여세가 부과된다(상증법 시행령 제25조). 물론 수익권 증여신탁에서 수익권을 정기지급하는 것으로 설계할 경우 최초 증여 시점에 신탁재산 전부를 증여한 것으로 인식해서 최초 증여 시점에 증여플랜에 따른 정기지급액을 현가화하여 합산하는 구조도 가능하다(상증법 제33조, 상증령 제25조).[2] 다만, 수익권 증여신탁에서 '증여신탁설정행위' 그 자체를 세법상 증여로 인식할 수 있도록 하기 위해서는 미국의 '철회불능신탁(Irrevocable trust[3])' 구조를 우리 세법이 반영해야 한다. 이와 더불어 원본수익과 이익수익을 분리해서 다른 수익자에게 귀속시키는 신탁구조에 대해 세제가 명확하게 정립되면 다양한 증여신탁구조가 실무상 활용될 수 있을 것이다.

이 책에서는 현재 실무에서 활용하고 있는 '증여안심신탁'에 대해 상세히 다루고자 한다.

2) 과거 현가율이 10%에 달할 때, 국채 스트립채권을 편입하여 증여함으로써 절세할 수 있는 분할증여신탁이 유행하긴 하였는데, 현가율이 3%로 줄어들어 현재는 분할증여신탁을 활용할 유인이 거의 없다.

3) 미국의 대표적인 증여신탁이 바로 생명보험청구권에 대한 철회불능신탁이다. 해당 철회불능신탁을 설정한 재산은 상속세의 과세대상에서 제외되고 증여세의 과세대상이 된다.

CHAPTER 03

증여안심신탁의 개요

1 증여안심신탁의 개념

자녀에게 재산을 증여하면, 증여자인 부모가 원하는 대로 자녀가 증여재산을 잘 관리할 수 있을까? 증여한 재산 때문에 혹시 자녀가 공부나 일을 게을리 하면 어떻게 하지? 증여 후 자녀가 효도의무를 이행하지 아니하거나 변심하면 어떻게 하지? 자녀가 증여재산을 며느리나 사위에게 증여한 후 이혼해서 재산을 잃게 되면 어떻게 하지? 증여 후 자녀의 사업실패로 증여한 재산에 압류가 들어오면 어떻게 하지?

부모가 재산을 자녀에게 증여하는 것은 자녀에게 매우 감사한 일이다. 그렇지만 위와 같이 부모에게 걱정거리 한 두가지는 있을 수 있다. 특히, 증여계획을 통해 절세전략을 짜는 경우가 많은데, 증여하면 절세할 수 있음을 알면서도, 이러한 걱정 때문에 쉽게 증여를 하지 못하는 사례는 정말 안타깝다.

소위 '효도계약서'를 작성하면서까지 증여하는 사례를 보더라도 부모의 걱정은 이루 말할 수 없다. 효도계약서를 쓰고 부모가 자녀에게 증여하는 방법도 좋은 방법일 수 있지만, 효도의무를 불이행한 경우 효도계약을 해지하고 증여재산을 돌려받기 위해서는 부모가 자녀를 상대로 소송을 제기해야 한다.

이러한 문제를 해결하기 위해 고안한 것이 바로 '증여안심신탁'이다. 요약하면 신탁계약 체결을 부담으로 하는 '부담부증여계약'[4]을 체결하고, 부담부증여와 함께 체결하는 신탁계약서를 통해서 증여재산과 자녀의 마음을 통제하는 것이 바로 증여안심신탁이다. 신탁계약서에 신탁재산의 처분, 담보부차입, 수익권 양도, 신탁계약의 변경 및 해지 시 증여자인 부모의 동의가 필요하다는 조항을 넣어 놓는다. 위탁자인 자녀가 신탁재산을 처분하거나 신탁재산을

4) 여기서 말하는 '부담부증여'는 민법상 수증자에게 특정 의무를 부담시키는 것으로, 수증자에게 채무를 부담시키는 것을 가르키는 세법상 부담부증여와는 개념이 다르다.

담보로 차입을 하려면 수탁자에게 처분지시나 담보부 차입지시를 해야 하는데, 수탁자는 신탁계약에 따라 부모의 동의서를 확인해야만 처분이나 차입에 협조해 줄 수 있다.[5)] 증여한 부모의 입장에서 보면, 수탁자를 통하여 간접적으로 신탁재산과 자녀를 통제할 수 있다.

2 증여안심신탁의 법적 구조

증여안심신탁은 '부담부증여계약'과 '신탁계약'을 결합하는 구조이다. 부담부증여계약에는 수증자인 자녀가 '신탁계약을 체결하고 유지할 의무'와 함께 필요한 '효도의무'를 명시하고, 자녀가 증여재산을 증여받은 후 효도의무를 이행하지 않을 때 증여자인 부모가 증여계약을 해지할 수 있는 조항을 명시한다.

증여계약과 함께 작성되는 신탁계약은 수증자와 수탁자가 체결하는데, 증여자의 통제권의 범위를 명확하게 기재하여야 한다. 여러 가지 선택지가 있으나, 기본적인 내용은 다음과 같다.

첫째, 증여자가 수증자와 증여계약을 체결할 때 증여계약의 부담으로 신탁계약을 체결하고 유지할 것을 의무조항으로 넣는다.

둘째, 위탁자는 증여자에게 위탁자의 권한 중 일부를 행사할 수 있도록 한다.

셋째, 수증자인 위탁자가 신탁재산의 처분, 담보부차입, 증여 등 신탁재산에 특정 행위를 할 때 증여자의 동의를 받도록 한다.

넷째, 신탁수익권의 양도, 담보부차입, 증여 등 신탁수익권에 특정행위를 할 때 증여자의 동의를 받도록 한다.

다섯째, 신탁계약의 해지, 해제, 변경 및 수익권 담보제공 시 증여자의 동의를 받도록 한다.

❙ 증여안심신탁 개념도 ❙

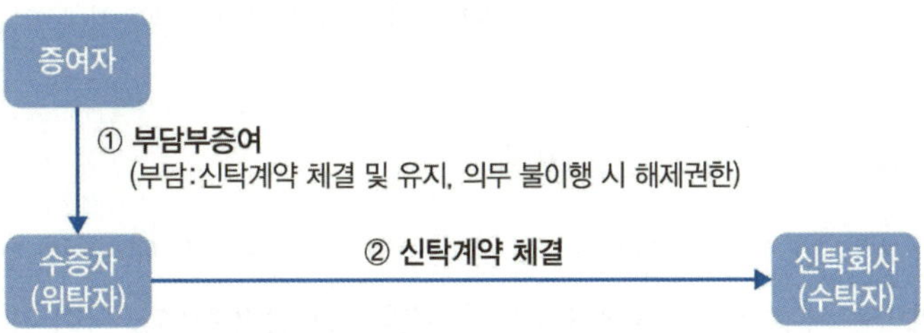

5) 증여안심신탁에서 증여자의 통제권은 신탁설정 시 신탁재산의 소유권을 수탁자에게 이전해 놓기 때문에 가능하다.

CHAPTER 04

증여안심신탁 계약서

1 효도계약서

가. 효도계약서의 개념과 활용

부모가 자녀와 증여계약 체결 후 증여계약에 따른 이행(부동산 : 소유권이전등기, 금전 : 이체, 비상장주식 : 명의개서)을 하고 나면 증여재산의 소유권은 수증자인 자녀에게 완전히 이전된다. 자녀가 범죄행위를 하거나 부양의무를 이행하지 아니하더라도 증여계약을 해제할 수 없다. 증여계약의 내용에 '부모를 충실히 부양한다는 효도의무'를 구체적으로 넣고, 만약 효도의무를 이행하지 않으면 부모가 증여계약을 해제할 수 있는 조항을 넣어두면 어떨까? 우리 민법은 '상대부담이 있는 증여'에 대하여는 쌍무계약에 관한 규정을 적용할 수 있도록 규정하여, 효도의무라는 부담을 이행하지 않으면, 민법 제544조에 따라 증여계약을 해제하고 증여재산을 반환받을 수 있다. 부모가 증여하면서 자녀에게 효도의무의 이행을 부담으로 넣어두고 자녀가 효도의무를 이행하지 않으면 증여계약을 해제하고 증여재산을 돌려받을 수 있는 내용의 '부담부증여계약'을 실무상 '효도계약서'라 한다. 효도의무 이행 여부가 소송 과정에서 쟁점이 될 수 있기 때문에 효도계약서의 가장 중요한 부분은 해제권 행사 조건인 '효도의무'를 구체적으로 작성해야 한다. 대표적인 효도의무는 동거의무, 매월 일정 금액의 생활비 지급, 주기적 가족식사, 병원 모시고 가기, 증여재산 매각이나 담보제공 시 부모의 동의권 등이다.

나. 효도계약서에 대한 대법원 판결

아버지가 2003년 아들과 시가 20억 원 상당의 2층 주택 및 대지(이하 '이 사건 주택')에 관한 증여계약을 체결하고 아들에게 소유권이전등기를 넘겨주었다. 아버지는 증여계약 당시 아들로부터 부담이행각서를 받았는데, 그 내용은 '아들은 본건 증여를 받은 부담으로 부모와 같은 집에서 동거하며 부모님을 충실히 부양한다. 아들은 이 부담사항 불이행을 이유로 한 아버지의 계약해제 기타 조치에 관해 일체의 이의나 청구를 하지 아니하고, 계약해제의 경우 즉시 원상회복의무를 이행한다'는 것이다.

이 사건 주택에 대한 소유권이전등기를 아들 명의로 한 이후 아버지가 이 사건 주택 2층에 거주하고 아들 부부는 이 사건 주택 1층에 거주하였는데, 아들 부부는 부모를 거의 찾아보지 않고 따로 생활하였으며, 허리디스크 등으로 건강이 좋지 않은 어머니의 간병과 가사는 따로 사는 딸과 가사도우미가 도맡았다. 어머니의 건강이 급속도로 악화되어 스스로 거동할 수 없는 정도가 되자 아들은 부모님에게 고급 요양시설에 입원할 것을 권유하였다. 아버지는 2014년 6월 아들에게 이 사건 주택을 다시 아버지 명의로 돌려주면 이를 매각한 후 남는 자금으로 아버지가 살 집을 마련할 것이니 소유권이전등기를 넘겨달라고 요구하였다. 그러자 아들은 아버지에게 "천년만년 살 것 아닌데 아파트가 왜 필요해. 맘대로 한번 해보시지"라는 등 막말을 하였다. 결국 아버지는 딸의 집으로 이사한 뒤 아들을 상대로 이 사건 주택의 소유권 회복을 구하는 소유권이전등기말소청구소송을 제기하였고, 2심 계속 중에 이 사건 주택에 처분금지가처분신청(피보전권리 : 증여계약 해제를 원인으로 소유권이전등기말소청구권)을 했다. 1심, 2심 모두 아버지 승소 판결을 하였고, 대법원도 아버지가 승소한 원심을 확정했다.

대법원은 "이 사건 증여계약은 피고가 부모인 원고 부부를 충실히 부양하는 것을 조건으로 하는 것이므로 '부담부증여'에 해당한다. 부담부증여에 있어서 부담 의무 있는 상대방이 자신의 의무를 이행하지 아니할 때에는 비록 증여계약이 이행되어 있다 하더라도 증여자는 증여계약을 해제할 수 있다...(중략).... 피고가 작성한 부담이행각서 내용 중 '충실히 부양한다'는 것은 민법 제974조가 규정하는 부모자식 간의 일반적인 부양의 수준을 넘어선 부양의 이행(충실의 사전적 의미가 진정에서 우러나오는 정성이 있고 정직하면서 성실한 부양의무의 이행)을 의욕한 것인데, 피고는 이와 같이 '충실히 부양'할 의무를 이행하지 않았으므로 원고는 이를 이유로 증여계약을 해제할 수 있다"고 하면서, 원고인 아버지의 아들 명의의 소유권이전등기의 말소등기절차를 이행하라고 하였다(대법원 2015.12.10. 선고 2015다236141 판결, 서울고등법원 2015.8.20. 선고 2015나2014073 판결, 서울중앙지방법원 2015.1.30. 선고 2014가합42573 판결).

다. 불효자방지법 제정 추진

이 대법원 판결이 있은 후 2016년 초 효도의무 불이행에 대한 사회적 비판을 수용하여 2개의 민법일부개정법안(이명수 의원안과 민병두 의원안)이 국회에 상정되었지만, 통과되지 않은 상태에서 20대 국회의원 임기만료로 자동으로 폐기되었다. 21대 국회에서도 3건의 불효자방지법이 제안되었지만, 국회에 계류 중이다. 3건의 민법일부개정법안 모두 통과되지 않고 국회에 계류 중이다. 불효자방지법을 제안한 민병두 의원안의 제정이유는 다음과 같다.

"최근 부양의무를 약속하고 증여받은 자녀 또는 친족이 증여자에 대해 학대, 폭행 등 범죄행위를 하거나 부양의무를 이행하지 아니하는 배은(背恩)행위가 사회적으로 논란이 되고 있다. 증여는 증여자가 수증자에게 무상으로 재산을 이전하는 행위로 통상적으로 증여에는 증여자와 수증자 간의 특별한 인적관계 내지 신뢰관계를 전제한다. 그런데 수증자가 그러한 관계에 기초하여 증여를 받았음에도 불구하고 증여자에 대해 배신행위 내지 망은행위를 하는 경우 증여된 상태를 그대로 유지하는 것은 부당하다. 이에 따라 현행법 제556조는 배신행위의 유형을 정하여 그 유형에 해당하는 사유가 있으면 증여자가 증여를 해제할 수 있도록 하고 있다. 그러나 현행법은 독일 민법, 프랑스 민법 등 다른 나라와 비교하여서도 배신행위의 유형이 너무 좁게 열거되어 있고 해제권 행사의 제척기간이 짧은데다가 이미 이행한 부분에 대한 반환을 청구할 수도 없다. 이에 증여에 있어 균형을 도모하고, '불효자 방지'를 위해 법적인 규율을 도모하려는 것이다(법제사법위원회 검토보고서 참조)."

<table>
<tr><td>현 행</td><td>제556조【수증자의 행위와 증여의 해제】 ① 수증자가 증여자에 대하여 다음 각 호의 사유가 있는 때에는 증여자는 그 증여를 해제할 수 있다.
1. 증여자 또는 그 배우자나 직계혈족에 대한 범죄행위가 있는 때
2. 증여자에 대하여 부양의무있는 경우에 이를 이행하지 아니한 때
② 전항의 해제권은 해제원인있음을 안 날로부터 6월을 경과하거나 증여자가 수증자에 대하여 용서의 의사표시를 한 때에는 소멸한다.
제558조【해제와 이행완료부분】 전3조의 규정에 의한 계약의 해제는 이미 이행한 부분에 대하여는 영향을 미치지 아니한다.</td></tr>
<tr><td>이명수 의원안 (2021년 2월 8일 제안)</td><td>제556조【수증자의 범죄행위와 증여의 해제】 수증자가 증여자에 대하여 다음 각호의 사유가 있는 때에는 증여자는 그 증여를 해제할 수 있다.
1. 증여자 또는 그 배우자나 직계비속에 대하여 범죄행위, 학대 그 밖에 현저하게 부당한 대우를 한 때
2. 증여자 또는 그 배우자에 대하여 부양의무있는 경우에 이를 이행하지 아니하는 때
② 제1항에 따라 증여가 해제된 때에는 각 당사자는 그 상대방에 대하여 원상회복의 의무가 있다. 그러나 제3자의 권리를 해하지 못한다.
③ 제1항의 해제권은 해제자가 해제원인 있음을 안 날로부터 2년을 경과하거나 증여자가 수증자에 대하여 용서의 의사를 표시한 때에는 소멸한다.
제558조【해제권의 이전】 제555조부터 제557조까지에 따른 계약의 해제권은 증여자가 그 권리를 행사하기 전에 사망한 경우 그 배우자에게 이전된다.</td></tr>
</table>

서영교 의원안 (2020년 9월 28일 제안)	제556조【수증자의 행위와 증여의 해제】 ① 수증자가 증여자 또는 그 배우자나 직계 혈족에 대한 범죄행위가 있는 때는 그 증여를 해제할 수 있다. ② 수증자가 증여자에 대하여 부양의무가 있는 경우에 이를 이행하지 아니하거나 학대 또는 신체적 고통이나 폭언 등의 정신적 고통을 가한 경우 그 증여의 일부 또는 전부를 해제할 수 있다. ③ 제1항 및 제2항에 따라 증여자가 증여의 해제를 원하는 때에는 수증자를 상대로 증여를 해제하고, 법원에 부양의무의 이행 명령을 청구할 수 있다. ④ 제3항에 따른 법원의 이행명령이 있은 후에도 부양의무를 이행하지 아니하는 경우 수증자는 증여된 재산과 그에 따른 이득을 반환하여야 한다. ⑤ 제1항 또는 제2항에 따른 해제권은 해제원인 있음을 안 날로부터 2년을 경과하거나 증여자가 수증자에 대하여 용서의 의사를 표시한 때에는 소멸한다.
박완주 의원안 (2020년 6월 17일 제안)	제556조【수증자의 행위와 증여의 해제】 ① (현행과 같음) ② 제1항에 따라 증여가 해제된 때에는 수증자는 증여자에 대하여 원상회복의 의무가 있다. 이 경우 원상회복에 관하여는 제747조부터 제749조까지를 준용한다. ③ 제1항--. 제558조【해제와 이행완료부분】 제555조 및 제557조--.

언론 속의 자산승계 이슈

"국민 77.3%, 부모–자식 간 효도계약 필요"

1. 사실관계

설문 1 최근 대법원은 이른바 효도계약을 어긴 자식에게 부모가 증여한 재산을 돌려주라는 판결을 했습니다. 이와 관련하여 국회에서는 부양의무를 져버린 자식에게 물려준 재산을 다시 돌려받을 수 있도록 하는 불효자식방지법이 발의되어 있는 상황인데요. 부양과 재산증여로 부모와 자식 간에 맺는 효도계약에 대해 어떻게 생각하십니까?

여론조사 전문기관 리얼미터(대표 이택수)가 부모가 자식에게 재산을 증여하고 자식은 부모를 부양하는 내용의 이른바 '효도계약'에 대한 국민인식을 조사한 결과, 효도계약이 필요하다는 의견이 77.3%로 필요없다는 의견(14.7%)의 5배가 넘는 것으로 조사됐다.

| 효도계약서 인식 여론조사 |

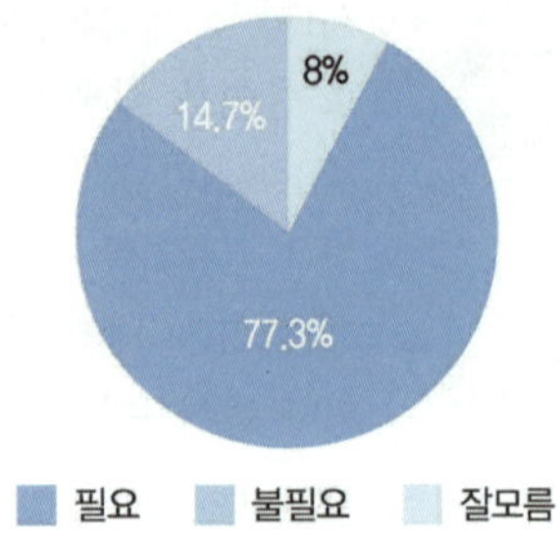

설문 2 그렇다면 국회에 계류 중인 불효자식방지법 처리에 대해서는 어떻게 생각하십니까?

불효자방지법에 대한 인식조사 결과도, 입법화가 필요하다는 의견(67.6%)이 불필요하다는 의견(22.6%)의 3배가 넘는 것으로 조사됐다.

| 불효자방지법 인식 여론조사 |

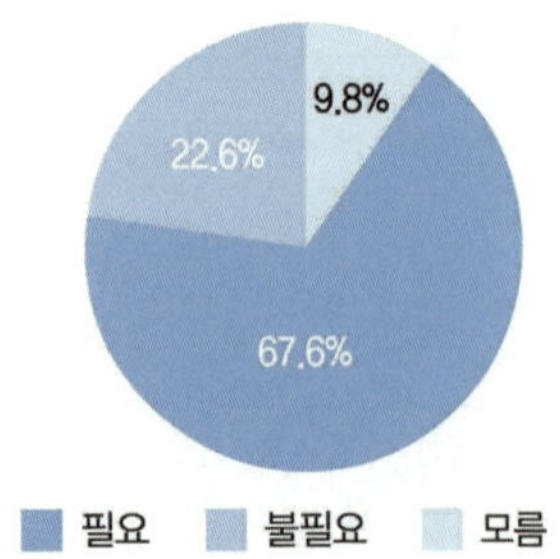

2. 자산승계 시사점

부모로부터 증여받은 후 자식들의 효도의무 불이행에 대한 예방장치인 '효도계약서'에 대한 찬성 비율이 절대적으로 높게 나온다. 과거 아낌없이 줘야 한다는 부모의 생각이나 사회의 인식이 많이 바뀐 것이다. 부모가 증여를 계획없이 함부로 했을 때 나타나는 여러 문제를 직간접적으로 경험한 국민이 많다는 것이다. 이제부터라도 체계적으로 증여계획을 수립하고 증여로 인해 발생하는 다양한 가족 문제를 예방할 수 있는 장치를 마련해야 한다.

출처 : 국민일보 2015년 12월 29일

라. 불효자방지법 관련 해외 입법례

프랑스 민법의 경우 학대를 망은행위에 대한 증여해제 사유에 포함하는 규정을 두는 등 외국의 입법례에서도 망은행위에 대한 증여해제 사유를 우리 민법보다 넓게 인정하고 있는 예가 있어서 불효자를 방지하고자 하는 마음은 전 세계의 보편적 심리인 것으로 판단된다(법제사법위원회 검토보고서 참조).

독 일	제530조 ① 수증자가 증여자 또는 그의 근친에 대한 현저한 비행으로 인하여 중대한 망은의 책임이 있는 때에는 증여자는 증여를 철회할 수 있다. ② 증여자의 상속인은 수증자가 고의로 위법하게 증여자를 살해하였거나 철회를 방해한 때에 한하여 철회권을 가진다.
스위스	제249조 현실증여 및 이행된 증여에 있어서 증여자는 다음의 경우에 증여를 철회하고, 수증자에게 이익이 현존하는 한 증여물의 반환을 청구할 수 있다. 1. 수증자가 증여자 또는 그와 밀접한 관계에 있는 사람에게 중대한 범죄를 저지른 때 2. 수증자가 증여자나 그의 친족에 대하여 부담하는 친족법상의 의무를 중대하게 위반한 때
프랑스	제953조 생전증여는 약정한 조건의 불이행, 망은 및 증여 후의 자녀출생의 사유에 의해서만 철회될 수 있다. 제955조 생전증여는 다음 각 호의 경우에 한하여 망은을 이유로 철회될 수 있다. 1. 수증자가 증여자의 생명에 위해를 가한 경우 2. 수증자가 증여자에 대하여 학대·경죄·모욕의 범죄를 한 경우 3. 수증자가 증여자에 대한 부양을 거절하는 경우

마. 효도계약서의 한계와 증여안심신탁의 활용

효도계약도 증여재산과 자녀에 대한 통제권을 가질 수 있다는 점에서는 좋은 아이디어이다. 효도계약의 가장 근본적인 문제는 자녀가 증여재산을 증여받은 후 부담을 이행하지 아니해서 증여자가 증여계약을 해제하더라도 자녀가 자의로 증여재산을 돌려주지 않으면, 부모와 자식 사이에 증여재산반환청구소송이 제기되어야 한다는 것이다. 증여라는 것은 부모가 자식을 위해 부모 재산을 공짜로 넘겨주는 만큼 부모나 자녀 입장에서 좋은 것인데, 자녀의 효도의무 불이행으로 부모와 자녀 사이에 소송까지 제기된다면 너무나 불편한 상황일 것이다. 효도계약서를 작성하는 것보다는 '증여안심신탁계약'을 체결하는 것이 증여 후 자녀가 변심하거나 불효할 경우 수탁자가 신탁재산을 반환해 주기 때문에 훨씬 안정적이고 목적 달성에 효과적이다.

[효도계약서]

증여자 [***](이하 "증여자"라 한다)와 수증자 [***](이하 "수증자"라 한다)는, 증여자는 별지 기재 재산(이하 "증여재산"이라고 한다)을 수증자에게 증여하고, 수증자는 증여자를 잘 부양할 목적을 달성하기 위하여, 다음과 같이 증여계약(이하 "이 증여계약"이라 한다)을 체결한다.

제1조【목적】 증여자는 증여자 소유 증여재산을 이하에서 정하는 계약에 따라 수증자에게 증여하고, 수증자는 이를 승낙한다.

제2조【증여시기】 증여자는 수증자에게 [****]년 [*]월 [*]일까지 증여재산의 소유권을 이전한다.

제3조【부담부분】 수증자는 증여재산을 증여받는 부담으로 증여자가 생존하는 동안 다음 사항을 이행할 의무를 부담한다.

① 1개월에 2회 이상 손자와 배우자를 데리고 방문하여 식사를 같이 한다.
② 병원치료비는 모두 수증자가 부담한다.
③ 매월 100만 원을 용돈으로 지급해야 한다.
④ 증여된 부동산 임대료의 30%를 생활비로 지급해야 한다.
⑤ 증여부동산을 매각, 증여, 담보제공 등 일체의 처분행위를 할 경우 증여자의 사전 동의를 받아야 한다.

제4조【계약의 해제】 ① 다음 각 호에 해당하는 사유가 발생할 경우, 증여자는 본 계약을 해제할 수 있다.

1. 제3조의 부담부분을 2회 이상 이행하지 아니한 때
2. 수증자나 수증자의 배우자가 증여자나 증여자의 직계혈족에 대한 범죄행위 및 이에 준하는 행위를 한 때
3. 도박, 음주 등으로 생계유지에 지장을 줄 정도의 재산낭비 우려가 있는 때

② 증여자가 제1항에 따라 이 증여계약을 해제하는 경우, 수증자는 즉시 증여자에게 증여재산을 반환하여야 한다(증여재산인 부동산에 대해 증여자 또는 증여자가 지정하는 자에게 소유권이전등기를 완료하여야 하며, 신탁대상 부동산에 대한 점유도 이전하여야 한다).

제6조【비용 및 제세공과금의 부담】 증여재산의 소유권이전과 관련한 제반 비용 및 조세공과금 등은 수증자가 부담한다.

제7조【담보책임】 증여재산의 증여는 계약일 현상태를 기준으로 하며, 증여자는 증여대상 부동산의 하자, 멸실, 훼손에 대하여 책임을 지지 아니한다.

이 계약을 증명하기 위하여 계약서 2통을 작성하여 증여자와 수증자 사이에 서명·날인한 후 각각 1통씩 보관한다. 다만, 증여재산의 공시, 증여재산의 신탁 등을 위해 유관기관 또는 유관회사에 이 계약서의 원본을 제출해야 하는 경우에는 1부 이상을 추가로 작성할 수 있다.

[****]년 [*]월 [*]일

증여자 : [***] (인)
주민등록번호 :
주소 :

수증자 : [***] (인)
주민등록번호 :
주소 :

수증자의 배우자 : [***] (인)
주민등록번호 :
주소 :

2 증여안심신탁 계약서 예시안

증여안심신탁계약의 내용은 증여자가 의도하는 목적과 통제권 행사 정도에 따라 다양한 유형이 있을 수 있는데, 대표적으로 활용하는 유형은 신탁을 통해서 처분이나 담보부차입만을 통제하는 유형과 증여계약의 해제로 소유권을 돌려받는 유형 두 가지이다. 신탁재산의 유형에 따라 부동산관리신탁계약, 금전신탁계약, 유가증권신탁계약을 체결하면서, 증여자의 통제권 행사 방법을 신탁계약으로 정한다. 다음은 부동산을 증여하면서 증여자의 통제장치를 마련한 '증여계약서'와 '신탁계약 특약예시'이다.

❶ 증여안심신탁용 증여계약서

증여자 [***](이하 "증여자"라 한다)와 수증자 [***](이하 "수증자"라 한다)는 별지 기재 부동산(이하 "증여부동산"이라고 한다)에 관하여 다음과 같이 증여계약(이하 "이 증여계약"이라 한다)을 체결한다.

제1조 【목적】 증여자는 증여자 소유 증여부동산을 수증자에게 증여하고, 수증자는 이를 승낙한다.

제2조 【부담】 수증자는 증여부동산에 대하여 이 증여계약과 함께 체결되는 부동산관리신탁계약을 체결하고 유지할 의무를 부담한다.

제3조 【계약의 해제】 ① 다음 각 호에 해당하는 사유가 발생할 경우, 증여자는 이 증여계약을 해제할 수 있다.

1. 제2조의 부동산관리신탁계약 유지의무를 이행하지 아니한 때
2. 수증자나 수증자의 배우자가 증여자나 증여자의 직계혈족에 대한 범죄행위 및 이에 준하는 행위를 한 때

② 증여자가 제1항에 따라 이 증여계약을 해제하는 경우, 수증자는 즉시 증여자 또는 증여자가 지정하는 자에게 증여부동산에 대한 소유권이전등기 및 인도를 완료하여야 한다.

제4조 【비용 및 제세공과금의 부담】 증여부동산의 소유권이전과 관련한 제반 비용 및 조세 공과금 등은 수증자가 부담한다.

제5조 【담보책임】 증여부동산의 증여는 이 증여계약 체결일의 현상태를 기준으로 하며, 증여자는 증여부동산의 하자, 멸실, 훼손에 대하여 책임을 지지 아니한다.

이 계약을 증명하기 위하여 계약서 2통을 작성하여 증여자와 수증자 사이에 서명·날인한 후 각각 1통씩 보관한다. 다만, 증여재산의 공시, 증여재산의 신탁 등을 위해 유관기관 또는 유관회사에 이 계약서의 원본을 제출해야 하는 경우에는 1부 이상을 추가로 작성할 수 있다.

[****]년 [*]월 [*]일

증여자 : [***] (인)
주민등록번호 :
주소 :

수증자 : [***] (인)
주민등록번호 :
주소 :

❷ 부동산에 대한 증여안심신탁계약 특약(예시)

이 신탁부동산은 위탁자가 위탁자의 부(父)인 [***]로부터 조건부증여(조건 : 이 부동산 신탁계약을 유지할 것, 부양의무를 이행할 것 기타 증여계약에서 정하는 조건)받은 것임을 고려하여, 위탁자와 수탁자는 아래와 같이 특약을 정하기로 한다.

(1) 위탁자는 [***](생년월일 :　　　, 연락처 :　　　　　　)를 신탁재산보호자로 지정하고, 위탁자로서 가지는 이 신탁재산의 처분권한 및 관리권한, 신탁계약의 일부 또는 전부에 대한 해지권 및 해제권, 담보부차입권한을 행사함에 있어, 신탁재산보호자의 서면동의를 미리 득하여야 한다.

(2) 수탁자는 위탁자가 이 신탁재산의 처분권한 및 관리권한, 신탁계약의 일부 또는 전부에 대한 해지권 및 해제권, 담보부차입권한 등을 행사할 경우, 신탁재산보호자의 서면동의가 있을 경우에만 이에 응하여 신탁사무를 처리한다.

(3) 위탁자는 신탁재산보호자의 동의없이 이 신탁계약의 수익권을 제3자에게 양도, 증여, 기타 처분행위를 하거나 수익권을 담보로 차입행위를 할 수 없다.

(4) 위탁자는 신탁재산보호자가 이 신탁계약 대상 부동산에 계속 거주할 수 있도록 해야 한다.

(5) 이 신탁계약과 함께 체결한 '증여계약'이 해제되는 경우 이 신탁계약도 해제되며, 이 경우에 신탁재산은 신탁재산보호자 겸 증여자가 지정하는 자에게 귀속한다.

(6) 신탁재산보호자 생존시에는 동일 조건으로 매년 자동적으로 갱신되고, 신탁재산보호자가 사망할 경우 이 신탁계약은 종료한다.

(7) 위탁자의 사정에 의하여 신탁부동산에 대한 근저당권 및 전세권 설정 등 제한물권의 등기 사유가 발생할 경우, 위탁자는 서면으로 제한물권 설정 사유를 적시하고 신탁재산보호자의 동의를 얻어 수탁자가 등기할 것을 요청할 수 있으며, 이 경우 등기에 소요되는 비용은 위탁자가 부담하기로 한다.

CHAPTER 05 증여안심신탁 등기실무

1 증여안심신탁 등기 기재례

김부자가 김두리에게 아파트를 증여하고 싶은데, 김두리의 재산관리능력이 있는지 명확하지 않으며 젊은 나이에 아파트가 증여되면 김두리의 근로의욕을 떨어뜨릴 뿐만 아니라 아파트를 제대로 관리하고 유지할지 의문이다. 이러한 김부자가 활용하면 좋은 신탁이 바로 증여안심신탁이다. 김부자는 김두리와 '부담부 증여계약'을 체결하고 김두리는 신탁회사와 부동산관리신탁계약(위탁자 : 김두리, 수익자 : 김두리)을 체결한다. 이때 증여계약에 따른 소유권이전등기와 부동산관리신탁계약에 따른 소유권이전등기를 같이 접수한다.

| 단순 증여안심신탁 등기 기재례 |

【 갑 구 】				(소유권에 관한 사항)
순위번호	등기목적	접 수	등기원인	권리자 및 기타사항
2	소유권 이전	2012년 1월9일 제670호	2012년 1월8일 매매	소유자 김부자 600104-0000000 서울특별시 서초구 반포대로 60(반포동) 거래가액 금200,000,000원
3	소유권 이전	2019년 3월5일 제3005호	2019년 3월4일 증여	소유자 김두리 900110-0000000 서울특별시 서초구 반포대로 00(반포동)
4	소유권 이전	2019년 3월5일 제3006호	2019년 3월4일 신탁	수탁자 ㅇㅇ신탁 112601-8031111 서울특별시 영등포구 국제금융로 8길 16(여의도동)
	신탁			신탁원부 제2019-26호

2 부동산 공유 위험 통제를 위한 증여안심신탁

부모가 아들과 딸에게 상가건물을 각 1/2 지분을 증여하였는데, 사업하는 아들의 채권자가 아들 지분 1/2을 압류한다면 가족 이외 제3자가 1/2 공유자로 들어오게 되어 임대관리, 시설관리, 처분 등 상가건물에 대해 딸이 제3의 공유자와 협의해야 하는 불편함이 있고, 상가건물 임대나 매각에 생각의 차이가 클 경우 소송 위험까지 내재되어 있다.

이 사례에서 상가건물 임대, 매각, 리모델링 관련해서 아들과 딸 사이에 서로 생각이 다를 수 있고, 증여한 상가건물로 인해 생각이 다른 아들과 딸 사이가 멀어질 수도 있다. 그리고 아들이 재산관리능력이 부족해서 1/2 지분을 담보로 대출을 받았다가 임의 경매가 진행되어 제3자가 상가건물의 공유자로 들어올 수 있다.

이런 문제를 예방하기 위해 자녀 1명당 하나의 부동산을 증여하려고 생각하는 사람이 많다. 문제는 상가건물의 가격이 높을 경우 증여세가 많이 나온다. 그렇다고 건물을 팔아서 금전으로 자녀에게 증여할 것인가? 부동산 매각 시 발생하는 양도세가 별로 나오지 않으면 매각해서 현금으로 증여하는 것도 방법이긴 하나, 양도세가 많이 발생하면 양도 후 현금증여에는 세금과 비용이 많이 든다. 따라서 상가건물을 지분으로 잘게 쪼개서 여러 자녀에게 지분으로 분산증여하는 것을 선택할 수밖에 없다.

이 경우에 증여안심신탁을 활용하면 공유관계로 발생하는 여러 문제를 해결할 수 있다. 우선 신탁재산 그 자체에 압류가 들어오지 못하기 때문에 부동산에 제3의 공유자가 들어오는 것은 막을 수 있다. 다만, 이 경우 아들의 수익권을 압류할 수 있으나, 수익권에 기해서 순임대수익의 1/2로 지급되는 현금만 장기간 수익권 압류채권자에게 지급되긴 한다. 그렇지만 신탁재산의 독립성을 규정한 신탁법 제22조에 의해, 부동산 자체에 압류가 들어오지 못한다. 신탁재산의 독립성은 증여안심신탁에서 매우 중요한 기능을 한다. 그리고 증여안심신탁계약을 활용하면, 아들과 딸에게 증여된 상가건물 임대, 시설관리, 매각, 리모델링에 대한 의사결정은 딸에게 전부 맡길 수도 있다.

3 증여안심신탁과 상속신탁 결합형

김부자 소유 부동산 '지분 3분의 1'을 김두리에게 증여하고, 김부자 지분 3분의 2는 상속신탁계약을, 김두리 지분 3분의 1은 증여안심신탁을 동시에 체결한 사례의 등기부는 다음과 같다. 이는 증여를 통한 절세와 상속계획 수립을 동시에 진행한 사례이다. 재산가액이 큰 상가건물이나 소규모 빌딩을 한꺼번에 증여할 때 증여세가 부담이 되면서 동시에 자녀가 재산을 제대로 관리할 수 있을지 의문인 경우에는 절세를 위한 증여안심신탁과 상속계획 수립을 위한 상속신탁으로 결합하여 설계하는 것이 좋다. 증여한 부동산 지분만큼의 임대수익을 자녀 명의 금전신탁계좌에서 쌓아 향후 상속세 재원으로도 활용할 수 있도록 해주면 더욱 완벽한 자산승계계획이 된다.

| 증여안심신탁과 상속신탁 결합형(상사신탁) 등기 기재례 |

【 갑 구 】				(소유권에 관한 사항)
순위번호	등기목적	접 수	등기원인	권리자 및 기타사항
2	소유권 이전	2012년 1월9일 제670호	2012년 1월8일 매매	소유자 김부자 600104-0000000 서울특별시 서초구 반포대로 60(반포동) 거래가액 금200,000,000원
3	소유권 일부이전	2019년 3월5일 제3005호	2019년 3월4일 증여	공유자 지분 3분의 1 소유자 김두리 900110-0000000 서울특별시 서초구 반포대로00(반포동)
4	2번 지분 전부 이전	2019년 3월5일 제3006호	2019년 3월4일 신탁	수탁자 ㅇㅇ신탁 112601-8031111 서울특별시 영등포구 국제금융로 8길 16(여의도동)
	신탁			신탁원부 제2019-26호
5	2번 지분 소유권 이전	2019년 3월5일 제3006호	2019년 3월4일 신탁	수탁자 ㅇㅇ신탁 112601-8031111 서울특별시 영등포구 국제금융로 8길 16(여의도동)
	신탁			신탁원부 제2019-27호

CHAPTER 06

장애인부양신탁

1 장애인 증여세 과세가액 불산입 혜택

1999.1.1. 시행된 상증법은 장애인의 재활과 복지를 증진하기 위해 '장애인부양신탁'을 도입하였다.[6] 최대 5억 원까지 증여세 과세가액 불산입 특례를 통해 장애인의 홀로서기 자금을 마련해주는 좋은 취지의 상사신탁이다.[7] 현재 신탁 자체에 세제혜택이 법적으로 보장된 유일한 상품이다. 장애인부양신탁은 증여세를 잠탈할 목적으로 설정되는 것을 방지하기 위해 신탁원본은 유지하되 발생되는 수익만을 인출하도록 매우 제한된 제도로 도입하였다. 여러 차례 제도 개선을 통해, 현재 중증장애인에 한해 의료비, 간병인 비용 및 특수교육비 용도로 원금 인출이 가능하고, 생활비 용도로 최대 월 150만 원까지 원금인출이 가능하다.[8] 장애인부양신탁을 체결하고 운영할 때 신탁재산의 매매, 원금인출, 신탁해지 후 재설정 과정에서 증여세를 추징당하지 않도록 유의해야 한다. 그리고 장애인신탁을 장애인이 재산을 보유하게 된 결과, 정부의 장애인 지원혜택이 없어지거나 줄어드는 문제가 있으니, 장애인부양신탁 계약 체결 전에 장애인부양신탁이 유리한지 불리한지를 충분히 검토해야 한다.

2020년 상증법 개정 전에는 장애인부양신탁은 장애인이 증여받은 재산을 위탁자 겸 수익자로 신탁하는 '자익신탁형 장애인부양신탁'만 있었는데, 2020년 상증법 개정으로 타인이

---

6) 장애인이 친족으로부터 재산을 증여받아 본인을 수익자로 하는 장애인부양신탁계약을 체결하는 경우, 계약금액 5억 원까지 증여세 과세가액에 불산입하여 장애인의 재활이나 복지증진에 기여하고자 하는 것이 도입취지였다(당시 재정경제위원회의 심사보고서 참조).

7) 상증법은 신탁회사와 신탁계약을 체결하는 경우만을 한정하고 있어서, 수탁자가 신탁회사가 아닌 민사신탁은 증여세 과세가액 불산입 혜택을 받을 수 없다.

8) 신탁원본 5억 원에서 매월 발행하는 수익이 70만 원이라고 가정하면, 원본에서 매월 인출가능한 금액은 80만 원(=150만 원−70만 원)이다.

위탁자로 장애인을 수익자로 체결하는 '타익신탁형 장애인부양신탁'도 가능하게 되었다. 자익신탁형 장애인부양신탁은 증여행위와 신탁계약이 결합된 구조라는 점에서 증여안심신탁과 유사하다. 자익신탁형 장애인부양신탁만 허용되었을 시기에 성년인 정신적 장애인 자녀를 위해 신탁계약을 체결하려면, 장애인 자녀를 위한 후견이 개시되어야 하는데, 후견심판 절차에 통상 6개월 이상 기간이 소요되는 불편함이 있었기에, 상증법을 개정하여 타익신탁형 장애인부양신탁을 도입한 것이다. 바람직한 상증법 개정이다.

상속세 및 증여세법(약칭 : 상증법)

제52조의2【장애인이 증여받은 재산의 과세가액 불산입】 ① 대통령령으로 정하는 장애인(이하 이 조에서 "장애인"이라 한다)이 재산(「자본시장과 금융투자업에 관한 법률」에 따른 신탁업자에게 신탁할 수 있는 재산으로서 대통령령으로 정하는 것을 말한다. 이하 이 조에서 같다)을 증여받고 그 재산을 본인을 수익자로 하여 신탁한 경우로서 해당 신탁(이하 이 조에서 "자익신탁"이라 한다)이 다음 각 호의 요건을 모두 충족하는 경우에는 그 증여받은 재산가액은 증여세 과세가액에 산입하지 아니한다.

1. 「자본시장과 금융투자업에 관한 법률」에 따른 신탁업자(이하 이 조에서 "신탁업자"라 한다)에게 신탁되었을 것
2. 그 장애인이 신탁의 이익 전부를 받는 수익자일 것
3. 신탁기간이 그 장애인이 사망할 때까지로 되어 있을 것. 다만, 장애인이 사망하기 전에 신탁기간이 끝나는 경우에는 신탁기간을 장애인이 사망할 때까지 계속 연장하여야 한다.

② 타인이 장애인을 수익자로 하여 재산을 신탁한 경우로서 해당 신탁(이하 이 조에서 "타익신탁"이라 한다)이 다음 각 호의 요건을 모두 충족하는 경우에는 장애인이 증여받은 그 신탁의 수익(제4항 단서에 따른 신탁원본의 인출이 있는 경우에는 해당 인출금액을 포함한다. 이하 이 조에서 같다)은 증여세 과세가액에 산입하지 아니한다.

1. 신탁업자에게 신탁되었을 것
2. 그 장애인이 신탁의 이익 전부를 받는 수익자일 것. 다만, 장애인이 사망한 후의 잔여재산에 대해서는 그러하지 아니하다.
3. 다음 각 목의 내용이 신탁계약에 포함되어 있을 것
   가. 장애인이 사망하기 전에 신탁이 해지 또는 만료되는 경우에는 잔여재산이 그 장애인에게 귀속될 것
   나. 장애인이 사망하기 전에 수익자를 변경할 수 없을 것
   다. 장애인이 사망하기 전에 위탁자가 사망하는 경우에는 신탁의 위탁자 지위가 그 장애인에게 이전될 것

③ 제1항에 따른 그 증여받은 재산가액(그 장애인이 살아 있는 동안 증여받은 재산가액을 합친 금액을 말한다) 및 타익신탁 원본의 가액(그 장애인이 살아 있는 동안 그 장애인을 수익자로 하여 설정된 타익신탁의 설정 당시 원본가액을 합친 금액을 말한다)을 합산한 금액은 5억 원을 한도로 한다.

④ 세무서장등은 제1항에 따라 재산을 증여받아 자익신탁을 설정한 장애인이 다음 각 호의 어느 하나에 해당하면 대통령령으로 정하는 날에 해당 재산가액을 증여받은 것으로 보아 즉시 증여세를 부과한다. 다만, 대통령령으로 정하는 부득이한 사유가 있거나 장애인 중 대통령령으로 정하는 장애인이 본인의 의료비 등 대통령령으로 정하는 용도로 신탁원본을 인출하여 원본이 감소한 경우에는 그러하지 아니하다.

1. 신탁이 해지 또는 만료된 경우. 다만, 해지일 또는 만료일부터 1개월 이내에 신탁에 다시 가입한 경우는 제외한다.
2. 신탁기간 중 수익자를 변경한 경우
3. 신탁의 이익 전부 또는 일부가 해당 장애인이 아닌 자에게 귀속되는 것으로 확인된 경우
4. 신탁원본이 감소한 경우

⑤ 제1항 또는 제2항을 적용받으려는 사람은 제68조에 따른 신고기한(타익신탁의 경우에는 최초로 증여받은 신탁의 수익에 대한 신고기한을 말한다)까지 대통령령으로 정하는 바에 따라 납세지 관할세무서장에게 신청하여야 한다.

⑥ 제2항을 적용받으려는 사람이 최초로 증여받은 신탁의 수익에 대하여 제68조에 따른 신고 및 제5항에 따른 신청을 한 경우에는 최초의 증여 후에 해당 타익신탁의 수익자로서 증여받은 신탁의 수익(제2항에 따라 과세가액에 산입하지 아니하는 부분에 한정한다)에 대하여는 제68조에 따른 신고 및 제5항에 따른 신청을 하지 아니할 수 있다.

⑦ 제4항에 따른 증여세액의 계산방법 및 그 밖에 필요한 사항은 대통령령으로 정한다.

제13조【상속세 과세가액】 ① 상속세 과세가액은 상속재산의 가액에서 제14조에 따른 것을 뺀 후 다음 각 호의 재산가액을 가산한 금액으로 한다. 이 경우 제14조에 따른 금액이 상속재산의 가액을 초과하는 경우 그 초과액은 없는 것으로 본다.

1. 상속개시일 전 10년 이내에 피상속인이 상속인에게 증여한 재산가액
2. 상속개시일 전 5년 이내에 피상속인이 상속인이 아닌 자에게 증여한 재산가액

② 제1항제1호 및 제2호를 적용할 때 비거주자의 사망으로 인하여 상속이 개시되는 경우에는 국내에 있는 재산을 증여한 경우에만 제1항 각 호의 재산가액을 가산한다.

③ 제46조, 제48조제1항, 제52조 및 제52조의2제1항에 따른 재산의 가액과 제47조제1항에 따른 합산배제증여재산의 가액은 제1항에 따라 상속세 과세가액에 가산하는 증여재산가액에 포함하지 아니한다.

상속세 및 증여세법 시행령(약칭 : 상증령)

제45조의2【장애인이 증여받은 재산의 과세가액불산입】 ① 법 제52조의2제1항 각 호 외의 부분에서 "대통령령으로 정하는 장애인"이란 「소득세법 시행령」 제107조제1항 각 호의 어느 하나에 해당하는 자를 말한다.

② 삭 제 〈2017.2.7.〉

③ 법 제52조의2제1항 각 호 외의 부분에서 "대통령령으로 정하는 것"이란 다음 각 호의 어느 하나에 해당하는 것을 말한다.

1. 금전
2. 유가증권
3. 부동산

④ 법 제52조의2제4항 각 호 외의 부분 본문에서 "대통령령으로 정하는 날"이란 다음 각 호의 날을 말한다.

1. 법 제52조의2제4항제1호의 경우에는 그 신탁해지일 또는 신탁기간의 만료일
2. 신탁의 수익자를 변경한 경우에는 수익자를 변경한 날
3. 신탁의 이익의 전부 또는 일부가 장애인외의 자에게 귀속되는 것으로 확인된 경우에는 그 확인된 날
4. 신탁의 원본이 감소한 경우에는 신탁재산을 인출하거나 처분한 날

⑤ 법 제52조의2제4항 각 호 외의 부분 단서에서 "대통령령으로 정하는 장애인"이란 다음 각 호의 어느 하나에 해당하는 사람을 말한다.

1. 「5·18 민주화 운동 관련자 보상 등에 관한 법률」에 따라 장해등급 3급 이상으로 판정된 사람
2. 「고엽제후유의증 등 환자지원 및 단체설립에 관한 법률」에 따른 고엽제후유의증환자로서 장애등급 판정을 받은 사람
3. 「장애인고용촉진 및 직업재활법」 제2조제2호에 따른 중증장애인

⑥ 법 제52조의2제4항 각 호 외의 부분 단서에서 "본인의 의료비 등 대통령령으로 정하는 용도"란 다음 각 호의 어느 하나에 해당하는 비용에 사용하는 용도를 말한다.

1. 「소득세법 시행령」 제118조의5제1항 및 제2항에 따른 장애인 본인의 의료비 및 간병인 비용
2. 「소득세법 시행령」 제118조의6제11항에 따른 장애인 본인의 특수교육비
3. 장애인 본인의 생활비(월 150만 원 이하의 금액으로 한정한다)

⑦ 법 제52조의2제4항 각 호 외의 부분 단서에 따라 본인의 의료비 등의 용도로 신탁재산을 인출하는 장애인은 기획재정부령으로 정하는 장애인신탁 원금 인출신청서와 관련 증빙 서류 등을 인출일 전 3개월부터 인출일 후 3개월까지의 기간 이내에 신탁업자에게 제출하여야 한다.

⑧ 신탁업자는 제7항에 따라 제출받은 서류를 해당 의료비 등의 인출일부터 5년간 보관하여야 하며, 기획재정부령으로 정하는 장애인신탁 원금 인출내역서를 인출일이 속하는 연도의 말일부터 3개월 이내에 관할 세무서장에게 제출하여야 한다.

⑨ 법 제52조의2제4항 각 호 외의 부분 단서에서 "대통령령으로 정하는 부득이한 사유"란 다음 각 호의 어느 하나에 해당하는 때를 말한다.

1. 신탁회사가 관계법령 또는 감독기관의 지시·명령 등에 의하여 영업정지·영업폐쇄·허가취소 기타 기획재정부령이 정하는 사유로 신탁을 중도해지하고 신탁해지일부터 2개월 이내에 신탁에 다시 가입한 경우

2. 신탁회사가 증여재산을 신탁받아 운영하는 중에 그 재산가액이 감소한 경우
3. 「도시 및 주거환경정비법」에 따른 재개발사업·재건축사업 또는 「빈집 및 소규모주택 정비에 관한 특례법」에 따른 소규모재건축사업으로 인해 종전의 신탁을 중도해지하고, 준공인가일부터 2개월 이내에 신탁에 다시 가입한 경우

⑩ 삭 제

⑪ 법 제52조의2제4항 및 제7항의 규정에 의한 증여세는 제4항 각 호에 규정된 날 현재 법 제4장의 규정에 의하여 평가한 다음 각 호의 가액에 법 제56조의 규정에 의한 세율을 곱하여 계산한다.
1. 법 제52조의2제4항제1호 및 제2호의 규정에 해당하는 경우에는 당해 신탁재산의 가액 전액
2. 법 제52조의2제4항제3호의 규정에 해당하는 경우에는 다음 산식에 의하여 계산한 가액

$$\text{신탁재산의 가액} \times \frac{\text{장애인외의 자에게 귀속된 것으로 확인된 신탁이익}}{\text{신탁이익 전액}}$$

3. 법 제52조의2제4항제4호의 규정에 해당하는 경우에는 그 감소한 재산의 가액

⑫ 법 제52조의2제5항에 따라 증여세 과세가액불산입을 받고자 하는 자는 제65조제1항에 따른 증여세과세표준신고및자진납부계산서에 다음 각 호의 서류를 첨부하여 납세지 관할 세무서장에게 제출하여야 한다.
1. 증여재산명세서 및 증여계약서 사본
2. 신탁계약서(「자본시장과 금융투자업에 관한 법률 시행령」 제103조제2호에 따른 불특정금전신탁의 계약에 있어서는 신탁증서사본 또는 수익증권사본으로 갈음할 수 있다)
3. 제1항에 해당하는 자임을 증명하는 서류

2 장애인을 위한 자산승계계획 수립

장애인부양신탁은 원금인출이 제한적이라는 점과 장애인부양신탁으로 장애인에게 재산이 생겨서 장애인연금을 포함한 공적부조가 감소된다는 점을 고려하면, 장애인 자녀를 둔 부모의 재산규모, 장애인 자녀의 기대여명을 고려하여 절세혜택이 효과적인지를 세무 전문가와 함께 분석할 필요가 있다. 부모의 재산규모가 작을 경우 굳이 장애인부양신탁을 체결할 필요가 없다. 장애인신탁으로 줄어드는 상속세보다 공적부조가 줄어드는 것이 훨씬 많을

수도 있기 때문이다.

장애인 자녀의 홀로서기 자금을 마련해 두는 방법은 증여를 통한 장애인부양신탁만이 아니라 상속신탁도 있다. 부모 생전에는 부모가 직접 장애인 자녀를 위해 생활비를 지출하면 되고, 부모 사후 장애인 자녀를 위해 신탁이 필요한 것이기 때문에, 상속신탁도 장애인 자녀의 홀로서기 자금마련 장치로 충분하다. 특히, 상속세 계산 시 10억 원(배우자 없을 경우 5억 원 공제)이 인적공제되기 때문에 예정 상속재산이 10억 원 이하라면 굳이 장애인신탁을 할 필요가 없다. 상속신탁을 활용해서 생전에는 부모가 장애인 자녀를 부양하면서 노후 자금을 활용하고, 부모 사망 시 남아 있는 신탁재산을 신탁회사가 관리하면서 장애인 자녀를 위한 안정적 생활비 지급을 진행하면 된다.

따라서 장애인부양신탁을 고민하는 부모는 장애인부양신탁과 상속신탁을 같이 두고 검토해야 한다. 그리고 원금인출이 제한되어 있기 때문에 장애인부양신탁과 상속신탁을 동시에 체결하여 장애인부양신탁에서 월 150만 원을 확보하고, 부족한 금액을 상속신탁에서 인출하도록 설계하면, 장애인 자녀의 복지를 위한 충분한 자금확보가 될 수 있다.

| 장애인부양신탁과 상속신탁의 장단점 비교 |

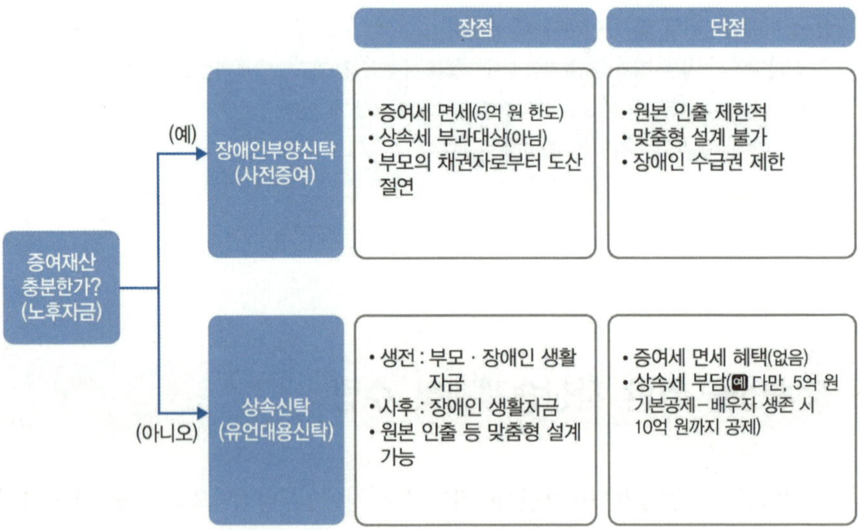

결론적으로, 장애인부양신탁을 검토하는 부모라면 자녀의 나이, 부모의 재산규모, 장애인 자녀의 상태와 필요 비용, 장애인부양신탁 체결 시 줄어드는 공적부조를 충분히 고려해서, 장애인부양신탁만 활용하는 방법, 장애인부양신탁과 상속신탁을 동시에 활용하는 방법, 상속신탁만 활용하는 방법 3가지 중 가장 적합한 자산승계계획을 설계할 필요가 있다.

3 장애인부양신탁의 법적 구조

가. 자익신탁형 장애인부양신탁

가족 또는 제3자(증여자)가 장애인(수증자)에게 재산(증여재산)을 증여하는 증여계약을 증여자와 수증자가 먼저 체결하고, 장애인은 증여재산에 대해 신탁회사와 신탁계약(위탁자 : 장애인 본인, 수익자 : 장애인 본인)을 체결한다. 증여계약은 일반적인 증여계약을 사용하면 된다. 신탁계약은 (i) 그 장애인이 신탁의 이익 전부를 받는 수익자일 것, (ii) 신탁기간이 그 장애인이 사망할 때까지로 되어 있을 것(다만, 장애인이 사망하기 전에 신탁기간이 끝나는 경우에는 신탁기간을 장애인이 사망할 때까지 계속 연장하여야 한다), (iii) 신탁원본 인출은 상증법이 정한 제한된 범위(장애인 본인의 의료비, 간병비, 특수교육비 및 월 150만 원 이하의 생활비) 내에서만 가능할 것이 명시되어 있어야 한다. 자익신탁형 장애인부양신탁을 체결한 뒤 상증법 제68조에 따른 신고기한까지 '증여세과세표준신고 및 자진납부계산서'에 증여재산명세서 및 증여계약서 사본, 신탁계약서 및 장애인임을 증명할 수 있는 서류를 첨부하여 납세지 관할세무서장에게 제출하여야 한다.

나. 타익신탁형 장애인부양신탁

가족 또는 제3자가 위탁자로서 장애인을 수익자로 하여 신탁회사와 신탁계약을 체결하고 해당 신탁재산의 수익자를 장애인으로 정하는 신탁(위탁자 : 가족 또는 제3자, 수익자 : 장애인)을 '타익신탁형 장애인부양신탁'이라 한다. 타익신탁형 장애인부양신탁계약은 (i) 장애인이 신탁의 이익 전부를 받는 수익자일 것(다만, 장애인이 사망한 후의 잔여재산에 대해서는 그러하지 아니하다), (ii) 상증법상 법정 신탁조건이 포함될 것(장애인이 사망하기 전에 신탁이 해지 또는 만료되는 경우에는 잔여재산이 그 장애인에게 귀속될 것, 장애인이 사망하기 전에 수익자를 변경할 수 없을 것, 장애인이 사망하기 전에 위탁자가 사망하는 경우에는 신탁의 위탁자 지위가 그 장애인에게 이전될 것)이라는 요건을 충족해야 한다. 자익신탁형 장애인부양신탁은 '그 증여받은 재산'에 대해 증여세 과세불산입 혜택을 주는 반면, 타익신탁은 '장애인이 증여받은 그 신탁의 수익[9]'에 대해 증여세 과세불산입 혜택을 부여한 것이라는 점에서 다르다.

타익신탁형 장애인부양신탁은 2020년 최초로 도입된 제도라 아직 판례나 해석례가 없는 것으로 보이는데, 현재 규정상으로는 다소 불명확한 점이 있다.

첫째, 타익신탁형 장애인부양신탁에서 장애인이 사망한 후의 잔여재산에 대해서 다른 귀속권리자를 지정할 수 있느냐? 상증법 문언상으로는 가능해 보이는데, 법리구성을 어떻게 하느냐가 문제이다. 가족 또는 제3자가 신탁계약을 체결하고 신탁수익자를 장애인으로 하고, 장애인 사망으로 신탁계약이 종료할 경우 신탁법 제101조의 잔여재산귀속권리자를 제3자로 지정할 수 있어 보이긴 하나, 일반적인 수익자연속신탁 구조나 유언대용신탁 구조와 다르다.

둘째, 타익신탁형 장애인부양신탁을 유언대용신탁 구조나 수익자연속신탁 구조로 설계할 수 있느냐? 부모가 장애인인 자녀를 사후수익자로 지정하거나, 아니면 장애인 자녀를 1차 사후수익자로 지정하고, 장애인이 사망할 경우 2차 사후수익자를 지정하는 수익자연속신탁이 가능하면 좋은데, 증여세 과세가액 불산입 특례의 틀에서 규정하다 보니 불가능할 것으로 보인다. 유언대용신탁이나 수익자연속신탁은 상속세의 과세대상이 되기 때문이다. 재산규모가 작은 부모 입장에서 10억 원까지 인적공제되는 상속제도를 활용하는 것이 더 좋을 수 있기 때문에, 유언대용신탁구조나 수익자연속신탁 구조를 허용하면 활용도를 훨씬 더 높일 수 있을 것이다. 따라서 상속세 과세 불산입 규정도 두는 것으로 상증법을 개정할 필요가 있어 보인다.

셋째, 타익신탁형 장애인부양신탁이 설정된 후 장애인 생전에 위탁자가 사망하였는데, 그 시점에 신탁원본이 존재하는 경우 그 잔존 신탁원본은 증여세 과세가액 불산입혜택을 받을 수 있는지와 위탁자의 상속재산에 포함되는지도 현행 규정상 불명확해 보인다. 생각건대 (i) 자익신탁형 장애인부양신탁의 '증여재산'과 타익신탁형 장애인부양신탁의 '신탁원본'을 합산하여 증여세 과세가액 불산입의 한도를 정하고 있다는 점, (ii) 타익신탁형 장애인부양신탁의 증여세 과세가액 불산입 요건으로 '위탁자 사망 시 위탁자의 지위가 수익자인 장애

---

9) 상증법 제52조의2 제4항에 따른 의료비와 월 150만 원 한도로 생활비 명목으로 신탁원본은 포함된다(상증법 제52조의2 제2항).

인에게 이전될 것'을 요건으로 하고 있는 점, (iii) 장애인 사망 시까지 신탁이 존재하고 장애인이 신탁의 이익 전부를 받는 수익자일 것으로 요건으로 하고 있는 점, (iv) 최초 수익 지급되는 시점을 기준으로 증여세 신고를 하면 그 뒤 수익의 지급에 대해 증여세 신고를 할 필요가 없다는 점 등을 종합적으로 고려하면, 이 신탁재산은 수익자인 장애인에게 증여된 것으로 보아 위탁자의 상속재산에서 제외하도록 명확히 규정하는 것이 타당해 보인다.

넷째, 타익신탁형 장애인부양신탁의 경우 증여세 과세가액불산입 혜택을 받긴 하지만 피상속인인 증여자의 상속개시일 전 10년(수증자가 상속인이 아닐 경우 5년) 이내 피상속인이 장애인부양신탁의 수익자에게 증여한 경우에 해당되어 상속세 과세가액에 가산되는지 여부가 문제된다. 이는 상증법 제13조 제3항에 따라 자익신탁형 장애인부양신탁은 상속세 과세가액에 가산하는 증여재산가액에 포함하지 아니함이 명백하나, 타익신탁형 장애인부양신탁은 명시적 규정이 없다. 추측건대, 정부가 2019. 12. 31. 타익신탁형 장애인부양신탁을 상증법 제52조의2 제2항으로 도입하면서 상증법 제13조 제3항을 개정하지 않아 발생한 입법불비로 보인다.

아무튼 타익신탁형 장애인부양신탁 도입으로 후견개시결정이 필요한 정신적 장애인에게 장애인부양신탁을 후견개시결정 없이도 가능하게 되었다는 점은 합리적인 개정인 것으로 판단된다.[10)]

다. 자익신탁형 장애인부양신탁과 타익신탁형 장애인부양신탁의 관계

자익신탁형 장애인부양신탁에 따른 그 증여받은 재산가액(그 장애인이 살아 있는 동안 증여받은 재산가액을 합친 금액을 말한다) 및 타익신탁형 장애인부양신탁의 원본가액(그 장애인이 살아 있는 동안 그 장애인을 수익자로 하여 설정된 타익신탁의 설정 당시 원본가액을 합친 금액을 말한다)을 합산한 금액은 5억 원을 한도로 증여세 과세불산입한다(상증법 제52조의2 제3항). 자익신탁형 장애인부양신탁과 타익신탁형 장애인부양신탁을 동시에 활용할 수 있다.

라. 장애인부양신탁 관련 실무상 유의사항

장애인부양신탁에 증여세 과세가액 불산입 혜택을 부여하다 보니, 상증법은 장애인부양신탁이 조세 회피 수단으로 악용되지 않도록 하기 위해 신탁 계약의 요건 및 신탁 후 사후관리를

10) 장애인 자녀를 둔 부모가 사회적 낙인효과 때문에 장애인 자녀를 위한 후견개시신청을 꺼려하는 경우가 많다.

매우 엄격하게 규정하고 있고, 유권해석도 매우 다양하고 복잡하므로, 신탁계약 설계와 사후관리에 주의를 요한다. 특히 장애인부양신탁의 원본 인출, 신탁재산의 매매, 신탁의 일부 또는 전부 해지와 관련하여 다양한 유권해석과 조세심판원 결정을 숙지할 필요가 있다.[11)]

4 장애인부양신탁 제도개선 사항

최근 5년 동안 장애인부양신탁 제도개선을 위해 신탁업계에서 노력한 결과 많이 개선되었지만, 추가로 제도를 개선해야 할 점을 찾아보면 다음과 같다.

첫째, 증여세 과세불산입 한도를 현행 5억 원에서 10억 원 정도로 상향할 필요가 있다. 1999년 장애인부양신탁이 도입된 지 20년이 지난 시점인데, 증여세 과세불산입 한도는 여전히 그대로다. 장애인부양신탁의 재산인 금전은 투자성 있는 것으로 운용하기는 적절하지 않다. 1~3% 예금 금리를 가정하면 장애인 홀로서기 자금마련에는 턱없이 부족하다.

둘째, 신탁재산에서 발생하는 수익 이외 신탁원본의 인출용도가 생활비로 확대된 것은 바람직하지만, 이러한 혜택은 중증장애인만 누릴 수 있다. 중증장애인이 아니라도 장애인으로서 필요한 생활비 수준이 있는데, 지금과 같은 저금리 시대 신탁재산에서 발생하는 수익만으로는 생활비를 확보할 수가 없다. 따라서 모든 장애인을 대상으로 월 150만 원이 생활비로 확보할 수 있도록 개선할 필요가 있다. 그리고 중증장애인이 아닌 장애인부양신탁의 경우에는 신탁재산의 원본이 장애인을 위해 사용되는 것이 아니라 장애인의 법정상속인에게 상속되는 구조로 제도 설계한 것이 근본적으로 모순이 있다. 장애인부양신탁의 목적 자체가 장애인의 복지이기 때문에, 장애인부양신탁재산 전부가 장애인의 복지를 위해 사용되도록 신탁원본 인출 사유와 인출 한도를 확대하는 것이 합리적이다.

---

11) 장애인이 부동산 A를 증여받은 후 장애인부양신탁하였다가, 신탁계약을 해지한 후 해당 부동산 A를 매각한 뒤 1개월 내에 다른 부동산 B를 취득하여 신탁한 경우, 부동산 A 토지에 대한 증여세 과세가액에 불산입이 유지되어야 하는지 여부와 관련하여, 조세심판결정(조심2021광3074, 2021.09.02)은 부득이한 사유 없이 부동산 A를 매각 후 1개월 내 부동산 B에 대해 신탁을 다시 설정하였다 하더라도, 그것은 '신탁 해지 후 신탁 연장'으로 볼 수 없다는 취지로 증여세 및 가산세를 부과한 처분청의 처분은 적법하다고 판단하였다. 다행히 이 사건에 대한 조세불복소송에서 바로 잡아졌다(광주지방법원 2022. 9. 29. 선고 2021구합14769판결). 즉 이 판결은 신탁 해지 후 1개월 내에 신탁계약을 다시 체결하였으므로 '신탁 후 신탁 연장'으로 보아 증여세 및 가산세를 부과한 처분청의 처분이 부적법하다고 보았다.

셋째, 장애인부양신탁이 장애인 복지를 위해 도입된 것인 만큼, 장애인신탁재산에서 발생하는 수익(주식의 배당금, 예금 및 채권의 이자, 부동산의 임대료)에 대해서 소득세도 비과세하는 것이 타당하다.

넷째, 공적 부조 대상의 판별기준인 소득인정액 산입 대상에서 장애인신탁재산가액을 제외하는 것으로 장애인연금법 등 관련 법령이 개정되어야 한다. 실제로 장애인신탁에 가입하려다가도 장애인이 재산을 수령하게 되면 공적 부조를 더이상 받지 못하게 되어 가입을 꺼려 하는 경우가 자주 발생한다. 이러한 문제점을 해소하기 위해서 미국의 특별수요신탁처럼 장애인이 신탁을 통해 수여받은 재산이 존재하는 경우에도 여전히 정부원조 프로그램을 받을 수 있도록 제도를 정비할 필요가 있다.

CHAPTER 07

증여안심신탁 Q&A

Q&A 01 증여안심신탁이 무엇인가?

증여안심신탁이란 신탁계약을 증여계약과 결합시킨 신탁구조이다. 증여로 소유권이 수증자에게 완전히 이전되어 버리면, 수증자의 낭비로부터 재산을 보존할 방법이 없다. 증여계약과 신탁계약을 결합시켜 증여자의 증여재산의 통제권을 일정 부분 행사할 수 있도록 만든 것이다.

Q&A 02 어떤 사람이 증여안심신탁을 하면 좋은가?

① 재산관리능력이 부족하거나 낭비할 우려가 있는 자녀를 둔 부모
② 증여 후 자녀의 학업이나 근로를 게을리 할 우려가 있는 자녀를 둔 부모
③ 정신적·신체적 장애가 있거나 사회활동능력이 부족한 자녀를 둔 부모
④ 증여 후 자녀, 며느리나 사위의 불효나 변심이 우려되는 부모
⑤ 결혼 전후로 자녀에게 증여하고 싶으나 자녀의 이혼이 걱정되는 부모
⑥ 증여 후 사업하는 자녀의 채권자가 증여한 재산을 압류할까 걱정인 부모

Q&A 03 증여안심신탁하면 자녀들이 불효한 경우 증여한 재산을 돌려받을 수 있는가?

증여계약 내에 자녀의 효도의무 이행을 부담으로 넣어 놓으면 된다. 부담부증여계약이 해제되면, 신탁계약도 해제될 수 있도록 장치를 만드는 것이다. 효도의무 불이행 사유를 입증해서 증여자가 수탁자에게 요청하면 신탁계약을 해제해서 신탁재산을 증여자인 부모에게 돌려줄 수 있다. 물론 이 경우 자녀가 부모에게 다시 증여한 것으로 되지 않도록 처음부터 증여계약서를 잘 작성하는 것이 중요하다.

Q&A 04 효도계약서와 증여안심신탁의 차이가 무엇인가?

효도계약서와 증여안심신탁도 효도의무 이행을 부담으로 하는 부담부증여라는 점에서 같다. 그렇지만, 증여안심신탁은 수탁자가 증여재산을 신탁재산으로 관리하면서 소유권을 수탁자가 보유하고 있어, 증여자가 수증자에게 소송을 제기할 필요 없이 증여재산인 신탁재산을 반환해 주는 장점이 있다. 만약 효도계약서만 체결한 상태라면, 수증자인 자녀의 효도의무 불이행 시 효도계약서를 해제하고 증여재산의 소유권을 회복할 수 있는 소송을 제기해야만 돌려받을 수 있다.

Q&A 05 자녀에게 아파트를 증여하고 싶은데, 자녀가 증여세를 낼 돈이 없다. 좋은 방법이 없는가?

증여세를 연부연납하면 된다. 증여세의 1/6을 증여세 신고기한 내 납부하고, 나머지 1/6씩 5년간 분납하면 된다.

Q&A 06 금전도 증여안심신탁할 수 있는가?

가능하다. 금전도 증여하면서 신탁할 수 있다. 신탁재산인 금전은 위탁자인 수증자가 운용지시할 수도 있지만, 보통 금전의 운용을 증여자가 지시할 수 있도록 증여안심신탁계약을 체결한다.

Q&A 07 증여안심신탁을 하면 세금을 많이 줄일 수 있는가?

10년 단위로 증여계획을 짜서 증여하면 상속세를 많이 줄일 수 있다. 상속은 사망한 피상속인의 총재산을 기준으로 계산하지만, 증여는 증여받은 수증자를 기준으로 계산되므로, 50% 상속세 구간인 분들은 10% 내지 30% 중 선택하여 증여계획을 10년 단위로 수립한다.

Q&A 08 증여안심신탁 후 아들이 부동산을 매각한다면 어떻게 해야 하는가?

증여안심신탁계약 후에는 수증자인 아들이 부동산을 매각할 수 없다. 증여안심신탁으로 소유권이 수탁자에게 이전되어 있기 때문에, 증여자인 부모의 동의하에서만 부동산을 매각할 수 있다.

Q&A 09 **장애인부양신탁은 반드시 신탁회사와 신탁계약을 체결해야 하는가?**

그렇다. 장애인부양신탁을 규정하는 상증법은 신탁회사와 신탁계약을 체결하는 경우에만 증여세 과세가액 불산입 혜택을 주고 있다. 장애인부양신탁을 활용한 우회 증여를 막기 위해 금융감독원의 감독을 받는 신탁회사와의 계약 체결을 강제하고 있는 것이다.

Q&A 10 **예를 들어 8억 원 상당의 상가를 장애인 아들에게 증여하고 장애인부양신탁을 체결하고 싶은데, 5억 원을 초과하더라도 장애인부양신탁이 가능한가?**

그렇다. 5억 원 초과 상가를 증여할 때 5억 원까지는 증여세 과세가액 불산입 혜택을 받을 수 있다. 따라서 5억 원 초과분인 3억 원에 대해서 증여세를 납부하면 된다.

Q&A 11 **5억 원 상가에 대해 장애인 딸에게 증여하고 장애인부양신탁을 체결하고 싶다. 부동산 가격이 하락할 수도 있는데, 장애인부양신탁 체결 후 신탁재산인 상가를 매각할 수 있는가? 매각할 경우 증여세를 납부해야 하는가?**

장애인부양신탁의 신탁재산은 매매 가능하다. 다만, 매매를 위한 신탁계약 해지 후 1개월 이내 부동산을 새로 매수해서 부동산을 장애인부양신탁 설정하거나 아니면 매각대금에 대해 장애인부양신탁을 재설정해야 한다. 그렇지 않으면 증여세를 납부해야 한다.

Part 05

후견제도 보완을 위한 후견신탁

CHAPTER 01

후견제도와 신탁

1 후견제도의 도입

2011년 2월 18일 국회는 "복지 국가, 고령화 사회로 접어들면서 장애인의 인권과 노인 복지에 대한 국가의 책무와 사회적 관심이 부각되고 있었으나, 당시 민법의 행위능력 및 후견제도는 '금치산', '한정치산' 등 부정적 용어를 사용하고 본인의 의사와 장애의 정도에 대한 고려 없이 행위능력을 획일적으로 제한하여 사회적 편견을 야기하는 문제를 해소하기 위해 민법을 개정하여 획일적으로 행위능력을 제한하는 문제점을 내포하고 있는 기존의 금치산·한정치산제도 대신 보다 본인의 능력을 최대한 존중하고, 실현하게 하는 성년후견제도"를 도입하는 민법개정법률안을 통과시켰고, 이 개정 민법 시행으로 후견제도는 2013년 7월 1일 도입되었다.

2 후견제도의 유형과 후견절차

질병, 장애 그 밖의 사유로 인한 정신적 제약으로 사무를 처리할 능력이 부족하거나 없는 피후견인의 신상관리와 재산보호를 목적으로 법원의 절차를 통해 후견인을 선임하는 것을 '법정후견'이라 한다. 이때 선임된 후견인, 즉 '법정후견인'은 법률상 대리권, 동의권 및 취소권을 행사하여 피후견인의 복리를 위해 업무를 수행한다. 이와 달리 '후견계약'은 본인이 질병, 장애, 노령 등 정신적 제약으로 사무를 처리할 능력이 부족하게 될 상황에 대비하여, 자신의 재산관리 및 신상보호에 관한 사무의 전부 또는 일부를 다른 자에게 위탁하고 그 위탁 사무에 관하여 대리권을 수여하는 내용을 담아 계약을 체결해 놓는 것을 말한다. 이러한 후견계약을 통해 선임된 후견인을 '임의후견인'이라 한다.[1)]

임의후견은 본인이 원하는 후견인을 미리 정해 놓는 '자율적 예방장치'라는 점에서 사무처리능력이 부족한 상태에서 법원의 절차를 통해서 본인 의사와 무관하게 후견인이 선임되는 '비자율적 사후장치'인 법정후견보다 피후견인의 자기결정권을 보장하는 더 현명한 수단이다. 자산승계계획 수립의 관점에서 보면, 임의후견은 법정후견보다 훨씬 안전하고 효율적이다. 임의후견인을 미리 선임해 놓으면 자녀 간에 서로 후견인이 되기 위해 소송까지 진행하는 불상사를 막을 수 있다. 나아가 후견계약과 신탁계약을 결합한 '임의후견형 상속신탁계약'을 체결하는 것은 '가장 완전한 자산 승계 계획 수립'이라 할 수 있다.[2)]

민법

제959조의 14【후견계약의 의의와 체결방법 등】 ① 후견계약은 질병, 장애, 노령, 그 밖의 사유로 인한 정신적 제약으로 사무를 처리할 능력이 부족한 상황에 있거나 부족하게 될 상황에 대비하여 자신의 재산관리 및 신상보호에 관한 사무의 전부 또는 일부를 다른 자에게 위탁하고 그 위탁사무에 관하여 대리권을 수여하는 것을 내용으로 한다.
② 후견계약은 공정증서로 체결하여야 한다.
③ 후견계약은 가정법원이 임의후견감독인을 선임한 때부터 효력이 발생한다.
④ 가정법원, 임의후견인, 임의후견감독인 등은 후견계약을 이행·운영할 때 본인의 의사를 최대한 존중하여야 한다.

성년인 피후견인에 대한 후견제도의 유형에 따라 절차개시 사유, 본인의 사무처리능력 및 후견인의 권한을 비교하면 다음과 같다.[3)]

1) 후견제도, 유형별 절차, 후견사무에 대해 상세한 내용은 '이현곤, 『성년후견제도의 이해와 활용』(고시계사, 2018)', '김성우, 『성년후견실무』(박영사, 2018)'를 참조하면 된다.

2) 영미법의 신탁사무에서는 거기에 임의후견의 대체적 기능을 확충시키기 위하여 재량신탁 또는 권리취득자지명권을 동반하는 신탁이 적극적으로 활용되고 있고, 상속계획(estate planning)과도 연결되어 현대의 가장 발달한 신탁의 형태라 할 수 있다[新井誠 저/안성포 역, 『신탁법』 제3판(전남대학교출판부, 2011), 555면].

3) 우리보다 후견제도를 먼저 도입한 일본의 통계를 살펴보면, 2021년 기준 성년후견제도 이용자 238,933명 중 임의후견제도 이용자는 2,663건으로 총 이용자 대비 1.1% 비중으로 아직 활성화되고 있지는 않지만 점진적으로 증가하고 있는 추세이고, 2021년 기준 후견신탁 누적 이용자는 28,273명이고, 후견신탁설정금액(후견지원예저금 포함)은 약 1조 1090억 7500만엔이다[(사)한국성년후견지원본부, 통계로 알아보는 우리나라 후견(감독)사건의 현황(2판, 2022년) 참조].

구 분	성년후견	한정후견	특정후견	임의후견
절차 개시 사유	정신적 제약으로 사무처리능력의 지속적 결여	정신적 제약으로 사무처리능력의 부족	정신적 제약으로 일시적 후원 또는 특정 사무의 후원이 필요	정신적 제약으로 사무처리능력의 부족
본인의 행위 능력	원칙적 제한	원칙적 행위능력자 (조력 필요)	행위능력자 (조력 필요)	• 계약 시 행위능력자 • 개시 시 행위능력상실 또는 부족
후견인의 권한	포괄적인 대리권과 취소권	법원이 정한 범위 내에서 대리권, 동의권, 취소권	법원이 정한 범위 내에서 대리권	계약에서 정한 바에 따른 권한

후견인은 피후견인을 위한 대리권, 피후견인이 한 행위를 취소할 수 있는 취소권, 피후견인의 행위에 대한 동의권을 가짐으로써, 피후견인을 위한 신상보호와 재산관리를 후원하는 역할을 수행한다. 후견인의 임무는 성년후견인, 한정후견인, 특정후견인, 임의후견인에 따라 다르다. 피성년후견인은 사무처리능력이 지속적으로 결여되었기 때문에 후견인이 포괄적인 대리권을 가지고 피후견인의 재산을 관리하고 그 재산에 관한 법률행위를 대리한다. 한정후견인은 피한정후견인의 사무처리능력의 정도에 따라 다양한 임무를 부여받는다. 특정후견인은 사무처리능력이 부족한 때 기간과 범위를 정하여 법원으로부터 받은 대리권을 행사한다. 후견인은 피후견인의 재산관리와 신상보호를 할 때 여러 사정을 고려하여 피후견인의 복리에 부합하는 방법으로 사무를 처리해야 하며, 후견인은 피후견인의 복리에 반하지 아니하면 피후견인의 의사를 존중하여야 한다(민법 제947조, 제959조의 6). 성년후견, 한정후견 및 특정후견은 후견인의 임무가 법원의 절차를 통해서 결정되지만, 임의후견인의 임무는 원칙적으로 피후견인이 사무처리능력이 있는 후견계약 체결 시 피후견인이 직접 정하기 때문에, 피후견인의 의사를 가장 잘 반영할 수 있는 후견유형이다.

3 후견제도의 다양성과 활용방법

후견제도는 친족후견인이 신상관리와 재산관리를 모두 대리하는 ①유형, 전문가후견인이 신상관리와 재산관리를 맡는 ②유형, 친족후견인이 신상관리를 맡고 전문가후견인이 재산관리를 맡는 ③유형, 신상관리와 재산관리를 서로 다른 전문가후견인에게 맡기는 ④유형, 신상관리를 전문가후견인이 맡고 재산관리는 전문 신탁회사에 맡기는 ⑤유형으로 나눌 수 있다. 피후견인의 정신적·신체적 상황, 피후견인의 성향, 피후견인의 잠재 상속인의 성향, 재산규모 및 재산유형 등을 종합적으로 고려해 5가지 유형 중 하나를 선택하는 것이 바람직하다. 후견인 선임 과정에서 분쟁이 발견되거나 예측되는 경우에는 전문가후견인이 개입하는 ②유형에서 ④유형을 선택하는 것이 타당하다. 만약 재산규모가 크거나 재산관리의 난이도가 높은 경우에는 ⑤유형인 후견신탁을 활용하면 피후견인의 복리증진은 물론 후견인에 의한 재산 관련 불법행위는 억제될 것이다. 신상보호와 재산관리가 완전히 분리된 것이 아니라, 서로 연결된 부분(예를 들면, 신상보호에 필요한 비용의 지급)이 있기 때문에, ③유형, ④유형, ⑤유형의 경우, 복수의 후견인 간 또는 후견인과 신탁회사 간의 권한분장을 명확하게 해 놓아야 한다.[4] 5가지 유형은 모두 장단점을 가지고 있으므로, 피후견인의 복리에 가장 적합한 유형을 선택하면 된다.

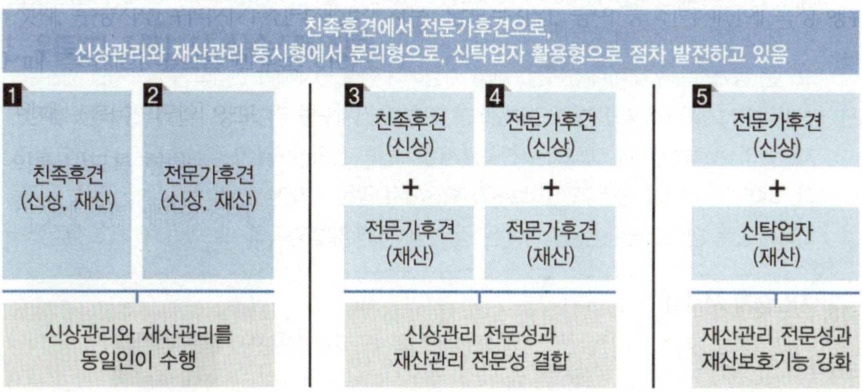

4) 최근 후견 사례를 보면, 법률행위에 대한 동의 및 취소권과 재산에 관한 대리권을 제1후견인이, 신상에 관한 결정 권한을 제2후견인이 각 행사하는 방식으로 후견개시결정을 하는 사례를 종종 보게 된다.

언론 속의 자산승계 이슈

" 제주서 후견인 보험금 아파트 구입 첫 횡령죄 '유죄' "

1. 사실관계

동생은 교통사고로 뇌병변장애로 인한 사지마비 증세를 보였다. 이후 수차례 뇌수술을 받고 현재는 자택에서 간호를 받고 있다. 동생의 유일한 혈육인 친형은 보험금을 받기 위해 2014년 제주지방법원에 성년후견개시 심판청구를 했다. 그해 7월 법원은 친형에 대해 성년후견인 선임 결정을 내렸다. 친형은 2015년 1월 28일 동생의 보험금 1억4454만원을 받고 열흘쯤 뒤 1억2000만원을 인출했다.

이후 8500만원을 대출받아 2억3500만원 상당의 아파트 한 채를 사들였다. 문제는 친형이 2015년 2월 11일 해당 아파트를 자신 명의로 소유권이전등기를 하면서 불거졌다. 성년후견인에게 재산관리 권리가 주어지지만 피성년후견인을 위해 사용해야 한다. 성년후견인 권한을 부여한 법원은 곧바로 친형에게 아파트 매입비 중 보험금 1억2000만원 상당의 지분을 동생 명의로 이전등기하라고 명령했다. 친형은 이를 거부하고 오히려 간병료를 받아야 한다며 2억 400만원 상당의 후견인 보수청구를 냈다. 결국 법원의 판단에 따라 동생의 변호인은 2016년 11월 친형을 검찰에 고발했다.

2. 법원의 판단

제주지방법원 형사3단독 신재환 부장판사는 횡령 혐의로 재판에 넘겨진 피성년후견인 현모(53)씨의 성년후견인인 친형(54)에 대해 징역 8월을 선고했다고 27일 밝혔다. 형법상 친족간의 재산 관련 범죄는 형을 면제하는 특례조항이 있다. 이를 친족상도례라고 한다. 검찰은 일본 최고재판소의 판례까지 검토한 끝에 최종 친족상도례를 적용하지 않았다. 재판과정에서도 피고인은 동거친족을 내세워 친족상도례를 주장하며 형을 면제해야 한다고 주장했지만 재판부는 받아들이지 않았다. 재판부는 판결문에서 "성년후견제도를 기반으로 한 후견인의 피후견인 재산관리상 불법행위에 대해서는 친족관계에 기반한 친족상도례가 적용되지 않는다"고 밝혔다. 이어 "피고인이 성년후견인 보수가 확정되지 않은 상태에서 임의로 피해자의 보험금을 사용해 단독 명의로 부동산을 매수하는 것은 명백하게 불법영득의사로 봐야 한다"고 설명했다.

3. 자산승계 시사점

이 판결처럼 후견인의 재산관리 불법행위에 친족상도례를 적용하지 않은 법원의 판단은 타당한 결정이다. 그렇다고 후견인의 재산관리 불법행위에 친족상도례를 적용하지 않는다고 해서 후견인의 재산 관련 부정행위를 막을 수 있을까? 많이 부족하다. 그리고 현재 법원이 선임하는 후견감독인과 법원이 후견인의 후견사무를 감독하지만 부족한 인력으로 인해 감독이 제대로 이루어지기 어렵다. 따라서 후견사건 개시 심판 청구 시점부터 피후견인의 재산규모가 일정 금액 이상이면 '법정후견신탁'으로 주요 재산을 보호하는 장치를 만들어 두는 것이 타당하다.

출처 : 제주의 소리 2017.11.27.

4 임의후견제도의 활용

| 임의후견제도의 개념도 |

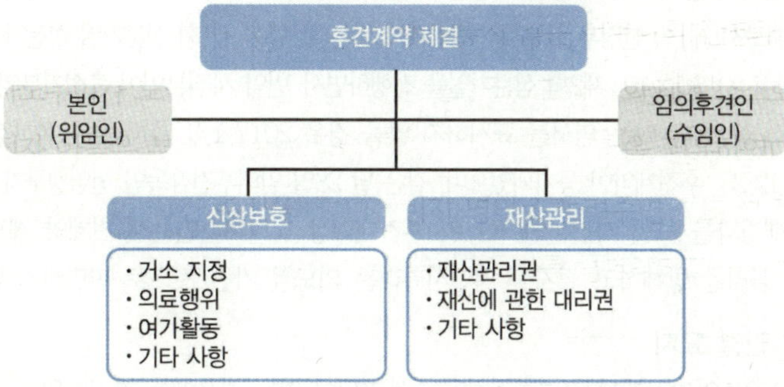

성년인 사람이 미리 준비하지 않은 상태에서 사무처리능력이 부족해지면, 가족 등의 청구에 의해 법원이 후견인을 선임하고 후견인의 임무도 법원이 정하게 된다. 법정후견인은 평소 원하는 가족이 될 수 있지만, 원하지 않는 가족이 될 수도 있다. 그리고 후견인이 누가 되느냐를 두고 가족 사이에 다툼이 증가하고 있다. 상속분쟁의 전초전이라고 보면 될 정도로 치열하다. 후견사건으로 비화되기 전에 미리 사무처리능력이 있을 때 가장 잘 후원해줄 가족이나 제3자를 임의후견인으로 정하고 임의후견인의 신상보호 및 재산관리 업무를 후견계약으로 상세히 정해놓으면, 진정한 피후견인의 의사존중이 실천된다. 임의후견제도를 활용할 수 있도록 사회문화적인 홍보가 필요한 시점이다. 특히, 가업승계를 안정적으로 하기 위해서는 후계자를 임의후견인으로 선정할 필요가 있으며 자세한 사항은 후술한다.

후견계약과 관련하여 몇 가지 주의해야 할 사항이 있으니, 반드시 다음 3가지 사항을 확인하고 실행에 옮겨야 한다.

첫째, 미리 후견계약을 체결하지 않고 있다가 사무처리능력이 부족하여 후견계약 및 후견등기가 이루어지면서 동시에 임의후견감독인 선임청구가 들어가는 이른바 '즉효형 후견계약은 피후견인이 되려는 위임인의 사무처리능력 유무, 법정후견을 회피하기 위한 목적 여부에 따라 많은 다툼이 일어난다. 따라서 사무처리능력에 대한 다툼이 없을 때 미리 후견계약을 체결하고 후견등기를 완료하는 것이 분쟁예방에 훨씬 도움이 될 것이다.

판례 해설

즉효형 후견계약의 법적 효력(대법원 2017.6.1. 자 2017스515 결정)

1. 원심판결

이 사건에서 후견계약이 체결된 시점은 사건본인에 대한 성년후견 개시 심판청구일로부터 1년 정도 지난 후로서 제1심 한정후견 개시의 심판까지 있은 후 당심 제1회 심문기일 직전인 2016.11.24.이고, 이 법원이 2016.12.19. 제2회 심문기일을 진행하면서 '만약 사건본인이 출석거부의사를 번복하여 법정에 직접 출석하겠다는 의사를 표시하지 않을 경우 2017.1.3. 심리를 종결하겠다'고 고지한 후인 2016.12.26. 후견계약이 등기되었으며, 같은 달 28일 임의후견감독인 선임청구가 제기되었는바, 이러한 진행경과를 보면 사건본인이나 위 후견계약상 임의후견인은 후견계약 제도를 남용하여 이 사건의 심리를 방해하고 절차를 지연시키려는 의도를 가진 것으로 판단하지 않을 수 없다.

2. 대법원 판결 요지

민법 제959조의 20 제1항은 "후견계약이 등기되어 있는 경우에는 가정법원은 본인의 이익을 위하여 특별히 필요할 때에만 임의후견인 또는 임의후견감독인의 청구에 의하여 성년후견, 한정후견 또는 특정후견의 심판을 할 수 있다. 이 경우 후견계약은 본인이 성년후견 또는 한정후견 개시의 심판을 받은 때 종료된다."라고 규정하고, 같은 조 제2항은 "본인이 피성년후견인, 피한정후견인 또는 피특정후견인인 경우에 가정법원은 임의후견감독인을 선임함에 있어서 종전의 성년후견, 한정후견 또는 특정후견의 종료 심판을 하여야 한다. 다만, 성년후견 또는 한정후견 조치의 계속이 본인의 이익을 위하여 특별히 필요하다고 인정하면 가정법원은 임의후견감독인을 선임하지 아니한다."라고 규정하고 있다. 이와 같은 민법 규정은 후견계약이 등기된 경우에는 사적자치의 원칙에 따라 본인의 의사를 존중하여 후견계약을 우선하도록 하고, 예외적으로 본인의 이익을 위하여 특별히 필요할 때에 한하여 법정후견에 의할 수 있도록 한 것으로서, 민법 제959조의 20 제1항에서 후견계약의 등기 시점에 특별한 제한을 두지 않고 있고, 같은 조 제2항 본문이 본인에 대해 이미 한정후견이 개시된 경우에는 임의후견감독인을 선임하면서 종전 한정후견의 종료 심판을 하도록 한 점 등에 비추어 보면, 위 제1항은 본인에 대해 한정후견개시심판 청구가 제기된 후 심판이 확정되기 전에 후견계약이 등기된 경우에도 적용이 있다고 보아야 하므로, 그와 같은 경우 가정법원은 본인의 이익을 위하여 특별히 필요하다고 인정할 때에만 한정후견개시심판을 할 수 있다.

그리고 위 규정에서 정하는 후견계약의 등기에 불구하고 한정후견 등의 심판을 할 수 있는 '본인의 이익을 위하여 특별히 필요할 때'란 후견계약의 내용, 후견계약에서 정한 임의후견인이 임무에 적합하지 아니한 사유가 있는지, 본인의 정신적 제약의 정도, 기타 후견계약과 본인을 둘러싼 제반 사정 등을 종합하여, 후견계약에 따른 후견이 본인의 보호에 충분하지 아니하여 법정후견에 의한 보호가 필요하다고 인정되는 경우를 말한다.

원심이 적법하게 인정한 사실과 기록에 의하여 알 수 있는 사건본인의 정신적 제약의 정도 및 후견계약과 사건본인을 둘러싼 제반 사정 등을 종합하면, 사건본인에 대하여는 후견계약의 등기에 불구하고 한정후견에 의한 보호가 필요하다고 인정된다.

3. 시사점

후견계약을 사무처리능력이 충분할 때 미리 체결하지 않고, 후견심판사건 진행 중에 후견계약을 체결하고 후견등기를 하는 경우, 후견계약 체결을 위한 사무처리능력 유무를 둘러싸고 분쟁이 발생하고, 법원은 법정후견 회피목적으로 후견계약을 남용하는 것으로 판단하여 법정후견 개시결정을 내릴 수 있는데, 이렇게 되면 후견계약이 작동되지 않는다. 따라서 사무처리능력이 충분히 있을 때 미리 후견인을 지정하고 후견계약을 체결해 놓아야 자신이 원하는 후견인이 자신이 가장 적합하다고 생각하는 신상관리 및 재산관리 내용을 담은 후견계약의 내용에 따라 후견사무를 볼 수 있을 것이다.

둘째, 후견계약의 내용이 사회상규에 어긋나는 경우 후견계약 전체가 무효가 될 수 있다. 후견계약의 효력요건인 '후견감독인 선임사건'의 심리과정에서 후견계약 내용의 일부 또는 전부가 무효가 되어 후견이 개시되지 않는 문제가 발생할 수도 있다. 후견계약을 체결할 때 후견 전문 변호사의 법률자문을 받고 후견계약을 확정하는 것이 중요하다.

셋째, 후견계약 체결과 후견감독인 선임 사이에 오랜 기간이 지나서 후견계약을 체결할 당시 당사자가 예상하지 못했던 사정변경이 있는 경우, 후견개시가 되지 않을 수 있다. 특히, 후견계약의 당사자 사이의 신뢰가 훼손되어 후견계약을 그대로 유지하는 것이 피후견인 보호에 충실하지 않은 경우가 문제된다. 따라서 후견계약을 체결한 후에도 최소 1년에 1회 이상 후견계약의 내용이 잠정 피후견인의 의사와 상황에 적합한지 그리고 후견인을 그대로 유지하는 것이 적합한지에 대해 점검해야 한다. 후견계약 체결 후 후견인의 대리권, 후견사무의 내용과 후견인 변경도 가능한데, 후견계약의 변경은 공정증서에 의해 작성되어야 하고 변경된 후견계약은 반드시 후견계약 변경등기가 이루어져야 한다.

5 후견제도 보완을 위한 신탁의 활용

후견제도는 피후견인의 복지를 최우선 과제로 하지만, 친족후견인은 재산관리 및 신상관리 전문성이 부족하고, 친족후견인의 후견재산 관련 부정행위를 억제하기 어렵다. 친족후견인의 문제를 해결하기 위해 도입된 전문가후견인은 금융기관의 후견제도에 대한 이해 부재로 업무효율성이 떨어진다는 문제점을 안고 있다. 친족후견인의 재산관리 전문성을 보완하고, 후견인에 의한 재산 관련 부정행위를 견제하며, 전문가후견인 업무의 효율성을 증대하

기 위해 후견제도를 보완하는 '후견신탁'을 활용할 필요가 있다.[5)]

법정후견신탁과 임의후견신탁계약을 체결하면, 피후견인의 재산이 신탁회사로 이전되어 있고, 신탁회사가 후견신탁계약 체결 시 재산의 운용과 인출사유를 충분히 숙지하고 있을 뿐만 아니라, 후견인은 신탁회사에 유무선 전화를 활용하여 피후견인을 위한 제반 비용을 지급할 수 있으므로, 후견인의 업무처리가 매우 효율적이다. 가정법원이나 후견감독인도 신탁회사를 통해 쉽게 재산관리현황을 받아볼 수 있으므로, 후견감독의 효율성도 함께 추구할 수 있다. 그리고 신탁계약 체결 과정에서 피후견인의 상황과 피후견인의 재산현황을 통해서 가장 효율적인 재산관리계획을 수립할 수 있다는 점도 후견신탁의 장점이다.

| 후견신탁의 유형 |

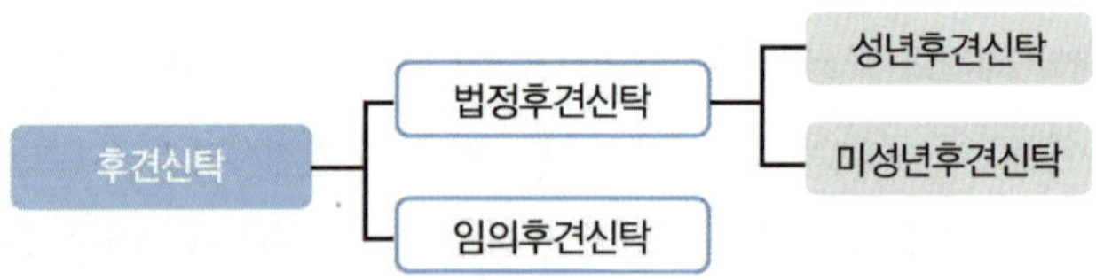

5) 신탁제도는 보호가 필요한 후견인의 재산관리 영역에서 후견제도의 대체 또는 보완기능을 담당할 수 있고, 후견인의 권한 남용에 대한 견제책으로 활용될 수 있으며, 후견인의 재산관리 사무부담을 경감하거나 효율적인 재산관리를 도울 수 있다[김성우, 『성년후견실무』(박영사, 2018), 129면]. 후견신탁은 피후견인의 재산이 신탁재산이 되어 피후견인 및 후견인과 독립하고 수탁자의 고유재산과도 독립하여 피후견인의 이익을 위해서만 투명하고 안전하게 관리될 수 있는 장점이 있기 때문에, 후견제도의 미흡한 부분(후견인의 비리나 횡령, 재산관리 전문성 부족, 피후견인의 소비와 지출에 대한 합리적 제한 불가)을 대체 또는 보완하는 기능을 담당할 수 있다[이현곤, 『성년후견제도의 이해와 활용』(고시계사, 2018), 300면].

CHAPTER 02 법정후견신탁

1 개 념

법정후견절차 내에서 후견인은 신상관리에 집중하고, 재산관리를 신탁회사에 맡기는 신탁을 '법정후견신탁'이라 한다. 법정후견신탁은 후견인과 신탁회사가 피후견인 재산을 어떻게 관리할지 미리 신탁계약으로 만들어 법원에 제출하고, 법원이 심리하여 후견신탁계약을 확정하는 신탁이다. 법정후견신탁은 계약의 체결과 이행 과정에서 가정법원과 후견감독인의 감독을 받는다.

Part 05

2 법적 구조

법정후견신탁은 후견인이 감독법원의 권한초과행위 허가를 받아 후견인이 피후견인을 대리하여 수탁자와 체결하는 신탁을 말한다. 피후견인의 재산규모, 재산현황, 정신적 장애 정도에 따라 달라지겠지만, 기본적으로 피후견인의 모든 재산을 신탁재산으로 하고, 신탁재산으로 있는 현금이나 신탁재산을 처분하여 조성한 현금을 신탁회사가 관리하되, 매월 일정액만을 피후견인 계좌로 이체하여 후견인으로 하여금 관리하도록 한다.[6] 위탁자의 의사에

---

6) 피후견인에게 일상 생활비와 치료비로 지출할 금액보다 많은 재산이 있고 피후견인이 이를 관리할 능력이 없거나 부족한 상황에서, 후견인에 의한 권한남용을 방지하고 오랜 기간 동안 재산을 관리, 운용하여 피후견인의 주거비, 생활비, 치료비를 안정적으로 지출할 수 있도록 할 필요가 있는 경우, 가정법원은 직권 또는 신청에 따라 피후견인의 일정한 재산에 대하여 신탁계약을 체결하여 관리할 것을 내용으로 하는 후견사무에 필요한 처분명령 또는 보전명령을 한다[김성우, 『성년후견실무』(박영사, 2018), 130면].

따라 적극적으로 신탁재산을 관리, 처분하는 일반적인 상속신탁과 달리, 법원의 감독하에 법원이 허가한 신탁계약 범위 내에서 후견인은 신탁재산을 관리할 수 있다. 후견인의 재산관리 전문성을 보완하면서, 후견인에 의한 재산 관련 부정행위를 막을 수 있다는 점에서 법정후견신탁이 많이 활용되어야 한다.

3 법정후견신탁 사례

우리나라 후견신탁을 널리 알리게 된 사례는 세월호 사고로 부모를 잃어버린 미성년자의 안정적 재산관리를 위해 설정된 '미성년후견신탁'이다. 피후견인에게 지급되는 보험금, 국가지원금 및 성금을 피후견인의 고모가 맡아서 관리하는 부담을 줄이고 신탁을 통해서 안정적인 재산관리가 가능하도록 법정후견신탁계약을 체결하였다.

| 세월호 미성년 법정후견신탁 사례 |

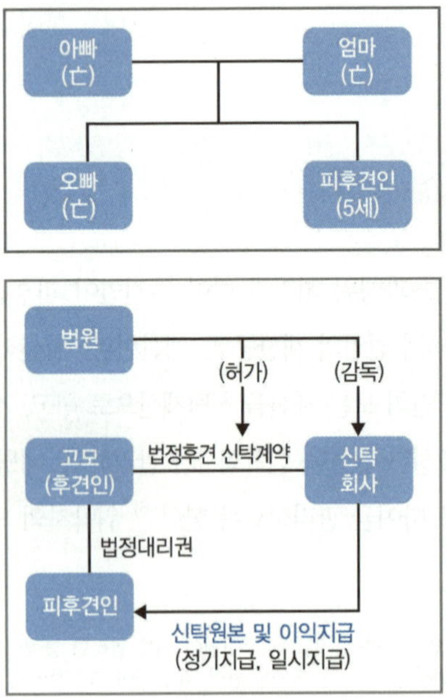

후견신탁계약조건
• 원본의 지급 • 만 25세 : 신탁재산의 50% 배분 • 만 30세 : 신탁재산의 50% 배분 • 일상지급 • 생활비 : 월 250만 원 • 교육비, 의료비, 외가방문(베트남) • 결혼, 해외거주 등 필요비용 • 특별지급 – 법원의 허가 • 부와 오빠의 장례비

법정후견신탁계약 조건 및 진행경과를 살펴보면 다음과 같다.

첫째, 위탁자는 피후견인이고 수탁자는 신탁회사인데, 피후견인의 임시후견인인 고모가 신탁회사와 협의해서 신탁계약 조건을 확정한 후 대리인으로서 신탁계약을 체결하였다.

둘째, 신탁계약의 수익권은 피후견인이 100% 보유한다. 피후견인이 미성년자인 관계로 신탁계약은 피후견인이 30세가 될 때까지 유지하되, 피후견인이 25세가 될 때 신탁재산의 50%를 지급하고, 30세가 될 때 나머지 신탁재산을 지급한다.[7)]

셋째, 신탁재산은 은행예금으로 안전하게 운용한다.

넷째, 피후견인의 생활비 명목으로 매월 250만 원을 지급하고, 교육비, 의료비와 외가인 베트남 방문 비용으로 후견인이 법원의 허가를 얻어 지출할 수 있다.

다섯째, 피후견인 오빠의 장례식 비용도 법원의 허가를 얻어 지출하였다.

4 법정후견신탁계약 체결 절차

| 법정후견신탁계약 체결 절차 |

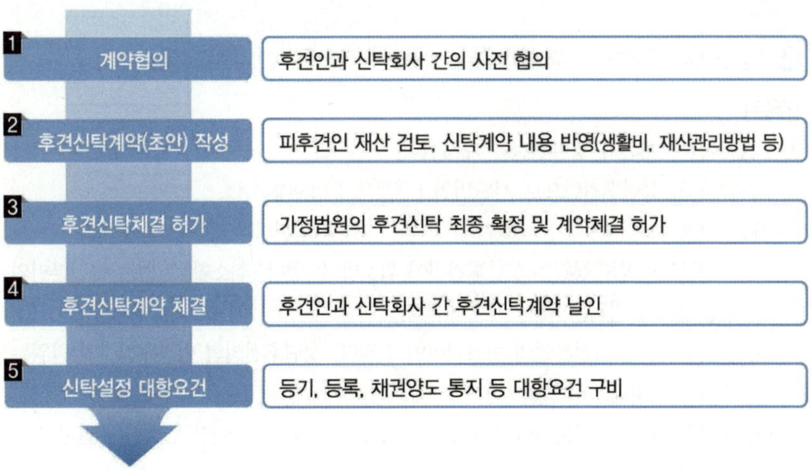

7) 피후견인이 성년이 되면 법리상 후견은 종료되나, 일반적으로 성년이 되더라도 25세나 30세는 되어야 재산관리능력이 있다고 보아 30세까지 신탁계약을 유지하는 조건으로 계약을 허가한 것으로 추측된다.

후견인과 신탁회사가 후견신탁계약을 위한 사전협의를 진행한 후, 후견신탁계약 초안을 작성한다. 신탁회사는 피후견인의 재산을 전부 조사해서 신탁 가능 재산을 먼저 파악한 후, 피후견인을 위해 가장 합리적인 신탁재산 관리 및 운용방법을 정하다. 그리고 피후견인을 위해 필요한 생활비, 의료비, 교육비 등을 후견인이 어떻게 인출하여 사용할지를 정한다. 후견신탁계약 초안이 마련되면 후견인은 가정법원에 후견신탁계약 체결을 위한 '권한초과행위허가' 신청을 한다. 가정법원이 후견인의 권한초과행위를 허가해주면 가정법원이 최종적으로 확정해주는 후견신탁계약으로 후견인과 신탁회사가 신탁계약을 체결한 뒤, 후견인과 수탁자는 등기, 등록, 채권양도 통지 등 신탁설정 대항요건을 구비한다. 후견신탁계약 이후 신탁재산의 관리, 운용은 신탁회사가 하되, 후견신탁계약의 내용에 따라 제한된 범위 내에서 후견인의 지시에 따라 수탁자가 이행한다.

5 법정후견신탁 계약서 예시안

가. 후견개시 심판주문(예시)

❶ [성년후견결정문] 후견법인을 성년후견으로 선임한 사례

[주문]

1. 사건본인에 대하여 성년후견을 개시한다.
2. 사건본인의 성년후견인으로 사단법인 [****] (법인등록번호 : ,
   사무소 소재지 : , 대표자 :)를 선임한다.
3. 가. 사건본인의 법률행위는 성년후견인이 취소할 수 있다. 취소할 수 없는 사건본인의 법률행위의 범위는 별지 기재와 같다.
   나. 성년후견인은 사건본인의 법정대리인이 된다. 성년후견인의 법정대리권의 범위는 별지 기재와 같다.
   다. 성년후견인이 사건본인의 신상에 관하여 결정할 수 있는 권한의 범위는 별지 기재와 같다.
4. 성년후견인은 이 심판 확정일로부터 2개월 이내에 이 심판 확정일을 기준으로 하는 사건본인의 재산목록[상속인(후견인) 금융거래조회서비스 조회 결과를 첨부할 것]을 작성하여 이 법원에 제출하여야 한다.

5. 성년후견인은 이 심판 확정일로부터 1년이 경과한 날을 시작으로 매년 후견사무보고서 (기준일 : 매년 이 심판 확정일과 같은 월, 일)를 작성하여 이 법원에 제출하여야 한다.

[별지]

I. 취소할 수 없는 피성년후견인의 법률행위의 범위

취소권 제한 없음

II. 성년후견인의 법정대리권의 범위

법정대리권 제한 있음

아래 사항은 성년후견인의 대리권 행사에 법원의 허가를 필요로 함

금전을 빌리는 행위

의무만을 부담하는 행위

부동산의 처분 또는 담보제공행위

상속인의 단순승인, 포기 및 상속재산의 분할에 관한 협의

소송행위 및 이를 위한 변호사 선임행위

III. 성년후견인이 피성년후견인의 신상에 관하여 결정할 수 있는 권한의 범위

아래 사항에 관하여 피성년후견인이 스스로 결정을 할 수 없는 경우 성년후견인이 결정권을 가짐

의료행위의 동의

거주·이전에 관한 결정

사회복지서비스 선택 또는 결정

❷ [한정후견결정문] 전문가후견인(법무사)을 한정후견인으로 선임한 사례

[주문]

1. 사건본인에 대하여 한정후견을 개시한다.
2. 사건본인의 한정후견인으로 청구인과 법무사 [***](000000-000000, 사무실 주소 : 서울 강남구)를 선임한다.
3. 사건본인이 한정후견인들의 동의를 받아야 하는 행위의 범위, 한정후견인들의 대리권의 범위 및 한정후견인들 사이의 권한분장에 관한 사항은 각 별지 기재와 같다.
4. 한정후견인 [***]은 이 심판 확정일로부터 2월 이내에 이 심판 확정일을 기준으로 하는 사건본인의 재산목록을 작성하여 이 법원에 제출하여야 한다.

5. 한정후견인들은 이 심판 확정일로부터 1년이 경과한 날을 시작으로 매년 후견사무보고서(기준일 : 매년 이 심판 확정일과 같은 월, 일)를 작성하여 이 법원에 제출하여야 한다.

[별지]

I. 피한정후견인이 한정후견인의 동의를 받아야 하는 행위의 범위

피한정후견인이 아래 사항에 관한 행위를 함에 있어서는 한정후견인의 동의를 받아야 함. 다만, 법원의 허가사항으로 정한 사항에 관하여는 한정후견인이 동의를 함에 있어 사전에 법원의 허가를 받아야 함.

재산관리

부동산의 관리·보존·처분

처분

구입

임대차계약의 체결·변경·종료

보증금의 수령 및 반환

전세권, 담보권 설정계약의 체결·변경

부동산의 신축·증축·수선에 관한 계약의 체결·종료

예금 등의 관리

예금 계좌의 개설·변경·해약·입금·이체·인출

증권 계좌의 개설·변경·해약·입금·이체·인출

보험에 관한 사항

보험계약의 체결·변경·종료

보험금의 수령

정기적 수입 및 지출에 관한 관리

정기적 수입(임료, 연금, 사회보장급여 등)의 수령과 이에 관한 제반절차

정기적 지출(임료, 연금, 보험료, 대출원리금 등)과 이에 관한 제반절차

기존 채무의 변제 및 이에 관한 제반절차

상속의 승인, 한정승인 또는 포기 및 상속재산의 분할에 관한 협의

물품의 구입·판매, 서비스 이용계약(휴대폰·신용카드 개설 등)의 체결·변경·종료

유체동산, 증서 및 중요문서 등의 보관 및 관리

근로계약에 관한 사항

근로계약의 체결·변경·종료

임금의 수령

금전, 유체동산 등의 차용·대여·증여

보증행위

신상보호

개호 및 복지서비스의 이용

개호서비스 이용계약의 체결·변경·종료 및 비용의 지급

복지시설·요양시설 입소계약의 체결·변경·종료 및 비용의 지급

의료계약의 체결·변경·종료 및 비용의 지급

기타

소송행위 등

위에서 정한 각 행위와 관련한 분쟁의 처리

소송행위 및 변호사 등에 대한 소송위임

취소권 행사 후 원상회복과 관련한 사항

II. 한정후견인의 대리권의 범위

한정후견인은 아래 사항에 관하여 대리권을 가짐. 다만, 법원의 허가사항으로 한 사항에 관하여는 한정후견인이 대리행위를 함에 있어 사전에 법원의 허가를 받아야 함.

재산관리

부동산의 관리·보존·처분

처분

구입

임대차계약의 체결·변경·종료

보증금의 수령 및 반환

전세권, 담보권 설정계약의 체결·변경

부동산의 신축·증축·수선에 관한 계약의 체결·종료

예금 등의 관리

예금 계좌의 개설·변경·해약·입금·이체·인출

증권 계좌의 개설·변경·해약·입금·이체·인출

보험에 관한 사항

보험계약의 체결·변경·종료

보험금의 수령

정기적 수입 및 지출에 관한 관리

정기적 수입(임료, 연금, 사회보장급여 등)의 수령과 이에 관한 제반절차

정기적 지출(임료, 연금, 보험료, 대출원리금 등)과 이에 관한 제반절차

기존 채무의 변제 및 이에 관한 제반절차

상속의 승인, 한정승인 또는 포기 및 상속재산의 분할에 관한 협의

물품의 구입·판매, 서비스 이용계약(휴대폰·신용카드 개설 등)의 체결·변경·종료

유체동산, 증서 및 중요문서 등의 보관 및 관리

근로계약에 관한 사항

근로계약의 체결·변경·종료

임금의 수령
공법상의 행위(세무신고 등)

신상보호
개호 및 복지서비스의 이용
개호서비스 이용계약의 체결·변경·종료 및 비용의 지급
복지시설·요양시설 입소계약의 체결·변경·종료 및 비용의 지급
의료계약의 체결·변경·종료 및 비용의 지급
공법상의 행위(주민등록, 공적의료보험, 국민기초생활수급비 신청 및 갱신 등)

기타
소송행위 등
위에서 정한 각 행위와 관련한 분쟁의 처리
소송행위 및 변호사 등에 대한 소송위임
취소권 행사 후 원상회복과 관련한 사항

❸ [특정후견결정문] 자폐인 자녀를 위한 장애인특별부양신탁계약 체결을 위해 신청한 '특정후견결정문'

[주문]

1. 사건본인에 대하여 특정후견을 한다.
2. 사건본인의 특정후견인으로 [***] (생년월일 :   )를 선임한다.
3. 특정후견에 관한 사항은 별지 기재와 같다.
4. 특정후견인은 [****]년 [*]월 [*]을 시작일로 [****]년 [*]월 [*]일까지 매년 후견사무보고서를 작성하여 이 법원에 제출하여야 한다.

[별지] 특정후견에 관한 사항

특정후견의 기간
3년

특정후견 사무
의료서비스의 이용 사무 후원
사회복지급여 및 사회복지서비스 신청 및 이용 사무 후원
일상생활비 관리에 관한 사무후원
교육, 여가, 직업활동 이용에 관한 사무 후원
공법상 신청행위에 관한 사무 후원

특정후견인의 대리권의 범위

의료서비스 신청 및 이용(체결, 변경, 종료, 비용지급, 개인정보신청 등에 관한 대리권. 단, 피후견인을 정신병원 등에 격리하는 등 피후견인의 신상에 관한 결정대행권은 행사할 수 없음)

사회복지급여 및 사회복지서비스 이용(신청, 수령, 변경, 해지)에 관한 대리권

금전관리(통장 관리, 현금, 체크카드 발급 및 해지, 금융정보조회 등)에 관한 대리권

은행업무(예금계좌의 개설, 이체, 출금, 해지, 체크카드의 발급 및 해지, 예금 관련 개인정보 조회, 보험, 적금 갑입, 각종 변경 업무, 보험금, 적금 수령 등)에 관한 대리원

공법상의 신청행위(주민등록등·초본 발급, 가족관계등록부상의 각종 서류 발급, 인감등록, 인감증명 관련 서류 발급, 개인정보의 신청 등)의 대리권

신탁계약 체결에 관한 대리권

나. 법정후견신탁 계약서

[법정후견신탁계약 체결을 허가하는 '후견인의 권한초과행위 허가 결정문[8)]']

1. 청구인이 사건본인을 대리하여 [**]증권 주식회사와 별지 목록 기재와 같은 내용의 특정금전신탁계약을 체결하는 것을 허가한다.
2. 청구인은 제1항의 이행결과를 [****]년 [*]월 [*]일까지 이 법원[2017느단 **** 미성년후견감독사건(기본)]에 보고하여야 한다.

[법정후견신탁계약]

제1조【신탁목적】 위탁자의 법정대리인 후견인은 후견개시심판에 따른 법정대리권에 기하여 위탁자를 위하여 수탁자 [****] 주식회사(이하 '수탁자'라 함)에게 위탁자의 재산을 신탁하고, 수탁자는 이를 인수하기로 하는 계약(이하 '이 신탁계약'이라 함)을 체결한다.

제2조【용어의 정의】 1. "위탁자"라 함은 신탁을 설정하는 자를 말한다.

2. "수탁자"라 함은 신탁을 인수하는 자를 말한다.
3. "수익자"라 함은 신탁재산의 수익권을 취득하여 행사하는 자를 말한다. 다만, 별도의 약정이 있는 경우를 제외하고는 이 신탁계약에서 위탁자를 수익자로 한다.
4. "신탁재산"이라 함은 이 신탁계약에 따라 위탁자가 수탁자에게 신탁하고, 수탁자가 인수하는 재산을 말한다. 신탁재산의 관리, 처분, 운용, 개발, 멸실, 훼손, 그 밖의

8) 성년(한정, 특정)후견인의 임무수행에 관하여 필요한 처분명령 심판청구

사유로 수탁자가 얻은 재산은 신탁재산에 속하고, 이 신탁계약에서 정한 바에 따라 처리된다.

5. "후견인"이라 함은 미성년후견인, 성년후견인, 한정후견인, 특정후견인을 말한다.
6. "후견감독인"이라 함은 미성년후견감독인, 성년후견감독인, 한정후견감독인, 특정후견감독인을 말한다.

제3조【후견인의 신탁계약 체결·변경권】 ① 후견인은 위탁자를 위한 법정대리권의 범위 내에서 이 신탁계약을 체결 또는 변경한다.

② 후견인은 이 신탁계약을 체결 또는 변경하기 전에 수탁자에게 다음 각 호의 어느 하나의 서류를 제출한다.

1. 후견개시심판결정문
2. 후견인선임(변경)심판 결정문
3. 후견등기에 관한 규칙 제33조 제1호의 등기사항증명서(말소 및 폐쇄사항 포함)
4. 그 밖의 후견인이 위탁자를 대리할 수 있는 증명자료

③ 후견인에 대하여 이 신탁계약의 체결 또는 변경을 허가하거나 명령하는 법원의 재판이 제2항과 별도로 있는 경우, 수탁자는 위 재판에 따라 신탁계약을 체결 또는 변경한다.

④ 위탁자에 대하여 후견감독인이 지정 또는 선임되어 있는 경우, 후견인은 수탁자에게 이 신탁계약의 체결 또는 변경에 동의하는 후견감독인의 동의서를 제출하여야 한다. 다만, 후견감독인이 이 신탁계약의 체결 또는 변경 이후 지정 또는 선임되는 경우, 후견인은 이 신탁계약의 체결 또는 변경 내용을 후견감독인에게 보고한다.

제4조【후견인의 대리권의 증명】 ① 후견인은 신탁재산에 대한 대리권을 행사하고자 할 때마다 수탁자에게 발급일로부터 1개월 이내의 등기사항증명서(말소 및 폐쇄사항 포함) 또는 그 밖의 위탁자에 대한 법정대리권을 증명하는 자료를 제출하여야 한다.

② 위탁자에 대하여 후견감독인이 선임되어 있고, 후견인이 신탁재산과 관련하여 민법 제950조 제1항 각 호의 행위를 하거나 이 신탁계약에서 후견감독인의 동의를 받도록 정한 사항에 대해서는 수탁자에게 후견감독인의 동의를 증명하는 자료를 제출하여야 한다.

제5조【신탁재산】 신탁재산은 '[별지1] 신탁재산'의 기재와 같다.

제6조【신탁계약기간】 신탁계약기간은 년 월 일부터 년 월 일까지로 한다.

제7조【신탁계약 체결 및 효력의 우선순위 등】 ① 위탁자와 수탁자는 신탁재산에 대한 신탁의 공시 및 관리를 위하여, 각 신탁재산에 대한 개별신탁계약서(이하 "개별신탁계약서"라 함)를 체결한다.

② 이 신탁계약과 제1항의 개별신탁계약의 내용이 상이한 경우 이 신탁계약의 내용이 우선한다.

제8조【수탁자의 업무범위 및 기준】 ① 이 신탁계약에 따른 수탁자의 업무범위 및 인수조건은 '[별지2] 수탁자의 업무범위 및 인수조건'과 같다.

② 제1항의 수탁자의 업무범위는 후견인의 법정대리권, 법원의 허가 또는 명령의 범위 내에서 정한다.

③ 수탁자는 제1항의 수탁자의 업무범위에 대하여 후견인과 이견이 있는 경우, 위탁자의 후견감독인의 의견에 따라 신탁재산의 지급 또는 처리를 한다.

④ 후견인과 수탁자 사이에서 제1항의 수탁자의 업무범위에 대하여 이견이 있음에도 불구하고, 위탁자에 대하여 후견감독인이 없거나 제3항에 따른 후견감독인의 의견을 확인할 수 없는 경우, 수탁자는 후견인에게 위 이견사항에 대하여 법원의 허가를 받을 것을 요청할 수 있다.

제9조【신탁재산 운용방법 및 운용내역통보 등】 ① 신탁재산의 운용 및 관리는 이 신탁계약에서 정하고 있는 사항 외에는 개별신탁계약서에서 정한 바에 따른다.

② 후견인이 신탁재산의 운용내역을 확인하고자 할 때에는 수탁자는 그 내역을 제공하여야 한다.

③ 수탁자는 개별신탁계약서에서 정한 바에 따라 운용내역을 통보한다.

제10조【신탁원본과 이익의 보전】 수탁자는 신탁재산의 운용과 관련하여 신탁원본과 신탁이익의 보장 또는 손실의 보전을 하지 아니한다.

제11조【손익의 귀속】 신탁재산 운용으로 발생되는 이익 및 손실은 수익자에게 전부 귀속된다.

제12조【신탁재산의 표시 등】 수탁자는 등기 또는 등록할 수 있는 신탁재산에 관하여 신탁의 등기 또는 등록을 하여야 하고, 등기 또는 등록할 수 없는 신탁재산의 경우에는 다른 재산과 분별하여 관리하는 등의 방법으로 신탁재산임을 표시하여야 한다.

제13조【신탁보수】 ① 신탁보수는 '[별지3] 신탁보수'와 같다.

② 수탁자는 신탁보수를 신탁재산에서 공제하여 충당하거나 상환받을 수 있고, 신탁재산에서 충당하거나 상환받을 수 없는 경우 후견인에게 위탁자의 다른 재산에서 지급하여 줄 것을 청구할 수 있다.

제14조【조세 및 비용】 수탁자는 이 신탁의 설정, 집행, 그 밖의 신탁사무 처리(소송 등 포함)등과 관련하여 발생된 조세 및 관련 비용을 신탁재산에서 공제하여 지급하고, 신탁재산에서 지급할 수 없는 경우 후견인에게 위탁자의 다른 재산에서 지급하여 줄 것을 청구할 수 있다.

제15조【신탁의 해지 및 종료】 ① 이 신탁계약은 다음 각 호의 어느 하나에 해당하는 경우 해지된다. 다만, 이 신탁계약에 대하여 별도의 신탁해지 조건이 있는 경우, 그 조건의 충족을 전제로 한다.

1. 신탁계약기간이 만료된 경우
2. 후견이 종료되어, 수탁자에게 해당 종료 사유 및 조건을 증명하는 자료가 제출되고 아래 각 의사표시가 있는 경우

   가. 위탁자가 독자적으로 유효한 신탁행위를 할 수 있는 경우, 위탁자의 신탁해지

의 의사표시가 있는 때

나. 위탁자가 사망한 경우, 그 상속인이 신탁재산의 이전을 요청하는 때

3. 후견인이 이 신탁계약의 해지를 할 수 있다는 법원의 허가를 받아 수탁자에게 신탁해지의 의사표시를 하는 경우

4. 그 밖의 신탁의 목적을 달성하였거나 달성할 수 없게 된 경우

② 수탁자가 제1항의 신탁계약 해지에 따라 신탁재산이 귀속되는 자에게 신탁재산을 이전한 경우, 그 이전한 신탁재산에 대한 신탁은 종료된다. 이 경우, 수탁자는 신탁재산 중 환가 및 회수가 곤란하거나 그 밖의 부득이한 사정이 있는 때에는 신탁재산을 운용현상 그대로 교부할 수 있다.

제16조【최종계산의 통지 및 승인】 ① 신탁계약이 해지된 경우, 수탁자는 최종계산서를 작성하여 제15조 제1항의 해지권자에게 교부하고 승인을 받아야 한다. 다만, 최종계산서에 대하여 위 해지권자가 승인을 하지 아니한 경우 수탁자는 위 해지권자에게 최종계산의 승인을 요구하고, 위 해지권자는 계산승인의 요구를 받은 때로부터 1개월 이내에 승인 여부를 수탁자에게 통지하여야 한다.

② 수탁자는 제1항의 계산승인을 요구하는 경우 "최종계산의 승인을 요구받는 자가 최종계산에 대하여 이의가 있는 경우 계산승인을 요구받은 때로부터 1개월 이내에 이의를 제기할 수 있으며, 그 기간 내에 이의를 제기하지 않으면 최종계산에 대하여 승인한 것으로 본다"라는 취지의 내용을 위 최종계산의 승인을 요구받는 자에게 고지하여야 한다.

③ 제15조 제1항의 해지권자가 수탁자로부터 제1항의 계산승인을 요구받은 때로부터 1개월 내에 이의를 제기하지 아니하는 경우 제1항의 최종계산을 승인한 것으로 본다.

④ 후견인 또는 그 상속인은 그 임무가 종료된 때에는 신탁계약이 해지되기 이전에도 민법 제957조의 의무를 이행하기 위하여 수탁자에게 신청일까지의 최종계산서를 요구할 수 있다.

제17조【계약의 변경 등】 ① 수탁자가 이 계약을 변경하고자 하는 경우 변경내용을 변경되는 계약의 효력 발생일 1개월 전에 위탁자가 확인할 수 있도록 수탁자의 영업점에 마련해 두거나 인터넷 홈페이지, 온라인 거래를 위한 컴퓨터 화면, 그 밖에 이와 유사한 전자통신매체를 통하여 게시한다. 다만, 자본시장법 등 관계법령 또는 거래소 업무규정의 제·개정에 따른 제도변경 등으로 계약이 변경되는 경우로서 본문에 따라 안내하기가 어려운 급박하고 부득이한 사정이 있는 경우에는 변경내용을 앞의 문장과 같은 방법으로 개정된 계약의 효력 발생일 전에 게시한다.

② 제1항의 변경내용이 위탁자(위탁자가 사망한 경우 수익자, 이하 이 조에서 같다)에게 불리한 것일 때에는 이를 서면 등 위탁자와 사전에 합의한 방법으로 변경되는 계약의 효력 발생일 1개월 전까지 통지하여야 한다. 다만, 기존 위탁자에게 변경 전 내용이 그대로 적용되는 경우 또는 위탁자가 변경내용에 대한 통지를 받지 아니하겠다는 의사를 명시적으로 표시한 경우에는 그러하지 아니하다.

② 제1항의 변경내용이 위탁자(위탁자가 사망한 경우 수익자, 이하 이 조에서 같다)에게 불리한

것일 때에는 이를 서면 등 위탁자와 사전에 합의한 방법으로 변경되는 계약의 효력 발생일 1개월 전까지 통지하여야 한다. 다만, 기존 위탁자에게 변경 전 내용이 그대로 적용되는 경우 또는 위탁자가 변경내용에 대한 통지를 받지 아니하겠다는 의사를 명시적으로 표시한 경우에는 그러하지 아니하다.

③ 수탁자는 제2항의 통지를 할 경우 "위탁자는 계약의 변경에 동의하지 아니하는 경우 계약을 해지할 수 있으며, 통지를 받은 날로부터 변경되는 계약의 효력 발생일 전의 영업일까지 계약해지의 의사표시를 하지 아니한 경우에는 변경에 동의한 것으로 본다"라는 취지의 내용을 통지하여야 한다.

④ 위탁자가 제3항의 통지를 받은 날로부터 변경되는 계약의 효력 발생일 전의 영업일까지 계약해지의 의사표시를 하지 아니하는 경우에는 변경에 동의한 것으로 본다.

⑤ 수탁자는 이 계약을 수탁자의 영업점에 위탁자가 확인할 수 있도록 마련해 두거나 게시하여 위탁자가 요구할 경우 이를 교부하여야 하며, 인터넷 홈페이지, 온라인 거래를 위한 컴퓨터 화면, 그 밖에 이와 유사한 전자통신매체에 게시하여 위탁자가 이 계약을 확인하고 다운로드(화면출력 포함)받을 수 있도록 하여야 한다.

제18조【관계법령등의 준용】 이 계약에서 정하지 아니한 사항은 민법, 신탁법 등 관계법령 및 감독규정을 따른다.

제19조【관할법원】 이 계약으로 인한 소송의 관할법원은 민사소송법 등에서 정한 바에 따른다.

이 신탁계약서는 2부를 작성하여 위탁자와 수탁자가 각 1부씩 보관한다. 다만, 신탁재산 공시 등을 위해 유관기관에 이 계약서 원본을 제출하여야 경우에는 그 필요에 따라 추가로 작성할 수 있다.

[****]년 [*]월 [*]일

위탁자 [***] (인)
생년월일
주　　소

후견인 [***] (인)
생년월일
주　　소

수탁자 [****] 주식회사
법인등록번호
주 소
대표이사

[별지]

금전신탁계약의 후견신탁특약[9)]

제1조【후견인의 신탁계약에 대한 대리권】 후견인이 이 신탁계약을 체결함에는 법원의 허가를 얻어야 하고, 법원의 허가 없이는 이 신탁계약을 해지, 변경하지 못한다.

제2조【신탁재산의 운용방법】 신탁금전에 대한 운용방법은 [****] 주식회사의 '금융투자상품 위험지도(분류기준) 초저위험(예 예금, RP, CMA)'으로 한정한다.

제3조【위탁자에 대한 특별지급】 수탁자는 위탁자의 후견인의 지급청구에 따라 신탁재산에서, 별도의 증빙 없이 월 [****]만 원 한도 내에서 지급하고, 위 한도를 초과하여 위탁자를 위하여 특별히 필요한 의료비, 교육비 등의 청구가 있는 경우에는 증빙자료 발급인(기관)에게 청구금액을 별도로 지급한다.

9) 가장 간소한 형태의 특약이다. 후견인의 상황과 재산현황에 따라 다양한 특약이 부가될 수 있다.

CHAPTER 03 임의후견신탁

1 후견계약

가. 개념 및 의의

2013년 7월 1일 시행된 민법 일부개정 법률에 후견제도를 도입하면서 법정후견제도 이외에 임의후견제도를 도입하였다. 우리 민법은 질병, 장애, 노령, 그 밖의 사유로 인한 정신적 제약으로 사무를 처리할 능력이 부족한 상황에 있거나 부족하게 될 상황에 대비하여 자신의 재산관리 및 신상보호에 관한 사무의 전부 또는 일부를 다른 자에게 위탁하고 그 위탁사무에 관하여 대리권을 수여하는 것을 내용으로 '후견계약'을 인정하고 있다(민법 제959조의 14). 사무처리능력이 부족한 상황에서 가족·친족의 청구로 법원이 선임하는 법정후견인은 피후견인의 확인된 의사가 아니라 가족·친족의 신청에 의한 법원의 결정으로 선임된다는 점에서, 피후견인이 될 자가 '스스로 미리 지정하는 임의후견인'이 피후견인의 의사를 보다 더 존중할 수 있는 것임은 분명하다.

Part 05

민법

제959조의 14 **【후견계약의 의의와 체결방법 등】** ① 후견계약은 질병, 장애, 노령, 그 밖의 사유로 인한 정신적 제약으로 사무를 처리할 능력이 부족한 상황에 있거나 부족하게 될 상황에 대비하여 자신의 재산관리 및 신상보호에 관한 사무의 전부 또는 일부를 다른 자에게 위탁하고 그 위탁사무에 관하여 대리권을 수여하는 것을 내용으로 한다.

② 후견계약은 공정증서로 체결하여야 한다.

③ 후견계약은 가정법원이 임의후견감독인을 선임한 때부터 효력이 발생한다.

④ 가정법원, 임의후견인, 임의후견감독인 등은 후견계약을 이행·운영할 때 본인의 의사를 최대한 존중하여야 한다.

제959조의 20 **【후견계약과 성년후견·한정후견·특정후견의 관계】** ① 후견계약이 등기되어

있는 경우에는 가정법원은 본인의 이익을 위하여 특별히 필요할 때에만 임의후견인 또는 임의후견감독인의 청구에 의하여 성년후견, 한정후견 또는 특정후견의 심판을 할 수 있다. 이 경우 후견계약은 본인이 성년후견 또는 한정후견 개시의 심판을 받은 때 종료된다.

② 본인이 피성년후견인, 피한정후견인 또는 피특정후견인인 경우에 가정법원은 임의후견감독인을 선임함에 있어서 종전의 성년후견, 한정후견 또는 특정후견의 종료 심판을 하여야 한다. 다만, 성년후견 또는 한정후견 조치의 계속이 본인의 이익을 위하여 특별히 필요하다고 인정하면 가정법원은 임의후견감독인을 선임하지 아니한다.

나. 후견계약 우선의 원칙과 법정후견으로의 전환 가능성

임의후견은 본인의 의사에 기초하여 후견사무를 처리하는 것이므로 사적자치의 원칙에 비추어 존중되어야 한다. 후견계약이 있는 경우 원칙적으로 법정후견이 개시되지 않도록 하는 것을 '후견계약 우선의 원칙' 또는 '법정후견의 보충성 원칙'이라 하는데, 우리 민법도 후견계약 우선의 원칙을 인정하고 있다(민법 제959조의 20 제1항 제1문).

그런데 임의후견을 법정후견에 우선시키는 것은 임의후견이 법정후견보다 본인의 보호와 복지에 더 적절한 수단이라는 전제에 있는 원칙이므로, 본인의 보호와 복지에 법정후견이 더 적합할 경우 임의후견 우선의 원칙을 포기하고, 법정후견으로 전환해야 할 필요가 있다. 우리 민법은 가정법원이 '본인의 이익을 위하여 특별히 필요할 때'에만 법정후견의 심판을 할 수 있도록 규정하고 있다(민법 제959조의 20 제1항 제1문). 임의후견은 후견에 있어서 자기결정권을 보장해주는 원칙인바, 후견계약의 내용을 후견감독인과 가정법원은 최대한 존중해야 하므로, 후견계약 우선의 원칙은 매우 엄격하게 적용되어야 한다. 따라서 민법 제959조의 20 제1항 제1문은 '가정법원은 본인의 이익을 위하여 특별히 필요할 때'에만 법정후견으로 전환할 수 있도록 하는데, 여기서 '특별히 필요한 때'는 매우 엄격하게 해석되어야 한다.

한편, 후견감독인이 선임되어 후견계약의 효력이 발생한 이후 가정법원은 후견계약을 변경하거나 후견계약과 다른 내용의 허가결정을 할 수 있는가? 후견계약 우선의 원칙에서 규정하고 있기 때문에 가정법원은 원칙적으로 후견계약의 변경을 허가할 수 없다고 본다. 다만, '본인의 이익을 위하여 특별히 필요한 때'에는 후견계약의 변경 또는 후견계약과 다른 심판을 할 수 있다고 보이긴 하는데, 매우 엄격하게 적용해야 한다.[10)]

---

10) 법원은 법정후견에서와 달리 후견의 내용을 후견계약과 다르게 정할 수 없고 후견계약에서 정한 후견인 외에 다른 제3자를 후견인으로 선임할 수도 없다. 다만, 법원은 후견계약의 내용이 법령에 위반하거나 후견의 취지에 반하거나 공서양속에 반하는 등의 문제가 있을 경우 후견계약의 효력을 부인하고 임의후견을 개시하지 않을 수 있다[이현곤, 『성년후견제도의 이해와 활용』(고시계사, 2018), 226면].

다. 후견감독인의 감독권한과 후견계약

피후견인이 될 자가 사무처리능력이 충분할 때 미리 사무처리능력이 없을 때를 대비하여 본인의 신상관리 및 재산관리 방법을 후견계약의 형태로 정해놓은 것이므로, 후견계약의 내용이 법령에 위반하거나 후견의 취지에 반하거나 선량한 풍속 기타 사회질서에 반하지 않는 한, 후견감독인이나 후견법원도 이를 최대한 존중해주어야 한다.

라. 후견계약에 관한 등기기록사항

후견계약을 체결할 때에는 후견등기부와 후견등기기록사항을 염두에 두고 필요한 사항을 계약서로 작성한 뒤, 후견계약의 등기를 신청해야 한다. 후견계약에 관한 기록사항 중 '후견계약상 본인의 재산관리 및 신상보호에 관한 임의후견인의 권한'을 상세히 명시해야 하고, 수인의 임의후견인을 선임하여 공동으로 또는 사무를 분장하여 권한을 행사하도록 정한 경우에는 그 취지를 상세히 후견계약에 기재하고 후견등기에 관한 기록사항을 정확히 기재하여야 한다(후견등기법 제26조 제1항 제4호 및 제5호). 후견등기관은 임의후견인의 권한에 관한 사항과 수인의 임의후견인 간의 공동행사 또는 사무분장에 관한 사항에 대해서는 후견등기사항목록을 작성해야 하며, 후견등기사항목록은 후견등기의 일부로 본다(후견등기법 제26조 제2항 및 제3항).

Part 05

후견등기법

제26조 【후견계약에 관한 기록사항】 ① 후견계약에 관하여는 다음 사항을 기록한다.

1. 후견계약과 관련된 공정증서를 작성한 공증인의 성명, 소속, 그 증서의 번호 및 작성 연월일
2. 후견계약의 본인의 성명, 성별, 생년월일, 주민등록번호 및 등록기준지(외국인인 경우에는 주민등록번호 및 등록기준지를 갈음하여 국적 및 외국인등록번호를 기록한다)
3. 임의후견인의 성명, 주민등록번호 및 주소 또는 사무소(법인인 경우에는 명칭, 법인등록번호 및 주된 사무소를 기록하고, 외국인인 경우에는 주민등록번호를 갈음하여 국적 및 외국인등록번호를 기록한다)
4. 후견계약의 본인의 재산관리 및 신상보호에 관하여 임의후견인의 권한의 범위를 정한 경우에는 그 범위
5. 임의후견감독인이 선임된 경우에는 그 성명, 주민등록번호 및 주소 또는 사무소(법인인 경우에는 명칭, 법인등록번호 및 주된 사무소를 기록하고, 외국인인 경우에는 주민등록번호를 갈음하여 국적 및 외국인등록번호를 기록한다) 및 심판을 한 가정법원, 사건의 표시, 재판 확정일

6. 수인의 임의후견인 또는 임의후견감독인이 공동으로 또는 사무를 분장하여 권한을 행사하도록 정한 경우에는 그 취지
7. 후견계약이 종료한 경우에는 그 사유 및 연월일
8. 그 밖에 대법원규칙으로 정하는 사항

② 후견등기관은 제1항제4호 및 제6호의 기록사항이 있을 때에는 목록을 작성하여야 한다.
③ 제2항의 목록은 후견등기기록의 일부로 본다.

2 임의후견신탁의 개념

위탁자가 유언대용신탁을 체결하면서 '후견계약'을 체결하고, 유언대용신탁 내용과 후견계약 내용을 조화롭게 만들어 놓으면 가장 완벽한 재산관리도구가 되는바, 이를 '임의후견신탁'이라 한다. 위탁자가 사무처리능력이 있을 때 미리 후견계약을 체결해서 '자신이 원하는 후견인'을 지정하고, 신탁계약을 체결하여 재산관리의 전문성을 보완하면서 혹시나 있을 수 있는 후견인의 부정행위도 통제할 수 있다. 그리고 법정후견인 선임 과정에서 가족 간 발생하는 분쟁도 예방할 수 있다.

임의후견신탁의 설계는 법정후견신탁에 비하면 매우 유연성이 높다. 후견인의 재산관리 및 운용지시권도 다양하게 부여할 수 있을 뿐만 아니라 후견인에게 지급되는 보수도 미리 정해놓을 수 있다. 법원의 허가에 따라 체결되는 법정후견신탁의 경우 매우 안정적인 방법으로만 재산을 운용하여야 하나, 임의후견신탁은 법정후견신탁보다 훨씬 적극적이고 능동적인 재산운용도 가능하다. 임의후견은 바로 피후견인의 의사에 직접적인 기반을 둔 것이기 때문이다. 물론 가정법원과 후견감독인의 통제를 일정 부분 받겠지만, 가정법원이나 후견감독인도 임의후견신탁계약을 존중할 수밖에 없을 것이다.

3 임의후견신탁의 절차 및 법적 구조

| 임의후견신탁의 절차 |

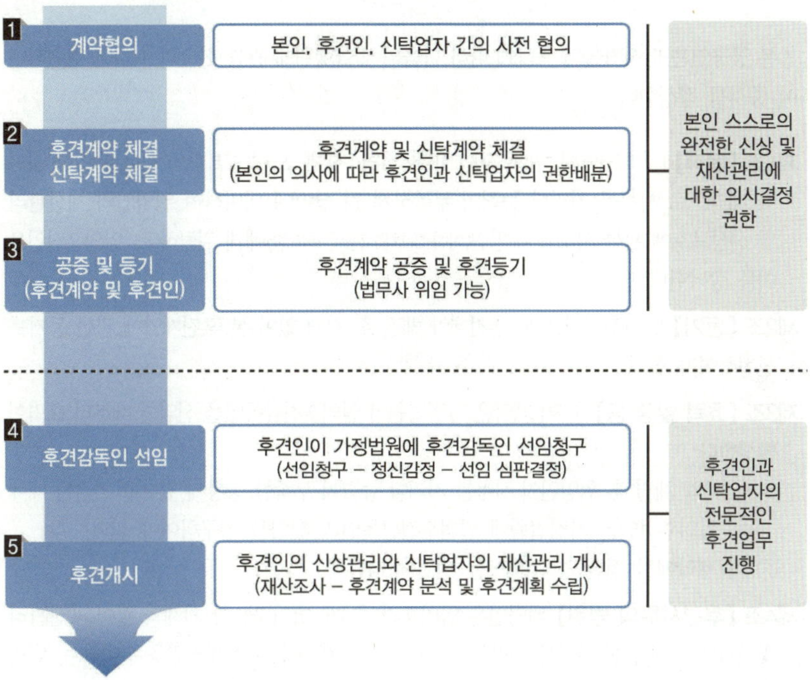

피후견인이 될 본인, 임의후견인, 신탁업자 간에 임의후견개시 후 신상관리 및 재산관리 방법 확정을 위해 사전 계약 협의가 필요하다. 후견계약과 신탁계약의 내용을 확정하면 후견계약과 신탁계약을 체결하고, 후견계약을 공증받고 후견등기를 하여야 한다. 후견감독인 선임 전까지는 본인이 스스로 신상 및 재산관리를 할 수 있다. 피후견인이 될 본인이 사무처리능력이 부족하다는 의사의 소견 또는 진단이 있는 경우 가정법원은 후견감독인을 선임하고, 그 시점부터 후견인의 후견업무가 개시된다. 물론, 신탁계약은 신탁계약 체결 시점부터 효력이 발생되며, 위탁자인 위임인의 지시에 따라 수탁자가 신탁재산을 관리한다. 이 경우 위탁자 겸 위임인 본인이 사무처리능력이 부족하다는 의사의 소견 또는 진단이 있는 경우 수탁자는 위탁자가 건강할 때 미리 지정한 방법으로 신탁재산을 보관, 관리, 처분, 인출해준다. 가급적이면 신탁계약의 신탁재산운용지시권자를 후견인으로 선임하는 것이 안정적이다.[11)]

11) 후견인이 신상보호에는 전문성이 있으나 재산관리 및 운용에는 전문성이 부족할 경우 달리 정할 수 있다.

4 임의후견신탁 계약서 예시안

가. 일반적인 후견계약[12)]

본 공증인은 당사자들의 촉탁에 따라 다음의 법률행위에 관한 진술의 취지를 청취하여 이 증서를 작성한다.

제1조【목적】 [***](이하 "위임인"이라 함)은 질병, 장애, 노령, 그 밖의 사유로 인한 정신적 제약으로 사무를 처리할 능력이 부족하게 될 상황에 대비하여 위임인의 재산관리 및 신상보호에 관한 사무를 수임인(이하 "임의후견인"이라 함)에게 위탁하고, 임의후견인은 이를 승낙한다.

제2조【등기】 임의후견인은 본 후견계약 체결 후 지체 없이 본 후견계약에 관한 등기를 신청하여야 한다.

제3조【효력 발생 등】 ① 이 계약은 가정법원이 임의후견감독인을 선임한 때부터 효력이 발생한다.

② 이 계약 체결 후 위임인이 사무를 처리할 능력이 부족한 상황에 있다고 인정될 때에는 임의후견인은 가정법원에 임의후견감독인의 선임을 청구하여야 한다.

③ 이 계약에서 정한 것 이외에는 민법에 따른다.

제4조【후견사무의 범위】 위임인은 임의후견인에게 별지 제1항 기재와 같이 재산관리 및 신상보호에 관한 사무를 위탁하고, 그 사무의 처리에 관한 대리권을 수여하며, 임의후견인이 별지 제2항 기재 사무를 처리 및 대리하는 경우, 서면으로 임의후견감독인의 동의를 받아야 한다.

제5조【본인의사 존중의무】 임의후견인은 후견사무를 처리에 함에 있어서 위임인의 의사를 존중하여야 한다.

제6조【비용의 부담】 임의후견인이 본건 후견사무를 처리하는 데 필요한 비용은 위임인이 부담하며, 임의후견인은 자신이 관리하는 위임인의 재산에서 그 비용을 지출할 수 있다.

제7조【보수】 ① 위임사무에 대한 보수는 무보수로 한다.

② 이 계약 효력 발생 후 보수산정의 기초가 된 사정이 현저하게 바뀜으로써 위임인과 임의후견인 사이의 형평을 크게 침해할 특별한 사정이 생긴 때에는 임의후견인은 임의후견감독인의 서면 동의를 받아 무보수 약정을 변경할 수 있다.

제8조【보고】 임의후견인은 임의후견감독인의 청구가 있는 경우에는 후견사무 또는 본인의 재산상황을 신속하게 보고하여야 한다.

---

12) 법무부 제공 '후견계약 공정증서 양식' 참조 후 수정하였다.

제9조【계약의 철회 및 해제】 ① 임의후견감독인의 선임 전에는 위임인 또는 임의후견인은 언제든지 공증인의 인증을 받은 서면으로 계약의 의사표시를 철회할 수 있다.

② 임의후견감독인의 선임 이후에는 위임인 또는 임의후견인은 정당한 사유가 있는 때에만 가정법원의 허가를 받아 후견계약을 종료할 수 있다.

③ 임의후견인은 위임인의 사망이나 그 밖의 사유로 후견계약이 종료되었음을 알았을 때에는 이를 안 날부터 3개월 이내에 종료등기를 신청하여야 한다. 다만, 촉탁에 의한 등기가 이루어지는 경우에는 그러하지 아니하다.

제10조【사망 등과 위임의 종료】 위임은 당사자 한쪽의 사망으로 종료된다. 임의후견인이 성년후견개시의 심판을 받은 경우에도 이와 같다.

위임인과 임의후견인은 2부를 작성하여 위임인에게 1부, 임의후견인에게 1부를 각 교부합니다.

[****]년 [*]월 [*]일

수임인 [***] (인)
주소

위임인 [***] (인)
주소

[별지]

대리권 목록

1. 재산관리 및 신상보호에 관한 사무의 범위

가. 신상보호에 관한 사무 전부

나. 일상생활에 필요한 생활비의 송금, 생활에 필요한 재산의 취득, 물품의 구입, 임료나 연금 기타 사회보험급여 등의 신청 및 수령, 임료나 공공요금 등 정기적인 지출을 요하는 비용의 지출

다. 이 계약의 사무 처리에 필요한 경우 주민등록증초본, 가족관계증명서 등 각종 증명서 신청

라. 기초생활수급자 신청 등 각종 행정절차 신청

마. 우편물 기타 통신의 수령·개봉·열람

바. 이 계약 효력 발생 전 위임인이 계속하여 영위해온 영업에 관한 행위

사. 위임인에 대한 신상보호의 목적을 달성하기 위하여 필요하거나 재산의 멸실·훼손 염려 등 그 밖의 불가피한 사유가 있을 경우 ① 부동산 또는 중요한 자산에 관한 권리의 득실 변경을 목적으로 하는 행위, ② 금전의 차용
아. 재산관리를 위하여 필요한 소송행위

2. 임의후견감독인에게 서면으로 동의를 받아야 하는 사무의 행위
가. 위임인이 현재 거주하는 건물 또는 그 대지에 관하여 매도, 임대, 전세권 설정, 임대차의 해지, 전세권의 소멸, 그 밖에 이에 준하는 행위
나. 치료 등의 목적으로 정신병원이나 그 밖의 다른 장소에 격리하는 것에 대한 결정
다. 신체를 침해하는 의료행위의 직접적인 결과로 사망하거나 상당한 장애를 입을 위험이 있는 행위
라. 영업에 관한 행위
마. 금전을 빌리는 행위
바. 의무만을 부담하는 행위
사. 부동산 또는 중요한 재산에 관한 권리의 득실변경을 목적으로 하는 행위
아. 소송행위
자. 상속의 승인, 한정승인 또는 포기 및 상속재산의 분할에 관한 협의. 끝.

나. 유언대용신탁과 결합하는 후견계약[13)]

본 공증인은 당사자들의 촉탁에 따라 다음의 법률행위에 관한 진술의 취지를 청취하여 이 증서를 작성한다.

제1조【목적】[***](이하 "위임인"이라 함)은 질병, 장애, 노령, 그 밖의 사유로 인한 정신적 제약으로 사무를 처리할 능력이 부족하게 될 상황에 대비하여 위임인의 재산관리 및 신상보호에 관한 사무를 수임인(이하 "임의후견인"이라 함)에게 위탁하고, 임의후견인은 이를 승낙한다. 이 후견계약 이전 또는 이후에 위임인이 위탁자로 체결하는 유언대용신탁계약(이하 "관련 유언대용신탁계약"이라 함)과 이 후견계약은 위임인이 사무처리능력이 충분할 때 미리 체결하는 계약인바, 유언대용신탁계약은 위임인의 재산관리를 중심으로 규정하고, 이 후견계약은 신상관리를 중심으로 하되 신상관리에 필요한 재산관리에 대해서도 규정한다.

13) 후견계약과 유언대용신탁계약의 우선 관계를 명시함으로써 향후 임의후견인과 신탁회사 간의 계약 해석의 차이를 없앨 필요가 있다. 임의후견인을 신탁계약의 신탁재산보호인(trust protector)으로 개입시켜 일정 부분 의견 충돌을 없애는 장치를 만들어 놓는 것도 좋은 방법이다.

해설

후견계약과 유언대용신탁이 결합되어 있고, 재산관리는 유언대용신탁계약을 중심으로, 후견계약은 신상관리를 중심으로 체결되었음을 명확히 기재하는 것이 바람직하다. 위임인의 입장에서 전문 신탁회사와 유언대용신탁계약을 체결함으로써 재산관리의 전문성과 안정성을 확보할 수 있고, 후견계약을 체결함으로써 후견인 선정 과정에서 가족 간 쓸모없는 분쟁을 예방할 수 있다는 장점이 있다.

제2조【등기】 임의후견인은 본 후견계약 체결 후 지체 없이 본 후견계약에 관한 등기를 신청하여야 한다.

제3조【효력 발생 등】 ① 이 계약은 가정법원이 임의후견감독인을 선임한 때부터 효력이 발생한다.

② 이 계약 체결 후 위임인이 사무를 처리할 능력이 부족한 상황에 있다고 인정될 때에는 임의후견인은 가정법원에 임의후견감독인의 선임을 청구하여야 한다.

③ 이 계약에서 정한 것 이외에는 민법에 따른다.

제4조【후견사무의 범위】 위임인은 임의후견인에게 별지 제1항 기재와 같이 재산관리 및 신상보호에 관한 사무를 위탁하고, 그 사무의 처리에 관한 대리권을 수여하며, 임의후견인이 별지 제2항 기재 사무를 처리 및 대리하는 경우, 서면으로 임의후견감독인의 동의를 받아야 한다. 다만, 관련 유언대용신탁계약에서 정한 범위 내에서, 수탁자는 신탁재산의 관리, 처분 및 수익권을 지급할 수 있으며, 이 범위 내에서 유언대용신탁계약은 이 후견계약보다 우선한다.

Part 05

해설

재산관리를 전문 신탁회사에 맡긴 것이므로, 유언대용신탁계약에 구체적으로 중요한 재산의 관리, 처분 및 수익권의 지급을 정한 경우, 유언대용신탁이 우선함을 명시하였다.

제5조【본인의사 존중의무】 임의후견인은 후견사무를 처리에 함에 있어서 위임인의 의사를 존중하여야 한다. 임의후견인은 후견사무를 처리함에 있어 관련 유언대용신탁계약의 내용이 본인의 의사임을 충분히 인지하고, 그 내용을 존중해서 후견사무를 처리한다.

제6조【비용의 부담】 임의후견인이 본건 후견사무를 처리하는 데 필요한 비용은 위임인이 부담하며, 임의후견인은 자신이 관리하는 위임인의 재산에서 그 비용을 지출할 수 있다.

제7조【보수】 ① 위임사무에 대한 보수는 무보수로 한다. 다만, 관련 유언대용신탁계약에서 후견인 보수를 별도로 정한 경우 보수액 및 지급방법은 그에 따른다.

② 이 계약 효력 발생 후 보수산정의 기초가 된 사정이 현저하게 바뀜으로써 위임인과 임의후견인 사이의 형평을 크게 침해할 특별한 사정이 생긴 때에는 임의후견인은 임의후견감독인의 서면 동의를 받아 무보수 약정을 변경하여 보수를 지급할 수 있다.

해설

후견인이 피후견인을 위해 피후견업무를 충분하게 하기 위해서는 후견인의 업무만큼 충분한 보수를 지급해야 한다. 현재 법정후견의 경우 후견인의 업무에 대한 충분한 보수를 지급하지 못하고 있어, 후견인 입장에서 후견업무에 집중할 수 없는 문제를 해결하기 위해서, 충분한 후견보수가 지급되어야 한다.

제8조【보고】 임의후견인은 임의후견감독인의 청구가 있는 경우에는 후견사무 또는 위임인의 재산상황을 신속하게 보고하여야 한다.

제9조【계약의 철회 및 해제】 ① 임의후견감독인의 선임 전에는 위임인 또는 임의후견인은 언제든지 공증인의 인증을 받은 서면으로 계약의 의사표시를 철회할 수 있다.

② 임의후견감독인의 선임 이후에는 위임인 또는 임의후견인은 정당한 사유가 있는 때에만 가정법원의 허가를 받아 후견계약을 종료할 수 있다.

③ 임의후견인은 위임인의 사망이나 그 밖의 사유로 후견계약이 종료되었음을 알았을 때에는 이를 안 날부터 3개월 이내에 종료등기를 신청하여야 한다. 다만, 촉탁에 의한 등기가 이루어지는 경우에는 그러하지 아니하다.

④ 위임인의 사망이나 그 밖의 사유로 후견계약이 종료된 경우 후견인은 관련 유언대용신탁계약의 수탁자가 상속신탁집행업무를 처리하는 데 적극적으로 협조하여야 한다.

해설

위임인이 사망하면 수탁자는 상속신탁집행업무를 처리해야 하는 데 후견종료와 후견인 보관 피후견인 재산에 대한 청산업무 등 후견인의 협조가 필요하므로, 후견인의 수탁자에 대한 협조의무를 규정한다.

제10조【사망 등과 위임의 종료】 위임은 당사자 한쪽의 사망으로 종료된다. 임의후견인이 성년후견개시의 심판을 받은 경우에도 이와 같다.

위임인과 임의후견인은 2부를 작성하여 위임인에게 1부, 임의후견인에게 1부를 각 교부합니다. 다만, 후견계약의 공시 등을 위해 유관기관에 이 계약서 원본을 제출하여야 하는 경우에는 그 필요에 따라 추가로 작성할 수 있다.

[****]년 [*]월 [*]일

위임인 [***] (인)
주소

수임인(임의후견인) [***] (인)
주소

[별지]

대리권 목록

1의 사, 아, 2의 가, 라, 마, 사, 아와 관련하여
유언대용신탁계약에 달리 정한 경우 유언대용신탁계약이 우선적으로 적용된다.

1. 재산관리 및 신상보호에 관한 사무의 범위

가. 신상보호에 관한 사무 전부

나. 일상생활에 필요한 생활비의 송금, 생활에 필요한 재산의 취득, 물품의 구입, 임료나 연금 기타 사회보험급여 등의 신청 및 수령, 임료나 공공요금 등 정기적인 지출을 요하는 비용의 지출

다. 이 계약의 사무 처리에 필요한 경우 주민등록증초본, 가족관계증명서 등 각종 증명서 신청

라. 기초생활수급자 신청 등 각종 행정절차 신청

마. 우편물 기타 통신의 수령·개봉·열람

바. 이 계약 효력 발생 전 위임인이 계속하여 영위해온 영업에 관한 행위

사. 위임인에 대한 신상보호의 목적을 달성하기 위하여 필요하거나 재산의 멸실·훼손 염려 등 그 밖의 불가피한 사유가 있을 경우 ① 부동산 또는 중요한 자산에 관한 권리의 득실 변경을 목적으로 하는 행위, ② 금전의 차용

아. 재산관리를 위하여 필요한 소송행위

2. 임의후견감독인에게 서면으로 동의를 받아야 하는 사무의 행위

가. 위임인이 현재 거주하는 건물 또는 그 대지에 관하여 매도, 임대, 전세권 설정, 임대차의 해지, 전세권의 소멸, 그 밖에 이에 준하는 행위

나. 치료 등의 목적으로 정신병원이나 그 밖의 다른 장소에 격리하는 것에 대한 결정

다. 신체를 침해하는 의료행위의 직접적인 결과로 사망하거나 상당한 장애를 입을 위험이 있는 행위

라. 영업에 관한 행위

마. 금전을 빌리는 행위

바. 의무만을 부담하는 행위

사. 부동산 또는 중요한 재산에 관한 권리의 득실변경을 목적으로 하는 행위

아. 소송행위

자. 상속의 승인, 한정승인 또는 포기 및 상속재산의 분할에 관한 협의. 끝.

다. 임의후견신탁 관련 쟁점사항

이 책에서 소개하는 후견계약의 목적 조항과 후견사무의 범위 조항에 '재산관리에 관한 사항에 대해서 유언대용신탁계약에서 달리 정한 경우 유언대용신탁계약이 우선하고 후견인은 유언대용신탁계약의 내용에 따라 재산관리업무를 수행해야 한다'라는 취지를 기재하여, 재산관리는 유언대용신탁 우선으로 하고 임의후견인은 신상보호에 집중하도록 규정한 것인데, 이 계약의 내용을 임의후견인이 가정법원의 결정을 받아 변경할 수 있느냐가 문제될 수 있다. 현재까지 임의후견신탁 사례가 많이 축적되지 않아 판례나 학술적 논의가 없는 상황이지만, 후견제도가 피후견인 본인의 의사결정을 지원하는 제도로 피후견인 본인이 사무처리능력이 충분할 때 체결한 유언대용신탁계약과 후견계약의 내용은 임의후견인뿐만 아니라 후견감독인이나 가정법원도 피후견인 본인의 이익을 명확하게 해칠 우려가 있는 등 특별한 사정이 있는 경우를 제외하고는 존중해야 한다. 그리고 후견계약과 결합하여 체결되는 유언대용신탁계약의 내용도 같은 취지에서 임의후견인, 후견감독인 및 가정법원이 최대한 존중할 필요가 있다. 후견제도는 피후견인이 사무처리능력이 존재하였으면 행했어야 하는 행위를 추정해서 대행하는 것이므로, 피후견인이 사무처리능력이 존재하였을 때 미리 정해놓은 후견계약과 유언대용신탁계약의 내용이 추정에 의한 대행적 판단보다 더 피후견인의 생각에 부합하기 때문이다. 즉, 피후견인을 위한 대행적 판단이 피후견인이 실제로 행한 판단보다 우선할 수는 없다.[14)]

14) 물론, 피후견인이 후견계약과 유언대용신탁계약을 체결할 당시 예측하지 못했던 본인의 사정변화나 본인의 재산변화 또는 경제사정의 사정변화가 중대하여 후견계약과 유언대용신탁계약을 그대로 유지하는 것이 피후견인 본인의 복리를 현저하게 해칠 경우에는 가정법인이 임의후견인의 신청이나 직권으로 후견계약과 유언대용신탁계약의 내용을 합리적으로 수정, 변경할 수는 있을 것이다. 예를 들면, 월생활비를 300만원을 정해놓고, 유언대용신탁계약에서 월 300만원만 임의후견인이 인출하여 피후견인 본인을 위해 사용하도록 엄격하게 재산인출을 후견계약과 유언대용신탁계약에 규정하였는데, 화폐가치 하락으로 월 1,000만원의 생활비가 필요한 경제사정의 변화가 있을 때에는 피후견인 본인의 복리를 위해 월 1,000만원을 인출할 수 있도록 가정법원의 허가를 받아 후견계약과 신탁계약을 변경할 수 있을 것이다.

5 임의후견신탁 후견등기 기록례

본인 김부자씨가 아들 김두리와 변호사 이순희를 공동으로 하는 임의후견계약을 체결한 후견등기 기록례이다. 공동으로 후견인을 선임할 경우 후견인 간의 관계를 후견사무별로 달리 정하는 방법, 후견인이 합의 하여 공동으로 후견사무를 처리하는 방법, 후견인이 각자 후견사무를 처리하는 방법을 상정해볼 수 있다.

❙ 후견 등기사항증명서(말소 및 폐쇄사항 포함) ❙

등기고유번호 000123-2022-000123

【 사 건 본 인 】		(사건본인에 관한 사항)
사항번호	구 분	내 용
1	후견등기기록작성	[성명] 김부자 [성별] 여 [출생연월일] 1940년 1월 1일 [주민등록번호] 400101-1****** [등록기준지] 서울특별시 영등포구 국제금융로 [등기] 서울가정법원 2022년 3월 3일 접수 제00호

등기고유번호 000123-2022-000123-001

【 임 의 후 견 사 항 】		(후견개시 및 종료에 관한 사항)
사항번호	등기목적	내 용
1	후견계약	[공증인] 서울지방검찰청 소속 공증인 *** [증서번호] 공증인 *** 작성 2022년 증서 제00호 [증서작성일] 2022년 3월 3일 [등기] 서울가정법원 2022년 3월 3일 접수 제00호
		(후견인에 관한 사항)
사항번호	등기목적	내 용
1	임의후견인선임	[성명] 김두리 [주민등록번호] 700101-2****** [주소또는사무소] 서울특별시 서초구 서초동 [대리권등목록] 2022임의000

		[성명] 이순희 [주민등록번호] 730103-2****** [주소또는사무소] 서울특별시 영등포구 여의도동 [대리권등목록] 2022임의000
		[등기] 서울가정법원 2022년 3월 3일 접수 제00호

(후견감독인에 관한 사항)

사항번호	등기목적	내 용
※ 임의후견감독인이 선임되지 않았습니다. 후견계약은 민법 제959조의14제3항에 의하여 임의후견감독인을 선임한 때부터 효력이 발생합니다.		

▎대리권등목록 2022임의000▎

대리권 등 목록	대리권 등 범위	재산관리 사항(아래 1의 사, 아, 2의 가, 라, 마, 사, 아)과 관련하여 유언대용신탁계약에 달리 정한 경우 유언대용신탁이 우선적으로 적용되며, 후견인은 유언대용신탁계약의 내용에 따라 갑(본인)의 재산관리 사무를 처리한다. 1. 재산관리 및 신상보호에 관한 사무의 범위 가. 신상보호에 관한 사무 전부 나. 일상생활에 필요한 생활비의 송금, 생활에 필요한 재산 등의 신청 및 수령, 임료나 연금 기타 사회보험급여 등의 신청 및 수령, 임료나 공공요금 등 정기적인 지출을 요하는 비용의 지출 다. 본 계약의 사무처리에 필요한 경우 주민등록초본, 가족관계증명서 등 각종 증명서 신청 라. 기초생활수급자 신청 등 각종 행정절차 신청 마. 우편물 기타 통신의 수령 · 개봉 · 열람 바. 본 계약 효력 발생 전 갑(본인)이 계속하여 영위해 온 영업에 관한 행위 사. 갑에 대한 신상보호의 목적을 달성하기 위하여 필요하거나 재산의 멸실 · 훼손 염려 등 그 밖의 불가피한 사유가 있을 경우 ①부동산 또는 중요한 재산에 관한 권리의 득실변경을 목적으로 하는 행위 ②금전의 차용 아. 재산의 관리를 위하여 필요한 소송행위

		2. 임의후견감독인에게 서면으로 동의를 받아야 하는 사무의 범위 가. 갑(본인)이 현재 거주하는 건물 또는 그 대지에 관하여 매도, 임대, 전세권설정, 저당권설정, 임대차의 해지, 전세권의 소멸, 그 밖에 이에 준하는 행위 나. 치료 등의 목적으로 정신병원이나 그 밖의 다른 장소에 격리하는 것에 대한 결정 다. 신체를 침해하는 의료행위의 직접적인 결과로 사망하거나 상당한 장애를 입을 위험이 있는 행위. 다만, 동의절차로 의료행위가 지체되어 갑(본인)의 생명에 위험을 초래하거나 심신상의 중대한 장애를 초래할 때에는 사후 동의 가능 라. 영업에 관한 행위 마. 금전을 빌리는 행위 바. 의무만을 부담하는 행위 사. 부동산 또는 중요한 재산에 관한 권리의 득실변경을 목적으로 하는 행위 아. 소송행위 자. 상속의 승인, 한정승인 또는 포기 및 상속재산의 분할에 관한 협의

CHAPTER 04

후견신탁 Q&A

Q&A 01 **후견인 지정 없이 중증치매가 되면 누가 후견인이 되는가?**

주로 피후견인의 배우자나 자녀가 후견인이 된다. 후견심판청구하면서 후견인후보를 기재하는데, 실제 가사조사관의 조사결과에 따라 후견인후보가 아닌 다른 자녀가 후견인이 될 수도 있다. 재산규모가 있고, 자녀들 간의 분쟁이 예상되면, 법원은 변호사, 법무사, 후견법인 등 전문가후견인을 선정할 수 있다.

Q&A 02 **중소기업을 운영하고 있다. 내가 치매가 걸리면 아들 둘이서 싸울 것 같은데, 방법이 없는가?**

후계자를 선정하여 그를 후견인으로 하는 후견계약을 체결하고, 공증 및 등기하면, 중증치매가 걸리면 후계자가 임의후견인이 된다. 임의후견은 법정후견에 우선하기 때문에 임의후견계약만 제대로 해놓으면, 법정후견인 선정과 같이 서로 후견인이 되겠다고 싸우는 것을 완전히 방지할 수 있다.

Q&A 03 **법정후견인만 선임하는 경우와 법정후견신탁하는 경우의 차이점은 무엇인가?**

법정후견인만 선임하면, 후견인이 피후견인의 신상관리뿐만 아니라 재산관리도 수행한다. 법정후견인의 재산횡령이나 유용을 예방할 수 있는 장치가 별로 없다. 후견감독인이나 법원이 횡령이나 유용된 재산을 환수하는 소송을 제기할 수는 있지만, 그러한 일이 생기지 않도록 신탁을 설정해 놓을 수 있다. 신탁회사가 주요 재산을 관리하면서, 후견인에게는 생활비, 의료비 등 필요비 정도를 내어 주기 때문에 후견인의 횡령이나 부정행위를 견제할 수 있다.

Q&A 04 **내가 가장 신뢰하는 둘째 딸을 임의후견인으로 지정하고 싶은데 후견계약으로 둘째 딸을 후견인으로 지정해 놓으면, 법원이 후견인을 임의로 변경할 수 있는가?**

아니다. 법정후견제도의 보충성 또는 임의후견 우선적용의 원칙 때문에 가정법원이 임의로 후견계약을 무효화하거나 임의후견인을 변경할 수 없다. 둘째 딸이 후견을 할 경우 피후견인의 인권과 복지에 현저히 저해할 우려가 있는 예외적인 경우에는 가정법원이 성년후견을 개시하고, 그렇게 되면 임의후견은 종료하게 된다. 그러한 경우 이외에는 법원이 임의후견인을 다른 자녀로 변경하거나 성년후견을 개시할 수 없다.

Q&A 05 **가업을 영위하는 70세 기업 오너인데, 아들과 딸 중 딸을 후계자로 하고 싶다. 혹시 치매에 걸리면 아들과 딸이 서로 후견인이 되겠다고 싸울까 걱정인데, 좋은 방법이 없는가?**

딸을 수탁자로 상속신탁계약을 체결하면서, 딸을 임의후견인으로 하여 후견계약을 체결해 놓으면 안심하고 딸에게 가업을 승계할 수 있다.

Q&A 06 **임의후견신탁의 장점은 무엇인가?**

아무런 계획 없이 사무처리능력이 없게 되면 가족의 청구에 의해 법원이 선임한 법정후견인이 본인을 위한 신상관리와 재산관리를 수행한다. 후견인의 업무는 피후견인인 본인을 위해 존재하는 것이므로, 상속세를 절감하기 위한 증여행위나 상속계획을 수립하기 위한 상속계획수립행위를 수행하는 것은 법정후견인의 업무범위를 초과하는 것이다. 따라서 상속세를 많이 납부해야 하는 거액자산가는 사무처리능력이 부족하기 전에 자산승계계획을 수립하고 본인이 원하는 후견인과 후견계약을 체결해 놓아야만 절세전략이 포함된 자산승계계획의 수립 및 실천이 가능해진다. 그리고 임의후견인을 선임해도 피후견인 사후 상속재산배분 업무는 임의후견인의 권한을 넘어서는 행위이므로, 신탁회사 또는 임의후견인을 수탁자로 하는 상속신탁계약을 체결해 놓아야 본인이 원하는 상속배분까지 효율적으로 처리된다.

	신 탁	임의후견	법정후견
존속기간	• 신탁계약에 따라 자유롭게 설정	• 심판일로부터 본인 사망까지	• 심판일로부터 본인 사망까지
권 한	• 신탁계약에 따라 자유롭게 설정(재산관리권만 가능) →신상보호 불가. 임의후견 결합 시 可	• 재산관리권 • 계약에 정한 범위의 법률행위의 대리(동의권, 취소권 無) • 신상감호 가능	• 재산관리 • 법률행위의 대리(동의권, 취소권 有) • 신상감호 가능
재산의 운용·처분	• 신탁계약에 자유롭게 설정	• 임의후견계약에 자유롭게 규정	• 원칙적으로 불가(법원 허가사항)
소유권자	• 수탁자	• 피후견인(본인)	• 피후견인(본인)
제3자에 의한 사기	• 신탁재산은 본인의 소유가 아니므로, 사기당할 위험 없음(재산보호가능) • 다만, 신탁재산으로 편입되지 않은 재산은 여전히 사기당할 위험 있음	• 피후견인이 재산 소유자이므로, 사기당할 위험이 있음 • 피후견인이 사기당한 경우 후견인이 취소할 수 없음	• 피후견인이 재산 소유자이므로, 사기당할 위험이 있음 • 피후견인이 사기당한 경우 후견인이 취소할 수 있음
상속계획 (estate planning)	• 상속계획을 신탁계약으로 수립 • 위탁자 사망 시 신탁재산이 동결되지 않아 신탁계약에 따라 가족들이 인출하여 사용할 수 있음	• 피후견인 사망 시 후견계약은 종료되고, 상속계획 수립 불가 →법정상속에 따른 상속만 가능	• 피후견인 사망 시 후견은 종료되고, 상속계획 수립 불가 →법정상속에 따른 상속만 가능

Part 06

가업승계와 신탁의 활용

CHAPTER 01

가업승계

| 가업승계에 있어서 비후계자의 지위 결정 |

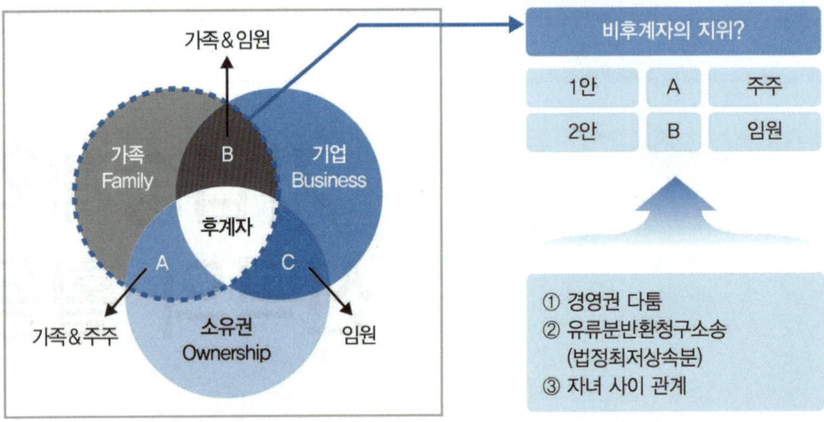

가업을 영위하고 있는 기업의 최대주주가 가업승계를 준비할 때, 누구를 후계자를 선정할 것인가도 어려운 문제이지만, 후계자가 아닌 자녀에게 어떠한 지위를 부여할 것인가의 문제는 더욱 복잡한 난제이다. 가족기업시스템(Family Business System)을 연구하고 실행에 옮기는 'Three-Circle Model[1)]'을 응용해서 후계자 선정 이후 비후계자 자녀에게 어떠한 지위를 부여할 것인지를 생각해보면, 기업의 최대주주는 비후계자인 자녀에게 주주의 지위를 줄 것인지 아니면 임원의 지위를 줄 것인지 중 선택할 수 있다. 비후계자의 지위를 잘못 결정하면 경영권 다툼이 생기거나 유류분반환청구소송으로 인해 자녀 간 불화가 시작될 수 있다. 가업에 대한 자녀의 생각과 욕망, 자녀의 가업 영위에 대한 의지와 능력, 가업 이외 다른 자산 유무 등 다양하고 복잡한 검토 요소가 있다. 정답이 있을 수 없지만, 최선의 답을 찾기 위해 노력하고 다양한 도구를 활용해서 효율적이고 안정적인 가업승계전략을 수립해야 한다.

1) Created in the 1970's by professors John Davis and Renato Tagiuri of the Harvard Business School. 위 그림은 Three Circle Model의 다이어그램을 일부 수정하였다.

CHAPTER 02

후견계약을 활용한 안전한 가업승계

언론 속의 자산승계 이슈

"삼화제분 모자 경영권 다툼서 어머니 승소"

1. 사실관계

밀가루 제조, 제과 및 제빵업체인 삼화제분, 정수리조트 및 남한산업을 보유하고 있는 A회장은 2012년 9월 8일 발생한 뇌출혈 이후 아들 B와 2012년 12월 24일 체결한 증여계약서(증여주식 : 삼화제분 90.39%)와 2012년 12월 28일 체결한 매매계약서(매매주식 : 정수리조트, 남한산업)의 적법성 여부와 관련해서, A회장의 처 C가 아들 B, 삼화제분, 정수리조트 및 남한산업을 상대로 증여계약서 및 매매계약서 무효를 원인으로 하는 주주권확인소송을 제기하였고, 모자 간의 소송에서 결국 모 C가 승소를 했다.

2. 법원의 판단

대법원은 "2012년 9월 8일 A회장이 뇌출혈 이후에 실시된 인지 관련 각종 검사 결과와 주치의의 소견에 의하면, 2012년 12월 당시 원고는 이 사건 증여계약과 매매계약의 법률적인 의미나 효과에 대하여 이해할 수 있을 정도의 의사능력을 가지고 있었다고 인정하기에 부족하고, 이러한 A회장이 아들 B에게 이 사건 인영을 날인할 권한을 부여하였다고 보기도 어렵다며, A회장과 아들 B 사이에 유효한 증여계약 또는 매매계약이 성립되어 있다고 볼 수 없으므로, 그 주주권은 여전히 A회장에게 있다"고 판시하였다(대법원 2016.12.15. 선고 2016다29005, 29012판결).

3. 자산승계 시사점

이 사건은 치매와 뇌출혈로 사무처리능력없는 상태에서 진행한 가업 주식의 증여계약과 매매계약이 무효로 결론난 사례인데, 1심에서 대법원까지 4년동안 모자 간 소송이 진행되었고, 결국 주식의 소유권은 A회장 소유로 회복된 상태에서 현재 법무법인이 A회장의 성년후견인이 되어 주식을 관리하고 있다.

통상 치매 발병 후 약 3년 내지 5년 정도 지나야 중증치매로 전이되기 때문에 치매 진단 후에 가업승계전략을 수립해도 늦지 않다고 생각하는 기업 오너가 많다. 그런데 이 사례처럼 뇌출혈을 동반할 경우 6개월 내에 사무처리능력이 없어지는 사례도 다수 있다. 따라서 65세 이후 최대한 빠른 시간 내에 후계자를 지정하고 가업승계전략을 수립하여 실천해야 한다.

출처 : 법률신문 2015년 2월 3일

Part 06

기업의 최대주주가 치매로 사무처리능력이 부족해지면, 해당 기업은 어떻게 되는가? 기업 최대주주가 사무처리능력이 없게 되면, 결국 후견심판청구에 의해 법원이 선임하는 법정후견인이 최대주주를 대리하게 된다. 법정후견인이 피후견인 소유의 주식에 대해 의결권을 행사하는 것이 가능한지에 대하여 다소 논란은 있으나, 최대주주의 의결권을 행사하지 않게 되면, 최대주주의 경영권이 제대로 작동되지 않을 것이고, 그렇다면 피후견인의 복리에 중대한 영향을 미치는 것이므로, 법정후견인이 피후견인인 최대주주의 의결권을 행사할 수밖에 없다.

실제로 최근 L그룹 회장 사례나 S회사 회장 사례를 보면, 법정후견인이 주식의 의결권을 포함한 경영권을 행사하게 되고, 그전에 누구를 후견인으로 선임하느냐를 두고 상당기간 쟁송이 진행되면서, 회사 경영권의 안정성이 위협받는다. 그리고 해당 회사의 비즈니스에 대한 전문성이 없는 법무법인이나 회계법인이 전문가후견인으로서 회사의 경영권 행사를 주도하기 때문에 회사의 비즈니스에도 상당히 부정적인 영향을 미칠 우려가 있다.

따라서 회사의 최대주주가 후계자를 미리 정하고 후견계약을 체결해 놓으면, 만약 회사의 최대주주가 사무처리능력이 없게 되더라도, 후계자가 임의후견인으로서 주주권과 경영권을 행사할 수 있어, 안정적인 경영권 승계를 담보할 수 있을 것이다.

언론 속의 자산승계 이슈

"〈후견인도 주권행사 가능〉 첫 판결"

1. 사실관계

모 중소기업 회장을 지낸 A씨의 성년후견을 맡고 있는 법무법인 J는 A씨가 최대 주주인 이 회사의 대표를 교체하기 위해 주주총회 소집허가를 청구했다. 그러자 회사 대표로 있던 A씨의 아들 B씨와 두 딸은 지난 2월 서울가정법원에 성년후견인의 법정대리권 범위 결정 심판을 제기했다. 이들은 "아버지가 대주주로 있는 회사의 대표 교체는 성년후견인의 법정대리 권한을 초과한 행위"라며 "법원의 허가가 필요한 사항"이라고 주장했다.

2. 법원의 판단

법원은 A씨에 대한 법정대리권 범위와 관련해 성년후견인인 법무법인 J가 A씨를 대리해 각 회사 주총에서 주주권을 대신 행사할 수 있다고 결정했다. 법원은 A씨가 주식을 갖고 있는 회사의 대표, 이사, 감사의 변경에 관한 것은 경제적 이해 관계를 포함한 A씨의 복리에 중대한 영향을 끼치는 사항이라고 판단했다.

법원은 "아들 B씨가 대표인 회사를 비롯해 다른 두 회사의 대표, 이사, 감사 임기가 만료된 지 1년 이상이 지났다"며 "회사 경영권 및 A씨의 재산관리를 둘러싸고 B씨와 그 어머니 사이에 갈등이 심하고 부자 간 이뤄진 주주권확인청구소송에서 B씨의 패소가 확정됐다"고 말했다.

그리고 “지난해 말 기준 회사에 대한 B씨의 대여금 총액이 약 389억에 이르고 회사와 A씨의 재정적 부담이 상당한데도 실효성 있는 해결책이 나오지 않고 있다”며 “금융기관들이 A씨 재산에 추가 담보요구 등을 하며 어려움이 많아 성년후견인인 법무법인 J가 A씨를 대리해 각 회사 주총에서 의결권을 행사하는 것을 허가한다”고 밝혔다.

법원 관계자는 “성년후견인이 성년 후견을 받는 이의 주주권을 행사할 경우 법원 허가를 받아야 한다는 점을 최초로 명시한 판결”이라고 설명했다.

3. 시사점

이 사례와 같이 기업 오너가 치매나 뇌출혈로 사무처리능력이 없어진 상태에서 가족 내에서 후견인을 두고 분쟁이 심해지면 법원은 법무법인이나 회계법인을 법인후견인으로 지정하여 회사의 최대지분의 주주권을 행사하도록 한다. 법무법인의 법에 대한 전문성을 가지고 있고 회계법인은 회계의 전문성을 가지고 있지만, 해당 회사의 비즈니스에 대해서는 전문성을 보유하기 어렵다.

출처 : 뉴시스 2017년 8월 29일

Part 06

CHAPTER 03

신탁을 활용한 현명한 가업승계

1 일본의 가업승계지원신탁

일본은 2008년「중소기업에 있어서 경영의 승계의 원활화에 관한 법률」(이하 "일본가업승계원활화법"이라 한다)을 제정하여, 일정한 중소기업의 경영승계와 관련하여 '구대표자'가 '후계자'에게 경영승계에 필요한 주식을 증여하고 추정상속인 전원이 합의하여 서면으로 가업주식을 유류분 산정의 기초가 되는 재산에서 제외하거나 그 합의 당시의 가액에 따라 산입하기로 합의하고, 경제산업성대신의 확인과 가정재판소의 허가를 받음으로써 유류분 산입을 제한하거나 그 가액을 제한할 수 있도록 하였다. 유류분의 사전합의를 허용하되, 강요에 의한 유류분 사전포기를 예방하기 위해 '가정재판소의 허가'를 유류분 사전합의의 효력요건으로 규정하였다.

한편, 일본은 중소기업에 한하여 가업승계목적으로 신탁을 활용할 수 있는데, 이를 '가업승계지원신탁'이라 한다. 자녀가 2명 이상인 경우 자녀 2명이 전부 경영에 참여하는 것은 안정적인 경영승계를 어렵게 만든다. 자녀 1인을 후계자로 선정하고 경영권을 물려줘야 하는데, 상속재산을 적게 받아 유류분을 침해당한 자녀가 유류분반환청구소송을 제기하면, 법원의 판결에 의해 후계자 보유 주식 일부가 유류분권리를 침해받은 자녀에게 반환된다. 유류분반환소송을 제기할 정도로 관계가 좋지 않은 자녀가 하나의 회사의 공동 대주주로 있게 되면, 회사 경영의 안정성을 유지하기 어렵다.

| 일본의 가업승계지원신탁의 구조 |

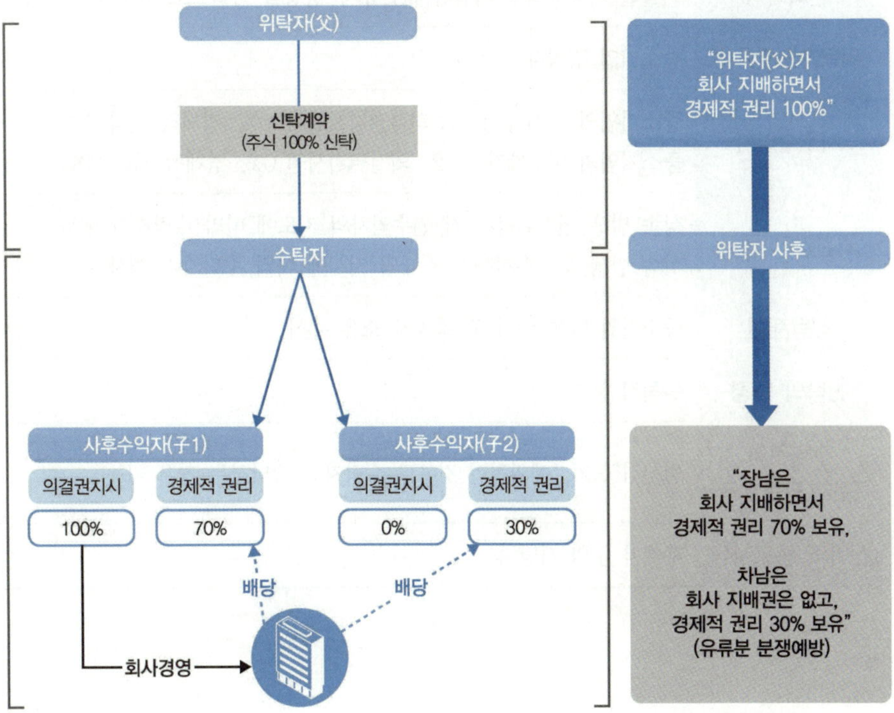

일본가업승계원활화법에 따른 유류분 사전합의가 이루어지면, 그에 따라 1명의 후계자가 경영권을 승계할 수 있지만, 합의가 안 되거나 합의 과정에서 가업승계주식의 경제적 권리를 비후계자에게 배분해야 할 경우, 신탁을 활용하면 매우 효율적이다. 현재 회사의 최대주주인 아버지가 보유주식에 대해 유언대용신탁계약을 체결하면서, 후계자인 큰아들과 비후계자인 둘째 아들을 사후수익자로 지정하면서, 후계자인 큰아들에게 경제적 권리 70%를 주되, 신탁주식 의결권 100%를 지시할 수 있도록 하고, 비후계자인 둘째 아들은 신탁주식 의결권 행사를 못하게 하되 경제적 권리 30%만을 행사할 수 있도록 한다.[2)]

2) 신탁을 활용한 중소기업의 사업승계 원활화를 위한 연구회 중간보고(2008.9.) 참조 후 재구성.

| 일본의 가업승계지원신탁 주요 내용 |

신탁목적	원활한 가업승계로 기업가치의 유지·향상을 목적으로 하는 주식의 관리
위탁자(원수익자)	중소기업 경영자
사후수익자	중소기업의 후계자 子 1 : 의결권지시권 100%, 경제적 권리 70% 중소기업의 비후계자 子 2 : 의결권지시권 0%, 경제적 권리 30%
의결권의 행사	상속 발생 전 : 위탁자 겸 원수익자의 지도에 따라 수탁자가 행사 상속 발생 후 : 후계자인 子 1의 지시에 따라 수탁자가 행사
신탁재산	중소기업 발행 주식 중 경영자 소유 주식
신탁의 변경	원칙적 불가
수익권의 양도·담보제공	원칙적 불가, 예외적인 경우로 수탁자가 승낙하는 경우 가능
신탁의 종료사유	후계자 子의 사망 등

2 우리나라 가업승계신탁 활용방안

우리나라 신탁법을 기초로 시범적인 가업승계신탁을 구성해보면 3가지 방법을 상정해볼 수 있다. 국내에서 충분히 논의가 진행되고 있지 않아, 대략적인 신탁구조와 그 구조에서 생기는 문제점을 간략하게 지적하고, 입법개선방향을 제시한다.

가. 1안 : 민사신탁 활용방법

기업의 최대주주인 아버지가 아들 1과 아들 2 중 아들 1을 후계자로 선임하고자 한다. 아버지가 건강한 시기에 미리 아들 1을 수탁자로 하는 상속신탁을 체결하면서, 사무처리능력이 부족할 시기를 대비해 후계자인 아들 1과 후견계약을 체결한다. 건강한 시기에는 아버지가 100% 회사를 지배하고 경제적 권리도 100% 취득하다가, 사무처리능력이 부족해 임의후견감독인이 선임되면, 아들 1이 임의후견인으로서 아버지의 의결권 행사지시권[3)]을 대리 행사하되, 배당청구권을 비롯한 경제적 권리는 100% 아버지에게 귀속시킨다. 그러다가 아버지가 사망하면, 아들 1이 후계자, 수탁자 겸 사후수익자로서 의결권 행사지시권을 행사하여 회사를 100% 지배하고, 사후수익자인 아들 2에게는 30%의 경제적 권리만을 인정해준다. 이렇게 하면 아버지에게 사무처리능력이 부족한 시기가 있더라도 경영권의 단절구간없이 아들 1이 안정적으로 가업을 승계할 수 있고, 아버지 사후에도 유류분 분쟁없이 경영권을 안정적으로 확보할 수 있을 것이다. 아들 1은 아버지 사후 10년간 신탁계약을 유지하면서, 아들 2에게 배당가능이익 범위 내에서 5% 의무배당을 하도록 규정하고, 아들 2 보유 수익권(경제적 권리의 30%)을 10년 이내에 매수할 수 있는 권한을 부여한다.

▌민사신탁을 활용한 가업승계신탁▐

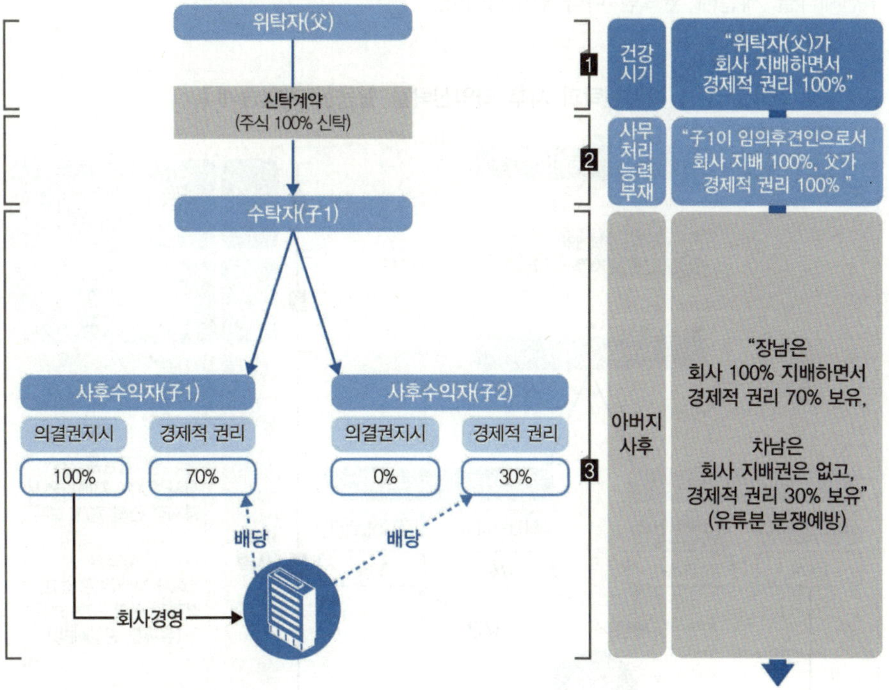

3) 회사의 입장에서 보면, 주주인 수탁자 1인이 의결권을 포함한 공익권과 배당청구권을 포함한 자익권 모두를 보유하고 있기 때문에, 공익권과 자익권이 분리되어 '주주권분할금지의 원칙'에 위반된다고 볼 수 없다. 신탁설정으로 인해 주식의 소유권은 대내외적으로 수탁자에게 완전히 이전된 것이고, 신탁재산인 주식이 의결권 행사지시권과 경제적 수익권으로 전환된 것일 뿐이다. 이 논의는 민사신탁을 활용한 가업승계신탁, 자기신탁을 활용한 가업승계신탁, 상사신탁을 활용한 가업승계신탁 모두에 해당되는 논의이다.

나. 2안 : 자기신탁 활용방법

기업의 최대주주 아버지가 보유주식 100%에 대하여 '신탁선언'을 한다. 의결권지시권과 경제적 권리를 포함한 생전수익권 모두 아버지가 보유한다. 아버지 사후 수탁자를 후계자인 아들 1로 변경하도록 신탁선언에 명시해놓는다. 사후수익자를 아들 1(사후수익권 : 의결권 행사지시권 100%, 경제적 권리 70%)과 아들 2(사후수익권 : 의결권 행사지시권 0%, 경제적 권리 30%)로 지정한다. 아들 1은 아버지 사후 10년간 신탁계약을 유지하면서, 아들 2에게 배당가능이익 범위 내에서 5% 의무배당을 하도록 규정하고, 아들 2 보유 수익권(경제적 권리의 30%)을 10년 이내에 매수할 수 있는 권한을 부여한다. 아버지 사망 후 주식신탁은 자기신탁에서 타익신탁으로 전환되어 아들 1이 승계수탁자(successor trustee)가 된다. 회사에 대한 의결권은 100% 아들이 행사하게 된다. 여기에 아버지 생전 사무처리능력이 없어질 때를 대비해서 아들 1과 후견계약을 체결해 놓으면 더욱 안정적이다.

| 자기신탁과 사후 타익신탁을 활용한 가업승계 |

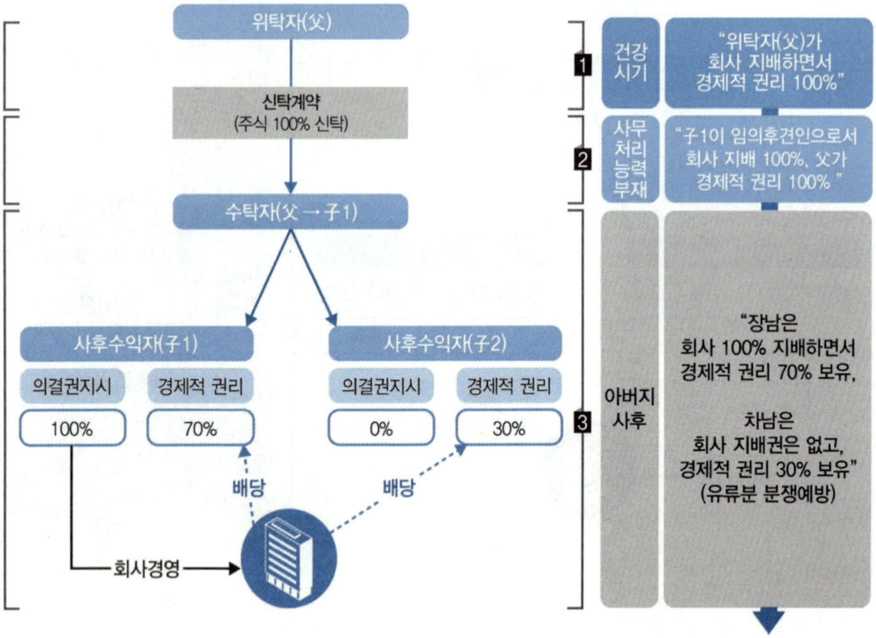

이 구조의 장점은 가업상속공제의 생전요건을 충족하는 것으로 해석될 가능성이 높다는 것이다. 다만, 신탁법 제36조에 따라 위탁자, 수탁자 및 수익자가 모두 동일인이면, 해당 신탁은 무효라는 견해가 있다. 상속신탁은 생전수익자와 사후수익자가 모두 존재하는데, 생전수익자와 사후수익자가 수익권을 시간적으로 분할해서 공동수익자로 있다고 볼 수 있으므로, 신탁법 제36조에 따라 무효로 해석하는 것은 타당하지 않다.[4] 그렇지만 해석의 불안정한 상황을 피하기 위해 생전수익권 중 경제적 권리 일부만 아들 1에게 귀속시키면, 생전수익자가 공동수익자임이 분명한바, 적법한 신탁계약이 될 것이다.

다. 3안 : 상사신탁 활용방법

| 상사신탁을 활용한 가업승계신탁 |

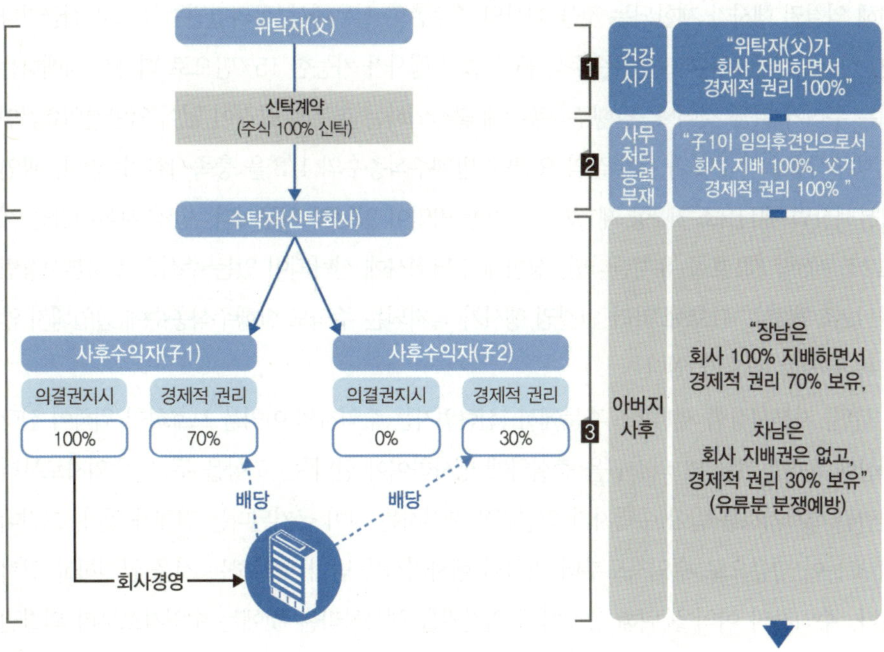

4) 같은 견해, 김상훈, "유언대용신탁을 활용한 가업승계", 『상속신탁연구』 II (바른상속신탁연구회, 2016.4.), 127면.

회사의 최대주주인 아버지가 주식 100%에 대해 신탁회사를 수탁자로 상속신탁계약을 체결한다. 아버지의 생전수익권을 의결권 행사지시권과 경제적 권리 100%로 정한다. 사후수익자를 아들 1(사후수익권 : 의결권 행사지시권 100%, 경제적 권리 70%)과 아들 2(사후수익권 : 의결권 행사지시권 0%, 경제적 권리 30%)로 지정한다. 아버지가 신탁회사와 체결한 상속신탁계약은 아버지 사후 10년간 신탁계약을 유지하면서, 아들 2에게 배당가능이익 범위 내에서 5% 의무배당을 하도록 규정하고, 아들 2 보유 수익권(경제적 권리의 30%)을 10년 이내에 매수할 수 있는 권한을 부여한다. 아버지가 사망하면 후계자인 아들 1이 의결권 행사지시권을 신탁회사에 행사함으로써 간접적으로 회사를 지배한다. 여기에 아버지 생전 사무처리능력이 없어질 때를 대비해서 아들 1과 후견계약을 체결해 놓으면 더욱 안정적이다.

이 구조의 문제점은 자본시장법상 신탁회사는 보유 주식 중 의결권 있는 발행주식총수의 15% 초과 의결권을 행사할 수 없다는 것이다(자본시장법 제112조 제3항 제1호). 자본시장법에 의해 의결권 행사가 제한되는 것을 회사의 주주총회 실무에서 '무의결권주식'으로 취급한다면, 신탁회사가 보유하고 있는 주식 중 의결권 행사가 가능한 15%만으로 회사를 지배하는 데는 무리가 없을 것이나, 발행주식총수에 불산입하는 명문의 규정이 없어 일반결의요건인 '발행주식총수의 1/4'과 특별결의 요건인 '발행주식총수의 1/3'을 충족시킬 수 없다. 과연 자본시장법 제112조 제3항 제1호를 유지할 법익이 있는지 의문이다. 만약 자본시장법 제112조 제3항 제1호를 유지한다면, 상법에 신탁회사에 신탁되어 있는 주식으로 자본시장법 제112조 제3항 제1호에 따라 의결권 행사가 금지되는 주식도 발행주식총수에 산입되지 않도록 규정할 필요가 있다.

한편, 자본시장법 제112조 후문에서 "신탁업자는 수익자의 이익을 보호하기 위하여 신탁재산에 속하는 주식의 의결권을 충실하게 행사하여야 한다"는 조항을 두고, 수익자로부터 의결권 행사지시를 받아 수탁자가 의결권을 행사하는 것이 금지된다는 견해가 있다. 그런데 이 조문이 명문으로 수익자로부터 의결권 행사지시를 받아 행사하는 것을 금지하고 있지 않다. 수익자의 이익을 위해 충실하게 의결권을 행사하라는 것에는 수익자로부터 의결권 행사 지시를 받아서 신탁회사가 행사하는 것도 당연히 포함되어 있다. 오히려 수익자의 판단에 따라 수탁자가 의결권을 행사하는 것이 수익자에게 가장 충실한 것이다.[5)]

만약 이 조항을 수익자의 지시를 받지 못하는 것으로 해석한다면, 자본시장법 제102조

5) 물론 수익자가 스스로 이익에 반하는 의결권 행사지시를 할 경우 신탁회사는 의결권 행사가 수익자의 이익에 반하는 것이므로 재고를 요청할 수 있을 뿐이다.

제2항, 즉 "신탁업자는 수익자의 이익을 보호하기 위하여 해당 업무를 충실하게 수행하여야 한다."에 따라 주식 이외 부동산이나 금전도 수익자의 지시를 받아 운용하면 안 된다는 것인가? 주식 이외의 자산까지 운용지시를 받지 못하도록 해석하는 견해는 없는 것으로 안다. 자본시장법 제102조 제2항과 제112조 제1항 후문을 달리 해석하는 것은 같은 법 내에 다른 해석을 하는 것이라 허용될 수 없다고 본다. 이 두 조항 모두 수탁자의 충실의무를 명문화한 내용이다. 다수의 수익자가 존재하는 펀드(집합투자기구)는 구조상 모든 수익자에게 형평성이 있어야 한다는 구조적 특징 때문에 모든 수익자를 위해 집합투자업자가 독자적인 판단[6]에 의해 펀드 편입 주식에 대한 의결권을 행사하는 것이 법리상 맞지만, 신탁계약은 1:1 맞춤형 계약이라, 위탁자 겸 수익자 1인의 의사를 확인하는 것이 충실의무에 가장 적합한 의결권 행사이다. 그리고 현재 금융투자협회의 약관심사를 받아 사용하고 있는 유가증권신탁계약서를 보면, 주식의 의결권은 위탁자 겸 생전수익자의 지시를 받아 행사하도록 되어 있다. 신탁계약에서 신탁회사의 운용재량에 대해서는 다양한 스펙트럼이 존재한다. 신탁회사의 운용재량을 "0%"에 가깝게 보장하는 '지정형 신탁'이 있고 그 반대편에는 신탁회사의 운용재량을 "100%"에 가깝게 보장하는 '재량형 신탁'이 있다. 위탁자가 최초 신탁계약을 체결할 때 규정하는 바에 따라 수탁자의 재량의 범위가 결정되는 것이 신탁의 본질에 충실한 해석이다.

자본시장과 금융투자업에 관한 법률(약칭 : 자본시장법)

제102조【선관의무 및 충실의무】 ① 신탁업자는 수익자에 대하여 선량한 관리자의 주의로써 신탁재산을 운용하여야 한다.

② 신탁업자는 수익자의 이익을 보호하기 위하여 해당 업무를 충실하게 수행하여야 한다.

제112조【의결권 등】 ① 신탁재산으로 취득한 주식에 대한 권리는 신탁업자가 행사한다. 이 경우 신탁업자는 수익자의 이익을 보호하기 위하여 신탁재산에 속하는 주식의 의결권을 충실하게 행사하여야 한다. 〈개정 2013. 5. 28.〉

② 신탁업자는 신탁재산에 속하는 주식의 의결권을 행사함에 있어서 다음 각 호의 어느 하나에 해당하는 경우에는 제1항에 불구하고 신탁재산에 속하는 주식을 발행한 법인의 주주총회의 참석 주식수에서 신탁재산에 속하는 주식수를 뺀 주식수의 결의내용에 영향을 미치지 아니하도록 의결권을 행사하여야 한다. 다만, 신탁재산에 속하는 주식을 발행한 법인의 합병,

6) 자본시장법 제87조【의결권 등】① 집합투자업자(투자신탁이나 투자익명조합의 집합투자업자에 한한다. 이하 이 조에서 같다)는 투자자의 이익을 보호하기 위하여 집합투자재산에 속하는 주식의 의결권을 충실하게 행사하여야 한다. 예를 들어, 펀드의 수익자가 10명인데, 특정 수익자의 의결권지시를 받을 수 없다. 그리고 펀드의 경우 집합투자업자에게 일상적인 운용지시를 할 수 없도록 되어 있다.

영업의 양도·양수, 임원의 선임, 그 밖에 이에 준하는 사항으로서 신탁재산에 손실을 초래할 것이 명백하게 예상되는 경우에는 그러하지 아니하다.

1. 다음 각 목의 어느 하나에 해당하는 자가 그 신탁재산에 속하는 주식을 발행한 법인을 계열회사로 편입하기 위한 경우
   가. 신탁업자 또는 그와 대통령령으로 정하는 특수관계에 있는 자
   나. 신탁업자에 대하여 사실상의 지배력을 행사하는 자로서 대통령령으로 정하는 자
2. 신탁재산에 속하는 주식을 발행한 법인이 그 신탁업자와 다음 각 목의 어느 하나에 해당하는 관계에 있는 경우
   가. 계열회사의 관계에 있는 경우
   나. 신탁업자에 대하여 사실상의 지배력을 행사하는 관계로서 대통령령으로 정하는 관계에 있는 경우
3. 그 밖에 수익자의 보호 또는 신탁재산의 적정한 운용을 해할 우려가 있는 경우로서 대통령령으로 정하는 경우

③ 신탁업자는 신탁재산에 속하는 주식이 다음 각 호의 어느 하나에 해당하는 경우에는 그 주식의 의결권을 행사할 수 없다.

1. 동일법인이 발행한 주식 총수의 100분의 15를 초과하여 주식을 취득한 경우 그 초과하는 주식
2. 신탁재산에 속하는 주식을 발행한 법인이 자기주식을 확보하기 위하여 신탁계약에 따라 신탁업자에게 취득하게 한 그 법인의 주식

④ 신탁업자는 제삼자와의 계약 등에 의하여 의결권을 교차하여 행사하는 등 제2항 및 제3항의 적용을 면하기 위한 행위를 하여서는 아니 된다.

⑤ 제2항 각 호 외의 부분 단서는 상호출자제한기업집단에 속하는 신탁업자에게는 적용하지 아니한다.

⑥ 금융위원회는 신탁업자가 제2항부터 제5항까지의 규정을 위반하여 신탁재산에 속하는 주식의 의결권을 행사한 경우에는 6개월 이내의 기간을 정하여 그 주식의 처분을 명할 수 있다. 〈개정 2008. 2. 29.〉

3 가업승계신탁과 금융규제법

신탁회사가 주식을 수탁하는 경우, 금융회사인 신탁회사가 금산법상의 사전승인(금산법 제24조), 은행법상 주식보유 제한(은행법 제37조), 그리고 자본시장법상 의결권행사 제한(자본

시장법 제112조 제3항)이 적용되는지가 문제된다. 주식을 신탁하는 경우 위탁자가 신탁하는 목적과 주식에 대한 의결권을 실질적으로 누가 행사하느냐에 따라 달리 보아야 한다. 주식이 신탁되면 수탁자인 신탁회사가 대내외적으로 완전한 소유자이고, 자본시장법은 신탁회사가 신탁재산인 주식에 대한 의결권을 수익자의 이익을 위하여 충실히 행사하여야 한다고 규정하고 있으므로, 신탁회사가 발행회사에 대하여 주주권을 직접 행사하는 것은 의문이 없다. 신탁회사가 주주권을 행사하는 방식은 신탁회사가 독자적으로 주주권을 행사하는 방법(이하 "수탁자재량형 주주권행사")과 위탁자의 주주권 행사 지시를 받아 신탁회사가 행사하는 방법(이하 "위탁자지시형 주주권행사") 2가지가 있다. 금전의 전문적 운용을 신탁회사에 맡기는 금전신탁은 상품구조에 따라 수탁자재량형 주주권행사와 위탁자지시형 주주권행사라는 2가지 방법을 모두 활용할 수 있다. 가업승계신탁의 경우 사주가 가업 주식을 신탁하면서 위탁자인 사주가 모든 주주권 행사에 대한 의사결정을 한 뒤 신탁회사에 주주권 행사를 지시하고 신탁회사는 그 지시 내용대로 주주권을 행사한다. 따라서 금융규제법 관련해서 해석을 할 때 신탁계약의 내용과 목적에 따라 위탁자지시형 주주권행사 방법을 취하고 있기 때문에 가업승계신탁은 위탁자가 실질적인 주주권을 행사하는 주체로 보는 것이 타당하다.

이와 같은 취지로 금융위원회는 2016년 9월 11일 "유언대용신탁의 경우 금산법 제24조 제1항의 "소유"는 실질적으로 의사결정을 하는 자가 누구인지를 기준으로 판단해야 할 것으로 보인다. 유언대용신탁의 경우 원칙적으로 실질적 의사결정권자인 위탁자가 금산법 제24조의 승인을 받아야 하나, 위탁자가 금융기관이 아닌 경우에는 금산법 제24조의 승인의무가 적용되지 않는다. 단, 계약내용, 실제 의결권 행사 등에 있어 실질적 의사결정권자가 명확하지 않은 경우에는 신탁업자가 금산법 제24조의 승인의무를 부담해야 한다. 그리고 「은행법」 제37조 제1항에서 정하는 은행의 다른 회사 등의 의결권 있는 지분증권 100분의 15 초과 소유 여부 계산 시 유언대용신탁 등으로 은행의 신탁계정에서 보유하는 지분증권은 계산에서 제외되는 것으로 판단된다. 자본시장법령이 의결권 제한에 대한 별도의 예외를 규정하고 있지 않다는 점을 감안하면, 유언대용신탁이라고 하더라도 신탁주식에 대해 15%를 초과하는 부분까지 의결권 행사를 허용한다고 보기 어렵다."라고 유권해석하였는데, 타당한 해석이라 판단된다.

Part 06

CHAPTER 04

유류분 이슈를 대비한 가업승계신탁

유류분 청구로 인해 회사의 지분이 후계자와 비후계자가 공유하게 됨으로써 경영권 분쟁이 우려되는 회사가 많다. 유류분 청구가 우려되는 회사 최대주주의 걱정을 덜어줄 수 있는 상속신탁을 설계해 보면 위와 같다. ㈜ㅇㅇ회사의 지분 100% 중 후계자인 아들 1에게 75%를 증여하고, 후계자가 아닌 아들 2에게 25%를 상속신탁하면서, 배당청구권 등 경제적 권리는 아들 2에게 수익권으로 지급하되, 의결권 행사는 신탁회사가 아들 1의 '의결권 행사지시권'을 받아 행사하게 되면, 승계할 주식 100%에 대한 의결권을 후계자인 아들 1이 직간접적으로 행사할 수 있다. 아들 2가 신탁계약을 위반할 경우 아들 2의 수익권을 소멸시키고 아들 1의 수익권으로 변경할 수 있는 장치도 넣을 수 있다. 유류분반환청구 대비 유언대용신탁의 활용은 경영권의 안정적인 승계를 지원할 수 있을 것이다. 다만, 의결권이 배제된 아들 2가 상속받은 재산의 평가를 어떻게 하느냐의 문제가 있을 수 있으나, 상속세 계산시 무의결권 주식의 평가방법을 차용하면 된다.

| 유류분반환청구를 대비한 가업승계신탁의 거래구조 |

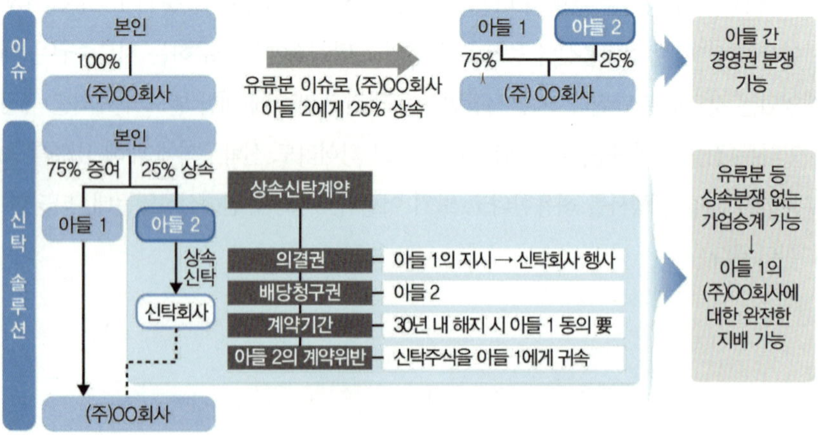

CHAPTER 05

가업승계신탁 활용을 위한 제도개선

이상 다양한 구조의 가업승계신탁을 검토해 보았다. 민사신탁방식(1안)으로는 가업승계신탁이 가능하나, 여전히 가업상속공제를 받을 수 있느냐에 대한 불확실성이 있다. 자기신탁방식(2안)은 가업상속공제를 받는 데는 큰 무리가 없어 보이나, 생전수익권의 일부를 후계자로 정하면서 지급되는 수익금에 증여세가 부과될 수 있다. 상사신탁방식(3안)을 활용한 가업승계신탁은 가업상속공제를 받을 수 있느냐에 대한 불확실성과 자본시장법상 15% 초과 의결권 행사 금지조항이 문제다. 명문 장수 기업을 육성할 필요성에 대해서는 사회적 공감대가 형성된 것으로 보이는데, 이를 방해하는 제도개선을 통해 명문장수기업 육성이 가능하도록 할 필요가 절실하다.

1 가업승계 지원 세제 개요

가업승계와 관련하여 상증법상 가업상속공제와 조특법상 가업증여특례 제도를 운영하고 있었는데, 2023년 세법 개정으로 가업상속세 납부유예제도와 가업증여세 납부유예제도가 신설되었다. 가업증여특례와 가업상속공제는 결합할 수 있다. 가업상속인은 가업상속공제와 가업상속세 납부유예제도 중 하나를 선택할 수 있고, 가업수증자는 가업증여특례 제도와 가업증여세 납부유예제도 중 하나를 선택할 수 있는 것으로 보인다. 가업상속공제 대상이 되는 가업승계는 가업상속공제 및 가업증여특례를 우선적으로 고려하고, 가업상속공제나 가업증여특례를 적용받지 않기로 한 경우 가업상속세 납부유예나 가업증여세 납부유예를 선택할 수 있을 것이다.

가. 가업상속공제 제도

가업상속공제는 피상속인이 경영하던 중소기업의 기술 및 경영노하우를 상속인이 효율적으로 승계받아 기업의 영속성을 유지하고 성장을 도모하기 위해 1996. 12. 30. 상속세 및 증여세법 개정으로 도입된 제도이다. 가업상속공제는 엄격한 사후유지 요건 때문에 잘 활용되지 않고 있다가, 2022년 및 2023년 세법 개정을 통해 가업상속공제제도가 추가로 개선되면서, 규모와 건수가 큰 폭으로 증가하고 있다.[7] 가업상속공제의 대상이 되는 중견기업의 기준을 연매출 '4천억원 미만'에서 '5천억원 미만'으로 확대하고, 가업상속공제 금액의 최대 한도를 '500억원'에서 '600억원'으로 상향 조정하였다. 사전요건과 관련하여 종전에는 피상속인과 그의 특수관계인의 주식을 합쳐 상속 대상 기업의 발행주식 총수의 '100분의 50 이상(상장주식은 100분의 30)'을 10년 이상 보유한 경우에 가업상속공제를 받을 수 있도록 하던 것을, 상속 대상 기업의 발행주식 총수의 '100분의 40 이상(상장주식은 100분의 20)'을 10년 이상 보유하면 가업상속공제를 받을 수 있도록 하였다(시행령 제15조제3항제1호가목). 가업상속공제를 받은 상속인이 일정 기간 가업에 종사하여야 하는 등의 의무를 부담하는 사후관리 기간을 7년에서 5년으로 단축하고, 사후관리 기간 동안 적용되는 가업용 자산의 처분 제한 기준, 정규직 근로자의 수와 총급여액의 유지 기준 등을 완화하였다.

상속세 및 증여세법(약칭 : 상증법)

제18조의2【가업상속공제】 ① 거주자의 사망으로 상속이 개시되는 경우로서 가업[대통령령으로 정하는 중소기업 또는 대통령령으로 정하는 중견기업(상속이 개시되는 소득세 과세기간 또는 법인세 사업연도의 직전 3개 소득세 과세기간 또는 법인세 사업연도의 매출액 평균금액이 5천억원 이상인 기업은 제외한다. 이하 이 조에서 같다)으로서 피상속인이 10년 이상 계속하여 경영한 기업을 말한다. 이하 같다]의 상속(이하 "가업상속"이라 한다)에 해당하는 경우에는 가업상속 재산가액에 상당하는 금액을 상속세 과세가액에서 공제한다. 이 경우 공제하는 금액은 다음 각 호의 구분에 따른 금액을 한도로 한다.

1. 피상속인이 10년 이상 20년 미만 계속하여 경영한 경우: 300억원
2. 피상속인이 20년 이상 30년 미만 계속하여 경영한 경우: 400억원
3. 피상속인이 30년 이상 계속하여 경영한 경우: 600억원

---

7) 2023년 가업상속공제 개정 후 지난 2023~2024년 평균 202곳의 업체가 7,203억원을 공제받았다. 개정 직전 4년 평균 대비 건수는 80.3%, 공제액은 113.8% 상승했다. 한편, 2023~2024년 증여세 특례를 받은 평균 기업은 평균 411개사, 증여재산 가액은 6,973억원으로 집계됐다. 개정 직전 4년 평균보다 건수는 53.9%, 증여재산가액은 63.7% 올랐다.

② 제1항에도 불구하고 가업이 중견기업에 해당하는 경우로서 가업을 상속받거나 받을 상속인의 가업상속재산 외의 상속재산의 가액이 해당 상속인이 상속세로 납부할 금액에 대통령령으로 정하는 비율을 곱한 금액을 초과하는 경우에는 해당 상속인이 상속받거나 받을 가업상속재산에 대해서는 제1항에 따른 공제(이하 "가업상속공제"라 한다)를 적용하지 아니한다.

③ 가업상속공제를 받으려는 상속인은 가업상속에 해당함을 증명하기 위한 서류를 제67조제2항에 따라 납세지 관할세무서장에게 제출하여야 한다.

④ 제1항 및 제2항을 적용할 때 피상속인 및 상속인의 요건, 주식등을 상속하는 경우의 적용방법 등 가업상속의 범위, 가업상속재산과 가업상속재산 외의 상속재산의 범위, 가업을 상속받거나 받을 상속인이 상속세로 납부할 금액의 계산방법, 그 밖에 필요한 사항은 대통령령으로 정한다.

⑤ 가업상속공제를 받은 상속인이 상속개시일부터 5년 이내에 대통령령으로 정하는 정당한 사유 없이 다음 각 호의 어느 하나에 해당하면 제1항에 따라 공제받은 금액에 해당일까지의 기간을 고려하여 대통령령으로 정하는 율을 곱하여 계산한 금액(제1호에 해당하는 경우에는 가업용 자산의 처분 비율을 추가로 곱한 금액을 말한다)을 상속개시 당시의 상속세 과세가액에 산입하여 상속세를 부과한다. 이 경우 대통령령으로 정하는 바에 따라 계산한 이자상당액을 그 부과하는 상속세에 가산한다.

1. 가업용 자산의 100분의 40 이상을 처분한 경우
2. 해당 상속인이 가업에 종사하지 아니하게 된 경우
3. 주식등을 상속받은 상속인의 지분이 감소한 경우. 다만, 상속인이 상속받은 주식등을 제73조에 따라 물납(物納)하여 지분이 감소한 경우는 제외하되, 이 경우에도 상속인은 제22조제2항에 따른 최대주주나 최대출자자에 해당하여야 한다.
4. 다음 각 목에 모두 해당하는 경우
   가. 상속개시일부터 5년간 대통령령으로 정하는 정규직 근로자(이하 이 조에서 "정규직근로자"라 한다) 수의 전체 평균이 상속개시일이 속하는 소득세 과세기간 또는 법인세 사업연도의 직전 2개 소득세 과세기간 또는 법인세 사업연도의 정규직근로자 수의 평균의 100분의 90에 미달하는 경우
   나. 상속개시일부터 5년간 대통령령으로 정하는 총급여액(이하 이 목에서 "총급여액"이라 한다)의 전체 평균이 상속개시일이 속하는 소득세 과세기간 또는 법인세 사업연도의 직전 2개 소득세 과세기간 또는 법인세 사업연도의 총급여액의 평균의 100분의 90에 미달하는 경우

⑥ 가업상속공제를 받은 상속인은 대통령령으로 정하는 바에 따라 해당 가업용 자산, 가업 및 지분의 구체적인 내용을 납세지 관할세무서장에게 제출하여야 한다.

⑦ 제5항을 적용할 때 가업용 자산의 범위, 가업용 자산의 처분 비율 계산방법, 가업 종사 여부 및 지분의 감소 여부에 관한 판정방법, 정규직근로자 수 평균의 계산, 그 밖에 필요한 사항은 대통령령으로 정한다.

Part 06

⑧ 피상속인 또는 상속인이 가업의 경영과 관련하여 조세포탈 또는 회계부정 행위(「조세범 처벌법」 제3조제1항 또는 「주식회사 등의 외부감사에 관한 법률」 제39조제1항에 따른 죄를 범하는 것을 말하며, 상속개시일 전 10년 이내 또는 상속개시일부터 5년 이내의 기간 중의 행위로 한정한다. 이하 제18조의3에서 같다)로 징역형 또는 대통령령으로 정하는 벌금형을 선고받고 그 형이 확정된 경우에는 다음 각 호의 구분에 따른다.

1. 제76조에 따른 과세표준과 세율의 결정이 있기 전에 피상속인 또는 상속인에 대한 형이 확정된 경우: 가업상속공제를 적용하지 아니할 것
2. 가업상속공제를 받은 후에 상속인에 대한 형이 확정된 경우: 가업상속공제 금액을 상속개시 당시의 상속세 과세가액에 산입하여 상속세를 부과할 것. 이 경우 대통령령으로 정하는 바에 따라 계산한 이자상당액을 그 부과하는 상속세에 가산한다.

⑨ 상속인이 제5항 또는 제8항제2호에 해당하는 경우 상속세 납세의무자는 상속인이 제5항 각 호의 어느 하나에 해당하는 날이 속하는 달의 말일 또는 제8항제2호에 해당하는 날이 속하는 달의 말일부터 6개월 이내에 대통령령으로 정하는 바에 따라 납세지 관할세무서장에게 신고하고 해당 상속세와 이자상당액을 납세지 관할세무서, 한국은행 또는 체신관서에 납부하여야 한다. 다만, 제5항 또는 제8항제2호에 따라 이미 상속세와 이자상당액이 부과되어 이를 납부한 경우에는 그러하지 아니하다.

⑩ 제5항 또는 제8항제2호에 따라 상속세를 부과할 때 「소득세법」 제97조의2제4항에 따라 납부하였거나 납부할 양도소득세가 있는 경우에는 대통령령으로 정하는 바에 따라 계산한 양도소득세 상당액을 상속세 산출세액에서 공제한다. 다만, 공제한 해당 금액이 음수(陰數)인 경우에는 영으로 본다.

상속세 및 증여세법 시행령(약칭 : 상증령)

제15조 【가업상속】 ① 법 제18조의2제1항 각 호 외의 부분 전단에서 "대통령령으로 정하는 중소기업"이란 상속개시일이 속하는 소득세 과세기간 또는 법인세 사업연도의 직전 소득세 과세기간 또는 법인세 사업연도 말 현재 다음 각 호의 요건을 모두 갖춘 기업(이하 이 조에서 "중소기업"이라 한다)을 말한다.

1. 별표에 따른 업종을 주된 사업으로 영위할 것
2. 「조세특례제한법 시행령」 제2조제1항제1호 및 제3호의 요건을 충족할 것
3. 자산총액이 5천억원 미만일 것

② 법 제18조의2제1항 각 호 외의 부분 전단에서 "대통령령으로 정하는 중견기업"이란 상속개시일이 속하는 소득세 과세기간 또는 법인세 사업연도의 직전 소득세 과세기간 또는 법인세 사업연도 말 현재 다음 각 호의 요건을 모두 갖춘 기업(이하 이 조에서 "중견기업"이라 한다)을 말한다.

1. 별표에 따른 업종을 주된 사업으로 영위할 것
2. 「조세특례제한법 시행령」 제9조제4항제1호 및 제3호의 요건을 충족할 것

3. 상속개시일의 직전 3개 소득세 과세기간 또는 법인세 사업연도의 매출액(매출액은 기획재정부령으로 정하는 바에 따라 계산하며, 소득세 과세기간 또는 법인세 사업연도가 1년 미만인 소득세 과세기간 또는 법인세 사업연도의 매출액은 1년으로 환산한 매출액을 말한다)의 평균금액이 5천억원 미만인 기업일 것

③ 법 제18조의2제1항 각 호 외의 부분 전단에 따른 가업상속(이하 "가업상속"이라 한다)은 피상속인 및 상속인이 다음 각 호의 요건을 모두 갖춘 경우에만 적용한다. 이 경우 가업상속이 이루어진 후에 가업상속 당시 최대주주 또는 최대출자자(제19조제2항에 따른 최대주주 또는 최대출자자를 말한다. 이하 "최대주주등"이라 한다)에 해당하는 자(가업상속을 받은 상속인은 제외한다)의 사망으로 상속이 개시되는 경우는 적용하지 아니한다.

1. 피상속인이 다음 각 목의 요건을 모두 갖춘 경우
   가. 중소기업 또는 중견기업의 최대주주등인 경우로서 피상속인과 그의 특수관계인의 주식등을 합하여 해당 기업의 발행주식총수등의 100분의 40[「자본시장과 금융투자업에 관한 법률」 제8조의2제2항에 따른 거래소(이하 "거래소"라 한다)에 상장되어 있는 법인이면 100분의 20] 이상을 10년 이상 계속하여 보유할 것
   나. 법 제18조의2제1항 각 호 외의 부분 전단에 따른 가업(이하 "가업"이라 한다)의 영위기간[별표에 따른 업종으로서 「통계법」 제22조에 따라 국가데이터처장이 작성 · 고시하는 표준분류(이하 "한국표준산업분류"라 한다)상 동일한 대분류 내의 다른 업종으로 주된 사업을 변경하여 영위한 기간은 합산한다] 중 다음의 어느 하나에 해당하는 기간을 대표이사(개인사업자인 경우 대표자를 말한다. 이하 이 조, 제16조, 제68조 및 제69조의3에서 "대표이사등"이라 한다)로 재직할 것
      1) 100분의 50 이상의 기간
      2) 10년 이상의 기간(상속인이 피상속인의 대표이사등의 직을 승계하여 승계한 날부터 상속개시일까지 계속 재직한 경우로 한정한다)
      3) 상속개시일부터 소급하여 10년 중 5년 이상의 기간
2. 상속인이 다음 각 목의 요건을 모두 갖춘 경우. 이 경우 상속인의 배우자가 다음 각 목의 요건을 모두 갖춘 경우에는 상속인이 그 요건을 갖춘 것으로 본다.
   가. 상속개시일 현재 18세 이상일 것
   나. 상속개시일 전에 제1호나목에 따른 영위기간 중 2년 이상 직접 가업에 종사(상속개시일 2년 전부터 가업에 종사한 경우로서 상속개시일부터 소급하여 2년에 해당하는 날부터 상속개시일까지의 기간 중 제8항제2호다목에 따른 사유로 가업에 종사하지 못한 기간이 있는 경우에는 그 기간은 가업에 종사한 기간으로 본다)하였을 것. 다만, 피상속인이 65세 이전에 사망하거나 천재지변 및 인재 등 부득이한 사유로 사망한 경우에는 그러하지 아니하다.
   다. 상속세과세표준 신고기한까지 임원으로 취임할 것
   라. 상속세과세표준 신고기한부터 2년 이내에 대표이사등으로 취임할 것

④ 제3항을 적용할 때 피상속인이 둘 이상의 독립된 기업을 가업으로 영위한 경우의 해당 가업상속 공제한도 및 공제순서 등에 대해서는 기획재정부령으로 정한다. 〈신설 2016.

Part 06

2.5〉

⑤ 법 제18조의2제1항 각 호 외의 부분 전단에서 "가업상속 재산가액"이란 다음 각 호의 구분에 따라 제3항제2호의 요건을 모두 갖춘 상속인(이하 이 조에서 "가업상속인"이라 한다)이 받거나 받을 상속재산의 가액을 말한다.

1. 「소득세법」을 적용받는 가업: 가업에 직접 사용되는 토지(「소득세법」 제104조의3에 따른 비사업용 토지는 제외한다. 이하 이 조 및 제68조에서 같다), 건축물, 기계장치 등 사업용 자산의 가액에서 해당 자산에 담보된 채무액을 뺀 가액

2. 「법인세법」을 적용받는 가업: 가업에 해당하는 법인의 주식등의 가액[해당 주식등의 가액에 그 법인의 총자산가액(상속개시일 현재 법 제4장에 따라 평가한 가액을 말한다) 중 상속개시일 현재 다음 각 목의 어느 하나에 해당하는 자산(상속개시일 현재를 기준으로 법 제4장에 따라 평가한 가액을 말한다. 이 조 및 제68조에서 "사업무관자산"이라 한다)을 제외한 자산가액이 차지하는 비율을 곱하여 계산한 금액에 해당하는 것을 말한다]

가. 「법인세법」 제55조의2에 해당하는 자산

나. 「법인세법 시행령」 제49조에 해당하는 자산 및 타인에게 임대하고 있는 부동산(지상권 및 부동산임차권 등 부동산에 관한 권리를 포함한다). 다만, 해당 법인이 소유한 주택(「주택법」 제2조제6호에 따른 국민주택규모 이하인 주택 또는 상속개시일 현재 「소득세법」 제99조제1항에 따른 기준시가가 6억원 이하인 주택으로 한정한다)으로서 해당 법인의 임원 및 직원(다음의 어느 하나에 해당하는 자는 제외하며, 이하 이 조에서 "임직원"이라 한다)에게 5년 이상 계속하여 무상으로 임대하고 있는 주택은 제외한다.

1) 해당 법인의 발행주식총수 또는 출자총액의 100분의 1 이상의 주식등을 소유한 주주등

2) 해당 법인의 법 제63조제3항 전단에 따른 최대주주 또는 최대출자자와 제2조의2제1항제1호의 관계에 있는 자

다. 「법인세법 시행령」 제61조제1항제2호에 해당하는 자산. 다만, 임직원에게 대여한 다음의 어느 하나에 해당하는 자산은 제외한다.

1) 임직원 본인 또는 자녀의 학자금

2) 주택(대여일 당시 「소득세법」 제99조제1항에 따른 기준시가가 6억원 이하인 주택으로 한정한다)에 대한 전세금(주택의 등기를 하지 않은 전세계약에 따른 임대차보증금을 포함한다)

라. 과다보유현금[상속개시일 직전 5개 사업연도 말 평균 현금(요구불예금 및 취득일부터 만기가 3개월 이내인 금융상품을 포함한다)보유액의 100분의 200을 초과하는 것을 말한다]

마. 법인의 영업활동과 직접 관련이 없이 보유하고 있는 주식등, 채권 및 금융상품(라목에 해당하는 것은 제외한다)

⑥ 법 제18조의2제2항에 따른 가업을 상속받거나 받을 상속인의 가업상속재산 외의 상속재산의 가액은 가업상속인이 받거나 받을 상속재산(법 제13조에 따라 상속재산에 가산하는 증

여재산 중 가업상속인이 받은 증여재산을 포함한다)의 가액에서 다음 각 호의 금액을 차감한 금액으로 한다.

1. 해당 가업상속인이 부담하는 채무로서 제10조제1항에 따라 증명되는 채무의 금액
2. 해당 가업상속인이 제5항 각 호의 구분에 따라 받거나 받을 가업상속 재산가액

⑦ 법 제18조의2제2항에서 "해당 상속인이 상속세로 납부할 금액에 대통령령으로 정하는 비율을 곱한 금액"이란 가업상속인이 같은 조 제1항에 따른 가업상속공제를 받지 아니하였을 경우 법 제3조의2제1항 및 제2항에 따라 계산한 해당 가업상속인이 납부할 의무가 있는 상속세액에 100분의 200을 곱한 금액을 말한다.

⑧ 법 제18조의2제5항 각 호 외의 부분 전단에서 "대통령령으로 정하는 정당한 사유"란 다음 각 호에 해당하는 사유를 말한다.

1. 법 제18조의2제5항제1호를 적용할 때에는 다음 각 목의 어느 하나에 해당하는 경우
   가. 제9항에 따른 가업용 자산(이하 이 조에서 "가업용자산"이라 한다)이 「공익사업을 위한 토지 등의 취득 및 보상에 관한 법률」, 그 밖의 법률에 따라 수용 또는 협의 매수되거나 국가 또는 지방자치단체에 양도되거나 시설의 개체(改替), 사업장 이전 등으로 처분되는 경우. 다만, 처분자산과 같은 종류의 자산을 대체 취득하여 가업에 계속 사용하는 경우에 한한다.
   나. 가업용자산을 국가 또는 지방자치단체에 증여하는 경우
   다. 가업상속받은 상속인이 사망한 경우
   라. 합병 · 분할, 통합, 개인사업의 법인전환 등 조직변경으로 인하여 자산의 소유권이 이전되는 경우. 다만, 조직변경 이전의 업종과 같은 업종을 영위하는 경우로서 이전된 가업용자산을 그 사업에 계속 사용하는 경우에 한한다.
   마. 내용연수가 지난 가업용자산을 처분하는 경우
   바. 제11항제2호에 따른 가업의 주된 업종 변경과 관련하여 자산을 처분하는 경우로서 변경된 업종을 가업으로 영위하기 위하여 자산을 대체취득하여 가업에 계속 사용하는 경우
   사. 가업용자산의 처분금액을 「조세특례제한법」 제10조에 따른 연구 · 인력개발비로 사용하는 경우
2. 법 제18조의2제5항제2호를 적용할 때에는 다음 각 목의 어느 하나에 해당하는 경우
   가. 가업상속받은 상속인이 사망한 경우
   나. 가업상속 받은 재산을 국가 또는 지방자치단체에 증여하는 경우
   다. 상속인이 법률에 따른 병역의무의 이행, 질병의 요양 등 기획재정부령으로 정하는 부득이한 사유에 해당하는 경우
3. 법 제18조의2제5항제3호를 적용할 때에는 다음 각 목의 어느 하나에 해당하는 경우
   가. 합병 · 분할 등 조직변경에 따라 주식등을 처분하는 경우. 다만, 처분 후에도 상속인이 합병법인 또는 분할신설법인 등 조직변경에 따른 법인의 최대주주등에 해당하는 경우에 한한다.

나. 해당 법인의 사업확장 등에 따라 유상증자할 때 상속인의 특수관계인 외의 자에게 주식등을 배정함에 따라 상속인의 지분율이 낮아지는 경우. 다만, 상속인이 최대주주 등에 해당하는 경우에 한한다.

다. 상속인이 사망한 경우. 다만, 사망한 자의 상속인이 원래 상속인의 지위를 승계하여 가업에 종사하는 경우에 한한다.

라. 주식등을 국가 또는 지방자치단체에 증여하는 경우

마. 「자본시장과 금융투자업에 관한 법률」 제390조제1항에 따른 상장규정의 상장요건을 갖추기 위하여 지분을 감소시킨 경우. 다만, 상속인이 최대주주등에 해당하는 경우에 한정한다.

바. 주주 또는 출자자의 주식 및 출자지분의 비율에 따라서 무상으로 균등하게 감자하는 경우

사. 「채무자 회생 및 파산에 관한 법률」에 따른 법원의 결정에 따라 무상으로 감자하거나 채무를 출자전환하는 경우

⑨ 법 제18조의2제5항제1호에서 "가업용 자산"이란 다음 각 호의 자산을 말한다.

1. 「소득세법」을 적용받는 가업: 가업에 직접 사용되는 토지, 건축물, 기계장치 등 사업용 자산
2. 「법인세법」을 적용받는 가업: 가업에 해당하는 법인의 사업에 직접 사용되는 사업용 고정자산(사업무관자산은 제외한다)

⑩ 가업용자산의 처분비율은 제1호의 가액에서 제2호의 가액이 차지하는 비율(이하 이 조에서 "자산처분비율"이라 한다)로 계산한다. 이 경우 법 제18조의2제5항제1호에 해당하여 상속세를 부과한 후 재차 같은 호에 해당하여 상속세를 부과하는 경우에는 종전에 처분한 자산의 가액을 제외하고 계산한다.

1. 상속개시일 현재 가업용자산의 가액
2. 가업용자산 중 처분(사업에 사용하지 아니하고 임대하는 경우를 포함한다)한 자산의 상속개시일 현재의 가액

⑪ 법 제18조의2제5항제2호를 적용할 때 다음 각 호의 경우에는 해당 상속인이 가업에 종사하지 않게 된 것으로 본다.

1. 상속인(제3항제2호 후단에 해당하는 경우에는 상속인의 배우자)이 대표이사등으로 종사하지 아니하는 경우
2. 가업의 주된 업종을 변경하는 경우. 다만, 다음 각 목의 어느 하나에 해당하는 경우는 제외한다.
   가. 한국표준산업분류에 따른 대분류 내에서 업종을 변경하는 경우(별표에 따른 업종으로 변경하는 경우로 한정한다)
   나. 가목 외의 경우로서 제49조의2에 따른 평가심의위원회의 심의를 거쳐 업종의 변경을 승인하는 경우
3. 해당 가업을 1년 이상 휴업(실적이 없는 경우를 포함한다)하거나 폐업하는 경우

⑫ 법 제18조의2제5항제3호 본문에서 "상속인의 지분이 감소한 경우"란 다음 각 호의 어느

하나에 해당하는 경우를 포함한다.

1. 상속인이 상속받은 주식등을 처분하는 경우
2. 해당 법인이 유상증자할 때 상속인의 실권 등으로 지분율이 감소한 경우
3. 상속인의 특수관계인이 주식등을 처분하거나 유상증자할 때 실권 등으로 상속인이 최대주주등에 해당되지 아니하게 되는 경우

⑬ 법 제18조의2제5항제4호가목에서 "대통령령으로 정하는 정규직 근로자"란 「근로기준법」에 따라 계약을 체결한 근로자를 말한다. 다만, 다음 각 호의 어느 하나에 해당하는 사람은 제외한다.

1. 근로계약기간이 1년 미만인 근로자(근로계약의 연속된 갱신으로 인하여 그 근로계약의 총 기간이 1년 이상인 근로자는 제외한다)
2. 「근로기준법」 제2조제1항제9호에 따른 단시간근로자로서 1개월간의 소정근로시간이 60시간 미만인 근로자
3. 「소득세법 시행령」 제196조에 따른 근로소득원천징수부에 따라 근로소득세를 원천징수한 사실이 확인되지 않고, 다음 각 목의 어느 하나에 해당하는 금액의 납부사실도 확인되지 않는 자
   가. 「국민연금법」 제3조제1항제11호 및 제12호에 따른 부담금 및 기여금
   나. 「국민건강보험법」 제69조에 따른 직장가입자의 보험료

⑭ 법 제18조의2제5항제4호나목에서 "대통령령으로 정하는 총급여액"이란 제13항에 따른 근로자(「조세특례제한법 시행령」 제26조의4제2항제3호에 해당하는 사람을 제외하되, 기준고용인원 산정기간에 같은 호에 해당되는 사람만 있을 경우에는 포함한다)에게 지급한 「소득세법」 제20조제1항제1호 및 제2호에 따른 소득의 합계액을 말한다.

⑮ 법 제18조의2제5항 각 호 외의 부분 전단에서 "대통령령으로 정하는 율"이란 100분의 100을 말한다.

⑯ 법 제18조의2제5항 각 호 외의 부분 후단에서 "대통령령으로 정하는 바에 따라 계산한 이자상당액"이란 제1호의 금액에 제2호의 기간과 제3호의 율을 곱하여 계산한 금액을 말한다.

1. 법 제18조의2제5항 각 호 외의 부분 전단에 따라 결정한 상속세액
2. 당초 상속받은 가업상속재산에 대한 상속세 과세표준 신고기한의 다음날부터 법 제18조의2제5항 각 호의 사유가 발생한 날까지의 기간
3. 법 제18조의2제5항 각 호 외의 부분 전단에 따른 상속세의 부과 당시의 「국세기본법 시행령」 제43조의3제2항 본문에 따른 이자율을 365로 나눈 율

⑰ 법 제18조의2제5항제4호가목에 따른 정규직 근로자 수의 평균은 해당 기간 중 매월 말일 현재의 정규직 근로자 수를 합하여 해당 기간의 월수로 나누어 계산한다.

⑱ 법 제18조의2제5항제4호를 적용할 때 가업에 해당하는 법인이 분할하거나 다른 법인을 합병하는 경우 정규직 근로자 수 및 총급여액은 다음 각 호에 따라 계산한다.

1. 분할에 따라 가업에 해당하는 법인의 정규직 근로자의 일부가 다른 법인으로 승계되어 근무하는 경우 그 정규직 근로자는 분할 후에도 가업에 해당하는 법인의 정규직 근로자로 본다.

2. 합병에 따라 다른 법인의 정규직 근로자가 가업에 해당하는 법인에 승계되어 근무하는 경우 그 정규직 근로자는 상속이 개시되기 전부터 가업에 해당하는 법인의 정규직 근로자였던 것으로 본다.

⑲ 법 제18조의2제8항 각 호 외의 부분에서 "대통령령으로 정하는 벌금형"이란 다음 각 호의 어느 하나에 해당하는 것을 말한다.

1. 조세포탈의 경우: 「조세범 처벌법」 제3조제1항 각 호의 어느 하나에 해당하여 받은 벌금형
2. 회계부정의 경우: 「주식회사 등의 외부감사에 관한 법률」 제39조제1항에 따른 죄를 범하여 받은 벌금형(재무제표상 변경된 금액이 자산총액의 100분의 5 이상인 경우로 한정한다)

⑳ 법 제18조의2제8항제2호 후단에서 "대통령령으로 정하는 바에 따라 계산한 이자상당액"이란 제1호의 금액에 제2호의 기간과 제3호의 율을 곱하여 계산한 금액을 말한다.

1. 법 제18조의2제8항제2호 전단에 따라 결정한 상속세액
2. 당초 상속받은 가업상속재산에 대한 상속세 과세표준 신고기한의 다음날부터 법 제18조의2제8항제2호의 사유가 발생한 날까지의 기간
3. 법 제18조의2제8항제2호 전단에 따른 상속세의 부과 당시의 「국세기본법 시행령」 제43조의3제2항 본문에 따른 이자율을 365로 나눈 율

㉑ 법 제18조의2제10항 본문에서 "대통령령으로 정하는 바에 따라 계산한 양도소득세 상당액"이란 같은 조 제1항에 따른 가업상속공제를 받고 양도하는 가업상속 재산에 대하여 「소득세법」 제97조의2제4항을 적용하여 계산한 양도소득세액에서 같은 법 제97조를 적용하여 계산한 양도소득세액을 뺀 금액을 말한다.

㉒ 법 제18조의2제1항에 따라 가업상속공제를 받으려는 자는 가업상속재산명세서 및 기획재정부령으로 정하는 가업상속 사실을 입증할 수 있는 서류를 제64조에 따른 상속세과세표준신고(이하 "상속세과세표준신고"라 한다)와 함께 납세지 관할 세무서장에게 제출하여야 한다.

㉓ 법 제18조의2제9항 본문에 따라 상속세와 이자상당액을 납부하려는 상속세 납세의무자는 같은 항 본문에 따른 신고를 할 때 기획재정부령으로 정하는 가업상속공제 사후관리추징사유 신고 및 자진납부 계산서를 납세지 관할 세무서장에게 제출하여야 한다.

㉔ 납세지 관할 세무서장은 상속인이 법 제18조의2제5항 각 호 및 같은 조 제8항제2호에 해당하는지를 매년 확인 · 관리해야 한다.

㉕ 가업상속받은 기업이 다음 각 호의 요건을 모두 갖춘 경우에는 제3항제2호라목 및 제11항제1호를 적용하지 않으며, 제11항제2호에도 불구하고 한국표준산업분류에 따른 구분에 관계 없이 별표에 따른 업종으로 변경할 수 있다. 이 경우 둘 이상의 독립된 기업을 가업상속받은 경우에는 개별 기업별로 적용 여부를 판단한다.

1. 다음 각 목의 어느 하나에 해당하는 경우
   가. 본점 또는 주사무소(이하 이 항에서 "본사"라 한다)를 「조세특례제한법」 제99조의4제1항제1호가목1)부터 5)까지 외의 부분에 따른 기회발전특구(이하 이 항에서 "기회발

전특구”라 한다)로 이전한 경우
나. 본사가 기회발전특구에 소재하는 경우
2. 기회발전특구에 소재하는 본사 및 그 밖의 사업장에서 해당 기업의 업무에 종사하는 상시 근무인원(「조세특례제한법 시행령」 제60조의2제7항에 따른 상시 근무인원을 말한다. 이하 이 항에서 같다)의 연평균 인원(매월 말 현재의 인원을 합하고 이를 해당 개월 수로 나누어 계산한 인원을 말한다. 이하 이 항에서 같다)이 해당 기업의 업무에 종사하는 전체 상시 근무인원의 연평균 인원의 100분의 50 이상인 경우

나. 가업상속공제 관련 최대주주 할증평가 배제 확대

종전에는 중소기업을 제외한 기업의 최대주주 또는 최대출자자의 주식이나 출자지분의 가액을 평가하는 경우 그 가액의 100분의 20을 가산하여 평가하도록 하였으나, 직전 3개 사업연도의 매출액 평균이 5천억원 미만인 중견기업의 최대주주가 소유한 주식이나 출자지분은 제외하도록 하였다(상증법 제63조 및 동법 시행령 제53조 제7항).

상속세 및 증여세법(약칭 : 상증법)

제63조【유가증권 등의 평가】 ① 유가증권 등의 평가는 다음 각 호의 어느 하나에서 정하는 방법으로 한다.

③ 제1항제1호, 제2항 및 제60조제2항을 적용할 때 대통령령으로 정하는 최대주주 또는 최대출자자 및 그의 특수관계인에 해당하는 주주등(이하 이 항에서 “최대주주등”이라 한다)의 주식등(대통령령으로 정하는 중소기업, 대통령령으로 정하는 중견기업 및 평가기준일이 속하는 사업연도 전 3년 이내의 사업연도부터 계속하여 「법인세법」 제14조제2항에 따른 결손금이 있는 법인의 주식등 등 대통령령으로 정하는 주식등은 제외한다)에 대해서는제1항제1호 및 제2항에 따라 평가한 가액 또는 제60조제2항에 따라 인정되는 가액에 그 가액의 100분의 20을 가산한다. 이 경우 최대주주등이 보유하는 주식등의 계산방법은 대통령령으로 정한다. 〈개정 2022. 12. 31.〉

상속세 및 증여세법 시행령(약칭 : 상증령)

제53조【코스닥시장에 상장신청을 한 법인의 주식등의 평가 등】 ⑦ 법 제63조제3항 전단에서 “대통령령으로 정하는 중견기업”이란 「중견기업 성장촉진 및 경쟁력 강화에 관한 특별법」 제2조에 따른 중견기업으로서 평가기준일이 속하는 과세기간 또는 사업연도의 직전 3개 과세기간 또는 사업연도의 매출액의 평균이 5천억원 미만인 기업을 말한다. 이 경우 매출액은 기업회계기준에 따라 작성한 손익계산서상의 매출액을 기준으로 하며, 과세기간 또는 사업연도가 1년 미만인 과세기간 또는 사업연도의 매출액은 1년으로 환산한다. 〈신설 2023. 2. 28.〉

다. 상속세 연부연납

2023년 상증법 개정 전에는 일정 요건을 갖추어 중소기업 또는 중견기업을 상속받은 경우 상속재산 중 해당 상속재산이 차지하는 비율이 100분의 50 이상인 경우에만 최대 20년의 연부연납을 허가받을 수 있었으나, 현재는 해당 상속재산의 비율에 관계없이 최대 20년의 연부연납을 허가받을 수 있고, 10년의 거치기간을 둘 수도 있다(상증법 제71조).

상속세 및 증여세법(약칭 : 상증법)

제71조【연부연납】 ① 납세지 관할세무서장은 상속세 납부세액이나 증여세 납부세액이 2천만원을 초과하는 경우에는 대통령령으로 정하는 방법에 따라 납세의무자의 신청을 받아 연부연납을 허가할 수 있다. 이 경우 납세의무자는 담보를 제공하여야 하며, 「국세징수법」 제18조제1항제1호부터 제4호까지의 규정에 따른 납세담보를 제공하여 연부연납 허가를 신청하는 경우에는 그 신청일에 연부연납을 허가받은 것으로 본다. 〈개정 2020. 12. 22., 2021. 12. 21.〉

② 제1항에 따른 연부연납의 기간은 다음 각 호의 구분에 따른 기간의 범위에서 해당 납세의무자가 신청한 기간으로 한다. 다만, 각 회분의 분할납부 세액이 1천만원을 초과하도록 연부연납기간을 정하여야 한다. 〈개정 2022. 12. 31.〉

1. 상속세의 경우: 다음 각 목의 상속재산별 구분에 따른 기간
   가. 제18조의2에 따라 가업상속공제를 받았거나 대통령령으로 정하는 요건에 따라 중소기업 또는 중견기업을 상속받은 경우의 대통령령으로 정하는 상속재산(「유아교육법」 제7조제3호에 따른 사립유치원에 직접 사용하는 재산 등 대통령령으로 정하는 재산을 포함한다. 이하 이 조에서 같다): 연부연납 허가일부터 20년 또는 연부연납 허가 후 10년이 되는 날부터 10년
   나. 그 밖의 상속재산의 경우: 연부연납 허가일부터 10년
2. 증여세의 경우: 연부연납 허가일부터 5년

③ 제2항을 적용할 때 연부연납 대상금액의 산정방법은 대통령령으로 정한다.

④ 납세지 관할세무서장은 제1항에 따라 연부연납을 허가받은 납세의무자가 다음 각 호의 어느 하나에 해당하게 된 경우에는 대통령령으로 정하는 바에 따라 그 연부연납 허가를 취소하거나 변경하고, 그에 따라 연부연납과 관계되는 세액의 전액 또는 일부를 징수할 수 있다.

1. 연부연납 세액을 지정된 납부기한(제1항 후단에 따라 허가받은 것으로 보는 경우에는 연부연납 세액의 납부 예정일을 말한다)까지 납부하지 아니한 경우
2. 담보의 변경 또는 그 밖에 담보 보전(保全)에 필요한 관할세무서장의 명령에 따르지 아니한 경우
3. 「국세징수법」 제9조제1항 각 호의 어느 하나에 해당되어 그 연부연납기한까지 그 연부연

납과 관계되는 세액의 전액을 징수할 수 없다고 인정되는 경우

4. 상속받은 사업을 폐업하거나 해당 상속인이 그 사업에 종사하지 아니하게 된 경우 등 대통령령으로 정하는 사유에 해당하는 경우

5. 「유아교육법」 제7조제3호에 따른 사립유치원에 직접 사용하는 재산 등 대통령령으로 정하는 재산을 해당 사업에 직접 사용하지 아니하는 경우 등 대통령령으로 정하는 경우

⑤ 납세지 관할세무서장은 제1항에 따라 연부연납을 허가(제1항 후단에 따라 허가받은 것으로 보는 경우는 제외한다)하거나 제4항에 따라 연부연납의 허가를 취소한 경우에는 납세의무자에게 그 사실을 알려야 한다.

라. 가업상속세 납부유예

중소기업에 해당하는 가업을 상속받은 경우, 상속인의 선택에 따라 가업상속공제를 받는 대신 상속인이 사망할 때[8] 까지 납세담보를 제공하고 상속세의 납부유예에 허가를 받을 수 있도록 하여 중소기업의 원활한 가업 승계를 지원하였다(상증법 제72조의2).

상속세 및 증여세법(약칭 : 상증법)

제72조의2【가업상속에 대한 상속세의 납부유예】 ① 납세지 관할세무서장은 납세의무자가 다음 각 호의 요건을 모두 갖추어 상속세의 납부유예를 신청하는 경우에는 대통령령으로 정하는 금액에 대하여 납부유예를 허가할 수 있다.

1. 상속인이 제18조의2제1항에 따른 가업(중소기업으로 한정한다)을 상속받았을 것
2. 가업상속공제를 받지 아니하였을 것. 이 경우 제18조의4에 따라 가업상속공제 대신 영농상속공제를 받은 경우에는 가업상속공제를 받은 것으로 본다.

② 제1항에 따른 납부유예 허가를 받으려는 납세의무자는 담보를 제공하여야 한다.

③ 납세지 관할세무서장은 상속인이 대통령령으로 정하는 정당한 사유 없이 다음 각 호의 어느 하나에 해당하는 경우 제1항에 따른 허가를 취소하거나 변경하고, 해당 호에 따른 세액과 대통령령으로 정하는 바에 따라 계산한 이자상당액을 징수한다.

1. 「소득세법」을 적용받는 가업을 상속받은 경우로서 가업용 자산의 100분의 40 이상을 처분한 경우: 납부유예된 세액 중 처분 비율을 고려하여 대통령령으로 정하는 바에 따라 계산한 세액
2. 해당 상속인이 가업에 종사하지 아니하게 된 경우: 납부유예된 세액의 전부
3. 주식등을 상속받은 상속인의 지분이 감소한 경우: 다음 각 목의 구분에 따른 세액

8) 현행 상증법 문언상 명확하지는 않지만, 2023년 세법 개정안 보도자료에 의하면 상속인, 수증자가 재차 가업승계(상속, 증여) 시 계속 납부유예를 적용한다고 한다. 따라서 사후요건을 충족한다면 가업이 유지되는 한 무한대로 승계할 수 있게 된 것이다.

가. 상속개시일부터 5년 이내에 감소한 경우: 납부유예된 세액의 전부

나. 상속개시일부터 5년 후에 감소한 경우: 납부유예된 세액 중 지분 감소 비율을 고려하여 대통령령으로 정하는 바에 따라 계산한 세액

4. 제18조의2제5항제4호 각 목에 모두 해당하는 경우(이 경우 같은 호 가목 및 나목 중 "100분의 90"은 각각 "100분의 70"으로 본다): 납부유예된 세액의 전부

5. 해당 상속인이 사망하여 상속이 개시되는 경우: 납부유예된 세액의 전부

④ 제1항에 따라 납부유예 허가를 받은 자는 상속인이 제3항 각 호의 어느 하나에 해당하는 경우 그 날이 속하는 달의 말일부터 6개월 이내에 대통령령으로 정하는 바에 따라 납세지 관할세무서장에게 신고하고 해당 상속세와 이자상당액을 납세지 관할세무서, 한국은행 또는 체신관서에 납부하여야 한다. 다만, 제3항에 따라 이미 상속세와 이자상당액이 징수된 경우에는 그러하지 아니하다.

⑤ 납세지 관할세무서장은 제1항에 따라 납부유예 허가를 받은 자가 다음 각 호의 어느 하나에 해당하는 경우 그 허가를 취소하거나 변경하고, 납부유예된 세액의 전부 또는 일부와 대통령령으로 정하는 바에 따라 계산한 이자상당액을 징수할 수 있다.

1. 담보의 변경 또는 그 밖의 담보 보전에 필요한 관할 세무서장의 명령에 따르지 아니한 경우

2. 「국세징수법」 제9조제1항 각 호의 어느 하나에 해당되어 납부유예된 세액의 전액을 징수할 수 없다고 인정되는 경우

⑥ 제3항제3호 또는 제5호(제7항에 따라 준용되는 경우를 포함한다)에 따라 납부유예된 세액과 이자상당액을 납부하여야 하는 자는 다음 각 호의 어느 하나에 해당하는 경우 제3항과 제4항에도 불구하고 납세지 관할세무서장에게 해당 세액과 이자상당액의 납부유예 허가를 신청할 수 있다.

1. 제3항제3호에 해당하는 경우로서 수증자가 「조세특례제한법」 제30조의6에 따른 과세특례를 적용받거나 같은 법 제30조의7에 따른 납부유예 허가를 받은 경우

2. 제3항제5호에 해당하는 경우로서 다시 상속을 받은 상속인이 상속받은 가업에 대하여 가업상속공제를 받거나 제1항에 따른 납부유예 허가를 받은 경우

⑦ 제6항에 따른 납부유예에 관하여는 제2항부터 제5항까지의 규정(제3항제4호는 제외한다)을 준용한다. 이 경우 제3항제3호가목 중 "납부유예된 세액의 전부"는 "납부유예된 세액 중 지분 감소 비율을 고려하여 대통령령으로 정하는 바에 따라 계산한 세액"으로 보고, 제6항제1호에 따라 납부유예 허가를 받은 경우에는 제3항부터 제5항까지의 규정 중 "상속인"은 "수증자"로, "상속받은"은 "증여받은"으로, "상속개시일"은 "증여일"로 본다.

⑧ 제1항부터 제7항까지의 규정을 적용할 때 납부유예 신청 절차, 담보의 제공에 관한 사항, 납부유예 허가 시기와 관련한 납부지연가산세의 부과 여부에 관한 사항, 가업 종사 여부의 판정방법, 그 밖에 필요한 사항은 대통령령으로 정한다. [본조신설 2022. 12. 31.]

상속세 및 증여세법 시행령(약칭 : 상증령)

제69조의2【가업상속에 대한 상속세의 납부유예 신청 등】 ① 법 제72조의2제1항 또는 제6항에 따라 납부유예를 신청하려는 자는 법 제67조 또는 제68조에 따른 상속세 과세표준신고 또는 증여세 과세표준신고(「국세기본법」 제45조에 따른 수정신고 또는 같은 법 제45조의3에 따른 기한 후 신고를 포함한다)를 할 때 다음 각 호의 서류를 납세지 관할 세무서장에게 제출해야 한다. 다만, 법 제77조에 따라 과세표준과 세액의 결정 통지를 받은 자는 해당 납부고지서에 따른 납부기한까지 그 서류를 제출할 수 있다.

1. 기획재정부령으로 정하는 납부유예신청서
2. 제15조제22항에 따른 가업상속재산명세서 및 가업상속 사실을 입증할 수 있는 서류(법 제72조의2제1항에 따라 신청하는 경우만 해당한다)
3. 「조세특례제한법」 제30조의6에 따른 과세특례를 적용받거나 같은 법 제30조의7에 따른 납부유예 허가를 받았음을 증명할 수 있는 서류(법 제72조의2제6항제1호에 따라 신청하는 경우만 해당한다)
4. 가업상속공제를 받거나 법 제72조의2제1항에 따른 납부유예 허가를 받았음을 증명할 수 있는 서류(법 제72조의2제6항제2호에 따라 신청하는 경우만 해당한다)

② 제1항에 따른 신청을 받은 납세지 관할 세무서장은 다음 각 호의 구분에 따른 기간 이내에 신청인에게 그 허가 여부를 서면으로 통지해야 한다.

1. 법 제67조에 따른 상속세 과세표준신고를 한 경우: 같은 조 제1항에 따른 신고기한이 지난 날부터 9개월
2. 법 제68조에 따른 증여세 과세표준신고를 한 경우: 같은 조 제1항에 따른 신고기한이 지난 날부터 6개월
3. 「국세기본법」 제45조에 따른 수정신고 또는 같은 법 제45조의3에 따른 기한 후 신고를 한 경우: 수정신고 또는 기한 후 신고를 한 날이 속하는 달의 말일부터 9개월(법 제72조의2제6항제1호에 따라 신청하는 경우에는 6개월)
4. 제1항 단서의 경우: 납부고지서에 따른 납부기한이 지난 날부터 14일

③ 제2항제4호에 따른 통지가 납부고지서에 따른 납부기한을 경과한 경우에는 그 통지일 이전의 기간에 대해서는 「국세기본법」 제47조의4제1항제1호(납부고지서에 따른 납부기한의 다음 날부터 성립하는 부분으로 한정한다) 및 제3호에 따른 납부지연가산세를 부과하지 않는다. [본조신설 2023. 2. 28.]

제69조의3【납부유예 금액의 계산 등】 ① 법 제72조의2제1항 각 호 외의 부분에서 "대통령령으로 정하는 금액"이란 다음 계산식에 따라 계산한 금액을 말한다.

$$\text{상속세 납부세액} \times \frac{\text{제15조제5항에 따른 가업상속 재산가액}}{\text{총 상속재산가액}}$$

Part 06

② 법 제72조의2제3항 각 호 외의 부분에서 "대통령령으로 정하는 정당한 사유"란 다음 각 호에 해당하는 사유를 말한다.

1. 법 제72조의2제3항제1호를 적용할 때: 제15조제8항제1호 각 목(같은 호 다목은 제외한다)의 어느 하나에 해당하는 경우
2. 법 제72조의2제3항제2호를 적용할 때: 제15조제8항제2호 각 목(같은 호 가목은 제외한다)의 어느 하나에 해당하는 경우
3. 법 제72조의2제3항제3호를 적용할 때: 제15조제8항제3호 각 목(같은 호 다목은 제외한다)의 어느 하나에 해당하는 경우

③ 법 제72조의2제3항제1호에서 "처분 비율을 고려하여 대통령령으로 정하는 바에 따라 계산한 세액"이란 다음 계산식에 따라 계산한 금액을 말한다. 이 경우 가업용 자산의 범위 및 그 처분 비율의 계산에 관하여는 제15조제9항 및 제10항을 준용한다.

법 제72조의2제1항에 따라 납부유예된 세액 × 가업용 자산의 처분 비율

④ 법 제72조의2제3항제2호를 적용할 때 다음 각 호의 경우는 해당 상속인이 가업에 종사하지 않게 된 것으로 본다.

1. 상속인(제15조제3항제2호 후단에 해당하는 경우에는 상속인의 배우자)이 대표이사등으로 종사하지 않는 경우(상속개시일부터 5년 이내의 기간 중으로 한정한다)
2. 해당 가업을 1년 이상 휴업(실적이 없는 경우를 포함한다)하거나 폐업하는 경우

⑤ 법 제72조의2제3항제3호 각 목 외의 부분에서 "상속인의 지분이 감소한 경우"란 제15조제12항 각 호의 어느 하나에 해당하는 경우를 포함한다.

⑥ 법 제72조의2제3항제3호나목 및 같은 조 제7항 후단에서 "지분 감소 비율을 고려하여 대통령령으로 정하는 바에 따라 계산한 세액"이란 각각 다음 계산식에 따라 계산한 금액을 말한다.

$$세액 = A \times (B \div C)$$

A: 법 제72조의2제1항에 따라 납부유예된 세액
B: 감소한 지분율
C: 상속개시일 현재 지분율

⑦ 법 제72조의2제3항 각 호 외의 부분에서 "대통령령으로 정하는 바에 따라 계산한 이자상당액"이란 제1호의 금액에 제2호의 기간과 제3호의 율(법 제72조의2제6항에 따라 납부유예 허가를 받은 경우에는 제3호의 율에 100분의 50을 곱한 율)을 곱하여 계산한 금액을 말한다.

1. 법 제72조의2제3항 각 호에 따른 상속세액
2. 당초 상속받은 가업상속재산에 대한 상속세 과세표준신고기한의 다음 날부터 법 제72조의2제3항 각 호의 사유가 발생한 날까지의 기간
3. 법 제72조의2제3항에 따른 납부유예 허가의 취소 또는 변경 당시의 「국세기본법 시행령」 제43조의3제2항 본문에 따른 이자율을 365로 나눈 율. 다만, 제2호의 기간 중에 「국세기본법 시행령」 제43조의3제2항 본문에 따른 이자율이 1회 이상 변경된 경우 그 변경 전의 기간에 대해서는 변경 전의 이자율을 365로 나눈 율을 적용한다.

⑧ 법 제72조의2제4항 본문에 따라 상속세와 이자상당액을 납부하려는 자는 같은 항 본문에 따른 신고를 할 때 기획재정부령으로 정하는 납부유예 사후관리추징사유 신고 및 자진납부 계산서를 납세지 관할 세무서장에게 제출해야 한다.

⑨ 법 제72조의2제5항 각 호 외의 부분에서 "대통령령으로 정하는 바에 따라 계산한 이자상당액"이란 제1호의 금액에 제2호의 기간과 제3호의 율(법 제72조의2제6항에 따라 납부유예 허가를 받은 경우에는 제3호의 율에 100분의 50을 곱한 율)을 곱하여 계산한 금액을 말한다.

1. 법 제72조의2제5항에 따른 상속세액
2. 당초 상속받은 가업상속재산에 대한 상속세 과세표준신고기한의 다음 날부터 법 제72조의2제5항 각 호의 사유가 발생한 날까지의 기간
3. 법 제72조의2제5항에 따른 납부유예 허가의 취소 또는 변경 당시의 「국세기본법 시행령」 제43조의3제2항 본문에 따른 이자율을 365로 나눈 율. 다만, 제2호의 기간 중에 「국세기본법 시행령」 제43조의3제2항 본문에 따른 이자율이 1회 이상 변경된 경우 그 변경 전의 기간에 대해서는 변경 전의 이자율을 365로 나눈 율을 적용한다.

⑩ 납세지 관할 세무서장은 납부유예 허가를 받은 상속인이 법 제72조의2제3항 각 호에 해당하는지를 매년 확인·관리해야 한다. [본조신설 2023. 2. 28.]

마. 가업승계 증여특례

가업의 승계를 목적으로 해당 가업(중소기업 또는 사업연도의 직전 3개 법인세 사업연도의 매출액 평균금액이 5천억원 미만인 중견기업)의 주식 또는 출자지분(이하 "주식등"이라 함)을 증여받고 가업을 승계한 경우에는 조특법에 따라 낮은 세율(10% 또는 20%)의 증여세를 납부하는 가업증여특례가 있다.[9] 즉, 가업증여특례를 활용하면, 「상속세 및 증여세법」 제53조, 제53조의2 및 제56조에도 불구하고 그 주식등의 가액 중 가업자산 상당액에 대한 증여세 과세가액에서 10억원을 공제하고 세율을 100분의 10(과세표준이 120억원을 초과하는 경우 그 초과금액에 대해서는 100분의 20)으로 하여 증여세를 부과한다. 가업증여특례를 받기 위해서는 증여자와 수증자가 요건을 충족해야 한다. 증여자 요건으로, (i) 가업주식의 증여일 현재 중소기업 등인 가업을 10년 이상 계속하여 경영한 60세 이상인 수증자의 부모(증여 당시 부모가 사망한 경우에는 그 사망한 부모의 부모를 포함)이어야 하고, (ii) 가업 영위기간 중 일정 기간(100분의 50 이상의 기간 또는 증여일부터 소급하여 10년 중 5년 이상의 기간)을 대표이사로 재직해야 하며, (iii) 증여자는 최대주주로서 그와 특수관계인의 주식을 합하여 해당 법인의 발행주식총수 또는 출자총

9) '가업의 승계에 대한 증여세 과세특례' 제도는 중소·중견기업 경영자의 고령화에 따라 생전에 자녀에게 가업을 계획적으로 사전 상속할 수 있도록 지원함으로써 가업의 영속성을 유지하고 경제활력을 도모하기 위한 제도이다.

액의 100분의 40(상장법인은 100분의 20) 이상의 주식 등을 10년 이상 계속하여 보유하여야 한다. 수증자 요건으로, (i) 증여일 현재 18세 이상이고 거주자인 자녀이어야 하고, (ii) 가업주식을 증여받은 수증자 또는 그 배우자가 증여세 신고기한(증여일의 말일부터 3개월)까지 가업에 종사하고, 증여일로부터 3년 이내에 대표이사에 취임하여야 한다. 가업증여특례의 한도는 (i) 부모가 10년 이상 20년 미만 계속하여 경영한 경우 300억원, (ii) 부모가 20년 이상 30년 미만 계속하여 경영한 경우 400억원, (iii) 부모가 30년 이상 계속하여 경영한 경우 600억원이다.

조세특례제한법

제30조의6 【가업의 승계에 대한 증여세 과세특례】 ① 18세 이상인 거주자가 60세 이상의 부모로부터 가업[대통령령으로 정하는 중소기업 또는 대통령령으로 정하는 중견기업(증여받은 날이 속하는 법인세 사업연도의 직전 3개 법인세 사업연도의 매출액 평균금액이 5천억원 이상인 기업은 제외한다)으로서 부모가 10년 이상 계속하여 경영한 기업을 말한다. 이하 이 조 및 제30조의7에서 같다]의 승계를 목적으로 해당 가업의 주식 또는 출자지분(이하 이 조에서 "주식등"이라 한다)을 증여받고 대통령령으로 정하는 바에 따라 가업을 승계한 경우에는 「상속세 및 증여세법」 제53조, 제53조의2 및 제56조에도 불구하고 그 주식등의 가액 중 대통령령으로 정하는 가업자산상당액에 대한 증여세 과세가액(다음 각 호의 구분에 따른 금액을 한도로 한다)에서 10억원을 공제하고 세율을 100분의 10(과세표준이 120억원을 초과하는 경우 그 초과금액에 대해서는 100분의 20)으로 하여 증여세를 부과한다. 다만, 가업의 승계 후 가업의 승계 당시 「상속세 및 증여세법」 제22조제2항에 따른 최대주주 또는 최대출자자에 해당하는 자(가업의 승계 당시 해당 주식등의 증여자 및 해당 주식등을 증여받은 자는 제외한다)로부터 증여받는 경우에는 그러하지 아니하다. 〈개정 2024.12.31〉

1. 부모가 10년 이상 20년 미만 계속하여 경영한 경우: 300억원
2. 부모가 20년 이상 30년 미만 계속하여 경영한 경우: 400억원
3. 부모가 30년 이상 계속하여 경영한 경우: 600억원

② 제1항을 적용할 때 주식등을 증여받고 가업을 승계한 거주자가 2인 이상인 경우에는 각 거주자가 증여받은 주식등을 1인이 모두 증여받은 것으로 보아 증여세를 부과한다. 이 경우 각 거주자가 납부하여야 하는 증여세액은 대통령령으로 정하는 방법에 따라 계산한 금액으로 한다.

③ 제1항에 따라 주식등을 증여받은 자가 대통령령으로 정하는 바에 따라 가업을 승계하지 아니하거나 가업을 승계한 후 주식등을 증여받은 날부터 5년 이내에 대통령령으로 정하는 정당한 사유 없이 다음 각 호의 어느 하나에 해당하게 된 경우에는 그 주식등의 가액에 대하여 「상속세 및 증여세법」에 따라 증여세를 부과한다. 이 경우 대통령령으로 정하는 바에 따라 계산한 이자상당액을 증여세에 가산하여 부과한다.

1. 가업에 종사하지 아니하거나 가업을 휴업하거나 폐업하는 경우

2. 증여받은 주식등의 지분이 줄어드는 경우

④ 거주자 또는 부모가 가업의 경영과 관련하여 조세포탈 또는 회계부정 행위(「조세범 처벌법」 제3조제1항 또는 「주식회사 등의 외부감사에 관한 법률」 제39조제1항에 따른 죄를 범하는 것을 말하며, 증여일 전 10년 이내 또는 증여일부터 5년 이내의 기간 중의 행위로 한정한다. 이하 제71조에서 같다)로 징역형 또는 대통령령으로 정하는 벌금형을 선고받고 그 형이 확정된 경우에는 다음 각 호의 구분에 따른다. 〈신설 2023.12.31〉

1. 「상속세 및 증여세법」 제76조에 따른 과세표준과 세율의 결정이 있기 전에 거주자 또는 부모에 대한 형이 확정된 경우: 제1항을 적용하지 아니한다.
2. 제1항을 적용받은 후에 거주자 또는 부모에 대한 형이 확정된 경우: 증여받은 주식등의 가액에 대하여 「상속세 및 증여세법」에 따라 증여세를 부과한다. 이 경우 대통령령으로 정하는 바에 따라 계산한 이자상당액을 증여세에 가산하여 부과한다.

⑤ 제1항에 따른 주식등의 증여에 관하여는 제30조의5제8항부터 제13항까지의 규정을 준용한다. 이 경우 "창업자금"은 "주식등"으로 본다. 〈개정 2023.12.31〉

⑥ 제1항에 따른 주식등의 증여 후 「상속세 및 증여세법」 제41조의3 및 제41조의5가 적용되는 경우의 증여세 과세특례 적용 방법, 해당 주식등의 증여 후 상속이 개시되는 경우의 가업상속공제 적용 방법, 증여자 및 수증자의 범위 등에 관하여 필요한 사항은 대통령령으로 정한다. 〈개정 2023.12.31〉

⑦ 제1항을 적용받는 거주자는 제30조의5를 적용하지 아니한다. 〈개정 2023.12.31〉

⑧ 제3항 또는 제4항제2호에 해당하는 거주자는 제3항 각 호의 어느 하나 또는 제4항제2호에 해당하게 되는 날이 속하는 달의 말일부터 3개월 이내에 대통령령으로 정하는 바에 따라 납세지 관할 세무서장에게 신고하고 해당 증여세와 이자상당액을 납세지 관할 세무서, 한국은행 또는 체신관서에 납부하여야 한다. 다만, 제3항 또는 제4항제2호에 따라 이미 증여세와 이자상당액이 부과되어 납부된 경우에는 그러하지 아니하다. 〈개정 2023.12.31〉

조세특례제한법 시행령

제27조의6【가업의 승계에 대한 증여세 과세특례】 ① 법 제30조의6제1항 각 호 외의 부분 본문에서 "대통령령으로 정하는 바에 따라 가업을 승계한 경우"란 다음 각 호의 요건을 모두 갖춘 경우를 말한다. 〈개정 2025. 2. 28.〉

1. 부모가 다음 각 목의 요건을 모두 갖춘 경우
   가. 「상속세 및 증여세법 시행령」 제15조제3항제1호가목의 요건을 갖출 것. 이 경우 "피상속인"은 "부모"로 본다.
   나. 법 제30조의6제1항 각 호 외의 부분 본문에 따른 가업(이하 이 조에서 "가업"이라 한다)의 영위기간(「상속세 및 증여세법 시행령」 별표에 따른 업종으로서 한국표준산업분류상 동일한 대분류 내의 다른 업종으로 주된 사업을 변경하여 영위한 기간을 합산한다) 중 다음의 어느 하나에 해당하는 기간을 대표이사로 재직할 것

Part 06

1) 100분의 50 이상의 기간

2) 증여일부터 소급하여 10년 중 5년 이상의 기간

2. 해당 가업의 주식 또는 출자지분(이하 이 조에서 "주식등"이라 한다)을 증여받은 자(이하 이 조, 제28조 및 제29조에서 "수증자"라 한다) 또는 그 배우자가 「상속세 및 증여세법」 제68조에 따른 증여세 과세표준 신고기한까지 가업에 종사하고 증여일부터 3년 이내에 대표이사에 취임할 것

② 법 제30조의6제2항 후단에서 "대통령령으로 정하는 방법에 따라 계산한 금액"이란 다음 각 호의 구분에 따라 계산한 금액을 말한다. 〈신설 2020. 2. 11.〉

1. 2인 이상의 거주자가 같은 날에 주식등을 증여받은 경우: 1인이 모두 증여받은 것으로 보아 법 제30조의6에 따라 부과되는 증여세액을 각 거주자가 증여받은 주식등의 가액에 비례하여 안분한 금액

2. 해당 주식등의 증여일 전에 다른 거주자가 해당 가업의 주식등을 증여받고 법 제30조의6에 따라 증여세를 부과받은 경우: 그 다른 거주자를 해당 주식등의 수증자로 보아 법 제30조의6에 따라 부과되는 증여세액

③ 법 제30조의6제3항에서 가업을 승계하지 아니한 경우란 제1항제2호에 따라 가업을 승계하지 않는 경우를 말한다. 〈개정 2020. 2. 11., 2025. 2. 28.〉

④ 법 제30조의6제3항 각 호 외의 부분 전단에서 "대통령령으로 정하는 정당한 사유"란 다음 각 호의 어느 하나에 해당하는 경우를 말한다. 〈개정 2025. 2. 28.〉

1. 수증자가 사망한 경우로서 수증자의 상속인이 「상속세 및 증여세법」 제67조에 따른 상속세 과세표준 신고기한까지 당초 수증자의 지위를 승계하여 가업에 종사하는 경우

2. 수증자가 증여받은 주식등을 국가 또는 지방자치단체에 증여하는 경우

3. 그 밖에 기획재정부령으로 정하는 부득이한 사유에 해당하는 경우

⑤ 법 제30조의6제3항 각 호 외의 부분 후단에 따라 증여세에 가산하여 부과하는 이자상당액은 다음 제1호에 따른 금액에 제2호에 따른 기간과 제3호에 따른 율을 곱하여 계산한 금액으로 한다. 〈개정2025. 2. 28.〉

1. 법 제30조의6제3항 각 호 외의 부분 전단에 따라 결정한 증여세액

2. 당초 증여받은 주식등에 대한 증여세의 과세표준 신고기한의 다음 날부터 추징사유가 발생한 날까지의 기간

3. 제11조의2제9항제2호에 따른 율

⑥ 법 제30조의6제3항제1호의 경우는 다음 각 호의 어느 하나에 해당하는 경우를 포함한다. 〈개정 2025. 2. 28.〉

1. 수증자(제1항제2호에 따른 수증자의 배우자를 포함한다)가 주식등을 증여받은 날부터 5년까지 대표이사직을 유지하지 아니하는 경우

바. 가업승계 시 증여세의 납부유예

중소기업에 해당하는 기업을 가업승계 증여특례 요건을 충족한 기업으로 증여받은 사람이 가업승계 증여특례 아닌 가업증여세 납부유예를 선택할 수 있다. 가업증여세 납부유예는 수증자(18세 이상인 거주자)가 60세 이상의 부모로부터 증여받은 경우, 가업승계재산을 양도, 상속하는 시점까지 총 증여재산가액 중 가업승계 증여재산가액 비율만큼 증여세 납부를 유예하는 것이다. 하지만 가업상속세 납부유예 추징과 마찬가지로, 가업증여세 추징사유가 발생한 경우 납부유예된 가업증여세를 즉시 추징한다(조특법 제30조의7 및 동법 시행령 제27조의7). 납부유예제도는 기존 가업승계 지원제도에 비해 사후관리 요건이 완화된 것으로, 사후관리 기간은 5년이고 가업과 지분요건만 유지하면 되며 업종 유지 요건은 없으므로, 업종을 변경해도 사후관리 요건 위반에 해당하지 않는다는 것이 특징이다.

조세특례제한법

제30조의7【가업승계 시 증여세의 납부유예】 ① 납세지 관할세무서장은 거주자가 다음 각 호의 요건을 모두 갖추어 증여세의 납부유예를 신청하는 경우에는 대통령령으로 정하는 금액에 대하여 납부유예를 허가할 수 있다. 〈개정 2023. 12. 31.〉

1. 18세 이상인 거주자가 60세 이상의 부모로부터 대통령령으로 정하는 바에 따라 가업(대통령령으로 정하는 중소기업으로 한정한다. 이하 이 조에서 같다)의 승계를 목적으로 해당 가업의 주식 또는 출자지분(이하 이 조에서 "주식등"이라 한다)을 증여받았을 것
2. 제30조의5 또는 제30조의6에 따른 증여세 과세특례를 적용받지 아니하였을 것

② 제1항에 따른 납부유예 허가를 받으려는 자는 담보를 제공하여야 한다.

③ 납세지 관할세무서장은 거주자가 대통령령으로 정하는 정당한 사유 없이 다음 각 호의 어느 하나에 해당하는 경우 제1항에 따른 허가를 취소하거나 변경하고, 해당 호에 따른 세액과 대통령령으로 정하는 바에 따라 계산한 이자상당액을 징수한다.

1. 해당 거주자가 가업에 종사하지 아니하게 된 경우: 납부유예된 세액의 전부
2. 주식등을 증여받은 거주자의 지분이 감소한 경우: 다음 각 목의 구분에 따른 세액
   가. 증여일부터 5년 이내에 감소한 경우: 납부유예된 세액의 전부
   나. 증여일부터 5년 후에 감소한 경우: 납부유예된 세액 중 지분 감소 비율을 고려하여 대통령령으로 정하는 바에 따라 계산한 세액
3. 다음 각 목에 모두 해당하는 경우: 납부유예된 세액의 전부
   가. 증여일부터 5년간 대통령령으로 정하는 정규직 근로자(이하 이 목에서 "정규직근로자"라 한다) 수의 전체 평균이 증여일이 속하는 사업연도의 직전 2개 사업연도의 정규직근로자 수의 평균의 100분의 70에 미달하는 경우

Part 06

나. 증여일부터 5년간 대통령령으로 정하는 총급여액(이하 이 목에서 "총급여액"이라 한다)의 전체 평균이 증여일이 속하는 사업연도의 직전 2개 사업연도의 총급여액 평균의 100분의 70에 미달하는 경우

4. 해당 거주자가 사망하여 상속이 개시되는 경우: 납부유예된 세액의 전부

④ 제1항에 따라 납부유예 허가를 받은 자는 제3항 각 호의 어느 하나에 해당하는 경우 그 날이 속하는 달의 말일부터 3개월 이내에 대통령령으로 정하는 바에 따라 납세지 관할세무서장에게 신고하고 해당 증여세와 이자상당액을 납세지 관할세무서, 한국은행 또는 체신관서에 납부하여야 한다. 다만, 제3항에 따라 이미 증여세와 이자상당액이 징수된 경우에는 그러하지 아니하다.

⑤ 납세지 관할세무서장은 제1항에 따라 납부유예 허가를 받은 자가 다음 각 호의 어느 하나에 해당하는 경우 그 허가를 취소하거나 변경하고, 납부유예된 세액의 전부 또는 일부와 대통령령으로 정하는 바에 따라 계산한 이자상당액을 징수할 수 있다.

1. 담보의 변경 또는 그 밖의 담보 보전에 필요한 관할 세무서장의 명령에 따르지 아니한 경우
2. 「국세징수법」 제9조제1항 각 호의 어느 하나에 해당되어 납부유예된 세액의 전액을 징수할 수 없다고 인정되는 경우

⑥ 제3항제2호 또는 제4호(제7항에 따라 준용되는 경우를 포함한다)에 따라 납부유예된 세액과 이자상당액을 납부하여야 하는 자는 다음 각 호의 어느 하나에 해당하는 경우 제3항과 제4항에도 불구하고 납세지 관할세무서장에게 해당 세액과 이자상당액의 납부유예 허가를 신청할 수 있다.

1. 제3항제2호에 해당하는 경우로서 수증자가 제30조의6에 따른 과세특례를 적용받거나 제1항에 따른 납부유예 허가를 받은 경우
2. 제3항제4호에 해당하는 경우로서 상속인이 상속받은 가업에 대하여 「상속세 및 증여세법」 제18조의2제1항에 따른 가업상속공제를 받거나 같은 법 제72조의2제1항에 따른 납부유예 허가를 받은 경우

⑦ 제6항에 따른 납부유예에 관하여는 제2항부터 제5항까지의 규정(제3항제3호는 제외한다)을 준용한다. 이 경우 제3항제2호가목 중 "납부유예된 세액의 전부"는 "납부유예된 세액 중 지분 감소 비율을 고려하여 대통령령으로 정하는 바에 따라 계산한 세액"으로 보고, 제6항제2호에 따라 납부유예 허가를 받은 경우에는 제3항부터 제5항까지의 규정 중 "거주자"는 "상속인"으로, "증여받은"은 "상속받은"으로, "증여일"은 "상속개시일"로 본다.

⑧ 제1항에 따른 주식등의 증여에 관하여는 제30조의5제8항부터 제11항까지 및 제13항을 준용한다. 이 경우 "창업자금"은 "주식등"으로 본다. 〈개정 2024. 12. 31.〉

⑨ 제1항부터 제8항까지의 규정을 적용할 때 납부유예 신청 절차, 담보의 제공에 관한 사항, 납부유예 허가 시기와 관련한 납부지연가산세의 부과 여부에 관한 사항, 가업 종사 여부의 판정방법, 그 밖에 필요한 사항은 대통령령으로 정한다.

조세특례제한법 시행령

제27조의7【가업승계에 대한 증여세의 납부유예】 ① 법 제30조의7제1항 또는 제6항에 따라 납부유예를 신청하려는 거주자는 「상속세 및 증여세법」 제67조 또는 제68조에 따른 상속세 과세표준신고 또는 증여세 과세표준신고(「국세기본법」 제45조에 따른 수정신고 또는 같은 법 제45조의3에 따른 기한 후 신고를 포함한다)를 할 때 다음 각 호의 서류를 납세지 관할 세무서장에게 제출해야 한다. 다만, 「상속세 및 증여세법」 제77조에 따라 과세표준과 세액의 결정 통지를 받은 자는 해당 납부고지서에 따른 납부기한까지 그 서류를 제출할 수 있다.

1. 기획재정부령으로 정하는 납부유예신청서
2. 법 제30조의6에 따른 과세특례를 적용받았거나 법 제30조의7에 따른 납부유예 허가를 받았음을 증명할 수 있는 서류(법 제30조의7제6항제1호에 따라 신청하는 경우에만 해당한다)
3. 「상속세 및 증여세법」 제18조의2제1항에 따른 가업상속공제를 받았거나 같은 법 제72조의2제1항에 따른 납부유예 허가를 받았음을 증명할 수 있는 서류(법 제30조의7제6항제2호에 따라 신청하는 경우에만 해당한다)

② 제1항에 따른 신청을 받은 납세지 관할 세무서장은 다음 각 호의 구분에 따른 기간 이내에 신청인에게 그 허가 여부를 서면으로 통지해야 한다.

1. 「상속세 및 증여세법」 제67조에 따른 상속세 과세표준신고를 한 경우: 같은 조 제1항에 따른 신고기한이 지난 날부터 9개월
2. 「상속세 및 증여세법」 제68조에 따른 증여세 과세표준신고를 한 경우: 같은 조 제1항에 따른 신고기한이 지난 날부터 6개월
3. 「국세기본법」 제45조에 따른 수정신고 또는 같은 법 제45조의3에 따른 기한 후 신고를 한 경우: 수정신고 또는 기한 후 신고를 한 날이 속하는 달의 말일부터 6개월(법 제30조의7제6항제2호에 따라 신청하는 경우에는 9개월)
4. 제1항 각 호 외의 부분 단서의 경우: 납부고지서에 따른 납부기한이 지난 날부터 14일

③ 제2항제4호에 따른 통지가 납부고지서에 따른 납부기한을 경과한 경우에는 그 통지일 이전의 기간에 대해서는 「국세기본법」 제47조의4제1항제1호(납부고지서에 따른 납부기한의 다음 날부터 성립하는 부분으로 한정한다) 및 제3호에 따른 납부지연가산세를 부과하지 않는다.

④ 법 제30조의7제1항 각 호 외의 부분에서 "대통령령으로 정하는 금액"이란 다음 계산식에 따라 계산한 금액을 말한다. 이 경우 계산식 중 가업자산상당액이란 「상속세 및 증여세법 시행령」 제15조제5항제2호를 준용하여 계산한 금액을 말하며, 같은 호 중 "상속개시일"은 "증여일"로 본다.

$$\text{증여세 납부세액} \times \frac{\text{가업자산상당액}}{\text{총 증여재산가액}}$$

⑤ 법 제30조의7제1항에 따른 증여세의 납부유예 허가를 받으려는 경우에는 같은 항 제1호에 따라 가업의 주식 또는 출자지분(이하 이 조에서 "주식등"이라 한다)을 증여받은 거주자 또는

그 배우자가 「상속세 및 증여세법」 제68조에 따른 증여세 과세표준신고기한까지 해당 가업에 종사하고 증여일부터 3년 이내에 대표이사에 취임해야 한다.

⑥ 법 제30조의7제1항제1호에서 "대통령령으로 정하는 중소기업"이란 「상속세 및 증여세법 시행령」 제15조제1항에 따른 중소기업을 말한다.

⑦ 법 제30조의7제3항 각 호 외의 부분에서 "대통령령으로 정하는 정당한 사유"란 제27조의6제4항 각 호(같은 항 제1호는 제외한다)의 어느 하나에 해당하는 경우를 말한다.

⑧ 법 제30조의7제3항제1호를 적용할 때 다음 각 호의 경우는 해당 거주자가 가업에 종사하지 않게 된 것으로 본다.

1. 가업의 주식등을 증여받은 거주자(제5항에 따른 거주자의 배우자를 포함한다)가 대표이사로 종사하지 않는 경우(증여일부터 5년 이내의 기간 중으로 한정한다)
2. 해당 가업을 1년 이상 휴업(실적이 없는 경우를 포함한다)하거나 폐업하는 경우

⑨ 법 제30조의7제3항제2호 각 목 외의 부분에서 "거주자의 지분이 감소한 경우"란 제27조의6제7항 각 호의 어느 하나에 해당하는 경우를 포함한다.

⑩ 법 제30조의7제3항제2호나목 및 같은 조 제7항 후단에서 "지분 감소 비율을 고려하여 대통령령으로 정하는 바에 따라 계산한 세액"이란 다음 계산식에 따라 계산한 금액을 말한다.

$$세액 = A \times (B \div C)$$

A: 법 제30조의7제1항에 따라 납부유예된 세액
B: 감소한 지분율
C: 증여일 현재 지분율

⑪ 법 제30조의7제3항제3호가목에서 "대통령령으로 정하는 정규직 근로자"란 「근로기준법」에 따라 계약을 체결한 근로자를 말한다. 다만, 「상속세 및 증여세법 시행령」 제15조제13항 각 호의 어느 하나에 해당하는 사람은 제외한다.

⑫ 법 제30조의7제3항제3호나목에서 "대통령령으로 정하는 총급여액"이란 제11항 본문에 따른 근로자(제26조의4제2항제3호에 해당하는 사람은 제외하되, 같은 호에 해당되는 사람만 있는 경우에는 포함한다)에게 지급한 「소득세법」 제20조제1항제1호 및 제2호에 따른 소득의 합계액을 말한다.

⑬ 법 제30조의7제3항제3호가목 및 나목에 따른 정규직 근로자 수 및 총급여액의 계산에 관하여는 「상속세 및 증여세법 시행령」 제15조제17항 및 제18항을 준용한다.

⑭ 법 제30조의7제3항 각 호 외의 부분에서 "대통령령으로 정하는 바에 따라 계산한 이자상당액"이란 제1호의 금액에 제2호의 기간과 제3호의 율(법 제30조의7제6항에 따라 납부유예 허가를 받은 경우에는 제3호의 율에 100분의 50을 곱한 율)을 곱하여 계산한 금액을 말한다.

1. 법 제30조의7제3항 각 호에 따른 증여세액
2. 당초 증여받은 가업의 주식등에 대한 증여세 과세표준신고기한의 다음날부터 법 제30조의7제3항 각 호의 사유가 발생한 날까지의 기간

3. 법 제30조의7제3항에 따른 납부유예 허가의 취소 또는 변경 당시의 「국세기본법 시행령」 제43조의3제2항 본문에 따른 이자율을 365로 나눈 율. 다만, 제2호의 기간 중에 「국세기본법 시행령」 제43조의3제2항 본문에 따른 이자율이 1회 이상 변경된 경우 그 변경 전의 기간에 대해서는 변경 전의 이자율을 365로 나눈 율을 적용한다.

⑮ 법 제30조의7제5항 각 호 외의 부분에서 "대통령령으로 정하는 바에 따라 계산한 이자상당액"이란 제1호의 금액에 제2호의 기간과 제3호의 율(법 제30조의7제6항에 따라 납부유예 허가를 받은 경우에는 제3호의 율에 100분의 50을 곱한 율)을 곱하여 계산한 금액을 말한다.

1. 법 제30조의7제5항에 따른 증여세액
2. 당초 증여받은 가업의 주식등에 대한 증여세 과세표준신고기한의 다음날부터 법 제30조의7제5항 각 호의 사유가 발생한 날까지의 기간
3. 법 제30조의7제5항에 따른 납부유예 허가의 취소 또는 변경 당시의 「국세기본법 시행령」 제43조의3제2항 본문에 따른 이자율을 365로 나눈 율. 다만, 제2호의 기간 중에 「국세기본법 시행령」 제43조의3제2항 본문에 따른 이자율이 1회 이상 변경된 경우 그 변경 전의 기간에 대해서는 변경 전의 이자율을 365로 나눈 율을 적용한다.

⑯ 법 제30조의7제4항 본문에 따라 증여세와 이자상당액을 신고하는 때에는 기획재정부령으로 정하는 납부유예 사후관리추징사유 신고 및 자진납부 계산서를 납세지 관할 세무서장에게 제출해야 한다.

⑰ 납세지 관할 세무서장은 납부유예 허가를 받은 거주자가 법 제30조의7제3항 각 호에 해당하는지를 매년 확인·관리해야 한다. [본조신설 2023. 2. 28.]

2 가업승계 지원 세제 개선

명문장수기업을 육성하기 위한 제도로 가장 핵심은 '가업상속공제'인데, 가업영위기간을 고려해 최대 600억 원까지 상속공제해 준다(상증법 제18조 제2항 제1호). 가업상속공제는 10년 이상 가업을 영위할 것과 상속 후 5년 이상 가업을 유지할 것을 조건으로 한다(상증법 제18조 제2항 제1호). 문제는 사전요건인 '10년 이상 가업을 영위할 것'와 관련하여, 위탁자 생전에 신탁을 체결하여 주식의 소유권이 신탁회사로 이전되고 주주명부에서 신탁회사로 명의개서되는 것을 두고, 과연 10년간 위탁자가 가업을 영위한 것으로 볼 것인지가 문제이다. 위탁자가 상속신탁계약을 체결하였다 하더라도 생전에는 수익권 100%를 위탁자가 보유한다는 점을 중시하면 상증법 해석상으로도 위탁자가 여전히 주식을 보유하면서 가업을 계속해서

영위한 것으로 해석될 수도 있다. 그런데 주식의 소유권이전이라는 형식적인 측면을 중시하면, 사전요건을 충족하지 못하는 것으로 해석될 여지도 있기 때문에, 가업승계신탁을 하더라도 실질을 중시하여 가업상속공제 혜택이 적용될 수 있도록 상증법을 개정하여야 한다.

3 신탁회사의 의결권 행사 제도개선

한편, 현행 자본시장법은 신탁회사가 신탁재산에 속하는 주식이 동일법인이 발행한 주식총수의 15%를 초과하여 취득한 경우 그 초과한 주식의 의결권을 행사할 수 없다(자본시장법 제112조 제3항 제1호). 즉, 100% 가업 주식을 신탁하는 경우 15%만 의결권을 행사할 수 있고, 나머지 85%는 의결권을 행사할 수 없다는 것이다. 이 규정 때문에 우리나라는 일본과 같은 가업승계지원신탁을 활용할 수 없다. 자본시장법상 의결권제한 취지는 신탁회사가 신탁받은 주식의 의결권을 임의로 행사함으로써 신탁회사가 신탁재산으로 다른 회사를 지배하는 것을 방지하고자 하는 것으로 생각된다. 가업승계지원신탁은 위탁자나 후계자인 사후수익자의 의결권 행사지시권에 따라 신탁회사가 의결권을 전부 행사하는 것이므로, 신탁회사에 의한 의결권 임의행사가 있을 수 없다. 결론적으로 자본시장법상 신탁회사의 의결권 행사 15% 초과 행사 금지제한은 가업승계지원신탁에서는 배제하도록 자본시장법을 개정하는 것이 합리적이다.[10] 여기서 발생할 수 있는 부작용은 신탁회사로 하여금 의결권을 위탁자나 후계자인 사후수익자의 의결권 행사지시를 준수하도록 의무를 부과하는 선에서 막을 수 있을 것으로 판단된다.

---

10) '신탁법 제59조에 따라 유언대용신탁 계약을 체결하는 경우로서 기업의 지속적인 발전 및 건전한 거래질서를 위하여 대통령령으로 정하는 요건을 갖추어 위탁자가 위탁한 주식의 범위 내에서 위탁자 또는 수익자의 지시에 따라 의결권을 행사하는 경우'를 신탁회사의 의결권 15% 초과행사 금지에서 제외하는 내용의 자본시장법 개정안이 국회에 2024. 11. 11. 제출되었다(의안번호 2205423). 이는 2022년 10월 13일 발표된 금융위원회의 '신탁업 혁신방안'과 같은 취지이다. 대략 상정할 수 있는 가업승계신탁의 요건은 ① 중소 · 중견기업 사주가 위탁자이고 생전수익자일 것, ② 사주가 자사주를 신탁할 것, ③ 경영권 승계 목적으로 위탁자 생전에 설정된 신탁일 것이다. 향후 이 예외를 가업승계를 위한 증여신탁에도 확대적용할 필요가 있다.

자본시장과 금융투자업에 관한 법률(약칭 : 자본시장법)

제112조【의결권 등】 ① 신탁재산으로 취득한 주식에 대한 권리는 신탁업자가 행사한다. 이 경우 신탁업자는 수익자의 이익을 보호하기 위하여 신탁재산에 속하는 주식의 의결권을 충실하게 행사하여야 한다. 〈개정 2013. 5. 28.〉

② 신탁업자는 신탁재산에 속하는 주식의 의결권을 행사함에 있어서 다음 각 호의 어느 하나에 해당하는 경우에는 제1항에 불구하고 신탁재산에 속하는 주식을 발행한 법인의 주주총회의 참석 주식수에서 신탁재산에 속하는 주식수를 뺀 주식수의 결의내용에 영향을 미치지 아니하도록 의결권을 행사하여야 한다. 다만, 신탁재산에 속하는 주식을 발행한 법인의 합병, 영업의 양도·양수, 임원의 선임, 그 밖에 이에 준하는 사항으로서 신탁재산에 손실을 초래할 것이 명백하게 예상되는 경우에는 그러하지 아니하다.

1. 다음 각 목의 어느 하나에 해당하는 자가 그 신탁재산에 속하는 주식을 발행한 법인을 계열회사로 편입하기 위한 경우
   가. 신탁업자 또는 그와 대통령령으로 정하는 특수관계에 있는 자
   나. 신탁업자에 대하여 사실상의 지배력을 행사하는 자로서 대통령령으로 정하는 자
2. 신탁재산에 속하는 주식을 발행한 법인이 그 신탁업자와 다음 각 목의 어느 하나에 해당하는 관계에 있는 경우
   가. 계열회사의 관계에 있는 경우
   나. 신탁업자에 대하여 사실상의 지배력을 행사하는 관계로서 대통령령으로 정하는 관계에 있는 경우
3. 그 밖에 수익자의 보호 또는 신탁재산의 적정한 운용을 해할 우려가 있는 경우로서 대통령령으로 정하는 경우

③ 신탁업자는 신탁재산에 속하는 주식이 다음 각 호의 어느 하나에 해당하는 경우에는 그 주식의 의결권을 행사할 수 없다.

1. 동일법인이 발행한 주식 총수의 100분의 15를 초과하여 주식을 취득한 경우 그 초과하는 주식
2. 신탁재산에 속하는 주식을 발행한 법인이 자기주식을 확보하기 위하여 신탁계약에 따라 신탁업자에게 취득하게 한 그 법인의 주식

④ 신탁업자는 제삼자와의 계약 등에 의하여 의결권을 교차하여 행사하는 등 제2항 및 제3항의 적용을 면하기 위한 행위를 하여서는 아니 된다.

⑤ 제2항 각 호 외의 부분 단서는 상호출자제한기업집단에 속하는 신탁업자에게는 적용하지 아니한다.

⑥ 금융위원회는 신탁업자가 제2항부터 제5항까지의 규정을 위반하여 신탁재산에 속하는 주식의 의결권을 행사한 경우에는 6개월 이내의 기간을 정하여 그 주식의 처분을 명할 수 있다. 〈개정 2008. 2. 29.〉

⑦ 신탁업자는 합병, 영업의 양도·양수, 임원의 선임 등 경영권의 변경과 관련된 사항에 대하여 제2항에 따라 의결권을 행사하는 경우에는 대통령령으로 정하는 방법에 따라 인터넷 홈페이지 등을 이용하여 공시하여야 한다.

CHAPTER 06 가족헌장(family constitution)

1 가족지배구조

회사지배구조(corporate governance)는 익숙한 용어다. 회사지배구조는 회사의 경영진, 이사회, 주주, 기타 이해관계자 사이의 관계를 관리하기 위한 구조, 절차 및 방법이다. 회사지배구조는 회사의 목표를 설정하고, 목표를 달성하고 모니터링하기 위한 수단을 정하는 구조도 정한다. 그런데, 가족지배구조(family governance)는 익숙한 용어가 아니다. 가족지배구조는 가족 사업(family business)을 영위하는 가족이 가족 사업 및 가족 사업과 가족 사이의 관계에 대한 이슈를 관리하기 위해 사용하는 구조, 절차와 방법을 말한다.[11] 가족지배구조와 관련하여 영국 소재 IFB(Institute for Family Business)가 2021년 발간한 Business Family Governance 2.0 보고서(114개 가족기업을 설문 조사를 통해 분석)를 참조하면 다음과 같다.[12]

가족 지배구조에 활용되는 기구는 가족이사회, 주주총회, 가족위원회, 가족회의, 가족재단, 패밀리오피스, 고용위원회 등 다양하다.

11) Family Governance : structures and mechanisms that a business-owning family employ to manage the relationship with their family business and the issues relevant to them as a business owning family.

12) https://www.ifb.org.uk/ifb-research-foundation/news/business-family-governance-20/(2023년 5월 22일 방문. 보고서 다운로드 가능)

가족지배구조	% (복수응답)	수 (총 114개 회사)
가족이사회(Board of Directors)	92	110
주주총회(Family Shareholder Meetings)	81	97
가족위원회(Family Council)	62	100
가족회의(Family Assembly)	43	100
가족재단(Family Foundation)	30	96
패밀리오피스(Family Office)	26	98
고용위원회(Employment Committee)	25	97

가족지배구조를 규정하는 가족지배구조문서(governance documents)는 가족헌장(family constitution), 배당정책(dividend policy), 고용정책(employment policy), 주주간협약(shareholder policy), 행동강령(code of conduct), 가족보상정책(family compensation policy) 등 다양하다.

지배구조문서	% (복수응답)	수 (총 114개 회사)
가족헌장(Family Constitution)	65	104
배당정책(Dividend Policy)	59	99
고용정책(Employment Policy)	47	99
주주간협약(Shareholder Agreement)	47	99
행동강령(Code of Conduct)	32	99
상속계획(Estate Plan)	21	99
가족보상정책(Family Compensation Policy)	19	99

해당 가족기업이나 가문의 상황에 맞게 위 지배구조 기구와 지배구조 문서를 하나 또는 복수로 선택하여 가족지배구조를 완성할 필요가 있다. 가족지배구조는 우리나라 가업승계와 관련하여 매우 중요한 역할을 담당할 것으로 보이는데, 이에 대해서는 전문가의 심도 있는 연구와 활용이 필요할 것으로 판단된다. 이 책에서는 해외에서 활용되고 있는 다양한 가족지배구조와 가족지배구조문서 중 가장 많이 활용되고 있는 가족헌장을 간략하게 살펴본다.

Merck의 Family Governance 사례

바이오파마, 라이프사이언스, 일렉트로닉을 주력 사업으로 하는 글로벌 대기업인 Merck 그룹은 1668년 가업 창립 이후 12세대에 걸쳐 약 170명 이상의 가족 주주로 구성된 가족기업이다. 170명의 가족 주주 간의 이해관계를 조율하여 그룹을 안정적으로 경영할 수 있었던 비결은 무엇인가? 그 비결은 가족헌장(Family Constitution), 4단계의 가족 지배 기구(Family Governance Body) 및 가족모임(Family Meetings)으로 정교하게 만들어진 가족지배구조(Family Governance)의 구축과 실행이다.

약 170명의 가족 주주(배우자 포함)가 13명의 가족이사회(Familienrat, family board)의 구성원을 선출한다. 가족이사회는 주로 가족의 이익을 대변하는 의사결정을 하고, 가업에 대한 전략적 감독권한을 행사한다(예 : 모든 인수, 매각, 또는 5억 유로 이상의 금융 거래는 가족이사회의 승인이 필요함). 가족이사회는 파트너이사회(Gesellschafterrat, family board of partners) 구성원 5명을 지명하는 임무를 맡고 있다. 파트너이사회는 1명의 지주회사 집행임원과 4명 상장회사의 감독위원회 위원으로 구성된다. 가족이사회는 1년에 6회~10회 정도 모인다. 가족이사회는 5년마다 선거를 통해 선출되며, 그 과정에는 엄격한 평가와 신임 이사회 멤버를 위한 교육 프로그램이 포함된다.

파트너이사회는 경영진에 대한 감독위원회 역할을 한다. 감독위원회 역할을 하며 비즈니스에 대한 일상적인 운영 통제권을 행사한다. 파트너이사회는 상장회사의 2명의 이사를 선출할 권한을 가진다. 이러한 가족 대표는 비즈니스에 전략적인 방향을 제시하는데 중요한 역할을 수행한다. 파트너이사회는 총 9명으로 구성되며, 이 중 5명은 가족 구성원이고 4명은 독립 전문가다. 가족이사회와 파트너이사회의 수장은 가문의 수장으로서 가족 리더십의 가장 높은 지위를 상징한다. 가족이사회의 수장은 머크 가족의 공식적인 수장이며, 가족과 기업, 대중, 모든 가족을 연결하는 기업, 대중, 그리고 모든 가족 구성원의 연락 담당자 역할을 한다.

이러한 공식적인 의사결정 거버넌스 기구 외에도 머크 가족은 가족 헌장을 통해 가족 구성원이 가족 기업의 청지기로서 자신의 권리와 책임을 정확하게 이해하도록 하고 있다. 가족헌장은 가족이 신성한 것으로 가족과 사회의 변화를 반영하기 위해 지속적으로 개정되어 왔다. 가족 구성원이 회사를 떠날 수 있는 유일한 기회는 10년마다 가족헌장이 갱신될 때이다. 가족헌장이 갱신될 때 다른 가족 구성원에게 시장 가격의 20% 할인된 가격으로만 지분을 양도할 수 있도록 하여, 가족이 가업으로 이탈할 기회를 부여하되, 가족기업의 총 지분은 그대로 유지할 수 있도록 하였다.

2 가족헌장 개요

가족사업(family business)과 가족재산을 관리하는 시스템 중 우리가 참조할 만한 것이 가족선언문, 가족헌장, 가족내규다. 가족사업은 통상 가업이라고도 하는데, 가업은 창립자에서 시작해서 세대 승계를 하면 할수록 그 지분이 쪼개져서, 통상 3대까지 가면 안정적인 경영권을 확보할 수 없는 상황이 연출된다. 이런 문제를 해소하기 위해 고안된 것이 가족헌장이다. 국가에 대비하여 가족헌장(family constitution)을 국가의 헌법으로, 가족선언문(family mission statement)을 독립선언문으로, 가족내규(family by-law)를 법령으로 설명하는 사람도 있다. 가족헌장을 제정하여, 가족협의체나 가족자문위원회를 구성하여 주요 의사결정 권한을 부여하여 가족구성원 전체의 이익을 위한 통일적인 의사결정 구조, 즉 가족지배구조(family governance)를 확립함으로써, 가족구성원 모두가 이 가족헌장이 보장하는 권리를 보유하면서 가족헌장이 제시하는 의무를 이행하도록 하여, 특정 선대의 가족과 재산에 대한 철학과 유지(遺旨)가 한 가문에서 영속적으로 유지될 수 있도록 한다.

3 가족헌장과 가족신탁의 결합모델

영미의 가족헌장은 제정 당시 가족구성원이 전부 서명함으로써 가족구성원 전부가 가족헌장을 지킬 의무를 부담하는 일종의 '계약' 관계로 볼 수 있다. 우리나라에서 가족헌장이 논의되고 있기는 하나, 영미의 가족헌장을 그대로 도입하더라도, 가족구성원이 지키지 않으면 이를 강제할 방법이 마땅치 않아 제대로 활용되고 있지 못하다. 우리 법상 가족헌장의 내용을 모든 구성원을 구속할 수 있는 방법으로 가족헌장과 주주간협약을 결합하는 모델과 가족헌장과 가족신탁을 결합하는 모델이 있을 수 있다. 예를 들어 가족헌장과 주주간협약을 결합하여 가족자문위원회가 가업 주식에 대한 의결권을 행사할 수 있도록 규정하더라도, (i) 우리 상법상 주주의 권리를 주주가 아닌 제3자인 가족자문위원회에 포괄적으로 위임[13]할 수 없는 문제가 있고, (ii) 설령 주주권의 포괄적 위임이 가능하다는 견해에 의하더라도 주주

13) 가족헌장과 주주간협약 결합모델의 한계

인 가족구성원이 주주총회에서 의결권을 행사하면 해당 의결권 행사의 효력을 가족헌장이 부인할 수 없으며, (iii) 주주에게 상속이 개시된 경우 그 상속인에게 주주간협의의 적용을 강제할 수단이 없다. 이 문제를 해결할 수 있는 방법이 바로 가족신탁이다. 가족신탁이 설정된 후에는 수탁자가 회사에 대하여 의결권을 행사하므로, 가족헌장의 내용을 가족신탁과 결합하여 놓으면, 가족자문위원회의 의결권 지시만 수탁자가 따르면 되므로, 가족구성원이 가족헌장과 다른 의결권행사가 불가능하고, 가업승계신탁을 체결한 후 수익권이 상속될 뿐 신탁재산 그 자체가 상속인에게 귀속되는 것이 아니기 때문에 가족헌장이 추구하는 가업의 안정적 승계가 몇 세대를 거쳐도 유지될 수 있는 장점이 있다.

| 한국형 가족기업 지배구조 |

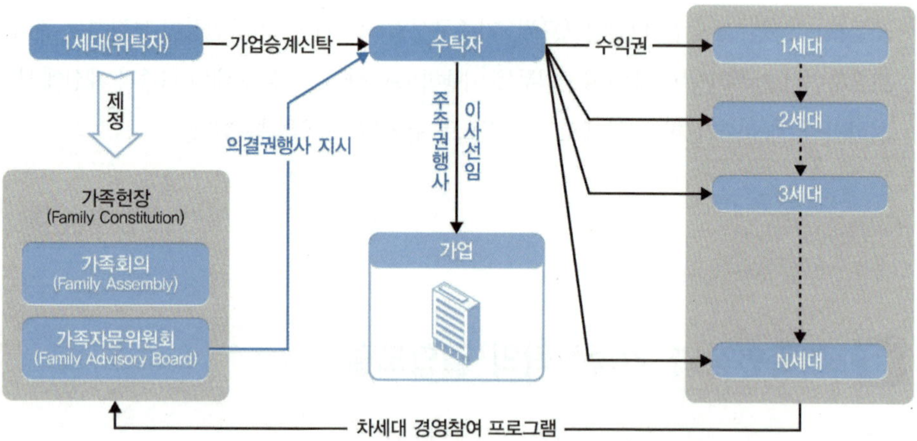

4 가족헌장 및 가족내규 예시안

가족헌장의 주요내용은 (i) 가족협의체(가족협의회, 가족자문위원회) 설치 및 권한 부여, (ii) 가족협의체의 위원의 구성, 역할, 권한배분, 의사결정방법, 보수, 책임과 면책 등 가족지배구조(family governance), (iii) 가족사업(family business)의 영위 방법, (iv) 가족재산의 이용 및 이용 제한, (v) 가족재산의 운용 방법, (vi) 그 밖의 가족이슈 해결을 위한 방법 및 절차이다.

가족내규는 가족헌장이 정한 가족재산의 관리, 운용, 이용과 관련한 세부적 내용을 정하는 가족헌장의 하위규범으로 볼 수 있다. 가족내규의 주요내용은 (i) 가족내규의 수범 주체로서의 가족과 수범 객체로서 가족재산의 정의, (ii) 가족사업과 관련한 가업승계신탁 계약 체결 및 유지의 원칙과 세부 운용가이드라인, (iii) 가족재산의 투자 및 관리 주체, 방법 및 절차, (iv) 자녀 및 손자녀의 가족재산 이용 방법 및 한도, (v) 자선활동의 한도와 자선사업의 선정 절차 및 자선활동 실행 방법이다.

가족헌장과 가족내규는 가족헌장의 제정을 주도하는 가족 대표자의 의도, 가족 상황, 가업의 유형 및 상황 등에 따라 다양한 내용을 포함할 수 있다. 가족헌장(가족내규 포함)과 가족신탁을 결합하여 가족헌장과 가족내규에 회사법적 구속력을 부여하는 가족헌장 및 가족내규의 예시안을 시험적으로 만들어 보면 다음과 같다.[14)]

가족헌장

– 가업 창립자 주도형 –

각 당사자는, 선대[***]과 [***]의 자손으로 [***]이(가) 평생의 노력과 성공을 통해 일군 재산을 승계받아 가족재산이 되었다는 것을 인정하며, [***]의 가업영위와 가족재산의 관리에 관한 견해와 철학이 투자, 소비 및 관리에 대한 지침으로 계속 사용되어야 할 것을 인정하며, 다음과 같이 가족헌장을 [****] 년 [**]월 [**]일 제정하였음을 인지하고, 이 가족헌장을 반드시 지킬 것을 약속한다.

14) Family Constitution and By-laws @2017 Margan Stanley Smith Barney LLC. Member SIPC 참조 후 재구성

– 전문 –

[***]은(는) 가문의 모든 구성원이 자기 성취를 통해 자신의 완전한 잠재력을 실현함으로써 얻을 수 있는 이득이 가족재산으로 인한 재정 지원의 혜택보다 훨씬 더 크다고 믿고 있다.

[***]은(는) 재정적 필요에 의해 자극을 받지 않으면 사람의 자주성, 근면성 및 야심이 쉽게 손상될 수 있다고 믿고 있다.

이에 당사자들은 그러한 신념에 동의하고, 따라서 각자가 자급자족하고 생산적인 사회 구성원이 되고자 하는 가족 구성원의 욕구를 저해할 수 있는 방식으로 가족재산을 사용하는 것을 피하고자 한다.

각 당사자는 가족재산의 공동 투자 및 관리를 위한 틀을 제공하고, 개인 소비 및 자선활동 또는 가족 재산의 사용에 특정 제한을 부과하기 위해 각 당사자는 이 헌장 및 이에 따라 공포된 가족내규의 규정에 따라 행동하기로 약속한다.

– 본문 –

제1조 지배구조【governance】 아래 제2조에서 설명하는 가족자문위원회가 가업 경영, 투자, 관리, 소비, 자선, 기타 가족재산의 사용과 관련된 모든 정책과 가이드라인을 정한다. 이 가족헌장을 준수하는 범위 내에서, 가족자문위원회는 다음 사항을 규정하기 위해 가족내규를 정한다.

① 가족자문위원회가 정책과 가이드라인을 정함에 있어서 적용될 원칙

② 가업 경영과 관련하여, 가업신탁계약의 체결 및 유지, 가업의 대표이사 선임 및 해임의 방법 및 절차, 사업계획 및 사업결산 보고절차에 대한 원칙과 가이드라인 수립

③ 투자계획과 전략을 적용하고 전개하기 위한 제안, 투자계획과 투자전략 수립, 주기적인 검토를 위해 자문하는 외부 투자 전문가 유치를 포함한 가족재산의 투자와 관련한 가족자문위원회의 정책과 가이드라인

④ 개인 소비의 목적, 수준 및 이에 대한 주기적인 리뷰를 포함한, 가족재산의 개인적 소비와 관련한 가족자문위원회의 정책과 가이드라인

⑤ 자산사업의 목적, 수준 및 이에 대한 주기적인 리뷰를 포함한, 자선 목적의 가족재산 소비와 관련한 가족자문위원회의 정책과 가이드라인

제2조 가족자문위원회【Family Advisory Board】의 구성 ① 가족 자문 위원회는 다음과 같이 집행위원, 상임위원 및 가족대표 등 3명의 의결권을 가진 위원으로 구성된다.

가. 집행위원은 경영 컨설팅, 법률, 회계, 상업 또는 투자 은행 분야에서 10년 이상의 경험을 가지고 있거나, 연간 총수입이 [**,***]억원을 초과하는 사업의 고위 임원으로서 5년 이상 근무한 경험이 있는 사람으로 한다.

나. 상임위원은 상속계획, 세금계획 및 신탁관리와 관련하여 자산가 컨설팅 경험이 최소 10년 이상인 변호사여야 한다.

② 각 가족별 대표자가 가족대표가 되며, 최초 가족별 대표는 가장의 각 생존 자녀이다. 만약 가족별 대표자가 사망 또는 사임하거나 사무처리무능력자가 되는 경우, 그 배우자가 가족별 대표자가 된다.

③ 가족자문위원회는 투표권 있는 구성원 과반수의 찬성으로 의결한다.

제3조 가족자문위원의 임기, 해임 및 선임【tenure/removal/appointment】

① 특별히 정한 경우를 제외하고는, 가족자문위원은 사망하거나 사임하거나 사무처리무능력자가 되거나 해임되지 않는 한 가족자문위원회의 위원으로서 역할을 수행한다.

② 집행위원, 상임위원, 특별위원, 가족별 대표는 언제든지 어떠한 사유로도 가족자문위원회에서 사임할 수 있고, 이 경우 사전에 사임 사실을 다른 가족자문위원회에 통보해야 한다.

③ 사무처리무능력이란 질병, 장애, 노령 그 밖의 사유로 사무처리능력이 부족하거나 없는 상태를 말하며, 사무처리능력판단은 의사의 진단서 또 소견서에 근거해서 나머지 가족자문위원이 의결로 판단한다.

④ 가족자문위원회는 집행위원에게 합리적인 해임사유가 있는 경우에 한하여 상임위원과 가족위원의 과반수 찬성으로 집행위원을 해임할 수 있다. 집행위원이 해임되면, 상임위원과 가족위원이 신임 집행위원을 선임한다.

⑤ 가족자문위원회는 상임위원에게 합리적인 해임사유가 있는 경우에 한하여 집행위원과 가족위원의 과반수 찬성으로 집행위원을 해임할 수 있다. 상임위원이 해임되면, 집행위원과 가족위원이 신임 상임위원을 선정한다.

⑥ 가족자문위원회는 집행위원과 상임위원이 해임된 이후 신임 집행위원 또는 상임위원이 선임되기 전에는 특별위원을 선임할 수 있다.

제4조 가족자문위원회의 회의【meetings】 ① 가족자문위원회는 매년 1회 정기회의를 개최하여 전년도 재무 및 운영 성과와 내년도 전략 계획 및 투자 정책을 검토하여야 한다. 또한 가족자문위원회의 임시회의는 투표권을 가진 가족자문위원회 구성원이 언제든지 소집할 수 있다.

② 가족자문위원회는, 가족자문위원회 위원 과반수의 동의를 받는다면, 언제든지 이 가족헌장에서 요구되거나 허용되는 어떠한 조치를 취할 수 있다.

제5조 정보의 제공【dissemination of information】 가족자문위원회 위원의 요구가 있으면 집행위원은 가족자문위원회의 모든 구성원에게 투자, 관리, 개인소비, 자선사업, 기타 가족재산의 사용과 관련한 보고서, 서신, 기타 서류를 제공해야 한다.

제6조 면책【Release】 본 가족헌장의 각 당사자는 개별적으로 그리고 (미성년자녀가 있다면) 미성년 자녀의 합법적인 보호자로서, 본 가족헌장 및 내규가 부여한 가족자문위원의 독립적인 판단을 존중하며, 가족자문위원의 책임을 면책하고, 가족자문위원가 가족

자문위원의 역할과 관련하여 직접 또는 간접적으로 입은 손해를 배상하고 손실을 보상한다. 다만, 가족자문위원의 고의 또는 중과실이 있는 경우에는 그러하지 아니하다.

제7조 수정【amendments】 가족자문위원회는 당시 투표권을 행사하는 구성원 과반수의 서면 동의를 얻어 본 가족헌상과 가족내규의 개정을 포함하여 본 헌장의 주제와 관련하여 적절하다고 판단되는 조치를 취할 수 있습니다.

제8조 헌장의 인정과 계약 편입【acknowledgement and agreement】 가족자문위원회는 가족헌장과 가족내규를 개정한 경우, 모든 가족 구성원에게 개정안 2부를 송부하고, 성인인 가족구성원은 2부에 인감날인한 후 1부를 집행위원에게 송부하도록 하여야 한다.

제9조 일체성【Counterparts】 이 문서는 하나 이상의 문서로 실행될 수 있으며, 각 문서는 모든 목적을 위해 원본으로 간주되며, 하나의 문서와 동일한 문서를 함께 구성해야 한다.

각 당사자는 아래 서명란에 서명하고, 인감증명서를 날인하여 각자 보관한다.

[****]년 [**]월 [**] 일

입안자(본인): (인)
집행위원: (인)
상임위원: (인)
가족별위원 1: (인)
가족별위원 2: (인)
가족별위원 3: (인)
가족 1: (인)
가족 2: (인)
가족 3: (인)
가족 4: (인)
가족 5: (인)
가족 6: (인)

가족내규(Family By-Laws)

- 가업 창립자 주도형 -

제1조 가족기금【family endowment】 가족자문위원회는 선대[***]의 후손과 함께 또는 [***]의 후손을 대신하여 약 [***, ****, ****, ****]원의 가치가 있는 다양한 자산을 신탁을 통해서 투자하거나 신탁을 통해서 가업을 영위하고 있다. 이러한 총 자산과 이 자산에서 미래 발생할 수익은 모두 "가족기금"으로 간주된다. 가족자문위원회는 가업 영위, 가족기금의 투자 및 관리, 소비, 자선 활동 또는 기타 용도에 관한 정책과 가이드라인을 제정하고 시행하고 때때로 변경한다.

제2조 가업영위【Family Business】 가업영위는 다음의 정책과 가이드라인에 따라 영위된다.

① 가족헌장 및 가족내규 제정 당시 주주와 [***신탁회사] 사이에 가업 주식 전부에 대하여 체결된 신탁계약(이하 "가업신탁계약"이라 한다)의 내용에 따라 가업이 영위된다. 가족자문위원은 가업신탁계약을 체결하고 유지할 권한과 의무를 가진다.
가업신탁계약은 영구적으로 존속하는 것을 원칙으로 한다. 그리고 가족자문위원회의 결의(전원찬성)에 의해서 가족헌장과 가족내규에서 설정한 목적 달성에 중대한 사정변경이 있는 경우 가족헌장과 가족내규를 변경할 수 있다.

② 가족신탁계약의 위탁자 또는 선대 수익자가 사망한 경우 해당 위탁자 또는 수익자의 상속인(피상속인의 배우자 제외, 대습상속인 경우에도 피상속인의 사위나 며느리 제외)은 가업신탁계약의 수익권을 상속비율에 따라 승계하는 것으로 한다. 가족헌장 및 가족내규의 적용대상이 되는 [***] 후손은 모두 가족신탁계약의 적용을 받으며, 가족신탁계약의 효력을 부인하려고 시도하는 가족 구성원의 수익권은 가족자문위원회가 박탈할 수 있다.

③ 가업의 대표이사는 [***]의 최상위 후손 중 1인을 가족자문위원회의 결의로 선임한다. 가족자문위원회는 전원찬성 결의(대표이사가 가족자문위원인 경우에는 대표이사 제외한 전원찬성 결의)로 가족신탁의 수탁자를 통하여 대표이사를 선임하거나 해임할 수 있다.

④ 가업의 대표이사는 매년 11월 30일까지 사업계획을 수립하고 이를 가족자문위원회에 보고한다. 가족자문위원회는 가업 대표이사의 사업계획을 승인하거나 최대 2회 사업계획 정정을 요구할 수 있다.

⑤ 가업의 대표이사는 매년 1월 31일(가업 중 상장기업은 3월 31일)까지 전년도 사업결산을 하여 이를 가족자문위원회에 보고한다.

제3조 투자【Investment】 가족기금의 투자는 다음 권장 정책 및 지침에 따라 추진된다.

① 집행위원은 투자 계획 및 전략의 개발을 지원하기 위해 외부 투자 전문가를 두어야 한다. 이러한 외부 투자 전문가는 각각 경영 컨설팅, 회계 또는 상업 은행 또는 투자 은행 분야에서 10년 이상의 경험, 또는 연간 총 수익이 [***,***,***,***]원을 초과하는 기업의 고위 임원으로서 3년 이상의 경력을 보유해야 한다.

② 이러한 외부 투자 전문가들과 함께, 패밀리오피스[15]는 적어도 매년, 구체적인 투자 전략과 의도된 목표를 설명하는 투자계획뿐만 아니라, 자본시장 가정, 자산배분 지침, 자본집중 제한 등을 포함하여 투자결정이 내려져야 하는 일반 원칙을 설명하는 자문위원회 문서를 검토하고 가족자문위원회에 보고하여야 한다.

③ 가족자문위원회은 투자결정을 함에 있어 다음과 같은 일반원칙에 따라야 한다. (i) 전체 투자 포트폴리오 상 상당한 시장변화의 충격에 적절하게 대응할 수 있는 자산유형군 분산 투자할 것, (ii) 가족기금 전체의 10%를 초과하여 특정 투자자산 또는 특정 운용자에게 맡기지 아니할 것, (iii) 자본이득이 법적으로 확보되거나 가족자문위원회가 해당 부채를 승인하지 않는 한, 상환해야할 부채로 조달한 자금을 투자에 활용하지 아니할 것.

제4조 자산관리【Wealth Management】 가족기금의 투자 및 관리는 패밀리오피스를 통해 중앙에서 관리되며, 이 오피스는 집행위원이 감독하고 가족기금에 관한 정책 및 전략을 구현하는 데 필요한 모든 적절한 조치를 취할 수 있는 권한을 가진다.

① 패밀리오피스는 가족의 투자, 회계, 세무, 은행 업무, 보험 및 기타 행정 문제를 관리하기 위해 필요한 전문 인력으로 구성되어야 한다. 적절하고 비용 효율적인 대안을 제시할 때마다 외부 전문가를 활용해야 한다. 패밀리오피스의 유급직원으로 근무하고자 하는 가족구성원에 대해서는 원칙적으로 전문 자격을 바탕으로 선임 여부를 고려한다.

② 패밀리 오피스는 [***]의 3명의 생존 자녀의 각 가족에게 서비스를 제공할 뿐만 아니라, 그러한 각 가계 구성원의 이익을 위해 설립된 다양한 신탁 및 신탁이 공동소유한 다양한 투자 기관에 서비스를 제공해야 하며, 이 서비스에는 투자 상담, 회계, 세금 계획 및 환급 준비, 은행 업무, 보험 및 기타 행정 서비스가 포함되며 이에 국한되지 않는다. 그러한 서비스를 제공하는 비용은 집행위원의 합리적인 결정에 따라 세 가계와 각각의 신탁, 파트너십 또는 그 밖의 단체 간에 배분·부담한다. 특정 가족 구성원에게 제공되는 통상적인 비즈니스 과정이 아니거나 개별 소유 투자와 관련된 추가 서비스 비용은 해당 가족 구성원이 단독으로 부담한다.

---

15) 패밀리오피스(family office)란 가족 또는 가문 단위로 자산관리, 재무계획, 세무계획, 자산승계계획, 부동산관리, 신탁서비스, 자선활동, 컨시어지서비스 등 다양한 맞춤형 서비스를 제공하는 서비스 또는 서비스 제공 기관을 의미한다. 한 가족 또는 한 가문만을 위해 패밀리오피스 서비스를 제공하는 회사인 Single Family Office와 다수의 가족 또는 다수의 가문을 위해 패밀리오피스 서비스를 제공하는 Multi Family Office로 구분된다. Multi Family Office는 자산관리를 전문으로 하는 금융기관이 주로 영위하고 있다.

③ 보상위원회(compensation committee)는 가족기금에서 지급하는 가족자문위원회의 보상(급여, 성과급여, 퇴직금, 이연성과급, 연금, 의료 및 보험 수익, 기타 이와 유사한 것 포함) 제안서를 서면으로 작성하여 가족신탁의 수탁자에게 제안한다.

제5조 자녀에 대한 분배【Distributions to Children】 다음 권장 정책 및 지침에 따라 해당 자녀의 이익을 위해 적절한 신탁에서 [***]의 자녀(이하 "자녀"라 한다) 각각에게 또는 이를 대신하여 분배할 것을 권고한다.

① 개인 소비 예산. 가족자문위원회는 각 자녀와 그 피부양자에 대한 연간 개인소비예산(개인소득세 제외)을 추천해야 하며, 이 예산은 세 가계 모두에 대해 동일해야 한다.

② 고용 기본 분배. 각 자녀는 고용으로 인한 실제 소득에 관계없이 자녀 또는 배우자가 "고용"인 경우 [***, ***, ***]원("고용 기본 분배")를 받는다. 자녀 또는 그 배우자는 가족자문위원회의 판단에 따라 이윤을 창출하기 위한 활동에 정기적으로 적극적으로 참여하거나 시간제 고용을 포함하여 급여와 상관없이 사회에 가치를 제공하는 경우 본 내규의 목적에 따라 "고용"으로 간주된다.

③ 어닝 매치. 각 자녀는 연간 최대 [***, ***, ***]원까지 자녀와 배우자의 실제 세전 고용 총 소득과 동일한 추가 금액(이하 "어닝 매치")을 받게 된다(자녀의 근로소득과 어닝매치의 합계는 [*, ***, ***, ***]원을 초과할 수 없다. 가족 보유 기업으로부터 발생하는 수익은 가족자문위원회의 동의 없이는 어닝매치의 기준이 되는 근로소득의 대상에서 제외된다.

④ 특정 의료비에 대한 분배. 결과적으로 지불된 금액을 포함하여 의료 보험으로 상환되지 않는 치과 치료를 포함한 의료 비용을 충당하기 위해 적절한 신탁에서 매년 각 어린이와 그 피부양자에게 또는 그를 대신하여 분배할 것을 권고한다.

⑤ 특정 법률 비용에 대한 분배. 자녀는 일반적으로 헌장, 본 내규 및/또는 가족기금 관리와 관련된 문제에 관해 독립적인 조언을 얻기 위해 자신의 법률 고문과 상의할 수 있음을 분명히 이해한다. 가족자문위원회에서 그러한 서비스가 필요하거나 바람직하다고 간주되는 경우, 해당 서비스에 대한 합당한 법률 비용을 지불하기 위해 자녀의 요청에 따라 적절한 신탁에서 자녀에게 분배할 것을 권고한다. 여기에 달리 명시된 경우를 제외하고, 자녀에게 발생하는 법률 또는 기타 전문 비용은 자녀가 자신의 비용으로 부담해야 한다.

⑥ 주택 수당 총 가치가 [***, ***, ***]원 이하인 자녀의 거주지(들) 또는 대체 거주지(들)에 투자할 각 자녀에 대해 적절한 신탁에서 비소구, 무이자 부담 대출을 하는 것이 권장되며, 가족자문위원회의 결정에 따라 조정될 수 있다.

제6조 손자녀에 대한 분배【Distributions to Grandchildren】 (가장의 손자녀에게 대학 입학과 졸업, 유급 취업에 대한 인센티브를 제공하고, 고용 소득 및 저축에 상응하고, 자동차와 주택 수당을 제공하고, 특정 의료 및 법률 비용을 지불하기 위한 분배에 관한 조항은 편의상 생략)

제7조 자선 활동【Philanthropy】 개별 가족 구성원의 자선 기부금은 가족자문위원회가 선정한 자선목적과 한도에 따라 이루어질 것을 권고한다. 선대 [***]이 선호한 자선사업은 [ ], [ ], [ ]인바, 가족자문위원회는 선대 [***]의 유지를 지키는 범위 내에서 개별 구체적 자선사업의 목적과 기부할 자선단체를 선정한다. 연간 자선사업 한도는 가업기금에서 전년도 수익의 5%를 넘지 않는 범위 내에서 가족자문위원회가 결정한다.

제8조 가족내규의 동일성 이 문서는 하나 이상의 문서로 실행될 수 있으며, 각 문서는 모든 목적을 위해 원본으로 간주되며, 하나의 문서와 동일한 문서를 함께 구성해야 한다.

각 당사자는 아래 서명란에 서명하고, 인감증명서를 날인하여 각자 보관한다.

[****]년 [**]월 [**] 일

집행위원: (인)
상임위원: (인)
가족별위원 1: (인)
가족별위원 2: (인)
가족별위원 3: (인)
가족 1: (인)
가족 2: (인)
가족 3: (인)
가족 4: (인)
가족 5: (인)
가족 6: (인)

Part 07

공익실천을 위한 기부신탁

CHAPTER 01 자선지원서비스(Philanthropy Service)

CHAPTER 02 유산기부신탁

CHAPTER 03 기부조건부신탁

CHAPTER 04 공익신탁

CHAPTER 01

자선지원서비스(Philanthropy Service)

1 자선지원서비스 개요

자선(philanthropy[1])은 사회 전체의 복지에 기여하는 민간 차원의 자선 활동 또는 자원봉사와 같은 기타 선행을 말한다. 일회성 기부 또는 단기간 기부와 달리 장기적인 관점에서 지역 사회나 지역 사회 구성원의 복지를 증진시키는 활동이 자선이다. 우리나라의 경우 재산을 출연하여 공익재단을 설립하거나 공익신탁을 설정할 수도 있고, 유산기부신탁을 설정하여 일부 재산을 특정 기부처에 단기적으로 또는 장기적으로 기부할 수도 있다.

자선 활동은 가족이 아닌 불특정 다수의 복리를 위해 장기적으로 영위되는 활동이라는 점에서 자선사업의 전략, 법률 구조, 실행 전략 등 전문가의 도움이 필요한 바, 일반적으로 금융회사가 자선활동가의 자선활동 전략 수립 및 실행을 지원해 주는 것을 자선지원서비스(Philanthropy Service)라 한다.

1) philanthropy는 고대 그리스어 philanthrōpía(인류애)에서 유래한 것이다.

신탁 명언

There is a natural law, a Divine law, that obliges you and me to relieve the suffering, the distressed and the destitute. Charity is a supreme virtue, and the great channel through which the mercy of God is passed on to mankind. It is the virtue that unites men and inspires their noblest efforts.

Love one another, for that is the whole law; so our fellow men deserve to be loved and encouraged - never to be abandoned to wander alone in poverty and darkness. The practice of charity will bind us - will bind all men in one great brotherhood.

자연법, 신성한 법이 있습니다. 이 법은 여러분과 저에게 고통받는 이들, 괴로워하는 이들, 궁핍한 이들을 구제할 의무가 있습니다. 자선은 최고의 미덕이며 하느님의 자비가 인류에게 전달되는 위대한 통로입니다. 사람들을 하나로 묶고 그들의 가장 고귀한 노력에 영감을 주는 것은 미덕입니다.

서로 사랑하십시오. 그것이 모든 율법입니다. 그러므로 우리 곁에 있는 사람들은 사랑을 받고 격려를 받을 자격이 있습니다. 가난과 어둠 속에서 홀로 떠돌아다니게 두어서는 절대 안 됩니다. 자선의 실천은 우리와 모든 인류를 하나의 위대한 형제애로 묶을 것입니다.

– Conrad Nicholson Hilton(Hilton Foundation을 설립하여 Hilton호텔의 지배주식 27.4%를 출연하여 자선사업을 수행한 자선가)

Part 07

2 기부방법 개괄

기부자 입장에서 보면, 기부방법은 생전기부와 사후기부로 구분된다. 생전기부 방법은 일반기부, 공익신탁 설정, 기부조건부금전신탁(생전기부형)이 있다. 사후기부 방법은 사인증여, 유언, 생명보험, 유산기부신탁, 기부조건부금전신탁(사후기부형)이 있다. 기부자의 기부재산 유형, 기부의 목적과 취지, 그리고 기부처의 준비상황에 따라 다양한 선택지 중 하나 또는 복수를 선택하여 기부를 진행하면 된다. 저자가 자선서비스를 제공할 때, 가장 어려운 것이 기부자의 기부 재산 유형을 기부처가 기부받을 준비가 안되어 있는 경우이다.

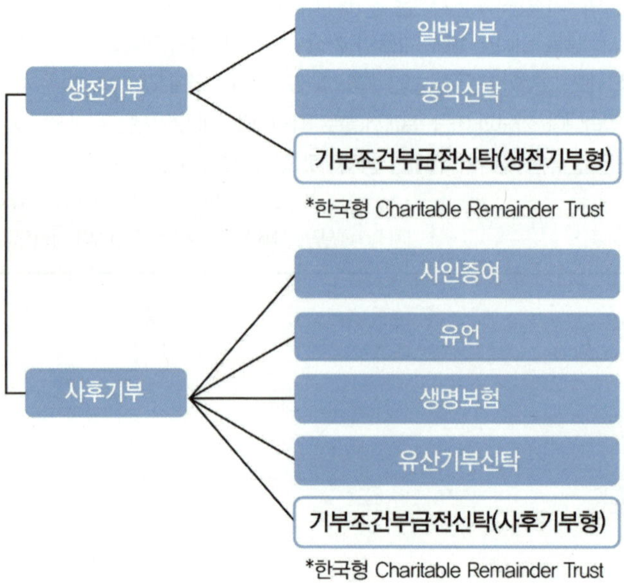

CHAPTER 02 유산기부신탁

1 유산기부

유산기부	구분	방법	집행
1	유언공증	유산의 일부 또는 전부를 기부처로 유증	유언집행자의 유언집행
2	생명보험	생명보험계약의 수익자를 기부처로 지정	보험사의 보험금 지급
3	유언대용신탁	사후수익자를 기부처로 지정	수탁자의 신탁재산 귀속

현재 실무에서 활용되고 있는 유산기부방법은 유언공증, 생명보험, 유언대용신탁 3가지다.

가. 유산기부 유언공증

유산기부자는 유언으로 재산의 일부 또는 전부를 기부처에 유증할 수 있다. 유산기부자가 공증인을 찾아 유언공증을 하고 유언공정증서를 교부받아 보관하고 있다가 유언자 사망 시 유언집행자에 의해 유산을 기부처에 기부한다. 유언자에게 상속인이 있는 경우 유산기부는 상속인에게 불리한 결과를 초래할 수 있기 때문에 유언집행자를 상속인 중에서 선임하는 것보다는 상속인이 아닌 제3자를 선정하는 것이 유산기부의 확실성을 담보할 수 있는 방법이다. 유언자가 유언공증서 정본을 유언집행자에게 교부하여 유언자 사망시 유언이 유언공증서의 내용대로 집행되도록 하는 것도 중요한 문제이다.

유언서를 신탁회사에 보관하고 신탁회사를 유언집행자로 선임하는 '유언서 보관 및 집행 계약'을 활용하는 것도 유산기부의 확실성을 높여 주는 방법이다.

신탁 명언 "기업은 개인의 것이 아니며 사회와 종업원의 것이다. 정성껏 좋은 상품을 만들어 국가와 동포에 봉사하고, 정직·성실하고 양심적인 인재를 양성·배출한다. 기업의 이익은 첫째, 계속 기업을 키워 일자리를 창출하고, 둘째, 정직하게 납세하며, 셋째, 남은 것은 기업을 키워 준 사회에 환원한다."

– 유일한 박사((주)유한양행 창업자)

1. 유언의 주요 내용
   (1) 소유 ㈜유한양행 주식 14만941주는 전부 '한국사회 및 교육원조 신탁기금(공익재단 – 그 후 유한재단으로 변경 –)'에 기부한다.
2. 아들은 대학까지 공부를 시켜줬으니 스스로 자립해서 살아가라.
3. 딸에게는 학교안에 있는 묘소와 주변 땅 5,000평을 준다. 그 땅을 동산(현재 유한동산)으로 꾸미고, 학생들이 자유롭게 드나들게 해라.
4. 손녀에게는 앞으로 대학졸업 때까지 필요한 학자금 1만 달러를 준다.

유일한 박사의 유산기부로 ㈜유한양행을 설립하였다. ㈜유한양행의 소유권은 유한재단, 유한학원, 연세대학교가 보유하지만, 일체 경영권 행사에 관여하지 않는다. ㈜유한양행의 경영은 평사원에서 출발한 임직원 중 선출된 대표이사와 이사가 독립적으로 행사하고 있어, 명실상부한 '종업원지주제'를 안정적으로 유지하고 있다. ㈜유한양행은 유산기부와 종업원지주제가 결합된 모델 사례라 볼 수 있다.

나. 유산기부 생명보험

생명보험계약은 피보험자 사망을 원인으로 보험수익자에게 보험금을 지급하는 계약이다. 기부자가 생명보험계약을 체결하고 보험수익자를 기부처로 지정해놓으면, 보험계약자 사망 시 보험사가 해당 기부처로 보험금을 지급하게 된다. 기부처와 보험사가 미리 유산기부보험을 출시한 경우에는 기부자가 해당 유산기부보험을 가입하면 된다. 기부자가 기존 체결한 생명보험계약의 수익자를 기부처로 변경할 수도 있다. 기부자의 의사에 따라 수익자를 기부처와 가족을 함께 지정하는 방법도 있다.

2 유산기부신탁

유산기부신탁은 유언대용신탁의 한 유형으로 유산기부의 확실성을 최대한 높일 수 있는 유산기부방식이다. 기부자가 위탁자로 유언대용신탁계약을 체결하면서 신탁재산의 전부 또는 일부에 대한 사후수익자를 기부처로 지정하는 방식을 '유산기부신탁'이라 한다(유산기부신탁의 계약구조, 상속 개시 시 집행구조는 일반적인 구조의 상속설계를 위한 상속신탁과 동일하므로 PART 03을 참조하면 된다).

유산기부신탁의 장점 중 가장 중요한 것이 유산기부자의 평온한 삶을 위한 법률도구의 기능을 제공할 수 있다는 것이다. 기부자가 질병, 장애, 노령, 그 밖의 사유로 인한 정신적 제약으로 사무를 처리할 능력이 부족한 상황에 있을 수 있는데, 이 경우에는 기부자 본인의 생존을 위해 안전하게 재산을 관리할 수 있는 장치가 필요하다. 즉, 신탁회사가 위탁자인 기부자가 사무처리능력이 없을 경우 신탁재산을 안전하게 관리하면서 기부자에게 필요한 의료비, 간병비, 생활비를 신탁계약에서 정한 바에 따라 인출해줄 수 있는 장치를 마련할 수 있다.

그리고 기부처 입장에서 유산기부신탁의 장점은 다음과 같다.

첫째, 유언공증의 경우 유언자의 사망을 기부처가 확인할 수 있는 방법이 없다. 그리고 상속인의 자발적인 협조가 없으면 유산기부가 실천되지 아니할 가능성이 있다. 유산기부신탁은 상속인의 의지와 관계없이 수탁자가 신탁재산을 신탁계약의 내용에 따라 단독으로 기부할 수 있기 때문에 기부의 확실성을 담보할 수 있다.

둘째, 부동산 등 현금화하기 어려운 실물재산인 경우 기부처가 실물재산을 기부받고 이를 관리하거나 처분할 수 있는 인력이 없어 실물재산 기부 받는 것을 꺼려하고 있다. 유산기부신탁을 활용하면 신탁재산을 수탁자가 처분하여 조성한 금전으로 기부처에 기부할 수 있는 장점이 있다.

셋째, 유산기부가 유류분 문제를 야기할 경우 기부처가 유류분반환청구소송의 당사자가 될 수밖에 없다. 유산기부신탁을 활용하면 신탁회사가 유류분반환청구소송의 소멸시효인 1년간 상속인과의 협의를 통해 유류분금액을 반환한 후 잔액을 기부처에 기부할 수 있기 때문에 기부처 입장에서 복잡한 유류분 소송에 관여하지 않아도 되는 장점이 있다.

유니세프의 유산기부신탁 브로슈어(발췌)

신탁에 의한 유산기부

이는 유언자가 금융회사와 자산신탁계약을 맺고 자산관리를 위탁하면서 사망 후 자산의 전부나 일부를 받게 될 수익자를 지정하는 것입니다. 수익자를 유니세프한국위원회로 지정하면 해당 유산은 유니세프에 기부됩니다. 생전에는 자산에서 나오는 수익을 위탁자가 취하고, 사후에는 위탁자의 뜻에 따라 신탁회사가 기부절차를 밟게 되는 방식입니다.

■ 유언대용신탁 진행 절차

1. 기부할 금액을 결정하고,
기부의 취지와 뜻을 가족들에게 알리고 충분히 상의합니다.

2. 신탁사와 상담하여 유언대용신탁의 운용 여부 및
원하시는 조건을 결정합니다.

3. 일반 신탁상품과 동일한 절차에 따라 신탁 계약을 체결하고,
유니세프를 사후 수익자로 지정합니다.

4. 지급 사유가 발생하면
신탁 계약에 따라 유니세프에 기부됩니다.

■ 유언대용신탁 취급 신탁사

현재 유니세프한국위원회는 신영증권과 유언대용신탁 업무협약을 맺고 상호 협력하고 있습니다. 신영증권 외에도 여러 금융회사들이 유언대용신탁을 취급합니다.

■ Q&A

Q1. 신탁이란 무엇입니까?
고객이 계약이나 유언을 통해 자신이 지정한자(수익자)의 이익을 위해 재산권을 관리, 운용, 처분, 개발하는 권한을 개인이나 신탁회사에 위탁하는 법률관계를 말합니다.

Q2. 유언대용신탁이 무엇입니까?
고객이 생전에 신탁회사에 재산을 위탁하면서 생전의 수익자는 본인으로 지정하고, 사후에는 배우자, 자녀, 제3자 등을 수익자로 지정해 본인 사망 이후의 유산 분배를 미리 확정해 두는 것입니다. 유언대용신탁을 통하면 민법에 따른 유언을 남기지 않더라도 위탁자의 의사가 최대한 반영된 유산분배가 가능합니다.

Q3. 유언대용신탁의 좋은 점은 무엇입니까?

- 고객의 생전의도에 따른 사후 재산 분배 가능
- 유언장 작성 및 공증의 복잡한 상속절차 생략 가능
- 유언으로는 대신할 수 없는 다양한 서비스가 통합된 상속재산의 분배 관리

CHAPTER 03

기부조건부신탁

1 기부조건부금전신탁 개요

우리나라는 2008년 미국의 잔액기부신탁(Charitable Remainder Trust)과 유사한 '기부조건부금전신탁'을 도입하였다.[2] 현행 소득세법은 사업자 또는 거주자가 금전을 공익법인등[3]에 해지 · 해제[4] 불능 및 원금 불반환 조건으로 기부하는 내용의 신탁계약을 체결하는 경우, (i) 사업자의 경우, 신탁재산을 신탁계약 체결 및 신탁설정[5]한 과세기간에 지출한 기부금으로 인정받아 해당 과세기간의 사업소득을 계산할 때 필요경비에 산입할 수 있고, (ii) 사업자가 아닌 거주자의 경우, 해당 신탁계약 체결 신탁재산을 해당 과세기간의 합산과세되는 종합소득산출세액에서 기부금 세액공제[6]를 해주는 '기부조건부금전신탁'을 규정하고 있다(소득세법 제34조 제3항, 제59조의4 제4항, 동 시행령 제82조 제1항 제3호). 기부조건부금전신탁은 위탁자 사망 시 신탁재산을 공익법인등에 기부하는 '유산기부조건부금전신탁'과 신탁계약에서 정한 기간 종료 시에 공익법인등에 기부하는 '생전기부조건부금전신탁'이라는 두 가지 유형이 모두 포함한다. 다만, 기부조건부금전신탁은 위탁자 및 그 친족(이하 "위탁자등"이라 한다)이 해당

---

2) 기부조건부금전신탁은 기부방식 및 형태의 다양화를 통한 기부문화 활성화를 위해 2007년 정부의 세제개편에 따라 2008년 1월 1일부터 시행되는 '사회환원기부신탁(공익신탁전환조건부신탁)'이라는 명칭으로 도입된 후 몇 차례 개정된 것인데, 이 책에서는 신탁구조를 명확하게 설명해주는 '기부조건부신탁'이라고 부르기로 한다.

3) 「상속세 및 증여세법」 제16조 제1항에 따른 공익법인등을 말한다.

4) 소득세법 시행령 문언상으로는 '해지'만 규정하고 있으나, 규정의 취지를 고려할 때 '해제'까지 포함된다고 보는 것이 합리적이다.

5) 소득세법 시행령 문언상으로는 명확하지 않지만, 신탁계약 체결만 하고 신탁재산의 소유권을 수탁자에게 이전하지 않는 상태에서 해당 신탁재산을 기부한 것으로 보기는 어려울 것이므로, 신탁계약 체결 및 신탁재산의 소유권을 수탁자 명의로 이전하는 것을 포함한 '신탁설정'으로 해석해야 한다(서면-2024-법규법인-1738 [법규과-2126], 2024.08.27.과 서면법규법인 2024-3269, 2024.09.27. 참조).

6) 기부금의 15%(1천만원 초과 시 30%, 2024년 한정 3천만원 초과 40%)만큼 세액공제를 하되, 공제대상 기부금 한도액은 기부처 유형에 따라 소득금액의 10%, 30% 또는 100%이다.

공익법인등의 설립자이거나, 위탁자등이 공익법인등의 이사의 과반수를 차지하는 특별한 관계에 없을 것을 조건으로 한다. 기부조건부금전신탁은 신탁계약 체결 및 신탁설정 시점에 공익법인이 기부금 영수증[7]을 위탁자에게 발급해주기 때문에 위탁자가 기부금 공제 또는 필요경비 인정을 미리 받고, 조건 성취 전까지 신탁재산에서 발생하는 이익을 인출하여 사용할 수 있는 장점이 있다. 기부조건부금전신탁은 위탁자가 신탁계약을 설정한 후 신탁계약을 해제·해지할 수 없고, 위탁자가 이익[8]은 인출할 수 있으나 원본은 인출할 수 없다는 점에서 '원본기부신탁'으로 볼 수 있으며, 신탁재산이 궁극적으로 공익법인등에 기부되기 전인 신탁 설정 시점에 필요경비에 산입된다는 점에서 영미법계에서 말하는 '취소불능신탁(irrevocable living trust)'의 일종으로 볼 수 있다.

2 기부조건부금전신탁의 실무상 이슈

| 기부조건부금전신탁 실무 |

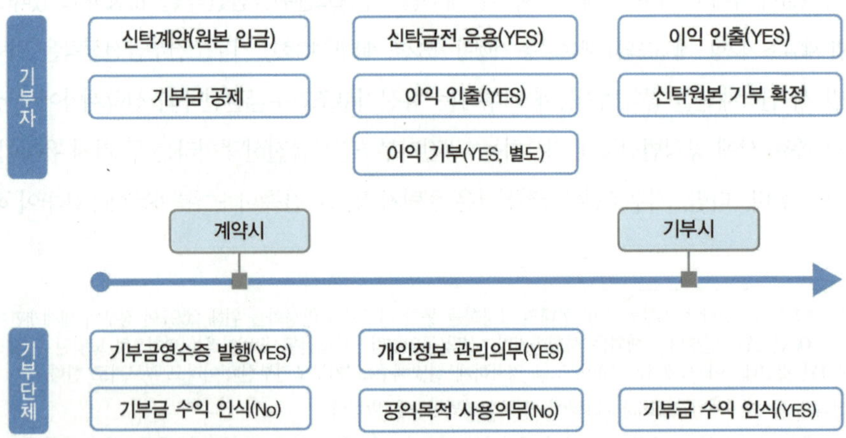

7) "거주자가 상속세 및 증여세법 제16조 제1항에 따른 공인법인 등에 기부될 것을 조건으로 소득세법 시행령 제80조 제1항 제3호 각 목의 요건을 모두 갖춘 신탁(이하 '기부신탁')을 설정한 경우, 해당 공익법인 등은 해당 거주자가 기부신탁을 설정한 때를 기부일로 하여 법인세법 제75조의4 제2항에 따른 기부금영수증을 발급할 수 있는 것임(서면-2024-법규법인-1738 [법규과-2126], 2024.08.27.)."

8) 이 경우 신탁재산에서 발생하는 이익은 위탁자에게 귀속되므로, 신탁수익 발생 시 이자, 배당소득 등 소득세를 위탁자에게 정상과세한다.

한편, 기부조건부금전신탁 설정 이후 해당 금전을 운용하면서 손실이 발생하여 최종적으로 공익법인등에 기부될 재산이 신탁설정 시점의 재산가액보다 줄어들 경우, 실제 기부금만큼 세액공제금액이나 필요경비를 재산정해야 하는 것이 문제가 될 수 있으나, 다행히 신탁재산 운용과정에서 손실이 발생하더라도 최초 신탁재산을 기부금으로 봐서 필요경비를 인정할 수 있는 유권해석이 있다.[9)] 그리고 공익법인 입장에서 기부금수익의 귀속시기를 신탁계약 체결 시점, 즉 기부금영수증 발행시점이 아니라 기부조건부신탁계약의 원본 또는 수익이 해당 공익법인에 실제로 지급되는 시점을 귀속시기로 보아야 한다.[10)] 이렇게 되면 공익법인 입장에서는 기부조건부금전신탁 설정시점에는 기부금 수입을 인식하지 않고 기간 도래 또는 위탁자 사망 시 실제 공익법인으로 신탁재산이 귀속되는 시점에 인식을 하기 때문에 신탁설정 시점에 경제적 혜택은 없다. 결론적으로 기부조건부금전신탁은 기부금영수증 발급 시기만 신탁설정 시점으로 앞당겨, 기부자가 세액공제액이나 필요경비 인정액의 시간가치만큼 혜택을 받는 구조이다.

3 기부조건부금전신탁의 실무상 활용 방안

가. 생전기부형 기부조건부금전신탁

'생전기부형 기부조건부금전신탁'은 위탁자가 계약 체결 시 일정 기간 경과 후 신탁이 종료되면서 귀속권리자를 기부처로 지정하는 신탁이다. 생전기부형 기부조건부금전신탁에서 기부자가 위탁자 겸 수익자가 되고, 기부처는 신탁종료 시 귀속권리자가 된다.

---

9) "「소득세법 시행령」 제80조 제1항 제3호에 해당하는 기부금(이하 "쟁점기부금")의 경우 신탁재산을 기부받는 공익법인등이 기부금영수증을 발급하는 것이다. 그리고 신탁재산의 운용이익을 기부자(위탁자)가 인출하는 경우 또는 신탁재산의 운용결과 손실이 발생한 경우에도 「소득세법 시행령」 제80조 제1항 제3호 각 목의 요건을 모두 충족하는 신탁에 신탁한 금액은 쟁점기부금에 해당하는 것이다(기획재정부 소득세제과-777 [법규과-2266], 2023.08.31.)."

10) "거주자가 「상속세 및 증여세법」 제16조 제1항에 따른 공인법인 등에 기부될 것을 조건으로 「소득세법 시행령」 제80조 제1항 제3호 각 목의 요건을 모두 갖춘 신탁(이하 '기부신탁')을 설정한 경우, 해당 공익법인은 기부신탁 계약의 원본 또는 수익이 해당 공익법인에 실제 지급되는 시점을 귀속시기로 보아 세무처리 하는 것이다(서면법규법인 2024-3269, 2024.09.27.)."

자익신탁형

나. 유산기부형 기부조건부금전신탁

'유산기부형 기부조건부금전신탁'은 위탁자와 수탁자가 신탁재산을 수탁자에게 이전하되, 위탁자 사망으로 신탁이 종료되는 경우 잔여재산을 모두 기부처에 기부하는 신탁을 말한다. 위탁자 생존 동안 신탁재산에서 발생하는 이익을 위탁자가 인출하여 생활비 등으로 사용하다, 위탁자가 사망하면 신탁이 종료되면서 수탁자는 위탁자가 미리 지정한 기부처를 귀속권리자로 하여 신탁재산을 기부한다. 생전 수익자를 위탁자로 지정하는 '생전 자익형 기부조건부금전신탁'과 생전 수익자를 위탁자가 아닌 제3자로 지정하는 '생전 타익형 기부조건부금전신탁'을 상정할 수 있다.

생전 자익신탁형

생전 타익신탁형

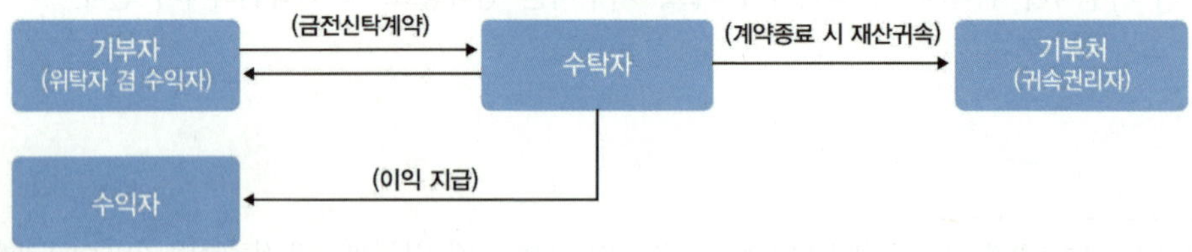

CHAPTER 04

공익신탁

1 공익신탁 개요

가. 개념 및 도입취지

공익법인 설립절차의 복잡함과 운영상의 어려움을 해결하고 운영의 투명성을 제고함으로써 기부문화 활성화를 위해 도입된 것이 '공익신탁'이다. 공익신탁(Charitable Trust)은 공익사업을 목적으로 하는 「신탁법」에 따른 신탁으로서 법무부장관의 인가를 받은 신탁이다.[11)12)] 공익신탁은 1961년 12월 31일 제정 신탁법에 의해 최초 도입된 이래 거의 활용되지 못하고 있다가, 2014년 3월 18일 신탁법에서 분리되어 별도의 공익신탁법 제정(2015년 3월 18일 시행)으로 활성화되기 시작하였다. 공익신탁법은 허가제를 인가제로 변경하고, 법무부를 주무관청으로 하여 공익신탁의 설정 및 운영을 통일적으로 관리감독하며, 투명성 제고를 위해 공익신탁시스템[13)]을 운영하고 있다.

Part 07

공익신탁법

제2조【정의】 이 법에서 사용하는 용어의 뜻은 다음과 같다.

1. "공익사업"이란 다음 각 목의 사업을 말한다.

   가. 학문 · 과학기술 · 문화 · 예술의 증진을 목적으로 하는 사업

---

11) 공익신탁법 제1조(목적) 이 법은 공익을 목적으로 하는 신탁의 설정 · 운영 및 감독 등에 관하여 「신탁법」에 대한 특례를 정함으로써 신탁을 이용한 공익사업을 쉽고 편리하게 할 수 있도록 하여 공익의 증진에 이바지하는 것을 목적으로 한다.

12) 공익신탁법 제2조(정의) 제2호 "공익신탁"이란 공익사업을 목적으로 하는 「신탁법」에 따른 신탁으로서 제3조에 따라 법무부장관의 인가를 받은 신탁을 말한다. 이 규정은 신탁법 제2조에 의한 목적신탁 중 공익성을 가진 목적신탁만을 별도로 공익신탁법으로 구별하여 따로 규제하기 위한 것이다[이중기, 「공익신탁과 공익재단의 특징과 규제」(삼우사, 2014), 56면].

13) 법무부의 공익신탁시스템 홈페이지(https://www.trust.go.kr)

나. 장애인 · 노인, 재정이나 건강 문제로 생활이 어려운 사람의 지원 또는 복지 증진을 목적으로 하는 사업

다. 아동 · 청소년의 건전한 육성을 목적으로 하는 사업

라. 근로자의 고용 촉진 및 생활 향상을 목적으로 하는 사업

마. 사고 · 재해 또는 범죄 예방을 목적으로 하거나 이로 인한 피해자 지원을 목적으로 하는 사업

바. 수용자 교육과 교화(敎化)를 목적으로 하는 사업

사. 교육 · 스포츠 등을 통한 심신의 건전한 발달 및 풍부한 인성 함양을 목적으로 하는 사업

아. 인종 · 성별, 그 밖의 사유로 인한 부당한 차별 및 편견 예방과 평등사회의 증진을 목적으로 하는 사업

자. 사상 · 양심 · 종교 · 표현의 자유 증진 및 옹호를 목적으로 하는 사업

차. 남북통일, 평화구축, 국제 상호이해 증진 또는 개발도상국에 대한 경제협력을 목적으로 하는 사업

카. 환경 보호와 정비를 목적으로 하거나 공중 위생 또는 안전의 증진을 목적으로 하는 사업

타. 지역사회의 건전한 발전을 목적으로 하는 사업

파. 공정하고 자유로운 경제활동이나 소비자의 이익 증진을 목적으로 하는 사업

하. 그 밖에 공익 증진을 목적으로 하는 사업으로서 대통령령으로 정하는 사업

2. "공익신탁"이란 공익사업을 목적으로 하는 「신탁법」에 따른 신탁으로서 제3조에 따라 법무부장관의 인가를 받은 신탁을 말한다.

3. "수익사업"이란 공익신탁의 수탁자(受託者)가 신탁재산의 계산으로 신탁의 목적 달성을 위하여 필요한 범위에서 수행하는 공익사업 외의 사업을 말한다.

4. "보수등"이란 보수, 상여금, 각종 수당, 급여 등 어떠한 명칭으로든지 업무 수행의 대가로 지급되는 재산상 이익을 말한다.

공익신탁법 시행령

제2조 【공익사업】 「공익신탁법」(이하 "법"이라 한다) 제2조제1호하목에서 "대통령령으로 정하는 사업"이란 다음 각 호의 사업을 말한다.

1. 국토의 합리적 이용, 정비 또는 보전을 목적으로 하는 사업
2. 국민생활에 필수적인 재화(財貨)나 용역의 안정적 공급을 목적으로 하는 사업
3. 법 제2조제1호가목부터 파목까지의 사업 또는 제1호 · 제2호의 사업에 준하는 것으로서 공익 증진을 목적으로 하는 사업

공익신탁은 목적신탁(Purpose Trust)의 하나이다. 우리 신탁법 제2조는 신탁법에 의해 설립될 수 있는 신탁으로 '수익자신탁'과 '목적신탁'이 있음을 천명한 조항이다.[14] 신탁법 제2조를 목적신탁으로 재구성하면 "신탁을 설정하는 자와 신탁을 인수하는 자 간의 신임관계에 기하여 위탁자가 수탁자에게 특정 재산을 이전 또는 그 밖의 처분을 하고 특정의 목적을 위하여 그 재산의 관리, 처분, 운용, 개발, 그 밖의 신탁목적의 달성을 위하여 필요한 행위를 하게하는 법률관계를 말한다"이다. 목적신탁은 '특정 수익자'가 아닌 '특정 목적'을 위하여 설립되는 신탁으로 주로 공익목적으로 활용되나, 주주에 대한 배당금지급을 목적으로 하는 임시신탁, 퇴직근로자에 대한 연금지급을 목적으로 하는 퇴직연금신탁, 묘지 관리를 위한 신탁 등은 특정한 수익자가 없는 사익목적신탁도 있다.[15]

공익신탁은 목적신탁 유형 중 공익목적신탁이다. 우리 공익신탁법은 공익사업을 열거하고 있다. 공익신탁은 '설정형'과 '모집형'이 있다. 설정형은 공익신탁의 위탁자와 신탁재산을 설립시점에 특정하는 공익신탁을 말하고, 모집형은 공익신탁의 신탁재산을 모금을 통해 확보하는 공익신탁을 말한다. 설정형으로 공익신탁을 설정한 후 기부금을 모금할 수도 있다.

나. 공익신탁 설정 현황

새롭게 제정된 공익신탁법에 근거하여 최초로 설정된 공익신탁은 '경제적 어려움을 겪는 범죄 피해자, 난민, 수용자 가족 등 법무부 업무 관련 국민 지원'을 목적사업으로 설정된 '법무부 천사 공익신탁'이다. 법무부 천사 공익신탁은 20,577명으로부터 987,978,958원을 기부받아 범죄피해자 지원 등 다양한 목적으로 자선사업을 영위하고 있다. 2025년 11월 10일 현재 총 39개 공익신탁이 설정되었다.[16] 기존에 설정된 39개 공익신탁 중 38개의 신탁재산은 금전이고, 신탁재산이 금전이 아닌 공익신탁은 1개밖에 없다.[17]

14) 이중기, 「공익신탁과 공익재단의 특징과 규제」(삼우사, 2014), 55면.

15) 법무부, 앞의 책, 12면.

16) 이 중 몇 개는 기부금 모집 실패 등의 사유로 종료되었다.

17) 현재 '장애청소년 복리를 위한 공익신탁'이 비상장 주식을 신탁재산으로 해서 설립된 유일한 공익신탁이다.

2 공익신탁의 설정 및 운영

가. 공익신탁의 구조

공익신탁도 공익실현의 도구로 신탁을 활용하는 것이므로, 신탁법 제3조의 3가지 설정방법으로 공익신탁이 설정된다 할 수 있으나, 주로 위탁자와 수탁자 사이의 공익신탁계약에 의해 성립한다. 다만, 수익자신탁과 같은 수익자가 존재하는가가 문제되는데, 일본의 통설적 견해는 공익신탁의 이익을 얻는 자는 채권적 급부수령권만을 가질 뿐 수익자가 아니라는 견해이다.[18] 공익신탁은 수익자가 없기 때문에 공익신탁의 수탁자에 대한 감독권한은 신탁관리인을 통해서 어루어진다는 점과 공익신탁의 수혜자는 위탁자가 확정할 수 없고 공익신탁의 수탁자가 공익사업 수행 결과로 확정된다는 점이 일반적 수익자신탁의 경우와 다르다.

나. 공익신탁의 설정 절차

공익신탁은 위탁자와 수탁자가 신탁계약을 체결한 후 법무부의 인가를 받아야 한다. 법무부의 공익신탁 인가가 있으면 신탁재산에 대항력을 갖춘 후 신탁계약의 효력이 발생한다. 공익법인과 유사하게, 매 사업연도 개시일 1개월 전까지 해당 연도 사업계획서를 법무부에 보고하고 매 사업연도가 끝난 후 2개월 이내에 해당 연도 사업보고서를 법무부에 보고하여야 한다. 법무부는 공익신탁 시스템을 통해서 공익신탁별로 인가서, 사업계획, 사업결과보고, 공익목적사업명세 등을 공시함으로써 공익신탁 설립 및 운영의 투명성을 강화하고 있다.

18) 新井誠 저/안성포 역, 『신탁법』 제3판(전남대학교출판부, 2011), 468면.

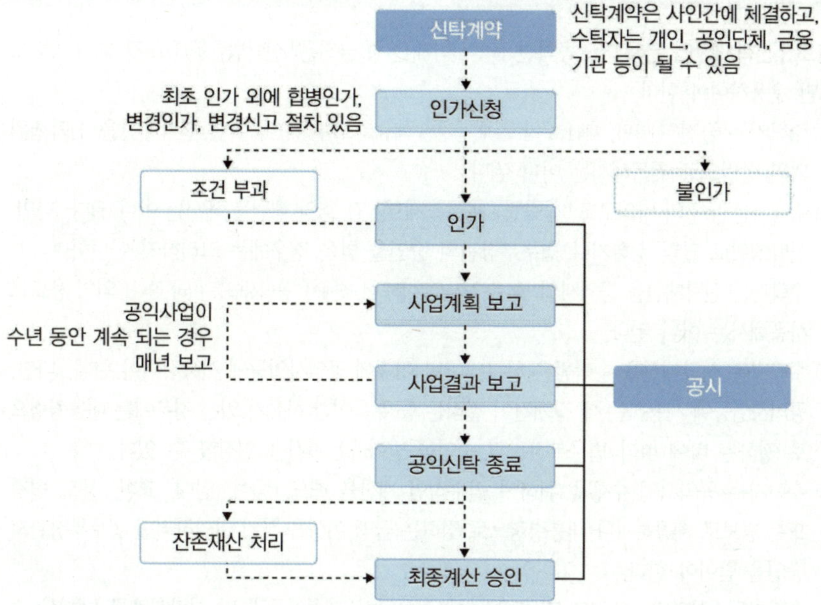

다. 공익신탁의 운영

공익신탁의 신탁재산 중 금전은 신탁법 제41조에 정하는 방법으로 운용하여야 한다.

1. 국채, 지방채 및 특별법에 따라 설립된 법인의 사채의 응모 · 인수 또는 매입
2. 국채나 그 밖에 제1호의 유가증권을 담보로 하는 대부
3. 은행예금 또는 우체국예금

공익신탁 재산을 투자위험성이 높은 자산에 투자하여 신탁재산에 손실이 발생하는 것을 막고자 하는 취지로 공익신탁 중 금전의 운용방법을 매우 안전한 상품으로만 운용할 수 있도록 한 것이다. 신탁재산의 보존이라는 취지는 일응 이해가 되지만, 운용을 국채나 예금으로 제한할 경우 공익사업에 사용될 금원이 너무 적게 될 가능성이 높다. 따라서 미국과 같이 수탁자가 신중한 투자자의 선관의무를 다하는 것을 조건으로 공익신탁의 신탁재산을 적극적 운용할 수 있도록 허용하는 방안도 입법론적으로 검토할 필요가 있다.

Part 07

공익신탁법

제11조【신탁재산의 운용】 ① 공익신탁의 신탁재산 중 금전은「신탁법」 제41조 각 호의 방법으로만 운용하여야 한다.

② 수탁자는 금전(「신탁법」 제41조 각 호에 규정된 재산을 포함한다)이 아닌 신탁재산을 신탁행위 외의 방법으로 취득해서는 아니 된다.

③ 수탁자는 누구의 명의로도「신탁법」 제34조제1항 각 호의 행위를 해서는 아니 된다. 다만, 신탁행위로 달리 정하거나 법무부장관의 승인을 받은 경우에는 그러하지 아니하다.

④ 수탁자는 신탁재산을 공익사업 및 수익사업(이하 이 조에서 "공익사업등"이라 한다) 외의 용도로 사용해서는 아니 된다.

⑤ 수탁자는 신탁재산을 수탁받은 날부터 3년 이내에 공익사업등에 사용하여야 한다. 다만, 공익사업등에 사용하는 데 장기간이 걸리는 등 부득이한 사유가 있는 경우에는 대통령령으로 정하는 바에 따라 법무부장관의 승인을 받아 그 기간을 연장할 수 있다.

⑥ 수탁자는 공익사업 수행을 위하여 필수적인 재산을 매도, 증여, 임대, 교환, 용도 변경 또는 담보로 제공하거나 대통령령으로 정하는 금액 이상을 장기 차입하려면 법무부장관의 승인을 받아야 한다.

⑦ 수탁자는「신탁법」 제78조 및 제87조에도 불구하고 수익증권 및 신탁사채를 발행할 수 없다.

제12조【운용소득의 사용】 ① 수탁자는 신탁재산의 운용소득 중 100분의 70 이상을 공익사업에 사용하여야 한다.

② 제1항에 따른 운용소득 산정방법은 대통령령으로 정한다.

라. 공익신탁의 종료

수탁자는 신탁법에 따른 신탁의 종료사유가 발생한 경우 지체 없이 그 사실을 법무부장관에게 신고하고, 신탁사무에 관한 최종 계산을 한 후 법무부 장관의 승인을 받아야 한다(공익신탁법 제23조). 공익신탁이 종료된 경우 다른 공익신탁, 공익법인, 국가 또는 지방자치단체를 신탁법에 따른 귀속권리자로 간주하되, 귀속권리자를 정할 수 없거나 해당 귀속권리자가 없는 경우에는 법무부장관은 신탁재산을 유사한 목적의 공익신탁등에 증여하거나 무상 대부하여야 하고, 이에 따라 신탁재산을 귀속받은 국가 또는 지방자치단체는 신탁재산을 공익사업에 사용하거나 유사한 공익목적을 가진 공익신탁에 증여 또는 무상대부 하여야 한다(공익신탁법 제24조).[19] 공익목적 단체에 적용되는 특유한 법리인 영미법상 '씨프레스원칙(Cy Pres

19) 2015년 13개 은행이 공동으로 설정한 '청년희망펀드 공익신탁'은 2018년 9월 5일 공익법인 '청년희망재단'에 신탁재산 약 437억원을 모두 출연하고 종료되었다.

Doctrine)'을 수정하여 법제화한 것이다.[20] 공익신탁을 설정하려는 위탁자는 공익신탁이 설정된 이상 공익신탁을 사익으로 전환할 수 없음을 유의할 필요가 있다.

공익신탁법

제23조【공익신탁의 종료】 ① 수탁자는 「신탁법」에 따른 신탁의 종료사유가 발생한 경우 지체 없이 그 사실을 법무부장관에게 신고하고, 신탁사무에 관한 최종 계산을 한 후 법무부장관의 승인을 받아야 한다.

② 유한책임신탁인 공익신탁의 청산이 종결된 경우에 최종 계산의 승인에 관하여는 제1항을 준용한다.

③ 법무부장관은 제2항에 따라 최종 계산의 승인을 한 경우에는 지체 없이 관할 등기소에 청산종결의 등기를 촉탁하여야 한다.

제24조【귀속권리자와 보관수탁관리인】 ① 제22조제1항에 따라 공익신탁의 인가가 취소되거나 제23조에 따라 공익신탁이 종료된 경우 제4조제9호가목에 따라 정한 다른 공익신탁등이나 국가 또는 지방자치단체를 「신탁법」에 따른 귀속권리자로 본다.

② 제1항에 따른 귀속권리자를 정할 수 없거나 해당 귀속권리자가 없는 경우에는 법무부장관은 신탁재산을 유사한 목적의 공익신탁등에 증여하거나 무상 대부하여야 한다.

③ 법무부장관은 제2항의 경우 보관수탁관리인을 선임하여 신탁재산을 증여하거나 무상 대부하게 할 수 있다. 이 경우 보관수탁관리인의 선임 방법 및 자격, 그 밖에 필요한 사항은 대통령령으로 정한다.

④ 제1항에 따라 신탁재산을 귀속받은 국가 또는 지방자치단체는 신탁재산을 공익사업에 사용하거나 유사한 목적을 가진 공익신탁등에 증여 또는 무상 대부하여야 한다.

---

20) 공익단체법에서 공익재산유지 이념은 '개별' 공익단체 차원에서만 적용되는 것이 아니라, '전체' 공익영역 차원에서도 적용되어야 한다[이중기, 「공익신탁과 공익재단의 특징과 규제」(삼우사, 2014), 331면].

3 공익신탁 계약서 예시안

공익신탁 계약서

명칭	
위탁자	
수탁자	
신탁관리인	

제1조 【신탁목적】 위탁자는 신탁재산을 〈별지2〉 공익신탁계약 세부내역에서 정한 공익사업에 사용할 목적으로 신탁하고 수탁자는 이를 인수한다.

제2조 【명칭】 이 공익신탁의 명칭은 〈별지2〉 공익신탁계약 세부내역에서 정한다.

제3조 【사업】 이 공익신탁은 제1조의 목적을 달성하기 위하여 다음의 사업을 수행한다.

① 금전, 유가증권, 부동산 등 신탁재산의 수탁, 보관, 운용, 개발

② 수혜금액이나 수혜물품의 집행

③ 그 밖의 목적을 달성하기 위하여 필요한 사업

제4조 【신탁재산】 ① 신탁재산은 〈별지2〉 공익신탁계약 세부내역에서 정한 재산으로 한다.

② 위탁자는 수탁자와 협의하여 재산을 추가로 신탁할 수 있다.

③ 수탁자는 추후 제3자로부터 기부를 받아 신탁원본에 포함할 수 있다.

④ 수탁자는 제2항 및 제3항에 따라 추가 신탁 또는 기부가 있을 경우에는 그 종류, 총액 및 사용내역을 신탁관리인에게 보고하고, 법무부장관에게 신고하여야 한다. 다만, 직전 보고 및 신고 후 새로 누적된 추가 신탁 또는 기부의 총액이 1천만원을 초과하지 아니하면 월별로 보고 및 신고할 수 있다.

제5조 【신탁재산의 운용】 ① 수탁자는 신탁재산에 속한 금전을 다음 각 호의 방법으로 운용한다.

1. 국채, 지방채 및 특별법에 따라 설립된 법인의 사채의 응모 · 인수 또는 매입
2. 국채나 그 밖에 제1호의 유가증권을 담보로 하는 대부
3. 은행예금 또는 우체국예금
4. 그 밖에 공익신탁법이 허용하는 운용방법

② 신탁재산은 공익신탁법 제11조에 따라 이 공익신탁이 정하는 공익사업 및 그 공익사업을 위한 수익사업 외의 용도로 사용할 수 없다.

③ 수탁자는 제4조에 따라 추가로 신탁하는 금전과 운용상 발생하는 이익에 대하여도 제1항과 같이 처리한다.

제6조 【신탁기간】 이 공익신탁의 신탁기간은 이 공익신탁에 대한 법무부장관의 인가가 있는 날로부터 이 공익신탁의 인가가 취소되거나 제19조 및 「공익신탁법」의 관계 규정에 따라 공익신탁이 종료될 때까지로 한다.

제7조 【신탁관리인】 ① 이 공익신탁은 법무부장관의 승인을 얻어 신탁관리인을 정한다.

② 수탁자는 신탁관리인이 유고 또는 사임 등으로 그 직무를 계속할 수 없거나 그 직무를 수행하기에 적정하지 아니한 때에는 법무부장관의 승인을 얻어 새로운 신탁관리인을 선임할 수 있다.

③ 신탁관리인은 이 신탁계약에서 정한 직무 및 「공익신탁법」에서 정한 직무를 수행한다.

④ 수탁자는 신탁관리인에게 제10조 제1항의 사업계획서에서 정한 범위 내에서 보수 또는 그 직무를 수행하는데 필요한 비용을 지급할 수 있다.

제8조 【공익신탁 운영위원회】 ① 이 공익신탁은 공익신탁의 운영, 기부 또는 이익을 제공받을 대상의 지정 등을 위하여 법무부장관의 인가를 받아 공익신탁 운영위원회를 설치할 수 있다.

② 공익신탁 운영위원회 설치에 관한 사항은 〈별지1〉 '공익신탁 운영위원회의 설치'와 같이 정한다.

제9조 【사업연도】 이 공익신탁에서 「공익신탁법」 제16조에 따른 사업연도는 매년 1월 1일부터 12월 31일까지 1년간으로 정하는 것을 원칙으로 한다. 다만, 최초 사업연도는 법무부장관의 인가가 있는 날부터 당해 연도 12월 31일까지로 하고, 마지막 사업연도는 1월 1일부터 당해 연도 사업계획서에서 정한 날까지로 한다.

제10조 【사업계획서 등의 제출 및 공시】 ① 수탁자는 매 사업연도 개시일 1개월 전까지 해당 사업연도의 사업계획서, 추정대차대조표 및 그 부속명세서, 추정손익계산서 및 그 부속명세서를 작성하여 신탁관리인의 승인을 얻어 법무부장관에게 제출하여야 한다.

② 수탁자는 매 사업연도가 끝난 후 2개월 이내에 해당 사업연도의 사업보고서, 대차대조표 및 그 부속명세서, 손익계약서 및 그 부속명세서, 외부감사인의 감사보고서(공익신탁법 제17조에 따른 외부감사 대상인 경우), 신탁재산운용명세서, 신탁재산사용점검표, 공익사업세부명세서, 기부금품 사용명세서를 작성하여 신탁관리인의 승인을 얻어 법무부장관에게 제출하여야 한다.

③ 위탁자가 제1항 및 제2항의 서류를 요청할 경우 수탁자는 관련서류를 교부한다.

제11조 【신탁재산의 사용】 ① 수탁자는 제10조 제1항의 사업계획서 범위 내에서 수혜처나 수혜자에게 수혜금액이나 수혜물품을 지원한다.

② 제8조에 따라 공익신탁 운영위원회를 설치하는 경우, 수탁자는 운영위원회의 의견

또는 권고에 따라 제1항의 기부 또는 이익을 제공받을 대상자를 정할 수 있다.

③ 수탁자는 제1항에 따라 수혜금액이나 수혜물품을 지원하는 사무를 제3자에게 위임할 수 있다.

④ 수탁자는 수혜금액이나 수혜물품을 지원하기 위하여 신탁재산 인출 시에는 위탁자의 인출지시 없이 신탁관리인에게 보고하고 인출할 수 있다.

제12조 【제세공과금 및 사업비의 지출】 ① 신탁재산에 대한 제세공과금은 신탁재산에서 지급한다.

② 수탁자는 제10조 제1항의 사업계획서에서 정한 범위 내에서 공익신탁사무를 처리하기 위한 비용을 신탁재산에서 지출할 수 있다.

제13조 【신탁원본과 신탁이익의 구분】 ① 수탁자가 인수하는 재산을 신탁원본으로 하고, 신탁원본을 운용하여 발생한 이익을 신탁이익으로 한다.

② 위탁자가 신탁원본이 아닌 그 이익만을 출연하는 경우, 해당 신탁원본은 〈별지2〉 공익신탁계약 세부내역에서 정한 반환일 이후에 위탁자에게 귀속된다. 이 경우 위탁자는 수탁자의 동의를 받아 그 반환받을 방법을 정할 수 있다.

제14조 【신탁보수】 수탁자가 받는 신탁보수는 〈별지2〉 공익신탁계약 세부내역에서 정하며, 매 사업연도 결산일에 신탁재산에서 차감한다.

제15조 【신탁재산 계산의 차입】 수탁자는 제3조에서 정한 사업을 집행하거나 또는 신탁재산을 관리·운용하기 위하여 필요한 때에는 신탁관리인의 승인 후 법무부장관의 승인을 얻어 동일 사업연도 내에 상환하는 조건으로 신탁재산의 계산으로 수탁자의 고유재산 또는 다른 금융기관에서 차입할 수 있다.

제16조 【수익권의 양도 또는 담보 제공】 위탁자가 신탁원본이 아닌 그 이익만을 출연하는 경우, 위탁자는 수탁자의 승낙을 받아 신탁원본에 대한 수익권을 양도 또는 담보로 제공할 수 있다.

제17조 【수탁자의 사임】 ① 수탁자는 법무부장관의 승인을 받아 사임할 수 있다.

② 수탁자가 사임하는 경우, 신탁재산관리인 또는 신수탁자에게 신탁재산과 신탁사무를 인계하여야 한다.

③ 수탁자는 제2항의 인계를 종료하기까지 선량한 관리자로서 주의의무를 다 하여야 한다.

제18조 【신탁조항의 변경】 ① 수탁자는 이 신탁계약 체결 시에 예상하지 못한 특별한 사정이 있거나 신탁조항을 변경할 필요가 발생하는 경우에는 신탁의 취지에 반하지 않는 범위 내에서 신탁관리인의 승인을 거쳐 법무부장관의 승인을 얻어 신탁조항을 변경할 수 있다.

② 수탁자는 제1항의 변경을 하기 전에 위탁자에게 변경사항을 통지하여야 하고, 위탁자는 위 통지를 받은 때로부터 2주 이내에 변경사항에 대한 이의를 제기할 수 있다.

③ 위탁자가 제2항에 따른 이의를 제기하지 않는 경우, 그 변경사항에 대하여 위탁자의 이의가 없는 것으로 본다.

제19조【신탁의 종료 등】 ① 이 공익신탁은 신탁재산을 모두 목적사업에 사용하고, 위탁자가 추가 위탁을 하지 아니 하겠다는 의사를 표명한 때에 종료한다.

② 이 공익신탁은 중도해지 할 수 없고, 당사자의 합의로 종료되지 않는다.

③ 이 공익신탁이 종료하는 경우에는, 수탁자는 지체 없이 그 사실을 신탁관리인 및 법무부장관에게 신고하고, 신탁사무에 관한 최종 계산을 한 후 신탁관리인의 승인을 거쳐 법무부장관의 승인을 받아야 한다.

제20조【잔여재산의 귀속】 공익신탁 인가가 취소되거나 공익신탁이 종료한 경우 남은 신탁재산은 「공익신탁법」 제24조에 따라 처리한다.

제21조【신탁사무 처리장소】 이 공익신탁의 사무는 수탁자의 본점 및 신탁업무 담당 부서의 사무소에서 처리하는 것을 원칙으로 한다.

제22조【효력 발생일】 이 계약은 공익신탁법 제5조에 따라 법무부장관으로부터 공익신탁의 인가를 받은 날로부터 효력이 발생한다.

제23조【계약내용의 보충】 〈별지2〉 공익신탁계약 세부내역에 기재된 내용은 이 계약 내용의 일부를 이루며, 이 계약에서 정하지 않은 사항은 〈별지2〉 공익신탁계약 세부내역에서 정한다.

이 계약을 증명하기 위하여 계약서 2부를 작성하여 위탁자와 수탁자 사이에 서명 · 날인한 후 각각 1부씩 보관한다. 다만, 신탁재산의 공시, 신탁재산의 신탁 등을 위해 유관기관 또는 유관회사에 이 계약서의 원본을 제출해야 하는 경우에는 1부 이상을 추가로 작성할 수 있다.

2020년 [*]월 [*]일

위탁자: [***] (인)

주민등록번호:

주소:

수탁자: [**** 주식회사]

법인등록번호:

주소:

대표자: [***] (인)

〈별지1〉

공익신탁 운영위원회의 설치

공익신탁계약서 제8조에 따라 공익신탁 운영위원회를 설치하는 경우 아래 내용에 따른다.

제1조【운영위원회 설치】 ① 운영위원회의 위원(이하 '운영위원'이라고 한다)은 5인 이상 7인 이내로 하며, 수탁자가 신탁관리인의 동의를 얻어 이 공익신탁의 사업 또는 신탁재산의 운용에 학식, 경험을 가진 자들로 위촉한다.

② 운영위원회에 위원장 1인을 두고 위원장은 운영위원회에서 정한다.

③ 위원장은 운영위원회를 대표하여 회의를 주재한다.

제2조【운영위원회의 역할】 ① 운영위원회는 이 공익신탁에서 정한 사업과 관련한 공익사업 수혜대상자, 수혜금액, 수혜물품 및 수혜방법의 결정 등 공익신탁의 적절한 운영을 위하여 수탁자에 대하여 의견을 전달 또는 권고를 한다.

② 제1항에서 규정한 것 이외 운영위원회는 수탁자의 자문에 응하고 이 공익신탁의 사업의 수행과 관련하여 필요하다고 인정하는 사항에 대하여 조언할 수 있다.

제3조【운영위원의 임기】 ① 운영위원의 임기는 이 공익신탁 기간 범위 내에서 5년으로 한다. 다만, 결원 또는 증원에 의하여 선임된 운영위원의 임기는 전임자 또는 현임자의 잔여기간으로 한다.

② 운영위원이 사망 또는 사임하는 경우, 해임된 때에는 수탁자는 신탁관리인의 동의를 얻어 신속하게 선임을 하여야 한다.

③ 운영위원은 재임할 수 있다.

④ 운영위원은 사임, 또는 임기가 만료된 경우에 후임자가 선임될 때까지는 그 직무를 수행하여야 한다.

제4조【운영위원의 해임】 운영위원은 운영위원으로서의 불성실한 행위가 있는 때 또는 심신의 장애로 직무 수행이 어렵다고 인정하는 때에는 운영위원 3분의 2 이상의 동의를 얻는 동시에 신탁관리인의 동의를 얻어 수탁자가 해임할 수 있다.

제5조【운영위원회의 개최】 운영위원회는 매년 1회 이상 개최하고, 다음과 같은 상황일 때에는 수시 개최할 수 있다.

1. 위원장이 필요하다고 인정하는 경우
2. 수탁자로부터 회의 목적 사항을 기재한 서면에 의한 개최 청구가 있는 경우

제6조【운영위원회의 소집】 ① 운영위원회는 위원장이 소집한다.

② 위원장은 제5조 제2호의 경우에는 수탁자의 청구가 있는 날로부터 15일 이내에 운영위원회를 소집하여야 한다.

제7조【운영위원회의 의결】 ① 운영위원회는 운영위원의 재적 과반수의 출석으로 개회한다.

② 운영위원회의 의사는 이 신탁계약에서 별도로 정한 것 이외에는 회의에 출석한 위원의 과반수로 정한다.

③ 위원장은 신속한 의결이 필요한 경우 제6조의 소집을 하지 않고 결의 목적 사항을 기재하여 서면결의를 요청할 수 있고, 서면결의를 요청받은 운영위원은 서 · 면으로 그 찬반을 표시할 수 있다.

④ 제3항에 따라 서면결의를 하는 경우 재적 과반수의 찬성으로 의결한다.

제8조【운영위원회의 의사록】 운영위원회의 회의에 대하여는 다음의 사항을 기재한 의사록을 작성하여야 한다.

1. 운영위원회의 일시 및 장소
2. 운영위원회의 재적 수
3. 운영위원회에 참석한 운영위원의 수 및 성명
4. 의결 사항
5. 의사의 결과 및 그 개요

제9조【운영위원의 보수】 운영위원에 대한 보수는 무보수로 한다. 다만, 수탁자는 운영위원에게 회의참석 수당 등 그 직무를 수행함에 있어 필요한 비용을 신탁관리인의 동의를 받고 신탁재산에서 지급할 수 있다.

Part 07

〈별지2〉

공익신탁계약 세부내역

귀중

1. 공익신탁 명칭 : [***]의 [*****]을 위한 공익신탁
2. 공익사업 지정 : [***************************]
3. 신탁재산 (가액) : [ ](₩ [ ]원)

신탁재산 상세:

4. 원본 출연 여부
   ㅁ 신탁원본 출연 (√), ㅁ 신탁원본 출연하지 않음 ( )
5. 신탁보수 :
   • 계약보수: 공익신탁 인가 시 [**]%
   • 운용보수: 매년 사업결산 시 신탁재산가액의 [ ]%
6. 개인정보 이용·제공 동의

위탁자는 「소득세법」 제160조의3에 따른 기부금영수증 발급명세의 작성·보관의무 등을 위해 수탁자가 개인정보 수집·이용 및 제공하는 것에 동의합니다. 위탁자는 위 동의를 하지 않을 수 있으며, 부동의에 따른 불이익은 없습니다. • 수집·이용 목적 : 「소득세법」 제160조의3에 따른 기부금영수증 발급명세의 작성·보관의무 등 • 개인정보 보유기간 : 기부자별 발급명세를 작성하여 발급한 날부터 5년간 • 개인정보 제공받는 자 및 범위 : 국세청에 위탁자의 성명, 주민등록번호, 기부금액을 제공 ㅁ 동의합니다 ㅁ 동의하지 않습니다

4 공익신탁 세제

공익신탁 활성화를 위해 공익법인과 유사한 세제혜택을 부여하고 있다. 상증법이 정한 요건을 충족하는 공익신탁의 경우 신탁재산은 상속세와 증여세의 과세가액에 산입되지 아니한다. 공익신탁의 신탁재산에서 발생하는 소득에 대해서는 소득세와 법인세가 과세되지 아니한다. 신탁원본을 기부할 경우 법인은 해당 사업연도 소득금액의 10% 범위 내에서 손금(損金)으로 산입할 수 있고, 개인은 소득세법이 정한 기부금한도 내에서 해당 과세기간에 지출한 기부금의 15%(해당 금액이 1천만원을 초과하는 경우 그 초과분에 대해서는 30%)에 해당하는 금액을 세액공제 받을 수 있다.

상속세 및 증여세법(약칭 : 상증법)

제17조【공익신탁재산에 대한 상속세 과세가액 불산입】 ① 상속재산 중 피상속인이나 상속인이 「공익신탁법」에 따른 공익신탁으로서 종교·자선·학술 또는 그 밖의 공익을 목적으로 하는 신탁(이하 이 조에서 "공익신탁"이라 한다)을 통하여 공익법인등에 출연하는 재산의 가액은 상속세 과세가액에 산입하지 아니한다.

② 제1항을 적용할 때 공익신탁의 범위, 운영 및 출연시기, 그 밖에 필요한 사항은 대통령령으로 정한다.

제52조【공익신탁재산에 대한 증여세 과세가액 불산입】 증여재산 중 증여자가 「공익신탁법」에 따른 공익신탁으로서 종교·자선·학술 또는 그 밖의 공익을 목적으로 하는 신탁을 통하여 공익법인등에 출연하는 재산의 가액은 증여세 과세가액에 산입하지 아니한다. 이 경우 제17조 제2항을 준용한다.

상속세 및 증여세법 시행령(약칭 : 상증령)

제14조【공익신탁의 범위등】 ① 법 제17조제1항의 규정에 의한 공익신탁은 다음 각호의 요건을 갖춘 것으로 한다.

1. 공익신탁의 수익자가 제12조에 규정된 공익법인등이거나 그 공익법인등의 수혜자일 것
2. 공익신탁의 만기일까지 신탁계약이 중도해지되거나 취소되지 아니할 것
3. 공익신탁의 중도해지 또는 종료시 잔여신탁재산이 국가·지방자치단체 및 다른 공익신탁에 귀속될 것

② 법 제17조제1항에 따라 상속세과세가액에 산입하지 아니하는 재산은 상속세과세표준 신고기한까지 신탁을 이행하여야 한다. 다만, 법령상 또는 행정상의 사유로 신탁 이행이 늦어지면 그 사유가 끝나는 날이 속하는 달의 말일부터 6개월 이내에 신탁을 이행하여야 한다.

소득세법

제12조 【비과세소득】 다음 각 호의 소득에 대해서는 소득세를 과세하지 아니한다.

1. 「공익신탁법」에 따른 공익신탁의 이익

(이하 생략)

법인세법

제51조 【비과세소득】 내국법인의 각 사업연도 소득 중 「공익신탁법」에 따른 공익신탁의 신탁재산에서 생기는 소득에 대하여는 각 사업연도의 소득에 대한 법인세를 과세하지 아니한다.

공익신탁재산이 상증세의 과세가액 불산입되는 요건과 관련하여 쟁점이 되는 것은 상증법 제14조 제2항 "상속세과세표준 신고기한까지 신탁을 이행하여야 한다."에서 '신탁을 이행하여야 한다'를 어떻게 해석하여야 하는가이다. '신탁의 이행'은 공익신탁계약을 체결하고 신탁계약의 내용에 따라 위탁자가 수탁자에게 신탁재산을 이전하는 것을 의미한다는 견해(이하 "신탁설정설"이라 함)와 공익신탁계약의 체결, 수탁자 명의로 신탁재산 이전에 더하여 공익법인등에 출연을 완료하는 것까지 의미한다는 견해(이하 "신탁집행설"이라 함)가 있을 수 있다. 계약 법리 상 '이행'은 계약에서 발생하는 의무의 이행을 말하므로, 위탁자가 공익신탁계약을 체결하고 신탁계약에 따라 위탁자가 수탁자 명의로 소유권을 이전하는 행위를 '신탁의 이행'으로 보는 것이 문언상 의미에 적합한 점, 공익신탁은 공익법인의 설립 및 운영의 번거로움을 없애기 위해 도입된 공익법인 대체 수단이므로 장기 존속을 전제로 하는 공익법인과 마찬가지로 공익신탁도 공익 목적 사업을 장기적으로 수행할 필요가 있다는 점, 공익신탁을 설정하고 소유권을 수탁자 명의로 이전하면 어떠한 사유가 있어도 해당 공익신탁재산은 위탁자에게 반환되지 않고 공익목적을 위해 사용된다는 점을 종합적으로 고려하면, 신탁의 이행은 수탁자 명의로 신탁재산의 소유권을 이전하는 행위로 보는 신탁설정설이 합리적이다.[21)22)]

---

21) 같은 견해로 이계정, 고령사회에서 기부문화 활성화를 위한 법적 제언, 민사법학 제100호(2022.9) 221~222면 참조

22) 법무부도 「상속세 및 증여세법」 시행령 제14조 제2항 '이행'의 의미를 "피상속인이나 상속인이 「상속세 및 증여세법」 제17조에 따라 공익신탁을 통하여 공익법인등에 출연하는 재산의 가액을 상속세 과세가액에 불산입하기 위해서는 같은 법 시행령 제14조 제2항에 따라 상속세과세표준 신고기한까지 「공익신탁법」에 따른 수탁자와 신탁계약 체결 및 신탁재산의 이전 등 신탁을 이행하여야 하는 것"이라고 사전질의에 답변함으로써 신탁설정설과 동일한 해석을 하였다(2025년).

[참고] 공익신탁인가신청서

■ 공익신탁의 인가신청서 등 서식에 관한 고시 [별지 제1호 서식의 (가)]

공익신탁인가신청서

<table>
<tr><td>접수번호</td><td>접수일</td><td>처리일</td><td>인가번호</td></tr>
</table>

<table>
<tr><td rowspan="4">신청인</td><td colspan="2">성명(명칭)</td><td>주민등록번호
(법인등록번호)</td></tr>
<tr><td colspan="2">주소</td><td>전화번호</td></tr>
<tr><td rowspan="2">법인의 경우</td><td colspan="2">대표자의 성명</td></tr>
<tr><td colspan="2">대표자의 주소</td></tr>
<tr><td rowspan="4">공익 신탁</td><td colspan="3">명칭 (※ 신탁의 명칭에 "공익신탁"이 포함되어야 합니다)</td></tr>
<tr><td colspan="3">신탁사무처리지 (※ 별도로 있지 아니한 경우 수탁자의 주소를 기재합니다)</td></tr>
<tr><td colspan="3">목적사업</td></tr>
<tr><td colspan="3">수익사업 운영 여부 [ ] 여 [ ] 부
수익사업의 내용
※ 공익사업 외의 사업을 수행하는 경우 「[ ] 여」에 √ 표시하고, 수익사업의 내용을 기재합니다.</td></tr>
<tr><td rowspan="6">위탁자</td><td colspan="2">성명(명칭)</td><td>주민등록번호
(법인등록번호)</td></tr>
<tr><td colspan="3">주소</td></tr>
<tr><td rowspan="2">법인의 경우</td><td colspan="2">대표자의 성명</td></tr>
<tr><td colspan="2">대표자의 주소</td></tr>
<tr><td colspan="3">추후 위탁자가 추가될 수 있습니다 [ ]</td></tr>
<tr><td colspan="3">※ 위탁자가 신청 당시 전혀 특정되지 않은 경우에는 위탁자의 성명 등 작성란은 공란으로 남겨둡니다.
※ 위탁자가 추후 추가될 예정인 경우에는 위 「[ ]」에 √ 표시합니다.
※ 위탁자가 복수인 경우에는 별지 목록으로 작성하여 첨부합니다.</td></tr>
<tr><td rowspan="5">수탁자</td><td colspan="2">성명(명칭)</td><td>주민등록번호
(법인등록번호)</td></tr>
<tr><td colspan="2">주소</td><td>전화번호</td></tr>
<tr><td rowspan="2">법인의 경우</td><td colspan="2">대표자의 성명</td></tr>
<tr><td colspan="2">대표자의 주소</td></tr>
<tr><td colspan="3">※ 수탁자가 복수인 경우에는 별지 목록으로 작성하여 첨부합니다.</td></tr>
</table>

Part 07

신탁관리인	성명(명칭)		주민등록번호(법인등록번호)
	주소		전화번호
	법인의 경우	대표자의 성명	
		대표자의 주소	
	※ 신탁관리인이 복수인 경우에는 별지 목록으로 작성하여 첨부합니다.		
신탁재산	신탁재산의 한도		
	신청 당시의 총액		
	추후 수탁자가 제3자로부터 기부를 받을 수 있습니다 [ ] (기부의 한도: ____________원)		
	※ 추후 수탁자가 제3자로부터 기부를 받을 것이 예정된 경우 위 「[ ]」에 √ 표시하고, 그 한도를 기재합니다.		

※ 아래 사항에 해당하는 경우 「[ ] 여」에, 해당하지 않는 경우 「[ ] 부」에 각각 √ 표시합니다.

1. 수탁자에 관한 사항	
가. 「신탁법」 제11조에 따른 수탁자 결격사유	
(1) 미성년자인지	[ ] 여 [ ] 부
(2) 금치산자 또는 한정치산자인지	[ ] 여 [ ] 부
(3) 파산선고를 받은 자인지	[ ] 여 [ ] 부
나. 법 제22조에 따라 인가가 취소된 공익신탁의 수탁자 또는 신탁관리인 중에서 그 취소사유의 발생에 직접 또는 이에 상응하는 책임이 있는 자인지	[ ] 여 [ ] 부
(해당하는 경우) 그 취소처분이 있었던 날부터 5년이 경과하였는지	[ ] 여 [ ] 부
다. 「신탁법」, 「상법」 제622조부터 제624조까지, 제624조의2, 제625조, 제630조, 제631조, 「자본시장과 금융투자업에 관한 법률」 제444조제8호(제108조를 위반한 경우만 해당한다), 제445조제16호, 「형법」 제38장부터 제40장(가중처벌하는 경우를 포함한다)까지 또는 「조세범 처벌법」에 따라 벌금 이상의 형을 선고받은 적이 있는지	[ ] 여 [ ] 부
(있는 경우) 그 집행이 끝나거나(집행이 끝난 것으로 보는 경우를 포함한다) 면제된 날부터 5년이 경과하였는지	[ ] 여 [ ] 부
라. 금고 이상의 형을 선고받은 적이 있는지	[ ] 여 [ ] 부
(있는 경우) 그 집행이 끝나거나(집행이 끝난 것으로 보는 경우를 포함한다) 면제된 날부터 3년이 경과하였는지	[ ] 여 [ ] 부
마. 수탁자에 대해 「국세징수법」에 따른 체납처분이 있었는지	[ ] 여 [ ] 부
(있는 경우) 체납처분이 종결된 날부터 3년이 지났는지	[ ] 여 [ ] 부
2. 신탁관계인에 대한 사항	
가. 수탁자 상호 간에 「공익신탁법 시행령」 제4조에서 정하는 특수한 관계가 있는지 (있는 경우) 수탁자 ___명 중 ___명	[ ] 여 [ ] 부
나. 신탁관리인 상호 간에 「공익신탁법 시행령」 제4조에서 정하는 특수한 관계가 있는지 (있는 경우) 신탁관리인 ___명 중 ___명	[ ] 여 [ ] 부
다. 신탁관리인과 수탁자 간에 「공익신탁법 시행령」 제4조에서 정하는 특수한 관계가 있는지	[ ] 여 [ ] 부

3. 신탁행위에 관한 사항	
가. 「공익신탁법」 제22조제1항에 따라 공익신탁 인가가 취소되거나 「신탁법」에 따른 사유로 공익신탁이 종료한 경우 남은 재산을 유사 공익사업을 목적으로 하는 다른 공익신탁 등이나 국가 또는 지방자치단체에 증여하는 내용이 신탁행위에 포함되어 있는지	[ ] 여 [ ] 부
나. 공익사업을 수행하기 위한 필수적인 재산이 있는지 (있는 경우) 그 사실 및 처분 제한에 관한 사항이 신탁행위에 포함되어 있는지	[ ] 여 [ ] 부 [ ] 여 [ ] 부
다. 수탁자 및 신탁관리인에게 보수 등을 지급하는지 (있는 경우) 그 사실 및 지급기준에 관한 사항이 신탁행위에 포함되어 있는지	[ ] 여 [ ] 부 [ ] 여 [ ] 부
라. 사업을 시행하기 위하여 다른 법령에 따른 인 · 허가 등이 필요한지 (있는 경우) 해당 인 · 허가 등을 받았는지	[ ] 여 [ ] 부 [ ] 여 [ ] 부
4. 신탁재산에 관한 사항	
가. 해당 신탁재산에 대하여 「국세징수법」에 따른 체납처분이 있었는지 (있는 경우) 체납처분이 종결된 날부터 3년이 지났는지	[ ] 여 [ ] 부 [ ] 여 [ ] 부

「공익신탁법」 제3조 제2항에 따라 위와 같이 신청합니다.

년 월 일

신청인 ____________ (서명 또는 인)

법무부장관 귀하

첨부서류	1. 수탁자의 경력(법인인 경우에는 정관과 최근 3년간의 사업활동)을 기재한 서류 2. 수탁자의 범죄경력자료 및 후견 관련 등기사항 부존재 증명서 3. 신탁재산에 관한 조세납부 · 체납 관련 서류 및 수탁자의 조세납부 · 체납 관련 서류 4. 신탁계약서(신청 당시 위탁자의 전부 또는 일부와 신탁계약을 체결하지 아니한 경우에는 향후 그와 신탁계약을 체결할 때 포함될 주요 내용이 기재되어 있는 문서를 포함한다) 5. 신탁재산의 종류 · 수량 · 금액 및 권리관계를 명확하게 기재한 재산목록(신청 당시 위탁자의 전부 또는 일부와 신탁계약을 체결하지 아니한 경우, 신탁계약을 체결한 위탁자로부터 추가로 위탁받을 재산이 있는 경우 또는 제3자로부터 금품을 기부받아 신탁재산에 포함시킬 것을 예정하고 있는 경우에는 향후 위탁이나 기부를 받을 기간, 신탁재산이나 기부받을 금품의 종류 및 총액을 기재하여야 한다) 6. 부동산 · 예금 · 유가증권 등 신탁재산에 관한 등기소 · 금융회사 등의 증명서(신청 당시 위탁받은 신탁재산만 해당한다) 7. 사업개시예정일 및 사업개시 이후 2사업연도분(사업기간이 2년 미만인 경우에는 그 사업기간에 해당하는 분을 말한다)의 사업계획서 및 수입 · 지출 예산서 8. 신탁관리인의 경력(법인인 경우에는 정관과 최근 3년간의 사업활동)을 기재한 서류 및 선임승낙서 9. 공익신탁의 운영, 기부 또는 이익을 제공받을 대상의 지정 등을 위하여 공익신탁의 운영에 관한 위원회를 구성하는 경우에는 구성원의 성명 · 주소 · 경력 10. 제3자로부터 금품을 기부받아 신탁재산에 포함시킬 것을 예정하고 있는 경우에는 기부금품 모집 · 사용 계획 11. 다른 법령에 따라 허가 · 인가 · 지정 · 등록 · 신고 또는 협의 등의 처분이 필요한 경우 그 처분서 사본
	수수료 없음

현명한 자산승계와 가업승계를 위한

가족신탁 이론과 실무

Part 08

신탁과 세금

* 가족신탁을 이해하고 설계하는 데 필요한 기초적인 신탁세제만을 언급하기로 한다. 참고로 2020년 신탁 세제 전반에 걸쳐 세제 개선이 있었는데, 그동안 명확하지 않았던 유언대용신탁, 수익자연속신탁 세제가 1차로 정비되었다.

CHAPTER 01 신탁 단계별 세금

1 신탁 설정과 세금

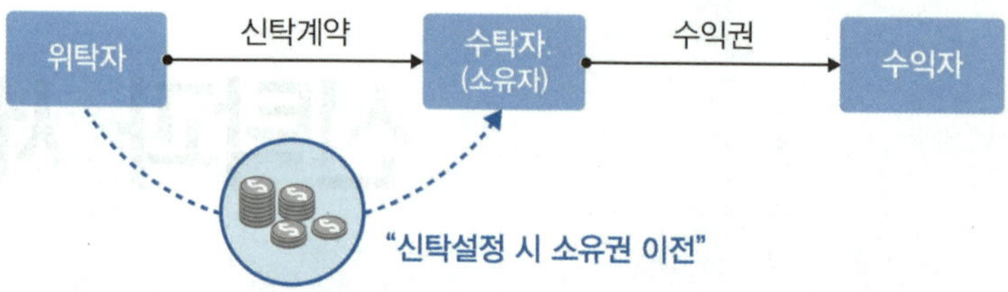

신탁의 설정으로 신탁재산의 소유권이 위탁자로부터 수탁자로 이전되는데, 이러한 소유권 이전에 대해 (1) 수탁자에게 취득세가 부과될 것인가? (2) 위탁자에게 부가가치세가 부과될 것인가? (3) 위탁자에게 양도세가 부과될 것인가?

일반적으로 신탁설정 행위 그 자체는 유상거래 또는 무상거래가 아니므로, 신탁의 설정으로 인한 소유권 이전은 원칙적으로 취득세, 부가가치세, 양도세 과세 대상 행위가 아니다(지방세법 제9조, 부가가치세법 제10조 제9항 4호 가목, 소득세법 제88조 제1호 다목).

2020년 소득세법 개정으로 신탁 설정으로 인한 소유권 이전에 대해 양도세가 부과될 것인가에 대해 의문이 있게 되었다. 위탁자와 수탁자 간 신임관계에 기하여 위탁자의 자산에 신탁이 설정되고 그 신탁재산의 소유권이 수탁자에게 이전된 경우로서 위탁자가 신탁 설정을 해지하거나 신탁의 수익자를 변경할 수 있는 등 신탁재산을 실질적으로 지배하고 소유하는 것으로 볼 수 있는 경우는 '양도'로 보지 않는다(소득세법 제88조 제1호 다목). 반대해석하면, 신탁이 설정되어 소유권이 수탁자에게 이전되는 경우로서 위탁자가 신탁 설정을 해지할 수 없거나 신탁의 수익자를 변경할 수 없는 등 신탁재산을 실질적으로 지배하고 소유하는 것으로 볼 수 없는 경우는 '양도'로 판단하여 양도소득세를 부과할 수 있다는 것이다. 이와 관련하여 명시적인 입법취지가 없는 상황이라, 불분명한 부분이 있다.

자익신탁의 경우 위탁자 겸 수익자가 신탁재산을 실질적으로 지배하고 있어서 신탁설정 행위 그 자체는 '양도'로 보지 않을 것이다. 타익신탁의 경우 신탁구조에 따라 달리 보아야 한다. 신탁설정 시점부터 위탁자의 신탁재산에 대한 실질적 지배권이 없는 타익신탁의 경우 신탁 설정시점에 '양도'가 일어난 것으로 볼 수 있다. 그런데, 타익신탁 구조이지만 위탁자가 특정 시점 또는 특정 조건 성취시까지 신탁재산에 대한 실질적 지배권을 행사하는 경우 그 특정 시점 또는 특정 조건 성취 전까지는 신탁설정 자체를 '양도'로 볼 수 없고, '그 특정 시점 또는 특정 조건이 성취되어 위탁자의 신탁재산에 대한 실질지배권이 없어지는 시점'에 '양도'가 일어난 것으로 보아야 할 것이다. 위탁자에게 실질적인 지배권이 없는 신탁의 설정 행위 그 자체를 양도행위로 보아 양도세를 부과할 때 양도인은 위탁자인데, 양수인을 누구로 볼 것인가와 위탁자가 신탁설정행위로 대가를 받지 아니하는 경우까지 양도로 볼 것인가가 문제된다. 양도로 보는 신탁설정으로 인한 소유권 이전의 대가를 수익자가 지급한다면 양수인은 수익자가 되고 수익자로부터 지급받은 양도금액과 위탁자가 신탁재산을 취득할 때의 취득가액의 차이가 양도소득이라고 볼 수 있을 것이다.

지방세법

제9조 【비과세】 ③ 신탁(「신탁법」에 따른 신탁으로서 신탁등기가 병행되는 것만 해당한다)으로 인한 신탁재산의 취득으로서 다음 각 호의 어느 하나에 해당하는 경우에는 취득세를 부과하지 아니한다. 다만, 신탁재산의 취득 중 주택조합등과 조합원 간의 부동산 취득 및 주택조합등의 비조합원용 부동산 취득은 제외한다.

1. 위탁자로부터 수탁자에게 신탁재산을 이전하는 경우
2. 신탁의 종료로 인하여 수탁자로부터 위탁자에게 신탁재산을 이전하는 경우
3. 수탁자가 변경되어 신수탁자에게 신탁재산을 이전하는 경우

부가가치세법

제10조 【재화 공급의 특례】 ①~⑧ 생략

⑨ 다음 각 호의 어느 하나에 해당하는 것은 재화의 공급으로 보지 아니한다.

1~3 생략

4. 신탁재산의 소유권이전으로서 다음 각 목의 어느 하나에 해당하는 것
  가. 위탁자로부터 수탁자에게 신탁재산을 이전하는 경우
  나. 신탁의 종료로 인하여 수탁자로부터 위탁자에게 신탁재산을 이전하는 경우
  다. 수탁자가 변경되어 새로운 수탁자에게 신탁재산을 이전하는 경우

소득세법

제88조【정의】 이 장에서 사용하는 용어의 뜻은 다음과 같다.

1. "양도"란 자산에 대한 등기 또는 등록과 관계없이 매도, 교환, 법인에 대한 현물출자 등을 통하여 그 자산을 유상으로 사실상 이전하는 것을 말한다. 이 경우 대통령령으로 정하는 부담부증여 시 수증자가 부담하는 채무액에 해당하는 부분은 양도로 보며, 다음 각 목의 어느 하나에 해당하는 경우에는 양도로 보지 아니한다.
  다. 위탁자와 수탁자 간 신임관계에 기하여 위탁자의 자산에 신탁이 설정되고 그 신탁재산의 소유권이 수탁자에게 이전된 경우로서 위탁자가 신탁 설정을 해지하거나 신탁의 수익자를 변경할 수 있는 등 신탁재산을 실질적으로 지배하고 소유하는 것으로 볼 수 있는 경우

2 신탁 종료와 세금

신탁의 종료로 수탁자가 신탁재산의 소유권을 위탁자에게 반환하는 경우, (1) 위탁자는 취득세를 부담하는가? (2) 수탁자는 부가가치세를 부담하는가? (3) 수탁자는 양도세를 부담하는가?

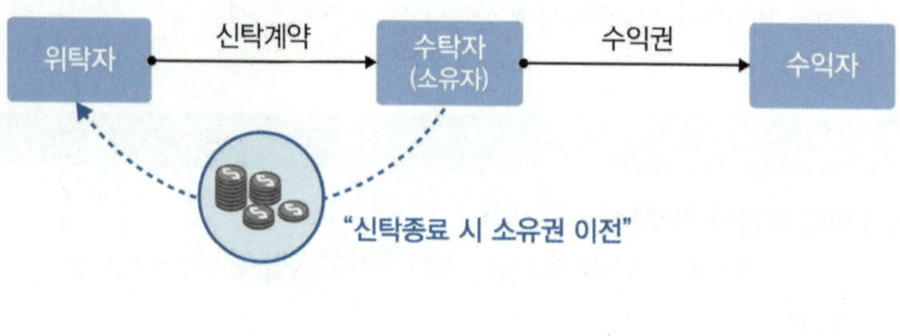

신탁의 종료로 수탁자가 위탁자에게 신탁재산의 소유권을 반환하는 것은 유상거래나 무상거래가 아니므로, 취득세, 부가가치세, 양도소득세 과세 대상이 아니다(지방세법 제9조, 부가가치세법 제10조 제9항 4호 나목). 이와 달리 신탁의 종료로 신탁재산의 소유권을 위탁자가 아닌 귀속권리자, 잔여재산수익자, 수익자에게 귀속시키는 것에는 그 원인이 위탁자의 사망인 경우에는 상속세, 위탁자 사망 이외의 사유로 유상 또는 무상으로 귀속되는 경우에는 양도세나 증여세의 대상이 될 수 있고, 취득세, 부가가치세의 납부 대상이 될 수 있다.

3 신탁기간 중 세금

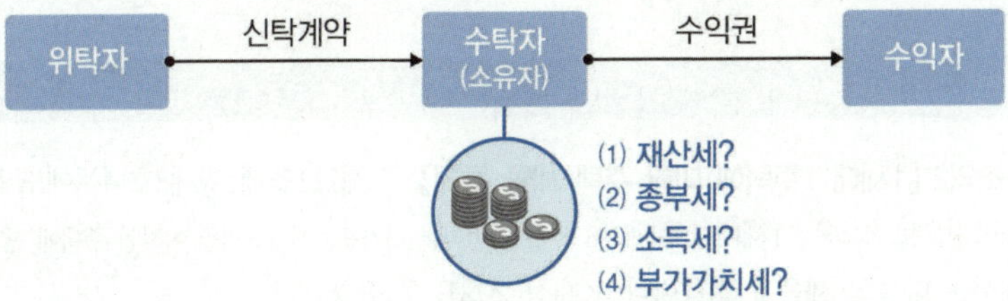

일단 신탁이 설정되어 수탁자 명의로 소유권이 이전된 상태에서 재산세, 종합부동산세, 소득세, 부가가치세의 부담 주체가 누구인가?

가. 재산세와 종합부동산세

신탁기간 중 수탁자 명의로 보유하고 있는 신탁재산에 대한 재산세와 종합부동산세는 위탁자가 부담한다. 1세대 1주택에 대한 주택 세율 특례를 적용할 때 신탁된 주택은 위탁자의 주택수에 가산한다.

지방세법

제107조【납세의무자】 ① 재산세 과세기준일 현재 재산을 사실상 소유하고 있는 자는 재산세를 납부할 의무가 있다. 다만, 다음 각 호의 어느 하나에 해당하는 경우에는 해당 각 호의 자를 납세의무자로 본다.

1. 공유재산인 경우: 그 지분에 해당하는 부분(지분의 표시가 없는 경우에는 지분이 균등한 것으로 본다)에 대해서는 그 지분권자
2. 주택의 건물과 부속토지의 소유자가 다를 경우: 그 주택에 대한 산출세액을 제4조제1항 및 제2항에 따른 건축물과 그 부속토지의 시가표준액 비율로 안분계산(按分計算)한 부분에 대해서는 그 소유자
3. 삭제 〈2020. 12. 29.〉

② 제1항에도 불구하고 재산세 과세기준일 현재 다음 각 호의 어느 하나에 해당하는 자는 재산세를 납부할 의무가 있다.

1~4 (생략)

5. 「신탁법」 제2조에 따른 수탁자(이하 이 장에서 "수탁자"라 한다)의 명의로 등기 또는 등록된 신탁재산의 경우에는 제1항에도 불구하고 같은 조에 따른 위탁자(「주택법」 제2조제11호가목에 따른 지역주택조합 및 같은 호 나목에 따른 직장주택조합이 조합원이 납부한 금전으로 매수하여 소유하고 있는 신탁재산의 경우에는 해당 지역주택조합 및 직장주택조합을 말하며, 이하 이 장에서 "위탁자"라 한다). 이 경우 위탁자가 신탁재산을 소유한 것으로 본다.

지방세법

제111조의2【1세대 1주택에 대한 주택 세율 특례】 ① 제111조제1항제3호나목에도 불구하고 대통령령으로 정하는 1세대 1주택(제4조제1항에 따른 시가표준액이 9억원 이하인 주택에 한정한다)에 대해서는 다음의 세율을 적용한다. 〈개정 2021. 7. 8.〉

(과세표준과 세율 생략)

② 제1항에 따른 1세대 1주택의 해당여부를 판단할 때 「신탁법」에 따라 신탁된 주택은 위탁자의 주택 수에 가산한다.

③~④ (생략)

종합부동산세법

제7조【납세의무자】 ① 과세기준일 현재 주택분 재산세의 납세의무자는 종합부동산세를 납부할 의무가 있다.

② 「신탁법」 제2조에 따른 수탁자(이하 "수탁자"라 한다)의 명의로 등기 또는 등록된 신탁재산으로서 주택(이하 "신탁주택"이라 한다)의 경우에는 제1항에도 불구하고 같은 조에 따른 위탁자(「주택법」 제2조제11호가목에 따른 지역주택조합 및 같은 호 나목에 따른 직장주택조합이 조합원이 납부한 금전으로 매수하여 소유하고 있는 신탁주택의 경우에는 해당 지역주택조합 및 직장주택조합을 말한다. 이하 "위탁자"라 한다)가 종합부동산세를 납부할 의무가 있다. 이 경우 위탁자가 신탁주택을 소유한 것으로 본다.

③ 삭제 〈2008. 12. 26.〉

제7조의2【신탁주택 관련 수탁자의 물적납세의무】 신탁주택의 위탁자가 다음 각 호의 어느 하나에 해당하는 종합부동산세 또는 강제징수비(이하 "종합부동산세등"이라 한다)를 체납한 경우로서 그 위탁자의 다른 재산에 대하여 강제징수를 하여도 징수할 금액에 미치지 못할 때에는 해당 신탁주택의 수탁자는 그 신탁주택으로써 위탁자의 종합부동산세등을 납부할 의무가 있다.

1. 신탁 설정일 이후에 「국세기본법」 제35조제2항에 따른 법정기일이 도래하는 종합부동산세로서 해당 신탁주택과 관련하여 발생한 것
2. 제1호의 금액에 대한 강제징수 과정에서 발생한 강제징수비

제12조【납세의무자】 ① 과세기준일 현재 토지분 재산세의 납세의무자로서 다음 각호의 어느 하나에 해당하는 자는 해당 토지에 대한 종합부동산세를 납부할 의무가 있다.

1. 종합합산과세대상인 경우에는 국내에 소재하는 해당 과세대상토지의 공시가격을 합한 금액이 5억원을 초과하는 자
2. 별도합산과세대상인 경우에는 국내에 소재하는 해당 과세대상토지의 공시가격을 합한 금액이 80억원을 초과하는 자

② 수탁자의 명의로 등기 또는 등록된 신탁재산으로서 토지(이하 "신탁토지"라 한다)의 경우에는 제1항에도 불구하고 위탁자가 종합부동산세를 납부할 의무가 있다. 이 경우 위탁자가 신탁토지를 소유한 것으로 본다.

제12조의2【신탁토지 관련 수탁자의 물적납세의무】 신탁토지의 위탁자가 다음 각 호의 어느 하나에 해당하는 종합부동산세등을 체납한 경우로서 그 위탁자의 다른 재산에 대하여 강제징수를 하여도 징수할 금액에 미치지 못할 때에는 해당 신탁토지의 수탁자는 그 신탁토지로써 위탁자의 종합부동산세등을 납부할 의무가 있다.

1. 신탁 설정일 이후에 「국세기본법」 제35조제2항에 따른 법정기일이 도래하는 종합부동산세로서 해당 신탁토지와 관련하여 발생한 것
2. 제1호의 금액에 대한 강제징수 과정에서 발생한 강제징수비

나. 소득세

신탁재산에 귀속되는 '소득'은 원칙적으로 '그 신탁의 이익을 받을 수익자'에게 귀속된다(소득세법 제2조의3, 법인세법 제5조 제1항). 다만, (1) 수익자가 특별히 정하여지지 아니하거나 존재하지 아니하는 신탁, (2) 위탁자가 신탁재산을 실질적으로 통제하는 신탁(위탁자가 신탁을 해지할 수 있는 권리, 수익자를 지정하거나 변경할 수 있는 권리, 신탁 종료 후 잔여재산을 귀속 받을 권리를 보유하는 등 신탁재산을 실질적으로 지배 · 통제할 것), (3) 신탁재산 원본을 받을 권리에 대한 수익자는 위탁자로, 수익을 받을 권리에 대한 수익자는 그 배우자 또는 같은 주소 또는 거소에서 생계를 같이 하는 직계존비속(배우자의 직계존비속을 포함한다)으로 설정하는 신탁[1]의 경우에는

그 신탁재산에 귀속되는 소득은 위탁자에게 귀속되는 것으로 본다(소득세법 제2조의3 제2항 및 시행령 제4조의2 제4항).

소득세법

제2조의3【신탁재산 귀속 소득에 대한 납세의무의 범위】 ① 신탁재산에 귀속되는 소득은 그 신탁의 이익을 받을 수익자(수익자가 사망하는 경우에는 그 상속인)에게 귀속되는 것으로 본다.

② 제1항에도 불구하고 수익자가 특별히 정하여지지 아니하거나 존재하지 아니하는 신탁 또는 위탁자가 신탁재산을 실질적으로 통제하는 등 대통령령으로 정하는 요건을 충족하는 신탁의 경우에는 그 신탁재산에 귀속되는 소득은 위탁자에게 귀속되는 것으로 본다.

소득세법 시행령

제4조의2【신탁소득금액의 계산】 ① 신탁업을 경영하는 자는 각 과세기간의 소득금액을 계산할 때 신탁재산에 귀속되는 소득과 그 밖의 소득을 구분하여 경리하여야 한다.

② 법 제2조의3제2항에 따른 수익자의 특정 여부 또는 존재 여부는 신탁재산과 관련되는 수입 및 지출이 있는 때의 상황에 따른다.

③「자본시장과 금융투자업에 관한 법률 시행령」 제103조제1호에 따른 특정금전신탁으로서 법 제4조제2항을 적용받는 신탁의 이익에 대한 소득금액 계산에 관하여는 제26조의2제6항을 준용한다.

④ 법 제2조의3제2항에서 "대통령령으로 정하는 요건을 충족하는 신탁"이란 다음 각 호의 어느 하나에 해당하는 신탁을 말한다.

1. 위탁자가 신탁을 해지할 수 있는 권리, 수익자를 지정하거나 변경할 수 있는 권리, 신탁 종료 후 잔여재산을 귀속 받을 권리를 보유하는 등 신탁재산을 실질적으로 지배·통제할 것
2. 신탁재산 원본을 받을 권리에 대한 수익자는 위탁자로, 수익을 받을 권리에 대한 수익자는 그 배우자 또는 같은 주소 또는 거소에서 생계를 같이 하는 직계존비속(배우자의 직계존비속을 포함한다)으로 설정했을 것

---

1) 신탁을 설정하면서 원본수익권은 위탁자가 그대로 보유한 채 이익수익권을 제3자에게 부여하는 '이익증여신탁'의 절세 효과를 차단하기 위해 생긴 조문인데, 과연 신탁의 본질 기능인 원본과 이익의 분리기능을 활용한 이익증여신탁의 절세 효과를 차단하는 것이 합리적인 정책인지는 의문이다.

법인세법

제5조 【신탁소득】 ① 신탁재산에 귀속되는 소득에 대해서는 그 신탁의 이익을 받을 수익자가 그 신탁재산을 가진 것으로 보고 이 법을 적용한다.

② 제1항에도 불구하고 다음 각 호의 어느 하나에 해당하는 신탁으로서 대통령령으로 정하는 요건을 충족하는 신탁(「자본시장과 금융투자업에 관한 법률」 제9조제18항제1호에 따른 투자신탁 및 「소득세법」 제17조제1항제5호의3에 따른 수익증권이 발행된 신탁은 제외한다)의 경우에는 신탁재산에 귀속되는 소득에 대하여 그 신탁의 수탁자[내국법인 또는 「소득세법」에 따른 거주자(이하 "거주자"라 한다)인 경우에 한정한다]가 법인세를 납부할 의무가 있다. 이 경우 신탁재산별로 각각을 하나의 내국법인으로 본다.

1. 「신탁법」 제3조제1항 각 호 외의 부분 단서에 따른 목적신탁
2. 「신탁법」 제78조제2항에 따른 수익증권발행신탁
3. 「신탁법」 제114조제1항에 따른 유한책임신탁
4. 그 밖에 제1호부터 제3호까지의 규정에 따른 신탁과 유사한 신탁으로서 대통령령으로 정하는 신탁

③ 제1항 및 제2항에도 불구하고 위탁자가 신탁재산을 실질적으로 통제하는 등 대통령령으로 정하는 요건을 충족하는 신탁의 경우에는 신탁재산에 귀속되는 소득에 대하여 그 신탁의 위탁자가 법인세를 납부할 의무가 있다.

④ 「자본시장과 금융투자업에 관한 법률」의 적용을 받는 법인의 신탁재산(같은 법 제251조제1항에 따른 보험회사의 특별계정은 제외한다. 이하 같다)에 귀속되는 수입과 지출은 그 법인에 귀속되는 수입과 지출로 보지 아니한다.

법인세법 시행령

제3조의2 【신탁소득】 ① 법 제5조제2항 각 호 외의 부분 전단에서 "대통령령으로 정하는 요건을 충족하는 신탁"이란 제2항 각 호의 요건 모두에 해당하지 않는 신탁을 말한다.

1. 삭제 〈2024. 2. 29.〉
2. 삭제 〈2024. 2. 29.〉

② 법 제5조제3항에서 "대통령령으로 정하는 요건을 충족하는 신탁"이란 다음 각 호의 어느 하나에 해당하는 신탁을 말한다.

1. 위탁자가 신탁을 해지할 수 있는 권리, 수익자를 지정하거나 변경할 수 있는 권리, 신탁 종료 후 잔여재산을 귀속 받을 권리를 보유하는 등 신탁재산을 실질적으로 지배·통제할 것
2. 신탁재산 원본을 받을 권리에 대한 수익자는 위탁자로, 수익을 받을 권리에 대한 수익자는 위탁자의 제43조제7항에 따른 지배주주등의 배우자 또는 같은 주소 또는 거소에서 생계를 같이 하는 직계존비속(배우자의 직계존비속을 포함한다)으로 설정했을 것

Part 08

한편, 2020년 개정 법인세법은 '법인세과세신탁'을 신설하면서 법인세과세신탁을 선택적으로 규정하였는데, 2023년 개정 법인세법은 법인세과세신탁의 요건을 정비하면서 법인세과세를 의무화하였다. 법인세과세신탁으로, 목적신탁, 수익증권발행신탁[2], 유한책임신탁이 규정되어 있는바, 신탁재산에 귀속되는 소득에 대해 그 신탁의 수탁자가 법인세를 납부할 의미가 있는데, 이 경우 신탁재산별로 각각을 하나의 내국법인으로 본다(법인세법 제5조 제2항). 목적신탁은 수익자가 없는 특정 목적 달성을 위해 설정된 신탁이므로 수익자 과세를 할 수 없기 때문에 목적신탁을 법인세 과세신탁으로 간주한다. 수익증권발행신탁은 신탁재산을 기초로 다수의 수익증권을 발행하여 자금을 조달할 수 있는 신탁이다. 위탁자는 수탁자에게 재산을 신탁하고 수탁자는 이 신탁재산을 기초로 수익증권발행신탁을 발행하고, 위탁자는 수익증권을 매각함으로써 자금을 조달할 수 있는데, 다수의 수익증권 보유자가 관여한다는 점과 이러한 수익증권발행신탁은 유한책임신탁과 결합하여 사업수행을 목적으로 하는 사업신탁(business trust) 역할을 수행한다는 점에서 법인처럼 과세를 하는 것이 합리적이다.

법인세과세신탁의 요건을 충족하더라도, (i) 위탁자가 신탁을 해지할 수 있는 권리, 수익자를 지정하거나 변경할 수 있는 권리, 신탁 종료 후 잔여재산을 귀속 받을 권리를 보유하는 등 신탁재산을 실질적으로 지배 · 통제할 것, (ii) 신탁재산 원본을 받을 권리에 대한 수익자는 위탁자로, 수익을 받을 권리에 대한 수익자는 위탁자의 제43조 제7항에 따른 지배주주등의 배우자 또는 같은 주소 또는 거소에서 생계를 같이 하는 직계존비속(배우자의 직계존비속을 포함한다)으로 설정했을 것 중 어느 하나의 요건을 충족하는 경우에는 신탁재산에 귀속되는 소득에 대하여 그 신탁의 위탁자가 법인세를 납부할 의무가 있다(법인세법 제5조 제3항 및 동법 시행령 제3조의2 제2항).

한편, 하나의 신탁계약에 다수의 신탁재산이 있는 경우, 법인세법 제5조 제2항 후문에서 '신탁재산별로 각각을 하나의 내국법인으로 본다'라는 의미와 관련하여, 신탁계약의 대상이 되는 신탁재산의 전부를 하나의 내국법인으로 간주한다는 견해(이하 "신탁계약기준설")와 신탁계약의 대상이 되는 신탁재산 각각을 하나의 내국법인으로 간주한다는 견해(이하 "개별재산기준설")가 있을 수 있다. 다수의 신탁재산에 대해 하나의 신탁계약이 설정되더라고, 수탁자는 신탁재산 전부를 하나의 단위로 해서 신탁재산의 관리, 처분, 운용, 개발, 그 밖에 신탁목적의 달성을 위하여 필요한 신탁사무를 처리하기 때문에, 신탁계약기준설이 타당하다. 하나의 신탁계약으로 금전, 금융자산, 부동산을 수탁하는 종합재산신탁과 관련한 질의회신

2) 집합투자기구인 투자신탁과 재산신탁의 수익증권발행신탁의 경우는 그러하지 아니하다.

이 있어 소개한다.

질의회신

신탁재산 법인세 과세방식을 선택하는 경우 하나의 내국법인으로 보는 "신탁재산"의 의미[서면-2023-법규법인-1617 (2024. 8. 30)]

1. 사실관계

○ 질의법인은 신탁업 영위 법인으로 수탁자로서 신탁계약을 체결하며, 신탁계약마다 금전, 금융자산, 부동산 등 다양한 신탁재산이 존재함

○ 「법인세법」은 신탁소득을 원칙적으로 수익자에게 과세하되, 예외적으로 위탁자 과세방식과 신탁재산 과세방식을 허용하고 있음

– 「법인세법」 제5조 제2항(이하 "쟁점규정")에 따라 수탁자가 납세의무를 부담하는 경우에는 신탁재산별로 각각을 하나의 내국법인으로 본다고 규정하고 있음

2. 질의요지

○ 신탁재산 법인세 과세방식을 선택한 경우 하나의 내국법인으로 간주하는 신탁재산("법인과세 신탁재산")의 의미

1안) 신탁계약별로 구분되는 신탁재산을 말함(→ 하나의 신탁계약을 하나의 법인으로 봄)

2안) 신탁계약에 속한 각각의 신탁재산을 말함(→ 하나의 신탁계약에 속한 신탁재산 각각을 하나의 법인으로 봄)

4. 회신

〈요지〉

신탁재산 법인세 과세방식을 선택한 경우 하나의 내국법인으로 간주하는 신탁재산("법인과세 신탁재산")이란 신탁계약별로 구분되는 신탁재산을 말함(→ 하나의 신탁계약을 하나의 법인으로 봄)

〈회신〉

「법인세법」(2023.12.31. 법률 제19930호로 개정되기 전의 것) 제5조 제2항에 따라 신탁의 수탁자가 법인세를 납부하는 경우 하나의 신탁계약에 속한 신탁재산 전부를 하나의 내국법인으로 보는 것임

소득세법

제17조(배당소득) ① 배당소득은 해당 과세기간에 발생한 다음 각 호의 소득으로 한다.

5의3. 금전이 아닌 재산의 신탁계약에 의한 수익권이 표시된 수익증권으로서 대통령령으로 정하는 수익증권으로부터의 이익

소득세법 시행령

제26조의3(배당소득의 범위)

⑩ 법 제17조제1항제5호의3에 따른 수익증권 또는 같은 항 제5호의4에 따른 투자계약증권(이하 이 조 및 제46조에서 "조각투자상품"이라 한다)을 실물양도, 계좌간 이체, 계좌의 명의변경, 그 밖에 이와 유사한 권리이전의 방법으로 거래하여 발생한 이익은 조각투자상품으로부터의 이익에 포함된다.

다. 부가가치세

수탁자가 신탁재산과 관련한 재화와 용역을 공급하는 경우 수탁자가 신탁재산별로 부가가치세를 납부할 의무를 부담한다. 다만, (1) 신탁재산과 관련된 재화 또는 용역을 위탁자 명의로 공급하는 경우[3], (2) 위탁자가 신탁재산을 실질적으로 지배 · 통제하는 경우로서 대통령령으로 정하는 경우, (3) 그 밖에 신탁의 유형, 신탁설정의 내용, 수탁자의 임무 및 신탁사무 범위 등을 고려하여 대통령령으로 정하는 경우에는 위탁자가 부가가치세를 납부할 의무를 부담한다(부가가치세법 제3조).

부가가치세법

제3조【납세의무자】 ① 다음 각 호의 어느 하나에 해당하는 자로서 개인, 법인(국가 · 지방자치단체와 지방자치단체조합을 포함한다), 법인격이 없는 사단 · 재단 또는 그 밖의 단체는 이 법에 따라 부가가치세를 납부할 의무가 있다.

1. 사업자
2. 재화를 수입하는 자

3) 부동산임대업을 예로 들면, 부동산 임대업을 영위하는 위탁자가 신탁한 신탁재산의 경우 수탁자 과세가 될 경우 부동산임대업의 사업자를 수탁자로 정정하여야 하는데, 시장의 혼선을 최소화하기 위해, 부동산 임대계약을 위탁자 명의로 체결하고, 실제로 부동산 임대용역을 위탁자가 제공하는 경우에는 위탁자 명의의 사업자등록을 그대로 유지할 수 있다.

② 제1항에도 불구하고 대통령령으로 정하는 신탁재산(이하 "신탁재산"이라 한다)과 관련된 재화 또는 용역을 공급하는 때에는 「신탁법」 제2조에 따른 수탁자(이하 이 조, 제3조의2, 제8조, 제10조제9항제4호, 제29조제4항, 제52조의2 및 제58조의2에서 "수탁자"라 한다)가 신탁재산별로 각각 별도의 납세의무자로서 부가가치세를 납부할 의무가 있다.

③ 제1항 및 제2항에도 불구하고 다음 각 호의 어느 하나에 해당하는 경우에는 「신탁법」 제2조에 따른 위탁자(이하 이 조, 제3조의2, 제10조제8항, 같은 조 제9항제4호, 제29조제4항 및 제52조의2에서 "위탁자"라 한다)가 부가가치세를 납부할 의무가 있다.

1. 신탁재산과 관련된 재화 또는 용역을 위탁자 명의로 공급하는 경우
2. 위탁자가 신탁재산을 실질적으로 지배·통제하는 경우로서 대통령령으로 정하는 경우
3. 그 밖에 신탁의 유형, 신탁설정의 내용, 수탁자의 임무 및 신탁사무 범위 등을 고려하여 대통령령으로 정하는 경우

④ 제2항에 따라 수탁자가 납세의무자가 되는 신탁재산에 둘 이상의 수탁자(이하 "공동수탁자"라 한다)가 있는 경우 공동수탁자는 부가가치세를 연대하여 납부할 의무가 있다. 이 경우 공동수탁자 중 신탁사무를 주로 처리하는 수탁자(이하 "대표수탁자"라 한다)가 부가가치세를 신고·납부하여야 한다. 〈신설 2020. 12. 22.〉

⑤ 제2항부터 제4항까지에서 규정한 사항 외에 신탁 관련 납세의무의 적용에 필요한 사항은 대통령령으로 정한다.

부가가치세법 시행령

제5조의2 【신탁 관련 납세의무】 ① 법 제3조제2항에서 "대통령령으로 정하는 신탁재산"이란 「신탁법」 또는 다른 법률에 따른 신탁재산(해당 신탁재산의 관리, 처분 또는 운용 등을 통하여 발생한 소득 및 재산을 포함한다)을 말한다.

② 법 제3조제3항제2호에서 "대통령령으로 정하는 경우"란 다음 각 호의 어느 하나에 해당하는 경우를 말한다.

1. 수탁자가 위탁자로부터 「자본시장과 금융투자업에 관한 법률」 제103조제1항제5호 또는 제6호의 재산을 수탁받아 같은 조 제4항에 따라 부동산개발사업을 목적으로 하는 신탁계약을 체결한 경우로서 그 신탁계약에 따른 부동산개발사업비의 조달의무를 수탁자가 부담하지 않는 경우. 다만, 수탁자가 「도시 및 주거환경정비법」 제27조제1항 또는 「빈집 및 소규모주택 정비에 관한 특례법」 제19조제1항에 따른 재개발사업·재건축사업 또는 가로주택정비사업·소규모재건축사업·소규모재개발사업의 사업시행자인 경우는 제외한다.
2. 수탁자가 「도시 및 주거환경정비법」 제28조제1항 또는 「빈집 및 소규모주택 정비에 관한 특례법」 제56조제1항에 따른 재개발사업·재건축사업 또는 가로주택정비사업·소규모재건축사업·소규모재개발사업의 사업대행자인 경우

Part 08

3. 수탁자가 위탁자의 지시로 위탁자와 「국세기본법 시행령」 제1조의2제1항, 제2항, 같은 조 제3항제1호 또는 「법인세법 시행령」 제2조제5항 각 호의 관계에 있는 자에게 신탁재산과 관련된 재화 또는 용역을 공급하는 경우
4. 「자본시장과 금융투자업에 관한 법률」 제9조제18항제1호에 따른 투자신탁의 경우

③ 법 제10조제8항에 따라 위탁자의 지위 이전을 신탁재산의 공급으로 보는 경우에는 법 제3조제1항에 따라 기존 위탁자가 해당 공급에 대한 부가가치세의 납세의무자가 된다.

부가가치세법

제3조의2 【신탁 관련 제2차 납세의무 및 물적납세의무】 ① 제3조제2항에 따라 수탁자가 납부하여야 하는 다음 각 호의 어느 하나에 해당하는 부가가치세 또는 강제징수비(이하 "부가가치세등"이라 한다)를 신탁재산으로 충당하여도 부족한 경우에는 그 신탁의 수익자(「신탁법」 제101조에 따라 신탁이 종료되어 신탁재산이 귀속되는 자를 포함한다)는 지급받은 수익과 귀속된 재산의 가액을 합한 금액을 한도로 하여 그 부족한 금액에 대하여 납부할 의무(이하 "제2차 납세의무"라 한다)를 진다.

1. 신탁 설정일 이후에 「국세기본법」 제35조제2항에 따른 법정기일이 도래하는 부가가치세로서 해당 신탁재산과 관련하여 발생한 것
2. 제1호의 금액에 대한 강제징수 과정에서 발생한 강제징수비

② 제3조제3항에 따라 부가가치세를 납부하여야 하는 위탁자가 제1항 각 호의 어느 하나에 해당하는 부가가치세등을 체납한 경우로서 그 위탁자의 다른 재산에 대하여 강제징수를 하여도 징수할 금액에 미치지 못할 때에는 해당 신탁재산의 수탁자는 그 신탁재산으로써 이 법에 따라 위탁자의 부가가치세등을 납부할 의무(이하 "물적납세의무"라 한다)가 있다.

③ 제1항 및 제2항에서 정한 사항 외에 제2차 납세의무 및 물적납세의무의 적용에 필요한 사항은 대통령령으로 정한다.

4 신탁수익권 양도와 세금

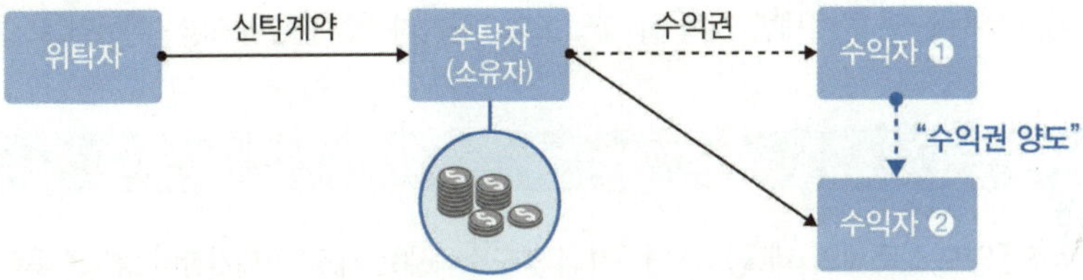

과거에는 신탁의 수익권의 양도에 대한 과세규정이 없었으나, 2020년 소득세법 개정으로 신설되었다. 수익자가 수익권을 제3자에게 양도한 경우 수익권 양도로 발생하는 소득이 양도세의 과세대상이다. 다만, 신탁 수익권의 양도를 통하여 신탁재산에 대한 지배 · 통제권이 사실상 이전되는 경우는 신탁재산 자체의 양도로 본다(소득세법 제94조).

소득세법

제94조 【양도소득의 범위】 ① 양도소득은 해당 과세기간에 발생한 다음 각 호의 소득으로 한다.

1~5. (생략)

6. 신탁의 이익을 받을 권리(「자본시장과 금융투자업에 관한 법률」 제110조에 따른 수익증권 및 같은 법 제189조에 따른 투자신탁의 수익권 등 대통령령으로 정하는 수익권은 제외하며, 이하 "신탁 수익권"이라 한다)의 양도로 발생하는 소득. 다만, 신탁 수익권의 양도를 통하여 신탁재산에 대한 지배 · 통제권이 사실상 이전되는 경우는 신탁재산 자체의 양도로 본다.

소득세법

제99조 【기준시가의 산정】 ① 제100조 및 제114조제7항에 따른 기준시가는 다음 각 호에서 정하는 바에 따른다.

1~7. (생략)

8. 제94조제1항제6호에 따른 신탁 수익권: 「상속세 및 증여세법」 제65조제1항을 준용하여 평가한 가액. 이 경우 평가기준시기 및 평가액은 대통령령으로 정하는 바에 따른다.

소득세법 시행령

제165조 【토지 · 건물외의 자산의 기준시가 산정】 ①~⑪ (생략)

⑫ 법 제99조제1항제8호에 따라 「상속세 및 증여세법」 제65조제1항을 준용하여 평가하는 경우 「상속세 및 증여세법 시행령」 제61조의 "평가기준일"은 "양도일 · 취득일"로 본다.

소득세법

제104조 【양도소득세의 세율】 ① 거주자의 양도소득세는 해당 과세기간의 양도소득과세표준에 다음 각 호의 세율을 적용하여 계산한 금액(이하 "양도소득 산출세액"이라 한다)을 그 세액으로 한다. 이 경우 하나의 자산이 다음 각 호에 따른 세율 중 둘 이상에 해당할 때에는 해당 세율을 적용하여 계산한 양도소득 산출세액 중 큰 것을 그 세액으로 한다.

1~13. (생략)

14. 제94조제1항제6호에 따른 신탁 수익권

양도소득과세표준	세율
3억원 이하	20퍼센트
3억원 초과	6천만원 + (3억원 초과액 × 25퍼센트)

5 신탁재산 양도와 세금

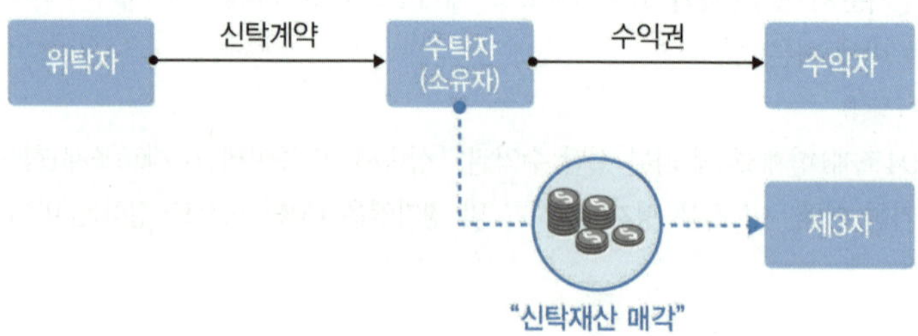

수탁자가 신탁기간 중 신탁재산을 제3자에게 매각할 경우 매각차익에 대한 양도세를 누가 부담할 것인가? 위탁자가 신탁 전에 보유하고 있는 재산을 신탁 설정을 통해 수탁자에게 이전한 것이므로, 원칙적으로 신탁재산을 매각하는 경우 매각가액에서 위탁자의 취득가액 차액을 양도차익으로 보고 위탁자가 양도소득세를 부담한다. 다만, 신탁설정으로 소유권이 위탁자로부터 수탁자에게 이전되는 것 자체를 양도로 볼 수 있는 경우에는 이미 수익자가 신탁재산의 실질적으로 양수받았다고 보는 것이 타당하므로, 이 경우에는 신탁재산 매각금액에서 수익자가 신탁설정 당시 위탁자에게 지급한 금액의 차익을 양도소득으로 볼 수 있을 것이다.

6 위탁자의 지위 이전과 세금

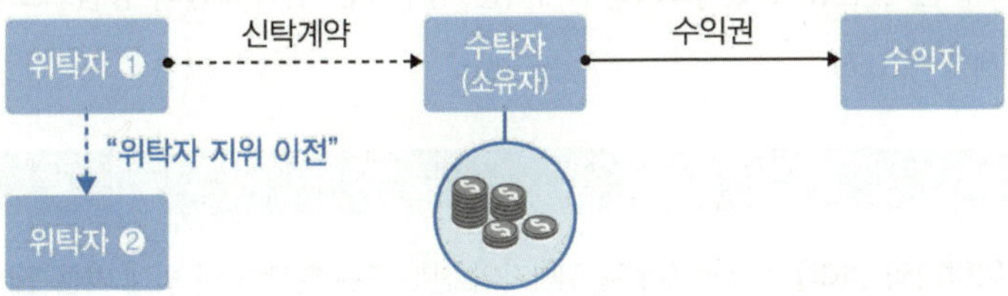

위탁자가 위탁자 지위를 제3자에게 이전할 때, 취득세, 부가가치세, 양도소득세가 발생할 것인가? 위탁자는 신탁법 제10조에 따라 위탁자의 지위를 수익자나 제3자에게 이전할 수 있는데, 위탁자의 지위는 신탁행위로 정할 수 있기 때문에, 위탁자의 지위 이전으로 신탁의 법률관계가 어떻게 변경되는지는 기존 신탁계약의 내용과 위탁자 지위 이전 약정의 내용에 따라 다를 수 있다. 따라서 위탁자 지위 이전에 대해 취득세, 부가가치세, 양도소득세를 부과할 것인가도 그 내용에 따라 달라져야 한다.

취득세와 관련하여, 「신탁법」 제10조에 따라 신탁재산의 위탁자 지위의 이전이 있는 경우에는 새로운 위탁자가 해당 신탁재산을 취득한 것으로 본다. 다만, 위탁자 지위의 이전에도 불구하고 신탁재산에 대한 실질적인 소유권 변동이 있다고 보기 어려운 경우로서 대통령령으로 정하는 경우에는 그러하지 아니하다(지방세법 제7조). 구지방세법 시행령 제11조의2는 실질적 소유권 변동이 없는 경우로서 (i) 「자본시장과 금융투자업에 관한 법률」에 따른 부동산집합투자기구의 집합투자업자가 그 위탁자의 지위를 다른 집합투자업자에게 이전하는 경우와 (ii) 제1호에 준하는 경우로서 위탁자 지위를 이전하였음에도 불구하고 신탁재산에 대한 실질적인 소유권의 변동이 없는 경우(구지방세법 시행령 제11조의2)를 규정하였으나, 2021. 12. 31. 개정 지방세법 시행령 제11조의3은 「자본시장과 금융투자업에 관한 법률」에 따른 부동산집합투자기구의 집합투자업자가 그 위탁자의 지위를 다른 집합투자업자에게 이전하는 경우만 두고 제1호에 준하는 경우로서 위탁자 지위를 이전하였음에도 불구하고 신탁재산에 대한 실질적인 소유권의 변동이 없는 경우를 삭제하였다.

부가가치세와 관련하여, 「신탁법」 제10조에 따라 위탁자의 지위가 이전되는 경우에는 기존 위탁자가 새로운 위탁자에게 신탁재산을 공급한 것으로 본다. 다만, 신탁재산에 대한 실질적인 소유권의 변동이 있다고 보기 어려운 경우로서 신탁재산의 실질적인 소유권이 위탁자가 아닌 제3자에게 있는 경우 등 위탁자의 지위 이전에도 불구하고 신탁재산에 대한 실질적인 소유권의 변동이 있다고 보기 어려운 경우에는 신탁재산의 공급으로 보지 아니한다(부가가치세법 제10조).

신탁법

제9조 【위탁자의 권리】 ① 신탁행위로 위탁자의 전부 또는 일부가 이 법에 따른 위탁자의 권리의 전부 또는 일부를 갖지 아니한다는 뜻을 정할 수 있다.
② 제1항에도 불구하고 목적신탁의 경우에는 신탁행위로 이 법에 따른 위탁자의 권리를 제한할 수 없다.

제10조 【위탁자 지위의 이전】 ① 위탁자의 지위는 신탁행위로 정한 방법에 따라 제3자에게 이전할 수 있다.
② 제1항에 따른 이전 방법이 정하여지지 아니한 경우 위탁자의 지위는 수탁자와 수익자의 동의를 받아 제3자에게 이전할 수 있다. 이 경우 위탁자가 여럿일 때에는 다른 위탁자의 동의도 받아야 한다.
③ 제3조제1항제2호에 따라 신탁이 설정된 경우 위탁자의 상속인은 위탁자의 지위를 승계하지 아니한다. 다만, 신탁행위로 달리 정한 경우에는 그에 따른다.

지방세법

제7조 【납세의무자 등】 ⑮ 「신탁법」 제10조에 따라 신탁재산의 위탁자 지위의 이전이 있는 경우에는 새로운 위탁자가 해당 신탁재산을 취득한 것으로 본다. 다만, 위탁자 지위의 이전에도 불구하고 신탁재산에 대한 실질적인 소유권 변동이 있다고 보기 어려운 경우로서 대통령령으로 정하는 경우에는 그러하지 아니하다.

지방세법 시행령

제11조의3 【소유권 변동이 없는 위탁자 지위의 이전 범위】 법 제7조제15항 단서에서 "대통령령으로 정하는 경우"란 다음 각 호의 어느 하나에 해당하는 경우를 말한다.

1. 「자본시장과 금융투자업에 관한 법률」에 따른 부동산집합투자기구의 집합투자업자가 그 위탁자의 지위를 다른 집합투자업자에게 이전하는 경우
2. 삭제 〈2021. 12. 31.〉

부가가치세법

제10조 【재화 공급의 특례】 ⑧ 「신탁법」 제10조에 따라 위탁자의 지위가 이전되는 경우에는 기존 위탁자가 새로운 위탁자에게 신탁재산을 공급한 것으로 본다. 다만, 신탁재산에 대한 실질적인 소유권의 변동이 있다고 보기 어려운 경우로서 대통령령으로 정하는 경우에는 신탁재산의 공급으로 보지 아니한다.

부가가치세법 시행령

제21조의2 【위탁자 지위의 이전을 신탁재산의 공급으로 보지 않는 경우】 법 제10조제8항 단서에서 "대통령령으로 정하는 경우"란 다음 각 호의 경우를 말한다.

1. 「자본시장과 금융투자업에 관한 법률」에 따른 집합투자기구의 집합투자업자가 다른 집합투자업자에게 위탁자의 지위를 이전하는 경우
2. 신탁재산의 실질적인 소유권이 위탁자가 아닌 제3자에게 있는 경우 등 위탁자의 지위 이전에도 불구하고 신탁재산에 대한 실질적인 소유권의 변동이 있다고 보기 어려운 경우

Part 08

판례 해설

위탁자 지위의 이전과 재산세(대법원 2025. 8. 14.선고 2022두67630판결)

가. 사실관계

원고 A는 2021. 3. 24. 소유 주택을 원고 A 본인을 위탁자 겸 수익자로 하고 친족 B를 수탁자로 하는 부동산관리신탁계약[4]을 체결한 후 2021. 3. 25. 원고 A의 위탁자 지위를 주택을 소유하지 않은 다른 친족 C로 하는 위탁자 지위의 이전계약을 체결하고 신탁원부를 변경하였고, 해당 주택의 납세의무자를 C로 신고하였다. 관할 세무서는 위탁자 지위이전[5]에도 불구하고 원고 A가 지방세법 제107조 제2항 제5호에서 정한 재산세 납세의무자인 '위탁자'로 보아 2021년 재산세(주택1기분)을 부과하였고, 이에 원고 A는 재산세부과처분취소소송을 제기하였다. 이 사건 신탁계약과 위탁자 지위의 이전은 원고 A가 종합부동산세 절세를 위해 체결한 것이다(원고 A는 신탁 주택의 재산세 납세의무자로 확정되면, 종합부동산세 납세의무자가 되기 때문에, 재산세 납세의무자가 원고 A가 아니라 위탁자 지위 이전 받은 C가 납세의무자라고 주장하면서 소송을 제기한 것으로 보인다).

나. 원심 판결의 요지

(1) 관련 규정 및 법리

신탁법에 따른 신탁이란 위탁자와 수탁자 사이의 신임관계에 기하여 위탁자가 수탁자에게 특정의 재산(영업이나 저작재산권의 일부를 포함한다)을 이전하거나 담보권의 설정 또는 그 밖의 처분을 하고 수탁자로 하여금 수익자의 이익 또는 특정의 목적을 위하여 그 재산의 관리, 처분, 운용, 개발, 그 밖에 신탁 목적의 달성을 위하여 필요한 행위를 하게 하는 법률관계를 말하고(신탁법 제2조), 신탁재산의 관리, 처분, 운용, 개발, 멸실, 훼손, 그 밖의 사유로 수탁자가 얻은 재산은 모두 신탁재산에 속한다(신탁법 제27조).

신탁법상 신탁에는 부동산관리신탁도 포함되는데, 부동산관리신탁이란 부동산 관리만을 위하여 부동산 관리자를 수탁자로 하여 소유권을 이전하고, 수탁자가 소유자를 대신하여 부동산에 관한 일체의 관리를 하고 수익을 수익자에게 교부하여 주거나 수탁재산의 소유권을 관리하여 주는 신탁제도로서 신탁재산에 관한 종합적 운영관리를 하는 방식(갑종 관리신탁)과 등기부상의 소유권 관리를 하는 방식(을종 관리신탁)으로 구분된다.

한편 부동산의 신탁에서 수탁자 앞으로 소유권이전등기를 마치게 되면 대내외적으로 소유권이 수탁자에게 완전히 이전되고, 위탁자와의 내부관계에서 소유권이 위탁자에게 유보되어 있는 것은 아니며, 이와 같이 신탁의 효력으로서 신탁재산의 소유권이 수탁자에게 이전되는 결과 수탁자는 대내외적으로 신탁재산에 대한 관리권을 갖는 것이고, 수탁자는 신탁의 목적 범위 내에서 신탁계약에 정하여진 바에 따라 신탁재산을 관리하여야 하는 제한을 부담함에 불과하다(대법원 2002. 4. 12. 선고 2000다70460 판결 참조). 다만 수탁자에게 토지 소유권의 명의만 이전될 뿐이고, 수탁자에게 이에 관한 관리, 처분의 권한과 의무가 적극적, 배타적으로 부여되지 않을 경우 그러한 신탁은 이른바 명의신탁 또는 수동신탁이고, 이러한 신탁관계는 신탁법상 신탁이라 할 수 없으며(대법원

1979. 1. 16. 선고 78누396 판결 참조), 위탁자가 수탁자의 신탁재산에 대한 처분 관리권을 공동행사하거나 수탁자가 단독으로 처분 관리를 할 수 없도록 실질적인 제한을 가하는 것은 신탁법의 취지나 신탁의 본질에 반하게 된다(대법원 2003. 1. 27. 자 2000마2997 결정 참조).

(2) 구체적 판단

이 사건 각 신탁계약이 '당사자들은 부동산의 등기부상 소유권 명의만을 수탁자 명의로 변경하고 관리하는 것을 목적으로 하는 관리신탁계약을 체결한다.'라고 정하여 소유권 명의만을 신탁하였음을 명시하고 있음은 앞서 본 바와 같다. 또한 이 사건 각 신탁계약에 따르면, 신탁기간은 수익자가 신탁을 종료하기 원하는 시점까지이고(제3조), 수탁자는 이 사건 각 부동산의 명의만 보유하고 일체의 처분 및 관리를 할 수 없으며(제5조 제1항), 수익자가 이 사건 각 부동사의 일체의 처분 및 관리를 하고 필요한 경우 수탁자에게 협력을 요청할 수 있는데(제5조 제2항) 이 경우 수탁자는 적극적으로 응해야 하고(제5조 제3항), 수탁자가 이 사건 각 부동산의 관리에 필요한 비용을 청구받거나 수탁자의 이름으로 지급하여야 할 경우 수익자에게 그 비용의 지급을 청구할 수 있다(제6조 제3항).

그런데 신탁법 제2조에 따른 신탁은 신탁재산에 관하여 수탁자만이 배타적인 처분관리권을 가지고, 수탁자가 수익자의 이익 또는 특정 목적을 위하여 신탁재산을 처분 관리하는 것을 본질로 하는바, 이 사건 각 신탁계약 상 수탁자는 이 사건 각 부동산에 관한 소유권 명의를 갖는 외에는 어떠한 처분 및 관리 권한도 갖지 못한다. 더구나 신탁법상 신탁에 포함되는 부동산 관리신탁의 경우에는 수탁자가 소유자를 대신하여 부동산에 관한 일체의 관리를 하거나 등기부상의 소유권 관리를 하는 것에 비하여 이 사건 각 신탁계약은 수탁자가 이 사건 각 부동산의 명의만 보유할 뿐 일체의 처분 및 관리를 할 수 없다고 정하고 있다.

따라서 이 사건 각 신탁계약은 명의신탁 또는 수동신탁으로서 이러한 신탁관계는 신탁법상 신탁이라고 할 수 없어 무효라고 봄이 타당하다.

설령 이와 달리 수동신탁의 경우에도 대외적으로 수탁자에게 신탁재산을 관리, 처분할 권한이 있으므로 신탁법에 따른 신탁의 법률관계에 포함된다고 보더라도, 신탁의 실질을 갖추지 못하거나 탈법행위를 목적으로 하는 등의 경우에는 무효가 될 수 있다. 실제로 신탁법 제5조 제1항은 선량한 풍속이나 그 밖의 사회질서에 반하는 사항을 목적으로 하는 신탁은 무효로 하고, 같은 조 제2항은 목적이 위법하거나 불능인 신탁은 무효로 하고 있다.

그런데 위 인정사실 및 앞서 든 증거들에 변론 전체의 취지를 더하여 알 수 있는 다음과 같은 사정들 - 수탁자가 원고의 친족인 점, 조세회피 목적으로 명의만 변경하였다는 점, 관련 변호사가 종합부동산세 회피 도구로 원고를 모집한 점, 위탁자 지위의 이전 관련 형식적인 대가만 지급한 점[6] - 을 위 관련 규정과 법리에 비추어 보면, 이 사건 신탁계약은 오로지 종합부동산세 등을

---

4) 이 사건 부동산관리신탁계약의 주요 내용은 수탁자는 신탁부동산의 명의만 보유하고, 일체의 처분 및 관리를 할 수 없고, 수익자가 신탁부동산의 처분 및 관리를 한다는 것이다.

5) 위탁자 겸 수익자인 원고 A는 수익자의 지위는 유지한 채 위탁자의 지위만을 C에게 이전하면서, 위탁자 지위 이전의 대가로 금10만원을 지급받았고, 위탁자 지위변경계약은 원고 A가 언제든지 해제할 수 있도록 하였다.

회피하기 위한 것으로 신탁의 실질을 갖추지 못하거나 탈법행위를 목적으로 한 신탁에 해당하여 무효라고 봄이 상당하다. 따라서 원고의 지방세법 제107조 제1항에 따라 이 사건 각 부동산을 사실상 소유하고 있는 자로서 재산세를 납부할 의무가 있다.

따라서 2021년 재산세(주택1기분) 과세기준일 현재 원고들은 이 사건 각 부동산의 법적 또는 사실상 소유자이거나 실질적인 위탁자에 해당하므로, 피고가 원고를 재산세 납세의무자로 보아 원고들에 대하여 부과한 이 사건 각 처분은 적법하고, 원고의 주장은 모두 받아들일 수 없다.

유사한 구조에서 종합부동산세의 납세의무도 기존 위탁자가 부담한다는 조세심판원 결정(조심 2022중8288, 2023년 1월 31일)이 있다. 한편, 유사한 구조에서 기존 위탁자로부터 위탁자의 지위를 이전받은 신규 위탁자가 위탁자 지위 이전에 따른 취득세를 부담한다는 취지의 조세심판원 결정(조심 2022지0656, 2022년 5월 30일)이 있는데, 신탁계약이 신탁의 실질을 갖추지 못하거나 탈법행위를 목적으로 한 무효라는 관점에서 위탁자의 지위 이전은 적법한 것으로 보고 이에 대해 신규 위탁자가 취득세를 부담하는 것은 논리적 모순이 있을 수 있으니, 재검토가 필요한 것으로 판단된다.

다. 대법원 판결의 요지

납세의무자는 경제활동을 하면서 동일한 경제적 목적을 달성하기 위해 여러 가지 법률관계 중 하나를 선택할 수 있으므로, 경제적으로 하나의 거래임에도 조세 부담을 줄이기 위하여 형식적으로 중간 거래를 개입시켰다는 이유만으로 납세의무자가 선택한 거래형식을 함부로 부인할 수 없다. 그러나 그것이 가장행위에 해당한다고 볼 수 있는 특별한 사정이 있을 때에는 과세상 의미를 갖지 않는 가장행위를 제외하고 그 뒤에 숨어있는 실질에 따라 과세할 수 있다(대법원 2013. 12. 26. 선고 2013두15583 판결 등 참조).

원심은 판시와 같은 사정들, 즉 원고들이 이 사건 각 신탁계약을 체결한 후 바로 그 다음 날 이 사건 각 이전계약을 체결한 점, 이 사건 각 이전계약에 따르면 위탁자 지위 이전의 대가는 10만원에 불과하고 위탁자 지위를 양도한 최초 위탁자인 원고들이 언제든지 계약을 해제하고 위탁자 지위를 회복할 수 있는 점, 최종 양수인들은 위탁자 지위 양수에도 불구하고 신탁재산인 이 사건 각 부동산에 관하여 지방세법에 따른 취득세를 납부하지 않은 점, 원고들은 위탁자 지위 양도로 상당한 금액의 종합부동산세 및 농어촌특별세 부담을 면한 반면 양수인들에게는 위탁자 지위를 양수할 만한 어떠한 경제적 실질이나 유인도 없는 것으로 보이는 점 등을 이유로, 원고들의 위탁자 지위 양도는 이 사건 각 부동산의 재산세 과세기준일 직전에 오로지 조세회피 목적을 이루기 위한 수단으로서 실질적인 위탁자 지위 이전 없이 외관만을 작출한 가장행위에 해당한다고 보아, 원고들이 여전히 위탁자 지위에서 지방세법 제107조 제2항 제5호에 따라 이 사건 각 부동산의 재산세 등 납세의무를 부담한다고 판단하였다. 원심판결 이유를 관련 규정과 앞서 본 법리 및 기록에 비추어 살펴보면, 이러한 원심 판단은 정당하고 거기에 상고이유 주장과 같이 지방세법 제107조 및 지방세기본법 제17조에 관한 법리를 오해하는 등으로 판결에 영향을 미친 잘못이 없다.

6) 저자가 법원이 판단한 사정을 간략하게 요약한 것이다.

라. 판례 평석

명의신탁 또는 수동신탁과 신탁법상 신탁을 구별하는 기준을 제시한 판결이다. 이 판결은 오로지 종합부동산세 회피만을 목적으로 부동산 관리신탁 및 위탁자 지위의 이전 형식을 활용한 이 사건 신탁계약 및 위탁자 지위 이전의 효과를 부인하였다. 이 판결의 결과는 찬성한다. 다만, 신탁이 지속적으로 발달하면서 수탁자 권한의 스펙트럼이 매우 다변화되고 있어, 수동신탁 또는 수동신탁에 가까운 수탁자의 권한 축소 현상을 법률 실무에서 법률효과를 어떻게 판단해야 하는지 기준을 명확하게 제시하지 못한 아쉬움은 있다. 수동신탁이라도 무조건 무효로 하기보다는 '신탁의 목적'이 존재하는지, 그 목적 자체가 불법행위나 탈법행위만을 할 목적으로 한 것인지 아니면 합리적이고 객관적인 '신탁목적'이 존재하는지를 기준으로 유무효 여부를 판단(이하 "신탁 목적성 Test"라 한다)하는 것이 타당하다.

이 사건 신탁계약 및 위탁자 지위의 이전은 애초 종합부동산세 회피라는 유일한 목적만 있는 구조라서 무효로 봄이 타당하다. 수동신탁과 관련하여 주로 문제되는 것이, 낭비벽 있는 자녀가 있는 경우 신탁재산을 수탁자가 장기간 처분하지 못하게 하는 신탁계약을 체결할 수 있는데, 이러한 신탁까지 수동신탁으로 판단하여 무효로 하는 것은 타당하지 않다. 이 경우에는 재산보존이라는 명확한 신탁 목적이 있고, 장기간 처분을 제한함으로써 그 목적을 달성하는데 유효하기 때문에 '신탁 목적성 Test'를 통과하였다고 봄이 상당하다.

CHAPTER 02

가족신탁 유형별 세금

1 상증법상 신탁과 세금 개요

가. 신탁과 증여세

신탁에 증여세를 부과할 것인가의 논의에서 우선적으로 검토해야 하는 것은 자익신탁과 타익신탁의 구분이다. 자익신탁은 위탁자가 신탁 설정을 위해 재산의 소유권을 수탁자에게 이전하고 그 반대급부로 평가금액이 같은 신탁의 원본 및 이익수익권을 위탁자 본인이 취득하는 신탁이다. 따라서 자익신탁에서는 증여세의 대상이 되는 '무상으로 재산과 이익을 이전하는 것(무상이전행위)' 자체가 없어 증여세가 발생할 여지가 없다. 결국 신탁구조에서 증여세가 발생할 가능성은 위탁자와 수탁자가 다른 타익신탁인바, 타익신탁을 전제로 논의를 전개한다. 그리고 신탁 설정에 따라 신탁재산이 위탁자로부터 수탁자로 완전히 이전되지만, 신탁재산 그 자체 또는 신탁재산으로부터 발생하는 원본수익권과 이익수익권을 무상으로 이전받는 주체는 수탁자가 아니라 수익자이다.[7)]

신탁계약에 의하여 위탁자가 타인을 신탁수익권의 전부 또는 일부를 받을 수익자로 지정한 경우에는 '원본 또는 수익이 수익자에게 실제 지급되는 날 등 대통령령으로 정하는 날'을 증여일로 하여 '해당 신탁의 이익을 받을 권리의 가액'을 수익자의 증여재산가액으로 판단한다(상증법 제33조 제1항). 증여시기에 대한 판단기준으로 다음 3가지 경우를 제외하고는 원칙적으로 '원본 또는 수익이 타인인 수익자에게 실제 지급되는 날'을 증여일로 판단한다(상증법 제31조, 상증법 시행령 제25조). 첫째 수익자로 지정된 자가 그 이익을 받기 전에 해당 신탁재산의 위탁자가 사망한 경우 '위탁자가 사망한 날'을 증여일로 본다. 둘째 신탁계약에 의해 원본

7) 수탁자는 수익자로 지정되지 않는 이상 신탁보수를 받는 것 이외 신탁재산으로부터 이익을 향유할 수 없다(신탁법 제36조).

또는 수익을 지급하기로 약정한 날까지 원본 또는 수익이 수익자에게 지급되지 아니한 경우 '해당 원본 또는 수익을 지급하기로 약정한 날'을 증여일로 본다. 셋째, 원본 또는 수익을 여러 차례 나누어 지급하는 경우 '해당 원본 또는 수익이 최초로 지급된 날'을 증여일로 보되, (i) 신탁계약을 체결하는 날에 원본 또는 수익이 확정되지 않는 경우와 (ii) 위탁자가 신탁을 해지할 수 있는 권리, 수익자를 지정하거나 변경할 수 있는 권리, 신탁 종료 후 잔여재산을 귀속받을 권리를 보유하는 등 신탁재산을 실질적으로 지배·통제하는 경우에는 원칙으로 돌아가 실제 원본 또는 수익이 지급되는 날마다 개별적으로 증여일로 판단한다.

나. 신탁과 상속세

(1) 피상속인의 신탁재산

위탁자가 상속신탁을 설정하면서 신탁재산의 소유권을 수탁자에게 이전하면, 해당 신탁재산의 소유권은 대내외적으로 수탁자에게 완전히 이전되는 이상, 위탁자가 신탁설정 이후에 사망하여 상속이 개시되면 그 신탁재산이 민사법상 상속재산에 대항되는 것은 아닌데, 이에 대한 특칙으로 상증법은 유언대용신탁을 상속에 포함시키는 한편, 유언대용신탁으로 신탁의 수익을 취득한 자를 수유자 중 하나로 규정하고, 피상속인이 신탁한 재산은 상속재산으로 규정하고 있다(대법원 2025. 9. 25. 선고 2025두33790판결). 피상속인이 위탁자로서 자익신탁을 설정한 경우에는 신탁재산 전부가 상속재산으로 간주되지만, 피상속인이 아닌 자를 신탁의 원본수익자 또는 이익수익자로 정한 타익신탁을 설정한 경우 타인에게 귀속되는 신탁의 원본수익권 또는 이익수익권은 상속재산에서 제외해야 하는데, 그 기준이 무엇인지가 문제된다. 우리 상증법 제9조 제1항 단서와 제4항은 위탁자 아닌 수익자에게 증여가 이미 완료되었는지를 기준으로 판단한다. 즉, 피상속인 사망 전에 신탁의 원본수익권 또는 이익수익권의 '증여일'이 도래하였다면 '수익자의 증여재산가액으로 해당 신탁의 이익을 받을 권리의 가액'을 상속재산에서 제외하고, 증여일이 도래하지 않았다면, 피상속인의 상속재산에 포함된다.[8)]

여기서 '증여일'의 판단기준은 증여세 과세 시 증여일 판단기준인 신탁법 시행령 제25조와 같다. 즉, 다음 3가지 예외적인 경우를 제외하면, 신탁의 원본 또는 수익은 '실제 지급되

8) 증여일이 도래한 원본수익권 또는 이익수익권의 가액만큼 상속재산에서 제외하지만, 우리 상증법은 피상속인 사망 전 10년(수증자가 상속인이 아닌 경우에는 5년) 전에 증여한 것을 상속세 과표에 합산한다. 한편, 피상속인 사망 시점에 증여일이 도래하지 않은 경우, 해당 재산이 상속재산에 포함되는데, 상속인 입장에서 향후 수익자에게 수익채무를 승계할 수밖에 없는 경우라면 이러한 수익채무를 상속채무로 인정할 필요가 있을 것이다.

Part 08

는 날'을 증여일로 판단한다(상증법 제9조 제1항, 제2항 및 시행령 제5조). 첫째 수익자로 지정된 자가 그 이익을 받기 전에 해당 신탁재산의 위탁자가 사망한 경우 '위탁자가 사망한 날'을 증여일로 본다. 둘째 신탁계약에 의해 원본 또는 수익을 지급하기로 약정한 날까지 원본 또는 수익이 수익자에게 지급되지 아니한 경우 '해당 원본 또는 수익을 지급하기로 약정한 날'을 증여일로 본다. 셋째, 원본 또는 수익을 여러 차례 나누어 지급하는 경우 '해당 원본 또는 수익이 최초로 지급된 날'을 증여일로 보되, (i) 신탁계약을 체결하는 날에 원본 또는 수익이 확정되지 않는 경우와 (ii) 위탁자가 신탁을 해지할 수 있는 권리, 수익자를 지정하거나 변경할 수 있는 권리, 신탁 종료 후 잔여재산을 귀속받을 권리를 보유하는 등 신탁재산을 실질적으로 지배 · 통제하는 경우에는 원칙으로 돌아가 실제 원본 또는 수익이 지급되는 날마다 개별적으로 증여일로 판단한다.

결국, 피상속인이 신탁한 재산 중 피상속인 사망 전에 타인에게 신탁의 원본 또는 이익이 지급된 경우와 피상속인이 신탁한 재산 중 피상속인 사망 전에 위 3가지 예외 사유인 경우에서 정한 '증여일(위탁자 사망, 지급약정일, 최초지급일)'이 도래한 경우, 해당 신탁재산은 수익자에게 증여가 완료된 것으로 보아 상속재산에서 제외한다.

(2) 피상속인의 수익권

피상속인이 신탁으로 인하여 타인으로부터 신탁의 이익을 받을 권리를 소유하고 있는 경우에는 그 이익은 피상속인이 상속개시 당시 소유하고 있는 수익채권이므로 그 이익에 상당하는 가액을 상속재산에 포함한다(상증법 제9조 제2항 및 제4항, 상증법 시행령 제5조). 이 경우 피상속인 사망 전에 신탁의 원본 또는 이익이 지급되었거나 위 3가지 예외적인 증여일이 도래하였다면, 피상속인의 상속재산에 포함하고, 예외적인 증여일이 도래하지 않았다면 피상속인의 상속재산에서 제외한다.[9)]

다. 상속신탁과 상속세 개관

2012년 시행 개정 신탁법이 유언대용신탁과 수익자연속신탁을 도입하였지만, 이와 관련

9) 다만, 타익신탁에서 피상속인인 수익자가 사망한 경우에도 피상속인이 보유하고 있는 수익채권은 그 피상속인의 상속인에게 상속되는데, 해당 수익채권에 따라 신탁의 원본 또는 수익이 지급되는 시점에 피상속인의 상속인이 증여세를 부담하게 된다. 피상속인이 신탁한 재산의 이익을 지급받기로 지정된 수익자가 그 신탁의 이익을 지급받기 전에 피상속인이 사망한 경우, 수익자가 그 사망일에 신탁의 이익에 상당하는 가액을 증여받은 것으로 보는 것이며, 피상속인이 증여한 동 신탁의 이익에 상당하는 가액은 상속세 과세가액에 가산하여 상속세를 계산하고, 증여세 산출세액 상당액은 기납부증여세액으로 공제한다(재산상속 46014-1955, 1999.11.12.).

한 세제가 마련되지 않고 있다가, 8년이 경과한 2020년 개정상증법이 유언대용신탁과 수익자연속신탁에 대한 세제를 마련하였다. 상증법은 유언대용신탁과 수익자연속신탁을 '상속'의 개념에 포함하였고, '유언대용신탁 및 수익자연속신탁에 의하여 신탁의 수익권을 취득한 자'를 수유자로 정의하였다(상증법 제2조).[10] 유언대용신탁의 위탁자 사망 시 신탁계약의 내용에 따라 사후수익자는 사후수익권을 취득하게 되는데, 위탁자의 사망으로 수익자가 사후수익권을 취득하는 경우 사후수익자는 상증법 제3조의 2의 '수유자[11]'로 취급되고, 상증법 제9조에 의해 위탁자인 피상속인이 신탁한 재산은 타인을 수익자로 지정하지 아니한 이상[12] 상속재산으로 간주되어, 각 사후수익자는 각자가 취득한 사후수익권의 비율에 따라 상속세를 납부하게 된다.

한편, 수익자연속신탁에서 선순위 수익자 사망 시 신탁계약에 따라 해당 선순위 수익자의 차순위 사후수익자가 사후수익권을 취득하게 되는 경우, 차순위 사후수익자도 상증법 제3조의 2의 '수유자'로 취급되고, 상증법 제9조 제3항에 의해 '차순위 사후수익자가 취득한 신탁의 이익을 받을 권리의 가액'은 사망한 선순위 수익자의 '상속재산'에 포함되고, 차순위 사후수익자는 본인이 취득한 수익권 가액의 비율에 따라 상속세를 납부하게 된다.

라. 상속신탁과 상증법 입법론

유언대용신탁과 수익자연속신탁을 상속으로 포함시켰다는 것은 의미 있는 법령 개정이라 할 수 있지만, 입법 과정에서 조금 더 고민했어야 하는 부분이 있다. 우선 유언대용신탁과 수익자연속신탁 그 자체를 상속의 개념으로 포함시키기보다는, '유언대용신탁에 의한 사후수익권의 취득' 또는 '수익자연속신탁에 의한 사후수익권의 취득'을 상속의 개념에 포섭시켜야 한다. 유언대용신탁과 수익자연속신탁은 신탁의 개념이지 상속세를 부과할 수 있는 특정 세무 이벤트는 아니기 때문이다. 다음으로는 상속재산을 무엇으로 볼 것이냐인데, 상증법 제9조는 '피상속인이 신탁한 재산'을 '상속재산'으로 보고 있다. 유언대용신탁에 있어서 위탁

Part 08

10) 유언대용신탁 및 수익자연속신탁에 의하여 신탁의 수익권을 취득하는 것을 피상속인인 위탁자가 법정상속에 의한 상속과 달리 본인이 원하는 상속설계를 한다는 점에서 민법상 사인증여 또는 유증과 유사한 것으로 취급한 것으로 판단된다.

11) 법정상속인이 사후수익자인 경우 해당 사후수익자는 수유자이면서 동시에 법정상속인이므로, 상속세 공제 등의 취급에서는 상속인으로 보아야 한다.

12) 만약 위탁자가 유언대용신탁의 생전수익자(원본수익자 또는 이익수익자)를 타인으로 지정하였다면, (i) 위탁자 사망 전에 신탁의 원본 또는 이익이 지급된 경우와 (ii) 수익자로 지정된 자가 그 이익을 받기 전에 해당 신탁재산의 위탁자가 사망한 경우에 해당하는 경우는 '위탁자 사망일'이 증여일이므로 상속재산에서 제외하고, 그 이익은 증여세가 과세된다.

자 사망으로 사후수익자가 수익권을 취득하거나 수익권에 기한 급부청구권을 행사할 수 있다는 점에서 '사후수익권'을 신탁재산으로 보고, 사후수익권에 대한 평가금액을 기준으로 상속세를 부과하여야 한다. 따라서 상증법 제9조의 조문 제목을 "상속재산으로 보는 신탁수익권"으로, "피상속인이 신탁한 재산은 상속재산으로 본다"를 "피상속인이 신탁한 재산은 상속개시일 현재 수익권의 가액을 상속재산으로 본다"로 개정하는 것이 바람직하다. 특히, 즉시배분형 유언대용신탁은 상속개시일 직후 사후수익자에게 신탁재산의 소유권이 이전되지만, 계속관리형 유언대용신탁의 신탁재산은 특정 기한 또는 특정 조건 성취 시까지 신탁재산의 소유권이 사후수익자에게 이전되지 않기 때문에, 계속관리형 유언대용신탁의 경우 수익권의 가액을 상속재산으로 보는 것이 타당하다.

상속세 및 증여세법(약칭 : 상증법)

제2조 【정의】 이 법에서 사용하는 용어의 뜻은 다음과 같다.

1. "상속"이란 「민법」 제5편에 따른 상속을 말하며, 다음 각 목의 것을 포함한다.
   가. 유증(遺贈)
   나. 「민법」 제562조에 따른 증여자의 사망으로 인하여 효력이 생길 증여(상속개시일 전 10년 이내에 피상속인이 상속인에게 진 증여채무 및 상속개시일 전 5년 이내에 피상속인이 상속인이 아닌 자에게 진 증여채무의 이행 중에 증여자가 사망한 경우의 그 증여를 포함한다. 이하 "사인증여"(死因贈與)라 한다)
   다. 「민법」 제1057조의2에 따른 피상속인과 생계를 같이 하고 있던 자, 피상속인의 요양간호를 한 자 및 그 밖에 피상속인과 특별한 연고가 있던 자(이하 "특별연고자"라 한다)에 대한 상속재산의 분여(分與)
   라. 「신탁법」 제59조에 따른 유언대용신탁(이하 "유언대용신탁"이라 한다)
   마. 「신탁법」 제60조에 따른 수익자연속신탁(이하 "수익자연속신탁"이라 한다)
2. "상속개시일"이란 피상속인이 사망한 날을 말한다. 다만, 피상속인의 실종선고로 인하여 상속이 개시되는 경우에는 실종선고일을 말한다.
3. "상속재산"이란 피상속인에게 귀속되는 모든 재산을 말하며, 다음 각 목의 물건과 권리를 포함한다. 다만, 피상속인의 일신(一身)에 전속(專屬)하는 것으로서 피상속인의 사망으로 인하여 소멸되는 것은 제외한다.
   가. 금전으로 환산할 수 있는 경제적 가치가 있는 모든 물건
   나. 재산적 가치가 있는 법률상 또는 사실상의 모든 권리
4. "상속인"이란 「민법」 제1000조, 제1001조, 제1003조 및 제1004조에 따른 상속인을 말하며, 같은 법 제1019조제1항에 따라 상속을 포기한 사람 및 특별연고자를 포함한다.
5. "수유자"(受遺者)란 다음 각 목에 해당하는 자를 말한다.
   가. 유증을 받은 자

나. 사인증여에 의하여 재산을 취득한 자

다. 유언대용신탁 및 수익자연속신탁에 의하여 신탁의 수익권을 취득한 자

6. "증여"란 그 행위 또는 거래의 명칭 · 형식 · 목적 등과 관계없이 직접 또는 간접적인 방법으로 타인에게 무상으로 유형 · 무형의 재산 또는 이익을 이전(移轉)(현저히 낮은 대가를 받고 이전하는 경우를 포함한다)하거나 타인의 재산가치를 증가시키는 것을 말한다. 다만, 유증, 사인증여, 유언대용신탁 및 수익자연속신탁은 제외한다.

7. "증여재산"이란 증여로 인하여 수증자에게 귀속되는 모든 재산 또는 이익을 말하며, 다음 각 목의 물건, 권리 및 이익을 포함한다.

가. 금전으로 환산할 수 있는 경제적 가치가 있는 모든 물건

나. 재산적 가치가 있는 법률상 또는 사실상의 모든 권리

다. 금전으로 환산할 수 있는 모든 경제적 이익

8. "거주자"란 국내에 주소를 두거나 183일 이상 거소(居所)를 둔 사람을 말하며, "비거주자"란 거주자가 아닌 사람을 말한다. 이 경우 주소와 거소의 정의 및 거주자와 비거주자의 판정 등에 필요한 사항은 대통령령으로 정한다.

9. "수증자"(受贈者)란 증여재산을 받은 거주자(본점이나 주된 사무소의 소재지가 국내에 있는 비영리법인을 포함한다) 또는 비거주자(본점이나 주된 사무소의 소재지가 외국에 있는 비영리법인을 포함한다)를 말한다.

10. "특수관계인"이란 본인과 친족관계, 경제적 연관관계 또는 경영지배관계 등 대통령령으로 정하는 관계에 있는 자를 말한다. 이 경우 본인도 특수관계인의 특수관계인으로 본다.

제3조 【상속세 과세대상】 상속개시일 현재 다음 각 호의 구분에 따른 상속재산에 대하여 이 법에 따라 상속세를 부과한다.

1. 피상속인이 거주자인 경우: 모든 상속재산
2. 피상속인이 비거주자인 경우: 국내에 있는 모든 상속재산

제3조의2 【상속세 납부의무】 ① 상속인(특별연고자 중 영리법인은 제외한다) 또는 수유자(영리법인은 제외한다)는 상속재산(제13조에 따라 상속재산에 가산하는 증여재산 중 상속인이나 수유자가 받은 증여재산을 포함한다) 중 각자가 받았거나 받을 재산을 기준으로 대통령령으로 정하는 비율에 따라 계산한 금액을 상속세로 납부할 의무가 있다.

② 특별연고자 또는 수유자가 영리법인인 경우로서 그 영리법인의 주주 또는 출자자(이하 "주주등"이라 한다) 중 상속인과 그 직계비속이 있는 경우에는 대통령령으로 정하는 바에 따라 계산한 지분상당액을 그 상속인 및 직계비속이 납부할 의무가 있다.

③ 제1항에 따른 상속세는 상속인 또는 수유자 각자가 받았거나 받을 재산을 한도로 연대하여 납부할 의무를 진다.

제9조 【상속재산으로 보는 신탁재산】 ① 피상속인이 신탁한 재산은 상속재산으로 본다. 다만, 제33조제1항에 따라 수익자의 증여재산가액으로 하는 해당 신탁의 이익을 받을 권리의 가액(價額)은 상속재산으로 보지 아니한다.

Part 08

② 피상속인이 신탁으로 인하여 타인으로부터 신탁의 이익을 받을 권리를 소유하고 있는 경우에는 그 이익에 상당하는 가액을 상속재산에 포함한다.

③ 수익자연속신탁의 수익자가 사망함으로써 타인이 새로 신탁의 수익권을 취득하는 경우 그 타인이 취득한 신탁의 이익을 받을 권리의 가액은 사망한 수익자의 상속재산에 포함한다.

④ 신탁의 이익을 받을 권리를 소유하고 있는 경우의 판정 등 그 밖에 필요한 사항은 대통령령으로 정한다.

상증법 시행령

제5조【상속재산으로 보는 신탁재산】 법 제9조제1항 단서 및 같은 조 제2항에 따른 신탁의 이익을 받을 권리를 소유하고 있는 경우의 판정은 제25조에 따라 원본 또는 수익이 타인에게 지급되는 경우를 기준으로 한다.

제25조【신탁이익의 계산방법 등】 ① 법 제33조제1항 각 호 외의 부분에서 "원본(元本) 또는 수익(收益)이 수익자에게 실제 지급되는 날 등 대통령령으로 정하는 날"이란 다음 각 호의 구분에 따른 날을 제외하고는 원본 또는 수익이 수익자에게 실제 지급되는 날을 말한다. 〈개정 2021. 2. 17.〉

1. 수익자로 지정된 자가 그 이익을 받기 전에 해당 신탁재산의 위탁자가 사망한 경우: 위탁자가 사망한 날
2. 신탁계약에 의하여 원본 또는 수익을 지급하기로 약정한 날까지 원본 또는 수익이 수익자에게 지급되지 아니한 경우: 해당 원본 또는 수익을 지급하기로 약정한 날
3. 원본 또는 수익을 여러 차례 나누어 지급하는 경우: 해당 원본 또는 수익이 최초로 지급된 날. 다만, 다음 각 목의 어느 하나에 해당하는 경우에는 해당 원본 또는 수익이 실제 지급된 날로 한다.
   가. 신탁계약을 체결하는 날에 원본 또는 수익이 확정되지 않는 경우
   나. 위탁자가 신탁을 해지할 수 있는 권리, 수익자를 지정하거나 변경할 수 있는 권리, 신탁 종료 후 잔여재산을 귀속 받을 권리를 보유하는 등 신탁재산을 실질적으로 지배·통제하는 경우

② 법 제33조제1항을 적용할 때 여러 차례 나누어 원본과 수익을 지급받는 경우의 신탁이익은 제1항에 따른 증여시기를 기준으로 제61조를 준용하여 평가한 가액으로 한다.

2 상속신탁과 세금

가. 유언대용신탁

현재 실무에서 활용되고 있는 유언대용신탁의 일반적인 구조를 전제로 보면, 유언대용신탁은 생전수익자를 위탁자 본인으로, 사후수익자를 가족 또는 제3자로 지정하기 때문에, 위탁자 생전에는 '자익신탁'이고 위탁자 사후 '타익신탁'으로 변경되는 구조이다(생전 자익신탁 - 사후 타익신탁 구조). 따라서 유언대용신탁계약 체결 시에는 취득세, 양도세, 증여세, 상속세 모두 부과되지 않는다. 이 점이 자산승계계획 수립의 도구로 신탁을 많이 활용하는 이유이다.

유언대용신탁계약 이후 상속신탁집행 전까지 신탁재산에서 발생하는 소득의 경우 위탁자 겸 생전수익자가 납세의무자이다. 재산세나 종합부동산세는 위탁자로 과세가 된다. 위탁자 생전에 위탁자의 지시에 따라 수탁자가 신탁재산을 양도하는 경우 양도세는 위탁자 겸 생전수익자가 납부한다.

위탁자 사후 수탁자가 상속집행을 하면, 즉시배분형 유언대용신탁의 신탁재산은 사후수익자에게 완전히 이전된다. 계속관리형 유언대용신탁의 경우 소유권은 수탁자가 계속 보유하고 사후수익권만을 사후수익자가 취득한다. 즉시배분형과 계속관리형 모두 위탁자의 상속개시일 현재 신탁재산 전부에 대해 상속세가 부과되고, 사후수익자는 자신이 배분받거나 사후수익권을 취득한 범위 내에서 상속세를 납부하고, 사후수익자가 여러 명일 경우 전부 연대납세의무를 부담한다.

만약 원본수익권과 이익수익권을 분리하여 귀속시킬 때, 상속세는 어떻게 계산되는가? 원본수익권과 이익수익권의 합계가 피상속인의 사망 당시 상속재산평가 금액과 같아야 하므로, 이익수익권의 평가금액을 상속재산평가 금액에서 뺀 금액이 원본수익권이라고 보는 것이 합리적일 것이다(상속재산평가금액=원본수익권의 평가금액+이익수익권의 평가금액).

나. 수익자연속신탁

수익자연속신탁에서 선순위 수익자 사망 시 차순위 사후수익자가 사후수익권을 취득하는바, 차순위 사후수익자는 상증법상 '수유자'로서 상속세를 부담하게 되고, 해당 신탁재산이 취득세 납부 대상이면 취득세를 납부하게 된다.

수익자연속신탁에서 선순위 수익자 사망 시 신탁재산의 소유권은 수탁자가 보유한 상태로 차순위 사후수익자가 사후수익권을 취득하게 된다. 이 경우 신탁재산의 재산세, 종부세 및 소득세의 부담주체는 사후수익권을 취득한 차순위 사후수익자가 부담한다고 보는 것이 합리적이다. 신탁재산에서 발생하는 소득세도 마찬가지로 차순위 사후수익자가 부담한다.[13)]

상증법 제9조 제3항은 "수익자연속신탁의 수익자가 사망함으로써 타인이 새로 신탁의 수익권을 취득하는 경우 그 타인이 취득한 신탁의 이익을 받을 권리의 가액은 사망한 수익자의 상속재산에 포함한다."라고 규정하고, 관련 입법 자료를 보면 "각 수익자에 귀속될 수익권의 가액을 한도로 상속세를 과세하도록 하였다. 또한, 직전 수익권자 사망 시 승계 수익권자에 수익권을 상속하는 것으로 보아 상속세를 과세하는 것으로 규정하였다."라고 하는데, 이 규정만으로 수익자연속신탁에서 상속세를 어떻게 계산해야 하는지 분명하지 않다. 향후 상증법 시행령을 개정하여 명확하게 규정해야 한다.

예를 들어, 위탁자가 100억원의 신탁재산을 신탁하면서 1차 사후수익자를 아들로 지정하면서 원본과 이익의 50%만 수익할 수 있고, 나머지 50%의 원본과 이익은 아들 사망 시 손녀 2명에게 각 25%씩 수익할 수 있는 것으로 계약했다고 가정하자. 위탁자 사망 시 아들의 상속세 과세표준이 얼마인가? 엄격하게 문언 해석하면 "아들이 취득한 신탁의 이익을 받을 권리 가액"을 50억으로 할 것인가? 아니면, 위탁자 사망 시 "손녀 2명이 취득한 신탁의 이익을 받을 권리 가액"인 나머지 50억원도 포함할 것인가? 손녀 2명은 위탁자 사망 시 바로 수익권을 취득한 것이 아니고 아들 사망 시에 수익권을 취득한 것이기 때문에 위탁자 사망 시에 손녀 2명이 50억원에 대한 수익권을 취득했다고 볼 것인가?

다. 상속신탁 집행과 취득세

현행 지방세법은 2012년 도입한 유언대용신탁과 수익자연속신탁에 대한 세제를 반영하지 않았기 때문에 취득세와 관련하여 실무상 혼선이 있는바, 이와 관련하여 지방세법을 개정할 필요가 있는데, 현행 지방세법을 기준으로 합리적인 해석을 해보면 다음과 같다.

지방세법 제7조 제7항의 "상속(피상속인이 상속인에게 한 유증 및 포괄유증과 신탁재산의 상속을 포함한다. 이하 이 장과 제3장에서 같다)으로 인하여 취득하는 경우"와 관련하여, '상속'은 법정상

13) 현행 지방세법과 종합부동산세법은 계속관리형 유언대용신탁에서 위탁자 사망 시 재산세와 종부세 납부의무자와 수익자연속신탁에서 재산세 및 종부세 납부의무자를 규정하고 있지 않다. 향후 법 개정이 필요한 부분이다. 차순위 사후수익자가 복수로 존재하고 신탁의 원본수익권과 이익수익권이 분리 귀속된 경우에는 원본수익권을 취득한 사후수익자를 재산세와 종부세를 납부의무자로 보는 것이 타당하다.

속(대습상속 포함)만을 의미하고, '피상속인이 상속인에게 한 유증'은 '법정상속인이 수유자인 특정유증'을 의미하며, '포괄유증'은 수유자가 법정상속인인지 여부를 불문하고 '상속'의 개념에 포함된다. 따라서 법정상속, 법정상속인이 수유자인 특정유증 및 포괄유증의 경우 상속취득세를 납부하게 되고, 법정상속인이 아닌 자를 수유자로 하는 특정유증은 증여취득세를 납부한다는 것이 일반적인 해석이다. 유언대용신탁과 수익자연속신탁에 의한 사후수익권의 취득은 지방세법이 명시적으로 상속의 개념에 포함시키고 있지는 않으나, 상속의 개념에 포섭되는 '특정유증'과 가장 유사하다는 점에 착안하여 보면, 즉시배분형 유언대용신탁계약을 체결한 위탁자 사망 후 상속신탁 집행 시점에 등기이전을 받은 사후수익자는 취득세를 납부하게 되는데, 사후수익자가 법정상속인(대습상속인 포함)인 경우에는 상속취득세(현재 부동산 취득세율 2.8%)를 납부하여야 하나, 사후수익자가 법정상속인(대습상속인 포함)이 아닌 경우에는 증여취득세(현재 부동산 취득세율 3.5%)를 납부하여야 한다(지방세법 제7조 제7항, 제11조 제1항).[14] 이렇게 해석하면, 하나의 사망이라는 사건으로 법정상속인 여부에 따라 취득세율과 납부기한이 달라져 납세자의 예측가능성을 저해한다. 지방세법 제7조 제7항의 문언이 불명확하여 발생하는 문제[15]인데, 상증법상 상속세 납세의무자와 같이, 취득세 납세의무자를 상속인 여부를 불문하고, 특정유증의 수유자, 포괄유증의 수유자, 사인증여의 수증자, 유언대용신탁과 수익자연속신탁에 의해 수익권을 취득한 자로 정립하는 것이 타당하다.[16]

한편, 계속관리형 유언대용신탁의 경우 위탁자 사망 시 부동산등기가 사후수익자에게 이전되지 않기 때문에, 위탁자 사망 시 사후수익자가 취득세를 부담하는지가 문제될 수 있다. 취득세는 본래 '재화의 이전'이라는 사실 자체를 포착하여 거기에 담세력을 인정하고 부과하는 유통세의 일종으로 취득자가 재화를 사용 · 수익 · 처분함으로써 얻을 수 있는 이익을 포착하여 부과하는 것이 아니어서 취득자가 실질적으로 완전한 내용의 소유권을 취득하는가의 여부에 관계없이 사실상의 취득행위 자체를 과세객체로 하는 것이다(대법원 2004.11.25., 선고, 2003두13342 판결). 계속관리형 유언대용신탁의 경우 위탁자 사망 시점에

14) 상속취득세와 증여취득세는 납부기한의 차이가 있음을 유의해야 한다. 상속취득세는 상속개시일이 속하는 달의 말일부터 6개월 내에 납부하여야 하나, 증여취득세는 취득일이 속하는 달의 말일부터 3개월 이내 납부하여야 한다.

15) 지방세법 제7조 제7항을 "상속(「상속세 및 증여세법」 제2조 제1호의 상속을 말한다. 이하 같다)으로 인하여 취득하는 경우에는 상속인(「상속세 및 증여세법」 제2조 제4호의 상속인과 제5호의 수유자를 모두 포함한다. 이하 같다) 각자가 상속받는 취득물건(지분을 취득하는 경우에는 그 지분에 해당하는 취득물건을 말한다)을 취득한 것으로 본다. 이 경우 상속인의 납부의무에 관하여는 「지방세기본법」 제44조 제1항 및 제5항을 준용한다."로 개정하면 보다 명확하다.

16) 지방세기본법도 이미 '상증법상 수유자' 개념을 인용하여 규정하고 있다(지방세기본법 제42조).

재화의 이전행위가 일어나지 않기 때문에 현행 지방세법상 취득세 부과대상이 아니라고 볼 수 있으나, 공평과세의 측면에서 취득세를 부과하지 않는 것은 합리적이라 볼 수 없다. 결국 사후수익자의 사후수익권의 취득 그 자체를 지방세법 제7조 제2항의 '사실상 취득'으로 포섭할 수 있을 것인가의 문제인데, 실무상 혼선이 있는 부분이다. 지방세법 개정으로 명확하게 해결해야 할 것인데, 현행 지방세법 해석상 신탁재산은 신탁수익권으로 전환되며 신탁수익권은 원본수익권과 이익수익권으로 구분되는데, 재화의 이전 측면에서 보면 원본수익권의 취득행위를 '사실상 취득'에 포섭해서, 원본수익권자의 취득시점을 기준으로 취득세 부과대상 및 취득세 납부의무자를 정하는 것이 합리적이다.

나아가, 계속관리형 유언대용신탁계약 후 상속신탁집행 시 위탁자 사망으로 사후수익자가 사후수익권을 취득하는 경우와 그 후 신탁계약에서 정한 기한도래나 조건성취로 인해 사후수익자 명의로 신탁재산 귀속등기가 이루어지는 경우 각각 별도의 취득세 납세의무가 발생하느냐와 관련하여도 해석이 엇갈릴 수 있다. 유언대용신탁의 상속집행으로 사후수익자가 신탁원본 및 이익의 사후수익권 전부를 취득하면 신탁재산의 실질적 · 경제적 권리를 사후수익자가 취득[17]하는 것이므로, 상속신탁 집행 시 사후수익자가 취득세를 납부한 경우 그 이후 기한도래나 조건성취로 사후수익자 명의의 신탁재산 귀속등기 시에는 별도로 취득세를 부담하지 않는다고 보는 것이 합리적이다. 만약 계속관리형 유언대용신탁계약에서 사후수익자가 위탁자 사망 시 취득세를 부담하고, 그 이후 신탁부동산이 해당 사후수익자에게 귀속될 때 다시 한번 더 취득세를 부담하는 것은 이중과세 이슈를 피하기 어려울 것이다. 왜냐하면 계속관리형 유언대용신탁에서 위탁자 사망 시 부동산등기 이전 없이 신탁원본수익권을 취득함으로써 '사실상 취득'에 해당되어 취득세를 납부한 주체와 계속관리형 유언대용신탁계약 종료 시 신탁부동산에 대한 등기가 최종적으로 귀속되는 주체가 같은 사후수익자이기 때문이다.[18] 한편, 수익자연속신탁의 선순위 사후수익자 사망 시 신탁부동산이 차순위 수익자에게 등기되지 않는 경우라 하더라도 차순위 사후수익자 중 원본수익권을 취득하는

---

17) 지방세법 제7조(납세의무자 등) ② 부동산등의 취득은 「민법」, 「자동차관리법」, 「건설기계관리법」, 「항공안전법」, 「선박법」, 「입목에 관한 법률」, 「광업법」, 「수산업법」 또는 「양식산업발전법」 등 관계 법령에 따른 등기 · 등록 등을 하지 아니한 경우라도 사실상 취득하면 각각 취득한 것으로 보고 해당 취득물건의 소유자 또는 양수인을 각각 취득자로 한다. 다만, 차량, 기계장비, 항공기 및 주문을 받아 건조하는 선박은 승계취득인 경우에만 해당한다.

18) 이와 달리, 1차 사후수익자와 2차 사후수익자가 정해지는 수익자연속신탁의 경우 위탁자 사망 시 사후수익권취득을 취득한 1차 사후수익자와 1차 사후수익자 사망 시 신탁부동산의 등기가 귀속되는 2차 사후수익자가 다른 주체이므로, 1차 사후수익자의 '사실상 취득'하는 경우와 별도로 2차 사후수익자가 수익권 취득의 결과로 신탁부동산의 등기를 귀속받는 경우는 1차 사후수익자의 취득세와 2차 사후수익자의 취득세는 이중과세 이슈가 아예 없다.

자가 취득세를 부담하는 것으로 해석할 필요가 있다.[19)]

아울러, 신탁재산이 금전이 아닌 경우, 사후수익권은 해당 신탁재산의 소유권을 사후수익자에게 이전하는 '이전형 사후수익권'과 해당 신탁재산을 처분하여 조성한 매매대금을 사후수익자에게 지급하는 '정산형 사후수익권' 두 가지가 있다. 해당 신탁재산의 상속이 취득세 납부대상인 취득물일 경우, 이전형 사후수익권을 보유한 사후수익자라면 취득세가 부과될 것이나 정산형 사후수익권을 보유한 사후수익자에게 취득세를 부과할 수 있느냐는 현행 지방세법상으로 명확하지 않다. 이와 관련하여 이전형 사후수익권을 취득한 사후수익자는 소유권이전등기를 마치기 전이라도 사후수익자가 취득세의 납세의무자에 해당하나, 정산형 사후수익권을 취득한 사후수익자는 위탁자의 사망으로 신탁재산인 부동산 자체를 사실상 이전받았다고 볼 수 없을 뿐 아니라 신탁재산의 대내외적 소유권자인 수탁자에게 해당 부동산에 관한 소유권이전등기를 청구할 권리를 가진다고도 할 수 없어, 수익자는 신탁재산인 부동산을 취득하였다고 볼 수 없다고 판시함으로써 취득세가 발생하지 않음을 명확하게 하였다(대법원 2025. 9. 25.선고 2025두33790판결, 이에 대한 자세한 내용은 뒤에서 기술하는 판례해설 참조).

Part 08

19) 이와 관련하여 수익자연속신탁 구조의 주택담보노후연금 관련 유권해석이 있다. 주택담보노후연금을 이용할 목적으로 연금가입자 겸 위탁자 A는 한국주택금융공사와 유언대용신탁계약을 체결하면서 1차 연금수급권자(1차 사후수익자)를 배우자 B로, 배우자 사후 2차 연금수급권자(2차 사후수익자)를 자녀 C로 지정한 경우, 위탁자 사후 배우자 B가 위탁자 A 사망을 원인으로 하는 상속취득세를 부담하고, 그 이후 1차 사후수익자인 배우자 B 사망 시 한국주택금융공사가 자녀 C에게 신탁부동산의 소유권을 이전해 주는 경우 배우자 B 사망을 원인으로 하는 상속취득세를 2차 사후수익자 C가 별도로 부담한다(부동산세제과–691, 2022.3.11.). 그런데, 이는 사후수익자가 배우자 B와 자녀 C로 다른 수익자연속신탁 구조에서 나온 유권해석이므로, 사후수익자와 신탁재산을 최종적으로 귀속받는 자가 동일인인 계속관리형 유언대용신탁의 구조에는 그대로 적용할 수 없다.

지방세법

제7조【납세의무자 등】 ② 부동산등의 취득은 「민법」, 「자동차관리법」, 「건설기계관리법」, 「항공안전법」, 「선박법」, 「입목에 관한 법률」, 「광업법」, 「수산업법」 또는 「양식산업발전법」 등 관계 법령에 따른 등기·등록 등을 하지 아니한 경우라도 사실상 취득하면 각각 취득한 것으로 보고 해당 취득물건의 소유자 또는 양수인을 각각 취득자로 한다. 다만, 차량, 기계장비, 항공기 및 주문을 받아 건조하는 선박은 승계취득인 경우에만 해당한다.

⑦ 상속(피상속인이 상속인에게 한 유증 및 포괄유증과 신탁재산의 상속을 포함한다. 이하 이 장과 제3장에서 같다)으로 인하여 취득하는 경우에는 상속인 각자가 상속받는 취득물건(지분을 취득하는 경우에는 그 지분에 해당하는 취득물건을 말한다)을 취득한 것으로 본다. 이 경우 상속인의 납부의무에 관하여는 「지방세기본법」 제44조제1항 및 제5항을 준용한다.

제11조【부동산 취득의 세율】 ① 부동산에 대한 취득세는 제10조의2부터 제10조의6까지의 규정에 따른 과세표준에 다음 각 호에 해당하는 표준세율을 적용하여 계산한 금액을 그 세액으로 한다.

1. 상속으로 인한 취득
   가. 농지: 1천분의 23
   나. 농지 외의 것: 1천분의 28
2. 제1호 외의 무상취득: 1천분의 35. 다만, 대통령령으로 정하는 비영리사업자의 취득은 1천분의 28로 한다.
3. 원시취득: 1천분의 28

(후략)

지방세기본법

제42조【상속으로 인한 납세의무의 승계】 ① 상속이 개시된 경우에 상속인[「상속세 및 증여세법」 제2조제5호에 따른 수유자(受遺者)를 포함한다. 이하 같다] 또는 「민법」 제1053조에 따른 상속재산관리인은 피상속인에게 부과되거나 피상속인이 납부할 지방자치단체의 징수금(이하 이 조에서 "피상속인에 대한 지방자치단체의 징수금"이라 한다)을 상속으로 얻은 재산의 한도 내에서 납부할 의무를 진다.

② 제1항에 따른 납세의무 승계를 피하면서 재산을 상속받기 위하여 피상속인이 상속인을 수익자로 하는 보험 계약을 체결하고 상속인은 「민법」 제1019조제1항에 따라 상속을 포기한 것으로 인정되는 경우로서 상속포기자가 피상속인의 사망으로 보험금(「상속세 및 증여세법」 제8조에 따른 보험금을 말한다)을 받는 때에는 상속포기자를 상속인으로 보고, 보험금을 상속받은 재산으로 보아 제1항을 적용한다.

③ 제1항의 경우 상속인이 2명 이상일 때에는 각 상속인은 피상속인에 대한 지방자치단체의 징수금을 「민법」 제1009조 · 제1010조 · 제1012조 및 제1013조에 따른 상속분(다음 각 호의 어느 하나에 해당하는 경우에는 대통령령으로 정하는 비율로 한다)에 따라 나누어 계산한 금액을 상속으로 얻은 재산의 한도에서 연대하여 납부할 의무를 진다. 이 경우 각 상속인은 상속인 중에서 피상속인에 대한 지방자치단체의 징수금을 납부할 대표자를 정하여 대통령령으로 정하는 바에 따라 지방자치단체의 장에게 신고하여야 한다.

1. 상속인 중 수유자가 있는 경우
2. 상속인 중 「민법」 제1019조제1항에 따라 상속을 포기한 사람이 있는 경우
3. 상속인 중 「민법」 제1112조에 따른 유류분을 받은 사람이 있는 경우
4. 상속으로 받은 재산에 보험금이 포함되어 있는 경우

지방세기본법 시행령

제21조 【상속재산의 가액】 ① 법 제42조제1항에 따른 상속으로 얻은 재산은 다음의 계산식에 따른 가액으로 한다.

> 상속으로 얻은 재산 = 상속으로 얻은 자산총액 − (상속으로 얻은 부채총액+상속으로 부과되거나 납부할 상속세 및 취득세)

② 제1항에 따른 자산총액과 부채총액의 가액은 「상속세 및 증여세법」 제60조부터 제66조까지의 규정을 준용하여 평가한다.

③ 제1항을 적용할 때 다음 각 호의 가액을 포함하여 상속으로 얻은 재산의 가액을 계산한다.

1. 법 제42조제2항에 따라 상속재산으로 보는 보험금
2. 법 제42조제2항에 따라 상속재산으로 보는 보험금을 받은 자가 납부할 상속세

④ 법 제42조제3항 전단에서 "대통령령으로 정하는 비율"이란 각각의 상속인(법 제42조제1항에 따른 수유자와 같은 조 제2항에 따른 상속포기자를 포함한다. 이하 이 항에서 같다)의 제1항에 따라 계산한 상속으로 얻은 재산의 가액을 각각의 상속인이 상속으로 얻은 재산 가액의 합계액으로 나누어 계산한 비율을 말한다.

판례 해설

정산형 유언대용신탁의 상속신탁집행과 취득세(대법원 2025.9.25. 선고 2025두33790판결)

I. 사실관계

고모(B)가 아파트를 유언대용신탁하고, 사후수익자를 조카들(원고 A와 F, G, H)로 지정하는 내용의 유언대용신탁계약을 신탁회사 C와 체결하였고, B는 2019. 12. 19. 이 사건 아파트에 관하여 이 사건 신탁계약을 원인으로 수탁자 C에게 소유권이전등기를 경료하였고, 2020. 3. 12. 사망하

였다(이하 B를 '망인'이라 한다). 수탁자(C)는 이 사건 신탁계약의 내용에 따라 2020. 4. 22. 이 사건 아파트를 20억원에 매도하는 매매계약을 체결하였고, 2020. 7. 31. 매수인 앞으로 소유권이전등기를 경료하였고, 이 건 유언대용신탁계약의 내용에 따라 양도세, 상속세 등 제세공과금 및 비용을 공제한 나머지 금전을 수익권 비율에 따라 A, F, G, H에게 지급하였다. 이에 피고 처분청은 2021. 4. 12. 원고에 대하여, 원고가 2020. 3. 12. 망인으로부터 이 사건아파트를 상속취득하였다고 보아 취득세 및 지방교육세 합계 47,705,260원(가산세 포함)의 부과처분(이하 '이 사건 처분'이라 한다)을 하였다.

유언대용신탁계약의 주요내용

제9조【위탁자 사후 상속세 신고 · 납세 업무】

① 수탁자는 위탁자 사후 상속세 신고 · 납부 업무를 지원한다.

② 사후1차수익자는 수탁자가 제1항의 업무를 수행함에 협조하기로 하고, 필요서류 제출 등 세부 협조를 위하여 사후1차수익자 원고 A를 대표납세의무자로 지정한다.

제10조【신탁계약의 종료 및 신탁재산의 귀속】

① 계약 본문 제16조 제4항에도 불구하고, 사후1차수익자는 위탁자가 사망한 경우 본조 제2항에 따른 신탁재산 처분 및 제9조에 따른 상속세 신고납부가 완료된 후에 은행에 대하여 자신에게 귀속되는 신탁재산의 이전을 청구할 수 있다.

② 〈별첨 1〉 신탁재산의 목록 2. [집합건물]에 대하여는 아래와 같이 정한다.

1. 은행은 위탁자 사망 시 [집합건물]에 대한 부동산 신탁계약에서 정하는 바와 같이 부동산을 처분하고, 처분대금(세금 및 제 비용을 공제하고 남은 금액)에 대한 수익권은사후1차수익자들이 본 특약 제4조 제2항에서 정한 비율로 각 취득한다.
2. 은행은 신탁재산에서 세금 및 제 비용(상속세 등 제세금 포함)을 정산 후 사후1차수익자들에게 각 사후수익자의 신탁재산 귀속액을 지급한다.

II. 조세심판 및 판결 요지

1. 조세심판결정의 요지(조심판원 2023. 3. 10. 조심2021지2796)

① 지방세법 제7조에서 부동산에 대한 취득세 납세의무자로 소유권을 취득한 자와 사실상 취득자를 규정(제1항 및 제2항)하면서, 신탁재산의 상속으로 인하여 취득하는 경우에는 상속인 각자가 상속받는 취득물건을 취득한 것으로 본다고 규정(제7항)하고 있는 점, ② 청구인가족들은 이 건 위탁자의 사망에 따라 쟁점신탁재산의 원본에 대한 사후수익권을 취득하였고 쟁점신탁재산의 처분대금을 배당받음으로써 쟁점신탁이 종료되어 종국적으로 쟁점신탁재산은 청구인가족들에게 무상으로 이전된 점, ③ 쟁점신탁에 의하여 쟁점신탁재산이 금전으로 청구인가족들에게 귀속된 것은, 신탁에 의하지 않고 재산을 상속받은 상속인이 그 재산을 처분하여 금전을 취득하는 경우와 그 실질이 다르지 아니함에도, 이를 달리 취급하는 것은 공평과세원칙에도 부합하지 아니하는 점, ④ 청구인은 쟁점신탁의 내용에 의하면 쟁점신탁재산의 내부 집기 처분 및 시정장치 관리를 담당하

여 점유권을 가지고 있었던 것으로 보이고, 쟁점신탁재산 매매계약서에 청구인이 위탁자의 지위에서 매매계약상 위탁자의 의무를 이행한다고 기재되어 있으며, 매매계약에 대한 이행책임, 매매목적물과 관련된 담보 및 손해배상에 대한 책임을 부담하기로 한 점, ⑤ 신탁재산이 취득세 과세대상물건에 해당하는지 여부는 상속으로 인한 취득시기를 규정한 지방세법 시행령 제20조 제1항에 따라 상속개시일을 기준으로 판단하여야 할 것이고 쟁점신탁재산은 상속개시일 당시 부동산으로 존재하고 있었던 점 등에 비추어 이 건 위탁자의 상속개시일에 청구인가족들에게 쟁점신탁재산에 대한 취득세 납세의무가 성립하였다고 보는 것이 타당한 것으로 보인다.

2. 제1심 판결의 요지 : 서울행정법원 2024. 10. 25. 선고 2023구단62970 판결

지방세법에 있어서 부동산 취득세는 재화의 이전이라는 사실 자체를 포착하여 거기에 담세력을 인정하고 부과하는 유통세의 일종으로서 부동산의 취득자가 그 부동산을 사용, 수익, 처분함으로써 얻어질 이익을 포착하여 부과하는 것이 아니므로 지방세법 '부동산의 취득'이란 부동산의 취득자가 실질적으로 완전한 내용의 소유권을 취득하는가의 여부에 관계없이 소유권 이전의 형식에 의한 부동산 취득의 모든 경우를 포함하고(대법원 2002. 6. 28. 선고 2000두7896 판결 등 참조), 지방세법은 부동산의 취득에 있어서 민법 등 관계 법령의 규정에 의한 등기 등을 이행하지 아니한 경우라도 사실상 취득한 때에는 이를 취득한 것으로 본다고 규정하고 있으며, 위 규정 소정의 사실상 취득이란 일반적으로 등기와 같은 소유권 취득의 형식적 요건을 갖추지는 못하였으나 대금의 지급과 같은 소유권 취득의 실질적 요건을 갖춘 경우를 말하는 것이다(대법원 2001. 2. 9. 선고 99두5955 판결 등 참조).

신탁법상의 신탁은 위탁자가 수탁자에게 특정의 재산권을 이전하거나 기타의 처분을 하여 수탁자로 하여금 신탁 목적을 위하여 그 재산권을 관리 · 처분하게 하는 것이므로(신탁법 제1조 제2항), 부동산의 신탁에 있어서 수탁자 앞으로 소유권이전등기를 마치게 되면 대내외적으로 소유권이 수탁자에게 완전히 이전되고, 위탁자와의 내부관계에 있어서 소유권이 위탁자에게 유보되어 있는 것은 아니라 할 것이며, 이와 같이 신탁의 효력으로서 신탁재산의 소유권이 수탁자에게 이전되는 결과 수탁자는 대내외적으로 신탁재산에 대한 관리권을 갖는 것이고, 다만, 수탁자는 신탁의 목적 범위 내에서 신탁계약에 정하여진 바에 따라 신탁재산을 관리하여야 하는 제한을 부담함에 불과하다(대법원 2002. 4. 12. 선고 2000다70460 판결 등 참조).

앞서 든 증거에 갑 제9 내지 13호증의 각 기재에 변론 전체의 취지를 종합하여 인정되는 다음과 같은 사실과 사정을 위 법리에 비추어 보면, 원고가 지방세법 제7조 제7항에 의하여 이 사건 아파트를 취득하였다고 볼 수 없어 이 사건 처분은 위법하다.

① 원고와 원고의 가족들인 F, G, H(이하 '원고가족들'이라 한다)는 수탁자에게 신탁등기가 경료된 이 사건 아파트에 관하여 소유권을 취득하지 않았고, 이 사건 토지와는 달리 소유권이전등기청구권을 취득하지도 않았으며, 망인의 사망으로 인하여 등기 없이 곧바로 소유권을 취득할 수도 없어 지방세법 제7조 제7항의 "상속(피상속인이 상속인에게 한 유증 및 포괄유증과 신탁재산의 상속을 포함한다)으로 인하여 취득하는 경우"에 포함된다고 해석할 수 없다.

② 원고와 원고가족들은 이 사건 신탁계약에 의하여 사후1수익권자로서 이 사건 아파트를 매각하여 처분대금(세금 및 제 비용을 공제하고 남은 금액)에 대한 수익권은 취득하였는데, 이와 같은 신탁수익권은 지방세법 제7조 제1항에 열거된 취득세 과세물건에 해당하지 아니하고, 신탁재산 목록에 기재된 이 사건 아파트를 사실상 취득하였다고 볼 수 없다.

③ 망인이 사망하면 수탁자가 이 사건 아파트를 사후수익자의 동의 없이 단독으로 처분할 수 있는데, 이 사건 신탁계약 중 상속세 신고납세 업무와 관련하여 원고를 대표납세의무자로 지정하고, 신탁재산의 처분에 관한 조건에서 원고가 이 사건 아파트의 내부 집기 처분 및 시정장치 관리, 인도 등을 담당하며, 2020. 4. 22. 이 사건 아파트에 관한 매매계약 체결 시 '위탁자'의 사후수익자 대표로서 원고가 위탁자의 매매계약에 기한 담보책임을 부담하는 것으로 기명날인한 사정만으로 원고가 이 사건 아파트를 취득하였다거나 위탁자의 지위를 취득하였다고 볼 수도 없다.

④ 상속세 및 증여세법은 2020. 12. 22. 개정을 통해 제2조에서 '상속'의 정의에 유언대용신탁이 포함되고, 사후수익자를 수유자로 보아 위탁자가 신탁한 재산을 상속재산으로 본다는 간주규정을 명문으로 두어 신탁재산에 대한 상속세를 과세할 수 있으나, 지방세법에는 위와 같은 정의규정이나 상속세 및 증여세법의 준용규정이 없고, 상속세와 취득세는 그 과세대상과 목적이 달라 조세법률주의 원칙상 위 상속세 및 증여세법의 규정을 이 사건에 곧바로 적용할 수도 없다.

⑤ 망인은 신탁재산 목록의 재산을 생전에는 자신이 사용하고, 사망 이후에는 원고와 원고가족들에게 분배하기 위해서 이 사건 신탁계약을 체결하였는데, 납세의무자는 경제활동을 할 때 특정 경제적 목적을 달성하기 위하여 어떤 법적 형식을 취할 것인지 임의로 선택할 수 있고, 과세관청으로서도 그것이 가장행위라거나 조세회피 목적이 있다는 등의 특별한 사정이 없는 한 납세의무자가 선택한 법적 형식에 따른 법률관계를 존중하여야 하므로(대법원 2017. 4. 7. 선고 2015두49320 판결 등 참조), 원고와 원고가족들이 이 사건 아파트에 관하여 취득세를 납부하지 않는다는 사정이 있더라도 조세를 회피할 목적으로 비합리적인 형식이나 외관을 취한 경우로 평가할 수는 없다.

3. 제2심 판결의 요지

1심판결을 그대로 인용하면서 다음 내용을 추가하여, 피고 처분청의 항소를 기각하였다.

"⑥ 지방세법 제7조 제7항은 '신탁재산의 상속으로 인하여 취득하는 경우 상속인 각자가 상속받는 취득물건(지분을 취득하는 경우에는 그 지분에 해당하는 취득물건)을 취득한 것으로 본다.'고 규정하고 있다. 위와 같은 규정의 문언 및 상속세는 피상속인의 사망에 따라 그의 모든 상속재산에 관한 권리·의무가 상속인에게 이전됨에 따라 부과되는 조세인 반면 부동산 취득세는 재화의 이전이라는 사실 자체를 포착하여 거기에 담세력을 인정해 과세하고자 하는 성격의 조세인 점을 종합하면, '신탁재산의 상속'은 상속인의 신탁재산 취득의 원인이 될 수 있을 뿐[20], 신탁재산의 상속이 곧바로 '신탁재산 자체'의 취득을 의미한다고 볼 수는 없다.

20) 부동산의 신탁에 있어서 신탁재산 자체(원본)는 수탁자 앞으로 소유권이전등기를 마치게 되면 이미 그 소유권이 대내외적으로 수탁자에게 완전히 이전되었다고 할 것이다(대법원 2002. 4. 12. 선고 2000다70460 판결등 참조).

유언대용신탁의 위탁자가 사망하면 수익자가 될 자로 지정된 자는 수익권을 취득하게 된다. 만약 그 수익권의 내용이 수익자가 수익권을 행사하여 신탁재산 원본을 취득할 수 있는 것이라면 (즉, 수익권의 내용에 수탁자에 대해 신탁재산에 관한 소유권이전등기청구를 할 수 있는 권리가 포함된다면) 위탁자의 사망으로 인해 수익자가 신탁재산을 사실상 취득하였다고 볼 여지가 있다. 그러나 이 사건에서와 같이 수익권의 내용이 신탁재산의 처분대금 등 금전을 청구할 수 있는 권리를 의미할 뿐이라면, 수익자가 수탁자로부터 신탁재산 자체를 사실상 이전받았다고 볼 수도 없고, 신탁재산의 대내외적 소유권자인 수탁자에게 그 재산에 관한 소유권이전등기청구권을 가진다고 볼 수도 없어 어느 모로 보나 수익자인 상속인이 피상속인의 사망으로 말미암아 신탁재산을 취득하였다고 볼 수는 없다.

피고는 원고 및 원고의 가족들이 망인의 사망으로 말미암아 이 사건 아파트의 처분대금에 대한 수익권을 취득한 것은 원고 및 원고의 가족들이 이 사건 아파트를 취득한 후 이를 매각하여 그 처분대금을 취득한 것과 사실상 같다는 전제 아래 이 사건 처분이 실질과세원칙 및 공평과세원칙에도 부합한다는 취지로도 주장한다. 그러나 앞서 본 바와 같이 이 사건 신탁계약에 따라 원고 및 원고의 가족들이 이 사건 아파트의 처분대금에 대한 수익권을 취득한 것과 이 사건 아파트 자체를 취득하는 것은 법적으로 구별되어야 하는 별개의 사실인바, 이 사건 아파트에 대한 취득 사실이 없는 상황에서 단지 경제적 이익의 귀속만을 이유로 원고를 이 사건 아파트에 대한 취득세 과세대상으로 삼은 이 사건 처분이 실질과세원칙 및 공평과세원칙에 부합한다고 볼 수는 없다. 따라서 이 부분 피고 주장 역시 받아들일 수 없다."

4. 대법원의 판결 요지

신탁법 제2조는 '신탁'이란 신탁을 설정하는 자(이하 '위탁자'라 한다)와 신탁을 인수하는 자(이하 '수탁자'라 한다) 간의 신임관계에 기하여 위탁자가 수탁자에게 특정의 재산을 이전하거나 담보권의 설정 또는 그 밖의 처분을 하고 수탁자로 하여금 일정한 자(이하 '수익자'라 한다)의 이익 또는 특정의 목적을 위하여 그 재산의 관리, 처분, 운용, 개발, 그 밖에 신탁 목적의 달성을 위하여 필요한 행위를 하게 하는 법률관계를 말한다고 규정하고 있다. 이에 따라 부동산 신탁의 경우, 수탁자 앞으로 소유권이전등기를 마치게 되면 대내외적으로 소유권이 수탁자에게 완전히 이전되고, 위탁자와의 내부관계에서 신탁재산의 소유권이 위탁자에게 유보되는 것이 아니다(대법원 2002. 4. 12. 선고 2000다70460 판결 참조). 이와 같이 신탁되는 부동산의 소유권이 대내외적으로 수탁자에게 완전히 이전되는 이상, 위탁자가 신탁 설정 이후에 사망하여 상속이 개시되더라도 그 부동산이 민사법상 상속재산에 해당되는 것은 아니다.

한편 「상속세 및 증여세법」(이하 '상증세법'이라 한다)은 이에 대한 특칙으로, 신탁법 제59조에 따라 수익자가 될 자로 지정된 자가 위탁자의 사망 시에 수익권을 취득하거나 수익자가 위탁자의 사망 이후에 신탁재산에 기한 급부를 받게 되는 유언대용신탁을 '상속'에 포함시키는 한편[제2조 제1호 (라)목], 유언대용신탁으로 신탁의 수익권을 취득한 자를 '수유자' 중의 하나로 규정하고[같은 조 제5호 (다)목], 피상속인이 신탁한 재산은 '상속재산'으로 보도록 규정하고 있다(제9조 제1항 본문). 또한 지방세법은 위 상증세법 조항과 별도로, '신탁재산의 상속' 등을 포함하여 상속으로

Part 08

인하여 부동산 등 취득세 과세대상 물건을 취득한 경우에는 상속인 각자가 상속받는 취득물건을 취득한 것으로 보도록 규정하고 있다(제7조 제7항).

지방세기본법 제34조 제1항 제1호는 취득세를 납부할 의무는 '과세물건을 취득하는 때' 성립한다고 규정하고 있다. 그리고 지방세법 제6조 제1호는 '취득'을 '상속 등과 그 밖에 이와 유사한 취득으로서 원시취득, 승계취득 또는 유상무상의 모든 취득'으로 정의하면서, 제7조 제1항에서 취득세는 부동산 등을 취득한 자에게 부과한다고 규정하고, 같은 조 제2항 본문에서 부동산 등의 취득은 민법 등 관계 법령에 따른 등기 · 등록을 하지 아니한 경우라도 사실상 취득하면 각각 취득한 것으로 보고 해당 취득물건의 소유자 또는 양수인을 각각 취득자로 한다고 규정하고 있다.

지방세법 제10조의7은 부동산 등을 무상취득하는 경우에 관하여 취득물건의 취득유형별 취득시기 등에 대하여 필요한 사항은 대통령령으로 정한다고 규정하고, 그 위임에 따른 지방세법 시행령 제20조 제1항 본문은 무상취득의 경우에는 그 계약일에 취득한 것으로 보되, 상속 또는 유증으로 인한 취득의 경우에는 상속 또는 유증 개시일을 취득시기로 보도록 규정하고 있다.

신탁법 제59조에 따른 유언대용신탁의 경우 위탁자가 사망하게 되면 수익자가 될 자로 지정된 자는 수익권을 가지게 된다. 만일 그 수익권이 수탁자에 대해 신탁재산인 부동산에 관한 소유권이전등기를 청구할 수 있는 권리와 같이 수익자가 수익권의 행사를 통해 신탁재산 원본인 부동산을 취득할 수 있는 내용(저자 명명 "이전형 사후수익권")이라면, 수익자는 취득세 과세대상 물건에 속하는 부동산에 대하여 소유권이전등기를 마치기 이전이라도 위탁자의 사망으로 상속이 개시된 때 그 부동산을 사실상 무상취득한 것으로 보아 취득세의 납세의무자에 해당하게 되고, 이는 앞서 본 지방세법 제7조 제7항에 따라 '상속'으로 인한 취득에 속하게 된다. 반면 수익자가 가진 수익권의 내용이 신탁재산의 처분대금 등과 같은 금전의 지급을 청구할 수 있는 권리(저자 명명 "정산형 사후수익권")에 불과하다면, 수익자가 위탁자의 사망으로 신탁재산인 부동산 자체를 사실상 이전받았다고 볼 수 없을 뿐 아니라 신탁재산의 대내외적 소유권자인 수탁자에게 해당 부동산에 관한 소유권이전등기를 청구할 권리를 가진다고도 할 수 없어, 수익자는 신탁재산인 부동산을 취득하였다고 볼 수 없다.

원심은 판시와 같은 이유로, 원고와 그의 가족들이 이 사건 신탁계약에 따라 사후수익권자로서 수탁자에게 신탁등기가 마쳐졌던 이 사건 아파트의 처분대금에 관한 수익권을 취득하였을지라도, 이와 같은 신탁수익권은 지방세법 제7조 제1항에 열거된 취득세 과세물건에 해당하지 않을 뿐만 아니라 이들은 이 사건 아파트에 관하여 소유권은 물론 소유권이전등기청구권도 취득하지 않았고 망인의 사망으로 인하여 등기 없이 곧바로 그 소유권을 취득할 수도 없어 이 사건 아파트를 사실상 취득한 것으로도 볼 수 없는 이상, 원고가 이 사건 아파트를 취득하였음을 전제로 한 이 사건 처분은 위법하다고 판단하였다. 원심판결 이유를 앞서 본 법리와 기록에 비추어 살펴보면, 이러한 원심의 판단에 상고이유 주장과 같이 지방세법 제7조 제7항의 '신탁재산의 상속'에 관한 법리를 오해하여 판결에 영향을 미친 잘못이 없다.

Ⅲ. 판례 해설

유언대용신탁계약상 사후수익권이 신탁부동산을 수탁자가 재량으로 처분한 후 매각대금을 수익권 비율로 배분하는 '정산형 사후수익권'으로 설계되었다면, 위탁자 사망 후 유언대용신탁계약의 내용에 근거하여 신탁부동산을 매각한 뒤 현금으로 수익권 비율에 따라 배분받을 사후수익자는 신탁재산인 부동산을 취득할 권리도 없고 취득할 법적 지위가 없다는 점에서, 재화의 이전이라는 사실 자체를 포착하여 거기에 담세력을 인정해 과세하고자 하는 성격의 조세인 취득세의 부과대상이 아니라는 이 판결의 결론은 법해석상으로는 타당한 것으로 판단된다.

2012년 시행 개정 신탁법상 새롭게 도입한 신탁유형을 반영한 지방세법 개정이 없었기 때문에 생긴 입법 불비현상이다. 개정 신탁법이 도입한 다양한 유형의 신탁 구조에 적합하도록 지방세법이 개정될 필요가 있다. 특히, 2020년 개정된 상증법상 유언대용신탁과 수익자연속신탁에 대한 과세체계와 정합성 있도록 지방세법을 개정하는 것이 바람직하다. 입법론적으로 보면, 신탁재산이 취득세 부과 대상인 경우 '유언대용신탁에 따른 사후수익권 취득'과 '수익자연속신탁에 따른 연속수익권 취득'을 하나의 과세단위인 '상속'으로 규정하고, 각자 취득한 수익권의 평가금액을 취득가액으로 보는 것이 합리적이다.[21)]

한편, 이 판결에서 찾아볼 수 있는 다른 의미는 신탁 수익권 설계의 중요성이다. 정산형 사후수익권으로 설계된 유언대용신탁 구조가 아닌 이전형 사후수익권이었거나, 정산형 사후수익권에 예비적으로 이전형 사후수익권이 결합된 유언대용신탁이었더라면, 판결의 결과가 달라졌을 수도 있을 것이다.

3 증여신탁과 세금

가. 수익권 증여신탁

수익권 증여신탁은 원칙적으로 '원본 또는 수익이 타인인 수익자에게 실제 지급되는 날'을 증여시기로 보고 증여세 신고기한 내에 증여세를 수익자가 신고납부하면 된다. 즉, 신탁계

21) 2024.12.16. 국회 제출된 지방세법 일부개정법률안(의안번호 2206970)은 "유언대용신탁 및 수익자연속신탁의 경우 위탁자 사후 연속수익자가 수익권을 취득하는 시점을 기준으로 취득세 납부의무를 부과하고, 이후 수탁자가 해당 연속수익자가 신탁재산을 이전하는 경우에는 취득세를 비과세하여 조세평등원칙을 실현하고 유언대용신탁 및 수익자연속신탁을 활성화하고자", 제7조에 제17항을 "「신탁법」 제59조 및 제60조에 따른 유언대용신탁 및 수익자연속신탁의 위탁자 사후 수익권을 취득하는 경우 그 수익자가 해당 신탁재산을 취득한 것으로 본다. 다만, 그 수익자가 상속인인 경우 제7항을 준용한다."로 신설하였고, "제7조 제17항에 따라 수익권을 취득한 자가 신탁의 종료로 인하여 수탁자로부터 신탁재산을 이전하는 경우"를 취득세 발생의 예외 사유로 추가 규정하였다.

약을 체결할 때 증여세 납세의무가 생기는 것이 아니라, 실제 원본 또는 수익이 수익자에게 지급된 날을 증여시기로 본다. 다만, 아래의 경우는 실제 지급되는 날이 아니라, 아래 규정한 해당일을 증여일로 본다.

1. 수익자로 지정된 자가 그 이익을 받기 전에 해당 신탁재산의 위탁자가 사망한 경우: 위탁자가 사망한 날
2. 신탁계약에 의하여 원본 또는 수익을 지급하기로 약정한 날까지 원본 또는 수익이 수익자에게 지급되지 아니한 경우: 해당 원본 또는 수익을 지급하기로 약정한 날
3. 원본 또는 수익을 여러 차례 나누어 지급하는 경우: 해당 원본 또는 수익이 최초로 지급된 날. 다만, 다음 각 목의 어느 하나에 해당하는 경우에는 해당 원본 또는 수익이 실제 지급된 날로 한다.
   가. 신탁계약을 체결하는 날에 원본 또는 수익이 확정되지 않는 경우
   나. 위탁자가 신탁을 해지할 수 있는 권리, 수익자를 지정하거나 변경할 수 있는 권리, 신탁 종료 후 잔여재산을 귀속 받을 권리를 보유하는 등 신탁재산을 실질적으로 지배 · 통제하는 경우

위탁자가 단순 증여가 아니라 수익권으로 증여하는 것은 신탁의 재산전환 기능(원본수익권과 이익수익권의 분리, 우선수익권과 원수익권의 분리 등 다양함)을 활용하여 다양한 내용의 수익권을 분할하여 증여할 수 있다는 장점이 있기 때문이다. 증여할 재산을 위탁자가 신탁하면서, 신탁재산의 원본은 본인이 가지고 이익만을 수증자에게 수익권 형태로 귀속하는 '이익증여신탁'과 신탁재산의 이익 수익권만 본인이 가지고 원본은 수증자에게 수익권 형태로 귀속하는 '원본증여신탁'이 대표적인 예이다. 이익증여신탁과 원본증여신탁은 증여시기의 확정이 중요한데, 현재 실무에서 논의되고 있는 것은 미국식 '취소불능신탁(irrevocable trust)'이 국내 도입 가능한지이다. 우리법상으로는 '해제불능신탁'이라는 용어가 더 정확할 것으로 보이는데, 해제불능신탁은 위탁자가 신탁을 설정한 이후 해당 신탁을 해제, 해지, 변경하지 못하도록 설계함으로써, 제3자인 수익자에게 완전히 귀속되고, 어떤 사유로든 위탁자에게 반환되지 않는 신탁이다. 만약 해제불능신탁을 인정한다면, 해제불능신탁으로 수익권이 제3자에게 귀속되는 것으로 확정된 신탁계약 체결 시점을 증여시기로 보아 과세하는 것이 타당하다. 위탁자의 신탁 취지에 맞게 해제불능신탁과 해제가능신탁을 선택할 수 있도록 하기 위해 해제불능신탁이라는 개념을 인정하는 것이 타당하다.

상증법

제33조 【신탁이익의 증여】 ① 신탁계약에 의하여 위탁자가 타인을 신탁의 이익의 전부 또는 일부를 받을 수익자(受益者)로 지정한 경우로서 다음 각 호의 어느 하나에 해당하는 경우에는 원본(元本) 또는 수익(收益)이 수익자에게 실제 지급되는 날 등 대통령령으로 정하는 날을 증여일로 하여 해당 신탁의 이익을 받을 권리의 가액을 수익자의 증여재산가액으로 한다.

1. 원본을 받을 권리를 소유하게 한 경우에는 수익자가 그 원본을 받은 경우
2. 수익을 받을 권리를 소유하게 한 경우에는 수익자가 그 수익을 받은 경우

② 수익자가 특정되지 아니하거나 아직 존재하지 아니하는 경우에는 위탁자 또는 그 상속인을 수익자로 보고, 수익자가 특정되거나 존재하게 된 때에 새로운 신탁이 있는 것으로 보아 제1항을 적용한다.

③ 제1항을 적용할 때 여러 차례로 나누어 원본과 수익을 받는 경우에 대한 증여재산가액 계산방법 및 그 밖에 필요한 사항은 대통령령으로 정한다.

상증법 시행령

제25조 【신탁이익의 계산방법 등】 ① 법 제33조제1항 각 호 외의 부분에서 "원본(元本) 또는 수익(收益)이 수익자에게 실제 지급되는 날 등 대통령령으로 정하는 날"이란 다음 각 호의 구분에 따른 날을 제외하고는 원본 또는 수익이 수익자에게 실제 지급되는 날을 말한다.

1. 수익자로 지정된 자가 그 이익을 받기 전에 해당 신탁재산의 위탁자가 사망한 경우: 위탁자가 사망한 날
2. 신탁계약에 의하여 원본 또는 수익을 지급하기로 약정한 날까지 원본 또는 수익이 수익자에게 지급되지 아니한 경우: 해당 원본 또는 수익을 지급하기로 약정한 날
3. 원본 또는 수익을 여러 차례 나누어 지급하는 경우: 해당 원본 또는 수익이 최초로 지급된 날. 다만, 다음 각 목의 어느 하나에 해당하는 경우에는 해당 원본 또는 수익이 실제 지급된 날로 한다.
   가. 신탁계약을 체결하는 날에 원본 또는 수익이 확정되지 않는 경우
   나. 위탁자가 신탁을 해지할 수 있는 권리, 수익자를 지정하거나 변경할 수 있는 권리, 신탁 종료 후 잔여재산을 귀속 받을 권리를 보유하는 등 신탁재산을 실질적으로 지배 · 통제하는 경우

② 법 제33조제1항을 적용할 때 여러 차례 나누어 원본과 수익을 지급받는 경우의 신탁이익은 제1항에 따른 증여시기를 기준으로 제61조를 준용하여 평가한 가액으로 한다.

Part 08

상증법

제65조【그 밖의 조건부 권리 등의 평가】 ① 조건부 권리, 존속기간이 확정되지 아니한 권리, 신탁의 이익을 받을 권리 또는 소송 중인 권리 및 대통령령으로 정하는 정기금(定期金)을 받을 권리에 대해서는 해당 권리의 성질, 내용, 남은 기간 등을 기준으로 대통령령으로 정하는 방법으로 그 가액을 평가한다.

② 「특정 금융거래정보의 보고 및 이용 등에 관한 법률」 제2조제3호에 따른 가상자산은 해당 자산의 거래규모 및 거래방식 등을 고려하여 대통령령으로 정하는 방법으로 평가한다.

③ 그 밖에 이 법에서 따로 평가방법을 규정하지 아니한 재산의 평가에 대해서는 제1항 및 제60조부터 제64조까지에 규정된 평가방법을 준용하여 평가한다.

상증법 시행령

제60조【조건부 권리 등의 평가】 ① 법 제65조제1항에 따른 조건부 권리, 존속기간이 확정되지 않은 권리 및 소송 중인 권리의 가액은 다음 각 호의 어느 하나에 따라 평가한 가액으로 한다.

1. 조건부 권리는 본래의 권리의 가액을 기초로 하여 평가기준일 현재의 조건내용을 구성하는 사실, 조건성취의 확실성, 그 밖의 모든 사정을 고려한 적정가액
2. 존속기간이 확정되지 않은 권리의 가액은 평가기준일 현재의 권리의 성질, 목적물의 내용연수, 그 밖의 모든 사정을 고려한 적정가액
3. 소송 중인 권리의 가액은 평가기준일 현재의 분쟁관계의 진상을 조사하고 소송진행의 상황을 고려한 적정가액

② (생략)

상증법 시행령

제61조【신탁의 이익을 받을 권리의 평가】 ① 법 제65조제1항에 따른 신탁의 이익을 받을 권리의 가액은 다음 각 호의 어느 하나에 따라 평가한 가액으로 한다. 다만, 평가기준일 현재 신탁계약의 철회, 해지, 취소 등을 통해 받을 수 있는 일시금이 다음 각 호에 따라 평가한 가액보다 큰 경우에는 그 일시금의 가액으로 한다.

1. 원본을 받을 권리와 수익을 받을 권리의 수익자가 같은 경우에는 평가기준일 현재 법에 따라 평가한 신탁재산의 가액
2. 원본을 받을 권리와 수익을 받을 권리의 수익자가 다른 경우에는 다음 각 목에 따른 가액
   가. 원본을 받을 권리를 수익하는 경우에는 평가기준일 현재 법에 따라 평가한 신탁재산의 가액에서 나목의 계산식에 따라 계산한 금액의 합계액을 뺀 금액

나. 수익을 받을 권리를 수익하는 경우에는 평가기준일 현재 기획재정부령으로 정하는 방법에 따라 추산한 장래에 받을 각 연도의 수익금에 대하여 수익의 이익에 대한 원천징수세액상당액등을 고려하여 다음의 계산식에 따라 계산한 금액의 합계액

$$\frac{\text{각 연도에 받을 수익의 이익} - \text{원천징수세액상당액}}{(1+\text{신탁재산의 평균 수익률 등을 고려하여 기획재정부령으로 정하는 이자율})^{n}}$$

n : 평가기준일부터의 수익시기까지의 연수

② 제1항나목에 따라 계산할 때 수익시기가 정해지지 않은 경우 평가기준일부터 수익시기까지의 연수는 제62조제2호 또는 제3호를 준용하여 20년 또는 기대여명의 연수로 계산한다.

제62조【정기금을 받을 권리의 평가】 법 제65조제1항에 따른 정기금을 받을 권리의 가액은 다음 각 호의 어느 하나에 따라 평가한 가액에 의한다. 다만, 평가기준일 현재 계약의 철회, 해지, 취소 등을 통해 받을 수 있는 일시금이 다음 각 호에 따라 평가한 가액보다 큰 경우에는 그 일시금의 가액에 의한다.

1. 유기정기금: 잔존기간에 각 연도에 받을 정기금액을 기준으로 다음 계산식에 따라 계산한 금액의 합계액. 다만, 1년분 정기금액의 20배를 초과할 수 없다.

$$\frac{\text{각 연도에 받을 정기금액}}{(1+\text{보험회사의 평균공시이율 등을 고려하여 기획재정부령으로 정하는 이자율})^{n}}$$

n : 평가기준일부터의 경과연수

2. 무기정기금: 1년분 정기금액의 20배에 상당하는 금액
3. 종신정기금: 정기금을 받을 권리가 있는 자의 「통계법」 제18조에 따라 통계청장이 승인하여 고시하는 통계표에 따른 성별 · 연령별 기대여명의 연수(소수점 이하는 버린다)까지의 기간중 각 연도에 받을 정기금액을 기준으로 제1호의 계산식에 따라 계산한 금액의 합계액

Part 08

나. 증여안심신탁(증여와 신탁을 동시에)

증여안심신탁은 증여자와 수증자 간의 증여계약에 따라 증여행위가 일어남과 동시에 수증자가 위탁자 겸 수익자가 되어 신탁계약을 체결하는 구조이다. 따라서 증여계약 이행 시점에 증여자는 증여재산에 대해 증여세를 납부해야 한다. 위탁자가 수탁자와 신탁계약을 체결하면서 위탁자가 수익자와 동일하기 때문에 신탁행위 자체는 세금의 부과대상이 아니다.

증여신탁 존속기간 중에는 증여자가 소극적으로 신탁재산의 관리, 인출에 동의권을 행사하긴 하지만, 신탁재산에서 발생하는 수익이나 신탁재산 원본의 수익자는 위탁자이므로, 자익신탁의 납세의무자와 동일하다.

① 증여계약의 합의 해제

증여계약은 증여계약이행 전후를 불문하고 당사자가 증여계약을 합의해제할 수 있다. 다만, 합의해제에 따른 증여재산 반환행위가 세법상 증여에 해당되어 다시 증여자가 증여세를 납부하게 되느냐가 문제이다. 일반적으로 증여행위와 증여계약 합의해제 시점에 따라 반환행위가 증여세 부담대상인지 여부가 결정되는데, 아래 표와 같다. 물론, 증여재산이 부동산인 경우에는 취득세를 2회 납부해야 한다.

구분	대상 행위	증여세 신고기한 이내		증여세 신고기간 이후	
		결정일 前	결정일 後	3개월 이전	3개월 후
금전 이외 재산	① 증여	×	○	○	○
	② 반환	×	○	×	○
금전	① 증여	○	○	○	○
	② 반환	○	○	○	○

상증법

제4조 【증여세 과세대상】 ①~③ (생략)

④ 수증자가 증여재산(금전은 제외한다)을 당사자 간의 합의에 따라 제68조에 따른 증여세 과세표준 신고기한까지 증여자에게 반환하는 경우(반환하기 전에 제76조에 따라 과세표준과 세액을 결정받은 경우는 제외한다)에는 처음부터 증여가 없었던 것으로 보며, 제68조에 따른 증여세 과세표준 신고기한이 지난 후 3개월 이내에 증여자에게 반환하거나 증여자에게 다시 증여하는 경우에는 그 반환하거나 다시 증여하는 것에 대해서는 증여세를 부과하지 아니한다.

② 부담부증여계약(효도계약) 시 증여계약 해제와 증여세

효도의무 이행을 부담으로 금전이나 부동산을 증여하였는데 수증자가 효도의무를 불이행하게 되면 어떻게 되나? 증여계약서에 따라 증여자는 부담의무 불이행을 원인으로 증여계약을 해제할 수 있는 해제권을 명시할 수 있다. 수증자는 해제권 행사의 효과에 따라 증여한 부동산의 소유권이전등기 의무나 증여 금전의 반환의무를 지게 된다. 수증자가 자의로 소유권이전등기의무나 금전의 반환의무를 부담하지 않게 되면 어떻게 되나? 증여자가 수증자를 상대로 소유권이전등기말소청구소송이나 금전반환청구소송을 제기해야 한다.

대법원 판례가 있지 않은 것으로 보이는데, 다음 조세심판결정문에 따르면, 증여계약서에 해제권을 명시하고, 수증자가 약정해제권의 행사에 따라 소유권이전등기를 말소한 경우 증여해제에 따른 반환행위와 당초 증여행위에 대해서도 증여세가 부과되지 않는 것으로 보아

야 한다.

"증여자와 수증자 간 증여약정서 등에 의하면 해제권이 증여자에게 유보된 것으로 보이고, 수증자가 그 조건을 이행하지 않아 약정해제권의 행사 및 소송을 제기하여 판결에 따라 증여 소유권이전등기가 말소된 것으로 나타나며, 동 판결 역시 증여자와 수증자 간 고소고발 사건 등 법정공방사실로 보아 당사자 간 담합을 통해 형식적으로 이루어진 것으로 보기 어려운 점 등에 비추어 당초 증여세 부과처분은 취소하는 것이 타당함[조심 2011전0431 (2011.8.9.)]"

위 조세심판결정문에 따르면, 부담부증여와 동시에 수증자가 위탁자가 되어 증여신탁을 체결한 후 부담부증여계약서상 부담 불이행을 원인으로 해제권을 행사하면서 신탁계약 또한 해제되어 신탁등기와 증여에 따른 소유권이전등기가 말소된 경우에도 당초 증여세의 환급이 가능할 것으로 보인다.

4 후견신탁과 세금

후견신탁은 후견인이 피후견인을 대리하여 신탁계약을 체결하는바, 후견신탁의 위탁자 겸 수익자는 피후견인이므로, 자익신탁의 납세의무자와 동일하다.

즉, 후견신탁 이후 발생하는 재산세와 종합부동산세는 위탁자가 납세의무자이고, 소득세는 수익자인 피후견인이 납세의무자이다. 법정후견신탁에서는 위탁자인 피후견인 사망 시 신탁재산은 피후견인의 상속인에게 법정상속분으로 상속된다. 법정후견신탁이 피후견인의 사망으로 종료되면 '상속인 간에 협의분할' 또는 '재판상 분할' 절차를 거쳐 신탁재산이 상속재산으로 분할된다.

임의후견신탁에서는 피후견인인 위탁자가 지정한 사후수익자나 귀속권리자가 있을 경우 한정후견신탁의 경우에는 정신감정을 통하여 피한정후견인이 유언능력이 있다고 판단되는 경우 후견신탁계약으로 사후수익자를 지정할 수 있다고 본다. 사후수익자나 귀속권리자를 지정하지 않았다면 피후견인의 상속인에게 법정상속된다.

Part 09

모델사례의 가족신탁계약서(안)

앞에서 제시한 모델사례의 자산승계계획을 기준으로 수익자연속구조의 상속신탁, 증여안심신탁 및 후견계약을 결합하여 가장 완전한 형태의 가족신탁계약서를 만들어 보면 다음과 같다.

모델사례

❶ 사례

75세 자산가 김부자는 배우자 박아내(70세), 딸 김하나(32세), 아들 김두리(29세)를 두고 있다. 김부자는 100억 원의 자산(상가건물 50억 원, 금융자산 40억 원, 아파트 10억 원)을 보유하고 있다. 딸 김하나는 S전자 이철수 과장과 결혼을 했고, 외손자 이똘똘을 낳아 잘 키우고 있다. 아들 김두리는 아직 미혼인데, 재산관리능력이 부족하고 아직 변변한 직장이 없어 걱정이다. 얼마전 세무사와 상담을 했는데, 상속세가 30억 원 이상 나올 거라는 말을 듣고 새로운 걱정거리가 생겼다. 상가건물은 아버지로부터 물려받은 토지 위에 김부자가 신축한 상가인데, 임대료 수입으로 배우자, 김하나, 김두리에게 일정 금액이 꾸준히 지급되도록 하고 싶다. 그리고 상거건물의 대지가 아버지로부터 물려받은 거라, 김부자 본인이나 배우자 박아내 사후에도 자녀 김하나와 김두리가 오랜 기간 소유했으면 한다.

김부자를 위한 현명한 상속증여계획, 즉 자산승계계획 수립은 어떻게 하면 될까?

❷ 자산승계계획 수립 및 신탁의 활용(답안 예시)

(1) 우선 김부자는 상속세 부담을 줄이기 위해서는 박아내, 김하나, 김두리에게 사전증여를 실행하는 것이 좋다. 증여계획을 통한 상속세 절세 전략을 수립하는 것이다. 그리고 남은 재산 중 금융재산을 박아내에게 많이 상속해서 배우자 상속공제를 최대한 활용해서 상속하고, 이를 김하나와 김두리의 상속세 납부재원으로 활용하면, 김부자 사망 시 상속세는 많이 줄일 수 있고, 김하나와 김두리에게 상속재산을 가장 많이 물려줄 수 있다.

(2) 그리고 재산관리능력이 부족한 김두리에게 증여되는 재산은 장기간 신탁으로 유지해야 하므로, 증여안심신탁을 체결하면 된다. 그런데 김하나에게는 단순 증여를 하고 김두리에게는 증여재산에 대한 통제권을 행사하는 증여신탁을 체결하자니 김두리가 불만일 거 같다. 그래서 상가건물 25%씩 김하나와 김두리에게 증여하면서 김하나와 김두리 모두 증여안심신탁을 체결하도록 한다. 증여안심신탁의 신탁재산보호자(Trust Protector)를 김부자, 박아내, 김하나 순서로 정해서 상가건물의 임대관리나 시설관리에 대한 의사결정을 하도록 한다.

(3) 나머지 상가건물의 50%는 김부자가 보유하면서 노후 생활비로 사용하고, 본인 사후 1차 사후수익자를 배우자인 박아내로, 2차 사후수익자를 김하나와 김두리로 정한다. 신탁계약으로 김두리의 사후수익권이 압류될 경우를 대비해서, 김두리의 상가빌딩의 25% 상당 수익권이 압류될 경우 김두리의 수익권을 소멸시키고, 당시 김두리가 결혼을

해서 손자녀가 있을 경우 3차 사후수익자인 며느리와 손자녀의 수익권이 생기도록 구성할 수도 있다.[1]

(4) 김두리가 회사에 취업해서 10년간 회사 생활을 유지한다면, 김부자 사후에는 박아내가, 김부자와 박아내 모두 사망한 경우 김하나의 의사결정으로 증여안심신탁과 상속신탁을 해제할 수 있도록 장치를 만들어 놓음으로써 김두리의 바람직한 인생을 살도록 유도하는 인센티브 장치도 만든다.

이렇게 자산승계계획을 수립해 놓으면, 자산가의 절세전략, 재산보존, 분쟁예방, 가치상속, 의지실현을 모두 할 수 있다.

| 모델사례의 자산승계계획 |

재산	평가금액	상속 / 증여	수익자	2차 수익자	신탁유형	사후 재산관리
금융	40억	상속	박아내	–	상속신탁	상속개시 후 신탁종료
아파트	10억	증여	박아내	–	증여신탁	
상가건물	50억	1/4 지분 증여	김하나	–	증여신탁	배우자 상속개시 후 20년간 신탁계약 유지 + 김하나의 처분 결정
		1/4 지분 증여	김두리	–		
		1/2 지분 상속	박아내	김하나, 김두리	상속신탁	

1 상속신탁계약서(특약)

모델사례의 상속신탁계약은 유언대용신탁 본문 및 특약, 특정금전신탁계약, 유가증권신탁계약, 부동산관리신탁(을종)으로 구성된다. 유언대용신탁계약 본문과 특정금전신탁계약, 유가증권신탁계약, 부동산관리신탁(을종)은 PART 03의 계약서를 참조하면 된다. 여기서는 유언대용신탁 특약을 어떻게 구성하는지만 간략하게 보여준다.

1) 영국식 낭비자보호신탁을 활용해서 우리나라 법을 적용한 조항을 만든 것이다.

[별지 특약] 사후수익자의 사후수익권 및 신탁재산의 관리

1. 사후수익자의 사후수익권 취득

위탁자 사망 후 사후수익자는 다음과 같이 사후수익권을 취득한다. 위탁자 사후에 1차 사후수익자가 사후수익권을 취득하고, 1차 사후수익자 사망 후에는 2차 사후수익자가 아래 나.의 배분비율에 따라 잔존 신탁재산을 배분받을 수 있는 2차 사후수익권을 취득한다(만약, 위탁자 사망 시 1차 사후수익자가 생존하지 않는 경우, 2차 사후 수익자가 아래 나.의 배분비율로 사후수익권을 취득한다).

가. 1차 사후수익자의 사후수익권(계속관리형 사후수익권)

	성 명	위탁자와의 관계	주민등록번호	사후수익권
1	박아내	배우자		원본과 이익의 100%

나. 2차 사후수익자의 사후수익권(계속관리형 사후수익권)

	성 명	위탁자와의 관계	주민등록번호	사후수익권
1	김하나	자녀		원본과 이익의 50%
2	김두리	자녀		원본과 이익의 50%

2. 위탁자 생전 신탁재산관리

수탁자는 위탁자 생전에 신탁재산을 아래와 같이 유지·관리한다.

(1) 위탁자는 언제든지 신탁재산을 인출하거나 신탁계약의 일부 또는 전부를 해지할 수 있다.

(2) 위탁자는 질병, 장애, 노령 그 밖의 사유로 인한 정신적 제약으로 사무처리할 능력이 부족할 경우를 대비하여 신탁재산보호자를 다음과 같이 지정한다. 신탁재산보호자의 권한은 위탁자가 질병, 장애, 노령 그 밖의 사유로 인한 정신적 제약으로 사무처리할 능력이 부족하다는 전문의사의 진단 또는 소견이 있는 등 수탁자가 객관적으로 판단할 수 있는 경우에 한하여 발생한다.

차 수	성 명	생년월일	위탁자와의 관계
1 차	박아내		배우자
2 차	김하나		자녀

※ 신탁재산보호자의 권한 : ① 신탁재산의 취득, 처분, 기타 운용권한, ② 위탁자를 위한 신탁재산 인출권한(일부 해지 후 인출), ③ 그 밖에 위탁자를 위하여 필요한 것으로 수탁자가 인정하는 권한

(3) 신탁재산보호자는 위탁자의 치료비, 간병비, 요양비, 생활비 등(이하 "필요비용"이라 한다) 지출을 위해 신탁계약을 일부 해지하여 인출할 수 있다. 치료비, 간병비 및 요양비의 경우 수탁자는 신탁재산보호자가 제시하는 증빙자료를 근거로 지급하며,

생활비의 경우 수탁자는 별도의 증빙자료 제출 없이도 매월 [**,***,***] 한도 내에서 신탁재산을 매각하여 조성한 현금으로 지급한다.

(4) 신탁재산보호자가 질병, 장애, 노령 그 밖의 사유로 인한 정신적 제약으로 사무처리할 능력이 부족한 경우 수탁자가 필요비용을 직접 위탁자를 위하여 지급할 수 있다. 이 경우 신탁재산의 매각 순서는 수탁자가 선량한 관리자 주의의무를 다하여 결정한다.

(5) 사후수익자 박아내에게 지급되는 특정금전신탁계약과 유가증권신탁계약의 신탁재산을 한도로, 박아내는 김하나와 김두리의 상속세를 납부해 주기로 하며, 가능한 경우 수탁자가 신탁재산 내에서 직접 납부할 수 있다.

3. 위탁자 사망 시 1차 사후수익자가 생존하는 경우 신탁재산관리

(1) 1차 사후수익자는 질병, 장애, 노령 그 밖의 사유로 인한 정신적 제약으로 사무처리할 능력이 부족할 경우를 대비하여 신탁재산보호자를 다음과 같이 지정한다. 신탁재산보호자의 권한은 위탁자가 질병, 장애, 노령 그 밖의 사유로 인한 정신적 제약으로 사무처리할 능력이 부족하다는 전문의사의 진단 또는 소견이 있는 등 수탁자가 객관적으로 판단할 수 있는 경우에 한하여 발생한다.

차 수	성 명	생년월일	위탁자와의 관계
1 차	김하나		자녀

※ 신탁재산보호자의 권한 : ① 신탁재산의 취득, 처분, 기타 운용권한, ② 1차 사후수익자를 위한 신탁재산 인출권한(일부 해지 후 인출), ③ 그 밖에 1차 사후수익자를 위하여 필요한 것으로 수탁자가 인정하는 권한

(2) 신탁재산보호자의 운용지시 및 인출지시에 따라 수탁자는 1차 사후수익자의 치료비, 간병비, 요양비, 생활비 등(이하 "필요비용"이라 한다) 지출을 위해 신탁계약을 일부 해지하여 인출할 수 있다. 치료비, 간병비 및 요양비의 경우 수탁자는 신탁재산보호자가 제시하는 증빙자료를 근거로 지급하며, 생활비의 경우 수탁자는 별도의 증빙자료 제출 없이도 매월 [**,***,***] 한도 내에서 신탁재산을 매각하여 조성한 현금으로 지급한다.

(3) 신탁재산보호자가 질병, 장애, 노령 그 밖의 사유로 인한 정신적 제약으로 사무처리할 능력이 부족한 경우 수탁자가 필요비용을 직접 1차 사후수익자를 위하여 지급할 수 있다. 이 경우 신탁재산의 매각 순서는 수탁자가 선량한 관리자 주의의무를 다하여 결정한다.

4. 1차 사후수익자 사망 시 재산관리

(1) 위탁자 사망 시 1차 사후수익자가 생존하지 않는 경우 또는 1차 사후수익자가 사후수익권을 취득한 후 사망하는 경우, 수탁자는 유가증권신탁계약 및 특정금전신탁계약의 신탁재산을 위 1. 나에서 정한 사후수익권의 비율에 따라 2차 사후수익자에게 배분한다.

(2) 부동산신탁계약의 신탁재산인 상가건물에 대한 상속신탁계약은 1차 사후수익자 사망 후 20년간 유지한다. 2차 사후수익자 김하나는 상가건물에 대한 임대관리, 시설관리, 리모델링 등 그 밖에 모든 의사결정권한이 있으며, 김하나는 수탁자를 통하여 임대관리, 시설관리, 리모델링 등 모든 의사결정을 실행에 옮기기로 한다.

(3) 1차 사후수익자 사망 후 20년 경과하는 시점에 신탁계약은 종료되고, 수탁자는 2차 사후수익자에게 위 1. 나에서 정한 사후수익권의 비율에 따라 2차 사후수익자에게 소유권이전등기를 이전해 주기로 한다.

(4) 2차 사후수익자 김두리가 회사 생활 10년을 지속적으로 한 것을 입증하면, 그 시점의 신탁재산보호자의 권한은 소멸되고, 김하나와 김두리가 협의하여 이 신탁재산의 임대관리, 시설관리, 리모델링 등에 대한 의사결정을 하기로 한다.

2 증여신탁계약서(특약)

모델사례의 증여신탁계약서는 증여계약서와 부동산관리신탁계약서(을종)로 구성되는데, 증여신탁계약서와 부동산관리신탁계약서(을종)의 본문은 PART 03 내지 PART 04의 계약서를 참조하면 된다. 여기서는 부동산관리신탁계약서(을종)의 특약만 기술한다.

이 신탁부동산은 위탁자가 위탁자의 부(父)인 [***]로부터 조건부증여(조건 : 이 부동산 신탁계약을 유지할 것, 부양의무를 이행할 것 그 밖에 증여계약에서 정하는 조건)받은 것임을 고려하여, 위탁자와 수탁자는 아래와 같이 특약을 정하기로 한다.

(1) 위탁자는 [김부자](생년월일 : , 연락처 :), [박아내](생년월일 : , 연락처 :), [김하나](생년월일 : , 연락처 :)를 순차적으로 신탁재산보호자로 지정하고, 위탁자로서 가지는 이 신탁재산의 처분권한 및 관리권한, 신탁계약의 일부 또는 전부에 대한 해지권 및 해제권, 담보부차입권한을 행사함에 있어, 신탁재산보호자의 서면동의를 미리 얻어야 한다.

(2) 수탁자는 위탁자가 이 신탁재산의 처분권한 및 관리권한, 신탁계약의 일부 또는 전부에 대한 해지권 및 해제권, 담보부차입권한 등을 행사할 경우, 신탁재산보호자의 서면동의가 있을 경우에만 이에 응하여 신탁사무를 처리한다.

(3) 위탁자는 신탁재산보호자의 동의 없이 이 신탁계약의 수익권을 제3자에게 양도, 증여, 그 밖에 처분행위를 하거나 수익권을 담보로 차입행위를 할 수 없다.

(4) 이 신탁계약과 함께 체결한 '증여계약'이 해제되는 경우 이 신탁계약도 해제되며, 이 경우에 신탁재산은 신탁재산보호자겸 증여자가 지정하는 자에게 귀속한다.

(5) 신탁재산보호자 생존 시에는 동일 조건으로 매년 자동적으로 갱신되고, 신탁재산보호자가 사망할 경우 이 신탁계약은 종료한다.

(6) 위탁자의 사정에 의하여 신탁부동산에 대한 근저당권 및 전세권 설정 등 제한물권의 등기 사유가 발생할 경우, 위탁자는 서면으로 제한물권 설정 사유를 적시하고 신탁재산보호자 및 수탁자의 동의를 얻어 수탁자가 등기할 것을 요청할 수 있으며, 이 경우 등기에 소요되는 비용은 위탁자가 부담하기로 한다.
(7) 이 신탁계약의 신탁재산인 상가건물 공유지분 합계 1/2은 박아내 사망으로부터 20년간 매각이 금지된다. 박아내 사망 이후 20년이 경과하면 이 신탁계약은 자동으로 종료된다.
(8) 만약 위탁자 김두리가 회사 생활 10년을 지속적으로 한 것을 입증하면, 그 시점의 신탁재산보호자의 권한을 소멸하고, 위탁자 김하나와 김두리가 협의하여 신탁재산의 운용을 지시한다.

3 후견계약서(특약)

상속신탁에 후견계약을 결합하면 임의후견신탁이 된다. 후견계약서는 PART 05를 참조하면 된다. 여기서는 이 모범 사례에 맞게 후견계약 특약을 간략하게 작성해본다.

[후견계약 별지]

(1) 이 후견계약 이전 또는 이후에 위임인이 위탁자로 체결하는 유언대용신탁계약(이하 "관련 유언대용신탁계약"이라 함)과 이 후견계약은 위임인이 사무처리능력이 충분할 때 미리 체결하는 계약인 바, 유언대용신탁계약은 위임인의 재산관리를 중심으로 규정하고, 이 후견계약은 신상관리를 중심으로 하되 신상관리에 필요한 재산관리에 대해서도 규정한다. 이 후견계약은 위임인이 [*****] 신탁회사와 체결한 유언대용신탁과 결합하여 '임의후견신탁'으로 활용하기 위해 작성한다.
(2) 관련 유언대용신탁계약에서 정한 범위 내에서, 수탁자는 신탁재산의 관리, 처분 및 수익권을 지급할 수 있으며, 이 범위 내에서 유언대용신탁계약은 이 후견계약보다 우선한다.
(3) 임의후견인, 후견감독인 및 후견법원은 후견사무를 처리함에 있어 관련 유언대용신탁계약의 내용이 본인의 의사임을 충분히 인지하고, 그 내용을 존중해서 후견사무를 처리한다.

현명한 자산승계와 가업승계를 위한

가족신탁 이론과 실무

Part 10

민사신탁형 가족신탁

CHAPTER 01 민사신탁의 개념과 활용

1 민사신탁의 개요

우리나라에서는 가족신탁과 민사신탁이라는 용어가 다소 혼란스럽게 사용되고 있다. 이 책에서는 민사신탁을 '수탁자가 신탁회사가 아닌 신탁'으로 정의하며, 이는 PART 01에서 다룬 바와 같다. 최근에는 상사신탁형 가족신탁과 유사한 니즈를 충족시키면서도 신탁보수를 부담하지 않아도 되는 민사신탁형 가족신탁을 활용하고자 하는 사회적 요구가 커지고 있다.

자본시장법은 '신탁을 영업으로 인수하는 행위'를 신탁업으로 정의하는데, '영업'이란 영리를 목적으로 동종의 행위를 계속적, 반복적으로 하는 것을 말한다. 신탁업을 영위하려면 자본시장법 제6조 제9항 및 제12조에 따라 최저 자본금과 인적 · 물적 설비를 갖추어 금융위원회의 인가를 받아야 한다. 만약 인가를 받지 않고 영리 목적으로 신탁의 인수를 계속적 · 반복적으로 할 경우, 자본시장법 위반이 된다. 따라서 신탁업자가 아닌 자가 신탁의 수탁자인 민사신탁의 경우에도, 일회의 수탁이라도 계속적 · 반복적으로 행할 의사로 수탁자가 신탁보수를 받게 되면 영리성이 있다고 볼 여지가 있으므로, 주의를 요한다.

가족신탁은 가족 간 재산의 관리 및 승계 문제에 제3자가 개입하지 않는다는 장점이 있다. 그리고 상사신탁형 가족신탁을 이용할 만큼 자산 규모가 크지 않은 일반 대중의 입장에서는 가족을 수탁자로 지정하는 민사신탁을 활용하는 것이 더욱 합리적일 수 있다. 민사신탁형 가족신탁은 상속을 설계하고 집행하는 상속신탁과 증여 재산에 대한 통제권을 행사하는 증여신탁 모두에 적용될 수 있다.

민사신탁의 구조 예시안

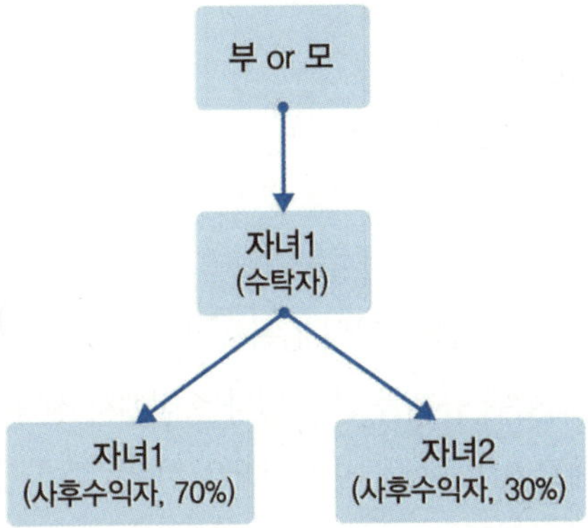

민사신탁형 가족신탁과 상사신탁형 가족신탁 모두 「신탁법」상 신탁의 법리가 적용되므로, PART 02(신탁의 개념, 설정 방법과 활용), PART 03(상속신탁), PART 04(증여신탁)에서 설명한 대부분의 내용은 민사신탁형 가족신탁에도 동일하게 적용된다. 따라서 이 PART에서는 민사신탁형 가족신탁 실무에 특별히 필요한 부분을 중심으로 간략하게 설명하고, 주요 구조별 계약서 예시안을 소개하는 데 중점을 두겠다.

2 민사신탁의 활용

가. 민사신탁과 상사신탁의 장단점 비교

구 분	상사신탁(수탁자 = 신탁회사)	민사신탁(수탁자 = 일반인)
수탁자	신탁회사 (은행, 증권, 보험, 부동산신탁)	가족, 친족, 전문직 종사자
신탁보수	있음	없음
감독기관	금융위원회, 금융감독원	법원(실질 : 감독하지 않음)
장 점	• 수탁자 물색 수고 없음 • 수탁자의 부정행위 위험성 없음 • 친족의 신탁재산 관리부담 없음	• 가족문제에 제3자의 개입이 없음 • 수탁가능재산에 제한이 없음

구 분	상사신탁(수탁자 = 신탁회사)	민사신탁(수탁자 = 일반인)
단 점	• 신탁보수 부담 • 수탁가능재산 제한 있음	• 적정한 수탁자 선정 곤란 • 수탁자의 신탁업무 수행 부담 • 수탁자의 신탁재산관리 전문성 부재 • 수탁자의 부정행위에 대한 대책 부재

상사신탁은 신탁회사가 금융감독기관의 감독을 받고 있고, 신탁법상 충실의무보다 훨씬 엄격한 자본시장법상 영업행위 규제를 받고 있다는 점에서 신탁계약의 이행가능성이 매우 높다(자본시장법 제102조 내지 제117조의2). 민사신탁은 신탁보수가 없고, 가족 재산관리에 제3자인 신탁회사를 개입시키지 않는다는 점에서 장점이 있으나, 적정한 수탁자를 선정하기 어렵고 수탁자의 신탁재산관리의 전문성이 없을 가능성이 높으며, 수탁자의 부정행위에 대한 예방 대책이 부족하다는 단점이 있다.

나. 민사신탁에 대한 신탁법상 안전장치

상속신탁을 민사신탁으로 설계할 경우, 가장 큰 단점은 수탁자의 신탁계약 위반[1]행위나 신탁재산에 대한 부정행위에 취약하다는 것이다. 신탁은 신탁재산에 대한 대내외적 소유권이 완전히 수탁자에게 이전되어, 수탁자는 신탁재산에 대한 모든 권한을 행사할 수 있기 때문이다. 수탁자의 신탁계약 위반행위나 부정행위 시 위탁자나 사후수익자의 권리구제수단은 무엇인가? 수탁자가 신탁계약을 위반하거나 위반할 우려가 있고 해당 행위로 신탁재산에 회복할 수 없는 손해가 발생할 우려가 있는 경우 위탁자 겸 생전수익자는 수탁자에게 그 행위를 하지 못하도록 유지(留止)할 것을 청구할 수 있다(신탁법 제77조). 그리고 수탁자가 신탁의 목적을 위반하여 신탁재산에 관한 법률행위를 한 경우 위탁자 겸 생전수익자는 상대방이나 전득자가 그 법률행위 당시 수탁자의 신탁목적의 위반 사실을 알았거나 중대한 과실로 알지 못하였을 때에는 신탁위반 법률행위를 취소할 수 있다(신탁법 제75조). 그리고 상속신탁은 생전수익자가 위탁자이므로, 수탁자가 신탁계약을 위반하거나 신탁재산에 대한 부정행위를 할 경우 수탁자를 해임하고 새로운 수탁자를 선임할 수 있을 것이다(신탁법 제16조 및 제21조). 수탁자가 그 의무를 위반하여 신탁재산에 손해가 생긴 경우 위탁자, 수익자 또는

1) 예를 들어, 수탁자가 위탁자 생전에 신탁재산을 매각해버릴 수 있다. 매매로 인한 소유권이전등기를 접수한 등기공무원이 신탁계약을 충분히 검토하고 등기 여부를 결정하면 달라질 수 있지만, 등기심사는 기본적으로 형식적인 심사에 국한되어, 등기관에 의한 상속신탁이행을 보장받는 것은 현명하지 않은 선택이다.

수탁자가 여럿인 경우의 다른 수탁자는 신탁법 제43조에 따라 그 수탁자에게 신탁재산의 원상회복을 청구할 수 있고, 다만, 원상회복이 불가능하거나 현저히 곤란한 경우, 원상회복에 과다한 비용이 드는 경우, 그 밖에 원상회복이 적절하지 아니한 특별한 사정이 있는 경우에는 손해배상을 청구할 수 있다.

다. 민사신탁에 대한 추가적 안전장치

위에서 살펴본 유지청구권, 법률행위 취소권, 수탁자 해임권, 원상회복청구권 및 손해배상청구권은 일종의 권리구제수단인바, 신탁 설정 단계에서 민사신탁을 보다 안전하게 구조화하여 설계하는 방법은 없을까? 수탁자를 2명 이상으로 하는 공동수탁자를 선정해 놓으면, 수탁자에 의한 부정행위나 신탁계약위반행위를 적절하게 통제할 수 있을 것이다. 공동수탁의 경우 신탁재산은 공동수탁자의 합유(合有)로 하고, 신탁행위로 달리 정한 바가 없으면, 신탁사무의 처리는 수탁자가 공동으로 행사해야 하기 때문이다(신탁법 제50조). 예를 들어, 아버지가 아들을 사후수익자로 지정하면서 수탁자를 아들과 제3의 전문가로 지정하면, 아들의 신탁재산에 대한 부정행위나 신탁계약 위반행위를 통제할 수 있다.

또 다른 방법으로 수익자지정권재량신탁을 활용하는 방법이 있다. 신탁계약으로 제3자인 전문가에게 수익자를 지정하거나 변경할 수 있는 권한을 부여한다. 수익자지정권자는 수탁자가 신탁계약을 위반한 경우나 신탁재산에 대한 부정행위를 한 경우 수탁자의 사후수익권을 소멸시키고 다른 사후수익자를 지정할 권한을 보유하도록 하면, 수탁자의 신탁계약위반이나 신탁재산 부정행위를 간접적으로 통제할 수 있다.

라. 민사신탁과 상사신탁 활용하기

민사신탁과 상사신탁 모두 장단점을 가지고 있다. 위탁자의 재산규모와 건강상태, 가족의 자산관리 전문성과 윤리의식 정도, 위탁자 사후 상속분쟁 가능성을 종합적으로 고려해서, 상사신탁과 민사신탁 중 하나를 선택하거나, 아니면 민사신탁과 상사신탁을 결합하는 방안도 고려해볼 수 있다.

예를 들어, 신탁대상 재산으로 신탁회사가 수탁 가능한 아파트, 상가, 금전과 함께 신탁회사가 수탁할 수 없는 전, 답, 과수원이 있는 경우, 전, 답, 과수원은 민사신탁으로 설정하고,[2] 아파트, 상가, 금전은 상사신탁으로 설정한다. 그리고 민사신탁계약에 상사신탁 수탁자를 신탁재산보호자(trust protector)로 지정하고 중요한 신탁재산 처분행위 시 신탁재산보호자의 동의가 필요하도록 설계하면 민사신탁과 상사신탁을 결합하여 최적의 자산승계신탁을 설계할 수 있다.

3 민사신탁과 상사신탁 결합모델

민사신탁과 상사신탁을 조화롭게 결합하는 방법을 생각해보면, 다음의 두 가지가 가능하다. 실제 미국에서는 민사신탁과 상사신탁을 결합하는 모델이 최근 증가하고 있다.

가. 재신탁

민사신탁과 상사신탁 결합모델(재신탁)

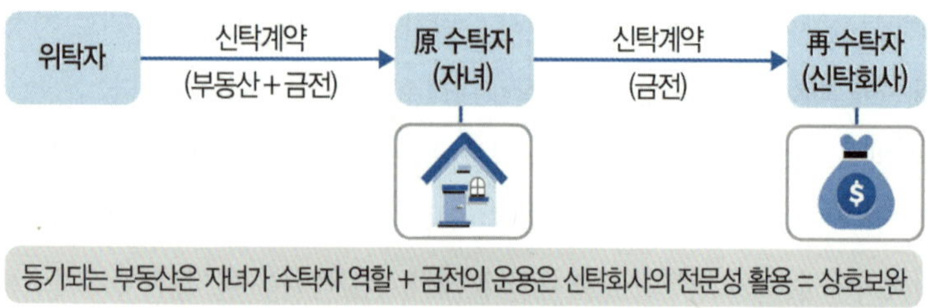

위탁자가 자녀를 수탁자('원수탁자')로 지정해 신탁계약을 체결한 후, 다시 자녀가 신탁회사를 재수탁자로 선정하는 방식을 고려할 수 있다. 이 구조에서 자녀는 부동산을 직접 관리하고, 금전은 운용 전문성을 갖춘 신탁회사('재수탁자')와 다시 신탁 계약을 맺어 관리하게 한다(신탁법 제3조 제5항). 이 방식은 자녀가 직접 관리하기 어려운 금융 자산의 전문적인 운용을 신탁회사에 맡김으로써 신탁의 효율성과 안정성을 높일 수 있는 장점이 있다.

나. 공동수탁

상속 신탁의 안정성을 높이려면 자녀와 신탁회사를 공동 수탁자로 지정하는 방안을 고려해 볼 수 있다. 이 공동 수탁 구조에서는 신탁회사가 부동산과 금전의 보관 및 운용을 담당하

2) 물론 민사신탁의 수탁자가 농지취득자격증명을 받을 수 있다는 것을 전제로 한다.

고, 자녀는 신탁재산의 인출 및 운용 지시, 그리고 인출된 재산의 사용 권한을 가진다(신탁법 제50조).[3] 이처럼 수탁자 간 역할을 명확히 분담하면 상호 견제와 상호 보완 관계를 형성하여 신탁의 안정성을 강화할 수 있다. 위탁자는 신탁을 설정할 때 신탁 행위를 통해 공동 수탁자들 간의 신탁 사무를 나누거나, 특정 공동 수탁자를 업무집행수탁자로 지정하여 효율적인 신탁 관리를 도모할 수 있다(신탁법 제50조 제3항, 제5항).

❙ 민사신탁과 상사신탁 결합모델(공동수탁) ❙

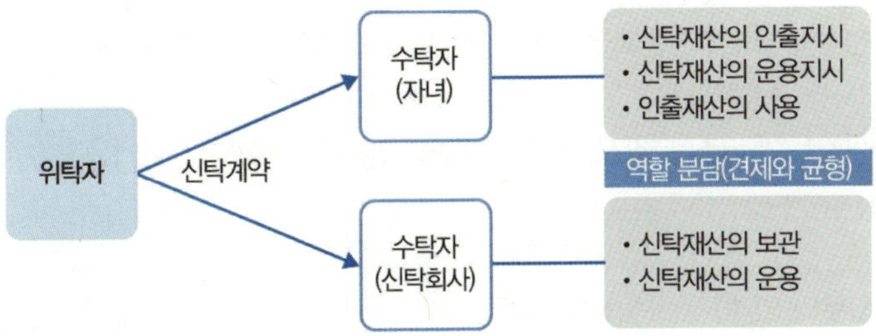

다. 승계수탁자[4]

민사신탁형 상속신탁, 민사신탁형 증여안심신탁, 자기신탁형 유언대용신탁 등 민사신탁형 가족신탁의 수탁자가 사무처리능력이 부족하게 되거나 수탁자로서 역할을 수행할 수 없을 경우를 대비해서, 위탁자는 신탁행위로 승계수탁자를 미리 지정할 수 있다. 위탁자가 승계수탁자를 순차적 또는 예비적으로 지정할 수 있는데, 위탁자는 신탁회사가 아닌 가족 등을 승계수탁자로 지정할 수도 있지만, 신탁회사를 승계수탁자로 지정함으로써 민사신탁형 가족신탁의 안정성과 효율성을 보강할 수 있다. 승계수탁자는 전수탁자의 사무를 인계받고, 전수탁자의 채무를 승계한다(신탁법 제53조).

Part 10

3) 신탁법 제50조【공동수탁자】① 수탁자가 여럿인 경우 신탁재산은 수탁자들의 합유(合有)로 한다.
② 제1항의 경우 수탁자 중 1인의 임무가 종료하면 신탁재산은 당연히 다른 수탁자에게 귀속된다.
③ 제1항의 경우 신탁행위로 달리 정한 바가 없으면 신탁사무의 처리는 수탁자가 공동으로 하여야 한다. 다만, 보존행위는 각자 할 수 있다.
④ 수탁자가 여럿인 경우 수탁자 1인에 대한 의사표시는 다른 수탁자에게도 효력이 있다.
⑤ 수탁자가 여럿인 경우 신탁행위로 다른 수탁자의 업무집행을 대리할 업무집행수탁자를 정할 수 있다.

4) 우리 신탁법은 승계수탁자라는 표현을 사용하고 있지 않고, 신수탁자와 전수탁자라는 표현을 사용하고 있다. 위탁자가 신탁행위로 미리 신수탁자를 선정하고 전수탁자로부터 권리의무를 승계한다는 점에서 이 책에서는 '승계수탁자(successor trustee)'라는 용어를 병행해서 사용한다.

신탁법

제53조【신수탁자의 의무의 승계】 ① 수탁자가 변경된 경우 신수탁자는 전수탁자(前受託者)가 신탁행위로 인하여 수익자에게 부담하는 채무를 승계한다. 수탁자가 여럿인 경우 일부의 수탁자가 변경된 경우에도 또한 같다.

② 신탁사무의 처리에 관하여 발생한 채권은 신탁재산의 한도 내에서 신수탁자에게도 행사할 수 있다.

③ 제22조제1항 단서에 따른 신탁재산에 대한 강제집행등의 절차 또는 국세 등 체납처분의 절차는 신수탁자에 대하여 속행(續行)할 수 있다.

제54조【전수탁자의 우선변제권 등】 ① 전수탁자의 비용상환청구권에 관하여는 제48조제1항 및 제49조를 준용한다.

② 전수탁자는 제46조의 청구권에 기한 채권을 변제받을 때까지 신탁재산을 유치(留置)할 수 있다.

제55조【사무의 인계】 ① 수탁자가 변경된 경우 전수탁자와 그 밖의 관계자는 신탁사무의 계산을 하고, 수익자의 입회하에 신수탁자에게 사무를 인계하여야 한다.

② 수익자가 제1항의 계산을 승인한 경우에는 전수탁자나 그 밖의 관계자의 수익자에 대한 인계에 관한 책임은 면제된 것으로 본다. 다만, 부정행위가 있었던 경우에는 그러하지 아니하다.

4 민사신탁 설계 시 유의사항

가. 수탁자의 이익향수금지와 민사신탁의 설계

신탁법

제36조【수탁자의 이익향수금지】 수탁자는 누구의 명의로도 신탁의 이익을 누리지 못한다. 다만, 수탁자가 공동수익자의 1인인 경우에는 그러하지 아니하다.

수탁자가 신탁업 인가를 받은 신탁회사인 상사신탁과 달리, 민사신탁의 수탁자가 주로 가족이 되는데, 해당 신탁재산의 사후수익자를 수탁자로 설계하고자 하는 것이 일반적이다. 문제는 신탁법 제36조 본문에 따라 수탁자는 신탁의 이익을 향수할 수 없기 때문에, 수탁자를 유일한 사후수익자로 지정하는 것은 신탁법 제36조에 반하여 무효가 되고, 향후 위탁자 사망 시 위탁자가 설계한 대로 상속집행이 불가능할 수 있다. 현재까지는 주로 부동산에 대한 상속신탁 설정 시 등기 과정에서 문제가 되었으나, 이 문제는 모든 유형의 재산에 대한 민사신탁에서 발생할 수 있는 문제이다. 현재 유권해석과 판례가 있는 부동산 신탁을 중심으로 설명하기로 하는데, 다른 재산의 민사신탁에도 같은 방법으로 이 문제를 인식하고 해결할 수 있는 방안을 모색하면 된다.

부동산 등기선례

"위탁자가 수익자의 지위를 겸하는 자익신탁은 일반적으로 허용되므로, 유언대용신탁의 경우에도 위탁자가 생전수익자의 지위를 겸하는 것은 가능하다(신탁법 제3조 제1항 참조). 그러나 「신탁법」은 수탁자가 공동수익자 중 1인인 경우를 제외하고는 수탁자로 하여금 신탁의 이익을 누리는 것을 금지하고 있는바(신탁법 제36조), 유언대용신탁에서 생전수익자와 사후수익자가 별도로 존재하는 경우라도 위탁자의 사망을 기준으로 생전수익자와 사후수익자가 시간적으로 분리되는 결과 생전수익자와 사후수익자가 동시에 공동수익자로서 권리행사를 할 수는 없으므로(신탁법 제59조), 위탁자의 사망 이후에 수탁자만이 단독 사후수익자가 되는 신탁은 「신탁법」 제36조를 위반하게 되는 것이어서 생전수익자를 위탁자와 동일인으로 하고, 사후수익자를 수탁자와 동일인으로 하는 신탁등기는 신청할 수 없다(부동산등기선례 제9-339호)."

그렇다면, 수탁자와 사후수익자가 동일인이면 등기가 불가능한데, 이 문제를 해결하는 방법을 찾아보면, 두 가지가 있다.

첫째, 사후수익자를 한 명 더 추가하는 방법이 있다. 신탁법 제36조 단서인 "수탁자가 공동수익자의 1인인 경우에는 그러하지 아니하다"를 활용하는 방법이다. 다만, 부동산 물건별로 한 명의 사후수익자가 있어야 상속개시 후 분쟁이 없는데, 두 명의 사후수익자가 공유하는 관계로 인해 위탁자가 원하는 최종의 상속구조가 아닐 수 있다. 따라서 사후수익자를 자녀 가족 단위로 구성하는 것이 좋다. 보통 위탁자가 자녀를 수탁자로 하면서, 사후수익자를 수탁자인 자녀와 수탁자가 아닌 손자녀로 지정한다. 이 경우 상속집행등기의 원인은 수탁자인 자녀 몫에 대해서는 '신탁재산의 고유재산 전환', 공동 사후수익자인 손자녀 몫은 '신탁재산의 귀속'이다.

둘째, 신탁종료 후 귀속권리자를 지정하는 방법이 있다. 예를 들면, 아버지가 살고 있는 아파트를 아들에게 신탁하면서 아버지 본인을 수익자로 하면서, 아버지 사망을 원인으로 신탁이 종료될 때 신탁법 제101조 제1항에 따른 귀속권리사를 아들로 지정하면 된다. 귀속권리자와 수익자는 다르기 때문에 신탁법 제36조에 정면으로 위반된다고 할 수 없지만, 실질이 동일하다는 점 때문에 향후 부동산 등기선례의 변경이 있을 수 있음에 유의해야 한다. 그리고 위탁자 사망으로 사후수익권을 취득하는 사후수익자를 수탁자로 지정하는 유언대용신탁계약을 체결하면서, 동시에 위탁자 사망으로 신탁계약이 종료될 경우 귀속권리자를 수탁자로 지정하는 방식은 신탁 구조상 바람직하지 않다. 왜냐하면 부동산등기선례 제201808-4호에 저촉되어 무효인 유언대용신탁계약(사후수익자=수탁자) 내에 실질이 동일한 귀속권리자(귀속권리자 = 수탁자)를 지정하는 것은 신탁계약 구조상 맞지 않기 때문이다.[5)]따라서 유언대용신탁이 아닌 일반 부동산관리신탁(위탁자 = 수익자, 수탁자 = 자녀)에, 위탁자 사망으로 신탁이 종료하는 경우 자녀를 귀속권리자로 지정하는 방식으로 신탁계약을 구성하는 것이 적법하다.[6)]

부동산 등기선례

"신탁의 종료사유는 신탁행위로 자유롭게 정할 수 있으며(신탁법 제98조 제6호), 신탁이 종료된 경우 신탁재산의 잔여재산이 귀속될 자 또한 신탁행위로 자유롭게 정할 수 있는 것이므로(신탁법 제101조 제1항 단서), '위탁자의 사망'을 신탁의 종료사유로 하고, 신탁이 종료된 경우 신탁재산의 잔여재산이 귀속될 자를 '수탁자'로 하는 내용의 신탁등기도 신청할 수 있다(부동산등기선례 제201911-2호)."

5) 최근 유언대용신탁계약에 귀속권리자를 추가하는 방식의 등기신청에 대해 "등기선례 제9-339호에 따라 수탁자와 사후수익자를 동일인으로 하는 유언대용신탁은 등기할 수 없다"고 보정명령이 나오고 있으니, 유의해야 한다.

6) 외조부의 부동산에 대해 청구인을 수탁자로, 외조부를 수익자로, 청구인의 이모를 귀속권리자로 지정하고 유언대용신탁계약을 민사신탁방식으로 체결한 사례에서 처분청이 신탁법상 신탁이 아니라는 이유로 취득세를 부과한 사례에 대해 조심결정이 있었다. 이 조심결정문(조심2022지0317, 20230118)의 요지는 "처분청은 청구인이 개인이자 위탁자·수익자와 친족관계로 신탁계약과 「신탁법」에 따른 수탁자로서의 의무를 다하지 못할 수 있다는 의견이나, 그러한 사정이 있다고 하여 신탁계약의 신탁계약을 부인하기는 어렵다 할 것인 점 등에 비추어 「지방세법」 제9조 제3항 제1호에 따라 쟁점부동산은 취득세 비과세대상에 해당한다 할 것이어서 취득세 등을 환급하여 달라는 청구인의 경정청구를 거부한 이 건 처분은 잘못이 있는 것으로 판단된다"이다. 다만, 이 민사신탁계약은 유언대용신탁계약이라는 표제하에 신탁계약하면서 사후수익자 지정이 없이 귀속권리자만 지정하였다는 점에서 유언대용신탁이 아니라는 처분청의 의견이 있었고, 신탁부동산에서 발생하는 금전의 귀속권리자를 지정하지 않았으므로 위탁자 생전에 증여가 있었다고 볼 여지도 있다고 하였으므로, 실제 민사신탁계약을 구성할 때 유의를 요한다.

신탁법

제101조 【신탁종료 후의 신탁재산의 귀속】 ① 제98조제1호, 제4호부터 제6호까지, 제99조 또는 제100조에 따라 신탁이 종료된 경우 신탁재산은 수익자(잔여재산수익자를 정한 경우에는 그 잔여재산수익자를 말한다)에게 귀속한다. 다만, 신탁행위로 신탁재산의 잔여재산이 귀속될 자(이하 "귀속권리자"라 한다)를 정한 경우에는 그 귀속권리자에게 귀속한다.

② 수익자와 귀속권리자로 지정된 자가 신탁의 잔여재산에 대한 권리를 포기한 경우 잔여재산은 위탁자와 그 상속인에게 귀속한다.

③ 제3조제3항에 따라 신탁이 종료된 경우 신탁재산은 위탁자에게 귀속한다.

④ 신탁이 종료된 경우 신탁재산이 제1항부터 제3항까지의 규정에 따라 귀속될 자에게 이전될 때까지 그 신탁은 존속하는 것으로 본다. 이 경우 신탁재산이 귀속될 자를 수익자로 본다.

⑤ 제1항 및 제2항에 따라 잔여재산의 귀속이 정하여지지 아니하는 경우 잔여재산은 국가에 귀속된다.

판례 해설

수탁자가 유일한 사후수익자인 민사신탁형 유언대용신탁계약의 효력(대법원 2024. 4. 16. 선고 2022다307294 판결)

I. 사실관계

망인은 직계비속으로서 공동상속인 6명의 자녀 중 1인인 피고와 이 사건 부동산에 관하여 ① 위탁자 겸 생전수익자를 망인, ② 수탁자 겸 사후수익자를 피고로 하는 유언대용신탁계약을 체결하고 피고에게 소유권이전등기를 마쳐준 뒤 사망하였다. 망인의 직계비속으로서 나머지 공동상속인들인 원고들은 피고를 상대로 위 신탁계약이 신탁법 제36조에 위반되어 무효라고 주장하면서, 진정명의회복을 원인으로 한 소유권이전등기를 청구한 사안이다. 이 사건 유언대용신탁계약의 주요 내용은 아래와 같다.

제1조 【신탁의 목적】

① 이 신탁의 목적은 다음과 같다.

1. 위탁자 생전에 위탁자의 부양, 개호, 치료, 요양 등에 들어가는 비용들을 확보하여 행복한 노후설계를 하기 위함
2. 위탁자 생전에 유언을 대용할 의사표시로서, 위탁자 사후에 유산상속에서 그 재산을 받을 자를 위탁자 생전의 의사표시로 미리 지정함으로써 원활한 유산상속사무를 도모하기 위함

제2조 【신탁기간】 이 신탁계약 기간은 이 신탁계약서 작성일로부터 위탁자가 사망하는 기점으로 1개월 후까지로 한다.

Part 10

제4조【수익자】

(1) 위탁자 생전기간 동안 수익자 : 망인

수익권 취득시기 및 종기 : 이 신탁계약서 작성한 때로부터 위탁자가 사망하는 때까지

(2) 위탁자 사후의 수익자 : 피고

수익권 취득시기 : 위탁자가 사망하는 때부터 취득한다.

제5조【수익권 내용】 전 조항의 수익자의 내용은 다음과 같다.

(1) 위탁자의 생전기간 동안 수익자

– 수익권의 내용 : 신탁부동산을 무상 거주할 수 있는 권리. (중략) 수탁자로부터 부양의무를 이행 받을 권리

(2) 위탁자 사후의 수익자

– 수익권의 성격 : 신탁부동산의 신탁원본의 수익권

– 수익권의 내용 : 신탁종료 후 신탁재산의 권리귀속자로서 신탁원본을 받을 수 있는 권리(신탁부동산의 소유권을 이전받을 수 있는 권리)

제6조【위탁자 생전기간 동안 수익자의 수익권】

위탁자 겸 위탁자 생전수익자의 사망으로 인하여 수익자의 수익권은 소멸하며, 위탁자의 생전수익자의 수익권은 상속되지 않는 것으로 정하고, 위탁자 사후수익자의 수익권이 개시되는 것으로 한다(신탁법 제60조 수익자 연속신탁).

제15조【신탁종료사유】

① 다음 사유로 인하여 신탁계약을 종료키로 한다.

– 신탁계약서 제2조의 사유(신탁기간 만료)가 된 경우

제16조【신탁종료 후 귀속권리자 정함】 전조 제15조 제1항에 의한 경우 귀속권리자는 위탁자 사후 수익자로 한다.

제17조【신탁종료 후 사무처리】

② 신탁원금은 전항의 승인을 얻은 후 교부하고, 신탁부동산에 대해서는 다음에서 정한 방식으로 처리한다.

(1) 신탁부동산에 대하여 그대로의 상태로 귀속권리자에게 인도한다. 이 경우 수탁자가 체결한 신탁부동산에 관한 임대차계약은 귀속권리자가 이를 승계한다.

③ 신탁부동산에 대한 귀속에 대해 수탁자에게 귀속권리자에게로 소유권이전등기 및 신탁등기 말소를 경료하기로 한다(등기사무비용은 귀속권리자가 부담한다). 이 경우 수탁자와 권리귀속자가 동일인이 되는 경우에는 신탁법 제34조 제1항 제1호의 금지규정(이익에 반하는 행위의 금지) 적용치 않기로 위 신탁계약에 정한다.

II. 판결 요지

1. 원심 판결의 요지

신탁법상 위탁자가 수익자의 지위를 겸하는 자익신탁은 일반적으로 허용되므로, 유언대용신탁의 경우에도 위탁자가 생전수익자의 지위를 겸하는 것은 가능하나(제3조 제1항), 수탁자가 공동수익자 중 1인인 경우를 제외하고는 수탁자로 하여금 신탁의 이익을 누리는 것을 금지하고 있는바(신탁법 제36조), 이는 신탁은 수탁자로 하여금 수익자를 위하여 신탁재산을 운용하도록 하는 제도인데, 수익자가 동시에 수탁자가 되면, 수탁자는 자신의 이익을 위하여 신탁재산을 운용해야 하는 결과가 되고, 이는 사실상 위탁자가 수탁자에게 재산을 증여한 것과 다르지 않으므로, 신탁을 인정할 실익이 없게 되며, 다만, 수탁자가 여러 수익자 중의 1인인 경우에는 다른 수익자를 위한 부분이 있으므로 여전히 신탁을 인정할 실익이 있기 때문이다. 유언대용신탁에서 생전수익자와 사후수익자가 별도로 존재하는 경우 생전수익자와 사후수익자가 공동수익자로서의 권리행사를 할 수는 없으므로(제59조), 위탁자의 사망 이후에 수탁자만이 단독 사후수익자가 되는 신탁은 신탁법 제36조에 반하는 것이어서 허용될 수 없으며, 이에 반하여 이루어진 신탁계약은 무효라고 봄이 타당하다.

나아가 이 사건 신탁계약 중 망인의 사망 이후의 부분에 관하여 위와 같은 무효사유가 존재하므로 이 사건 신탁계약은 전부가 무효라고 할 것이다(민법 제137조[7] 본문, 무효 부분이 없더라도 망인과 피고가 이 사건 신탁계약을 체결하였을 것이라고 인정할만한 사정이 없다). 따라서 이 사건과 같이 위탁자인 망인이 유언대용신탁을 설정하면서 피고를 수탁자로 정하고, 자신이 살아있을 때까지는 망인을 수익자로, 자신이 사망한 후에는 수탁자인 피고를 유일한 수익자로 정한 경우에는 당해 신탁은 무효로 봄이 타당하다.

2. 대법원 판결의 요지

(1) 유언대용신탁에서 위탁자가 사망한 후 유일한 수익자를 수탁자로 정한 부분의 효력

신탁법상 신탁이란 위탁자가 수탁자에게 처분한 신탁재산에 관하여 수탁자로 하여금 수익자의 이익을 위하여 관리, 운용 등을 하게 하는 것을 목적으로 하는 법률관계로서(신탁법 제2조) 수탁자는 수익자의 이익을 위하여 신탁사무를 처리할 의무를 부담하게 되는데(신탁법 제32조), 만약 수탁자가 동시에 수익자가 되면 수탁자는 자신의 이익을 위하여 신탁재산을 관리 또는 운용하는 결과가 되므로 사실상 위탁자가 수탁자에게 재산을 증여한 것과 다름없는 법률관계가 되고 신탁의 효력을 인정할 실익이 없게 된다. 신탁법 제36조도 "수탁자는 누구의 명의로도 신탁의 이익을 누리지 못한다. 다만, 수탁자가 공동수익자의 1인인 경우에는 그러하지 아니하다."라고 규정하고 있는데, 앞서 본 바와 같이 위 규정도 수탁자가 신탁재산에 관하여 유일한 수익자가 되는 신탁계약은 허용되지 않는다는 것을 분명하게 규정한 것으로 해석된다. 나아가 신탁법 제5조 제2항이 "목적이 위법하거나 불능인 신탁은 무효로 한다."라고

---

7) 민법 제137조(법률행위의 일부무효) 법률행위의 일부분이 무효인 때에는 그 전부를 무효로 한다. 그러나 그 무효부분이 없더라도 법률행위를 하였을 것이라고 인정될 때에는 나머지 부분은 무효가 되지 아니한다.

Part 10

규정하고 있는 사정까지 고려하면, 수탁자가 신탁재산에 관하여 유일한 수익자가 되는 신탁계약은 무효라고 보는 것이 타당하다. 따라서 유언대용신탁에서 위탁자가 사망한 후 유일한 수익자를 수탁자로 정하였다면 그 부분은 무효가 된다.

(2) 유언대용신탁에서 위탁자가 사망한 후 유일한 수익자를 수탁자로 정한 부분이 무효가 되는 경우 나머지 부분, 즉 위탁자가 사망하기 전 수익자를 위탁자로 하여 수탁자로 하여금 신탁재산을 관리 또는 운용하도록 하는 부분의 효력

한편 신탁법 제5조 제3항은 '신탁 목적의 일부가 제1항(선량한 풍속이나 그 밖의 사회질서에 위반하는 사항을 목적으로 하는 신탁) 또는 제2항(목적이 위법하거나 불능인 신탁)에 해당하는 경우 그 신탁은 제1항 또는 제2항에 해당하지 아니한 나머지 목적을 위하여 유효하게 성립한다. 다만, 제1항 또는 제2항에 해당하는 목적과 그렇지 아니한 목적을 분리하는 것이 불가능하거나 분리할 수 있더라도 제1항 또는 제2항에 해당하지 아니한 나머지 목적만을 위하여 신탁을 유지하는 것이 위탁자의 의사에 명백히 반하는 경우에는 그 전부를 무효로 한다.'고 규정하고 있다. 따라서 유언대용신탁에서 위탁자가 사망한 후 유일한 수익자를 수탁자로 정한 부분(이하 '사후 타익신탁 부분'이라 한다)이 무효가 된다고 하더라도 나머지 부분, 즉 위탁자가 사망하기 전 수익자를 위탁자로 하여 수탁자로 하여금 신탁재산을 관리 또는 운용하도록 하는 부분(이하 '생전 자익신탁 부분'이라 한다)은 분리하기 불가능하거나 분리하더라도 생전 자익신탁 부분만으로 신탁을 유지하는 것이 위탁자의 의사에 명백히 반한다는 사정이 없는 이상 유효하다고 보아야 하고, 위탁자 사망 후 유일한 수익자가 수탁자가 된다는 사정만으로 곧바로 유언대용신탁 계약 전체를 무효라고 할 수는 없다.

(3) 이 사건 유언대용신탁 계약에서 신탁재산의 잔여재산이 귀속될 자

이와 같이 유효한 생전 자익신탁 부분은 위탁자가 사망하게 되면 신탁의 목적을 달성하게 되어 곧바로 신탁이 종료되고(신탁법 제98조 제1호) 신탁재산의 잔여재산에 관한 귀속절차가 진행된다(신탁법 제101조). 유언대용신탁 계약에서 신탁재산의 잔여재산이 귀속될 자(이하 '귀속권리자'라 한다)를 정하고 있다면 그 사람에게 귀속될 것이고(신탁법 제101조 제1항 단서), 수탁자를 귀속권리자로 정하는 것도 허용된다. 만약 유언대용신탁 계약에서 귀속권리자를 정하지 않았다면 신탁재산의 잔여재산은 신탁법 제101조 제1항 본문에 따라 수익자에게 귀속될 것인데, 이때 유효한 생전 자익신탁 부분의 수익자는 위탁자이므로 신탁재산의 잔여재산은 위탁자에게 귀속될 수밖에 없고 이에 따라 상속재산에 편입되게 될 것이다.

이 사건 신탁계약에서 위탁자 사망 후 유일한 수익자를 수탁자인 피고로 정한 사후 타익신탁 부분은 무효이다. 그러나 위탁자 사망 전 수익자를 위탁자로 정한 생전 자익신탁 부분은 사후 타익신탁 부분과 분리하기 불가능하거나 분리하더라도 생전 자익신탁 부분만으로 신탁을 유지하는 것이 위탁자의 의사에 명백히 반한다는 사정이 없는 한 무효라고 보기는 어렵다. 따라서 원심으로서는 생전 자익신탁 부분에 관하여 위와 같은 사유가 있는지를 원고들로 하여금 주장·증명하도록 하여 이 사건 신탁계약 전체를 무효로 할 것인지, 사후 타익신탁 부분만을 무효로 할 것인지를 심리한 다음 이를 바탕으로 피고 명의의 이 사건 부동산에 관한 소유권이전등기가 무효인지를 판단하였어야 했다.

그런데도 원심은 위와 같은 사정에 관한 심리 · 판단 없이 이 사건 신탁계약 중 사후 타익신탁 부분이 무효라는 사정만으로 이 사건 신탁계약 전체가 무효라고 단정한 다음 이 사건 신탁계약을 근거로 이루어진 이 사건 부동산에 관한 피고 명의의 소유권이전등기도 무효라고 판단하였다. 이러한 원심판단에는 신탁계약의 무효 등에 관한 법리를 오해하여 필요한 심리를 다하지 아니함으로써 판결에 영향을 미친 잘못이 있다.

만약 이 사건 신탁계약 중 사후 타익신탁 부분만 무효가 되고 생전 자익신탁 부분이 여전히 유효라면 이 사건 신탁계약은 위탁자의 사망으로 목적을 달성하여 종료하게 되고, 신탁재산의 잔여재산에 관한 귀속절차가 진행되게 된다. 원심으로서는 생전 자익신탁이 유효할 경우 이 사건 신탁계약에서 잔여재산의 귀속권리자를 정하였는지 여부에 대하여도 추가로 심리를 하여야 함을 덧붙여 밝혀 둔다.

III. 판례 해설

1. 수탁자가 단독수익자인 신탁계약의 유효성

본 판례와 관련된 쟁점은 수탁자를 신탁회사로 지정하는 상사신탁형 유언대용신탁에서는 발생하지 않으며, 민사신탁형 유언대용신탁계약에만 고유하게 나타나는 문제이다. 특히, 이 사건의 경우 위탁자가 수탁자를 사후수익자로 지정한 사례에 해당한다.

신탁법 제36조는 수탁자가 신탁재산으로부터 이익을 취득하는 것을 금지하는 이익취득금지의 원칙(No Profit Rule)을 규정하고 있다. 그러나 이 원칙이 위탁자가 신탁계약으로 수탁자를 수익자로 지정하여 수탁자가 수익자로서 신탁의 이익을 향유하는 신탁까지 금지하는지에 대해서는 의문의 여지가 있다.

입법론적으로 볼 때, 수탁자가 신탁보수 외에 신탁의 이익을 누리는 행위를 금지하되, 위탁자가 신탁행위로 수탁자를 수익자로 지정하여 수탁자가 수익을 누리는 것은 허용하는 것이 합리적이다. 특히, 위탁자가 신탁업자가 아닌 가족을 수탁자로 지정하는 민사신탁형 유언대용신탁의 경우, 수탁자를 사후수익자로 지정하도록 허용할 필요성이 더욱 크다. 우리 신탁법이 참고한 일본 신탁법 제8조는 "수탁자가 수익자로서 신탁의 이익을 향수하는 경우를 제외하고는 누구의 명의로도 신탁의 이익을 향수할 수 없다"고 규정함으로써, 수탁자가 수익자로서 신탁의 이익을 향수하는 것을 허용한다. 다만, 수탁자가 수익권 전부를 고유재산으로 가지는 상태가 1년간 계속된 때 신탁의 종료사유로 삼고 있다(일본 신탁법 제163조 제2호). 이 사건 신탁계약에 대입하여 보면, 위탁자 사후 수탁자는 신탁재산의 원본을 수탁자 겸 사후수익자에게 이전함으로써 신탁은 종료하게 되기 때문에, 이러한 구조의 신탁은 일본에서는 유효하다.[8] 실무적으로도 부모가 신탁재산을 특정 자녀에게 상속하고자 할 때, 이를 가장 정확하게 실행하기 위해 해당 자녀를 수탁자

---

8) 신탁법 개정 당시 일본과 같이 수탁자가 단독사후수익자가 되는 것을 허용할 것인지 검토하였는데, 영미의 전통적 신탁법 이론에 따르면 신탁재산에 대하여 보통법상 소유자인 수탁자의 지위와 형평법상 소유자인 수익자의 지위를 겸임하면 권리의 혼동이 발생하여 신탁이 종료하는 것으로 해석되고 있는 점과 민사신탁에서 이를 허용할 경우 집행면탈 목적으로 남용될 우려가 있다는 점을 고려해서 일본과 달리 허용하지 않았다고 한다[법무부, 「신탁법 해설」(동강, 2012년), 299면~300면].

겸 사후수익자로 지정하는 경우가 빈번하다.
다만, 수탁자가 유일한 수익자인 경우 수익자 스스로가 수탁자가 되므로 수익자가 수탁자를 감독할 수 없는 문제가 발생할 수 있다. 이러한 문제는 신탁재산보호자(미국법상 trust protector) 또는 신탁운용지시권자(trust director)를 지정함으로써 신탁계약이 위탁자의 신탁 취지에 따라 제대로 이행되는지를 감독할 수 있노록 하여 극복할 수 있을 것이다.

2. 유언대용신탁계약 일부 무효의 법리

이 판결은 유언대용신탁을 '생전 자익신탁'과 '사후 타익신탁'이 결합된 것으로 보고, 사후 타익신탁 부분이 무효라 하더라도 생전 자익신탁 부분은 분리가능한 것으로 판단한 최초의 판례이다. 즉, 민사신탁형 유언대용신탁계약에서 수탁자를 유일한 사후수익자로 지정할 경우, 해당 유언대용신탁 전체가 무효가 되는 것이 아니라 사후 타익신탁 부분(위탁자가 사망한 후 유일한 수익자를 수탁자로 정한 부분)은 무효이지만 일부 무효를 규정한 신탁법 제 5조 제3항에 따라 생전 자익신탁 부분(위탁자가 사망하기 전 수익자를 위탁자로 하여 수탁자로 하여금 신탁재산을 관리 또는 운용하도록 하는 부분)은 유효하다. 그리고 이 사건 유언대용신탁계약 중 생전 자익부분 – 위탁자 겸 생전수익자를 위해 신탁재산을 관리 또는 운용하도록 하는 부분 – 은 유효한데, 위탁자 겸 생전수익자 사망 시 신탁의 목적을 달성하게 되어 신탁법 제98조 제1호에 의해 신탁은 종료되고, 신탁재산은 잔여재산의 귀속절차에 따라, 귀속권리자가 지정되지 않았다면, 위탁자 겸 수익자에게 귀속되고 따라서 신탁재산은 상속재산에 편입되어 법정상속에 따라 상속배분된다.

3. 이 사건 유언대용신탁계약에서 귀속권리자 지정 여부에 대한 판단

한편, 이 사건에서 대법원은 이 사건 유언대용신탁계약서 제16조가 신탁법 제101조에서 정한 귀속권리자를 지정한 것인지를 원심법원이 판단하라고 파기환송하였다. 만약 "신탁종료 후 귀속권리자는 위탁자 사후수익자로 한다"라는 이 신탁계약 제16조가 위탁자가 신탁법 제101조에서 정한 '귀속권리자'를 피고로 지정한 것으로 판단될 경우, 이 신탁재산은 상속재산에 편입될 것이 아니라 신탁계약 종료 후 귀속권리자인 피고에게 귀속되는 것으로 볼 수 있을 것이다. 이 사건 파기환송심(전주지방법원 2025.1.23. 선고 2024나4585)은 "이 사건 신탁계약 제16조는 '신탁기간 만료로 신탁이 종료되는 경우 귀속권리자를 위탁자 사후 수익자로 한다.'라고 규정하고 있다. 그런데 이 사건 신탁계약에서 위탁자 사후의 수익자는 수탁자인 피고인 점, 위탁자는 자신이 사망한 후 이 사건 부동산을 수탁자인 피고에게 귀속시킬 목적으로 이 사건 신탁계약을 체결한 점, 수탁자를 귀속권리자로 정하는 것도 허용되는 점 등에 비추어 볼 때, 이 사건 신탁계약 제16조에서 귀속권리자로 정한 '위탁자 사후 수익자'는 수탁자인 피고를 의미한다고 봄이 타당하다. 이 사건 신탁계약은 신탁 종료사유로 신탁기간 만료만을 규정하고 있다(제15조 제1항). 그런데 신탁은 신탁계약에서 정한 사유 외에도 신탁의 목적을 달성하거나 달성할 수 없게 된 경우 등 신탁법 제98조에서 정한 다른 사유들에 의하여도 종료되어 신탁재산에 대한 귀속절차가 진행되고(신탁법 제101조 제1항), 이러한 경우에도 위탁자가 신탁행위로 정한 귀속권리자를 우선할 필요가 있으므로, 이 사건 신탁계약 제16조는 신탁기간 만료 외의 사유로 신탁이 종료되는 경우에도 적용된다고 보아야 한다. 이 사건 신탁계약이 신탁 종료사유를 구분하지 않고 이 사건 부동산을 귀속권리자에게 귀속시키는 절차를 규정하고 있는 점에 비추어 보더라도 그러하다(제17조 제2항, 제3항)"라고 판시함으로써 이 사건 신탁계약을 통해 위탁자가 피고를 귀속권리자로 지정하였다고 판결하였다.

위 대법원 판결 직후 '생전수익자를 위탁자로 하고 유일한 사후수익자를 수탁자로 정한 유언대용신탁에 따라 신탁등기 신청 시 등기관의 심사방법'에 대해 등기선례가 제정되었다. 등기선례에 의하면, 원칙적으로 등기관은 생전수익자를 위탁자로 하고 유일한 사후수익자를 수탁자로 정한 유언대용신탁계약에 따라 신탁등기가 신청되면 원칙적으로 이를 각하하여야 한다는 것이다.

부동산 등기선례

(제정 2024. 4. 23., 부동산등기선례 제202404-1호, 시행)

(1) 생전수익자를 위탁자로 하고(이하 '생전 자익신탁 부분'이라 함) 유일한 사후수익자를 수탁자로 정한(이하 '사후 타익신탁 부분'이라 함) 유언대용신탁(「신탁법」 제59조 제1항)에 따라 신탁등기를 신청한 경우, 사후 타익신탁 부분은 무효로 되는 것이어서(대법원 2024. 4. 16. 선고 2022다307294 판결), '(사후)수익자의 성명 및 주소'를 증명하는 정보를 첨부정보로서 등기소에 제공(「부동산등기법」 제81조 제1항 제1호, 제8호 및 「부동산등기규칙」 제139조 제3항)하지 않은 것으로 볼 수밖에 없을 것이므로, 등기관은 당해 등기신청을 「부동산등기법」 제29조 제9호[9]에 따라 각하하여야 한다(부동산등기선례 9-339 참조).

(2) 사후 타익신탁 부분이 무효가 된다고 하더라도 생전 자익신탁 부분은 분리하기 불가능하거나 분리하더라도 생전 자익신탁 부분만으로 신탁을 유지하는 것이 위탁자의 의사에 명백히 반한다는 사정이 없는 이상 유효하다고 보아야 하고, 유일한 사후수익자가 수탁자가 된다는 사정만으로 곧바로 유언대용신탁 계약 전체를 무효라고 할 수는 없는 데(위 판결), 형식적 심사권만 가지는 등기관이 위와 같은 사정의 유무를 판단할 수는 없으므로, 다른 특별한 사정이 없는 한, 생전 자익신탁은 유효한 것으로 판단할 수밖에 없을 것이다. 따라서 생전수익자를 위탁자로 하고 유일한 사후수익자를 수탁자로 정한 유언대용신탁에 따라 신탁등기를 신청하

9) 부동산등기법 제29조(신청의 각하) 등기관은 다음 각 호의 어느 하나에 해당하는 경우에만 이유를 적은 결정으로 신청을 각하(却下)하여야 한다. 다만, 신청의 잘못된 부분이 보정(補正)될 수 있는 경우로서 신청인이 등기관이 보정을 명한 날의 다음 날까지 그 잘못된 부분을 보정하였을 때에는 그러하지 아니하다.
(1호~8호)
9. 등기에 필요한 첨부정보를 제공하지 아니한 경우
(10~11호 생략).

였으나 등기관이 이를 간과하여 등기가 마쳐진 다음 위탁자가 사망한 경우 신탁의 목적을 달성하게 되어 신탁이 종료(「신탁법」 제98조 제1호)된 것으로 보아야 한다.

(3) 위 (2)의 경우 신탁재산 귀속을 등기원인으로 하는 소유권이전등기의 등기권리자는 다음과 같다.

가. 귀속권리자(「신탁법」 제101조 제1항 참조)를 정한 경우에는 잔여재산은 그에게 귀속되므로(「신탁법」 제101조 제1항 단서), '귀속권리자'가 등기권리자가 된다. 한편 수탁자를 귀속권리자로 정하는 것도 허용되므로(위 판결), 신탁계약에서 수탁자를 귀속권리자로 정한 경우에는 수탁자가 등기권리자가 된다.

나. 반면 귀속권리자를 정하지 않은 경우에는 잔여재산은 수익자에게 귀속될 것인데(「신탁법」 제101조 제1항 본문), 유효한 생전 자익신탁 부분의 수익자는 위탁자이므로 신탁재산의 잔여재산은 위탁자에게 귀속될 수밖에 없고 이에 따라 상속재산에 편입되게 될 것이므로(위 판결), '위탁자의 상속인'이 등기권리자가 된다.

나. 수탁자 명의의 민사신탁용 신탁계좌 개설 실무

민사신탁형 가족신탁의 경우에도 금융기관에 민사신탁용 신탁계좌[10]를 개설할 필요가 있다. 수탁자는 위탁자 명의의 은행, 저축은행 등의 예금이나 증권회사의 금융투자상품을 최초에 수탁할 수 있다. 수탁자가 부동산 또는 비상장주식을 수탁하였다 하더라도, 부동산 임대료, 부동산 매각대금, 현금배당, 주식배당 등 금전이나 금융투자상품이 신탁재산으로 추가되는 경우도 많다. 그렇기 때문에 수탁자는 민사신탁용 신탁계좌(수탁자 명의의 예금계좌나 금융투자계좌)를 개설하여 신탁재산인 예금이나 금융투자상품을 보관, 관리, 운용, 처분할 필요가 있다. 만약, 신탁재산임을 표기하지 않고 단순히 수탁자 명의의 예금계좌나 금융투자계좌를 개설한다며, 신탁법상 대항요건을 갖추지 못해 수탁자의 채권자가 해당 계좌를 압류할 경우 신탁재산을 제3자에게 대항할 수 없을 위험성이 있다.

민사신탁용 신탁계좌를 개설하기 위해서, 민사신탁의 수탁자가 계좌주로서 금융기관에 신탁재산임이 표기된 민사신탁용 신탁계좌를 개설하여야 한다. 그런데, 민사신탁형 가족신탁에 대한 인지도 부족, 민사신탁용 신탁계좌의 법률관계의 복잡성, 그리고 금융기관의 계좌개설약관과의 법률관계의 불명확성 때문에, 현재 다수의 금융기관이 수탁자 명의로 신탁계좌를 개설하는 것을 꺼려한다. 그렇지만, 현재 상사신탁형 가족신탁의 신탁재산이 부동산

10) 신탁회사가 수탁자인 상사신탁의 경우, 신탁회사는 고유재산과 완전히 분리된 신탁계좌 체계를 갖추고 있어서, 신탁계좌개설 이슈는 아예 없다.

못지 않게 예금이나 금융투자상품인 점을 감안하면, 금융기관의 민사신탁용 신탁계좌 개설이 원활하게 될 수 있도록 할 필요가 있다. 일본의 경우 여러 금융기관이 민사신탁의 활성화에 대응하기 위해 만든 민사신탁용 신탁계좌가 보편화되어 있다.[11)]

민사신탁용 신탁계좌 개설 실무가 정착하려면, 민사신탁용 신탁계좌의 법률관계가 명확하게 정리되어야 한다. 민법, 신탁법, 금융실명법, 은행법 및 자본시장법에 따라 민사신탁용 신탁계좌의 법률관계를 대략 정리하면 다음과 같다.

(1) 민사신탁용 신탁계좌의 정의 : 수탁자의 고유재산과 신탁재산을 분별관리하기 위해 수탁자 명의로 개설한 금융기관 예금계좌 또는 금융투자계좌

(2) 신탁계좌명의 : 수탁자(신탁, 위탁자 ○○○)

(3) 실명확인 : 신탁법상 수탁자는 대내외적으로 신탁재산을 소유하는 법률관계이므로, 민사신탁용 신탁계좌 개설 시 수탁자의 실지명의를 확인하면 된다.

(4) 신탁계좌의 운용 : 예금계좌 및 금융투자계좌의 입금, 인출, 운용, 해지의 주체는 수탁자이다. 단, 신탁행위로 입금, 인출, 운용, 해지에 제3자의 동의가 필요하다고 규정한 경우, 금융기관은 해당 제3자의 동의 의사를 확인할 필요가 있으나, 이는 신탁계좌를 개설할 당시 금융기관과 수탁자 간의 별도 합의가 있음을 전제로 하는 것이다.

(5) 신탁계좌의 (가)압류 및 가처분 : 신탁재산은 원칙적으로 위탁자, 수탁자 및 수익자의 채권자가 압류나 가압류를 할 수 없기 때문에, 신탁계좌를 개설한 금융기관의 수탁자의 고유채무를 원인으로 한 압류나 가압류는 불가하다. 금융기관은 신탁계좌에 대한 채권(가)압류명령에 피보전채권이 '신탁이 부담하는 채무(신탁재산 부담채무)'라고 명시되어 있지 않는 이상 신탁계좌를 압류나 가압류하여서는 아니 된다.

(6) 수탁자 사망 시 취급 : 수탁자가 사망하면 수탁자의 임무가 종료되지만, 신탁계약은 유지되어야 하기 때문에, 수탁자 사망 후 승계수탁자가 지정되어 있으면 그 승계수탁자가, 승계수탁자가 지정되어 있지 않으면, 위탁자와 수익자가 협의하여 지정한 신수

Part 10

11) 일본변호사연합회는 2020년 9월 10일 '신탁계좌개설 등에 관한 가이드라인'을 제정하여 금융기관의 신탁계좌 개설 실무를 정착시켰다. 이 가이드라인에 따르면, (i) 신탁계좌를 수탁자의 고유재산과 신탁재산에 속하는 재산을 분별관리하기 위해 수탁자가 신탁재산에 속하는 금전만을 예치하는 예적금계좌로 정의하면서 상사신탁을 가이드라인 적용범위에서 제외하였고, (ii) 신탁계좌 명의를 '위탁자 ○○○ 수탁자 △△△ 신탁구', '수탁자 △△△ 신탁구', '수익자 □□□ 수탁자△△△ 신탁구' 중 택일하도록 하였으며, (iii) 신탁계좌에 대해 위탁자, 수탁자 및 수익자의 채권자는 원칙적으로 압류, 가압류할 수 없음(신탁재산책임부담채무를 피보전권리로 하는 경우에는 예외)을 명시하였고, (iv) 수탁자 사망 시 승계수탁자 또는 신수탁자가 신탁계좌를 승계하되 신탁재산이 수탁자의 상속재산에 포함되지 않음을 명시하였다(참고로 일본은 '신탁구구좌'라는 표현을 사용하나, 이 책에서는 '신탁계좌'라 한다).

탁자가 수탁자 역할을 하게 된다. 수탁자가 사망하더라도 신탁재산인 예금 또는 금융투자상품은 상속재산에 포함되지 않는다. 따라서 금융기관은 수탁자 사망에 따른 상속처리와 무관하게 신탁계약의 내용에 따라 승계수탁자 또는 신수탁자 명의로 신탁계좌의 명의를 변경하면 된다. 다만, 금융기관의 실무가 예금계좌 또는 금융투자상품계좌의 계좌명을 승계수탁자 또는 신수탁자 명의로 변경하지 못하는 경우에는 승계수탁자 또는 신수탁자 명의로 새로운 민사신탁용 신탁계좌를 개설한 후 기존 신탁계좌의 예금 이체, 금융투자상품의 대체를 진행하면 된다.

(7) 신탁계좌 원천징수 : 수탁자 명의의 신탁계좌에서 발생하는 소득은 수익자에게 과세되므로, 해당 금융기관은 수탁자 명의의 신탁계좌에서 발생하는 이자소득이나 배당소득에 대해 수익자 기준으로 원천징수를 하여야 한다.[12)]

5 세법상 유의사항

상속신탁은 신탁설정 시점에 증여세나 취득세 부담이 없다는 점 때문에 여러 국가에서 자산승계계획을 실행하는 수단으로 활용되고 있다. 그런데 문제는 신탁계약의 내용을 잘못 작성하면 세법상 증여행위로 인식될 수 있다는 것이다. 상사신탁은 수탁자인 신탁회사 소속 신탁 전문 변호사와 세무사가 신탁계약의 내용을 미리 검토할 뿐만 아니라, 수탁자가 가족이 아니라 신탁회사라서 증여로 오인될 잘못된 신탁계약서를 작성하는 경우는 없다. 민사신탁의 경우 수탁자가 단독으로 사후수익자가 되거나 여러 사후수익자 중 한 명이 되므로, 자칫 수탁자에게 과도한 권한을 부여하거나 원본수익권과 이익수익권을 잘못 설계하면 세법상 여러 문제가 생길 수 있으니, 반드시 신탁 전문 변호사와 세무사의 검토를 받아보아야 한다.

상속신탁을 민사신탁으로 설정함에 있어서 신탁구조는 상속신탁을 상사신탁으로 설정하는 경우와 동일하다. 신탁재산에 대한 원본수익권과 이익수익권의 귀속이 가장 중요하다. 위탁자가 원본 및 이익에 대한 생전수익권 100%를 보유하는 것으로 명시하고, 위탁자 생전에는 위탁자의 운용지시를 받아 수탁자가 신탁재산을 관리한다. 신탁부동산으로부터 발생

12) 현재 우리나라 금융기관의 실무상 계좌 명의자 이외의 자를 기준으로 원천징수하는 사례는 찾아보기 어렵다.

하는 임대차보증금과 임대료는 전부 위탁자 겸 생전수익자에게 귀속되도록 한다. 만약 수탁자 명의로 임대차계약을 체결하는 경우에도 임대차계약서에 수탁자가 상속신탁의 수탁자 지위에서 임대차계약을 체결하는 임대인임을 명확하게 기재하여야 한다. 임대료나 임대차보증금을 수령할 계좌도 수탁자 이름 옆에 '신탁'이 명시적으로 기재된 은행 또는 증권회사 계좌를 새롭게 만들어야 한다. 단순히 수탁자 명의의 계좌로 임대료나 임대차보증금을 수령하였다가 수탁자의 채권자가 가압류 또는 압류해버리면 신탁재산이 감소되거나 없어질 수 있기 때문에 주의를 요한다. 그리고 수탁자 명의의 계좌로 임대료나 임대차보증금을 수령해서 보관 및 운용할 경우, 과세당국이 그 금액만큼 사전에 증여된 것으로 주장할 수도 있으니 유의해야 한다.

Part 10

CHAPTER 02

민사신탁형 가족신탁의 유형별 계약서 예시안

1 민사신탁형 가족신탁 계약서 예시안의 활용

민사신탁형 가족신탁의 유형별 계약서 예시안은 다음과 같다. 이 예시안은 민사신탁형 가족신탁의 구조와 실무를 이해하는 데 도움이 되고자 참고용으로 만들어 본 것이다.[13] 민사신탁 계약 조항에 대한 유효성과 관련한 판결이 많이 나오고 있고, 민사신탁 세제 관련 조세심판결정과 판결도 나오고 있으니, 실제 민사신탁계약을 체결할 때에는 신탁 관련 법률 및 세무 전문가의 자문을 받고 진행해야 한다. 가족 간 재산의 무상이전을 설계하는 가족신탁은 가족 간에 첨예하게 대립되는 이해관계를 구체적으로 파악하여 분쟁이 생기지 않도록 구성할 필요가 있기 때문이다. 그리고, 신탁계약이 장기간 유지되고, 위탁자의 신탁의 목적과 취지도 변경가능하며, 위탁자가 사무처리능력이 없어지는 시점에 위탁자 겸 수익자의 수탁자에 대한 지시권한과 감독권한이 사실상 행사될 수 없는 위험이 존재하기 때문에, 신탁계약 관련 제반 사정의 변화를 충분히 반영할 수 있도록 구성해야 한다.

13) 저자가 이 신탁계약서의 적법, 유효성을 담보하는 것이 아님을 밝혀둔다. 이 예시안을 참조하되, 법률 전문가와 세무 전문가로부터 적법 유효성에 대한 개별 자문을 받은 후 실제 민사신탁 계약을 진행하기 바란다.

2 민사신탁형 상속신탁

민사신탁형 상속신탁은 상속계획을 수립하고 실행하는 목적의 신탁이다. 상사신탁형 상속신탁과 마찬가지로, 위탁자의 재산을 기준으로 생전수익자와 사후수익자를 정하고, 생전에 각 재산별 관리방법을 정하고, 신탁재산별 · 사후수익자별로 즉시배분형 상속신탁과 계속관리형 상속신탁을 설계할 수 있다.

가. 유언대용신탁 : 공동사후수익자형

위탁자인 부모가 소유 부동산에 대하여 생전수익자를 본인으로, 수탁자를 자녀로, 사후수익자를 자녀로 정하고 싶은데, 수탁자가 단독사후수익자인 신탁등기는 신탁법 제36조에 반하여 무효라는 대법원 판례와 부동산등기과의 해석 때문에, 자녀와 자녀 이외의 자(주로, 자녀의 자녀나 배우자)를 공동사후수익자로 지정하는 유언대용신탁계약 예시안이다.

유언대용신탁계약
(부동산 공동수익자형)

위탁자	본인
수탁자	자녀
생전수익자	본인
사후수익자 1	자녀
사후수익자 2	손자녀

위탁자와 수탁자는 「신탁법」에 근거하여 상속계획 수립 및 실행을 위해 다음과 같이 신탁계약(이하 '본 계약'이라 한다)을 체결한다.

제1조【신탁의 목적】 본 계약은 「신탁법」 제59조 제1항 제1호에 따라, 위탁자 생존 중에는 위탁자 겸 생전수익자의 이익을 위하여 신탁재산을 충실히 관리하고 위탁자 사망 이후에는 위탁자가 미리 정한 방법으로 신탁재산을 사후수익권을 취득하는 자에게 이전하는 것을 목적으로 한다.

제2조【용어의 정의】 본 계약에서 사용하는 용어의 뜻은 다음과 같다.

1. "위탁자"라 함은 신탁을 설정하는 자를 말한다.
2. "수탁자"라 함은 신탁 목적에 따라 신탁재산을 인수하는 자를 말한다.
3. "수익자"라 함은 신탁재산의 수익권을 취득하여 행사하는 자를 말한다. 본 계약에서 특별히 정함이 없으면, 수익자는 생전수익자와 사후수익자를 포함하는 개념이다.
4. "생전수익자(生前受益者)"라 함은 위탁자가 사망하기 전까지 신탁재산의 수익권을 갖는 수익자를 말한다.
5. "사후수익자(死後受益者)"라 함은 「신탁법」 제59조에 따라 위탁자의 사망에 의하여 신탁재산의 수익권을 취득하도록 지정된 자를 말한다. 다만, 별도의 약정이 있는 경우를 제외하고는 사후수익자는 위탁자가 사망할 때까지 본 계약의 수익권을 취득하지 못한다.
6. "신탁재산"이라 함은 이 신탁계약에 따라 위탁자가 수탁자에게 이전하는 특정의 재산을 의미한다.

제3조【신탁재산의 범위】 ① 신탁재산은 별지 1 신탁부동산의 표시 기재 부동산으로 한다.

② 신탁재산의 관리, 처분, 운용, 개발, 멸실, 훼손, 그 밖의 사유로 수탁자가 얻은 금전 그 밖의 재산은 신탁재산에 속한다.

③ 위탁자는 신탁기간 내에서 수탁자와 합의하여 신탁재산을 추가로 신탁할 수 있다.

제4조【신탁기간】 본 계약의 신탁기간은 계약 체결일부터 위탁자의 사망 이후 수탁자가 사후수익자에게 신탁재산을 귀속시키는 때까지로 한다.

제5조【생전수익자】 본 계약 제2조 제4호에 따른 생전수익자는 위탁자로 한다.

제6조【사후수익자】 위탁자는 사후수익자를 다음과 같이 정한다. 사후수익자를 지정하거나 변경할 권리는 위탁자에게 전속되어 상속되지 아니하고, 위탁자의 법정대리인, 후견인이나 상속인이 수익자를 새로 지정하거나 변경할 수 없다. 본 계약에서 특별한 정함이 없으면, 사후수익자가 위탁자보다 먼저 사망한 경우, 사후수익자의 사후수익권은 해당 사후수익자의 법정상속인에게 귀속된다.

위탁자와의 관계	사후수익자		사후수익권
	성 명		원본 및 이익의 ( )%
	주민번호		
	연 락 처		
	성 명		원본 및 이익의 ( )%
	주민번호		
	연 락 처		

제7조 【신탁의 공시와 대항】 ①「신탁법」 제4조 제1항에 따라, 수탁자는 등기 또는 등록할 수 있는 재산에 관하여는 신탁의 등기 또는 등록을 함으로써 그 재산이 신탁재산에 속한 것임을 제3자에게 대항할 수 있도록 해야 한다.

②「신탁법」 제4조 제2항에 따라, 수탁자는 등기 또는 등록할 수 없는 재산권에 관하여는 다른 재산과 분별하여 관리하는 등의 방법으로 신탁재산임을 표시함으로써 그 재산이 신탁재산에 속한 것임을 제3자에게 대항할 수 있도록 해야 한다.

제8조 【신탁재산의 관리 및 운용방법】 ① 수탁자는 위탁자 생존 시 위탁자가 지정하는 방법에 따라 신탁재산을 관리한다.

② 위탁자가 노령, 질병, 장애 등의 사유로 사무처리능력이 부족하여 제1항에 따른 신탁재산의 관리방법을 지정하지 못하는 경우, 수탁자는 종전과 같은 방법으로 관리하거나 수익자 전원의 이익을 위해 선량한 관리자의 주의의무를 다하여 신탁재산을 관리할 수 있다.

③ 수탁자는 신탁재산에 속하는 금전에 대하여 위탁자와 사이에서 달리 정한 바가 없으면, 다음 각 호의 방법으로 관리한다.

1. 국채, 지방채 및 특별법에 따라 설립된 법인의 사채의 응모 · 인수 또는 매입
2. 국채나 그 밖에 제1호의 유가증권을 담보로 하는 대부
3. 은행예금 또는 우체국예금
4. 증권회사의 환매조건부채권매매 또는 CMA 등 안전자산 매입

제9조 【신탁부동산의 관리 등】 ① 수탁자의 신탁부동산에 대한 관리범위 및 방법은 [별지 2] 특약사항에서 별도로 정할 수 있다.

② 수탁자는 관계 법령상 허용되는 범위 내에서 방법 및 조건을 정하여 신탁부동산을 관리하고, 관계 법령상 허용되는 범위 내에서 제3자에게 신탁부동산의 유지관리업무를 위탁할 수 있다.

③ 수탁자는 신탁사무에 필요한 비용 및 신탁사무 처리에 있어서 수탁자의 고의나 과실 그 밖의 책임 없는 사유로 발생한 손실을 신탁재산에 속한 금전으로 지급할 수 있다. 신탁재산으로 속한 금전으로 이를 지급하기에 부족한 경우, 위탁자 및 수익자가 이를 부담하되, 지급하지 않는 경우 수탁자는 신탁부동산의 전부 또는 일부를 매각하여 그 매각대금으로 지급할 수 있다.

④ 위탁자는 수탁자에게 사전 통지 없이 신탁부동산에 대하여 임대차계약의 체결, 저당권설정, 전세권설정 등 소유권을 제한하는 일체의 처분행위를 하여서는 아니 된다.

⑤ 위탁자는 신탁부동산의 멸실, 훼손, 그 밖의 사고가 발생하였음을 알게 되거나 발생이 예상되는 경우에는 지체 없이 이를 수탁자에게 통지하여야 한다.

제10조 【임대차 등】 ① 신탁부동산에 관한 임대차계약은 수탁자 이름으로 수탁자 지위에서 체결하며, 임대차보증금 및 차임은 수탁자가 지급받아 제8조 제3항에 따른 방법으로 관리 및 운용한다.

② 신탁부동산에 관한 임대차계약이 존속하는 상태에서 본 계약에 따른 신탁이 종료하는 경우, 수익자는 신탁부동산에 관한 수탁자의 임대인 지위를 승계하고, 이를 위하여 임대차계약을 변경하는 계약을 체결하여야 한다. 다만, 임차인이 임대차계약의 승계를 원하지 아니하는 등의 사유로 임대차계약을 해지하는 경우, 수탁자는 임대차보증금 등 임차인에게 지급해야 할 채무를 신탁재산에서 지급하고, 신탁재산으로 지급을 하기에 부족한 경우에는 수익자가 이를 지급하도록 한다.

제11조 【사후수익권의 귀속】 ① 위탁자 사망 시 사후수익자는 사후수익권을 취득한다.

② 수탁자는 위탁자 사망 즉시 신탁부동산의 소유권을 사후수익자에게 이전하는 방법으로 사후수익권을 귀속시킨다.

③ 신탁재산인 금전과 유가증권은 사후수익자의 계좌로 이체나 대체 방식으로 사후수익권을 귀속시킨다.

④ 수탁자는 신탁법 제34조에도 불구하고 신탁재산을 고유재산으로 귀속시킬 수 있다.

제12조 【손익의 귀속】 신탁재산 운용으로 발생되는 이익 및 손실은 수익자에게 전부 귀속된다.

제13조 【신탁보수】 본 계약에 대한 신탁보수는 없는 것으로 한다.

제14조 【조세 및 비용】 ① 수탁자는 신탁재산에 대한 조세 및 공과금과 본 계약과 관련한 신탁사무 처리에 수반 되어 발생하는 비용을 신탁재산에서 지출하거나 위탁자 또는 수익자에게 따로 청구할 수 있다.

② 위탁자 또는 수익자가 제1항의 비용 등을 지급하지 않는 경우 수탁자는 신탁재산에 속하는 금전으로 이를 지급할 수 있다. 신탁재산에 속한 금전으로 이를 지급하기에 부족한 경우 수탁자는 신탁부동산의 일부 또는 전부를 처분하여 지급에 사용하거나 신탁재산을 담보로 제공하여 지급에 필요한 금원을 빌리거나 수익자에게 그 지급을 청구할 수 있다.

제15조 【신탁계약의 중도해지】 ① 위탁자는 본 계약의 신탁기간 만료 전에 신탁계약의 전부 또는 일부를 조건 없이 임의로 해지(이하 '중도해지'라 한다)할 수 있으며, 수탁자는 이에 응하여야 한다.

② 수익권에 담보권의 설정이나 가압류 등의 제한이 있는 경우 위탁자는 제1항의 중도 해지를 할 수 없다.

제16조【신탁의 종료 및 최종계산】 ① 본 계약은 다음 각 호의 어느 하나에 해당하는 경우 종료한다. 다만, 일부 해지의 경우 해당 부분에 한하여 종료한다.

1. 신탁기간이 만료되는 경우
2. 계약이 해제 또는 중도해지 되는 경우
3. 수익자가 전부 사망한 경우
4. 수익권 전부가 소멸한 경우
5. 신탁의 목적을 달성하였거나 달성할 수 없게 된 경우
6. 신탁 관련 법규에서 정한 신탁의 종료사유에 해당되는 경우

② 「신탁법」 제103조에 따라, 본 계약에서 정한 바에 따라 신탁이 종료된 경우 수탁자는 최종 계산서를 작성하여 수익자의 승인을 받아 신탁재산을 교부한다. 다만, 신탁재산 중 환가 및 회수가 곤란한 부득이한 사정이 발생한 경우 신탁재산을 운용현상 그대로 교부할 수 있다.

③ 최종계산서에 대하여 수익자가 승인을 하지 아니한 경우 수탁자는 수익자에게 최종 계산의 승인을 요구하고, 수익자는 계산승인의 요구를 받은 때로부터 1개월 이내에 승인여부를 수탁자에게 통지하여야 한다.

④ 수탁자는 제3항의 계산승인을 요구하는 경우 "수익자는 최종계산에 대하여 이의가 있는 경우 계산승인을 요구받은 때로부터 1개월 이내에 이의를 제기할 수 있으며, 그 기간 내에 이의를 제기하지 않으면 수익자가 최종계산을 승인한 것으로 본다"라는 취지의 내용을 수익자에게 고지하여야 한다.

⑤ 수익자가 수탁자로부터 제3항의 계산승인을 요구받은 때로부터 1개월 내에 이의를 제기하지 아니하는 경우 제2항의 계산을 승인한 것으로 본다.

제17조【수익권의 양도 및 질권 설정】 수익자는 수탁자에게 사전 통지 없이는 본 계약의 수익권을 양도하거나 담보로 제공할 수 없다.

제18조【소송수행】 ① 신탁재산 또는 본 계약에 관한 소송(유류분반환청구소송을 포함하되 이에 한하지 않는다)이 제기되었거나 제기할 필요가 있는 경우 수탁자는 수익자에게 이를 통지하고 수익자와 협의하여 응소 또는 제소에 필요한 조치를 취할 수 있다. 다만, 본 계약에 대하여 다투거나 상반된 의사표시를 하는 수익자에 대하여는 그러하지 아니 한다.

② 제1항에 따라 수탁자가 부담하는 소송대리인의 보수 및 소송과 관련된 비용(소송결과에 따른 판결금액 및 이에 대한 지연이자 등 포함)은 신탁재산에서 충당하거나 수익자에게 따로 청구할 수 있다.

제19조【유언과의 관계】 ① 위탁자는 본 계약의 신탁재산과 관련하여 본 계약 이전에 유언을 하였거나 유언서를 작성한 사실이 없음을 확인한다. 본 계약 이전에 한 유언이나 유언서가 있는 경우에도 해당 유언은 철회된 것으로 간주한다.

② 위탁자는 본 계약 체결 이후 본 계약의 신탁재산과 관련하여 유언을 하지 않기로 한다. 본 계약의 신탁재산과 관련하여 본 계약 이후 유언을 할 경우에도 본 신탁계약을 해지 또는 해제하지 않은 이상 본 계약이 해당 유언에 우선하는 효력을 가진다.

제20조 【수탁자의 선관의무 등】 ①「신탁법」 제32조에 따라 수탁자는 선량한 관리자의 주의(注意)로 신탁사무를 처리하여야 한다.

②「신탁법」 제33조에 따라 수탁자는 수익자의 이익을 위하여 신탁사무를 처리하여야 한다.

③「신탁법」 제35조에 따라 수익자가 여럿인 경우 수탁자는 각 수익자를 위하여 공평하게 신탁사무를 처리하여야 한다.

제21조 【추가약정 등】 본 계약과 관련하여 위탁자와 수탁자는 합의하여 추가약정 또는 특약을 체결할 수 있다.

제22조 【관계법규 등의 준용】 본 계약에서 정하지 아니한 사항이나 또는 해석상 이의가 있는 사항이 발생하는 경우에는 「신탁법」 및 관계법규에서 정한 바에 따르기로 한다.

제23조 【관할법원】 본 계약으로 인한 소송의 관할법원은 「민사소송법」에서 정한 바에 따른다.

본 계약서는 2부를 작성하여 위탁자와 수탁자가 각 1부씩 보관한다. 다만, 신탁재산 공시 등을 목적으로 유관기관에 본 계약서 원본을 제출해야 하는 경우에는 1부 이상을 추가로 작성할 수 있다.

[****] 년 [**]월 [**]일

위탁자 겸 생전수익자
성　　　명 :　　　　　　　(인)
주민등록번호 :
주　　　소 :

수탁자
성　　　명 :　　　　　　　(인)
주민등록번호 :
주　　　소 :

[별지1]

신탁재산목록

신탁가액 총 합계 : (₩)

※ 신탁가액은 수탁자에게 제출된 자료만을 바탕으로 수탁자가 자체 평가한 가액일 뿐, 조세납부 그 밖의 목적을 위하여 산정되는 가액과는 다를 수 있다.

[별지2]

특약사항

Part 10

나. 부동산관리신탁 : 귀속권리자형

위탁자인 부모가 소유 부동산에 대하여 생전수익자를 본인으로, 수탁자를 자녀로, 사후수익자를 자녀로 정하고 싶은데, 수탁자가 단독사후수익자인 신탁등기는 신탁법 제36조에 반하여 무효라는 대법원 판례와 부동산등기과의 해석 때문에, 유언대용신탁계약이 아니라 일반적인 부동산관리신탁계약에 '위탁자 사망으로 신탁이 종료되는 경우 귀속권리자를 자녀'로 정하는 내용의 민사신탁계약 예시안이다.

부동산관리신탁계약

(귀속권리자지정형)

위탁자	본인
수탁자	자녀
수익자	본인
귀속권리자	자녀

위탁자 ______는 부동산을 수탁자인 ______에 신탁하고 수탁자는 이를 인수함에 있어서, 위탁자, 수탁자 및 수익자의 권리의무를 정하기 위하여 다음과 같이 부동산관리신탁계약(이하 "이 신탁계약"이라 한다)을 체결한다.

제1조【신탁목적】 이 신탁계약에 따른 신탁은 위탁자가 신탁부동산의 소유권을 수탁자에게 이전하고, 수탁자가 신탁부동산의 소유권 보존은 물론, 개량 및 임대 등 신탁부동산을 종합적으로 관리·운용하고, 그 수익을 수익자에게 교부하는 것을 목적으로 한다.

제2조【용어의 정의】 이 신탁계약에서 사용하는 용어는 아래에서 정의하는 의미를 갖는다.

1. "위탁자"란 신탁부동산을 수탁자에게 위탁하는 자를 말한다.
2. "수탁자"란 이 신탁계약에 따라 신탁부동산을 신탁재산으로 인수하는 자를 말한다.
3. "수익자"란 이 신탁계약에 따라 신탁재산으로부터 금전의 지급을 받거나 그 밖의 이 신탁계약상의 권리를 갖고 의무를 부담하는 자를 말한다.

4. "수익권"이란 이 신탁계약에 따라 수익자가 신탁재산으로부터 금전을 지급받을 권리, 신탁종료 후 신탁재산의 급부를 청구할 수 있는 권리(귀속권리자가 지정된 경우에는 그러하지 아니한다) 등 이 신탁계약상 수익자가 갖는 권리를 말한다.
5. "신탁부동산"이란 이 신탁계약에 따라 위탁자가 수탁자에게 신탁하는 별지1에 적힌 부동산을 말한다.
6. "신탁재산"이란 이 신탁계약 제4조에 따라 신탁재산에 속하는 재산을 말한다.
7. "신탁기간"은 이 신탁계약 제3조에 정의된 기간을 말한다.
8. "신탁특약"이란 위탁자와 수탁자가 이 신탁계약에서 정하지 아니한 사항 또는 이 신탁계약과 달리 정하고자 하는 사항을 정하기 위하여 이 신탁계약의 특약을 말한다.

제3조【신탁기간】 이 신탁계약에 따른 신탁기간은 [*****] 년 [**]월 [**] 일부터 위탁자 사망까지로 한다. 다만 위 신탁기간이 만료되기 전에 제16조 제1항에 정해진 사유로 이 신탁계약에 따른 신탁이 종료된 경우에는 신탁기간도 이 신탁의 종료 시점에 종료된 것으로 본다.

제4조【신탁재산의 범위】 신탁부동산과 신탁부동산의 관리, 처분, 운용, 수용, 멸실, 훼손, 그 밖의 사유로 수탁자가 얻은 재산(수용보상금, 보험금 등 신탁재산에 관한 물상대위권에 기하여 취득한 금전을 포함하며, 이에 국한되지 않는다)은 신탁재산에 속한다.

제5조【수익자 및 수익권의 지급】 ① 위탁자가 제6조에 따라 위탁자가 아닌 제3자를 수익자로 지정하지 아니한 경우, 위탁자를 수익자로 한다.
② 수탁자는 신탁부동산에서 발생하는 수익은 매월 수익자에게 지급해야 한다.

제6조【수익자 지정 및 수익권증서】 ① 수탁자는 위탁자가 이 신탁계약에 따른 위탁자가 아닌 제3자를 수익자로 지정한 경우 그 지정 사실을 지체 없이 해당 수익자에게 통지하여야 한다.
② 위탁자가 제3자를 수익자로 지정한 경우 수익자는 이 신탁계약의 내용을 알고 있으며 이에 동의한다는 취지의 승낙서에 이름을 적고 도장을 찍어 수탁자에게 제출하여야 한다.

제7조【수익권의 양도, 수익자의 추가 지정 또는 변경 등】 ① 수익자는 제2항의 사전 서면동의 없이는 수익자의 지위를 타인에게 양도하거나 그 수익권에 대하여 질권을 설정하는 등의 처분행위를 할 수 없다.
② 수익자가 수익권을 양도하거나 질권을 설정하고자 하는 경우 수탁자의 사전 동의를 받아야 하고, 위탁자가 수익자를 변경 또는 추가로 지정하고자 하는 경우에는 수탁자 및 다른 수익자 전원의 사전 동의를 받아야 한다. 다만, 이 경우에도 수익권의 양수인 또는 변경되거나 추가로 지정된 수익자는 이 신탁계약 상 수익자의 의무를 부담하는 조건으로만 수익권을 양수하거나 수익자로 변경 또는 추가 지정될 수 있다.

③ 제1항 및 제2항에 따라 수익권이 양도 또는 질권 설정되거나 수익자가 변경 또는 추가로 지정되는 경우 수익권을 양도하거나 질권을 설정한 수익자 또는 수익자를 변경 또는 추가 지정한 위탁자는 수탁자에게 통지하여야 하며, 수익권을 양도하거나 질권을 설정한 수익자는 이를 확정일자 있는 증서로 수탁자에게 통지하여야 한다. 이로 인한 신탁원부 등에 적힌 내용 변경 및 수익권증서 발행에 따른 비용은 별도의 약정이 없는 한 수익자가 부담하여야 한다.

④ 위탁자가 이 신탁계약에 따라 수익자를 추가로 지정하거나 변경할 수 있는 권리는 상속을 원인으로 제3자에게 승계되지 아니한다.

제8조【신탁부동산의 소유권이전의무 등】 ① 위탁자는 이 신탁계약 체결 후 지체 없이 신탁부동산의 소유권이전등기 등 신탁재산의 공시에 필요한 서류를 수탁자에게 제공하고 수탁자가 신탁계약과 관련하여 합리적으로 요구하는 조치를 취하여야 한다.

② 제1항의 등기에 필요한 비용은 위탁자가 부담한다.

제9조【신탁부동산의 관리 등】 ① 수탁자는 관계 법령상 허용되는 범위 내에서 관리방법 및 조건을 정하여 신탁부동산을 관리하고, 관계 법령상 허용되는 범위 내에서 제3자에게 신탁부동산의 유지관리업무를 위탁할 수 있다.

② 수탁자는 제1항에 따른 신탁사무에 필요한 비용 및 신탁사무 처리에 있어서 수탁자의 고의나 과실 그 밖의 책임 없는 사유로 발생한 손실을 신탁재산에 속한 금전으로 지급할 수 있다. 신탁재산에 속한 금전으로 이를 지급하기에 부족한 경우 위탁자 및 수익자가 이를 부담하되, 지급하지 않는 경우 수탁자는 신탁부동산의 전부 또는 일부를 매각하여 그 매각대금으로 지급할 수 있다. 다만, 그 신탁재산의 매각으로 신탁의 목적을 달성할 수 없게 되거나 그 밖의 부득이한 사유가 있는 경우에는 신탁부동산의 전부 또는 일부를 처분할 수 없다.

제10조【임대차 등】 ① 신탁부동산에 관한 임대차계약은 수탁자 이름으로 체결하며, 임대차보증금 및 차임은 수탁자가 지급받아 이를 신탁재산으로서 관리 및 운용한다.

② 신탁부동산에 관한 임대차계약이 존속하는 상태에서 이 신탁계약에 따른 신탁이 종료하는 경우 수익자(귀속권리자가 별도로 존재하는 경우에는 귀속권리자를 말하며, 이하 본 조에서 같다)는 신탁부동산에 관한 수탁자의 임대인으로서의 지위를 승계하고, 이를 위하여 임대차계약을 변경하는 계약을 체결하여야 한다. 다만, 임차인이 임대차 계약의 승계를 원하지 아니하는 등의 사유로 임대차계약을 해지하는 경우 수탁자는 임대차보증금 등 임차인에게 지급해야 할 채무를 신탁재산에서 지급할 수 있다. 신탁재산으로 이러한 지급을 하기에 부족한 경우에는 수익자가 이를 지급한다.

제11조【선관주의의무 및 하자담보책임】 ① 수탁자는 선량한 관리자의 주의의무로서 신탁부동산의 소유권을 보존·관리하고 그 밖의 신탁사무를 처리한다.

② 수탁자가 신탁사무를 처리하는 과정에서 수탁자의 고의 또는 과실로 인하여 위탁자 또는 수익자에게 손해가 발생하는 경우에는 그 손해를 배상할 책임이 있다.

③ 위탁자는 신탁부동산의 인도 이전에 생긴 하자로 인하여 수탁자 또는 제3자에게 손해가 발생하는 경우 그 손해를 배상하여야 한다.

제12조【신탁재산에 속하는 금전의 운용방법】 ① 수탁자는 신탁재산에 속하는 금전을 위탁자가 지시하는 방법으로 운용한다. 다만, 위탁자가 질병, 장애, 노령, 그 밖의 정신적 제약으로 사무처리능력이 부족하거나 없다는 전문의사의 진단이 있는 경우 수탁자는 신탁재산에 속하는 금전을 예금, 국채, 지방채 및 특수채 매입, 증권회사 환매조건부채권매매 등 안전자산으로만 운용하여야 한다.

② 수탁자는 신탁재산을 다른 신탁재산 및 수탁자의 고유재산과 구분하여 관리하여야 한다.

제13조【비용 등의 부담】 ① 신탁재산에 관한 세금과 공과금, 유지관리비, 지료 등 신탁사무의 처리에 필요한 비용 그리고 신탁사무 처리에 있어서 수탁자의 고의나 과실, 그 밖의 책임 없는 사유로 발생한 손실 등은 위탁자가 부담한다.

② 위탁자가 제1항의 비용 등을 지급하지 않는 경우 수탁자는 신탁재산에 속하는 금전으로 이를 지급할 수 있다. 신탁재산에 속한 금전으로 이를 지급하기에 부족한 경우 수탁자는 신탁부동산의 일부 또는 전부를 처분하여 지급에 사용하거나 신탁재산을 담보로 제공하여 지급에 필요한 금원을 빌리거나 수익자에게 그 지급을 청구할 수 있다. 다만, 그 신탁재산의 매각으로 신탁의 목적을 달성할 수 없게 되거나 그 밖의 부득이한 사유가 있는 경우에는 신탁부동산의 일부 또는 전부를 처분할 수 없다.

③ 위탁자 및 수익자가 제1항의 비용 등을 정해진 기일까지 지급하지 않는 경우 수탁자가 이를 대신 납부할 수 있으며, 이 경우에 위탁자 및 수익자는 그 지급일로부터 상환일까지 연 [12%]의 이율로 산정한 지연손해금을 원금과 함께 수탁자에게 지급하여야 한다.

④ 수탁자는 제3항에 따른 위탁자 및 수익자의 지급의무에도 불구하고 그 대지급금과 지연손해금을 신탁재산으로부터 우선적으로 변제받을 수 있다.

제14조【신탁보수】 이 신탁계약에 따른 신탁사무와 관련하여 수탁자가 지급받을 신탁보수는 없는 것으로 한다.

제15조【신탁해지 및 책임부담】 위탁자는 언제든지 이 신탁계약을 해지 또는 해제할 수 있다. 다만, 위탁자가 질병, 장애, 노령 그 밖의 정신적 제약으로 사무처리능력이 부족하거나 없다는 전문의사의 진단이 있는 경우 위탁자의 해지권 또는 해제권은 제한된다.

제16조【신탁의 종료】 ① 이 신탁계약에 따른 신탁은 다음 각 호의 어느 하나에 해당하는 경우에 종료한다.

1. 신탁기간이 만료된 경우
2. 신탁의 목적을 달성하였거나 달성할 수 없는 경우
3. 제15조에 의하여 신탁이 해지되는 경우

② 제1항에 따라 이 신탁계약에 따른 신탁이 종료하는 경우 수탁자는 수익자(신탁특약으로 신탁재산의 귀속권리자를 별도로 정한 경우에는 그 귀속권리자)에게 신탁재산을 현상대로 인도하여야 한다. 다만, 신탁재산관리인이 선임된 경우에는 신탁재산을 현상대로 신탁재산관리인에게 인도하여야 한다.

③ 제1항에 따라 이 신탁계약에 따른 신탁이 종료되는 시점에 수탁자가 지급받아야 할 비용, 조세 등을 일부 또는 전부를 지급받지 못한 경우 수탁자는 제2항에 따라 신탁재산을 인도하기 전에 신탁재산에 속하는 금전으로 이를 지급받을 수 있다. 신탁재산에 속한 금전으로 이를 지급하기에 부족한 경우 수탁자는 신탁부동산의 일부 또는 전부를 처분하여 그 지급에 사용 할 수 있다.

④ 이 신탁계약에 따른 신탁이 종료한 경우 수탁자는 지체 없이 신탁사무에 관한 최종의 계산을 하고, 수익자 또는 귀속권리자의 승인을 받아야 한다.

제17조【소송수행】 ① 신탁부동산에 관한 소송이 제기되었거나 제기할 필요가 있는 경우 수탁자는 위탁자와 수익자에게 이를 통지하고 위탁자 및 수익자와 협의하여 응소 또는 제소에 필요한 조치를 취할 수 있다.

② 제1항에 따라 수탁자가 부담하는 소송대리인의 보수 및 소송과 관련된 비용(소송결과에 따른 판결금액 및 이에 대한 지연이자 등 포함)은 제13조에 따라 처리한다.

③ 제1항에 따라 수탁자가 소송 등 업무를 수행한 경우에는 소송대리인 선임 사실 및 판결이 선고되거나 결정이 내려진 사실을 그 선임이 이루어진 날 또는 수탁자가 판결에 관하여 통지 받은 날로부터 지체 없이 위탁자 및 수익자에게 등기우편으로 통지하며, 이 경우 소송과 관련된 비용 및 해당 판결에 따라 수탁자가 지급의무를 부담하게 된 금액도 함께 통지하여야 한다.

제18조【관할법원】 이 신탁계약에 관하여 분쟁이 발생하는 경우에는 관할법원은 「민사소송법」에서 정하는 바에 따른다.

제19조【관계법규등 준용】 이 신탁계약에 정하지 아니한 사항은 별도의 약정이 없는 한 신탁관계법규에 정하는 바에 따른다.

제20조【신탁계약과 신탁특약의 관계】 위탁자와 수탁자는 관계법규에 위반하지 않는 범위 내에서 특약을 정할 수 있으며, 신탁특약의 내용은 이 신탁계약의 내용에 우선한다.

이 신탁계약을 증명하기 위해 계약서를 2부 작성하여 위탁자와 수탁자가 각각 1부씩 보관한다. 다만, 신탁재산의 공시, 신탁재산의 신탁 등을 위해 유관기관 또는 유관회사에 이 계약서의 원본을 제출해야 하는 경우에는 1부 이상을 추가로 작성할 수 있다.

[****] 년 [**] 월 [**] 일

위탁자
성　　　명 :　　　　　　　　(인)
주　　　소 :
주민등록번호 :
법인등록번호 :

수탁자
성　　　명 :　　　　　　　　(인)
주　　　소 :
주민등록번호 :

별지 1. 신탁부동산의 표시
별지 2. 신탁특약(귀속권리자지정특약 포함)

[별첨1]

신탁부동산의 표시

Part 10

[별첨2]

신탁특약

1. 귀속권리자 지정

위탁자 사망을 원인으로 신탁이 종료될 경우, 신탁법 제101조 제1항에 따라 다음과 같이 신탁재산의 잔여재산이 귀속될 권리자(이하 "귀속권리자"라 한다)를 정한다.

성 명	
주민등록번호	
주 소	
연 락 처	

2. 위탁자 생전 신탁부동산의 관리 및 처분

(1) 수탁자는 위탁자의 지시에 따라 신탁부동산의 사용, 임대 및 시설관리를 이행하여야 한다.

(2) 위탁자가 신탁재산의 처분을 지시할 경우, 수탁자는 위탁자의 지시에 따라 신탁부동산을 처분하여야 한다. 이 경우 수탁자는 처분대금을 신탁회사에 개설한 수탁자 명의의 신탁계좌로 입금하여 위탁자의 지시에 따라 운용한다. 수탁자는 위탁자의 의료비, 간병비, 주거비, 생활비 등 필요비용(이하 "필요비용")을 위 신탁계좌에서 인출하여 지출하여야 한다.

(3) 위탁자가 질병, 장애, 노령 그 밖의 사유로 인한 정신적 제약으로 사무처리능력이 부족하거나 없다는 전문의사의 진단이 있는 경우, 수탁자는 원칙적으로 신탁부동산을 처분하지 못한다. 다만, 이 신탁부동산을 매각하지 아니하면 위탁자의 생계유지나 병원비 부담을 감당할 수 없는 부득이한 상황이 되는 경우에 한하여, 신탁부동산을 처분하여 조성한 자금을 신탁회사에 개설한 신탁계좌에 입금한 후 오직 위탁자를 위하여 사용하여야 한다.

3. 위탁자 사후 신탁부동산의 귀속

(1) 위탁자 사망으로 신탁이 종료될 경우, 수탁자는 귀속권리자에게 신탁부동산의 소유권을 귀속시킨다.

(2) 수탁자가 귀속권리자인 경우, 신탁법 제34조에도 불구하고 수탁자는 신탁부동산을 고유재산으로 귀속시킬 수 있다.

다. 비상장주식 유언대용신탁 : 기본형

가업을 영위하는 부모가 가업 주식에 대하여 후계자인 자녀를 수탁자로, 후계자인 자녀와 손자녀를 공동사후수익자로 정하는 계약서 예시안이다. 이 경우 위탁자인 부모가 신탁재산인 주식의 의결권행사를 수탁자에게 지시할 수 있고, 위탁자인 부모가 사무처리능력이 없게 되면 수탁자가 독립적인 의사결정에 따라 의결권을 행사할 수 있으며, 위탁자 사후에도 일정 기간 신탁이 유지된 채로 후계자인 수탁자가 의결권을 모두 행사할 수 있다.

유언대용신탁계약

– 가족기업 비상장주식신탁(기본형) –

위탁자	본인
수탁자	자녀
생전수익자	위탁자 본인
사후수익자	자녀(90%), 손자녀(10%)
신탁재산보호자	배우자

위탁자 [***]와 수탁자 [***]는 다음과 같이 『유언대용신탁계약』(이하 '이 계약'이라 한다)을 체결한다.

제1조 【신탁의 목적】 이 계약은 신탁재산의 보존, 관리, 처분, 운용 등을 통해 신탁재산에 관한 급부를 생전수익자 또는 사후수익자에게 지급함으로써 안정적으로 재산을 보존하고 승계하는 것을 목적으로 한다.

제2조 【용어의 정의】 이 계약에서 사용하는 용어의 뜻은 다음과 같다.

1. "위탁자"라 함은 신탁을 설정하는 자를 말한다.
   위탁자의 지위는 위탁자 사망 시 상속되지 아니한다.
2. "수탁자"라 함은 신탁 목적에 따라 위탁자로부터 신탁재산을 인수하는 자를 말한다.
4. "수익자"라 함은 신탁재산의 수익권을 취득하여 행사하는 자를 말한다.

5. "원수익자"라 함은 위탁자가 사망하기 전까지 신탁재산의 수익권을 갖는 수익자를 말한다. 다만, 별도의 약정이 있는 경우를 제외하고는 이 계약에서 위탁자를 원수익자로 본다.
6. "사후수익자"라 함은 원수익자의 사망에 의하여 신탁재산의 수익권을 취득하도록 지정받은 자를 말한다. 다만, 사후수익자는 원수익자가 사망할 때까지 이 계약의 수익권을 취득하지 못한다.
7. "상속신탁집행"이라 함은 위탁자의 사망으로 사후수익자가 사후수익권을 취득하는 절차를 수탁자가 이행하는 것을 말한다.

제3조 【신탁재산】 ① 신탁재산은 위탁자가 소유하고 있는 아래 주식(이하 "신탁주식"이라한다)이다.

발행회사	종류	수량	액면가 총액	지분율

② 신탁재산은 신탁주식과 관련하여 유상증자 및 무상증자로 인한 주식, 주식양도, 합병 · 분할 · 분할합병 등 회사 구조 변화에 따라 변경되는 주식, 주식 매각 시 매각대금, 배당금 등 주식으로부터 발생하는 과실 등을 모두 포함한다.

제4조 【신탁재산의 보관, 관리, 운용 및 처분】 ① 수탁자는 이 신탁주식의 의결권을 행사함에 있어 수익자의 이익을 위하여 위탁자의 지시를 받아 행사한다.

② 이 신탁주식과 관련하여 유상증자 사유가 발생하는 경우 수탁자는 위탁자의 지시에 따라 신탁재산 또는 위탁자로부터 지급받은 금원으로 유상증자에 응할 수 있다.

③ 수탁자는 이 신탁주식으로부터 발생하는 배당금, 유상감자대금, 매각대금 등 일체의 금원(이하 "신탁금전"이라 함)을 위탁자의 지시에 따라 예금, 채권, 주식, 펀드 등으로 운용할 수 있다. 수탁자는 신탁계좌(수탁자 명의로 개설한 신탁계좌)를 금융기관에 개설하여 신탁금전을 분별관리한다.

④ 제1항 내지 제3항 이외에 이 신탁주식과 관련하여 주주로서 권리를 행사할 필요가 있는 경우, 수탁자는 위탁자의 지시에 따라 행사한다.

제5조 【신탁계약기간】 ① 이 계약의 존속기간은 [ ]년 [ ]월 [ ]일부터 [ ]년 [ ]월 [ ]일까지로 한다.

② 위탁자가 위 존속기간보다 더 생존하는 경우 이 계약은 동일한 조건으로 자동 연장된다.

③ 위탁자가 위 존속기간보다 먼저 사망한 경우 위탁자 사망 시 이 신탁계약은 종료한다.

제6조 【사후수익자 지정 및 변경 등】 ① 위탁자는 이 계약의 사후수익자를 [별지1] 기재와 같이 정한다.

② 동일 차수에 복수의 사후수익자가 지정된 경우, 특별히 정한 바가 없으면, 신탁원본 및 신탁이익은 균등하게 지급한다.

③ 위탁자는 수탁자와 합의하여 사후수익자를 변경할 수 있다.

제7조【손익의 귀속】 신탁재산 운용으로 발생되는 이익 및 손실은 수익자에게 전부 귀속된다.

제8조【신탁재산의 표시 등】 ① 위탁자는 신탁계약 체결일로부터 1영업일 이내 신탁주식의 발행회사에 [별지2] 신탁사실통지서를 송부해야 한다.

② 수탁자는 발행회사로부터 이 신탁사실을 반영하여 위탁자 명의를 수탁자 명의로 명의개서된 주주명부와 [별지3] 주권미발행확인증을 교부받아 보관한다.

제9조【신탁보수】 위탁자는 신탁보수를 지급하지 않기로 한다.

제10조【조세 및 비용】 수탁자의 귀책사유 없이 발생하는 신탁재산에 대한 조세(근거법령상 납세의무자가 수탁자라도 신탁재산과 관련한 조세는 전부 포함) 및 공과금과 이 계약과 관련한 신탁사무 처리에 수반 되어 발생하는 비용은 신탁재산에서 지출하거나 위탁자나 수익자에게 따로 청구할 수 있다.

제11조【사후수익권의 상속신탁집행】 ① 사후수익권의 상속신탁집행은 수탁자가 사후수익권의 내용에 따라 사후수익자에게 신탁재산의 소유권을 귀속시킨다.

② 사후수익권의 상속신탁속집행으로 신탁재산 전부가 사후수익자에게 귀속한 후 해당 사후수익권은 소멸된다.

③ 사후수익권 전부에 대해 상속신탁집행이 완료되면 해당 신탁은 종료된다.

제12조【신탁계약의 중도해지 등】 ① 위탁자는 이 신탁계약기간 만료 전에 신탁계약의 전부 또는 일부를 해지(이하 '중도해지'라 한다)할 수 있다.

② 위탁자가 사망한 이후 상속신탁집행 전에 다음 각 호의 어느 하나에 해당하는 사유가 발생한 경우 이 신탁계약의 전부 또는 일부가 종료될 수 있다. 이 경우 신탁원본 또는 신탁이익은 수익자 또는 신탁재산의 권리자에게 지급한다.

1. 유류분 반환 청구에 의해 유류분 반환이 확정되어 신탁재산으로 유류분을 지급하는 경우
2. 신탁관계법규에 의하여 신탁재산에 강제집행 등을 하는 경우
3. 그 밖에 위탁자와 수탁자가 별도로 정한 경우

③ 수탁자는 제2항의 경우 해당 수익자 또는 신탁재산의 권리자에게 증빙서류를 서면으로 제출받아야 한다. 다만, 제출한 증빙서류를 판단함에 있어 수탁자의 귀책사유가 없는 한 수탁자는 책임을 부담하지 아니한다.

제13조【신탁의 종료 및 최종계산】 ① 이 계약은 다음 각 호의 어느 하나에 해당하는 경우 종료한다.

1. 제5조에서 정한 신탁계약기간이 만료된 경우
2. 이 계약에서 정한 수익자, 원수익자 및 사후수익자가 모두 사망한 경우
3. 이 계약과 관련된 수익권 전부가 소멸한 경우

4. 제2호 및 제3호 이외에 신탁의 목적을 달성하였거나 달성할 수 없게 된 경우
5. 수탁자가 위탁자보다 먼저 사망하거나, 수탁자가 노령, 질병 기타 사유로 사무처리 능력의 부족 등의 사유로 수탁자 역할을 수행할 수 없을 경우(수탁자에 대한 전문의의 소견으로 수탁자로서 역할을 수행할 수 없다고 인정하는 경우로 한정한다)
6. 그 밖에 신탁관계법규에서 정한 신탁의 종료사유에 해당하는 경우

② 이 신탁이 종료된 경우 수탁자는 수익자에게 신탁재산을 교부한다. 다만, 신탁재산 중 환가 및 회수가 곤란한 부득이한 사정이 발생한 경우 신탁재산을 운용현상 그대로 교부할 수 있다.

③ 제1항 제5호의 사유로 신탁이 종료된 경우에는, 신탁이 종료된 시점의 수익자 또는 수익자들이 신탁주식의 발행회사에 대하여 수익자 또는 수익자들 명의로 명의개서를 청구하는 방법으로, 그 외의 신탁재산에 대하여는 해당 신탁재산을 수익자 또는 수익자들 명의로 취득할 수 있는 적절한 방법을 통하여 직접 취득하는 방법으로 신탁관계를 종료한다.

제14조【수익권의 양도 및 질권 설정】 수익자는 수탁자의 동의 없이 이 계약의 수익권을 증여, 양도, 담보제공, 그 밖에 처분행위를 할 수 없다.

제15조【특약의 효력】 ① 이 계약과 관련하여 다음 각 호의 경우 위탁자와 수탁자는 합의하여 특약을 체결할 수 있다. 다만, 특약의 내용은 신탁관계법규 등에 위배되지 않아야 한다.

1. 이 계약의 이해관계자간 권리와 의무를 명확히 하고자 하는 경우
2. 이 계약의 내용을 구체화하거나 다르게 정하고자 하는 경우

② 이 계약의 내용과 특약의 내용이 경합하는 경우 특약의 내용을 우선 적용한다.

③ 이 계약의 특약사항은 별지 특약사항으로 정할 수 있다.

제16조【선관주의 의무】 수탁자는 신탁재산을 보관, 관리, 처분, 운용함에 있어 선량한 관리자로서의 주의의무를 다하여야 한다.

제17조【관할법원】 이 계약으로 인한 소송의 관할법원은 민사소송법에서 정하는 바에 따른다.

제18조【신탁계약과 신탁특약의 관계】 위탁자와 수탁자는 관계법규에 위반하지 않는 범위 내에서 특약을 정할 수 있으며, 신탁특약의 내용은 이 신탁계약의 내용에 우선한다.

제19조【관계법규등의 준용】 이 계약에서 정하지 아니한 사항이나 해석상 이의가 있는 사항이 발생하는 경우에는 신탁관계법규에서 정한 바에 따르기로 한다.

이 계약을 증명하기 위하여 계약서 2부를 작성하여 위탁자, 수탁자가 서명 · 날인한 후 각각 1부씩 보관한다. 다만, 신탁재산의 공시, 신탁재산의 신탁 등을 위해 유관기관 또는 유관회사에 이 계약서의 원본을 제출해야 하는 경우에는 1부 이상을 추가로 작성할 수 있다.

2023년 [**]월 [**]일

위탁자 : [***] (인)
주민등록번호 :
주 소 :

수탁자 : [***] (인)
주민등록번호 :
주 소 :

[별지1]

사후수익자, 사후수익권 및 신탁재산관리

1. 사후수익자 및 사후수익권

(1) 위탁자는 위탁자의 자녀와 손자녀를 신탁 원본 및 이익의 사후수익자로 정하며, 자녀의 사후수익권은 90%, 손자녀의 사후수익권은 10%로 정한다.[14)] 사후수익자는 위탁자 사망 시 사후수익권을 취득한다.

14) 부동산과 마찬가지로, 주식신탁의 수탁자가 단독사후수익자인 경우 신탁법 제36조 본문에 의해 무효로 볼 수 있기 때문에, 공동수익자로 자녀의 자녀, 즉 손자녀를 공동수익자로 지정하는 유형이다.

Part 10

(2) 위탁자 사망 후 수탁자는 신탁주식을 고유재산으로 전환하는 절차로, 사후수익자가 발행회사에 명의개서를 청구하는데 적극 협조하여야 한다(수탁자는 신탁법 제34조에도 불구하고 신탁주식을 고유재산으로 귀속시킬 수 있다).

2. 위탁자 생전 신탁재산관리

수탁자는 위탁자 생전에 신탁재산을 아래와 같이 유지 · 관리한다.

(1) 위탁자는 언제든지 신탁재산을 인출하거나 신탁계약의 일부 또는 전부를 해지할 수 있다.

(2) 위탁자는 질병, 장애, 노령 그 밖의 사유로 인한 정신적 제약으로 사무처리할 능력이 부족할 경우를 대비하여 신탁재산보호자를 [배우자] [생년월일]로 지정한다. 신탁재산보호자의 권한은 위탁자가 질병, 장애, 노령 그 밖의 사유로 인한 정신적 제약으로 사무처리할 능력이 부족하다는 전문의사의 진단 또는 소견이 있는 등 수탁자가 객관적으로 판단할 수 있는 경우에 한하여 발생한다. 신탁재산보호자는 ① 신탁주식에 대한 권리행사[단, 신탁주식 매매는 불가], ② 신탁주식 이외 신탁재산의 취득, 처분, 그 밖의 운용권한, ③ 위탁자를 위한 신탁주식 이외의 신탁재산 인출권한(일부 해지 후 인출), ④ 그 밖에 위탁자를 위하여 필요한 것으로 수탁자가 인정하는 권한을 행사할 수 있다.

(3) 신탁재산보호자는 위탁자의 치료비, 간병비, 요양비, 생활비 등(이하 "필요비용"이라 한다) 지출을 위해 신탁계약을 일부 해지하여 인출할 수 있다. 치료비, 간병비 및 요양비의 경우 수탁자는 신탁재산보호자가 제시하는 증빙자료를 근거로 지급하며, 생활비의 경우 수탁자는 별도의 증빙자료 제출 없이도 매월 [**,***,***] 한도 내에서 신탁재산을 인출할 수 있다.

(4) 신탁재산보호자가 질병, 장애, 노령 그 밖의 사유로 인한 정신적 제약으로 사무처리할 능력이 부족한 경우 수탁자가 필요비용을 직접 위탁자를 위하여 지급할 수 있다. 이 경우 신탁재산의 매각 순서는 수탁자가 선량한 관리자 주의의무를 다하여 결정한다.

[별지2]

주식 신탁사실 통지서
(확정일자부 통지)

수 신 : ㈜ [****]
주소
대표이사 [***]

귀 법인의 무궁한 발전과 일익 번창함을 기원합니다.

1. 위탁자 [***](이하 '위탁자')는, 2022년 [*]월 [*]일 수탁자 [****](이하 '수탁자')와 사이에서 '유언대용신탁계약'을 체결하고, 위탁자가 소유하고 있는 아래 주식을 수탁자에게 신탁하였습니다.

종류	주주명	주식수
보통주	[***]	[****] 주

2. 이에 귀 법인은 주주명부에 위탁자 명의를 수탁자 명의로 명의개서하고, 신탁사실을 표시한 후 주주명부를 수탁자에게 보내 주시기 바랍니다.

3. 향후 주주총회가 개최될 경우 수탁자에게 주주총회 소집통지를 하여 주시고, 배당금 등 주식에서 과실이 발생할 경우 수탁자에게 지급하여 주시기 바랍니다.

통지인(위탁자)

성 명 : [***] (인)
주민등록번호 :
주 소 :

[별지3]

주권미발행확인서

[   ] 귀하

종류	보통주
액면가	
주식수	
지분율	

주식회사 [*****]가 발행하여 위탁자 [***](생년월일 :   )이 보유하다 귀하에게 신탁한 상기 주식에 대하여 당사는 주권을 미발행하고 있음을 확인합니다. 상기 주식에 대하여 주권을 발행하는 경우 주주인 귀하(생년월일 :   )에게 발행하여 줄 것을 확인합니다.

법 인 명 :
주　　소 :
대표이사 :   (인)

[별지4]

의결권 행사 지시서

[ ] 귀하

본인이 [****]년 [**]월 [**]일 귀하와 체결한 주식회사 [****] 주식에 대한 가업승계 신탁계약과 관련하여, [****]년 [**]월 [**]일에 개최되는 주식회사 [****]의 주주총회 안건에 대한 의결권 행사를 다음과 같이 지시하니, 귀하가 본인의 지시에 따라 의결권을 행사하여 주시기 바랍니다.

– 다 음 –

	안건	찬성	반대
제1호 안건			
제2호 안건			
제3호 안건			
제4호 안건			

[****] 년 [**]월 [**]일

위탁자 (인)

Part 10

라. 비상장주식 유언대용신탁 : 기증여 주식 혈통신탁형

가업 주식을 부모가 이미 자녀에게 증여하면서, 증여한 주식에 대한 의결권을 부모가 직접 행사하고 자녀가 먼저 사망할 경우를 대비하여 가업 주식을 손자녀[15)]에게 귀속시키되, 손자녀가 성장하여 경영권을 행사할 수 있는 기간까지 부모가 의결권을 행사할 수 있도록 설계한 일종의 '혈통신탁형 가업 주식 유언대용신탁계약' 예시안이다.

유언대용신탁계약

– 가족기업 주식신탁(기증여형) –

위탁자	본인
수탁자	부
승계수탁자	모
생전수익자	위탁자 본인
사후수익자	자녀
예비적 사후수익자	부모

위탁자 [***], 수탁자 [***] 및 승계수탁자는 다음과 같이 『유언대용신탁계약』(이하 '이 계약'이라 한다)을 체결한다.

제1조【신탁의 목적】 이 계약은 신탁재산의 보존, 관리, 처분, 운용 등을 통해 신탁재산에 관한 급부를 생전수익자 또는 사후수익자에게 지급함으로써 안정적으로 재산을 보존하고 승계하는 것을 목적으로 한다.

제2조【용어의 정의】 이 계약에서 사용하는 용어의 뜻은 다음과 같다.

1. "위탁자"라 함은 신탁을 설정하는 자를 말한다.
   위탁자의 지위는 위탁자 사망시 상속되지 아니한다.

15) 미성년 손자녀에게 주식을 귀속시킴으로써 사위나 며느리의 주주권 행사를 제한한다는 점에서 영미 실무에서 활용하고 있는 혈통신탁(blood-line trust)과 어느 정도 유사한 구조가 된다. 물론, 우리나라에서 사위나 며느리가 유류분청구권을 행사할 수도 있어, 영미의 혈통신탁과는 다소 차이가 있다.

2. "수탁자"라 함은 신탁 목적에 따라 위탁자로부터 신탁재산을 인수하는 자를 말한다.
3. "승계수탁자"라 함은 수탁자에게 노령, 질병, 그 밖의 사유로 사무처리능력이 부족하거나 없는 경우 또는 수탁자의 사망 등의 사유로 수탁자로서 역할을 수행할 수 없을 경우 새로운 수탁자를 말한다.
3. "수익자"라 함은 신탁재산의 수익권을 취득하여 행사하는 자를 말한다.
4. "원수익자"라 함은 위탁자가 사망하기 전까지 신탁재산의 수익권을 갖는 수익자를 말한다. 다만, 별도의 약정이 있는 경우를 제외하고는 이 계약에서 위탁자를 원수익자로 본다.
5. "사후수익자"라 함은 원수익자의 사망에 의하여 신탁재산의 수익권을 취득하도록 지정받은 자를 말한다. 다만, 사후수익자는 원수익자가 사망할 때까지 이 계약의 수익권을 취득하지 못한다.
6. "예비적 사후수익자"라 함은 원수익자 및 사후수익자 모두 사망하여 신탁재산의 수익권을 취득하도록 지정받은 자를 말한다.
7. "상속신탁집행"이라 함은 위탁자 또는 선순위 사후수익자의 사망으로 사후수익자가 사후수익권을 취득하는 절차를 수탁자(제1, 2 승계수탁자를 포함한다. 이하 같다)가 이행하는 것을 말한다. 즉시배분형 사후수익권과 계속관리형 사후수익권의 취득 모두를 포함한다.
8. "즉시배분형 사후수익권"이라 함은 위탁자 또는 선순위 사후수익자의 사망으로 사후수익권의 내용에 따라 사후수익자에게 신탁재산의 소유권을 이전시키는 내용의 사후수익권을 말한다.
12. "계속관리형 사후수익권"이라 함은 위탁자 또는 선순위 사후수익자의 사망 후에도 신탁계약에서 정한 바에 따라 일정 기간 신탁이 유지되도록 하기 위해 설정되는 사후수익권으로서, 해당 위탁자 또는 선순위 사후수익자의 사망 후 신탁계약에서 정한 일정 기간 유지되는 사후수익권을 말한다.

제3조【신탁재산】 ① 신탁재산은 위탁자가 소유하고 있는 아래 주식(이하 "신탁주식"이라한다)이다.

발행회사	종류	수량	액면가 총액	지분율

② 신탁재산은 신탁주식과 관련하여 유상증자 및 무상증자로 인한 주식, 주식양도, 합병·분할·분할합병 등 회사 구조 변화에 따라 변경되는 주식, 주식 매각 시 매각대금, 배당금 등 주식으로부터 발생하는 과실 등을 모두 포함한다.

제4조【신탁재산의 보관, 관리, 운용 및 처분】 ① 수탁자는 이 신탁주식의 의결권을 행사함에 있어 수익자의 이익을 위하여 독립적이고 충실하게 행사한다.
② 수탁자는 이 신탁주식과 관련하여 유상증자 사유가 발생하는 경우 수탁자의 독립적인 판단하에 신탁재산 또는 위탁자로부터 지급받은 금원으로 유상증자에 응할 수 있다.

③ 수탁자는 이 신탁주식으로부터 발생하는 배당금, 유상감자대금, 매각대금 등 일체의 금원(이하 "신탁금전"이라 함)을 예금, 채권, 주식, 펀드 등으로 운용할 수 있다. 수탁자는 신탁계좌(수탁자 명의로 개설한 신탁계좌)를 금융기관에 개설하여 신탁금전을 분별 관리할 수 있다.

④ 제1항 내지 제3항 이외에 이 신탁주식과 관련하여 주주로서 권리를 행사할 필요가 있는 경우, 수탁자는 수익자의 이익을 위하여 그 권리를 행사한다.

제5조【신탁계약기간】 ① 이 계약의 존속기간은 [****]년 [**]월 [**]일부터 [****]년 [**]월 [**]일까지로 한다.

② 수탁자는 이 신탁계약의 취지에 반하지 않는 범위 내에서 신탁계약 기간을 연장 또는 단축할 수 있다.

제6조【사후수익자 지정 및 변경 등】 ① 위탁자는 이 계약의 사후수익자를 [별지1] 기재와 같이 정한다.

② 동일 차수에 복수의 사후수익자가 지정된 경우, 특별히 정한 바가 없으면, 신탁원본 및 신탁이익은 균등하게 지급한다.

③ 위탁자는 수탁자와 합의하여 사후수익자를 변경할 수 있다.

제7조【손익의 귀속】 신탁재산 운용으로 발생되는 이익 및 손실은 수익자에게 전부 귀속된다.

제8조【신탁재산의 표시 등】 ① 위탁자는 신탁계약 체결일로부터 1영업일 이내 신탁주식의 발행회사에 [별지2] 신탁사실통지서를 송부해야 한다.

② 수탁자는 발행회사로부터 이 신탁사실을 반영하여 위탁자 명의를 수탁자 명의로 명의개서된 주주명부와 [별지3] 주권미발행확인증을 교부받아 보관한다.

제9조【신탁보수】 위탁자는 신탁보수를 지급하지 않기로 한다.

제10조【조세 및 비용】 수탁자의 귀책사유 없이 발생하는 신탁재산에 대한 조세(근거법령상 납세의무자가 수탁자라도 신탁재산과 관련한 조세는 전부 포함) 및 공과금과 이 계약과 관련한 신탁사무 처리에 수반 되어 발생하는 비용은 신탁재산에서 차감하거나 위탁자나 수익자에게 따로 청구할 수 있다.

제11조【즉시배분형 사후수익권의 상속신탁집행】 ① 즉시배분형 사후수익권의 상속신탁집행은 수탁자가 사후수익권의 내용에 따라 사후수익자에게 신탁재산의 소유권을 귀속시킨다.

② 즉시배분형 사후수익권의 상속신탁속집행으로 신탁재산 전부가 사후수익자에게 귀속한 후 해당 사후수익권은 소멸된다.

③ 즉시배분형 사후수익권 전부에 대해 상속신탁집행이 완료되면 해당 신탁은 종료된다.

제12조【계속관리형 사후수익권의 상속신탁집행】 ① 계속관리형 사후수익권의 상속신탁집행으로 수탁자는 사후수익자(예비적 사후수익자를 포함한다. 이하 같다)에게 사후수익권을 취득시킨다.

② 계속관리형 사후수익권의 상속신탁집행 완료 후 수탁자는 사후수익자를 위해 신탁재산을 별지 특약사항에서 정한 기간이나 특정 조건 성취시(계속관리형 사후수익권의 최종집행사유 발생시)까지 이 신탁계약의 특약에서 정한 내용에 따라 보관, 관리, 운용, 처분한다.

③ 계속관리형 사후수익권은 별지 특약사항에서 정한 최종집행사유 발생 시 수탁자는 신탁계약의 내용에 따라 최종 사후수익자에게 신탁재산을 귀속시킨다.

④ 계속관리형 사후수익권이 전부 최종집행사유가 발생하여 상속신탁집행이 완료되면 이 신탁계약은 종료된다.

제13조【신탁계약의 중도해지 등】 ① 위탁자는 이 신탁계약기간 만료 전에 수탁자의 동의를 얻어 신탁계약의 전부 또는 일부를 해지(이하 '중도해지'라 한다)할 수 있다.

② 위탁자가 사망한 후 상속신탁집행 전에 다음 각 호의 어느 하나에 해당하는 사유가 발생한 경우 이 신탁계약의 전부 또는 일부가 종료될 수 있다. 이 경우 신탁원본 또는 신탁이익은 수익자 또는 신탁재산의 권리자에게 지급한다.

1. 유류분 반환 청구에 의해 유류분 반환이 확정되어 신탁재산으로 유류분을 지급하는 경우
2. 신탁관계법규에 의하여 신탁재산에 강제집행 등을 하는 경우
3. 그 밖에 위탁자와 수탁자가 별도로 정한 경우

③ 수탁자는 제2항의 경우 해당 수익자 또는 신탁재산의 권리자에게 증빙서류를 서면으로 제출받아야 한다. 다만, 제출한 증빙서류를 판단함에 있어 수탁자의 귀책사유가 없는 한 수탁자는 책임을 부담하지 아니한다.

제14조【신탁의 종료 및 최종계산】

① 이 계약은 다음 각 호의 어느 하나에 해당하는 경우 종료한다.

1. 제5조에서 정한 신탁계약기간이 만료된 경우
2. 이 계약에서 정한 수익자, 원수익자 및 사후수익자가 모두 사망한 경우
3. 이 계약과 관련된 수익권 전부가 소멸한 경우
4. 제2호 및 제3호 이외에 신탁의 목적을 달성하였거나 달성할 수 없게 된 경우
5. 수탁자 및 승계수탁자가 모두 위탁자보다 먼저 사망하거나, 수탁자 및 제1, 2 승계수탁자가 모두 노령, 질병 기타 사유로 사무처리능력의 부족 등의 사유로 수탁자 또는 승계수탁자로서 역할을 수행할 수 없을 경우(승계수탁자로서 역할을 수행할 수 없는 경우란 승계수탁자가 스스로 이를 인정하거나 승계수탁자에 대한 전문의의 소견으로 승계수탁자로서 역할을 수행할 수 없다고 인정하는 경우로 한정한다)
6. 그 밖에 신탁관계법규에서 정한 신탁의 종료사유에 해당하는 경우

② 이 신탁이 종료된 경우 수탁자는 수익자에게 신탁재산을 교부한다. 다만, 신탁재산 중 환가 및 회수가 곤란한 부득이한 사정이 발생한 경우 신탁재산을 운용현상 그대로 교부할 수 있다.

③ 제1항 제5호의 사유로 신탁이 종료된 경우에는, 신탁이 종료된 시점의 수익자 또는 수익자들이 신탁주식의 발행회사에 대하여 수익자 또는 수익자들 명의로 명의개서를

청구하는 방법으로, 그 외의 신탁재산에 대하여는 해당 신탁재산을 수익자 또는 수익자들 명의로 취득할 수 있는 적절한 방법을 통하여 직접 취득하는 방법으로 신탁관계를 종료한다.

제15조【수익권의 양도 및 질권 설정】 수익자는 수탁자의 동의 없이 이 계약의 수익권을 증여, 양도, 담보제공, 그 밖의 처분행위를 할 수 없다.

제16조【특약의 효력】 ① 이 계약과 관련하여 다음 각 호의 경우 위탁자와 수탁자는 합의하여 특약을 체결할 수 있다. 다만, 특약의 내용은 신탁관계법규 등에 위배되지 않아야 한다.

1. 이 계약의 이해관계자간 권리와 의무를 명확히 하고자 하는 경우
2. 이 계약의 내용을 구체화하거나 다르게 정하고자 하는 경우

② 이 계약의 내용과 특약의 내용이 경합하는 경우 특약의 내용을 우선 적용한다.

③ 이 계약의 특약사항은 별지 특약사항으로 정할 수 있다.

제17조【해석】 이 계약에서 정하지 아니한 사항이나 해석상 이의가 있는 사항이 발생하는 경우에는 신탁관계법규에서 정한 바에 따르기로 한다.

제18조【선관주의 의무】 수탁자는 신탁재산을 보관, 관리, 처분, 운용함에 있어 선량한 관리자로서의 주의의무를 다하여야 한다.

제19조【관할법원】 이 계약으로 인한 소송의 관할법원은 민사소송법에서 정하는 바에 따른다.

이 계약을 증명하기 위하여 계약서 3부를 작성하여 위탁자, 수탁자, 승계수탁자가 서명·날인한 후 각각 1부씩 보관한다. 다만, 신탁재산의 공시, 신탁재산의 신탁 등을 위해 유관기관 또는 유관회사에 이 계약서의 원본을 제출해야 하는 경우에는 1부 이상을 추가로 작성할 수 있다.

2022년 [*]월 [*]일

위탁자 : [***] (인)
주민등록번호 :
주소 :

수탁자 : [***] (인)
주민등록번호 :
주소 :

승계수탁자 : [***] (인)
주민등록번호 :
주소 :

[별지1]

사후수익자, 사후수익권 및 신탁재산관리

1. 사후수익자 및 사후수익권(계속관리형 수익권)

(1) 위탁자는 위탁자의 자녀를 사후수익자로 정하며, 위탁자 사망 시 사후수익자는 사후수익권을 취득한다.

위탁자 사망시 자녀(태아 포함한다. 이하 같다)가 복수인 경우 신탁원본 및 이익수익권은 균등한 것으로 하되, 수탁자가 사후수익자의 상황을 감안하여 수익권 비율을 달리 정할 수 있다.

(2) 이 신탁계약이 존속하는 기간 중 위탁자가 사망한 경우, 수탁자는 사후수익권에 따라 신탁수익권을 바로 지급하지 않고 신탁계약 만료시까지 신탁재산을 관리한다.

이 경우 수탁자는 단독으로 신탁계약의 기간을 연장 또는 단축할 수 있다(다만, 수탁자가 단독으로 기간을 연장하는 경우에는 성년이 된 사후수익자가 요청하는 경우를 제외하고 사후수익자가 만 30세에 이르는 날을 초과하지 않는 범위에서 연장할 수 있다).

(3) 수탁자는 재량으로 사후수익자에게 필요한 교육비, 유학비, 의료비, 생활비 등 필요금액을 신탁재산에서 인출하여 사후수익자를 위하여 사용한다.

2. 예비적 사후수익자 및 사후수익권(즉시배분형 사후수익권)

(1) 위탁자 사망시 위탁자의 자녀가 존재하지 아니하는 경우, 예비적 사후수익자를 위탁자의 부모로 하며, 예비적 사후수익자인 [부 :　　　, 주민등록번호　　　　　　　]와 [모 :　　, 주민등록번호　　　　　　　　　　]의 신탁원본 및 이익수익권은 균등하다.

(2) 수탁자는 예비적 사후수익자에게 신탁원본 및 이익수익권의 비율에 따라 귀속시키고 이 신탁계약은 종료한다.

3. 수탁자의 신탁재산 및 신탁계약의 관리

(1) 위탁자의 신탁재산은 수탁자인 부로부터 직접 증여받았거나 증여받은 자산으로 취득한 것이므로 위탁자는 수탁자가 신탁재산을 보관, 관리, 처분, 운용함에 있어 선량한 관리자로서의 주의의무를 위반하여 위탁자나 수익자에게 손해를 가하고, 수탁자 자신에게 이익을 주는 행위를 하는 등 명백히 신탁계약을 유지하기 어려운 경우를 제외하고는 수탁자에게 신탁계약의 해지, 해제, 신탁재산의 매도 및 매수 등을 요구할 수 없다.

(2) 수탁자(수탁자와 승계수탁자에 한한다)는 신탁의 주요 목적을 유지하는 범위 내에서 단독으로 신탁재산 관리방법, 신탁재산의 배분방법, 수익자 변경 등 신탁계약을 변경할 수 있다.

(3) 수탁자에게 노령, 질병, 그 밖의 사유로 사무처리능력이 부족하거나 없는 경우 또는 수탁자의 사망 등의 사유로 수탁자로서 역할을 수행할 수 없을 경우(이하 "승계수탁자 업무 개시 사유"라 함) 승계수탁자의 역할이 개시된다. 이 경우 승계수탁자는 수탁자의 권리, 의무, 권한을 모두 승계한다. 승계수탁자 업무 개시 사유가 발생하는 경우 승계수탁자는 신탁주식의 발행회사에 해당 승계수탁자 명의로 명의개서를 청구하여야 한다.

(4) 수탁자가 이 신탁재산을 관리하거나 상속신탁집행 과정에서 세금을 지급하기 위하여 신탁재산을 담보로 대출계약을 체결할 수 있다.

[별지2]

주식 신탁사실 통지서

(확정일자부 양도통지)

수 신 : ㈜ [****]
주소
대표이사 [***]

귀 법인의 무궁한 발전과 일익 번창함을 기원합니다.

1. 위탁자 [***](이하 '위탁자')는, 2022년 [*]월 [*]일 수탁자 [****](이하 '수탁자')와 사이에서 '유언대용신탁계약'을 체결하고, 위탁자가 소유하고 있는 아래 주식을 수탁자에게 신탁하였습니다.

종류	주주명	주식수
보통주	[***]	[****] 주

2. 이에 귀 법인은 주주명부에 위탁자 명의를 수탁자 명의로 명의개서하고, 신탁사실을 표시한 후 주주명부를 수탁자에게 보내 주시기 바랍니다.

3. 향후 주주총회가 개최될 경우 수탁자에게 주주총회 소집통지를 하여 주시고, 배당금 등 주식에서 과실이 발생할 경우 수탁자에게 지급하여 주시기 바랍니다.

통지인(위탁자)

성 명 : [***] (인)
주민등록번호 :
주 소 :

[별지3]

주권미발행확인서

[ ] 귀하

종류	보통주
액면가	
주식수	
지분율	

주식회사 [****]가 발행하여 위탁자 [***](생년월일 :)이 보유하다 귀하에게 신탁한 상기 주식에 대하여 당사는 주권을 미발행하고 있음을 확인합니다. 상기 주식에 대하여 주권을 발행하는 경우 주주인 귀하(생년월일 :)에게 발행하여 줄 것을 확인합니다.

2022년 [ ]년 [ ]일

법 인 명 :
주 소 :
대표이사 : (인)

[별지4]

의결권 행사 지시서

[ ] 귀하

본인이 [****]년 [**]월 [**]일 귀하와 체결한 주식회사 [****] 주식에 대한 가업승계 신탁계약과 관련하여, [****]년 [**]월 [**]일에 개최되는 주식회사 [****]의 주주총회 안건에 대한 의결권 행사를 다음과 같이 지시하니, 귀하가 본인의 지시에 따라 의결권을 행사하여 주시기 바랍니다.

– 다 음 –

	안건	찬성	반대
제1호 안건			
제2호 안건			
제3호 안건			
제4호 안건			

[****] 년 [**]월 [**]일

위탁자 (인)

3 민사신탁형 증여신탁

민사신탁형 증여안심신탁은 부모가 재산을 자녀에게 증여하면서 증여 이후 자녀의 재산 관리능력이 확인될 때까지 재산관리에 대한 통제권을 증여한 부모가 행사하기 위해 활용하는 신탁이다. 부모와 자녀 사이에 '조건부 증여계약'을 체결한 후 수증자인 자녀가 위탁자로서, 증여자인 부모가 수탁자로서 '증여안심신탁계약'을 체결한다. 조건부 증여계약서 예시안은 PART 04 CHAPTER 04의 증여안심신탁용 증여계약서를 참조하면 된다. 여기서는 부동산증여안심신탁계약서, 비상장주식 증여안심신탁계약서 및 금전 증여안심신탁 계약서 예시안을 준비하였다.

| 민사신탁형 증여안심신탁 구조 |

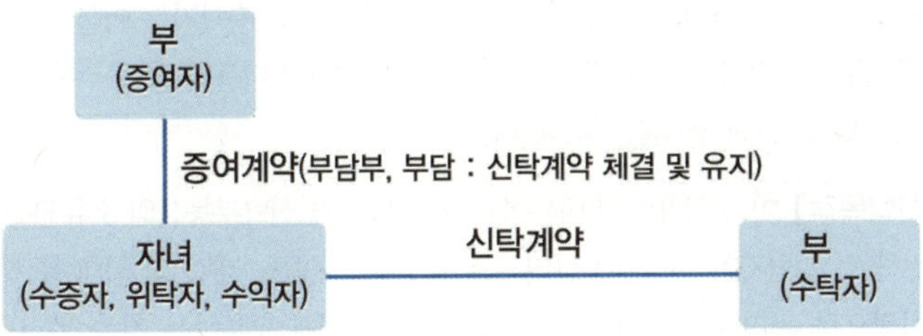

4 부동산 증여안심신탁 계약서 예시안

부모가 자녀에게 부동산을 조건부로 증여하고, 자녀는 증여계약의 조건인 신탁계약을 위탁자로서 수탁자인 부와 체결하고 해당 신탁계약을 유지한다. 자녀가 위탁자이지만, 자녀는 신탁계약기간 동안 신탁 부동산의 처분, 담보부차입, 신탁계약의 해지, 해제 권한 등의 행사를 포기한다. 민사신탁형 증여안심신탁은 상사신탁형 증여안심신탁과 재산통제방법에 차이가 있다. 상사신탁형 증여안심신탁은 위탁자가 위탁자의 처분, 담보부차입, 신탁계약의 해지, 해제 권한을 수탁자에게 행사함에 있어서 신탁재산운용지시권자인 부모의 사전 동의를 받도록 하는 방법으로 위탁자 겸 수익자인 자녀의 재량에 의한 법률행위를 통제하는 구조다. 반면, 민사신탁형 증여안심신탁은 통제권을 행사하려는 부모가 수탁자로서 이미 대내외적인 권리를 행사할 수 있기 때문에, 증여안심신탁의 내용이 간결하다.

증여안심신탁용 부동산관리신탁계약

위탁자	본인
수탁자	부모
수익자	본인

위탁자 ______는 부동산을 수탁자인 ______에 신탁하고 수탁자는 이를 인수함에 있어서, 위탁자, 수탁자 및 수익자의 권리의무를 정하기 위하여 다음과 같이 부동산관리신탁계약(이하 "이 신탁계약"이라 한다)을 체결한다.

제1조 【신탁목적】 이 신탁계약에 따른 신탁은 위탁자가 신탁부동산의 소유권을 수탁자에게 이전하고, 수탁자가 신탁부동산의 소유권 보존은 물론, 개량 및 임대 등 신탁부동산을 종합적으로 관리·운용하고, 그 수익을 수익자에게 교부하는 것을 목적으로 한다.

제2조 【용어의 정의】 이 신탁계약에서 사용하는 용어는 아래에서 정의하는 의미를 갖는다.

1. "위탁자"란 신탁부동산을 수탁자에게 위탁하는 자를 말한다.
2. "수탁자"란 이 신탁계약에 따라 신탁부동산을 신탁재산으로 인수하는 자를 말한다.
3. "수익자"란 이 신탁계약에 따라 신탁재산으로부터 금전의 지급을 받거나 그 밖의 이 신탁계약상의 권리를 갖고 의무를 부담하는 자를 말한다.
4. "수익권"이란 이 신탁계약에 따라 수익자가 신탁재산으로부터 금전을 지급받을 권리, 신탁종료 후 신탁재산의 급부를 청구할 수 있는 권리(귀속권리자가 지정된 경우에는 그러하지 아니한다) 등 이 신탁계약상 수익자가 갖는 권리를 말한다.
5. "신탁부동산"이란 이 신탁계약에 따라 위탁자가 수탁자에게 신탁하는 별지1에 적힌 부동산을 말한다.
6. "신탁재산"이란 이 신탁계약 제4조에 따라 신탁재산에 속하는 재산을 말한다.
7. "신탁기간"은 이 신탁계약 제3조에 정의된 기간을 말한다.

8. "신탁특약"이란 위탁자와 수탁자가 이 신탁계약에서 정하지 아니한 사항 또는 이 신탁계약과 달리 정하고자 하는 사항을 정하기 위하여 이 신탁계약의 특약을 말한다.

제3조【신탁기간】 이 신탁계약에 따른 신탁기간은 [****] 년 [**]월 [**] 일부터 [****] 년 [**]월 [**] 일까지로 한다. 다만 위 신탁기간이 만료되기 전에 제16조 제1항에 정해진 사유로 이 신탁계약에 따른 신탁이 종료된 경우에는 신탁기간도 이 신탁의 종료 시점에 종료된 것으로 본다.

제4조【신탁재산의 범위】 신탁부동산과 신탁부동산의 관리, 처분, 운용, 수용, 멸실, 훼손, 그 밖의 사유로 수탁자가 얻은 재산(수용보상금, 보험금 등 신탁재산에 관한 물상대위권에 기하여 취득한 금전을 포함하며, 이에 국한되지 않는다)은 신탁재산에 속한다.

제5조【수익자 및 수익권의 지급】 ① 위탁자가 제6조에 따라 위탁자가 아닌 제3자를 수익자로 지정하지 아니한 경우, 위탁자를 수익자로 한다.

② 수탁자는 신탁부동산에서 발생하는 수익은 매월 수익자에게 지급해야 한다.

제6조【수익자 지정 통지 및 수익권증서】 ① 수탁자는 위탁자가 이 신탁계약에 따른 위탁자가 아닌 제3자를 수익자로 지정한 경우 그 지정 사실을 지체 없이 해당 수익자에게 통지하여야 한다.

② 위탁자가 제3자를 수익자로 지정한 경우 수익자는 이 신탁계약의 내용을 알고 있으며 이에 동의한다는 취지의 승낙서에 이름을 적고 도장을 찍어 수탁자에게 제출하여야 한다.

제7조【수익권의 양도, 수익자의 추가 지정 또는 변경 등】 ① 수익자는 제2항의 사전 서면동의 없이는 수익자의 지위를 타인에게 양도하거나 그 수익권에 대하여 질권을 설정하는 등의 처분행위를 할 수 없다.

② 수익자가 수익권을 양도하거나 질권을 설정하고자 하는 경우 수탁자의 사전 동의를 받아야 하고, 위탁자가 수익자를 변경 또는 추가로 지정하고자 하는 경우에는 수탁자 및 다른 수익자 전원의 사전 동의를 받아야 한다. 다만, 이 경우에도 수익권의 양수인 또는 변경되거나 추가로 지정된 수익자는 이 신탁계약 상 수익자의 의무를 부담하는 조건으로만 수익권을 양수하거나 수익자로 변경 또는 추가 지정될 수 있다.

③ 제1항 및 제2항에 따라 수익권이 양도 또는 질권 설정되거나 수익자가 변경 또는 추가로 지정되는 경우 수익권을 양도하거나 질권을 설정한 수익자 또는 수익자를 변경 또는 추가 지정한 위탁자는 수탁자에게 통지하여야 하며, 수익권을 양도하거나 질권을 설정한 수익자는 이를 확정일자 있는 증서로 수탁자에게 통지하여야 한다. 이로 인한 신탁원부 등에 적힌 내용 변경 및 수익권증서 발행에 따른 비용은 별도의 약정이 없는 한 수익자가 부담하여야 한다.

④ 위탁자가 이 신탁계약에 따라 수익자를 추가로 지정하거나 변경할 수 있는 권리는 상속을 원인으로 제3자에게 승계되지 아니한다.

제8조【신탁부동산의 소유권이전의무 등】 ① 위탁자는 이 신탁계약 체결 후 지체 없이 신탁부동산의 소유권이전등기 등 신탁재산의 공시에 필요한 서류를 수탁자에게 제공하고 수탁자가 신탁계약과 관련하여 합리적으로 요구하는 조치를 취하여야 한다.
② 제1항의 등기에 필요한 비용은 위탁자가 부담한다.

제9조【신탁부동산의 관리 등】 ① 수탁자는 관계 법령상 허용되는 범위 내에서 관리 방법 및 조건을 정하여 신탁부동산을 관리하고, 관계 법령상 허용되는 범위 내에서 제3자에게 신탁부동산의 유지관리업무를 위탁할 수 있다.
② 수탁자는 제1항에 따른 신탁사무에 필요한 비용 및 신탁사무 처리에 있어서 수탁자의 고의나 과실, 그 밖의 책임 없는 사유로 발생한 손실을 신탁재산에 속한 금전으로 지급할 수 있다. 신탁재산에 속한 금전으로 이를 지급하기에 부족한 경우 위탁자 및 수익자가 이를 부담하되, 지급하지 않는 경우 수탁자는 신탁부동산의 전부 또는 일부를 매각하여 그 매각대금으로 지급할 수 있다. 다만, 그 신탁재산의 매각으로 신탁의 목적을 달성할 수 없게 되거나 그 밖의 부득이한 사유가 있는 경우에는 신탁부동산의 전부 또는 일부를 처분할 수 없다.

제10조【임대차 등】 ① 신탁부동산에 관한 임대차계약은 수탁자 이름으로 체결하며, 임대차보증금 및 차임은 수탁자가 지급받아 이를 신탁재산으로서 관리 및 운용한다.
② 신탁부동산에 관한 임대차계약이 존속하는 상태에서 이 신탁계약에 따른 신탁이 종료하는 경우 수익자(귀속권리자가 별도로 존재하는 경우에는 귀속권리자를 말하며, 이하 본 조에서 같다)는 신탁부동산에 관한 수탁자의 임대인으로서의 지위를 승계하고, 이를 위하여 임대차계약을 변경하는 계약을 체결하여야 한다. 다만, 임차인이 임대차 계약의 승계를 원하지 아니하는 등의 사유로 임대차계약을 해지하는 경우 수탁자는 임대차보증금 등 임차인에게 지급해야 할 채무를 신탁재산에서 지급할 수 있다. 신탁재산으로 이러한 지급을 하기에 부족한 경우에는 수익자가 이를 지급한다.

제11조【선관주의의무 및 하자담보책임】 ① 수탁자는 선량한 관리자의 주의의무로서 신탁부동산의 소유권을 보존·관리하고 그 밖의 신탁사무를 처리한다.
② 수탁자가 신탁사무를 처리하는 과정에서 수탁자의 고의 또는 과실로 인하여 위탁자 또는 수익자에게 손해가 발생하는 경우에는 그 손해를 배상할 책임이 있다.
③ 위탁자는 신탁부동산의 인도 이전에 생긴 하자로 인하여 수탁자 또는 제3자에게 손해가 발생하는 경우 그 손해를 배상하여야 한다.

제12조【신탁재산에 속하는 금전의 운용방법】 ① 수탁자는 임대차보증금, 차임 등 신탁재산에 속하는 금전을 선량한 관리자의 주의의무로 운용한다.
② 수탁자는 신탁재산을 다른 신탁재산 및 수탁자의 고유재산과 구분하여 관리하여야 한다.

제13조 【비용 등의 부담】 ① 신탁재산에 관한 세금과 공과금, 유지관리비, 지료 등 신탁사무의 처리에 필요한 비용 그리고 신탁사무 처리에 있어서 수탁자의 고의나 과실, 그 밖의 책임 없는 사유로 발생한 손실 등은 위탁자가 부담한다.

② 위탁자가 제1항의 비용 등을 지급하지 않는 경우 수탁자는 신탁재산에 속하는 금전으로 이를 지급할 수 있다. 신탁재산에 속한 금전으로 이를 지급하기에 부족한 경우 수탁자는 신탁부동산의 일부 또는 전부를 처분하여 지급에 사용하거나 신탁재산을 담보로 제공하여 지급에 필요한 금원을 빌리거나 수익자에게 그 지급을 청구할 수 있다. 다만, 그 신탁재산의 매각으로 신탁의 목적을 달성할 수 없게 되거나 그 밖의 부득이한 사유가 있는 경우에는 신탁부동산의 일부 또는 전부를 처분할 수 없다.

③ 위탁자 및 수익자가 제1항의 비용 등을 정해진 기일까지 지급하지 않는 경우 수탁자가 이를 대신 납부할 수 있으며, 이 경우에 위탁자 및 수익자는 그 지급일로부터 상환일까지 연 [12%]의 이율로 산정한 지연손해금을 원금과 함께 수탁자에게 지급하여야 한다.

④ 수탁자는 제3항에 따른 위탁자 및 수익자의 지급의무에도 불구하고 그 대지급금과 지연손해금을 신탁재산으로부터 우선적으로 변제받을 수 있다.

제14조 【신탁보수】 이 신탁계약에 따른 신탁사무와 관련하여 수탁자가 지급받을 신탁보수는 없는 것으로 한다.

제15조 【신탁해지 및 책임부담】 위탁자는 이 계약 또는 이 계약의 특약에서 달리 정하지 아니하는 한 이 신탁계약을 해지 또는 해제할 수 없다.

제16조 【신탁의 종료】 ① 이 신탁계약에 따른 신탁은 다음 각 호의 어느 하나에 해당하는 경우에 종료한다.

1. 신탁기간이 만료된 경우
2. 신탁의 목적을 달성하였거나 달성할 수 없는 경우
3. 제15조에 의하여 신탁이 해지되는 경우

② 제1항에 따라 이 신탁계약에 따른 신탁이 종료하는 경우 수탁자는 수익자(신탁특약으로 신탁재산의 귀속권리자를 별도로 정한 경우에는 그 귀속권리자)에게 신탁재산을 현상대로 인도하여야 한다. 다만, 신탁재산관리인이 선임된 경우에는 신탁재산을 현상대로 신탁재산관리인에게 인도하여야 한다.

③ 제1항에 따라 이 신탁계약에 따른 신탁이 종료되는 시점에 수탁자가 지급받아야 할 비용, 조세 등을 일부 또는 전부를 지급받지 못한 경우 수탁자는 제2항에 따라 신탁재산을 인도하기 전에 신탁재산에 속하는 금전으로 이를 지급받을 수 있다. 신탁재산에 속한 금전으로 이를 지급하기에 부족한 경우 수탁자는 신탁부동산의 일부 또는 전부를 처분하여 그 지급에 사용할 수 있다.

④ 이 신탁계약에 따른 신탁이 종료한 경우 수탁자는 지체 없이 신탁사무에 관한 최종의 계산을 하고, 수익자 또는 귀속권리자의 승인을 받아야 한다.

제17조【소송수행】 ① 신탁부동산에 관한 소송이 제기되었거나 제기할 필요가 있는 경우 수탁자는 위탁자와 수익자에게 이를 통지하고 위탁자 및 수익자와 협의하여 응소 또는 제소에 필요한 조치를 취할 수 있다.

② 제1항에 따라 수탁자가 부담하는 소송대리인의 보수 및 소송과 관련된 비용(소송결과에 따른 판결금액 및 이에 대한 지연이자 등 포함)은 제13조에 따라 처리한다.

③ 제1항에 따라 수탁자가 소송 등 업무를 수행한 경우에는 소송대리인 선임 사실 및 판결이 선고되거나 결정이 내려진 사실을 그 선임이 이루어진 날 또는 수탁자가 판결에 관하여 통지 받은 날로부터 지체 없이 위탁자 및 수익자에게 등기우편으로 통지하며, 이 경우 소송과 관련된 비용 및 해당 판결에 따라 수탁자가 지급의무를 부담하게 된 금액도 함께 통지하여야 한다.

제18조【관할법원】 이 신탁계약에 관하여 분쟁이 발생하는 경우에는 관할법원은 「민사소송법」에서 정하는 바에 따른다.

제19조【관계법규등 준용】 이 신탁계약에 정하지 아니한 사항은 별도의 약정이 없는 한 관계법규등에 정하는 바에 따르며 관계법규등에도 정함이 없는 경우에는 일반적인 상관례에 따른다.

제20조【신탁계약과 신탁특약의 관계】 위탁자와 수탁자는 관계법규에 위반하지 않는 범위내에서 특약을 정할 수 있으며, 신탁특약의 내용은 이 신탁계약의 내용에 우선한다.

이 신탁계약을 증명하기 위해 계약서를 2부 작성하여 위탁자와 수탁자가 각각 1부씩 보관한다. 다만, 신탁재산의 공시, 신탁재산의 신탁 등을 위해 유관기관 또는 유관회사에 이 계약서의 원본을 제출해야 하는 경우에는 1부 이상을 추가로 작성할 수 있다.

[****] 년 [**] 월 [**] 일

위탁자
성　　명 :　　　　　　　　(인)
주　　소 :
주민등록번호 :
법인등록번호 :

수탁자
성　　　명 :　　　　　　　　　(인)
주　　　소 :
주민등록번호 :

별지 1. 신탁부동산의 표시
별지 2. 신탁특약(귀속권리자지정특약 포함)

[별첨1]

신탁부동산의 표시

[별첨2]

신탁특약

이 신탁부동산은 위탁자가 위탁자의 부(父)인 [***]로부터 조건부증여(조건 : 이 부동산신탁계약을 유지할 것, 부양의무를 이행할 것 기타 증여계약에서 정하는 조건)받은 것임을 고려하여, 위탁자와 수탁자는 아래와 같이 특약을 정하기로 한다.

(1) 위탁자는 이 신탁재산의 처분권한 및 관리권한, 신탁계약의 일부 또는 전부에 대한 해지권 및 해제권, 담보부차입권한을 행사함에 있어, 수탁자의 사전 동의를 미리 득하여야 한다.

(2) 수탁자는 수익자의 이익을 위하여 이 신탁재산의 처분권한 및 관리권한, 신탁계약의 일부 또는 전부에 대한 해지권 및 해제권, 담보부차입권한 등을 행사한다.,

(3) 위탁자는 수탁자의 동의없이 이 신탁계약의 수익권을 제3자에게 양도, 증여, 기타 처분행위를 하거나 수익권을 담보로 차입행위를 할 수 없다.

(4) 이 신탁계약과 함께 체결한 '증여계약'이 해제되는 경우 이 신탁계약도 해제되며, 이 경우에 신탁재산은 신탁법 제34조에도 불구하고 증여자인 수탁자의 고유재산으로 귀속한다.

(5) 위탁자의 사정에 의하여 신탁부동산에 대한 근저당권 및 전세권 설정 등 제한물권의 등기 사유가 발생할 경우, 위탁자는 서면으로 제한물권 설정 사유를 적시하고 수탁자에게 등기할 것을 요청할 수 있으며, 이 경우 등기에 소요되는 비용 일체는 위탁자가 부담하기로 한다.

5 비상장주식 증여안심신탁 계약서 예시안

부모가 자녀에게 주식을 조건부로 증여하고, 자녀는 증여계약의 조건인 신탁계약을 위탁자로서 수탁자인 부모와 체결하고 해당 신탁계약을 유지한다. 자녀가 위탁자이지만, 자녀는 신탁계약기간 동안 신탁주식의 처분, 담보부차입, 신탁계약의 해지, 해제 권한을 포기한다. 이러한 내용의 증여안심신탁용 유가증권신탁계약 예시안은 다음과 같다.

증여안심신탁용 유가증권신탁계약

위탁자	본인
수탁자	부모
수익자	위탁자 본인

위탁자 [***]와 수탁자 [***]는 다음과 같이 『유가증권신탁계약』(이하 '이 계약이라 한다)을 체결한다.

제1조 【신탁의 목적】 이 계약은 수탁자가 수익자의 이익을 위하여 신탁재산의 관리, 처분, 운용 등을 결정하고, 신탁재산의 수익을 수익자에게 지급함으로써 안정적으로 재산을 보존하는 것을 목적으로 한다.

제2조 【용어의 정의】 이 계약에서 사용하는 용어의 뜻은 다음과 같다.

1. "위탁자"라 함은 신탁을 설정하는 자를 말한다.
   위탁자의 지위는 위탁자 사망시 상속되지 아니한다.
2. "수탁자"라 함은 신탁 목적에 따라 위탁자로부터 신탁재산을 인수하는 자를 말한다.
4. "수익자"라 함은 신탁재산의 수익권을 취득하여 행사하는 자를 말한다.

제3조 【신탁재산】 ① 신탁재산은 위탁자가 소유하고 있는 아래 주식(이하 "신탁주식"이라한다)이다.

발행회사	종류	수량	액면가 총액	지분율

② 신탁재산은 신탁주식과 관련하여 유상증자 및 무상증자로 인한 주식, 주식양도, 합병 · 분할 · 분할합병 등 회사 구조 변화에 따라 변경되는 주식, 주식 매각 시 매각대금, 배당금 등 주식으로부터 발생하는 과실 등을 모두 포함한다.

제4조【신탁재산의 보관, 관리, 운용 및 처분】 ① 수탁자는 이 신탁주식의 의결권을 행사함에 있어 수익자의 이익을 위하여 행사한다.

② 이 신탁주식과 관련하여 유상증자 사유가 발생하는 경우 수탁자는 위탁자로부터 지급받은 금원으로 유상증자에 응할 수 있다.

③ 수탁자는 이 신탁주식으로부터 발생하는 배당금, 유상감자대금, 매각대금 등 일체의 금원(이하 "신탁금전"이라 함)을 위탁자의 지시에 따라 예금, 채권, 주식, 펀드 등으로 운용할 수 있다. 수탁자는 신탁계좌(수탁자 명의로 개설한 신탁계좌)를 금융기관에 개설하여 신탁금전을 분별관리한다.

④ 제1항 내지 제3항 이외에 이 신탁주식과 관련하여 주주로서 권리를 행사할 필요가 있는 경우, 수탁자는 수익자의 이익을 위하여 그 권리를 행사한다.

제5조【신탁계약기간】 ① 이 계약의 존속기간은 [ ]년 [ ]월 [ ]일부터 [ ]년 [ ]월 [ ]일까지로 한다.

② 수익자의 이익을 위하여 수탁자는 재량으로 이 계약은 동일한 조건으로 자동 연장할 수 있다.

③ 위탁자가 위 존속기간보다 먼저 사망한 경우 위탁자 사망 시 이 신탁계약은 종료한다.

제6조【수익자 지정 및 변경 등】 ① 위탁자는 이 계약의 수익자로 한다.

② 위탁자는 위탁자 사망시 이 신탁재산의 귀속권리자를 수탁자로 지정하되, 수탁자는 귀속권리자를 제3자로 지정할 수 있다.

제7조【손익의 귀속】 신탁재산 운용으로 발생되는 이익 및 손실은 수익자에게 전부 귀속된다.

제8조【신탁재산의 표시 등】 ① 위탁자는 신탁계약 체결일로부터 1영업일 이내 신탁주식의 발행회사에 [별지2] 신탁사실통지서를 송부해야 한다.

② 수탁자는 발행회사로부터 이 신탁사실을 반영하여 위탁자 명의를 수탁자 명의로 명의개서된 주주명부와 [별지3] 주권미발행확인증을 교부받아 보관한다.

제9조【신탁보수】 위탁자는 신탁보수를 지급하지 않기로 한다.

제10조【조세 및 비용】 수탁자의 귀책사유 없이 발생하는 신탁재산에 대한 조세(근거 법령상 납세의무자가 수탁자라도 신탁재산과 관련한 조세는 전부 포함) 및 공과금과 이 계약과 관련한 신탁사무 처리에 수반 되어 발생하는 비용은 신탁재산에서 지출하거나 위탁자나 수익자에게 따로 청구할 수 있다.

제11조【위탁자 사망시 신탁사무처리】 ① 위탁자 사망시 이 신탁계약은 종료되고, 수탁자는 귀속권리자에게 이 신탁재산의 소유권을 귀속시킨다.

② 수탁자가 제1항의 귀속권리자인 경우, 수탁자는 신탁법 제34조에도 불구하고 신탁주식을 고유재산으로 전환한다.

제12조【신탁계약의 중도해지 등】 위탁자는 이 신탁계약기간 만료 전에 신탁계약의 전부 또는 일부를 해지(이하 '중도해지'라 한다)할 수 없다.

제13조【신탁의 종료 및 최종계산】 ① 이 계약은 다음 각 호의 어느 하나에 해당하는 경우 종료한다.

1. 제5조에서 정한 신탁계약기간이 만료된 경우
2. 이 계약에서 정한 수익자가 사망한 경우
3. 이 계약과 관련된 수익권 전부가 소멸한 경우
4. 제2호 및 제3호 이외에 신탁의 목적을 달성하였거나 달성할 수 없게 된 경우
5. 수탁자가 위탁자보다 먼저 사망하거나, 수탁자가 노령, 질병, 그 밖의 사유로 사무처리능력의 부족 등의 사유로 수탁자 역할을 수행할 수 없을 경우(수탁자에 대한 전문의의 소견으로 수탁자로서 역할을 수행할 수 없다고 인정하는 경우로 한정한다)
6. 그 밖에 신탁관계법규에서 정한 신탁의 종료사유에 해당하는 경우

② 이 신탁이 종료된 경우 수탁자는 수익자에게 신탁재산을 교부한다. 다만, 신탁재산 중 환가 및 회수가 곤란한 부득이한 사정이 발생한 경우 신탁재산을 운용현상 그대로 교부할 수 있다.

③ 제1항 제5호의 사유로 신탁이 종료된 경우에는, 신탁이 종료된 시점의 수익자 또는 수익자들이 신탁주식의 발행회사에 대하여 수익자 또는 수익자들 명의로 명의개서를 청구하는 방법으로, 그 외의 신탁재산에 대하여는 해당 신탁재산을 수익자 또는 수익자들 명의로 취득할 수 있는 적절한 방법을 통하여 직접 취득하는 방법으로 신탁관계를 종료한다.

제14조【수익권의 양도 및 질권 설정】 수익자는 수탁자의 동의 없이 이 계약의 수익권을 증여, 양도, 담보제공, 그 밖의 처분행위를 할 수 없다.

제15조【특약의 효력】 ① 이 계약과 관련하여 다음 각 호의 경우 위탁자와 수탁자는 합의하여 특약을 체결할 수 있다. 다만, 특약의 내용은 신탁관계법규 등에 위배되지 않아야 한다.

1. 이 계약의 이해관계자간 권리와 의무를 명확히 하고자 하는 경우
2. 이 계약의 내용을 구체화하거나 다르게 정하고자 하는 경우

② 이 계약의 내용과 특약의 내용이 경합하는 경우 특약의 내용을 우선 적용한다.

③ 이 계약의 특약사항은 별지 특약사항으로 정할 수 있다.

제16조【협의】 이 계약에서 정하지 아니한 사항이나 해석상 이의가 있는 사항이 발생하는 경우에는 신탁관계법규 및 민법에서 정한 바에 따르기로 한다.

제17조【선관주의 의무】 수탁자는 신탁재산을 보관, 관리, 처분, 운용함에 있어 선량한 관리자로서의 주의의무를 다하여야 한다.

제18조【관할법원】 이 계약으로 인한 소송의 관할법원은 민사소송법에서 정하는 바에 따른다.

이 계약을 증명하기 위하여 계약서 2부를 작성하여 위탁자, 수탁자가 서명 · 날인한 후 각각 1부씩 보관한다. 다만, 신탁재산의 공시, 신탁재산의 신탁 등을 위해 유관기관 또는 유관회사에 이 계약서의 원본을 제출해야 하는 경우에는 1부 이상을 추가로 작성할 수 있다.

2025년 [**]월 [**]일

위탁자 : [***] (인)
주민등록번호 :
주 소 :

수탁자 : [***] (인)
주민등록번호 :
주 소 :

[별지1]

신탁특약

이 신탁주식은 위탁자가 위탁자의 부(父)인 [***]로부터 조건부증여(조건 : 이 신탁계약을 유지할 것, 부양의무를 이행할 것 기타 증여계약에서 정하는 조건)받은 것임을 고려하여, 위탁자와 수탁자는 아래와 같이 특약을 정하기로 한다.

(1) 위탁자는 이 신탁재산의 처분권한 및 관리권한, 신탁계약의 일부 또는 전부에 대한 해지권 및 해제권, 담보부차입권한을 행사함에 있어, 수탁자의 사전 동의를 미리 득하여야 한다.

(2) 수탁자는 수익자의 이익을 위하여 이 신탁재산의 처분권한 및 관리권한, 신탁계약의 일부 또는 전부에 대한 해지권 및 해제권, 담보부차입권한 등을 행사한다.

(3) 위탁자는 수탁자의 동의 없이 이 신탁계약의 수익권을 제3자에게 양도, 증여, 기타 처분행위를 하거나 수익권을 담보로 차입행위를 할 수 없다.

(4) 이 신탁계약과 함께 체결한 '증여계약'이 해제되는 경우 이 신탁계약도 해제되며, 이 경우에 신탁재산은 신탁법 제34조에도 불구하고 증여자인 수탁자의 고유재산으로 귀속한다.

(5) 위탁자의 사정에 의하여 신탁주식에 대한 질권 등 제한물권의 등기 사유가 발생할 경우, 위탁자는 서면으로 제한물권 설정 사유를 적시하고 수탁자에게 등기할 것을 요청할 수 있으며, 이 경우 등기에 소요되는 비용 일체는 위탁자가 부담하기로 한다.

CHAPTER 03

민사신탁형 가족신탁 부동산등기 실무

1 부동산 상속신탁 등기 실무

가. 상속신탁설정등기

김부자가 살고 있는 아파트를 신탁하면서 아들인 김두리를 수탁자로 지정하고, 김두리와 김손자를 공동 사후수익자로 지정한 경우, 아버지 생전에는 아버지를 위하여 아들이 아파트를 수탁받아 관리하다가 아버지가 돌아가시면 상속신탁집행으로 신탁아파트의 소유권을 아들에게 귀속시킬 수 있다. 이러한 민사신탁의 등기기재례는 다음과 같다.

▎상속신탁 설정등기(민사신탁, 유언대용신탁 및 귀속권리자) ▎

【 갑 구 】				(소유권에 관한 사항)
순위번호	등기목적	접 수	등기원인	권리자 및 기타사항
2	소유권 이전	2012년 1월9일 제670호	2012년 1월8일 매매	소유자 김부자 600104-000000 서울특별시 서초구 반포대로 00(반포동) 거래가액 금200,000,000원
3	소유권 이전	2019년 3월5일 제3005호	2019년 3월4일 신탁	수탁자 김두리 900110-000000 서울특별시 서초구 반포대로 00(반포동)
	신탁			신탁원부 제2019-25호

나. 신탁원부

❶ 민사신탁 : 유언대용신탁 공동수익자형 신탁원부

<table>
<tr><th colspan="4">신탁원부</th></tr>
<tr><td colspan="4">신 탁 원 부　제　　　호
위　탁　자　김부자
수　탁　자　김두리
신 청 대 리 인　법무사 [***]
주소</td></tr>
<tr><td colspan="2" rowspan="2">신청서 접수</td><td>[****]년 [*]월 [*]일</td><td rowspan="2"></td></tr>
<tr><td>제 [*****] 호</td></tr>
<tr><td>1</td><td>위탁자의 성명과 주소</td><td colspan="2">김부자 [****** – *******]
주소</td></tr>
<tr><td>2</td><td>수탁자의 성명과 주소</td><td colspan="2">김두리 [****** – *******]
주소</td></tr>
<tr><td>3</td><td>수익자의 성명과 주소</td><td colspan="2">1) 신탁원본 및 이익의 생전수익자
김부자 [****** – *******]
2) 위탁자 사망 시 신탁원본 및 이익의 사후수익자
수익권비율 10분의 9 김두리 [****** – *******]
수익권비율 10분의 1 김손자 [****** – *******]</td></tr>
<tr><td>4</td><td>신탁관리인의 성명과 주소</td><td colspan="2">없음</td></tr>
<tr><td>5</td><td>신탁조항</td><td colspan="2">별첨 유언대용신탁계약 및 부동산신탁계약과 같음</td></tr>
<tr><td>6</td><td>부동산의 표시</td><td colspan="2">별첨 부동산 기재와 같음</td></tr>
</table>

Part 10

❷ 민사신탁 : 부동산관리신탁 귀속권리자형 신탁원부

<table>
<tr><th colspan="4">신탁원부</th></tr>
<tr><td colspan="4">신 탁 원 부　　제　　　　　호
위　　탁　　자　　김부자
수　　탁　　자　　김두리
신 청 대 리 인　　법무사 [***]
　　　　　　　　　주소</td></tr>
<tr><td colspan="2" rowspan="2">신청서 접수</td><td>2020년 [*]월 [*]일</td><td rowspan="2"></td></tr>
<tr><td>제 [*****] 호</td></tr>
<tr><td>1</td><td>위탁자의 성명과 주소</td><td colspan="2">김부자 [****** – *******]
주소</td></tr>
<tr><td>2</td><td>수탁자의 성명과 주소</td><td colspan="2">김두리 [****** – *******]
주소</td></tr>
<tr><td>3</td><td>수익자의 성명과 주소</td><td colspan="2">신탁원본 및 이익의 수익자
김부자 [****** – *******]</td></tr>
<tr><td>4</td><td>귀속권리자의 성명과 주소</td><td colspan="2">김두리 [****** – *******]
주소</td></tr>
<tr><td>5</td><td>신탁관리인의 성명과 주소</td><td colspan="2">없음</td></tr>
<tr><td>6</td><td>신탁조항</td><td colspan="2">별첨 부동산신탁계약과 같음</td></tr>
<tr><td>7</td><td>부동산의 표시</td><td colspan="2">별첨 부동산 기재와 같음</td></tr>
</table>

다. 상속신탁집행등기

수탁자는 원칙적으로 신탁재산을 고유재산으로 하거나 신탁재산에 관한 권리를 고유재산에 귀속시키는 행위를 하지 못하지만, ① 신탁행위로 허용한 경우, ② 수익자에게 그 행위에 관련된 사실을 고지하고 수익자의 승인을 받은 경우, ③ 법원의 허가를 받은 경우에는 예외적으로 신탁재산을 고유재산으로 전환하거나 신탁재산에 관한 권리를 고유재산에 귀속시킬 수 있다(신탁법 제34조 제1항 및 제2항). 민사신탁형 상속신탁계약에서 위탁자가 사망한 경우,

상속신탁계약에 명시적으로 신탁재산을 고유재산으로 전환하거나 귀속시킬 수 있는 조항이 있으면, 법원의 허가나 수익자의 동의 없이도 수탁자가 신탁재산을 고유재산으로 전환 또는 귀속시킬 수 있다. 만약 신탁계약에 신탁재산을 수탁자의 고유재산으로 전환 또는 귀속할 수 있음을 명시하지 않는 경우에는 법원의 허가 또는 수익자의 승인을 받아야 한다. 수탁자는 등기목적을 '수탁자의 고유재산으로 된 취지의 등기'로 하고, 등기원인을 '신탁재산의 고유재산 전환'으로 하면서 기존 신탁등기를 말소한다.[16)]

신탁법

제34조【이익에 반하는 행위의 금지】 ① 수탁자는 누구의 명의(名義)로도 다음 각 호의 행위를 하지 못한다.

1. 신탁재산을 고유재산으로 하거나 신탁재산에 관한 권리를 고유재산에 귀속시키는 행위
2. 고유재산을 신탁재산으로 하거나 고유재산에 관한 권리를 신탁재산에 귀속시키는 행위
3. 여러 개의 신탁을 인수한 경우 하나의 신탁재산 또는 그에 관한 권리를 다른 신탁의 신탁재산에 귀속시키는 행위
4. 제3자의 신탁재산에 대한 행위에서 제3자를 대리하는 행위
5. 그 밖에 수익자의 이익에 반하는 행위

② 제1항에도 불구하고 수탁자는 다음 각 호의 어느 하나에 해당하는 경우 제1항 각 호의 행위를 할 수 있다. 다만, 제3호의 경우 수탁자는 법원에 허가를 신청함과 동시에 수익자에게 그 사실을 통지하여야 한다.

1. 신탁행위로 허용한 경우
2. 수익자에게 그 행위에 관련된 사실을 고지하고 수익자의 승인을 받은 경우
3. 법원의 허가를 받은 경우

③ 제1항에도 불구하고 수탁자는 상속 등 수탁자의 의사에 기하지 아니한 경우에는 신탁재산에 관한 권리를 포괄적으로 승계할 수 있다. 이 경우 해당 재산의 혼동에 관하여는 제26조를 준용한다.

16) 부동산등기규칙 제143조【신탁재산이 수탁자의 고유재산으로 된 경우】 신탁재산이 수탁자의 고유재산이 되었을 때에는 그 뜻의 등기를 주등기로 하여야 한다. 제144조【신탁등기의 말소】 ① 신탁등기의 말소등기신청은 권리의 이전 또는 말소등기나 수탁자의 고유재산으로 된 뜻의 등기신청과 함께 1건의 신청정보로 일괄하여 하여야 한다. ② 등기관이 제1항에 따라 권리의 이전 또는 말소등기나 수탁자의 고유재산으로 된 뜻의 등기와 함께 신탁등기의 말소등기를 할 때에는 하나의 순위번호를 사용하고, 종전의 신탁등기를 말소하는 표시를 하여야 한다. 신탁등기 사무처리에 관한 예규 개정 2019.5.27. [등기예규 제1673호, 시행 2019.5.27.] 5. 나. 신탁재산이 수탁자의 고유재산으로 되는 경우 "「신탁법」 제34조 제2항에 따라 신탁재산이 수탁자의 고유재산으로 되는 경우에는 신탁행위로 이를 허용하였거나 수익자의 승인을 받았음을 증명하는 정보(인감증명 포함) 또는 법원의 허가 및 수익자에게 통지한 사실을 증명하는 정보를 첨부정보로서 제공하여 '수탁자의 고유재산으로 된 뜻의 등기 및 신탁등기의 말소등기'를 신청할 수 있다."

상속신탁 집행등기(민사신탁, 유언대용신탁, 공동수익자형)

【 갑 구 】				(소유권에 관한 사항)
순위번호	등기목적	접 수	등기원인	권리자 및 기타사항
2	소유권 이전	2012년 1월9일 제670호	2012년 1월8일 매매	소유자 김부자 600104-000000 서울특별시 서초구 반포대로 00(반포동) 거래가액 금200,000,000원
3	~~소유권 이전~~	~~2019년 3월5일 제3005호~~	~~2019년 3월4일 신탁~~	~~수탁자 김두리 900110-000000~~ ~~서울특별시 서초구 반포대로 00(반포동)~~
	~~신탁~~			~~신탁원부 제2019-25호~~
4	3번 등기 일부 고유재산으로 된 뜻의 등기	2019년 9월5일 제4005호	2019년 8월20일 고유재산의 전환	10분의 9 지분 소유자 김두리 900110-000000 서울특별시 서초구 반포대로 00(반포동)
	3번 신탁등기 일부 말소		고유재산의 전환	
5	3번 등기 소유권 일부이전	2019년 9월5일 제4006호	2019년 8월20일 신탁재산의 귀속	10분의1 지분 소유자 김손자 20220301-000000 서울특별시 서초구 반포대로 00(반포동)
	3번 신탁등기 일부 말소		신탁재산의 귀속	

| 상속신탁 집행등기(민사신탁, 귀속권리자형) |

【 갑 구 】				(소유권에 관한 사항)
순위번호	등기목적	접 수	등기원인	권리자 및 기타사항
2	소유권 이전	2012년 1월9일 제670호	2012년 1월8일 매매	소유자 김부자 600104-000000 서울특별시 서초구 반포대로 00(반포동) 거래가액 금200,000,000원
3	소유권 이전	2019년 3월5일 제3005호	2019년 3월4일 신탁	수탁자 김두리 112601-0000 서울특별시 서초구 반포대로 00(반포동) (여의도동)
	~~신탁~~			~~신탁원부 제2019-25호~~
4	3번 고유재산으로 된 뜻의 등기	2019년 9월5일 제4005호	2019년 8월20일 신탁재산의 고유재산 전환	
	3번 신탁등기 말소		신탁재산의 고유재산 전환	

2 부동산 증여안심신탁 등기 실무

가. 증여안심신탁 설정등기

증여안심신탁은 부모가 자녀에게 미리 조건부 증여하고, 증여와 동시에 수증자인 자녀가 위탁자 겸 수익자로서 증여자인 부모가 수탁자로서 체결한다. 실무상 증여등기와 신탁등기가 동시에 진행되어, 증여등기의 순위번호와 신탁등기의 순위번호는 연속되어 있다.

❙ 민사신탁형 증여안심신탁 설정등기 ❙

【 갑 구 】				(소유권에 관한 사항)
순위번호	등기목적	접 수	등기원인	권리자 및 기타사항
2	소유권이전	2012년 1월9일 제670호	2012년 1월8일 매매	소유자 김부자 600104-000000 서울특별시 서초구 반포대로 00(반포동) 거래가액 금200,000,000원
3	소유권이전	2024년 1월4일 제800호	2024년 1월 3일 증여	소유자 김두리 112601-0000 서울특별시 서초구 방배로 00(방배동)
4	소유권이전	2019년1월 4일 제801호	2024년 1월3일 신탁	수탁자 김부자 600104-000000 서울특별시 서초구 반포대로 00(반포동)
	신탁			신탁원부 제2024-25호

나. 증여안심신탁 종료 후 신탁등기 말소

증여안심신탁의 기간만료, 정지조건의 성취, 해지조건의 성취 등 신탁종료사유가 발생한 경우 수탁자는 신탁등기를 말소한다. 신탁이 종료되어 신탁재산이 위탁자에게 귀속되는 경우에는 그에 따른 권리이전등기와 신탁등기의 말소등기는 1건의 신청정보로 일괄하여 신청해야 한다.

❙ 민사신탁형 증여안심신탁 말소등기 ❙

【 갑 구 】				(소유권에 관한 사항)
순위번호	등기목적	접 수	등기원인	권 리 자 및 기 타 사 항
2	소유권이전	2012년 1월9일 제670호	2012년 1월8일 매매	소유자 김부자 600104-000000 서울특별시 서초구 반포대로 00(반포동) 거래가액 금200,000,000원
3	소유권이전	2021년 1월4일 제800호	2021년 1월 3일 증여	소유자 김두리 112601-0000 서울특별시 서초구 방배로 00(방배동)
4	~~소유권이전~~	~~2021년~~ ~~1월4일~~ ~~제801호~~	~~2021년~~ ~~1월3일~~ ~~신탁~~	~~수탁자 김부자 600104-000000~~ ~~서울특별시 서초구 반포대로 00(반포동)~~
	신탁			~~신탁원부 제2024-25호~~
5	소유권이전	2025년 1월 4일 제4000호	2025년 1월 3일 신탁재산의 귀속	소유자 김두리 112601-0000 서울특별시 서초구 방배로 00(방배동)
	신탁말소		2025년 1월 3일 신탁재산의 귀속	

Part 10

CHAPTER 04

자기신탁형 유언대용신탁

1 자기신탁형 유언대용신탁 개요

가. 미국의 자기신탁형 유언대용신탁 실무

미국의 경우 상속을 설계하고 실행하는 법률도구로 활용되는 철회가능생전신탁(revocable living trust)은 주로 신탁선언(declaration of trust) 방식으로 설정된다. 즉, 위탁자가 자신의 재산을 신탁재산으로, 본인을 수탁자로, 생전수익자를 본인으로, 사후수익자를 배우자, 자녀로 지정하는 신탁선언을 함으로써 생전 자산관리와 사후 상속배분을 계획하고 실행한다. 위탁자 겸 수탁자가 치매 등의 사유로 사무처리능력이 없어지게 될 때부터 사망으로 상속이 개시되어 상속재산이 배분될 때까지의 기간에는 위탁자 겸 수탁자 스스로가 수탁자 역할을 수행하지 못하기 때문에 미리 승계수탁자(successor trustee)를 선임한다. 나아가 신탁설정 시점에 존재하지 않았거나 특정되지 않았던 재산 또는 신탁 설정 후 취득한 재산에 대해서 신탁선언문을 변경하여 추가하지 않는 이상 자기신탁의 규율대상이 아닌 바, 이러한 재산까지도 신탁으로 구현할 수 있도록 하는 도구가 바로 '쏟아붓기 유언(pour-over will)'이다. 쏟아붓기 유언이란, 위탁자가 이미 설정해둔 철회가능신탁에 대해, 유언을 통해 본인 사망 시에 철회가능신탁으로 하지 않았던 나머지 모든 재산을 쏟아붓는 유언을 말한다. 이로써 위탁자의 재산을 한데 모을 수 있는데, 그 한데 모인 재산은 생전에 설정된 철회가능신탁의 조항에 따라 관리 · 처분 · 상속배분되게 된다. 물론 쏟아붓기 유언도 유언의 한 종류인 이상, 유언자 사망 후 유언검인절차를 거치게 됨은 물론이나, 쏟아붓기 유언의 장점은 상속배분계획은 공개되지 않는다는 것이다.

나. 우리나라의 자기신탁형 유언대용신탁 가부 검토

첫째, 유언대용신탁의 경우, 위탁자 사망시 신탁사무를 처리할 주체가 있어야 한다. 위탁자가 신탁선언문에 위탁자 사망 시 신수탁자를 미리 승계수탁자로 지정해 놓으면, 위탁자 사망 시점에 승계수탁자가 수탁자 지위를 인계받아 수탁자 역할을 바로 수행할 수 있다. 나아가 위탁자가 신탁사무를 처리할 능력이 부족하게 된 시점부터 승계수탁자의 권한이 발생하도록 하면 신탁사무가 훨씬 안정적으로 처리될 수 있다. 위탁자는 승계수탁자를 가족 중 한명으로 지정할 수도 있지만, 신탁회사를 승계수탁자로 지정함으로써 신탁사무처리의 법적 안정성이나 실무상 효율성을 높일 수 있다. 위탁자는 자기신탁선언 시 또는 그 이후 사무처리능력이 충분한 시점에 지정한 승계수탁자와 미리 자기신탁선언문의 내용, 특히 승계수탁자의 신탁재산 관리처분권한이나 신탁재산 인출권한 등을 구체적으로 설명하고 동의를 받아 두어야 향후 승계수탁자가 신탁인수를 거부할 가능성을 줄이고, 자기신탁선언문의 취지대로 승계수탁자가 신탁재산의 관리처분권한과 인출권한을 행사할 수 있을 것이다.

둘째, 해지권 유보금지조항을 극복해야 한다. 위탁자가 해지권을 유보하지 않되, 위탁자의 사후수익자 변경, 사후수익자별 사후수익권의 변경 등 신탁에 대한 변경권한을 활용함으로써 자기신탁방식으로 유언대용신탁을 설정할 수는 있다. 예를 들면, 자녀1에게 더 많은 재산을 물려주고 싶어 하는 위탁자가 사후수익자 자녀1의 사후수익권을 75%로 하고, 자녀2의 사후수익권 비율을 25%로 하는 유언대용신탁을 자기신탁으로 설정하였는데, 신탁 설정 후 마음이 변경하여 자녀1에게 아무 재산도 주지 않으려는 경우을 상정해보자. 위탁자는 자기신탁을 해지하지는 못하지만, 자녀2의 사후수익권을 99%로 하고 자녀1의 사후수익권을 1%로 변경해버리면 실제 자기신탁을 해지하는 효과와 비슷하게 할 수 있다.

셋째, 수탁자의 이익향수금지의 원칙을 극복해야 한다. 자기신탁으로 유언대용신탁을 설정할 경우, 위탁자, 수탁자, 생전수익자가 동일인이고 위탁자가 아닌 제3의 사후수익자가 존재하는데, 수탁자와 다른 사후수익자가 존재하지만 수탁자가 생전수익자와 동일인이기 때문에, "수탁자가 신탁의 이익을 누리는 경우"에 해당되어 신탁법 제36조를 위반하여 무효인지 여부가 문제된다. 여기서 생전수익자와 사후수익자가 존재하는 것을 두고 공동수익자로 판단할 수 있다면, 신탁법 제36조 단서에 의해 유효할 수 있다. 그렇지만, 대법원은 자기신탁 사례는 아니지만, 앞에서 살펴본 바와 같이 일반 민사신탁에서 수탁자가 유일한 사후수익자인 경우 해당 사후 타익신탁 부분은 무효가 된다고 판시한 바 있다. 결국, 자기신탁형 유언대용신탁에서 생전수익자와 사후수익자 모두 수탁자 또는 승계수탁자와 다른 한 명의 생전수익자와 사후수익자를 지정해야, 신탁법 제36조 단서에 의해 적법유효하다.[17)]

넷째, 자기신탁에 미국식 '쏟아붓기 유언'을 결합(자기신탁과 유언의 병용)할 수 있느냐이다. 자기신탁선언문에 포함되지 않은 나머지 모든 재산에 대해 자기신탁으로 유증한다는 내용의 '유언공증'을 활용하거나, '유언신탁'을 활용하면 가능할 수 있다고 본다.[18)] 다만, 자기신탁과 유언의 병용 실무가 정착되기 전까지는 위탁자가 새롭게 재산을 취득하면 자기신탁선언문 변경을 통해 자기신탁재산에 포함시키는 것이 법적 안정성을 높일 수 있을 것이다.

이하에서는 우리나라에서 유언대용 목적의 생전신탁을 자기신탁 방식으로 구현하는 자기신탁의 구조, 운용실무, 자기신탁 선언문 예시안 및 등기기지례를 기술한다.

2 자기신탁형 유언대용신탁의 구조와 실무

가. 자기신탁형 유언대용신탁 모델사례의 구조

김두리(자1), 김두녀(자2), 김손자, 김손녀를 가족으로 두고 있는 김부자는 본인 명의 아파트 와 주식에 대한 생전 재산관리 및 사후 상속배분을 하기 위하여, 생전수익권은 본인 90%, 김두리 10%, 사후수익권은 김두리 90%, 김손자와 김손녀 각 5%를 보유하도록 하면서 승계수탁자를 김두리로 지정하는 신탁선언을 하고자 한다. 승계수탁자의 권한은 김부자가 사무처리능력이 부족하거나 부재하다는 의사의 진단이 있을 때부터 발생하고, 김부자가 사망하여 승계수탁자 김두리가 신탁재산을 전부 사후수익자에게 배분 완료한 시점에 소멸하는 것으로 한다. 김부자는 승계수탁자 김두리를 임의후견인으로 지정하는 후견계약을 체결하고, 공증한 후 후견등기를 완료하였다.[19)]

---

17) 위탁자가 생전수익자를 의식해야 하는 문제와 생전수익자에게 수익이 지급될 때 이 수익에 대해서는 증여세가 과세된다는 문제가 있다.

18) 유언 조항으로 "자기신탁선언하지 아니한 나의 나머지 재산 전부를 2025년 [**]월 [**]일 설정된 자기신탁에 추가재산으로 편입하기 위해 수탁자(승계수탁자[***], 예비적승계수탁자 [***], 위탁자 사망 후 자기신탁을 인수한 수탁자를 말함)에게 유증한다."를 상정할 수 있다.

19) 수탁자가 후견인의 지위를 겸임을 하게 되는데, 수탁자가 후견인이 되는 것을 금지하는 명시적 규정은 없고, 위탁자의 고유재산을 관리하는 임의후견인과 위탁자의 고유재산이었던 신탁재산을 관리하는 수탁자가 동일인일 경우

▎자기신탁의 생애(life cycle)▎

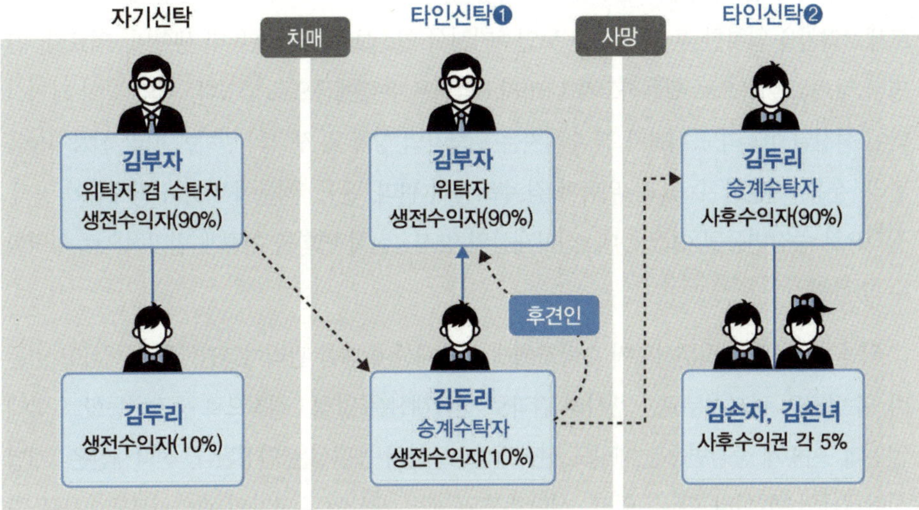

유언대용신탁 목적의 자기신탁의 경우 신탁재산의 관리처분권을 갖는 위탁자 겸 수탁자가 사무처리능력이 없게 되어 후견개시가 되면 신탁재산의 관리처분권을 행사할 수 없고, 위탁자 겸 수탁자는 신탁법 제12조 제1항 제2호에 따라 수탁자의 임무가 종료되기 때문에, 그 상황에 대비한 신수탁자를 미리 지정해 놓을 필요가 있다.[20] 자기신탁 선언 시점에 미리 신수탁자를 지정한다는 점에서 이러한 신수탁자를 '승계수탁자(successor trustee)'라 부른다. 자기신탁선언 후 김부자 씨는 아파트에 대하여 자기신탁등기를 경료하고, 증권계좌 명의를 '김부자(부기명 : 신탁)'로 변경함으로써 신탁의 대항력을 갖추었다.[21]

위탁자의 재산 전체를 파악할 수 있는 이점 때문에, 실무상 수탁자와 임의후견인의 겸임을 허용할 필요성이 높다 할 수 있으며, 수탁자와 임의후견인의 지위 겸임은 허용된다(田中和明 · 西片和代 편저 「信託法務大全 제3편 民事信託」, 77~78면). 이 경우, 피후견인의 대리인인 임의후견인이 수탁자인 경우 수익자의 수탁자에 대한 감독권한 행사가 불가하므로, 신탁감독인을 선임하는 것을 검토할 실익이 있다. 다만, 위 사례에서는 '수탁자 아닌 수익자'가 존재하므로, 굳이 신탁감독인을 선임할 실익은 없다.

20) 물론 자기신탁 선언문에 승계수탁자를 지정하지 않았을 경우, 위탁자에게 후견이 개시되면, 위탁자 겸 수탁자의 상속인, 법정대리인 또는 청산인은 신수탁자가나 신탁재산관리인이 신탁사무를 처리할 수 있을 때까지 신탁재산을 보관하고 신탁사무 인계에 필요한 행위를 할 수 있기는 하지만(신탁법 제12조 제4항, 제17조, 제18조), 법원의 절차를 거쳐 신수탁자 또는 신탁재산관리인을 선임하여야 하는 절차적 번거로움이 있다.

21) 승계수탁자의 권한 발생으로 신탁재산의 소유권을 이전받으면, 자기신탁이 타인신탁으로 변경된다.

나. 자기신탁형 유언대용신탁의 운용 실무

자기신탁 모델 사례에서 김부자씨는 사정변화가 생겨 아파트를 20억원에 매도[22] 하고 양도세 2억원을 납부한 후 18억원을 노인주거시설 입소보증금(10억원) 및 생활비, 의료비, 간병비 등 필요비용으로 활용하고자 나머지 8억원은 은행예금으로 넣었다. 이와 같이 자기신탁이 설정된 이후라도 위탁자 겸 수탁자는 위탁자의 상황 및 생각의 변화에 따라 신탁재산을 관리, 운용, 처분할 수 있고, 위탁자 겸 수탁자의 관리, 운용, 처분에 따라 신탁재산이 양적, 질적으로 증감변동될 수 있는데, 신탁재산의 양적 · 질적 변화를 어떻게 법리적으로 설명할 수 있을까?

위탁자는 신탁설정문서로써 수탁자에게 신탁재산에 대한 관리처분권한을 부여하고 있는바, 수탁자의 관리처분권한 행사의 결과로 신탁재산은 양적 · 질적으로 증감변동할 수밖에 없는데, 이렇게 증감변동된 재산도 신탁재산으로서의 동질성은 인정된다. 신탁재산은 "개별 신탁재산의 합"이라 할 수 있고, 신탁재산은 개별 재산이 수탁자의 관리처분권행사로 양적 · 질적으로 증감변동되더라도 '자기동일성'을 유지한다. 구신탁법은 이를 '신탁재산의 물상대위성'이라는 조제목으로 규정하였고, 현행 신탁법은 '신탁재산의 범위'라는 조제목으로 "신탁재산의 관리, 처분, 운용, 개발, 멸실, 훼손, 그 밖의 사유로 수탁자가 얻은 재산은 신탁재산에 속한다."라고 규정함으로써 명시적으로 밝히고 있다. 물론 증감변동한 재산에 대해 신탁의 대항력을 갖추어야 제3자에게 대항할 수 있다. 이러한 신탁재산의 물상대위성은 자기신탁인 경우에도 그대로 적용된다.

다. 자기신탁형 유언대용신탁의 승계수탁자 운영 실무

자기신탁 설정 후 원수탁자의 사무처리능력이 부족해지거나 원수탁자가 사망할 경우를 대비하여 자기신탁선언 시점에 미리 승계수탁자를 지정하고 승계수탁자의 권한과 의무를 명시한 '승계수탁자 인수예탁계약서'를 작성해 둘 필요가 있다. 위탁자가 자기신탁선언문을 수정변경을 하고자 하는 경우 승계수탁자와 미리 협의하여 수정변경을 확정함으로써 승계수

22) 이와 관련하여 아파트에 대한 자기신탁선언 이후 아파트 매도하여 사용하기 편한 현금으로 만드는 행위가 혹시 자기신탁에 있어서 해지권 유보 금지 조항에 저촉되지 않는가라는 의문을 제기할 수 있다. 해지권 유보 금지에서 해지는 신탁을 종료하여 신탁재산을 위탁자에게 반환하는 것을 금지하는 것인데, 신탁재산인 아파트를 매도하여 그 매도대금을 신탁계좌에 입금시키면, 그 예금채권이 여전히 자기신탁의 신탁재산임은 신탁법 제17조 신탁재산의 범위라는 규정에 의해 명확해지는바, 자기신탁이 여전히 유지되는 것이므로, 해지권 유보 금지에 저촉되지 아니한다.

탁자가 수정변경된 자기신탁을 인계받음에 특별히 장애가 되는 수정변경이 없도록 해야 한다. 위탁자가 자기신탁을 승계수탁자와 협의하지 않고 수정변경한 경우에는 최대한 빠른 시일 내에 승계수탁자에게 수정변경된 자기신탁선언문 정본을 교부할 필요가 있다.

승계수탁자의 권한발생사유가 있는 경우, 생전수익자, 사후수익자 그 밖의 이해관계자는 그 권한발생사유를 승계수탁자에게 통지함으로써 승계수탁자가 신탁을 인계받을 수 있도록 해야 한다. 승계수탁자가 신탁을 인계받기 전에 신탁을 계산하고 그 계산에 대해 위탁자와 사후수익자의 승인을 받아야 하는데(신탁법 제55조), 승계수탁자의 권한발생사유가 위탁자의 사무처리능력 부족 또는 부재인 경우 위탁자가 승인을 할 사무처리능력이 부족하거나 없기 때문에 위탁자의 승인 없이, 생전수익자 또는 사후수익자의 승인만 있으면 된다고 보는 것이 타당하다. 그 다음 승계수탁자는 권한발생사유를 인지한 즉시 신탁재산의 소유권을 승계수탁자 명의로 이전[23]하고, 신탁재산의 현황과 수익채무와 신탁채무를 조사함으로써 신탁사무를 처리하기 위한 준비를 하여야 한다. 승계수탁자가 '원수탁자가 신탁행위로 인하여 수익자에게 부담하는 수익채무'와 '원수탁자가 신탁사무의 처리에 관하여 부담하는 신탁채무'만을 승계한다(신탁법 제53조). 승계수탁자가 후견인이 아닌 경우, 승계수탁자는 후견인에게 자기신탁선언문의 내용을 통지하고, 자기신탁선언문의 내용에 따라 후견인의 역할과 승계수탁자의 역할을 조화롭게 수행해야 한다.[24] 승계수탁자가 권한을 개시한 이후에는 자기신탁의 속성은 없어지고 일반적인 타인신탁의 구조와 동일하다고 보면 된다. 자기신탁선언문의 내용에 따라 수탁자가 신탁재산을 보관, 관리, 처분 및 배분 업무를 수행하면 된다.

위탁자 겸 원수탁자가 사망하면, 승계수탁자는 자기신탁선언문의 내용에 따라, 상속신탁 집행 절차를 이행한다. 즉시배분형 사후수익권의 경우 승계수탁자는 사후수익자에게 신탁재산의 소유권을 이전하고, 계속관리형 사후수익권의 경우 승계수탁자는 사후수익자가 사후수익권 취득에 동의하는 동의서를 받고 정해진 기간까지 신탁재산의 보관, 관리, 처분 및 배분 업무를 수행한다.

23) 승계수탁자의 권한발생사유가 위탁자의 사무처리능력 부족 또는 부재인 경우, 신탁재산의 소유권을 이전함에 있어 수탁자가 단독행위로 할 수 있어야 하는데, 현행 신탁사무처리에 관한 규칙에는 명시적으로 규정되어 있지 않다.

24) 동일인이 수탁자와 후견인을 겸직할 수 있느냐에 대해 국내 논의는 없는 것으로 파악된다. 자기신탁선언과 동시에 승계수탁자와 후견계약을 체결하였다면, 위탁자(피후견인)의 의사를 가장 잘 반영한 것이므로, 수탁자와 후견인을 겸직해도 무방하다.

라. 자기신탁형 유언대용신탁의 세무상 취급

우리나라 신탁세제는 '자기신탁'에 대해 달리 규정한 바 없으므로, 자기신탁의 독특한 구조 이외에는 일반적인 타인신탁과 동일한 세제가 적용된다고 보면 된다.

자기신탁의 경우 일반신탁과 달리 신탁설정 시 소유권이 이전되지 않기 때문에 취득세나 양도세 부과대상이 아니다.[25] 위탁자가 아닌 제3자를 생전수익자로 하였을 경우, 해지권 유보금지로 인해, 해당 수익자 지정 자체를 증여세 과세 행위로 볼 것인가가 문제되나, 위탁자의 해지권 유보가 금지되긴 하나 위탁자가 여전히 수익자 및 수익권 변경권한을 보유하므로, 상증법 제33조 제1항에 따라, 신탁설정 단계가 아니라 실제 위탁자가 아닌 제3의 생전수익자에게 원본 또는 이익이 실제 지급된 날 증여세가 부과된다고 보는 것이 합리적인 해석이다.

신탁운용단계에서 신탁재산에 대한 소득세는 위탁자인 생전수익자에게 부과되고, 신탁재산의 양도가 있게 되면 해당 양도세도 위탁자인 생전수익자에게 부과된다. 신탁재산에 대한 재산세와 종부세도 위탁자인 생전수익자에게 부과된다. 승계수탁자가 신탁을 인계받은 경우에 소유권이전이 있게 되나, 이 경우 신탁설정으로 인한 소유권이전과 유사하므로, 취득세나 양도세가 부과되지 않는다(지방세법 제9조 제3항 제3호).

상속신탁집행단계에서 자기신탁의 사후수익자가 '수유자(受遺者)'에 해당되는바, 사후수익자는 상속개시일이 속한 다음 달로부터 6개월 이내에 상속세와 취득세[26]를 납부하여야 한다. 상증법 제2조 제1호는 '신탁법 제59조에 따른 유언대용신탁'과 '신탁법 제60조에 따른 수익자연속신탁'을 상속의 정의에 포함하고, 같은 조 제5호는 '유언대용신탁 및 수익자연속신탁에 의하여 신탁의 수익권을 취득한 자'를 '수유자(受遺者)'의 한 유형으로 정의하고 있다.

---

25) 위탁자와 수탁자가 동일인이고, 법률적으로도 신탁재산의 이전행위가 없기 때문에, 지방세법 제9조의 대상자체가 아니라고 보는 것이 타당하다.

26) 위탁자의 상속인이 아닌 사후수익자는 상속개시일이 속한 달의 말일로부터 3개월 이내에 취득세를 납부하여야 한다.

3 자기신탁형 유언대용신탁 선언문 예시안

자기신탁선언문

공증인[***]는 [***](이하 "위탁자"라 함)가 위탁자 소유 재산에 대하여 신탁의 목적, 수익자를 특정하고 자신을 수탁자(이하 "원수탁자"라 함)로 정하기 위한 신탁법 제3조 제1항 제3호의 신탁선언을 청취하여 이 증서를 작성한다.

제1조 【목적】

위탁자는 생전에 재산관리를 안정적으로 하고 그 재산을 위탁자 본인의 생활비, 간병비, 치료비 등 필요비용으로 활용하며, 사후에 재산을 사후수익자에게 배분하는 상속계획을 실행하고 집행하기 위하여 이 신탁선언을 한다.

제2조 【정의】

1. "위탁자"라 함은 소유 재산에 대하여 신탁의 목적, 수익자를 특정하고 자신을 수탁자로 신탁선언을 하는 자를 말한다.
2. "수탁자"라 함은 신탁 목적에 따라 위탁자로부터 신탁재산을 인수하는 자를 말한다. 수탁자는 원수탁자와 승계수탁자로 구분되는데, 이 신탁선언문에 특별히 구분하지 않으면 원수탁자와 승계수탁자를 모두 포함한다.
3. "승계수탁자"라 함은 위탁자 겸 원수탁자에게 질병, 노령, 그 밖의 사유로 사무처리 능력이 부족하거나 부재하게 되는 등 사유(이하 "승계수탁자 권한 발생 사유"라 함. 성년후견개시결정, 한정후견개시결정, 임의후견감독인 선임 등을 포함하되, 이 자기신탁선언문의 목적 달성을 위하여 필요하다고 승계수탁자가 판단한 경우, 객관적 증빙자료로 확인하는 것을 전제로, 위 결정 이전에도 사유 발생으로 간주할 수 있음)가 발생하여 원수탁자의 수탁자 역할 수행이 곤란하게 되어 수탁자 역할을 인계받을 신수탁자로서 이 신탁선언문에서 정한 자를 말한다.
4. "수익권"이란 이 신탁선언문에 따라 수익자가 신탁재산으로부터 금전을 지급받을 권리, 그 밖의 이 신탁선언문에 따라 수익자가 갖는 일체의 권리를 말한다. 수익권은 생전수익권과 사후수익권으로 구분되는데, 이 신탁선언문에 특별히 구분하지 않으면 생전수익권과 사후수익권을 모두 포함한다.

5. "수익자"라 함은 신탁재산의 수익권을 취득하여 행사하는 자를 말한다. 수익자는 생전수익자와 사후수익자로 구분되는데, 이 신탁선언문에 특별히 구분하지 않으면 생전수익자와 사후수익자를 모두 포함한다.
6. "생전수익자"라 함은 위탁자가 사망하기 전까지 신탁재산의 수익권을 갖는 수익자를 말한다.
7. "사후수익자"라 함은 수익자의 사망에 의하여 차례로 신탁재산의 수익권을 취득하도록 지정받은 자를 말한다. 다만, 별도의 약정이 있는 경우를 제외하고는 생전수익자가 사망할 때까지 이 계약의 사후수익권을 취득하지 못한다.
8. "상속신탁집행"이라 함은 위탁자 사망으로 사후수익자가 사후수익권을 취득하는 절차를 수탁자가 이행하는 것을 말한다.

제3조【신탁재산】

① 신탁재산은 별지 1 신탁재산의 목록에 기재된 재산으로 한다.

② 위탁자는 신탁재산을 추가로 신탁할 수 있다.

③ 신탁재산의 관리, 처분, 운용, 개발, 멸실, 훼손, 그 밖의 사유로 수탁자가 얻은 재산은 신탁재산에 속한다.

④ 위탁자는 등기 또는 등록할 수 있는 재산권에 관하여는 신탁의 등기 또는 등록을 하여야 하고, 등기 또는 등록할 수 없는 재산권에 관하여는 다른 재산과 분별하여 관리하는 등의 방법으로 신탁재산임을 표시하여야 한다.

제4조【위탁자 겸 원수탁자】

① 이 신탁선언문을 진술하는 위탁자는 이 신탁의 원수탁자이다.

② 이 신탁선언문은 상속을 설계하고 집행하는 신탁을 설정하는 문서이므로, 위탁자의 지위는 상속되지 아니한다.

제5조【승계수탁자】

① 위탁자는 승계수탁자를 다음과 같이 지정한다.

	승계수탁자 정보		비고
승계수탁자	성명		
	주민번호		
	연락처		
	위탁자와의 관계		
예비적승계수탁자	성명		
	주민번호		
	연락처		
	위탁자와의 관계		

② 승계수탁자는 위탁자에게 승계수탁자 권한 발생 사유가 발생하였음을 객관적 자료(사무처리능력이 부족하거나 부재하다는 의사의 진단서, 후견개시결정, 후견감독인 선임 등)로 입증한 이후 수탁자의 지위를 인수한다. 이때 승계수탁자가 이 신탁 인수를 거부하거나 인수할 수 없는 상황임이 객관적으로 명확하면, 예비적승계수탁자가 수탁자의 지위를 인수한다.

③ 승계수탁자는 이 신탁선언의 취지에 따라 선관주의의무와 충실의무를 다하여 신탁재산을 관리처분하고, 위탁자 사망 시 신탁재산을 배분한다.

제6조 【수익자】

① 위탁자는 이 신탁의 수익자를 다음과 같이 지정한다. 위탁자의 생전수익권 비율은 "100%에서 위탁자 이외 생전수익자의 수익권 비율 합계를 공제한 비율"로 한다.

	수익자 정보		수익권 비율
생전수익자 (위탁자 이외)	성명		원본수익권 : [**]% 이익수익권 : [**]%
	주민번호		
	연락처		
	위탁자와의 관계		
사후수익자 1	성명		원본수익권 : [**]% 이익수익권 : [**]%
	주민번호		
	연락처		
	위탁자와의 관계		
사후수익자 2	성명		원본수익권 : [**]% 이익수익권 : [**]%
	주민번호		
	연락처		
	위탁자와의 관계		

② 위탁자는 승계수탁자 권한 발생 사유가 발생하기 전까지 언제든지 제1항의 수익자를 자유롭게 변경할 수 있다.

③ 위탁자 사망 전에 사후수익자가 먼저 사망하는 경우, 이 신탁선언문에서 특별히 정함이 없으면, 해당 사후수익자의 법정상속인에게 법정상속비율로 해당 사후수익자에게 귀속되는 재산을 귀속시킨다.

제7조 【신탁재산의 원본 및 이익 배분】

① 신탁재산의 원본 및 이익은 제6조에서 정한 수익권 비율에 따라 수탁자가 각 수익자에게 배분한다.

② 수탁자의 신탁재산의 원본 및 이익 배분 절차, 방법 및 시기에 대해서는 별지 2 기재 '신탁재산의 관리, 운용, 처분 및 수익배분 방법'에 따른다.

Part 10

제8조【신탁효력 발생 및 신탁기간】

① 이 신탁의 효력은 이 신탁선언문 공증일로부터 발생한다.

② 이 신탁의 신탁기간은 효력발생일부터 위탁자 사망한 날이 속하는 달의 말일부터 6개월이 경과하는 시점까지로 한다.

제9조【신탁재산의 관리, 운용, 처분 등】

① 수탁자는 신탁부동산의 임대관리, 시설관리 등 이 신탁의 목적 달성에 필요한 일체의 행위를 할 수 있다.

② 수탁자는 이 신탁에 속하는 금전으로 예금을 가입하거나 채권, 주식, 펀드 등 금융상품 일체를 투자할 수 있으며, 금융상품에 포함된 모든 권리를 행사할 수 있다.

③ 수탁자는 이 신탁에 속하는 유가증권을 매도하고, 부동산, 금융상품 등에 투자할 수 있다.

④ 승계수탁자와 예비적승계수탁자는 이 신탁선언문 별지 2 기재 '신탁재산의 관리, 운용, 처분 및 수익 배분 방법'에 특별한 정함이 없으면, 원수탁자의 종전 신탁재산의 관리권 행사와 같은 방법으로 신탁재산을 관리한다.

제10조【승계수탁자의 상속신탁집행】

① 위탁자 사망 시 승계수탁자가 각 사후수익권의 내용에 따라 각 사후수익자에게 신탁재산의 소유권을 귀속시킨다.

② 승계수탁자는 신탁부동산은 각 사후수익자 명의로 소유권 이전(고유재산으로의 전환 포함)을 위한 등기를 경료하면서 신탁등기를 말소한다.

③ 승계수탁자는 예금, 주식, 채권, 펀드 등 금융상품은 각 사후수익자에게 이체 또는 대체한다.

④ 승계수탁자가 상속신탁집행을 완료하기 전에 유류분반환청구소송이 제기되거나 신탁 관계법규에 따른 신탁재산에 대한 보전처분, 강제집행이 진행되는 경우 승계수탁자는 상속신탁집행을 보류할 수 있다.

제11조【이익에 반하는 행위의 금지의 예외】

승계수탁자 또는 예비적승계수탁자가 사후수익자인 경우, 신탁법 제34조에도 불구하고, 승계수탁자 또는 예비적승계수탁자는 신탁재산을 고유재산으로 귀속시킬 수 있다.

제12조【신탁의 변경】

① 위탁자 겸 원수탁자는 승계수탁자 권한 발생시까지 신탁재산, 수익자, 신탁재산의 관리 처분 방법 등 이 신탁선언문에 따른 일체의 사항을 변경할 수 있다.

② 승계수탁자 또는 예비적승계수탁자는 이 신탁선언문에 특별히 정함이 있는 경우를 제외하고 이 신탁선언문을 변경할 수 없다. 다만, 이 신탁선언문의 최종 변경까지 위탁자가 예견하지 못했던 경제사정의 변화로 이 신탁의 목적을 달성할 수 없음이 명백한 경우 법원의 결정을 받아 이 신탁선언문을 변경할 수 있다.

제13조【신탁의 종료 및 최종계산】

① 이 신탁은 다음 각 호의 어느 하나에 해당하는 경우 종료한다.

1. 신탁기간이 만료된 경우
2. 수익자, 생전수익자 및 사후수익자가 모두 사망한 경우
3. 생전수익권과 사후수익권이 전부가 소멸한 경우
4. 제2호 및 제3호 이외 신탁의 목적을 달성하였거나 달성할 수 없게 된 경우
5. 그 밖에 신탁관계법규에서 정한 신탁의 종료사유에 해당하는 경우

② 이 신탁이 종료된 경우 수탁자는 최종 계산서를 작성하여 수익자의 승인을 받아 신탁재산을 교부한다. 다만, 신탁재산 중 환가 및 회수가 곤란한 부득이한 사정이 발생한 경우 신탁재산을 운용현상 그대로 교부할 수 있다.

③ 최종계산서에 대하여 수익자가 승인을 하지 아니한 경우 수탁자는 수익자에게 최종계산의 승인을 요구하고, 수익자는 계산승인의 요구를 받은 때로부터 1개월 이내에 승인 여부를 수탁자에게 통지하여야 한다.

④ 수탁자는 제3항의 계산승인을 요구하는 경우 "수익자는 최종계산에 대하여 이의가 있는 경우 계산승인을 요구받은 때로부터 1개월 이내에 이의를 제기할 수 있으며, 그 기간 내에 이의를 제기하지 않으면 수익자가 최종계산을 승인한 것으로 본다"라는 취지의 내용을 수익자에게 고지하여야 한다.

⑤ 수익자가 수탁자로부터 제3항의 계산승인을 요구받은 때로부터 1개월 내에 이의를 제기하지 아니하는 경우 제2항의 계산을 승인한 것으로 본다.

제14조【제세공과금 및 비용부담】

이 신탁재산에 대한 조세(근거 법령상 납세의무자인 수탁자라도 신탁재산과 관련한 조세는 전부 포함) 및 공과금과 이 신탁과 관련한 신탁사무 처리에 수반 되어 발생하는 비용은 신탁재산에서 차감하거나 위탁자나 수익자에게 따로 청구할 수 있다.

제15조【관할법원】

이 신탁으로 인한 소송의 관할법원은 수탁자의 보통재판적이 있는 관할법원으로 한다.

[20**] [**]월 [**]일

촉탁인

위탁자 겸 원수익자 (인)

성명 : [****]

주민등록번호 :

주소 :

Part 10

[별지 1] 신탁재산의 목록

[별지 2] 수탁자의 신탁재산 관리처분 방법

1. 원수탁자의 신탁재산 관리, 운용, 처분 및 수익 배분 방법

(1) 원수탁자는 매월 [**]일에 매월 [**]백만원을 제5조에서 정한 비율로 각 생전수익자에게 지급한다. 신탁재산에서 발생하는 이익을 먼저 배분하되, 이익이 [**]백만원에 미치지 못할 경우 신탁재산의 원본에서 지급한다.

(2) 원수탁자는 신탁재산에서 발생하는 본인의 생활비 충당에 부족하다고 판단하는 경우 원수탁자가 아닌 생전수익자에게 수익을 배분하지 아니할 수 있다.

2. 승계수탁자의 신탁재산 관리, 운용, 처분 및 수익 배분 방법

승계수탁자의 권한 발생 사유가 발생하여 승계수탁자 또는 예비적승계수탁(이하 "승계수탁자"라 함)이 신탁사무를 인수한 이후 위탁자 겸 원수탁자 사망 시까지 신탁재산의 관리, 운용, 처분 및 수익권 배분은 다음과 같다.

(1) 승계수탁자는 매월 [**]일에 위탁자 겸 수익자에게 매월 [**]백만원을 지급하고, 위탁자가 아닌 수익자의 수익권은 소멸한다. 승계수탁자는 신탁재산에서 발생하는 이익을 먼저 배분하되, 이익이 [**]백만원에 미치지 못할 경우 신탁재산의 원본에서 지급한다.

(2) 승계수탁자는 위탁자를 [*******] [*]인실에 거주하도록 하고, 이에 필요한 입소보증금, 생활비, 간병비 등 필요비용을 지출하기 위해, 신탁재산에서 인출하여 지급한다.

(3) 승계수탁자는 이 신탁계약을 변경하거나, 해지 또는 해제하지 못한다.

3. 승계수탁자의 상속신탁 배분

위탁자 겸 원수탁자 사망 시 승계수탁자는 이 자기신탁선언문에 따라 신탁재산을 각 사후수익자에게 배분한다.

4 자기신탁형 유언대용신탁 등기례 및 신탁원부 기재례

가. 신탁등기 기재례

부동산에 대한 자기신탁 설정, 승계수탁자 권한 발생, 위탁자 사망으로 인한 유언대용신탁집행과 관련한 등기기재례는 다음과 같다.

첫째, 신탁선언 시점에는 위탁자 명의의 등기가 이미 경료된 상황이므로, '신탁'을 등기원인으로, "신탁재산으로 된 뜻의 등기"를 등기목적으로 기재된다.

둘째, 승계수탁자가 업무를 수행할 때 수탁자 경질 등기가 필요하다. 자기신탁선언문의 승계수탁사유(위탁자의 사무처리능력 부족 또는 부재)로 승계수탁자가 신수탁자 역할을 수행하면, 승계수탁자 단독으로 수탁자 경질 등기를 신청할 수 있어야 한다. 그런데 현행 신탁사무처리에 관한 예규는 (i) 신탁행위로 정한 바에 의하여 수탁자의 임무가 종료하고 새로운 수탁자가 취임한 경우 및 수탁자가 사임, 자격상실로 임무가 종료되고 새로운 수탁자가 선임된 경우에는 새로운 수탁자와 종전 수탁자가 공동으로 권리이전등기를 신청하고, (ii) 수탁자의 사망, 후견개시결정, 파산, 해산의 사유로 수탁자의 임무가 종료되고 새로운 수탁자가 선임된 경우에는 새로운 수탁자가 단독으로 권리이전등기를 신청하도록 규정하고 있어, 원수탁자의 사무처리능력 부족으로 승계수탁자의 권한이 발생하는 경우, 승계수탁자가 단독신청 가능한지는 명확하지 않기 때문에, 자기신탁에 있어서는 신탁사무처리에 관한 예규가 개정될 필요가 있다.

셋째, 위탁자 사망 시점에 승계수탁자가 자기신탁 선언문에 따라 신탁재산에 대한 상속집행할 때 어떠한 내용으로 등기될 것인가? 승계수탁자가 사후수익권 90%를 취득하는데, 신탁재산의 소유권이 이미 승계수탁자로 이전되어 있으므로, 이때는 신탁재산이 고유재산으로 변경된다. 따라서 등기원인은 "고유재산의 전환"이다. 사후수익자 중 승계수탁자가 아닌 자가 있을 경우에는 '신탁재산의 귀속'을 등기원인으로 소유권 이전등기가 되면서 신탁등기는 말소된다.

【 갑 구 】				(소유권에 관한 사항)
순위번호	등 기 목 적	접 수	등 기 원 인	권 리 자 및 기 타 사 항
2	소유권이전	2025년 1월9일 제670호	2025년 1월8일 매매	소유자 김우리 600104-1056429 서울특별시 서초구 반포대로 60 (반포동)
3	신탁재산으로 된 뜻의 등기	2025년 5월31일 제3005호	2025년 5월30일 신탁	수탁자 김우리 600104-1056429 서울특별시 서초구 반포대로 60 (반포동)
	신탁			신탁원부 제2025-25호
4	소유권이전	2025년 6월2일 제3006호	2025년 6월 1일 수탁자경질	수탁자 김두리 900104-1056429 서울특별시 서초구
5	3번 등기 일부 고유재산으로 된 뜻의 등기	2025년 8월2일 제3007호	2025년 8월1일 고유재산의 전환	20분의 18 소유자 김두리 서울특별시 서초구
	3번 신탁등기 일부말소		고유재산의 전환	
6	3번 등기 소유권 일부 이전	2025년 8월2일 제3007호	2025년 8월1일 신탁재산의 귀속	20분의 1 소유자 김손자 서울특별시 서초구 20분의 1 소유자 김손녀 서울특별시 서초구
	3번 신탁등기 일부말소		신탁재산의 귀속	

나. 신탁원부 기재례

신탁원부 표제부를 구성해보면, 자기신탁선언문에 규정된 수탁자란에는 원수탁자, 승계수탁자 및 예비적승계수탁자의 성명, 주민번호 및 주소가 기재되고, 생전수익자와 사후수익자의 성명, 주민번호 및 주소가 기재된다.

신탁원부

신 탁 원 부　제　　　　호
위　탁　자　김부자
수　탁　자　김부자
신 청 대 리 인　법무사 [***]
주소

신청서 접수		2025년 [*]월 [*]일 제 [*****] 호
1	위탁자의 성명과 주소	김부자 [****** – *******] 주소
2	수탁자의 성명과 주소	1) 원수탁자 김부자 [****** – *******] 주소 2) 승계수탁자 김두리 [****** – *******] 주소 3) 예비적승계수탁자 김손녀 [****** – *******] 주소
3	수익자의 성명과 주소	1) 신탁원본 및 이익의 생전수익자 김부자 [****** – *******] 김두리 [****** – *******] 2) 위탁자 사망 시 신탁원본 및 이익의 사후수익자 김두리 [****** – *******] 김손자 [****** – *******] 김손녀 [****** – *******]
4	신탁관리인의 성명과 주소	없음
5	신탁조항	별첨 자기신탁선언문과 같음
6	부동산의 표시	별첨 부동산 기재와 같음

CHAPTER 05 Q&A

☑ 개념 및 활용

Q&A 1 **신탁회사가 아닌 가족을 수탁자로 하는 상속신탁을 체결할 수 있나요?**

미성년자, 피성년후견인, 피한정후견인, 피특정후견인을 제외하면, 우리 신탁법은 수탁자의 자격을 제한하고 있지 않다. 따라서 신탁회사가 아닌 가족, 전문가, 비영리법인을 수탁자로 하는 상속신탁계약은 유효하다.

Q&A 2 **민사신탁의 수탁자인 가족에게 신탁보수를 지급하고 싶은데, 가능한가요?**

현행 자본시장법은 신탁인수를 영업으로 하는 경우 금융위원회로부터 신탁업 인가를 받도록 하고 있다. 따라서 가족이 수탁자로서 신탁보수를 받게 되면 무인가 신탁업자로서 자본시장법상 형사처벌을 받게 될 수 있으니 유의해야 한다. 실무상 사후수익권을 가장 많이 받는 가족을 수탁자로 지정하는 경우가 많다.

Q&A 3 **부동산에 대해서만 민사신탁을 설정할 수 있나요?**

현재 민사신탁은 신탁원부가 설정되는 부동산에 대해 주로 이루어진다. 그렇지만 부동산 이외 모든 재산에 대해 민사신탁을 설정할 수 있다. 주로 검토되고 있는 재산은 비상장 주식, 금전, 금전채권이다.

Q&A 4 **민사신탁 계약 체결 후 수탁자인 자녀가 신탁계약을 위반하면 어떻게 해야 하나요?**

민사신탁 계약 체결 후 수탁자인 자녀가 위탁자의 지시나 신탁계약을 위반해서 신탁재산을 보관, 관리, 처분할 경우, 위탁자는 (i) 수탁자 해임, (ii) 원상회복청구, (iii) 손해배상청구 등의 권리구제수단을 활용할 수 있다. 다만, 수탁자가 자진해서 원상회복이나 손해배상을 하지 않는 경우, 위탁자가 수탁자인 자녀를 대상으로 소송을 해야 하는 부담이 있게 된다. 따라서 민사신탁을 이용할 때 가족 중 수탁자를 누구로 선정할 것인가가 매우 중요한 문제이다.

Q&A 5 **민사신탁의 경우 수탁자인 자녀의 역할을 축소하고 변호사, 회계사, 법무사, 세무사에게 일정 지시권한을 부여하고 싶은데, 가능한가요?**

민사신탁에서 수탁자가 폭넓은 권한을 보유하고 있어 위탁자가 수탁자의 권한을 일정 부분 축소하여 민사신탁을 안정적으로 활용하고 싶을 때, 위탁자는 변호사, 회계사, 법무사, 세무사를 '신탁재산보호자(trust protector)' 또는 '신탁재산운용지시권자(trust director)'로 선임하여 신탁재산의 보관, 관리, 운용 및 배분과 관련하여 수탁자에게 지시할 수 있는 권한을 부여할 수 있다.

☑ 자기신탁형 유언대용신탁

Q&A 6 **위탁자가 스스로 수탁자가 되는 자기신탁형 유언대용신탁이 가능한가?**

신탁법 제3조 제1항 제3호가 '신탁재산, 수익자, 신탁의 목적을 특정하고 위탁자가 수탁자가 되는 선언', 즉 '신탁선언'을 할 수 있도록 명시적으로 규정하고 있다.

Q&A 7 **자기신탁의 장점은?**

자기신탁은 위탁자 스스로 수탁자 역할을 수행하므로 신탁비용이 많이 들지 않는다. 신탁법은 자기신탁은 반드시 공정증서에 의하도록 규정하고 있으므로, 변호사로부터 신탁선언문 작성을 자문받고, 공증인으로부터 신탁선언문을 공증받으면 된다. 변호사 자문비용과 공증비용은 소요되나, 신탁기간 중 발생하는 추가적인 비용은 신탁선언문 변경에 따른 공증비용만 발생한다. 그리고 신탁선언하더라도 신탁재산을 위탁자가 그대로 소유하고 있으므로, 일반 신탁에서 수탁자 명의로 소유권을 이전해 놓고 신탁재산을 수탁자를 통해 간접적으로 관리하는 것보다 편한 면은 있다. 나아가 유언공증 대비해서 보면, 자기신탁 설정으로 신탁사실이 등기부 등에 기재되어 실제로 그 효과가 있으므로, 생전 재산 보호 및 관리가 가능하고, 상속개시 이후에도 신탁을 유지함으로써, 상속인의 낭비로부터 상속재산을 보호할 수 있는 장점이 있다.

Q&A 8 **자기신탁의 단점은?**

자기신탁선언문을 작성함에 변호사 자문료가 발생하고, 부동산의 경우 자기신탁 등기를 해야 하기 때문에 법무사 위임 비용이 발생한다. 그리고 신탁선언한 위탁자 겸 수탁자가 사무처리능력이 부족하게 될 경우, 신탁재산관리가 불가능하다는 점과 위탁자 겸 수탁자 사망 시 신탁재산배분을 할 주체가 없기 때문에 반드시 승계수탁자를 지정할 필요가 있다.

Q&A 9 **자기신탁형 유언대용신탁 설정 후 위탁자의 사무처리능력이 부족해서 신탁재산의 관리처분에 문제가 생기면 어떻게 하나?**

위탁자 겸 수탁자의 사무처리능력이 부족하게 되면, 수탁자의 임무는 종료된다. 이 경우 수익자는 신탁재산관리인 또는 신수탁자를 선임해달라고 법원에 신청을 하게 되고, 법원이 신탁재산관리인이나 신수탁자를 선임해야 신탁재산을 신탁취지에 맞게 관리처분할 수 있다. 법원의 절차에 시간과 비용이 소요되니, 자기신탁을 설정할 때 승계수탁자를 지정하고 승계수탁자의 권한이 개시되는 사유 또는 시점을 정해놓으면 법원 절차 없이 승계수탁자가 신수탁자 역할을 수행할 수 있다.

Q&A 10 **자기신탁형 유언대용신탁에 있어서, 위탁자 겸 수탁자가 신탁을 종료해서 신탁재산을 위탁자에게 반환하는 것을 금지하고 있다는데, 자기신탁 설정 이후 사후수익자를 변경하거나 사후수익권의 내용을 변경할 수 있나?**

자기신탁의 설정 및 해지의 남용으로 강제집행면탈 위험을 걱정한 나머지, 신탁법은 자기신탁을 설정함에 '해지권 유보'를 금지하였다. 다만, 해지권 유보는 위탁자가 신탁을 종료하고 신탁재산의 명의를 위탁자 고유재산으로 변경하는 행위를 금지하는 것이므로, 상속설계를 위한 사후수익자와 사후수익권을 변경하는 것까지 금지하는 것은 아니다.

☑ 민사신탁 실무 운용

Q&A 11 **누구를 수탁자로 선택하는 것이 좋을까?**

가족신탁은 재산과 가족을 수탁자에 맡기는 중요한 재산관리도구이므로, 누구를 수탁자로 정하는지가 매우 중요하다. 수탁자는 신탁회사, 가족, 전문가 중 택일하거나 복수를 선택할 수 있다. 개인 수탁자와 신탁회사를 공동수탁자로 결합하는 방법과 신탁회사를 수탁자로 지정하면서 가족 관련 사항에 대해 의사결정하여 수탁자에게 이를 지시할 개인(trust director)을 지정하는 Corporate Directed Trustee를 활용할 수도 있다. 위탁자는 의사결정 주체, 수익자 소통방식, 전문성, 관리항목 등을 기준으로 본인의 재산과 가족에게 가장 적합한 선택지를 고르면 된다. 자기신탁형 유언대용신탁에서 승계수탁자를 누구로 정할 것인가의 문제도 같다. 아래 표는 미국 Northern Trust의 자료를 참조하였다.

	개인 수탁자 (Individual Trustee)	신탁회사 (Corporate Trustee)	공동 수탁자 (Individual & Corporate as Co-Trustees)	지시권자지정 신탁회사 수탁자 (Corporate Directed Trustee)
관리 책임 (Stewardshjp)	• 개인적인 관리 • 수탁자 승계 문제	• 신탁 의무 준수 • 승계의 연속성	신탁회사의 자원과 연속성에 개인적인 관점 추가	신탁회사의 자원과 연속성에 개인적인 관점 추가
수익자 소통 (Beneficiary Communication)	• 수탁자 개인 지식 • 가족 역학 관계 관리 필요	분쟁 해결을 위한 객관성	어려운 대화 시 신탁회사 활용	• 개인의 통제권 • 지원이 필요할 때 신탁회사 활용 가능
전문성 (Expertise)	세무 및 법률 전문성 부족 가능성	깊이 있는 세무 및 법률 전문성	신탁회사의 내부 자원 및 전문성 활용	개인의 지식 및 신탁회사의 깊이 있는 전문성 활용
사무처리 (Administration)	회계 및 보고 관리 시간 및 전문성 보완 필요	신탁 관리를 위한 프로세스 및 역량	신탁 관리를 위한 신탁회사 자원 활용	신탁 관리를 위한 신탁회사 자원 활용

부 록

APPENDIX 01

자산승계 관련 칼럼

저자가 그동안 기고한 칼럼을 보면,
가족신탁의 이해와 활용에 도움이 될 것으로 판단되어 부록에 넣었다.

"효도계약서 쓰는 노년층 늘고 있다는데 … 분쟁 없이 상속 '유언대용신탁' 관심"

매일경제 Luxmen 제68호(2016년 5월 13일)

지난해 12월 효도계약을 지키지 않은 아들에게 증여한 부동산을 돌려받을 수 있다는 대법원 판결이 나왔다. 이 판결을 놓고 가족모임에서 효도계약서를 쓰는 시니어들이 늘고 있다는 이야기도 들린다. 우리나라에 베이비붐 세대(1955~1963년생)들의 은퇴 시점이 다가오면서 재산 상속에 대한 관심이 커지고 있다. 자녀들에게 분쟁 없이 재산을 물려줄 수 있는 유언대용신탁에 대해 살펴보자.

일반 상속의 경우 다양한 문제점들이 있다.

남겨 주는 재산으로 인해 오히려 가족 간의 분쟁이 발생하거나, 상속 시점에 본인이 치매에 빠지는 경우도 있다. 자녀 중 장애인이 있는 경우 사후에 자녀생활비를 믿고 맡길 사람도 마땅치 않다. 상속 분쟁을 해결하기 위해 사전증여를 생각하는 시니어도 있다. 한 가지씩 짚어보자. 증여의 가장 큰 단점은 미리 배분해 줄 경우, 되돌리기가 어렵다는 것이다. 효도를 조건으로 증여한 주택을 돌려받기 위해 아버지가 아들을 상대로 대법원까지 3차례 소송을 수행한 뼈아픈 사례는 증여의 문제점을 잘 보여준다. 그렇다고 아무런 대책을 마련하지 않고 사후 법정상속이 되도록 내버려 두면 상속 분쟁이 발생할 가능성이 높을 뿐 아니라 자녀의 경제사정을 고려한 상속이라고 할 수 없다. 본인이 치매에 걸리면 재산관리능력이 없어지므로, 이에 대비하여 관리를 대신해 줄 믿을 만한 사람을 미리 지정할 필요가 있다. 자녀들이 그 역할을 잘해주면 그만큼 아름다운 결말은 없을 것이다. 실상은 그렇지 못하기 때문에 대책을 마련할 필요가 있다. 특히 치매에 걸린 상황에서 주변인들이 재산을 편취하는 사례가 적지 않은 실정이다.

가족 구성원 중 일부에게 장애가 있을 경우 무엇을 준비해야 할까? 경제적 곤궁으로 어려운 상황에 처한 사례를 다수 보게 되는데, 최소한 경제적 곤궁으로부터 벗어나 안정적인 생활을 하도록 장치를 마련해야 할 필요가 있다.

이러한 모든 문제를 종합적으로 해결할 수 있는 방안이 바로 '유언대용신탁'이다.

유언대용신탁이란 자신의 재산을 금융회사에 재산관리 및 유산상속승계 처리를 목적으로 맡기는 것으로, 처음에는 본인이 재산을 관리하고, 사후에는 미리 지정한 사람에게 신탁재산의 수익권을 승계시키는 것을 말한다. 즉, 다양한 금융서비스를 제공하면서 본인과 가족을 위한 든든한 '재무적 후견인' 역할을 할 수 있다.

유언대용신탁은 신탁 허가를 받은 증권사·은행 등 금융회사에서 가입할 수 있는데, 종합적인 자산관리 경험이 충분한 금융회사를 선택하는 것이 바람직하다.

주식, 펀드, 부동산 등 모든 재산에 대한 종합적인 재산관리 서비스와 본인과 가족들의 생애주기에 맞게 재산관리 서비스를 제공할 수 있어야 하기 때문이다.

부록

유언대용신탁의 수익자를 큰아들로 지정했더라도 큰아들의 태도가 좋지 않을 경우 언제든지 작은 아들로 변경할 수 있으므로, 재산에 대한 실질적인 소유권을 여전히 보유하면서 상속을 설계할 수 있다. 실질적으로 증여의 효과를 누리면서 증여 재산을 쉽게 돌려받을 수 없다는 증여의 단점을 충분히 극복할 수 있다.

또한 특약을 통해 다양한 위험 상황에서 재산을 안전하게 보호할 수 있다. 치매 위험에 대비해 특별부양 재산관리 서비스를 제공받을 수 있도록 특약을 체결한다면 재산을 안전하게 보존할 수 있다. 본인을 위해 진심으로 재산관리를 하여 줄 수 있는 지인을 임의후견인으로 지정하여 더욱 실효성 있는 법적 장치를 만들 수 있다.

임의후견인이 신탁재산을 임의로 처분할 수 없도록 하는 신탁회사의 통제기능도 하나의 강점으로 볼 수 있다.

상속인 중 장애인이 있다면 정기적인 생활비를 지급하는 '홀로서기 생활자금'을 특별부양 서비스의 형태로 제공받을 수 있다. 신탁재산은 장애인을 위해 장기적으로 안전하게 관리되고, 장애인의 이익을 위해서만 사용된다.

이렇듯 유언대용신탁은 기존 법정상속제도로는 해결이 불가능한 맞춤형 금융서비스를 제공할 수 있다. 가족의 행복한 삶을 보장하기 위해 유언대용신탁을 설정함으로써 가족의 리더로서 남은 과제를 현명하게 해결하자.

"'유언대용신탁 아세요?' … 상속의 자산관리 기능 재발견"

헤럴드경제(2015년 10월 16일)

영국의 작가 찰스 디킨스의 장편소설을 영화로 만든 '위대한 유산(Great Expectations, 1998)'에서 주인공 벤은 익명의 후원자로부터 거액의 유산을 받고 그의 지원 덕분에 뉴욕 미술계의 유망주로서의 명성과 부를 한꺼번에 얻게 된다. 영화 '위대한 유산' 스토리와 같이 익명의 복지가가 거액의 자산을 친족이 아닌 남에게 남기는 일은 우리와는 먼 나라의 이야기인 것처럼 보인다.

우리나라는 자녀와 배우자에게 상속하게 되고, 그것도 민법에서 정한 상속비율로 배분되는 것을 기본으로 이해하고 있기 때문이다.

하지만, 우리나라 법에서도 재산을 상속인이 아닌 다른 사람에게 남길 수 있고, 상속받는 사람 중 미성년자나 장애인이 있다면 그들의 안정된 삶을 위해 특별히 배려할 수도 있다. 이를 '유언상속'이라 한다.

유언 없이 운명하게 되면 법이 정하고 있는 '법정상속'에 따라 재산이 나눠진다. 상속재산의 분배는 상속받는 사람들 간의 합의 또는 법원 결정에 의해 정해진다. 우선, 상속되는 재산과 빚을 확인하고, 그 다음 상속받는 사람들 간에 재산을 어떻게 나눌지 결정한다.

부록

이 과정에서 누구라도 돌아가신 분의 부양에 기여도를 고려해야 한다거나, 생전에 증여한 재산까지 분할하여야 한다는 등의 내용을 주장하면, 분쟁과 소송이 발생하게 된다.

유언을 남기면 법정상속보다는 분쟁이 발생할 가능성은 좀 낮아진다. 그런데 유언을 남기더라도 유언집행 과정에서 가족 간에 분쟁이 발생할 가능성은 여전히 남아있다.

열심히 일하여 모은 재산을 두고 사후에 가족 간에 분쟁이 발생하는 것을 바라는 사람은 없을 것이다. 일정수준 이상의 자산을 가진 자산가들이라면 더욱 그렇다. 상속분쟁을 완전히 없애지는 못하지만, 상속분쟁의 가능성을 최대한 줄일 수 있는 방안이 있다.

금융회사를 통한 '유언대용신탁'이 그것이다. 유언대용신탁은 상속을 하는 사람이 예금, 채권, 부동산 등 자산을 금융회사에 맡기고 금융회사가 계약에 따라 상속 집행을 책임지는 서비스를 말한다. 유언대용신탁계약을 체결하면, 생전에는 자산관리서비스를 제공받으므로 자산형성이 도움이 되고, 사후에는 계약에서 정한 재산배분이 신속하게 이루어진다.

금융회사가 상속재산을 소유하고 있으므로, 일주일 정도면 상속재산 분배가 완료될 수 있기 때문이다. 재산분할의 과정이 짧으면 짧을수록 분쟁 가능성은 낮아진다.

그리고 미성년자나 장애인이 있는 경우, 특정 기간 동안 재산을 안정적으로 관리하면서 생활자금을 지급할 수 있는 내용으로 관리해주는 신탁계약을 체결할 수도 있다. 물론 영화 '위대한 유산'에서와 같이 자신의 은인을 위하거나 공익목적으로 재산 중 일부를 사용하도록 할 수도 있다. 한편, 상속을 하는 사람이 운명하기 직전까지 상속 재산배분을 자유롭게 변경할 수 있어 가족에 대한 오너십도 유지할 수 있다.

아울러 유언대용신탁과 함께 상속받는 사람을 도와주는 성년후견약정을 맺어 배우자의 안락한 노후를 도울 수도 있다. 고령화·저성장 시대에서 '유언대용신탁'은 부의 증식, 안정적인 부의 대물림 및 사후 가족의 평온한 삶을 위해 적극적으로 고려해 볼 필요가 있다.

" 가족 간 상속 '비극' 막으려면 … '재산보호신탁' "

머니투데이(2017년 11월 22일)

최근 모 연예인의 남편이 대낮에 로펌 사무실에서 살해된 일이 세간에 화제가 된 적이 있다. 연예인의 남편은 99세였던 외할아버지 재산을 큰아들이 증여계약서를 위조해 처리한 부동산등기를 원래대로 회복시키고자 소송을 제기한 상태였다. 그런데 재산에 눈이 먼 외할아버지 큰아들이 남편을 청부살해한 것이어서 충격을 주었다.

이러한 가족 간의 비극을 막을 장치가 없는 것일까? 만약 외할아버지가 그 부동산을 '신탁'했으면 가족 간의 비화는 없었을 것이다. 부동산을 신탁하면 부동산의 소유권이 신탁회사로 이전되므로, 신탁회사의 법인인감 날인이 없이는 부동산에 대한 증여나 매매를 할 수 없다. 신탁회사의 법인인감을 위조해 증여계약을 체결하는 일도 불가능하므로 애당초 증여계약을 위조하려는 시도조차 하지 않았을 것이다. 신탁재산에 대한 처분 권한은 오로지 재산을 맡긴 할아버지에게 있다. 필요할 경우 재산에 욕심이 없고 재산관리 능력이 있는 특정 자녀에게만 신탁재산 관리 권한을 부여할 수도 있다. 신탁회사는 할아버지 본인과 신탁재산 관리권한을 부여 받은 자녀의 관리와 처분 지시만을 따르게 되므로 그 밖의 친족이나 제3자가 신탁재산을 임의로 빼앗는 일은 완벽하게 예방된다.

신탁하면 소유권이 신탁회사에 이전되어 불편한 점이 오히려 재산보호측면에서는 강점이 된다. 신탁회사가 재산을 신탁한 고객의 지시에 따라 재산을 보호하고 관리해주는 것이므로 실질적 소유권은 여전히 맡기는 사람에게 있는 것이다. 현명한 사람들은 소유권 이전에 거부감을 느끼기 보다는 오히려 재산보호라는 장점 때문에 신탁회사에 재산을 믿고 맡긴다.

미국에서는 몇 백 년 전부터 재산보호신탁이 활발하게 이용되고 있고 우리보다 10여 년 먼저 고령사회를 경험한 일본도 재산보호신탁이 보편적으로 활용되고 있다. 이미 고령사회로 진입한 우리나라에서도 고령, 해외 거주, 치매 등 재산관리능력이 부족한 상황에서도 재산이 오직 본인을 위해 사용될 수 있도록 안전장치를 마련할 필요가 있다. 이러한 안전장치로 고안된 것이 바로 재산보호신탁(asset protection trust)이다.

나와 가족을 위한 재산보호장치로 신탁을 활용하는 현명한 사람이 되어보자. 재산보호를 위해 재산을 신탁회사에 맡긴다. 어떻게 쓰고 물려줄지 직접 디자인할 수 있다. 인생이 풍요로워질 수 있을 만큼 우선 본인이 쓰고 남은 자산이 있다면 배우자, 자녀, 손자녀를 위해 선물로 넘겨 주도록 디자인해보자. 재산이 넉넉하다면 노블리스오블리주를 실천하기 위해 일부의 자산을 공익목적으로 기부를 하면 된다. 신탁회사는 재산을 보호하면서 직접 디자인한 대로 가족, 나아가 사회를 위해 재산을 잘 배분해 줄 것이다.

신탁은 신탁업 인가를 받은 금융회사에서 가입할 수 있다. 금융회사를 선택할 때 중요한 점은 고객이 신뢰할 수 있어야 한다. 오랜 시간 동안 목돈을 금융회사에 맡겨야 하기 때문이다. 덧붙여서 회사 철학이 건전하여 고객의 삶과 가족의 가치를 소중하게 생각할 수 있는 회사와 함께하는 것이 좋겠다.

“ 욜로(YOLO) 라이프를 위해 필요한 금융상품은 … ”

머니투데이(2018년 2월 5일)

현재 대한민국의 트렌드를 가장 잘 표현한 용어는 아마 ‘욜로(YOLO, You Only Live Once, 인생은 한번 뿐이다)’일 것이다. 미래에 대한 대비보다는 ‘현재 자신의 행복을 추구하는 경향’을 묘사한 신조어다. 불과 2년 사이에 ‘YOLO’는 사람들 마음 속에 빠르게 자리 잡고 있다.

YOLO 트렌드가 노년층인 5080 세대 사이에서만 예외일 수는 없다. 과거의 5080 세대는 평생 모은 돈을 아껴 자녀들에게 한 푼이라도 더 많이 상속하겠다는 생각이었다. 과거와 달리, 현재의 5080 세대는 하고 싶은 여행, 취미활동, 커뮤니티활동 등 왕성한 사회 활동을 통해 남은 여생을 만족하며 살겠다는 입장이다.

2017년 주택연금 수요실태 조사도 5080 세대의 YOLO 트렌드를 잘 보여준다. 2017년 60~84세 노인인구의 주택 비상속의향(자녀에게 상속하지 않겠다는 의향)이 평균 27.5%를 기록하였는데, 이는 12%였던 2008년 이후 최대치이다. 뿐만 아니라, 주택 비상속의향은 연령대가 낮을수록 더 높게 나타나는 경향을 보인다. 80세 이상의 비상속의향은 12.3%이지만 60세~64세의 비상속의향은 80대 이상에 비해 두 배 높은 35%를 기록하여, 향후 5080 세대의 주택 비상속의향은 갈수록 높아질 것으로 예상된다.

이러한 5080 세대의 YOLO 트렌드는 최근 금융권으로 확산되는 ‘유언대용신탁(헤리티지신탁)’에서도 발견된다. 유언대용신탁은 ‘재산상속’에 초점이 있는 것이 아니고, ‘우선 나를 위해 다 쓰고, 남은 재산이 있으면 내가 원하는 대로 상속하겠다’는 생각을 구현한 신탁계약이

부록

다. '유언대용신탁'을 처음 접하는 고객들도 자녀가 아닌 '고객 본인을 위한 신탁'이라는 점에서 그 필요성을 공감하고 계약을 체결한다.

고객은 자녀들의 잠정 상속분을 원하는 대로 설정해 놓을 뿐, 고객 생전에는 언제든지 변경할 수 있고, 즐거운 삶을 위해 필요한 금액을 인출해 본인을 위해 사용할 수 있다. 물론 고객이 다 쓰면 자녀들에게 상속될 재산도 없어질 수도 있다. 치매, 사고, 장애 등으로 인해 사무처리 능력이 없어진다 하더라도 신탁재산은 오롯이 고객을 위해 사용된다. 고객이 원하지 않을 경우 배우자나 자녀도 신탁재산에 손을 대지 못한다. 고객에 따라서는 사무처리 능력이 없어질 경우를 대비해 믿을 수 있는 배우자나 자녀 중 한 명을 지정해 신탁재산을 인출하여 고객을 위해 사용할 수 있는 권한을 부여하기도 한다.

한편 유언대용신탁을 체결해 놓아야만 안심하고 노후를 즐길 수 있다. 우선 자산관리 전문가로부터 행복한 노후생활을 미리 상담받아 적정한 노후생활비 준비와 지출을 계획할 수 있다. 치매 등 사무처리 능력이 없어질 경우에도 신탁재산은 안전하게 보호된다. 물론 사후 남은 재산이 있다면 금융회사가 고객이 정해놓은 상속비율에 따라 신속하고 정확하게 배분해 주기 때문에 상속 분쟁을 예방할 수도 있다.

'마음 가는 대로, 끌리는 대로, 원하는 대로' 행복한 노후생활을 위해 자산승계 전문 금융기관으로 가서 유언대용신탁을 상담하자. 자녀들이 아닌 '나를 중심으로' 설계하는 5080 YOLO 세대의 브라보 마이 라이프를 위해.

"종활(終活)과 버킷리스트, 그리고 자산승계 계획"

머니투데이(2015년 5월 14일)

종활(終活, 슈카쓰)이란 말 그대로 '자신의 인생을 마무리하는 것'을 말한다. '종활'은 두 글자지만 많은 의미를 지닌 단어다. 영정 전문 사진관을 무대로 펼쳐지는 미스터리 소설, '아마리 종활 사진관'의 작가 아시자와 요는 "후회 없는 엔딩을 위해 자신의 인생을 정리하는 것도 '종활'이지만 소중한 사람의 죽음을 준비하고 배웅하는 것, 그리고 그 후에도 열심히 살아가는 것 역시 '종활'이다"라고 말했다. 아시자와 요의 이 짧은 문장은 종활의 의미를 잘 설명하고 있다. 즉 종활은 '떠나는 사람'이 인생을 정리하는 것, 남을 사람이 떠나는 사람을 배웅하는 것, 그리고 남은 사람이 떠나 보낸 후에도 가치 있게 열심히 살아가는 것을 모두 포함한 말이다.

종활의 핵심은 버킷리스트를 만들고 실천하는 것이다. 그 이외에 반드시 챙겨야 할 것이 무엇일까? 우선 2018년 2월 4일로 시행된 '사전연명의료의향서'를 작성하는 것이 필요하다. 사전의료의향서를 작성하면 사실상 사망상태에 진입하였음에도 연명 치료에 의존하는 무의미한 삶을 존엄하게 마무리할 수 있다.

그 다음으로 자산가들에게 중요한 종활은 자산승계계획의 수립이다. 노후를 위해 얼마만큼의 자산이 필요한지와 그리고도 남은 재산이 있다면 이를 누구에게 어떻게 남겨주는 것이

부록

남을 사람에게 가장 적합할지를 미리 정하는 것이다. 가족 구성원들이 어떤 상황에 처했는지에 따라 자산승계계획을 마련해두면 이를 기반으로 남은 가족들이 행복하게 살 수 있을 것이다.

물론 자산승계계획을 수립하면 장례식 이후 발생하는 유산분쟁을 예방할 수 있는 장점도 덤으로 챙길 수 있다. 자산승계계획 수립을 위해 가장 효율적인 방법은 상속신탁(생전신탁, 유언대용신탁)이다. 금융기관과 상담해서 가족 각자의 상황에 맞게 맞춤형으로 자산배분을 설계할 수 있다. 사전연명의료의향서가 신체에 대한 자기결정권을 보장하는 종활이라면 상속신탁은 재산에 대한 자기결정권을 보장하는 종활이라 할 수 있다. 원하는 대로 자산승계계획을 짜 놓으면 신탁회사가 그 계획에 따라 자산승계업무를 잘 마무리해 줄 것이다.

마지막은 가치 상속이다. 살아온 삶의 가치를 가족들에게 알려 주는 가치상속도 중요한 종활의 하나이다. 인생스토리와 인생철학이 담긴 글이나 동영상을 남기는 것이다. 물론 남기는 글이나 동영상에 대해 상속신탁을 체결하는 금융기관에 함께 보관했다가 향후 가족들에게 전달을 부탁하는 것도 좋은 방법이다. 혹시 가족들에게 차등배분을 하는 경우에는 가족이 상속신탁의 재산배분에 불만을 품을 수도 있기 때문에 차등배분을 하게 된 취지를 잘 설명한 글을 남겨두면 분쟁예방에 도움이 될 수 있다.

결국 자산가들이 준비해야 할 종활은 버킷리스트 실천하기, 사전연명의료의향서 작성하기, 그리고 상속신탁계약 체결 및 가치상속 준비로 요약할 수 있다.

“ 유언공증, 맹신은 금물! … 대안은 ‘유언대용신탁’ ”

머니투데이(2018년 8월 14일)

자산가 중 유언공증을 너무 신뢰하는 분이 많다. 유언공증을 했기 때문에 자녀 간 상속 분쟁은 생기지 않을 것으로 생각하는 부모도 많고 유언공증이 있기 때문에 부모가 돌아가신 후 상속재산이 자신에게 잘 상속될 것을 확신하는 자녀도 많다. 이론상으로는 맞을 수 있는 판단이다. 그리고 상속 문제를 상담해주는 변호사조차도 ‘이론과 현실’의 차이를 잘 몰라서 자산가나 그 자녀에게 잘못된 상담을 해주고 있는 것도 현실이다.

우리 민법상 유언은 언제든지 철회할 수 있다. 그뿐만 아니라 기존 유언공증과 다른 내용의 유언이 나중에 있으면 기존 유언공증은 법적으로 무효가 되고 새로이 한 유언이 유효하게 된다. 자녀 중 부모가 다른 유언공증을 하려면 자신들의 동의를 받아야 한다는 내용의 유언공증을 받아 둔 사람들이 있다. 자유로운 유언 철회를 방지하기 위해 궁리 끝에 찾은 방법이지만, 대법원은 2015년 유언 철회의 자유를 심각하게 제한한다는 이유로 유언공증이 무효라고 선고하였다.

문제는 금융기관에 유언공증이 유효한지를 검증하는 것은 불가능하다는 것이다.

부록

금융기관에 유언공증서를 제시하고 예금이나 주식을 인출해 달라고 요청하는 경우 금융기관은 유언공증이 없는 경우와 마찬가지로, 상속인 전원의 동의를 받아오라는 하는 것이 금융기관 실무다. 이론상 유언공증이 있으면 유언내용에 따라 금융기관이 금융자산을 인출해줘야 하지만, 현실 세계에서는 유언공증이 이론대로 작동하지 않는다.

금융기관이 제출받은 유언공증이 가장 최근에 만들어진 유언인지 혹은 유언공증에 하자가 없는지를 확인할 길이 없다. 특히 유언공증 금액이 많을수록 금융기관은 상속인 전원의 동의서를 요구할 수밖에 없는 것이 현실이다. 상속인 전원 동의서를 받다가 상속분쟁이 발생할 것은 뻔한 얘기다.

유언공증의 대안으로 유언대용신탁을 활용할 필요가 있다. 유언대용신탁은 신탁계약 체결 후 상속재산을 신탁회사에 맡기는 일종의 '계약'이기 때문에 부모 사후 자녀가 신탁재산 인출을 요청하면 신탁회사는 신탁계약의 내용을 확인한 후 바로 신탁재산을 인출해준다.

복잡한 법적 분석이 필요한 '유언공증'이 아닌 '계약'에 따라 신탁회사가 직접 신탁재산을 신속하고 확실하게 인출해줄 수 있는 것이다.

더구나 유언공증은 상속재산 배분기능만 있지만 유언대용신탁은 생전에 종합적인 자산관리서비스를 받을 수 있다. 재산을 잘 관리할 수 있는 자녀를 임의후견인으로 선임해 놓으면 본인이 치매에 걸려 사무처리능력이 없어진 경우에도 수탁자와 임의후견인이 신탁재산을 오롯이 본인을 위해 관리하다가 상속이 개시되면 신탁재산을 자녀에게 미리 정해진 비율로 배분할 수 있다. 임의후견인의 권한 범위를 적절하게 제한하면서 신탁회사에 재산관리권한을 보강한다면 더욱 안정적인 상속계획을 수립할 수 있다.

유언공증에 대한 맹신은 금물이다. 믿고 있던 유언공증이 어느 순간 종잇조각이 되어 버릴 수 있다. 유언공증을 이미 해 놓은 자산가는 물론 유언공증을 하려는 자산가도 확실하고 믿을 수 있는 자산승계를 위해 유언대용신탁 체결을 검토해보는 것이 좋다.

"신탁을 활용한 효율적인 부동산 '절세' 증여법"

머니투데이(2018년 10월 18일)

상가건물이나 오피스빌딩은 안정적인 현금흐름을 창출하는 수익형 부동산이다. 수익형 부동산을 보유한 자산가들은 안정적인 노후자금을 확보하면서 필요할 경우 자녀들에게 증여할 계획을 수립한다. 문제는 수익형 부동산의 가격이 상승하면서 수익형 부동산 전부를 증여하면 자녀들이 많은 증여세를 감당하기 어렵다는 데 있다.

이 경우 수익형 부동산의 일부, 즉 공유지분을 증여하는 방식을 활용하면 절세하면서 증여할 수 있다.

예를 들면, 자녀 둘에게 각 10%씩 증여한 후 10년 경과 시점에 다시 10%씩 증여하는 식이다. 10년 단위의 인적공제를 활용하면서 기증여분 합산과세도 피하면서 여러 차례 나눠 증여할 수 있다. 최초 증여 시기는 빠르면 빠를수록 좋다. 100세 시대 60세부터 증여하면 4번에 걸쳐 증여할 수 있다.

이렇듯 절세 측면에서는 공유지분 사전 증여는 매우 효율적이다. 그런데 자녀 명의로 증여한 후 자녀들이 일으킬 수 있는 다양한 문제가 있다. 갑자기 자산이 생긴 자녀들이 학업이나 구직활동을 게을리할 수 있다. 자녀들의 채권자가 자녀 명의의 공유지분을 압류할 경우 가족 공유의 수익형 부동산에 제3자가 개입함으로써 불편해진다. 자녀들이 경제적 관념이 바로 세워져 있지 않을 때는 더 큰 문제가 발생할 수 있다. 공유지분을 담보로 대출을 받을 수도 있고 공유지분을 매각해버릴 수도 있다. 그래서 선불리 증여하지도 못하고 그대로 보유하고 있으면서 나중에 상속세 부담을 걱정하는 자산가분들이 많다.

이런 고민을 하시는 자산가들이라면 신탁회사와 부동산관리신탁을 체결하는 것이 훌륭한 답이 될 수 있다. 자녀들에게 증여하면서 자녀들이 부동산관리신탁 계약을 동시에 체결하도록 한다. 부동산관리신탁 계약의 조건에 부동산을 처분하거나 담보로 대출할 경우 부모의 동의를 받도록 해 놓는다.

신탁계약을 하면 부동산에 신탁등기가 되므로 자녀들이 공유지분을 처분하거나 담보 대출을 받으려고 할 때 신탁회사 법인인감 날인이 필요하다. 자녀들이 신탁회사에 자신의 공유지분을 매각하거나 담보 제공을 요청할 때, 신탁회사는 부모의 동의서가 제출되지 않으면 설령 공유자인 자녀의 요청이라도 거부할 수 있다. 수익형 부동산에 대해 신탁하더라도 임대관리나 시설관리는 기존과 같이 부모가 직접 할 수 있다.

이렇게 수익형 부동산에 증여계약과 신탁계약을 결합하면 증여를 통한 절세계획을 수립함과 동시에 자녀들이 재산관리능력을 갖출 동안 자녀 명의의 공유지분을 안전하게 지킬 수 있다. 자녀들이 재산관리능력이 생기는 시점에 신탁계약을 해지해 직접 부동산을 관리하도록 할 수 있다.

자녀들이 해외에 거주하거나 직장생활을 하면서 부동산 관리를 하기 곤란하다면 부동산 신탁계약을 그대로 유지하면서 부모가 부동산 임대관리와 시설관리를 계속할 수도 있다. 나아가 부모가 부동산의 임대관리나 시설관리를 수행하기 어려운 상황이라면 신탁회사에 임대관리나 시설관리를 통으로 맡기는 '종합부동산관리신탁'으로 전환하는 것도 가능하다. 아울러 부모 보유지분에 대해서는 상속 신탁을 체결함으로써 신탁회사가 해당 부동산 공유지분 전부를 통일적으로 보존·관리하면서 확실하게 상속할 수 있다.

"자산승계전략, 큰 그림을 그려야"

머니투데이(2018년 12월 19일)

자산가를 상담하다 보면 자산승계 문제에 대한 고민을 많이 듣게 된다. 자산을 어떻게 승계하는 것이 효율적인지에 대한 세세한 질문 사항으로 가득 메운 A4용지를 가져오는 고객도 있다. 그러나 대부분 큰 그림을 보기보다는 소소한 부분에 대한 법률문제, 세무 문제, 가족 문제를 두서없이 물어본다. 자산승계와 관련한 법률과 세무는 공부를 통해 해결하기에는 너무 복잡하기 때문이다.

자산가들의 성향상 본인들이 완벽하게 이해한 후 의사결정을 내린다. 따라서 의사결정을 위해 여러 금융기관의 자산관리담당자나 PB(프라이빗뱅커)들과 만나 자산승계 문제를 조각조각 상담한다. 전체적인 체계 없이 질문에 대한 단편적인 답들을 단순히 취합하면 머리는 더욱 복잡해진다. 이 복잡한 문제들은 스트레스가 되고, 결론을 내지 못한 채 시간은 빨리 지나간다. 미국이나 유럽의 자산관리 선진국과 같이 자산가 본인이 고용하거나 위임한 자산승계전문가가 없기 때문에 더욱 골머리를 앓는다. 풍족한 자산으로 행복한 노후를 보내야 하는 자산가들이 오히려 많은 재산이 문제가 되는 현실이 안타깝다.

미국이나 유럽의 자산가들은 본인이 직접 고용하거나 위임한 법무, 세무, 부동산, 연금보험 전문가들과 함께 자산승계전략을 미리 계획한다. 자산가 본인을 위한 전문가를 둔 경우에도 금융기관의 자산승계컨설팅 전문팀으로부터 자산승계 전체에 대한 큰 그림을 그린다. 신탁, 법률, 세무, 부동산, 연금보험에 대한 전문가를 한자리에 만나 가족 구성, 자산 현황 그리고 희망 사항을 모두 얘기하면서 자산승계에 대한 큰 그림을 그릴 수 있다. 큰 그림을 그려놓고 세세한 현안들을 해결하는 접근방법이 더 효율적이다.

미국이나 유럽의 자산가들은 보통 30년 이상 장기적인 자산승계전략을 수립한다. 30년 동안 언제 어떤 자산을 누구에게 어떠한 방식으로 승계하는 것이 옳을지를 짜본다. 총부담세액을 절감하는 증여계획과 상속계획을 짜는 것은 기본이다. 가족들의 마음속으로 들어가 보지 못하기 때문에 나중에 가족들이 현명하게 화목하게 재산을 배분하리라고 생각하는 것은 현명하지 못하다. 따라서 가족들의 재산관리능력과 건강상태에 맞춰 자산을 그냥 넘겨줄지, 어떠한 조건을 부가하여 넘겨줄지, 필요하면 신탁을 설정할지를 정한다. 유언검인 절차를 피하고 신속 정확한 재산 배분으로 상속 분쟁을 예방하고 생전에는 재산 보호까지 할 수 있는 상속신탁을 활용하는 자산가들이 많아지고 있다.

자산승계전략은 종합 예술과 같다. 누구에게나 일반적으로 적용되는 정답이 있는 과학 기술과는 다른 차원이다. 절세 전략을 중시하는 자산가, 절세보다는 가족의 행복과 화목을 중시하는 자산가, 가족보다 본인 중심으로 자산승계전략을 짜는 자산가, 가족에게 승계하기보다는 공익기부를 실천하는 자산가 등 다양한 가치관을 가진 자산가들의 다양한 니즈를 반영한 자산승계전략을 수립하기 위해서는 능력과 경험을 겸비한 자산관리 전문팀을 찾아 큰 그림을 그리는 것이 좋겠다.

“ 부부재산계약의 대안 ‘가족신탁’ ”

머니투데이(2019년 2월 21일)

아마존의 창업자 제프 베조스가 이혼하면서 전 재산 153조 원의 절반을 75조 원을 아내 맥켄지에게 재산분할로 지급할 것이라는 소식이 새해 벽두의 화제이다. 제프 베조스는 맥켄지와 결혼할 당시 ‘부부재산계약(prenuptial agreement)’을 하지 않아서 워싱턴주 가족법을 그대로 적용을 받아 거액의 재산분할을 해야 하는 상황에 처하게 되었다. 재산분할계약을 결혼 전에 하였더라면 상황은 많이 달라졌을 것이라고 미국 가사전문 변호사들은 얘기한다.

부부재산계약이란 결혼할 의사를 가진 당사자가 결혼 후 형성되는 재산에 대해 법률관계를 미리 약속하는 계약으로, 비단 미국의 이야기만은 아니다. 우리 민법은 혼인 전에 미리 이혼에 대비하여 부부재산계약을 체결할 수 있도록 허용하고 있고, 그 계약의 내용이 사회상규에 반하지 않는 이상 법적으로 유효하다. 혼인 전 재산이 부동산인 경우에는 혼인 성립까지 부부재산계약을 등기함으로써 계약의 이행 가능성을 더욱 높일 수 있다.

조기·황혼 이혼이 늘어나고 있는 요즘 시대에 자산가들이 여러 상황에서 발생할 수 있는 문제들을 부부재산계약을 활용해서 해결할 수 있다. 첫째, 재혼을 염두에 두고 있는 자산가들은 이혼하면서 재혼 전에 미리 부부재산계약을 해 놓으면 안심할 수 있다. 특히 법률상 재혼을 하게 되면, 상속지분이 줄어들게 되는 자녀들의 눈치를 보면서 법률혼이 아닌 사실혼

부록

을 유지하는 사례는 빈번하다. 그렇다고 사실혼을 유지하다 부부 일방이 사망할 경우 상대방은 상속권이 없기 때문에 자칫 경제적 곤궁에 놓일 수 있다. 둘째, 결혼을 앞둔 자녀가 있는 부모 입장에서 미래에 자녀가 이혼을 하게 된다면 자녀에게 증여한 재산이 이혼 시 재산분할로 감소할 것을 우려하여 그 대책으로 부부재산계약을 문의하는 사례가 종종 있다.

부부재산계약을 혼인 전에 미리 체결하는 것이 이상적이나, 가장 행복한 시기에 가장 불행한 이혼을 미리 염두에 둔다는 점에서 계약 논의 과정에서 서로 마음이 상할 수 있으므로 그 활용도가 낮다. 그래서 미국이나 유럽에서는 부부재산계약보다 '가족신탁'을 더 선호하는 것으로 파악된다. 가족신탁이란 생전 재산관리와 사후 재산분배를 미리 계약하는 것으로, 증여신탁과 상속신탁을 포함하여 가족의 재산관리를 위한 신탁을 아우르는 용어다. 가족신탁은 혼인 기간 동안 재산의 보관, 관리, 이혼 시 재산분할, 부부 일방 사망 시 재산배분 등 다양한 이슈를 한꺼번에 해결할 수 있는 점에서 재산분할계약보다 더 효과적이다.

결혼 시 부모가 자녀에게 재산을 증여할 때에도 가족신탁을 활용하면 혹시나 있을지 모르는 이혼에 대비할 수 있다. 예를 들어, 부모가 증여한 재산을 일정 기간 동안 부모의 통제권을 그대로 보유하다가 자녀가 원만한 결혼생활을 할 것으로 판단될 때 계약을 해지하여 자녀들이 자유롭게 재산을 관리할 수 있도록 허용하는 신탁계약을 해 놓으면 부모가 안심할 수 있다.

한편, 재혼 전후로 가족 간 분쟁 사례가 주변에 많이 보인다. 재혼하게 되면 재혼 그 자체에 대한 자녀들의 거부감도 있지만, 무엇보다 상속지분이 줄어들게 되는 현실적인 문제가 더 대두된다. 재혼을 계획하고 있는 분들도 가족신탁을 통해 미리 재산 관리, 배분 계획을 수립해 놓고 재혼을 하면, 가족 간 서운함을 충분히 해결할 수 있을 것이다. 자녀 눈치 보며 재혼을 못 하는 분들에게는 가족신탁이 훌륭한 장치가 될 것이므로, 향후 가족신탁의 활용 빈도는 더욱 높아질 것이다.

“ 미국에서 유행하는 혈통신탁 아세요? ”

머니투데이(2019년 5월 17일)

미국에서 유행하는 혈통신탁 아세요?

혈통을 중시하는 것은 아시아 유교 문화일 거라고만 생각했었다. 그런데 미국의 신탁을 연구하다 보면, 미국에서 혈통을 중시하는 신탁이 유행인 것으로 보인다. '혈통신탁(bloodline trust)'이 대표적인 신탁상품이다.

“친구는 선택할 수 있지만, 가족은 선택할 수 없다”라는 말이 있다. 사위나 며느리도 법적으로는 가족으로 취급되긴 하지만, 엄밀한 의미에서 혈통은 아니다. 법적인 가족은 이혼으로 그 가족관계가 없어질 수 있지만, 혈통은 그 어떠한 방법으로도 부인할 수 없다. 법적으로 가족관계가 형성되는 사위나 며느리가 아니라 오직 혈통인 자녀, 손자녀들만 신탁재산을 이용할 수 있도록 구성한 신탁을 혈통신탁이라 한다.

혈통신탁을 활용하면 부모가 딸에게 많은 유산을 남겨주었으나, 일정 기간이 흘러 딸과 사위의 재산이 섞여 재산을 분리할 수 없는 상황에서 딸이 사위와 이혼할 경우 일정 재산이 재산분할의 대상이 될 위험을 예방할 수 있다. 부모가 남겨준 유산을 딸과 딸의 자녀인 손자녀들만이 활용하도록 했을 경우, 사위가 이 재산을 사용할 수도 없고 이혼 시에도 특유재산으로 재산분할의 대상이 되지 않는다.

재혼할 경우 재혼 전 자녀들과 재혼하려는 배우자의 자녀들 간 재산분쟁도 혈통신탁을 활용하면 해결할 수 있다. 재혼 전에 각자 재산에 대해 혈통신탁을 설정해 놓고 재혼 부부가 부부 공동으로 사용할 재산을 분리할 경우 부부 둘 사이는 물론 자녀들 사이에서도 재산과 관련한 분쟁이 생기지 아니할 것이다.

영구구속금지의 원칙이 적용되는 미국과 달리, 우리나라 신탁법은 자녀, 손자녀, 증손자녀 등 유산을 대대손손 혈통만이 사용하도록 신탁계약을 설계할 수 있다. 자칫 구시대적인 생각이라고 해버릴 수도 있지만, 동서고금을 막론하고 혈통 간의 재산 보호가 오히려 자녀, 부부 사이를 더 좋게 만들 수 있다는 점을 고려해 보면, 혈통신탁의 활용은 현명한 선택이라고 할 수 있다.

실제로 고객들과 상담하다 보면, 자녀들의 결혼과 관련한 스트레스는 이만저만이 아니다. 자녀들이나 손자녀들이 믿을 만한 배우자를 잘 선택하여 행복하게 산다면 이보다 좋을 수 없지만, 우리가 살아오는 경험칙에 의하면 그렇지 않을 확률도 매우 높다. 우리나라 결혼 건수 대비 이혼율은 30% 이상이다. 30%라면 엄청나게 높은 비율이다.

자녀들의 행복한 결혼생활을 기대하지만, 그렇다고 그러한 기대만으로는 안정감이 떨어진다. 혹시 모를 자녀들의 이혼을 대비해서라도 그냥 유산을 물려주기보다는 혈통신탁을 활용하는 것이 더 현명하지 않을까 생각한다. 혈통신탁은 만일에 있을 자녀들의 이혼, 사망 등의 변수 대처할 수 있는 수단일 뿐만 아니라 이혼을 예방함으로써 자녀들이 행복한 결혼생활을 영위할 수 있도록 유도하는 장치가 될 수 있다. 혈통신탁으로 어렵게 모은 재산을 보호하면서 자녀, 손자녀의 행복한 결혼생활도 보장할 수 있을 것이다.

"임의후견신탁, 자산승계와 절세 두 마리 토끼 한번에"

머니투데이(2019년 8월 9일)

자산승계전략 수립업무를 수행하면서 늦게 찾아오시는 분들을 보면 안타깝다. 자산승계전략의 핵심인 절세전략을 세우려면 재산의 양도, 증여 등 처분행위나 분할, 합병 등 회사 자본구조 변경이 수반된다.

재산 처분행위나 회사 자본구조 변경은 반드시 소유자의 원활한 사무처리능력을 전제로 한다. 즉, 치매 등의 사유로 사무처리능력이 부족하거나 없게 된 경우에는 재산 처분행위나 회사 자본구조 변경이 불가능하게 되므로, 절세대책 없이 많은 상속세를 부담하게 된다.

사무처리능력이 부족한 상황에서 재산 처분행위나 회사 자본구조를 변경하게 되면, 가족 간 재산분쟁으로 이어질 가능성이 높다. 유언 공증과 관련된 소송 중 대다수가 유언 공증 시 유언자의 사무처리능력 유무와 관련된 것이다. 자산승계전략을 수립해주는 전문가들도 분쟁에 휘말릴 가능성이 있기 때문에 상담 과정에서 사무처리능력이 부족하거나 없는 것으로 판단되면 자산승계컨설팅을 꺼리게 된다. 결국 사무처리능력이 온전할 때 미리 자산승계전략을 수립해야 한다.

민법상 후견제도가 있으니 사무처리능력이 부족해도 재산을 보호하고 가족 간의 분쟁을 예방할 수 있다고 생각할 수 있는데, 그건 안일한 생각이다. 후견제도는 법원의 통제 아래 진행되기 때문에 적극적인 재산 처분행위나 회사 자본구조 변경을 법원이 허가할 수 없다. 수백억대 자산가들은 본인 재산의 50%를 국가에 상속세로 납부한다. 미리 자녀들에게 분산

부록

증여하거나 회사 자본구조 변경 등을 통해서 절세대책을 수립해야 한다. 그런데 사무처리능력이 부족하면 아무런 절세대책을 수립할 수 없어 자녀들이 상속세 납부에 어려움을 겪는 사례를 자주 목격하게 된다.

75세 이상 노령인구 평균 치매 유병률이 20%, 85세 이상 치매 유병률은 40%에 육박한다. 치매유병률이 높아짐에도 불구하고, 자녀에게 상당한 재산을 증여할 때 효도 사기나 낭비로 인해 재산이 없어지는 것을 걱정해서 자산승계전략 수립을 뒤로 미루는 자산가들이 많다. 이렇게 시간을 흘려보내다 보면 어느 순간에 사무처리능력이 부족하게 될 위험이 있다. 치매 유병률이 높아지는 나이가 되기 전에 자산승계전략을 수립하는 것이 현명하다.

이러한 증여나 절세대책의 문제점을 해결하기 위해 가장 적합한 재산관리 도구가 바로 '임의후견신탁'이다. 임의후견제도와 상속신탁을 결합한 상품이다. 사무처리능력이 충분할 때 전문가와 상담해서 사무처리능력이 부족할 경우를 대비하여 임의후견인을 미리 선정하고 생전 재산관리와 사후 유산배분 계획을 마련하는 것이 바로 '임의후견신탁'이다.

임의후견계약과 상속신탁이 결합하면, 절세대책을 미리 수립할 수 있다는 장점과 임의후견인에 의한 부정행위를 신탁회사의 견제로 사전에 예방할 수 있다는 장점을 모두 가지게 된다. 절세와 안전한 자산승계, 두 마리 토끼를 모두 잡을 수 있는 임의후견신탁을 활용해보면 어떨까.

“99억의 여자와 후견신탁”

머니투데이(2020년 1월 23일)

우리나라에서 드디어 ‘신탁’이 드라마의 내용으로 등장했다. ‘99억의 여자’라는 드라마 얘기다. 할머니가 손자녀를 위해 33억 원을 신탁에 맡기고 수탁자가 보관관리하면서 생활비와 교육비를 매월 정기적으로 손자녀에게 지급하다가, 손자녀가 성년이 된 이후에 남은 신탁재산을 배분해 주는 내용이다. 미국 드라마에서는 흔히 보이는 장면인데 우리나라에서는 그동안 보기 드물었다. 비록 짧게 등장했지만, 신탁의 기능을 제대로 보여줬다.

서구에서 신탁은 흔한 계약이다. 영국이나 미국에서 살다 들어오신 분들에게 가족신탁이나 생전신탁을 설명하면 들어봤던 개념이라서 바로 이해한다. 그러나 우리나라 사람들에게는 아직 낯선 게 사실이다. 상속, 증여, 후견, 결혼, 이혼, 재혼 등 가족의 중요 이벤트와 관련해서 신탁의 효용성은 매우 높은데 이러한 제도가 있는지 아는 분들이 많지 않다.

위 드라마처럼 본인 작고 시 미성년 자녀들을 위한 재산관리 수단으로 신탁만 한 것이 없다. 신탁을 하지 않는다면 지인이나 친족에게 재산을 맡기면서 장기간 자녀를 위해 해당 재산을 사용하도록 부탁하는 것이 전부일 것이다. 좀 더 나아가면 후견인을 지정해서 후견인에게 자녀의 신상 관리와 재산관리를 대리하게 할 수 있다. 그런데 후견인이 존재하더라도 후견인은 재산관리의 전문성이 없을 가능성이 높다. 뿐만 아니라, 후견인이 재산을 유용할 위험이 있는데 현행 후견제도에서 후견인의 부정행위를 차단할 실질적인 통제 수단이 부족하다. 가족에게 그냥 맡겨 두는 것도 답은 아니다.

부록

정답은 여주인공이 제안한 것처럼 할머니의 돈을 수탁자에게 맡기고 수탁자가 신탁재산을 관리하면서 미성년 손자녀들의 생애주기에 맞춰 필요한 교육비와 생활비를 정기적으로 지급하는 신탁계약을 체결하는 것이다. 수익자인 미성년 손자녀들이 성년에 이르거나 재산관리능력이 생기는 30세가 되면 수탁자가 남아 있는 신탁재산을 넘겨주면서 할머니의 고마운 뜻을 손자녀들에게 알려주도록 하면 더욱 좋을 것이다.

수탁자인 신탁회사를 신뢰할 수 있는 금융기관으로 정한다면 금융기관은 더욱 효율적이고 안정적으로 신탁재산을 운용하면서 미성년 손자녀들을 위한 재무적 후견인 역할을 수행할 수 있다. 나아가 미성년 손자녀가 어디서 살고, 어떠한 교육을 받고, 어떠한 의료행위를 받을지를 결정하는 신상관리도 필요한데 이러한 신상관리를 후견인에게 맡길 수 있다.

이렇게 재산관리는 신탁회사가 수행하고 신상관리는 후견인이 하도록 하는 것을 '후견신탁'이라고 한다. 후견인에게 신상관리와 재산관리 모두를 맡길 수도 있지만, 후견과 신탁을 결합하는 후견신탁이 할머니의 뜻을 제대로 수행할 수 있다. 후견신탁을 활용하면 후견인의 신상관리 전문성과 신탁회사의 재산관리 전문성을 모두 활용할 수 있기 때문이다. 만약 본인 작고 시 미성년 손자녀, 장애가 있는 자녀, 재산관리능력이 부족한 자녀 등 보살핌이 필요한 가족이 있다면 반드시 신탁 전문가와 상담해 보는 것이 좋다.

“‘블루오션’ 신탁 … “인재부터 키워야””

머니투데이(2020년 3월 8일)

“현장에서 신탁을 설계, 집행해본 실무자가 거의 없다”

최근 서울 여의도 신영증권에서 만난 오영표 신탁사업부 이사는 국내에 신탁 관련 전문가들이 턱없이 부족한 데에 아쉬움을 드러냈다. 올해 수탁고 1000조 원을 바라볼 정도로 신탁시장이 급성장했지만 ‘종합자산관리 수단’으로 신탁을 다뤄본 실무자들은 좀처럼 찾기 어렵다는 설명이다.

신영증권은 2017년 신탁사업부를 주축으로 상속·증여 등 가족과 더 나아가 가문의 재산을 관리하겠다는 목표로 ‘신영 패밀리헤리티지’ 서비스를 출시했다. 1년반가량 지점교육과 상품기획·개발 등 철저한 준비를 거친 결과물이다. 2000년 금융권 최초로 신탁서비스 ‘리빙트러스트’를 선보인 하나은행에 이어 두 번째 도전이다.

오 이사는 “주업무로 위탁자의 가족구성, 재산관리능력 등을 검토한 후 증여·상속 등 절세전략과 상황에 맞는 신탁서비스를 제안드린다”며 “이 밖에도 가족의 자산승계, 재산보존·관리, 분쟁예방 등도 상담하고 있다”고 설명했다.

신탁전문가가 부족한 데에 오 이사는 국내로스쿨의 학사제도를 지적했다. 그는 "미국은 유언, 신탁을 로스쿨 1학년 때 배우지만 우리나라에는 신탁을 가르치는 학교가 거의 없다"며 "최근 들어 서울대와 전남대 등이 신탁교수를 영입하고 있는 것은 긍정적인 변화"라고 밝혔다.

실제 그는 전국을 순회하며 '신탁전도사'로 활동 중이다. 법무사회·세무사회·변호사회·로펌 등에 신탁의 본래 취지와 유언대용·치매안심신탁 등 다양한 신탁활용법을 소개한다. 이 수강생들은 언제든지 금융업자들과 협력할 수 있는 관계로 변할 수 있다.

오 이사는 "특히 로펌은 신탁업을 하는 금융사들과 협력관계다. 고객들한테 상속문제 등의 솔루션으로 신탁을 제안하며 자문료를 받고 우리는 신탁으로 그 문제를 해결한다"며 "미국의 경우 신탁은행·변호사·세무사가 한쪽에 있고 반대편에는 자산가들의 전담변호사와 세무사·보험전문가 등이 자리한다"고 설명했다.

하지만 미국과 달리 한국에는 자산가들의 카운터파트너로 신탁을 다루는 전문가들이 소수에 불과하다는 설명이다.

그는 "신탁은 결합력이 뛰어나 세무사, 변호사, 보험전문가들과 함께 일할 수 있다"며 "이들은 고객들에게 컨설팅은 해줄 수 있어도 재산의 보관·관리·집행이 되지 않는다. 기존 업계에는 신탁이 아주 새로운 시장(블루오션)이 될 수 있다"고 밝혔다.

“유류분 제도 대폭 축소를 검토해야 할 때”

머니투데이(2020년 4월 13일)

최근 상속제도가 도마 위에 오르고 있다. 20년간 자식을 버린 친모가 딸이 죽자 상속권을 주장하는 바람에 국민의 공분을 사고 있다.

아들이 죽은 뒤 이민 간 며느리가 시아버지 사후에 상속재산분할 소송을 제기한 사건에 대해 판사가 유류분 제도(법이 정한 최소 상속분을 인정하는 제도)가 위헌일 수 있다고 헌법재판소에 위헌제청을 하기도 했다. 유언대용신탁을 활용하면 불합리한 유류분 제도를 극복할 수 있다는 판결이 나와 세간의 화두가 되고 있고, 많은 사람이 유류분 제도를 극복할 수 있는 방법을 찾기 위해 신탁 전문 변호사와 상담을 하고 있다.

자산가의 불만도 많이 나온다. 자신이 모은 재산을 누구에게 주는데 법이 상관할 바가 아닌데, 왜 우리 민법에 유류분 제도를 두고 있는지 모르겠다는 식이다. 자본주의를 법적인 측면으로 재해석하면 사적 자치의 구현이다. 사적 자치가 자산승계의 국면에서는 유언의 자유다. 생전에 내가 내 재산을 마음대로 처분할 수 있듯이, 사후에 내 재산을 누구에게 어떻게 분배할지는 모두 유언자의 자유다. 옳은 얘기인데, 왜 민법이 이를 제한하는가에 대해 의문을 제기하는 사람이 많다. 이렇듯 현행 유류분 제도는 유연성이 없고 불합리한 상황을 많이 만들기 때문에 개정이 시급하다.

많이 알려지지 않았지만 유류분 제도는 우리 고유의 제도가 아니다. 역사적으로 우리나라는 유언의 자유가 100% 지켜졌던 나라다. 1950년대 최초 우리 민법이 제정될 당시 검토한 자료를 보면 ‘법정 최저 상속분 보장이라는 개념은 우리 전통에서는 찾아볼 수 없어, 우리나라는 유언의 자유가

100% 보장되는 나라'라고 명시하고 있다.

그런데 국회는 1977년 민법을 개정하여 유류분 제도를 최초로 도입하였다. 유류분 제도를 도입한 이유는 당시 유언의 자유로 인해 주로 아들에게 재산 대부분이 유증되거나 증여되는 현상 때문에 상대적으로 여성의 권리가 침해되므로, 유류분 제도를 도입함으로써 여성의 상속권을 보장하려고 한 것이다.

자본주의에서 사적 자치를 침해하는 유류분 제도의 정당성은 가족의 재산이라는 '가산'이라는 것과 부양이 필요한 가족의 생계비를 확보해 준다는 것에서 찾아볼 수 있다. 과거 농경사회 대가족 제도에서 나온 개념이 가산인데 지금은 초핵가족 시대이므로, 가산에서 유류분 제도의 정당성을 찾기는 어렵다.

자녀의 생계비 확보라는 것은 현재 유류분 제도의 정당성이 되긴 한다. 성년인 자녀는 스스로 생계비 확보가 가능하므로 미성년 자녀만 필요 생계비 정도로 유류분 제도를 축소하는 것이 타당하다. 그리고 부부는 경제적 공동체이고, 부부 사이에는 노후 부양의무가 있으므로, 배우자 유류분은 인정할 필요가 있다. 이렇게 유류분 제도를 포함한 상속제도에 대한 전면 개편이 필요한 시점이다.

유류분 제도의 합리적인 개정은 고령사회에 진입하고 있는 우리나라에서 상속 분쟁으로 발생하는 불필요한 사회적 비용을 줄이는 데 크게 이바지할 것으로 판단된다. 유류분 제도의 대폭 축소로 상속설계를 자유롭게 할 수 있다면, 불필요한 사회적 비용을 줄일 수 있다. 뿐만 아니라 현명한 상속설계로 행복한 노후와 행복한 가족을 만들 수 있다.

"불안한 미래를 지키는 방법"

서울경제(2025년 6월 25일)

치매는 더 이상 남의 일이 아니다. 보건복지부가 발표한 2023년 치매역학조사 및 실태조사 결과에 따르면 75세 이상 79세 이하 고령자 10명 중 1명, 85세 이상 고령자 10명 중 4명 가까이가 치매를 앓고 있다. 치매에 걸리면 신체 관리뿐 아니라 재산 관리에도 큰 문제가 생기며, 금융자산이나 부동산과 같은 소중한 재산이 보호받지 못할 위험도 있다. 더 큰 문제는 치매 발병 이후에는 금융 자산을 인출하거나 부동산을 처분하려 해도 법원에서 후견인이 선임된 후에야 가능하다는 점이다.

일본에서는 이러한 현상을 '치매머니(인지증 머니)'라고 부른다. 2021년 기준 약 200조 원 규모의 치매머니가 일본에서 발생하고 있으며, 한국도 2023년 기준 약 100조 원 규모로 추정되고 있다. 국내에서는 치매가 심화된 후 가족이 신청해 후견인을 선임하는 '법정후견제도'를 주로 이용하고 있다. 하지만 이 과정에서 가족 간 분쟁이 발생하는 일이 잦다.

이러한 분쟁을 예방할 수 있는 제도가 '후견계약'이다. 건강할 때 미리 후견인을 지정하고, 개인 돌봄과 재산 관리 방법을 계약으로 정한 뒤 이를 공증하고 등기해 두면 분쟁 발생 가능성이 낮아진다. 자신이 직접 지정한 후견인이 계획에 따라 돌봄과 재산 관리를 수행할 수 있다는 점도 장점이다.

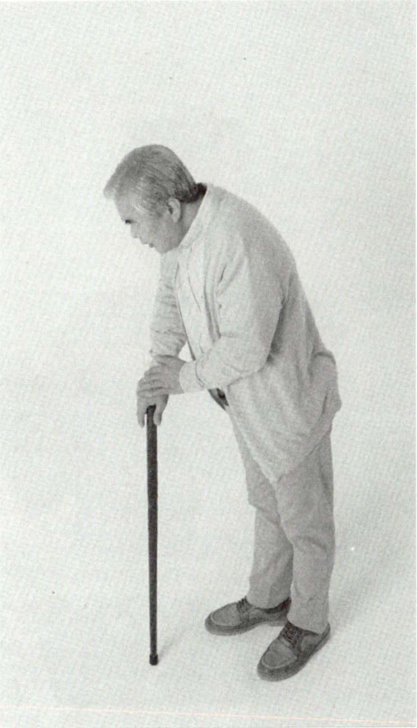

치매머니 문제를 해결하기 위해 후견계약만으로는 충분하지 않다. 후견인이 재산을 빼돌리는 사례도 발생하고 있기 때문이다. 임의후견감독인이나 가정법원의 감독 권한이 있긴 하지만, 인력 부족으로 인해 실질적인 감시는 어렵고 사후에는 횡령된 재산을 다시 돌려놓는 수준에 그친다.

미국과 일본은 '가족신탁'을 후견제도와 결합해 해법을 마련했다. '후견신탁'을 활용하면 주요 재산에 대해 가족신탁을 설정해 수탁자가 재산을 안전하게 보호하고, 후견인은 치매 환자를 위해 생활비, 병원비, 간병비 등을 인출할 수 있다. 수탁자는 재산 보호 권한을, 후견인은 돌봄 권한을 가지며, 이 둘 사이의 견제와 균형이 가능하다.

수탁자는 전문 회사(상사신탁)를 이용할 수도 있고, 가족 중 한 명을 수탁자로 지정하는 민사신탁도 활용할 수 있다. 자산가의 경우 상사신탁을, 일반 국민의 경우 민사신탁을 선택 가능하다. 신탁회사는 누구나 부담 없이 활용할 수 있는 후견신탁 상품을 개발하고, 정부는 이러한 상품에 세제 혜택을 제공하거나 관련 규제를 완화할 필요가 있다.

앞으로는 고령화에 스스로 대비할 수 있도록 후견신탁 제도를 널리 알릴 필요가 있다. 특히 후견신탁 가입자에게 소득세 혜택을 제공하는 방식은 매우 효과적인 수단이 될 수 있다. 보험 활성화를 위해 일정 금액을 소득공제 해주는 것처럼 건강할 때 노후 자금을 적립식으로 준비한 후견신탁 가입자에게 적립금 일부에 대해 세제혜택을 제공하는 방안을 적극 고려해야 한다.

APPENDIX 02 신탁 관련 논문

복지신탁 활성화를 위한 법적 과제[1)]

-신탁업자의 복지신탁 수탁을 중심으로-

1. 서 론

신탁은 위탁자와 수탁자 간의 신임관계(fiduciary relation)를 기초로 하여 위탁자가 신탁재산을 수탁자에게 이전하고 수탁자는 신탁의 목적에 따라 수익자를 위하여 그 신탁재산을 관리·처분하는 것을 말한다. 신탁은 재산관리수단의 하나로 시작하여, 투자기구(investment vehicle), 자금조달수단(financing) 및 기업조직형태(business organization), 공익신탁(public trust)으로도 활용되는 등 다양한 목적을 달성하는 수단으로 활용되고 있다.

신탁의 사법적 법률관계를 규율하는 「신탁법」은 1961년 제정된 이후 사회·경제적 발전에 발맞추지 못하고 뒤처져 있었다. 이에 법무부는 지난 2011년 신탁법을 전면 개정[2)](이하 "개정 신탁법"이라 한다)하여 신탁을 이용하려는 사회적 요구를 충족시킴과 동시에 국제적 기준에 부합하도록 하였다. 개정 신탁법은 상사신탁에서 다양한 신탁상품의 출현을 가능하게 하고 기업의 자금조달수단을 다변화할 수 있는 법적 기반을 확보해 줌과 동시에 민사신탁 분야에 있어서도 다양한 유형의 신탁, 특히 복지수요에 충족할 수 있는 복지신탁 활성화를 위한 법률관계 형성의 토대를 제공한 것으로 평가할 수 있다.

부 록

1) 금융투자협회에서 발간하는 『금융투자』 통권168호(2015.8.)에 게재된 논문으로, 가족신탁의 세부유형인 '복지신탁'의 이해를 돕기 위해 부록으로 넣었다. 이 논문의 의미는 필자가 주장했던 장애인부양신탁 개선점의 일부(타익신탁형 장애인부양신탁의 도입, 원본인출 사유의 확대)가 실제로 개선되었다는 점이다. 앞으로 이 논문에서 주장했던 제도개선 사항이 더 많이 입법에 반영되어 복지신탁이 활성화되길 기대해 본다.

2) 법률 제10924호, 2011.7.25. 개정, 2012.7.26. 시행.

그런데 다양한 신탁제도 도입을 통하여 신탁이용자의 편의성을 보강하려는 개정 신탁법은 신탁을 둘러싼 관련 법령의 제·개정이 없는 상태에서 그 취지를 전혀 발현하지 못하고 있다. 개정 신탁법을 반영한 자본시장법 개정 작업이 약 3년간 답보상태인 것이 대표적인 예이다. 조세법적인 측면에서 보더라도 새로운 신탁유형을 과세영역에서 어떻게 취급할지가 아직 정해지지 아니한 상황이다.

이 글은 다양한 신탁상품 중 복지신탁의 활성화를 위해 어떠한 법적 과제가 있는지를 검토하고 이를 해결하기 위한 법적 개선점을 도출하는 것을 목적으로 한다. 현재 우리나라는 저성장 저금리 기조와 고령화 사회라는 어려운 문제에 직면하고 있기 때문에, 복지신탁의 활성화를 통하여 일정 부분 이러한 경제사회적인 문제를 해결할 수 있도록 법제도적인 개선이 매우 절실한 상황이다. 특히, 제한능력자의 재산관리를 위한 기존 제도의 한계를 극복할 수 있는 복지신탁의 활성화가 제한능력자의 안정된 삶이라는 복지구현에 중대한 역할을 하리라 본다.

이 글에서는, 신탁업자가 복지신탁을 수탁하는 것을 전제로, 우선 복지신탁의 개념 및 유형을 살펴본 다음(2), 복지신탁의 유형별 개념과 거래구조를 살펴본 후(3), 복지신탁 유형별로 활성화를 저해하는 요인에 대하여 분석하면서 이를 해결하기 위한 법제도적 개선점(4)을 도출하고자 한다.

2. 복지신탁의 개념 및 유형

가. 신탁의 개념 및 기능

신탁은 위탁자와 수탁자 간의 신임관계에 근거하여 위탁자가 신탁재산에 대한 관리·처분 권한을 수탁자에게 부여하고 수탁자는 수익자를 위하여 신탁계약에서 정한 바에 따라 신탁재산에 대한 관리·처분 권한을 행사하는 법률관계를 형성한다. 신탁은 민사관계에서 사용권, 수익권 및 처분권이 모두 하나의 인격에 귀속되는 '소유권'의 개념에서 벗어나 인위적으로 소유권을 질적으로 분해하여 소유권의 개념에서 수익권과 관리처분권을 분리한 제도이다.

신탁재산은 형식상 수탁자가 그 명의인으로 완전한 권리를 보유한 것으로 되지만, 타인인 수익자를 위한 관리제도라는 신탁의 본질상 실체적으로는 수탁자의 고유재산과 신탁재산은 분별되어 관리하여야 할 의무가 부과되고 신탁재산에 대한 법률효과도 수탁자의 고유재산뿐만 아니라 위탁자의 고유재산과도 완전히 분리되어 있다는 점에서 '신탁재산의 독립성'이 인정된다. 신탁법은 신탁재산의 독립성을 보장하기 위하여 신탁재산에 대한 강제집행금지, 수탁자의 파산으로부터 도산격리, 신탁재산에 대한 상계금지, 신탁재산에 대한 혼동의 특칙, 신탁재산의 범위, 신탁재산의 첨부 등을 규정하고 있다.[3)]

신탁은 다양한 기능을 보유하고 있다. 첫째는 재산관리기능이다. 위탁자의 재산이 수탁자에게 이전된 이후에는 수탁자가 직접 신탁재산을 관리·처분하는 권한을 보유하면서 신탁 목적을 달성하기 위하여 신탁재산의 관리·처분 업무를 수행한다. 둘째는 재산전환기능이다. 위탁자 입장에서 보면 신탁재산이 수익권으로 전환되는바, 위탁자는 수익권을 양적으로 분할하여 보유·양도할 수도 있고 선·후순위로 구조화하여 질적으로 분할하여 보유·양도할 수도 있다. 셋째는 도산격리기능이다. 신탁법은 위탁자 및 수탁자의 도산으로부터 신탁재산이 안전하게 보호되도록 규정하고 있다. 아울러 신탁은 회사라는 법적 형태에 비하여 '구조적 유연성(structural flexibility)'이 뛰어나다. 신탁법이 허용하는 한 위탁자와 신탁자 간의 합의에 의하여 신탁의 내부지배구조뿐만 아니라 수익권의 권리 내용의 설정에 있어서도 유연성을 발휘할 수 있다. 특히 수익권의 내용 설정에 있어서의 유연성은 수익권 자체에 다양한 등급(class)을 설정함으로써 수익권의 복층화를 구현할 수 있다.

나. 복지신탁의 개념 및 그 필요성

1) 개 념

'복지신탁'이라는 용어가 우리나라에서 사용된 지 오래되지 않고, 이 분야에 대한 연구도 충분하지 못하여 통일적인 개념으로 정립되지는 않았지만, 이 글에서 사용하는 복지신탁은 재산관리능력이 없거나 부족한 고령자, 장애자, 행위무능력자 등 '제한능력자'의 안정된 삶의 질을 확보하고자 하는 복지구현 목적으로 설정된 신탁으로 정의한다.[4)] 복지신탁으로 검토할 수 있는 신탁으로 장애인신탁, 치매신탁, 보험청구권신탁, 후견신탁 등이 있으나, 이러한 신탁에 한정될 필요는 없으며, 주요한 설정목적이 제한능력자의 안정된 삶의 질 확보라는 복지목적으로 설정되는 신탁이면 복지신탁의 개념으로 포섭될 수 있을 것이다.[5)]

---

3) 신탁법 제22조 내지 제28조.

4) 복지신탁은 재산관리능력이 없거나 부족한 고령자, 장애자, 행위무능력자 등을 수익자로 지정하면서, 원칙적으로 집단적·정형적 처리에 익숙하지 않고, 장래에도 수익자의 안정된 생활의 질을 확보하는 것으로 목적으로 하여 재산관리가 수익자의 복지적 요구의 수요에 응하는 신탁으로 정의하기도 한다[新井誠 저/안성포 역, 『신탁법』 제3판(전남대학교출판부, 2011), 516면].

5) 일본의 경우 고령사회의 문제점을 해결하는 수단으로 신탁의 활용에 대한 연구 및 실제 활용이 점차 증가하고 있다. 특히, 임의후견제도와 재량신탁을 결합한 신탁을 설정하여, 위탁자가 제한능력자가 되기 전에 자기의 재산관리 및 신상감호에 관한 노후의 대비를 하는 동시에, 위탁자 사망 후의 배우자 생활보장을 고려하여 배우자가 필요로 하는 개호·의료 등의 신상감호에 관한 약정을 체결하는 방안을 제시하는 학자도 있다[新井誠 저/안성포 역, 『신탁법』 제3판(전남대학교출판부, 2011), 561면].

복지신탁은 국민연금, 의료보험 등 국가 주도의 복지수단과 구별할 수 있는 민간 주도의 복지수단이다. 국가의 직접적 재정지원이 없이 규제 완화를 통하여 민간 부분에서 복지를 실현할 수 있다는 점에서 복지신탁을 활성화할 필요가 있다. 복지신탁은 신탁재산의 운용을 통하여 자산증식이 주요한 목적인 자본시장법에 따라 설정되고 현재 판매되고 있는 신탁과는 그 취지가 다르고, 무엇보다 복지목적으로 설정·운용된다는 점에서 자본시장법상 신탁업에 대한 일반적인 규제와는 다른 차원의 규제가 필요하고, 이 점에 대해서는 후술하기로 한다.

2) 복지신탁 활성화의 필요성

현재 우리나라의 사회경제를 요약하면, 경제적인 측면에서 보면 과거 고성장기를 지나 저성장기로 진입하고 있고, 인구구조적 측면에서 보면 고령사회로 진입하고 있다. 가계의 자산현황을 보면, 자산의 대부분이 주택으로 편중되어 있고, 주택 가격 상승으로 많은 가구가 부채로 조달한 자금으로 주택을 구입하거나 임대보증금을 부담하게 됨으로써 가계부채가 급증하고 있다. 그리고 사교육비 부담 증가로 가계의 가처분 소득 감소로 인해 30 ~ 40대 가계의 자산증식이 사실상 불가한 상황이다. 이러한 현상은 베이비부머 이후 ECO세대[6]에 더욱 두드러지는데, 성장기에는 베이비붐 세대의 자산으로 비교적 풍족하게 살았으나, 성년기에는 취업난, 주거난 등으로 가계자산형성이 어려운데, 저금리 현상으로 인해 저축을 통한 가계자산의 증식이 사실상 곤란한 상황이다. 이러한 상황에서 고령사회를 맞이하게 될 경우 은퇴 후 경제적 곤궁에 휩싸일 가능성이 높다.[7]

ECO세대의 경제적 부양을 기대한 기존 베이비붐 세대는 ECO세대의 자산축적이 어려운 현상을 직시하기 때문에 자신들이 평생 축적한 재산을 자식을 위해 사용하기 보다는 스스로의 장수위험을 관리하기 위해 사용할 것이다. 따라서 아랫세대가 윗세대를 부양하는 문화는 우리나라에서 향후 찾아보기 힘들 것이다. 윗세대는 자신의 자산을 안정적으로 관리하여 자신의 노후에 대비하는 것이 바람직하며, 아랫세대는 윗세대의 자산에 대한 의존도를 줄여야 윗세대가 안정적인 노후생활을 확보할 수 있을 것이다.

이러한 경제사회적인 상황에서 복지정책의 변화가 필요하다. 국가 주도의 복지는 재원마련

---

6) 1979년부터 1992년 사이에 태어난 20~30대 계층으로 6·25전쟁 이후 대량 출산으로 태어난 베이비붐 세대(1955~1963년)의 자녀세대를 말한다. 전쟁 후에 대량 출산이라는 사회 현상이 수십 년이 지난 후 2세들의 출생 붐으로 다시 나타나는 것을 산 정상에서 소리치면 얼마 후 소리가 되돌아오는 메아리(eco) 현상에 빗댄 말이다. 에코세대는 베이비부머에 비해 경제적으로 풍족한 환경에서 성장하여 교육수준이 높고 전문직에 종사하는 비율도 높다. 그러나 경기 불황과 저성장으로 취업에 어려움을 겪고 있으며, 결혼이나 출산을 미루고 있다. 2012년 통계청 발표에 따르면 베이비부머(695만 명)와 에코세대(954만 명)는 전체 인구의 34.4%를 차지하고 있다.

7) 고령사회의 문제점 및 자산형성을 통한 대처방안 관련해서는 서영미, “주요국의 가계금융자산 형성 지원제도 및 시사점”, 『금융투자』 제166호(금융투자협회, 2015.4.), 56면 이하 참조.

을 위해 국가가 과도한 부채를 부담하게 되고 세금을 높일 경우 어려는 가계에 더욱 부담이 될 수 있으므로, 한계가 있을 수밖에 없다. 따라서 국민 스스로 자신의 노후생활에서 발생하게 되는 다양한 경제적 곤궁사태에 대비할 수 있는 일종의 '자립형 복지시스템'을 개발할 필요가 있다. 그중에서도 자신의 자산의 증식 및 관리를 기반으로 하는 '자산기반형 복지시스템'이 중요하다. 즉, 국민 스스로가 자산을 형성하고, 형성한 자산을 기반으로 고령사회에 대비할 수 있는 '자산기반의 자립형 복지시스템'의 발굴이 향후 복지정책의 중요한 과제가 될 것이다. 자산기반의 자립형 복지시스템의 기본적인 수단은 금융업이 될 것이고, 아래에서 살펴보는 바와 같이 금융업 중에서도 신탁업이 가장 적합한 수단이 될 것으로 생각된다.

다. 복지정책의 일환으로서 신탁의 기능 재발견

복지목적을 구현하기 위한 수단은 ① 자산관리기능을 수행할 수 있어야 하고, ② 재산출연자의 의사가 지속적으로 유지될 수 있어야 하며, ③ 복지수혜자의 개인적 현황을 충분히 반영할 수 있는 맞춤형 서비스가 가능하여야 하며, ④ 복지출연자나 금융기관의 도산으로부터 재산이 안전하게 보호될 수 있는 도산격리기능이 있어야 한다.

자본시장법상 금융투자업[8] 중 자산관리기능을 수행할 수 있는 것은 집합투자업, 투자일임업 및 신탁업이 있는데, 복지신탁을 구현하기 위한 금융업으로서 가장 적합한 것은 신탁업이다.

첫째, 신탁은 1:1 맞춤형 계약방식으로 각 위탁자와 수익자가 직면한 상황을 충분히 반영할 수 있는 자산관리서비스를 제공할 수 있다. 집합투자기구는 집합투자기구 가입자 간의 형평성, 즉 동등한 대우가 중요한 기준이 되므로, 수익자의 재산현황 및 계약목적에 맞추어 계약관계를 형성할 수 없다. 그렇지만, 신탁은 1:1 계약관계를 형성하기 때문에 수익자별로 다양한 법률관계를 구성할 수 있는 장점이 있다. 투자일임업도 자산관리업무의 하나로 볼 수 있지만, 도산절연기능이 없을 뿐만 아니라 투자자의 개입권이 강하게 보장되고 있기 때문에 복지 실현 목적에 반하여 투자자가 개입권을 행사하더라도 이를 제어할 수 있는 법적 장치가 없다.

둘째, 재산전환기능이 있어야 한다. 복지출연자가 특정 재산을 금융투자업자에게 맡긴 후에는 해당 재산으로부터 발생하는 수익은 복지출연자와 복지수혜자가 동시에 분배받아야 하는 경우가 많을 뿐만 아니라 장기간에 걸쳐 복지수혜자에게 재원을 분배하기 위해서는 복지출연

8) 물론 복지신탁을 전문성을 확보하는 것을 전제로 금융기관이 아닌 일반 법인, 단체 또는 개인이 수행할 수도 있지만, 일반 법인, 단체 또는 개인의 경우 신탁재산의 운용과 수익배분의 투명성을 확보할 감독기능이 부족하다는 점, 신탁계약설정을 위한 지점망이 부족하다는 점, 신탁재산을 운용할만한 전문성을 갖추기 어렵다는 점, 수탁자의 귀책사유로 신탁재산에 손해가 발생할 경우 수익자가 강제집행할 재산이 거의 없다는 점을 고려해보면, 민사신탁의 일종인 복지신탁을 금융기관인 신탁업자가 수행하는 모델이 바람직하다.

부록

자가 출연한 자산을 질적·양적으로 전환시킬 수 있는 기능이 있어야 한다. 투자일임업은 특정 자산을 운용할 뿐 재산을 질적·양적으로 전환할 수 없다. 집합투자업은 재산전환기능이 일부 있긴 하지만, 앞에서 살펴본 바와 같이 제한적이다. 신탁업은 다양한 권리를 내포하는 복수의 수익권을 창출할 수 있고, 지급시기나 지급금액을 별도로 정할 수 있기 때문에 재산전환기능 측면에서 상당히 자유롭기 때문에 복지제공에 가장 적합한 금융업이다.

셋째, 설계의 유연성(flexibility of design)이 중요한 요소이다. 복수의 수익자가 등장하고, 복수의 수익자 간 권리관계가 다를 수 있기 때문에, 재산전환기능 못지않게 중요한 요소는 설계의 유연성이다. 집합투자업은 집합투자기구별로 다소 설계의 유연성이 발현될 수 있지만, 신탁이 확보할 수 있는 설계의 유연성에 비하면 매우 열위이다.

넷째, 도산절연기능이 확보된다. 신탁은 위탁자나 수탁자의 도산위험으로부터 절연되어, 위탁자나 수탁자의 도산시에도 신탁재산은 안전하게 보호되고, 수익자에게 지급될 수 있다. 위탁자에게 도산사유가 발생하더라도, 위탁자의 채권자는 신탁재산에서 채권을 추심하거나 신탁재산은 도산절차와 무관하게 신탁계약에 따라 수익 또는 원본을 수익자에게 지급할 수 있다.

| 금융투자업 간의 기능 차이 |

	신탁업	집합투자업	투자일임업
재산관리기능	강함	강함	강함
재산전환기능	강함	중간	없음
도산격리기능	강함	강함	없음
맞춤형 서비스 기능	강함	약함	중간
설계의 유연성	강함	약함	중간

무엇보다도 신탁법과 자본시장법은 수탁자에게 수익자 보호를 위해 높은 수준의 수탁자의무(fiduciary duty)를 부여하고 있으므로, 다른 금융업에 비해 복지수단으로서 더욱 적합하다. 즉, 신탁법은 신탁업자에게 '선관의무'와 '충실의무'를 부담시키고, 나아가 ① 이익상반행위의 금지, ② 공평의무, ③ 이익향수금지, ④ 분별관리의무 등 충실의무를 구체화한 신탁업자의 의무를 상세히 규정하고 있다(신탁법 제32조 내지 제37조).

3. 복지신탁의 유형별 거래구조

가. 장애인신탁

1) 개 념

장애인신탁이라 함은 장애인의 안정적인 생활자금을 확보할 목적으로 부모, 친척, 또는 장애인 자신이 위탁자가 되어 금전, 부동산 등 재산의 소유권을 수탁자에게 이전하고 수탁자로 하여금 장애인을 위하여 그 신탁재산을 관리·처분하도록 하는 신탁으로 복지신탁의 한 유형이다. 장애인신탁은 위탁자를 기준으로 부모, 친척 등 신탁재산을 출연하는 자가 직접 위탁자가 되어 신탁계약을 체결하고 수익자를 장애인으로 하는 타익신탁방식의 장애인신탁과 부모, 친청 등 신탁재산을 장애자에게 증여한 후 증여받은 장애인이 위탁자 겸 수익자가 되어 신탁계약을 체결하는 자익신탁방식의 장애인신탁으로 나누어 볼 수 있다. 정부는 1998년「상속세 및 증여세법」(이하 "상증법"이라 한다)을 개정하여 자익신탁방식의 '장애인특별부양신탁'에 증여세 면세 혜택을 부여함으로써 장애인특별부양신탁을 도입하였다.

2) 법적 구조

타익신탁방식의 장애인신탁은 부모나 친척이 소유재산 중 일부를 신탁하고, 수탁자는 신탁재산을 관리·처분하여 발생하는 수익과 원본을 신탁계약에서 정한 방식(주로, 월지급식)으로 장애인인 자에게 지급하는 구조이다.

| 장애인신탁의 법적 구조(타익신탁형) |

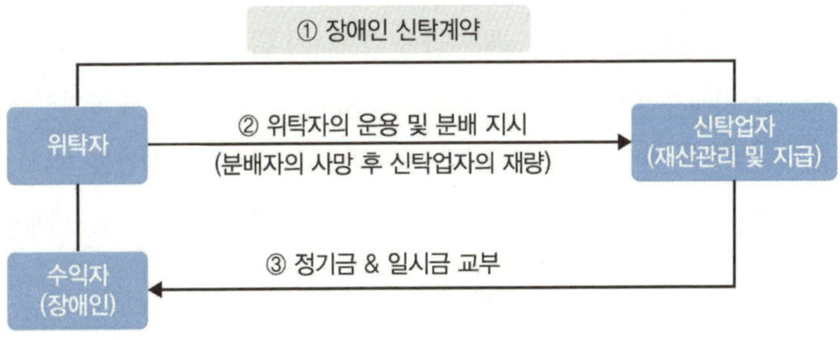

자익신탁방식의 장애인신탁은 장애인이 부모, 친척 등으로부터 증여받은 금전, 유가증권 및 부동산을 신탁업자에게 신탁하고, 신탁업자는 신탁재산을 관리·처분하여 발생하는 수익을 장애인에게 지급하는 구조이다.

| 장애인신탁의 법적 구조(자익신탁형) |

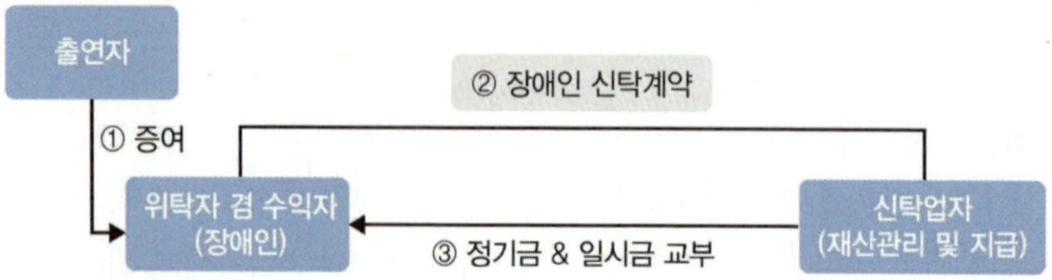

상증법상 장애인특별부양신탁은 5억 원의 한도에서 증여세 면세혜택이 있어 장애인의 복지 및 자립에 도움이 될 수 있는 기반을 마련한 것은 사실이나, ① 증여받은 재산 전부를 자본시장법에 따른 신탁업자에게 신탁하였을 것, ② 그 장애인이 신탁의 이익 전부를 받는 수익자일 것, ③ 신탁기간이 그 장애인이 사망할 때까지로 되어 있을 것[9]을 그 요건으로 정하고 있다(상증법 제52조의 2). 그리고 신탁원본이 감소된 경우 이를 증여로 간주하여 증여세를 과세하므로 신탁재산의 관리를 통하여 발생한 신탁수익만이 수익자인 장애인에게 지급된다(상증법 제52조의 2). 따라서 상증법상 장애인특별부양신탁은 매우 제한된 범위 내에서만 활용이 가능하고, 그 결과 2012년 5월 기준 수탁 건수는 14건, 수탁액은 62.5억 원에 불과한 실적을 기록하고 있다.[10]

나. 치매신탁

1) 개 념

치매신탁은 자신이 치매에 걸릴 상황에 대비하여 소유재산 중 일부에 대해 미리 신탁계약을 체결하고 수탁자는 신탁재산을 관리·운용하면서 위탁자 겸 수익자가 의료기관에 의해 치매 판정을 받게 되면 치매 이후 안정적인 생활자금을 확보하기 위해 수익금 지급이 개시되는 신탁을 말한다. 스스로 치매가 발생할 경우 안정적인 생활자금 확보 차원에서 복지신탁의 한 유형으로 볼 수 있다. 그리고 치매의 경우 치료비는 물론 간병인 비용까지 상당한 재원이 필요하고, 이를 대비하기 위해 치매보험을 통하여 치매 치료비 재원 마련이 필요하므로, 치매신탁은 주로 보험과 연계될 때 그 효용성은 증대될 것이다.

2) 신탁의 구조 및 그 특징

위탁자 겸 수익자가 향후 치매 발생 시 정기적인 교부금 인출을 목적으로 자신의 재산에 대해 신탁업자와 신탁계약을 체결한다. 경증치매일 경우 행위능력이 있으므로 큰 문제가 없으

9) 다만, 장애인이 사망하기 전에 신탁기간이 끝나는 경우에는 신탁기간을 장애인이 사망할 때까지 계속 연장하여야 한다.
10) 최근 자료를 찾아보려 하였으나, 장애인신탁이 거의 활용되고 있지 않아 마땅한 통계치가 없는 상황이다.

나, 중증치매로 전이될 경우 행위능력이 없어져, 신탁재산에 대한 의사결정과 자신의 신상에 대한 의사결정이 불가하게 된다. 결국, 치매는 의사결정능력 부족으로 연결되므로, 중증치매로 전이 시 자신의 재산관리 및 신상에 대하여 의사결정을 대신 해줄 임의후견인이 필요하므로, 신탁계약 설정 당시 임의후견인 설정절차를 거치거나, 최소한 임의후견인 후보군을 설정해 놓아야 한다.[11)]

| 치매신탁의 법적 구조 |

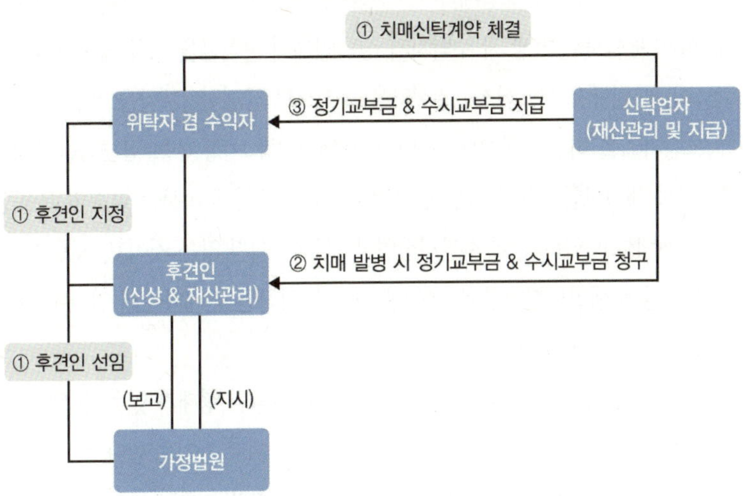

다. 생명보험신탁

1) 개 념

생명보험신탁은 피보험자가 사망하여 지급되는 보험금을 피보험자의 상속인 전부 또는 특정 상속인에게 배분하는 것으로 목적으로 설정되는 신탁을 말한다. 특히, 피보험자의 사망 시 급부되는 보험금을 상속인의 경제적 현황에 맞게 설계함으로써 경제적 자력과 재산관리능력이 없는 미성년자나 장애인의 안정적인 생활자금 마련을 그 목적으로 한다.

생명보험신탁은 보험과 신탁이 결합된 복합계약이다. 신탁회사가 일정기간 동안 보험금을 운용하면서 유족의 생활자금으로 사용할 수 있도록 수익금을 지급하거나 특정 유족에게 보험

11) 정봉은·이선주, "경증치매자의 보호를 위한 보험사의 신탁 설계 방안"(2015.2. 보험개발원) 참조. 이 글에 의하면, 치매환자수가 2014년에 61만 2천 명, 2030년에 약 127만 명, 2050년에 271만 명으로 매 20년마다 약 2배 정도 증가할 것이라고 한다.

부 록

금이 지급될 수 있도록 하는 것이 피보험자의 사망으로 보험금이 일시금으로 지급되는 것보다 위탁자 겸 피보험자의 뜻을 더욱 보장할 수 있다. 즉, 생명보험신탁을 활용하면 유족에게 맞춤형 보험금을 분배하고 보험금 관련 상속분쟁을 예방할 수 있다. 아울러 보험수익자가 미성년자녀, 고령자 등 제한능력자일 경우 신탁업자가 안전하게 보험금을 운용하면서 제한능력자인 보험수익자의 안정된 생활자금을 지급할 수 있는 장점이 있다.

2) 법적 구조

생명보험신탁은 피보험자가 보험계약자로 보험계약을 체결한 후 보험금청구권을 수탁자에게 양도하고 향후 보험사고 발생 시 수탁자가 상속인에게 보험금을 지급하는 방식(보험청구권양도형 생명보험신탁)과 위탁자가 보험청구권신탁을 목적으로 금전신탁계약을 체결한 후 수탁자가 보험회사에 보험가입을 하면서 수익자가 되는 방식(보험계약자형 생명보험신탁)을 상정할 수 있다. 보험계약자형 생명보험신탁의 경우 신탁업자가 신탁재산에 속하는 금전의 운용방법에 대해 열거주의를 채택하고 있는 현행 자본시장법상 구현이 쉽지 않을 것이고, 보험청구권양도형 생명보험신탁의 경우 생명보험청구권 양도에 대해 부정적인 견해가 다수인 우리나라에서 그 구현이 가능할지는 의문이다.

생명보험신탁 방식은 보험계약자가 누구인지에 따라 다양한 형태가 있을 수 있으나,[12] 현행 보험 관련 법령상 구현이 가능할 것으로 생각되는 방식을 예로 들기로 한다.[13] 우선, 보험계약자가 보험회사와 생명보험계약을 체결하면서 본인을 피보험자로 하고 보험금을 수령하는 수익자를 법정상속인 또는 특정인으로 지정한다. 그 후 보험계약에서 발생하는 보험청구권에 대해 신탁회사와 신탁계약을 체결하면서 보험계약의 수익자를 신탁회사로 변경한다. 보험청구권신탁계약 체결 시 보험계약자가 신탁계약의 위탁자가 되고, 기 보험수익자가 신탁재산인 보험청구권을 신탁회사에 포괄적으로 양도하는 방식이다. 이로써 보험계약에서 발생한 보험금에 대한 최종 수혜자는 신탁계약에서 지정한 신탁수익자가 된다.

---

12) 미국의 경우 생명보험증서를 생명보험신탁으로 양도하거나 신탁된 재산으로 생명보험에 가입하는 형태로 이루어진다. 그러나 우리나라의 경우 생명보험증서는 증거증권에 불과할 뿐 유가증권으로 인정될 수 없기 때문에 보험증서신탁은 구현되기 어렵고, 신탁재산인 금전의 운용방법에 보험계약의 체결이 명시되어 있지 않기 때문에 특정금전신탁계약 체결 후 신탁업자가 보험계약자의 지위에서 보험회사와 보험계약을 체결하는 방식도 활용하기 어렵다.

13) 보험금청구권신탁에 대해서는 한기정, "생명보험신탁의 법적 문제에 관한 고찰", 『보험금융연구』 제20권 제2호(보험연구원, 2009.7.).

| 생명보험신탁의 법적 구조(보험청구권양도형) |

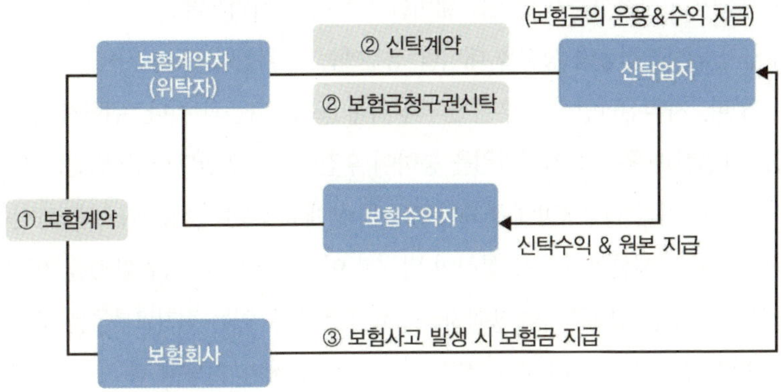

라. 후견신탁

1) 개 념

후견이란 질병, 장애, 노령 등에서 비롯된 정신적 제약으로 인하여 자기의 재산이나 신상에 관한 사무를 처리할 능력이 결여되거나 부족한 사람의 의사결정이나 사무처리를 돕기 위하여 마련한 제도이다. 제한능력자를 보호하기 위하여 마련된 제도로, 미성년자, 장애자 등을 보호를 요하는 자의 재산을 관리하고 신상을 보호함을 목표로 한다.[14] 후견신탁이란 후견제도에 맞춤형 재산관리기능이 있는 신탁업을 결합한 것으로, 사무처리할 능력이 결여되거나 부족한 사람을 수익자로 하여 신탁재산을 수탁자에게 이전하고 수탁자는 신탁재산을 관리처분하고 신탁계약의 내용에 따라 피후견인인 수익자에게 신탁의 원본 또는 이익을 교부하는 신탁을 말한다. 후견인은 피후견자의 신상에 대한 의사결정을 중심으로, 신탁업자는 피후견자의 재산관리업무를 중심으로 구성할 수 있다. 후견인에 의한 재산유용이 날로 사회적 문제로 대두되고 있고, 이를 시정하기 위해 2011년 민법을 개정하였지만, 개정 민법이 도입한 후견감독인도 후견인의 부정한 재산유용을 방지하기에는 많이 부족하다. 후견신탁은 재산관리는 독립된 신탁업자가 수행하고, 월 단위로 지급되는 정기교부금만을 후견인이 재량으로 피후견인을 위해 사용할 수 있기 때문에, 후견인에 의한 재산유용을 막고 후견인으로 하여금 스스로 피후견인의 신상보호에 전념함으로써 후견제도의 문제점을 충분히 보완할 수 있다.

14) 지원림, 『민법강의』(박영사, 2013), 1953면.

2) 거래구조

위탁자 자신이 의사결정능력 상실을 대비할 경우에는 '자익신탁'으로, 위탁자가 아닌 자녀 또는 배우자가 의사결정능력 상실을 대비할 경우에는 '타익신탁' 또는 '자익-타익혼합형'으로 설정할 수 있다. 자익신탁방식의 후견신탁의 거래구조는 다음과 같다. 위탁자는 신탁업자와 신탁계약을 체결함과 동시에 가정법원을 통하여 후견인을 선임한다. 가정법원은 후견인 선임 시 위탁자 겸 수익자의 일상생활에 필요한 자금을 생애주기별로 산정한다. 신탁재산은 수탁자에게 이전되고, 신탁재산의 운용을 통하여 발생한 이익(또는 부족할 경우 원본)을 가정법원이 후견개시결정 시 작성한 생애주기별 생활자금으로 활용할 수 있는 정기교부금을 후견인에게 교부한다. 위탁자 겸 수익자에게 중대 질병 등 특정한 문제가 발생할 경우 후견인의 신청 및 가정법원의 지시에 의해 신탁업자는 수익(또는 부족할 경우 원본)을 수시교부금으로 후견인에게 교부한다. 후견인이 신탁업자로부터 지급받은 정기교부금과 수시교부금을 후견목적에 따라 피후견인인 위탁자 겸 수익자를 위해 사용한다.

▌후견신탁의 법적 구조▐

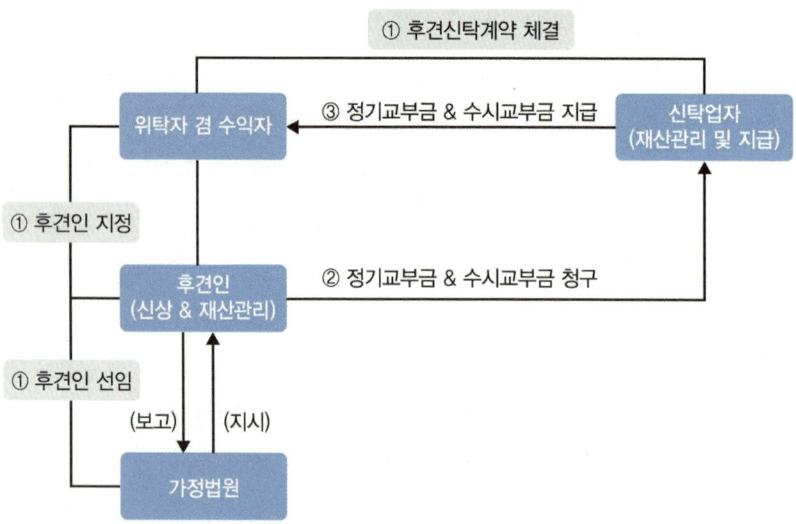

3) 후견신탁과 유언대용신탁의 접목

유언대용신탁에 후견신탁을 접목하면, 위탁자의 의사결정능력 상실 후 사망 전까지는 후견신탁으로 활용되고, 위탁자 사망 후에는 유언대용신탁으로서 상속인인 배우자와 자녀가 수익자로 변경된다. 즉, 위탁자 겸 수익자가 사망할 경우 후견신탁설정과 동시에 약정된 유언대용신탁에 따라 신탁재산의 운용 결과 발생한 이익과 원본은 수익자인 상속인에게 신탁계약에서 정한 바에 따라 지급된다.

4. 복지신탁 활성화를 위한 관련 법령 제·개정의 필요성

가. 자본시장법 개정

1) 집합운용금지규제 완화를 통한 신탁재산운용의 효율성 증대 방안

현행 자본시장법은 "신탁재산을 각각의 신탁계약에 따른 신탁재산별로 운용하지 아니하고 여러 신탁계약의 신탁재산을 집합하여 운용하는 행위"를 불건전 영업행위로 규제함으로써 복수의 신탁계약에 따른 신탁재산의 집합운용을 금지하고 있다(자본시장법 시행령 제109조). 신탁재산의 집합운용을 금지하는 취지는 신탁업과 집합투자업 간의 규제차익으로 인해 집합투자업보다 규제가 약한 신탁업이 집합투자기구로 악용될 가능성을 방지하고자 하는 것이다.[15)]

우선, 하나의 신탁계약에서 복수의 위탁자 겸 수익자로부터 자금을 수탁받아 집합운용하는 방식과 합동운용신탁은 기본적으로 거래구조에서 차이가 있으므로, 합동운용신탁은 집합투자업 잠탈 수단으로 활용되는 데 일정부분 제약이 있다. 즉, 복수의 신탁재산에서 금전부분만을 인출하여 '합동운용재산'을 형성한 다음 합동운용재산으로 운용하여 증식된 재산을 최초 형성 비율로 개별 신탁재산으로 편입하는 방식의 합동운용신탁은 집합운용을 잠탈할 위험성이 높지 않다. 설령 합동운용신탁이 집합투자업을 잠탈할 위험을 내포하고 있다고 하더라도, 복지신탁에 한하여 허용함으로써 비교적 소액의 복지신탁재산의 운용효율성을 높일 필요성이 있다.[16)] 소액의 복지신탁에 있어서도 집합운용을 금지할 경우 신탁업자가 복지신탁을 활발하게 설정할 유인이 없게 되고, 집합운용을 허용하게 될 경우 효율적인 운용으로 절감된 운용비용은 위탁자나 수익자에게 귀속될 수 있으므로, 위탁자나 수익자 입장에서도 집합운용을 허용할 실익은 충분히 있다. 그리고 복지신탁은 안전자산에 주로 투자하여야 하는데, 채권의 매매단위가 주로 100억 원 단위이므로, 집합운용이나 합동운용신탁을 허용하지 않는다면, 복지신탁재산을 채권으로 운용하기 어려울 것이다.

15) 구간투법 제정 전에는 특정금전신탁과 불특정금전신탁 모두를 신탁업자가 영위할 수 있었으나, 구간투법이 제정되면서 2004. 7.부터는 예외적인 경우를 제외하고는 신탁업자가 불특정금전신탁을 추가로 설정하는 것을 불허하였고(구간투법 부칙 제6987호 제14조 제2항), 구신탁업의 하위규범인 구신탁업감독규정은 특정금전신탁의 경우 신탁재산을 합동운용(現 집합운용)하는 것을 금지하였다(구신탁업감독규정 제12조 제4항).

16) 복지신탁판매 시 해당 신탁이 복지신탁에 해당됨을 소명하고 이를 금융위원회에 등록함으로써 집합투자업 잠탈 문제를 사전에 예방할 수도 있다.

부록

| 합동운용신탁의 법적 구조 |

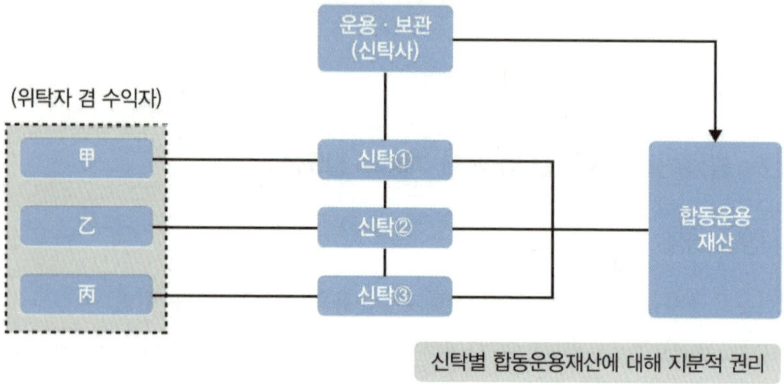

한편, 현행 자본시장법도 금전의 수탁비율이 40% 이하인 종합재산신탁에 대해서는 집합운용을 허용하고 있으나, 종합재산신탁으로 제한되어 있을 뿐만 아니라 금전수탁비율이 40% 이하라는 한도 때문에 종합재산신탁 이외 금전신탁에 활용될 수 없고, 금전수탁비율이 40% 초과하는 종합재산신탁에 활용될 수 없는 문제가 있다.

결국, 복지신탁 활성화를 위한 기본 전제로 복지신탁에 한하여 집합투자를 허용하는 방안이 가장 타당하고, 그것이 금융규제적 측면에서 어렵다면 집합운용이 허용되는 종합재산신탁의 금전수탁비율 상한선을 70% 정도로 높이는 방안을 고려할 필요가 있다.

2) 복지신탁에 있어서 광고규제의 완화

현행 자본시장법은 "특정금전신탁의 특정한 상품(신탁업자가 신탁재산의 구체적인 운용방법을 미리 정하여 위탁자의 신탁재산에 대한 운용방법 지정이 사실상 곤란한 상품을 말한다)에 대해서 정보통신망을 이용하거나 안내 설명서를 비치하거나 배포하는 등의 방법으로 불특정다수의 투자자에게 홍보하는 행위"를 불건전영업행위로 규제함으로써, 신탁상품에 대한 광고를 원칙적으로 금지하고 있다(금융투자업규정 제4-93조 제10호).

신탁상품, 특히 복지신탁상품에 대한 일반 개인의 인지도가 낮기 때문에 복지신탁상품의 활성화를 위해서는 신탁업자의 복지신탁 상품광고를 적극적으로 허용함으로써, 국민들의 복지신탁에 대한 인지도를 높일 필요가 있다. 앞에서 살펴본 복지신탁은 '신탁재산운용'을 중심으로 하는 상품이라기보다는 신탁업자가 복지목적 달성을 위해 위탁자나 수익자에게 제공하는 '서비스'가 중심이므로, 신탁재산운용 과정에서 투자자의 올바른 인식형성을 방해할 가능성이 있는 광고를 규제하는 현행 자본시장법상 신탁상품과는 달리 취급할 필요가 있다. 그리고 복지신탁을 통한 제한능력자의 안정된 삶의 유지라는 복지적 기능을 우리사회에 널리 알려서, 국민의 복지신탁 활용도를 높일 필요가 있다.

3) 재량신탁 도입을 위한 자본시장법 입법정책의 변경

복지신탁은 제한능력자의 안정된 '삶'을 위해 설정되는 것이므로, 삶에 있어서 수시로 발생하는 문제점에 대해 능동적으로 대처할 필요가 있고, 그러기 위해서는 신탁재산의 운용 및 수익배분에 있어서 상당 부분 신탁업자의 재량적 판단을 허용할 필요가 있다. 그런데 현행 자본시장법은 위탁자의 운용지시권과 운용개입권을 강하게 보장하는 구조의 신탁을 상정하고 있기 때문에 신탁업자의 신탁재산의 운용 및 수익배분에 있어서 재량권을 인정하기는 어려워 보인다. 복지신탁의 대부분은 위탁자가 사망 시에도 신탁계약에 따른 신탁재산운용과 수익배분이 그대로 유지되어야 한다. 위탁자 생존 시에는 위탁자 또는 수익자에게 수시로 발생하는 삶과 관련된 이슈에 대처할 수 있지만, 위탁자가 사망 시에는 신탁업자가 위탁자를 대신하여 이러한 삶과 관련된 이슈에 대처하여 적극적으로 대처할 수 있는 재량권 행사가 필수 전제이다. 재량권의 범위로는 수익자지정권, 수익자변경권, 수익권 분배비율 확정 또는 변경권, 신탁재산 운용방법의 변경권 등이 거론될 수 있을 것이다. 물론 위탁자는 신탁설정 당시 재량신탁 여부 및 재량권 행사의 범위를 신탁계약에 명시적으로 기재하여야 할 것이다.

나. 취소불능신탁의 법적 개념 도입의 필요성

위탁자의 사망 시 위탁자의 지위가 상속인에게 포괄적으로 승계되기 때문에 상속인들의 협의에 의해 신탁계약이 부인되거나 신탁계약을 해지하는 경우 위탁자의 의사, 즉 특정 제한능력자를 위해 신탁재산의 운용에 따른 수익과 신탁원본이 지급되어야 하는 신탁목적이 훼손될 가능성이 있다. 따라서 위탁자의 사망 시에도 신탁계약이 그대로 존속될 수 있는 일종의 '취소불능(irrevocable trust)' 또는 '해지불능'의 개념이 민법과 신탁법상 작동될 수 있도록 되어야 한다. 특히, 현행 민법이나 신탁법상 위탁자의 지위가 포괄승계될 수 있어, 해당 신탁계약의 존속 여부를 위탁자의 상속인이 결정할 수 있는 문제가 있다. 그리고 현행 자본시장법은 특정금전신탁에서 위탁자의 개입권을 보장하지 않는 계약은 불건전영업행위로 규정하고 있어(금융투자업규정 제4-93조 제18호 및 제4-94조 제2호), 만약 '취소불능신탁' 또는 '해지불능신탁'이 도입되기 위해서는 복지신탁에 있어 위탁자 사망 시 상속인의 개입권을 보장하지 못하도록 하는 민법, 신탁법 또는 자본시장법의 개정이 필요하다.

부록

다. 세제 혜택 부여를 위한 조세법 개정

1) 신탁의 법률관계를 반영한 조세법 일반의 개정

세제 혜택을 부여하는 현행 조세법령은 신탁의 법률관계를 염두에 두지 않고 제정된 것이 대부분이다. 국민 개인이 직접 소유하고 있는 재산에 대해서 조세법상 세제 혜택을 부여할 수 있으나, 이러한 재산에 대해 신탁계약이 체결되어 수탁자인 신탁업자에게 그 소유권이 이전되면, 국민 개인에게 부여된 조세 혜택을 위탁자 겸 수익자에게 부여할 수 있는지 불명확하고, 조세법정주의의 원칙상 해석론으로 개인에게 부여된 조세혜택이 소유권이 신탁업자에게로 이전된 후에도 그대로 적용된다고 보는 것은 법률적인 위험이 있다. 따라서 세제 혜택이 복지신탁 설정 이후에도 그대로 유지될 수 있도록 하는 입법개선이 필요하다.

2) 장애인신탁의 증여세면세제도 관련 개선점

장애인특별부양신탁의 경우 증여세면세의 요건이 매우 엄격하거나 비현실적이므로, 개정이 필요하다.[17)]

첫째, 증여세면세한도가 현행 5억 원으로 되어 있어, 저금리기조를 고려하면 장애인의 안정적인 생활을 위해 부족하므로, 10억 원으로 증액하는 것이 필요하다.

둘째, 증여세 면세요건으로 신탁재산으로부터 신탁원본의 인출이 금지되어 있어 갑작스러운 건강악화 등으로 추가비용이 발생한 경우 신탁재산으로 이를 충당하기 어렵기 때문에, 장애인 부양을 위해 특별히 필요한 사유의 경우 신탁원본인출이 가능하도록 법을 개정할 필요가 있다.

셋째, 장애인특별부양신탁은 장애인이 증여받아 스스로 위탁자 겸 수익자가 되는 자익신탁 방식만을 허용하고 있다. 부모나 친족이 위탁자가 되고 장애인이 수익자가 되는 타익신탁방식도 허용함으로써 다양한 유형의 장애인특별부양신탁의 설정이 가능하도록 할 필요가 있다. 특히, 정신적 장애를 가진 장애인의 경우 제한능력으로 인하여 자익신탁을 설정할 수 없어 장애인특별부양신탁이 가장 필요한 정신적 장애인에게는 정작 활용될 수 없기 때문이다.

라. 연기금 제도의 개선

국민연금, 공무원연금과 퇴직연금은 양도금지채권[18)]인데, 양도금지채권을 신탁재산으로 하여 신탁을 설정할 수 있는지 여부와 관련하여, 신탁의 설정은 '소유권의 이전'을 포함하고 있으므로, 양도금지채권에 대해서는 신탁설정이 불가능하다는 것이 다수의 견해일 것으로 예상된

17) 이 부분은 권종호, "장애인신탁 활성화를 위한 제도 개선방안", 2013년 신탁세미나를 주로 참조하였다.
18) 국민연금법 제58조, 공무원연금법 제32조, 근로자퇴직급여 보장법 제7조.

다. 위탁자에게 지급되는 국민연금과 퇴직연금도 복지신탁 목적으로 장애인 자녀나 배우자를 수익자로 하는 경우에는 연금수급권의 양도가 가능하도록 하여 신탁설정의 장애를 제거하는 내용으로 법을 개정할 필요가 있다. 아울러 현재 국민연금, 공무원연금 및 퇴직연금 수급권자가 사망할 경우 유족연금을 받을 수 있는 자가 법정되어 있는데, 연금수급권자에게 유족연금 수급권자를 지정할 수 있는 권리를 부여함으로써 연금수급권자의 의사가 반영될 수 있도록 법을 개정할 필요가 있다. 물론 연금법의 입법취지와 민법의 상속편의 기본법리를 해치지 아니하는 범위에서 신탁계약의 위탁자의 의사를 존중할 수 있도록 하는 입법 연구는 선행되어야 할 것이다.

마. 대법원의 적극적인 개입의 필요성

후견신탁의 경우는 물론이고 장애인신탁, 치매신탁, 생명보험신탁 등 대부분의 복지신탁은 신탁재산의 운용 및 수익분배의 업무와 신상감호의 업무를 동시에 하고 있으므로, 가족 및 친족 간의 분쟁사건을 담당하는 가정법원이나 대법원의 능동적인 개입이 필요하다. 대법원이 적극 개입하여 복지신탁 관련 제도설계는 물론이고 복지신탁 활용에 있어서 실무상 장애가 될 수 있는 분쟁에 대한 대비책을 사전에 마련해 놓아야 복지신탁의 활용도를 높일 수 있을 것이다.[19] 예를 들면, 장애인신탁, 치매신탁 및 생명보험신탁에서 위탁자의 사망, 정신적 장애 등이 발생할 경우 수익자인 본인이나 다른 수익자의 안정된 삶을 위해 필요로 하는 생활자금을 생애주기(life cycle)에 맞게 정한 이른바 '생애비용산출표'를 마련할 필요가 있다. 이는 마치 신체상해에 대한 손해배상금액 산정의 표준이 되는 '호프만계수'와 같은 역할을 할 것이다. 대법원은 이러한 생애비용산출표를 만들어 복지신탁의 구현 시 실무에서 발생하는 불필요한 분쟁을 사전에 예방할 필요가 있다.

19) 일본의 후견제도지원신탁 개발 사례가 좋은 예일 것이다. 성년후견제도에 있어서 후견인에 의한 피후견인의 재산 횡령사건이 다수 발생하자, 일본 최고재판소, 법무성 민사국, 신탁협회의 협의로 2012.2.1. 부터 "후견제도지원 신탁"을 공동으로 개발하였다. 특히, 후견제도를 관장하는 대법원이 직접 참여함에 따라 실무상 활용도를 높였다고 평가할 수 있다.

5. 결론을 갈음하며 : 복지신탁 활성화를 위한 범부처 간 협의체 구성의 필요성

경제가 저성장 국면에 들어섰을 뿐만 아니라 고령사회를 목전에 둔 우리나라는 향후 복지정책을 실행함에 있어 재원마련에 큰 문제에 봉착할 것으로 예상된다. 정부가 다양한 공적 복지정책을 펴고 있지만, 복지재원마련이라는 난제로 인해 공적 복지정책은 한계에 직면하게 될 것이다. 그렇다면 재정정책을 통한 복지재원마련의 한계를 극복하기 위해 국민 스스로 안정된 삶을 위해 재원을 마련하여야 든든한 노후생활이 보장될 수 있다. 이러한 의미에서 '자산기반의 자립형 복지시스템'이 활용될 수 있도록 법제도적 개선이 매우 절실히 필요한 시점이다. 즉, 새로운 제도 도입 또는 기존 불합리한 규제의 완화를 통하여 국민 스스로가 자산을 증대하고 노후에 대비할 수 있도록 유도하는 정책이 필요하다. 이 글은 이러한 정책 중의 하나로 신탁업자 중심의 복지신탁의 활성화를 위해 필요한 법적 과제를 검토해 보았다.

복지신탁의 활성화를 위해서는 신탁업자들이 복지신탁상품을 개발하여 국민이 널리 활용할 수 있도록 하는 것이 가장 중요하다. 그런데 위에서 살펴본 바와 같이 복지신탁을 구현함에 있어 복잡다기한 제도적 또는 법률적 장애가 발견되고 있다. 우선, 신탁업자 중심의 복지신탁 활성화를 위해서 자본시장법의 개정이 필요하다. 그리고 복지신탁은 가계에서 발생하는 문제를 해결해야 하기 때문에 우선 민법의 영역에서 법개정이나 적극적인 법해석이 필요하다. 아울러 장애인을 위한 특별법의 제정이나 상증법상 장애인특별부양신탁의 개정도 필요하다. 경우에 따라서는 복지신탁 활성화를 위해 세제 혜택을 부여하거나 신탁을 염두에 두지 않고 제정된 세법의 개정도 필요하다.

결국 복지신탁의 활성화를 위해서는 정부의 어느 한 부처가 나선다고 해결할 수 있는 것이 아니고, 자본시장법을 담당하는 금융위원회, 세법을 담당하는 기획재정부, 민법을 담당하는 법무부, 장애인특별법을 담당하는 보건복지부 및 가사소송 및 비송사건 처리 업무를 담당하는 법원이 참여하는 상설적인 '범부처 간 협의체'를 구성하여, 다양한 복지신탁상품의 개발을 체계적이고 신속하게 검토하면서 복지신탁 설정에 장애가 되는 법제도적인 문제를 통할하여 해결할 필요가 있다.

유언대용신탁의 활용과 실무상 쟁점[20]

【목차】

20) 이 논문은 "유언대용신탁의 활용과 실무상 쟁점", 신탁연구 제2권 제2호(한국신탁학회, 2020년 12월)를 수정, 보완한 것이다.

부록

Ⅳ. 유언대용신탁 관련 실무상 법적 쟁점
1. 신탁재산 관련 법적 쟁점
1.1 농지신탁
1.2 생명보험금청구권신탁
1.3 주식신탁
2. 공동상속인과 사후수익자 간의 법적 쟁점
2.1 유언과의 관계
2.2 유언대용신탁재산과 유류분반환청구소송
2.3 유류분반환청구권을 피보전권리로 하는 보전처분 가부
3. 채권자와 수익자 간 법적 쟁점
3.1 유언대용신탁 설정과 사해신탁
3.2 상속채권자의 사후수익자에 대한 강제집행
4. 신탁집행과 관련한 법적 쟁점
4.1 사후수익권과 법정상속분
4.2 계속관리형 유언대용신탁과 사후수익자의 채권자의 강제집행
5. 가족 프라이버시 보호를 위한 신탁원부 제도 개선
Ⅴ. 결론

주제어 : 유언대용신탁, 상속신탁, 가족위험관리, 자산승계계획, 사후수익권, 가업승계지원신탁, 주식신탁, 유류분
Key words : living trust, the trust as a substitute for a will, family risk management, succession planning, the forced heirship

Ⅰ. 서론

자산승계전략 수립과 가족위험 관리를 위해 '신탁'을 활용하는 국가는 많다. 우리나라는 2011년 신탁법을 전면 개정하면서 자산승계전략 수립과 가족위험 관리에 필요한 신탁(유언대용신탁[21], 수익자연속신탁, 유언신탁)을 법적으로 도입하였다. 당초 입법 의도와 달리, 도입된 지 8년

21) 가족의 위험관리와 자산승계계획 수립을 위한 '가족신탁(family trust)'을 최상위 개념으로 정의하고, 가족신탁의 유형으로 상속을 목적으로 하는 '상속신탁', 증여를 목적으로 하는 '증여신탁', 후견을 목적으로 하는 '후견신탁'으로

이 지났지만, 아직 널리 알려지지도 활용되지도 못하고 있다. 우리나라는 이미 저출산 · 고령사회로 진입했으나, 저출산 · 고령사회로 인해 발생할 수 있는 다양한 사회적 문제를 효과적으로 해결할 수 있는 정책에 대한 실무 연구는 매우 부족하다.

저출산 · 고령사회의 문제를 정부 재정 투입없이 국민이 활용할 수 있는 제도 개선을 통해 해결하는 정책을 '자립형 복지정책'이라 한다. 특히 신탁을 활용하여 국민에게 생길 수 있는 다양한 위험을 예방함으로써 국민의 복지를 증진할 수 있는 신탁을 '복지신탁'이라 부른다.[22)]

복지신탁 중 가족위험관리나 자산승계전략 수립을 위해 활용되는 신탁이 바로 '가족신탁(Family Trust)'이다. 가족신탁 중 상속신탁의 대표적인 유형인 '유언대용신탁'은 가족 간에 재산을 둘러싼 다양한 문제-노후자금 마련, 상속분쟁 예방, 자산승계, 상속재산 보존, 가치상속 실현, 가업승계-를 해결하는 목적으로 설정되는 신탁을 말한다.

유언대용신탁은 다양한 목적으로 활용 가능한 재산관리도구이다. 위탁자는 소유권을 수탁자에게 이전하고, 위탁자가 해당 신탁재산을 수탁자를 통해 간접적으로 보관, 관리, 운용하고, 본인 사후에 수탁자를 통해 상속계획을 이행하는 도구이다. 신탁의 본질적 기능인 '재산전환기능'을 통해 신탁의 원본과 이익을 분리하여 사후수익자에게 귀속시킬 수 있을 뿐만 아니라 신탁재산에서 발생하는 현금흐름으로 정기적인 생활비를 지급할 수 있는 신탁구조도 짤 수 있다는 점에서 노후생활비 마련, 낭비방지, 안정적인 생활비 지급 등 다양한 목적으로 활용할 수 있다. 그리고 유언대용신탁은 신탁 고유의 속성인 설계의 유연성(flexibility of design)을 활용하여 개별 위탁자에게 맞춤형 종합재산관리 수단으로 이용될 수 있는 사회적 효용가치가 있으므로, 고령사회에서 발생하는 사회적 문제를 해소하는 수단으로 활성화할 필요가 있다.

이 논문에서는 (i) 유언대용신탁의 개념, 유형, 법적근거, 활용방안을 먼저 살펴본 후 (ii) 유언대용신탁의 법적 구조, 생전 법률관계, 사후 법률관계, 사후수익권 설계를 검토하고, 마지막으로 (iii) 실무에서 유언대용신탁을 활용함에 있어 우리나라 민사 법리와의 관계에서 법률적인 정리가 필요한 법적 쟁점에 대해 검토하고자 한다. 수탁 가능 재산의 범위, 공동상속인

세분화하여 정의한다. 그리고 상속계획 수립 및 이행을 목적으로 하는 '상속신탁'이라는 개념을 만들고 생전에 신탁이 설정되는 상속신탁을 '유언대용신탁'으로, 사후수익자를 연속구조로 설계하는 상속신탁을 '수익자연속신탁'으로, 유언의 효력이 발생하는 위탁자 사망 시점에 신탁이 설정되는 상속신탁인 '유언신탁'으로 개념 정의한다(오영표, 「가족신탁 이론과 실무」(조세통람, 2020), 19~20면)). 유언대용신탁이라는 용어는 미국의 living trust를 일본이 2006년 신탁법을 개정하여 도입할 때 사용한 번역 용어인데, living trust를 '생전신탁'으로 번역하기도 한다.

22) 복지신탁에 관한 연구로 이계정, "고령사회에서의 신탁의 역할 – 신탁의 공익적 기능에 주목하며", 「법학」(서울대학교 법학연구소, 2020. 12)과 오영표, "복지신탁 활성화를 위한 법적 과제", 「금융투자」 통권 168호(금융투자협회, 2015.8.) 참조.

간의 법적 쟁점, 사후수익자와 상속채권자 간의 법적 쟁점, 그리고 위탁자 사후 신탁집행과 관련한 법적 쟁점으로 나누어 분석하고자 한다.

Ⅱ. 유언대용신탁의 개요

1. 도입

상속계획 수립과 상속 집행을 목적으로 신탁계약[23]을 체결하고, 신탁재산을 수탁자에게 이전시켜 보관, 관리, 처분, 운용하다가, 위탁자가 사망하면 수탁자가 신탁재산을 사후수익자[24]에게 귀속시키는 신탁을 '유언대용신탁'이라 한다. 2011년 신탁법 개정 전에는 민법상 상속법리와 신탁법상 신탁법리의 관계가 명확하지 않아 유언대용신탁이 법적으로 가능한 신탁인지에 대해 견해 대립이 있었고, 일부 신탁회사가 명확한 법적 근거 없이도 신탁법리에 따라 유언대용신탁이 가능하다고 시도한 적은 있으나, 여전히 법적 불명확성 때문에 유언대용신탁이 제대로 이용되지 못하였다.

2011년 신탁법 개정 당시 고령사회의 문제를 해결하고 상속분쟁을 예방하기 위한 수단으로 상속계획을 수립하고 실행하는 '상속신탁'을 전면 도입하였다. 2011년 개정 신탁법은 '유언신탁(제3조 제1항 제2호)', '유언대용신탁(제59조)'과 '수익자연속신탁(제60조)'이라는 3개의 조문을 둠으로써 그동안 학계에서 견해 대립이 있었던 상속신탁의 법적 근거를 명확히 마련하였다.

---

23) 유언대용신탁을 설정하는 방법은 신탁법 제3조 제1항 제1호 '위탁자와 수탁자 간의 계약'으로 설정하는 방법과 제3호 '위탁자의 선언'으로 설정하는 방법(이를 "자기신탁"이라 한다)이 있는데, 자기신탁 방식의 유언대용신탁을 설정하면 신탁법 제4조 제2항에 따라 신탁을 해지할 수 있는 유보권을 위탁자가 보유할 수 없어 상속계획 변경할 수 없다는 점과 수탁자가 본인인데 본인 사후 상속재산의 배분업무를 수행할 수탁자가 생존하지 않는다는 문제가 있어서 이 논문에서는 신탁계약에 의해 설정되는 유언대용신탁만을 다루기로 한다.

24) 사후수익자를 '연속수익자'로 규정하기도 하는데, 같은 의미로 이해하면 된다.

❙ [그림 1] 상속신탁의 개념도 ❙

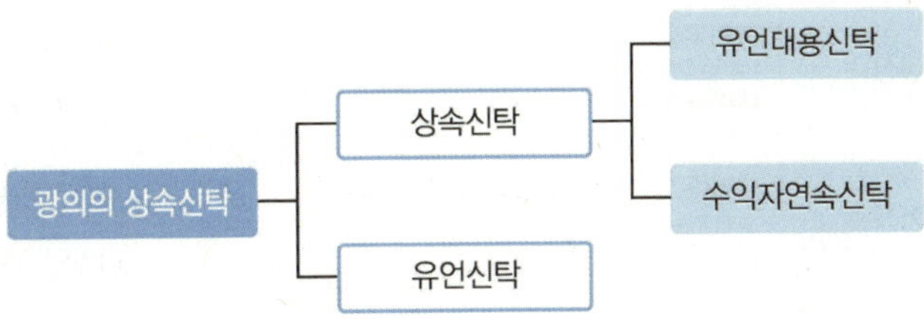

2. 유형

2.1 유언대용신탁

우리 민법은 상속편을 두어 상속법리를 규율하고 있다. 민법은 '유언에 의한 상속'과 '유언에 의하지 않은 상속'으로 구분하여, 유언이 있으면 유언에 의한 상속을 우선 적용하고, 유언이 없으면 법정상속분에 따른 공동상속을 적용한다. 유언은 유언집행자에 의해 상속재산을 배분한다. 현행 법정상속제도는 같은 순위의 상속인에게 균등상속을 원칙으로 하면서 배우자에게 50%를 가산하는 방식을 취하고 있다. 유언 없이 상속이 개시되면 상속재산은 법정상속분에 따라 균등배분되는 것이 원칙이지만, 상속인이 합의로 차등배분을 실현할 수도 있다.

유언대용신탁은 '유언에 의한 상속'도 아니고 '유언에 의하지 않은 상속'에도 해당하지 않는다. 굳이 비교하자면, 유언대용신탁은 법정상속에 따른 상속이 아니라 피상속인이 상속분을 결정한다는 점에서 '유언에 의한 상속'과 유사한 면이 있다. 그렇지만 유언집행자를 선임하고 유언집행자가 민법상 유언의 법리와 절차에 따라 상속재산을 배분해주는 '유언에 의한 상속'과 달리, 유언대용신탁은 수탁자가 신탁계약의 내용에 따라 신탁계약에 지정된 '사후수익자'에게 '사후수익권'의 내용에 따라 신탁재산을 귀속시키는 의무의 이행, 즉 '신탁계약의 이행'에 따른 신탁재산을 배분하는 것이므로, 유언대용신탁에 따른 상속집행은 민법상 유언의 법리나 상속의 법리가 적용되지 않는다. 우리 민법과 신탁법에 따른 상속방법과 검인 요부[25]를 전부 나열하면, 아래 [그림 2]와 같다.

25) 우리 민법 제1091조 유언검인 절차를 요구하면서 유언 검인절차의 예외로 공정증서나 구수증서에 의한 유언을 규정하고 있다. 구수증서는 민법 제1070조 제2항에 따라 구수증서 작성 사유인 '질병 기타 급박한 사유'가 종료한 날로부터 7일 내에 유언검인 절차를 요구하고 있으므로, 생전이나 사후 모두 유언검인 절차가 불필요한 것은 공정증서에 의한 유언이 유일하다.

[그림 2] 상속계획 수립 및 실천 방법론

구분	상속 유형	방법	비고
1	법정상속	협의분할	상속인에 의한 상속
		재판분할	법원에 의한 상속
2	유언상속	자필증서, 녹음, 비밀증서, 구수증서	검인 상속
		유언공증	비검인 상속
3	신탁상속	유언신탁	비검인 상속
		유언대용신탁 | 수익자연속신탁	비검인 상속

우리 신탁법 제59조는 수익자로 지정될 자("사후수익자")가 위탁자 사망 시에 수익권을 취득하는 신탁("사후수익권취득형 유언대용신탁")과 사후수익자가 위탁자의 사망 이후에 신탁재산에 기한 급부를 받는 신탁("생전수익권취득형 유언대용신탁") 두 가지를 규정하고 있다. 사후수익권취득형 유언대용신탁과 생전수익권취득형 유언대용신탁은 사후수익자가 되는 시점이 위탁자 생전이냐 사후이냐의 차이가 있지만, 신탁법 제59조 제2항에 따라 생전수익권취득형 유언대용신탁도 위탁자가 사망할 때까지 수익자로서 권리를 행사하지 못하기 때문에, 강학상으로는 몰라도 실무적으로는 큰 차이가 없다고 보면 된다.

[그림 3] 유언대용신탁의 개념도

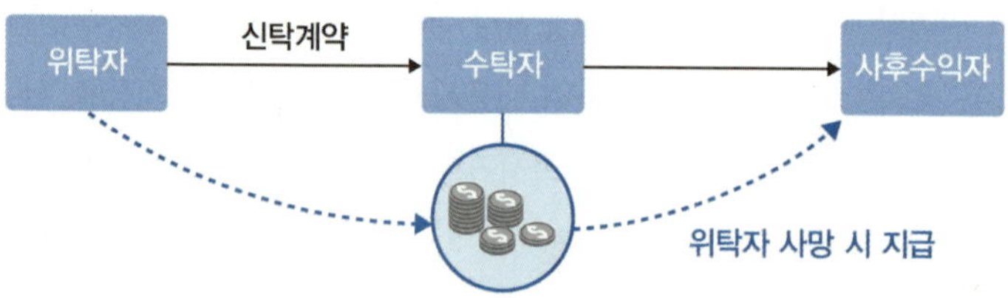

사후수익권취득형 유언대용신탁은 위탁자 생전 수익자는 위탁자 본인이므로 '생전 자익신탁-사후 타익신탁'으로 볼 수 있다. 즉, 위탁자 생전에는 위탁자만 수익자이고 위탁자 사망 시 위탁자의 생전수익권은 소멸하고 그 대신 사후수익자의 사후수익권이 생성된다. 반면 생전수익권취득형 유언대용신탁은 위탁자 생전에 사후수익자의 사후수익권을 취득한다는 점에서 '생전 자익신탁 및 조건부 타익신탁–사후 조건부 타익신탁'으로 볼 수 있다. 생전수익권취득형 유언대용신탁의 사후수익자의 '조건부 사후수익권'에서 '조건'은 '위탁자 사망'이라는 정지조건이라 볼 수 있다.

유언대용신탁은 신탁법 제59조 제1항 본문에 따라 위탁자가 수익자를 자유롭게 변경할 수 있다는 점에서 유언을 자유롭게 변경할 수 있는 것과 유사하다. 즉, 유언대용신탁을 설정한 후 수익자, 특히 사후수익자를 위탁자가 마음대로 변경할 수 있다. 사후수익자는 유언대용신탁에 의해 장래의 수익자로 지정된 일종의 기대권을 보유하고 있을 뿐이므로, 위탁자는 유언대용신탁계약에 명시되었는지를 불문하고, 사후수익자를 자유롭게 변경할 수 있다.[26] 그런데, 신탁계약으로 위탁자가 수익자를 자유롭게 변경하지 못하도록 정할 수 있느냐가 문제된다. 신탁법 제59조 제1항 단서에 따라 신탁계약으로 수익자 변경을 제한할 수 있음은 명백하다. 실무상으로 위탁자가 질병, 노령, 그 밖의 사유로 사무처리능력이 현저히 부족하거나 없는 경우 유언대용신탁계약을 함부로 변경, 해지, 인출하거나 신탁재산을 인출하면 위탁자의 재산보호나 유언대용신탁계약의 목적을 달성하지 못할 위험이 있으므로, 위탁자가 질병, 노령, 그 밖의 사유로 사무처리능력이 현저히 부족하거나 없는 경우 신탁계약의 변경, 해지, 해제 및 신탁재산 인출을 제한하는 계약조건을 선택하기도 한다.

2.2 수익자연속신탁

유언대용신탁에서 '1차 사후수익자' 사망 시 '2차 사후수익자'를, '2차 사후수익자 사망' 시 '3차 사후수익자'를 순차적으로 정하는 신탁을 '수익자연속신탁'이라 한다. 수익자연속신탁은 신탁재산을 '수익권으로 전환'시키면서 '시간적으로 분할'하여 신탁수익권을 2세대 이상 귀속시킬 수 있는 신탁이다. 우리나라 신탁은 영미 신탁과 달리 '영구불확정금지의 원칙(rule against perpetuities)'을 도입하지 않았기 때문에 영속적인 '가문자산관리' 도구로 활용될 수 있다.[27]

26) 유언대용신탁의 경우 신탁행위로 별도로 정함이 없이도 위탁자는 당연히 수익자변경권을 갖게 되고, 오히려 이러한 위탁자의 수익자변경권을 배제하려면 신탁행위로 특별히 정해야 한다(법무부, 「신탁법 해설」(동강, 2012), 488면).

27) 법무부, 「신탁법 해설」(동강, 2012), 493면. 다만, 우리 민법상 유류분제도가 있어서, 가문자산관리로 설정한 신탁의 수익권이 유류분 반환 소송으로 인해 제약받을 수는 있다.

3. 유언대용신탁의 활용

3.1 가족위험관리 수단으로 활용

회사에 발생할 수 있는 다양한 위험을 진단하고 예방하는 '위험관리(Risk Management)'는 많이 들어본 단어이지만, '가족위험관리(Family Risk Management)'는 생소한 용어일 것이다. 가족위험은 가족이라는 공동체에서 발생할 수 있는 모든 삶의 부정적 이벤트라 볼 수 있다. 본인이 치매에 걸리거나 이혼하거나 사별하는 것이 대표적인 가족위험이다. 자녀의 이혼, 건강악화, 조기사망도 있다. 자녀의 사업실패, 낭비, 도박, 재산관리능력 부족도 가족위험이다. 사별하거나 이혼 이후 재혼하는 것도 본인은 물론 자녀에게 가족위험이 될 수도 있다.

왜 가족위험을 관리해야 하는가? 회사의 위험은 재산손실로 귀결되지만, 가족위험은 재산손실을 넘어 가족 분쟁이나 가족 해체로 이어질 수 있다. 가장 행복한 관계에서 불행한 관계로 결말나는 사례를 주변에서 많이 본다. 가족위험관리는 가장으로서 해야 하는 가장 중요한 일이다. 현행 민법은 가족위험관리 수단으로 활용할 수 있는 도구를 만들어 놓지 않았다. 유언대용신탁은 생전에 본인을 위해 재산을 관리하다가, 치매에 걸리더라도 수탁자를 통해서 재산을 보존하고, 위탁자 사후 수탁자를 통해서 본인의 상속계획을 이행할 수 있는 도구이므로, 유언대용신탁은 생전 및 사후 가족위험관리 수단으로 활용할 수 있는 최선의 도구이다.[28]

3.2 자산승계계획 수립 및 이행 수단으로 활용

영국, 미국, 싱가포르, 홍콩, 일본 등 다양한 국가에서 자산승계계획을 수립할 때 신탁을 활용하고 있는데, 왜 자산승계계획 수립에 신탁을 활용하는 것이 보편적인가? 현행 민법이 규정하는 자산승계방법은 증여, 법정상속, 유언인데, 증여, 유언, 법정상속은 자산승계계획 수립 측면에서나 이행 측면에서 충분하지 않다.

증여한 이후 자녀의 변심으로 고통받는 경우나 자녀가 재산을 낭비해버리는 경우도 자주 본다. 유언을 남겨도 유언대로 유언집행이 제대로 될 가능성은 높지 않다. 금융자산에 대한 유언공증이 제대로 이행되지 않는다. 현행 유언공증 제도를 개선하지 않는 이상, 금융기관이 유언공증대로 수유자에게 금융자산을 인출해주기 어렵다. 금융기관은 해당 유언공증이 유언자

28) 우리 민법 중 상속편은 분쟁 발생 이후 분쟁 해결을 위한 기능으로만 작동하지 분쟁을 예방하는 기능으로는 많이 부족한데, 유언대용신탁을 포함한 가족신탁은 위탁자 본인이 수탁자를 활용해 가까운 미래는 물론 본인 사후에 가족 사이에 생길 수 있는 다양한 위험요인을 미리 진단하고 예방하는 일종의 '예방법학'의 도구로 활용할 수 있다는 점에서 가족신탁 활성화의 당위성을 찾을 수 있다.

가 사무처리능력이 충분한 상태에서 적법하게 된 것인지와 마지막으로 한 유언인지를 확인할 수 없다.[29] 해당 유언공증 시 유언자가 사무처리능력이 없는 등 유언공증에 무효사유가 없는지를 확인할 수 없다. 그리고 해당 유언공증 후 다른 내용의 유언이 있었는지를 확인할 수도 없다. 해당 유언공증의 수유자에게 인출해준 후 유언공증의 효력이 부인되면 금융기관이 이중변제위험에 노출된다. 금융기관의 이중변제위험을 없앨 수 있도록 공증법을 개정해야만, 금융기관이 유언공증에 따라 유언집행이 가능하도록 협조할 수 있을 것이다.

법정상속으로 내버려두는 것은 더 큰 문제를 야기한다. 상속재산분할 과정에서 발생하는 가족 간 분쟁이 해가 갈수록 증가하고 있다. 우리 민법이 공동상속제도를 취하고 있어 배우자나 자녀가 상속에 대한 기대권을 가질 수밖에 없다. 본인이 가족을 이루면서 장기간 배우자나 자녀에게 증여한 재산이 있고, 가족들이 본인과 가족을 위한 기여도가 있어서, 이론과 달리 상속 시점에 사망한 피상속인 명의 재산에 대한 균등상속에 만족할 가족이 많지 않다. 상속분쟁이 해가 갈수록 증가하고 있는 것은 어쩌면 자산승계계획을 미리 수립하지 않는 우리나라 관행에서 비롯된 것일지 모른다.

그렇다면, 신탁을 활용해서 자산승계계획을 수립하는 보다 구체적인 이유를 알아보면 다음과 같다. 본인이 자산승계계획을 수립할 수는 있어도 자산승계계획의 이행은 할 수 없는 것이므로, 자산승계계획 수립 시에 자산승계계획을 이행해 줄 독립적인 제3의 전문가가 필요하다. 가족 이외 변호사, 세무사, 법무사, 회계사 등 다양한 전문가에게 자산승계계획을 맡길 수 있지만, 자산승계계획의 안전과 확실한 이행을 확보하기 위해서는 '신탁회사'를 활용하는 것이 좋다. 신탁회사는 금융기관으로 국가의 감독을 받고 있을 뿐만 아니라 신탁법에 따라 신탁회사의 부도위험으로부터 신탁재산이 보호받을 수 있기 때문이다. '유언대용신탁'은 가족을 수탁자로 선정하는 '민사신탁'에서 출발하였지만, 요즘은 신탁회사와 자산승계계획을 수립하면서 '유언대용신탁'을 체결하는 사례가 많다. 신탁회사의 자산관리 및 자산승계 전문성을 활용하여 자산승계계획 수립부터 자산승계계획 이행까지 전체에 걸쳐 효율성과 안정성을 확보하는 것이 가장 현명하다.

29) 우리나라는 아직 공증을 전산화 하지 않았기 때문에 유언공증 사이에도 시간적 선후관계를 확인할 수 있는 방법이 없으므로, 유언공증 전산화가 시급하다. 물론 유언공증이 전산화 되더라도 유언공증 이외의 공증이 있을 경우 최후의 유언을 금융기관이 확인하는 것은 불가할 것이다.

3.3 사회 법제도 보완 수단으로 활용

신탁은 기존 사회제도로 해결하기 어려운 사회적 요구(social needs)를 해결하기 위해 고안된 것이다. 여성의 상속권이 인정되지 않았던 오랜 과거 영국에서 남편이 아내를 위해 재산을 친구에게 이전시켜 놓고 본인 사후 친구가 아내를 위해 재산을 관리해 줌으로써 실질적으로 여성을 위한 상속이라는 사회적 요구를 해결한 데서 출발한 것이다. 십자군 전쟁으로 차출되어 가는 장군이 영국에 남아 있던 가족을 위해 믿을만한 친구에게 재산의 소유권을 이전하되, 살아서 돌아올 때까지 재산을 가족을 위해 관리하고, 살아서 돌아오면 재산의 소유권을 다시 장군에게 이전해달라는 간절한 사회적 필요를 해결하기 위해 활용된 것이 바로 신탁이다. '부재 시 남아 있는 가족을 위한 재산관리'와 '무사귀환 시 재산의 반환'이라는 십자군 참전 장군의 두 가지 과제는 신탁 이외 다른 어떤 도구로도 불가능했을 것이다. 신탁은 이렇듯 사회제도의 부족한 부분을 해결하기 위해 고안된 '사회제도 보완 수단'이다. 신탁의 사회제도 보완기능을 활용하여 '가족위험관리수단'으로 발전한 것이 바로 '유언대용신탁'이다. 유언대용신탁의 활성화는 가족위험관리를 통해 가족분쟁으로부터 발생하는 '사회적 비용(social cost)'을 많이 감소시킬 것이다.

III. 유언대용신탁의 기본적 법률관계

1. 법적 구조

유언대용신탁은 생전에 설정되는 생전신탁(Living Trust)이고, 생전에는 위탁자 본인이 수익자인 '생전(生前) 자익신탁'이다. 유언대용신탁은 위탁자 생전에 위탁자를 위해 존재하는 신탁이다. 위탁자가 원칙적으로 유언대용신탁계약의 신탁재산을 자유롭게 인출하거나, 신탁계약의 변경(생전수익권과 사후수익권의 변경 포함)하거나 해지할 수 있다. 위탁자는 유언대용신탁 체결 후 생전에 재산을 어떻게 관리할지 수탁자에게 지시할 수 있도록 설계되는 것이 보통이다. 실무상 위탁자가 신탁하지 않고 자신의 명의로 재산을 관리하는 경우와 마찬가지로 신탁재산에 대한 실질적 사용, 수익, 처분권을 행사한다고 보면 된다. 위탁자가 유언대용신탁계약을 체결하고 소유권을 수탁자에게 이전하였다 하더라도 여전히 신탁재산에 대한 통제권을 위탁자가 행사한다.[30)]

한편, 위탁자가 질병, 장애, 노령 그 밖의 사유로 사무처리능력이 부족하거나 없는 경우를 대비하여, 만약 위탁자가 사무처리능력이 부족하거나 없는 때부터는 위탁자의 신탁재산에 대한 운용지시권한을 축소하거나 없애고 제3자에게 신탁재산에 대한 운용지시권한을 부여할 수 있다. 위탁자가 제3자와 후견계약을 체결한다면, 가장 완전한 형태의 유언대용신탁이라 할 수 있다.

위탁자 사망 후 유언대용신탁은 사후수익자가 사후수익권을 취득하거나 사후수익권에 따른 급부청구권을 행사할 수 있어, 강학상 '사후(死後) 타익신탁'이라 볼 수 있다. 위탁자 사후의 유언대용신탁은 사후수익자를 위해 존재한다. 위탁자가 신탁계약에서 지정한 내용에 따라 수탁자는 사후수익자를 위해 재산관리 업무를 수행한다.

2. 위탁자 생전 법률관계

2.1 위탁자 생전 재산관리

유언대용신탁에서 위탁자는 생전수익자로서 신탁재산에 대한 완전한 통제권을 행사할 수 있기 때문에, 생전수익권의 설계는 굳이 필요 없는바, 실무상 위탁자 생전에는 '재산관리'를 어떻게 하느냐를 중심으로 재산관리 및 인출방법을 정하는 것이 일반적이다. 보통은 사무처리능력이 없어지기 전의 '건강시기'와 사무처리능력이 부족하거나 없어진 '사무처리능력 부족시기'로 나누어 수탁자의 재산관리 및 인출방법을 규정한다.

건강한 시기에는 위탁자가 신탁재산의 관리, 처분, 운용, 인출, 신탁계약의 해지 · 해제를 자유롭게 할 수 있다. 위탁자가 비록 수탁자 명의로 소유권은 이전해 놓았으나 실질적인 통제권을 여전히 보유하고 있는 것이다.

사무처리능력 부족시기에는 두 가지 선택지가 있다. 건강시기와 마찬가지로 특별히 재산관리방법을 지정하지 않는 것도 하나의 방법이다. 그리고 다른 하나는 사무처리능력 부족시기에 제3자나 다른 가족의 사기나 강요에 의한 신탁계약의 해지 · 해제 · 변경이 이루어지면 안 되기 때문에, 신탁계약 시점에 신탁재산보호자(trust protector)를 지정하고 그의 동의가 있을

30) 유언대용신탁은 '생전자익신탁–사후타익신탁' 구조이기 때문에 우리 세법은 유언대용신탁 설정으로 인한 신탁재산의 이전을 '유상양도'나 '무상이전'으로 인식하지 않는다. 세법은 위탁자가 신탁설정해서 소유권을 위탁자로부터 수탁자로 이전하더라도, 증여세나 상속세는 물론이고 취득세는 부가가치세가 발생하지 않는다. 이렇듯 신탁 설정 시점에 세금이 전혀 발생하지 않기 때문에, 전세계적으로 신탁을 상속계획을 수립하고 실천하는 도구로 활용하는 이유이다.

경우에만 신탁계약의 해지 · 해제 · 변경이 가능하도록 안전장치를 만드는 방법이다. 재산보호를 위해 신탁재산보호자의 동의권을 규정하는 방법이 좋을 것이다.[31)]

2.2 임의후견계약과 유언대용신탁의 결합 모델

유언대용신탁을 체결하면서 '후견계약'을 체결하고, 유언대용신탁 내용과 후견계약 내용을 조화롭게 만들어 놓으면 가장 완벽한 재산관리 및 자산승계 도구가 되는바, 이를 '임의후견신탁'이라 한다. 사무처리능력이 있을 때 미리 후견계약을 체결해서 '자신이 원하는 후견인'을 지정하고, 신탁계약을 체결하여 재산관리의 전문성을 보완하면서 혹시나 있을 수 있는 후견인의 부정행위도 통제할 수 있다. 그리고 법정후견인 선임 과정에서 가족 간 발생하는 분쟁도 예방할 수 있다.

[그림 5] 임의후견신탁의 개념도

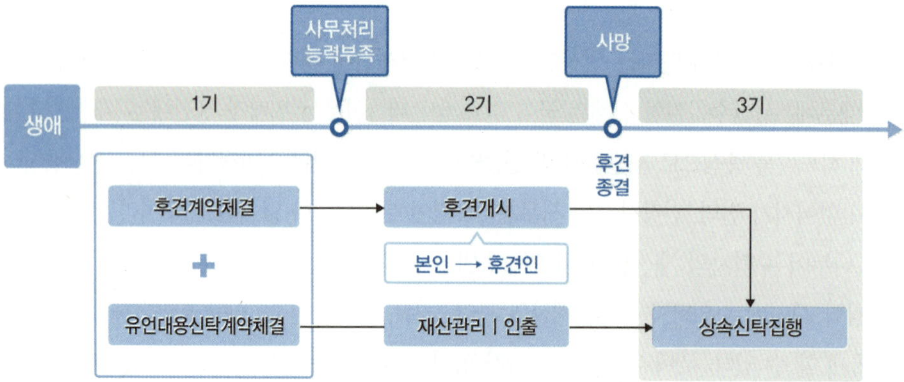

임의후견신탁의 법적 구조는 법정후견신탁에 비하면 매우 유연성이 높다. 후견인의 재산관리 및 운용지시권도 다양하게 부여할 수 있을 뿐만 아니라 후견인에게 지급되는 보수도 미리 정해놓을 수 있다. 법원의 허가로 인해 체결되는 법정후견신탁의 경우 매우 안정적인 방법으로만 재산을 운용하여야 하나, 임의후견신탁은 법정후견신탁보다 훨씬 적극적이고 능동적인 재산운용도 가능하다. 임의후견은 바로 피후견인의 의사에 직접적인 기반을 둔 것이기 때문이다. 물론 가정법원과 후견감독인의 통제를 일정 부분 받겠지만, 가정법원이나 후견감독인도 임의

31) 재산보호를 주목적으로 하는 신탁을 '재산보호신탁(asset protection trust)'라고 부르기도 한다.

후견신탁계약을 존중할 수밖에 없을 것이다.

임의후견신탁은 위탁자가 사무처리능력이 있을 때 미리 후견계약을 체결하면서 동시에 유언대용신탁계약을 체결한다. 사무처리능력이 충분한 시기 동안은 위탁자가 자유롭게 신탁재산을 인출하고, 후견계약과 유언대용신탁계약을 변경할 수 있다. 위탁자가 사무처리능력이 부족하여 후견감독인이 선임된 때부터 위탁자 본인을 대신하여 임의후견인이 후견계약의 내용에 따라 신상 보호 및 재산관리 업무를 수행한다. 위탁자의 주요 재산의 보관, 관리, 운용은 유언대용신탁계약의 내용에 따라 수탁자가 수행하고, 임의후견인은 신탁재산에서 정기적 또는 수시로 지급되는 금원을 신상관리 및 신상관리에 필요한 비용으로 사용한다. 위탁자가 사망할 경우 후견계약은 종료되고, 수탁자가 유언대용신탁계약의 내용에 따라 사후수익권을 배분한다. 즉시배분형 유언대용신탁계약을 체결한 경우에는 수탁자가 사후수익권에 따라 신탁재산을 배분함으로써 유언대용신탁계약은 종료되지만, 계속관리형 유언대용신탁계약의 경우 위탁자 사후에도 위탁자의 의사에 따라 신탁계약은 종료되지 않고 계속된다.

3. 위탁자 사후 법률관계

위탁자가 사망하면, 유언대용신탁계약서에 정해진 사후수익자가 사후수익권을 취득하게 되는데, 수탁자가 사후수익자를 위해 유언대용신탁계약에 따라 사후수익권을 부여하는 절차를 이행하는 것을 '유언대용신탁집행'이라 한다. 유언대용신탁집행으로 수탁자는 사후수익자를 위해 사후수익권의 내용에 따라 신탁재산을 관리, 처분, 배분한다. 유언대용신탁집행과 관련하여 사후수익권은 실무상 '즉시배분형 사후수익권'과 '계속관리형 사후수익권'으로 나뉜다.

즉시배분형 사후수익권은 유언대용신탁의 목적이 상속집행이다. 즉시배분형 사후수익권에서 위탁자의 사망이 수탁자에게 통지되면, 수탁자는 통지시점 기준으로 보관하고 있는 신탁재산을 신탁계약에서 정한 사후수익권의 내용에 따라 사후수익자에게 귀속시킨다. 수탁자가 직접 사후수익자를 만나 신탁계약에 따라 금전 및 유가증권의 이체, 신탁부동산의 등기이전, 채권양도 및 통지 등 수탁자 명의에서 사후수익자 명의로의 소유권이전에 필요한 모든 절차를 이행한다. 수탁자가 신속 · 정확하게 유언대용신탁집행을 하기 때문에 상속분쟁을 예방하는 효과도 있다.

계속관리형 사후수익권은 위탁자 사망 이후 '일정 시점'이나 '특정 조건 성취'까지 사후수익권이 계속 존재하는 사후수익권을 말하는데, 낭비벽이 있거나 재산관리능력이 부족한 사후수

부록

익자가 있는 경우 유언대용신탁집행 후 재산관리를 위해 선택하는 유형이라고 보면 된다. 수익자연속신탁도 최종 순위 사후수익자 바로 선순위 사후수익권도 유언대용신탁집행의 관점에서 보면 최종 사후수익자까지 신탁계약에 계속해서 존재하는 계속관리형 사후수익권의 일종으로 보면 된다. 계속관리형 사후수익권의 유언대용신탁집행은 주로 사후수익자에게 신탁계약 내용, 특히 사후수익권의 내용을 설명하는 절차로 이루어진다. 이 경우에는 신탁재산의 소유권이 수탁자에게 여전히 남아 있을 뿐 사후수익자에게 신탁재산의 소유권이 이전되지 않는다. 임대사업을 영위하는 부동산에 대해 계속관리형 유언대용신탁계약을 체결할 경우 유언대용신탁집행 시 '사업자등록'을 위탁자 명의에서 '사후수익자 명의'로 변경하는 절차와 상속세 납부 및 사후수익자 명의의 취득세 납부가 이루어지지만, 신탁부동산 소유권의 이전이 없다.

물론 하나의 유언대용신탁계약에서 즉시배분형 사후수익권과 계속관리형 사후수익권을 결합시키는 것도 가능하다. 자녀 중 한 명은 재산관리능력이 충분하고 다른 한 명은 재산관리능력이 부족한 경우, 재산관리능력이 충분한 사후수익자에게는 해당 신탁재산을 즉시 배분해주고, 재산관리능력이 부족한 사후수익자를 위한 신탁재산은 사후수익자 사망 시까지 신탁계약이 유지되면서 매월 생활비를 지급하는 구조로 설계할 수 있다.

이 논문에서는 즉시배분형 사후수익권만을 설계한 유언대용신탁을 '즉시배분형 유언대용신탁'으로, 계속관리형 사후수익권만으로 설계한 유언대용신탁을 '계속관리형 유언대용신탁'으로 부르고, 하나의 유언대용신탁에 즉시배분형 사후수익권과 계속관리형 사후수익권을 모두 포함하고 있는 유언대용신탁을 '결합형 유언대용신탁'이라 부른다.

4. 사후수익권 설계 실무

4.1 유언대용신탁 수익권 설계

유언대용신탁에서 사후수익권 설계는 가장 중요하면서도 어려운 부분이다. 위탁자 본인의 재산현황과 사후수익자의 건강, 재산관리능력, 나이 등 복잡한 요인을 고려해서 위탁자 본인이 원하는 상속계획 및 상속 이후 재산보존 · 관리 방법을 상세하게 정해야 한다. 일반적으로 신탁재산, 수익권유형(원본수익권과 이익수익권), 수익자유형(생전수익자와 사후수익자), 수익비율, 그리고 지급방법(즉시배분형과 계속관리형)이라는 5가지 요소를 매트릭스 방식으로 조합하면 된다.

| [그림 6] 유언대용신탁 수익권 설계 개념도 |

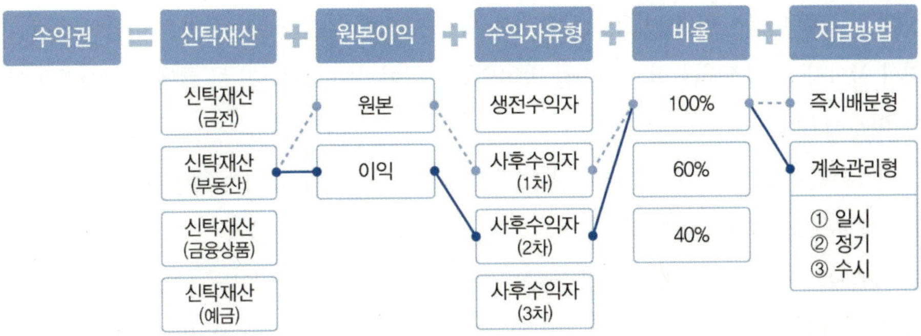

우선 신탁재산을 특정하고, 신탁재산에 대한 수익권이 원본수익권(principal)인지 아니면 이익수익권(income)인지를 정한다.[32] 신탁재산별로 이익수익권이 무엇인지를 명확하게 정해야 한다. 현행 신탁법에는 이익수익에 대한 명문화된 규정이 없다. 부동산의 임대수익, 주식의 배당소득, 채권의 이자소득은 명확하게 이익수익으로 볼 수 있다. 주식매매 시 발생하는 양도소득, 주식유상감자에 응하여 받은 금전, 회사가 청산하면서 받는 잔여재산분배금은 원본수익권에 속한다. 주식배당, 합병에 따른 현금분배금은 어떻게 볼 것인가? 원본수익으로 보는 것이 타당해 보인다. 이렇듯 원본수익권과 이익수익권을 분리해서 귀속시킬 때, 원본수익권에 해당하는지 이익수익권에 해당하는지 불명확한 부분이 있게 되니, 이익수익권을 분리해서 설계할 때는 신탁계약서에서 이를 명시하는 것이 타당하다. 그리고 이익수익권을 많이 발생시키기 위해 수탁자로 하여금 신탁재산을 고위험 자산에 투자하는 'high risk-high return 전략'으로 운용하다가 자칫 신탁재산 원본에 손실이 발생할 수 있다. 수탁자는 수익자가 여럿인 경우 각 수익자를 위하여 공평하게 신탁사무를 처리해야 하는 '공평의무'의 대상이 된다. 미국의 경우 수탁자에게 공정의무(duty of impartiality)를 부담시키는데, 실무상 공평의무 또는 공정의무의 위반 여부가 문제되는 경우 그 위반 여부를 판단하는 것이 쉽지 않다. 실무가 많이 축적되지 않은 우리나라에서는 법원의 판단에 의존할 수밖에 없을 것이다. 따라서 원본수익권과 이익수익권을 분리해서 귀속시킬 때 공평의무에 대해서도 명확한 가이드라인을 제시해 주어야 한다.

32) 미국법상 원본과 수입의 할당을 규정하는 통일법으로 「통일원본수입법(Uniform Principal and Income Act, UPIA)」이 있다. 임대료, 이자, 현금배당, 사업이윤 또는 경작이윤은 수입으로, 신탁재산의 매매대금, 신탁재산에 대한 보험금, 분할주식, 주식배당금, 인수 또는 합병 분배금, 채권원금은 원본으로 할당했다[김상훈, 「미국상속법」(세창출판사, 2012), 308면].

이렇게 정해진 신탁재산과 원본 · 이익수익권에 대해 생전수익자를 둘 것인지 아니면 생전수익자와 함께 사후수익자를 둘 것인지를 선택하고, 각 수익자에게 신탁재산별 몇 %를 배분할지 정한다. 그런 다음, 지급방법으로 상속개시 후 즉시 모든 재산을 배분할지 아니면 계속관리하면서 일시지급, 정기지급 및 수시지급 방식으로 지급할지를 선택하면 큰 틀에서 수익권의 설계가 마무리된다.

신탁수익권 설계는 고도의 신탁전문성과 법률전문성을 필요로 하는 작업이다. 위탁자의 신탁재산 규모와 유형을 고려하여 현금흐름을 분석한 다음, 위탁자와 그 가족의 연령, 건강, 생활습관을 기초정보로 하고, 여기에 위탁자의 의지를 명확히 반영하는 신탁설계가 필요하다. 그리고 신탁설계에 앞서 절세전략 수립이 선행되고, 유언대용신탁 수익권 설계도 절세전략을 기초로 수립해야 한다. 유언대용신탁 수익권 설계를 잘못하면, 향후 상속인이 부담해야 하는 상속세가 증가할 수 있다.

4.2 수익자연속신탁 사후수익권 설계

수익자연속신탁은 위탁자 사망 후 1차 사후수익자, 1차 사후수익자 사망 시 2차 사후수익자, 2차 사후수익자 사망 시 3차 사후수익자가 사후수익권을 취득한다. 수익자연속신탁의 경우 선순위 사후수익자의 수익권 배분이 후순위 사후수익자의 수익권에 영향을 미치게 되므로, 각 사후수익자의 수익권 설계를 명확하게 구성해야 선 · 후순위 사후수익자 간 이해상충을 방지할 수 있다.

예를 들면, 신축 상가건물을 신탁재산으로 1차 사후수익자를 배우자(상가건물의 순임대수익 100%), 2차 사후수익자를 아들(상가건물의 순임대수익 100%), 3차 사후수익자를 손자(상가건물의 원본수익과 이익수익의 100%)로 하여 수익자연속신탁을 설정한 경우, 1차 사후수익자가 상가건물을 매각해버린다면, 2차 사후수익자의 수익권이 소멸하게 된다. 물론 상가건물 매각대금은 신탁재산이 될 것이지만, 금전운용을 어떻게 하느냐에 따라 이익이 발생할 수도 있고 손실이 발생할 수도 있다. 따라서 상가건물에 대해 수익자연속신탁을 설정할 경우 최종 사후수익자인 손자 이외 1차 사후수익자와 2차 사후수익자는 신탁재산의 매각을 금지해야 한다.

다른 예를 들어 보면, 예금 40억 원과 펀드 60억 원을 신탁재산으로 1차 사후수익자를 아들(이익수익권 100%), 2차 사후수익자를 손자(이익수익권 100%), 3차 사후수익자를 증손자(잔존재산에 대한 원본 및 이익수익 100%)로 하고 각 사후수익자가 예금과 펀드를 운용할 수 있도록 수익자연속신탁을 설정할 경우, 1차 사후수익자인 아들이 이익의 극대화를 위해 예금과 펀드를 매각하고 투자성이 높은 코스닥 주식으로 운용하다가 원본이 50%까지 줄어든다면, 2차 사후수익자와 3차 사후수익자의 수익권이 많이 축소된다. 이러한 현상을 예방하기 위해 각 차수별 사후수익자의 운용권한을 제한할 필요가 있다. 예를 들면, 예금 40억 원은 계속 예금으로 운용하도록 하고, 펀드 60억 원도 10개 이상의 공모펀드에 분산하여 투자하며, 10개 중 7개는 국채, 지방채 등 안전자산으로 운용하는 펀드로만 운용하도록 하여 보다 안정적으로 운용함으로써 선순위 사후수익자와 후순위 사후수익자 간의 이해상충을 방지할 필요가 있다.

향후 경제 사정의 변화, 위탁자나 가족의 신체적 · 정신적 변화도 예상해서 유연한 수익권 설계를 하는 것이 '신탁계약 이후 상속개시 전 단계'와 '상속집행 이후 단계'에서 위탁자나 수익자의 불편함을 없애고 위탁자가 신탁을 설정한 본지를 충실히 이행할 수 있을 것이다. 유언대용신탁은 기본 20년으로 시작해서 몇 백년까지 길어질 수 있으므로, 신탁계약이 20년 이상 되는 경우에는 수익권 배분 구조의 설계에 일정 부분 재량을 두는 것도 좋은 방법이다. 위탁자가 선정한 '특정인'에게 그러한 재량을 부여하거나, 필요한 경우 신탁회사에 수익권 배분과 관련하여 그 재량을 부여할 필요가 있다(신탁법 제3조, 제58조). 마지막으로 위탁자가 설계해 놓은 신탁계약이 경제사정이나 사후수익자의 사정변화와 거리감이 상당하여 위탁자가 설계해 놓은 신탁계약대로 이행되지 못할 경우 사후수익자는 법원의 허가를 받아 신탁계약을 변경할 수 있는 조항도 활용할 필요가 있다(신탁법 제88조 제3항).

4.3 수익권설계의 자유와 한계

신탁수익권을 설계함에 있어서 어떠한 한계가 있을까? 신탁의 목적이 선량한 풍속이나 사회질서에 위반하는 사항을 목적으로 하거나, 위법 또는 불능인 신탁, 소송을 목적으로 하는 신탁, 탈법을 목적으로 하는 신탁, 채권자를 해함을 알면서 설정하는 신탁 등 신탁법 제5조 내지 제8조에 규정하고 있는 금지사항 이외에 신탁수익권 설계의 한계는 없다.

다만, 우리 신탁법은 법률에 규정된 수익자의 권리를 신탁행위로도 제한할 수 없도록 하여 수익자를 보호하고자 하였다(신탁법 제61조).[33] 수익자의 법원에 대한 신청권, 강제집행이나 체납처분 이의제기권, 신탁재산 장부의 열람복사청구권, 의무위반한 수탁자에 대한 원상회복 청구권이나 손해배상청구권, 수익권의 포기권, 법률행위의 취소권, 수탁자의 위반행위에 대한

33) 신탁법의 규정을 원칙적으로 임의규정화하더라도, 신탁의 기본구조에 반하는 행위나 신탁의 계속성, 건전성과 관련된 권리는 신탁행위로도 제한할 수 없도록 하여 수익자를 보호하고자 한 것이다[법무부, 「신탁법 해설」(동강, 2013), 498면].

유지청구권, 합병반대 수익자의 매수청구권은 신탁행위로도 제한할 수 없다. 신탁법 제61조는 신탁행위로도 제한할 수 없으므로, 신탁수익권 설계 시 반드시 고려해야 하는 사항이다.

Ⅳ. 유언대용신탁 관련 실무상 법적 쟁점

1. 신탁재산 관련 법적 쟁점

1.1 농지신탁

농지법 제8조[34]에 따르면, 전, 답, 과수원 등 농지를 취득하려는 자는 농지취득증명원을 발급받아야 하는바, 농지를 소유하고 있는 위탁자가 신탁회사와 신탁계약을 유언대용신탁계약을 체결할 때에도 법률상 소유권을 취득하게 되는 신탁업자에게 농지취득증명원을 요구하고 있다.[35]

전, 답, 과수원을 위탁자가 자경(自耕)을 하면서 유언대용신탁을 설정한 경우, 해당 농지는 여전히 위탁자가 생전수익권 100%를 보유하고 있고 실제로 자경을 하고 있으므로, 유언대용신탁 설정 시에 농지취득자격증명을 발급받을 필요 없다고 해석하는 것이 타당하나, 현재 등기 실무는 유언대용신탁 설정에 따른 소유권 이전을 매매나 증여에 따른 소유권과 동일시 하여 수탁자가 농지취득자격증명을 요구하고 있어, 수탁자가 농지취득자격증명을 발급받지 못하면 신탁설정등기가 불가능하다.[36] 특히, 영농법인을 제외하면 영리목적으로 설립된 법인은 농지취득자격증명을 발급받을 수 없기 때문에, 영리행위를 하는 신탁회사는 농지취득자격증명을 발급받지 못하여 농지를 수탁하지 못한다. 결과적으로 농지를 자경하는 농민은 신탁회사를

34) 농지법 제8조(농지취득자격증명의 발급) ①농지를 취득하려는 자는 농지 소재지를 관할하는 시장(구를 두지 아니한 시의 시장을 말하며, 도농 복합 형태의 시는 농지 소재지가 동지역인 경우만을 말한다), 구청장(도농 복합 형태의 시의 구에서는 농지 소재지가 동지역인 경우만을 말한다), 읍장 또는 면장(이하 "시 · 구 · 읍 · 면의 장"이라 한다)에게서 농지취득자격증명을 발급받아야 한다. 다만, 다음 각 호의 어느 하나에 해당하면 농지취득자격증명을 발급받지 아니하고 농지를 취득할 수 있다. 〈개정 2009. 5. 27.〉
1. 제6조제2항제1호 · 제4호 · 제6호 · 제8호 또는 제10호(같은 호 바목은 제외한다)에 따라 농지를 취득하는 경우
2. 농업법인의 합병으로 농지를 취득하는 경우
3. 공유 농지의 분할이나 그 밖에 대통령령으로 정하는 원인으로 농지를 취득하는 경우 (후략)

35) 다만, 도시지역 내 농지의 경우에는 농지법상 농지취득증명원이 반드시 필요한 것이 아니므로 도시지역 내 농지에 대해서는 신탁 수탁 시점에 반드시 농지취득증명원 없이 등기가 가능한지 미리 확인해야 한다.

36) 농지에 대하여 신탁을 원인으로 하여 소유권이전등기를 신청하는 경우에는 관리신탁, 처분신탁, 담보신탁 등 신탁의 목적에 관계없이 농지취득자격증명을 첨부하여야 한다(등기선례 제7-465호).

수탁자로 하는 유언대용신탁계약을 체결하지 못하므로, 농지법 개정이 필요하다.

1.2 생명보험금청구권신탁[37)]

생명보험금청구권신탁은 피보험자가 사망하여 지급되는 보험금을 피보험자의 상속인 전부 또는 특정상속인에게 배분하는 것을 목적으로 설정되는 신탁을 말한다. 특히, 피보험자의 사망 시 급부되는 보험금을 상속인의 경제적 현황에 맞게 신탁함으로써 경제적 자력과 재산관리능력이 없는 미성년자나 장애인의 안정적인 생활자금 마련을 그 목적으로 한다.

생명보험청구권신탁은 피보험자가 보험계약자로 보험계약을 체결한 후 생명보험금청구권을 수탁자에게 양도하고 향후 보험사고 발생 시 수탁자가 상속인에게 보험금을 지급하는 방식("보험금청구권양도형 생명보험신탁")과 위탁자가 생명보험금청구권신탁을 목적으로 금전신탁계약을 체결한 후 수탁자가 보험회사에 보험가입을 하면서 수익자가 되는 방식("보험계약자형 생명보험신탁")을 상정할 수 있다. 보험계약자형 생명보험금청구권신탁의 경우 신탁업자가 신탁재산에 속하는 금전의 운용방법에 대해 열거주의를 채택하고 있고 생명보험료를 신탁회사가 부담해야 한다는 점에서 실무상 적용하기 쉽지 않을 것이다. 보험금청구권양도형 생명보험금청구권신탁의 경우 보험계약자 겸 위탁자가 보험료를 납부하고 보험사고 발생 전에는 생명보험계약이 유지되고, 보험사고 이후 지급되는 보험금이 신탁회사로 지급되어 금전의 운용방법으로 운용할 수 있기 때문에, 실무에서 적용할 수 있는 생명보험금청구권신탁 유형인 것으로 판단된다.

생명보험금청구권신탁에 대한 사회적 요구가 많아지면서 '생명보험금청구권'이 신탁 가능한 재산인지에 대한 논란이 있었다. 생명보험금청구권도 장래 발생할 '금전채권'이므로 신탁회사가 자본시장법 제103조 제1항 제3호[38)]에 따라 수탁할 수 있다고 볼 수 있으나, 현재 법무부가

---

37) 저자가 주장한 바와 같이 생명보험금청구권신탁은 2024년 11월 12일 제한된 범위 내에서 허용되었으나, 신탁제도 개선 과정을 알려주기 위해, 내용을 그대로 둔다(한국형 생명보험금청구권신탁에 대해서는 PART 05 CHAPTER 05 참조).

38) 자본시장법 제103조(신탁재산의 제한 등) ① 신탁업자는 다음 각 호의 재산 외의 재산을 수탁할 수 없다.
1. 금전 2. 증권 3. 금전채권
4. 동산 5. 부동산
6. 지상권, 전세권, 부동산임차권, 부동산소유권 이전등기청구권, 그 밖의 부동산 관련 권리
7. 무체재산권(지식재산권을 포함한다)
② 신탁업자는 하나의 신탁계약에 의하여 위탁자로부터 제1항 각 호의 재산 중 둘 이상의 재산을 종합하여 수탁할 수 있다.
③ 제1항 각 호의 재산의 신탁 및 제2항의 종합재산신탁의 수탁과 관련한 신탁의 종류, 손실의 보전 또는 이익의 보장, 그 밖의 신탁거래조건 등에 관하여 필요한 사항은 대통령령으로 정한다.
④ 신탁업자는 부동산개발사업을 목적으로 하는 신탁계약을 체결한 경우에는 그 신탁계약에 의한 부동산개발사업

보험계약의 수익자를 신탁회사로 변경하는 행위 자체를 '생명보험금청구권의 양도'로 볼 수 없다는 이유로 '보험수익자를 신탁회사로 지정하는 방식의 생명보험금청구권 신탁'은 허용될 수 없다고 해석하고 있다.[39)]

[그림 7] 생명보험청구권신탁의 개념도

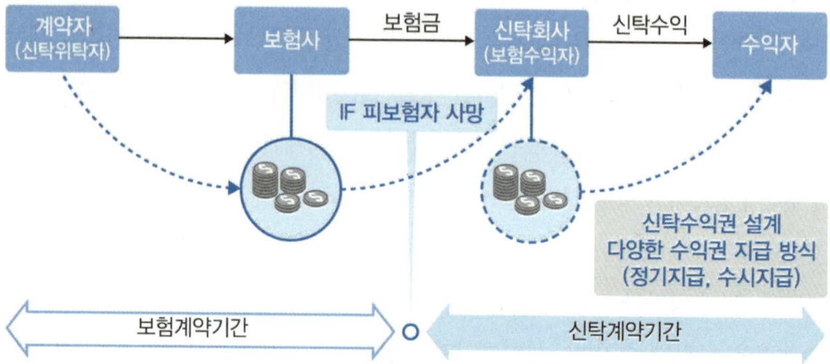

법무부의 질의회신은 "보험계약의 보험수익자를 수탁자로 지정 · 변경되더라도 보험수익자로 확정되는 것이 아니라 언제든지 보험수익자가 변경될 수 있는 불안한 지위에 놓이게 되는 점, 보험계약자가 자신을 보험수익자로 지정한 후 보험사고 전에 보험수익자를 제3자로 변경하는 경우 보험계약자의 보험금청구권이 소멸하고 제3자는 변경권 행사의 효과로 새로운 보험금청구권을 취득하는 점에 비추어볼 때 보험계약자의 보험수익자 지정 · 변경행위는 통상의 재산의 이전 또는 처분과 다르므로, 보험계약자인 위탁자가 수탁자를 보험수익자로 지정하는 행위, 보험수익자를 위탁자에서 수탁자로 변경하는 행위 모두 신탁법상 "재산의 이전" 또는 "그 밖의 처분"으로 볼 수 없다는 것이다. "재산의 이전"은 몰라도, "그 밖의 처분"을 법무부와 같이 좁게 해석할 필요는 없다. 2011년 개정 신탁법은 담보물권의 부종성에도 불구하고 '담보권 신탁'까지 신탁설정행위를 넓게 본다는 점에서 보면, "보험수익자의 지정 · 변경"도 "그 밖의 처분"으로 포섭하여 신탁설정행위로 보는 것이 타당하다.

특히, 생명보험금이 지급되는 시점에는 이미 피보험자가 사망한 이후인 바, 잔존 가족을 위한 재산 보호신탁에 대한 사회적 수요는 많이 있다. 따라서 생명보험금청구권신탁이 가능하도록 법무부가 유권해석을 변경하거나 신탁가능재산에 생명보험금청구권을 명시하는 방식으

별로 제1항제1호의 재산을 대통령령으로 정하는 사업비의 100분의 15 이내에서 수탁할 수 있다.

39) 법무부 업무질의에 대한 회신(2013. 6. 26.).

로 자본시장법 제103조 제1항을 개정할 필요가 있다.

1.3 주식신탁

현행 자본시장법은 신탁회사가 신탁재산에 속하는 주식이 동일법인이 발행한 주식 총수의 15%를 초과하여 취득한 경우 그 초과한 주식의 의결권을 행사할 수 없도록 규정하고 있다(자본시장법 제112조 제3항 제1호). 즉, 100% 가업 주식을 신탁하는 경우 신탁회사는 15%만 의결권을 행사할 수 있고, 나머지 85%는 의결권을 행사할 수 없다는 것이다. 이 규정 때문에 우리나라는 분쟁없는 안전한 가업승계를 지원하는 신탁을 활용할 수 없다. 자본시장법상 의결권 제한 취지는 신탁회사가 신탁받은 주식의 의결권을 임의로 행사함으로써 신탁회사가 신탁재산으로 다른 회사를 지배하는 것을 방지하고자 하는 것으로 생각된다.

가업승계지원신탁은 위탁자나 후계자인 사후수익자의 의결권 행사지시권에 따라 신탁회사가 의결권을 전부 행사하는 것이므로, 신탁회사에 의한 의결권 임의행사가 있을 수 없다. 결론적으로 자본시장법상 신탁회사의 15% 초과 의결권 행사 금지제한은 가업승계지원신탁에서 배제하도록 자본시장법을 개정하는 것이 합리적이다. 여기서 발생할 수 있는 부작용은 신탁회사로 하여금 위탁자나 후계자인 사후수익자의 의결권 행사지시를 준수하도록 의무를 부과하거나 신탁회사의 의결권 행사를 공시하고 위탁자나 사후수익자의 의결권 지시 증빙 자료를 첨부하는 방법으로 예방할 수 있을 것으로 판단된다.

2. 공동상속인과 사후수익자 간의 법적 쟁점

2.1 유언과의 관계

유언을 먼저 한 후 다른 내용의 유언대용신탁을 체결하거나 유언대용신탁을 체결한 후 다른 내용의 유언을 별도로 하는 경우, 이 두 가지 법률행위의 우열을 어떻게 볼 것인지가 문제될 수 있다.

유언을 먼저 한 후 이와 다른 내용의 유언대용신탁계약을 체결한 경우, 유언대용신탁계약 체결로 신탁재산의 소유권을 수탁자에게 이전한다는 점에서 유언대용신탁 설정행위는 유언과 상충하는 생전행위로 볼 수 있고, 따라서 민법 제1109조[40]에 의해 유언은 철회한 것으로 간주

40) 민법 제1109조(유언의 저촉) 전후의 유언이 저촉되거나 유언 후의 생전행위가 유언과 저촉되는 경우에는 그 저촉

부록

되므로 유언대용신탁계약이 유언에 우선한다고 보아야 한다.

유언대용신탁계약을 체결한 후 유언대용신탁계약을 해지 또는 해제하지 않고 이와 상충되는 내용의 유언을 한 경우는 어떻게 볼 것인가? 유언대용신탁계약이 체결된 경우에는 대내외를 불문하고 잠정 피상속인인 위탁자의 재산에서 신탁재산은 분리되어 수탁자에게로 소유권이 이전되었는바, 유언 시점에는 유언자의 재산에 속하지 않는 권리의 유언이므로, 민법 제1087조 제1항 본문[41]에 의해 그 유언은 효력이 없다고 보아야 한다.[42] 물론 민법 제1087조 제1항 단서에 따라 "유언자가 자기의 사망 당시에 그 목적물이 상속재산에 속하지 아니한 경우에도 유언의 효력이 있게 할 의사인 때에는 유증의무자는 그 권리를 취득하여 수증자에게 이전할 의무가 있다."라고 주장할 수도 있으나, 유언대용신탁계약을 해지 또는 해제할 수 있었음에도 이를 하지 않고 유언을 하였으므로, 유언자의 의사가 "사망 당시에 그 목적물이 상속재산에 속하지 아니한 경우에도 유언의 효력이 있게 할 의사"라고 보기는 어려울 것이다.[43]

2.2 유언대용신탁재산과 유류분반환청구소송

유류분이란 피상속인의 생전처분 또는 유언에 의한 상속재산 처분의 자유를 제한하여 법정상속인 중 일정한 범위의 근친자에게 법률상 유보된 상속재산의 일정비율을 말한다.[44] 법정최저상속분인 유류분을 침해당한 상속인은 다른 상속인으로부터 상속재산의 일정 부분을 반환받을 수 있다. 그렇다면, 유언대용신탁의 사후수익자에 대한 신탁재산의 배분 과정에서 유류분을 침해당한 유류분권리자에게 유류분반환청구권을 인정할 것인가가 문제된다.

유언대용신탁계약이 체결된 경우에는 대내외를 불문하고 잠정 피상속인의 재산에서 신탁재산은 분리되어 수탁자에게로 소유권이 대내외적으로 완전히 이전되었는바, 유류분 산정시 신

된 부분의 전 유언은 이를 철회한 것으로 본다.

41) 민법 제1087조(상속재산에 속하지 아니한 권리의 유증) ① 유언의 목적이 된 권리가 유언자의 사망 당시에 상속재산에 속하지 아니한 때에는 유언은 그 효력이 없다. 그러나 유언자가 자기의 사망당시에 그 목적물이 상속재산에 속하지 아니한 경우에도 유언의 효력이 있게 할 의사인 때에는 유증의무자는 그 권리를 취득하여 수증자에게 이전할 의무가 있다. ② 전항 단서의 경우에 그 권리를 취득할 수 없거나 그 취득에 과다한 비용을 요할 때에는 그 가액으로 변상할 수 있다.

42) 유증의 내용은 유언의 효력이 발생할 때, 즉 유언자의 사망 당시를 기준으로 하여 그 범위가 확정되는 것을 원칙으로 하는 것이므로, 유언자가 유언 당시에는 사망할 때까지 취득하여 유증하려는 의사를 가지고 타인이 소유하는 부동산을 유증의 목적으로 하였으나 사망할 때까지 그 재산에 대한 소유권을 취득하지 못한 경우에는 유증의 목적물의 인도가 불가능하므로 유언의 효력은 생기지 않는다(김주수 · 김상용, 「친족 · 상속법」(법문사, 2015), 755-786면).

43) 다만, 실무상 이러한 분쟁의 가능성을 없애기 위해 유언대용신탁계약 체결 전에 한 유언을 철회하도록 하고, 유언대용신탁계약 체결 후에는 유언을 하지 못하도록 안내를 하며, 유언대용신탁계약의 내용을 유언대용신탁계약 체결 전후를 불문하고 한 유언에 대해 유언대용신탁계약이 우선하도록 특약을 체결하고 있다.

44) 지원림, 「민법강의」(홍문사, 2015), 2097면.

탁재산인 '피상속인의 상속개시 시에 있어서 가진 재산(민법 제1113조 및 제1114조)' 또는 '증여재산'으로 볼 수 있느냐의 해석론상의 문제와 연결된다. 이와 관련하여 유류분을 침해하는 법률행위를 무엇으로 볼 것인가? '유언대용신탁계약 그 자체'로 볼 것인가? 아니면 유언대용신탁계약에 따른 '수익자 지정'으로 볼 것인가? '신탁재산의 배분'으로 볼 것인가? 등의 문제에 대해서도 추가적인 검토가 필요하다.

이에 대해 유류분대상부정설, 유류분대상긍정설 및 수익권증여설이 대립한다. 유류분대상부정설은 신탁재산은 위탁자로부터 독립되어 수탁자가 완전한 소유권을 보유하고 있으므로, 피상속인이 상속개시 시점에 가지고 있던 재산에 포함되지 않는다고 해석한다.[45] 유류분대상긍정설은 위탁자가 사망할 때까지는 수익자로서 법적 권리를 보유한다고 할 수 없고 단지 기대권만 가질 뿐이므로, 피상속인이 상속개시 시점에 가지고 있던 재산에 포함된다는 견해[46]와 민법 제1114조에서 정한 증여를 본래적인 의미의 증여계약뿐만 아니라 모든 무상처분을 포함하는 의미로 새겨야 하므로 신탁계약에 의해서 수탁자에게 이전된 신탁재산도 민법 제1114조에 따라 유류분 산정의 기초액에 포함시켜야 하고, 특히 피상속인이 유언대용신탁계약의 생전수익자인 경우에는 포함시켜야는 견해[47]로 나뉜다. 수익권증여설은 유언대용신탁의 수익자는 실질적인 의미에서 수익권을 증여받는 것이므로 유류분의 기초재산을 산정할 때 이 수익권의 가치를 평가하여 이를 증여재산으로 가산하여야 한다는 견해[48]이다.

신탁의 법리상 신탁재산은 대내외적으로 수탁자의 소유이므로, 신탁재산 그 자체를 민법상 '피상속인의 상속개시 시에 있어서 가진 재산'으로 보는 것은 타당하지 않다. 유언대용신탁계약의 이행으로 수탁자가 사후수익자에게 사후수익권에 기하여 신탁재산을 배분하는 행위를 두고 유증으로 해석하기도 어렵다. 한편, 위탁자 생존 시에는 위탁자가 해당 신탁에 대한 수익권 전부를 보유하고, 위탁자 사망 후에는 위탁자의 생전수익권은 소멸하고 생전에 위탁자가 지정한 수익자가 사후수익권을 취득하게 된다. 위탁자인 '피상속인의 상속개시 시에 있어서 보유하고 있는 재산'은 '신탁재산'이 아니라 '생전수익권'이고, 이 생전수익권은 그 수익자인 위탁자 사망 즉시 소멸되고, 대신 사후수익자의 '사후수익권'으로 변경되며, 사후수익권의 내용에 따라 신탁재산은 사후수익자에게 배분된다. 현행 민법을 문리해석해서 생전수익권의 소멸과 사

45) 김상훈, "유언대용신탁을 활용한 가업승계", 「기업법연구」 제29권 제4호(기업법학회, 2015.12.), 17-18면.
46) 정순섭 · 노혁준 편저, 「신탁법의 쟁점」 2권(소화, 2015), 147-150면.
47) 최수정, "상속수단으로서의 신탁", 「민사법학」 제34호(민사법학회, 2006), 597-598면과 최수정, "개정 신탁법상의 재산승계제도-유언대용신탁과 수익자연속신탁을 중심으로-", 「법학논총」 제31집 제2호(전남대학교 법학연구소, 2011.8), 78~80면.
48) 임채웅, "유언신탁 및 유언대용신탁의 연구", 「인권과 정의」 제397권(대한변호사협회, 2009), 141면.

후수익권의 생성을 설명할 수 있는 방법이 없다. 이 부분은 유류분 제도의 축소 논의와 함께 입법론적으로 해결해야 하는 부분이다.

최근 1심 판결(수원지방법원 성남지원 2020. 1. 10. 선고 2017가합408489)이긴 하지만, 사망 1년 이전에 신탁회사와 체결된 유언대용신탁의 신탁재산이 사후수익자에게 배분되더라도, '상속인이 아닌 제3자에게 무상이전된 재산'으로 보아 민법 제1114조에서 가산되는 '증여'가 아니므로, 유류분반환대상이 아니라는 판결이 나와 화제가 되었다.[49] 이 판결은 항소심 판결(수원고등법원 2020. 10. 15. 선고 2020나11380 판결)은 선고되어 확정되었지만, 항소심 판결은 유언대용신탁재산이 유류분 반환의 대상인지 여부와 무관하게 항소한 원고들의 유류분 침해가 없다는 이유로 유언대용신탁재산이 유류분 반환 대상인지 여부에 대한 직접적인 판단을 하지 않았다.[50]

2.3 유류분반환청구권을 피보전권리로 하는 보전처분 가부

유류분권은 '상속이 개시'됨으로써 비로소 고정화 · 구체화되는 권리일 뿐 상속개시 전에는 유류분권은 일종의 '기대권'이고 유류분권리자의 지위는 '기대적 지위'에 불과하며, 권리로서 적극적으로 주장할 수 있는 성질의 권리가 아니라는 점[51]에서 사전증여에 의해 잠정상속인에

---

49) "이 사건 신탁재산은 망인의 사후에 비로소 피고의 소유로 귀속된 사실은 앞서 본 바와 같으므로, 망인이 피고에게 이 사건 신탁재산을 생전증여하였다고 보기는 어렵다. 또한, 망인의 사망 당시 이 사건 신탁재산은 수탁인인 00신탁회사에 이전되어 대내외적인 소유권이 수탁자인 00신탁회사에게 있었으므로, 이 사건 신탁재산이 망인의 적극적 상속재산에 포함된다고 보기도 어렵다. 그런데, 신탁재산의 수탁자로의 이전은 수탁자가 위탁자에게 신탁재산에 대한 대가를 지급한 바 없다는 점에서 성질상 무상이전에 해당하고, 민법 제1114, 1113조에 의해 유류분 산정의 기초로 산입되는 증여는 본래적 의미의 증여계약에 한정되는 것이 아니라 무상처분을 포함하는 의미로 폭넓게 해석되므로, 민법 제1114조에 해당하는 경우나 상속인을 수탁자로 하는 경우에는 민법 제1118조, 제1008조에 따라 유류분 산정의 기초가 되는 증여재산에 포함될 수 있다. 이 사건 신탁계약의 수탁자는 상속인이 아니므로, 이 사건 신탁재산이 민법 제1114조에 의하여 증여재산에 산입될 수 있는지 보건대, 이 사건 신탁계약 및 그에 따른 소유권의 이전은 상속이 개시된 2017년 보다 1년 전에 이루어졌으며, 이 사건 기록에 의할 때 수탁자인 00신탁회사가 이 사건 신탁계약으로 인하여 유류분 부족액이 발생하리라는 점을 알았다고 볼 증거가 없으므로, 이 사건 신탁재산은 민법 제1114조에 따라 산입될 증여에 해당하지 않아 유류분 산정의 기초가 될 수 없다."

50) "원고들은 이 사건 신탁재산이 증여 또는 유증 재산으로서 유류분 산정의 기초가 되는 재산에 포함되어야 한다고 주장하는 반면, 피고는 이 사건 신탁재산이 유류분 산정의 기초가 되는 재산에 포함되어서는 안 된다고 주장한다. 그런데 아래에서 보는 바와 같이 이 사건 신탁재산이 유류분 산정의 기초가 되는 재산에 포함되는지 여부와 무관하게 어떠한 경우라도 원고들의 유류분 부족액이 발생하지 않으므로, 이 사건에서는 유류분 산정의 기초가 되는 재산에 이 사건 신탁재산이 포함되는지 여부를 따로 판단하지 않는다."

51) 피상속인의 생전증여가 유류분을 침해하는 것이 명백한 경우에도 피상속인의 생전에, 즉 상속개시 전에 장래의 유류분반환청구권을 보전하기 위하여 증여부동산에 가등기를 할 수는 없다[김주수 · 김상용, 「친족 · 상속법」(법문사, 2015), 813면]. 상속이 개시되면 일정한 범위의 상속인이 피상속인의 재산의 일정비율을 확보할 수 있는 추상적 · 기본적 지위를 가지는데, 피상속인의 생전증여가 유류분권을 침해하는 것이 명백하더라도 상속개시 "전"에는 유류분권을 주장할 수 없고, 따라서 유류분을 보전할 수도 없다[지원림, 「민법강의」(홍문사, 2015), 2098면].

게 유류분 침해 가능성이 제기된다고 하더라도, 이를 피보전권리로 하는 보전처분(예를 들면, 수익권에 대한 가압류 또는 수익권배분금지가처분)을 할 수 없을 것이다. 유류분권의 성질에 대한 이와 같은 논의는 유언대용신탁계약의 경우에도 그대로 적용될 수 있을 것이다. 즉, 유언대용신탁계약의 내용에 따라 재산이 배분될 것이 예상된다고 하더라도 상속개시 전에는 유류분권을 피보전권리로 보전처분하는 것은 허용되지 않는다고 보는 것이 타당하다.

3. 채권자와 수익자 간 법적 쟁점

3.1 유언대용신탁 설정과 사해신탁

유언대용신탁은 두 가지 유형, 즉 "수익자가 될 자로 지정된 자가 위탁자의 사망 시에 수익권을 취득하는 신탁"과 "수익자가 위탁자의 사망 이후에 신탁재산에 기한 급부를 받는 신탁"이 있다. 위 두 가지 유형 모두 '위탁자의 사망'으로 인해 수익권을 취득하거나 수익권에 기한 급부를 받을 수 있다. 그렇다면 '위탁자 사망 전의 수익자'인 생전수익자는 누구인가? 일반적인 경우에는 위탁자가 생전수익자이다. 이렇게 보면, 유언대용신탁은 위탁자 생전에는 '자익신탁'이고, 위탁자 사후에는 '타익신탁'으로 변경된다고 볼 수 있다. 그렇다면 유언대용신탁의 설정행위가 사해신탁인지 여부를 판단함에 있어서 '사해행위'가 무엇인지가 문제된다. 통상 '사해신탁'은 신탁 설정 행위 그 자체가 '채권자를 해하는 행위, 즉 위탁자의 총재산이 감소되어 채권의 공동담보에 부족하게 됨으로써 채권자의 채권을 완전히 만족시킬 수 없는 채무초과 상태에 이르게 하는 행위'일 것이 요구된다. 유언대용신탁에서 신탁설정행위 그 자체는 '위탁자가 본인 소유 재산을 수탁자에게 이전'하고 그 반대급부로 '수익권'을 100% 취득하는 자익신탁에 해당하는바, 책임재산의 감소행위가 없기 때문에, 이론상 사해행위로 볼 수 없다.

한편, 유일한 재산 또는 상당부분의 재산을 신탁하여 수익권으로 변경하는 행위를 두고 바로 사해신탁에 해당된다고 보기도 어렵다. 즉, "신탁법상의 신탁으로서 신탁재산을 소비하기 쉽게 현금화하는 것이 아니고, 부동산등기부의 일부인 신탁원부에 위탁자, 수탁자, 수익자 등과 신탁의 목적, 신탁재산의 관리방법, 신탁종료 사유, 기타 신탁의 조항을 기재하도록 되어 있으므로, 결국 신탁에 관한 모든 사항이 공시되어 위탁자의 채권자도 위탁재산의 운용상태를 확인·감시할 수 있다"는 점을 고려하여 부동산신탁 설정행위 자체를 사해행위로 보지 않는 판례(대법원 2003. 12. 12. 선고 2001다57884 판결)와 "신탁계약상 위탁자가 스스로 수익자가 되는 이른바 자익신탁의 경우 신탁재산은 위탁자의 책임재산에서 제외되지만 다른 한편으로 위탁자

부 록

는 신탁계약에 따른 수익권을 갖게 되어 위탁자의 채권자가 이에 대하여 강제집행을 할 수 있고, 이러한 수익권은 채무자가 유일한 재산인 부동산을 매각하여 소비하기 쉬운 금전으로 바꾸는 등의 행위와 달리 일반채권자들의 강제집행을 피해 은밀한 방법으로 처분되기 어려우며, 특히 수탁자가 「자본시장과 금융투자업에 관한 법률」에 따라 인가받아 신탁을 영업으로 하는 신탁업자인 경우 공신력 있는 신탁사무의 처리를 기대할 수 있으므로, 위탁자가 사업의 계속을 위하여 자익신탁을 설정한 것이 사해행위에 해당하는지 여부를 판단할 때는 단순히 신탁재산이 위탁자의 책임재산에서 이탈하여 외견상 무자력에 이르게 된다는 측면에만 주목할 것이 아니라, 신탁의 동기와 신탁계약의 내용, 이에 따른 위탁자의 지위, 신탁의 상대방 등을 두루 살펴 신탁의 설정으로 위탁자의 책임재산이나 변제능력에 실질적인 감소가 초래되었는지, 이에 따라 위탁자의 채무면탈이 가능해지거나 수탁자 등 제3자에게 부당한 이익이 귀속되는지, 채권자들의 실효적 강제집행이나 그 밖의 채권 만족의 가능성에 새로운 장애가 생겨났는지 여부를 신중히 검토하여 판단하여야 한다"는 판례(대법원 2011. 5. 23. 선고 2009마1176 결정)를 적극 참조할 필요가 있다.

3.2 상속채권자의 사후수익자에 대한 강제집행

일반적으로 피상속인이 자산보다 부채가 많은 상태, 즉 채무초과인 상태에서 사망하였을 경우 피상속인의 채권자는 상속에 대해 단순승인을 한 상속인에게는 '상속받은 재산'은 물론 상속인의 '고유재산'에 대해서도 강제집행이 가능하다. 상속인인 사후수익자가 수탁자로부터 사후수익권에 따라 신탁재산을 이전받으면, 이를 '단순승인'으로 볼 수 있는지가 문제된다. 유언대용신탁의 사후수익자가 사후수익권을 취득하거나 사후수익권에 따라 신탁재산을 이전받으면, 단순승인으로 간주되어 '상속포기'를 하거나 '한정승인'을 할 수 없기 때문이다.

상속인이 상속재산을 자기의 고유재산과 혼합하거나 상속재산을 처분한 후에 한정승인 또는 포기를 하면 상속채권자와 후순위 상속인이 손해를 입을 염려가 있으므로, 특정한 사유가 있을 때에는 상속인으로 하여금 한정승인과 상속포기를 하지 못하게 함으로써 당연히 단순승인한 것으로 간주하는 데, 이를 '법정단순승인'이라 한다.[52] 민법 제1026조는 ① 상속인이 상속재산에 대한 처분행위를 한 때, ② 상속인이 상속포기 기간 내에 한정승인 또는 포기를 하지 아니한 때, ③ 상속인이 한정승인 또는 포기를 한 후에 상속재산을 은닉하거나 부정소비하거나 고의로 재산목록에 기입하지 아니한 때에는 단순승인으로 간주하고 있다. 결국, 상속인인 수익자가

52) 김주수 · 김상용, 「친족 · 상속법」(법문사, 2015), 710면.

신탁계약의 내용에 따라 '수익권을 취득하는 행위'와 '신탁재산을 분배받는 행위'를 두고 민법 제1026조 제1호의 '상속인이 상속재산에 대한 처분행위한 때'로 볼 수 있느냐가 문제된다.[53)]

신탁법은 "신탁행위로 정한 바에 따라 수익자로 지정된 자는 당연히 수익권을 취득한다"라고 규정하고 있으므로, 유언대용신탁에서 수익자가 '수익권을 취득하는 행위'에 적극적인 처분행위가 없다. 그리고 '신탁재산을 분배받는 행위'도 피상속인이 수탁자와 체결한 신탁계약에 따른 신탁수익권을 분배받는 행위이므로 이를 처분행위로 보는 것은 무리가 있다. 생명보험계약에서 피보험자 사망으로 상속인이 보험금을 수령하는 행위는 원래 상속인의 고유재산을 보험회사로부터 받는 것으로 보아 단순승인에 해당하지 않는 것과 같은 논리로 볼 수 있을 것이다.

4. 신탁집행과 관련한 법적 쟁점

4.1 사후수익권과 법정상속분

피상속인이 일부 재산에 대해서 유언대용신탁을 체결하고 나머지 재산에 대해서는 유언을 남기지 않은 상태에서 사망할 경우, 신탁재산은 신탁계약의 내용에 따라 배분하는데, 신탁재산 배분을 고려하지 않고 나머지 재산에 대해서는 법정상속분에 따라 배분해야 하는지 아니면 신탁재산 배분 그 자체를 특별수익으로 취급해서 나머지 재산 배분 시 이를 고려해야 하는지가 문제된다. 현재 논의는 되고 있지 않지만, 유언대용신탁계약에 따라 사후수익권을 배분하는 것을 해당 상속인의 특별수익으로 인식하는 것이 타당해 보인다.

4.2 계속관리형 유언대용신탁과 사후수익자의 채권자의 강제집행

위탁자 사후에도 신탁계약이 계속 존속하는 경우(예를 들면, 장애인 자녀를 위해 10억원을 신탁하면서 위탁자 사후 즉시 지급하는 것이 아니라 신탁계약은 그대로 유지하되 장애인 자녀가 평생 매월 300만원씩 지급하도록 설정한 경우), 사후수익자인 장애인의 채권자가 신탁재산에 대해 보전처분이나 강제집행을 할 수 있는지가 문제된다. 신탁재산은 신탁법 제22조에 의해 강제집행이 불가하다. 다만, 사후수익자의 채권자가 사후수익채권에 대하여 채권압류를 하는 것은 가능할 것으로

53) 이 쟁점에 대해 통설적 견해나 판례가 없는 점을 감안하여, 실무상 채무초과가 예상될 수 있는 경우에는 '한정승인' 절차를 진행하도록 상속인인 수익자에게 권고하는 것이 바람직할 것이다.

부록

보인다.

5. 가족 프라이버시 보호를 위한 신탁원부 제도 개선

유언대용신탁의 경우 상속재산의 배분적인 성격이 강하다 보니, 위탁자가 사후수익자들에게 신탁 사실을 통지하기를 꺼려하는 경우가 많다. 문제는 부동산이 유언대용신탁의 신탁재산인 경우 신탁원부 열람을 통해서 잠정상속인이 상속인 간의 신탁재산 분배 내역을 생전에도 확인할 수 있는 문제가 있다. 따라서 부동산등기법 제81조[54] 제2항에 “신탁법 제59조에 의한 유언대용신탁과 제60조의 수익자연속신탁”을 포함함으로써 수익자 및 수익권 표기의 예외를 두도록 개정할 필요가 있다. 왜냐하면, 신탁된 사실 및 생전수익자에 대한 정보는 충분히 공시되고, 상속개시 후에는 사후수익자 명의로 소유권이 이전되므로 물권 변동에 대한 공시도 충분히 충족될 것인바, 굳이 사후수익자와 그 배분 비율까지 공시하지 않더라도 물권의 존재 및 변동을 외부에서 인식할 수 있도록 공시되어야 한다는 부동산 공시제도의 취지는 충분히 달성할 수 있을 것으로 판단되기 때문이다.

V. 결론

신탁은 위탁자가 소유권을 수탁자에게 이전해 놓고, 위탁자 본인이 원하는 대로 재산의 보존, 관리, 운용, 처분, 개발 기타 행위를 간접적으로 이행할 수 있는 재산관리도구이다. 신탁은 설계의 유연성을 바탕으로 위탁자나 그 가족의 상황과 필요에 적합한 ‘자산승계계획’과 ‘가족위

54) 부동산등기법 제81조(신탁등기의 등기사항)
① 등기관이 신탁등기를 할 때에는 다음 각 호의 사항을 기록한 신탁원부(신탁원부)를 작성하고, 등기기록에는 제48조에서 규정한 사항 외에 그 신탁원부의 번호를 기록하여야 한다. 〈개정 2014.3.18〉
1. 위탁자(위탁자), 수탁자 및 수익자(수익자)의 성명 및 주소(법인인 경우에는 그 명칭 및 사무소 소재지를 말한다)
2~7. (중략) 8.「신탁법」 제59조제1항에 따른 유언대용신탁인 경우에는 그 뜻
9.「신탁법」 제60조에 따른 수익자연속신탁인 경우에는 그 뜻
10.「신탁법」 제78조에 따른 수익증권발행신탁인 경우에는 그 뜻 11~16. (후략)
② 제1항제5호, 제6호, 제10호 및 제11호의 사항에 관하여 등기를 할 때에는 수익자의 성명 및 주소를 기재하지 아니할 수 있다.
③ 제1항의 신탁원부는 등기기록의 일부로 본다.

험관리' 수단으로 활용될 수 있다. 이러한 맞춤형 재산관리도구인 유언대용신탁은 고령사회에 진입한 우리나라 사회 현실에서 활성화가 필요한 법률 도구이다. 따라서 2011년 신탁법을 개정하면서 유언대용신탁과 수익자연속신탁을 도입한 것은 매우 중요한 의미가 있고, 우리나라 신탁회사가 사명감을 가지고 유언대용신탁 활성화를 위한 노력을 매진해야 한다. 다만 우리 사회가 유언대용신탁을 활용함에 있어 걸림돌을 제거할 수 있도록 법령을 개정할 필요가 있으며, 법령 개정이 필요한 사항은 다음과 같다.

첫째, 수탁재산 유형과 관련한 차별은 해소될 필요가 있다. 전, 답, 과수원 등 농지를 유언대용신탁하더라도 수탁자가 농지법상 농지취득자격증명을 받을 필요 없도록 개정해야 한다. 생명보험청구권신탁도 허용해서, 피보험자 사망 이후 남아 있는 미성년자녀가 보험금을 안전하게 사용, 수익할 수 있도록 해야 한다.

둘째, 신탁회사가 주식을 수탁하더라도 위탁자의 지시에 의해 의결권을 행사할 경우, 신탁회사가 의결권 있는 주식 총수의 15%를 초과하여 의결권을 행사할 수 없도록 규정하고 있는 자본시장법 제112조를 개정할 필요가 있다. 특히 자본시장법 제112조가 개정되면, 유언대용신탁은 안전하고 분쟁없는 가업승계의 도구로 활용될 수 있을 것이다.

셋째, 유언대용신탁재산이 유류분반환청구의 대상인지 여부에 대한 명확한 입법이 필요하고, 이와 병행해서 현행 유류분제도를 우리나라 가족개념 및 사회현실에서 맞게 유연하고 합리적으로 개정할 필요가 있다.

넷째, 현행 부동산등기법에 따르면 유언대용신탁계약서 전부가 스캔되어 신탁원부로 편입되는데, 가족의 프라이버시가 많이 포함된 신탁원부를 일반인이 열람할 수 없고 이해관계자만 열람할 수 있도록 현행 부동산등기법을 개정할 필요가 있다.

참고문헌

- 광장신탁법연구회, 「주석 신탁법」(박영사, 2013)
- 김주수 · 김상용, 「친족 · 상속법」(법문사, 2015)
- 김상훈, "유언대용신탁을 활용한 가업승계", 기업법연구 제29권 제4호(기업법학회, 2015. 12)
- 법무부, 「신탁법 해설」(동강, 2012),
- 오영표, 「가족신탁 이론과 실무」(조세통람, 2020)
- 오영표, "복지신탁 활성화를 위한 법적 과제", 「금융투자」 통권 168호(금융투자협회, 2015. 8)
- 이계정, "고령사회에서의 신탁의 역할 – 신탁의 공익적 기능에 주목하며", 「법학」(서울대학교 법학연구소, 2020. 12)
- 임채웅, "유언신탁 및 유언대용신탁의 연구", 인권과 정의 제397권(대한변호사협회, 2009)
- 정순섭 · 노혁준 편저, 「신탁법의 쟁점(2권)」(소화, 2015)
- 전혜정, "민법상 유언상속에 관한 연구", 「가족법연구」 제20권 제3호(가족법학회, 2006년)
- 지원림, 「민법강의」(홍문사, 2015),
- 최수정, "상속수단으로서의 신탁", 「민사법학」 제34호(민사법학회, 2006년)
- 최수정, "개정 신탁법상의 재산승계제도–유언대용신탁과 수익자연속신탁을 중심으로–", 「법학논총」 제31집 제2호(전남대학교 법학연구소, 2011.8)

임의후견신탁과 재산관리서비스[55)]

–후견계약과 유언대용신탁의 결합–

Ⅰ. 서론

고령 인지증 환자가 스스로 관리하지 못해 동결된 금융자산을 '인지증머니'라 하는데, 인지증머니는 해당 고령자와 국가 모두에 부정적인 영향을 미친다. 인지증머니는 사회경제에 활용될 수 없기 때문에 부가가치를 창출할 수 없다. 국가에서 보면 인지증머니는 재정적 부담을 초래한다. 즉, 국민이 보유하고 있는 예금, 주식 등 금융자산은 생활비, 병원비, 간병비 등 국민 개인의 노후자금으로 활용되지 못해, 결국 국가가 복지 지출을 더 많이 해야 하는 부담을 가지게 된다. 한편, 국민 개인의 입장에서도 인지증 발생 전에 미리 본인 소유의 금융자산을 본인을 위해 안전하게 보존하고 사용할 수 있도록 하는 법률 장치를 만들어 놓는 것이 현명하다.

현재 국내에서 논의되고 있는 고령자를 위한 재산관리서비스가 대표적인 예이다. 재산관리서비스는 공공신탁을 활용하여 고령자 재산을 보호하고 활용하도록 지원하는 제도이다. 그리고 국민 개인의 입장에서는 재산보호도 중요하지만, 인지증 유발 시점 이후 본인의 신상보호면도 매우 중요한 문제이다. 고령자를 위한 신상보호와 재산관리를 한꺼번에 해결할 수 있는 방안으로 해외에서는 '임의후견신탁'이 활용되고 있다. 이 글에서는 고령자를 위한 임의후견신탁의 실무를 소개하되, 법이론적 쟁점보다는 실무에서 활용하는 데 필요한 내용 위주로 기술하고자 한다. 특히, 후견계약의 경우, 공증과 등기가 필요하고, 후견개시가 되었을 때 후견계약을 가정법원이 감독하는 등 후견계약의 체결, 이행 및 종결 과정에서 다양한 이해관계자와 공공기관이 관여한다는 점에서, 실무상 활용가능한 임의후견신탁계약서 예시안을 제시하고, 관련 실무상 쟁점을 논의하였다. 나아가 임의후견신탁을 활성화할 수 있는 방안도 제시하고자 한다.

---

55) 한국후견협회 발간 「후견」 제8호(2025년 8월)에 실린 기획특집 기고문이다.

부 록

Ⅱ. 재산관리서비스와 임의후견신탁

1. 재산관리서비스

가. 발달장애인 재산관리서비스

국민연금공단이 발달장애인의 적정한 일상생활 유지를 위하여 발달장애인 또는 그 보호자(이하 "발달장애인등"이라 한다)와 계약을 통하여 약정한 발달장애인등의 소유재산을 이전받아 그 관리, 운용, 지출 등을 지원하는 서비스인 '발달장애인 재산관리 지원서비스'가 2025년 10월 2일부터 본사업으로 전환되어 시행된다(발달장애인법 제29조의4). 발달장애인 재산관리서비스는 국민연금공단이 '소유재산을 이전받아 그 관리, 운용, 지출 등을 지원하는 서비스'로 정의되어 있는데, 이는 신탁의 법률관계를 활용한 서비스이다. 그리고 국민연금이 신탁보수를 받지 않고 무상으로 제공하는 공공서비스라 할 수 있으므로, 결국 국내 최초의 '공공신탁'이라 할 수 있다. 국민연금공단이 수탁자로서 신탁재산의 관리, 운용, 지출을 담당하고, (사)한국자폐인사랑협회가 지원기관으로서 발달장애인 개인별재정지원계획을 수립하고 신탁재산 집행내역을 모니터링하는 역할을 수행한다.

나. 고령자를 위한 재산관리서비스

발달장애인 재산관리서비스에 대한 높은 만족도에 터잡아 국민연금공단은 공공신탁의 영역을 확대할 목적으로 '고령자를 위한 재산관리서비스'를 추가로 진행하는 것을 검토하고 있다. 발달장애인 재산관리 서비스에 비교하면, 고령자를 위한 재산관리서비스는 건강한 고령자, 인지증 초기 고령자, 인지증 중기 고령자 등 그 대상이 다양하고, 고령자의 건강상태, 재산의 유형 및 규모, 선호도에 따라 훨씬 더 다양하고 복잡할 것으로 예상된다. 이렇게 복잡하고 다양한 구조를 예정하고 있는 고령자를 위한 재산관리서비스를 구현하는 도구로 맞춤형 설계가 가능한 임의후견신탁이 적합할 것으로 판단된다.

2. 임의후견신탁

가. 신탁의 맞춤성

신탁은 '타인을 위한 재산관리도구'이다. 신탁은 위탁자와 수탁자 사이의 신임관계에 근거하여 위탁자가 신탁재산에 대한 관리 · 처분 권한을 수탁자에게 부여하고 수탁자는 수익자를 위하여 신탁계약에서 정한 바에 따라 신탁재산에 대한 관리 · 처분 권한을 행사하는 법률관계를 형성한다. 신탁은 소유권을 수탁자에게 이전하여 재산을 관리하는 도구이기 때문에, 위탁자의 사무처리능력과 무관하게 수탁자가 위탁자가 맡긴 신탁재산을 안전하게 보존할 수 있다. 그리고 위탁자와 수탁자 간의 계약에 의해 인출금액, 인출조건, 인출 대리인 등 계약 내용으로 위탁자의 다양한 니즈를 충족시키는 신탁 설계가 가능하다.

나. 임의후견신탁

사무처리능력이 충분한 고령자나 사무처리능력이 제한되긴 하지만 사무처리능력이 인정된 고령자가 미리 재산관리서비스를 공공신탁방식으로 진행하면서 믿을 수 있는 후견인과 후견계약[56]을 체결하는 것을 '임의후견신탁'이라 한다. 현재 우리나라 실무에서 활용되는 후견신탁은 거의 대부분 법정후견신탁이다. 즉, 성년후견 개시 후 또는 개시 과정에서 재산관리를 위해 신탁이 필요한 경우, 법원의 결정에 근거하여 후견인이 신탁회사와 생전 피후견인 본인을 위해 체결하는 '법정후견신탁'이다. 법정후견신탁은 피후견인의 추정된 의사에 따라, 신상보호는 후견에 의하여, 재산관리는 신탁에 의하여 진행되는 반면, 임의후견신탁은 잠정 피후견인이 건강할 때 미리 후견인 지정, 후견 개시 후 신상보호와 재산관리에 대한 본인의 진정한 의사가 반영된다는 점에서 보다 우수한 신탁이라 할 수 있다. 나아가, 임의후견 우선원칙[57]에 따라

56) 민법 제959조의14(후견계약의 의의와 체결방법 등) ① 후견계약은 질병, 장애, 노령, 그 밖의 사유로 인한 정신적 제약으로 사무를 처리할 능력이 부족한 상황에 있거나 부족하게 될 상황에 대비하여 자신의 재산관리 및 신상보호에 관한 사무의 전부 또는 일부를 다른 자에게 위탁하고 그 위탁사무에 관하여 대리권을 수여하는 것을 내용으로 한다. ② 후견계약은 공정증서로 체결하여야 한다. ③ 후견계약은 가정법원이 임의후견감독인을 선임한 때부터 효력이 발생한다. ④ 가정법원, 임의후견인, 임의후견감독인 등은 후견계약을 이행 · 운영할 때 본인의 의사를 최대한 존중하여야 한다.

57) 민법 제959조의20(후견계약과 성년후견 · 한정후견 · 특정후견의 관계) ① 후견계약이 등기되어 있는 경우에는 가정법원은 본인의 이익을 위하여 특별히 필요할 때에만 임의후견인 또는 임의후견감독인의 청구에 의하여 성년후견, 한정후견 또는 특정후견의 심판을 할 수 있다. 이 경우 후견계약은 본인이 성년후견 또는 한정후견 개시의 심판을 받은 때 종료된다. ② 본인이 피성년후견인, 피한정후견인 또는 피특정후견인인 경우에 가정법원은 임의후견감독인을 선임함에 있어서 종전의 성년후견, 한정후견 또는 특정후견의 종료 심판을 하여야 한다. 다만, 성년후견 또는 한정후견 조치의 계속이 본인의 이익을 위하여 특별히 필요하다고 인정하면 가정법원은 임의후견감

부록

법정후견개시 결정 과정에서부터 발생하는 상속분쟁의 전초전인 후견분쟁을 미리 예방할 수 있는 점 또한 임의후견신탁의 장점이다. 후견계약만으로 후견분쟁을 예방하고 피후견인의 안전한 재산관리도 가능하지만, 후견인의 재산유용행위를 막기 위해 신탁을 결합시키는 것이 더 효과적이다. 우선 고령자가 후견개시 사유가 되지 못하는 경증 치매 등으로 사리분별능력이 감퇴되어 스스로 비합리적인 처분을 할 위험이 있고, 고령자의 재산상태가 악화되어 고령자의 채권자로부터 강제집행을 당할 수도 있는데, 신탁을 설정하여 수탁자에게 고령자의 재산을 이전하면 이러한 위험으로부터 벗어날 수 있는바, 신탁이 임의후견에 비하여 가지는 강점이다.[58]

임의후견신탁은 건강한 잠정 피후견인이 잠정 후견인과 협의에 의해 신상보호 및 재산관리 내용을 반영한 후견계약을 체결하고, 이를 공증받아 후견등기를 한다. 이와 병행해서 신탁회사와 재산관리, 보존, 운용 및 상속재산 배분에 대한 내용을 정한 유언대용신탁계약을 체결한다.[59] 유언대용신탁계약은 체결 즉시 효력이 발생하나, 후견계약은 잠정 피후견인에게 사무처리능력이 부족하거나 부재하다고 판단한 법원이 후견감독인을 선임한 후 그 효력이 발생한다. 즉, 후견계약을 체결하더라도 후견감독인 선임 전까지는 후견인의 역할이 개시되지 않기 때문에 잠정 피후견인의 행위능력은 제한되지 않는다.

위탁자의 자발적 의사에 따른 임의후견과 신탁의 연계를 통한 후견보완기능을 위해서는 위탁자가 사무처리능력 부족으로 스스로 재산관리능력이 없는 상태인지 여부에 대한 판단구조가 문제되는데[60], 위탁자의 사무처리능력 부족 내지 부재에 대한 판단은 의사의 소견을 기초로 법원이 결정할 수밖에 없을 것이다. 후견계약만 체결했을 때에는 잠정 피후견인의 사무처리능력에 대한 지속적 모니터링이 불가할 수 있지만, 신탁계약을 병행하여 체결한 경우 신탁회사가 잠정 피후견인과의 주기적인 자산관리 커뮤니케이션을 통해서 잠정 피후견인의 사무처리능력 유무를 지속적으로 모니터링할 수 있는 장점이 있다.

독인을 선임하지 아니한다.

58) 이계정, 고령사회에서의 신탁의 역할, 서울대학교 법학 제61권 제4호(2020. 12), 102면.

59) 임의후견신탁의 자세한 절차에 대해서는 PART 05 후견제도 보완을 위한 후견신탁 CHAPTER 03 임의후견신탁 참조.

60) 미국에서는 위탁자가 주치의 외에 추가적으로 배우자와 자녀 중 1인의 자에게 판단을 맡기는 구조가 일반적이라고 한다[정순섭, 「신탁법」, (지원출판사, 2021년 8월), 628면].

임의후견신탁 계약 체결 절차

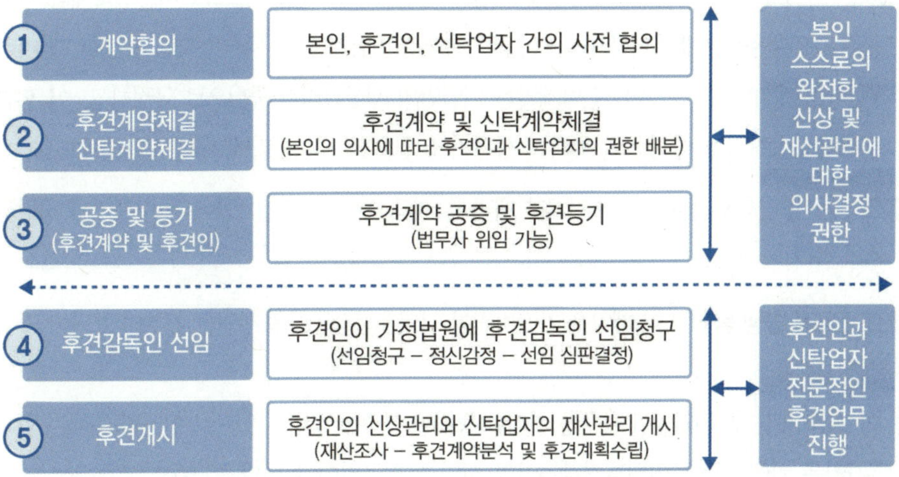

Ⅲ. 임의후견신탁 공증 모델 사례

1. 임의후견신탁용 후견계약 예시안

법무부가 제공하는 '후견계약' 양식을 기본으로 유언대용신탁과 결합한 '임의후견신탁용 후견계약' 예시안을 만들어 보았다. 주요한 취지는 신상보호 영역은 이 후견계약을 중심으로 하되, 재산의 보존, 관리 및 운용은 유언대용신탁계약이 우선하도록 하였다.

임의후견신탁용 후견계약[61)]

본 공증인은 당사자들의 촉탁에 따라 다음의 법률행위에 관한 진술의 취지를 청취하여 이 증서를 작성한다.

제1조【목적】 [***](이하 "위임인"이라 함)은 질병, 장애, 노령, 그 밖의 사유로 인한 정신적 제약으로 사무를 처리할 능력이 부족하게 될 상황에 대비하여 위임인의 재산관리 및 신상보

61) 오영표, 앞의 책, 322면 참조 후 재구성하였다.

부록

호에 관한 사무를 수임인(이하 “임의후견인”이라 함)에게 위탁하고, 임의후견인은 이를 승낙한다. 이 후견계약 이전 또는 이후에 위임인이 위탁자로 체결하는 유언대용신탁계약(이하 “관련 유언대용신탁계약”이라 함)과 이 후견계약은 위임인이 사무처리능력이 충분할 때 미리 체결하는 계약인바, 유언대용신탁계약은 위임인의 재산관리를 중심으로 규정하고, 이 후견계약은 신상관리를 중심으로 하되 신상관리에 필요한 재산관리에 대해서도 규정한다.

제2조【등기】 임의후견인은 본 후견계약 체결 후 지체 없이 본 후견계약에 관한 등기를 신청하여야 한다.

제3조【효력 발생 등】 ① 이 계약은 가정법원이 임의후견감독인을 선임한 때부터 효력이 발생한다.

② 이 계약 체결 후 위임인이 사무를 처리할 능력이 부족한 상황에 있다고 인정될 때에는 임의후견인은 가정법원에 임의후견감독인의 선임을 청구하여야 한다.

③ 이 계약에서 정한 것 이외에는 민법에 따른다.

제4조【후견사무의 범위】 위임인은 임의후견인에게 별지 제1항 기재와 같이 재산관리 및 신상보호에 관한 사무를 위탁하고, 그 사무의 처리에 관한 대리권을 수여하며, 임의후견인이 별지 제2항 기재 사무를 처리 및 대리하는 경우, 서면으로 임의후견감독인의 동의를 받아야 한다. 다만, 관련 유언대용신탁계약에서 정한 범위 내에서, 수탁자는 신탁재산의 관리, 처분 및 수익권을 지급할 수 있으며, 이 범위 내에서 유언대용신탁계약은 이 후견계약보다 우선한다.

제5조【본인의사 존중의무】 임의후견인은 후견사무를 처리에 함에 있어서 위임인의 의사를 존중하여야 한다. 임의후견인은 후견사무를 처리함에 있어 관련 유언대용신탁계약의 내용이 본인의 의사임을 충분히 인지하고, 그 내용을 존중해서 후견사무를 처리한다.

제6조【비용의 부담】 임의후견인이 본건 후견사무를 처리하는 데 필요한 비용은 위임인이 부담하며, 임의후견인은 자신이 관리하는 위임인의 재산에서 그 비용을 지출할 수 있다.

제7조【보수】 ① 위임사무에 대한 보수는 무보수로 한다. 다만, 관련 유언대용신탁계약에서 후견인 보수를 별도로 정한 경우 보수액 및 지급방법은 그에 따른다.

② 이 계약 효력 발생 후 보수산정의 기초가 된 사정이 현저하게 바뀜으로써 위임인과 임의후견인 사이의 형평을 크게 침해할 특별한 사정이 생긴 때에는 임의후견인은 임의후견감독인의 서면 동의를 받아 무보수 약정을 변경하여 보수를 지급할 수 있다.

제8조【보고】 임의후견인은 임의후견감독인의 청구가 있는 경우에는 후견사무 또는 위임인의 재산상황을 신속하게 보고하여야 한다.

제9조【계약의 철회 및 해제】 ① 임의후견감독인의 선임 전에는 위임인 또는 임의후견인은 언제든지 공증인의 인증을 받은 서면으로 계약의 의사표시를 철회할 수 있다.

② 임의후견감독인의 선임 이후에는 위임인 또는 임의후견인은 정당한 사유가 있는 때에만 가정법원의 허가를 받아 후견계약을 종료할 수 있다.

③ 임의후견인은 위임인의 사망이나 그 밖의 사유로 후견계약이 종료되었음을 알았을 때에는 이를 안 날부터 3개월 이내에 종료등기를 신청하여야 한다. 다만, 촉탁에 의한 등기가 이루어지는 경우에는 그러하지 아니하다.

④ 위임인의 사망이나 그 밖의 사유로 후견계약이 종료된 경우 후견인은 관련 유언대용신탁계약의 수탁자가 상속신탁집행업무를 처리하는 데 적극적으로 협조하여야 한다.

제10조【사망 등과 위임의 종료】 위임은 당사자 한쪽의 사망으로 종료된다. 임의후견인이 성년후견개시의 심판을 받은 경우에도 이와 같다.

위임인과 임의후견인은 2부를 작성하여 위임인에게 1부, 임의후견인에게 1부를 각 교부합니다. 다만, 후견계약의 공시 등을 위해 유관기관에 이 계약서 원본을 제출하여야 하는 경우에는 그 필요에 따라 추가로 작성할 수 있다.

[****]년 [*]월 [*]일

위임인 [***] (인)

주소

수임인(임의후견인) [***] (인)

주소

부록

[별지]

대리권 목록

1의 사, 아, 2의 가, 라, 마, 사, 이와 관련하여 유언대용신탁계약에 달리 정한 경우 유언대용신탁계약이 우선적으로 적용된다.

1. 재산관리 및 신상보호에 관한 사무의 범위

가. 신상보호에 관한 사무 전부

나. 일상생활에 필요한 생활비의 송금, 생활에 필요한 재산의 취득, 물품의 구입, 임료나 연금 기타 사회보험급여 등의 신청 및 수령, 임료나 공공요금 등 정기적인 지출을 요하는 비용의 지출

다. 이 계약의 사무 처리에 필요한 경우 주민등록증초본, 가족관계증명서 등 각종 증명서 신청

라. 기초생활수급자 신청 등 각종 행정절차 신청

마. 우편물 기타 통신의 수령 · 개봉 · 열람

바. 이 계약 효력 발생 전 위임인이 계속하여 영위해온 영업에 관한 행위

사. 위임인에 대한 신상보호의 목적을 달성하기 위하여 필요하거나 재산의 멸실 · 훼손 염려 등 그 밖의 불가피한 사유가 있을 경우 ① 부동산 또는 중요한 자산에 관한 권리의 득실 변경을 목적으로 하는 행위, ② 금전의 차용

아. 재산관리를 위하여 필요한 소송행위

2. 임의후견감독인에게 서면으로 동의를 받아야 하는 사무의 행위

가. 위임인이 현재 거주하는 건물 또는 그 대지에 관하여 매도, 임대, 전세권 설정, 임대차의 해지, 전세권의 소멸, 그 밖에 이에 준하는 행위

나. 치료 등의 목적으로 정신병원이나 그 밖의 다른 장소에 격리하는 것에 대한 결정

다. 신체를 침해하는 의료행위의 직접적인 결과로 사망하거나 상당한 장애를 입을 위험이 있는 행위

라. 영업에 관한 행위

마. 금전을 빌리는 행위

바. 의무만을 부담하는 행위

사. 부동산 또는 중요한 재산에 관한 권리의 득실변경을 목적으로 하는 행위

아. 소송행위

자. 상속의 승인, 한정승인 또는 포기 및 상속재산의 분할에 관한 협의. 끝.

3. 임의후견신탁 관련 실무상 쟁점

(1) 공증 시 애로사항

일부 공증인은 법무부의 후견계약 표준양식(이하 "표준후견계약"이라 한다)과 다른 내용의 후견계약을 공증하는 것 자체를 꺼려하고 있다. 법무부의 표준후견계약은 기본적 틀만 제공할 뿐 후견사무의 구체적 내용을 규정하기 위해 표준후견계약에 별도의 부속합의서를 더하거나 아니면 표준후견계약 본문의 내용을 수정, 변경, 보완할 수 있어야 신상보호와 재산관리에 대한 잠정 피후견인 상세한 의사결정을 규정할 수 있다. 특히, 후견계약과 유언대용신탁을 결합한 임의후견신탁은 신상보호와 재산관리에 대한 역할 분담이 명확하게 기재되어야 하기 때문에, 표준후견계약만을 사용해서는 후견계약과 신탁계약 간의 불일치를 해소할 수 없을 것이다. 따라서, 표준후견계약에 더하여 체결하는 부속합의서나 표준후견계약과 다른 내용의 후견계약에 대한 더욱 유연하고 적극적인 공증 실무가 필요하다.

(2) 후견인 또는 후견감독인의 임의후견신탁계약 변경 가부

위에서 소개한 후견계약의 목적 조항과 후견사무의 범위 조항에 '재산관리에 관한 사항에 대해서 유언대용신탁계약에서 달리 정한 경우 유언대용신탁계약이 우선하고 후견인은 유언대용신탁계약의 내용에 따라 재산관리업무를 수행해야 한다'라는 취지를 기재하여, 재산관리는 유언대용신탁 우선으로 하고 임의후견인은 신상보호에 집중하도록 규정한 것인데, 이 계약의 내용을 임의후견인이 가정법원의 결정을 받아 변경할 수 있느냐가 문제될 수 있다. 현재까지 임의후견신탁 사례가 많이 축적되지 않아 판례나 학술적 논의가 없는 상황이지만, 후견제도가 피후견인 본인의 의사결정을 지원하는 제도로 피후견인 본인이 사무처리능력이 충분할 때 체결한 유언대용신탁계약과 후견계약의 내용은 임의후견인뿐만 아니라 후견감독인이나 가정법원도 피후견인 본인의 이익을 명확하게 해칠 우려가 있는 등 특별한 사정이 있는 경우를 제외하고는 존중해야 한다.

부록

그리고 후견계약과 결합하여 체결되는 유언대용신탁계약의 내용도 같은 취지에서 임의후견인, 후견감독인 및 가정법원이 최대한 존중할 필요가 있다. 후견제도는 피후견인이 사무처리능력이 존재하였으면 행했어야 하는 행위를 추정해서 대행하는 것이므로, 피후견인이 사무처리능력이 존재하였을 때 미리 정해놓은 후견계약과 유언대용신탁계약의 내용이 추정에 의한 대행적 판단보다 더 피후견인의 생각에 부합하기 때문이다. 즉, 피후견인을 위한 대행적 판단이 피후견인이 실제로 행한 판단보다 우선할 수는 없다.

물론, 피후견인이 후견계약과 유언대용신탁계약을 체결할 당시 예측하지 못했던 본인의 사정변화나 본인의 재산 변화 또는 경제사정의 사정변화가 중대하여 후견계약과 유언대용신탁계약을 그대로 유지하는 것이 피후견인 본인의 복리를 현저하게 해칠 경우에는 가정법원이 임의후견인의 신청이나 직권으로 후견계약과 유언대용신탁계약의 내용을 합리적으로 수정, 변경할 수는 있을 것이다. 예를 들면, 월생활비를 200만원을 정해놓고, 유언대용신탁계약에서 월 200만원만 임의후견인이 인출하여 피후견인 본인을 위해 사용하도록 엄격하게 재산인출을 후견계약과 유언대용신탁계약에 규정하였는데, 화폐가치 하락으로 월 1,000만원의 생활비가 필요한 경제사정의 변화가 있을 때에는 피후견인 본인의 복리를 위해 월 1,000만원을 인출할 수 있도록 가정법원의 허가를 받아 후견계약과 신탁계약을 변경할 수 있을 것이다.

우리나라에서는 논의가 거의 되고 있지 않지만, 일본에서는 성년후견인에 의한 유언대용신탁계약의 중도변경해지권을 인정하는 것은 실질적으로 성년후견인에 의한 유언의 철회를 인정하는 것과 같은 결과가 되기에, 성년후견인은 유언대용신탁의 중도변경해지권을 가지지 않는다는 견해, 재산승계유증기능을 가지는 유언대용신탁에서 신탁의 설정변경권 행사는 기본적으로 대리로 적합하지 않다고 하는 견해, 그리고, 성년후견인에 의한 위탁자의 권리행사를 인정하는 것은 신중하게 생각해야 하지만, 위탁자의 생계를 위해 신탁을 종료시킬 필요가 있고 신탁행위를 할 때 위탁자에게 이미 신탁을 종료시키는 권리가 부여되어있는 경우에는, 후견인이 신탁설정의 취지나 권한행사 등의 사정을 고려한 후, 신탁을 종료시킬 수 있다는 견해가 대립되고 있다.[62] 생각건대, 유언대용신탁은 대리가 인정되지 않는 법률관계이고, 위탁자의 의사를 존중해야 한다는 점에서 원칙적으로 후견인이라 하더라도 그 의사는 존중해야 한다. 다만, 유언대용신탁 계약 당시 예측하지 못했던 경제사정의 변화로 해당 유언대

62) 木村仁, 信託の委託者の?利と後見人による代理行使について､米國の撤回可能信託を中心に(키무라 히토시, 신탁의 위탁자의 권리와 후견인에 의한 대리행사에 관하여; 미국의 철회가능신탁을 중심으로,) 「法と政治」70巻 1号 2019.5), 61면.

용신탁계약의 내용을 준수하면 위탁자가 의도했던 신탁의 목적이나 취지를 이루지 못할 경우, 예외적으로 법원의 허가를 전제로 후견인에 의한 유언대용신탁계약의 변경 또는 해지를 인정할 수 있다.

Ⅳ. 결론에 갈음하며: 임의후견신탁 활성화 방안

우리나라는 후견계약 이용률이 매우 저조하다. 독일 정부는 후견계약의 중요성을 강조하고 다양한 대국민 홍보 캠페인을 진행하였다. 독일 정부는 고령자 대상 강의, 병원, 시청, 공공기관에서의 상담, 사회복지기관과 협력한 교육프로그램, 치매 예방 캠페인을 통하여 후견계약의 중요성을 적극적으로 홍보하였다. 나아가 독일 정부는 공증인, 변호사, 의사, 사회복지사가 참여하는 다학제적 조력체계를 구축하여, 후견계약을 체결하는 시민의 전문가 상담이 가능하도록 하여 남용 위험을 최소화하고 계약의 정확성을 보장하였다. 그리고 의료기관 및 금융기관이 후견계약의 존재를 확인하고 이를 준수하며, 후견계약에 따른 후견인의 권한이 실제 병원 치료나 금융거래에서 거부되지 않도록 후견계약의 법적 지위를 강화하였다. 우리 정부나 법원도 독일과 같이 적극적으로 후견계약과 임의후견신탁에 대한 대국민 홍보를 강화할 필요가 있다. 그리고 변호사, 회계사, 세무사, 법무사 등 전문직 종사자도 의뢰인에게 후견계약과 임의후견신탁을 적극적으로 제안할 필요가 있다.

부록

가족신탁 관련 법령

APPENDIX 03

가족신탁을 설계할 때 관련 법령에 대한 전문성이 필요하기 때문에, 가족신탁 관련 법령 중 신탁설계에 필요한 중요한 조문은 가급적이면 쉽게 찾아서 법령의 전문이나 가족신탁 관련 발췌 조문을 부록으로 실었다. 그리고 가족신탁 실무에서 중요하게 활용되는 신탁법 조문에 대해서 간략하게 해설을 달았다.

신탁법

[시행 2018.11.1.] [법률 제15022호, 2017.10.31, 타법개정]

제1장 총 칙

제1조【목적】 이 법은 신탁에 관한 사법적 법률관계를 규정함을 목적으로 한다.

제2조【신탁의 정의】 이 법에서 "신탁"이란 신탁을 설정하는 자(이하 "위탁자"라 한다)와 신탁을 인수하는 자(이하 "수탁자"라 한다) 간의 신임관계에 기하여 위탁자가 수탁자에게 특정의 재산(영업이나 저작재산권의 일부를 포함한다)을 이전하거나 담보권의 설정 또는 그 밖의 처분을 하고 수탁자로 하여금 일정한 자(이하 "수익자"라 한다)의 이익 또는 특정의 목적을 위하여 그 재산의 관리, 처분, 운용, 개발, 그 밖에 신탁 목적의 달성을 위하여 필요한 행위를 하게 하는 법률관계를 말한다.

해설

신탁은 위탁자와 수탁자 간의 신임관계에 기하여 위탁자가 특정의 재산(신탁재산)을 수탁자에게 이전하고 수탁자는 소유자로서 신탁재산의 관리, 처분, 운용, 개발, 그 밖의 신탁 목적의 달성을 위하여 필요한 행위를 하게 하는 법률관계이다. 즉, 신탁은 위탁자가 신탁재산의 소유권을 수탁자에게 이전시켜 놓고, 수탁자를 통해서 간접적으로 신탁재산의 관리, 처분, 운용, 개발, 그 밖의 필요한 행위를 하게 하는 법률관계이다.

한편, 신탁법 제2조와 함께 신탁의 법률관계를 더욱 명확하게 규정하는 것이 바로 신탁법 제31조 수탁자의 권한 조항이다. 신탁법 제31조는 "수탁자는 신탁재산에 대한 권리와 의무의 귀속주체로서 신탁재산의 관리, 처분 등을 하고 신탁 목적의 달성을 위하여 필요한 모든 행위를 할 권한이 있다. 다만, 신탁행위로 이를 제한할 수 있다."고 규정함으로써, 신탁재산의 소유권 이전의 결과 수탁자는 '신탁재산에 대한 권리와 의무의 귀속주체', 즉 수탁자가 신탁재산의 완전한 소유권을 가짐을 명시하고 있다.

'신탁재산의 소유권 이전'은 신탁을 신탁답게 하는 가장 중요한 핵심 요소이다. 신탁재산의 소유권이 위탁자로부터 수탁자에게 대내외적으로 완전히 이전되는 법률관계는 신탁행위와 관련한 신탁법 이외의 법률 적용 및 해석의 기준으로도 작용한다.

유언대용신탁계약에 따라 위탁자가 수탁자에게 부동산 소유권을 이전하면서 생전수익자는 위탁자 본인으로, 사후수익자를 배우자로 지정한 계약을 가정하자. 수탁자는 부동산 소유권을 이전받아 신탁부동산의 권리의무의 귀속주체가 된다. 유언대용신탁계약의 취지에 따라 수탁자는 생전수익자인 위탁자의 지시를 받아 위탁자가 사용수익할 수 있도록 한다. 만약 위탁자가 사망할 경우 수탁자는 신탁계약에 따라 사후수익자인 배우자에게 신탁부동산의 소유권을 이전해 줄 예정이다. 신탁부동산은 수탁자에게 완전히 이전되어 있는바, 신탁부동산은 위탁자인 피상속인이 사망 당시 소유한 재산이 아니고, 따라서 피상속인의 상속재산이 아니다. 신탁부동산의 수탁자는 완전한 소유자로서 신탁계약에 따라 사후수익자인 배우자에게 소유권을 이전한다. 이 과정에는 민법의 상속법리가 적용되지 아니한다. 수탁자는 오로지 유언대용신탁계약의 이행을 위하여 신탁부동산의 소유권을 이전받아 관리하다가 위탁자의 사망이라는 사건이 있을 경우 유언대용신탁계약상 부과된 의무에 따라 신탁부동산의 소유권을 사후수익자에게 이전하는 것이다.

이 정의 조항에서 추출할 수 있는 신탁유형은 다음과 같다. 우선 수익자를 위한 '수익자신탁'과 수익자가 아닌 목적을 위한 '목적신탁'이 있다. 영업이 신탁재산인 '사업신탁(business trust)'과 지식재산권이 신탁재산인 '지식재산권신탁'이 있다. 이와 더불어 담보권 설정방식인 '담보권신탁', 신탁재산의 관리가 주목적인 '관리신탁', 처분 목적인 '처분신탁', 개발이 목적인 '개발신탁' 등이다.

제3조【신탁의 설정】 ① 신탁은 다음 각 호의 어느 하나에 해당하는 방법으로 설정할 수 있다. 다만, 수익자가 없는 특정의 목적을 위한 신탁(이하 "목적신탁"이라 한다)은 「공익신탁법」에 따른 공익신탁을 제외하고는 제3호의 방법으로 설정할 수 없다. 〈개정 2014. 3. 18.〉

1. 위탁자와 수탁자 간의 계약
2. 위탁자의 유언
3. 신탁의 목적, 신탁재산, 수익자(「공익신탁법」에 따른 공익신탁의 경우에는 제67조제1항의 신탁관리인을 말한다) 등을 특정하고 자신을 수탁자로 정한 위탁자의 선언

② 제1항제3호에 따른 신탁의 설정은 「공익신탁법」에 따른 공익신탁을 제외하고는 공정증서(公正證書)를 작성하는 방법으로 하여야 하며, 신탁을 해지할 수 있는 권한을 유보(留保)할 수 없다. 〈개정 2014. 3. 18.〉

③ 위탁자가 집행의 면탈이나 그 밖의 부정한 목적으로 제1항제3호에 따라 신탁을 설정한 경우 이해관계인은 법원에 신탁의 종료를 청구할 수 있다.

④ 위탁자는 신탁행위로 수탁자나 수익자에게 신탁재산을 지정할 수 있는 권한을 부여하는

부록

방법으로 신탁재산을 특정할 수 있다.

⑤ 수탁자는 신탁행위로 달리 정한 바가 없으면 신탁 목적의 달성을 위하여 필요한 경우에는 수익자의 동의를 받아 타인에게 신탁재산에 대하여 신탁을 설정할 수 있다.

해설

우리 신탁법은 계약, 유언 및 위탁자의 선언이라는 3가지 신탁 설정 방식을 규정하고 있지만, '위탁자와 수탁자 간의 계약 방법'으로 신탁이 설정되는 경우가 대부분이다. 가족신탁도 위탁자와 수탁자 간의 계약 방법으로 설정되는 경우가 대부분이다.

'위탁자의 유언'에 의해 설정되는 신탁을 '유언신탁'이라고 한다. 유언신탁은 유언의 효력이 발생하는 시점, 즉 유언자의 사망 시점에 유언의 효력으로 설정되는 신탁이다. 유언신탁은 잠정 상속인이 상속재산을 제대로 관리하지 못할 경우(예를 들어, 낭비벽이 있거나, 재산관리능력이 부족한 자녀)를 대비하여 설정되는 신탁으로, 유언자 사망 시 유언자가 설계한 대로 수탁자가 유언집행자가 되어 신탁을 설정하고, 사후수익자로 지정된 상속인에게 정기적으로 신탁재산 중 일부를 지급하는 구조로 설계된다. 유언신탁은 유언자의 사망 이후 설정되기 때문에, 단순히 위탁자가 유언으로 신탁이 설정되도록 유언을 남기는 것만으로는 유언자의 의도대로 유언신탁이 설정되는 것을 담보할 수 없다. 따라서 유언자는 유언신탁서를 유언공증방식으로 설정하면서 수탁자를 유언집행자로 정하고, 수탁자에게 유언신탁서를 보관하고, 유언자의 사망사실을 수탁자에게 통지할 수 있는 사망통지인을 미리 지정해 놓아야 한다. 한편, 유언신탁의 유언자 사망 시 예정된 수탁자가 유언신탁을 인수하지 아니하거나 인수할 수 없는 경우를 대비하여, 사후수익자와 신탁재산보호자(trust protector)간 합의 또는 사후수익자 단독으로 신수탁자를 선임할 수 있도록 유언신탁서에 명문화 하여야 한다. 만약 복수의 사후수익자간의 신수탁자 선임에 대한 합의가 이루어지지 아니한 경우나 신탁재산보호자와 사후수익자 간의 신수탁자 선임에 대한 합의가 이루어지지 아니하는 경우, 신탁재산보호자나 사후수익자가 법원에 신수탁자의 선임을 청구할 수 있다(신탁법 제21조 제3항).

위탁자의 선언(declaration of trust)에 의해 신탁이 설정되는 것을 '자기신탁'이라 한다. 위탁자가 신탁재산과 수익자를 특정하면서 스스로 수탁자가 되는 신탁이기 때문에 위탁자와 수탁자가 동일인이다. 우리 신탁법은 위탁자가 강제집행을 면탈할 목적으로 자기신탁을 활용하는 것을 막기 위해, 공정증서를 작성하는 방법으로만 자기신탁을 설정할 수 있고, 자기신탁은 위탁자 스스로가 신탁계약을 해지할 수 있는 권한을 유보할 수 없도록 규정하였다. 실무상 자기신탁 방식으로 유언대용신탁을 설정하는 것이 가능한가라는 의문이 제기되고 있는 이유가 바로 위탁자 스스로가 신탁계약을 해지할 수 없다는 한계가 있기 때문이다. 유언대용신탁은 유언과 마찬가지로 위탁자가 상속계획을 수립하고 집행하기 위해 신탁으로 수립하되, 신탁설정 이후 사후수익자의 상황변화나 위탁자의 생각변화에 따라 자유롭게 해지할 수 있어야 한다.

그런데 자기신탁으로 유언대용신탁을 설정하면 위탁자가 해지권을 유보할 수 없기 때문에, 자기신탁 방법으로 유언대용신탁을 설정하는 데에는 이러한 제약이 따른다. 나아가 유언대용신탁은 위탁자 사망 이후 신탁재산을 신탁계약에 따라 사후수익자에게 안정적으로 귀속시키는 것이 중요한데, 자기신탁의 위탁자 겸 수탁자가 사망한 후 누가 상속신탁을 집행할 것인가가 문제된다. 미국의 유언대용신탁 사례를 보면, 유언자가 자기신탁을 설정하면서 유언자 사망 또는 사무처리능력 부재시 수탁자인 유언자를 대신할 승계수탁자(succession trustee)를 미리 지정함으로써 이와 같은 상속신탁집행을 승계수탁자가 이행할 수 있도록 한다.

우리 신탁법은 신탁설정의 요소 3가지 중 '신탁재산'이 사후적으로 특정되는 신탁을 허용한다. 즉, 위탁자는 신탁행위로 수탁자나 수익자에게 신탁재산을 지정할 수 있는 권한을 부여하는 방법으로 신탁재산을 특정할 수 있다(신탁법 제4조 제4항). 신탁은 위탁자와 수탁자 사이의 신임관계에 기초한다는 점에서 수탁자에게 신탁재산을 특정할 수 있는 권한을 부여하는 것은 합리적일 수 있다. 한편, 수익자가 복수인 경우 복수의 수익자 사이에 이해관계가 상충될 수 있으므로, 복수의 수익자를 신탁재산지정권자로 지정할 경우 신탁재산을 특정할 수 있는 권한을 어떠한 방법으로 행사할 수 있는지를 신탁행위로 명확하게 규정할 필요가 있다.

우리 신탁법은 수탁자의 자기집행의무의 예외로 재신탁을 허용하고 있다. 수탁자는 신탁 목적의 달성을 위하여 필요한 경우 수익자의 동의를 받아 타인에게 신탁재산에 대하여 신탁을 설정할 수 있다(신탁법 제3조 제5항). 실무에서는 '위탁자와 수탁자 사이의 신탁'을 원신탁이라 하고, '수탁자와 재수탁자 사이의 신탁'을 재신탁이라 한다. 재신탁은 원신탁의 수탁자보다 더 전문적인 재수탁자에게 신탁재산의 보관, 관리, 운용을 맡기는 일종의 '아웃소싱(outsourcing)' 개념이다. 우리 신탁법은 수탁자의 자기집행의무의 예외로 규정하면서 수익자 보호를 위해 수익자의 동의를 얻도록 규정하고 있다. 위탁자가 금전, 부동산, 유가증권을 종합재산신탁으로 수탁자인 증권회사와 신탁한 경우, 금전과 유가증권의 보관, 관리, 운용은 수탁자가 직접 수행하되, 부동산은 부동산전업신탁사에 재신탁을 맡기는 것이 재신탁의 좋은 사례이다. 다만, 현행 자본시장법은 재신탁이 사실상 수탁자인 신탁회사의 본질적 업무를 재수탁자에게 위탁하는 것과 유사한 것으로 판단하여, 사실상 재신탁을 허용하고 있지 않다.

제4조【신탁의 공시와 대항】 ① 등기 또는 등록할 수 있는 재산권에 관하여는 신탁의 등기 또는 등록을 함으로써 그 재산이 신탁재산에 속한 것임을 제3자에게 대항할 수 있다.

② 등기 또는 등록할 수 없는 재산권에 관하여는 다른 재산과 분별하여 관리하는 등의 방법으로 신탁재산임을 표시함으로써 그 재산이 신탁재산에 속한 것임을 제3자에게 대항할 수 있다.

③ 제1항의 재산권에 대한 등기부 또는 등록부가 아직 없을 때에는 그 재산권은 등기 또는 등록할 수 없는 재산권으로 본다.

④ 제2항에 따라 신탁재산임을 표시할 때에는 대통령령으로 정하는 장부에 신탁재산임을 표시하는 방법으로도 할 수 있다.

부록

해설

신탁은 신탁재산임을 공시함으로써 제3자에게 '해당 재산이 신탁재산임'을 제3자에게 대항할 수 있다. 신탁의 공시로 인한 제3자 대항력은 신탁의 공시로 새로운 법률관계를 창설한다는 의미가 아니라, 수탁자가 보관, 관리, 처분하는 신탁재산이 수탁자 고유의 재산과 분리된 신탁재산임을 제3자에게 제3자에게 대항할 수 있다는 것이다. 신탁법은 등기 또는 등록할 수 있는 재산권은 신탁의 등기 또는 신탁의 등록의 완료를 대항요건으로 규정하고, 등기 또는 등록할 수 없는 재산권은 다른 재산과의 분별관리를 대항요건으로 규정한다. 등기 또는 등록할 수 있는 재산권이지만, 등기부나 등록부가 아직 없을 때에도 다른 재산과 분별관리를 대항요건으로 규정하고 있다.

제5조【목적의 제한】 ① 선량한 풍속이나 그 밖의 사회질서에 위반하는 사항을 목적으로 하는 신탁은 무효로 한다.

② 목적이 위법하거나 불능인 신탁은 무효로 한다.

③ 신탁 목적의 일부가 제1항 또는 제2항에 해당하는 경우 그 신탁은 제1항 또는 제2항에 해당하지 아니한 나머지 목적을 위하여 유효하게 성립한다. 다만, 제1항 또는 제2항에 해당하는 목적과 그렇지 아니한 목적을 분리하는 것이 불가능하거나 분리할 수 있더라도 제1항 또는 제2항에 해당하지 아니한 나머지 목적만을 위하여 신탁을 유지하는 것이 위탁자의 의사에 명백히 반하는 경우에는 그 전부를 무효로 한다.

해설

신탁의 목적이 불법인 경우에 그 신탁은 무효로 한다. 실무에서 논의되고 있는 쟁점으로 '유류분을 침해하도록 설계된 신탁'은 무효인가이다. 증여나 유언에 의해 결과적으로 특정 상속인의 유류분이 침해된다하여 증여나 유언이 무효가 되지 않는 것처럼, 유류분을 침해하는 유언대용신탁계약 그 자체는 신탁법 제5조 제2항에 의해 무효가 되지 않는다. 다만, 특정 상속인의 유류분을 침해당한 상속인은 위탁자 사망 후 사후수익자에게 배분된 재산에 대해 유류분반환청구소송을 하여 유류분만큼 반환받을 수 있을 뿐이다.

제6조【소송을 목적으로 하는 신탁의 금지】 수탁자로 하여금 소송행위를 하게 하는 것을 주된 목적으로 하는 신탁은 무효로 한다.

제7조【탈법을 목적으로 하는 신탁의 금지】 법령에 따라 일정한 재산권을 향유할 수 없는 자는 수익자로서 그 권리를 가지는 것과 동일한 이익을 누릴 수 없다.

제8조【사해신탁】 ① 채무자가 채권자를 해함을 알면서 신탁을 설정한 경우 채권자는 수탁자가 선의일지라도 수탁자나 수익자에게 「민법」 제406조제1항의 취소 및 원상회복을 청구할 수 있다. 다만, 수익자가 수익권을 취득할 당시 채권자를 해함을 알지 못한 경우에는 그러하지

아니하다.

② 제1항 단서의 경우에 여러 명의 수익자 중 일부가 수익권을 취득할 당시 채권자를 해함을 알지 못한 경우에는 악의의 수익자만을 상대로 제1항 본문의 취소 및 원상회복을 청구할 수 있다.

③ 제1항 본문의 경우에 채권자는 선의의 수탁자에게 현존하는 신탁재산의 범위 내에서 원상회복을 청구할 수 있다.

④ 신탁이 취소되어 신탁재산이 원상회복된 경우 위탁자는 취소된 신탁과 관련하여 그 신탁의 수탁자와 거래한 선의의 제3자에 대하여 원상회복된 신탁재산의 한도 내에서 책임을 진다.

⑤ 채권자는 악의의 수익자에게 그가 취득한 수익권을 위탁자에게 양도할 것을 청구할 수 있다. 이때 「민법」 제406조제2항을 준용한다.

⑥ 제1항의 경우 위탁자와 사해신탁(詐害信託)의 설정을 공모하거나 위탁자에게 사해신탁의 설정을 교사·방조한 수익자 또는 수탁자는 위탁자와 연대하여 이로 인하여 채권자가 받은 손해를 배상할 책임을 진다.

제2장 신탁관계인

제9조【위탁자의 권리】 ① 신탁행위로 위탁자의 전부 또는 일부가 이 법에 따른 위탁자의 권리의 전부 또는 일부를 갖지 아니한다는 뜻을 정할 수 있다.

② 제1항에도 불구하고 목적신탁의 경우에는 신탁행위로 이 법에 따른 위탁자의 권리를 제한할 수 없다.

해설

위탁자는 신탁의 법률관계를 수립하는 주체로서 자진해서 위탁자의 권리의 전부나 일부를 신탁행위로 포기할 수 있다. 신탁이 설정된 이후에는 수탁자가 신탁재산의 권리의무의 주체로서 신탁재산을 관리, 처분 기타 신탁목적 달성에 필요한 행위를 수행하므로, 신탁이 설정된 후 위탁자의 권리는 축소 또는 소멸되도록 신탁행위로 정할 수 있다. 위탁자가 위탁자로서의 권리를 전부가 포기될 경우 신탁의 법률관계는 수탁자와 수익자 간의 법률관계만 존재하게 된다.

제10조【위탁자 지위의 이전】 ① 위탁자의 지위는 신탁행위로 정한 방법에 따라 제3자에게 이전할 수 있다.

② 제1항에 따른 이전 방법이 정하여지지 아니한 경우 위탁자의 지위는 수탁자와 수익자의 동의를 받아 제3자에게 이전할 수 있다. 이 경우 위탁자가 여럿일 때에는 다른 위탁자의 동의도 받아야 한다.

③ 제3조제1항제2호에 따라 신탁이 설정된 경우 위탁자의 상속인은 위탁자의 지위를 승계하지 아니한다. 다만, 신탁행위로 달리 정한 경우에는 그에 따른다.

해설

신탁은 수탁자에게 신탁재산의 보관, 관리, 운용을 맡기기 위해 소유권을 이전하는 법률관계이므로, 위탁자가 신탁을 설정하여 신탁재산에 대한 소유권을 수탁자에게 이전하면 위탁자는 소유자로서 가지는 권리와 권한은 없어지고, 오직 수탁자를 통해서 신탁계약의 내용에 따라 신탁재산의 보관, 관리, 운용에 간접적으로 관여하게 된다. 수탁자는 대내외적으로 완전한 소유권을 보유하되, 신탁계약에서 정한 바에 따라 소유자로서의 권리와 권한 행사가 제한된다. 위탁자가 본인이 아닌 수익자를 지정하는 '타익신탁'의 경우 이러한 점이 두드러진다.

위탁자의 지위 이전은 왜 하는 것인가? 위탁자 지위의 이전은 매우 생소한 개념인데, 타익신탁을 설정한 위탁자가 굳이 위탁자의 지위를 유지할 실익이 없는 경우 타익신탁의 수익자에게 위탁자의 지위를 이전하는 것을 상정해 볼 수 있다. 나아가 위탁자가 수익자가 아닌 제3자에게 위탁자의 지위를 이전할 필요가 있을 것인가? 수익증권발행신탁과 같이 위탁자의 지위가 사실상 "0"으로 수렴하는 경우 위탁자의 지위를 수탁자나 수익자에게 이전하는 것도 상정해 볼 수 있다.

위탁자의 지위 이전으로 위탁자는 신탁관계에서 완전히 빠지게 되기 때문에, 위탁자 지위의 이전은 그 지위를 이전받은 수익자 또는 제3자에게 이전의 대가를 받는지 아니면 대가를 받지 않는지에 따라 양도나 증여행위로 해석될 여지가 있기 때문에 신탁 설계 시 주의가 필요하다.

우리 신탁법은 '유언신탁'에 있어서 위탁자의 지위는 상속되지 않는다고 규정하고 있으나, 개념이나 취지에 비추어 볼 때 유언대용신탁의 경우에도 위탁자의 지위가 상속인에게 상속되지 않는다고 보는 것이 타당하다.

제11조【수탁능력】 미성년자이거나 성년후견, 한정후견 또는 특정후견 개시결정을 받은 자는 수탁자가 될 수 없다.[63]

63) 민법상 금치산자, 한정치산자 개념이 없어지고 대신 성년후견, 한정후견 및 특정후견 제도가 도입되었으므로, 그에 맞게 저자가 수정한 것이다. 특정후견 개시 결정을 받은 사람이 수탁자가 될 수 있는지 아직 논의는 없으나, 신탁은 위탁자의 수탁자에 대한 강한 신임관계를 기반으로 한다는 점에서 특정 후견 개시 결정을 받은 사람도 수탁자로서 결격사유가 있다고 보는 것이 타당하다.

제12조【수탁자의 임무 종료】 ① 다음 각 호의 어느 하나에 해당하는 경우 수탁자의 임무는 종료된다.

1. 수탁자가 사망한 경우
2. 수탁자에게 성년후견, 한정후견 또는 특정후견이 개시된 경우
3. 수탁자가 파산선고를 받은 경우
4. 법인인 수탁자가 합병 외의 사유로 해산한 경우

② 제1항제1호, 제2호 또는 제4호에 따라 수탁자의 임무가 종료된 경우 수탁자의 상속인, 법정대리인 또는 청산인은 즉시 수익자에게 그 사실을 통지하여야 한다.

③ 제1항제3호에 따라 수탁자의 임무가 종료된 경우 수탁자는 다음 각 호의 구분에 따라 해당 사실을 통지하여야 한다.

1. 수익자에게 수탁자의 임무가 종료된 사실
2. 파산관재인에게 신탁재산에 관한 사항

④ 제1항제1호, 제2호 또는 제4호에 따라 수탁자의 임무가 종료된 경우 수탁자의 상속인, 법정대리인 또는 청산인은 신수탁자(新受託者)나 신탁재산관리인이 신탁사무를 처리할 수 있을 때까지 신탁재산을 보관하고 신탁사무 인계에 필요한 행위를 하여야 하며, 즉시 수익자에게 그 사실을 통지하여야 한다.

⑤ 수탁자인 법인이 합병하는 경우 합병으로 설립된 법인이나 합병 후 존속하는 법인은 계속 수탁자로서의 권리 · 의무를 가진다. 수탁자인 법인이 분할하는 경우 분할에 의하여 수탁자로 정하여진 법인도 또한 같다.

제13조【신탁행위로 정한 수탁자의 임무 종료】 ① 신탁행위로 정한 수탁자의 임무 종료 사유가 발생하거나 수탁자가 신탁행위로 정한 특정한 자격을 상실한 경우 수탁자의 임무는 종료된다.

② 제1항에 따라 임무가 종료된 수탁자는 즉시 수익자에게 그 사실을 통지하여야 한다.

제14조【수탁자의 사임에 의한 임무 종료】 ① 수탁자는 신탁행위로 달리 정한 바가 없으면 수익자와 위탁자의 승낙 없이 사임할 수 없다.

② 제1항에도 불구하고 수탁자는 정당한 이유가 있는 경우 법원의 허가를 받아 사임할 수 있다.

③ 사임한 수탁자는 즉시 수익자에게 그 사실을 통지하여야 한다.

제15조【임무가 종료된 수탁자의 지위】 제13조제1항 또는 제14조제1항에 따라 임무가 종료된 수탁자는 신수탁자나 신탁재산관리인이 신탁사무를 처리할 수 있을 때까지 수탁자의 권리·의무를 가진다.

제16조【수탁자의 해임에 의한 임무 종료】 ① 위탁자와 수익자는 합의하여 또는 위탁자가 없으면 수익자 단독으로 언제든지 수탁자를 해임할 수 있다. 다만, 신탁행위로 달리 정한 경우에는 그에 따른다.

② 정당한 이유 없이 수탁자에게 불리한 시기에 제1항에 따라 수탁자를 해임한 자는 그 손해를 배상하여야 한다.

③ 수탁자가 그 임무에 위반된 행위를 하거나 그 밖에 중요한 사유가 있는 경우 위탁자나 수익자는 법원에 수탁자의 해임을 청구할 수 있다.

④ 제3항의 청구에 의하여 해임된 수탁자는 즉시 수익자에게 그 사실을 통지하여야 한다.

⑤ 해임된 수탁자는 신수탁자나 신탁재산관리인이 신탁사무를 처리할 수 있을 때까지 신탁재산을 보관하고 신탁사무 인계에 필요한 행위를 하여야 한다. 다만, 임무 위반으로 해임된 수탁자는 그러하지 아니하다.

제17조【신탁재산관리인 선임 등의 처분】 ① 수탁자의 임무가 종료되거나 수탁자와 수익자 간의 이해가 상반되어 수탁자가 신탁사무를 수행하는 것이 적절하지 아니한 경우 법원은 이해관계인의 청구에 의하여 신탁재산관리인의 선임이나 그 밖의 필요한 처분을 명할 수 있다. 다른 수탁자가 있는 경우에도 또한 같다.

② 제1항에 따라 신탁재산관리인을 선임하는 경우 법원은 신탁재산관리인이 법원의 허가를 받아야 하는 사항을 정할 수 있다.

③ 제1항에 따라 선임된 신탁재산관리인은 즉시 수익자에게 그 사실을 통지하여야 한다.

④ 신탁재산관리인은 선임된 목적범위 내에서 수탁자와 동일한 권리·의무가 있다. 다만, 제2항에 따라 법원의 허가를 받아야 하는 사항에 대하여는 그러하지 아니하다.

⑤ 제1항에 따라 신탁재산관리인이 선임된 경우 신탁재산에 관한 소송에서는 신탁재산관리인이 당사자가 된다.

⑥ 법원은 제1항에 따라 선임한 신탁재산관리인에게 필요한 경우 신탁재산에서 적당한 보수를 줄 수 있다.

제18조【필수적 신탁재산관리인의 선임】 ① 법원은 다음 각 호의 어느 하나에 해당하는 경우로서 신수탁자가 선임되지 아니하거나 다른 수탁자가 존재하지 아니할 때에는 신탁재산을 보

관하고 신탁사무 인계에 필요한 행위를 하여야 할 신탁재산관리인을 선임한다.

1. 수탁자가 사망하여 「민법」 제1053조제1항에 따라 상속재산관리인이 선임되는 경우
2. 수탁자가 파산선고를 받은 경우
3. 수탁자가 법원의 허가를 받아 사임하거나 임무 위반으로 법원에 의하여 해임된 경우

② 법원은 제1항 각 호의 어느 하나에 해당하여 수탁자에 대하여 상속재산관리인의 선임결정, 파산선고, 수탁자의 사임허가결정 또는 해임결정을 하는 경우 그 결정과 동시에 신탁재산관리인을 선임하여야 한다.

③ 선임된 신탁재산관리인의 통지의무, 당사자 적격 및 보수에 관하여는 제17조제3항, 제5항 및 제6항을 준용한다.

제19조【신탁재산관리인의 임무 종료】 ① 신수탁자가 선임되거나 더 이상 수탁자와 수익자 간의 이해가 상반되지 아니하는 경우 신탁재산관리인의 임무는 종료된다.

② 신탁재산관리인은 법원의 허가를 받아 사임할 수 있다.

③ 법원은 이해관계인의 청구에 의하여 신탁재산관리인을 해임할 수 있다.

④ 법원은 제2항 또는 제3항의 결정을 함과 동시에 새로운 신탁재산관리인을 선임하여야 한다.

제20조【신탁재산관리인의 공고, 등기 또는 등록】 ① 법원은 다음 각 호의 어느 하나에 해당하는 경우 그 취지를 공고하고, 등기 또는 등록된 신탁재산에 대하여 직권으로 지체 없이 그 취지의 등기 또는 등록을 촉탁하여야 한다.

1. 제17조제1항에 따라 신탁재산관리인을 선임하거나 그 밖의 필요한 처분을 명한 경우
2. 제18조제1항에 따라 신탁재산관리인을 선임한 경우
3. 제19조제2항에 따라 신탁재산관리인의 사임결정을 한 경우
4. 제19조제3항에 따라 신탁재산관리인의 해임결정을 한 경우

② 제19조제1항에 따라 신탁재산관리인의 임무가 종료된 경우 법원은 신수탁자 또는 이해가 상반되지 아니하게 된 수탁자의 신청에 의하여 제1항에 따른 등기 또는 등록의 말소를 촉탁하여야 한다.

③ 신탁재산관리인이나 수탁자는 고의나 과실로 제1항 또는 제2항에 따른 등기 또는 등록이 사실과 다르게 된 경우 그 등기 또는 등록과 다른 사실로써 선의의 제3자에게 대항하지 못한다.

제21조【신수탁자의 선임】 ① 수탁자의 임무가 종료된 경우 위탁자와 수익자는 합의하여 또는 위탁자가 없으면 수익자 단독으로 신수탁자를 선임할 수 있다. 다만, 신탁행위로 달리 정한 경우에는 그에 따른다.

② 위탁자와 수익자 간에 신수탁자 선임에 대한 합의가 이루어지지 아니한 경우 이해관계인은 법원에 신수탁자의 선임을 청구할 수 있다.

③ 유언에 의하여 수탁자로 지정된 자가 신탁을 인수하지 아니하거나 인수할 수 없는 경우에는 제1항 및 제2항을 준용한다.

④ 법원은 제2항(제3항에 따라 준용되는 경우를 포함한다)에 따라 선임한 수탁자에게 필요한 경우 신탁재산에서 적당한 보수를 줄 수 있다.

해설

신탁이 유지되면서 수탁자의 임무가 종료된 경우 신탁계약의 다른 당사자인 위탁자와 수탁자가 합의하여 신수탁자를 선임할 수 있다. 유언신탁에 있어서 수탁자로 지정된 자가 신탁을 인수하지 아니하거나 인수할 수 없는 경우, 유언자 생존 시에는 유언자가 직접 신수탁자를 선임하면 되지만, 유언자 사후 수탁자로 지정된 자가 유언신탁을 인수하지 않거나 인수할 수 없는 경우, 사후수익자는 신수탁자를 선임할 수 있다. 실무상 유언신탁은 주로 사후수익자에게 신탁재산을 일시에 지급하지 않고 장기간 정기적으로 지급하도록 하는 구조이기 때문에, 유언신탁서에 수탁자로 지정된 자가 신탁을 인수하지 아니하거나 인수할 수 없는 경우를 대비하여 수탁자를 지정할 수 있는 자(미국의 경우, trust protector)를 지정할 필요가 있다.

제3장 신탁재산

제22조【강제집행 등의 금지】 ① 신탁재산에 대하여는 강제집행, 담보권 실행 등을 위한 경매, 보전처분(이하 "강제집행등"이라 한다) 또는 국세 등 체납처분을 할 수 없다. 다만, 신탁 전의 원인으로 발생한 권리 또는 신탁사무의 처리상 발생한 권리에 기한 경우에는 그러하지 아니하다.

② 위탁자, 수익자나 수탁자는 제1항을 위반한 강제집행등에 대하여 이의를 제기할 수 있다. 이 경우 「민사집행법」 제48조를 준용한다.

③ 위탁자, 수익자나 수탁자는 제1항을 위반한 국세 등 체납처분에 대하여 이의를 제기할 수 있다. 이 경우 국세 등 체납처분에 대한 불복절차를 준용한다.

해설

신탁법 제22조는 강제집행등을 하는 주체가 누구인지 명시하고 있지 않지만, 위탁자의 채권자나 수탁자의 채권자 모두 신탁재산에 대해서 강제집행, 담보권 시행을 위한 경매, 보전처분을 할 수 없다고 보는 것이 타당하다. 신탁재산의 독립성을 보장한 조항인데, 신탁이 '타인을 위한 독립적인 재산관리도구'로 활용되기 위한 필수적인 규정이다.

신탁 전의 원인으로 발생한 권리의 경우에는 위탁자의 채권자가 강제집행 등을 할 수 있고, 신탁사무처리상 발생한 권리의 경우에는 수탁자의 채권자가 강제집행 등을 할 수 있는 예외는 있다. 여기에 포함되는 권리는 신탁재산 그 자체를 목적으로 하여 발생한 채권에 한하여 강제집행 등을 할 수 있고 일반채권자의 채권을 말하는 것은 아니다. 다만, 일반채권자가 신탁 전에 신탁재산에 대해 압류 · 가압류를 한 경우에는 처분금지효에 의하여 압류 · 가압류의 범위 내에서 신탁에 의한 권리이전을 대항할 수 없으므로, 해당 채권이 신탁재산 자체를 목적으로 하는 채권이 아니더라도 본압류로의 이행 또는 강제집행은 가능하다고 보아야 하는데, 이는 신탁 전의 원인으로 발생한 권리라는 예외가 적용되었다기 보다는 압류 · 가압류의 효력에 의한 것으로 보는 것이 타당하다. 위탁자의 채권자가 보유하는 채권이 '신탁 전의 원인으로 발생한 권리'인지 여부가 중요하기 때문에 신탁계약의 계약 체결일은 매우 중요하다.

제23조【수탁자의 사망 등과 신탁재산】 신탁재산은 수탁자의 상속재산에 속하지 아니하며, 수탁자의 이혼에 따른 재산분할의 대상이 되지 아니한다.

제24조【수탁자의 파산 등과 신탁재산】 신탁재산은 수탁자의 파산재단, 회생절차의 관리인이 관리 및 처분 권한을 갖고 있는 채무자의 재산이나 개인회생재단을 구성하지 아니한다.

제25조【상계 금지】 ① 신탁재산에 속하는 채권과 신탁재산에 속하지 아니하는 채무는 상계(相計)하지 못한다. 다만, 양 채권 · 채무가 동일한 재산에 속하지 아니함에 대하여 제3자가 선의이며 과실이 없을 때에는 그러하지 아니하다.

② 신탁재산에 속하는 채무에 대한 책임이 신탁재산만으로 한정되는 경우에는 신탁재산에 속하지 아니하는 채권과 신탁재산에 속하는 채무는 상계하지 못한다. 다만, 양 채권 · 채무가 동일한 재산에 속하지 아니함에 대하여 제3자가 선의이며 과실이 없을 때에는 그러하지 아니하다.

제26조【신탁재산에 대한 혼동의 특칙】 다음 각 호의 경우 혼동(混同)으로 인하여 권리가 소멸하지 아니한다.

1. 동일한 물건에 대한 소유권과 그 밖의 물권이 각각 신탁재산과 고유재산 또는 서로 다른 신탁재산에 귀속하는 경우

부록

2. 소유권 외의 물권과 이를 목적으로 하는 권리가 각각 신탁재산과 고유재산 또는 서로 다른 신탁재산에 귀속하는 경우

3. 신탁재산에 대한 채무가 수탁자에게 귀속하거나 수탁자에 대한 채권이 신탁재산에 귀속하는 경우

제27조【신탁재산의 범위】 신탁재산의 관리, 처분, 운용, 개발, 멸실, 훼손, 그 밖의 사유로 수탁자가 얻은 재산은 신탁재산에 속한다.

해설

신탁재산의 관리, 처분, 운용, 개발, 멸실, 훼손, 그 밖의 사유로 수탁자가 얻은 재산은 신탁재산에 속하므로, 신탁재산으로서 대항력을 갖추지 않아도 신탁재산이 된다. 수탁자의 관리, 처분, 개발 및 운용에 의해 신탁재산이 양적, 질적 변화가 발생하거나 수탁자 또는 제3자의 불법행위에 의하여 신탁재산이 멸실, 훼손되어 손해배상청구권이 발생하는 등 수탁자가 신탁재산과 관련하여 새로운 재산을 취득한 경우, 그 신탁재산에 갈음하거나 추가된 재산은 신탁재산으로서의 동질성을 상실하지 않고 신탁재산에 포함된다. 새로운 재산은 신탁법 제27조에 의해 신탁재산에 포함되는 것이므로 신탁법 제4조의 신탁의 공시방법을 갖출 필요는 없으나, 다만, 실무상 수탁자는 신탁재산으로부터 발생한 과실, 개발결과물, 멸실보상금, 손해배상금 등이 신탁재산으로서 대항력을 갖추도록 해야 할 것이다.

제28조【신탁재산의 첨부】 신탁재산과 고유재산 또는 서로 다른 신탁재산에 속한 물건 간의 부합(附合), 혼화(混和) 또는 가공(加工)에 관하여는 각각 다른 소유자에게 속하는 것으로 보아 「민법」 제256조부터 제261조까지의 규정을 준용한다. 다만, 가공자가 악의인 경우에는 가공으로 인한 가액의 증가가 원재료의 가액보다 많을 때에도 법원은 가공으로 인하여 생긴 물건을 원재료 소유자에게 귀속시킬 수 있다.

제29조【신탁재산의 귀속 추정】 ① 신탁재산과 고유재산 간에 귀속관계를 구분할 수 없는 경우 그 재산은 신탁재산에 속한 것으로 추정한다.

② 서로 다른 신탁재산 간에 귀속관계를 구분할 수 없는 경우 그 재산은 각 신탁재산 간에 균등하게 귀속된 것으로 추정한다.

제30조【점유하자의 승계】 수탁자는 신탁재산의 점유에 관하여 위탁자의 점유의 하자를 승계한다.

제4장 수탁자의 권리 · 의무

제31조【수탁자의 권한】 수탁자는 신탁재산에 대한 권리와 의무의 귀속주체로서 신탁재산의 관리, 처분 등을 하고 신탁 목적의 달성을 위하여 필요한 모든 행위를 할 권한이 있다. 다만, 신탁행위로 이를 제한할 수 있다.

해설

신탁설정으로 소유권이 수탁자에게 이전되는바, 수탁자는 신탁재산에 대한 권리와 의무의 귀속주체로서 신탁재산의 관리, 처분, 운용, 개발 등을 하고 신탁 목적의 달성을 위하여 필요한 모든 행위를 할 권한을 보유하게 된다. 수탁자는 소유자로서 신탁재산에 대한 모든 행위를 할 수 있지만, 신탁재산 소유자로서 수탁자의 권한은 신탁의 목적 달성을 위해 필요한 범위 내의 행위로 제한된다. 그리고 수탁자의 이러한 권한은 신탁행위로 제한할 수도 있다.

제32조【수탁자의 선관의무】 수탁자는 선량한 관리자의 주의(注意)로 신탁사무를 처리하여야 한다. 다만, 신탁행위로 달리 정한 경우에는 그에 따른다.

제33조【충실의무】 수탁자는 수익자의 이익을 위하여 신탁사무를 처리하여야 한다.

제34조【이익에 반하는 행위의 금지】 ① 수탁자는 누구의 명의(名義)로도 다음 각 호의 행위를 하지 못한다.

1. 신탁재산을 고유재산으로 하거나 신탁재산에 관한 권리를 고유재산에 귀속시키는 행위
2. 고유재산을 신탁재산으로 하거나 고유재산에 관한 권리를 신탁재산에 귀속시키는 행위
3. 여러 개의 신탁을 인수한 경우 하나의 신탁재산 또는 그에 관한 권리를 다른 신탁의 신탁재산에 귀속시키는 행위
4. 제3자의 신탁재산에 대한 행위에서 제3자를 대리하는 행위
5. 그 밖에 수익자의 이익에 반하는 행위

② 제1항에도 불구하고 수탁자는 다음 각 호의 어느 하나에 해당하는 경우 제1항 각 호의 행위를 할 수 있다. 다만, 제3호의 경우 수탁자는 법원에 허가를 신청함과 동시에 수익자에게 그 사실을 통지하여야 한다.

1. 신탁행위로 허용한 경우
2. 수익자에게 그 행위에 관련된 사실을 고지하고 수익자의 승인을 받은 경우
3. 법원의 허가를 받은 경우

③ 제1항에도 불구하고 수탁자는 상속 등 수탁자의 의사에 기하지 아니한 경우에는 신탁재산

부록

에 관한 권리를 포괄적으로 승계할 수 있다. 이 경우 해당 재산의 혼동에 관하여는 제26조를 준용한다.

제35조【공평의무】 수익자가 여럿인 경우 수탁자는 각 수익자를 위하여 공평하게 신탁사무를 처리하여야 한다. 다만, 신탁행위로 달리 정한 경우에는 그에 따른다.

제36조【수탁자의 이익향수금지】 수탁자는 누구의 명의로도 신탁의 이익을 누리지 못한다. 다만, 수탁자가 공동수익자의 1인인 경우에는 그러하지 아니하다.

해설

영미 신탁원칙인 충실의무의 하나인 No Profit Rule을 구체화한 조항이다. 수탁자는 본인 명의이든 타인 명의이든 상관없이 '신탁의 이익'을 누리지 못한다. 다만, 수탁자가 공동수익자의 1인인 경우 수탁자가 아닌 공동수익자가 수탁자를 감독할 수 있기 때문에 수탁자가 신탁의 이익을 누릴 수 있도록 허용한다.

제37조【수탁자의 분별관리의무】 ① 수탁자는 신탁재산을 수탁자의 고유재산과 분별하여 관리하고 신탁재산임을 표시하여야 한다.

② 여러 개의 신탁을 인수한 수탁자는 각 신탁재산을 분별하여 관리하고 서로 다른 신탁재산임을 표시하여야 한다.

③ 제1항 및 제2항의 신탁재산이 금전이나 그 밖의 대체물인 경우에는 그 계산을 명확히 하는 방법으로 분별하여 관리할 수 있다.

제38조【유한책임】 수탁자는 신탁행위로 인하여 수익자에게 부담하는 채무에 대하여는 신탁재산만으로 책임을 진다.

해설

수탁자는 수익자에 대해 신탁재산만으로 책임지는 '유한책임'을 부담할 뿐 수탁자의 고유재산으로 책임을 부담하지 않는다. 수익자는 신탁재산의 이익을 향유하는 자이므로, 이러한 수익권의 성격상 수탁자는 신탁재산만으로 수익급부를 행하면 충분한 것이다. 물론, 수탁자의 의무위반을 이유로 수익자가 손해배상청구를 하는 경우 수탁자는 고유재산으로 배상을 해야 하지만, 이는 신탁에 대한 책임이지 수익급부는 아니다.[64)]

---

64) 최수정, 신탁법(박영사, 2019년), 384면. 이와 달리 수탁자는 신탁재산과 거래한 상대방에게는 신탁재산 이외의 고유재산으로도 책임을 지는 '무한책임'을 부담하게 된다. 수탁자와 거래한 상대방을 보호하기 위한 것이다. 한편, 수탁자가 무한책임을 부담하지 않기 위해 '유한책임신탁'을 설정할 수 있다.

제39조【장부 등 서류의 작성 · 보존 및 비치 의무】 ① 수탁자는 신탁사무와 관련된 장부 및 그 밖의 서류를 갖추어 두고 각 신탁에 관하여 그 사무의 처리와 계산을 명백히 하여야 한다.

② 수탁자는 신탁을 인수한 때와 매년 1회 일정한 시기에 각 신탁의 재산목록을 작성하여야 한다. 다만, 재산목록의 작성 시기에 관하여 신탁행위로 달리 정한 경우에는 그에 따른다.

③ 수탁자는 제1항 및 제2항의 장부, 재산목록 및 그 밖의 서류를 대통령령으로 정하는 기간 동안 보존하여야 한다.

④ 제3항에 따라 장부, 재산목록 및 그 밖의 서류를 보존하는 경우 그 보존방법과 그 밖에 필요한 사항은 대통령령으로 정한다.

제40조【서류의 열람 등】 ① 위탁자나 수익자는 수탁자나 신탁재산관리인에게 신탁사무의 처리와 계산에 관한 장부 및 그 밖의 서류의 열람 또는 복사를 청구하거나 신탁사무의 처리와 계산에 관하여 설명을 요구할 수 있다.

② 위탁자와 수익자를 제외한 이해관계인은 수탁자나 신탁재산관리인에게 신탁의 재산목록 등 신탁사무의 계산에 관한 장부 및 그 밖의 서류의 열람 또는 복사를 청구할 수 있다.

제41조【금전의 관리방법】 신탁재산에 속하는 금전의 관리는 신탁행위로 달리 정한 바가 없으면 다음 각 호의 방법으로 하여야 한다.

1. 국채, 지방채 및 특별법에 따라 설립된 법인의 사채의 응모 · 인수 또는 매입
2. 국채나 그 밖에 제1호의 유가증권을 담보로 하는 대부
3. 은행예금 또는 우체국예금

해설

신탁회사와 체결되는 신탁계약은 위탁자와 신탁회사 사이에 신탁계약에 따라 신탁재산에 속하는 금전의 운용방법을 미리 정하거나 위탁자의 운용지시에 따라 운용하는 것이 보통이다. 신탁법 제41조는 위탁자와 수탁자 사이의 신탁계약에서 운용방법을 정하지 않은 경우 수탁자가 임의로 신탁재산을 운용함에 있어서 손실위험이 거의 없는 국채, 지방채, 국채 · 지방채 담보 대부, 은행예금 및 우체국예금으로만 운용하라는 규정이다. 수탁자가 개인인 민사신탁에는 적합할지 모르나, 은행, 증권, 보험 겸영 신탁회사가 수탁자인 상사신탁의 경우 투자손실 위험이 낮은 안전자산으로 확대할 필요가 있다.

제42조【신탁사무의 위임】 ① 수탁자는 정당한 사유가 있으면 수익자의 동의를 받아 타인으로 하여금 자기를 갈음하여 신탁사무를 처리하게 할 수 있다. 다만, 신탁행위로 달리 정한 경우에는 그에 따른다.

부록

② 제1항 본문의 경우 수탁자는 그 선임 · 감독에 관하여만 책임을 진다. 신탁행위로 타인으로 하여금 신탁사무를 처리하게 한 경우에도 또한 같다.

③ 수탁자를 갈음하여 신탁사무를 처리하는 자는 수탁자와 동일한 책임을 진다.

제43조【수탁자의 원상회복의무 등】 ① 수탁자가 그 의무를 위반하여 신탁재산에 손해가 생긴 경우 위탁자, 수익자 또는 수탁자가 여럿인 경우의 다른 수탁자는 그 수탁자에게 신탁재산의 원상회복을 청구할 수 있다. 다만, 원상회복이 불가능하거나 현저하게 곤란한 경우, 원상회복에 과다한 비용이 드는 경우, 그 밖에 원상회복이 적절하지 아니한 특별한 사정이 있는 경우에는 손해배상을 청구할 수 있다.

② 수탁자가 그 의무를 위반하여 신탁재산이 변경된 경우에도 제1항과 같다.

③ 수탁자가 제33조부터 제37조까지의 규정에서 정한 의무를 위반한 경우에는 신탁재산에 손해가 생기지 아니하였더라도 수탁자는 그로 인하여 수탁자나 제3자가 얻은 이득 전부를 신탁재산에 반환하여야 한다.

제44조【분별관리의무 위반에 관한 특례】 수탁자가 제37조에 따른 분별관리의무를 위반하여 신탁재산에 손실이 생긴 경우 수탁자는 분별하여 관리하였더라도 손실이 생겼으리라는 것을 증명하지 아니하면 그 책임을 면하지 못한다.

제45조【수탁법인의 이사의 책임】 수탁자인 법인이 제43조 및 제44조에 따라 책임을 지는 경우 그 책임의 원인이 된 의무위반행위에 관여한 이사와 그에 준하는 자는 법인과 연대하여 책임을 진다.

제46조【비용상환청구권】 ① 수탁자는 신탁사무의 처리에 관하여 필요한 비용을 신탁재산에서 지출할 수 있다.

② 수탁자가 신탁사무의 처리에 관하여 필요한 비용을 고유재산에서 지출한 경우에는 지출한 비용과 지출한 날 이후의 이자를 신탁재산에서 상환(償還)받을 수 있다.

③ 수탁자가 신탁사무의 처리를 위하여 자기의 과실 없이 채무를 부담하거나 손해를 입은 경우에도 제1항 및 제2항과 같다.

④ 수탁자는 신탁재산이 신탁사무의 처리에 관하여 필요한 비용을 충당하기에 부족하게 될 우려가 있을 때에는 수익자에게 그가 얻은 이익의 범위에서 그 비용을 청구하거나 그에 상당하는 담보의 제공을 요구할 수 있다. 다만, 수익자가 특정되어 있지 아니하거나 존재하지 아니하는 경우 또는 수익자가 수익권을 포기한 경우에는 그러하지 아니하다.

⑤ 수탁자가 신탁사무의 처리를 위하여 자기의 과실 없이 입은 손해를 전보(塡補)하기에 신탁재산이 부족할 때에도 제4항과 같다.

⑥ 제1항부터 제5항까지의 규정에서 정한 사항에 대하여 신탁행위로 달리 정한 사항이 있으면 그에 따른다.

제47조【보수청구권】 ① 수탁자는 신탁행위에 정함이 있는 경우에만 보수를 받을 수 있다. 다만, 신탁을 영업으로 하는 수탁자의 경우에는 신탁행위에 정함이 없는 경우에도 보수를 받을 수 있다.

② 보수의 금액 또는 산정방법을 정하지 아니한 경우 수탁자는 신탁사무의 성질과 내용에 비추어 적당한 금액의 보수를 지급받을 수 있다.

③ 제1항의 보수가 사정의 변경으로 신탁사무의 성질 및 내용에 비추어 적당하지 아니하게 된 경우 법원은 위탁자, 수익자 또는 수탁자의 청구에 의하여 수탁자의 보수를 증액하거나 감액할 수 있다.

④ 수탁자의 보수에 관하여는 제46조제4항을 준용한다. 다만, 신탁행위로 달리 정한 사항이 있으면 그에 따른다.

제48조【비용상환청구권의 우선변제권 등】 ① 수탁자는 신탁재산에 대한 민사집행절차 또는 「국세징수법」에 따른 공매절차에서 수익자나 그 밖의 채권자보다 우선하여 신탁의 목적에 따라 신탁재산의 보존, 개량을 위하여 지출한 필요비 또는 유익비(有益費)의 우선변제를 받을 권리가 있다.

② 수탁자는 신탁재산을 매각하여 제46조에 따른 비용상환청구권 또는 제47조에 따른 보수청구권에 기한 채권의 변제에 충당할 수 있다. 다만, 그 신탁재산의 매각으로 신탁의 목적을 달성할 수 없게 되거나 그 밖의 상당한 이유가 있는 경우에는 그러하지 아니하다.

제49조【권리행사요건】 수탁자는 제43조 및 제44조에 따른 원상회복의무 등을 이행한 후가 아니면 제46조 또는 제47조에 따른 권리를 행사할 수 없다.

제50조【공동수탁자】 ① 수탁자가 여럿인 경우 신탁재산은 수탁자들의 합유(合有)로 한다.

② 제1항의 경우 수탁자 중 1인의 임무가 종료하면 신탁재산은 당연히 다른 수탁자에게 귀속된다.

③ 제1항의 경우 신탁행위로 달리 정한 바가 없으면 신탁사무의 처리는 수탁자가 공동으로 하여야 한다. 다만, 보존행위는 각자 할 수 있다.

④ 수탁자가 여럿인 경우 수탁자 1인에 대한 의사표시는 다른 수탁자에게도 효력이 있다.

⑤ 수탁자가 여럿인 경우 신탁행위로 다른 수탁자의 업무집행을 대리할 업무집행수탁자를 정할 수 있다.

제51조【공동수탁자의 연대책임】 ① 수탁자가 여럿인 경우 수탁자들은 신탁사무의 처리에 관하여 제3자에게 부담한 채무에 대하여 연대하여 변제할 책임이 있다.

② 수탁자가 여럿인 경우 그 중 일부가 수탁자로서의 의무를 위반하여 부담한 채무에 대하여 그 행위에 관여하지 아니한 다른 수탁자는 책임이 없다. 다만, 다른 수탁자의 의무위반행위를 저지하기 위하여 합리적인 조치를 취하지 아니한 경우에는 그러하지 아니하다.

제52조【신수탁자 등의 원상회복청구권 등】 신수탁자나 신탁재산관리인도 제43조에 따른 권리를 행사할 수 있다.

제53조【신수탁자의 의무의 승계】 ① 수탁자가 변경된 경우 신수탁자는 전수탁자(前受託者)가 신탁행위로 인하여 수익자에게 부담하는 채무를 승계한다. 수탁자가 여럿인 경우 일부의 수탁자가 변경된 경우에도 또한 같다.

② 신탁사무의 처리에 관하여 발생한 채권은 신탁재산의 한도 내에서 신수탁자에게도 행사할 수 있다.

③ 제22조제1항 단서에 따른 신탁재산에 대한 강제집행등의 절차 또는 국세 등 체납처분의 절차는 신수탁자에 대하여 속행(續行)할 수 있다.

제54조【전수탁자의 우선변제권 등】 ① 전수탁자의 비용상환청구권에 관하여는 제48조제1항 및 제49조를 준용한다.

② 전수탁자는 제46조의 청구권에 기한 채권을 변제받을 때까지 신탁재산을 유치(留置)할 수 있다.

제55조【사무의 인계】 ① 수탁자가 변경된 경우 전수탁자와 그 밖의 관계자는 신탁사무의 계산을 하고, 수익자의 입회하에 신수탁자에게 사무를 인계하여야 한다.

② 수익자가 제1항의 계산을 승인한 경우에는 전수탁자나 그 밖의 관계자의 수익자에 대한 인계에 관한 책임은 면제된 것으로 본다. 다만, 부정행위가 있었던 경우에는 그러하지 아니하다.

제5장 수익자의 권리 · 의무

제1절 수익권의 취득과 포기

제56조【수익권의 취득】 ① 신탁행위로 정한 바에 따라 수익자로 지정된 자(제58조제1항 및 제2항에 따라 수익자로 지정된 자를 포함한다)는 당연히 수익권을 취득한다. 다만, 신탁행위로 달리 정한 경우에는 그에 따른다.

② 수탁자는 지체 없이 제1항에 따라 수익자로 지정된 자에게 그 사실을 통지하여야 한다. 다만, 수익권에 부담이 있는 경우를 제외하고는 신탁행위로 통지시기를 달리 정할 수 있다.

제57조【수익권의 포기】 ① 수익자는 수탁자에게 수익권을 포기하는 취지의 의사표시를 할 수 있다.

② 수익자가 제1항에 따른 포기의 의사표시를 한 경우에는 처음부터 수익권을 가지지 아니하였던 것으로 본다. 다만, 제3자의 권리를 해치지 못한다.

제58조【수익자지정권등】 ① 신탁행위로 수익자를 지정하거나 변경할 수 있는 권한(이하 "수익자지정권등"이라 한다)을 갖는 자를 정할 수 있다.

② 수익자지정권등을 갖는 자는 수탁자에 대한 의사표시 또는 유언으로 그 권한을 행사할 수 있다.

③ 수익자지정권등이 유언으로 행사되어 수탁자가 그 사실을 알지 못한 경우 이로 인하여 수익자로 된 자는 그 사실로써 수탁자에게 대항하지 못한다.

④ 수익자를 변경하는 권한이 행사되어 수익자가 그 수익권을 상실한 경우 수탁자는 지체 없이 수익권을 상실한 자에게 그 사실을 통지하여야 한다. 다만, 신탁행위로 달리 정한 경우에는 그에 따른다.

⑤ 수익자지정권등은 신탁행위로 달리 정한 바가 없으면 상속되지 아니한다.

해설

수익자 확정 여부에 따라 신탁행위 시 수익자 및 수익권이 특정된 '확정신탁(fixed trust)'과 신탁행위 시 수익자 및 수익권이 특정되지 아니하는 '재량신탁(discretionary trust)'이 있다. 통상 장기간 계약을 유지하는 가족신탁의 영역에서 신탁을 설계하는 위탁자가 예상하지 못한 가족의 변화(주로, 손자 이후 세대에 구성원)에 능동적으로 대처할 수 있다는 점에서 재량신탁은 향후 그 활용이 많아질 것으로 판단된다.

우리나라 신탁의 대부분은 위탁자가 신탁계약 체결 시점에 수익자와 수익권이 특정되는 확정신탁이다. 위탁자가 신탁계약 체결 시점에 수익자를 지정하지 아니한 경우에는 위탁자가 사무처리능력이 충분하다는 것을 전제로 신탁계약 이후에도 위탁자는 수익자를 지정할 수 있고, 신탁계약의 변경권한을 보유하는 경우에는 신탁계약 체결 시점에 정한 수익자를 변경할 수 있음은 당연하다.

다만, 위탁자가 계약 체결 시점에 수익자를 지정할 수 없거나 지정한 수익자가 수익자로서 권리를 보유하는 것이 위탁자가 체결한 신탁계약의 취지에 현저히 어긋날 수 있는 경우를 대비하여 신탁행위로 수익자를 지정하는 권한(수익자지정권) 또는 신탁행위 시 정해진 수익자의 수익권을 소멸하고 새로운 수익자를 수익자로 변경할 수 있는 권한(수익자변경권)을 제3자에 부여할 수 있다. 신탁행위로 수익자지정변경권자를 정한 경우 신탁원부에 '수익자를 지정하거나 변경할 수 있는 권한을 갖는 자의 성명 및 주소'를 기록하여야 한다(부동산등기법 제81조).

한편, 신탁계약이 내용에 따라 수익자지정변경권자를 지정하더라도 위탁자가 사무처리능력이 충분하다는 것을 전제로 수익자지정변경권자의 수익자지정권 및 수익자변경권과 위탁자의 신탁계약 변경에 따라 수익자를 지정하거나 변경할 권한 사이의 우열이 문제될 수 있다. 신탁행위에서 정한 바에 따르면 될 것이나, 위탁자는 수익자지정변경권자의 지정행위를 철회하고, 신탁원부에 기재된 수익자지정변경권자를 말소한 후 위탁자가 수익자를 지정하거나 변경하는 것이 명확한 법률관계 정립을 위해 좋은 방법이다.

제59조【유언대용신탁】 ① 다음 각 호의 어느 하나에 해당하는 신탁의 경우에는 위탁자가 수익자를 변경할 권리를 갖는다. 다만, 신탁행위로 달리 정한 경우에는 그에 따른다.

1. 수익자가 될 자로 지정된 자가 위탁자의 사망 시에 수익권을 취득하는 신탁
2. 수익자가 위탁자의 사망 이후에 신탁재산에 기한 급부를 받는 신탁

② 제1항제2호의 수익자는 위탁자가 사망할 때까지 수익자로서의 권리를 행사하지 못한다. 다만, 신탁행위로 달리 정한 경우에는 그에 따른다.

해설

유언대용신탁의 법리는 이 책 본문을 참조하면 되므로, 여기서는 몇 가지 쟁점만 다루기로 한다.

첫째, 유언대용신탁계약의 위탁자의 지위가 상속되는지 문제된다. 우리 신탁법은 유언신탁에 한하여 위탁자의 지위가 상속되지 아니하도록 규정하고 있다. 유언대용신탁의 경우에도 위탁자의 지위가 상속된다면 위탁자의 상속인이 위탁자의 지위를 이전받아 위탁자로서 신탁계약을 변경하거나 사후수익자를 변경해버리면 사후수익자를 확정하고 수탁자에 의해 신탁재산을 사후수익자에게 배분하려는 위탁자의 애초 취지가 실현되지 아니할 위험이 있다. 유언대용신탁의 경우에도 위탁자의 지위가 상속되지 않음을 신탁법에 명시적으로 규정할 필요가 있다. 입법론은 별론으로 하면 유언대용신탁계약서에 위탁자의 지위가 상속되지 않음을 명시하는 방법도 있겠으나, 이 방법은 민법의 상속법리와 신탁계약의 충돌문제로 인식되어 견해의 대립이 있을 수 있을 것이다.

둘째, 유언대용신탁과 관련하여 보다 근본적인 의문은 유언대용신탁계약에서 위탁자가 사망한 경우

위탁자의 지위가 누군가에게 승계되어야 하는지, 즉 유언대용신탁계약에 위탁자가 반드시 존재해야 하는지이다. 유언대용신탁의 취지는 위탁자 생전에는 위탁자가 수익자로서 신탁재산의 수익을 향유하되 위탁자가 사망한 경우 상속법리가 아닌 신탁계약과 신탁법리에 의해 수탁자가 독립된 인격체로서 신탁재산을 사후수익자에게 배분하는 것인바, 위탁자 사망 이후 위탁자가 존재할 필요가 없다고 보는 것이 타당해 보인다. 신탁법 제16조 제1항과 제21조 제1항도 '위탁자가 존재하지 아니하는 경우'를 상정하고 있다는 것도 논거로 주장할 수 있다.

셋째, 자기신탁방식으로 유언대용신탁을 설정할 수 있는가이다. 미국에서는 자기를 수탁자로 하는 '자기신탁' 방식으로 일단 유언대용신탁을 설정하면서, 위탁자 겸 수탁자 본인 사망 시 신수탁자(승계수탁자)를 지정해 놓음으로써, 위탁자 사망 시 신탁재산의 관리 및 배분을 하도록 하는 경우도 많다. 신탁법 제59조는 유언대용신탁 설정방식의 제한이 없기 때문에 신탁법 제3조의 신탁설정 방법 중 어느 하나를 선택할 수 있기 때문에, 우리 신탁법상으로도 자기신탁 방식의 유언대용신탁계약도 가능한 것으로 판단된다.

제60조【수익자연속신탁】 신탁행위로 수익자가 사망한 경우 그 수익자가 갖는 수익권이 소멸하고 타인이 새로 수익권을 취득하도록 하는 뜻을 정할 수 있다. 이 경우 수익자의 사망에 의하여 차례로 타인이 수익권을 취득하는 경우를 포함한다.

해설

수익자가 사망한 경우 그 수익자(1차수익자)가 갖는 수익권이 소멸하고 타인(2차수익자)이 새로이 수익권을 취득하도록 정한 신탁이 수익자연속신탁이다. '위탁자 사망'으로 수익권을 취득하거나 수익권을 행사하는 유언대용신탁과는 달리, 수익자연속신탁은 '수익자 사망'으로 다음 차수의 수익자가 수익권을 취득하는 신탁이다. 신탁법 제60조 후문에 따르면 차례로 다음 차수의 수익자를 지정할 수 있고, 우리 신탁법은 영구불확정금지의 원칙(rule against perpetuities)을 도입하지 않았기 때문에 차수를 무한대로 할 수 있다. 유언대용신탁과 수익자연속신탁을 결합시키면 '가문의 자산관리도구'를 만들 수 있다.

제2절 수익권의 행사

제61조【수익권의 제한 금지】 다음 각 호에 해당하는 수익자의 권리는 신탁행위로도 제한할 수 없다.

1. 이 법에 따라 법원에 청구할 수 있는 권리
2. 제22조제2항 또는 제3항에 따라 강제집행등 또는 국세 등 체납처분에 대하여 이의를 제기할 수 있는 권리
3. 제40조제1항에 따라 장부 등의 열람 또는 복사를 청구할 수 있는 권리

부록

4. 제43조 및 제45조에 따라 원상회복 또는 손해배상 등을 청구할 수 있는 권리
5. 제57조제1항에 따라 수익권을 포기할 수 있는 권리
6. 제75조제1항에 따라 신탁위반의 법률행위를 취소할 수 있는 권리
7. 제77조에 따라 유지를 청구할 수 있는 권리
8. 제89조, 제91조제3항 및 제95조제3항에 따라 수익권의 매수를 청구할 수 있는 권리
9. 그 밖에 신탁의 본질에 비추어 수익자 보호를 위하여 필요하다고 대통령령으로 정하는 권리

제62조【수익채권과 신탁채권의 관계】 신탁채권은 수익자가 수탁자에게 신탁재산에 속한 재산의 인도와 그 밖에 신탁재산에 기한 급부를 요구하는 청구권(이하 "수익채권"이라 한다)보다 우선한다.

제63조【수익채권의 소멸시효】 ① 수익채권의 소멸시효는 채권의 예에 따른다.

② 제1항에도 불구하고 수익채권의 소멸시효는 수익자가 수익자로 된 사실을 알게 된 때부터 진행한다.

③ 제1항에도 불구하고 신탁이 종료한 때부터 6개월 내에는 수익채권의 소멸시효가 완성되지 아니한다.

제3절 수익권의 양도

제64조【수익권의 양도성】 ① 수익자는 수익권을 양도할 수 있다. 다만, 수익권의 성질이 양도를 허용하지 아니하는 경우에는 그러하지 아니하다.

② 제1항에도 불구하고 수익권의 양도에 대하여 신탁행위로 달리 정한 경우에는 그에 따른다. 다만, 그 정함으로써 선의의 제3자에게 대항하지 못한다.

제65조【수익권 양도의 대항요건과 수탁자의 항변】 ① 수익권의 양도는 다음 각 호의 어느 하나에 해당하는 경우에만 수탁자와 제3자에게 대항할 수 있다.

1. 양도인이 수탁자에게 통지한 경우
2. 수탁자가 승낙한 경우

② 제1항 각 호의 통지 및 승낙은 확정일자가 있는 증서로 하지 아니하면 수탁자 외의 제3자에게 대항할 수 없다.

③ 수탁자는 제1항 각 호의 통지 또는 승낙이 있는 때까지 양도인에 대하여 발생한 사유로 양수인에게 대항할 수 있다.

④ 수탁자가 이의를 보류하지 아니하고 제1항제2호의 승낙을 한 경우에는 양도인에게 대항할 수 있는 사유로써 양수인에게 대항하지 못한다. 다만, 수탁자가 채무를 소멸하게 하기 위하여 양도인에게 급여한 것이 있으면 이를 회수할 수 있고, 양도인에 대하여 부담한 채무가 있으면 그 성립되지 아니함을 주장할 수 있다.

제66조【수익권에 대한 질권】 ① 수익자는 수익권을 질권의 목적으로 할 수 있다. 다만, 수익권의 성질이 질권의 설정을 허용하지 아니하는 경우에는 그러하지 아니하다.

② 제1항에도 불구하고 수익권을 목적으로 하는 질권의 설정에 대하여 신탁행위로 달리 정한 경우에는 그에 따른다. 다만, 그 정함으로써 선의의 제3자에게 대항하지 못한다.

③ 수익권을 목적으로 하는 질권의 설정에 관하여는 수익권 양도의 대항요건과 수탁자의 항변사유에 관한 제65조를 준용한다. 이 경우 제65조 중 "양도인"은 "수익자"로, "양수인"은 "질권자"로 보고, 같은 조 제1항 중 "수익권의 양수 사실"은 "수익권에 대하여 질권이 설정된 사실"로 본다.

④ 수익권을 목적으로 하는 질권은 그 수익권에 기한 수익채권과 이 법 또는 신탁행위에 따라 그 수익권을 갈음하여 수익자가 받을 금전이나 그 밖의 재산에도 존재한다.

⑤ 수익권의 질권자는 직접 수탁자로부터 금전을 지급받아 다른 채권자에 우선하여 자기 채권의 변제에 충당할 수 있다.

⑥ 질권자의 채권이 변제기에 이르지 아니한 경우 질권자는 수탁자에게 그 변제금액의 공탁을 청구할 수 있다. 이 경우 질권은 그 공탁금에 존재한다.

제4절 신탁관리인

제67조【신탁관리인의 선임】 ① 수익자가 특정되어 있지 아니하거나 존재하지 아니하는 경우 법원은 위탁자나 그 밖의 이해관계인의 청구에 의하여 또는 직권으로 신탁관리인을 선임할 수 있다. 다만, 신탁행위로 신탁관리인을 지정한 경우에는 그에 따른다.

② 수익자가 미성년자, 한정치산자 또는 금치산자이거나 그 밖의 사유로 수탁자에 대한 감독을 적절히 할 수 없는 경우 법원은 이해관계인의 청구에 의하여 또는 직권으로 신탁관리인을 선임할 수 있다. 다만, 신탁행위로 달리 정한 경우에는 그에 따른다.

③ 수익자가 여럿인 경우 수익자는 제71조의 방법에 따른 의사결정으로 신탁관리인을 선임할 수 있다. 수익권의 내용이 다른 여러 종류의 수익권이 있고 같은 종류의 수익권을 가진 수익자(이하 "종류수익자"라 한다)가 여럿인 경우에도 또한 같다.

부록

④ 법원은 제1항 또는 제2항에 따라 선임한 신탁관리인에게 필요한 경우 신탁재산에서 적당한 보수를 줄 수 있다.

제68조【신탁관리인의 권한】 ① 신탁관리인은 수익자의 이익이나 목적신탁의 목적 달성을 위하여 자기의 명의로 수익자의 권리에 관한 재판상 또는 재판 외의 모든 행위를 할 권한이 있다. 다만, 신탁관리인의 선임을 수탁자에게 통지하지 아니한 경우에는 수탁자에게 대항하지 못한다.

② 신탁관리인은 신탁에 관하여 수익자와 동일한 지위를 가지는 것으로 본다.

③ 제67조제1항에 따라 선임된 신탁관리인이 여럿인 경우 신탁행위로 달리 정한 바가 없으면 공동으로 사무를 처리한다.

④ 신탁관리인이 개별 수익자를 위하여 제67조제2항에 따라 각각 선임된 경우에는 각 신탁관리인은 해당 수익자를 위하여 단독으로 사무를 처리한다. 이 경우 개별 수익자를 위하여 선임된 여럿의 신탁관리인들은 해당 수익자를 위하여 공동으로 사무를 처리한다.

⑤ 제67조제3항 전단에 따라 선임된 신탁관리인이 여럿인 경우에는 선임 시 달리 정하지 아니하면 공동으로 사무를 처리한다.

⑥ 제67조제3항 후단에 따라 선임된 신탁관리인은 자신을 선임한 종류수익자만을 위하여 단독으로 사무를 처리한다. 이 경우 하나의 종류수익자를 위하여 선임된 여럿의 신탁관리인들은 그 종류수익자를 위하여 공동으로 사무를 처리한다.

⑦ 제67조제3항에 따라 신탁관리인을 선임한 경우에도 수익자는 제71조의 방법에 따른 의사결정으로 사무를 처리할 수 있다.

제69조【신탁관리인의 임무 종료】 ① 제67조제1항에 따라 선임된 신탁관리인은 수익자가 특정되거나 존재하게 되면 임무가 종료된다.

② 제67조제2항에 따라 선임된 신탁관리인은 다음 각 호의 어느 하나에 해당하는 경우 임무가 종료된다.

1. 미성년자인 수익자가 성년에 도달한 경우
2. 수익자가 한정치산선고 · 금치산선고의 취소심판을 받은 경우
3. 그 밖에 수익자가 수탁자에 대한 감독능력을 회복한 경우

③ 제1항 또는 제2항에 따라 신탁관리인의 임무가 종료된 경우 수익자 또는 신탁관리인은 수탁자에게 신탁관리인의 임무 종료 사실을 통지하지 아니하면 수탁자에게 대항하지 못한다.

제70조【신탁관리인의 사임 또는 해임에 의한 임무 종료】 ① 신탁관리인은 선임 시에 달리 정하지 아니하면 신탁관리인을 선임한 법원 또는 수익자의 승낙 없이 사임하지 못한다.

② 제1항에도 불구하고 신탁관리인은 정당한 이유가 있는 경우 법원의 허가를 받아 사임할 수 있다.

③ 사임한 신탁관리인의 통지의무 및 계속적 사무의 관리에 관하여는 제14조제3항 및 제15조를 준용한다.

④ 신탁관리인을 선임한 법원 또는 수익자는 언제든지 그 신탁관리인을 해임할 수 있다. 다만, 수익자가 정당한 이유 없이 신탁관리인에게 불리한 시기에 해임한 경우 수익자는 그 손해를 배상하여야 한다.

⑤ 해임된 신탁관리인의 통지의무 및 계속적 사무의 관리에 관하여는 제16조제4항 및 제5항을 준용한다.

⑥ 법원은 신탁관리인의 사임허가결정이나 임무 위반을 이유로 해임결정을 함과 동시에 새로운 신탁관리인을 선임하여야 한다. 이 경우 새로 선임된 신탁관리인은 즉시 수익자에게 그 사실을 통지하여야 한다.

⑦ 제1항, 제2항, 제4항 및 제6항의 경우 수익자, 신탁관리인, 그 밖의 이해관계인은 기존 신탁관리인의 사임 또는 해임, 새로운 신탁관리인의 선임 사실을 수탁자에게 통지하지 아니하면 그 사실로써 수탁자에게 대항하지 못한다.

제5절 수익자가 여럿인 경우 의사결정

제71조【수익자가 여럿인 경우 의사결정 방법】 ① 수익자가 여럿인 신탁에서 수익자의 의사는 수익자 전원의 동의로 결정한다. 다만, 제61조 각 호의 권리는 각 수익자가 개별적으로 행사할 수 있다.

② 신탁행위로 수익자집회를 두기로 정한 경우에는 제72조부터 제74조까지의 규정에 따른다.

③ 제1항 본문 및 제2항에도 불구하고 신탁행위로 달리 정한 경우에는 그에 따른다.

제72조【수익자집회의 소집】 ① 수익자집회는 필요가 있을 때 수시로 개최할 수 있다.

② 수익자집회는 수탁자가 소집한다.

③ 수익자는 수탁자에게 수익자집회의 목적사항과 소집이유를 적은 서면 또는 전자문서로 수익자집회의 소집을 청구할 수 있다.

④ 제3항의 청구를 받은 후 수탁자가 지체 없이 수익자집회의 소집절차를 밟지 아니하는

부록

경우 수익자집회의 소집을 청구한 수익자는 법원의 허가를 받아 수익자집회를 소집할 수 있다.

⑤ 수익자집회를 소집하는 자(이하 "소집자"라 한다)는 집회일 2주 전에 알고 있는 수익자 및 수탁자에게 서면이나 전자문서(수익자의 경우 전자문서로 통지를 받는 것에 동의한 자만 해당한다)로 회의의 일시 · 장소 및 목적사항을 통지하여야 한다.

⑥ 소집자는 의결권 행사에 참고할 수 있도록 수익자에게 대통령령으로 정하는 서류를 서면이나 전자문서(전자문서로 제공받는 것에 동의한 수익자의 경우만 해당한다)로 제공하여야 한다.

제73조【수익자집회의 의결권 등】 ① 수익자는 수익자집회에서 다음 각 호의 구분에 따른 의결권을 갖는다.

1. 각 수익권의 내용이 동일한 경우: 수익권의 수
2. 각 수익권의 내용이 동일하지 아니한 경우: 수익자집회의 소집이 결정된 때의 수익권 가액

② 수익권이 그 수익권에 관한 신탁의 신탁재산에 속한 경우 수탁자는 그 수익권에 대하여 의결권을 행사하지 못한다.

③ 수익자는 수익자집회에 출석하지 아니하고 서면이나 전자문서(소집자가 전자문서로 행사하는 것을 승낙한 경우만 해당한다)로 의결권을 행사할 수 있다. 이 경우 수익자 확인절차 등 전자문서에 의한 의결권행사의 절차와 그 밖에 필요한 사항은 대통령령으로 정한다.

④ 수익자가 둘 이상의 의결권을 가지고 있을 때에는 이를 통일하지 아니하고 행사할 수 있다. 이 경우 수익자집회일 3일 전에 소집자에게 서면 또는 전자문서로 그 뜻과 이유를 통지하여야 한다.

⑤ 의결권을 통일하지 아니하고 행사하는 수익자가 타인을 위하여 수익권을 가지고 있는 경우가 아니면 소집자는 수익자의 의결권 불통일행사를 거부할 수 있다.

⑥ 수익자는 대리인으로 하여금 의결권을 행사하게 할 수 있다. 이 경우 해당 수익자나 대리인은 대리권을 증명하는 서면을 소집자에게 제출하여야 한다.

⑦ 수탁자는 수익자집회에 출석하거나 서면으로 의견을 진술할 수 있고, 수익자집회는 필요하다고 인정하는 경우 수익자집회의 결의로 수탁자에게 출석을 요구할 수 있다.

⑧ 수익자집회의 의장은 수익자 중에서 수익자집회의 결의로 선임한다.

제74조【수익자집회의 결의】 ① 수익자집회의 결의는 행사할 수 있는 의결권의 과반수에 해당하는 수익자가 출석하고 출석한 수익자의 의결권의 과반수로써 하여야 한다.

② 제1항에도 불구하고 다음 각 호의 사항에 관한 수익자집회의 결의는 의결권의 과반수에 해당하는 수익자가 출석하고 출석한 수익자의 의결권의 3분의 2 이상으로써 하여야 한다.

1. 제16조제1항에 따른 수탁자 해임의 합의
2. 제88조제1항에 따른 신탁의 변경 중 신탁목적의 변경, 수익채권 내용의 변경, 그 밖에 중요한 신탁의 변경의 합의
3. 제91조제2항 및 제95조제2항에 따른 신탁의 합병 · 분할 · 분할합병 계획서의 승인
4. 제99조제1항에 따른 신탁의 종료 합의
5. 제103조제1항에 따른 신탁의 종료 시 계산의 승인

③ 수익자집회의 소집자는 의사의 경과에 관한 주요한 내용과 그 결과를 적은 의사록을 작성하고 기명날인 또는 서명하여야 한다.

④ 수익자집회의 결의는 해당 신탁의 모든 수익자에 대하여 효력이 있다.

⑤ 수익자집회와 관련하여 필요한 비용을 지출한 자는 수탁자에게 상환을 청구할 수 있다. 이 경우 수탁자는 신탁재산만으로 책임을 진다.

제6절 수익자의 취소권 및 유지청구권

제75조【신탁위반 법률행위의 취소】 ① 수탁자가 신탁의 목적을 위반하여 신탁재산에 관한 법률행위를 한 경우 수익자는 상대방이나 전득자(轉得者)가 그 법률행위 당시 수탁자의 신탁목적의 위반 사실을 알았거나 중대한 과실로 알지 못하였을 때에만 그 법률행위를 취소할 수 있다.

② 수익자가 여럿인 경우 그 1인이 제1항에 따라 한 취소는 다른 수익자를 위하여도 효력이 있다.

제76조【취소권의 제척기간】 제75조제1항에 따른 취소권은 수익자가 취소의 원인이 있음을 안 날부터 3개월, 법률행위가 있은 날부터 1년 내에 행사하여야 한다.

제77조【수탁자에 대한 유지청구권】 ① 수탁자가 법령 또는 신탁행위로 정한 사항을 위반하거나 위반할 우려가 있고 해당 행위로 신탁재산에 회복할 수 없는 손해가 발생할 우려가 있는 경우 수익자는 그 수탁자에게 그 행위를 유지(留止)할 것을 청구할 수 있다.

② 수익자가 여럿인 신탁에서 수탁자가 법령 또는 신탁행위로 정한 사항을 위반하거나 위반할 우려가 있고 해당 행위로 일부 수익자에게 회복할 수 없는 손해가 발생할 우려가 있는

부록

경우에도 제1항과 같다.

제7절 수익증권

제78조【수익증권의 발행】 ① 신탁행위로 수익권을 표시하는 수익증권을 발행하는 뜻을 정할 수 있다. 이 경우 각 수익권의 내용이 동일하지 아니할 때에는 특정 내용의 수익권에 대하여 수익증권을 발행하지 아니한다는 뜻을 정할 수 있다.

② 제1항의 정함이 있는 신탁(이하 "수익증권발행신탁"이라 한다)의 수탁자는 신탁행위로 정한 바에 따라 지체 없이 해당 수익권에 관한 수익증권을 발행하여야 한다.

③ 수익증권은 기명식(記名式) 또는 무기명식(無記名式)으로 한다. 다만, 담보권을 신탁재산으로 하여 설정된 신탁의 경우에는 기명식으로만 하여야 한다.

④ 신탁행위로 달리 정한 바가 없으면 수익증권이 발행된 수익권의 수익자는 수탁자에게 기명수익증권을 무기명식으로 하거나 무기명수익증권을 기명식으로 할 것을 청구할 수 있다.

⑤ 수익증권에는 다음 각 호의 사항과 번호를 적고 수탁자(수탁자가 법인인 경우에는 그 대표자를 말한다)가 기명날인 또는 서명하여야 한다.

1. 수익증권발행신탁의 수익증권이라는 뜻
2. 위탁자 및 수탁자의 성명 또는 명칭 및 주소
3. 기명수익증권의 경우에는 해당 수익자의 성명 또는 명칭
4. 각 수익권에 관한 수익채권의 내용 및 그 밖의 다른 수익권의 내용
5. 제46조제6항 및 제47조제4항에 따라 수익자의 수탁자에 대한 보수지급의무 또는 비용 등의 상환의무 및 손해배상의무에 관하여 신탁행위의 정함이 있는 경우에는 그 뜻 및 내용
6. 수익자의 권리행사에 관하여 신탁행위의 정함(신탁관리인에 관한 사항을 포함한다)이 있는 경우에는 그 뜻 및 내용
7. 제114조제1항에 따른 유한책임신탁인 경우에는 그 뜻 및 신탁의 명칭
8. 제87조에 따라 신탁사채 발행에 관하여 신탁행위의 정함이 있는 경우에는 그 뜻 및 내용
9. 그 밖에 수익권에 관한 중요한 사항으로서 대통령령으로 정하는 사항

⑥ 수탁자는 신탁행위로 정한 바에 따라 수익증권을 발행하는 대신 전자등록기관(유가증권

등의 전자등록 업무를 취급하는 것으로 지정된 기관을 말한다)의 전자등록부에 수익증권을 등록할 수 있다. 이 경우 전자등록의 절차·방법 및 효과, 전자등록기관의 지정·감독 등 수익증권의 전자등록 등에 관하여 필요한 사항은 따로 법률로 정한다.

⑦ 제88조제1항에도 불구하고 수익증권발행신탁에서 수익증권발행신탁이 아닌 신탁으로, 수익증권발행신탁이 아닌 신탁에서 수익증권발행신탁으로 변경할 수 없다.

제79조【수익자명부】 ① 수익증권발행신탁의 수탁자는 지체 없이 수익자명부를 작성하고 다음 각 호의 사항을 적어야 한다.

1. 각 수익권에 관한 수익채권의 내용과 그 밖의 수익권의 내용
2. 각 수익권에 관한 수익증권의 번호 및 발행일
3. 각 수익권에 관한 수익증권이 기명식인지 무기명식인지의 구별
4. 기명수익증권의 경우에는 해당 수익자의 성명 또는 명칭 및 주소
5. 무기명수익증권의 경우에는 수익증권의 수
6. 기명수익증권의 수익자의 각 수익권 취득일
7. 그 밖에 대통령령으로 정하는 사항

② 수익증권발행신탁의 수탁자가 수익자나 질권자에게 하는 통지 또는 최고(催告)는 수익자명부에 적혀 있는 주소나 그 자로부터 수탁자에게 통지된 주소로 하면 된다. 다만, 무기명수익증권의 수익자나 그 질권자에게는 다음 각 호의 방법 모두를 이행하여 통지하거나 최고하여야 한다.

1. 「신문 등의 진흥에 관한 법률」에 따른 일반일간신문 중 전국을 보급지역으로 하는 신문(이하 "일반일간신문"이라 한다)에의 공고(수탁자가 법인인 경우에는 그 법인의 공고방법에 따른 공고를 말한다)
2. 수탁자가 알고 있는 자에 대한 개별적인 통지 또는 최고

③ 제2항 본문에 따른 통지 또는 최고는 보통 그 도달할 시기에 도달한 것으로 본다.

④ 수익증권발행신탁의 수탁자는 신탁행위로 정한 바에 따라 수익자명부관리인을 정하여 수익자명부의 작성, 비치 및 그 밖에 수익자명부에 관한 사무를 위탁할 수 있다.

⑤ 수익증권발행신탁의 수탁자는 수익자명부를 그 주된 사무소(제4항의 수익자명부관리인이 있는 경우에는 그 사무소를 말한다)에 갖추어 두어야 한다.

⑥ 수익증권발행신탁의 위탁자, 수익자 또는 그 밖의 이해관계인은 영업시간 내에 언제든지 수익자명부의 열람 또는 복사를 청구할 수 있다. 이 경우 수탁자나 수익자명부관리인은

부록

정당한 사유가 없다면 청구에 따라야 한다.

제80조【수익증권의 불소지】 ① 수익권에 대하여 기명수익증권을 발행하기로 한 경우 해당 수익자는 그 기명수익증권에 대하여 증권을 소지하지 아니하겠다는 뜻을 수탁자에게 신고할 수 있다. 다만, 신탁행위로 달리 정한 경우에는 그에 따른다.

② 제1항의 신고가 있는 경우 수탁자는 지체 없이 수익증권을 발행하지 아니한다는 뜻을 수익자명부에 적고, 수익자에게 그 사실을 통지하여야 한다. 이 경우 수탁자는 수익증권을 발행할 수 없다.

③ 제1항의 경우 이미 발행된 수익증권이 있으면 수탁자에게 제출하여야 하고, 수탁자에게 제출된 수익증권은 제2항의 기재를 한 때에 무효가 된다.

④ 제1항의 신고를 한 수익자라도 언제든지 수탁자에게 수익증권의 발행을 청구할 수 있다.

제81조【수익증권발행신탁 수익권의 양도】 ① 수익증권발행신탁의 경우 수익권을 표시하는 수익증권을 발행하는 정함이 있는 수익권을 양도할 때에는 해당 수익권을 표시하는 수익증권을 교부하여야 한다.

② 기명수익증권으로 표시되는 수익권의 이전은 취득자의 성명 또는 명칭과 주소를 수익자명부에 적지 아니하면 수탁자에게 대항하지 못한다.

③ 제78조제1항 후단에 따라 특정 수익권에 대하여 수익증권을 발행하지 아니한다는 뜻을 정한 수익증권발행신탁의 경우 해당 수익권의 이전은 취득자의 성명 또는 명칭과 주소를 수익자명부에 적지 아니하면 수탁자 및 제3자에게 대항하지 못한다.

④ 수익증권발행신탁에서 수익권을 표시하는 수익증권을 발행하는 정함이 있는 수익권의 경우 수익증권의 발행 전에 한 수익권의 양도는 수탁자에 대하여 효력이 없다. 다만, 수익증권을 발행하여야 하는 날부터 6개월이 경과한 경우에는 그러하지 아니하다.

제82조【수익증권의 권리추정력 및 선의취득】 ① 수익증권의 점유자는 적법한 소지인으로 추정한다.

② 수익증권에 관하여는 「수표법」 제21조를 준용한다.

제83조【수익증권발행신탁 수익권에 대한 질권】 ① 수익증권발행신탁의 경우 수익권을 질권의 목적으로 할 때에는 그 수익권을 표시하는 수익증권을 질권자에게 교부하여야 한다.

② 제1항에 따라 수익증권을 교부받은 질권자는 계속하여 수익증권을 점유하지 아니하면 그 질권으로써 수탁자 및 제3자에게 대항하지 못한다.

③ 제78조제1항 후단에 따라 특정 수익권에 대하여 수익증권을 발행하지 아니한다는 뜻을 정한 수익증권발행신탁의 경우 해당 수익권에 대한 질권은 그 질권자의 성명 또는 명칭과 주소를 수익자명부에 적지 아니하면 수탁자 및 제3자에게 대항하지 못한다.

④ 수익증권발행신탁에서 수익권을 표시하는 수익증권을 발행하는 정함이 있는 수익권의 경우 수익증권 발행 전에 한 수익권에 대한 질권의 설정은 수탁자에 대하여 효력이 없다. 다만, 수익증권을 발행하여야 하는 날부터 6개월이 경과한 경우에는 그러하지 아니하다.

제84조【기준일】 ① 수익증권발행신탁의 수탁자는 기명수익증권에 대한 수익자로서 일정한 권리를 행사할 자를 정하기 위하여 일정한 날(이하 "기준일"이라 한다)에 수익자명부에 적혀 있는 수익자를 그 권리를 행사할 수익자로 볼 수 있다.

② 기준일은 수익자로서 권리를 행사할 날에 앞선 3개월 내의 날로 정하여야 한다.

③ 기준일을 정한 수탁자는 그 날의 2주 전에 이를 일반일간신문에 공고하여야 한다. 다만, 수탁자가 법인인 경우에는 그 법인의 공고방법에 따른다.

④ 신탁행위로 달리 정한 경우에는 제1항부터 제3항까지의 규정을 적용하지 아니한다.

제85조【수익증권 발행 시 권리행사 등】 ① 무기명수익증권을 가진 자는 그 수익증권을 제시하지 아니하면 수탁자 및 제3자에게 수익자의 권리를 행사하지 못한다.

② 수익증권발행신탁의 수익권을 여러 명이 공유하는 경우 공유자는 그 수익권에 대하여 권리(수탁자로부터 통지 또는 최고를 받을 권한을 포함한다)를 행사할 1인을 정하여 수탁자에게 통지하여야 한다.

③ 제2항의 통지가 없는 경우 공유자는 수탁자가 동의하지 아니하면 해당 수익권에 대한 권리를 행사할 수 없고, 공유자에 대한 수탁자의 통지나 최고는 공유자 중 1인에게 하면 된다.

④ 수익증권발행신탁의 수익자가 여럿인 경우 수익자의 의사결정(제61조 각 호에 따른 권리의 행사에 관한 사항은 제외한다)은 제72조부터 제74조까지의 규정에 따른 수익자집회에서 결정한다. 다만, 신탁행위로 달리 정한 경우에는 그에 따른다.

⑤ 수익증권발행신탁의 경우 위탁자는 다음 각 호의 권리를 행사할 수 없다.

1. 제16조제1항 및 제21조제1항에 따른 해임권 또는 선임권
2. 제16조제3항, 제67조제1항, 제88조제3항 및 제100조에 따른 청구권
3. 제40조제1항에 따른 열람·복사 청구권 또는 설명요구권
4. 제79조제6항에 따른 열람 또는 복사 청구권

⑥ 제71조제1항 단서에도 불구하고 수익증권발행신탁의 경우 신탁행위로 다음 각 호의 어느 하나에 해당하는 뜻을 정할 수 있다.

1. 다음 각 목의 권리의 전부 또는 일부에 대하여 총수익자 의결권이 100분의 3(신탁행위로 100분의 3보다 낮은 비율을 정한 경우에는 그 비율을 말한다) 이상 비율의 수익권을 가진 수익자만 해당 권리를 행사할 수 있다는 뜻
   가. 제40조제1항에 따른 열람 · 복사 청구권 또는 설명요구권
   나. 제75조제1항에 따른 취소권
   다. 제88조제3항에 따른 신탁의 변경청구권
   라. 제100조에 따른 신탁의 종료명령청구권
2. 6개월(신탁행위로 이보다 짧은 기간을 정한 경우에는 그 기간을 말한다) 전부터 계속하여 수익권을 가진 수익자만 제77조제1항에 따른 유지청구권을 행사할 수 있다는 뜻

⑦ 수익증권발행신탁의 경우 제46조제4항부터 제6항까지 및 제47조제4항을 적용하지 아니한다. 다만, 신탁행위로 달리 정한 경우에는 그에 따른다.

제86조【수익증권의 상실】 ① 수익증권은 공시최고(公示催告)의 절차를 거쳐 무효로 할 수 있다.

② 수익증권을 상실한 자는 제권판결(除權判決)을 받지 아니하면 수탁자에게 수익증권의 재발행을 청구하지 못한다.

제6장 신탁사채

제87조【신탁사채】 ① 다음 각 호의 요건을 모두 충족하는 경우 신탁행위로 수탁자가 신탁을 위하여 사채(社債)를 발행할 수 있도록 정할 수 있다.

1. 수익증권발행신탁일 것
2. 제114조제1항에 따른 유한책임신탁일 것
3. 수탁자가 「상법」상 주식회사나 그 밖의 법률에 따라 사채를 발행할 수 있는 자일 것

② 제1항에 따라 사채를 발행하는 수탁자는 사채청약서, 채권(債券) 및 사채원부에 다음 각 호의 사항을 적어야 한다.

1. 해당 사채가 신탁을 위하여 발행되는 것이라는 뜻
2. 제1호의 신탁을 특정하는 데에 필요한 사항

3. 해당 사채에 대하여는 신탁재산만으로 이행책임을 진다는 뜻

③ 사채 총액 한도에 관하여는 대통령령으로 정한다.

④ 제1항에 따른 사채의 발행에 관하여 이 법에서 달리 정하지 아니하는 사항에 대하여는 「상법」 제396조 및 제3편제4장제8절(「상법」 제469조는 제외한다)을 준용한다.

제7장 신탁의 변경

제88조【신탁당사자의 합의 등에 의한 신탁변경】 ① 신탁은 위탁자, 수탁자 및 수익자의 합의로 변경할 수 있다. 다만, 신탁행위로 달리 정한 경우에는 그에 따른다.

② 제1항에 따른 신탁의 변경은 제3자의 정당한 이익을 해치지 못한다.

③ 신탁행위 당시에 예견하지 못한 특별한 사정이 발생한 경우 위탁자, 수익자 또는 수탁자는 신탁의 변경을 법원에 청구할 수 있다.

④ 목적신탁에서 수익자의 이익을 위한 신탁으로, 수익자의 이익을 위한 신탁에서 목적신탁으로 변경할 수 없다.

해설

신탁은 신탁행위로 달리 정하지 아니한 이상 신탁의 3 당사자인 위탁자, 수탁자 및 수익자의 합의로 자유롭게 변경할 수 있지만, 신탁의 변경은 신탁관계를 신뢰하고 거래한 제3자의 정당한 이익을 해치지는 못한다. 우리 신탁법은 신탁행위 당시에 예견하지 못한 특별한 사정이 발생한 경우, 법원의 허가를 받아 신탁계약을 변경할 수 있도록 규정함으로써 일종의 '사정변경의 원칙'을 인정하고 있다. 통상 신탁은 장기간 동안 지속되는데, 위탁자와 수탁자가 신탁행위 당시 예견하지 못했던 객관적 사정 변경이나 주관적 사정 변경이 있을 경우에 신탁의 변경을 허용하되, 해당 변경사항이 신탁의 목적에 부합하는지 여부에 대해 법원이 판단하여 사정변경에 따른 신탁변경을 허용할지 여부를 정할 수 있도록 하였다.

이와 관련하여, 유언대용신탁계약을 체결한 후 위탁자가 사무처리능력이 없게 되거나 사망한 경우 위탁자의 후견인이나 사후수익자가 신탁변경을 할 수 있느냐가 문제된다. 신탁행위로 후견인이나 사후수익자 전원 동의로 신탁을 변경할 수 있도록 허용한 경우에는 당연히 신탁변경을 인정할 수 있는데, 신탁행위로 정함이 없는 경우가 문제이다. 유언대용신탁은 유언을 대체하는 법률도구인 점을 중시하면, 원칙적으로 후견인이나 사후수익자가 신탁변경을 할 수 없다고 보는 것이 타당하다. 다만, 신탁행위 당시에 예견하지 못한 특별한 사정이 발생하여 위탁자와 수탁자가 신탁행위 당시 설정한 신탁의 목적달성이 불가능한 예외적인 경우에는, 후견인 또는 사후수익자 전원의 청구가 있고, 법원이 허가할 경우에만 매우 제한적으로 신탁을 변경할 수 있다고 보는 것이 타당하다.

부록

제89조【반대수익자의 수익권매수청구권】 ① 다음 각 호의 어느 하나에 해당하는 사항에 관한 변경에 반대하는 수익자는 신탁변경이 있은 날부터 20일 내에 수탁자에게 수익권의 매수를 서면으로 청구할 수 있다.

1. 신탁의 목적
2. 수익채권의 내용
3. 신탁행위로 수익권매수청구권을 인정한 사항

② 수탁자는 제1항의 청구를 받은 날부터 2개월 내에 매수한 수익권의 대금을 지급하여야 한다.

③ 제2항에 따른 수익권의 매수가액은 수탁자와 수익자 간의 협의로 결정한다.

④ 제1항의 청구를 받은 날부터 30일 내에 제3항에 따른 협의가 이루어지지 아니한 경우 수탁자나 수익권의 매수를 청구한 수익자는 법원에 매수가액의 결정을 청구할 수 있다.

⑤ 법원이 제4항에 따라 수익권의 매수가액을 결정하는 경우에는 신탁의 재산상태나 그 밖의 사정을 고려하여 공정한 가액으로 산정하여야 한다.

⑥ 수탁자는 법원이 결정한 매수가액에 대한 이자를 제2항의 기간만료일 다음 날부터 지급하여야 한다.

⑦ 수탁자는 수익권매수청구에 대한 채무의 경우 신탁재산만으로 책임을 진다. 다만, 신탁행위 또는 신탁변경의 합의로 달리 정한 경우에는 그에 따른다.

⑧ 제1항의 청구에 의하여 수탁자가 수익권을 취득한 경우 그 수익권은 소멸한다. 다만, 신탁행위 또는 신탁변경의 합의로 달리 정한 경우에는 그에 따른다.

제90조【신탁의 합병】 수탁자가 동일한 여러 개의 신탁은 1개의 신탁으로 할 수 있다.

제91조【신탁의 합병계획서】 ① 신탁을 합병하려는 경우 수탁자는 다음 각 호의 사항을 적은 합병계획서를 작성하여야 한다.

1. 신탁합병의 취지
2. 신탁합병 후의 신탁행위의 내용
3. 신탁행위로 정한 수익권의 내용에 변경이 있는 경우에는 그 내용 및 변경이유
4. 신탁합병 시 수익자에게 금전과 그 밖의 재산을 교부하는 경우에는 그 재산의 내용과 가액
5. 신탁합병의 효력발생일
6. 그 밖에 대통령령으로 정하는 사항

② 수탁자는 각 신탁별로 위탁자와 수익자로부터 제1항의 합병계획서의 승인을 받아야 한다. 다만, 신탁행위로 달리 정한 경우에는 그에 따른다.

③ 제1항의 합병계획서를 승인하지 아니하는 수익자는 합병계획서의 승인이 있은 날부터 20일 내에 수탁자에게 수익권의 매수를 서면으로 청구할 수 있다. 이 경우 제89조제2항부터 제8항까지의 규정을 준용한다.

제92조【합병계획서의 공고 및 채권자보호】 ① 수탁자는 신탁의 합병계획서의 승인을 받은 날부터 2주 내에 다음 각 호의 사항을 일반일간신문에 공고하고(수탁자가 법인인 경우에는 해당 법인의 공고방법에 따른다) 알고 있는 신탁재산의 채권자에게는 개별적으로 이를 최고하여야 한다. 제2호의 경우 일정한 기간은 1개월 이상이어야 한다.

1. 합병계획서
2. 채권자가 일정한 기간 내에 이의를 제출할 수 있다는 취지
3. 그 밖에 대통령령으로 정하는 사항

② 채권자가 제1항의 기간 내에 이의를 제출하지 아니한 경우에는 합병을 승인한 것으로 본다.

③ 이의를 제출한 채권자가 있는 경우 수탁자는 그 채권자에게 변제하거나 적당한 담보를 제공하거나 이를 목적으로 하여 적당한 담보를 신탁회사에 신탁하여야 한다. 다만, 신탁의 합병으로 채권자를 해칠 우려가 없는 경우에는 그러하지 아니하다.

제93조【합병의 효과】 합병 전의 신탁재산에 속한 권리·의무는 합병 후의 신탁재산에 존속한다.

제94조【신탁의 분할 및 분할합병】 ① 신탁재산 중 일부를 분할하여 수탁자가 동일한 새로운 신탁의 신탁재산으로 할 수 있다.

② 신탁재산 중 일부를 분할하여 수탁자가 동일한 다른 신탁과 합병(이하 "분할합병"이라 한다) 할 수 있다.

제95조【신탁의 분할계획서 및 분할합병계획서】 ① 제94조에 따라 신탁을 분할하거나 분할합병하려는 경우 수탁자는 다음 각 호의 사항을 적은 분할계획서 또는 분할합병계획서를 작성하여야 한다.

1. 신탁을 분할하거나 분할합병한다는 취지
2. 분할하거나 분할합병한 후의 신탁행위의 내용
3. 신탁행위로 정한 수익권의 내용에 변경이 있는 경우에는 그 내용 및 변경이유

4. 분할하거나 분할합병할 때 수익자에게 금전과 그 밖의 재산을 교부하는 경우에는 그 재산의 내용과 가액
5. 분할 또는 분할합병의 효력발생일
6. 분할되는 신탁재산 및 신탁채무의 내용과 그 가액
7. 제123조에 따라 유한책임신탁의 채무를 승계하는 분할 후 신설신탁 또는 분할합병신탁이 있는 경우 그러한 취지와 특정된 채무의 내용
8. 그 밖에 대통령령으로 정하는 사항

② 수탁자는 각 신탁별로 위탁자와 수익자로부터 제1항의 분할계획서 또는 분할합병계획서의 승인을 받아야 한다. 다만, 신탁행위로 달리 정한 경우에는 그에 따른다.

③ 제1항의 분할계획서 또는 분할합병계획서를 승인하지 아니한 수익자는 분할계획서 또는 분할합병계획서의 승인이 있은 날부터 20일 내에 수탁자에게 수익권의 매수를 서면으로 청구할 수 있다. 이 경우 제89조제2항부터 제8항까지의 규정을 준용한다.

제96조【분할계획서 등의 공고 및 채권자보호】 ① 수탁자는 신탁의 분할계획서 또는 분할합병계획서의 승인을 받은 날부터 2주 내에 다음 각 호의 사항을 일반일간신문에 공고하고(수탁자가 법인인 경우에는 그 법인의 공고방법에 따른다) 알고 있는 신탁재산의 채권자에게는 개별적으로 최고하여야 한다. 제2호의 경우 일정한 기간은 1개월 이상이어야 한다.

1. 분할계획서 또는 분할합병계획서
2. 채권자가 일정한 기간 내에 이의를 제출할 수 있다는 취지
3. 그 밖에 대통령령으로 정하는 사항

② 채권자가 제1항의 기간 내에 이의를 제출하지 아니한 경우에는 신탁의 분할 또는 분할합병을 승인한 것으로 본다.

③ 이의를 제출한 채권자가 있는 경우 수탁자는 그 채권자에게 변제하거나 적당한 담보를 제공하거나 이를 목적으로 하여 적당한 담보를 신탁회사에 신탁하여야 한다. 다만, 신탁을 분할하거나 분할합병하는 것이 채권자를 해칠 우려가 없는 경우에는 그러하지 아니하다.

제97조【분할의 효과】 ① 제94조에 따라 분할되는 신탁재산에 속한 권리 · 의무는 분할계획서 또는 분할합병계획서가 정하는 바에 따라 분할 후 신설신탁 또는 분할합병신탁에 존속한다.

② 수탁자는 분할하는 신탁재산의 채권자에게 분할된 신탁과 분할 후의 신설신탁 또는 분할합병신탁의 신탁재산으로 변제할 책임이 있다.

제8장 신탁의 종료

제98조【신탁의 종료사유】 신탁은 다음 각 호의 어느 하나에 해당하는 경우 종료한다.

1. 신탁의 목적을 달성하였거나 달성할 수 없게 된 경우
2. 신탁이 합병된 경우
3. 제138조에 따라 유한책임신탁에서 신탁재산에 대한 파산선고가 있은 경우
4. 수탁자의 임무가 종료된 후 신수탁자가 취임하지 아니한 상태가 1년간 계속된 경우
5. 목적신탁에서 신탁관리인이 취임하지 아니한 상태가 1년간 계속된 경우
6. 신탁행위로 정한 종료사유가 발생한 경우

제99조【합의에 의한 신탁의 종료】 ① 위탁자와 수익자는 합의하여 언제든지 신탁을 종료할 수 있다. 다만, 위탁자가 존재하지 아니하는 경우에는 그러하지 아니하다.

② 위탁자가 신탁이익의 전부를 누리는 신탁은 위탁자나 그 상속인이 언제든지 종료할 수 있다.

③ 위탁자, 수익자 또는 위탁자의 상속인이 정당한 이유 없이 수탁자에게 불리한 시기에 신탁을 종료한 경우 위탁자, 수익자 또는 위탁자의 상속인은 그 손해를 배상하여야 한다.

④ 제1항부터 제3항까지의 규정에도 불구하고 신탁행위로 달리 정한 경우에는 그에 따른다.

제100조【법원의 명령에 의한 신탁의 종료】 신탁행위 당시에 예측하지 못한 특별한 사정으로 신탁을 종료하는 것이 수익자의 이익에 적합함이 명백한 경우에는 위탁자, 수탁자 또는 수익자는 법원에 신탁의 종료를 청구할 수 있다.

해설

신탁행위 당시 예측하지 못한 특별한 사정으로 신탁을 종료하는 것이 수익자의 이익에 적합함이 명확한 경우에는 법원이 신탁의 종료를 허가할 수 있다. 법원의 명령에 의한 신탁의 종료도 신탁법 제88조 제3항 신탁의 변경과 마찬가지로 '사정변경의 원칙'을 신탁법에 규정하는 것이라 볼 수 있지만, 법원의 명령에 의한 신탁의 종료가 법원의 명령에 의한 신탁의 변경보다 더 엄격하게 요건이 충족되어야 하는바, 우리 신탁법은 '현저한 사정 변경'의 존재와 더불어 신탁을 종료하는 것이 '수익자의 이익에 적합함이 명백할 것'을 요구하고 있다.

이와 관련하여, 유언대용신탁을 한 위탁자가 사무처리능력이 부족하거나 없는 경우와 위탁자가 사망한 경우에도 신탁의 종료를 허용할 것인가가 문제된다. 유언대용신탁의 주요 기능이 유산의 배분인 점을 고려할 때 유언대용신탁의 종료 권한은 위탁자의 일신전속적 권리이기 때문에 위탁자의 후견

부록

인이 대리할 수 없다고 보는 것이 타당하다. 계속관리형 유언대용신탁에서 위탁자 사망 후 사후수익자가 신탁을 종료하고 신탁재산을 배분받는 것은 위탁자 사후 일정 기간 신탁을 존속시키려는 위탁자의 명시적 의사에 반한다는 점에서 법원이 매우 제한된 범위 내에서 허가해야 할 것이다.

제101조【신탁종료 후의 신탁재산의 귀속】 ① 제98조제1호, 제4호부터 제6호까지, 제99조 또는 제100조에 따라 신탁이 종료된 경우 신탁재산은 수익자(잔여재산수익자를 정한 경우에는 그 잔여재산수익자를 말한다)에게 귀속한다. 다만, 신탁행위로 신탁재산의 잔여재산이 귀속될 자(이하 "귀속권리자"라 한다)를 정한 경우에는 그 귀속권리자에게 귀속한다.

② 수익자와 귀속권리자로 지정된 자가 신탁의 잔여재산에 대한 권리를 포기한 경우 잔여재산은 위탁자와 그 상속인에게 귀속한다.

③ 제3조제3항에 따라 신탁이 종료된 경우 신탁재산은 위탁자에게 귀속한다.

④ 신탁이 종료된 경우 신탁재산이 제1항부터 제3항까지의 규정에 따라 귀속될 자에게 이전될 때까지 그 신탁은 존속하는 것으로 본다. 이 경우 신탁재산이 귀속될 자를 수익자로 본다.

⑤ 제1항 및 제2항에 따라 잔여재산의 귀속이 정하여지지 아니하는 경우 잔여재산은 국가에 귀속된다.

해설

신탁종료 후 수탁자는 신탁재산을 누구에게 반환하느냐가 신탁재산의 귀속문제이다. 신탁계약에 잔여재산수익자를 정한 경우에는 잔여재산수익자에게, 그러하지 아니한 경우에는 수익자에게 귀속한다.

이와 별개로 위탁자는 신탁법 제101조에 근거하여 신탁계약에 따라 신탁재산의 잔여재산이 귀속될 자인 귀속권리자를 신탁행위로 정할 수 있다. 잔여재산수익자는 수익자임이 분명하나, 귀속권리자를 수익자 개념에 포섭할 수 있는지에는 견해의 대립이 있을 수 있다. 신탁의 존속을 전제로 하는 수익자 개념과 신탁의 종료를 전제로 하는 귀속권리자 개념은 다른 것으로 보는 것이 타당해 보인다.

한편, 위탁자 사망으로 신탁이 종료될 경우 귀속권리자를 수익자 아닌 제3자로 지정한 경우에는 귀속권리자가 유언대용신탁의 사후수익자와 유사한바, 민사신탁 실무에서 위탁자가 자녀를 수탁자로 신탁계약을 체결하면서 수탁자인 자녀를 위탁자 사망으로 신탁이 종료된 경우의 귀속권리자로 지정하는 방식을 활용하여 유언대용신탁과 유사한 용도로 활용하기도 한다.

제102조【준용규정】 신탁의 종료로 인하여 신탁재산이 수익자나 그 밖의 자에게 귀속한 경우에는 제53조제3항 및 제54조를 준용한다.

제103조【신탁종료에 의한 계산】 ① 신탁이 종료한 경우 수탁자는 지체 없이 신탁사무에 관한 최종의 계산을 하고, 수익자 및 귀속권리자의 승인을 받아야 한다.

② 수익자와 귀속권리자가 제1항의 계산을 승인한 경우 수탁자의 수익자와 귀속권리자에 대한 책임은 면제된 것으로 본다. 다만, 수탁자의 직무수행에 부정행위가 있었던 경우에는 그러하지 아니하다.

③ 수익자와 귀속권리자가 수탁자로부터 제1항의 계산승인을 요구받은 때부터 1개월 내에 이의를 제기하지 아니한 경우 수익자와 귀속권리자는 제1항의 계산을 승인한 것으로 본다.

제104조【신탁의 청산】 신탁행위 또는 위탁자와 수익자의 합의로 청산절차에 따라 신탁을 종료하기로 한 경우의 청산절차에 관하여는 제132조제2항, 제133조제1항부터 제6항까지 및 제134조부터 제137조까지의 규정을 준용한다.

제9장 신탁의 감독

제105조【법원의 감독】 ① 신탁사무는 법원이 감독한다. 다만, 신탁의 인수를 업으로 하는 경우는 그러하지 아니하다.

② 법원은 이해관계인의 청구에 의하여 또는 직권으로 신탁사무 처리의 검사, 검사인의 선임, 그 밖에 필요한 처분을 명할 수 있다.

제10장 삭제 〈2014. 3. 18.〉

제106조 삭제 〈2014. 3. 18.〉

제107조 삭제 〈2014. 3. 18.〉

제108조 삭제 〈2014. 3. 18.〉

제109조 삭제 〈2014. 3. 18.〉

제110조 삭제 〈2014. 3. 18.〉

제111조 삭제 〈2014. 3. 18.〉

제112조 삭제 〈2014. 3. 18.〉

제113조 삭제 〈2014. 3. 18.〉

제11장 유한책임신탁

제1절 유한책임신탁의 설정

제114조【유한책임신탁의 설정】 ① 신탁행위로 수탁자가 신탁재산에 속하는 채무에 대하여 신탁재산만으로 책임지는 신탁(이하 "유한책임신탁"이라 한다)을 설정할 수 있다. 이 경우 제126조에 따라 유한책임신탁의 등기를 하여야 그 효력이 발생한다.

② 유한책임신탁을 설정하려는 경우에는 신탁행위로 다음 각 호의 사항을 정하여야 한다.

1. 유한책임신탁의 목적
2. 유한책임신탁의 명칭
3. 위탁자 및 수탁자의 성명 또는 명칭 및 주소
4. 유한책임신탁의 신탁사무를 처리하는 주된 사무소(이하 "신탁사무처리지"라 한다)
5. 신탁재산의 관리 또는 처분 등의 방법
6. 그 밖에 필요한 사항으로서 대통령령으로 정하는 사항

제115조【유한책임신탁의 명칭】 ① 유한책임신탁의 명칭에는 "유한책임신탁"이라는 문자를 사용하여야 한다.

② 유한책임신탁이 아닌 신탁은 명칭에 유한책임신탁 및 그 밖에 이와 유사한 문자를 사용하지 못한다.

③ 누구든지 부정한 목적으로 다른 유한책임신탁으로 오인(誤認)할 수 있는 명칭을 사용하지 못한다.

④ 제3항을 위반하여 명칭을 사용하는 자가 있는 경우 그로 인하여 이익이 침해되거나 침해될 우려가 있는 유한책임신탁의 수탁자는 그 명칭 사용의 정지 또는 예방을 청구할 수 있다.

제116조【명시 · 교부 의무】 ① 수탁자는 거래상대방에게 유한책임신탁이라는 뜻을 명시하고 그 내용을 서면으로 교부하여야 한다.

② 수탁자가 제1항을 위반한 경우 거래상대방은 그 법률행위를 한 날부터 3개월 내에 이를 취소할 수 있다.

제117조【회계서류 작성의무】 ① 유한책임신탁의 경우 수탁자는 다음 각 호의 서류를 작성하여야 한다.

1. 대차대조표
2. 손익계산서
3. 이익잉여금처분계산서나 결손금처리계산서
4. 그 밖에 대통령령으로 정하는 회계서류

② 다음 각 호의 요건을 모두 갖춘 유한책임신탁은 「주식회사 등의 외부감사에 관한 법률」의 예에 따라 감사를 받아야 한다. 〈개정 2017. 10. 31.〉

1. 수익증권발행신탁일 것
2. 직전 사업연도 말의 신탁재산의 자산총액 또는 부채규모가 대통령령으로 정하는 기준 이상일 것

제118조【수탁자의 제3자에 대한 책임】 ① 유한책임신탁의 수탁자가 다음 각 호의 어느 하나에 해당하는 행위를 한 경우 그 수탁자는 유한책임신탁임에도 불구하고 제3자에게 그로 인하여 입은 손해를 배상할 책임이 있다. 다만, 제3호 및 제4호의 경우 수탁자가 주의를 게을리하지 아니하였음을 증명하였을 때에는 그러하지 아니하다.

1. 고의 또는 중대한 과실로 그 임무를 게을리한 경우
2. 고의 또는 과실로 위법행위를 한 경우
3. 대차대조표 등 회계서류에 기재 또는 기록하여야 할 중요한 사항에 관한 사실과 다른 기재 또는 기록을 한 경우
4. 사실과 다른 등기 또는 공고를 한 경우

② 제1항에 따라 제3자에게 손해를 배상할 책임이 있는 수탁자가 여럿인 경우 연대하여 그 책임을 진다.

제119조【고유재산에 대한 강제집행 등의 금지】 ① 유한책임신탁의 경우 신탁채권에 기하여 수탁자의 고유재산에 대하여 강제집행등이나 국세 등 체납처분을 할 수 없다. 다만, 제118조에 따른 수탁자의 손해배상채무에 대하여는 그러하지 아니하다.

② 수탁자는 제1항을 위반한 강제집행등에 대하여 이의를 제기할 수 있다. 이 경우 「민사집행법」 제48조를 준용한다.

③ 수탁자는 제1항을 위반한 국세 등 체납처분에 대하여 이의를 제기할 수 있다. 이 경우 국세 등 체납처분에 대한 불복절차를 준용한다.

제120조【수익자에 대한 급부의 제한】 ① 유한책임신탁의 수탁자는 수익자에게 신탁재산에서 급부가 가능한 한도를 초과하여 급부할 수 없다.

② 제1항에 따른 급부가 가능한 한도는 순자산액의 한도 내에서 대통령령으로 정하는 방법에 따라 산정한다.

제121조【초과급부에 대한 전보책임】 ① 수탁자가 수익자에게 제120조제1항의 급부가 가능한 한도를 초과하여 급부한 경우 수탁자와 이를 받은 수익자는 연대하여 초과된 부분을 신탁재산에 전보할 책임이 있다. 다만, 수탁자가 주의를 게을리하지 아니하였음을 증명한 경우에는 그러하지 아니하다.

② 제1항의 초과부분을 전보한 수탁자는 선의의 수익자에게 구상권(求償權)을 행사할 수 없다.

제122조【합병의 효과에 대한 특칙】 유한책임신탁에 속하는 채무에 대하여는 합병 후에도 합병 후 신탁의 신탁재산만으로 책임을 진다.

제123조【분할의 효과에 대한 특칙】 유한책임신탁에 속하는 채무에 대하여 분할 후의 신설신탁 또는 분할합병신탁에 이전하는 것으로 정한 경우 그 채무에 대하여는 분할 후의 신설신탁 또는 분할합병신탁의 신탁재산만으로 책임을 진다.

제2절 유한책임신탁의 등기

제124조【관할 등기소】 ① 유한책임신탁의 등기에 관한 사무는 신탁사무처리지를 관할하는 지방법원, 그 지원 또는 등기소를 관할 등기소로 한다.

② 등기소는 유한책임신탁등기부를 편성하여 관리한다.

제125조【등기의 신청】 ① 등기는 법령에 다른 규정이 있는 경우를 제외하고는 수탁자의 신청 또는 관공서의 촉탁이 없으면 하지 못한다.

② 제17조제1항 및 제18조제1항에 따라 신탁재산관리인이 선임되면 법령에 다른 규정이 있는 경우를 제외하고는 신탁재산관리인이 등기를 신청하여야 한다.

제126조【유한책임신탁등기】 ① 유한책임신탁등기는 다음 각 호의 사항을 등기하여야 한다.

1. 유한책임신탁의 목적
2. 유한책임신탁의 명칭
3. 수탁자의 성명 또는 명칭 및 주소
4. 신탁재산관리인이 있는 경우 신탁재산관리인의 성명 또는 명칭 및 주소
5. 신탁사무처리지

6. 그 밖에 대통령령으로 정하는 사항

② 제1항의 등기는 유한책임신탁을 설정한 때부터 2주 내에 하여야 한다.

③ 유한책임신탁의 등기를 신청하기 위한 서면(전자문서를 포함한다. 이하 "신청서"라 한다)에는 다음 각 호의 서면을 첨부하여야 한다. 〈개정 2014. 5. 20.〉

1. 유한책임신탁을 설정한 신탁행위를 증명하는 서면
2. 수탁자가 법인인 경우에는 그 법인의 「상업등기법」 제15조에 따른 등기사항증명서
3. 제117조제2항에 따라 외부의 감사인을 두어야 하는 경우에는 그 선임 및 취임승낙을 증명하는 서면
4. 제3호의 감사인이 법인인 경우에는 그 법인의 「상업등기법」 제15조에 따른 등기사항증명서

제127조【유한책임신탁의 변경등기】 ① 제126조제1항 각 호의 사항(제5호는 제외한다)에 변경이 있는 경우에는 2주 내에 변경등기를 하여야 한다.

② 신탁사무처리지에 변경이 있는 경우에는 2주 내에 종전 신탁사무처리지에서는 변경등기를 하고 새로운 신탁사무처리지에서는 제126조제1항 각 호의 사항을 등기하여야 한다. 다만, 같은 등기소의 관할구역 내에서 신탁사무처리지를 변경한 경우에는 신탁사무처리지의 변경등기만 하면 된다.

③ 제126조제1항 각 호의 사항의 변경은 제1항 또는 제2항에 따라 등기하지 아니하면 선의의 제3자에게 대항하지 못한다. 등기한 후라도 제3자가 정당한 사유로 이를 알지 못한 경우에도 또한 같다.

④ 제1항 또는 제2항에 따라 변경등기를 신청할 때에는 신청서에 해당 등기사항의 변경을 증명하는 서면을 첨부하여야 한다.

제128조【유한책임신탁의 종료등기】 ① 유한책임신탁이 종료되거나 제114조제1항의 취지를 폐지하는 변경이 있는 경우에는 2주 내에 종료등기를 하여야 한다.

② 제1항에 따라 유한책임신탁의 종료등기를 신청할 때에는 신청서에 종료 사유의 발생을 증명하는 서면을 첨부하여야 한다.

제129조【유한책임신탁의 합병등기 또는 분할등기】 유한책임신탁이 합병하거나 분할한 후에도 유한책임신탁을 유지하는 경우 그 등기에 관하여는 제126조부터 제128조까지의 규정을 준용한다.

제130조【부실의 등기】 수탁자는 고의나 과실로 유한책임신탁의 등기가 사실과 다르게 된 경우

그 등기와 다른 사실로 선의의 제3자에게 대항하지 못한다.

제131조【등기절차 및 사무】 이 장에 규정된 등기의 등기절차 및 사무에 관하여는 이 법 및 다른 법령에서 규정한 것을 제외하고 「상업등기법」의 예에 따른다.

제3절 유한책임신탁의 청산

제132조【유한책임신탁의 청산】 ① 유한책임신탁이 종료한 경우에는 신탁을 청산하여야 한다. 다만, 제98조제2호 및 제3호의 사유로 종료한 경우에는 그러하지 아니하다.

② 제1항에 따른 청산이 완료될 때까지 유한책임신탁은 청산의 목적범위 내에서 존속하는 것으로 본다.

제133조【청산수탁자】 ① 유한책임신탁이 종료된 경우에는 신탁행위로 달리 정한 바가 없으면 종료 당시의 수탁자 또는 신탁재산관리인이 청산인(이하 "청산수탁자"라 한다)이 된다. 다만, 제3조제3항에 따라 유한책임신탁이 종료된 경우에는 법원이 수익자, 신탁채권자 또는 검사의 청구에 의하거나 직권으로 해당 신탁의 청산을 위하여 청산수탁자를 선임하여야 한다.

② 제1항 단서에 따라 청산수탁자가 선임된 경우 전수탁자의 임무는 종료한다.

③ 제1항 단서에 따라 선임된 청산수탁자에 대한 보수에 관하여는 제21조제4항을 준용한다.

④ 청산수탁자는 다음 각 호의 직무를 수행한다.

1. 현존사무의 종결
2. 신탁재산에 속한 채권의 추심 및 신탁채권에 대한 변제
3. 수익채권(잔여재산의 급부를 내용으로 한 것은 제외한다)에 대한 변제
4. 잔여재산의 급부
5. 재산의 환가처분(換價處分)

⑤ 청산수탁자는 제4항제2호 및 제3호의 채무를 변제하지 아니하면 제4항제4호의 직무를 수행할 수 없다.

⑥ 청산수탁자는 제4항 각 호의 직무를 수행하기 위하여 필요한 모든 행위를 할 수 있다. 다만, 신탁행위로 달리 정한 경우에는 그에 따른다.

⑦ 청산수탁자는 청산수탁자가 된 때부터 2주 내에 청산수탁자의 성명 또는 명칭 및 주소를 등기하여야 한다.

제134조【채권자의 보호】 ① 청산수탁자는 취임한 후 지체 없이 신탁채권자에게 일정한 기간 내에 그 채권을 신고할 것과 그 기간 내에 신고하지 아니하면 청산에서 제외된다는 뜻을 일반일간신문에 공고하는 방법(수탁자가 법인인 경우에는 그 법인의 공고방법을 말한다)으로 최고하여야 한다. 이 경우 그 기간은 2개월 이상이어야 한다.

② 청산수탁자는 그가 알고 있는 채권자에게는 개별적으로 그 채권의 신고를 최고하여야 하며, 그 채권자가 신고하지 아니한 경우에도 청산에서 제외하지 못한다.

제135조【채권신고기간 내의 변제】 ① 청산수탁자는 제134조제1항의 신고기간 내에는 신탁채권자에게 변제하지 못한다. 다만, 변제의 지연으로 인한 손해배상의 책임을 면하지 못한다.

② 청산수탁자는 제1항에도 불구하고 소액의 채권, 담보가 있는 신탁채권, 그 밖에 변제로 인하여 다른 채권자를 해칠 우려가 없는 채권의 경우 법원의 허가를 받아 변제할 수 있다.

③ 제2항에 따른 허가신청을 각하하는 재판에는 반드시 이유를 붙여야 한다.

④ 변제를 허가하는 재판에 대하여는 불복할 수 없다.

제136조【청산절차에서 채무의 변제】 ① 청산수탁자는 변제기에 이르지 아니한 신탁채권에 대하여도 변제할 수 있다.

② 제1항에 따라 신탁채권에 대한 변제를 하는 경우 이자 없는 채권에 대하여는 변제기에 이르기까지의 법정이자를 가산하여 그 채권액이 될 금액을 변제하여야 한다.

③ 이자 있는 채권으로서 그 이율이 법정이율에 이르지 못하는 경우에는 제2항을 준용한다.

④ 제1항의 경우 조건부채권, 존속기간이 불확정한 채권, 그 밖에 가액이 불확정한 채권에 대하여는 법원이 선임한 감정인의 평가에 따라 변제하여야 한다.

제137조【제외된 채권자에 대한 변제】 청산 중인 유한책임신탁의 신탁채권자가 제134조제1항의 신고기간 내에 그 채권을 신고하지 아니한 경우에는 그 채권은 청산에서 제외된다. 이 경우 청산에서 제외된 채권자는 분배되지 아니한 잔여재산에 대하여만 변제를 청구할 수 있다.

제138조【청산 중의 파산신청】 청산 중인 유한책임신탁의 신탁재산이 그 채무를 모두 변제하기에 부족한 것이 분명하게 된 경우 청산수탁자는 즉시 신탁재산에 대하여 파산신청을 하여야 한다.

제139조【청산종결의 등기】 유한책임신탁의 청산이 종결된 경우 청산수탁자는 제103조에 따라 최종의 계산을 하여 수익자 및 귀속권리자의 승인을 받아야 하며, 승인을 받은 때부터 2주 내에 종결의 등기를 하여야 한다.

부록

제12장 벌칙

제140조【신탁사채권자집회의 대표자 등의 특별배임죄】 신탁사채권자집회의 대표자 또는 그 결의를 집행하는 사람이 그 임무에 위배한 행위로써 재산상의 이익을 취하거나 제3자로 하여금 이를 취득하게 하여 신탁사채권자에게 손해를 가한 경우에는 7년 이하의 징역 또는 2천만원 이하의 벌금에 처한다.

제141조【특별배임죄의 미수】 제140조의 미수범은 처벌한다.

제142조【부실문서행사죄】 ① 수익증권을 발행하는 자가 수익증권을 발행하거나 신탁사채의 모집의 위탁을 받은 자가 신탁사채를 모집할 때 중요한 사항에 관하여 부실한 기재가 있는 수익증권 또는 사채청약서, 수익증권 또는 신탁사채의 모집에 관한 광고, 그 밖의 문서를 행사한 경우에는 5년 이하의 징역 또는 1천500만원 이하의 벌금에 처한다.

② 수익증권 또는 신탁사채를 매출하는 자가 그 매출에 관한 문서로서 중요한 사항에 관하여 부실한 기재가 있는 것을 행사한 경우에도 제1항과 같다.

제143조【권리행사방해 등에 관한 증뢰 · 수뢰죄】 ① 신탁사채권자집회에서의 발언 또는 의결권의 행사에 관하여 부정한 청탁을 받고 재산상의 이익을 수수(收受), 요구 또는 약속한 사람은 1년 이하의 징역 또는 1천만원 이하의 벌금에 처한다. 〈개정 2014. 1. 7.〉

② 제1항의 이익을 약속, 공여 또는 공여의 의사를 표시한 사람도 제1항과 같다.

제144조【징역과 벌금의 병과】 제140조부터 제143조까지의 징역과 벌금은 병과할 수 있다.

제145조【몰수 · 추징】 제143조제1항의 경우 범인이 수수한 이익은 몰수한다. 그 전부 또는 일부를 몰수하기 불가능한 경우에는 그 가액을 추징한다.

제146조【과태료】 ① 다음 각 호의 어느 하나에 해당하는 자 또는 그 대표자에게는 500만원 이하의 과태료를 부과한다.

1. 제12조제2항 · 제3항 및 제13조제2항을 위반하여 수익자에게 임무 종료 사실을 통지하지 아니한 수탁자, 수탁자의 상속인, 법정대리인 또는 청산인
2. 제12조제3항을 위반하여 파산관재인에게 신탁재산에 관한 사항을 통지하지 아니한 수탁자
3. 제12조제4항을 위반하여 수익자에게 신탁재산의 보관 및 신탁사무 인계에 관한 사실을 통지하지 아니한 수탁자의 상속인, 법정대리인 또는 청산인

4. 제14조제3항을 위반하여 수익자에게 사임한 사실을 통지하지 아니한 수탁자
5. 제16조제4항을 위반하여 수익자에게 해임된 사실을 통지하지 아니한 수탁자
6. 제17조제3항 및 제18조제3항을 위반하여 수익자에게 선임된 사실을 통지하지 아니한 신탁재산관리인
7. 제34조제2항 단서를 위반하여 수익자에게 법원의 허가를 신청한 사실을 통지하지 아니한 수탁자
8. 제39조에 따른 장부, 재산목록, 그 밖의 서류의 작성 · 보존 및 비치 의무를 게을리한 수탁자
9. 이 법을 위반하여 정당한 사유 없이 장부 등 서류, 수익자명부, 신탁사채권자집회 의사록 또는 재무제표 등의 열람 · 복사를 거부한 수탁자, 수익자명부관리인 또는 신탁사채를 발행한 자
10. 제40조제1항에 따른 설명요구를 정당한 사유 없이 거부한 수탁자
11. 제78조제2항을 위반하여 정당한 사유 없이 수익증권 발행을 지체한 수탁자
12. 제78조제5항 또는 제87조제2항을 위반하여 수익증권 또는 채권에 적어야 할 사항을 적지 아니하거나 부실한 기재를 한 수탁자
13. 이 법에 따른 수익자명부 또는 신탁사채권자집회 의사록을 작성하지 아니하거나 이를 갖추어 두지 아니한 수익증권발행신탁의 수탁자, 수익자명부관리인 또는 신탁사채를 발행한 자
14. 제79조제5항을 위반하여 수익자명부를 갖추어 두지 아니한 수탁자
15. 제80조제2항을 위반하여 수익자에게 신고를 받은 사실을 통지하지 아니한 수탁자
16. 제81조제2항에 따른 수익자명부에 기명수익증권으로 표시된 수익권을 취득한 자의 성명 또는 명칭과 주소의 기재를 거부한 수탁자
17. 제87조제2항을 위반하여 사채청약서를 작성하지 아니하거나 이에 적어야 할 사항을 적지 아니하거나 또는 부실한 기재를 한 수탁자
18. 수익자명부 · 신탁사채원부 또는 그 복본, 이 법에 따라 작성하여야 하는 신탁사채권자집회 의사록, 재산목록, 대차대조표, 손익계산서, 이익잉여금처분계산서, 결손금처리계산서, 그 밖의 회계서류에 적어야 할 사항을 적지 아니하거나 또는 부실한 기재를 한 수탁자
19. 제87조제4항에서 준용하는 「상법」 제396조제1항을 위반하여 신탁사채원부를 갖추어

두지 아니한 수탁자

20. 제87조제4항에서 준용하는 「상법」 제478조제1항을 위반하여 사채전액의 납입이 완료하지 아니한 채 사채를 발행한 수탁자 또는 사채모집의 위탁을 받은 회사
21. 제87조제4항에서 준용하는 「상법」 제484조제2항을 위반하여 사채의 변제를 받고 지체 없이 그 뜻을 공고하지 아니한 사채모집의 위탁을 받은 회사
22. 제87조제4항에서 준용하는 「상법」 제499조를 위반하여 사채권자집회의 결의에 대하여 인가 또는 불인가의 결정이 있다는 사실을 지체 없이 공고하지 아니한 수탁자
23. 사채권자집회에 부실한 보고를 하거나 사실을 은폐한 수탁자 또는 사채모집의 위탁을 받은 회사
24. 제92조제1항을 위반하여 합병에 대한 이의를 제출할 수 있다는 사실을 공고하지 아니한 수탁자
25. 제92조 또는 제96조를 위반하여 신탁을 합병하거나 분할하거나 분할합병한 경우 수탁자
26. 이 법에 따른 유한책임신탁의 설정, 변경, 종결 또는 청산의 등기를 게을리한 수탁자
27. 제133조제5항을 위반하여(제104조에 따라 준용되는 경우를 포함한다) 잔여재산을 급부한 청산수탁자
28. 제138조를 위반하여 파산신청을 게을리한 청산수탁자

② 제115조제1항을 위반하여 유한책임신탁의 명칭 중에 "유한책임신탁"이라는 문자를 사용하지 아니한 자에게는 300만원 이하의 과태료를 부과한다.

③ 다음 각 호의 어느 하나에 해당하는 자에게는 100만원 이하의 과태료를 부과한다.

1. 제115조제2항을 위반하여 유한책임신탁 및 그 밖에 이와 유사한 명칭을 사용한 자
2. 제115조제3항을 위반하여 다른 유한책임신탁으로 오인할 수 있는 명칭을 사용한 자

④ 제1항부터 제3항까지의 규정에 따른 과태료(제1항제26호에 따른 과태료는 제외한다)는 대통령령으로 정하는 바에 따라 법무부장관이 부과 · 징수한다.

제147조【외부의 감사인 등의 의무위반행위】 제117조제2항에 따라 외부의 감사인을 선임한 경우 감사인 등의 의무위반행위에 대한 벌칙 및 과태료에 관하여는 「주식회사 등의 외부감사에 관한 법률」을 준용한다. 이 경우 "회사"는 "신탁"으로 본다. 〈개정 2017. 10. 31.〉

신탁법 시행령

[시행 2020. 12. 10.] [대통령령 제31222호, 2020. 12. 8., 타법개정]

제1조【목적】 이 영은 「신탁법」에서 위임된 사항과 그 시행에 필요한 사항을 규정함을 목적으로 한다.

제2조【신탁재산의 표시 방법】 「신탁법」(이하 "법"이라 한다) 제4조제4항에서 "대통령령으로 정하는 장부"란 다음 각 호의 장부를 말한다. 이 경우 제2호의 건축물대장과 제4호의 토지대장 및 임야대장은 「공간정보의 구축 및 관리 등에 관한 법률」 제76조의3에 따른 부동산종합공부로 대체할 수 있다. 〈개정 2014. 1. 17., 2015. 6. 1., 2018. 2. 9.〉

1. 법 제79조제1항에 따른 수익자명부
2. 「건축법」 제20조에 따른 가설건축물대장 및 같은 법 제38조에 따른 건축물대장
3. 「상법」 제352조에 따른 주주명부 및 같은 법 제352조의2에 따른 전자주주명부
4. 「공간정보의 구축 및 관리 등에 관한 법률」 제71조제1항에 따른 토지대장 및 임야대장
5. 「도시개발법」 제2조제1항제2호에 따른 도시개발사업, 「농어촌정비법」 제2조제5호, 제10호 및 제18호에 따른 농업생산기반 정비사업, 생활환경정비사업 및 한계농지등의 정비사업, 「도시 및 주거환경정비법」 제2조제2호가목 및 나목에 따른 주거환경개선사업 및 재개발사업 등 법령에 따른 환지(換地) 방식의 사업을 할 때 환지, 체비지(替費地) 및 보류지(保留地)의 관리를 위하여 작성·관리하는 장부

제3조【신탁사무와 관련된 서류의 보존기간 등】 ① 법 제39조제3항에서 "대통령령으로 정하는 기간"이란 다음 각 호의 구분에 따른 기간을 말한다.

1. 신탁의 재산목록과 그 부속 명세서, 재무제표와 그 부속 명세서 및 신탁재산의 운용 내역서: 해당 신탁이 종료된 때부터 10년
2. 제1호에 규정되지 아니한 서류: 해당 신탁이 종료된 때부터 5년

② 법 제39조제4항에 따라 신탁사무와 관련된 장부, 재산목록 및 그 밖의 서류를 보존하는 경우에는 다음 각 호의 구분에 따른 방법으로 한다. 이 경우 마이크로필름의 형태로 보관하거나 전산정보처리조직에 의하여 보존할 수 있다.

1. 신탁의 재산목록과 그 부속 명세서, 재무제표와 그 부속 명세서 및 신탁재산의 운용 내역서: 수탁자의 사무소·영업소 또는 법 제114조에 따른 유한책임신탁(이하 "유한책임신탁"

부록

이라 한다)의 신탁사무를 처리하는 주된 사무소(이하 "신탁사무처리지"라 한다)에 비치·보관

2. 제1호에 규정되지 아니한 서류: 수탁자의 사무소·영업소(수탁자를 위하여 해당 서류를 보관하는 자의 사무소·영업소를 포함한다) 또는 유한책임신탁의 신탁사무처리지에 보관

제4조【수익자집회 소집 시 제공할 서류】 법 제72조제6항에서 "대통령령으로 정하는 서류"란 다음 각 호의 구분에 따른 사항을 적은 서류를 말한다.

1. 수익자집회에서 수탁자, 신탁재산관리인 또는 신탁관리인을 선임하려는 경우에는 다음 각 목의 사항
   가. 수탁자, 신탁재산관리인 또는 신탁관리인 후보자의 성명 또는 명칭
   나. 수탁자, 신탁재산관리인 또는 신탁관리인 후보자의 경력
   다. 후보 추천 사유
   라. 신탁관리인 후보자가 수탁자 또는 수탁자 후보자와 공정한 업무 수행에 영향을 미칠 특별한 이해관계가 있는 경우에는 그 내용
2. 수익자집회에서 수탁자, 신탁재산관리인 또는 신탁관리인을 해임하려는 경우에는 다음 각 목의 사항
   가. 해임하려는 수탁자, 신탁재산관리인 또는 신탁관리인의 성명 또는 명칭
   나. 해임 사유
3. 법 제55조제2항 또는 제103조제1항에 따라 신탁사무에 관한 계산(이하 이 호에서 "신탁계산"이라 한다)을 승인하려는 경우에는 다음 각 목의 사항
   가. 신탁계산의 내용 및 결과
   나. 법 제117조제2항에 따라 외부감사를 받았을 때에는 감사인이 작성한 감사보고서
4. 법 제88조에 따라 신탁을 변경하려는 경우에는 다음 각 목의 사항
   가. 신탁변경의 이유 및 내용
   나. 신탁변경의 효력발생일
   다. 신탁변경으로 인하여 수익권 또는 수익채권의 내용에 변경이 있거나 그 가치에 중대한 영향을 줄 우려가 있을 때에는 그 내용 및 적절성에 관한 사항
5. 법 제90조에 따라 신탁을 합병하려는 경우에는 법 제91조제1항 각 호의 사항
6. 법 제94조제1항에 따라 신탁을 분할하거나 같은 조 제2항에 따라 신탁을 분할합병하려는 경우에는 법 제95조제1항 각 호의 사항
7. 법 제99조제1항에 따라 합의하여 신탁을 종료하려는 경우에는 다음 각 목의 사항

가. 신탁 종료의 이유

나. 신탁재산의 잔여재산이 있는 경우에는 그 내용 및 잔여재산수익자 또는 신탁재산의 잔여재산이 귀속될 자(이하 "귀속권리자"라 한다)

8. 제1호부터 제7호까지의 사항 외의 사항에 관한 안건을 목적으로 하려는 경우에는 해당 안건의 내용과 제안 이유에 대한 설명

제5조【전자문서에 의한 의결권의 행사】 ① 법 제73조제3항에 따라 수익자가 전자문서로 의결권을 행사(이하 "전자투표"라 한다)하는 경우 수익자의 확인과 의결권의 행사는 「전자서명법」 제2조제2호에 따른 전자서명(서명자의 실지명의를 확인할 수 있는 것으로 한정한다)을 통하여 하여야 한다. 〈개정 2020. 12. 8.〉

② 수익자의 전자투표를 승낙한 수익자집회 소집자(이하 "소집자"라 한다)는 소집의 통지나 공고에 다음 각 호의 사항을 적어야 한다.

1. 전자투표를 할 인터넷 주소
2. 전자투표를 할 기간(전자투표의 종료일은 수익자집회 전날까지로 한다)
3. 그 밖에 수익자의 전자투표에 필요한 기술적인 사항

③ 전자투표를 한 수익자는 해당 수익권에 대하여 그 의결권 행사를 철회하거나 변경하지 못한다.

④ 소집자는 전자투표의 효율성 및 공정성을 확보하기 위하여 전자투표를 관리하는 기관을 지정하여 수익자 확인절차 등 의결권 행사절차의 운영을 위탁할 수 있다.

⑤ 소집자, 제4항에 따라 지정된 전자투표를 관리하는 기관 및 전자투표의 운영을 담당하는 자는 수익자집회에서의 개표 시까지 전자투표의 결과를 누설하거나 직무상 목적 외에 사용해서는 아니 된다.

제6조【수익증권의 기재사항】 법 제78조제5항제9호에서 "대통령령으로 정하는 사항"이란 다음 각 호의 사항을 말한다.

1. 신탁기간의 정함이 있는 경우에는 그 기간
2. 법 제47조제1항에 따라 수탁자에게 보수를 지급하는 경우에는 수탁자 보수의 계산방법, 지급방법 및 지급시기
3. 기명수익증권을 발행한 경우로서 수익권에 대한 양도의 제한이 있을 때에는 그 취지 및 내용
4. 법 제101조제1항에 따라 신탁이 종료되었을 때에 잔여재산수익자 또는 귀속권리자를

정한 경우에는 그 성명 또는 명칭

5. 유한책임신탁인 경우에는 신탁사무처리지

제7조【수익자명부의 기재사항】 법 제79조제1항제7호에서 "대통령령으로 정하는 사항"이란 다음 각 호의 사항을 말한다.

1. 위탁자의 성명 또는 명칭 및 주소
2. 수탁자의 성명 또는 명칭 및 주소
3. 법 제17조제1항 및 제18조제1항·제2항에 따라 신탁재산관리인을 선임한 경우에는 그 성명 또는 명칭 및 주소
4. 법 제67조제1항부터 제3항까지의 규정에 따라 신탁관리인을 선임한 경우에는 그 성명 또는 명칭 및 주소
5. 법 제78조제1항 후단에 따라 특정 내용의 수익권에 대하여 수익증권을 발행하지 아니한다는 뜻을 정한 경우에는 그 내용
6. 법 제79조제4항에 따라 수익자명부관리인을 정한 경우에는 그 성명 또는 명칭 및 주소
7. 법 제80조제1항 단서에 따라 수익증권의 불소지 신고를 허용하지 아니하기로 정한 경우에는 그 취지
8. 기명수익증권을 발행한 경우 수익권에 대한 양도의 제한이 있을 때에는 그 취지 및 내용
9. 법 제83조제3항에 따라 질권이 설정된 경우에는 질권자의 성명 또는 명칭 및 주소와 질권의 목적인 수익권
10. 수익권에 대하여 신탁이 설정된 경우에는 신탁재산이라는 뜻
11. 유한책임신탁인 경우에는 그 뜻과 신탁의 명칭

제8조【사채 총액의 한도】 법 제87조제3항에 따른 사채(社債) 총액의 한도는 최종의 대차대조표에 의하여 유한책임신탁에 현존하는 순자산액의 4배로 한다. 다만, 최종의 대차대조표가 없는 경우에는 사채의 발행 시점에 유한책임신탁에 현존하는 순자산액의 4배로 한다.

제9조【합병계획서의 기재사항】 법 제91조제1항제6호에서 "대통령령으로 정하는 사항"이란 다음 각 호의 사항을 말한다.

1. 합병할 각 신탁의 위탁자의 성명 또는 명칭 및 주소
2. 합병할 각 신탁의 수탁자의 성명 또는 명칭 및 주소
3. 합병할 각 신탁의 신탁행위의 내용 및 설정일
4. 합병할 각 신탁의 신탁재산의 목록 및 내용

5. 합병할 각 신탁이 유한책임신탁인 경우에는 그 명칭 및 신탁사무처리지

제10조【합병의 공고·최고 사항】 법 제92조제1항제3호에서 "대통령령으로 정하는 사항"이란 합병 후 신탁채무의 이행 계획을 말한다.

제11조【분할계획서·분할합병계획서의 기재사항】 법 제95조제1항제8호에서 "대통령령으로 정하는 사항"이란 다음 각 호의 사항을 말한다.

1. 분할된 신탁과 분할 후 신설신탁 또는 분할합병신탁의 위탁자의 성명 또는 명칭 및 주소
2. 분할된 신탁과 분할 후 신설신탁 또는 분할합병신탁의 수탁자의 성명 또는 명칭 및 주소
3. 분할된 신탁과 분할 후 신설신탁 또는 분할합병신탁이 유한책임신탁인 경우에는 그 명칭 및 신탁사무처리지

제12조【분할·분할합병의 공고·최고 사항】 법 제96조제1항제3호에서 "대통령령으로 정하는 사항"이란 분할 또는 분할합병 후 신탁채무의 이행 계획을 말한다.

제13조【유한책임신탁의 신탁행위로 정할 사항】 법 제114조제2항제6호에서 "대통령령으로 정하는 사항"이란 신탁의 사업연도를 말한다.

제14조【유한책임신탁의 회계서류 등】 ① 법 제117조제1항제4호에서 "대통령령으로 정하는 회계서류"란 다음 각 호의 서류를 말한다.

1. 자본변동표
2. 신탁의 재산목록과 그 부속 명세서
3. 법 제78조제1항에 따라 수익증권을 발행하는 경우에는 수익증권기준가격 계산서

② 법 제117조제2항제2호에서 "대통령령으로 정하는 기준 이상"이란 다음 각 호의 어느 하나에 해당하는 경우를 말한다.

1. 자산총액이 100억원 이상인 경우
2. 부채총액이 70억원 이상이고 자산총액이 70억원 이상인 경우

제15조【유한책임신탁의 수익자에 대한 급부가 가능한 한도】 ① 법 제120조제2항에 따른 급부가 가능한 한도는 급부를 할 날이 속하는 사업연도의 직전 사업연도 말일의 순자산액에서 신탁행위로 정한 유보액과 급부를 할 날이 속하는 사업연도에 이미 급부한 신탁재산의 가액(價額)을 공제한 금액을 말한다.

② 제1항을 적용할 때 유한책임신탁의 수익권이 그 유한책임신탁의 신탁재산에 속하게 된 경우에는 그 수익권은 해당 유한책임신탁의 순자산으로 계산하지 아니한다.

제16조【유한책임신탁등기의 기재사항】 법 제126조제1항제6호에서 "대통령령으로 정하는 사항"이란 신탁행위로 정한 종료 사유가 있는 경우 그 종료 사유를 말한다.

제17조【과태료의 부과기준】 법무부장관은 법 제146조에 따른 과태료의 금액을 정하는 경우 해당 위반행위의 동기와 그 결과, 위반기간 및 위반 정도 등을 고려하여야 한다.

공익신탁법

[시행 2018.11.1.] [법률 제15022호, 2017.10.31, 타법개정]

제1장 총칙

제1조【목적】 이 법은 공익을 목적으로 하는 신탁의 설정 · 운영 및 감독 등에 관하여 「신탁법」에 대한 특례를 정함으로써 신탁을 이용한 공익사업을 쉽고 편리하게 할 수 있도록 하여 공익의 증진에 이바지하는 것을 목적으로 한다.

제2조【정의】 이 법에서 사용하는 용어의 뜻은 다음과 같다.

1. "공익사업"이란 다음 각 목의 사업을 말한다.
   가. 학문 · 과학기술 · 문화 · 예술의 증진을 목적으로 하는 사업
   나. 장애인 · 노인, 재정이나 건강 문제로 생활이 어려운 사람의 지원 또는 복지 증진을 목적으로 하는 사업
   다. 아동 · 청소년의 건전한 육성을 목적으로 하는 사업
   라. 근로자의 고용 촉진 및 생활 향상을 목적으로 하는 사업
   마. 사고 · 재해 또는 범죄 예방을 목적으로 하거나 이로 인한 피해자 지원을 목적으로 하는 사업
   바. 수용자 교육과 교화(敎化)를 목적으로 하는 사업
   사. 교육 · 스포츠 등을 통한 심신의 건전한 발달 및 풍부한 인성 함양을 목적으로 하는 사업
   아. 인종 · 성별, 그 밖의 사유로 인한 부당한 차별 및 편견 예방과 평등사회의 증진을 목적으로 하는 사업
   자. 사상 · 양심 · 종교 · 표현의 자유 증진 및 옹호를 목적으로 하는 사업
   차. 남북통일, 평화구축, 국제 상호이해 증진 또는 개발도상국에 대한 경제협력을 목적으로 하는 사업
   카. 환경 보호와 정비를 목적으로 하거나 공중 위생 또는 안전의 증진을 목적으로 하는 사업
   타. 지역사회의 건전한 발전을 목적으로 하는 사업

파. 공정하고 자유로운 경제활동이나 소비자의 이익 증진을 목적으로 하는 사업

하. 그 밖에 공익 증진을 목적으로 하는 사업으로서 대통령령으로 정하는 사업

2. "공익신탁"이란 공익사업을 목적으로 하는 「신탁법」에 따른 신탁으로서 제3조에 따라 법무부장관의 인가를 받은 신탁을 말한다.
3. "수익사업"이란 공익신탁의 수탁자(受託者)가 신탁재산의 계산으로 신탁의 목적 달성을 위하여 필요한 범위에서 수행하는 공익사업 외의 사업을 말한다.
4. "보수등"이란 보수, 상여금, 각종 수당, 급여 등 어떠한 명칭으로든지 업무 수행의 대가로 지급되는 재산상 이익을 말한다.

제2장 공익신탁의 인가 및 운영 등

제1절 공익신탁의 인가 요건과 절차

제3조【공익신탁의 인가】 ① 공익사업을 목적으로 하는 신탁을 인수하려는 수탁자는 법무부장관의 인가를 받아야 한다.

② 제1항에 따른 인가를 받으려는 자는 대통령령으로 정하는 바에 따라 인가신청서를 법무부장관에게 제출하여야 한다.

제4조【인가 요건】 법무부장관은 제3조제2항에 따른 신청이 다음 각 호의 요건을 모두 갖춘 경우에는 공익신탁의 인가를 하여야 한다.

1. 해당 신탁이 「신탁법」에 따른 신탁으로서 공익사업 수행을 주된 목적으로 할 것
2. 신탁의 명칭에 "공익신탁"의 글자를 사용할 것
3. 수탁자가 다음 각 목의 어느 하나에 해당하지 아니할 것

가. 「신탁법」 제11조에 따른 수탁자 결격사유에 해당하는 자

나. 제22조에 따라 인가가 취소된 공익신탁의 수탁자 또는 신탁관리인(信託管理人) 중에서 그 취소사유의 발생에 직접 또는 이에 상응하는 책임이 있는 자로서 그 취소처분이 있었던 날부터 5년이 지나지 아니한 자

다. 「신탁법」, 「상법」 제622조부터 제624조까지, 제624조의2, 제625조, 제630조, 제631조, 「자본시장과 금융투자업에 관한 법률」 제444조제8호(제108조를 위반한 경우만 해당한다), 제445조제16호, 「형법」 제38장부터 제40장(가중처벌하는 경우를 포함한다)

까지 또는 「조세범 처벌법」에 따라 벌금 이상의 형을 선고받고 그 집행이 끝나거나(집행이 끝난 것으로 보는 경우를 포함한다) 면제된 날부터 5년이 지나지 아니한 자

라. 금고 이상의 형을 선고받고 그 집행이 끝나거나(집행이 끝난 것으로 보는 경우를 포함한다) 면제된 날부터 3년이 지나지 아니한 자

4. 수탁자 상호간에 대통령령으로 정하는 특수한 관계에 있는 자가 수탁자 총수의 5분의 1을 초과하지 아니할 것
5. 신탁관리인 상호 간에 대통령령으로 정하는 특수한 관계에 있는 자가 신탁관리인 총수의 5분의 1을 초과하지 아니할 것
6. 신탁관리인과 수탁자가 대통령령으로 정하는 특수한 관계에 있지 아니할 것
7. 공익사업을 원활하게 수행할 수 있는 신탁재산을 보유할 것
8. 사업계획서 및 신탁행위로 정한 사항이 다음 각 목에 위반되지 아니할 것

가. 위탁자(委託者), 수탁자, 신탁관리인, 사용인, 그 밖에 대통령령으로 정하는 신탁관계자 및 그의 특수관계인에게 이익을 제공하지 아니할 것

나. 특정 개인이나 단체에 기부하거나 그 밖의 이익을 제공하는 것을 사업내용으로 하지 아니할 것. 다만, 다른 공익신탁이나 「공익법인의 설립·운영에 관한 법률」에 따른 공익법인(이하 "공익신탁등"이라 한다)에 이익을 제공하는 경우로서 해당 공익신탁의 공익사업을 수행하기 위하여 필요한 경우에는 그러하지 아니하다.

다. 투기적 거래, 고리(高利) 대부 등 선량한 풍속, 그 밖에 사회질서를 해칠 우려가 없을 것

라. 수익사업으로 인하여 공익사업을 수행하는 데 지장을 초래하지 아니할 것

마. 신탁재산의 운용에 관한 사항이 제11조를 위반하지 아니할 것

바. 운용소득의 사용에 관한 사항이 제12조를 위반하지 아니할 것

사. 그 밖에 이 법과 다른 법령을 위반하는 사항이 없을 것

9. 신탁행위로 다음 각 목의 사항을 정할 것

가. 제22조제1항에 따라 공익신탁 인가가 취소되거나 「신탁법」에 따른 사유로 공익신탁이 종료한 경우 남은 재산을 유사 공익사업을 목적으로 하는 다른 공익신탁 등이나 국가 또는 지방자치단체에 증여한다는 취지

나. 공익사업을 수행하기 위한 필수적인 재산이 있는 경우에는 그 사실 및 처분 제한에 관한 사항

부록

다. 수탁자 및 신탁관리인에게 보수등을 지급하는 경우 그 지급기준에 관한 사항

10. 사업을 시행하기 위하여 법령상 필요한 인가 · 허가 등을 받았을 것

11. 해당 신탁재산 및 수탁자에 대하여 「국세징수법」에 따른 체납처분이 있었던 경우에는 체납처분이 종결된 날부터 3년이 지났을 것

제5조【인가 절차】 ① 법무부장관은 제3조제2항에 따른 인가신청을 받으면 3개월 이내에 인가 여부를 결정하고, 신청인에게 그 결과와 이유를 지체 없이 문서로 알려야 한다.

② 제1항에서 규정한 사항 외에 공익신탁 인가의 심사 방법 · 절차 등에 관하여 필요한 사항은 대통령령으로 정한다.

제6조【인가 조건】 ① 법무부장관은 제5조에 따라 인가를 할 때에 공익사업 수행에 필요한 조건을 붙일 수 있다.

② 인가에 조건이 붙은 경우 공익신탁의 수탁자는 사정 변경이나 그 밖에 정당한 사유가 있으면 법무부장관에게 조건의 취소 또는 변경을 신청할 수 있다. 이 경우 법무부장관은 2개월 이내에 조건의 취소 또는 변경 여부를 결정하고, 신청인에게 그 결과를 지체 없이 문서로 알려야 한다.

제7조【변경인가】 ① 수탁자는 제5조에 따라 인가받은 사항 중에서 다음 각 호의 사항을 변경하려면 법무부장관의 인가를 받아야 한다.

1. 공익사업의 종류 또는 내용
2. 수익사업의 종류 또는 내용
3. 제4조제9호에 따라 신탁행위로 정한 사항
4. 수탁자 또는 신탁관리인
5. 공익사업 수행에 필요한 재원 조달 방법
6. 유한책임신탁으로의 변경

② 제1항에 따른 변경인가를 받으려는 수탁자는 변경인가 신청서를 법무부장관에게 제출하여야 한다.

③ 제2항에 따른 변경인가 신청서의 기재사항 및 첨부서류 등 변경인가 신청에 관한 사항과 변경인가 심사의 방법 · 절차 등에 관하여 필요한 사항은 대통령령으로 정한다.

제8조【변경신고】 ① 수탁자는 제5조에 따라 인가받은 사항 중에서 공익신탁의 명칭 등 대통령령으로 정하는 사항이 변경된 경우에는 그 사유가 발생한 날부터 14일 이내에 변경된 사항을

법무부장관에게 신고하여야 한다.

② 제1항에 따른 신고를 하려는 공익신탁의 수탁자는 변경된 사항 및 이유를 기재한 변경신고서를 법무부장관에게 제출하여야 한다.

제9조【공익신탁의 명칭 및 등기】 ① 공익신탁이 아닌 신탁은 그 명칭 또는 상호에 "공익신탁"이나 그 밖에 공익신탁으로 오인될 우려가 있는 글자를 사용해서는 아니 된다.

② 어느 누구도 부정한 목적을 가지고 다른 공익신탁으로 오인될 우려가 있는 명칭 또는 상호를 사용해서는 아니 된다.

③ 법무부장관은 유한책임신탁에 대하여 공익신탁의 인가를 하는 경우에는 지체 없이 관할 등기소에 인가에 따른 변경등기를 촉탁하여야 한다.

제10조【공익신탁의 공시】 ① 법무부장관은 공익신탁에 관한 다음 각 호의 사항을 공시하여야 한다.

1. 해당 공익신탁의 인가 및 그 취소에 관한 사항
2. 제6조에 따른 인가 조건에 관한 사항
3. 제7조 및 제8조에 따른 변경인가 및 변경신고에 관한 사항
4. 제16조에 따른 사업계획서 및 사업보고서
5. 공익신탁이 종료된 경우 그 사실
6. 제20조에 따른 합병인가에 관한 사항
7. 제24조에 따라 남은 재산이 처분된 경우 그 사실

② 제1항에 따른 공시의 세부 내용 및 방법은 법무부장관이 정한다.

제2절 공익신탁의 운영

제11조【신탁재산의 운용】 ① 공익신탁의 신탁재산 중 금전은 「신탁법」 제41조 각 호의 방법으로만 운용하여야 한다.

② 수탁자는 금전(「신탁법」 제41조 각 호에 규정된 재산을 포함한다)이 아닌 신탁재산을 신탁행위 외의 방법으로 취득해서는 아니 된다.

③ 수탁자는 누구의 명의로도 「신탁법」 제34조제1항 각 호의 행위를 해서는 아니 된다. 다만, 신탁행위로 달리 정하거나 법무부장관의 승인을 받은 경우에는 그러하지 아니하다.

④ 수탁자는 신탁재산을 공익사업 및 수익사업(이하 이 조에서 "공익사업등"이라 한다) 외의 용도

부록

로 사용해서는 아니 된다.

⑤ 수탁자는 신탁재산을 수탁받은 날부터 3년 이내에 공익사업등에 사용하여야 한다. 다만, 공익사업등에 사용하는 데 장기간이 걸리는 등 부득이한 사유가 있는 경우에는 대통령령으로 정하는 바에 따라 법무부장관의 승인을 받아 그 기간을 연장할 수 있다.

⑥ 수탁자는 공익사업 수행을 위하여 필수적인 재산을 매도, 증여, 임대, 교환, 용도 변경 또는 담보로 제공하거나 대통령령으로 정하는 금액 이상을 장기 차입하려면 법무부장관의 승인을 받아야 한다.

⑦ 수탁자는 「신탁법」 제78조 및 제87조에도 불구하고 수익증권 및 신탁사채를 발행할 수 없다.

제12조【운용소득의 사용】 ① 수탁자는 신탁재산의 운용소득 중 100분의 70 이상을 공익사업에 사용하여야 한다.

② 제1항에 따른 운용소득 산정방법은 대통령령으로 정한다.

제13조【수탁자 등의 보수등】 수탁자와 신탁관리인은 신탁사무 수행에 필요한 경비 외에 보수등을 지급받지 못한다. 다만, 신탁행위로 달리 정한 경우에는 그러하지 아니하다.

제14조【신탁사무의 위임】 ① 수탁자는 다음 각 호의 어느 하나에 해당하는 신탁사무를 수탁자 외의 자에게 위임할 수 있다. 다만, 신탁행위로 달리 정한 경우에는 그러하지 아니하다.

1. 전문 지식이 필요한 신탁재산의 관리 · 운용과 관련된 사무
2. 모금활동과 관련된 사무
3. 타인에게 위임하지 아니하면 목적을 달성하기 어려운 신탁사무 또는 이와 유사한 사무로서 대통령령으로 정하는 사무

② 수탁자는 제1항에 따라 신탁사무를 위임받은 자에게 보수등을 지급할 수 있다. 이 경우 유사한 사무에 종사하는 자의 보수등과 해당 공익신탁의 재정상황, 그 밖의 사정을 고려하여 적정한 금액으로 보수등을 정하여야 한다.

③ 제1항의 경우 수탁자는 그 선임 · 감독에 관한 책임만을 진다.

제15조【회계의 구분】 공익신탁의 회계는 공익사업 수행에 따른 회계와 수익사업 수행에 따른 회계로 구분한다.

제16조【사업계획서 등의 제출】 ① 수탁자는 매 사업연도 개시일 1개월 전까지 해당 사업연도의 사업계획서와 그 밖에 대통령령으로 정하는 서류를 작성하여 법무부장관에게 제출하여야

한다.

② 수탁자는 매 사업연도가 끝난 후 2개월 이내에 해당 사업연도의 사업보고서와 그 밖에 대통령령으로 정하는 서류를 작성하여 법무부장관에게 제출하여야 한다.

제17조【신탁재산의 외부감사】 수탁자는 직전 사업연도 말의 신탁재산의 자산총액이 대통령령으로 정하는 기준 이상인 경우에는 「주식회사 등의 외부감사에 관한 법률」에 따른 감사를 받아야 한다. 〈개정 2017. 10. 31.〉

제18조【신탁관리인 등의 권한과 의무】 ① 신탁관리인은 업무를 수행할 때 수탁자와 제14조에 따라 신탁사무를 위임받은 자(이하 이 절에서 "수탁자등"이라 한다)의 부정행위, 법령이나 신탁행위로 정한 사항을 위반한 사실을 발견하면 지체 없이 법무부장관에게 보고하고, 수탁자등에 대한 손해배상청구 등 필요한 조치를 하여야 한다.

② 신탁관리인은 수탁자등이 법령 또는 신탁행위로 정한 사항을 위반하거나 위반할 우려가 있고 해당 행위로 인하여 공익신탁에 회복할 수 없는 손해가 발생할 우려가 있는 경우에는 그 수탁자등에 대하여 그 행위를 유지(留止)할 것을 법원에 청구할 수 있다.

③ 수탁자는 제7조제2항에 따른 변경인가 신청서, 제8조제2항에 따른 변경신고서, 제16조에 따른 사업계획서 및 사업보고서, 제20조제3항에 따른 합병인가 신청서를 제출하기 전에 신탁관리인에게 알려야 한다.

④ 신탁관리인은 수탁자에게 제3항에 따른 신청서 등과 관계 서류의 열람 또는 복사를 청구할 수 있고, 신탁사무 처리에 관한 설명을 요청할 수 있다.

제19조【신탁관리인에 대한 보고】 ① 제17조에 따른 감사인은 그 직무를 수행할 때 수탁자등의 부정행위, 법령이나 신탁행위로 정한 사항을 위반한 사실을 발견하면 지체 없이 신탁관리인에게 보고하여야 한다.

② 신탁관리인은 그 업무를 수행하기 위하여 필요한 경우 제1항에 따른 감사인에게 감사에 관한 보고를 요청할 수 있다.

부록

제3절 공익신탁의 합병 및 종료

제20조【합병인가】 ① 공익신탁은 다음 각 호의 방법에 따라 공익신탁으로 합병할 수 있다.

1. 공익신탁과 공익신탁 간의 합병
2. 공익신탁과 공익신탁이 아닌 신탁 간의 합병

② 제1항에 따른 합병은 법무부장관의 인가를 받아야 한다.
③ 제2항에 따른 인가를 받으려는 수탁자는 합병인가 신청서를 법무부장관에게 제출하여야 한다.
④ 제3항에 따른 합병인가 신청서의 기재사항 및 첨부서류 등 합병인가 신청에 관한 사항과 합병인가 심사의 방법 · 절차 등에 관하여 필요한 사항은 대통령령으로 정한다.
⑤ 법무부장관은 제2항에 따라 합병인가를 받은 공익신탁이 유한책임신탁인 경우 지체 없이 관할 등기소에 합병의 등기를 촉탁하여야 한다.

제21조【공익신탁의 분할 제한】 「신탁법」 제94조에도 불구하고 공익신탁은 분할 또는 분할합병할 수 없다.

제22조【공익신탁 인가의 취소】 ① 법무부장관은 공익신탁이 다음 각 호의 어느 하나에 해당하면 공익신탁의 인가를 취소할 수 있다.
1. 제4조 각 호의 요건을 갖추지 못하게 된 경우
2. 거짓이나 그 밖의 부정한 방법으로 인가 또는 승인을 받은 경우
3. 수탁자로부터 제3조제1항에 따른 공익신탁 인가의 취소 신청이 있는 경우
4. 제6조제1항에 따른 인가 조건을 위반한 경우
5. 제11조를 위반하여 신탁재산을 운용한 경우
6. 제12조를 위반하여 운용소득을 사용한 경우
7. 제15조에 따른 회계 구분을 하지 아니하거나 거짓으로 한 경우
8. 그 밖에 다른 법령을 위반하여 사업을 하거나 사업에 관한 행정기관의 처분에 따르지 아니한 경우

② 법무부장관은 제1항에 따라 인가를 취소하기 전에 시정 또는 보완을 요청할 수 있다.
③ 법무부장관은 제1항에 따라 인가를 취소하려면 청문을 하여야 한다.
④ 제1항에 따라 공익신탁의 인가가 취소되면 그 공익신탁은 종료하며, 그 공익신탁이 유한책임신탁인 경우에는 「신탁법」에 따라 청산하여야 한다.
⑤ 법무부장관은 제1항에 따라 취소한 공익신탁이 유한책임신탁인 경우에는 지체 없이 관할 등기소에 해당 신탁의 명칭에서 "공익"의 문자를 삭제하는 취지의 변경등기를 촉탁하여야 한다.

제23조【공익신탁의 종료】 ① 수탁자는 「신탁법」에 따른 신탁의 종료사유가 발생한 경우 지체 없이 그 사실을 법무부장관에게 신고하고, 신탁사무에 관한 최종 계산을 한 후 법무부장관의

승인을 받아야 한다.

② 유한책임신탁인 공익신탁의 청산이 종결된 경우에 최종 계산의 승인에 관하여는 제1항을 준용한다.

③ 법무부장관은 제2항에 따라 최종 계산의 승인을 한 경우에는 지체 없이 관할 등기소에 청산종결의 등기를 촉탁하여야 한다.

제24조【귀속권리자와 보관수탁관리인】 ① 제22조제1항에 따라 공익신탁의 인가가 취소되거나 제23조에 따라 공익신탁이 종료된 경우 제4조제9호가목에 따라 정한 다른 공익신탁등이나 국가 또는 지방자치단체를 「신탁법」에 따른 귀속권리자로 본다.

② 제1항에 따른 귀속권리자를 정할 수 없거나 해당 귀속권리자가 없는 경우에는 법무부장관은 신탁재산을 유사한 목적의 공익신탁등에 증여하거나 무상 대부하여야 한다.

③ 법무부장관은 제2항의 경우 보관수탁관리인을 선임하여 신탁재산을 증여하거나 무상 대부하게 할 수 있다. 이 경우 보관수탁관리인의 선임 방법 및 자격, 그 밖에 필요한 사항은 대통령령으로 정한다.

④ 제1항에 따라 신탁재산을 귀속받은 국가 또는 지방자치단체는 신탁재산을 공익사업에 사용하거나 유사한 목적을 가진 공익신탁등에 증여 또는 무상 대부하여야 한다.

제3장 공익신탁의 감독

제25조【감사 등】 ① 법무부장관은 공익신탁의 효율적 감독을 위하여 수탁자에게 업무보고서 제출을 명하거나 회계를 감사하여 그 적정을 유지하고 공익사업을 원활히 수행하도록 지도하여야 한다.

② 법무부장관은 제1항에 따른 감사를 할 때 수탁자에게 관계 서류 · 장부, 그 밖의 참고자료 제출을 명하거나 소속 공무원으로 하여금 공익신탁의 사무 및 재산상황을 검사하게 할 수 있다.

제26조【자료 제출 등의 요청】 법무부장관은 공익신탁의 인가 및 그 취소, 시정 요청 등 이 법에 따른 권한의 행사를 위하여 관계 행정기관, 지방자치단체 및 「공공기관의 운영에 관한 법률」에 따른 공공기관에 필요한 자료 제출 등을 요청할 수 있다. 이 경우 법무부장관은 공익신탁의 인가 및 취소, 감독 등 업무 수행을 위하여 필요한 때에는 「개인정보 보호법」 제24조에 따른 고유식별정보를 처리할 수 있다.

제27조【「신탁법」상의 권한】 ①「신탁법」에 따른 법원의 권한은 다음 각 호의 권한을 제외하고는 법무부장관에게 속한다.

1. 「신탁법」 제3조제3항 또는 제100조에 따라 신탁을 종료할 권한
2. 「신탁법」 제18조제1항제1호 또는 제2호에 따라 신탁재산관리인을 선임할 권한
3. 「신탁법」 제18조제1항제1호 또는 제2호에 따라 선임한 신탁재산관리인에 대한 권한 중 다음 각 목의 어느 하나에 해당하는 권한
   가. 「신탁법」 제19조제2항에 따라 신탁재산관리인의 사임을 허가할 권한
   나. 「신탁법」 제19조제3항에 따라 신탁재산관리인을 해임할 권한
   다. 「신탁법」 제19조제4항에 따라 새로운 신탁재산관리인을 선임할 권한
   라. 「신탁법」 제20조제1항 및 제2항에 따라 신탁재산관리인의 선임 등에 대하여 공고하거나 등기 · 등록 또는 그 등기 · 등록의 말소를 촉탁할 권한
4. 「신탁법」 제28조 단서에 따라 가공으로 인하여 생긴 물건의 귀속을 결정할 권한
5. 「신탁법」 제135조제2항에 따라 변제를 허가할 권한
6. 「신탁법」 제136조제4항에 따라 감정인을 선임할 권한

② 법무부장관은 다음 각 호의 권한을 직권으로도 행사할 수 있다.

1. 수탁자가 그 임무에 위배되는 행위를 하거나 그 밖의 중요한 사유가 있는 경우 수탁자를 해임할 권한
2. 수탁자의 임무가 종료된 경우 신수탁자를 선임할 권한

제4장 보칙

제28조【조세 감면 등】 공익신탁에 출연하거나 기부한 재산에 대한 상속세 · 증여세 · 소득세 · 법인세 및 지방세는「조세특례제한법」 및「지방세특례제한법」에서 정하는 바에 따라 감면할 수 있다.

제29조【「신탁법」의 준용】 공익신탁에 관하여는 이 법에서 규정한 사항을 제외하고는 그 성질에 반하지 아니하는 범위에서「신탁법」의 규정을 준용한다.

제5장 벌칙

제30조【벌칙】 다음 각 호의 어느 하나에 해당하는 자(제14조제1항에 따라 위임을 받은 자를 포함한다. 이하 이 장에서 같다)는 3년 이하의 징역 또는 5천만원 이하의 벌금에 처한다.

1. 제11조제3항을 위반하여 「신탁법」 제34조제1항제1호부터 제4호까지의 행위를 한 자
2. 제11조제4항을 위반하여 신탁재산을 사용한 자
3. 제11조제6항을 위반하여 필수적인 재산을 매도, 증여, 임대, 교환, 용도 변경 또는 담보로 제공하거나 장기 차입한 자

제31조【벌칙】 다음 각 호의 어느 하나에 해당하는 자는 1년 이하의 징역 또는 3천만원 이하의 벌금에 처한다.

1. 제11조제1항을 위반하여 금전을 운용한 자
2. 제11조제7항을 위반하여 수익증권 또는 신탁사채를 발행한 자
3. 제12조제1항을 위반하여 운용소득을 사용한 자

제32조【양벌규정】 법인의 대표자나 법인 또는 개인의 대리인 · 사용인 그 밖의 종업원이 그 법인 또는 개인의 업무에 관하여 제30조 또는 제31조에 따른 위반행위를 한 때에는 행위자를 벌하는 외에 그 법인 또는 개인에 대하여도 각 해당 조의 벌금형을 과한다. 다만, 법인 또는 개인이 그 위반행위를 방지하기 위하여 해당 업무에 관하여 상당한 주의와 감독을 게을리하지 아니한 경우에는 그러하지 아니하다.

제33조【과태료】 ① 다음 각 호의 어느 하나에 해당하는 자에게는 1천만원 이하의 과태료를 부과한다.

1. 제9조제1항을 위반하여 "공익신탁"이나 그 밖에 공익신탁으로 오인될 우려가 있는 명칭 또는 상호를 사용한 자
2. 제9조제2항을 위반하여 부정한 목적을 가지고 다른 공익신탁으로 오인될 우려가 있는 명칭 또는 상호를 사용한 자
3. 제17조에 따른 감사를 거부 · 방해 또는 기피한 자

② 다음 각 호의 어느 하나에 해당하는 자에게는 500만원 이하의 과태료를 부과한다.

1. 제8조를 위반하여 변경신고를 하지 아니한 수탁자
2. 제11조제2항을 위반하여 신탁재산을 취득한 수탁자
3. 제11조제5항을 위반하여 신탁재산을 기간 내에 공익사업등에 사용하지 아니한 수탁자

부 록

4. 제16조를 위반하여 사업계획서, 사업보고서, 그 밖의 서류를 제출하지 아니한 수탁자
5. 제18조제4항에 따른 열람 · 복사의 청구나 설명 요청을 정당한 이유 없이 거부한 수탁자
6. 제23조제1항 및 제2항을 위반하여 신고를 하지 아니하거나 승인을 받지 아니한 수탁자 또는 청산인

③ 제1항 및 제2항에 따른 과태료는 대통령령으로 정하는 바에 따라 법무부장관이 부과 · 징수한다.

제34조【외부의 감사인의 의무위반행위】 제17조에 따라 외부의 감사인을 선임한 경우 감사인의 의무위반행위에 대한 벌칙 및 과태료에 관하여는 「주식회사 등의 외부감사에 관한 법률」을 준용한다. 이 경우 "주식회사" 또는 "회사"는 "신탁"으로 본다.

공익신탁법 시행령

[시행 2015. 3. 19.] [대통령령 제26147호, 2015. 3. 17., 제정]

제1조 【목적】 이 영은 「공익신탁법」에서 위임된 사항과 그 시행에 필요한 사항을 규정하는 것을 목적으로 한다.

제2조 【공익사업】 「공익신탁법」(이하 "법"이라 한다) 제2조제1호하목에서 "대통령령으로 정하는 사업"이란 다음 각 호의 사업을 말한다.

1. 국토의 합리적 이용, 정비 또는 보전을 목적으로 하는 사업
2. 국민생활에 필수적인 재화(財貨)나 용역의 안정적 공급을 목적으로 하는 사업
3. 법 제2조제1호가목부터 파목까지의 사업 또는 제1호·제2호의 사업에 준하는 것으로서 공익 증진을 목적으로 하는 사업

제3조 【공익신탁의 인가 신청】 ① 법 제3조제1항에 따라 공익신탁 인가를 받으려는 자는 다음 각 호의 사항을 기재한 인가 신청서를 법무부장관에게 제출하여야 한다. 다만, 제4호의 사항은 신청 당시 위탁자의 전부 또는 일부와 신탁계약을 체결하지 아니한 경우에는 아직 신탁계약을 체결하지 아니한 위탁자에 대하여 기재하지 아니할 수 있다.

1. 신청인의 성명·주민등록번호·주소(법인인 경우에는 명칭, 법인등록번호, 주된 사무소의 소재지, 대표자의 성명·주소)
2. 공익신탁의 명칭·신탁사무처리지(공익신탁의 신탁사무를 처리하는 주된 사무소를 말하며, 신탁사무처리지가 별도로 있지 아니한 경우에는 수탁자의 주소를 말한다. 이하 같다)·목적사업·수익사업
3. 수탁자의 성명·주민등록번호·주소(법인인 경우에는 명칭, 법인등록번호, 주된 사무소의 소재지, 대표자의 성명·주소)
4. 위탁자의 성명·주민등록번호·주소(법인인 경우에는 명칭, 법인등록번호, 주된 사무소의 소재지, 대표자의 성명·주소)
5. 신탁관리인의 성명·주민등록번호·주소(법인인 경우에는 명칭, 법인등록번호, 주된 사무소의 소재지, 대표자의 성명·주소)
6. 신청 당시 신탁재산의 총액 및 신탁재산의 한도를 정한 경우에는 그 한도
7. 수탁자 상호 간, 신탁관리인 상호 간 및 수탁자와 신탁관리인 간에 제4조의 특수한 관계

가 있는지에 대한 확인

8. 제3자로부터 금품을 기부받아 신탁재산에 포함시킬 것을 예정하고 있는 경우에는 기부의 취지 및 한도

② 제1항에 따른 인가 신청서에는 다음 각 호의 서류를 첨부하여야 한다.

1. 수탁자의 경력(법인인 경우에는 정관과 최근 3년간의 사업활동)을 기재한 서류
2. 수탁자의 범죄경력자료 및 후견 관련 등기사항 부존재 증명서
3. 신탁재산에 관한 조세납부·체납 관련 서류 및 수탁자의 조세납부·체납 관련 서류
4. 신탁계약서(신청 당시 위탁자의 전부 또는 일부와 신탁계약을 체결하지 아니한 경우에는 향후 그와 신탁계약을 체결할 때 포함될 주요 내용이 기재되어 있는 문서를 포함한다)
5. 신탁재산의 종류·수량·금액 및 권리관계를 명확하게 기재한 재산목록(신청 당시 위탁자의 전부 또는 일부와 신탁계약을 체결하지 아니한 경우, 신탁계약을 체결한 위탁자로부터 추가로 위탁받을 재산이 있는 경우 또는 제3자로부터 금품을 기부받아 신탁재산에 포함시킬 것을 예정하고 있는 경우에는 향후 위탁이나 기부를 받을 기간, 신탁재산이나 기부받을 금품의 종류 및 총액을 기재하여야 한다)
6. 부동산·예금·유가증권 등 신탁재산에 관한 등기소·금융회사 등의 증명서(신청 당시 위탁받은 신탁재산만 해당한다)
7. 사업개시예정일 및 사업개시 이후 2사업연도분(사업기간이 2년 미만인 경우에는 그 사업기간에 해당하는 분을 말한다)의 사업계획서 및 수입·지출 예산서
8. 신탁관리인의 경력(법인인 경우에는 정관과 최근 3년간의 사업활동)을 기재한 서류 및 선임승낙서
9. 공익신탁의 운영, 기부 또는 이익을 제공받을 대상의 지정 등을 위하여 공익신탁의 운영에 관한 위원회를 구성하는 경우에는 구성원의 성명·주소·경력
10. 제3자로부터 금품을 기부받아 신탁재산에 포함시킬 것을 예정하고 있는 경우에는 기부금품 모집·사용 계획서
11. 다른 법령에 따라 허가·인가·지정·등록·신고 또는 협의 등의 처분이 필요한 경우 그 처분서 사본

제4조【특수한 관계의 범위】 ① 법 제4조제4호에서 "수탁자 상호간에 대통령령으로 정하는 특수한 관계에 있는 자"란 수탁자 중 어느 한 명과 다음 각 호의 어느 하나에 해당하는 관계에 있는 다른 수탁자를 말한다.

1. 채권·채무관계에 있는 자

2. 고용관계에 있는 자

3. 수탁자가 법인인 경우 그 임직원 또는 임직원이었던 자

② 법 제4조제5호에서 "신탁관리인 상호 간에 대통령령으로 정하는 특수한 관계에 있는 자"란 신탁관리인 중 어느 한 명과 다음 각 호의 구분에 따른 관계에 있는 다른 신탁관리인을 말한다.

1. 신탁관리인이 개인인 경우: 다음 각 목의 어느 하나에 해당하는 자

가. 배우자(사실상의 혼인관계에 있는 사람을 포함한다)

나. 6촌 이내의 혈족

다. 4촌 이내의 인척

라. 친생자(親生子)로서 다른 사람에게 친양자(親養子)로 입양된 사람과 그 배우자·직계비속

마. 신탁관리인의 금전이나 그 밖의 재산에 의하여 생계를 유지하는 사람

바. 신탁관리인과 생계를 같이하는 사람

2. 신탁관리인이 법인인 경우: 다음 각 목의 어느 하나에 해당하는 자

가. 신탁관리인의 이사·집행임원·감사

나. 신탁관리인이 「독점규제 및 공정거래에 관한 법률」에 따른 기업집단에 속하는 경우 그 기업집단에 속하는 다른 계열회사 및 그 이사·집행임원·감사

③ 법 제4조제6호에서 "대통령령으로 정하는 특수한 관계"란 제2항 각 호의 구분에 따른 관계에 있는 경우를 말한다. 이 경우 제2항 각 호 중 "신탁관리인"은 "신탁관리인 또는 수탁자"로 본다.

④ 법 제4조제8호가목에서 "대통령령으로 정하는 신탁 관계자 및 그의 특수관계인"이란 다음 각 호의 구분에 따른 자를 말한다.

1. 신탁 관계자: 다음 각 목의 어느 하나에 해당하는 자

가. 신탁재산관리인

나. 위탁자·수탁자·신탁관리인·사용인·신탁재산관리인의 채권자

2. 법 제4조제8호가목에 따른 신탁 관계자의 특수관계인: 신탁 관계자(위탁자·수탁자·신탁관리인·사용인 또는 제1호 각 목의 자를 말한다. 이하 같다)와 제2항 각 호의 구분에 따른 관계에 있는 자. 이 경우 제2항 각 호 중 "신탁관리인"은 "신탁 관계자"로 본다.

제5조【인가 절차 및 인가 조건의 취소·변경 절차】 ① 법무부장관은 제3조에 따라 제출된 인가

부록

신청서와 그 첨부서류만으로 인가 여부 또는 법 제6조제1항에 따른 조건의 부과 여부를 결정하기 어려운 경우에는 인가를 신청한 자에게 보완 또는 소명을 요구할 수 있다.

② 공익신탁의 수탁자가 법 제6조제2항에 따라 인가에 붙은 조건의 취소 또는 변경을 신청하는 경우에는 법무부장관에게 인가 조선 취소·변경 신청서와 그 사유를 소명하는 서류를 제출하여야 한다.

제6조【변경인가 절차】 ① 법 제7조제1항에 따라 변경인가를 받으려는 수탁자는 다음 각 호의 사항을 기재한 변경인가 신청서를 법무부장관에게 제출하여야 한다.

1. 법 제7조제1항 각 호의 사항 중 변경하려는 사항
2. 변경하려는 이유

② 제1항에 따른 변경인가 신청서에는 다음 각 호의 구분에 따른 서류를 첨부하여야 한다.

1. 신탁계약이 변경되는 경우: 변경되는 신탁계약서(신탁계약서에 변경취지가 이미 포함되어 있는 경우에는 기존 신탁계약서로 대체할 수 있다)
2. 법 제7조제1항제1호 또는 제2호의 사항을 변경하는 경우: 변경되는 사업의 개시예정일 및 변경사업 개시 이후 2사업연도분(사업기간이 2년 미만인 경우에는 그 사업기간에 해당하는 분을 말한다)의 사업계획서 및 수입·지출 예산서
3. 법 제7조제1항제4호의 사항을 변경하는 경우: 다음 각 목의 서류
   가. 수탁자 또는 신탁관리인의 성명·주민등록번호·주소·경력(법인인 경우에는 명칭·법인등록번호, 주된 사무소의 소재지, 대표자의 성명·주소, 정관 및 최근 3년간의 사업활동)을 기재한 서류
   나. 수탁자의 범죄경력자료, 후견 관련 등기사항 부존재 증명서 및 조세납부·체납 관련 서류(수탁자가 변경되는 경우만 해당한다)
   다. 수탁자 상호 간, 신탁관리인 상호 간 및 수탁자와 신탁관리인 간에 제4조의 특수한 관계가 있지 아니하다는 사실을 확인하는 확인서
4. 법 제7조제1항제5호의 사항을 변경하는 경우: 다음 각 목의 서류
   가. 변경되는 재원 조달 방법을 소명하는 서류
   나. 기부금품과 관련하여 재원 조달 방법을 변경하는 경우 기부금품모집·사용 계획서
5. 법 제7조제1항제6호에 따라 유한책임신탁으로 변경하는 경우: 「신탁법」 제114조 및 제115조제1항에 따른 사항을 소명하는 서류
6. 다른 법령에 따라 허가·인가·지정·등록·신고 또는 협의 등의 처분이 필요한 경우:

그 처분서 사본

제7조【변경신고 사항】 ① 법 제8조제1항에서 "공익신탁의 명칭 등 대통령령으로 정하는 사항"이란 다음 각 호의 어느 하나에 해당하는 사항을 말한다.

1. 공익신탁의 명칭
2. 위탁자
3. 수탁자 또는 신탁관리인의 성명 또는 주소(법인인 경우에는 명칭 또는 주된 사무소의 소재지)
4. 유한책임신탁의 신탁사무를 처리하는 주된 사무소

② 유한책임신탁인 공익신탁의 명칭 변경을 이유로 법 제8조제1항에 따른 변경신고를 하는 경우에는 명칭 변경과 관련한 등기사항증명서를 첨부하여야 한다.

제8조【신탁재산의 운용】 ① 법 제11조제5항에 따라 공익사업 및 수익사업(이하 "공익사업등"이라 한다)의 사용 기간 연장 승인을 받으려는 수탁자는 신탁재산을 위탁받은 날부터 3년이 지나기 3개월 전까지 다음 각 호의 서류를 법무부장관에게 제출하여야 한다.

1. 기간 연장 승인 신청서
2. 기간 연장이 필요한 사유를 소명할 수 있는 서류

② 법 제11조제6항에서 "대통령령으로 정하는 금액"이란 차입하려는 금액을 포함한 장기차입금의 총액이 신탁재산 총액에서 차입 당시의 부채 총액을 공제한 금액의 100분의 5에 해당하는 금액을 말한다.

제9조【운용소득의 산정방법】 법 제12조제1항에 따른 운용소득의 산정에 관하여는 「상속세 및 증여세법 시행령」 제38조제5항을 준용한다.

제10조【신탁사무의 위임】 법 제14조제1항제3호에서 "대통령령으로 정하는 사무"란 다음 각 호의 어느 하나에 해당하는 사무를 말한다.

1. 공익사업에 따라 기부 또는 이익을 제공받을 대상에게 기부금품을 지급하거나 이익을 제공하는 사무
2. 그 밖에 타인에게 위임하지 아니하면 목적을 달성하기 어려운 신탁사무로서 위임에 관하여 법무부장관의 승인을 받은 사무

제11조【사업계획서 및 사업보고서의 첨부서류】 ① 법 제16조제1항에서 "대통령령으로 정하는 서류"란 다음 각 호의 서류를 말한다.

1. 추정대차대조표 및 그 부속명세서

2. 추정손익계산서 및 그 부속명세서

② 법 제16조제2항에서 "대통령령으로 정하는 서류"란 다음 각 호의 서류를 말한다.

1. 대차대조표 및 그 부속명세서
2. 손익계산서 및 그 부속명세서
3. 외부감사인의 감사보고서(법 제17조에 따른 외부감사 대상인 경우에 한정한다)
4. 신탁재산 운용명세서
5. 신탁재산 사용점검표
6. 공익사업 세부명세서
7. 기부금품 사용명세서

제12조【외부감사 기준】 법 제17조에서 "대통령령으로 정하는 기준"이란 100억원을 말한다.

제13조【합병인가 절차 등】 ① 법 제20조제2항에 따라 합병인가를 받으려는 수탁자는 다음 각 호의 사항을 기재한 합병인가 신청서를 법무부장관에게 제출하여야 한다.

1. 합병할 각 신탁의 명칭(명칭이 있는 경우만 해당한다) 및 신탁사무처리지와 합병 후 신탁의 명칭 및 신탁사무처리지
2. 합병할 각 신탁 및 합병 후 신탁의 공익사업등의 내용(합병으로 인하여 변경이 있는 경우에는 그 내용 및 변경 이유를 함께 기재하여야 한다)
3. 합병할 각 신탁 및 합병 후 신탁의 수탁자의 성명·주민등록번호·주소(법인인 경우에는 명칭, 법인등록번호, 주된 사무소의 소재지, 대표자의 성명·주소)
4. 합병할 각 신탁의 위탁자의 성명·주민등록번호·주소(법인인 경우에는 명칭, 법인등록번호, 주된 사무소의 소재지, 대표자의 성명·주소)
5. 합병할 각 신탁 및 합병 후 신탁의 신탁관리인의 성명·주민등록번호·주소(법인인 경우에는 명칭, 법인등록번호, 주된 사무소의 소재지, 대표자의 성명·주소)
6. 합병할 각 신탁 및 합병 후 신탁의 신탁재산 총액 및 한도
7. 신탁합병의 이유 및 합병계약일

② 제1항에 따른 합병인가 신청서에는 다음 각 호의 서류를 첨부하여야 한다.

1. 신탁합병계약서
2. 합병할 각 신탁의 신탁계약서 및 재산목록
3. 합병 후 신탁의 재산목록
4. 부동산·예금·유가증권 등 신탁재산에 관한 등기소·금융회사 등의 증명서

5. 합병 후 신탁의 사업개시예정일 및 사업개시 이후 2사업연도분(사업기간이 2년 미만인 경우에는 그 사업기간에 해당하는 분을 말한다)의 사업계획서 및 수입·지출 예산서. 다만, 합병으로 인한 신탁재산의 변동가액이 기존 신탁재산의 100분의 10을 초과하지 아니하는 경우는 제외한다.
6. 수탁자 상호 간, 신탁관리인 상호 간 및 수탁자와 신탁관리인 간에 제4조의 특수한 관계가 있지 아니하다는 사실을 확인하는 확인서
7. 합병 후 신탁에서 제3자로부터 금품을 기부받아 신탁재산에 포함시킬 것을 예정하고 있는 경우에는 기부금품 모집·사용 계획서

③ 법 제20조제2항에 따른 합병인가 심사의 방법과 절차에 관하여는 법 제4조부터 제6조까지 및 이 영 제5조를 준용한다.

제14조【보관수탁관리인의 선임 등】 ① 법 제24조제3항에 따른 보관수탁관리인(이하 "보관수탁관리인"이라 한다)에는 법 제4조제3호 각 목의 어느 하나에 해당하지 아니하는 자를 선임하여야 한다.

② 법무부장관은 보관수탁관리인을 선임하기 위하여 필요한 경우에는 이해관계인의 의견을 청취할 수 있다.

③ 보관수탁관리인은 선임된 목적 범위 내에서 수탁자의 지위에 있는 것으로 본다.

④ 보관수탁관리인이 신탁재산을 증여하거나 무상 대부할 때에는 법무부장관의 승인을 받아야 한다.

⑤ 법무부장관은 필요한 경우 선임된 보관수탁관리인에게 신탁재산으로 적당한 보수를 지급할 수 있다.

제15조【고유식별정보의 처리】 법무부장관은 다음 각 호의 사무를 수행하기 위하여 불가피한 경우 「개인정보 보호법 시행령」 제19조제1호 또는 제4호에 따른 주민등록번호 또는 외국인등록번호가 포함된 자료를 처리할 수 있다.

1. 법 제3조에 따른 공익신탁의 인가에 관한 사무
2. 법 제6조에 따른 공익신탁 인가 조건의 부과·취소·변경에 관한 사무
3. 법 제7조에 따른 공익신탁의 변경인가에 관한 사무
4. 법 제8조에 따른 공익신탁의 변경신고에 관한 사무
5. 법 제9조제3항에 따른 등기 촉탁에 관한 사무
6. 법 제10조에 따른 공익신탁의 공시에 관한 사무

7. 법 제11조에 따른 신탁재산의 운용 감독에 관한 사무

8. 법 제16조에 따른 사업계획서 및 사업보고서 등의 감독에 관한 사무

9. 법 제20조에 따른 합병인가 및 등기 촉탁에 관한 사무

10. 법 제22조에 따른 공익신탁 인가의 취소 및 등기 촉탁에 관한 사무

11. 법 제23조에 따른 공익신탁의 종료 및 등기 촉탁에 관한 사무

12. 법 제24조제1항 및 제2항에 따른 잔여재산의 귀속에 관한 사무

13. 법 제24조제3항에 따른 보관수탁관리인의 선임 등에 관한 사무

14. 법 제25조부터 제27조까지의 규정에 따른 공익신탁의 감독에 관한 사무

15. 제10조제2호에 따른 신탁사무의 위임 승인에 관한 사무

제16조【과태료의 부과기준】 법 제33조제1항 및 제2항에 따른 과태료의 부과기준은 별표와 같다.

제17조【서식】 법무부장관은 법과 이 영의 시행에 필요한 서식을 정하여 고시한다.

자본시장과 금융투자업에 관한 법률(약칭 : 자본시장법, 발췌)

[시행 2025. 7. 22.] [법률 제20718호, 2025. 1. 21., 일부개정]

제1조【목적】 이 법은 자본시장에서의 금융혁신과 공정한 경쟁을 촉진하고 투자자를 보호하며 금융투자업을 건전하게 육성함으로써 자본시장의 공정성·신뢰성 및 효율성을 높여 국민경제의 발전에 이바지함을 목적으로 한다.

제3조【금융투자상품】 ① 이 법에서 "금융투자상품"이란 이익을 얻거나 손실을 회피할 목적으로 현재 또는 장래의 특정(特定) 시점에 금전, 그 밖의 재산적 가치가 있는 것(이하 "금전등"이라 한다)을 지급하기로 약정함으로써 취득하는 권리로서, 그 권리를 취득하기 위하여 지급하였거나 지급하여야 할 금전등의 총액(판매수수료 등 대통령령으로 정하는 금액을 제외한다)이 그 권리로부터 회수하였거나 회수할 수 있는 금전등의 총액(해지수수료 등 대통령령으로 정하는 금액을 포함한다)을 초과하게 될 위험(이하 "투자성"이라 한다)이 있는 것을 말한다. 다만, 다음 각 호의 어느 하나에 해당하는 것을 제외한다.

1. 원화로 표시된 양도성 예금증서
2. 「신탁법」 제78조제1항에 따른 수익증권발행신탁이 아닌 신탁으로서 다음 각 목의 어느 하나에 해당하는 신탁(제103조제1항제1호의 재산을 신탁받는 경우는 제외하고 수탁자가 「신탁법」 제46조부터 제48조까지의 규정에 따라 처분 권한을 행사하는 경우는 포함한다. 이하 "관리형신탁"이라 한다)의 수익권
   가. 위탁자(신탁계약에 따라 처분권한을 가지고 있는 수익자를 포함한다)의 지시에 따라서만 신탁재산의 처분이 이루어지는 신탁
   나. 신탁계약에 따라 신탁재산에 대하여 보존행위 또는 그 신탁재산의 성질을 변경하지 아니하는 범위에서 이용·개량 행위만을 하는 신탁
3. 그 밖에 해당 금융투자상품의 특성 등을 고려하여 금융투자상품에서 제외하더라도 투자자 보호 및 건전한 거래질서를 해할 우려가 없는 것으로서 대통령령으로 정하는 금융투자상품

② 제1항의 금융투자상품은 다음 각 호와 같이 구분한다.

1. 증권
2. 파생상품

부록

가. 장내파생상품

나. 장외파생상품

제4조【증권】 ① 이 법에서 "증권"이란 내국인 또는 외국인이 발행한 금융투자상품으로서 투자자가 취득과 동시에 지급한 금전등 외에 어떠한 명목으로든지 추가로 지급의무(투자자가 기초자산에 대한 매매를 성립시킬 수 있는 권리를 행사하게 됨으로써 부담하게 되는 지급의무를 제외한다)를 부담하지 아니하는 것을 말한다. 다만, 다음 각 호의 어느 하나에 해당하는 증권은 제2편제5장, 제3편제1장(제8편부터 제10편까지의 규정 중 제2편제5장, 제3편제1장의 규정에 따른 의무 위반행위에 대한 부분을 포함한다) 및 제178조·제179조를 적용하는 경우에만 증권으로 본다.

1. 투자계약증권
2. 지분증권, 수익증권 또는 증권예탁증권 중 해당 증권의 유통 가능성, 이 법 또는 금융관련 법령에서의 규제 여부 등을 종합적으로 고려하여 대통령령으로 정하는 증권

② 제1항의 증권은 다음 각 호와 같이 구분한다.

1. 채무증권
2. 지분증권
3. 수익증권
4. 투자계약증권
5. 파생결합증권
6. 증권예탁증권

③ 이 법에서 "채무증권"이란 국채증권, 지방채증권, 특수채증권(법률에 의하여 직접 설립된 법인이 발행한 채권을 말한다. 이하 같다), 사채권(「상법」 제469조제2항제3호에 따른 사채의 경우에는 제7항제1호에 해당하는 것으로 한정한다. 이하 같다), 기업어음증권(기업이 사업에 필요한 자금을 조달하기 위하여 발행한 약속어음으로서 대통령령으로 정하는 요건을 갖춘 것을 말한다. 이하 같다), 그 밖에 이와 유사(類似)한 것으로서 지급청구권이 표시된 것을 말한다.

④ 이 법에서 "지분증권"이란 주권, 신주인수권이 표시된 것, 법률에 의하여 직접 설립된 법인이 발행한 출자증권, 「상법」에 따른 합자회사·유한책임회사·유한회사·합자조합·익명조합의 출자지분, 그 밖에 이와 유사한 것으로서 출자지분 또는 출자지분을 취득할 권리가 표시된 것을 말한다.

⑤ 이 법에서 "수익증권"이란 제110조의 수익증권, 제189조의 수익증권, 그 밖에 이와 유사한 것으로서 신탁의 수익권이 표시된 것을 말한다.

⑥ 이 법에서 "투자계약증권"이란 특정 투자자가 그 투자자와 타인(다른 투자자를 포함한다. 이하 이 항에서 같다) 간의 공동사업에 금전등을 투자하고 주로 타인이 수행한 공동사업의 결과에 따른 손익을 귀속받는 계약상의 권리가 표시된 것을 말한다.

⑦ 이 법에서 "파생결합증권"이란 기초자산의 가격·이자율·지표·단위 또는 이를 기초로 하는 지수 등의 변동과 연계하여 미리 정하여진 방법에 따라 지급하거나 회수하는 금전등이 결정되는 권리가 표시된 것을 말한다. 다만, 다음 각 호의 어느 하나에 해당하는 것은 제외한다.

1. 발행과 동시에 투자자가 지급한 금전등에 대한 이자, 그 밖의 과실(果實)에 대하여만 해당 기초자산의 가격·이자율·지표·단위 또는 이를 기초로 하는 지수 등의 변동과 연계된 증권
2. 제5조제1항제2호에 따른 계약상의 권리(제5조제1항 각 호 외의 부분 단서에서 정하는 금융투자상품은 제외한다)
3. 해당 사채의 발행 당시 객관적이고 합리적인 기준에 따라 미리 정하는 사유가 발생하는 경우 주식으로 전환되거나 그 사채의 상환과 이자지급 의무가 감면된다는 조건이 붙은 것으로서 제165조의11제1항에 따라 주권상장법인이 발행하는 사채

3의2. 「은행법」 제33조제1항제2호부터 제4호까지의 규정에 따른 상각형 조건부자본증권, 은행주식 전환형 조건부자본증권 및 은행지주회사주식 전환형 조건부자본증권

3의3. 「금융지주회사법」 제15조의2제1항제2호 또는 제3호에 따른 상각형 조건부자본증권 또는 전환형 조건부자본증권

3의4. 「보험업법」 제114조의2제1항제1호에서 제3호까지의 규정에 따른 상각형 조건부자본증권, 보험회사주식 전환형 조건부자본증권 및 금융지주회사주식 전환형 조건부자본증권

4. 「상법」 제469조제2항제2호, 제513조 및 제516조의2에 따른 사채
5. 그 밖에 제1호부터 제3호까지, 제3호의2부터 제3호의4까지 및 제4호에 따른 금융투자상품과 유사한 것으로서 대통령령으로 정하는 금융투자상품

⑧ 이 법에서 "증권예탁증권"이란 제2항제1호부터 제5호까지의 증권을 예탁받은 자가 그 증권이 발행된 국가 외의 국가에서 발행한 것으로서 그 예탁받은 증권에 관련된 권리가 표시된 것을 말한다.

⑨ 제2항 각 호의 어느 하나에 해당하는 증권에 표시될 수 있거나 표시되어야 할 권리는

그 증권이 발행되지 아니한 경우에도 그 증권으로 본다.

⑩ 이 법에서 "기초자산"이란 다음 각 호의 어느 하나에 해당하는 것을 말한다.

1. 금융투자상품
2. 통화(외국의 통화를 포함한다)
3. 일반상품(농산물·축산물·수산물·임산물·광산물·에너지에 속하는 물품 및 이 물품을 원료로 하여 제조하거나 가공한 물품, 그 밖에 이와 유사한 것을 말한다)
4. 신용위험(당사자 또는 제삼자의 신용등급의 변동, 파산 또는 채무재조정 등으로 인한 신용의 변동을 말한다)
5. 그 밖에 자연적·환경적·경제적 현상 등에 속하는 위험으로서 합리적이고 적정한 방법에 의하여 가격·이자율·지표·단위의 산출이나 평가가 가능한 것

제6조【금융투자업】 ① 이 법에서 "금융투자업"이란 이익을 얻을 목적으로 계속적이거나 반복적인 방법으로 행하는 행위로서 다음 각 호의 어느 하나에 해당하는 업(業)을 말한다.

1. 투자매매업
2. 투자중개업

② 이 법에서 "투자매매업"이란 누구의 명의로 하든지 자기의 계산으로 금융투자상품의 매도·매수, 증권의 발행·인수 또는 그 청약의 권유, 청약, 청약의 승낙을 영업으로 하는 것을 말한다.

③ 이 법에서 "투자중개업"이란 누구의 명의로 하든지 타인의 계산으로 금융투자상품의 매도·매수, 그 중개나 청약의 권유, 청약, 청약의 승낙 또는 증권의 발행·인수에 대한 청약의 권유, 청약, 청약의 승낙을 영업으로 하는 것을 말한다.

④ 이 법에서 "집합투자업"이란 집합투자를 영업으로 하는 것을 말한다.

⑤ 제4항에서 "집합투자"란 2인 이상의 투자자로부터 모은 금전등을 투자자로부터 일상적인 운용지시를 받지 아니하면서 재산적 가치가 있는 투자대상자산을 취득·처분, 그 밖의 방법으로 운용하고 그 결과를 투자자에게 배분하여 귀속시키는 것을 말한다. 다만, 다음 각 호의 어느 하나에 해당하는 경우를 제외한다.

1. 대통령령으로 정하는 법률에 따라 사모(私募)의 방법으로 금전등을 모아 운용·배분하는 것으로서 대통령령으로 정하는 투자자의 총수가 대통령령으로 정하는 수 이하인 경우
2. 「자산유동화에 관한 법률」 제3조의 자산유동화계획에 따라 금전등을 모아 운용·배분하는 경우

3. 그 밖에 행위의 성격 및 투자자 보호의 필요성 등을 고려하여 대통령령으로 정하는 경우

⑥ 제5항 각 호 외의 부분 본문에도 불구하고 다음 각 호의 어느 하나에 해당하는 자로부터 위탁받은 금전등을 그 자로부터 일상적인 운용지시를 받지 아니하면서 재산적 가치가 있는 투자대상자산을 취득·처분, 그 밖의 방법으로 운용하고 그 결과를 그 자에게 귀속시키는 행위는 집합투자로 본다.

1. 「국가재정법」 제9조제4항에 따른 기금관리주체(이에 준하는 외국기관으로서 대통령령으로 정하는 자를 포함한다)
2. 「농업협동조합법」에 따른 농업협동조합중앙회
3. 「수산업협동조합법」에 따른 수산업협동조합중앙회
4. 「신용협동조합법」에 따른 신용협동조합중앙회
5. 「상호저축은행법」에 따른 상호저축은행중앙회
6. 「산림조합법」에 따른 산림조합
7. 「새마을금고법」에 따른 새마을금고중앙회
8. 「우체국예금·보험에 관한 법률」에 따른 체신관서
9. 제251조제1항 전단에 따라 보험회사가 설정한 투자신탁
10. 법률에 따라 설립된 법인 또는 단체로서 다음 각 목의 어느 하나에 해당하는 자 중에서 대통령령으로 정하는 자
    가. 공제조합
    나. 공제회
    다. 그 밖에 이와 비슷한 법인 또는 단체로서 같은 직장·직종에 종사하거나 같은 지역에 거주하는 구성원의 상호부조, 복리증진 등을 목적으로 구성되어 공제사업을 하는 법인 또는 단체
11. 그 밖에 제7항에 따른 금융투자상품등에 대한 투자를 목적으로 2인 이상의 자로부터 금전등을 모아 설립한 기구 또는 법인 등으로서 효율적이고 투명한 투자구조, 관리주체 등 대통령령으로 정하는 요건을 갖춘 자

⑦ 이 법에서 "투자자문업"이란 금융투자상품, 그 밖에 대통령령으로 정하는 투자대상자산(이하 "금융투자상품등"이라 한다)의 가치 또는 금융투자상품등에 대한 투자판단(종류, 종목, 취득·처분, 취득·처분의 방법·수량·가격 및 시기 등에 대한 판단을 말한다. 이하 같다)에 관한 자문에 응하는 것을 영업으로 하는 것을 말한다.

⑧ 이 법에서 "투자일임업"이란 투자자로부터 금융투자상품등에 대한 투자판단의 전부 또는 일부를 일임받아 투자자별로 구분하여 그 투자자의 재산상태나 투자목적 등을 고려하여 금융투자상품등을 취득·처분, 그 밖의 방법으로 운용하는 것을 영업으로 하는 것을 말한다.

⑨ 이 법에서 "신탁업"이란 신탁을 영업으로 하는 것을 말한다.

⑩ 이 법에서 "전담중개업무"란 제9조제19항제2호에 따른 일반 사모집합투자기구, 그 밖에 대통령령으로 정하는 투자자(이하 이 조 및 제77조의3에서 "일반 사모집합투자기구등"이라 한다)에 대하여 다음 각 호의 어느 하나에 해당하는 업무를 효율적인 신용공여와 담보관리 등을 위하여 대통령령으로 정하는 방법에 따라 연계하여 제공하는 업무를 말한다.

1. 증권의 대여 또는 그 중개·주선이나 대리업무
2. 금전의 융자, 그 밖의 신용공여
3. 일반 사모집합투자기구등의 재산의 보관 및 관리
4. 그 밖에 일반 사모집합투자기구등의 효율적인 업무 수행을 지원하기 위하여 필요한 업무로서 대통령령으로 정하는 업무

제8조【금융투자업자】 ① 이 법에서 "금융투자업자"란 제6조제1항 각 호의 금융투자업에 대하여 금융위원회의 인가를 받거나 금융위원회에 등록하여 이를 영위하는 자를 말한다.

② 이 법에서 "투자매매업자"란 금융투자업자 중 투자매매업을 영위하는 자를 말한다.

③ 이 법에서 "투자중개업자"란 금융투자업자 중 투자중개업을 영위하는 자를 말한다.

④ 이 법에서 "집합투자업자"란 금융투자업자 중 집합투자업을 영위하는 자를 말한다.

⑤ 이 법에서 "투자자문업자"란 금융투자업자 중 투자자문업을 영위하는 자를 말한다.

⑥ 이 법에서 "투자일임업자"란 금융투자업자 중 투자일임업을 영위하는 자를 말한다.

⑦ 이 법에서 "신탁업자"란 금융투자업자 중 신탁업을 영위하는 자를 말한다.

⑧ 이 법에서 "종합금융투자사업자"란 투자매매업자 또는 투자중개업자 중 제77조의2에 따라 금융위원회의 지정을 받은 자를 말한다.

⑨ 이 법에서 "겸영금융투자업자"란 다음 각 호의 어느 하나에 해당하는 자로서 금융투자업을 겸영(兼營)하는 자를 말한다.

1. 「은행법」 제2조의 은행(이하 "은행"이라 한다)
2. 「보험업법」 제2조의 보험회사(이하 "보험회사"라 한다)
3. 그 밖에 대통령령으로 정하는 금융기관 등

제9조【그 밖의 용어의 정의】 ① 이 법에서 "대주주"란 「금융회사의 지배구조에 관한 법률」

제2조제6호에 따른 주주를 말한다. 이 경우 "금융회사"는 "법인"으로 본다.

② 이 법에서 "임원"이란 이사 및 감사를 말한다.

③ 이 법에서 "사외이사"란 상시적인 업무에 종사하지 아니하는 사람으로서 「금융회사의 지배구조에 관한 법률」 제17조에 따라 선임되는 이사를 말한다. 〈개정 2015. 7. 31.〉

④ 이 법에서 "투자권유"란 특정 투자자를 상대로 금융투자상품의 매매 또는 투자자문계약·투자일임계약·신탁계약(관리형신탁계약 및 투자성 없는 신탁계약을 제외한다)의 체결을 권유하는 것을 말한다.

⑤ 이 법에서 "전문투자자"란 금융투자상품에 관한 전문성 구비 여부, 소유자산규모 등에 비추어 투자에 따른 위험감수능력이 있는 투자자로서 다음 각 호의 어느 하나에 해당하는 자를 말한다. 다만, 전문투자자 중 대통령령으로 정하는 자가 일반투자자와 같은 대우를 받겠다는 의사를 금융투자업자에게 서면으로 통지하는 경우 금융투자업자는 정당한 사유가 있는 경우를 제외하고는 이에 동의하여야 하며, 금융투자업자가 동의한 경우에는 해당 투자자는 일반투자자로 본다.

1. 국가
2. 한국은행
3. 대통령령으로 정하는 금융기관
4. 주권상장법인. 다만, 금융투자업자와 장외파생상품 거래를 하는 경우에는 전문투자자와 같은 대우를 받겠다는 의사를 금융투자업자에게 서면으로 통지하는 경우에 한한다.
5. 그 밖에 대통령령으로 정하는 자

⑥ 이 법에서 "일반투자자"란 전문투자자가 아닌 투자자를 말한다.

⑦ 이 법에서 "모집"이란 대통령령으로 정하는 방법에 따라 산출한 50인 이상의 투자자에게 새로 발행되는 증권의 취득의 청약을 권유하는 것을 말한다.

⑧ 이 법에서 "사모"란 새로 발행되는 증권의 취득의 청약을 권유하는 것으로서 모집에 해당하지 아니하는 것을 말한다.

⑨ 이 법에서 "매출"이란 대통령령으로 정하는 방법에 따라 산출한 50인 이상의 투자자에게 이미 발행된 증권의 매도의 청약을 하거나 매수의 청약을 권유하는 것을 말한다.

⑩ 이 법에서 "발행인"이란 증권을 발행하였거나 발행하고자 하는 자를 말한다. 다만, 증권예탁증권을 발행함에 있어서는 그 기초가 되는 증권을 발행하였거나 발행하고자 하는 자를 말한다.

⑪ 이 법에서 "인수"란 제삼자에게 증권을 취득시킬 목적으로 다음 각 호의 어느 하나에 해당하는 행위를 하거나 그 행위를 전제로 발행인 또는 매출인을 위하여 증권의 모집·사모·매출을 하는 것을 말한다.

1. 그 증권의 전부 또는 일부를 취득하거나 취득하는 것을 내용으로 하는 계약을 체결하는 것
2. 그 증권의 전부 또는 일부에 대하여 이를 취득하는 자가 없는 때에 그 나머지를 취득하는 것을 내용으로 하는 계약을 체결하는 것

⑫ 이 법에서 "인수인"이란 증권을 모집·사모·매출하는 경우 인수를 하는 자를 말한다.

⑬ 이 법에서 "주선인"이란 제11항에 따른 행위 외에 발행인 또는 매출인을 위하여 해당 증권의 모집·사모·매출을 하거나 그 밖에 직접 또는 간접으로 증권의 모집·사모·매출을 분담하는 자를 말한다.

⑭ 이 법에서 "매출인"이란 증권의 소유자로서 스스로 또는 인수인이나 주선인을 통하여 그 증권을 매출하였거나 매출하려는 자를 말한다.

⑮ 이 법에서 "상장법인", "비상장법인", "주권상장법인" 및 "주권비상장법인"이란 각각 다음 각 호의 자를 말한다.

1. 상장법인 : 증권시장에 상장된 증권(이하 "상장증권"이라 한다)을 발행한 법인
2. 비상장법인 : 상장법인을 제외한 법인
3. 주권상장법인 : 다음 각 목의 어느 하나에 해당하는 법인
   가. 증권시장에 상장된 주권을 발행한 법인
   나. 주권과 관련된 증권예탁증권이 증권시장에 상장된 경우에는 그 주권을 발행한 법인
4. 주권비상장법인 : 주권상장법인을 제외한 법인

⑯ 이 법에서 "외국법인등"이란 다음 각 호의 어느 하나에 해당하는 자를 말한다.

1. 외국 정부
2. 외국 지방자치단체
3. 외국 공공단체
4. 외국 법령에 따라 설립된 외국 기업
5. 대통령령으로 정하는 국제기구
6. 그 밖에 외국에 있는 법인 등으로서 대통령령으로 정하는 자

⑰ 이 법에서 "금융투자업관계기관"이란 다음 각 호의 자를 말한다.

1. 제283조에 따라 설립된 한국금융투자협회(이하 "협회"라 한다)
2. 제294조에 따라 설립된 한국예탁결제원(이하 "예탁결제원"이라 한다)
2의2. 제323조의3에 따라 인가를 받은 자(이하 "금융투자상품거래청산회사"라 한다)
3. 제324조제1항에 따라 인가를 받은 자(이하 "증권금융회사"라 한다)
3의2. 제335조의3에 따라 인가를 받은 자(이하 "신용평가회사"라 한다)
4. 제336조에 따른 종합금융회사
5. 제355조제1항에 따라 인가를 받은 자(이하 "자금중개회사"라 한다)
6. 제360조제1항에 따라 인가를 받은 자(이하 "단기금융회사"라 한다)
7. 제365조제1항에 따라 등록한 자(이하 "명의개서대행회사"라 한다)
8. 제370조에 따라 설립된 금융투자 관계 단체

⑱ 이 법에서 "집합투자기구"란 집합투자를 수행하기 위한 기구로서 다음 각 호의 것을 말한다.
1. 집합투자업자인 위탁자가 신탁업자에게 신탁한 재산을 신탁업자로 하여금 그 집합투자업자의 지시에 따라 투자·운용하게 하는 신탁 형태의 집합투자기구(이하 "투자신탁"이라 한다)
2. 「상법」에 따른 주식회사 형태의 집합투자기구(이하 "투자회사"라 한다)
3. 「상법」에 따른 유한회사 형태의 집합투자기구(이하 "투자유한회사"라 한다)
4. 「상법」에 따른 합자회사 형태의 집합투자기구(이하 "투자합자회사"라 한다)
4의2. 「상법」에 따른 유한책임회사 형태의 집합투자기구(이하 "투자유한책임회사"라 한다)
5. 「상법」에 따른 합자조합 형태의 집합투자기구(이하 "투자합자조합"이라 한다)
6. 「상법」에 따른 익명조합 형태의 집합투자기구(이하 "투자익명조합"이라 한다)
7. 삭제 〈2015. 7. 24.〉

⑲ 이 법에서 "사모집합투자기구"란 집합투자증권을 사모로만 발행하는 집합투자기구로서 대통령령으로 정하는 투자자의 총수가 대통령령으로 정하는 방법에 따라 산출한 100인 이하인 것을 말하며, 다음 각 호와 같이 구분한다.
1. 제249조의11제6항에 해당하는 자만을 사원으로 하는 투자합자회사인 사모집합투자기구(이하 "기관전용 사모집합투자기구"라 한다)
2. 기관전용 사모집합투자기구를 제외한 사모집합투자기구(이하 "일반 사모집합투자기구"라 한다)

⑳ 이 법에서 "집합투자재산"이란 집합투자기구의 재산으로서 투자신탁재산, 투자회사재산, 투자유한회사재산, 투자합자회사재산, 투자유한책임회사재산, 투자합자조합재산 및 투

부록

자익명조합재산을 말한다.

㉑ 이 법에서 "집합투자증권"이란 집합투자기구에 대한 출자지분(투자신탁의 경우에는 수익권을 말한다)이 표시된 것을 말한다.

㉒ 이 법에서 "집합투자규약"이란 집합투자기구의 조직, 운영 및 투자자의 권리·의무를 정한 것으로서 투자신탁의 신탁계약, 투자회사·투자유한회사·투자합자회사·투자유한책임회사의 정관 및 투자합자조합·투자익명조합의 조합계약을 말한다.

㉓ 이 법에서 "집합투자자총회"란 집합투자기구의 투자자 전원으로 구성된 의사결정기관으로서 수익자총회, 주주총회, 사원총회, 조합원총회 및 익명조합원총회를 말한다.

㉔ 이 법에서 "신탁"이란 「신탁법」 제2조의 신탁을 말한다.

㉕ 이 법에서 "금융투자상품거래청산업"이란 금융투자업자 및 대통령령으로 정하는 자(이하 "청산대상업자"라 한다)를 상대방으로 하여 청산대상업자가 대통령령으로 정하는 금융투자상품의 거래(이하 "청산대상거래"라 한다)를 함에 따라 발생하는 채무를 채무인수, 경개(更改), 그 밖의 방법으로 부담하는 것을 영업으로 하는 것을 말한다.

㉖ 이 법에서 "신용평가업"이란 다음 각 호의 어느 하나에 해당하는 것에 대한 신용상태를 평가(이하 "신용평가"라 한다)하여 그 결과에 대하여 기호, 숫자 등을 사용하여 표시한 등급(이하 "신용등급"이라 한다)을 부여하고 그 신용등급을 발행인, 인수인, 투자자, 그 밖의 이해관계자에게 제공하거나 열람하게 하는 행위를 영업으로 하는 것을 말한다.

1. 금융투자상품
2. 기업·집합투자기구, 그 밖에 대통령령으로 정하는 자

㉗ 이 법에서 "온라인소액투자중개업자"란 온라인상에서 누구의 명의로 하든지 타인의 계산으로 다음 각 호의 자가, 대통령령으로 정하는 방법으로 발행하는 채무증권, 지분증권, 투자계약증권의 모집 또는 사모에 관한 중개(이하 "온라인소액투자중개"라 한다)를 영업으로 하는 투자중개업자를 말한다.

1. 「중소기업창업 지원법」 제2조제3호에 따른 창업기업 중 대통령령으로 정하는 자
2. 그 밖에 대통령령으로 정하는 요건에 부합하는 자

㉘ 이 법에서 "일반 사모집합투자업"이란 집합투자업 중 일반 사모집합투자기구를 통한 집합투자를 영업으로 하는 것을 말한다.

㉙ 이 법에서 "일반 사모집합투자업자"란 집합투자업자 중 일반 사모집합투자업을 영위하는 자를 말한다.

제11조【무인가 영업행위 금지】 누구든지 이 법에 따른 금융투자업인가(변경인가를 포함한다)를 받지 아니하고는 금융투자업(투자자문업, 투자일임업 및 일반 사모집합투자업은 제외한다. 이하 이 절에서 같다)을 영위하여서는 아니 된다.

제4관 신탁업자의 영업행위 규칙

제102조【선관의무 및 충실의무】 ① 신탁업자는 수익자에 대하여 선량한 관리자의 주의로써 신탁재산을 운용하여야 한다.

② 신탁업자는 수익자의 이익을 보호하기 위하여 해당 업무를 충실하게 수행하여야 한다.

제103조【신탁재산의 제한 등】 ① 신탁업자는 다음 각 호의 재산 외의 재산을 수탁할 수 없다.

1. 금전
2. 증권
3. 금전채권
4. 동산
5. 부동산
6. 지상권, 전세권, 부동산임차권, 부동산소유권 이전등기청구권, 그 밖의 부동산 관련 권리
7. 무체재산권(지식재산권을 포함한다)

② 신탁업자는 하나의 신탁계약에 의하여 위탁자로부터 제1항 각 호의 재산 중 둘 이상의 재산을 종합하여 수탁할 수 있다.

③ 제1항 각 호의 재산의 신탁 및 제2항의 종합재산신탁의 수탁과 관련한 신탁의 종류, 손실의 보전 또는 이익의 보장, 그 밖의 신탁거래조건 등에 관하여 필요한 사항은 대통령령으로 정한다.

④ 신탁업자는 부동산개발사업을 목적으로 하는 신탁계약을 체결한 경우에는 그 신탁계약에 의한 부동산개발사업별로 제1항제1호의 재산을 대통령령으로 정하는 사업비의 100분의 15 이내에서 수탁할 수 있다.

부록

제104조【신탁재산과 고유재산의 구분】 ①「신탁법」 제34조제2항은 신탁업자에게는 적용하지 아니한다.

② 신탁업자는 다음 각 호의 어느 하나에 해당하는 경우 신탁계약이 정하는 바에 따라 신탁재산을 고유재산으로 취득할 수 있다.

1. 신탁행위에 따라 수익자에 대하여 부담하는 채무를 이행하기 위하여 필요한 경우(금전신

탁재산의 운용으로 취득한 자산이 거래소시장(다자간매매체결회사에서의 거래를 포함한다) 또는 이와 유사한 시장으로서 해외에 있는 시장에서 시세(제176조제2항제1호의 시세를 말한다)가 있는 경우에 한한다}

2. 신탁계약의 해지, 그 밖에 수익자 보호를 위하여 불가피한 경우로서 대통령령으로 정하는 경우(제103조제3항에 따라 손실이 보전되거나 이익이 보장되는 신탁계약에 한한다)

제105조【신탁재산 등 운용의 제한】 ① 신탁업자는 신탁재산에 속하는 금전을 다음 각 호의 방법으로 운용하여야 한다.

1. 증권(대통령령으로 정하는 증권에 한한다)의 매수
2. 장내파생상품 또는 장외파생상품의 매수
3. 대통령령으로 정하는 금융기관에의 예치
4. 금전채권의 매수
5. 대출
6. 어음의 매수
7. 실물자산의 매수
8. 무체재산권의 매수
9. 부동산의 매수 또는 개발
10. 그 밖에 신탁재산의 안전성·수익성 등을 고려하여 대통령령으로 정하는 방법

② 신탁업자는 제103조제1항제5호 및 제6호의 재산만을 신탁받는 경우, 그 밖에 대통령령으로 정하는 경우를 제외하고는 신탁의 계산으로 그 신탁업자의 고유재산으로부터 금전을 차입할 수 없다.

③ 제1항 및 제2항에 따른 신탁재산 운용의 구체적 범위·조건·한도, 그 밖의 신탁재산의 운용방법 및 제한에 관하여 필요한 사항은 대통령령으로 정한다.

제106조【여유자금의 운용】 신탁업자는 제103조제1항제5호 및 제6호의 재산만을 신탁받는 경우 그 신탁재산을 운용함에 따라 발생한 여유자금을 다음 각 호의 방법으로 운용하여야 한다.

1. 대통령령으로 정하는 금융기관에의 예치
2. 국채증권, 지방채증권 또는 특수채증권의 매수
3. 정부 또는 대통령령으로 정하는 금융기관이 지급을 보증한 증권의 매수
4. 그 밖에 제103조제1항제5호 및 제6호에 따른 신탁재산의 안정성·수익성 등을 저해하지

아니하는 방법으로서 대통령령으로 정하는 방법

제107조 삭제 〈2009. 2. 3.〉

제108조【불건전 영업행위의 금지】 신탁업자는 다음 각 호의 어느 하나에 해당하는 행위를 하여서는 아니 된다. 다만, 수익자 보호 및 건전한 거래질서를 해할 우려가 없는 경우로서 대통령령으로 정하는 경우에는 이를 할 수 있다.

1. 신탁재산을 운용함에 있어서 금융투자상품, 그 밖의 투자대상자산의 가격에 중대한 영향을 미칠 수 있는 매수 또는 매도 의사를 결정한 후 이를 실행하기 전에 그 금융투자상품, 그 밖의 투자대상자산을 자기의 계산으로 매수 또는 매도하거나 제삼자에게 매수 또는 매도를 권유하는 행위
2. 자기 또는 관계인수인이 인수한 증권을 신탁재산으로 매수하는 행위
3. 자기 또는 관계인수인이 대통령령으로 정하는 인수업무를 담당한 법인의 특정증권등(제172조제1항의 특정증권등을 말한다. 이하 이 호에서 같다)에 대하여 인위적인 시세(제176조제2항제1호의 시세를 말한다)를 형성시키기 위하여 신탁재산으로 그 특정증권등을 매매하는 행위
4. 특정 신탁재산의 이익을 해하면서 자기 또는 제삼자의 이익을 도모하는 행위
5. 신탁재산으로 그 신탁업자가 운용하는 다른 신탁재산, 집합투자재산 또는 투자일임재산과 거래하는 행위
6. 신탁재산으로 신탁업자 또는 그 이해관계인의 고유재산과 거래하는 행위
7. 수익자의 동의 없이 신탁재산으로 신탁업자 또는 그 이해관계인이 발행한 증권에 투자하는 행위
8. 투자운용인력이 아닌 자에게 신탁재산을 운용하게 하는 행위
9. 그 밖에 수익자 보호 또는 건전한 거래질서를 해할 우려가 있는 행위로서 대통령령으로 정하는 행위

제109조【신탁계약】 신탁업자는 위탁자와 신탁계약을 체결하는 경우 「금융소비자 보호에 관한 법률」 제23조제1항에 따라 위탁자에게 교부하는 계약서류에 다음 각 호의 사항을 기재하여야 한다.

1. 위탁자, 수익자 및 신탁업자의 성명 또는 명칭
2. 수익자의 지정 및 변경에 관한 사항
3. 신탁재산의 종류·수량과 가격

4. 신탁의 목적
5. 계약기간
6. 신탁재산의 운용에 의하여 취득할 재산을 특정한 경우에는 그 내용
7. 손실의 보전 또는 이익의 보상을 하는 경우 그 보전·보장 비율 등에 관한 사항
8. 신탁업자가 받을 보수에 관한 사항
9. 신탁계약의 해지에 관한 사항
10. 그 밖에 수익자 보호 또는 건전한 거래질서를 위하여 필요한 사항으로서 대통령령으로 정하는 사항

제110조【수익증권】 ① 신탁업자는 금전신탁계약에 의한 수익권이 표시된 수익증권을 발행할 수 있다.

② 신탁업자는 제1항에 따라 수익증권을 발행하고자 하는 경우에는 대통령령으로 정하는 서류를 첨부하여 금융위원회에 미리 신고하여야 한다.

③ 수익증권은 무기명식으로 한다. 다만, 수익자의 청구가 있는 경우에는 기명식으로 할 수 있다.

④ 기명식 수익증권은 수익자의 청구에 의하여 무기명식으로 할 수 있다.

⑤ 수익증권에는 다음 각 호의 사항을 기재하고 신탁업자의 대표자가 이에 기명날인 또는 서명하여야 한다.

1. 신탁업자의 상호
2. 기명식의 경우에는 수익자의 성명 또는 명칭
3. 액면액
4. 운용방법을 정한 경우 그 내용
5. 제103조제3항에 따른 손실의 보전 또는 이익의 보장에 관한 계약을 체결한 경우에는 그 내용
6. 신탁계약기간
7. 신탁의 원금의 상환과 수익분배의 기간 및 장소
8. 신탁보수의 계산방법
9. 그 밖에 대통령령으로 정하는 사항

⑥ 수익증권이 발행된 경우에는 해당 신탁계약에 의한 수익권의 양도 및 행사는 그 수익증권으로 하여야 한다. 다만, 기명식 수익증권의 경우에는 수익증권으로 하지 아니할 수 있다.

제111조【수익증권의 매수】 신탁업자는 대통령령으로 정하는 방법에 따라 수익증권을 그 고유재산으로 매수할 수 있다. 이 경우 「신탁법」 제36조를 적용하지 아니한다.

제112조【의결권 등】 ① 신탁재산으로 취득한 주식에 대한 권리는 신탁업자가 행사한다. 이 경우 신탁업자는 수익자의 이익을 보호하기 위하여 신탁재산에 속하는 주식의 의결권을 충실하게 행사하여야 한다.

② 신탁업자는 신탁재산에 속하는 주식의 의결권을 행사함에 있어서 다음 각 호의 어느 하나에 해당하는 경우에는 제1항에 불구하고 신탁재산에 속하는 주식을 발행한 법인의 주주총회의 참석 주식수에서 신탁재산에 속하는 주식수를 뺀 주식수의 결의내용에 영향을 미치지 아니하도록 의결권을 행사하여야 한다. 다만, 신탁재산에 속하는 주식을 발행한 법인의 합병, 영업의 양도·양수, 임원의 선임, 그 밖에 이에 준하는 사항으로서 신탁재산에 손실을 초래할 것이 명백하게 예상되는 경우에는 그러하지 아니하다.

1. 다음 각 목의 어느 하나에 해당하는 자가 그 신탁재산에 속하는 주식을 발행한 법인을 계열회사로 편입하기 위한 경우
   가. 신탁업자 또는 그와 대통령령으로 정하는 특수관계에 있는 자
   나. 신탁업자에 대하여 사실상의 지배력을 행사하는 자로서 대통령령으로 정하는 자
2. 신탁재산에 속하는 주식을 발행한 법인이 그 신탁업자와 다음 각 목의 어느 하나에 해당하는 관계에 있는 경우
   가. 계열회사의 관계에 있는 경우
   나. 신탁업자에 대하여 사실상의 지배력을 행사하는 관계로서 대통령령으로 정하는 관계에 있는 경우
3. 그 밖에 수익자의 보호 또는 신탁재산의 적정한 운용을 해할 우려가 있는 경우로서 대통령령으로 정하는 경우

③ 신탁업자는 신탁재산에 속하는 주식이 다음 각 호의 어느 하나에 해당하는 경우에는 그 주식의 의결권을 행사할 수 없다.

1. 동일법인이 발행한 주식 총수의 100분의 15를 초과하여 주식을 취득한 경우 그 초과하는 주식
2. 신탁재산에 속하는 주식을 발행한 법인이 자기주식을 확보하기 위하여 신탁계약에 따라 신탁업자에게 취득하게 한 그 법인의 주식

④ 신탁업자는 제삼자와의 계약 등에 의하여 의결권을 교차하여 행사하는 등 제2항 및 제3항

부록

의 적용을 면하기 위한 행위를 하여서는 아니 된다.

⑤ 제2항 각 호 외의 부분 단서는 상호출자제한기업집단에 속하는 신탁업자에게는 적용하지 아니한다.

⑥ 금융위원회는 신탁업자가 제2항부터 제5항까지의 규정을 위반하여 신탁재산에 속하는 주식의 의결권을 행사한 경우에는 6개월 이내의 기간을 정하여 그 주식의 처분을 명할 수 있다.

⑦ 신탁업자는 합병, 영업의 양도·양수, 임원의 선임 등 경영권의 변경과 관련된 사항에 대하여 제2항에 따라 의결권을 행사하는 경우에는 대통령령으로 정하는 방법에 따라 인터넷 홈페이지 등을 이용하여 공시하여야 한다.

제113조【장부·서류의 열람 및 공시 등】 ① 수익자는 신탁업자에게 영업시간 중에 이유를 기재한 서면으로 그 수익자에 관련된 신탁재산에 관한 장부·서류의 열람이나 등본 또는 초본의 교부를 청구할 수 있다. 이 경우 그 신탁업자는 대통령령으로 정하는 정당한 사유가 없는 한 이를 거절하여서는 아니 된다.

② 제1항에 따른 열람이나 등본 또는 초본의 교부 청구의 대상이 되는 장부·서류의 범위 등에 관하여 필요한 사항은 대통령령으로 정한다.

제114조【신탁재산의 회계처리 등】 ① 신탁업자는 신탁재산에 관하여 회계처리를 하는 경우 금융위원회가 증권선물위원회의 심의를 거쳐 정하여 고시한 회계처리기준에 따라야 한다.

② 금융위원회는 제1항에 따른 회계처리기준의 제정 또는 개정을 전문성을 갖춘 민간법인 또는 단체로서 대통령령으로 정하는 자에게 위탁할 수 있다. 이 경우 그 민간법인 또는 단체는 회계처리기준을 제정 또는 개정한 때에는 이를 금융위원회에 지체 없이 보고하여야 한다.

③ 신탁업자는 신탁재산에 대하여 그 신탁업자의 매 회계연도 종료 후 2개월 이내에 「주식회사 등의 외부감사에 관한 법률」 제2조제7호에 따른 감사인(이하 "회계감사인"이라 한다)의 회계감사를 받아야 한다. 다만, 수익자의 이익을 해할 우려가 없는 경우로서 대통령령으로 정하는 경우에는 회계감사를 받지 아니할 수 있다.

④ 신탁업자는 신탁재산의 회계감사인을 선임하거나 교체하는 경우에는 그 선임일 또는 교체일부터 1주 이내에 금융위원회에 그 사실을 보고하여야 한다.

⑤ 회계감사인은 신탁업자가 행하는 수익증권의 기준가격 산정업무 및 신탁재산의 회계처리 업무를 감사할 때 관련 법령을 준수하였는지 여부를 감사하고 그 결과를 신탁업자의 감사

(감사위원회가 설치된 경우에는 감사위원회를 말한다)에게 통보하여야 한다.

⑥ 회계감사인은 제9항에 따른 감사기준 및 「주식회사 등의 외부감사에 관한 법률」 제16조에 따른 회계감사기준에 따라 회계감사를 실시하여야 한다.

⑦ 회계감사인은 신탁업자에게 신탁재산의 회계장부 등 관계 자료의 열람·복사를 요청하거나 회계감사에 필요한 자료의 제출을 요구할 수 있다. 이 경우 신탁업자는 지체 없이 이에 응하여야 한다.

⑧ 「주식회사 등의 외부감사에 관한 법률」 제20조는 제3항에 따른 신탁재산의 회계감사에 관하여 준용한다.

⑨ 회계감사인의 선임기준, 감사기준, 회계감사인의 권한, 회계감사보고서의 제출 및 공시 등에 관하여 필요한 사항은 대통령령으로 정한다.

제115조【회계감사인의 손해배상책임】 ① 회계감사인은 제114조제3항에 따른 회계감사의 결과 회계감사보고서 중 중요사항에 관하여 거짓의 기재 또는 표시가 있거나 중요사항이 기재 또는 표시되지 아니함으로써 이를 이용한 수익자에게 손해를 끼친 경우에는 그 수익자에 대하여 손해를 배상할 책임을 진다. 이 경우 「주식회사 등의 외부감사에 관한 법률」 제2조제7호나목에 따른 감사반이 회계감사인인 때에는 그 신탁재산에 대한 감사에 참여한 자가 연대하여 손해를 배상할 책임을 진다.

② 회계감사인이 수익자에 대하여 손해를 배상할 책임이 있는 경우로서 그 신탁업자의 이사·감사(감사위원회가 설치된 경우에는 감사위원회의 위원을 말한다. 이하 이 항에서 같다)에게도 귀책사유가 있는 경우에는 그 회계감사인과 신탁업자의 이사·감사는 연대하여 손해를 배상할 책임을 진다. 다만, 손해를 배상할 책임이 있는 자가 고의가 없는 경우에 그 자는 법원이 귀책사유에 따라 정하는 책임비율에 따라 손해를 배상할 책임이 있다.

③ 제2항 단서에도 불구하고 손해배상을 청구하는 자의 소득인정액(「국민기초생활 보장법」 제2조제8호에 따른 소득인정액을 말한다)이 대통령령으로 정하는 금액 이하에 해당되는 경우에는 회계감사인과 신탁업자의 이사·감사는 연대하여 손해를 배상할 책임이 있다.

④ 「주식회사 등의 외부감사에 관한 법률」 제31조제6항부터 제9항까지의 규정은 제1항 및 제2항의 경우에 준용한다.

제116조【합병 등】 ① 신탁업자가 합병하는 경우 합병 후 존속하는 신탁업자 또는 합병으로 인하여 설립된 신탁업자는 합병으로 인하여 소멸된 신탁업자의 신탁에 관한 권리의무를 승계한다.

부록

② 「신탁법」 제12조, 제21조제2항 및 제3항은 신탁업자의 합병에 관하여 이의를 제기한 수익자가 있는 경우 그 신탁업자의 임무 종료 및 새로운 신탁업자의 선임 등에 관하여 준용한다.

③ 금융위원회는 신탁업자가 그 목적을 변경하여 다른 업무를 행하는 회사로서 존속하는 경우에는 그 회사가 신탁에 관한 채무 전부를 변제하기에 이르기까지 재산의 공탁을 명하거나, 그 밖에 필요한 명령을 할 수 있다. 합병으로 인하여 신탁업자가 아닌 회사가 신탁업자의 임무 종료를 위하여 필요한 사무를 처리하는 동안에도 또한 같다.

제117조 【청산】 제95조는 신탁업을 영위하는 금융투자업자의 청산에 관하여 준용한다.

제117조의2 【관리형신탁에 관한 특례】 ① 제103조제1항제4호부터 제6호까지의 어느 하나에 규정된 재산만을 수탁받는 신탁업자가 관리형신탁계약을 체결하는 경우 그 신탁재산에 수반되는 금전채권을 수탁할 수 있다.

② 제1항에 따른 신탁재산의 운용방법 및 제한에 관하여 필요한 사항은 대통령령으로 정한다.

자본시장과 금융투자업에 관한 법률 시행령(약칭 : 자본시장법 시행령)

[시행 2025. 9. 3.] [대통령령 제35587호, 2025. 6. 2., 일부개정]

제4관 신탁업자의 영업행위 규칙

제103조【신탁의 종류】 법 제103조제3항에 따라 금전신탁은 다음 각 호와 같이 구분한다.

1. 위탁자가 신탁재산인 금전의 운용방법을 지정하는 금전신탁(이하 "특정금전신탁"이라 한다)
2. 위탁자가 신탁재산인 금전의 운용방법을 지정하지 아니하는 금전신탁(이하 "불특정금전신탁"이라 한다)

제104조【신탁업무의 방법 등】 ① 신탁업자는 수탁한 재산에 대하여 손실의 보전이나 이익의 보장을 하여서는 아니 된다. 다만, 연금이나 퇴직금의 지급을 목적으로 하는 신탁으로서 금융위원회가 정하여 고시하는 경우에는 손실의 보전이나 이익의 보장을 할 수 있다.

② 신탁업자는 제1항 단서에 따라 손실의 보전이나 이익의 보장을 한 신탁재산의 운용실적이 신탁계약으로 정한 것에 미달하는 경우에는 특별유보금(손실의 보전이나 이익의 보장 계약이 있는 신탁의 보전 또는 보장을 위하여 적립하는 금액을 말한다), 신탁보수, 고유재산의 순으로 충당하여야 한다.

③ 신탁업자는 신탁계약기간이 끝난 경우에는 제1항 단서에 따라 손실의 보전이나 이익의 보장을 한 경우를 제외하고는 신탁재산의 운용실적에 따라 반환하여야 한다.

④ 신탁업자는 위탁자가 신탁계약기간이 종료되기 전에 신탁계약을 해지하는 경우에는 제3항에 따른 신탁재산의 운용실적에서 신탁계약에서 정하고 있는 중도해지수수료를 빼고 반환하여야 한다. 다만, 금융위원회가 정하여 고시하는 사유에 해당하는 경우에는 이를 빼지 아니한다.

⑤ 신탁업자는 신탁계약이 정하는 바에 따라 신탁보수를 받을 수 있다.

⑥ 신탁업자는 특정금전신탁(신탁재산에 금전이 포함된 종합재산신탁을 포함한다. 이하 이 항에서 같다) 계약을 체결(갱신을 포함한다. 이하 이 항에서 같다)하거나 제1호에서 정한 금전의 운용방법을 변경할 때에는 다음 각 호의 구분에 따른 사항을 준수해야 한다. 다만, 수익자 보호 및 건전한 거래질서를 해칠 우려가 없는 경우로서 계약의 특성 등을 고려하여 금융위원회가 정하여 고시하는 특정금전신탁의 경우는 제외한다.

부 록

1. 계약을 체결할 때: 위탁자로 하여금 신탁재산인 금전의 운용방법으로서 운용대상의 종류·비중·위험도, 그 밖에 위탁자가 지정하는 내용을 계약서에 자필로 적도록 할 것
2. 제1호에서 정한 금전의 운용방법을 변경할 때: 다음 각 목의 사항
   가. 변경되는 운용방법에 따라 취득하는 금융투자상품에 관하여 투자자가 이해할 수 있도록 설명하는 등 금융위원회가 정하여 고시하는 사항을 준수할 것
   나. 위탁자로 하여금 변경내용을 계약서에 자필로 적도록 하거나 서명(「전자서명법」 제2조 제2호에 따른 전자서명을 포함한다), 기명날인 또는 녹취를 통해 변경내용을 확인받을 것. 다만, 다음의 어느 하나에 해당하는 경우에는 그 변경내용을 계약서에 자필로 적도록 해야 한다.
      1) 운용대상을 고난도금융투자상품이 아닌 금융투자상품에서 고난도금융투자상품으로 변경하는 경우
      2) 운용대상을 고난도금융투자상품에서 다른 고난도금융투자상품으로 변경하는 경우(종전과 동일한 수익구조의 고난도금융투자상품으로 변경하는 등 위험도가 동일한 고난도금융투자상품으로 변경하는 경우는 제외한다)
      3) 1) 및 2)에 해당하지 않는 경우로서 운용대상의 위험도를 변경하는 경우

⑦ 법 제103조제4항에서 "대통령령으로 정하는 사업비"란 공사비, 광고비, 분양비 등 부동산개발사업에 드는 모든 비용에서 부동산 자체의 취득가액과 등기비용, 그 밖에 부동산 취득에 관련된 부대비용을 제외한 금액을 말한다.

제105조【고유재산에 의한 신탁재산의 취득】 법 제104조제2항제2호에서 "대통령령으로 정하는 경우"란 다음 각 호의 요건을 모두 충족하는 경우로서 금융위원회가 인정하는 경우를 말한다.

1. 신탁계약기간이 종료되기까지의 남은 기간이 3개월 이내일 것
2. 신탁재산을 고유재산으로 취득하는 방법 외에 신탁재산의 처분이 곤란할 경우일 것
3. 취득가액이 공정할 것

제106조【신탁재산의 운용방법 등】 ① 법 제105조제1항제1호에서 "대통령령으로 정하는 증권"이란 다음 각 호의 어느 하나에 해당하는 증권을 말한다.

1. 채무증권
2. 지분증권
3. 수익증권

4. 삭제 〈2013. 8. 27.〉

5. 파생결합증권

6. 증권예탁증권

② 법 제105조제1항제3호에서 "대통령령으로 정하는 금융기관"이란 다음 각 호의 어느 하나에 해당하는 금융기관을 말한다.

1. 은행

2. 「한국산업은행법」에 따른 한국산업은행

3. 「중소기업은행법」에 따른 중소기업은행

4. 증권금융회사

5. 종합금융회사

6. 「상호저축은행법」에 따른 상호저축은행

7. 「농업협동조합법」에 따른 농업협동조합

8. 「수산업협동조합법」에 따른 수산업협동조합

9. 「신용협동조합법」에 따른 신용협동조합

9의2. 「산림조합법」에 따른 산림조합

10. 「우체국 예금·보험에 관한 법률」에 따른 체신관서

10의2. 「새마을금고법」에 따른 새마을금고

11. 제1호부터 제10호까지 및 제10호의2의 기관에 준하는 외국 금융기관

③ 법 제105조제1항제10호에서 "대통령령으로 정하는 방법"이란 다음 각 호의 어느 하나에 해당하는 방법을 말한다.

1. 원화로 표시된 양도성 예금증서의 매수

2. 지상권, 전세권, 부동산임차권, 부동산소유권 이전등기청구권, 그 밖의 부동산 관련 권리에의 운용

3. 환매조건부매수

4. 증권의 대여 또는 차입

5. 「근로자퇴직급여 보장법」 제29조제2항에 따른 신탁계약으로 퇴직연금 적립금을 운용하는 경우에는 같은 법 시행령 제26조제1항제1호나목에 따른 보험계약의 보험금 지급청구권에의 운용

6. 그 밖에 신탁재산의 안정성·수익성 등을 고려하여 금융위원회가 정하여 고시하는 방법

부록

④ 법 제105조제2항에서 "대통령령으로 정하는 경우"란 다음 각 호의 어느 하나에 해당하는 경우를 말한다.

1. 법 제103조제4항에 따라 부동산개발사업을 목적으로 하는 신탁계약을 체결한 경우로서 그 신탁계약에 의한 부동산개발사업별로 사업비(제104조제7항에 따른 사업비를 말한다)의 100분의 15 이내에서 금전을 신탁받는 경우
2. 다음 각 목의 요건을 모두 충족하는 경우로서 금융위원회의 인정을 받은 경우
   가. 신탁계약의 일부해지 청구가 있는 경우에 신탁재산을 분할하여 처분하는 것이 곤란할 것
   나. 차입금리가 공정할 것

⑤ 신탁업자가 신탁재산에 속하는 금전을 운용하는 경우에는 다음 각 호의 기준을 지켜야 한다.

1. 특정금전신탁인 경우[그 신탁재산으로 법 제165조의3제3항에 따라 주권상장법인(법 제9조제15항제3호에 따른 주권상장법인을 말한다. 이하 같다)이 발행하는 자기주식을 취득·처분하는 경우만 해당한다]
   가. 법 제165조의3제1항제1호의 방법으로 취득할 것
   나. 자기주식을 취득한 후 1개월 이내에 처분하거나 처분한 후 1개월 이내에 취득하지 아니할 것
   다. 자기주식을 취득하고 남은 여유자금을 금융위원회가 정하여 고시하는 방법 외의 방법으로 운용하지 아니할 것
   라. 제176조의2제2항제1호부터 제5호까지의 어느 하나에 해당하는 기간 동안에 자기주식을 취득하거나 처분하지 아니할 것
2. 불특정금전신탁인 경우
   가. 사모사채(금융위원회가 정하여 고시하는 자가 원리금의 지급을 보증한 사모사채와 담보부사채는 제외한다)에 운용하는 경우에는 각 신탁재산의 100분의 3을 초과하지 아니할 것
   나. 지분증권(그 지분증권과 관련된 증권예탁증권을 포함한다) 및 장내파생상품에 운용하는 경우에는 각 신탁재산의 100분의 50을 초과하지 아니할 것. 이 경우 장내파생상품에 운용하는 때에는 그 매매에 따른 위험평가액(법 제81조제2항에 따른 위험평가액을 말한다. 이하 이 조에서 같다)을 기준으로 산정한다.
   다. 장외파생상품에 운용하는 경우에는 그 매매에 따른 위험평가액이 각 신탁재산의

100분의 10을 초과하지 아니할 것

라. 동일 법인 등이 발행한 지분증권(그 지분증권과 관련된 증권예탁증권을 포함한다)에 운용하는 경우에는 그 지분증권 발행총수의 100분의 15를 초과하지 아니할 것

마. 그 밖에 금융위원회가 정하여 고시하는 신탁재산의 운용방법에 따를 것

3. 제1호 및 제2호 외의 신탁인 경우 수익자 보호 또는 건전거래질서를 유지하기 위하여 금융위원회가 정하여 고시하는 기준을 따를 것

제107조【여유자금의 운용】 ① 법 제106조제1호 및 제3호에서 "대통령령으로 정하는 금융기관"이란 각각 제106조제2항 각 호의 금융기관을 말한다.

② 법 제106조제4호에서 "대통령령으로 정하는 방법"이란 다음 각 호의 어느 하나에 해당하는 방법을 말한다.

1. 법 제83조제4항에 따른 단기대출
2. 제106조제2항 각 호의 금융기관이 발행한 채권(특수채증권은 제외한다)의 매수
3. 그 밖에 신탁재산의 안정성·수익성 등을 해치지 아니하는 방법으로서 금융위원회가 정하여 고시하는 방법

제108조 삭제 〈2009. 2. 3.〉

제109조【불건전 영업행위의 금지】 ① 법 제108조 각 호 외의 부분 단서에서 "대통령령으로 정하는 경우"란 다음 각 호의 어느 하나에 해당하는 경우를 말한다.

1. 법 제108조제1호를 적용할 때 다음 각 목의 어느 하나에 해당하는 경우

가. 신탁재산의 운용과 관련한 정보를 이용하지 아니하였음을 증명하는 경우

나. 증권시장(다자간매매체결회사에서의 거래를 포함한다)과 파생상품시장 간의 가격 차이를 이용한 차익거래, 그 밖에 이에 준하는 거래로서 신탁재산의 운용과 관련한 정보를 의도적으로 이용하지 아니하였다는 사실이 객관적으로 명백한 경우

2. 법 제108조제2호를 적용할 때 인수일부터 3개월이 지난 후 매수하는 경우

2의2. 법 제108조제2호를 적용할 때 인수한 증권이 국채증권, 지방채증권, 「한국은행법」 제69조에 따른 한국은행통화안정증권, 특수채증권 또는 법 제4조제3항에 따른 사채권(주권 관련 사채권 및 제176조의13제1항에 따른 상각형 조건부자본증권은 제외한다. 이하 이 호에서 같다) 중 어느 하나에 해당하는 경우. 다만, 사채권의 경우에는 투자자 보호 및 건전한 거래질서를 위하여 금융위원회가 정하여 고시하는 발행조건, 거래절차 등의 기준을 충족하는 채권으로 한정한다.

부록

2의3. 법 제108조제2호를 적용할 때 인수한 증권이 증권시장에 상장된 주권인 경우로서 그 주권을 증권시장에서 매수하는 경우

2의4. 법 제108조제2호를 적용할 때 일반적인 거래조건에 비추어 신탁재산에 유리한 거래인 경우

3. 법 제108조제5호를 적용할 때 같은 신탁업자가 운용하는 신탁재산 상호 간에 자산을 동시에 한쪽이 매도하고 다른 한쪽이 매수하는 거래로서 다음 각 목의 어느 하나에 해당하는 경우. 이 경우 매매가격, 매매거래 절차 및 방법, 그 밖에 필요한 사항은 금융위원회가 정하여 고시한다.

   가. 신탁계약의 해지(일부해지를 포함한다)에 따른 해지금액 등을 지급하기 위하여 불가피한 경우

   나. 그 밖에 금융위원회가 수익자의 이익을 해칠 염려가 없다고 인정하는 경우

4. 법 제108조제6호를 적용할 때 다음 각 목의 어느 하나에 해당하는 경우. 다만, 「근로자퇴직급여 보장법」에 따른 특정금전신탁의 경우에는 다음 각 목(라목은 제외한다)의 어느 하나에 해당하는 경우 중 신탁재산으로 신탁업자의 원리금 지급을 보장하는 고유재산과 거래하는 경우는 제외한다.

   가. 이해관계인이 되기 6개월 이전에 체결한 계약에 따른 거래

   나. 증권시장 등 불특정다수인이 참여하는 공개시장을 통한 거래

   다. 일반적인 거래조건에 비추어 신탁재산에 유리한 거래

   라. 환매조건부매매

   마. 신탁업자 또는 이해관계인의 중개·주선 또는 대리를 통하여 금융위원회가 정하여 고시하는 방법에 따라 신탁업자 및 이해관계인이 아닌 자와 행하는 투자대상자산의 매매

   바. 신탁업자나 이해관계인의 매매중개(금융위원회가 정하여 고시하는 매매형식의 중개를 말한다)를 통하여 그 신탁업자 또는 이해관계인과 행하는 채무증권, 원화로 표시된 양도성 예금증서 또는 어음(기업어음증권은 제외한다)의 매매

   사. 법 제104조제2항 또는 법 제105조제2항에 따른 거래

   아. 예금거래(수탁액이 3억원 이상인 특정금전신탁 또는 「자산유동화에 관한 법률」 제3조에 따른 자산유동화계획에 의한 여유자금운용을 말한다)

   자. 금액의 규모 또는 시간의 제약으로 인하여 다른 방법으로 운용할 수 없는 경우로서

일시적인 자금의 대여(그 신탁재산을 운용하는 신탁업자에게 대여하는 경우만 해당한다)

차. 그 밖에 거래의 형태, 조건, 방법 등을 고려하여 신탁재산과 이해가 상충될 염려가 없는 경우로서 금융위원회가 정하여 고시하는 거래

5. 제3항제5호를 적용할 때 개별 신탁재산을 효율적으로 운용하기 위하여 투자대상자산의 매매주문을 집합하여 처리하고, 그 처리 결과를 신탁재산별로 미리 정하여진 자산배분명세에 따라 공정하게 배분하는 경우

② 법 제108조제3호에서 "대통령령으로 정하는 인수업무"란 발행인 또는 매출인으로부터 직접 증권의 인수를 의뢰받아 인수조건 등을 정하는 업무를 말한다.

③ 법 제108조제9호에서 "대통령령으로 정하는 행위"란 다음 각 호의 어느 하나에 해당하는 행위를 말한다.

1. 법 제9조제5항 단서에 따라 일반투자자와 같은 대우를 받겠다는 전문투자자(제10조제1항 각 호의 자는 제외한다)의 요구에 정당한 사유 없이 동의하지 아니하는 행위

1의2. 제68조제5항제2호의2 각 목 외의 부분에 따른 일반투자자와 금전신탁계약(투자자 보호 및 건전한 거래질서를 해칠 우려가 없는 것으로서 금융위원회가 정하여 고시하는 금전신탁계약은 제외한다)을 체결하는 경우 다음 각 목의 어느 하나에 해당하는 행위

가. 계약 체결과정을 녹취하지 않거나 투자자의 요청에도 불구하고 녹취된 파일을 제공하지 않는 행위

나. 투자권유를 받은 투자자와의 계약 체결과정에서 금전신탁계약을 해지할 수 있는 기간(이하 이 호에서 "숙려기간"이라 한다)에 대해 안내하지 않는 행위

다. 투자권유를 받고 금전신탁계약을 체결한 투자자에게 계약을 해지할 수 있는 2영업일 이상의 숙려기간을 부여하지 않는 행위

라. 숙려기간 동안 투자자에게 투자에 따르는 위험, 투자원금의 손실가능성, 최대 원금손실 가능금액 및 그 밖에 금융위원회가 정하여 고시하는 사항을 고지하지 않거나 신탁재산을 운용하는 행위

마. 숙려기간이 지난 후 서명, 기명날인, 녹취 또는 그 밖에 금융위원회가 정하여 고시하는 방법으로 그 계약 체결 의사가 확정적임을 확인하지 않고 신탁재산을 운용하는 행위

바. 신탁재산을 운용할 목적으로 투자자에게 그 계약 체결 의사가 확정적임을 표시해 줄 것을 권유하거나 강요하는 행위

1의3. 고난도금전신탁계약을 체결하는 경우 다음 각 목의 어느 하나에 해당하는 행위

가. 개인인 일반투자자를 대상으로 한 제1호의2 각 목의 어느 하나에 해당하는 행위

나. 개인인 투자자에게 고난도금전신탁계약의 내용, 투자에 따르는 위험 및 그 밖에 금융위원회가 정하여 고시하는 사항을 해당 투자자가 쉽게 이해할 수 있도록 요약한 설명서를 내어 주지 않는 행위. 다만, 투자자가 해당 설명서를 받지 않겠다는 의사를 서면, 전신, 전화, 팩스, 전자우편 또는 그 밖에 금융위원회가 정하여 고시하는 방법으로 표시한 경우는 제외한다.

2. 신탁계약을 위반하여 신탁재산을 운용하는 행위

3. 신탁계약의 운용방침이나 운용전략 등을 고려하지 아니하고 신탁재산으로 금융투자상품을 지나치게 자주 매매하는 행위

4. 수익자(수익자가 법인, 그 밖의 단체인 경우에는 그 임직원을 포함한다) 또는 거래상대방(거래상대방이 법인, 그 밖의 단체인 경우에는 그 임직원을 포함한다) 등에게 업무와 관련하여 금융위원회가 정하여 고시하는 기준을 위반하여 직접 또는 간접으로 재산상의 이익을 제공하거나 이들로부터 재산상의 이익을 제공받는 행위

5. 신탁재산을 각각의 신탁계약에 따른 신탁재산별로 운용하지 아니하고 여러 신탁계약의 신탁재산을 집합하여 운용하는 행위. 다만, 다음 각 목의 어느 하나에 해당하는 경우에는 이를 할 수 있다.

가. 제6조제4항제2호에 해당하는 경우

나. 다른 투자매매업자 또는 투자중개업자와 합병하는 등 금융위원회가 정하여 고시하는 요건을 갖춘 신탁업자가 제104조제1항 단서에 따라 손실의 보전이나 이익의 보장을 한 신탁재산(그 요건을 갖춘 날부터 3년 이내에 설정한 신탁의 신탁재산으로 한정한다)을 운용하는 경우

6. 여러 신탁재산을 집합하여 운용한다는 내용을 밝히고 신탁계약의 체결에 대한 투자권유를 하거나 투자광고를 하는 행위

7. 제3자와의 계약 또는 담합 등에 의하여 신탁재산으로 특정 자산에 교차하여 투자하는 행위

8. 법 제55조·제105조·제106조·제108조 및 이 영 제104조제1항에 따른 금지 또는 제한을 회피할 목적으로 하는 행위로서 장외파생상품거래, 신탁계약, 연계거래 등을 이용하는 행위

9. 채권자로서 그 권리를 담보하기 위하여 백지수표나 백지어음을 받는 행위

10. 보험계약에 따른 보험금청구권을 수탁하는 경우 다음 각 목의 어느 하나에 해당하는 행위

가. 다음의 요건을 모두 충족하는 보험계약 외의 보험계약에 따른 보험금청구권을 수탁하는 행위

1) 피보험자의 사망을 보험사고로 하는 보험계약으로서 피보험자의 사망으로 인한 보험금이 금융위원회가 정하여 고시하는 금액 이상일 것

2) 보험계약자, 피보험자 및 위탁자가 동일인일 것

3) 신탁계약 체결 당시 보험수익자로 지정된 자는 다음의 어느 하나에 해당하는 자일 것

가) 보험계약자 본인

나) 보험계약자의 배우자, 직계비속 또는 직계존속

4) 보험약관에 따른 대출(이하 이 호에서 "보험계약대출"이라 한다)이 없을 것

5) 그 밖에 수익자 보호 및 건전한 거래질서 유지를 위하여 필요한 사항으로서 금융위원회가 정하여 고시하는 요건을 갖출 것

나. 다음의 요건을 모두 충족하는 신탁계약 외의 신탁계약을 체결하는 행위

1) 피보험자의 사망을 보험사고로 하는 보험계약에 다른 종류의 보험사고로 인한 보험금에 관한 사항이 부가된 경우 수탁재산은 피보험자의 사망으로 인한 보험금청구권으로 한정할 것

2) 신탁계약의 수익자로 지정된 자는 보험계약자의 배우자, 직계비속 또는 직계존속 중 어느 하나에 해당하는 자일 것

3) 「상법」 제733조에 따른 보험수익자의 지정 또는 변경의 권리를 제한하지 않을 것

4) 보험계약대출을 하는 경우 신탁계약이 무효가 됨을 계약내용에 명시할 것

5) 그 밖에 수익자 보호 및 건전한 거래질서 유지를 위하여 필요한 사항으로서 금융위원회가 정하여 고시하는 요건을 갖출 것

11. 그 밖에 수익자의 보호 또는 건전한 거래질서를 해칠 염려가 있는 행위로서 금융위원회가 정하여 고시하는 행위

부록

제110조 【신탁계약】 법 제109조제10호에서 "대통령령으로 정하는 사항"이란 다음 각 호의 사항을 말한다.

1. 수익자가 확정되지 아니한 경우에는 수익자가 될 자의 범위·자격, 그 밖에 수이자를 확정하기 위하여 필요한 사항
2. 수익자가 신탁의 이익을 받을 의사를 표시할 것을 요건으로 하는 경우에는 그 내용
3. 「신탁법」 제4조제1항에 따른 등기·등록 또는 같은 조 제2항에 따른 신탁재산의 표시와 기재에 관한 사항
4. 수익자에게 교부할 신탁재산의 종류 및 교부방법 · 시기
5. 신탁재산의 관리에 필요한 공과금·수선비, 그 밖의 비용에 관한 사항
6. 신탁계약 종료 시의 최종계산에 관한 사항
7. 그 밖에 건전한 거래질서를 유지하기 위하여 필요한 사항으로서 금융위원회가 정하여 고시하는 사항

제111조 【수익증권 발행 신고 등】 ① 법 제110조제2항에서 "대통령령으로 정하는 서류"란 다음 각 호의 서류를 말한다.

1. 수익증권 발행계획서
2. 자금운용계획서
3. 신탁약관이나 신탁계약서

② 법 제110조제5항제9호에서 "대통령령으로 정하는 사항"이란 다음 각 호의 사항을 말한다.

1. 수익증권의 발행일
2. 수익증권의 기호 및 번호

제112조 【수익증권의 매수】 신탁업자는 법 제111조에 따라 수익증권을 그 고유재산으로 매수하는 경우에는 제104조제4항에 따라 산정한 가액으로 매수하여야 한다.

제113조 【의결권행사의 제한 등】 ① 법 제112조제2항제1호가목에서 "대통령령으로 정하는 특수관계가 있는 자"란 특수관계인 및 제141조제2항에 따른 공동보유자를 말한다.

② 법 제112조제2항제1호나목에서 "대통령령으로 정하는 자"란 신탁업자의 대주주(최대주주의 특수관계인인 주주를 포함한다. 이하 이 조에서 같다)를 말한다.

③ 법 제112조제2항제2호나목에서 "대통령령으로 정하는 관계"란 신탁업자의 대주주가 되는 관계를 말한다.

제114조【의결권행사의 공시】 법 제112조제7항에 따른 의결권 행사의 공시는 다음 각 호의 구분에 따른 방법으로 하여야 한다.

1. 의결권을 행사하려는 주식을 발행한 법인이 주권상장법인인 경우: 주주총회일부터 5일 이내에 증권시장을 통하여 의결권 행사 내용 등을 공시할 것
2. 의결권을 행사하려는 주식을 발행한 법인이 주권상장법인이 아닌 경우: 법 제89조제2항 제1호의 방법에 따라 공시하여 일반인이 열람할 수 있도록 할 것

제115조【장부 · 서류의 열람 및 공시 등】 ① 법 제113조제1항 후단에서 "대통령령으로 정하는 정당한 사유"란 다음 각 호의 어느 하나에 해당하는 경우를 말한다. 이 경우 신탁업자는 열람이나 교부가 불가능하다는 뜻과 그 사유가 기재된 서면을 수익자에게 내주어야 한다.

1. 신탁재산의 운용내역 등이 포함된 장부 · 서류를 제공함으로써 제공받은 자가 그 정보를 거래 또는 업무에 이용하거나 타인에게 제공할 것이 뚜렷하게 염려되는 경우
2. 신탁재산의 운용내역 등이 포함된 장부· 서류를 제공함으로써 다른 수익자에게 손해를 입힐 것이 명백히 인정되는 경우
3. 신탁계약이 해지된 신탁재산에 관한 장부· 서류로서 제62조제1항에 따른 보존기한이 지나는 등의 사유로 인하여 수익자의 열람제공 요청에 응하는 것이 불가능한 경우

② 수익자가 법 제113조제1항에 따라 열람이나 등본 또는 초본의 교부를 청구할 수 있는 장부· 서류는 다음 각 호와 같다.

1. 신탁재산 명세서
2. 재무제표 및 그 부속명세서
3. 신탁재산 운용내역서

제116조【회계처리기준 제정의 위탁】 법 제114조제2항 전단에서 "대통령령으로 정하는 자"란 「주식회사 등의 외부감사에 관한 법률 시행령」 제7조제1항에 따른 사단법인 한국회계기준원(이하 "한국회계기준원"이라 한다)을 말한다.

제117조【회계감사 적용면제】 법 제114조제3항 단서에서 "대통령령으로 정하는 경우"란 다음 각 호의 어느 하나에 해당하는 경우를 말한다.

1. 다음 각 목의 어느 하나에 해당하는 금전신탁인 경우
   가. 특정금전신탁
   나. 이익의 보장을 하는 금전신탁(손실만을 보전하는 금전신탁은 제외한다)

부록

다. 회계감사 기준일 현재 수탁원본이 300억원 미만인 금전신탁

2. 법 제103조제1항제2호부터 제7호까지의 재산의 신탁인 경우

제118조【회계감사인의 선임 등】 ① 신탁업자는 회계감사인을 선임하거나 교체하려는 경우에는 감사의 동의(감사위원회가 설치된 경우에는 감사위원회의 의결을 말한다)를 받아야 한다.

② 신탁재산에 관한 회계감사기준은 금융위원회가 증권선물위원회의 심의를 거쳐 정하여 고시한다.

③ 신탁재산에 대한 회계감사와 관련하여 회계감사인의 권한은 법 및 「주식회사 등의 외부감사에 관한 법률」에서 정하는 바에 따른다.

④ 회계감사인은 신탁재산에 대한 회계감사를 마친 때에는 다음 각 호의 사항이 기재된 회계감사보고서를 작성하여 신탁업자에게 지체 없이 제출해야 한다.

1. 신탁재산의 재무상태표
2. 신탁재산의 손익계산서
3. 신탁재산의 수익률계산서
4. 신탁업자와 그 특수관계인과의 거래내역

⑤ 신탁업자는 회계감사인으로부터 회계감사보고서를 제출받은 경우에는 이를 지체 없이 금융위원회에 제출하여야 한다.

⑥ 신탁업자는 금융위원회가 정하여 고시하는 방법에 따라 해당 수익자가 회계감사보고서를 열람할 수 있도록 하여야 한다.

⑦ 회계감사에 따른 비용은 그 회계감사의 대상인 신탁재산에서 부담한다.

제118조의2【회계감사인 등의 손해배상책임】 법 제115조제3항에 따라 회계감사인과 신탁업자의 이사·감사가 연대하여 손해를 배상할 책임이 있는 경우는 손해배상을 청구하는 자의 그 손해배상 청구일이 속하는 달의 직전 12개월간의 소득인정액 합산금액이 1억5천만원 이하인 경우로 한다.

제118조의3【관리형신탁에 관한 특례】 ① 신탁업자가 법 제117조의2제1항에 따라 금전채권을 수탁한 경우 그 금전채권에서 발생한 과실인 금전은 다음 각 호의 어느 하나에 해당하는 방법으로 운용하여야 한다.

1. 제106조제2항 각 호의 금융기관에의 예치
2. 국채증권, 지방채증권 또는 특수채증권의 매수
3. 국가 또는 제106조제2항 각 호의 금융기관이 지급을 보증한 증권의 매수

4. 그 밖에 신탁재산의 안정성 및 수익성 등을 고려하여 총리령으로 정하는 방법

② 제1항에 따른 운용방법의 세부사항, 그 밖에 신탁재산의 제한에 필요한 사항은 금융위원회가 정하여 고시한다.

부 록

민 법(발췌)

[시행 2025. 1. 31.] [법률 제20432호, 2024. 9. 20., 일부개정]

제1조【법원】 민사에 관하여 법률에 규정이 없으면 관습법에 의하고 관습법이 없으면 조리에 의한다.

제2조【신의성실】 ① 권리의 행사와 의무의 이행은 신의에 좇아 성실히 하여야 한다.
② 권리는 남용하지 못한다.

제1절 능 력

제3조【권리능력의 존속기간】 사람은 생존한 동안 권리와 의무의 주체가 된다.

제4조【성년】 사람은 19세로 성년에 이르게 된다.

제5조【미성년자의 능력】 ① 미성년자가 법률행위를 함에는 법정대리인의 동의를 얻어야 한다. 그러나 권리만을 얻거나 의무만을 면하는 행위는 그러하지 아니하다.
② 전항의 규정에 위반한 행위는 취소할 수 있다.

제6조【처분을 허락한 재산】 법정대리인이 범위를 정하여 처분을 허락한 재산은 미성년자가 임의로 처분할 수 있다.

제7조【동의와 허락의 취소】 법정대리인은 미성년자가 아직 법률행위를 하기 전에는 전2조의 동의와 허락을 취소할 수 있다.

제8조【영업의 허락】 ① 미성년자가 법정대리인으로부터 허락을 얻은 특정한 영업에 관하여는 성년자와 동일한 행위능력이 있다.
② 법정대리인은 전항의 허락을 취소 또는 제한할 수 있다. 그러나 선의의 제삼자에게 대항하지 못한다.

제9조【성년후견개시의 심판】 ① 가정법원은 질병, 장애, 노령, 그 밖의 사유로 인한 정신적 제약으로 사무를 처리할 능력이 지속적으로 결여된 사람에 대하여 본인, 배우자, 4촌 이내의 친족, 미성년후견인, 미성년후견감독인, 한정후견인, 한정후견감독인, 특정후견인, 특정후

견감독인, 검사 또는 지방자치단체의 장의 청구에 의하여 성년후견개시의 심판을 한다.
② 가정법원은 성년후견개시의 심판을 할 때 본인의 의사를 고려하여야 한다.

제10조【피성년후견인의 행위와 취소】 ① 피성년후견인의 법률행위는 취소할 수 있다.
② 제1항에도 불구하고 가정법원은 취소할 수 없는 피성년후견인의 법률행위의 범위를 정할 수 있다.
③ 가정법원은 본인, 배우자, 4촌 이내의 친족, 성년후견인, 성년후견감독인, 검사 또는 지방자치단체의 장의 청구에 의하여 제2항의 범위를 변경할 수 있다.
④ 제1항에도 불구하고 일용품의 구입 등 일상생활에 필요하고 그 대가가 과도하지 아니한 법률행위는 성년후견인이 취소할 수 없다.

제11조【성년후견종료의 심판】 성년후견개시의 원인이 소멸된 경우에는 가정법원은 본인, 배우자, 4촌 이내의 친족, 성년후견인, 성년후견감독인, 검사 또는 지방자치단체의 장의 청구에 의하여 성년후견종료의 심판을 한다.
[전문개정 2011.3.7.]

제12조【한정후견개시의 심판】 ① 가정법원은 질병, 장애, 노령, 그 밖의 사유로 인한 정신적 제약으로 사무를 처리할 능력이 부족한 사람에 대하여 본인, 배우자, 4촌 이내의 친족, 미성년후견인, 미성년후견감독인, 성년후견인, 성년후견감독인, 특정후견인, 특정후견감독인, 검사 또는 지방자치단체의 장의 청구에 의하여 한정후견개시의 심판을 한다.
② 한정후견개시의 경우에 제9조제2항을 준용한다.

제13조【피한정후견인의 행위와 동의】 ① 가정법원은 피한정후견인이 한정후견인의 동의를 받아야 하는 행위의 범위를 정할 수 있다.
② 가정법원은 본인, 배우자, 4촌 이내의 친족, 한정후견인, 한정후견감독인, 검사 또는 지방자치단체의 장의 청구에 의하여 제1항에 따른 한정후견인의 동의를 받아야만 할 수 있는 행위의 범위를 변경할 수 있다.
③ 한정후견인의 동의를 필요로 하는 행위에 대하여 한정후견인이 피한정후견인의 이익이 침해될 염려가 있음에도 그 동의를 하지 아니하는 때에는 가정법원은 피한정후견인의 청구에 의하여 한정후견인의 동의를 갈음하는 허가를 할 수 있다.
④ 한정후견인의 동의가 필요한 법률행위를 피한정후견인이 한정후견인의 동의 없이 하였을 때에는 그 법률행위를 취소할 수 있다. 다만, 일용품의 구입 등 일상생활에 필요하고

그 대가가 과도하지 아니한 법률행위에 대하여는 그러하지 아니하다.

제14조【한정후견종료의 심판】 한정후견개시의 원인이 소멸된 경우에는 가정법원은 본인, 배우자, 4촌 이내의 친족, 한정후견인, 한정후견감독인, 검사 또는 지방자치단체의 장의 청구에 의하여 한정후견종료의 심판을 한다.

제14조의2【특정후견의 심판】 ① 가정법원은 질병, 장애, 노령, 그 밖의 사유로 인한 정신적 제약으로 일시적 후원 또는 특정한 사무에 관한 후원이 필요한 사람에 대하여 본인, 배우자, 4촌 이내의 친족, 미성년후견인, 미성년후견감독인, 검사 또는 지방자치단체의 장의 청구에 의하여 특정후견의 심판을 한다.

② 특정후견은 본인의 의사에 반하여 할 수 없다.

③ 특정후견의 심판을 하는 경우에는 특정후견의 기간 또는 사무의 범위를 정하여야 한다.

제14조의3【심판 사이의 관계】 ① 가정법원이 피한정후견인 또는 피특정후견인에 대하여 성년후견개시의 심판을 할 때에는 종전의 한정후견 또는 특정후견의 종료 심판을 한다.

② 가정법원이 피성년후견인 또는 피특정후견인에 대하여 한정후견개시의 심판을 할 때에는 종전의 성년후견 또는 특정후견의 종료 심판을 한다.

제15조【제한능력자의 상대방의 확답을 촉구할 권리】 ① 제한능력자의 상대방은 제한능력자가 능력자가 된 후에 그에게 1개월 이상의 기간을 정하여 그 취소할 수 있는 행위를 추인할 것인지 여부의 확답을 촉구할 수 있다. 능력자로 된 사람이 그 기간 내에 확답을 발송하지 아니하면 그 행위를 추인한 것으로 본다.

② 제한능력자가 아직 능력자가 되지 못한 경우에는 그의 법정대리인에게 제1항의 촉구를 할 수 있고, 법정대리인이 그 정하여진 기간 내에 확답을 발송하지 아니한 경우에는 그 행위를 추인한 것으로 본다.

③ 특별한 절차가 필요한 행위는 그 정하여진 기간 내에 그 절차를 밟은 확답을 발송하지 아니하면 취소한 것으로 본다.

제16조【제한능력자의 상대방의 철회권과 거절권】 ① 제한능력자가 맺은 계약은 추인이 있을 때까지 상대방이 그 의사표시를 철회할 수 있다. 다만, 상대방이 계약 당시에 제한능력자임을 알았을 경우에는 그러하지 아니하다.

② 제한능력자의 단독행위는 추인이 있을 때까지 상대방이 거절할 수 있다.

③ 제1항의 철회나 제2항의 거절의 의사표시는 제한능력자에게도 할 수 있다.

제17조【제한능력자의 속임수】 ① 제한능력자가 속임수로써 자기를 능력자로 믿게 한 경우에는 그 행위를 취소할 수 없다.

② 미성년자나 피한정후견인이 속임수로써 법정대리인의 동의가 있는 것으로 믿게 한 경우에도 제1항과 같다.

제2절 증 여

제554조【증여의 의의】 증여는 당사자 일방이 무상으로 재산을 상대방에 수여하는 의사를 표시하고 상대방이 이를 승낙함으로써 그 효력이 생긴다.

제555조【서면에 의하지 아니한 증여와 해제】 증여의 의사가 서면으로 표시되지 아니한 경우에는 각 당사자는 이를 해제할 수 있다.

제556조【수증자의 행위와 증여의 해제】 ① 수증자가 증여자에 대하여 다음 각 호의 사유가 있는 때에는 증여자는 그 증여를 해제할 수 있다.

1. 증여자 또는 그 배우자나 직계혈족에 대한 범죄행위가 있는 때
2. 증여자에 대하여 부양의무있는 경우에 이를 이행하지 아니하는 때

② 전항의 해제권은 해제원인 있음을 안 날로부터 6월을 경과하거나 증여자가 수증자에 대하여 용서의 의사를 표시한 때에는 소멸한다.

제557조【증여자의 재산상태변경과 증여의 해제】 증여계약 후에 증여자의 재산상태가 현저히 변경되고 그 이행으로 인하여 생계에 중대한 영향을 미칠 경우에는 증여자는 증여를 해제할 수 있다.

제558조【해제와 이행완료부분】 전3조의 규정에 의한 계약의 해제는 이미 이행한 부분에 대하여는 영향을 미치지 아니한다.

제559조【증여자의 담보책임】 ① 증여자는 증여의 목적인 물건 또는 권리의 하자나 흠결에 대하여 책임을 지지 아니한다. 그러나 증여자가 그 하자나 흠결을 알고 수증자에게 고지하지 아니한 때에는 그러하지 아니하다.

② 상대부담있는 증여에 대하여는 증여자는 그 부담의 한도에서 매도인과 같은 담보의 책임이 있다.

제560조【정기증여와 사망으로 인한 실효】 정기의 급여를 목적으로 한 증여는 증여자 또는

수증자의 사망으로 인하여 그 효력을 잃는다.

제561조【부담부증여】 상대부담있는 증여에 대하여는 본절의 규정 외에 쌍무계약에 관한 규정을 적용한다.

제562조【사인증여】 증여자의 사망으로 인하여 효력이 생길 증여에는 유증에 관한 규정을 준용한다.

제5장 후 견

제1절 미성년후견과 성년후견 〈개정 2011.3.7.〉

제1관 후견인 〈신설 2011.3.7.〉

제928조【미성년자에 대한 후견의 개시】 미성년자에게 친권자가 없거나 친권자가 제924조, 제924조의2, 제925조 또는 제927조제1항에 따라 친권의 전부 또는 일부를 행사할 수 없는 경우에는 미성년후견인을 두어야 한다.

제929조【성년후견심판에 의한 후견의 개시】 가정법원의 성년후견개시심판이 있는 경우에는 그 심판을 받은 사람의 성년후견인을 두어야 한다.

제930조【후견인의 수와 자격】 ① 미성년후견인의 수(數)는 한 명으로 한다.

② 성년후견인은 피성년후견인의 신상과 재산에 관한 모든 사정을 고려하여 여러 명을 둘 수 있다.

③ 법인도 성년후견인이 될 수 있다.

제931조【유언에 의한 미성년후견인의 지정 등】 ① 미성년자에게 친권을 행사하는 부모는 유언으로 미성년후견인을 지정할 수 있다. 다만, 법률행위의 대리권과 재산관리권이 없는 친권자는 그러하지 아니하다.

② 가정법원은 제1항에 따라 미성년후견인이 지정된 경우라도 미성년자의 복리를 위하여 필요하면 생존하는 부 또는 모, 미성년자의 청구에 의하여 후견을 종료하고 생존하는 부 또는 모를 친권자로 지정할 수 있다.

제932조【미성년후견인의 선임】 ① 가정법원은 제931조에 따라 지정된 미성년후견인이 없는 경우에는 직권으로 또는 미성년자, 친족, 이해관계인, 검사, 지방자치단체의 장의 청구에

의하여 미성년후견인을 선임한다. 미성년후견인이 없게 된 경우에도 또한 같다.

② 가정법원은 제924조, 제924조의2 및 제925조에 따른 친권의 상실, 일시 정지, 일부 제한의 선고 또는 법률행위의 대리권이나 재산관리권 상실의 선고에 따라 미성년후견인을 선임할 필요가 있는 경우에는 직권으로 미성년후견인을 선임한다. 〈개정 2014.10.15.〉

③ 친권자가 대리권 및 재산관리권을 사퇴한 경우에는 지체 없이 가정법원에 미성년후견인의 선임을 청구하여야 한다.

제933조 삭 제 〈2011.3.7.〉

제934조 삭 제 〈2011.3.7.〉

제935조 삭 제 〈2011.3.7.〉

제936조【성년후견인의 선임】 ① 제929조에 따른 성년후견인은 가정법원이 직권으로 선임한다.

② 가정법원은 성년후견인이 사망, 결격, 그 밖의 사유로 없게 된 경우에도 직권으로 또는 피성년후견인, 친족, 이해관계인, 검사, 지방자치단체의 장의 청구에 의하여 성년후견인을 선임한다.

③ 가정법원은 성년후견인이 선임된 경우에도 필요하다고 인정하면 직권으로 또는 제2항의 청구권자나 성년후견인의 청구에 의하여 추가로 성년후견인을 선임할 수 있다.

④ 가정법원이 성년후견인을 선임할 때에는 피성년후견인의 의사를 존중하여야 하며, 그 밖에 피성년후견인의 건강, 생활관계, 재산상황, 성년후견인이 될 사람의 직업과 경험, 피성년후견인과의 이해관계의 유무(법인이 성년후견인이 될 때에는 사업의 종류와 내용, 법인이나 그 대표자와 피성년후견인 사이의 이해관계의 유무를 말한다) 등의 사정도 고려하여야 한다.

제937조【후견인의 결격사유】 다음 각 호의 어느 하나에 해당하는 자는 후견인이 되지 못한다. 〈개정 2016.12.20.〉

1. 미성년자
2. 피성년후견인, 피한정후견인, 피특정후견인, 피임의후견인
3. 회생절차개시결정 또는 파산선고를 받은 자
4. 자격정지 이상의 형의 선고를 받고 그 형기(刑期) 중에 있는 사람
5. 법원에서 해임된 법정대리인
6. 법원에서 해임된 성년후견인, 한정후견인, 특정후견인, 임의후견인과 그 감독인
7. 행방이 불분명한 사람
8. 피후견인을 상대로 소송을 하였거나 하고 있는 사람

부록

9. 제8호에서 정한 사람의 배우자와 직계혈족. 다만, 피후견인의 직계비속은 제외한다.

제938조 【후견인의 대리권 등】 ① 후견인은 피후견인의 법정대리인이 된다.

② 가정법원은 성년후견인이 제1항에 따라 가지는 법정대리권의 범위를 정할 수 있다.

③ 가정법원은 성년후견인이 피성년후견인의 신상에 관하여 결정할 수 있는 권한의 범위를 정할 수 있다.

④ 제2항 및 제3항에 따른 법정대리인의 권한의 범위가 적절하지 아니하게 된 경우에 가정법원은 본인, 배우자, 4촌 이내의 친족, 성년후견인, 성년후견감독인, 검사 또는 지방자치단체의 장의 청구에 의하여 그 범위를 변경할 수 있다.

제939조 【후견인의 사임】 후견인은 정당한 사유가 있는 경우에는 가정법원의 허가를 받아 사임할 수 있다. 이 경우 그 후견인은 사임청구와 동시에 가정법원에 새로운 후견인의 선임을 청구하여야 한다.

[전문개정 2011.3.7.]

제940조 【후견인의 변경】 가정법원은 피후견인의 복리를 위하여 후견인을 변경할 필요가 있다고 인정하면 직권으로 또는 피후견인, 친족, 후견감독인, 검사, 지방자치단체의 장의 청구에 의하여 후견인을 변경할 수 있다.

제2관 후견감독인 〈신설 2011.3.7.〉

제940조의2 【미성년후견감독인의 지정】 미성년후견인을 지정할 수 있는 사람은 유언으로 미성년후견감독인을 지정할 수 있다.

제940조의3 【미성년후견감독인의 선임】 ① 가정법원은 제940조의2에 따라 지정된 미성년후견감독인이 없는 경우에 필요하다고 인정하면 직권으로 또는 미성년자, 친족, 미성년후견인, 검사, 지방자치단체의 장의 청구에 의하여 미성년후견감독인을 선임할 수 있다.

② 가정법원은 미성년후견감독인이 사망, 결격, 그 밖의 사유로 없게 된 경우에는 직권으로 또는 미성년자, 친족, 미성년후견인, 검사, 지방자치단체의 장의 청구에 의하여 미성년후견감독인을 선임한다.

제940조의4 【성년후견감독인의 선임】 ① 가정법원은 필요하다고 인정하면 직권으로 또는 피성년후견인, 친족, 성년후견인, 검사, 지방자치단체의 장의 청구에 의하여 성년후견감독인을 선임할 수 있다.

② 가정법원은 성년후견감독인이 사망, 결격, 그 밖의 사유로 없게 된 경우에는 직권으로 또는 피성년후견인, 친족, 성년후견인, 검사, 지방자치단체의 장의 청구에 의하여 성년후

견감독인을 선임한다.

제940조의5【후견감독인의 결격사유】 제779조에 따른 후견인의 가족은 후견감독인이 될 수 없다.

제940조의6【후견감독인의 직무】 ① 후견감독인은 후견인의 사무를 감독하며, 후견인이 없는 경우 지체 없이 가정법원에 후견인의 선임을 청구하여야 한다.

② 후견감독인은 피후견인의 신상이나 재산에 대하여 급박한 사정이 있는 경우 그의 보호를 위하여 필요한 행위 또는 처분을 할 수 있다.

③ 후견인과 피후견인 사이에 이해가 상반되는 행위에 관하여는 후견감독인이 피후견인을 대리한다.

제940조의7【위임 및 후견인 규정의 준용】 후견감독인에 대하여는 제681조, 제691조, 제692조, 제930조제2항·제3항, 제936조제3항·제4항, 제937조, 제939조, 제940조, 제947조의2 제3항부터 제5항까지, 제949조의2, 제955조 및 제955조의2를 준용한다.

제3관 후견인의 임무 〈신설 2011.3.7.〉

제941조【재산조사와 목록작성】 ① 후견인은 지체 없이 피후견인의 재산을 조사하여 2개월 내에 그 목록을 작성하여야 한다. 다만, 정당한 사유가 있는 경우에는 법원의 허가를 받아 그 기간을 연장할 수 있다.

② 후견감독인이 있는 경우 제1항에 따른 재산조사와 목록작성은 후견감독인의 참여가 없으면 효력이 없다.

제942조【후견인의 채권·채무의 제시】 ① 후견인과 피후견인 사이에 채권·채무의 관계가 있고 후견감독인이 있는 경우에는 후견인은 재산목록의 작성을 완료하기 전에 그 내용을 후견감독인에게 제시하여야 한다.

② 후견인이 피후견인에 대한 채권이 있음을 알고도 제1항에 따른 제시를 게을리한 경우에는 그 채권을 포기한 것으로 본다.

부 록

제943조【목록작성전의 권한】 후견인은 재산조사와 목록작성을 완료하기까지는 긴급 필요한 경우가 아니면 그 재산에 관한 권한을 행사하지 못한다. 그러나 이로써 선의의 제삼자에게 대항하지 못한다.

제944조【피후견인이 취득한 포괄적 재산의 조사 등】 전3조의 규정은 후견인의 취임후에 피후견인이 포괄적 재산을 취득한 경우에 준용한다.

제945조 【미성년자의 신분에 관한 후견인의 권리·의무】 미성년후견인은 제913조부터 제915조까지에 규정한 사항에 관하여는 친권자와 동일한 권리와 의무가 있다. 다만, 다음 각 호의 어느 하나에 해당하는 경우에는 미성년후견감독인이 있으면 그의 동의를 받아야 한다.

1. 친권자가 정한 교육방법, 양육방법 또는 거소를 변경하는 경우
2. 미성년자를 감화기관이나 교정기관에 위탁하는 경우
3. 친권자가 허락한 영업을 취소하거나 제한하는 경우

제946조 【친권 중 일부에 한정된 후견】 미성년자의 친권자가 제924조의2, 제925조 또는 제927조제1항에 따라 친권 중 일부에 한정하여 행사할 수 없는 경우에 미성년후견인의 임무는 제한된 친권의 범위에 속하는 행위에 한정된다.

제947조 【피성년후견인의 복리와 의사존중】 성년후견인은 피성년후견인의 재산관리와 신상보호를 할 때 여러 사정을 고려하여 그의 복리에 부합하는 방법으로 사무를 처리하여야 한다. 이 경우 성년후견인은 피성년후견인의 복리에 반하지 아니하면 피성년후견인의 의사를 존중하여야 한다.

제947조의2 【피성년후견인의 신상결정 등】 ① 피성년후견인은 자신의 신상에 관하여 그의 상태가 허락하는 범위에서 단독으로 결정한다.

② 성년후견인이 피성년후견인을 치료 등의 목적으로 정신병원이나 그 밖의 다른 장소에 격리하려는 경우에는 가정법원의 허가를 받아야 한다.

③ 피성년후견인의 신체를 침해하는 의료행위에 대하여 피성년후견인이 동의할 수 없는 경우에는 성년후견인이 그를 대신하여 동의할 수 있다.

④ 제3항의 경우 피성년후견인이 의료행위의 직접적인 결과로 사망하거나 상당한 장애를 입을 위험이 있을 때에는 가정법원의 허가를 받아야 한다. 다만, 허가절차로 의료행위가 지체되어 피성년후견인의 생명에 위험을 초래하거나 심신상의 중대한 장애를 초래할 때에는 사후에 허가를 청구할 수 있다.

⑤ 성년후견인이 피성년후견인을 대리하여 피성년후견인이 거주하고 있는 건물 또는 그 대지에 대하여 매도, 임대, 전세권 설정, 저당권 설정, 임대차의 해지, 전세권의 소멸, 그 밖에 이에 준하는 행위를 하는 경우에는 가정법원의 허가를 받아야 한다.

제948조 【미성년자의 친권의 대행】 ① 미성년후견인은 미성년자를 갈음하여 미성년자의 자녀에 대한 친권을 행사한다.

② 제1항의 친권행사에는 미성년후견인의 임무에 관한 규정을 준용한다.

제949조【재산관리권과 대리권】 ① 후견인은 피후견인의 재산을 관리하고 그 재산에 관한 법률행위에 대하여 피후견인을 대리한다.

② 제920조 단서의 규정은 전항의 법률행위에 준용한다.

제949조의2【성년후견인이 여러 명인 경우 권한의 행사 등】 ① 가정법원은 직권으로 여러 명의 성년후견인이 공동으로 또는 사무를 분장하여 그 권한을 행사하도록 정할 수 있다.

② 가정법원은 직권으로 제1항에 따른 결정을 변경하거나 취소할 수 있다.

③ 여러 명의 성년후견인이 공동으로 권한을 행사하여야 하는 경우에 어느 성년후견인이 피성년후견인의 이익이 침해될 우려가 있음에도 법률행위의 대리 등 필요한 권한행사에 협력하지 아니할 때에는 가정법원은 피성년후견인, 성년후견인, 후견감독인 또는 이해관계인의 청구에 의하여 그 성년후견인의 의사표시를 갈음하는 재판을 할 수 있다.

제949조의3【이해상반행위】 후견인에 대하여는 제921조를 준용한다. 다만, 후견감독인이 있는 경우에는 그러하지 아니하다.

제950조【후견감독인의 동의를 필요로 하는 행위】 ① 후견인이 피후견인을 대리하여 다음 각 호의 어느 하나에 해당하는 행위를 하거나 미성년자의 다음 각 호의 어느 하나에 해당하는 행위에 동의를 할 때는 후견감독인이 있으면 그의 동의를 받아야 한다.

1. 영업에 관한 행위
2. 금전을 빌리는 행위
3. 의무만을 부담하는 행위
4. 부동산 또는 중요한 재산에 관한 권리의 득실변경을 목적으로 하는 행위
5. 소송행위
6. 상속의 승인, 한정승인 또는 포기 및 상속재산의 분할에 관한 협의

② 후견감독인의 동의가 필요한 행위에 대하여 후견감독인이 피후견인의 이익이 침해될 우려가 있음에도 동의를 하지 아니하는 경우에는 가정법원은 후견인의 청구에 의하여 후견감독인의 동의를 갈음하는 허가를 할 수 있다.

③ 후견감독인의 동의가 필요한 법률행위를 후견인이 후견감독인의 동의 없이 하였을 때에는 피후견인 또는 후견감독인이 그 행위를 취소할 수 있다.

제951조【피후견인의 재산 등의 양수에 대한 취소】 ① 후견인이 피후견인에 대한 제3자의 권리

를 양수(讓受)하는 경우에는 피후견인은 이를 취소할 수 있다.

② 제1항에 따른 권리의 양수의 경우 후견감독인이 있으면 후견인은 후견감독인의 동의를 받아야 하고, 후견감독인의 동의가 없는 경우에는 피후견인 또는 후견감독인이 이를 취소할 수 있다.

제952조【상대방의 추인 여부 최고】 제950조 및 제951조의 경우에는 제15조를 준용한다. [전문개정 2011.3.7.]

제953조【후견감독인의 후견사무의 감독】 후견감독인은 언제든지 후견인에게 그의 임무 수행에 관한 보고와 재산목록의 제출을 요구할 수 있고 피후견인의 재산상황을 조사할 수 있다.

제954조【가정법원의 후견사무에 관한 처분】 가정법원은 직권으로 또는 피후견인, 후견감독인, 제777조에 따른 친족, 그 밖의 이해관계인, 검사, 지방자치단체의 장의 청구에 의하여 피후견인의 재산상황을 조사하고, 후견인에게 재산관리 등 후견임무 수행에 관하여 필요한 처분을 명할 수 있다.

제955조【후견인에 대한 보수】 법원은 후견인의 청구에 의하여 피후견인의 재산상태 기타 사정을 참작하여 피후견인의 재산 중에서 상당한 보수를 후견인에게 수여할 수 있다.

제955조의2【지출금액의 예정과 사무비용】 후견인이 후견사무를 수행하는 데 필요한 비용은 피후견인의 재산 중에서 지출한다.

제956조【위임과 친권의 규정의 준용】 제681조 및 제918조의 규정은 후견인에게 이를 준용한다.

제4관 후견의 종료 〈신설 2011.3.7.〉

제957조【후견사무의 종료와 관리의 계산】 ① 후견인의 임무가 종료된 때에는 후견인 또는 그 상속인은 1개월 내에 피후견인의 재산에 관한 계산을 하여야 한다. 다만, 정당한 사유가 있는 경우에는 법원의 허가를 받아 그 기간을 연장할 수 있다.

② 제1항의 계산은 후견감독인이 있는 경우에는 그가 참여하지 아니하면 효력이 없다.

제958조【이자의 부가와 금전소비에 대한 책임】 ① 후견인이 피후견인에게 지급할 금액이나 피후견인이 후견인에게 지급할 금액에는 계산종료의 날로부터 이자를 부가하여야 한다.

② 후견인이 자기를 위하여 피후견인의 금전을 소비한 때에는 그 소비한 날로부터 이자를 부가하고 피후견인에게 손해가 있으면 이를 배상하여야 한다.

제959조【위임규정의 준용】 제691조, 제692조의 규정은 후견의 종료에 이를 준용한다.

제2절 한정후견과 특정후견 〈신설 2011.3.7.〉

제959조의2【한정후견의 개시】 가정법원의 한정후견개시의 심판이 있는 경우에는 그 심판을 받은 사람의 한정후견인을 두어야 한다.

제959조의3【한정후견인의 선임 등】 ① 제959조의2에 따른 한정후견인은 가정법원이 직권으로 선임한다.

② 한정후견인에 대하여는 제930조제2항·제3항, 제936조제2항부터 제4항까지, 제937조, 제939조, 제940조 및 제949조의3을 준용한다.

제959조의4【한정후견인의 대리권 등】 ① 가정법원은 한정후견인에게 대리권을 수여하는 심판을 할 수 있다.

② 한정후견인의 대리권 등에 관하여는 제938조제3항 및 제4항을 준용한다.

제959조의5【한정후견감독인】 ① 가정법원은 필요하다고 인정하면 직권으로 또는 피한정후견인, 친족, 한정후견인, 검사, 지방자치단체의 장의 청구에 의하여 한정후견감독인을 선임할 수 있다.

② 한정후견감독인에 대하여는 제681조, 제691조, 제692조, 제930조제2항·제3항, 제936조제3항·제4항, 제937조, 제939조, 제940조, 제940조의3 제2항, 제940조의5, 제940조의6, 제947조의2제3항부터 제5항까지, 제949조의2, 제955조 및 제955조의2를 준용한다. 이 경우 제940조의6제3항 중 "피후견인을 대리한다"는 "피한정후견인을 대리하거나 피한정후견인이 그 행위를 하는 데 동의한다"로 본다.

제959조의6【한정후견사무】 한정후견의 사무에 관하여는 제681조, 제920조 단서, 제947조, 제947조의2, 제949조, 제949조의2, 제949조의3, 제950조부터 제955조까지 및 제955조의2를 준용한다.

부록

제959조의7【한정후견인의 임무의 종료 등】 한정후견인의 임무가 종료한 경우에 관하여는 제691조, 제692조, 제957조 및 제958조를 준용한다.

제959조의8【특정후견에 따른 보호조치】 가정법원은 피특정후견인의 후원을 위하여 필요한 처분을 명할 수 있다.

제959조의9【특정후견인의 선임 등】 ① 가정법원은 제959조의8에 따른 처분으로 피특정후견

인을 후원하거나 대리하기 위한 특정후견인을 선임할 수 있다.

② 특정후견인에 대하여는 제930조제2항·제3항, 제936조제2항부터 제4항까지, 제937조, 제939조 및 제940조를 준용한다.

제959조의10【특정후견감독인】 ① 가정법원은 필요하다고 인정하면 직권으로 또는 피특정후견인, 친족, 특정후견인, 검사, 지방자치단체의 장의 청구에 의하여 특정후견감독인을 선임할 수 있다.

② 특정후견감독인에 대하여는 제681조, 제691조, 제692조, 제930조제2항·제3항, 제936조제3항·제4항, 제937조, 제939조, 제940조, 제940조의5, 제940조의6, 제949조의2, 제955조 및 제955조의2를 준용한다.

제959조의11【특정후견인의 대리권】 ① 피특정후견인의 후원을 위하여 필요하다고 인정하면 가정법원은 기간이나 범위를 정하여 특정후견인에게 대리권을 수여하는 심판을 할 수 있다.

② 제1항의 경우 가정법원은 특정후견인의 대리권 행사에 가정법원이나 특정후견감독인의 동의를 받도록 명할 수 있다.

[본조신설 2011.3.7.]

제959조의12【특정후견사무】 특정후견의 사무에 관하여는 제681조, 제920조 단서, 제947조, 제949조의2, 제953조부터 제955조까지 및 제955조의2를 준용한다.

[본조신설 2011.3.7.]

제959조의13【특정후견인의 임무의 종료 등】 특정후견인의 임무가 종료한 경우에 관하여는 제691조, 제692조, 제957조 및 제958조를 준용한다.

제3절 후견계약 〈신설 2011.3.7.〉

제959조의14【후견계약의 의의와 체결방법 등】 ① 후견계약은 질병, 장애, 노령, 그 밖의 사유로 인한 정신적 제약으로 사무를 처리할 능력이 부족한 상황에 있거나 부족하게 될 상황에 대비하여 자신의 재산관리 및 신상보호에 관한 사무의 전부 또는 일부를 다른 자에게 위탁하고 그 위탁사무에 관하여 대리권을 수여하는 것을 내용으로 한다.

② 후견계약은 공정증서로 체결하여야 한다.

③ 후견계약은 가정법원이 임의후견감독인을 선임한 때부터 효력이 발생한다.

④ 가정법원, 임의후견인, 임의후견감독인 등은 후견계약을 이행·운영할 때 본인의 의사를

최대한 존중하여야 한다.

제959조의15【임의후견감독인의 선임】 ① 가정법원은 후견계약이 등기되어 있고, 본인이 사무를 처리할 능력이 부족한 상황에 있다고 인정할 때에는 본인, 배우자, 4촌 이내의 친족, 임의후견인, 검사 또는 지방자치단체의 장의 청구에 의하여 임의후견감독인을 선임한다.

② 제1항의 경우 본인이 아닌 자의 청구에 의하여 가정법원이 임의후견감독인을 선임할 때에는 미리 본인의 동의를 받아야 한다. 다만, 본인이 의사를 표시할 수 없는 때에는 그러하지 아니하다.

③ 가정법원은 임의후견감독인이 없게 된 경우에는 직권으로 또는 본인, 친족, 임의후견인, 검사 또는 지방자치단체의 장의 청구에 의하여 임의후견감독인을 선임한다.

④ 가정법원은 임의후견임감독인이 선임된 경우에도 필요하다고 인정하면 직권으로 또는 제3항의 청구권자의 청구에 의하여 임의후견감독인을 추가로 선임할 수 있다.

⑤ 임의후견감독인에 대하여는 제940조의5를 준용한다.

제959조의16【임의후견감독인의 직무 등】 ① 임의후견감독인은 임의후견인의 사무를 감독하며 그 사무에 관하여 가정법원에 정기적으로 보고하여야 한다.

② 가정법원은 필요하다고 인정하면 임의후견감독인에게 감독사무에 관한 보고를 요구할 수 있고 임의후견인의 사무 또는 본인의 재산상황에 대한 조사를 명하거나 그 밖에 임의후견감독인의 직무에 관하여 필요한 처분을 명할 수 있다.

③ 임의후견감독인에 대하여는 제940조의6제2항·제3항, 제940조의7 및 제953조를 준용한다.

제959조의17【임의후견개시의 제한 등】 ① 임의후견인이 제937조 각 호에 해당하는 자 또는 그 밖에 현저한 비행을 하거나 후견계약에서 정한 임무에 적합하지 아니한 사유가 있는 자인 경우에는 가정법원은 임의후견감독인을 선임하지 아니한다.

② 임의후견감독인을 선임한 이후 임의후견인이 현저한 비행을 하거나 그 밖에 그 임무에 적합하지 아니한 사유가 있게 된 경우에는 가정법원은 임의후견감독인, 본인, 친족, 검사 또는 지방자치단체의 장의 청구에 의하여 임의후견인을 해임할 수 있다.

제959조의18【후견계약의 종료】 ① 임의후견감독인의 선임 전에는 본인 또는 임의후견인은 언제든지 공증인의 인증을 받은 서면으로 후견계약의 의사표시를 철회할 수 있다.

② 임의후견감독인의 선임 이후에는 본인 또는 임의후견인은 정당한 사유가 있는 때에만 가정법원의 허가를 받아 후견계약을 종료할 수 있다.

제959조의19【임의후견인의 대리권 소멸과 제3자와의 관계】 임의후견인의 대리권 소멸은 등기

하지 아니하면 선의의 제3자에게 대항할 수 없다.

제959조의20【후견계약과 성년후견·한정후견·특정후견의 관계】 ① 후견계약이 등기되어 있는 경우에는 가정법원은 본인의 이익을 위하여 특별히 필요할 때에만 임의후견인 또는 임의후견감독인의 청구에 의하여 성년후견, 한정후견 또는 특정후견의 심판을 할 수 있다. 이 경우 후견계약은 본인이 성년후견 또는 한정후견 개시의 심판을 받은 때 종료된다.

② 본인이 피성년후견인, 피한정후견인 또는 피특정후견인인 경우에 가정법원은 임의후견감독인을 선임함에 있어서 종전의 성년후견, 한정후견 또는 특정후견의 종료 심판을 하여야 한다. 다만, 성년후견 또는 한정후견 조치의 계속이 본인의 이익을 위하여 특별히 필요하다고 인정하면 가정법원은 임의후견감독인을 선임하지 아니한다.

제5편 상 속 〈개정 1990.1.13.〉

제1장 상 속 〈신설 1990.1.13.〉

제1절 총 칙 〈개정 1990.1.13.〉

제997조【상속개시의 원인】 상속은 사망으로 인하여 개시된다.

제998조【상속개시의 장소】 상속은 피상속인의 주소지에서 개시한다.

제998조의2【상속비용】 상속에 관한 비용은 상속재산 중에서 지급한다.

[본조신설 1990.1.13.]

제999조【상속회복청구권】 ① 상속권이 참칭상속권자로 인하여 침해된 때에는 상속권자 또는 그 법정대리인은 상속회복의 소를 제기할 수 있다.

② 제1항의 상속회복청구권은 그 침해를 안 날부터 3년, 상속권의 침해행위가 있은 날부터 10년을 경과하면 소멸된다. 〈개정 2002.1.14.〉

제2절 상속인 〈개정 1990.1.13.〉

제1000조【상속의 순위】 ① 상속에 있어서는 다음 순위로 상속인이 된다. 〈개정 1990.1.13.〉

1. 피상속인의 직계비속
2. 피상속인의 직계존속
3. 피상속인의 형제자매
4. 피상속인의 4촌 이내의 방계혈족

② 전항의 경우에 동순위의 상속인이 수인인 때에는 최근친을 선순위로 하고 동친등의 상속인이 수인인 때에는 공동상속인이 된다.

③ 태아는 상속순위에 관하여는 이미 출생한 것으로 본다. 〈개정 1990.1.13.〉

제1001조【대습상속】 전조제1항제1호와 제3호의 규정에 의하여 상속인이 될 직계비속 또는 형제자매가 상속개시전에 사망하거나 결격자가 된 경우에 그 직계비속이 있는 때에는 그 직계비속이 사망하거나 결격된 자의 순위에 갈음하여 상속인이 된다. 〈개정 2014.12.30.〉

제1002조 삭 제 〈1990.1.13.〉

제1003조【배우자의 상속순위】 ① 피상속인의 배우자는 제1000조제1항제1호와 제2호의 규정에 의한 상속인이 있는 경우에는 그 상속인과 동순위로 공동상속인이 되고 그 상속인이 없는 때에는 단독상속인이 된다. 〈개정 1990.1.13.〉

② 제1001조의 경우에 상속개시 전에 사망 또는 결격된 자의 배우자는 동조의 규정에 의한 상속인과 동순위로 공동상속인이 되고 그 상속인이 없는 때에는 단독상속인이 된다.

제1004조【상속인의 결격사유】 다음 각 호의 어느 하나에 해당한 자는 상속인이 되지 못한다.

1. 고의로 직계존속, 피상속인, 그 배우자 또는 상속의 선순위나 동순위에 있는 자를 살해하거나 살해하려한 자
2. 고의로 직계존속, 피상속인과 그 배우자에게 상해를 가하여 사망에 이르게 한 자
3. 사기 또는 강박으로 피상속인의 상속에 관한 유언 또는 유언의 철회를 방해한 자
4. 사기 또는 강박으로 피상속인의 상속에 관한 유언을 하게 한 자
5. 피상속인의 상속에 관한 유언서를 위조·변조·파기 또는 은닉한 자

부 록

제1004조의2【상속권 상실 선고】 ① 피상속인은 상속인이 될 사람이 피상속인의 직계존속으로서 다음 각 호의 어느 하나에 해당하는 경우에는 제1068조에 따른 공정증서에 의한 유언으로 상속권 상실의 의사를 표시할 수 있다. 이 경우 유언집행자는 가정법원에 그 사람의 상속권 상실을 청구하여야 한다.

1. 피상속인에 대한 부양의무(미성년자에 대한 부양의무로 한정한다)를 중대하게 위반한

경우

2. 피상속인 또는 그 배우자나 피상속인의 직계비속에게 중대한 범죄행위(제1004조의 경우는 제외한다)를 하거나 그 밖에 심히 부당한 대우를 한 경우

② 제1항의 유언에 따라 상속권 상실의 대상이 될 사람은 유언집행자가 되지 못한다.

③ 제1항에 따른 유언이 없었던 경우 공동상속인은 피상속인의 직계존속으로서 다음 각 호의 사유가 있는 사람이 상속인이 되었음을 안 날부터 6개월 이내에 가정법원에 그 사람의 상속권 상실을 청구할 수 있다.

1. 피상속인에 대한 부양의무(미성년자에 대한 부양의무로 한정한다)를 중대하게 위반한 경우

2. 피상속인에게 중대한 범죄행위(제1004조의 경우는 제외한다)를 하거나 그 밖에 심히 부당한 대우를 한 경우

④ 제3항의 청구를 할 수 있는 공동상속인이 없거나 모든 공동상속인에게 제3항 각 호의 사유가 있는 경우에는 상속권 상실 선고의 확정에 의하여 상속인이 될 사람이 이를 청구할 수 있다.

⑤ 가정법원은 상속권 상실을 청구하는 원인이 된 사유의 경위와 정도, 상속인과 피상속인의 관계, 상속재산의 규모와 형성 과정 및 그 밖의 사정을 종합적으로 고려하여 제1항, 제3항 또는 제4항에 따른 청구를 인용하거나 기각할 수 있다.

⑥ 상속개시 후에 상속권 상실의 선고가 확정된 경우 그 선고를 받은 사람은 상속이 개시된 때에 소급하여 상속권을 상실한다. 다만, 이로써 해당 선고가 확정되기 전에 취득한 제3자의 권리를 해치지 못한다.

⑦ 가정법원은 제1항, 제3항 또는 제4항에 따른 상속권 상실의 청구를 받은 경우 이해관계인 또는 검사의 청구에 따라 상속재산관리인을 선임하거나 그 밖에 상속재산의 보존 및 관리에 필요한 처분을 명할 수 있다.

⑧ 가정법원이 제7항에 따라 상속재산관리인을 선임한 경우 상속재산관리인의 직무, 권한, 담보제공 및 보수 등에 관하여는 제24조부터 제26조까지를 준용한다.

[본조신설 2024. 9. 20.] [시행일: 2026. 1. 1.] 제1004조의2

제3절 상속의 효력 〈개정 1990.1.13.〉

제1관 일반적 효력

제1005조【상속과 포괄적 권리의무의 승계】 상속인은 상속개시된 때로부터 피상속인의 재산에 관한 포괄적 권리의무를 승계한다. 그러나 피상속인의 일신에 전속한 것은 그러하지 아니하다.

제1006조【공동상속과 재산의 공유】 상속인이 수인인 때에는 상속재산은 그 공유로 한다.

제1007조【공동상속인의 권리의무승계】 공동상속인은 각자의 상속분에 응하여 피상속인의 권리의무를 승계한다.

제1008조【특별수익자의 상속분】 공동상속인 중에 피상속인으로부터 재산의 증여 또는 유증을 받은 자가 있는 경우에 그 수증재산이 자기의 상속분에 달하지 못한 때에는 그 부족한 부분의 한도에서 상속분이 있다.

제1008조의2【기여분】 ① 공동상속인 중에 상당한 기간 동거·간호 그 밖의 방법으로 피상속인을 특별히 부양하거나 피상속인의 재산의 유지 또는 증가에 특별히 기여한 자가 있을 때에는 상속개시 당시의 피상속인의 재산가액에서 공동상속인의 협의로 정한 그 자의 기여분을 공제한 것을 상속재산으로 보고 제1009조 및 제1010조에 의하여 산정한 상속분에 기여분을 가산한 액으로써 그 자의 상속분으로 한다.

② 제1항의 협의가 되지 아니하거나 협의할 수 없는 때에는 가정법원은 제1항에 규정된 기여자의 청구에 의하여 기여의 시기·방법 및 정도와 상속재산의 액 기타의 사정을 참작하여 기여분을 정한다.

③ 기여분은 상속이 개시된 때의 피상속인의 재산가액에서 유증의 가액을 공제한 액을 넘지 못한다.

④ 제2항의 규정에 의한 청구는 제1013조제2항의 규정에 의한 청구가 있을 경우 또는 제1014조에 규정하는 경우에 할 수 있다.

제1008조의3【분묘 등의 승계】 분묘에 속한 1정보 이내의 금양임야와 600평 이내의 묘토인 농지, 족보와 제구의 소유권은 제사를 주재하는 자가 이를 승계한다.

제2관 상속분

제1009조【법정상속분】 ① 동순위의 상속인이 수인인 때에는 그 상속분은 균분으로 한다.

② 피상속인의 배우자의 상속분은 직계비속과 공동으로 상속하는 때에는 직계비속의 상속분의 5할을 가산하고, 직계존속과 공동으로 상속하는 때에는 직계존속의 상속분의 5할을 가산한다.

③ 삭 제 〈1990.1.13.〉

제1010조【대습상속분】 ① 제1001조의 규정에 의하여 사망 또는 결격된 자에 갈음하여 상속인이 된 자의 상속분은 사망 또는 결격된 자의 상속분에 의한다.

② 전항의 경우에 사망 또는 결격된 자의 직계비속이 수인인 때에는 그 상속분은 사망 또는 결격된 자의 상속분의 한도에서 제1009조의 규정에 의하여 이를 정한다. 제1003조제2항의 경우에도 또한 같다.

제1011조【공동상속분의 양수】 ① 공동상속인 중에 그 상속분을 제삼자에게 양도한 자가 있는 때에는 다른 공동상속인은 그 가액과 양도비용을 상환하고 그 상속분을 양수할 수 있다.

② 전항의 권리는 그 사유를 안 날로부터 3월, 그 사유있은 날로부터 1년 내에 행사하여야 한다.

제3관 상속재산의 분할

제1012조【유언에 의한 분할방법의 지정, 분할금지】 피상속인은 유언으로 상속재산의 분할방법을 정하거나 이를 정할 것을 제삼자에게 위탁할 수 있고 상속개시의 날로부터 5년을 초과하지 아니하는 기간 내의 그 분할을 금지할 수 있다.

제1013조【협의에 의한 분할】 ① 전조의 경우외에는 공동상속인은 언제든지 그 협의에 의하여 상속재산을 분할할 수 있다.

② 제269조의 규정은 전항의 상속재산의 분할에 준용한다.

제1014조【분할 후의 피인지자 등의 청구권】 상속개시 후의 인지 또는 재판의 확정에 의하여 공동상속인이 된 자가 상속재산의 분할을 청구할 경우에 다른 공동상속인이 이미 분할 기타 처분을 한 때에는 그 상속분에 상당한 가액의 지급을 청구할 권리가 있다.

제1015조【분할의 소급효】 상속재산의 분할은 상속개시된 때에 소급하여 그 효력이 있다. 그러나 제삼자의 권리를 해하지 못한다.

제1016조【공동상속인의 담보책임】 공동상속인은 다른 공동상속인이 분할로 인하여 취득한 재산에 대하여 그 상속분에 응하여 매도인과 같은 담보책임이 있다.

제1017조【상속채무자의 자력에 대한 담보책임】 ① 공동상속인은 다른 상속인이 분할로 인하

여 취득한 채권에 대하여 분할당시의 채무자의 자력을 담보한다.

② 변제기에 달하지 아니한 채권이나 정지조건있는 채권에 대하여는 변제를 청구할 수 있는 때의 채무자의 자력을 담보한다.

제1018조【무자력공동상속인의 담보책임의 분담】 담보책임있는 공동상속인 중에 상환의 자력이 없는 자가 있는 때에는 그 부담부분은 구상권자와 자력있는 다른 공동상속인이 그 상속분에 응하여 분담한다. 그러나 구상권자의 과실로 인하여 상환을 받지 못한 때에는 다른 공동상속인에게 분담을 청구하지 못한다.

제4절 상속의 승인 및 포기 〈개정 1990.1.13.〉

제1관 총 칙

제1019조【승인, 포기의 기간】 ① 상속인은 상속개시있음을 안 날로부터 3월내에 단순승인이나 한정승인 또는 포기를 할 수 있다. 그러나 그 기간은 이해관계인 또는 검사의 청구에 의하여 가정법원이 이를 연장할 수 있다.

② 상속인은 제1항의 승인 또는 포기를 하기 전에 상속재산을 조사할 수 있다.

③ 제1항에도 불구하고 상속인은 상속채무가 상속재산을 초과하는 사실(이하 이 조에서 "상속채무 초과사실"이라 한다)을 중대한 과실 없이 제1항의 기간 내에 알지 못하고 단순승인(제1026조제1호 및 제2호에 따라 단순승인한 것으로 보는 경우를 포함한다. 이하 이 조에서 같다)을 한 경우에는 그 사실을 안 날부터 3개월 내에 한정승인을 할 수 있다. 〈개정 2022.12.13〉

④ 제1항에도 불구하고 미성년자인 상속인이 상속채무가 상속재산을 초과하는 상속을 성년이 되기 전에 단순승인한 경우에는 성년이 된 후 그 상속의 상속채무 초과사실을 안 날부터 3개월 내에 한정승인을 할 수 있다. 미성년자인 상속인이 제3항에 따른 한정승인을 하지 아니하였거나 할 수 없었던 경우에도 또한 같다. 〈신설 2022.12.13.〉

제1020조【제한능력자의 승인·포기의 기간】 상속인이 제한능력자인 경우에는 제1019조제1항의 기간은 그의 친권자 또는 후견인이 상속이 개시된 것을 안 날부터 기산(起算)한다.

제1021조【승인, 포기기간의 계산에 관한 특칙】 상속인이 승인이나 포기를 하지 아니하고 제1019조제1항의 기간 내에 사망한 때에는 그의 상속인이 그 자기의 상속개시있음을 안 날로부터 제1019조제1항의 기간을 기산한다.

제1022조【상속재산의 관리】 상속인은 그 고유재산에 대하는 것과 동일한 주의로 상속재산을

관리하여야 한다. 그러나 단순승인 또는 포기한 때에는 그러하지 아니하다.

제1023조【상속재산보존에 필요한 처분】 ① 법원은 이해관계인 또는 검사의 청구에 의하여 상속재산의 보존에 필요한 처분을 명할 수 있다.

② 법원이 재산관리인을 선임한 경우에는 제24조 내시 제26조의 규정을 준용한다.

제1024조【승인, 포기의 취소금지】 ① 상속의 승인이나 포기는 제1019조제1항의 기간내에도 이를 취소하지 못한다.

② 전항의 규정은 총칙편의 규정에 의한 취소에 영향을 미치지 아니한다. 그러나 그 취소권은 추인할 수 있는 날로부터 3월, 승인 또는 포기한 날로부터 1년 내에 행사하지 아니하면 시효로 인하여 소멸된다.

제2관 단순승인

제1025조【단순승인의 효과】 상속인이 단순승인을 한 때에는 제한없이 피상속인의 권리의무를 승계한다.

제1026조【법정단순승인】 다음 각 호의 사유가 있는 경우에는 상속인이 단순승인을 한 것으로 본다.

1. 상속인이 상속재산에 대한 처분행위를 한 때
2. 상속인이 제1019조제1항의 기간 내에 한정승인 또는 포기를 하지 아니한 때
3. 상속인이 한정승인 또는 포기를 한 후에 상속재산을 은닉하거나 부정소비하거나 고의로 재산목록에 기입하지 아니한 때

제1027조【법정단순승인의 예외】 상속인이 상속을 포기함으로 인하여 차순위 상속인이 상속을 승인한 때에는 전조제3호의 사유는 상속의 승인으로 보지 아니한다.

제3관 한정승인

제1028조【한정승인의 효과】 상속인은 상속으로 인하여 취득할 재산의 한도에서 피상속인의 채무와 유증을 변제할 것을 조건으로 상속을 승인할 수 있다.

제1029조【공동상속인의 한정승인】 상속인이 수인인 때에는 각 상속인은 그 상속분에 응하여 취득할 재산의 한도에서 그 상속분에 의한 피상속인의 채무와 유증을 변제할 것을 조건으로 상속을 승인할 수 있다.

제1030조【한정승인의 방식】 ① 상속인이 한정승인을 할 때에는 제1019조제1항 · 제3항 또는

제4항의 기간 내에 상속재산의 목록을 첨부하여 법원에 한정승인의 신고를 하여야 한다. 〈개정 2022.12.13〉

② 제1019조제3항 또는 제4항에 따라 한정승인을 한 경우 상속재산 중 이미 처분한 재산이 있는 때에는 그 목록과 가액을 함께 제출하여야 한다. 〈개정 2022.12.13.〉

제1031조【한정승인과 재산상 권리의무의 불소멸】 상속인이 한정승인을 한 때에는 피상속인에 대한 상속인의 재산상 권리의무는 소멸하지 아니한다.

제1032조【채권자에 대한 공고, 최고】 ① 한정승인자는 한정승인을 한 날로부터 5일 내에 일반상속채권자와 유증받은 자에 대하여 한정승인의 사실과 일정한 기간 내에 그 채권 또는 수증을 신고할 것을 공고하여야 한다. 그 기간은 2월 이상이어야 한다.

② 제88조제2항, 제3항과 제89조의 규정은 전항의 경우에 준용한다.

제1033조【최고기간 중의 변제거절】 한정승인자는 전조제1항의 기간만료 전에는 상속채권의 변제를 거절할 수 있다.

제1034조【배당변제】 ① 한정승인자는 제1032조제1항의 기간만료후에 상속재산으로서 그 기간 내에 신고한 채권자와 한정승인자가 알고 있는 채권자에 대하여 각 채권액의 비율로 변제하여야 한다. 그러나 우선권있는 채권자의 권리를 해하지 못한다.

② 제1019조제3항 또는 제4항에 따라 한정승인을 한 경우에는 그 상속인은 상속재산 중에서 남아있는 상속재산과 함께 이미 처분한 재산의 가액을 합하여 제1항의 변제를 하여야 한다. 다만, 한정승인을 하기 전에 상속채권자나 유증받은 자에 대하여 변제한 가액은 이미 처분한 재산의 가액에서 제외한다. 〈개정 2022.12.13.〉

제1035조【변제기전의 채무 등의 변제】 ① 한정승인자는 변제기에 이르지 아니한 채권에 대하여도 전조의 규정에 의하여 변제하여야 한다.

② 조건있는 채권이나 존속기간의 불확정한 채권은 법원의 선임한 감정인의 평가에 의하여 변제하여야 한다.

제1036조【수증자에의 변제】 한정승인자는 전2조의 규정에 의하여 상속채권자에 대한 변제를 완료한 후가 아니면 유증받은 자에게 변제하지 못한다.

제1037조【상속재산의 경매】 전3조의 규정에 의한 변제를 하기 위하여 상속재산의 전부나 일부를 매각할 필요가 있는 때에는 민사집행법에 의하여 경매하여야 한다.

제1038조【부당변제 등으로 인한 책임】 ① 한정승인자가 제1032조의 규정에 의한 공고나 최고를 해태하거나 제1033조 내지 제1036조의 규정에 위반하여 어느 상속채권자나 유증받은 자에게 변제함으로 인하여 다른 상속채권자나 유증받은 자에 대하여 변제할 수 없게 된 때에는 한정승인자는 그 손해를 배상하여야 한다. 제1019조제3항의 규정에 의하여 한정승인을 한 경우 그 이전에 상속채무가 상속재산을 초과함을 알지 못한 데 과실이 있는 상속인이 상속채권자나 유증받은 자에게 변제한 때에도 또한 같다.

② 제1항 전단의 경우에 변제를 받지 못한 상속채권자나 유증받은 자는 그 사정을 알고 변제를 받은 상속채권자나 유증받은 자에 대하여 구상권을 행사할 수 있다. 제1019조제3항 또는 제4항에 따라 한정승인을 한 경우 그 이전에 상속채무가 상속재산을 초과함을 알고 변제받은 상속채권자나 유증받은 자가 있는 때에도 또한 같다. 〈개정 2022.12.13.〉

③ 제766조의 규정은 제1항 및 제2항의 경우에 준용한다.

제1039조【신고하지 않은 채권자 등】 제1032조제1항의 기간 내에 신고하지 아니한 상속채권자 및 유증받은 자로서 한정승인자가 알지 못한 자는 상속재산의 잔여가 있는 경우에 한하여 그 변제를 받을 수 있다. 그러나 상속재산에 대하여 특별담보권있는 때에는 그러하지 아니하다.

제1040조【공동상속재산과 그 관리인의 선임】 ① 상속인이 수인인 경우에는 법원은 각 상속인 기타 이해관계인의 청구에 의하여 공동상속인 중에서 상속재산관리인을 선임할 수 있다.

② 법원이 선임한 관리인은 공동상속인을 대표하여 상속재산의 관리와 채무의 변제에 관한 모든 행위를 할 권리의무가 있다.

③ 제1022조, 제1032조 내지 전조의 규정은 전항의 관리인에 준용한다. 그러나 제1032조의 규정에 의하여 공고할 5일의 기간은 관리인이 그 선임을 안 날로부터 기산한다.

제4관 포 기

제1041조【포기의 방식】 상속인이 상속을 포기할 때에는 제1019조제1항의 기간 내에 가정법원에 포기의 신고를 하여야 한다.

제1042조【포기의 소급효】 상속의 포기는 상속개시된 때에 소급하여 그 효력이 있다.

제1043조【포기한 상속재산의 귀속】 상속인이 수인인 경우에 어느 상속인이 상속을 포기한 때에는 그 상속분은 다른 상속인의 상속분의 비율로 그 상속인에게 귀속된다.

제1044조【포기한 상속재산의 관리계속의무】 ① 상속을 포기한 자는 그 포기로 인하여 상속인

이 된 자가 상속재산을 관리할 수 있을 때까지 그 재산의 관리를 계속하여야 한다.

② 제1022조와 제1023조의 규정은 전항의 재산관리에 준용한다.

제5절 재산의 분리

제1045조【상속재산의 분리청구권】 ① 상속채권자나 유증받은 자 또는 상속인의 채권자는 상속개시된 날로부터 3월 내에 상속재산과 상속인의 고유재산의 분리를 법원에 청구할 수 있다.

② 상속인이 상속의 승인이나 포기를 하지 아니한 동안은 전항의 기간경과 후에도 재산의 분리를 청구할 수 있다.

제1046조【분리명령과 채권자 등에 대한 공고, 최고】 ① 법원이 전조의 청구에 의하여 재산의 분리를 명한 때에는 그 청구자는 5일 내에 일반상속채권자와 유증받은 자에 대하여 재산분리의 명령있은 사실과 일정한 기간 내에 그 채권 또는 수증을 신고할 것을 공고하여야 한다. 그 기간은 2월 이상이어야 한다.

② 제88조제2항, 제3항과 제89조의 규정은 전항의 경우에 준용한다.

제1047조【분리 후의 상속재산의 관리】 ① 법원이 재산의 분리를 명한 때에는 상속재산의 관리에 관하여 필요한 처분을 명할 수 있다.

② 법원이 재산관리인을 선임한 경우에는 제24조 내지 제26조의 규정을 준용한다.

제1048조【분리 후의 상속인의 관리의무】 ① 상속인이 단순승인을 한 후에도 재산분리의 명령이 있는 때에는 상속재산에 대하여 자기의 고유재산과 동일한 주의로 관리하여야 한다.

② 제683조 내지 제685조 및 제688조제1항, 제2항의 규정은 전항의 재산관리에 준용한다.

제1049조【재산분리의 대항요건】 재산의 분리는 상속재산인 부동산에 관하여는 이를 등기하지 아니하면 제삼자에게 대항하지 못한다.

제1050조【재산분리와 권리의무의 불소멸】 재산분리의 명령이 있는 때에는 피상속인에 대한 상속인의 재산상 권리의무는 소멸하지 아니한다.

제1051조【변제의 거절과 배당변제】 ① 상속인은 제1045조 및 제1046조의 기간만료전에는 상속채권자와 유증받은 자에 대하여 변제를 거절할 수 있다.

② 전항의 기간만료 후에 상속인은 상속재산으로써 재산분리의 청구 또는 그 기간내에 신고한 상속채권자, 유증받은 자와 상속인이 알고 있는 상속채권자, 유증받은 자에 대하여

부록

각 채권액 또는 수증액의 비율로 변제하여야 한다. 그러나 우선권있는 채권자의 권리를 해하지 못한다.

③ 제1035조 내지 제1038조의 규정은 전항의 경우에 준용한다.

제1052조【고유재산으로부터의 변제】 ① 전조의 규정에 의한 상속채권자와 유증받은 자는 상속재산으로써 전액의 변제를 받을 수 없는 경우에 한하여 상속인의 고유재산으로부터 그 변제를 받을 수 있다.

② 전항의 경우에 상속인의 채권자는 상속인의 고유재산으로부터 우선변제를 받을 권리가 있다.

제6절 상속인의 부존재 〈개정 1990.1.13.〉

제1053조【상속인없는 재산의 관리인】 ① 상속인의 존부가 분명하지 아니한 때에는 법원은 제777조의 규정에 의한 피상속인의 친족 기타 이해관계인 또는 검사의 청구에 의하여 상속재산관리인을 선임하고 지체 없이 이를 공고하여야 한다.

② 제24조 내지 제26조의 규정은 전항의 재산관리인에 준용한다.

제1054조【재산목록제시와 상황보고】 관리인은 상속채권자나 유증받은 자의 청구가 있는 때에는 언제든지 상속재산의 목록을 제시하고 그 상황을 보고하여야 한다.

제1055조【상속인의 존재가 분명하여진 경우】 ① 관리인의 임무는 그 상속인이 상속의 승인을 한 때에 종료한다.

② 전항의 경우에는 관리인은 지체 없이 그 상속인에 대하여 관리의 계산을 하여야 한다.

제1056조【상속인없는 재산의 청산】 ① 제1053조제1항의 공고있은 날로부터 3월내에 상속인의 존부를 알 수 없는 때에는 관리인은 지체 없이 일반상속채권자와 유증받은 자에 대하여 일정한 기간 내에 그 채권 또는 수증을 신고할 것을 공고하여야 한다. 그 기간은 2월 이상이어야 한다.

② 제88조제2항, 제3항, 제89조, 제1033조 내지 제1039조의 규정은 전항의 경우에 준용한다.

제1057조【상속인수색의 공고】 제1056조제1항의 기간이 경과하여도 상속인의 존부를 알 수 없는 때에는 법원은 관리인의 청구에 의하여 상속인이 있으면 일정한 기간 내에 그 권리를 주장할 것을 공고하여야 한다. 그 기간은 1년 이상이어야 한다.

제1057조의2【특별연고자에 대한 분여】 ① 제1057조의 기간 내에 상속권을 주장하는 자가

없는 때에는 가정법원은 피상속인과 생계를 같이 하고 있던 자, 피상속인의 요양간호를 한 자 기타 피상속인과 특별한 연고가 있던 자의 청구에 의하여 상속재산의 전부 또는 일부를 분여할 수 있다.

② 제1항의 청구는 제1057조의 기간의 만료 후 2월 이내에 하여야 한다.

제1058조【상속재산의 국가귀속】 ① 제1057조의2의 규정에 의하여 분여(分與)되지 아니한 때에는 상속재산은 국가에 귀속한다.

② 제1055조제2항의 규정은 제1항의 경우에 준용한다.

제1059조【국가귀속재산에 대한 변제청구의 금지】 전조제1항의 경우에는 상속재산으로 변제를 받지 못한 상속채권자나 유증을 받은 자가 있는 때에도 국가에 대하여 그 변제를 청구하지 못한다.

제2장 유 언

제1절 총 칙

제1060조【유언의 요식성】 유언은 본법의 정한 방식에 의하지 아니하면 효력이 생하지 아니한다.

제1061조【유언적령】 17세에 달하지 못한 자는 유언을 하지 못한다.

제1062조【제한능력자의 유언】 유언에 관하여는 제5조, 제10조 및 제13조를 적용하지 아니한다.

제1063조【피성년후견인의 유언능력】 ① 피성년후견인은 의사능력이 회복된 때에만 유언을 할 수 있다.

② 제1항의 경우에는 의사가 심신 회복의 상태를 유언서에 부기(附記)하고 서명날인하여야 한다.

제1064조【유언과 태아, 상속결격자】 제1000조제3항, 제1004조의 규정은 수증자에 준용한다.

부록

제2절 유언의 방식

제1065조【유언의 보통방식】 유언의 방식은 자필증서, 녹음, 공정증서, 비밀증서와 구수증서의 5종으로 한다.

제1066조【자필증서에 의한 유언】 ① 자필증서에 의한 유언은 유언자가 그 전문과 연월일, 주소, 성명을 자서하고 날인하여야 한다.

② 전항의 증서에 문자의 삽입, 삭제 또는 변경을 함에는 유언자가 이를 자서하고 날인하여야 한다.

제1067조【녹음에 의한 유언】 녹음에 의한 유언은 유언자가 유언의 취지, 그 성명과 연월일을 구술하고 이에 참여한 증인이 유언의 정확함과 그 성명을 구술하여야 한다.

제1068조【공정증서에 의한 유언】 공정증서에 의한 유언은 유언자가 증인 2인이 참여한 공증인의 면전에서 유언의 취지를 구수하고 공증인이 이를 필기낭독하여 유언자와 증인이 그 정확함을 승인한 후 각자 서명 또는 기명날인하여야 한다.

제1069조【비밀증서에 의한 유언】 ① 비밀증서에 의한 유언은 유언자가 필자의 성명을 기입한 증서를 엄봉날인하고 이를 2인 이상의 증인의 면전에 제출하여 자기의 유언서임을 표시한 후 그 봉서표면에 제출연월일을 기재하고 유언자와 증인이 각자 서명 또는 기명날인하여야 한다.

② 전항의 방식에 의한 유언봉서는 그 표면에 기재된 날로부터 5일 내에 공증인 또는 법원서기에게 제출하여 그 봉인상에 확정일자인을 받아야 한다.

제1070조【구수증서에 의한 유언】 ① 구수증서에 의한 유언은 질병 기타 급박한 사유로 인하여 전4조의 방식에 의할 수 없는 경우에 유언자가 2인 이상의 증인의 참여로 그 1인에게 유언의 취지를 구수하고 그 구수를 받은 자가 이를 필기낭독하여 유언자의 증인이 그 정확함을 승인한 후 각자 서명 또는 기명날인하여야 한다.

② 전항의 방식에 의한 유언은 그 증인 또는 이해관계인이 급박한 사유의 종료한 날로부터 7일 내에 법원에 그 검인을 신청하여야 한다.

③ 제1063조제2항의 규정은 구수증서에 의한 유언에 적용하지 아니한다.

제1071조【비밀증서에 의한 유언의 전환】 비밀증서에 의한 유언이 그 방식에 흠결이 있는 경우에 그 증서가 자필증서의 방식에 적합한 때에는 자필증서에 의한 유언으로 본다.

제1072조【증인의 결격사유】 ① 다음 각 호의 어느 하나에 해당하는 사람은 유언에 참여하는 증인이 되지 못한다.

1. 미성년자
2. 피성년후견인과 피한정후견인
3. 유언으로 이익을 받을 사람, 그의 배우자와 직계혈족

② 공정증서에 의한 유언에는 「공증인법」에 따른 결격자는 증인이 되지 못한다.

제3절 유언의 효력

제1073조【유언의 효력발생시기】 ① 유언은 유언자가 사망한 때로부터 그 효력이 생긴다.

② 유언에 정지조건이 있는 경우에 그 조건이 유언자의 사망 후에 성취한 때에는 그 조건성취한 때로부터 유언의 효력이 생긴다.

제1074조【유증의 승인, 포기】 ① 유증을 받을 자는 유언자의 사망 후에 언제든지 유증을 승인 또는 포기할 수 있다.

② 전항의 승인이나 포기는 유언자의 사망한 때에 소급하여 그 효력이 있다.

제1075조【유증의 승인, 포기의 취소금지】 ① 유증의 승인이나 포기는 취소하지 못한다.

② 제1024조제2항의 규정은 유증의 승인과 포기에 준용한다.

제1076조【수증자의 상속인의 승인, 포기】 수증자가 승인이나 포기를 하지 아니하고 사망한 때에는 그 상속인은 상속분의 한도에서 승인 또는 포기할 수 있다. 그러나 유언자가 유언으로 다른 의사를 표시한 때에는 그 의사에 의한다.

제1077조【유증의무자의 최고권】 ① 유증의무자나 이해관계인은 상당한 기간을 정하여 그 기간 내에 승인 또는 포기를 확답할 것을 수증자 또는 그 상속인에게 최고할 수 있다.

② 전항의 기간 내에 수증자 또는 상속인이 유증의무자에 대하여 최고에 대한 확답을 하지 아니한 때에는 유증을 승인한 것으로 본다.

제1078조【포괄적 수증자의 권리의무】 포괄적 유증을 받은 자는 상속인과 동일한 권리의무가 있다.

제1079조【수증자의 과실취득권】 수증자는 유증의 이행을 청구할 수 있는 때로부터 그 목적물의 과실을 취득한다. 그러나 유언자가 유언으로 다른 의사를 표시한 때에는 그 의사에 의한다.

제1080조【과실수취비용의 상환청구권】 유증의무자가 유언자의 사망 후에 그 목적물의 과실을 수취하기 위하여 필요비를 지출한 때에는 그 과실의 가액의 한도에서 과실을 취득한 수증자에게 상환을 청구할 수 있다.

제1081조【유증의무자의 비용상환청구권】 유증의무자가 유증자의 사망 후에 그 목적물에 대하여 비용을 지출한 때에는 제325조의 규정을 준용한다.

제1082조【불특정물유증의무자의 담보책임】 ① 불특정물을 유증의 목적으로 한 경우에는 유증의무자는 그 목적물에 대하여 매도인과 같은 담보책임이 있다.

② 전항의 경우에 목적물에 하자가 있는 때에는 유증의무자는 하자없는 물건으로 인도하여야 한다.

제1083조【유증의 물상대위성】 유증자가 유증목적물의 멸실, 훼손 또는 점유의 침해로 인하여 제삼자에게 손해배상을 청구할 권리가 있는 때에는 그 권리를 유증의 목적으로 한 것으로 본다.

제1084조【채권의 유증의 물상대위성】 ① 채권을 유증의 목적으로 한 경우에 유언자가 그 변제를 받은 물건이 상속재산 중에 있는 때에는 그 물건을 유증의 목적으로 한 것으로 본다.

② 전항의 채권이 금전을 목적으로 한 경우에는 그 변제받은 채권액에 상당한 금전이 상속재산 중에 없는 때에도 그 금액을 유증의 목적으로 한 것으로 본다.

제1085조【제삼자의 권리의 목적인 물건 또는 권리의 유증】 유증의 목적인 물건이나 권리가 유언자의 사망 당시에 제삼자의 권리의 목적인 경우에는 수증자는 유증의무자에 대하여 그 제삼자의 권리를 소멸시킬 것을 청구하지 못한다.

제1086조【유언자가 다른 의사표시를 한 경우】 전3조의 경우에 유언자가 유언으로 다른 의사를 표시한 때에는 그 의사에 의한다.

제1087조【상속재산에 속하지 아니한 권리의 유증】 ① 유언의 목적이 된 권리가 유언자의 사망당시에 상속재산에 속하지 아니한 때에는 유언은 그 효력이 없다. 그러나 유언자가 자기의 사망당시에 그 목적물이 상속재산에 속하지 아니한 경우에도 유언의 효력이 있게 할 의사인 때에는 유증의무자는 그 권리를 취득하여 수증자에게 이전할 의무가 있다.

② 전항 단서의 경우에 그 권리를 취득할 수 없거나 그 취득에 과다한 비용을 요할 때에는 그 가액으로 변상할 수 있다.

제1088조【부담있는 유증과 수증자의 책임】 ① 부담있는 유증을 받은 자는 유증의 목적의 가액

을 초과하지 아니한 한도에서 부담한 의무를 이행할 책임이 있다.

② 유증의 목적의 가액이 한정승인 또는 재산분리로 인하여 감소된 때에는 수증자는 그 감소된 한도에서 부담할 의무를 면한다.

제1089조【유증효력발생 전의 수증자의 사망】 ① 유증은 유언자의 사망 전에 수증자가 사망한 때에는 그 효력이 생기지 아니한다.

② 정지조건있는 유증은 수증자가 그 조건성취전에 사망한 때에는 그 효력이 생기지 아니한다.

제1090조【유증의 무효, 실효의 경우와 목적재산의 귀속】 유증이 그 효력이 생기지 아니하거나 수증자가 이를 포기한 때에는 유증의 목적인 재산은 상속인에게 귀속한다. 그러나 유언자가 유언으로 다른 의사를 표시한 때에는 그 의사에 의한다.

제4절 유언의 집행

제1091조【유언증서, 녹음의 검인】 ① 유언의 증서나 녹음을 보관한 자 또는 이를 발견한 자는 유언자의 사망 후 지체 없이 법원에 제출하여 그 검인을 청구하여야 한다.

② 전항의 규정은 공정증서나 구수증서에 의한 유언에 적용하지 아니한다.

제1092조【유언증서의 개봉】 법원이 봉인된 유언증서를 개봉할 때에는 유언자의 상속인, 그 대리인 기타 이해관계인의 참여가 있어야 한다.

제1093조【유언집행자의 지정】 유언자는 유언으로 유언집행자를 지정할 수 있고 그 지정을 제삼자에게 위탁할 수 있다.

제1094조【위탁에 의한 유언집행자의 지정】 ① 전조의 위탁을 받은 제삼자는 그 위탁있음을 안 후 지체 없이 유언집행자를 지정하여 상속인에게 통지하여야 하며 그 위탁을 사퇴할 때에는 이를 상속인에게 통지하여야 한다.

② 상속인 기타 이해관계인은 상당한 기간을 정하여 그 기간 내에 유언집행자를 지정할 것을 위탁받은 자에게 최고할 수 있다. 그 기간 내에 지정의 통지를 받지 못한 때에는 그 지정의 위탁을 사퇴한 것으로 본다.

제1095조【지정유언집행자가 없는 경우】 전2조의 규정에 의하여 지정된 유언집행자가 없는 때에는 상속인이 유언집행자가 된다.

제1096조【법원에 의한 유언집행자의 선임】 ① 유언집행자가 없거나 사망, 결격 기타 사유로

인하여 없게 된 때에는 법원은 이해관계인의 청구에 의하여 유언집행자를 선임하여야 한다.

② 법원이 유언집행자를 선임한 경우에는 그 임무에 관하여 필요한 처분을 명할 수 있다.

제1097조【유언집행자의 승낙, 사퇴】 ① 지정에 의한 유언집행자는 유언자의 사망 후 지체 없이 이를 승낙하거나 사퇴할 것을 상속인에게 통지하여야 한다.

② 선임에 의한 유언집행자는 선임의 통지를 받은 후 지체 없이 이를 승낙하거나 사퇴할 것을 법원에 통지하여야 한다.

③ 상속인 기타 이해관계인은 상당한 기간을 정하여 그 기간 내에 승낙 여부를 확답할 것을 지정 또는 선임에 의한 유언집행자에게 최고할 수 있다. 그 기간 내에 최고에 대한 확답을 받지 못한 때에는 유언집행자가 그 취임을 승낙한 것으로 본다.

제1098조【유언집행자의 결격사유】 제한능력자와 파산선고를 받은 자는 유언집행자가 되지 못한다.

[전문개정 2011.3.7.]

제1099조【유언집행자의 임무착수】 유언집행자가 그 취임을 승낙한 때에는 지체 없이 그 임무를 이행하여야 한다.

제1100조【재산목록작성】 ① 유언이 재산에 관한 것인 때에는 지정 또는 선임에 의한 유언집행자는 지체 없이 그 재산목록을 작성하여 상속인에게 교부하여야 한다.

② 상속인의 청구가 있는 때에는 전항의 재산목록작성에 상속인을 참여하게 하여야 한다.

제1101조【유언집행자의 권리의무】 유언집행자는 유증의 목적인 재산의 관리 기타 유언의 집행에 필요한 행위를 할 권리의무가 있다.

제1102조【공동유언집행】 유언집행자가 수인인 경우에는 임무의 집행은 그 과반수의 찬성으로써 결정한다. 그러나 보존행위는 각자가 이를 할 수 있다.

제1103조【유언집행자의 지위】 ① 지정 또는 선임에 의한 유언집행자는 상속인의 대리인으로 본다.

② 제681조 내지 제685조, 제687조, 제691조와 제692조의 규정은 유언집행자에 준용한다.

제1104조【유언집행자의 보수】 ① 유언자가 유언으로 그 집행자의 보수를 정하지 아니한 경우에는 법원은 상속재산의 상황 기타 사정을 참작하여 지정 또는 선임에 의한 유언집행자의 보수를 정할 수 있다.

② 유언집행자가 보수를 받는 경우에는 제686조제2항, 제3항의 규정을 준용한다.

제1105조【유언집행자의 사퇴】 지정 또는 선임에 의한 유언집행자는 정당한 사유있는 때에는 법원의 허가를 얻어 그 임무를 사퇴할 수 있다.

제1106조【유언집행자의 해임】 지정 또는 선임에 의한 유언집행자에 그 임무를 해태하거나 적당하지 아니한 사유가 있는 때에는 법원은 상속인 기타 이해관계인의 청구에 의하여 유언집행자를 해임할 수 있다.

제1107조【유언집행의 비용】 유언의 집행에 관한 비용은 상속재산 중에서 이를 지급한다.

제5절 유언의 철회

제1108조【유언의 철회】 ① 유언자는 언제든지 유언 또는 생전행위로써 유언의 전부나 일부를 철회할 수 있다.

② 유언자는 그 유언을 철회할 권리를 포기하지 못한다.

제1109조【유언의 저촉】 전후의 유언이 저촉되거나 유언 후의 생전행위가 유언과 저촉되는 경우에는 그 저촉된 부분의 전유언은 이를 철회한 것으로 본다.

제1110조【파훼로 인한 유언의 철회】 유언자가 고의로 유언증서 또는 유증의 목적물을 파훼한 때에는 그 파훼한 부분에 관한 유언은 이를 철회한 것으로 본다.

제1111조【부담있는 유언의 취소】 부담있는 유증을 받은 자가 그 부담의무를 이행하지 아니한 때에는 상속인 또는 유언집행자는 상당한 기간을 정하여 이행할 것을 최고하고 그 기간 내에 이행하지 아니한 때에는 법원에 유언의 취소를 청구할 수 있다. 그러나 제삼자의 이익을 해하지 못한다.

부록

제3장 유류분

제1112조【유류분의 권리자와 유류분】 상속인의 유류분은 다음 각 호에 의한다.

1. 피상속인의 직계비속은 그 법정상속분의 2분의 1
2. 피상속인의 배우자는 그 법정상속분의 2분의 1

3. 피상속인의 직계존속은 그 법정상속분의 3분의 1

4. 〈삭제〉 2024. 9. 20.

[본조신설 1977.12.31.]

제1113조【유류분의 산정】 ① 유류분은 피상속인의 상속개시 시에 있어서 가진 재산의 가액에 증여재산의 가액을 가산하고 채무의 전액을 공제하여 이를 산정한다.

② 조건부의 권리 또는 존속기간이 불확정한 권리는 가정법원이 선임한 감정인의 평가에 의하여 그 가격을 정한다.

제1114조【산입될 증여】 증여는 상속개시 전의 1년간에 행한 것에 한하여 제1113조의 규정에 의하여 그 가액을 산정한다. 당사자 쌍방이 유류분권리자에 손해를 가할 것을 알고 증여를 한 때에는 1년 전에 한 것도 같다.

제1115조【유류분의 보전】 ① 유류분권리자가 피상속인의 제1114조에 규정된 증여 및 유증으로 인하여 그 유류분에 부족이 생긴 때에는 부족한 한도에서 그 재산의 반환을 청구할 수 있다.

② 제1항의 경우에 증여 및 유증을 받은 자가 수인인 때에는 각자가 얻은 유증가액의 비례로 반환하여야 한다.

제1116조【반환의 순서】 증여에 대하여는 유증을 반환받은 후가 아니면 이것을 청구할 수 없다.

제1117조【소멸시효】 반환의 청구권은 유류분권리자가 상속의 개시와 반환하여야 할 증여 또는 유증을 한 사실을 안 때로부터 1년 내에 하지 아니하면 시효에 의하여 소멸한다. 상속이 개시한 때로부터 10년을 경과한 때도 같다.

제1118조【준용규정】 제1001조, 제1008조, 제1010조의 규정은 유류분에 이를 준용한다.

부동산등기법(발췌)

[시행 2025. 1. 31.] [법률 제20435호, 2024. 9. 20., 일부개정]

제5관 신탁에 관한 등기

제81조【신탁등기의 등기사항】 ① 등기관이 신탁등기를 할 때에는 다음 각 호의 사항을 기록한 신탁원부(信託原簿)를 작성하고, 등기기록에는 제48조에서 규정한 사항 외에 그 신탁원부의 번호 및 신탁재산에 속하는 부동산의 거래에 관한 주의사항을 기록하여야 한다.

1. 위탁자(委託者), 수탁자 및 수익자(受益者)의 성명 및 주소(법인인 경우에는 그 명칭 및 사무소 소재지를 말한다)
2. 수익자를 지정하거나 변경할 수 있는 권한을 갖는 자를 정한 경우에는 그 자의 성명 및 주소(법인인 경우에는 그 명칭 및 사무소 소재지를 말한다)
3. 수익자를 지정하거나 변경할 방법을 정한 경우에는 그 방법
4. 수익권의 발생 또는 소멸에 관한 조건이 있는 경우에는 그 조건
5. 신탁관리인이 선임된 경우에는 신탁관리인의 성명 및 주소(법인인 경우에는 그 명칭 및 사무소 소재지를 말한다)
6. 수익자가 없는 특정의 목적을 위한 신탁인 경우에는 그 뜻
7. 「신탁법」 제3조제5항에 따라 수탁자가 타인에게 신탁을 설정하는 경우에는 그 뜻
8. 「신탁법」 제59조제1항에 따른 유언대용신탁인 경우에는 그 뜻
9. 「신탁법」 제60조에 따른 수익자연속신탁인 경우에는 그 뜻
10. 「신탁법」 제78조에 따른 수익증권발행신탁인 경우에는 그 뜻
11. 「공익신탁법」에 따른 공익신탁인 경우에는 그 뜻
12. 「신탁법」 제114조제1항에 따른 유한책임신탁인 경우에는 그 뜻
13. 신탁의 목적
14. 신탁재산의 관리, 처분, 운용, 개발, 그 밖에 신탁 목적의 달성을 위하여 필요한 방법
15. 신탁종료의 사유
16. 그 밖의 신탁 조항

② 제1항제5호, 제6호, 제10호 및 제11호의 사항에 관하여 등기를 할 때에는 수익자의 성명 및 주소를 기재하지 아니할 수 있다.

부록

③ 제1항의 신탁원부는 등기기록의 일부로 본다.

④ 제1항 각 호 외의 부분에 따른 주의사항의 내용 및 등기방법 등에 관하여 필요한 사항은 대법원규칙으로 정한다.

제82조【신탁등기의 신청방법】 ① 신탁등기의 신청은 해당 부동산에 관한 권리의 설정등기, 보존등기, 이전등기 또는 변경등기의 신청과 동시에 하여야 한다.

② 수익자나 위탁자는 수탁자를 대위하여 신탁등기를 신청할 수 있다. 이 경우 제1항은 적용하지 아니한다.

③ 제2항에 따른 대위등기의 신청에 관하여는 제28조제2항을 준용한다.

제82조의2【신탁의 합병·분할 등에 따른 신탁등기의 신청】 ① 신탁의 합병 또는 분할로 인하여 하나의 신탁재산에 속하는 부동산에 관한 권리가 다른 신탁의 신탁재산에 귀속되는 경우 신탁등기의 말소등기 및 새로운 신탁등기의 신청은 신탁의 합병 또는 분할로 인한 권리변경등기의 신청과 동시에 하여야 한다.

②「신탁법」 제34조제1항제3호 및 같은 조 제2항에 따라 여러 개의 신탁을 인수한 수탁자가 하나의 신탁재산에 속하는 부동산에 관한 권리를 다른 신탁의 신탁재산에 귀속시키는 경우 신탁등기의 신청방법에 관하여는 제1항을 준용한다.

제83조【수탁자의 임무 종료에 의한 등기】 다음 각 호의 어느 하나에 해당하여 수탁자의 임무가 종료된 경우 신수탁자는 단독으로 신탁재산에 속하는 부동산에 관한 권리이전등기를 신청할 수 있다. 〈개정 2014.3.18.〉

1. 「신탁법」 제12조제1항 각 호의 어느 하나에 해당하여 수탁자의 임무가 종료된 경우
2. 「신탁법」 제16조제1항에 따라 수탁자를 해임한 경우
3. 「신탁법」 제16조제3항에 따라 법원이 수탁자를 해임한 경우
4. 「공익신탁법」 제27조에 따라 법무부장관이 직권으로 공익신탁의 수탁자를 해임한 경우

제84조【수탁자가 여러 명인 경우】 ① 수탁자가 여러 명인 경우 등기관은 신탁재산이 합유인 뜻을 기록하여야 한다.

② 여러 명의 수탁자 중 1인이 제83조 각 호의 어느 하나의 사유로 그 임무가 종료된 경우 다른 수탁자는 단독으로 권리변경등기를 신청할 수 있다. 이 경우 다른 수탁자가 여러 명일 때에는 그 전원이 공동으로 신청하여야 한다.

제84조의2【신탁재산에 관한 등기신청의 특례】 다음 각 호의 어느 하나에 해당하는 경우 수탁

자는 단독으로 해당 신탁재산에 속하는 부동산에 관한 권리변경등기를 신청할 수 있다.

1. 「신탁법」 제3조제1항제3호에 따라 신탁을 설정하는 경우
2. 「신탁법」 제34조제2항 각 호의 어느 하나에 해당하여 다음 각 목의 어느 하나의 행위를 하는 것이 허용된 경우
   가. 수탁자가 신탁재산에 속하는 부동산에 관한 권리를 고유재산에 귀속시키는 행위
   나. 수탁자가 고유재산에 속하는 부동산에 관한 권리를 신탁재산에 귀속시키는 행위
   다. 여러 개의 신탁을 인수한 수탁자가 하나의 신탁재산에 속하는 부동산에 관한 권리를 다른 신탁의 신탁재산에 귀속시키는 행위
3. 「신탁법」 제90조 또는 제94조에 따라 수탁자가 신탁을 합병, 분할 또는 분할합병하는 경우

제85조 【촉탁에 의한 신탁변경등기】 ① 법원은 다음 각 호의 어느 하나에 해당하는 재판을 한 경우 지체 없이 신탁원부 기록의 변경등기를 등기소에 촉탁하여야 한다.

1. 수탁자 해임의 재판
2. 신탁관리인의 선임 또는 해임의 재판
3. 신탁 변경의 재판

② 법무부장관은 다음 각 호의 어느 하나에 해당하는 경우 지체 없이 신탁원부 기록의 변경등기를 등기소에 촉탁하여야 한다.

1. 수탁자를 직권으로 해임한 경우
2. 신탁관리인을 직권으로 선임하거나 해임한 경우
3. 신탁내용의 변경을 명한 경우

③ 등기관이 제1항제1호 및 제2항제1호에 따라 법원 또는 주무관청의 촉탁에 의하여 수탁자 해임에 관한 신탁원부 기록의 변경등기를 하였을 때에는 직권으로 등기기록에 수탁자 해임의 뜻을 부기하여야 한다.

제85조의2 【직권에 의한 신탁변경등기】 등기관이 신탁재산에 속하는 부동산에 관한 권리에 대하여 다음 각 호의 어느 하나에 해당하는 등기를 할 경우 직권으로 그 부동산에 관한 신탁원부 기록의 변경등기를 하여야 한다.

1. 수탁자의 변경으로 인한 이전등기
2. 여러 명의 수탁자 중 1인의 임무 종료로 인한 변경등기
3. 수탁자인 등기명의인의 성명 및 주소(법인인 경우에는 그 명칭 및 사무소 소재지를 말한다)에 관한 변경등기 또는 경정등기

부록

제86조【신탁변경등기의 신청】 수탁자는 제85조 및 제85조의2에 해당하는 경우를 제외하고 제81조제1항 각 호의 사항이 변경되었을 때에는 지체 없이 신탁원부 기록의 변경등기를 신청하여야 한다.

제87조【신탁등기의 말소】 ① 신탁재산에 속한 권리가 이전, 변경 또는 소멸됨에 따라 신탁재산에 속하지 아니하게 된 경우 신탁등기의 말소신청은 신탁된 권리의 이전등기, 변경등기 또는 말소등기의 신청과 동시에 하여야 한다.

② 신탁종료로 인하여 신탁재산에 속한 권리가 이전 또는 소멸된 경우에는 제1항을 준용한다.

③ 신탁등기의 말소등기는 수탁자가 단독으로 신청할 수 있다.

④ 신탁등기의 말소등기의 신청에 관하여는 제82조제2항 및 제3항을 준용한다.

제87조의2【담보권신탁에 관한 특례】 ① 위탁자가 자기 또는 제3자 소유의 부동산에 채권자가 아닌 수탁자를 저당권자로 하여 설정한 저당권을 신탁재산으로 하고 채권자를 수익자로 지정한 신탁의 경우 등기관은 그 저당권에 의하여 담보되는 피담보채권이 여럿이고 각 피담보채권별로 제75조에 따른 등기사항이 다를 때에는 제75조에 따른 등기사항을 각 채권별로 구분하여 기록하여야 한다.

② 제1항에 따른 신탁의 신탁재산에 속하는 저당권에 의하여 담보되는 피담보채권이 이전되는 경우 수탁자는 신탁원부 기록의 변경등기를 신청하여야 한다.

③ 제1항에 따른 신탁의 신탁재산에 속하는 저당권의 이전등기를 하는 경우에는 제79조를 적용하지 아니한다.

제87조의3【신탁재산관리인이 선임된 신탁의 등기】 「신탁법」 제17조제1항 또는 제18조제1항에 따라 신탁재산관리인이 선임된 신탁의 경우 제23조제7항·제8항, 제81조, 제82조, 제82조의2, 제84조제1항, 제84조의2, 제85조제1항·제2항, 제85조의2제3호, 제86조, 제87조 및 제87조의2를 적용할 때에는 "수탁자"는 "신탁재산관리인"으로 본다.

부동산등기규칙(발췌)

[시행 2025. 8. 1.] [대법원규칙 제3169호, 2024. 11. 29., 일부개정]

제5관 신탁에 관한 등기

제139조【신탁등기】 ① 신탁등기의 신청은 해당 신탁으로 인한 권리의 이전 또는 보존이나 설정등기의 신청과 함께 1건의 신청정보로 일괄하여 하여야 한다.

②「신탁법」 제19조에 따라 신탁재산에 속하는 부동산 또는 같은 법 제38조에 따라 신탁재산으로 회복된 부동산의 취득등기와 신탁등기를 동시에 신청하는 경우에는 제1항을 준용한다.

③ 신탁등기를 신청하는 경우에는 법 제81조제1항 각호의 사항을 첨부정보로서 등기소에 제공하여야 한다.

④ 제3항의 첨부정보를 등기소에 제공할 때에는 방문신청을 하는 경우라도 이를 전자문서로 작성하여 전산정보처리조직을 이용하여 등기소에 송신하는 방법으로 하여야 한다. 다만 제63조 각 호의 어느 하나에 해당하는 경우에는 이를 서면으로 작성하여 등기소에 제출할 수 있다.

⑤ 제4항 본문의 경우에는 신청인 또는 그 대리인의 인증서 등을 함께 송신하여야 한다.

⑥ 제4항 단서에 따른 서면에는 신청인 또는 그 대리인이 기명날인하거나 서명하여야 한다.

⑦ 등기관이 제1항 및 제2항에 따라 권리의 이전 또는 보존이나 설정등기와 함께 신탁등기를 할 때에는 하나의 순위번호를 사용하여야 한다.

제139조의4(신탁재산에 속하는 부동산의 거래에 관한 주의사항의 등기) ① 신탁재산이 소유권인 경우 등기관은 법 제81조제1항에 따라 신탁재산에 속하는 부동산의 거래에 관한 주의사항을 신탁등기에 부기등기로 기록하여야 한다.

② 제1항에 따른 부기등기에는 "이 부동산에 관하여 임대차 등의 법률행위를 하는 경우에는 등기사항증명서뿐만 아니라 등기기록의 일부인 신탁원부를 통하여 신탁의 목적, 수익자, 신탁재산의 관리 및 처분에 관한 신탁 조항 등을 확인할 필요가 있음"이라고 기록하여야 한다.

제140조【신탁원부의 작성】 ① 등기관은 제139조제4항 본문에 따라 등기소에 제공된 전자문서에 번호를 부여하고 이를 신탁원부로서 전산정보처리조직에 등록하여야 한다.

② 등기관은 제139조제4항 단서에 따라 서면이 제출된 경우에는 그 서면을 전자적 이미지정보로 변환하여 그 이미지정보에 번호를 부여하고 이를 신탁원부로서 전산정보처리조직에 등록하여야 한다.

③ 제1항 및 제2항의 신탁원부에는 1년마다 그 번호를 새로 부여하여야 한다.

제141조【수탁자 해임에 따른 등기】 법 제85조제3항에 따라 등기기록에 수탁자 해임의 뜻을 기록할 때에는 수탁자를 말소하는 표시를 하지 아니한다. 다만 여러 명의 수탁자 중 일부 수탁자만 해임된 경우에는 종전의 수탁자를 모두 말소하는 표시를 하고 나머지 수탁자만 다시 기록한다.

제142조【신탁재산의 일부 처분 등에 따른 등기】 신탁재산의 일부가 처분되었거나 신탁의 일부가 종료되어 권리이전등기와 함께 신탁등기의 변경등기를 할 때에는 하나의 순위번호를 사용하고, 처분 또는 종료 후의 수탁자의 지분을 기록하여야 한다.

제143조【신탁재산이 수탁자의 고유재산으로 된 경우】 신탁재산이 수탁자의 고유재산이 되었을 때에는 그 뜻의 등기를 주등기로 하여야 한다.

제144조【신탁등기의 말소】 ① 신탁등기의 말소등기신청은 권리의 이전 또는 말소등기나 수탁자의 고유재산으로 된 뜻의 등기신청과 함께 1건의 신청정보로 일괄하여 하여야 한다.

② 등기관이 제1항에 따라 권리의 이전 또는 말소등기나 수탁자의 고유재산으로 된 뜻의 등기와 함께 신탁등기의 말소등기를 할 때에는 하나의 순위번호를 사용하고, 종전의 신탁등기를 말소하는 표시를 하여야 한다.

③ 등기관이 제2항에 따라 신탁등기의 말소등기를 할 때에는 제139조의4에 따라 마쳐진 부기등기를 직권으로 말소하고, 신탁등기를 말소함으로 인하여 말소한다는 뜻을 기록하여야 한다.

신탁등기사무처리에 관한 예규

개정 2024.12.10 [등기예규 제1799호, 시행 2024.12.21.]

1. 신탁등기

가. 신청인

(1) 신탁재산에 속하는 부동산의 신탁등기는 수탁자가 단독으로 신청한다.

(2) 수탁자가 「신탁법」 제3조제5항에 따라 타인에게 신탁재산에 대하여 신탁을 설정하는 경우(이하 "재신탁"이라 한다)에는 해당 신탁재산에 속하는 부동산의 신탁등기는 새로운 신탁의 수탁자가 단독으로 신청한다.

(3) 수익자나 위탁자는 수탁자를 대위하여 신탁등기를 단독으로 신청할 수 있다.

나. 신청방법

(1) 신탁행위에 의한 신탁등기

(가) 신탁행위에 의하여 소유권을 이전하는 경우에는 신탁등기의 신청은 신탁을 원인으로 하는 소유권이전등기(지분이전등기를 포함한다. 이하 같다)의 신청과 함께 1건의 신청정보로 일괄하여 하여야 한다.

(나) 등기목적은 "소유권이전 및 신탁", 등기원인과 그 연월일은 "○년 ○월 ○일 신탁"으로 하여 신청정보의 내용으로 제공한다.

(다) 등기원인이 신탁임에도 소유권이전등기 또는 신탁등기만을 신청하는 경우에는 「부동산등기법」 제29조제5호에 의하여 신청을 각하하여야 한다. 다만 수익자나 위탁자가 수탁자를 대위하여 단독으로 신탁등기만을 신청하는 경우에는 그러하지 아니하다.

(2) 위탁자의 선언에 의한 신탁등기

(가) 「신탁법」 제3조제1항제3호에 따라 신탁의 목적, 신탁재산, 수익자 등을 특정하고 자신을 수탁자로 정한 위탁자의 선언에 의한 신탁의 경우 그 특정된 신탁재산에 대한 신탁등기(이하 "위탁자의 선언에 의한 신탁등기"라 한다)의 신청은 신탁재산으로 된 뜻의 권리변경등기(이하 "신탁재산으로 된 뜻의 등기"라 한다)의 신청과 함께 1건의 신청정보로 일괄하여 하여야 한다.

부록

(나) 등기목적은 "신탁재산으로 된 뜻의 등기 및 신탁", 등기원인과 그 연월일은 "○년 ○월 ○일 신탁"으로 하여 신청정보의 내용으로 제공한다.

(다) 위 (가)의 경우 신탁재산으로 된 뜻의 등기 또는 신탁등기만을 신청하는 때에는 「부동산등기법」 제29조제5호에 의하여 신청을 각하하여야 한다.

(라) 위탁자의 선언에 의한 신탁등기의 기록례는 별지 등기기록례 1과 같다.

(3) 재신탁등기

(가) 재신탁에 의한 신탁등기(이하 "재신탁등기"라 한다)의 신청은 재신탁을 원인으로 하는 소유권이전등기의 신청과 함께 1건의 신청정보로 일괄하여 하여야 한다.

(나) 등기목적은 "소유권이전 및 신탁", 등기원인과 그 연월일은 "○년 ○월 ○일 재신탁"으로 하여 신청정보의 내용으로 제공한다.

(다) 위 (1)(다)는 재신탁등기에 관하여 이를 준용한다. 이 경우 "신탁"은 "재신탁"으로 본다.

(라) 재신탁등기의 기록례는 별지 등기기록례 2와 같다.

(4) 신탁재산 처분에 의한 신탁등기

(가) 「신탁법」 제27조에 따라 신탁재산에 속하게 되는 경우, 예컨대 신탁재산(금전 등)의 처분에 의하여 제3자로부터 부동산에 관한 소유권을 취득하는 경우에는 신탁등기(이하 "신탁재산 처분에 의한 신탁등기"라 한다)의 신청은 해당 부동산에 대한 소유권이전등기의 신청과 함께 1건의 신청정보로 일괄하여 하여야 한다. 「신탁법」 제27조에 따라 신탁재산에 속하게 되는 부동산에 관한 소유권보존등기를 신청하는 경우도 같다.

(나) 등기목적은 "소유권보존 및 신탁재산 처분에 의한 신탁" 또는 "소유권이전 및 신탁재산처분에 의한 신탁"으로, 등기권리자란은 "등기권리자 및 수탁자"로 표시하여 신청정보의 내용으로 제공한다.

(다) 위 (가)의 경우 소유권에 관한 등기만을 먼저 신청하여 수탁자 앞으로 소유권에 관한 등기가 이미 마쳐진 때에는 수탁자는 그 후 단독으로 신탁등기만을 신청할 수 있고, 수익자나 위탁자도 수탁자를 대위하여 단독으로 신탁등기만을 신청할 수 있다. 이 경우 등기목적은 "신탁재산처분에 의한 신탁"으로 하여 신청정보의 내용으로 제공한다.

(5) 신탁재산회복(반환)으로 인한 신탁등기

(가) 「신탁법」 제43조에 따라 신탁재산으로 회복(반환)되는 경우 회복(반환)되는 부동산에 대한 신탁등기[이하 "신탁재산 회복(반환)에 의한 신탁등기"라 한다]의 신청은 위 회복(반환)되는 부동산에 대한 소유권이전등기의 신청과 함께 1건의 신청정보로 일괄하여 하여야 한다.

(나) 등기목적은 "소유권이전 및 신탁재산회복(반환)으로 인한 신탁"으로, 등기권리자란은 "등기권리자 및 수탁자"로 표시하여 신청정보의 내용으로 제공한다.

(다) 위 (4)(다)는 신탁재산 회복(반환)에 의한 신탁등기에 관하여 이를 준용한다. 이 경우 "신탁재산 처분에 의한 신탁"은 "신탁재산 회복(반환)에 의한 신탁"으로 본다.

(6) 신탁재산이 용익물권인 경우

위 (1)부터 (5)까지는 신탁재산이 용익물권인 경우에 관하여 이를 준용한다.

(7) 담보권신탁등기

(가) 위탁자가 자기 또는 제3자 소유의 부동산에 관하여 채권자가 아닌 수탁자를 (근)저당권자로 하여 설정한 (근)저당권을 신탁재산으로 하고 채권자를 수익자로 지정한 신탁등기(이하 "담보권신탁등기"라 한다)의 신청은 신탁을 원인으로 하는 (근)저당권설정등기의 신청과 함께 1건의 신청정보로 일괄하여 하여야 한다.

(나) 등기목적은 "(근)저당권설정 및 신탁", 등기원인과 그 연월일은 "○년 ○월 ○일 신탁"으로 하여 신청정보의 내용으로 제공한다.

(다) 위 (1)(다)는 담보권신탁등기에 관하여 이를 준용한다. 이 경우 "소유권이전등기"는 "(근)저당권설정등기"로 본다.

(라) 신탁재산에 속하는 (근)저당권에 의하여 담보되는 피담보채권이 여럿이고 각 피담보채권별로 「부동산등기법」 제75조에 따른 등기사항이 다른 경우에는 동조에 따른 등기사항을 각 채권별로 구분하여 신청정보의 내용으로 제공하여야 한다.

(마) 신탁재산에 속하는 (근)저당권에 의하여 담보되는 피담보채권이 이전되는 경우에는 수탁자는 신탁원부 기록의 변경등기를 신청하여야 하고, 이 경우 「부동산등기법」 제79조는 적용하지 아니한다.

(바) 담보권신탁등기의 기록례는 별지 등기기록례 3과 같다.

부록

다. 첨부정보

(1) 신탁원부 작성을 위한 정보

신탁등기를 신청하는 경우에는 「부동산등기법」 제81조제1항 각 호의 사항을 신탁원부 작성을 위한 정보로서 제공하여야 한다. 여러 개의 부동산에 관하여 1건의 신청정보로 일괄하여 신탁등기를 신청하는 경우에는 각 부동산별로 신탁원부 작성을 위한 정보를 제공하여야 한다.

(2) 등기원인을 증명하는 정보

(가) 신탁등기를 신청하는 경우에는 당해 부동산에 대하여 신탁이 있었음을 증명하는 정보(신탁계약서 등)를 등기원인을 증명하는 정보로서 제공하여야 한다. 신탁재산 처분에 의한 신탁등기 및 신탁재산회복(반환)으로 인한 신탁등기를 신청하는 경우에도 같으며, 위탁자의 선언에 의한 신탁등기를 신청하는 경우에는 「공익신탁법」에 따른 공익신탁을 제외하고는 신탁설정에 관한 공정증서를 첨부정보로서 제공하여야 한다.

(나) 신탁계약에 의하여 소유권을 이전하는 경우에는 등기원인을 증명하는 정보에 검인을 받아 제공하여야 한다. 다만, 한국주택금융공사가 「한국주택금융공사법」 제22조제1항제9호의2의 주택담보노후연금보증과 관련된 신탁업무를 수행하기 위하여 신탁을 설정하거나 해지하는 경우에는 「부동산등기 특별조치법」 제3조를 적용하지 아니하므로 등기원인을 증명하는 정보에 검인을 받지 않고 제공할 수 있다.

(3) 법무부장관의 인가를 증명하는 정보

「공익신탁법」에 따른 공익신탁에 대하여 신탁등기를 신청하는 경우에는 법무부장관의 인가를 증명하는 정보를 첨부정보로서 제공하여야 한다.

(4) 대위원인을 증명하는 정보 및 신탁재산임을 증명하는 정보

위탁자 또는 수익자가 신탁등기를 대위신청하는 경우에는 대위원인을 증명하는 정보 및 해당 부동산이 신탁재산임을 증명하는 정보를 첨부정보로서 제공하여야 한다.

(5) 삭제(2024. 12. 10. 제1799호)

(6) 수익자의 동의가 있음을 증명하는 정보

재신탁등기를 신청하는 경우에는 수익자의 동의가 있음을 증명하는 정보(인감증명 포함)를 첨부정보로서 제공하여야 한다.

(7) 유한책임신탁 등 등기사항증명서

「신탁법」 제114조제1항에 따른 유한책임신탁 또는 「공익신탁법」에 따른 공익유한책임신탁의 목적인 부동산에 대하여 신탁등기를 신청하는 경우에는 유한책임신탁 또는 공익유한책임신탁의 등기가 되었음을 증명하는 등기사항증명서를 첨부정보로서 제공하여야 한다.

(8) 지방세 납세증명서

「신탁법」 제3조제1항제1호 (위탁자와 수탁자 간의 계약) 및 제2호(위탁자의 유언)에 따라 신탁을 원인으로 소유권이전등기 및 신탁등기를 신청하는 경우와 재신탁을 원인으로 소유권이전등기 및 신탁등기를 신청하는 경우에는 「지방세징수법」 제5조제1항제4호에 따라 지방세 납세증명서를 첨부정보로서 제공하여야 한다. 다만 등기원인을 증명하는 정보로서 확정판결, 그 밖에 이에 준하는 집행권원(執行權原)을 제공하는 경우에는 지방세 납세증명서를 제공할 필요가 없다.

라. 수탁자가 여러 명인 경우 등

(1) 수탁자가 여러 명인 경우에는 그 공동수탁자가 합유관계라는 뜻을 신청정보의 내용으로 제공하여야 한다.

(2) 위탁자가 여러 명이라 하더라도 수탁자와 신탁재산인 부동산 및 신탁목적이 동일한 경우에는 1건의 신청정보로 일괄하여 신탁등기를 신청할 수 있다.

마. 신탁가등기

신탁가등기는 소유권이전청구권보전을 위한 가등기와 동일한 방식으로 신청하되, 신탁원부 작성을 위한 정보도 첨부정보로서 제공하여야 한다. 신탁가등기의 기록례는 별지 등기기록례 4와 같다.

바. 영리회사가 수탁자인 경우

신탁업의 인가를 받은 신탁회사 이외의 영리회사를 수탁자로 하는 신탁등기의 신청은 이를 수리하여서는 아니 된다.

부록

사. 신탁등기의 등기명의인의 표시방법

(1) 신탁행위에 의하여 신탁재산에 속하게 되는 부동산에 대하여 수탁자가 소유권이전등기와 함께 신탁등기를 1건의 신청정보로 일괄하여 신청하는 경우에는 소유권이전등기의 등기명의인은 "수탁자 또는 수탁자(합유)"로 표시하여 등기기록에 기록한다.

(2) 「신탁법」 제27조에 따라 신탁재산에 속하게 되거나 「신탁법」 제43조에 따라 신탁재산으로 회복 또는 반환되는 부동산에 대하여 수탁자가 소유권이전등기와 함께 신탁등기를 1건의 신청정보로 일괄하여 신청하는 경우에는 소유권이전등기의 등기명의인은 "소유자 또는 공유자"로 표시하여 등기기록에 기록하고, 공유자인 경우에는 그 공유지분도 등기기록에 기록한다.

(3) 「신탁법」 제27조에 따라 신탁재산에 속하게 되거나 「신탁법」 제43조에 따라 신탁재산으로 회복 또는 반환되는 부동산에 대하여 수탁자가 소유권이전등기만을 먼저 신청하여 소유권이전등기의 등기명의인이 "소유자 또는 공유자"로 표시된 후 수탁자가 단독으로 또는 위탁자나 수익자가 수탁자를 대위하여 단독으로 신탁등기를 신청하는 경우에는 이미 마쳐진 소유권이전등기의 등기명의인의 표시는 이를 변경하지 아니하고 그대로 둔다.

(4) 위 (2), (3)항의 경우 등기명의인으로 표시된 "소유자 또는 공유자"는 신탁관계에서는 수탁자의 지위를 겸하게 되므로, 그 "소유자 또는 공유자"의 등기신청이 신탁목적에 반하는 것이면 이를 수리하여서는 아니 된다.

1-1. 신탁재산에 속하는 부동산의 거래에 관한 주의사항의 등기

가. 주의사항등기의 대상과 방법

(1) 주의사항등기의 대상

등기관이 위 1. 나. (1)부터 (5)까지의 등기를 마쳤을 때에는 직권으로 신탁등기에 신탁재산에 속하는 부동산의 거래에 관한 주의사항을 부기등기(이하 "주의사항등기"라 한다)로 기록하여야 한다.

(2) 주의사항등기의 방법

(가) 주의사항등기에는 "이 부동산에 관하여 임대차 등의 법률행위를 하는 경우에는 등기사항증명서뿐만 아니라 등기기록의 일부인 신탁원부를 통하여 신탁의 목적, 수익자, 신탁재산의 관리 및 처분에 관한 신탁 조항 등을 확인할 필요가 있음"이라고

기록하여야 한다.

(나) 주의사항등기의 기록례는 별지 등기기록례 10과 같다.

나. 종전 신탁등기에 대한 특례

(1) 등기관은 2024. 12. 21. 전에 마쳐진 위 1. 나. (1)부터 (5)까지의 신탁등기로서 2024. 12. 21. 이후 말소되지 아니한 것(이하 "종전 신탁등기"라고 한다)에 대한 주의사항등기를 2025. 12. 19.까지 직권으로 하여야 한다.

(2) 위 (1)에도 불구하고 대법원장이 지정하는 사법등기심의관은 2025. 12. 19.까지 등기관을 갈음하여 종전 신탁등기에 대한 주의사항등기를 직권으로 할 수 있다.

(3) 2025. 12. 19.까지 종전 신탁등기에 대한 주의사항등기가 완료되지 않은 경우에는 법원행정처장은 위 (1)의 기간을 2026. 6. 19.까지 한차례 연장할 수 있다.

2. 신탁의 합병 · 분할 등에 따른 신탁등기

가. 신청인

신탁의 합병 · 분할('분할합병'을 포함한다. 이하 같다)에 따른 신탁등기는 수탁자가 같은 경우에만 신청할 수 있으며, 수탁자는 해당 신탁재산에 속하는 부동산에 관한 권리변경등기를 단독으로 신청한다.

나. 신청방법

(1) 신탁의 합병 · 분할로 인하여 하나의 신탁재산에 속하는 부동산에 관한 권리가 다른 신탁의 신탁재산에 귀속되는 경우에는 신탁등기의 말소등기 및 새로운 신탁등기의 신청은 신탁의 합병 · 분할로 인한 권리변경등기의 신청과 함께 1건의 신청정보로 일괄하여 하여야 한다.

(2) 「신탁법」 제34조제1항제3호 및 「신탁법」 제34조제2항에 따라 여러 개의 신탁을 인수한 수탁자가 하나의 신탁재산에 속하는 부동산에 관한 권리를 다른 신탁의 신탁재산에 귀속시키는 경우 그 신탁등기의 신청방법에 관하여는 위 (1)항을 준용한다.

다. 첨부정보

(1) 신탁의 합병등기를 신청하는 경우에는 위탁자와 수익자로부터 합병계획서의 승인을

받았음을 증명하는 정보(인감증명 포함), 합병계획서의 공고 및 채권자보호절차를 거쳤음을 증명하는 정보를 첨부정보로서 제공하여야 한다.

(2) 신탁의 분할등기를 신청하는 경우에는 위탁자와 수익자로부터 분할계획서의 승인을 받았음을 증명하는 정보(인감증명 포함), 분할계획서의 공고 및 채권자보호절차를 거쳤음을 증명하는 정보를 첨부정보로서 제공하여야 한다.

(3) 「공익신탁법」 제20조제1항에 따른 공익신탁 합병의 경우 법무부장관의 인가를 증명하는 정보를 첨부정보로 제공하여야 한다.

(4) 등기기록례

신탁의 합병 · 분할등기의 기록례는 별지 등기기록례 5와 같다.

라. 「공익신탁법」에 따른 공익신탁의 경우

등기관은 공익신탁에 대한 분할 또는 분할합병의 등기신청이 있는 경우에는 「공익신탁법」 제21조에 따라 이를 수리하여서는 아니 된다.

3. 수탁자의 변경

가. 수탁자의 경질로 인한 권리이전등기

(1) 신청인

(가) 공동신청

신탁행위로 정한 바에 의하여 수탁자의 임무가 종료하고 새로운 수탁자가 취임한 경우 및 수탁자가 사임, 자격상실로 임무가 종료되고 새로운 수탁자가 선임된 경우에는 새로운 수탁자와 종전 수탁자가 공동으로 권리이전등기를 신청한다.

(나) 단독신청

① 사망, 금치산, 한정치산, 파산, 해산의 사유로 수탁자의 임무가 종료되고 새로운 수탁자가 선임된 경우에는 새로운 수탁자가 단독으로 권리이전등기를 신청한다.

② 수탁자인 신탁회사가 합병으로 소멸되고 합병 후 존속 또는 설립되는 회사가 신탁회사인 경우에는 그 존속 또는 설립된 신탁회사가 단독으로 권리이전등기를 신청한다.

③ 수탁자가 법원 또는 법무부장관(「공익신탁법」에 따른 공익신탁)에 의하여 해임된 경우에는 등기관은 법원 또는 법무부장관의 촉탁에 의하여 신탁원부 기록을 변경

한 후 직권으로 등기기록에 해임의 뜻을 기록하여야 하고(이 경우 수탁자를 말소하는 표시를 하지 아니한다), 권리이전등기는 나중에 새로운 수탁자가 선임되면 그 수탁자가 단독으로 신청하여야 한다.

(2) 등기원인일자 및 등기원인

위의 경우 등기원인일자는 "새로운 수탁자가 취임 또는 선임된 일자", 등기원인은 "수탁자 경질"로 하여 신청정보의 내용으로 제공한다.

(3) 첨부정보

① 등기신청인은 종전 수탁자의 임무종료 및 새로운 수탁자의 선임을 증명하는 정보를 첨부정보로서 제공하여야 하고, 위 (1) (가)항의 경우에는 종전 수탁자의 인감증명도 함께 제공하여야 한다.

②「공익신탁법」에 따른 공익신탁의 경우 수탁자가 변경된 경우에는 법무부장관의 인가를 증명하는 정보를 첨부정보로 제공하여야 한다.

나. 여러 명의 수탁자 중 1인의 임무종료로 인한 합유명의인 변경등기

(1) 신청인

(가) 공동신청

여러 명의 수탁자 중 1인이 신탁행위로 정한 임무종료사유, 사임, 자격상실의 사유로 임무가 종료된 경우에는 나머지 수탁자와 임무가 종료된 수탁자가 공동으로 합유명의인 변경등기를 신청한다. 수탁자 중 1인인 신탁회사가 합병으로 인하여 소멸되고 신설 또는 존속하는 회사가 신탁회사인 경우에는 나머지 수탁자와 합병 후 신설 또는 존속하는 신탁회사가 공동으로 합유명의인 변경등기를 신청한다.

(나) 단독신청

여러 명의 수탁자 중 1인이 사망, 금치산, 한정치산, 파산, 해산의 사유로 임무가 종료된 경우에는 나머지 수탁자가 단독으로 합유명의인 변경등기를 신청한다. 이 경우 나머지 수탁자가 여러 명이면 그 전원이 공동으로 신청하여야 한다.

(다) 법원 또는 법무부장관의 촉탁

여러 명의 수탁자 중 1인이 법원 또는 법무부장관에 의하여 해임된 경우에는 등기관은 법원 또는 법무부장관의 촉탁에 의하여 신탁원부 기록을 변경한 후 직권으로 등기기록에 해임의 뜻을 기록하여야 한다. 이 경우 종전 수탁자를 모두 말소하고 해임된 수탁자를 제외한 나머지 수탁자만을 다시 기록하는 합유명의인 변경등기를 하여야 한다.

(2) 등기원인일자 및 등기원인

위의 경우 등기원인일자는 "수탁자의 임무종료일", 등기원인은 "임무가 종료된 수탁자의 임무종료원인"으로 하여 신청정보의 내용으로 제공한다("○년 ○월 ○일 수탁자 ○○○ 사망" 등).

(3) 첨부정보

① 등기신청인은 임무가 종료된 수탁자의 임무종료를 증명하는 정보를 첨부정보로서 제공하여야 하고, 위 (1) (가)항의 전단부의 경우에는 임무가 종료된 수탁자의 인감증명도 함께 제공하여야 한다.

②「공익신탁법」에 따른 공익신탁의 경우 수탁자가 변경된 경우에는 법무부장관의 인가를 증명하는 정보를 첨부정보로 제공하여야 한다.

4. 신탁원부 기록의 변경

가. 수탁자의 신청에 의한 경우

(1) 수익자 또는 신탁관리인이 변경된 경우나 위탁자, 수익자 및 신탁관리인의 성명(명칭), 주소(사무소 소재지)가 변경된 경우에는 수탁자는 지체 없이 신탁원부 기록의 변경등기를 신청하여야 한다.

(2) 수익자를 지정하거나 변경할 수 있는 권한을 갖는 자의 성명(명칭) 및 주소(사무소 소재지), 수익자를 지정하거나 변경할 방법, 수익권의 발생 또는 소멸에 관한 조건, 「부동산등기법」 제81조제1항제6호에서 제12호까지의 신탁인 뜻, 신탁의 목적, 신탁재산의 관리방법, 신탁종료의 사유, 그 밖의 신탁조항을 변경한 경우에도 위 (1)항과 같다.

(3) 위탁자 지위의 이전에 따른 신탁원부 기록의 변경

(가) 「신탁법」 제10조에 따라 위탁자 지위의 이전이 있는 경우에는 수탁자는 신탁원부 기록의 변경등기를 신청하여야 한다.

(나) 이 경우 등기원인은 "위탁자 지위의 이전"으로 하여 신청정보의 내용으로 제공한다.

(다) 위탁자 지위의 이전이 신탁행위로 정한 방법에 의한 경우에는 이를 증명하는 정보를 첨부정보로서 제공하여야 하고, 신탁행위로 그 방법이 정하여지지 아니한 경우에는 수탁자와 수익자의 동의가 있음을 증명하는 정보(인감증명 포함)를 첨부정보로서

제공하여야 한다. 이 경우 위탁자가 여러 명일 때에는 다른 위탁자의 동의를 증명하는 정보(인감증명 포함)도 함께 제공하여야 한다.

(라) 위탁자 지위의 이전에 따른 등기의 기록례는 별지 등기기록례 6과 같다.

(4) 「공익신탁법」에 따른 신탁원부 기록의 변경

(가) 유한책임신탁을 공익유한책임신탁으로 변경하거나 공익유한책임신탁을 유한책임신탁으로 변경하는 경우에는 변경이 되었음을 증명하는 등기사항증명서를 첨부정보로 제공하여야 한다.

(나) 공익신탁을 유한책임신탁으로 변경하는 경우에는 법무부장관의 인가를 증명하는 정보 및 변경이 되었음을 증명하는 등기사항증명서를 첨부정보로 제공하여야 한다.

(다) 신탁관리인의 변경이 있는 경우(법원 또는 법무부장관의 촉탁에 의한 경우는 제외)에는 법무부장관의 인가를 증명하는 정보를 첨부정보로 제공하여야 한다.

나. 법원 또는 법무부장관의 촉탁에 의한 경우

(1) 법원의 촉탁에 의한 경우

(가) 법원이 수탁자를 해임하는 재판을 한 경우, 신탁관리인을 선임하거나 해임하는 재판을 한 경우, 신탁 변경의 재판을 한 경우에는 등기관은 법원의 촉탁에 의하여 신탁원부 기록을 변경하여야 한다.

(나) 법원이 「신탁법」 제20조제1항에 따라 신탁재산관리인을 선임하거나 그 밖의 필요한 처분을 명한 경우, 신탁재산관리인의 사임결정 또는 해임결정을 한 경우, 신탁재산관리인의 임무가 동조 제2항에 따라 종료된 경우에도 위 (가)항과 같다.

(2) 법무부장관의 촉탁에 의한 경우

「공익신탁법」에 따른 공익신탁에 대하여 법무부장관이 수탁자를 직권으로 해임한 경우, 신탁관리인을 직권으로 선임하거나 해임한 경우, 신탁내용의 변경을 명한 경우에는 등기관은 법무부장관의 촉탁에 의하여 신탁원부 기록을 변경하여야 한다.

(3) 등기기록의 직권 기록

수탁자를 해임한 법원 또는 법무부장관의 촉탁에 의하여 신탁원부 기록을 변경한 경우에는 등기관은 직권으로 등기기록에 그 뜻을 기록하여야 한다.

(4) 첨부정보

법원 또는 법무부장관의 촉탁에 의한 해임 등의 경우 법원의 재판서 또는 법무부장관의 해임 등을 증명하는 정보를 첨부정보로 제공하여야 한다.

다. 직권에 의한 경우

수탁자의 경질로 인한 권리이전등기 또는 여러 명의 수탁자 중 1인의 임무종료로 인한 합유명의인 변경등기를 한 경우에는 등기관은 직권으로 신탁원부 기록을 변경하여야 한다.

5. 신탁등기의 말소

가. 신탁재산의 처분 또는 귀속

(1) 수탁자가 신탁재산을 제3자에게 처분하거나 신탁이 종료되어(「공익신탁법」에 따른 공익신탁의 인가가 취소되어 종료된 경우 포함) 신탁재산이 위탁자 또는 수익자(「공익신탁법」에 따른 공익신탁의 경우 다른 공익신탁 등이나 국가 또는 지방자치단체)에게 귀속되는 경우에는 그에 따른 권리이전등기와 신탁등기의 말소등기는 1건의 신청정보로 일괄하여 신청하여야 한다. 등기원인이 신탁재산의 처분 또는 신탁재산의 귀속임에도 신탁등기의 말소등기 또는 권리이전등기 중 어느 하나만을 신청하는 경우에는 등기관은 이를 수리하여서는 아니 된다.

(2) 신탁재산의 일부를 처분하거나 신탁의 일부가 종료되는 경우에는 권리이전등기와 신탁등기의 변경등기를 1건의 신청정보로 일괄하여 신청하여야 한다. 이 경우의 기록례는 별지 등기기록례 7과 같다.

(3) 등기관이 위 (1)에 따라 신탁등기의 말소등기를 할 때에는 주의사항등기를 직권으로 말소하고, 신탁등기를 말소함으로 인하여 말소한다는 뜻을 기록하여야 한다. 이 경우의 기록례는 별지 등기기록례 11과 같다.

나. 신탁재산이 수탁자의 고유재산으로 되는 경우

「신탁법」 제34조제2항에 따라 신탁재산이 수탁자의 고유재산으로 되는 경우에는 신탁행위로 이를 허용하였거나 수익자의 승인을 받았음을 증명하는 정보(인감증명 포함) 또는 법원의 허가 및 수익자에게 통지한 사실을 증명하는 정보를 첨부정보로서 제공하여 "수탁자의 고유재산으로 된 뜻의 등기 및 신탁등기의 말소등기"를 신청할 수 있다. 이 경우의 기록례는 별지 등기기록례 8과 같다.

다. 「공익신탁법」에 따른 공익신탁의 경우

(1) 「공익신탁법」 제24조제3항에 따라 선임된 보관수탁관리인이 신탁재산을 증여하거나 무상 대부하는 경우에는 위 가.의 예에 의한다. 이 경우 보관수탁관리인의 선임을 증명하는 정보 및 법무부장관의 승인을 증명하는 정보를 첨부정보로 제공하여야 한다.

(2) 「공익신탁법」 제11조제6항에 따라 신탁재산을 처분하는 경우에는 법무부장관의 승인을 증명하는 정보를 첨부정보로 제공하여야 한다. 다만 공익사업 수행을 위한 필수적인 재산이 아님을 소명한 경우에는 그러하지 아니하다.

6. 신탁등기와 타등기와의 관계

가. 신탁목적에 반하는 등기의 신청

신탁등기가 경료된 부동산에 대하여 수탁자를 등기의무자로 하는 등기의 신청이 있을 경우에는 등기관은 그 등기신청이 신탁목적에 반하지 아니하는가를 심사하여 신탁목적에 반하는 등기신청은 이를 수리하여서는 아니 된다.

나. 처분제한의 등기 등

등기관은 수탁자를 등기의무자로 하는 처분제한의 등기, 강제경매등기, 임의경매등기 등의 촉탁이 있는 경우에는 이를 수리하고, 위탁자를 등기의무자로 하는 위 등기의 촉탁이 있는 경우에는 이를 수리하여서는 아니 된다. 다만 신탁 전에 설정된 담보물권에 기한 임의경매등기 또는 신탁 전의 가압류등기에 기한 강제경매등기의 촉탁이 있는 경우에는 위탁자를 등기의무자로 한 경우에도 이를 수리하여야 한다.

다. 합필등기

(1) 신탁등기가 마쳐진 토지에 대하여는 「부동산등기법」 제37조제1항제3호의 경우 외에는 합필등기를 할 수 없다. 다만 다음 각 호에 해당하는 경우로서 신탁목적이 동일한 경우에는 신탁토지 상호 간의 합필등기를 할 수 있다. 합필등기가 허용되는 경우로서 위탁자가 상이한 경우의 등기절차는 아래 (2)항에 따른다.

(가) 「주택법」 제15조에 따라 주택건설사업계획의 승인을 얻어 공동주택을 건설하는 경우(2003년 7월 1일 이전에 구「주택건설촉진법」에 따라 승인을 받은 주택재건축사업을 포함한다.)

부 록

(나) 「건축법」 제11조에 따른 건축허가를 받아 주택 외의 시설과 주택을 동일 건축물로 하여 「주택법」 제15조제1항에서 정한 호수(공동주택 30세대, 같은 법 시행령 제27조제1항제2호 각 목의 어느 하나에 해당하는 경우에는 50세대) 이상을 건설 · 공급하는 경우로서 같은 법 제54조제1항제1호에 따른 입주자모집공고의 승인을 받은 경우

(2) 위탁자가 상이한 경우의 합필등기

(가) 첨부정보

① 토지대장 등본

② 위탁자의 합필승낙서 및 인감증명

합필승낙서에는 위탁자 전원이 성명, 주민등록번호, 주소, 신탁원부번호, 합필 전 토지의 소재지번, 지목 및 면적(또는 지분), 합필 후의 지분을 표시하고 그 인감을 날인하여야 한다. 법무사나 변호사가 위탁자 전원이 합필승낙서에 직접 서명 또는 날인하였다는 것을 확인한 경우에는 인감증명 대신에 법무사나 변호사의 확인서를 첨부정보로서 제공할 수 있다.

③ 2003년 7월 1일 이전에 구「주택건설촉진법」에 따라 주택건설사업계획의 승인을 받았음을 소명하는 자료(주택재건축사업인 경우에 한한다)

(나) 합필등기절차

① 수탁자는 단독으로 합필등기를 신청할 수 있다. 이 경우 신청정보에는 합필 후의 지분을 표시하여야 하고, 위 (가)항의 각 정보를 첨부정보로서 제공하여야 한다.

② 등기관은 신청정보에 표시된 합필 후의 공유지분에 따라 별지 등기기록례 9와 같이 변경등기를 하여야 한다.

라. 분필등기

신탁등기가 마쳐진 토지가 분할되어 그에 따른 분필등기의 신청이 있는 경우에는 등기관은 분필된 토지에 대하여 분필 전 토지의 신탁원부와 같은 내용의 신탁원부를 작성하여야 한다. 다만 분필된 토지에 대하여 신탁등기의 말소등기가 동시에 신청되는 경우에는 신탁원부를 따로 작성하지 아니하여도 무방하다.

부 칙(2024.12.10 제1799호)

제1조【시행일】이 예규는 2024년 12월 21일부터 시행한다.

제2조【주의사항등기의 적용례】1-1. 가.의 주의사항등기는 이 예규 시행 전에 접수되어 이 예규 시행 당시 처리 중인 등기신청에 대해서도 적용된다.

[별지 등기기록례 1]

〔별지 등기기록례 1〕 위탁자의 신탁선언에 의한 신탁등기

【 갑 구 】				(소유권에 관한 사항)
순위번호	등 기 목 적	접 수	등 기 원 인	권 리 자 및 기 타 사 항
2	소유권이전	2025년1월9일 제670호	2025년1월8일 매매	소유자 김우리 600104-1056429 서울특별시 서초구 반포대로 60 (반포동) 거래가액 금200,000,000원
3	신탁재산으로 된 뜻의 등기	2025년5월31일 제3005호	2025년5월30일 신탁	수탁자 김우리 600104-1056429 서울특별시 서초구 반포대로 60 (반포동)
	신탁			신탁원부 제2025-25호
3-1	신탁주의사항			이 부동산에 관하여 임대차 등의 법률행위를 하는 경우에는 등기사항증명서뿐만 아니라 등기기록의 일부인 신탁원부를 통하여 신탁의 목적, 수익자, 신탁재산의 관리 및 처분에 관한 신탁조항 등을 확인할 필요가 있음 2025년5월31일 부기

(주) 「신탁법」 제3조 제1항 제3호에 따라 자신을 수탁자로 정한 위탁자의 선언에 의한 신탁을 설정하는 경우에는 "신탁재산으로 된 뜻의 등기 및 신탁등기"를 신청할 수 있다.

부 록

〔별지 등기기록례 2〕 재신탁에 따른 등기

【 갑 구 】				(소유권에 관한 사항)
순위번호	등 기 목 적	접 수	등 기 원 인	권 리 자 및 기 타 사 항
2	소유권이전	2025년1월9일 제670호	2025년1월8일 매매	소유자 김우리 600104-1056429 서울특별시 서초구 반포대로 60 (반포동) 거래가액 금200,000,000원
3	소유권이전	2025년3월5일 제3005호	2025년3월4일 신탁	수탁자 대한부동산신탁주식회사 110111-2345671 서울특별시 강남구 테헤란로 15 (삼성동)
	신탁			신탁원부 제2025-25호
3-1	신탁주의사항			이 부동산에 관하여 임대차 등의 법률행위를 하는 경우에는 등기사항증명서뿐만 아니라 등기기록의 일부인 신탁원부를 통하여 신탁의 목적, 수익자, 신탁재산의 관리 및 처분에 관한 신탁 조항 등을 확인할 필요가 있음 2025년3월5일 부기
4	소유권이전	2025년5월31일 제12345호	2025년5월30일 재신탁	수탁자 한국부동산신탁주식회사 110111-1234563 서울특별시 강남구 테헤란로 35 (삼성동)
	신탁			신탁원부 제2025-47호
4-1	신탁주의사항			이 부동산에 관하여 임대차 등의 법률행위를 하는 경우에는 등기사항증명서뿐만 아니라 등기기록의 일부인 신탁원부를 통하여 신탁의 목적, 수익자, 신탁재산의 관리 및 처분에 관한 신탁 조항 등을 확인할 필요가 있음 2025년5월31일 부기

(주) 1. 수탁자가 「신탁법」 제3조 제5항에 따라 타인에게 신탁을 설정하는 경우에는 "재신탁"을 등기원인으로 하고, 수익자의 동의가 있음을 증명하는 정보를 첨부정보로서 제공하여야 한다.

2. 재신탁등기를 하는 경우에는 원신탁의 신탁등기를 말소하지 아니한다.

〔별지 등기기록례 3〕 담보권신탁등기에 따른 등기

【 을 구 】				(소유권 이외의 권리에 관한 사항)
순위번호	등 기 목 적	접 수	등 기 원 인	권 리 자 및 기 타 사 항
1	근저당설정	2019년5월31일 제12345호	2019년5월30일 신탁	채권최고액 금250,000,000원 존속기간 1년 채무자 김우리 서울특별시 서초구 서초대로46길 60, 101동 201호(서초동, 서초아파트) 수탁자 대한부동산신탁주식회사 110111-2345671 서울특별시 강남구 테헤란로 15 (삼성동)
	신탁			신탁원부 제2019-38호

(주) 1. 위탁자가 자기 또는 제3자 소유의 부동산에 채권자가 아닌 수탁자를 (근)저당권자로 하여 설정한 (근)저당권을 신탁재산으로 하고 채권자를 수익자로 지정한 담보권신탁등기에 관한 기록례이다.

2. 담보권신탁등기에는 주의사항등기를 하지 않음

〔별지 등기기록례 4〕 신탁등기의 가등기

【 갑 구 】				(소유권에 관한 사항)
순위번호	등 기 목 적	접 수	등 기 원 인	권 리 자 및 기 타 사 항
5	소유권이전 청구권가등기	2019년5월31일 제10016호	2019년5월30일 신탁예약	수탁자 김우리 600104-1056429 서울특별시 서초구 반포대로 60 (반포동)
	신탁가등기			신탁원부 제2019-25호

(주) 신탁등기의 가등기에는 주의사항등기를 하지 않음

부록

〔별지 등기기록례 5〕 신탁의 합병 · 분할에 따른 등기

(1) 신탁의 합병

【 갑 구 】				(소유권에 관한 사항)
순위번호	등 기 목 적	접 수	등 기 원 인	권 리 자 및 기 타 사 항
3	소유권이전	2025년3월5일 제3005호	2025년3월4일 신탁	수탁자 대한부동산신탁주식회사 110111-2345671 서울특별시 강남구 테헤란로 15 (삼성동)
	~~신탁~~			~~신탁원부 제2025-25호~~
~~3-1~~	~~신탁주의사항~~			~~이 부동산에 관하여 임대차 등의 법률행위를 하는 경우에는 등기사항증명서 뿐만 아니라 등기기록의 일부인 신탁원부를 통하여 신탁의 목적, 수익자, 신탁재산의 관리 및 처분에 관한 신탁 조항 등을 확인할 필요가 있음~~ ~~2025년3월5일 부기~~
4	신탁합병으로 인하여 다른 신탁의 목적으로 된 뜻의 등기	2025년5월9일 제12345호	2025년5월8일 신탁합병	
	3번신탁등기말소			
	신탁			신탁원부 제2025-45호
4-1	신탁주의사항			이 부동산에 관하여 임대차 등의 법률행위를 하는 경우에는 등기사항증명서 뿐만 아니라 등기기록의 일부인 신탁원부를 통하여 신탁의 목적, 수익자, 신탁재산의 관리 및 처분에 관한 신탁 조항 등을 확인할 필요가 있음 2025년5월9일 부기
5	3-1번 신탁주의사항 말소			3번 신탁등기 말소로 인하여 2025년5월9일 등기

(주) 1. 신탁의 합병 또는 분할로 인하여 하나의 신탁재산에 속하는 부동산에 관한 권리가 다른 신탁의 신탁재산에 귀속되는 경우 신탁등기의 말소 및 새로운 신탁등기의 신청은 신탁의 합병 또는 분할로 인한 권리변경의 신청과 동시에 하여야 한다.

2. 신탁합병 시 신탁등기의 말소등기 및 새로운 신탁등기는 신탁의 합병으로 인한 권리변경등기와 동시에 신청하여야 하고, 신탁등기의 말소등기로 3-1번 주의사항등기가 직권말소되며(순위번호 5번), 새로운 신탁등기로 새로운 주의사항등기가 부기(순위번호 4-1번)됨

(2) 신탁의 분할

【 갑 구 】				(소유권에 관한 사항)
순위번호	등 기 목 적	접 수	등 기 원 인	권 리 자 및 기 타 사 항
3	소유권이전	2025년3월5일 제3005호	2025년3월4일 신탁	수탁자 대한부동산신탁주식회사 110111-2345671 서울특별시 강남구 테헤란로 15 (삼성동)
	~~신탁~~			~~신탁원부 제2025-25호~~
~~3-1~~	~~신탁주의사항~~			~~이 부동산에 관하여 임대차 등의 법률행위를 하는 경우에는 등기사항증명서 뿐만 아니라 등기기록의 일부인 신탁원부를 통하여 신탁의 목적, 수익자, 신탁재산의 관리 및 처분에 관한 신탁 조항 등을 확인할 필요가 있음~~ ~~2025년3월5일 부기~~
4	신탁분할로 인하여 다른 신탁의 목적으로 된 뜻의 등기	2025년5월31일 제12345호	2025년5월30일 신탁분할	
	3번신탁 등기말소			
	신탁			신탁원부 제2025-45호

순위번호	등 기 목 적	접 수	등 기 원 인	권 리 자 및 기 타 사 항
4-1	신탁주의사항			이 부동산에 관하여 임대차 등의 법률행위를 하는 경우에는 등기사항증명서 뿐만 아니라 등기기록의 일부인 신탁원부를 통하여 신탁의 목적, 수익자, 신탁재산의 관리 및 처분에 관한 신탁 조항 등을 확인할 필요가 있음 2025년 5월31일 부기
5	3-1번 신탁주의 사항 말소			3번 신탁등기 말소로 인하여 2025년5월31일 등기

〔별지 등기기록례 6〕 위탁자 지위의 이전에 따른 신탁원부 기록의 변경등기

【 갑 구 】				(소유권에 관한 사항)
순위번호	등 기 목 적	접 수	등 기 원 인	권 리 자 및 기 타 사 항
2	소유권이전	2019년1월9일 제670호	2019년1월8일 매매	소유자 김우리 600104-1056429 서울특별시 서초구 반포대로 60 (반포동) 거래가액 금200,000,000원
3	소유권이전	2025년3월5일 제3005호	2025년3월4일 신탁	수탁자 대한부동산신탁주식회사 110111-2345671 서울특별시 강남구 테헤란로 15 (삼성동)
	신탁			신탁원부 제2025-25호
3-1	신탁주의사항			이 부동산에 관하여 임대차 등의 법률행위를 하는 경우에는 등기사항증명서 뿐만 아니라 등기기록의 일부인 신탁원부를 통하여 신탁의 목적, 수익자, 신탁재산의 관리 및 처분에 관한 신탁 조항 등을 확인할 필요가 있음 2025년3월5일 부기

(주) 1. 위탁자 지위의 이전이 있는 경우에는 수탁자가 위탁자 지위의 이전을 원인으로 하여 신탁원부 기록의 변경등기를 신청하므로, 등기기록에는 변경사항이 없다.

2. 3-1번 등기는 3번 신탁등기 시에 부기된 것이며, 신탁원부 기록의 변경등기 시에는 변경사항이 없음

〔별지 등기기록례 7〕 소유권일부이전등기와 신탁등기의 변경등기

【 갑 구 】				(소유권에 관한 사항)
순위번호	등 기 목 적	접 수	등 기 원 인	권 리 자 및 기 타 사 항
5	소유권이전	2025년3월5일 제3005호	2025년3월1일 신탁	수탁자 대한부동산신탁주식회사 110111-2345671 서울특별시 강남구 테헤란로 15 (삼성동)
	신탁			신탁원부 제2025-5호
5-1	신탁주의사항			이 부동산에 관하여 임대차 등의 법률행위를 하는 경우에는 등기사항증명서 뿐만 아니라 등기기록의 일부인 신탁원부를 통하여 신탁의 목적, 수익자, 신탁재산의 관리 및 처분에 관한 신탁 조항 등을 확인할 필요가 있음 2025년3월5일 부기
6	소유권일부 이전	2025년5월31일 제6000호	2025년5월30일 매매	공유자 지분 3분의 1 김우리 600104-1056429 서울특별시 서초구 반포대로 60 (반포동) 거래가액 금200,000,000원
	5번신탁 등기변경		신탁재산의 처분	신탁재산 대한부동산신탁주식회사지분 3분의2

(주) 5번신탁등기변경등기(순위번호 6번)는 새로운 신탁등기를 하는 것이 아니라 신탁등기(순위번호 5번)의 일부말소의미의 변경등기에 해당될 뿐이므로 6-1번 주의사항등기는 하지 않음

〔별지 등기기록례 8〕신탁부동산의 수탁자 고유재산으로의 전환으로 인한 말소

【 갑 구 】				(소유권에 관한 사항)
순위번호	등 기 목 적	접 수	등 기 원 인	권 리 자 및 기 타 사 항
2	소유권이전	2025년9월7일 제15009호	2025년9월6일 매매	소유자 김우리 600104-1056429 서울특별시 서초구 반포대로 60 (반포동) 거래가액 금200,000,000원
	~~신탁재산처분에 의한 신탁~~			~~신탁원부 제2025-52호~~
~~2-1~~	~~신탁주의사항~~			~~이 부동산에 관하여 임대차 등의 법률행위를 하는 경우에는 등기사항증명서 뿐만 아니라 등기기록의 일부인 신탁원부를 통하여 신탁의 목적, 수익자, 신탁재산의 관리 및 처분에 관한 신탁 조항 등을 확인할 필요가 있음~~ ~~2025년9월7일 부기~~
3	2번수탁자의 고유재산으로 된 뜻의 등기	2026년5월31일 제6000호	2026년5월30일 신탁재산의 고유재산 전환	
	2번신탁등기 말소		신탁재산의 고유재산 전환	
4	2-1번 신탁주의사항 말소			2번 신탁등기 말소로 인하여 2026년5월31일 등기

〔별지 등기기록례 9〕신탁된 토지의 합필등기

【 갑 구 】				(소유권에 관한 사항)
순위번호	등 기 목 적	접 수	등 기 원 인	권리자 및 기타사항
4	2번 김갑동지분 전부이전	2025년1월5일 제10호	2025년1월4일 신탁	~~수탁자 지분 2분의 1~~ ~~진달래아파트재건축조합~~ ~~112671-0012345~~ ~~서울특별시 은평구 은평로22길 29-1(응암동)~~
	신탁			신탁원부 제2025-1호
4-1	신탁주의사항			이 부동산에 관하여 임대차 등의 법률행위를 하는 경우에는 등기사항증명서 뿐만 아니라 등기기록의 일부인 신탁원부를 통하여 신탁의 목적, 수익자, 신탁재산의 관리 및 처분에 관한 신탁 조항 등을 확인할 필요가 있음 2025년1월5일 부기
4-2	4번 소유권변경			수탁자 지분 4분의 1 진달래아파트재건축조합 112671-0012345 서울특별시 은평구 은평로22길 29-1(응암동) 합병으로 인하여 2025년5월1일 부기
5	3번 김을동지분 전부이전	2025년1월8일 제20호	2025년1월7일 신탁	~~수탁자 지분 2분의 1~~ ~~진달래아파트재건축조합~~ ~~112671-0012345~~ ~~서울특별시 은평구 은평로22길 29-1(응암동)~~
	신탁			신탁원부 제2025-2호
5-1	신탁주의사항			이 부동산에 관하여 임대차 등의 법률행위를 하는 경우에는 등기사항증명서 뿐만 아니라 등기기록의 일부인 신탁원부를 통하여 신탁의 목적, 수익자, 신탁재산의 관리 및 처분에 관한 신탁 조항 등을 확인할 필요가 있음 2025년1월8일 부기

순위번호	등 기 목 적	접 수	등 기 원 인	권리자 및 기타사항
5-2	5번 소유권변경			수탁자 지분 4분의 1 진달래아파트재건축조합 112671-0012345 서울특별시 은평구 은평로22길 29-1(응암동) 합병으로 인하여 2025년5월1일 부기
6 (전4)	합병한 대 100㎡에 대한 이기 전2번 김상동지분 전부이전	2025년1월5일 제11호	2018년1월4일 신탁	~~수탁자 지분 2분의 1~~ ~~진달래아파트재건축조합~~ ~~112671-0012345~~ ~~서울특별시 은평구 은평로22길~~ ~~29-1(응암동)~~
	신탁			신탁원부 제2025-3호
6-1 (전4-1)	신탁주의사항			이 부동산에 관하여 임대차 등의 법률행위를 하는 경우에는 등기사항증명서 뿐만 아니라 등기기록의 일부인 신탁원부를 통하여 신탁의 목적, 수익자, 신탁재산의 관리 및 처분에 관한 신탁 조항 등을 확인할 필요가 있음 2025년1월5일 부기
6-2	6번 소유권변경			수탁자 지분 4분의 1 진달래아파트재건축조합 112671-0012345 서울특별시 은평구 은평로22길 29-1(응암동) 합병으로 인하여 2025년5월1일 부기
7 (전5)	합병한 대 100㎡에 대한 이기 전3번 김병동지분 전부이전	2025년1월8일 제21호	2025년1월7일 신탁	~~수탁자 지분 2분의 1~~ ~~진달래아파트재건축조합~~ ~~112671-0012345~~ ~~서울특별시 은평구 은평로22길~~ ~~29-1(응암동)~~
	신탁			신탁원부 제2025-4호

순위번호	등 기 목 적	접 수	등 기 원 인	권리자 및 기타사항
7-1 (전5-1)	신탁주의사항			이 부동산에 관하여 임대차 등의 법률행위를 하는 경우에는 등기사항증명서 뿐만 아니라 등기기록의 일부인 신탁원부를 통하여 신탁의 목적, 수익자, 신탁재산의 관리 및 처분에 관한 신탁 조항 등을 확인할 필요가 있음 2025년1월8일 부기 합병으로 인하여 순위 제6번부터 7-1번까지 등기를 서울특별시 은평구 응암동 101에서 이기 접수 2025년5월1일 제1205호
7-2	7번 소유권변경			수탁자 지분 4분의 1 진달래아파트재건축조합 112671-0012345 서울특별시 은평구 은평로22길 29-1(응암동) 합병으로 인하여 2025년5월1일 부기

(주) 등기관은 합필등기를 한 후, 신청정보에 표시된 합필 후의 공유지분에 따라 변경등기를 하여야 한다.

부록

〔별지 등기기록례 10〕 신탁재산에 속하는 부동산의 거래에 관한 주의사항의 등기

【 갑 구 】				(소유권에 관한 사항)
순위번호	등 기 목 적	접 수	등 기 원 인	권 리 자 및 기 타 사 항
5	소유권이전	2025년3월5일 제3005호	2025년3월4일 신탁	수탁자 김우리 600104-1056429 서울특별시 서초구 서초대로46길 60, 101동 201호 (서초동, 서초아파트)
	신탁			신탁원부 제2025-5호
5-1	신탁주의사항			이 부동산에 관하여 임대차 등의 법률행위를 하는 경우에는 등기사항증명서 뿐만 아니라 등기기록의 일부인 신탁원부를 통하여 신탁의 목적, 수익자, 신탁재산의 관리 및 처분에 관한 신탁 조항 등을 확인할 필요가 있음 2025년3월5일 부기

〔별지 등기기록례 11〕 주의사항등기의 말소등기

【 갑 구 】				(소유권에 관한 사항)
순위번호	등 기 목 적	접 수	등 기 원 인	권 리 자 및 기 타 사 항
3	소유권이전	2025년9월9일 제9100호	2025년9월8일 매매	소유자 김우리 600104-1056429 서울특별시 서초구 반포대로 60 거래가액 금60,000,000원
	~~신탁~~			~~신탁원부 제2025-52호~~
~~3-1~~	~~신탁주의사항~~			~~이 부동산에 관하여 임대차 등의 법률행위를 하는 경우에는 등기사항증명서 뿐만 아니라 등기기록의 일부인 신탁원부를 통하여 신탁의 목적, 수익자, 신탁재산의 관리 및 처분에 관한 신탁 조항 등을 확인할 필요가 있음~~ ~~2025년9월9일 부기~~
4	소유권이전	2026년3월5일 제3005호	2026년3월4일 매매	소유자 이대한 701115-1201257 서울특별시 서초구 강남대로37길 21 거래가액 금60,000,000원
	3번신탁등기 말소		신탁재산의 회복	
5	3-1번 신탁주의사항 말소			3번 신탁등기 말소로 인하여 2026년3월5일 등기

부록

후견등기에 관한 법률(약칭 : 후견등기법)

[시행 2019.1.1] [법률 제14976호, 2017.10.31, 일부개정]

제1장 총 칙

제1조【목적】 이 법은 「민법」에서 규정한 성년후견, 한정후견, 특정후견 및 후견계약의 등기에 관한 사항을 규정함을 목적으로 한다.

제2조【정의】 이 법에서 사용하는 용어의 뜻은 다음과 같다.

1. "후견등기부"란 전산정보처리조직에 의하여 입력·처리된 다음 각 목의 등기(이하 "후견등기"라 한다)에 관한 정보자료를 대법원규칙으로 정하는 바에 따라 편성한 것을 말한다.
   가. 성년후견에 관한 등기
   나. 한정후견에 관한 등기
   다. 특정후견에 관한 등기
   라. 후견계약에 관한 등기
2. "후견등기부 부본자료"란 후견등기부와 같은 내용으로 보조기억장치에 기록된 자료를 말한다.
3. "후견등기기록"이란 한 사람의 피성년후견인, 피한정후견인, 피특정후견인(이하 "피성년후견인등"이라 한다) 또는 후견계약의 위임인(이하 "후견계약의 본인"이라 한다)에 관한 등기정보자료를 말한다.
4. "후견등기관"이란 후견등기사무를 처리하는 사람으로서, 가정법원에 근무하는 법원서기관, 법원사무관, 법원주사 또는 법원주사보 중에서 가정법원장이 지정하는 사람을 말한다.

제3조【등기신청의 접수 시기 및 효력발생 시기】 ① 등기신청은 대법원규칙으로 정하는 등기신청정보가 전산정보처리조직에 저장된 때 접수된 것으로 본다. 이 경우 접수번호는 그 저장된 순서에 따라 부여된다.

② 후견등기관이 등기를 마친 경우 그 등기는 접수한 때부터 효력을 발생한다.

제2장 관할 법원과 후견등기관

제4조【후견등기의 관할】 후견등기사무는 대법원규칙으로 정하는 가정법원에서 담당한다.

제5조【관할의 위임】 대법원장은 천재지변, 화재로 인한 소실, 그 밖에 이에 준하는 사유가 있을 경우 어느 가정법원의 관할에 속하는 사무를 다른 가정법원에 위임하게 할 수 있다.

제6조【관할의 변경】 후견등기사무의 관할 법원이 다른 법원으로 바뀌었을 때에는 종전의 관할 법원은 전산정보처리조직을 이용하여 그 피성년후견인등 또는 후견계약의 본인에 관한 후견등기기록의 처리권한을 다른 법원으로 넘겨주는 조치를 하여야 한다.

제7조【후견등기사무의 정지】 대법원장은 천재지변, 화재로 인한 소실, 그 밖에 이에 준하는 사유로 가정법원에서 후견등기사무를 정지하여야 하는 사유가 발생하면 기간을 정하여 후견등기사무의 정지를 명령할 수 있다.

제8조【후견등기사무의 처리】 ① 후견등기사무는 관할 가정법원에 근무하는 후견등기관이 처리한다.

② 후견등기관은 후견등기사무를 전산정보처리조직을 이용하여 후견등기부에 등기사항을 기록하는 방식으로 처리하여야 한다.

③ 후견등기관이 전산정보처리조직에 의하여 후견등기사무를 처리하였을 때에는 대법원규칙으로 정하는 바에 따라 후견등기관의 식별부호를 기록하는 등 후견등기사무를 처리한 후견등기관을 확인할 수 있는 조치를 하여야 한다.

④ 후견등기관, 후견등기부 등을 관리하는 사람 또는 그 직에 있었던 사람은 정당한 이유 없이 그 직무 수행 중 알게 된 후견등기에 관한 비밀을 누설하여서는 아니 된다.

⑤ 후견등기관은 접수번호의 순서에 따라 등기를 하여야 한다.

제9조【후견등기관의 업무처리의 제한】 ① 후견등기관은 자신이나 그의 배우자 또는 4촌 이내의 친족이 피성년후견인등 또는 후견계약의 본인인 경우에는 그의 배우자 또는 4촌 이내의 친족이 아닌 성년자 2명 이상의 참여가 없으면 등기를 할 수 없다. 그 친족관계가 끝난 후에도 또한 같다.

② 제1항의 경우에 후견등기관은 조서를 작성하여 그 등기에 참여한 사람과 함께 기명날인 또는 서명을 하여야 한다.

제10조【재정보증】 법원행정처장은 후견등기관의 재정보증에 관한 사항을 정하여 운용할 수 있다.

제3장 후견등기부 등

제11조【후견등기부】 ① 후견등기부는 전산정보처리조직에 의하여 입력·처리된 전산정보자료를 피성년후견인등 또는 후견계약의 본인 개인별로 구분하여 작성한다.

② 후견등기부는 영구히 보존하여야 한다.

③ 후견등기부는 대법원규칙으로 정하는 장소에 보관·관리하여야 하며, 전쟁·천재지변이나 그 밖에 이에 준하는 사태를 피하기 위한 경우 외에는 그 장소 밖으로 옮기지 못한다.

④ 등기신청서, 등기촉탁서 또는 그 밖의 부속서류(이하 "등기신청서등"이라 한다)는 전쟁·천재지변이나 그 밖에 이에 준하는 사태를 피하기 위한 경우 외에는 가정법원 밖으로 옮기지 못한다. 다만, 법원의 명령 또는 촉탁이 있거나 법관이 발부한 영장에 의하여 압수하는 경우에는 그러하지 아니하다.

제12조【후견등기부 부본자료의 작성】 후견등기관은 등기를 마쳤을 때에는 후견등기부 부본자료를 작성하여야 한다.

제13조【후견등기부의 손상과 복구】 ① 후견등기부의 전부 또는 일부가 손상되거나 손상될 우려가 있을 때에는 대법원장은 대법원규칙으로 정하는 바에 따라 후견등기부의 복구·손상방지 등 필요한 처분을 명령할 수 있다.

② 대법원장은 대법원규칙으로 정하는 바에 따라 제1항의 처분명령에 관한 권한을 법원행정처장 또는 가정법원장에게 위임할 수 있다.

제14조【등기신청서등의 손상 등의 방지】 ① 등기신청서등이 손상되거나 멸실(滅失)될 우려가 있을 때에는 대법원장은 이를 방지하기 위하여 필요한 처분을 명령할 수 있다.

② 제1항에 따른 처분명령에 관하여는 제13조제2항을 준용한다.

제15조【등기사항증명서의 발급 등】 ① 다음 각 호에 규정된 자는 후견등기관에게 사용 목적을 지정하여 후견등기부에 기록되어 있는 사항의 전부 또는 일부를 증명하는 서면(기록이 없는 경우에는 그러한 취지를 증명하는 서면을 포함하며, 이하 "등기사항증명서"라 한다)의 발급을 청구할 수 있다.

1. 피성년후견인등 또는 후견계약의 본인
2. 제1호에 규정된 사람의 배우자 또는 4촌 이내의 친족(이하 "배우자등"이라 한다)
3. 성년후견인, 한정후견인 또는 특정후견인(이하 "성년후견인등"이라 한다)
4. 성년후견감독인, 한정후견감독인 또는 특정후견감독인(이하 "성년후견감독인등"이라 한다)
5. 임의후견인, 임의후견감독인, 미성년후견인 또는 미성년후견감독인
6. 제3호부터 제5호까지의 규정에 따른 각 직(職)에서 퇴임한 자(자기와 관련된 기록사항으로 한정한다)
7. 유언집행자, 상속재산관리인 등 제1호에 규정된 사람의 「민법」상 법정대리인
8. 국가 또는 지방자치단체(그 직무수행을 위하여 필요한 경우로 한정한다)
9. 소송·비송사건·민사집행의 각 절차에서 등기사항증명서를 제출할 필요가 있는 자(법원의 보정명령서, 사실조회서 등 등기사항증명서를 제출하도록 하는 취지의 법원 문서가 있는 경우로 한정한다)
10. 다른 법령의 규정에 따라 등기사항증명서를 제출할 필요가 있는 자
11. 그 밖에 대법원규칙으로 정하는 정당한 이해관계가 있는 자

② 제27조에 따른 사전처분에 관한 등기사항증명서에 대한 발급청구권자는 대법원규칙으로 정한다.

③ 후견등기관은 제1항 및 제2항의 청구가 후견등기부에 기록된 자에 대한 사생활의 비밀을 침해하는 등 부당한 목적에 의한 것이 분명하다고 인정할 때에는 등기사항증명서의 발급을 거부할 수 있다.

④ 등기사항증명서를 발급받거나 제출받은 자는 이를 그 사용 목적 외의 용도로 사용하여서는 아니 된다.

⑤ 등기사항증명서의 발급청구는 관할 가정법원이 아닌 가정법원에 대하여도 할 수 있다.

제15조의2 【인터넷에 의한 등기사항부존재증명서 발급】 ① 등기사항부존재증명서("후견등기부에 현재 효력이 있는 후견등기사항이 없다는 취지를 증명하는 서면"을 말한다)의 발급업무는 인터넷을 이용하여 처리할 수 있다.

② 제1항에 따른 발급은 본인만 신청할 수 있다.

③ 제1항에 따른 발급의 절차 및 방법 등 필요한 사항은 대법원규칙으로 정한다.

제16조 【등기사항증명서의 기재사항】 ① 등기사항증명서에는 제25조부터 제27조까지의 규정에서 정하는 사항을 적는다.

부 록

② 등기사항증명서의 종류와 구체적인 기재사항은 대법원규칙으로 정한다.

제17조【등기신청서등의 열람】 등기사항증명서의 발급을 청구할 수 있는 자는 특별한 사유가 있는 경우 대법원규칙으로 정하는 바에 따라 등기신청서등의 열람을 청구할 수 있다.

제18조【수수료】 등기사항증명서의 발급 또는 등기신청서등의 열람을 청구하는 자는 대법원규칙으로 정하는 수수료를 내야 한다.

제19조【후견등기기록의 폐쇄】 ① 후견등기관은 종료등기를 마쳤을 때 또는 그 밖에 대법원규칙으로 정하는 사유가 발생하였을 때에는 그 해당 부분의 후견등기기록을 폐쇄하고, 법령에 다른 규정이 있는 경우를 제외하고는 이를 보조기억장치에 따로 기록하여 보관한다.

② 폐쇄한 후견등기기록은 영구히 보존하여야 한다.

③ 폐쇄한 후견등기기록에 관하여는 제15조부터 제18조까지의 규정을 준용한다.

제4장 등기절차 및 후견등기부 기록사항

제20조【촉탁 또는 신청에 의한 등기】 ① 후견등기는 법률에 다른 규정이 있는 경우를 제외하고는 촉탁 또는 신청이 없으면 하지 못한다.

② 이 법 또는 다른 법률에 다른 규정이 있는 경우를 제외하고는 성년후견, 한정후견 또는 특정후견(이하 "성년후견등"이라 한다)에 관한 등기는 성년후견인등이 신청하고, 후견계약에 관한 등기는 임의후견인이 신청한다.

③ 촉탁에 따른 등기절차에 관하여는 법률에 다른 규정이 있는 경우를 제외하고는 신청에 의한 등기에 관한 규정을 준용한다.

제21조【등기신청 방법】 ① 등기의 신청은 대법원규칙으로 정하는 바에 따라 서면 또는 전산정보처리조직을 이용한 전자문서로 할 수 있다.

② 신청인이 제공하여야 하는 신청정보 및 첨부정보는 대법원규칙으로 정한다.

제22조【신청의 각하】 후견등기관은 다음 각 호의 어느 하나에 해당하는 경우에는 이유를 적은 결정으로 신청을 각하하여야 한다. 다만, 후견등기관이 기간을 정하여 보정(補正)을 명한 경우에 신청인이 그 기간 내에 잘못된 부분을 보정하였을 때에는 그러하지 아니하다.

1. 사건이 그 가정법원의 관할이 아닌 경우

2. 사건이 등기할 것이 아닌 경우
3. 사건이 이미 등기되어 있는 경우
4. 신청할 권한이 없는 자가 신청한 경우
5. 신청정보의 제공이 대법원규칙이나 그 밖의 법령으로 정한 방식에 맞지 아니한 경우
6. 신청정보와 등기원인을 증명하는 정보가 일치하지 아니한 경우
7. 등기에 필요한 첨부정보를 제공하지 아니한 경우
8. 신청정보와 후견등기부에 기록된 사항이 일치하지 아니한 경우

제23조【행정구역의 변경】 행정구역 또는 그 명칭이 변경되었을 때에는 후견등기기록에 기록된 행정구역 또는 그 명칭에 대하여 변경등기를 한 것으로 본다.

제24조【새 후견등기기록으로의 이기】 후견등기기록에 기록된 사항이 많아 취급하기가 불편해지는 등 합리적 사유로 후견등기기록을 옮겨 기록할 필요가 있는 경우에는 후견등기관은 현재 효력이 있는 등기만을 새로운 후견등기기록에 옮겨 기록할 수 있다.

제25조【성년후견등에 관한 기록사항】 ① 성년후견등에 관하여는 다음 사항을 기록한다.
1. 후견의 종류, 심판을 한 가정법원, 사건의 표시 및 재판 확정일
2. 피성년후견인등의 성명, 성별, 출생 연월일, 주민등록번호 및 등록기준지(외국인인 경우에는 주민등록번호 및 등록기준지를 갈음하여 국적 및 외국인등록번호를 기록한다)
3. 성년후견인등의 성명, 주민등록번호 및 주소 또는 사무소(법인인 경우에는 명칭, 법인등록번호 및 주된 사무소를 기록하고, 외국인인 경우에는 주민등록번호를 갈음하여 국적 및 외국인등록번호를 기록한다)
4. 성년후견감독인등이 선임된 경우에는 그 성명, 주민등록번호 및 주소 또는 사무소(법인인 경우에는 명칭, 법인등록번호 및 주된 사무소를 기록하고, 외국인인 경우에는 주민등록번호를 갈음하여 국적 및 외국인등록번호를 기록한다)
5. 가정법원이 성년후견과 관련하여 정한 다음 각 목의 사항
   가. 취소할 수 없는 피성년후견인의 법률행위의 범위를 정한 경우에는 그 범위, 그 범위를 변경한 경우에는 그 변경된 범위
   나. 성년후견인의 법정대리권의 범위를 정한 경우에는 그 범위, 그 범위를 변경한 경우에는 그 변경된 범위
   다. 성년후견인이 피성년후견인의 신상에 관하여 결정할 수 있는 권한의 범위를 정한 경우에는 그 범위, 그 범위를 변경한 경우에는 그 변경된 범위

6. 가정법원이 한정후견과 관련하여 정한 다음 각 목의 사항
   가. 한정후견인의 동의를 받아야 하는 행위의 범위를 정한 경우에는 그 행위의 범위, 그 범위를 변경한 경우에는 그 변경된 범위
   나. 한정후견인에게 대리권을 수여한 경우에는 그 대리권의 범위, 그 범위를 변경한 경우에는 그 변경된 범위
   다. 한정후견인이 피한정후견인의 신상에 관하여 결정할 수 있는 권한의 범위를 정한 경우에는 그 범위, 그 범위를 변경한 경우에는 그 변경된 범위
7. 가정법원이 특정후견과 관련하여 정한 다음 각 목의 사항
   가. 특정후견의 기간 또는 사무의 범위
   나. 피특정후견인의 후원을 위하여 필요한 처분을 명한 경우에는 그 내용
   다. 특정후견인에게 대리권을 수여하는 심판을 한 경우에는 그 기간이나 범위
   라. 특정후견인의 대리권 행사에 가정법원이나 특정후견감독인의 동의를 받도록 명한 경우에는 그 내용
8. 가정법원이 여러 명의 성년후견인등 또는 성년후견감독인등이 공동으로 또는 사무를 분장하여 그 권한을 행사하도록 정한 경우에는 그 취지
9. 성년후견등이 종료한 경우에는 그 사유 및 연월일
10. 그 밖에 대법원규칙으로 정하는 사항

② 후견등기관은 제1항제5호부터 제8호까지의 기록사항이 있을 때에는 목록을 작성하여야 한다.

③ 제2항의 목록은 후견등기기록의 일부로 본다.

제26조【후견계약에 관한 기록사항】 ① 후견계약에 관하여는 다음 사항을 기록한다.

1. 후견계약과 관련된 공정증서를 작성한 공증인의 성명, 소속, 그 증서의 번호 및 작성 연월일
2. 후견계약의 본인의 성명, 성별, 생년월일, 주민등록번호 및 등록기준지(외국인인 경우에는 주민등록번호 및 등록기준지를 갈음하여 국적 및 외국인등록번호를 기록한다)
3. 임의후견인의 성명, 주민등록번호 및 주소 또는 사무소(법인인 경우에는 명칭, 법인등록번호 및 주된 사무소를 기록하고, 외국인인 경우에는 주민등록번호를 갈음하여 국적 및 외국인등록번호를 기록한다)
4. 후견계약의 본인의 재산관리 및 신상보호에 관하여 임의후견인의 권한의 범위를 정한

경우에는 그 범위

5. 임의후견감독인이 선임된 경우에는 그 성명, 주민등록번호 및 주소 또는 사무소(법인인 경우에는 명칭, 법인등록번호 및 주된 사무소를 기록하고, 외국인인 경우에는 주민등록번호를 갈음하여 국적 및 외국인등록번호를 기록한다) 및 심판을 한 가정법원, 사건의 표시, 재판 확정일

6. 수인의 임의후견인 또는 임의후견감독인이 공동으로 또는 사무를 분장하여 권한을 행사하도록 정한 경우에는 그 취지

7. 후견계약이 종료한 경우에는 그 사유 및 연월일

8. 그 밖에 대법원규칙으로 정하는 사항

② 후견등기관은 제1항제4호 및 제6호의 기록사항이 있을 때에는 목록을 작성하여야 한다.

③ 제2항의 목록은 후견등기기록의 일부로 본다.

제27조【사전처분에 관한 기록사항】 성년후견등 또는 후견계약에 관하여 「가사소송법」 제62조에 따른 사전처분이 있는 경우에는 대법원규칙으로 정하는 바에 따라 그에 관한 사항을 기록한다.

제28조【변경등기의 신청】 ① 성년후견인등 또는 임의후견인은 제25조제1항 각 호 또는 제26조제1항 각 호에서 정한 사항이 변경된 것을 알았을 때에는 이를 안 날부터 3개월 이내에 변경등기를 신청하여야 한다. 다만, 촉탁에 의하여 등기가 이루어지는 경우에는 그러하지 아니하다.

② 피성년후견인등 또는 후견계약의 본인, 배우자등, 성년후견감독인등 또는 임의후견감독인은 제1항의 변경등기를 신청할 수 있다.

③ 제27조에 따른 사전처분에 관한 기록사항의 변경등기절차는 대법원규칙으로 정한다.

제29조【종료등기의 신청】 ① 성년후견인등 또는 임의후견인은 피성년후견인등 또는 후견계약의 본인의 사망이나 그 밖의 사유로 성년후견등 또는 후견계약이 종료되었음을 알았을 때에는 이를 안 날부터 3개월 이내에 종료등기를 신청하여야 한다. 다만, 촉탁에 의하여 등기가 이루어지는 경우에는 그러하지 아니하다.

② 피성년후견인등 또는 후견계약의 본인, 배우자등, 성년후견감독인등 또는 임의후견감독인은 제1항의 종료등기를 신청할 수 있다.

③ 제27조에 따라 사전처분에 관하여 기록이 되어 있는 경우 종료등기의 절차는 대법원규칙으로 정한다.

제30조【등기의 경정】 ① 제28조제1항 및 제2항에 규정된 자 또는 등기를 촉탁한 자는 등기에 착오가 있거나 빠진 부분이 있을 때에는 그 등기의 경정(更正)을 신청 또는 촉탁할 수 있다.

② 후견등기관은 등기를 마친 후 그 등기에 착오가 있거나 빠진 부분이 있음을 발견한 경우에는 지체 없이 등기를 신청한 자 또는 촉탁한 자에게 알려야 한다. 다만, 제4항의 경우에는 그러하지 아니하다.

③ 제2항에 따른 통지에도 불구하고 경정등기를 신청하는 자가 없고, 등기에 착오나 빠진 부분이 있음이 등기신청서등에 비추어 명백한 경우에는 후견등기관이 직권으로 이를 경정하고, 등기를 신청한 자 또는 촉탁한 자에게 그 뜻을 알려야 한다.

④ 후견등기관이 등기의 착오나 빠진 부분이 후견등기관의 잘못으로 인한 것임을 발견한 경우에는 지체 없이 그 등기를 직권으로 경정하고, 등기를 신청한 자 또는 촉탁한 자에게 그 뜻을 알려야 한다.

제31조【등기의 말소】 ① 제28조제1항 본문 및 같은 조 제2항에 규정된 자는 다음 각 호의 어느 하나에 해당하는 사유가 있을 때에는 그 등기의 말소를 신청할 수 있다.

1. 제22조제2호 또는 제3호에 해당하는 사유가 있을 때
2. 법원의 판결 등에 의하여 등기된 사항에 관하여 무효의 원인이 있음이 증명되었을 때

② 후견등기관이 등기를 마친 후 그 등기가 제22조제2호 또는 제3호에 해당하는 것임을 발견한 경우에는 제28조제1항 본문에 규정된 자에게 1개월 이내의 기간을 정하여 그 기간 이내에 서면으로 이의를 진술하지 아니하면 등기를 말소한다는 뜻을 통지하여야 한다.

③ 후견등기관은 제2항에 규정된 자의 주소 또는 거소를 알 수 없는 경우에는 제2항의 통지를 갈음하여 제2항에서 규정한 기간 동안 관할 가정법원 게시장에 이를 게시하거나 대법원규칙으로 정하는 바에 따라 공고하여야 한다.

④ 후견등기관은 제2항의 말소에 관하여 이의를 진술한 자가 있는 경우에는 그 이의에 대하여 결정을 하여야 한다. 이 경우 후견등기관은 그 이의가 이유 없다고 인정하면 그 등기를 직권으로 말소하여야 한다.

⑤ 후견등기관은 제2항에 따라 정한 기간 내에 이의를 진술한 자가 없는 경우에는 그 등기를 직권으로 말소하여야 한다.

제5장 이 의

제32조【이의신청과 그 관할】 후견등기관의 결정 또는 처분에 이의가 있는 자는 관할 가정법원에 이의신청을 할 수 있다.

제33조【이의절차】 이의신청은 대법원규칙으로 정하는 바에 따라 후견등기관에게 이의신청서를 제출하는 방법으로 한다.

제34조【새로운 사실에 의한 이의 금지】 누구든지 새로운 사실이나 새로운 증거방법을 근거로 이의신청을 할 수 없다.

제35조【후견등기관의 조치】 ① 후견등기관은 이의가 이유 있다고 인정하면 그에 해당하는 처분을 하여야 한다.

② 후견등기관은 이의가 이유 없다고 인정하면 이의신청일부터 3일 이내에 의견을 붙여 이의신청서를 관할 가정법원에 보내야 한다.

③ 등기를 마친 후에 이의신청이 있는 경우 후견등기관은 3일 이내에 의견을 붙여 이의신청서를 관할 가정법원에 보내고 제28조제1항 본문에 규정된 자에게 이의신청이 있다는 사실을 알려야 한다.

제36조【집행 부정지】 이의신청에는 집행정지의 효력이 없다.

제37조【이의에 대한 결정과 항고】 ① 관할 가정법원은 이의에 대하여 이유를 붙여 결정을 하여야 한다. 이 경우 이의가 이유 있다고 인정하면 후견등기관에게 그에 해당하는 처분을 명령하고, 그 뜻을 이의신청인과 제28조제1항 본문에 규정된 자에게 알려야 한다.

② 제1항의 결정에 대하여는 「비송사건절차법」에 따라 항고할 수 있다.

제38조【처분 전 부기등기의 명령】 관할 가정법원은 이의신청에 대하여 결정하기 전에 후견등기관에게 이의신청이 있다는 뜻의 부기등기를 명령할 수 있다.

제39조【관할 가정법원의 명령에 따른 등기】 후견등기관이 관할 가정법원의 명령에 따라 등기를 할 때에는 명령을 한 가정법원, 명령 연월일, 명령에 따라 등기를 한다는 뜻과 등기 연월일을 기록하여야 한다.

제40조【송달 등】 송달에 관하여는 「민사소송법」을 준용하고, 이의의 비용에 관하여는 「비송사건절차법」을 준용한다.

제6장 보 칙

제41조【등기전산정보자료의 이용 등】 ① 법원행정처장은 국가기관 또는 지방자치단체로부터 후견등기사무 처리와 관련된 전산정보자료를 제공받을 수 있다.

② 후견등기부에 기록된 사항에 관한 전산정보자료(이하 "등기전산정보자료"라 한다)를 이용 또는 활용하려는 자는 관계 중앙행정기관의 장의 심사를 거쳐 법원행정처장의 승인을 받아야 한다. 다만, 등기전산정보자료를 이용 또는 활용하려는 자가 중앙행정기관의 장인 경우에는 법원행정처장과 협의를 거쳐 등기전산정보를 이용하거나 활용할 수 있다.

③ 제2항에 따라 등기전산정보자료를 이용 또는 활용하려는 자는 승인받은 목적 외의 용도로 이용하거나 활용하여서는 아니 된다.

④ 등기전산정보자료의 이용 또는 활용과 그 사용료 등에 관하여 필요한 사항은 대법원규칙으로 정한다.

제42조【벌칙】 다음 각 호의 어느 하나에 해당하는 사람은 3년 이하의 징역 또는 2천만 원 이하의 벌금에 처한다.

1. 제8조제4항을 위반하여 비밀을 누설한 사람
2. 거짓이나 그 밖의 부정한 방법으로 다른 사람의 등기사항증명서를 발급받거나 등기신청서등을 열람한 사람
3. 제41조제3항을 위반한 사람
4. 이 법에 따라 후견등기사무를 처리할 권한 없이 전산정보처리조직에 후견등기정보를 입력·변경하여 정보처리를 하거나 기술적 수단을 이용하여 후견등기정보를 알아낸 사람

제43조【양벌규정】 법인의 대표자나 법인 또는 개인의 대리인, 사용인, 그 밖의 종업원이 그 법인 또는 개인의 업무에 관하여 제42조 각 호의 위반행위를 하면 그 행위자를 벌하는 외에 그 법인 또는 개인에게도 제42조의 벌금형을 과(科)한다. 다만, 법인 또는 개인이 그 위반행위를 방지하기 위하여 해당 업무에 관하여 상당한 주의와 감독을 게을리하지 아니한 경우에는 그러하지 아니하다.

제44조【과태료】 ① 제28조제1항 본문 및 제29조제1항 본문에 따라 등기를 신청할 의무가 있는 자가 정당한 사유 없이 기간 내에 등기신청을 하지 아니하면 50만 원 이하의 과태료를 부과한다.

② 제1항에 따른 과태료 재판은 과태료를 부과받을 자의 주소 또는 거소(법인의 경우 주된 사무소의 소재지를 말한다)를 관할하는 가정법원이 「비송사건절차법」에 따라 행한다.

제45조【대법원규칙에의 위임】 이 법 시행에 필요한 사항은 대법원규칙으로 정한다.

부 록

후견등기에 관한 규칙

[시행 2021. 6. 10.] [대법원규칙 제2985호, 2021. 5. 27., 일부개정]

제1장 총 칙

제1조【목적】 이 규칙은 「후견등기에 관한 법률」(이하 "법"이라 한다)에서 위임한 사항과 그 시행에 필요한 사항을 규정함을 목적으로 한다.

제2조【정의】 이 규칙에서 사용하는 용어의 뜻은 다음과 같다.

1. "특정사항"이란 피성년후견인등(피성년후견인, 피한정후견인, 피특정후견인을 말한다. 이하 같다), 후견계약의 본인(후견계약의 위임인을 말한다. 이하 같다) 또는 사전처분의 본인(임시후견인으로부터 성년후견, 한정후견, 특정후견을 받아야 할 사람을 말한다. 이하 같다)의 성명, 성별, 출생연월일, 주민등록번호 및 등록기준지에 관한 기록사항을 말한다. 다만, 피성년후견인등·후견계약의 본인·사전처분의 본인(이하 "사건본인"이라 한다)이 외국인인 경우에는 성명, 성별, 출생연월일, 외국인등록번호(외국인등록을 하지 아니한 외국국적동포의 경우에는 국내거소신고번호를 말한다. 이하 같다) 및 국적에 관한 기록사항을 말한다.
2. "후견사항"이란 특정사항 및 특정사항의 변경·경정에 관한 사항 외의 후견에 관한 모든 기록사항을 말한다.

제3조【부기로 하는 등기】 후견등기관이 다음 각 호의 등기를 할 때에는 부기로 하여야 한다.

1. 제51조제1항에 따른 직무집행정지 및 그 직무대행자 선임에 관한 사전처분의 등기
2. 제56조제1항에 따른 특정사항을 변경하거나 경정한 등기사항에 대한 경정등기와 후견사항의 변경이나 경정의 등기
3. 제59조제3항 단서에 따른 말소회복등기
4. 법 제38조에 따른 처분 전 부기등기의 명령에 의한 등기

제4조【부기등기의 번호 기록】 후견등기관이 부기등기를 할 때에는 그 부기등기가 어느 등기에 기초한 것인지 알 수 있도록 주등기 또는 부기등기의 사항번호에 가지번호를 붙여서 하여야 한다.

제5조【등기신청의 접수 시기】 ① 법 제3조제1항의 "등기신청정보"란 사건본인의 성명, 주민등록번호 및 등록기준지와 등기의 목적에 관한 정보를 말한다.

② 제1항의 정보가 전산정보처리조직에 저장된 때 등기신청이 접수된 것으로 본다.

제6조【후견등기관이 등기를 마친 시기】 법 제3조제2항의 "후견등기관이 등기를 마친 경우"란 법 제8조제3항에 따라 등기사무를 처리한 후견등기관이 누구인지 확인할 수 있는 조치를 하였을 때를 말한다.

제7조【후견등기부 등에 사용할 문자】 ① 후견등기를 하거나 등기신청서, 그 밖의 등기에 관한 서면(「전자서명법」 제2조제1호의 전자문서를 포함한다)을 작성할 때에는 한글과 아라비아숫자를 사용하여야 한다.

② 제1항에도 불구하고 외국인의 성명 또는 외국법인의 명칭, 대리권등목록, 주소 등의 표기에는 대법원예규로 정하는 바에 따라 로마자나 부호를 사용할 수 있다.

제8조【문서의 양식】 법 및 이 규칙의 시행에 필요한 문서의 양식은 대법원예규로 정한다.

제2장 관할 법원과 후견등기관

제9조【관할 법원】 ① 후견등기사무는 사건본인의 주소지를 관할하는 가정법원에서 처리한다. 다만, 사건본인의 주소가 대한민국에 없거나 그 주소를 알 수 없을 때에는 거소지를 관할하는 가정법원에서 처리하고, 거소가 없거나 거소를 알 수 없을 때에는 마지막 주소지를 관할하는 가정법원에서 처리한다.

② 제1항에도 불구하고 법원의 심판에 따른 후견등기사무는 그 사건의 제1심 가정법원에서 처리한다.

③ 사건본인의 마지막 주소가 대한민국에 없거나 그 주소를 알 수 없을 때에는 대법원 소재지를 관할하는 가정법원에서 처리한다.

제10조【관할의 변경】 행정구역의 변경 등으로 인하여 후견등기사무가 다른 법원의 관할로 바뀌었을 때에는 종전의 관할 법원은 전산정보처리조직을 이용하여 그 사건본인에 관한 후견등기기록과 법 제25조제2항, 법 제26조제2항 및 이 규칙 제51조제3항에 따른 목록(이하 "대리권등목록"이라 한다)의 처리권한을 다른 법원으로 넘겨주는 조치를 하여야 한다.

부 록

제11조【후견등기관의 식별부호의 기록】 법 제8조제3항의 후견등기사무를 처리한 후견등기관을 확인할 수 있는 조치는 각 후견등기관이 미리 부여받은 식별부호를 기록하는 방법으로 한다.

제12조【참여조서의 작성방법】 후견등기관이 법 제9조제2항의 조서(이하 "참여조서"라 한다)를 작성할 때에는 그 조서에 다음 각 호의 사항을 적어야 한다.

1. 신청인의 성명과 주소
2. 업무처리가 제한되는 사유
3. 등기할 사건본인의 표시와 등기의 목적
4. 신청정보의 접수연월일과 접수번호
5. 참여인의 성명, 주소 및 주민등록번호

제13조【등기정보중앙관리소와 전산운영책임관】 ① 전산정보처리조직에 의한 후견등기사무처리의 지원, 후견등기부의 보관·관리 및 등기정보의 효율적인 활용을 위하여 법원행정처에 등기정보중앙관리소(이하 "중앙관리소"라 한다)를 둔다.

② 법원행정처장은 중앙관리소에 전산운영책임관을 두어 전산정보처리조직을 종합적으로 관리·운영하여야 한다.

③ 법원행정처장은 중앙관리소의 출입자 및 전산정보처리조직 사용자의 신원을 관리하는 등 필요한 보안조치를 하여야 한다.

제3장 후견등기부등

제1절 후견등기부 및 등기신청서등

제14조【후견등기부의 보관·관리】 ① 법 제11조제3항에서 규정한 후견등기부의 보관·관리 장소는 중앙관리소로 한다.

② 폐쇄등기부에 대하여도 제1항을 준용한다.

제15조【등기신청서등의 이동 등】 ① 후견등기관이 전쟁·천재지변 그 밖에 이에 준하는 사태를 피하기 위하여 등기신청서등(등기신청서, 등기촉탁서 또는 그 밖의 부속서류를 말한다. 이하 같다)을 가정법원 밖으로 옮긴 경우에는 지체 없이 그 사실을 가정법원장(가정법원의 사무를 지원장이

관장하는 경우에는 지원장을 말한다. 이하 같다)에게 보고하여야 한다.

② 후견등기관이 법원으로부터 등기신청서등의 송부명령 또는 촉탁을 받았을 때에는 그 명령 또는 촉탁과 관계가 있는 부분만 법원에 송부하여야 한다.

③ 제2항의 서류가 전자문서(「전자서명법」 제2조의 전자문서를 말한다. 이하 같다)로 작성된 경우에는 해당 문서를 출력한 후 인증하여 송부하거나 전자문서로 송부한다.

제16조 【등기고유번호 등】 ① 후견등기기록을 작성할 때에는 사건본인마다 등기고유번호를 부여하고 이를 등기기록에 기록하여야 한다.

② 성년후견개시·한정후견개시·특정후견·임시후견인 선임에 따른 사전처분의 심판과 후견계약마다 각각 등기일련번호를 부여하고 이를 등기기록에 기록하여야 한다.

제17조 【후견등기기록의 양식】 ① 후견등기기록에는 사건본인부와 후견사항부를 둔다.

② 사건본인부에는 사건본인에 관한 사항을 기록한다.

③ 후견사항부에는 후견개시 및 종료에 관한 사항, 후견인에 관한 사항, 후견감독인에 관한 사항을 기록한다.

④ 후견등기기록은 별지 양식에 따른다.

제18조 【후견등기부 부본자료의 보관 등】 ① 법 제12조의 후견등기부 부본자료는 전산정보처리조직으로 작성하여야 한다.

② 후견등기부 부본자료는 법원행정처장이 지정하는 장소에 보관하여야 한다.

③ 후견등기부 부본자료는 후견등기부와 동일하게 관리하여야 한다.

제19조 【후견등기부 복구 등의 처분명령에 관한 권한 위임】 ① 대법원장은 법 제13조제2항에 따라 후견등기부(폐쇄등기부를 포함한다. 이하 이 절에서 같다)의 손상방지 또는 손상된 후견등기부의 복구 등의 처분명령에 관한 권한을 법원행정처장에게 위임한다.

② 대법원장은 법 제14조제2항에 따라 전자문서로 작성된 등기신청서등의 손상방지 등의 처분명령에 관한 권한은 법원행정처장에게, 서면으로 작성된 등기신청서등의 멸실방지 등의 처분명령에 관한 권한은 가정법원장에게 위임한다.

제20조 【후견등기부의 손상과 복구】 ① 후견등기부의 전부 또는 일부가 손상되거나 손상될 염려가 있을 때에는 전산운영책임관은 지체 없이 그 상황을 조사한 후 처리방법을 법원행정처장에게 보고하여야 한다.

② 후견등기부의 전부 또는 일부가 손상된 경우에 전산운영책임관은 제18조의 후견등기부

부록

부본자료에 의하여 그 후견등기부를 복구하여야 한다.

③ 제2항에 따라 후견등기부를 복구한 경우에 전산운영책임관은 지체 없이 그 경과를 법원행정처장에게 보고하여야 한다.

제21조【대리권등목록의 작성】 ① 후견등기관은 대리권등목록이 전자문서로 작성되어 제공된 경우에는 그 전자문서에 번호를 부여하고 이를 대리권등목록으로서 전산정보처리조직에 등록하여야 한다.

② 후견등기관은 대리권등목록이 서면으로 작성되어 제출된 경우에는 그 서면을 전자정보 또는 전자적 이미지정보로 변환하여 그 정보에 번호를 부여하고 이를 대리권등목록으로서 전산정보처리조직에 등록하여야 한다.

③ 대리권등목록의 번호는 서기연수의 네 자리 아라비아숫자, 후견유형별 부호문자와 진행번호인 아라비아숫자로 표시한다.

제22조【대리권등목록의 보존】 대리권등목록은 보조기억장치(자기디스크, 자기테이프 그 밖에 이와 유사한 방법으로 일정한 등기사항을 기록·보관할 수 있는 전자적 정보저장매체를 말한다. 이하 같다)에 저장하여 보존하여야 한다.

제23조【신청정보 등의 보존】 ① 법 제21조제1항에 따라 전자문서에 의한 등기신청으로 후견등기가 이루어진 경우 그 신청정보 및 첨부정보는 보조기억장치에 저장하여 보존하여야 한다.

② 제1항에 따른 등기신청이 취하된 경우 그 취하정보는 보조기억장치에 저장하여 보존하여야 한다.

제24조【대리권등목록 등의 보존기간】 ① 제22조 및 제23조에 따라 보조기억장치에 저장한 정보는 다음 각 호의 구분에 따른 기간 동안 보존하여야 한다.

1. 대리권등목록 : 영구
2. 신청정보, 첨부정보 및 취하정보 : 10년

② 제1항제2호의 보존기간은 해당 연도의 다음 연도부터 기산한다.

③ 보존기간이 만료된 제1항제2호의 정보는 법원행정처장의 인가를 받아 보존기간이 만료되는 연도의 다음 연도 3월말까지 삭제하는 방법으로 폐기한다.

제2절 후견등기에 관한 장부

제25조【장부의 비치】 ① 가정법원에는 다음 각 호의 장부를 갖추어 두어야 한다.

1. 후견등기신청서 접수장
2. 열람 및 증명 신청서 접수장
3. 기타 문서 접수장
4. 결정원본 편철장
5. 이의신청서류 편철장
6. 등기신청서등 편철장
7. 등기신청서등 송부부
8. 각종 통지부
9. 열람신청서류 편철장
10. 제증명신청서류 편철장
11. 그 밖에 대법원예규로 정하는 장부

② 제1항의 장부는 매년 별책으로 하여야 한다. 다만, 필요에 따라 분책 또는 합책할 수 있다.

③ 제1항의 장부는 전자적으로 작성할 수 있다.

제26조【접수장】 ① 후견등기신청서 접수장에는 다음 각 호의 사항을 적어야 한다.

1. 접수연월일과 접수번호
2. 등기의 목적
3. 신청인의 성명 또는 명칭
4. 사건본인의 성명

② 제1항제1호의 접수번호는 1년마다 새로 부여하여야 한다.

③ 등기신청서와 열람 및 증명 신청서 외의 후견등기사무에 관한 문서를 접수할 때에는 기타 문서 접수장에 등재한다.

제27조【등기신청서등 편철장】 등기신청서, 등기촉탁서, 통지서, 참여조서, 취하서 및 그 밖의 부속서류는 접수번호의 순서에 따라 등기신청서등 편철장에 편철하여야 한다.

제28조【각종 통지부】 각종 통지부에는 법 및 이 규칙에서 정하고 있는 통지사항, 통지를 받을 자 및 통지서를 발송하는 연월일을 적어야 한다.

부록

제29조【장부의 보존기간】 ① 가정법원에 갖추어 두어야 할 장부의 보존기간은 다음 각 호와 같다.

1. 후견등기신청서 접수장 : 10년
2. 열람 및 증명 신청서 접수장 : 10년
3. 기타 문서 접수장 : 10년
4. 결정원본 편철장 : 10년
5. 이의신청서류 편철장 : 10년
6. 등기신청서등 편철장 : 10년
7. 등기신청서등 송부부 : 등기신청서등이 반환된 날부터 10년
8. 각종 통지부 : 2년
9. 열람신청서류 편철장 : 2년
10. 제증명신청서류 편철장 : 2년

② 장부의 보존기간은 해당 연도의 다음 연도부터 기산한다.

③ 보존기간이 만료된 장부 또는 서류는 가정법원장의 인가를 받아 보존기간이 만료되는 연도의 다음 연도 3월말까지 폐기한다.

제30조【전자적으로 작성한 장부 등의 보존】 ① 법 및 이 규칙에서 정하고 있는 장부와 서류를 전자적으로 작성한 경우에는 그 전산기록을 보존하는 것으로 장부와 서류의 보존을 갈음할 수 있다.

② 제1항에 따라 장부와 서류를 보존하는 경우에는 제24조제3항을 준용한다.

제3절 등기사항의 증명과 등기신청서등 열람

제31조【등기사항증명서 등의 신청】 ① 등기사항부존재증명서의 발급 청구에 있어서는 신청대상자를 법 제15조제1항제1호의 자로 본다.

② 법 제15조제1항 및 제17조에 따라 등기사항증명서를 발급받거나 등기신청서등을 열람하고자 하는 자는 등기사항증명서의 사용목적 또는 열람하는 특별한 사유를 기재한 신청서를 제출하여야 한다. 다만, 등기신청서등은 이해관계가 있는 부분만 열람할 수 있다.

③ 법 제15조제1항제11호의 "정당한 이해관계가 있는 자"란 다음 각 호의 어느 하나에 해당하는 자를 말한다.

1. 법 제15조제1항제1호, 제3호부터 제6호까지 규정된 자의 상속인 또는 포괄승계인으로서 사건본인의 과거 어느 시점의 행위능력이나 피상속인 권한 등의 확인을 위하여 등기사항증명서의 발급이 필요한 자
2. 그 밖에 공익목적상 합리적 이유가 있는 경우로서 대법원예규가 정하는 자

④ 제2항의 신청서에는 대법원예규가 특별히 규정하고 있는 경우를 제외하고는 사건본인의 성명과 주민등록번호를 기재하여야 하고 다음 각 호에 해당하는 서류를 제출하여야 한다.

1. 법 제15조제1항제2호 및 제7호의 경우에는 이를 소명하는 가족관계등록사항별증명서 등
2. 법 제15조제1항제8호의 경우에는 그 근거법령과 사유를 기재한 신청기관의 공문 및 관계공무원의 신분증명서
3. 법 제15조제1항제9호의 경우에는 법원의 보정명령서, 사실조회서, 촉탁서 등 이를 소명하는 자료
4. 법 제15조제1항제10호의 경우에는 이를 소명하는 자료 및 관계법령에 의한 정당한 권한이 있는 사람임을 확인할 수 있는 자료
5. 법 제15조제1항제11호의 경우에는 그 근거와 사유를 기재한 신청서 및 정당한 이해관계를 소명하는 자료와 신청인의 신분증명서

⑤ 제1항부터 제4항까지에 관하여 필요한 사항은 대법원예규로 정한다.

⑥ 대리인이 등기사항증명서의 발급이나 등기신청서등의 열람을 신청할 때에는 신청서에 그 권한을 증명하는 서면과 위임자의 주민등록증·운전면허증·여권·외국인등록증·국내거소신고증 등의 신분증명서 사본을 첨부하여야 한다.

⑦ 전자문서로 작성된 등기신청서등의 열람 신청은 관할 가정법원이 아닌 다른 가정법원에서도 할 수 있다.

제32조【사전처분이 있는 경우 등기사항증명서의 발급】 법 제15조제2항에 따른 사전처분이 있는 경우에는 법 제15조제1항에 규정된 자와 다음 각 호에 규정된 자가 등기사항증명서의 발급을 청구할 수 있다.

1. 사전처분의 본인 또는 배우자등(배우자 또는 4촌 이내의 친족을 말한다. 이하 같다)
2. 성년후견인등(성년후견인, 한정후견인 또는 특정후견인을 말한다. 이하 같다)·성년후견감독인등(성년후견감독인, 한정후견감독인 또는 특정후견감독인을 말한다. 이하 같다)·임의후견인·임의후견감독인의 직무대행자
3. 임시후견인

부록

4. 제2호, 제3호의 각 직(職)에서 퇴임한 자(자기와 관련된 기록사항에 한정한다)
5. 사전처분의 본인이나 제2호부터 제4호까지 규정된 자의 상속인 또는 포괄승계인으로서 사전처분의 본인의 과거 어느 시점의 권한이나 피상속인 권한 등의 확인을 위하여 등기사항증명서의 발급이 필요한 자

제32조의2【인터넷에 의한 등기사항부존재증명서 발급】 ① 등기사항부존재증명서("후견등기부에 현재 효력이 있는 후견등기사항이 없다는 취지를 증명하는 서면"을 말한다)의 발급업무는 인터넷을 이용하여 처리할 수 있다.
② 제1항에 따른 업무는 중앙관리소에서 처리하고, 전산운영책임관이 이를 담당한다.
③ 제1항에 따른 발급은 본인만 신청할 수 있다. 이 경우 「전자서명법」 제2조제2호에 따른 전자서명(서명자의 실지명의를 확인할 수 있는 것으로서 법원행정처장이 지정하여 전자후견등기시스템에 공고한 인증서를 이용한 것을 말한다) 정보도 함께 송신하여야 한다.
④ 제1항에 따른 발급의 범위, 절차 및 방법 등 필요한 사항은 대법원예규로 정한다.

제33조【등기사항증명서의 종류】 등기사항증명서의 종류는 다음 각 호로 한다.
1. 등기사항증명서(말소 및 폐쇄사항 포함)
2. 등기사항증명서(말소사항 포함)
3. 등기사항증명서(현재 유효사항)
4. 등기사항증명서(후견별)
5. 등기사항증명서(사전처분)
6. 등기사항증명서(퇴임 전 사항)
7. 등기사항부존재증명서

제34조【등기사항증명서의 발급방법】 ① 등기사항증명서를 발급할 때에는 등기사항증명서의 종류를 명시하고, 후견등기기록의 내용과 다름이 없음을 증명하는 내용의 증명문을 기록하며, 발급연월일과 중앙관리소 전산운영책임관의 직명을 적은 후 전자이미지관인을 기록하여야 한다. 이 경우 등기사항증명서가 여러 장으로 이루어진 경우에는 연속성을 확인할 수 있는 조치를 하여 발급하고, 후견계약 등기기록 중 후견감독인에 관한 사항이 없을 때에는 그 뜻을 기록하여야 한다.
② 현재 유효한 대리권등목록은 그 사항의 증명을 제외하는 뜻의 표시가 없는 경우에는 등기사항증명서에 이를 포함하여 발급하고, 말소된 대리권등목록은 그 사항의 증명도 함께 신청하는 뜻의 표시가 있는 경우에만 등기사항증명서에 이를 포함하여 발급한다.

③ 등기신청이 접수된 후견등기기록에 관하여는 후견등기관이 그 등기를 마칠 때까지 등기사항증명서를 발급하지 못한다. 다만, 그 후견등기기록에 등기신청사건이 접수되어 처리 중에 있다는 뜻을 등기사항증명서에 표시하여 발급할 수 있다.

제35조【열람의 방법】 등기신청서등의 열람은 후견등기관이 보는 앞에서 하여야 한다. 다만, 등기신청서등이 전자문서로 작성된 경우에는 전자적 방법에 의하여 그 내용을 보게 하거나 그 내용을 기록한 서면을 교부하는 방법으로 한다.

제36조【등기사항 등의 공시제한】 등기사항증명서를 발급할 때에는 주민등록번호 또는 외국인등록번호의 일부를 공시하지 아니할 수 있으며, 그 범위와 방법 및 절차는 대법원예규로 정한다.

제37조【중복 후견등기의 정리】 동일한 사람에 대하여 2개 이상의 후견등기기록이 있음이 명백히 밝혀진 경우에는 후견등기관은 각 후견등기기록의 최종 관할 가정법원에 그 사실을 통지하여야 한다. 다만, 임의후견감독인이 선임되기 이전의 후견계약 등기의 경우에는 임의후견인에게 그 사실을 통지하여야 한다.

제38조【후견등기기록의 폐쇄와 부활】 ① 후견등기관이 어느 후견사항부에 대하여 종료등기를 하거나 그 전부를 말소하였을 때에는 해당 부분의 후견등기기록을 폐쇄하고, 후견사항부의 후견개시 및 종료에 관한 사항 부분에 폐쇄의 뜻과 그 연월일을 기록하여야 한다.

② 제1항의 등기로 인하여 사건본인의 후견사항부가 모두 폐쇄된 경우에는 사건본인부에도 폐쇄의 뜻과 그 연월일을 기록하여야 한다. 다만, 어느 후견의 종료등기와 개시등기가 동시에 이루어진 경우에는 그러하지 아니하다.

③ 폐쇄한 후견등기기록에 다시 등기할 필요가 있는 때에는 그와 관련된 부분의 후견등기기록을 부활하여야 한다. 이 경우 부활하는 부분에 그 뜻과 연월일을 기록하고, 후견등기기록을 폐쇄한 뜻과 그 연월일을 말소하는 표시를 하여야 한다.

제39조【등기사항증명서 등의 수수료】 등기사항증명서의 발급 및 등기신청서등의 열람 수수료·등기전산정보자료 사용료의 금액, 수수료의 납부 및 면제에 관한 사항은 그 성질에 반하지 아니하는 범위에서 「등기사항증명서 등 수수료규칙」을 준용한다. 다만, 인터넷에 의한 등기사항부존재증명서의 발급수수료는 무료로 한다.

부록

제4장 등기절차 및 후견등기부 기록사항

제40조【신청정보】 ① 등기를 신청하는 경우에는 다음 각 호의 사항을 신청정보의 내용으로 가정법원에 제공하여야 한다.

1. 사건본인의 성명, 성별, 출생연월일, 주민등록번호, 등록기준지 및 주소(외국인의 경우에는 주민등록번호 및 등록기준지를 갈음하여 국적 및 외국인등록번호)
2. 신청인의 성명, 주소 및 주민등록번호(법인의 경우에는 명칭, 법인등록번호 및 주된 사무소, 외국인의 경우에는 주민등록번호를 갈음하여 국적 및 외국인등록번호)
3. 신청인이 법인인 경우에는 그 대표자의 성명과 주소
4. 대리인에 의하여 등기를 신청하는 경우에는 그 성명과 주소
5. 등기원인과 그 연월일
6. 등기의 목적
7. 등기할 사항
8. 관할 가정법원의 표시
9. 신청연월일

② 등기의 신청은 1건당 하나의 후견등기기록에 관한 신청정보를 제공하는 방법으로 하여야 한다. 다만, 등기목적과 등기원인이 동일하거나 그 밖에 대법원예규로 정하는 경우에는 같은 관할 내에 있는 여러 후견등기기록에 관한 신청정보를 일괄하여 제공하는 방법으로 할 수 있다.

제41조【첨부정보】 ① 등기를 신청하는 경우에는 다음 각 호의 정보를 그 신청정보와 함께 첨부정보로서 관할 가정법원에 제공하여야 한다.

1. 관할 가정법원을 증명하는 정보
2. 등기원인 및 법 제25조부터 제27조까지의 기록사항을 증명하는 정보
3. 「민법」 제959조의18제1항에 따라 후견계약의 의사표시를 철회하는 경우에는 공증인의 인증을 받은 서면과 그 의사표시가 상대방에게 도달하였음을 증명하는 정보
4. 신청인이 법인인 경우에는 그 대표자의 자격을 증명하는 정보
5. 대리인에 의하여 등기를 신청하는 경우에는 그 권한을 증명하는 정보

② 제1항 및 그 밖의 법령에 따라 가정법원에 제공하여야 하는 첨부정보 중 법원행정처장이 지정하는 첨부정보는 「전자정부법」 제36조제1항에 따른 행정정보 공동이용을 통하여 후

견등기관이 확인하고 신청인에게는 그 제공을 면제한다. 다만, 첨부정보가 개인정보를 포함하고 있어 이용에 그 정보주체의 동의가 필요한 경우에는 그 동의가 있음을 증명하는 정보를 가정법원에 제공한 경우에만 그 제공을 면제한다.

③ 첨부정보가 외국어로 작성된 경우에는 그 번역문을 붙여야 한다.

제42조【등기신청의 취하】 ① 등기신청의 취하는 후견등기관이 등기를 마치기 전까지 할 수 있다.

② 제1항의 취하는 신청인 또는 그 대리인이 가정법원에 취하서를 제출하는 방법으로 하여야 한다.

제43조【행정구역 등 변경의 직권등기】 ① 후견등기부에 기록된 행정구역 또는 그 명칭이 변경된 때에는 후견등기관은 직권으로 변경사항을 등기할 수 있다.

② 법령의 변경이나 그 밖의 사유로 제1항 이외의 후견등기부의 기록을 경정하는 경우에는 제1항을 준용한다.

③ 제1항과 제2항에 따라 후견등기부의 기록을 경정하는 경우에는 제56조를 준용한다.

제44조【새 후견등기기록으로의 이기】 ① 법 제28조제1항 및 제2항에 규정된 자가 법 제24조에 규정된 이기를 신청한 경우에 후견등기관은 가정법원장의 허가를 받아 새로운 후견등기기록에 옮겨 기록한다.

② 후견등기관이 법 제24조에 따라 등기를 새로운 후견등기기록에 옮겨 기록한 경우에는 옮겨 기록한 등기의 사건본인부에 같은 규정에 따라 등기를 옮겨 기록한 뜻과 그 연월일을 기록하고, 종전 후견등기기록을 폐쇄하여야 한다.

제45조【등기신청의 방법】 ① 등기신청을 하는 경우에는 등기신청서에 제40조 및 그 밖의 법령에 따라 신청정보의 내용으로 관할 가정법원에 제공하여야 하는 정보를 적고 신청인 또는 그 대리인이 기명날인하거나 서명하여야 한다.

② 등기신청서가 여러 장일 때에는 신청인 또는 그 대리인이 간인을 하여야 하고, 등기신청인이 여러 명일 때에는 그중 1명이 간인하는 방법으로 한다. 다만, 등기신청서에 서명을 하였을 때에는 각 장마다 연결되는 서명을 함으로써 간인을 대신한다.

③ 제1항의 등기신청서에는 제41조 및 그 밖의 법령에 따라 첨부정보로서 관할 가정법원에 제공하여야 하는 정보를 담고 있는 서면을 첨부하여야 한다.

④ 촉탁에 의하여 등기가 이루어지는 경우에는 전산정보처리조직을 이용한 전자문서를 가정법원에 송신하는 방법으로 할 수 있다.

제46조【첨부서면의 원본 환부의 청구】 신청인이 신청서에 첨부한 서류의 원본에 대하여 환부를 청구하는 경우에 그 원본과 같다는 뜻을 적은 사본을 첨부하여야 하고, 후견등기관이 서류의 원본을 환부할 때에는 그 사본에 원본 환부의 뜻을 적고 기명날인하여야 한다. 다만, 다음 각 호의 서류에 대하여는 환부를 청구할 수 없다.

1. 등기신청 위임장 등 해당 등기신청만을 위하여 작성한 서류
2. 인감증명, 법인등기사항증명서, 주민등록표등본·초본, 가족관계등록사항별증명서 및 재판서등본 등 별도의 방법으로 다시 취득할 수 있는 서류

제47조【인감증명의 제출】 ① 다음 각 호의 어느 하나에 해당하는 경우에는 인감증명을 제출하여야 한다. 이 경우 해당 등기신청서(위임에 의한 대리인이 신청하는 경우에는 위임장을 말한다)나 첨부서면에는 그 인감을 날인하여야 한다.

1. 우편 또는 대리로 등기를 신청하는 경우 신청인 또는 위임인의 인감증명
2. 취하서를 제출하는 경우 신청인의 인감증명
3. 그 밖에 제출되는 서면에 대한 작성자의 의사를 확인하기 위하여 대법원예규로 정하는 경우 그 작성자의 인감증명

② 법정대리인이 제1항의 서면을 작성하는 경우에는 법정대리인의 인감증명을 제출하여야 한다.

③ 제1항 각 호의 어느 하나의 서면에 한 서명에 관하여 본인이 직접 작성하였다는 뜻을 공증하는 서면으로 제1항 또는 제2항의 인감증명을 갈음할 수 있다.

④ 인감증명을 제출하여야 하는 자가 외국인인 경우에는 본국의 관공서가 발행한 인감증명을 제출할 수 있다.

⑤ 제3항에도 불구하고 인감증명을 제출하여야 하는 자가 법인(국내에 영업소나 사무소의 설치등기를 하지 않은 외국법인을 제외한다)인 경우에는 「상업등기법」 제11조에 따른 인감증명을 제출하여야 한다.

제48조【인감증명 등의 유효기간】 등기신청서에 첨부하는 인감증명, 법인등기사항증명서, 주민등록표등본·초본, 가족관계등록사항별증명서 및 재판서등본 등은 발행일부터 3개월 이내의 것이어야 한다.

제49조【등기신청서의 접수】 ① 등기신청서를 받은 후견등기관은 전산정보처리조직에 접수연월일, 접수번호, 등기의 목적, 신청인의 성명, 사건본인의 표시 및 그 밖에 대법원예규로 정하는 사항을 입력한 후 등기신청서에 접수연월일과 접수번호를 적어야 한다.

② 후견등기관이 등기신청서를 접수하였을 때에는 신청인의 청구에 따라 그 등기신청서의 접수증을 발급하여야 한다.

제50조【후견등기부의 기록사항】 후견등기부에는 법 제25조부터 제27조까지 규정한 사항 외에 다음 사항도 기록하여야 한다.

1. 사항번호
2. 접수연월일 및 접수번호
3. 등기원인 및 그 연월일
4. 등기사건을 처리한 가정법원 및 등기연월일

제51조【사전처분에 관한 기록사항】 ① 직무집행정지 및 직무대행자 선임에 관한 사전처분의 기록사항은 다음 각 호로 한다.

1. 성년후견인등·임의후견인·성년후견감독인등·임의후견감독인의 직무집행의 전부 또는 일부를 정지하는 사전처분이 된 때는 그 내용
2. 성년후견인등·임의후견인·성년후견감독인등·임의후견감독인의 직무대행자를 선임하는 사전처분이 된 때는 그 직무대행자의 성명, 주민등록번호 및 주소 또는 사무소(법인인 경우에는 명칭, 법인등록번호 및 주된 사무소, 외국인인 경우에는 주민등록번호를 갈음하여 국적 및 외국인등록번호)
3. 직무대행자의 권한의 범위를 정한 경우에는 그 범위 및 제1호에 규정된 자 또는 직무대행자의 권한의 범위를 변경한 경우에는 그 변경된 범위(1호에 규정된 자의 직무집행의 일부를 정지하는 사전처분이 된 경우 그 범위를 포함)
4. 여러 명의 직무대행자가 공동으로 또는 사무를 분장하여 그 권한을 행사하도록 정한 경우에는 그 취지
5. 사전처분이 효력을 상실한 때에는 그 사유 및 연월일

② 임시후견인 선임에 관한 사전처분의 기록사항은 다음 각 호로 한다.

1. 사전처분의 종류, 심판을 한 가정법원, 사건의 표시 및 재판확정일
2. 사전처분 본인의 성명, 성별, 출생연월일, 주민등록번호 및 등록기준지(외국인의 경우에는 주민등록번호 및 등록기준지를 갈음하여 국적 및 외국인등록번호)
3. 임시후견인의 성명, 주민등록번호 및 주소 또는 사무소(법인의 경우에는 명칭, 법인등록번호 및 주된 사무소, 외국인인 경우에는 주민등록번호를 갈음하여 국적 및 외국인등록번호)
4. 임시후견인의 권한의 범위를 정한 경우에는 그 범위, 범위를 변경한 경우에는 그 변경된 범위

부록

5. 여러 명의 임시후견인이 공동으로 또는 사무를 분장하여 그 권한을 행사하도록 정한 경우에는 그 취지
6. 사전처분이 효력을 상실한 때에는 그 사유 및 연월일

③ 후견등기관은 제1항제3호, 제4호, 제2항제4호 및 제5호의 기록사항이 있는 때에는 목록을 작성하여야 한다.

④ 제3항의 목록은 후견등기기록의 일부로 본다.

제52조【사전처분에 관한 변경등기】 ① 성년후견인등·임의후견인의 직무대행자 또는 임시후견인은 법 제25조, 법 제26조 또는 이 규칙 제51조에서 정한 사항이 변경된 것을 알았을 때에는 지체 없이 변경등기를 신청하여야 한다. 다만, 촉탁에 의하여 등기가 이루어지는 경우에는 그러하지 아니하다.

② 사전처분의 본인 또는 배우자등은 제1항의 변경등기를 신청할 수 있다.

제53조【사전처분에 관한 종료등기】 ① 성년후견인등·임의후견인의 직무대행자 또는 임시후견인은 사망이나 그 밖의 사유에 의하여 사전처분의 효력이 상실되었음을 알았을 때에는 지체 없이 종료등기를 신청하여야 한다. 다만, 촉탁에 의하여 등기가 이루어지는 경우에는 그러하지 아니하다.

② 사전처분의 본인 또는 배우자등은 제1항의 종료등기를 신청할 수 있다.

제54조【신청이 경합된 경우의 기록방법】 ① 동일한 등기를 목적으로 하는 수개의 신청이 접수된 경우에는 먼저 접수된 신청에 따라 후견등기부에 기록하여야 한다.

② 제1항의 경우에 뒤에 접수된 신청에 따라 기록한 때에는 먼저 접수된 신청에 맞추어 후견등기기록을 경정하여야 한다.

제55조【후견등기관의 조사】 ① 등기신청서가 접수된 때에는 후견등기관은 지체 없이 신청에 관한 모든 사항을 조사하여야 한다.

② 법 제22조 단서의 보정명령은 등기신청인에게 말로 하거나, 전화, 팩시밀리를 이용하여 할 수 있다.

제56조【후견등기기록의 변경 등의 등기】 ① 후견등기관이 후견등기기록의 변경이나 경정의 등기를 할 때에는 변경이나 경정 전의 등기사항을 말소하는 표시를 하여야 한다.

② 등기를 말소할 때에는 말소의 등기를 한 후 해당 등기를 말소하는 표시를 하여야 한다.

제57조【등기신청의 최고】 후견등기관은 등기신청을 게을리 한 사실을 안 때에는 상당한 기간을 정하여 성년후견인등 또는 임의후견인에 대하여 그 기간 내에 신청할 것을 최고할 수 있다.

제58조【직권에 의한 등기의 말소】 ① 법 제31조제2항의 통지는 등기를 마친 사건의 표시와 사건이 등기할 것이 아닌 사실 또는 이미 등기되어 있는 사실을 적은 통지서로 한다.

② 법 제31조제3항에 따른 공고는 법원 홈페이지에 게시하는 방법에 의한다.

③ 법 제31조제5항에 따라 말소등기를 할 때에는 그 사유와 등기연월일을 기록하여야 한다.

제59조【말소회복등기】 ① 법 제28조제1항 및 제2항에 규정된 자는 부적법하게 말소된 등기의 회복을 신청할 수 있다. 다만, 촉탁에 의하여 등기가 이루어진 경우에는 그 말소회복등기도 촉탁에 의한다.

② 후견등기관의 잘못으로 등기가 부적법하게 말소된 경우에는 지체 없이 그 등기를 직권으로 회복하고, 등기를 신청 또는 촉탁한 자에게 그 뜻을 알려야 한다.

③ 후견등기관이 등기를 회복할 때에는 회복의 등기를 한 후 다시 말소된 등기와 같은 등기를 하여야 한다. 다만, 등기 전부가 아닌 일부 등기사항만 말소된 것일 때에는 부기에 의하여 말소된 등기사항만 다시 등기한다.

제5장 이 의

제60조【이의신청서의 제출】 법 제33조에 따라 후견등기관에게 제출하는 이의신청서에는 이의신청인의 성명과 주소, 이의신청의 대상인 후견등기관의 결정 또는 처분, 이의신청의 취지와 이유, 그 밖에 대법원예규로 정하는 사항을 적고 신청인이 기명날인 또는 서명하여야 한다.

제61조【이미 마쳐진 등기에 대한 이의】 ① 이미 마쳐진 등기에 대하여 법 제22조제2호 또는 제3호의 사유로 이의한 경우 후견등기관은 그 이의가 이유 있다고 인정하면 법 제31조제2항부터 제5항까지의 절차를 거쳐 그 등기를 직권으로 말소한다.

② 후견등기관은 제1항의 이의가 이유 없다고 인정하면 이의신청서를 관할 가정법원에 보내야 한다.

③ 이미 마쳐진 등기에 대하여 법 제22조제2호 또는 제3호 외의 사유로 이의한 경우 후견등기관은 이의신청서를 관할 가정법원에 보내야 한다.

제62조【등본에 의한 통지】 법 제37조제1항의 통지는 결정서 등본에 의하여 한다.

제63조【기록명령에 따른 등기를 할 수 없는 경우】 ① 등기신청의 각하결정에 대한 이의신청에 따라 관할 가정법원이 그 등기의 기록명령을 하였더라도 다음 각 호의 어느 하나에 해당하는 경우에는 그 기록명령에 따른 등기를 할 수 없다.

1. 기록명령이 있었으나 그 기록명령에 따른 등기 전에 양립할 수 없는 다른 등기가 되어 있는 경우
2. 후견등기관이 기록명령에 따른 등기를 하기 위하여 신청인에게 첨부정보를 다시 제공할 것을 명령하였으나 신청인이 이에 응하지 아니한 경우

② 제1항과 같이 기록명령에 따른 등기를 할 수 없는 경우에는 그 뜻을 관할 가정법원과 이의신청인에게 통지하여야 한다.

제64조【부기등기의 말소】 법 제38조에 따른 부기등기는 후견등기관이 관할 가정법원으로부터 이의신청에 대한 기각결정(각하결정, 취하를 포함한다)의 통지를 받았을 때에 말소한다.

제6장 보 칙

제65조【등기전산정보자료의 이용 등】 ① 법 제41조에 따라 등기전산정보자료를 이용 또는 활용하려고 하는 자는 관계 중앙행정기관의 장에게 다음 각 호의 사항을 적은 서면을 제출하고 그 심사를 신청하여야 한다. 이 경우 신청할 수 있는 등기전산정보자료는 필요한 최소한의 범위로 한정하여야 한다.

1. 자료의 이용 또는 활용 목적 및 법률의 근거
2. 자료의 범위
3. 자료의 제공방식·보관기관·보관기간 및 안전관리대책

② 제1항에 따른 신청을 받은 관계 중앙행정기관의 장은 다음 각 호의 사항을 심사한 후 그 심사결과를 신청인에게 통보하여야 한다.

1. 신청 내용의 타당성·적합성·공익성
2. 개인의 사생활 침해의 가능성 또는 위험성 여부
3. 자료의 목적 외 사용방지 및 안전관리대책

③ 등기전산정보자료를 이용 또는 활용하려고 하는 자는 제2항에 따른 심사결과를 첨부하여 법원행정처장에게 승인신청을 하여야 한다. 다만, 중앙행정기관의 장이 등기전산정보자료를 이용 또는 활용하려고 하는 경우에는 법원행정처장에게 제1항 각 호의 사항을 적은 서면을 제출하고 협의를 요청하여야 한다.

④ 법원행정처장이 제3항에 따른 승인신청 또는 협의요청을 받았을 때에는 다음 각 호의 사항을 심사하여야 한다.

1. 제2항 각 호의 사항
2. 신청한 사항의 처리가 전산정보처리조직으로 가능한지 여부
3. 신청한 사항의 처리가 등기사무처리에 지장이 없는지 여부

⑤ 제4항에 따른 심사결과 신청이 승인되었거나 협의가 성립되었을 때에는 법원행정처장은 등기전산정보자료제공대장에 그 내용을 기록·관리하여야 한다.

제66조【과태료의 통지】 후견등기관은 법 제44조에 따른 과태료에 처할 사유가 있다고 인정하면 지체 없이 과태료에 처할 사람의 주소 또는 거소를 관할하는 가정법원에 통지하여야 한다.

제67조【통지의 방법】 법 또는 이 규칙에 따른 통지는 우편이나 그 밖의 편리한 방법으로 한다. 다만, 별도의 규정이 있는 경우에는 그러하지 아니하다.

제68조【대법원예규에의 위임】 후견등기절차와 관련하여 필요한 사항 중 이 규칙에서 정하고 있지 아니한 사항은 대법원예규로 정할 수 있다.

저자 약력

오영표 변호사

사법시험 43회 합격(2001년), 사법연수원 33기 수료(2004년), 법학박사(2015년)
現 신영증권(주) 헤리티지솔루션본부 본부장(전무)
現 대한변협 신탁변호사회 회장
現 한국신탁학회 연구이사
現 (사)한국재산신탁협회 회장
現 대한자기신탁선언연구회 부회장

현대 경영학의 아버지라고 불리는 피터 드러커(Peter Ferdinand Drucker, 1909~2005)는 "미래를 예측하는 최선의 방법은 미래를 창조하는 것이다(The best way to predict your future is to create it.)"라고 했습니다. 가족과 재산의 미래를 예측하는 가장 좋은 방법은 가족신탁을 활용하여 자산승계를 계획하고 실행하는 것입니다. 가족신탁을 활용하려는 자산가는 물론, 가족신탁을 비즈니스로 활용하고자 하는 전문가의 질문, 상담, 협업, 강의 · 세미나 요청은 언제나 환영합니다. Just Do It! (e-mail: prolawyer504@gmail.com).

주요 강의

대한변호사협회 및 각 지방변호사회
한국공인회계사회
한국세무사회
대한법무사협회
국세청 및 각 지방세무청

현명한 자산승계와 가업승계를 위한 **가족신탁 이론과 실무**

저　　자　**오영표**
발 행 인　**서원진**
편집·교정　**류현수, 김영림**
편집디자인　**이은희, 이미영, 황자애**
발 행 처　**㈜조세통람**
펴 낸 날　**2020년 7월 3일 1판 발행**
　　　　　2025년 12월 8일 3판 발행

저자와의 협의하에 인지생략

주　　소　서울특별시 중구 동호로 14길 5-6(신당동)
등　　록　1976. 11. 5. 제9-81호
대표전화　02) 2231-7027
F A X　02) 2234-1754
구입문의　02) 2231-7027
I S B N　979-11-6064-368-8 13320
정　　가　**85,000원**

㈜조세통람은 좋은 책을 만들기 위해 독자 여러분의 의견을 기다립니다.
• 독자 의견 및 도서 문의 메일 : E·mail(josetop@inaus.co.kr)